Droit public des affaires

Domat droit public

Droit public des affaires

SOPHIE NICINSKI
Professeur à l'Université Paris 1 Panthéon-Sorbonne

3e édition

Montchrestien

lextenso éditions

33, rue du Mail, 75081 Paris Cedex 02
ISBN 978-2-7076-1758-3
ISSN 0990-3909

SOMMAIRE

PRINCIPALES ABRÉVIATIONS

1) Juridictions

CAA	Cour administrative d'appel
CC	Conseil constitutionnel
CE	Conseil d'État
CE Ass.	Conseil d'État, assemblée
CE Sect.	Conseil d'État, section
CEDH	Cour européenne des droits de l'homme
CJCE	Cour de justice des Communautés européennes
CJUE	Cour de justice de l'Union européenne
Cass.	Cour de cassation
TA	Tribunal administratif
TC	Tribunal des conflits
TGI	Tribunal de grande instance
TPI	Tribunal de première instance des Communautés européennes

2) Codes

C. civ.	Code civil
C. comm.	Code de commerce
C. urb.	Code de l'urbanisme
CGCT	Code général des collectivités territoriales
CGPPP ou CG3P	Code général de la propriété des personnes publiques
CJA	Code de justice administrative
CMP	Code des marchés publics
CPCE	Code des postes et communications électroniques
CSP	Code de la santé publique

3) Périodiques et ouvrages

AJDA	L'actualité juridique – droit administratif
BJCL	Bulletin juridique des collectivités locales

BJDCP	Bulletin juridique des contrats publics
Bull.	Bulletin des arrêts de la Cour de cassation
CJEG	Cahier juridique de l'électricité et du gaz
CMP	Contrats et marchés publics
CP-ACCP	Contrats publics. L'actualité de la commande et des contrats publics
D.	Recueil Dalloz
DA	Droit administratif
Dr. Soc.	Droit social
ECDE	Études et documents du Conseil d'État
GAJA	Les grands arrêts de la jurisprudence administrative
Gaz. Pal.	Gazette du Palais
JCP A	La semaine juridique. Administration et collectivités territoriales
JCP E	La semaine juridique, édition Entreprise
JO	Journal officiel
JOCE	Journal officiel des Communautés européennes
JOUE	Journal officiel de l'Union européenne
LPA	Les Petites Affiches
RA	Revue administrative
RDI	Revue de droit immobilier
RDP	Revue du droit public et de la science politique
Rec.	Recueil Lebon
Rec. T.	Recueil Lebon, Tables
RGCT	Revue générale des collectivités territoriales
RJEP	Revue juridique de l'entreprise publique
RFDA	Revue française de droit administratif
RPDA	Revue pratique de droit administratif
RTD Civ.	Revue trimestrielle de droit civil
RTD Comm.	Revue trimestrielle de droit commercial
RTDE	Revue trimestrielle de droit européen
S.	Recueil Sirey

4) Textes

CEDH	Convention européenne de sauvegarde des droits de l'homme et des libertés fondamentales
DDH	Déclaration des droits de l'homme et du citoyen
Traité CE ou TCE	Traité instituant la Communauté européenne
Traité UE ou TUE	Traité sur l'Union européenne
TFUE	Traité sur le fonctionnement de l'Union européenne

INTRODUCTION GÉNÉRALE

1 **Lien originel et structurant entre l'État et l'économie. –** Qu'il soit libéral ou qualifié d'interventionniste, l'État s'est construit sur la maîtrise de l'économie, a assuré de tout temps un rôle de gardien du bon fonctionnement du marché et s'est parfois même octroyé des prérogatives plus dirigistes. Le monde des affaires est par nature lié à l'État, n'en déplaise aux plus libéraux d'entre nous. Le danger tient précisément à la négation de ce lien historique et structurant. Admettre le lien, quelles que soient l'époque et la doctrine économique dominante, autorise au contraire à l'encadrer juridiquement. Et de l'encadrement juridique de l'action de l'État sur l'économie procèdent à la fois la définition des principes d'action et d'abstention de l'autorité publique et la détermination précise des instruments dont il peut faire usage. C'est l'objet du droit public des affaires.

SECTION I DÉFINITIONS ET CHAMP D'ÉTUDE

2 **Définition du droit public des affaires. –** ***Le droit public des affaires peut se définir comme le droit des relations entre l'administration et les opérateurs économiques.*** L'intitulé volontairement large de cet ouvrage repose sur deux considérations. Un souci de modernité, tout d'abord, sur lequel on ne s'attardera pas. Une véritable préoccupation de redéfinition de l'articulation des matières impliquant les personnes publiques et les opérateurs économiques, ensuite, préoccupation qui nécessite une justification. La discipline du droit public des affaires doit être appréhendée au regard des différents types de relations qu'entretient l'État avec les opérateurs économiques. Il existe trois positions de l'administration vis-à-vis des opérateurs économiques, trois corpus de règles constituant le droit public des affaires.

3 **Trois positions de l'administration.** – En premier lieu, l'État[1] peut intervenir comme autorité publique et réglementer, influencer, orienter, diriger ou protéger le marché et ses opérateurs économiques. L'État administre l'économie et apparaît comme une autorité publique extérieure au marché auquel il imprime sa volonté. En deuxième lieu, l'État est lui-même fournisseur de biens et de services sur le marché pour des raisons tenant à la présence d'un service public, à l'existence d'opérateurs publics historiques, ou simplement pour se procurer des ressources. C'est la situation dans laquelle l'État est offreur de biens et de services sur le marché. En troisième lieu, l'État est amené à collaborer avec les opérateurs économiques, pour satisfaire directement ses besoins ou plus indirectement un besoin d'intérêt général en faveur de sa population. Il est alors en position de demandeur sur le marché. De ces trois situations émergent trois figures de l'État : l'État régulateur de l'économie ou État prescripteur, l'État opérateur économique, l'État collaborateur avec les opérateurs économiques.

4 **Trois corps de règles.** – À chaque position de l'État vis-à-vis du monde des affaires correspond un corps de droit, un régime juridique particulier. La régulation de l'économie renvoie aux prérogatives de l'État pour limiter, encadrer l'accès au marché, définir sa structure, réglementer son fonctionnement, préserver son caractère concurrentiel et aider les opérateurs. L'intervention publique sur le marché est réglée par le régime juridique applicable au secteur public composé d'entreprises publiques. Enfin, la collaboration économique entre les personnes publiques et les opérateurs est régie par le droit de la commande publique au sens large. Ces différents thèmes, bien que liés par certains principes communs de l'action des personnes publiques sur l'économie, sont néanmoins soumis à des problématiques juridiques distinctes.

5 **Champ d'étude.** – Le droit public économique au sens strict, tel qu'il est enseigné dans les facultés de droit, regroupe les deux premières situations. Il traite des modalités d'administration de l'économie et du droit des entreprises publiques. Le droit public des affaires recouvre le droit public économique tel que l'on vient de le définir et le droit de la commande publique. Il est le droit de l'ensemble des relations qu'entretiennent les personnes publiques avec les opérateurs économiques et traite donc de l'ensemble des situations dans lesquelles les personnes publiques peuvent se trouver : autorité extérieure au marché, offreur ou demandeur sur le marché. Le droit public des affaires regroupe les trois corps de règles précédemment décrits.

1. Ou les autres autorités publiques.

SECTION II ESQUISSE D'UNE THÉORIE GÉNÉRALE DU DROIT PUBLIC DES AFFAIRES

6 **Problématique. –** L'objectif de cet ouvrage est de tenter, d'une part, de déterminer avec précision les grands principes guidant l'action des personnes publiques sur le marché et, d'autre part, d'identifier les différentes prérogatives des autorités publiques vis-à-vis des acteurs économiques, ainsi que leur régime.

7 **Deux principes antagonistes. –** Le droit administratif est bâti sur de subtils équilibres, des dialectiques mouvantes, et le droit public des affaires n'y échappe pas. En effet, on peut affirmer que les droits et obligations de l'État vis-à-vis des opérateurs économiques reposent sur la confrontation de deux principes : ***un principe d'action* et *un principe d'abstention***. Le principe d'action est lui-même fondé sur deux objectifs. D'une part, il s'agit de diriger, d'orienter, d'inciter l'action des opérateurs économiques et, d'autre part, il s'agit de prendre toute mesure pour préserver et protéger le bon fonctionnement du marché. Le principe d'abstention est guidé par le souci de ne pas déséquilibrer les rapports de force du marché qui doivent pouvoir jouer librement, sans intervention extérieure.

8 **Deux idéologies conciliées. –** L'opposition de ces deux principes en droit public des affaires n'est que le *reflet de deux idéologies qui s'affrontent*, la doctrine libérale, d'une part, et la doctrine interventionniste, d'autre part. Toutefois, il faut se garder de faire coïncider strictement la doctrine libérale avec le principe d'abstention et la doctrine interventionniste avec le principe d'intervention. En effet, on a vu que le principe d'intervention se divisait lui-même en deux volets. Il apparaît que le second volet, l'action des pouvoirs publics en vue de la protection du bon fonctionnement du marché, est revendiqué par les thèses libérales, qui commandent que l'État s'abstienne de toute intervention directe sur le marché mais qui appellent tout de même les pouvoirs publics à s'assurer que les opérateurs respectent les règles du marché. Les deux idéologies semblent s'accommoder depuis quelque temps autour de l'idée que l'État doit s'abstenir d'intervenir trop directement, mais qu'il doit être présent pour inciter, orienter et préserver le marché par la conjonction et l'utilisation d'instruments multiples. On parle alors *d'État régulateur*. Il est admis que l'État mène une véritable politique économique, mais cette politique ne peut être relayée que par des instruments procédant de l'incitation plus que de la contrainte, de la surveillance et de la préservation du marché plutôt que de son strict encadrement. L'État régulateur s'exprime moins par des moyens *d'action directe* sur l'économie (dirigisme) que par l'utilisation de *leviers* efficaces.

9 **Droits et libertés économiques. –** Les principes d'intervention et d'abstention sont *relayés par des droits et des libertés propres au monde économique*. Les libertés telles que la liberté d'établissement, la liberté d'entreprendre, la libre concurrence ou encore la liberté du commerce et de l'industrie jouent comme une fédération de libertés économiques au service du principe d'abstention. Elles sont en effet invoquées par les opérateurs à l'encontre des contraintes directement imposées par

les pouvoirs publics à leur activité économique ou indirectement induites par les décisions administratives. La consécration du principe d'intervention est plus délicate à saisir. Peu de textes le traduisent expressément et directement. Tout au plus peut-on citer le principe des nationalisations issu de l'alinéa 9 du Préambule de 1946, ou se référer, en droit communautaire, à l'article 345 TFUE consacrant la neutralité de l'Union vis-à-vis du régime de la propriété dans les États membres, interprétée comme légitimant la présence d'opérateurs publics sur le marché. Mais le principe d'abstention peut en réalité être appréhendé en négatif à partir des limites aux libertés économiques, ou à travers l'interprétation permissive en faveur de l'autorité publique, que font les juridictions compétentes de ces mêmes libertés économiques. Le principe d'intervention trouve également une consécration dans l'obligation faite aux autorités publiques de réprimer les atteintes à la libre concurrence, et plus généralement d'assurer un rôle de gardien et de garant du bon fonctionnement du marché, obligation qui semble progressivement affirmée.

10 **Moyens de l'administration. –** Le principe d'intervention et le principe d'abstention trouvent également une expression concrète dans les *moyens* utilisés par les personnes publiques pour les mettre en œuvre. Ainsi, le principe d'intervention passe d'abord par la création d'institutions ayant un rôle de régulation de l'économie, que ces institutions relèvent directement du pouvoir central, des collectivités territoriales, ou qu'il s'agisse d'autorités de marché, ou encore d'organismes indépendants à statuts variables jouant un rôle de conseil, d'encadrement ou d'organisation de certaines professions. Le principe d'intervention s'exprime ensuite par l'adoption d'une réglementation économique au sens large (lois, règlements, décisions). Ces réglementations peuvent avoir directement un *objet* économique et s'inscrivent alors dans une politique de dirigisme économique. Elles peuvent aussi (et c'est de plus en plus souvent le cas) ne comporter qu'un *effet* économique, qu'une incitation aux opérateurs à orienter leur comportement. Ce sont les leviers de l'économie. Enfin, l'intervention publique peut passer par la constitution d'opérateurs du secteur public ou par une politique de prises de participation au capital d'opérateurs privés mûrement réfléchie. Les moyens de l'abstention par définition sont plus délicats à cerner. On peut néanmoins citer l'obligation faite aux autorités publiques de ne pas fausser le jeu concurrentiel par leurs actions ou décisions, ou encore la politique de désengagement de l'État dans les entreprises publiques.

11 **Nécessité d'un perfectionnement du cadre juridique. –** Indéniablement, *les principes d'intervention et d'abstention mériteraient d'être mieux définis et mieux encadrés par le droit.* La frontière entre ces deux principes souffre d'une véritable imprécision, laquelle constitue la principale faiblesse du droit public des affaires. Il revient souvent au juge de dire si telle ou telle réglementation ou action dépasse les limites acceptables de l'interventionnisme, en l'appréciant au regard d'une liberté économique dont l'interprétation est souvent sujette à fluctuations. Mais en même temps et très paradoxalement, ces fluctuations constituent la force du système du droit public des affaires en France, car elles sont à l'origine de la très grande longévité du mode de fonctionnement des relations entre l'administration et les opérateurs économiques, la dialectique du principe d'abstention et du principe

d'intervention s'étant accommodée à la fois des périodes interventionnistes et des périodes libérales.

Cependant, une réflexion sur le juste équilibre entre ces principes, traduisant l'idée d'un État régulateur, doit être menée. Cette réflexion pourrait passer par une recherche sur le thème des obligations de l'État vis-à-vis du marché. Aussi bien le principe d'intervention que le principe d'abstention reposent aujourd'hui sur un pouvoir discrétionnaire des autorités publiques quant au choix de l'action. Elles ont la faculté d'intervenir, mais elles en ont rarement l'obligation. Or on a dit que l'État était appelé à jouer un rôle de préservation du marché, de garant de son fonctionnement et de gardien de son caractère concurrentiel. Cette évolution appelle irrémédiablement la définition d'obligations d'action et la détermination précise des événements qui les déclenchent.

Une redéfinition juridique des principes d'intervention et d'abstention en dehors des libertés économiques qui les sous-tendent constituerait sans doute une étape marquante du droit public des affaires. En effet, si l'on résume la situation actuelle, on se rend compte que les autorités publiques peuvent choisir n'importe quel type d'instrument juridique pour contraindre l'opérateur économique (réglementation, mécanisme d'autorisation préalable, incitation fiscale, aide, sanction, institution d'une autorité de marché à champ d'intervention large, etc.) et que le mécanisme ainsi mis en place est seulement jugé au regard de l'atteinte plus ou moins importante qu'il comporte pour les libertés économiques. Peut-être faudrait-il que le droit encadre les situations dans lesquelles tel ou tel instrument peut être utilisé, qu'il évalue les différentes obligations que cet instrument peut mettre à la charge des opérateurs, etc. Peut-être faudrait-il aussi que le droit détermine avec précision quelles sont les caractéristiques que doit revêtir une profession ou un marché pour faire l'objet d'un encadrement par la puissance publique. Surtout, quand faut-il que l'autorité publique intervienne sur l'économie, quels sont les événements qui doivent placer l'administration en situation de compétence liée pour faire usage de ses instruments ?

SECTION III — SPÉCIFICITÉS DU DROIT PUBLIC DES AFFAIRES

12 **Confrontation entre le modèle français et le modèle communautaire. –** La spécificité la plus marquante de l'analyse du droit public des affaires reste la confrontation de plus en plus vive entre le modèle français et le modèle communautaire. Lorsque les autorités publiques sont en situation d'administration de l'économie, le droit français admet assez largement les réglementations contraignantes imposées aux opérateurs économiques. Le principe semble être celui d'un interventionnisme rationalisé. Le droit communautaire est fondé sur le principe inverse, fortement imprégné d'une doctrine libérale. En droit communautaire, comme on le verra, chaque contrainte économique doit d'abord être fondée sur un objectif précis, contrôlé, et ne tenant pas à des considérations

économiques. Ensuite, les moyens utilisés par l'autorité publique doivent être strictement proportionnés à l'objectif à atteindre. En droit français, l'appréciation est beaucoup plus souple et l'on s'assure seulement que le mécanisme institué n'entrave pas une liberté économique. Lorsque les personnes publiques créent des opérateurs économiques publics, le droit communautaire est encore plus rigoureux. Il porte une contestation du statut public des entreprises publiques, voire même de l'actionnariat public. Quant à la politique d'ouverture des réseaux à la concurrence, on peut dire qu'elle a véritablement bouleversé le modèle français reposant jusqu'alors sur un opérateur à statut public, verticalement intégré et détenteur d'un monopole national. Enfin, il n'est nul besoin de s'étendre, en matière de collaboration entre autorités publiques et opérateurs économiques, sur la confrontation perpétuelle entre le droit communautaire de la commande publique et les textes français. L'un des enjeux majeurs du droit public des affaires dans les années à venir sera précisément de s'adapter au modèle communautaire, à moins que l'Union européenne n'adopte elle-même un modèle d'administration de l'économie plus continental et moins anglo-saxon.

13 **Intérêt général économique. –** La deuxième spécificité du droit public des affaires est précisément son fondement, sa raison d'être, qui tient à ce que la préservation et la direction de l'économie constituent des composantes de l'intérêt général. C'est l'intégration de préoccupations et d'impératifs économiques dans l'intérêt général qui génère une branche économique du droit public et qui justifie l'intervention des pouvoirs publics. On a en effet pu constater que le Conseil d'État qualifiait, par exemple, les règles de la concurrence de « but d'intérêt général »[2] et qu'il avait jugé que « l'existence d'une situation de concurrence effective sur le marché » était « d'intérêt public »[3]. Le motif économique *peut* ensuite constituer un motif régulier d'une décision administrative[4], ou d'une loi de validation[5]. Dans certains cas il *doit* constituer le motif d'une décision administrative[6]. En droit français, le développement économique a même été érigé en service public[7].

Comme toutes les composantes de l'intérêt général en droit français, les impératifs économiques doivent être conciliés avec d'autres intérêts ou objectifs. Par exemple, à propos de la détermination du nombre de licences accordées dans le cadre d'une profession réglementée, le juge administratif a pallié la carence des textes sur ce point en décidant que les autorités « doivent fixer ce nombre en tenant

2. CE 10 avr. 2002, *Somatour*, *CMP* 2002, n° 148, note Ph. DELELIS, *JCP* G 2002, I, p. 169, note S. BRACONNIER.

3. CE 21 févr. 2005, *Fédération nationale UFC Que Choisir*, n° 277442.

4. Voir le recensement effectué par G. CLAMOUR, *JCP* A 2007, n° 44-45. CE 10 mai 1985, *SA Boussac Saint-Frères*, *Rec.* p. 145, *AJDA* 1985, p. 434, concl. CAZIN D'HONINCTHUN, *RFDA* 1986, p. 74, note H.-G. HUBRECHT et G. MELLERAY ; CE 30 déc. 1998, *Sté laitière Bellevue*, *Rec.* p. 777 ; CE 2 juill. 1999, *Cne Volvic*, *RFDA* 1999, p. 1185, note R. HOSTIOU ; CE 6 févr. 2006, *Cne Lamotte-Beuvron*, *AJDA* 2006, p. 775, concl. C. DEVYS. Dans certains cas, le motif économique est strictement interdit CE Sect. 25 janv. 1991, *Brasseur*, *JCP* G 1991, II, 21654, note J. MOREAU, *RFDA* 1991, p. 372 : pas de limitation du commerce ambulant pour préserver les commerçants sédentaires.

5. CC n° 96-375 du 9 avr. 1996.

6. En matière d'aides locales, il a été jugé que l'opération bénéficiant d'une garantie devait répondre à un intérêt général économique (CE 5 mars 1997, *Ville de Nice*, n° 169753).

7. CE 25 janv. 2006, *Cne de la Souche*, n° 284878.

compte, sous le contrôle du juge de l'excès de pouvoir, des besoins de la population, des conditions générales de la circulation publique et des équilibres économiques de la profession »[8]. Lors de l'examen de la légalité du décret sur l'occupation des plages à titre économique, ont été conciliés la protection du littoral, les intérêts économiques et le développement du tourisme[9].

C'est aussi l'opération de conciliation des diverses composantes de l'intérêt général, dont l'intérêt du développement économique, qui légitime certaines atteintes au bon fonctionnement du marché, au nom d'autres impératifs d'intérêt général. C'est aussi la dimension supérieure d'un intérêt général économique qui distingue le droit public du droit privé des affaires. Au-delà de l'intérêt des opérateurs économiques et des relations qu'ils entretiennent entre eux, il existe un intérêt supérieur, qui est celui de l'économie tout entière, lui-même devant être concilié avec d'autres composantes de l'intérêt général. Pour simplifier, on peut dire que le droit privé des affaires règle les relations entre opérateurs économiques et que le droit public des affaires manifeste cette dimension supérieure.

La difficulté tient alors essentiellement à ce que le droit communautaire n'admet pas que l'intervention publique puisse être fondée sur des motifs économiques de direction du marché. La tradition libérale exclut le motif économique des considérations d'intérêt général. Par exemple, dans la procédure d'infraction qui avait été lancée contre la France[10] à propos de la réglementation française sur l'urbanisme commercial, la Commission estimait que celle-ci était fondée en grande part sur des considérations économiques et n'était pas justifiée et proportionnée aux objectifs d'intérêt général poursuivis. Des motifs de politique économique ne peuvent être invoqués pour fonder l'institution d'une action spécifique au moment de la privatisation d'une entreprise publique[11]. Des objectifs économiques ne peuvent constituer des raisons d'ordre public, au sens de l'article 52, TFUE susceptibles de justifier des atteintes aux grandes libertés économiques protégées par le Traité[12]. Des considérations *d'ordre public économique*, comme la régulation ou la protection d'un marché ou d'une catégorie d'opérateurs, ne peuvent constituer des raisons impérieuses d'intérêt général en droit communautaire[13]. Très paradoxalement, la Cour a admis à plusieurs reprises que les États membres étaient légalement en droit d'utiliser les entreprises, notamment du secteur public, en tant qu'« instrument de politique économique »[14]. C'est même précisément l'objet de l'article 106 § 2 TFUE, prévoyant une exemption des règles du Traité en faveur des entreprises chargées d'un service d'intérêt économique général. Dès lors, ni l'Europe ni la

8. CE 27 juin 2007, *Synd de défense des conducteurs du taxi parisien*, *DA* août-sept. 2007, n° 129, note M. Bazex et S. Blazy.

9. CE 14 avr. 2008, *Fédération nationale des plages restaurants*, n° 298810.

10. Comm. UE 13 déc. 2006, communiqué IF/06/1794.

11. CJCE 2 juin 2005, *Commission c/Italie*, aff. C-174/04.

12. CJCE 26 avr. 1988, *Bond van Adverteerders*, aff. C-352/85 ; CJCE 25 juill. 1991, *Gouda*, aff. C-288/89.

13. Motifs de nature économique CJCE 5 juin 1997, *Ypourgos Ergasias*, aff. C-398/95, lutte contre la concurrence déloyale des entreprises de bâtiment à main-d'œuvre moins onéreuse, CJCE 25 oct. 2001, *Finalarte Sociedade de Construçao Civil*, aff. C-49/98.

14. CJCE 19 mars 1991, *France c/Commission*, aff. C-202/88, point 12 et CJCE 23 oct. 1997, *Commission c/France*, aff. C-159/94, point 55.

France ne pourront faire l'économie d'une réflexion sur l'existence d'un intérêt général économique justifiant l'action des pouvoirs publics, sauf à faire perdre aux États désireux d'orienter leur économie les moyens de leur politique.

14 **Absence d'autonomie. –** La troisième spécificité du droit public des affaires est précisément qu'il est de moins en moins autonome par rapport aux autres branches du droit public[15]. Le juge administratif interprète et applique les libertés économiques comme d'autres libertés publiques. Sont applicables en droit public des affaires les droits et libertés traditionnels du droit public, comme le principe d'égalité, la transparence, la liberté contractuelle, le droit de propriété. Le raisonnement adopté par le juge administratif en présence de faits économiques ne diffère pas véritablement de ce que l'on rencontre en droit administratif général, si ce n'est que le juge administratif appréhende parfois les considérations économiques à l'aide de concepts propres à l'analyse économique. Il s'agit là d'une appréciation quelque peu particulière de motifs de fait, mais s'insérant dans un raisonnement plus global propre au droit administratif. Enfin, la marge de manœuvre plus large que l'on attribuait parfois à l'administration en matière économique est en voie de résorption, le juge administratif s'inscrivant depuis quelques années dans la voie d'un renforcement de son contrôle[16].

SECTION IV PLAN DE L'OUVRAGE

15 **Trois parties. –** Aux trois situations des personnes publiques vis-à-vis des opérateurs économiques correspondent les trois parties de cet ouvrage. Seront abordées successivement la régulation de l'économie (Partie I), la participation au marché (Partie II) et la collaboration avec les opérateurs économiques (Partie III).

15. Sur ce thème très discuté en doctrine, voir C. CHAMPAUD, « Contribution à la définition du droit économique », *D.* 1967, chron. p. 215 ; B. CUBERTAFOND, « Pour une approche du droit : l'exemple du DPE », *Rev. adm.* 1982, p. 499, « Du droit au mythe : l'exemple du droit économique français », *Rev. adm.* 1988, p. 541 ; A. DE LAUBADÈRE, « Existe-t-il un droit administratif économique ? », *RD prosp.* 1976, p. 1 ; R. SAVY, « La notion de droit économique en droit français », *AJDA* 1971, p. 132 ; D. TRUCHET, « Réflexions sur le droit économique public en droit français », *RDP* 1980, p. 1009 ; G. VEDEL, « Le droit économique existe-t-il ? », *Mél. Vigneux*, 1981, p. 767 ; G. VLACHOS, « Le droit public économique, branche du droit public », *RRJ* 1999, p. 1293.

16. CE 27 juin 2007, *Synd. de défense des conducteurs du taxi parisien*, *DA* août-sept. 2007, nº 129, note M. BAZEX et S. BLAZY, interprété comme le passage à un contrôle normal dans le domaine économique. Voir également par exemple, en matière de sanctions professionnelles, le Conseil d'État a finalement opéré une généralisation du contrôle normal sur la proportionnalité de la sanction par rapport au manquement professionnel constaté, dans l'arrêt de section du 22 juin 2007, ARFI, *RFDA* 2007, p. 1199, concl. GUYOMAR.

BIBLIOGRAPHIE

S. BERNARD, *Droit public économique*, Litec, coll. Objectif Droit, 2009 J.-Y. CHÉROT, *Droit public économique*, Economica, 2e éd., 2007 M. CLIQUENNOIS, *Droit public économique*, Ellipses, 2001 F. COLIN, *Droit public économique*, Gualino, 2005 J.-P. COLSON et P. IDOUX, *Droit public économique*, LGDJ, 5e éd., 2010 P. DELVOLVÉ, *Droit public de l'économie*, Dalloz, 1998 G. ECKERT, *Droit public des affaires*, Montchrestien, coll. Focus droit, 2001 Y. GAUDEMET, *Traité de droit administratif*, t. IV, LGDJ H.-G. HUBRECHT, *Droit public économique*, Cours, Dalloz, 1997 J. KERNINON, *Droit public économique*, Montchrestien AES, 1999 D. LINOTTE et R. ROMI, *Droit public économique*, Litec, 7e éd., 2012 M. LOMBARD (dir.), *Régulation économique et démocratie*, Dalloz, 2006 B. DU MARAIS, *Droit public de la régulation économique*, Presses de Sciences Po et Dalloz, coll. Amphi, 2004 A.-S. MESCHERIAKOFF, *Droit public économique*, PUF, 1996 R. MOULIN et P. BRUNET, *Droit public des interventions économiques*, LGDJ, 2007 L. RAPP et Ph. TERNEYRE (dir.), *Lamy Droit public des affaires*, 2011 F. SERVOIN, *Droit administratif de l'économie*, PUG, 2e éd., 2001 G. VLACHOS, *Droit public économique français et européen*, Armand Colin, 2e éd., 2005.

PREMIÈRE PARTIE
LA RÉGULATION DE L'ÉCONOMIE

16 **Position de l'administration. –** L'objet de cette première partie est d'aborder le premier type de relations que l'administration est susceptible d'entretenir avec le monde économique. L'administration est en position d'autorité extérieure au marché et cherche à l'administrer. L'administration agit en tant qu'autorité publique visant à orienter, soutenir, contraindre, protéger ou encore modeler les opérateurs économiques agissant sur le marché. On peut regrouper ces différents moyens d'action sous le terme de régulation au sens large.

17 **Définition de la régulation. –** Le terme régulation[1] peut s'appliquer, selon nous, soit à une mission générale de l'État vis-à-vis de l'économie (régulation générale, c'est l'intitulé du titre retenu pour cette partie), soit à la mission d'autorités de marché indépendantes agissant dans un secteur donné (régulation sectorielle)[2]. L'idée d'un État régulateur au sens large repose sur la notion de régulation, fondée, d'une part, sur les objectifs de cette fonction et, d'autre part, sur les modalités spécifiques d'intervention des autorités ayant en charge une mission de

1. Parmi la très abondante littérature sur cette question, voir J.-L. SILICANI, « Demain l'État régulateur », *Les Échos*, 16 févr. 2000, B. LASSERRE, « Régulation mode d'emploi », *Sociétal* n° 30 2000, p. 77 ; M. COLLET, « La création des autorités administratives indépendantes : symptôme ou remède d'un État en crise ? », *Regards sur l'actualité* n° 330, 2007, M.-A. FRISON-ROCHE, « La victoire du citoyen-client », *Sociétal* n° 30, p. 49, « Définition du droit de la régulation économique », *D.* 2004, chron. p. 126. Voir également « La régulation : monisme ou pluralisme », Colloque DGCCRF du 25 mars 1998, *LPA* 10 juill. 1998, n° 82 ; L. COHEN-TANUGI, « Une doctrine pour la régulation », *Le Débat*, n° 52, nov. 1988 ; L. BOY, « Réflexion sur le droit de la régulation », *D.* 2001, p. 3031 ; G. TIMSIT, « Les deux corps du droit, essai sur la notion de régulation », *RFDA* 1996, p. 375 ; S. BRACONNIER, « La régulation des services publics », *RFDA* 2001, p. 43 ; P. SABLIÈRE, « Libres propos sur les notions de réglementation, tutelle et régulation dans les rapports entre les pouvoirs publics et les entreprises publiques », *CJEG* 1997, p. 1 ; *Régulation économique et démocratie*, (dir.) M. LOMBARD, Dalloz, 2006 ; *Les régulations économiques : légitimités et efficacités*, (dir.) M.-A. FRISON-ROCHE, Dalloz-Presses de Sciences Po, 2004 ; A. DELION, « Notion de régulation et droit de l'économie », *Annales de la régulation de l'Université Paris I Panthéon-Sorbonne*, n° 1, LGDJ, 2006 ; L. CALENDRI, *Recherche sur la notion de régulation en droit administratif français*, LGDJ, coll. Thèses, 2009 ; R. RAMBAUD, *L'institution juridique de la régulation. Recherche sur les rapports entre droit administratif et théorie économique*, Th. Paris I, 2011.

2. Ces autorités seront abordées au sein de cette partie, *infra*, n° 111 et s.

régulation. On prend le parti explicite et assumé de ne pas limiter la notion de régulation à certains secteurs et à certaines autorités. Les modalités spécifiques d'intervention sont un panel de prérogatives allant de la réglementation *a priori* aux décisions particulières, sanctions ou règlements des conflits *a posteriori*. Parmi les objectifs assignés à la fonction de régulation, on retient en premier lieu l'impératif de contrôle du respect des libertés économiques afin que le marché puisse produire tous les effets que l'on attend, mais aussi, en second lieu, l'objectif de rétablir l'équilibre des pouvoirs ou de rééquilibrer les forces en présence, soit par des interventions préventives, soit par la mise en place d'un mécanisme répressif. L'État régulateur se singularise par le fait qu'il agit à tous les stades du processus économique, en amont du marché pour en préserver les lois fondamentales, au sein des opérations économiques (régulation de la structure des opérateurs, régulation de la concurrence entre opérateurs), ou en aval pour réprimer certains comportements. L'État régulateur utilise tous les leviers de l'action économique : incitation, orientation, contrainte, limitation, prescription, sanction, soutien, contrôle. L'État régulateur ne relève ni de la philosophie libérale, car il reste très présent dans le monde économique, ni de la philosophie interventionniste en ce que ses actions sont limitées et visent à rester discrètes mais efficaces.

18 **Enjeu.** – La fonction de régulation de l'économie doit être appréhendée juridiquement à travers deux questions simples. Pourquoi ? Cette question renvoie aux motifs légitimant l'intervention de l'État sur l'économie. Comment ? Cette question vise à circonscrire les différents moyens d'action de l'État ainsi que ses différentes prérogatives.

19 **Plan.** – Seront successivement abordés, d'une part, le cadre juridique de la régulation (Titre I) et, d'autre part, l'expression même de la régulation (Titre II).

TITRE 1
LE CADRE DE LA RÉGULATION

20 **Plan. –** L'encadrement de l'État dans sa fonction de régulation procède d'abord de l'inscription de son action dans une doctrine économique dominante. Il n'est pas inutile de retracer l'histoire du rôle de l'État dans l'économie afin de mieux percevoir sa place actuelle (Chapitre I). Ensuite, la légalité des prérogatives de l'État est toujours appréciée au regard de l'atteinte qu'elles portent aux libertés économiques consacrées par les sources du droit public des affaires (Chapitre II). Enfin, l'État s'exprime à travers des institutions ayant une vocation économique plus ou moins marquée (Chapitre III).

CHAPITRE I
HISTOIRE DU RÔLE DE L'ÉTAT DANS L'ÉCONOMIE

21 **Intérêt d'une étude historique. –** L'histoire du rôle de l'État dans l'économie représente un facteur explicatif incontestable des évolutions du droit public des affaires. L'État français oscille entre une tradition interventionniste et des poussées libérales. Après que ces deux tendances se sont pendant longtemps succédées, émerge depuis quelques années une sorte de compromis entre ces deux doctrines, matérialisé par une nouvelle figure de l'État. Tantôt *libéral*, tantôt *interventionniste*, l'État est désormais *régulateur* au sens large du terme. Le terme de régulation prendrait alors un sens nouveau, celui d'une figure moderne d'administration de l'économie, par opposition aux anciennes figures d'État, libéral puis interventionniste, et manifeste une sorte d'équilibre trouvé entre ces deux tendances.

22 **Plan. –** La Monarchie d'Ancien Régime a initié un mouvement de maîtrise de l'économie par la puissance publique. Un véritable État ne peut en effet véritablement se construire en ignorant le monde économique à la fois objet de domination et source de revenus[1]. C'est probablement le *colbertisme* qui a initié en France une tradition d'interventionnisme dont elle ne s'écartera jamais complètement. Mais l'héritage colbertiste est plus nuancé qu'il n'y paraît de prime abord (Section I). De la Révolution à l'issue de la Première Guerre mondiale, la bourgeoisie triomphante a conquis la liberté économique et entend la préserver face aux incursions de l'État. C'est une période de libéralisme économique (Section II). L'État libéral ne doit jouer aucun rôle (incitatif ou restrictif) sur le jeu du marché et s'en trouve réduit à ses fonctions essentielles, notamment régaliennes. L'État est cependant appelé à protéger le bon fonctionnement du marché, ce qui infirme d'ores et déjà l'idée d'un État minimal. Dès l'issue de la Première Guerre mondiale marquée par la nécessité d'une reconstruction et plus encore lors de la crise économique des années 1930 manifestant les insuffisances du libre jeu du marché, l'État est appelé à jouer un rôle de direction de l'économie, d'incitation et de gestion de la conjoncture économique, prérogatives réunies au service d'un État interventionniste

1. On peut notamment citer la pratique de l'emprunt royal accompagné de l'institution d'un monopole au profit d'une banque, garanti par le Roi.

(Section III). Cette économie administrée se traduit notamment par une réglementation des professions, par des vagues de nationalisations ou par une politique de planification. À partir du milieu des années 1980, on parle « d'interventionnisme libéral » pour caractériser l'idée d'une synthèse entre les deux conceptions précédentes du rôle de l'État, appelé à préserver, garantir, stabiliser le libre jeu du marché plus qu'à en diriger l'évolution. Plus qu'à une synthèse, c'est probablement à une révélation du rôle de l'État que l'on assiste, matérialisant la figure de l'État régulateur du marché (Section IV).

SECTION I L'HÉRITAGE COLBERTISTE

23 **Interventionnisme originel. –** Sous l'Ancien Régime (notamment à partir du règne de Louis XIV), l'activité économique offre au souverain l'occasion de se parer de ses attributs les plus classiques, notamment pour ce qui est de l'émission de la monnaie ou de la levée d'impôts. La puissance publique contrôle les activités économiques et édicte une réglementation particulière les concernant. Pour ce qui est, à cette époque, de la participation même à l'économie, on ne peut pas parler véritablement de l'apparition d'un secteur public. Les célèbres manufactures ou autres exploitations coloniales relèvent plutôt d'une association du Roi et d'entrepreneurs bénéficiant de véritables privilèges (monopole, réglementation avantageuse, etc.). On peut sans doute affirmer que si le colbertisme engage la France dans une tradition interventionniste légitimant le rôle de l'État dans l'économie, il est aussi à l'origine de la réaction libérale de la Révolution. Toutefois, un examen minutieux de l'évolution du rôle de l'État tout au long de la période de l'Ancien Régime révèle que l'ensemble des caractéristiques du modèle français de régulation de l'économie apparaissent déjà à cette époque.

24 **Construction d'une politique interventionniste. –** Colbert (1619-1683)[2] s'illustre par une très longue collaboration avec Louis XIV, qui lui permet de réformer la justice, l'industrie et le commerce. Mettant en œuvre les idées de son temps, il postule que la puissance politique, militaire et économique d'un pays repose sur la masse monétaire dont il dispose. L'essor de la production économique n'est pas un but en soi, mais le moyen d'asseoir la gloire du roi et de l'État. Après un siècle de guerres civiles, de révoltes et cinquante ans de conflit extérieur, une impulsion industrielle est nécessaire. Celle-ci ne peut être menée que par l'État, qui est le seul à pouvoir développer une politique unifiée et cohérente face aux corps intermédiaires. À cette époque, l'idée d'une croissance économique globale fait défaut : pour accroître ses richesses, un État doit puiser celles de ses voisins et donc mener une politique d'exportation compétitive de matériaux de grande qualité. Cette politique va reposer sur la constitution de la première véritable administration

2. Les développements qui suivent sur l'Ancien Régime sont empruntés à Ph. MINARD, *La fortune du colbertisme. État et industrie dans la France des Lumières*, Fayard, 1998.

économique : l'inspection des manufactures, dont les commis sillonnent le royaume dès 1669. Au niveau central est créé un Bureau du commerce en 1770, au sein duquel s'élabore toute la politique industrielle et commerciale de l'Ancien Régime. Tous les attributs d'un État régulateur de l'économie sont réunis dès cette époque : l'administration poursuit à la fois un objectif de réglementation, mais constitue aussi un outil d'amélioration de la connaissance du tissu économique du royaume et de statistique, de centralisation des informations, en même temps qu'elle installe des agents chargés du contrôle du respect des règles. Au fil du temps, ces agents deviennent de véritables experts économiques. La direction du bureau du commerce par Fagon dès 1726 marque la montée en puissance de cette administration : son réseau est très étendu et elle s'inscrit alors dans un réglementarisme soutenu.

L'encadrement réglementaire omniprésent au XVIIIe siècle trouve son fondement dans une idéologie très particulière. La France doit résister face à la production étrangère à la fois sur son propre territoire et vis-à-vis des États vers lesquels elle exporte ses marchandises. Dès lors, seule une production d'une extrême qualité est susceptible de satisfaire ce projet. Le libre marché est suspecté d'obéir à des forces déséquilibrantes de rivalités commerciales tirant la qualité vers le bas. La demande n'est nullement considérée comme ayant une action régulatrice. Dès lors, le déploiement d'une politique de la qualité justifie un encadrement institutionnel très développé ainsi que le contrôle de son respect. La police économique de l'Ancien Régime vise à établir des conditions de concurrence identiques pour tous les opérateurs en imposant de strictes règles de qualité uniformes.

25 **Déploiement de l'ensemble des missions d'une administration moderne de régulation de l'économie. –** Le rôle de l'administration ne s'arrête pas à la production réglementaire, au contrôle et à la sanction. Les inspecteurs de Colbert assurent aussi une mission d'instruction des fabricants, voire même une mission de conciliation en cas de conflits entre professionnels. Ils sont aussi chargés de faire remonter l'information économique au niveau central. Les statistiques économiques jouent en effet un rôle clé dans l'amélioration de la connaissance de la production nationale (et donc de la faculté contributive des agents économiques), mais constituent surtout une aide à l'élaboration de la politique économique. Le rôle de l'administration édifiée par Colbert inclut aussi une large part d'action incitative et de soutien envers les fabricants et les marchands, allant jusqu'à exercer des missions plus techniques d'encouragement à l'utilisation et à l'importation de nouveaux procédés.

26 **Contestation libérale. –** Toute la seconde moitié du XVIIIe siècle est le théâtre d'une querelle entre libéraux et réglementaires, tant dans le domaine alimentaire (faut-il abolir la police des grains ?) que dans le domaine manufacturier. L'administration du commerce est elle-même sous l'empire d'une profonde fracture doctrinale entre les tenants des deux idéologies. La revendication libérale de l'époque est issue de deux courants, celui des physiocrates de Quesnay (1694-1774) et celui des premiers critiques du colbertisme, réunis autour de Vincent de Gournay

(1712-1759), Intendant du commerce[3] qui inspira ensuite Turgot. L'intervention réglementaire et la politique économique de la monarchie sont sévèrement attaquées, au nom des libertés économiques et de la libre concurrence. Le rejet de la réglementation de l'économie repose sur plusieurs types d'arguments. Les premiers sont strictement pratiques et matériels et sont ceux des fabricants et commerçants : la réglementation facteur d'uniformité empêche la production de s'adapter à la demande et à la diversité des fournitures en matières premières, autant que les divers contrôles constituent une perte de temps et d'argent. Les seconds sont plus théoriques. L'administration est accusée de porter atteinte au droit de propriété en agissant en dehors de son domaine légitime d'intervention. La liberté du commerce est conceptualisée comme une liberté fondamentale de l'homme, ce qui conduira de Gournay[4] à déclarer que « l'intérêt et la concurrence, les deux agents les plus puissants du commerce, sont plus efficaces que l'inspection et le règlement », puis à sa suite Turgot[5] (1727-1781) à affirmer que « les citoyens ont des droits, et des droits sacrés » et l'intervention de l'État doit protéger « leurs propriétés et leur liberté » et non gêner le commerce. Mais cette fin de XVIIIe siècle n'est pas dépourvue d'ambiguïté, en ce que le maintien de la réglementation trouve aussi de fervents défenseurs, notamment parmi les marchands et négociants, que la police des comportements économiques protège contre la fraude et la tromperie sur la qualité par l'édiction de standards. De ce point de vue, la postérité n'a rien inventé : la France oscille déjà entre l'aspiration à la liberté économique et la revendication d'une protection économique étatique.

Cette revendication libérale se traduit par une véritable mutation de l'administration économique, dont la Révolution cassera probablement l'élan. De 1749 à 1776, les Trudaine père et fils, Directeurs du Commerce, lorsque de Gournay est Intendant du commerce, vont initier un mouvement d'assouplissement réglementaire et d'atténuation des contrôles. Leur programme vise une libéralisation générale du commerce et une déréglementation de la production manufacturière. L'objectif poursuivi est alors d'une étonnante modernité. Ainsi que le rappelle Ph. Minard[6], « ce libéralisme n'implique pas pour autant un État manchot, bien au contraire. Son action est double : elle est tout d'abord d'impulsion. (...) Ensuite, une fois la croissance lancée, il doit veiller au maintien des équilibres fondamentaux (...). L'État libéral (...) est un État régulateur, un État horloger, qui donne le coup de doigt nécessaire pour rétablir l'équilibre quand les plateaux de la balance s'écartent trop ». L'État conserve un rôle d'orientation économique. Mais les résistances réglementaires empêchent ces projets d'aboutir. La nomination de Turgot au ministère en 1774 aurait pu concrétiser un véritable tournant libéral, mais ses tentatives de réformes en 1776 le précipitent en disgrâce.

3. S. MEYSSONNIER, *La balance et l'horloge. La genèse de la pensée libérale en France au XVIIIe siècle*, Édition de la Passion, 1989 ; J.-C. PERROT, *Une histoire intellectuelle de l'économie politique (XVII-XVIIIe siècle)*, Éditions de l'EHESS, 1992.

4. *Traité sur le commerce traduit par Josiah Child et Remarques inédites*, Tokyo, 1983.

5. « Fondation », 1757, in *L'encyclopédie* de DIDEROT et d'ALEMBERT, *Écrits économiques*, Calmann-Levy, 1970.

6. *La fortune du Colbertisme. État et industrie dans la France des Lumières*, préc., p. 317 et 318.

Son successeur, Necker, n'est pas un libéral. Mais paradoxalement, ses réformes vont autoriser plus de libéralisme dans l'organisation économique de la France. En 1779 est adopté un « régime intermédiaire » entre la stricte exécution des règlements et la liberté limitée. Les produits peuvent soit relever d'un régime de fabrication réglementée, soit être fabriqués en dehors de toute norme fixée autoritairement. Necker encourage aussi la mutation qui affecte le corps des inspecteurs dans le développement de leurs nouvelles missions d'incitation économique et de conseils aux professionnels.

27 **Corporatisme. –** L'organisation économique de l'Ancien Régime est marquée par un fort corporatisme. Il est fondé sur un privilège, les marchands ou fabricants peuvent s'organiser en corps, doté d'une organisation propre, de prérogatives particulières et, surtout, de la faculté de négocier avec le pouvoir royal les intérêts de la corporation. Le corporatisme ne doit pas être confondu avec la réglementation : le premier autorise l'édiction de règlements particuliers par lesquels la profession s'auto-administre, la seconde renvoie à un corps de règles concernant de manière globale les caractéristiques des produits manufacturés et les conditions des échanges commerciaux. Si la fin du XVIIIe siècle est marquée par le rejet de la réglementation, les professionnels restent cependant attachés aux corporations jusqu'à leur abolition.

28 **Vote du 27 septembre 1791. –** En 1791, la Constituante va anéantir l'ensemble de l'organisation économique de l'Ancien Régime. Pourtant, la suppression de l'une des caractéristiques les plus marquantes de cette organisation relève plus de l'accident historique que de la réforme réfléchie. La suppression des corporations par la loi Le Chapelier du 14 juin 1791 et l'affirmation de la liberté économique par le décret d'Allarde (voir ci-dessous) des 2 et 17 mars laissaient subsister la réglementation car la nouvelle liberté professionnelle ne s'exerce qu'à la « charge de se conformer aux règlements » (art. 7 du décret). L'un des attributs essentiels de l'organisation économique de l'Ancien Régime a ainsi subsisté jusqu'en septembre. Loin de tout supprimer, le projet proposé aux constituants, alors sur le point de se séparer, visait à réorganiser l'administration de l'économie. Mais le vote du 27 n'intervient que sur les articles de suppression des institutions existantes : assemblées de négociants, administration centrale, inspecteurs. La réorganisation n'est pas réalisée. L'État français n'édicte plus de règlements, ne diligente plus de contrôle, ne dispose plus d'inspecteurs. Le vide se comble alors au niveau local, par la possibilité admise aux institutions locales d'édicter une réglementation.

29 **Héritage. –** Ces longs développements consacrés à l'Ancien Régime visent à démontrer que les caractéristiques du modèle français sont présentes dès que l'État s'est intéressé à la maîtrise de son économie. Elles ne sont pas le fruit d'une lente évolution historique, le résultat d'un compromis économique hérité des années 1980 (époque considérée comme celle du passage à l'État régulateur, voir ci-dessous), mais elles constituent en quelque sorte les racines mêmes de la conception du rôle de l'État dans l'économie. Le compromis du milieu des années 1980 doit probablement s'interpréter comme une mise en œuvre moderne et durable de l'esquisse dessinée pendant les quelques décennies ayant précédé la Révolution. Surtout, la particularité française est acquise et peut se résumer de la manière

suivante : le rôle de l'État dans l'économie est le fruit de l'association entre une ancienne tradition interventionniste et un puissant courant libéral.

SECTION II LE LIBÉRALISME ÉCONOMIQUE

30 **Doctrine économique libérale.** – On cite souvent l'œuvre principale d'A. Smith (1723-1790, *Richesse des nations*) comme un des textes fondateurs[7] du libéralisme économique. Il y prône que la conjonction de libertés réalise l'intérêt général, sans intervention étatique[8]. La sphère économique fonctionne par autorégulation, ce qui rend l'intervention de l'État inutile, voire même nuisible.

31 **Rôle de l'État.** – Même le libéralisme le plus absolu ne peut effacer la présence d'un l'État garant. L'État doit se contenter de maintenir l'ordre, mais cela implique nécessairement qu'il est conduit à protéger les libertés sur lesquelles se fonde le libéralisme. Ainsi que l'exprime G. Burdeau[9] dans sa définition du libéralisme, « il faut donc laisser jouer la loi du marché aussi bien quant aux salaires que quant aux conditions de travail. Certes, il y a lutte, mais l'État ne doit y participer qu'en tant que spectateur exclusivement soucieux de faire respecter la règle du combat qui est la liberté présumée de tous les protagonistes. Et comme la liberté ne peut s'exercer que dans l'ordre, il assure la police (...). Dans l'État libéral, les obligations positives du pouvoir tendent à assurer aux individus un maximum de liberté ». Il en ressort que, dès l'origine, l'intervention de l'État comme garant et protecteur de l'économie est légitimée.

32 **Traduction juridique des principes libéraux.** – La période révolutionnaire marque un tournant en ce que les principes du libéralisme économique vont être traduits juridiquement. Est appliquée au domaine économique la liberté générale de l'article 4 de la Déclaration des droits de l'homme. Ainsi, l'article 7 de la loi des 2-17 mars 1791, appelée décret d'Allarde, dispose qu'« à partir du 1er avril prochain, il sera libre à toute personne de faire tel ou tel négoce ou d'exercer telle profession, art ou métier qu'il trouvera bon ». La loi Le Chapelier du 14 juin 1791 abolit les corporations, mais surtout aussi l'arsenal de prérogatives qu'elles s'étaient attribuées : édiction de règlements couvrant leurs domaines d'intervention, organisation de la profession, fixation des prix.

7. En réalité, A. Smith opère une synthèse d'idées approchées par d'autres auteurs comme François Quesnay, John Locke, William Petty, David Hume, Turgot ou encore Richard Cantillon, mais en réalise un ensemble cohérent, purgé de certaines erreurs.

8. « Sans aucune intervention de la loi, les intérêts privés et les passions des hommes les amènent à diviser et à répartir le capital d'une société entre tous les différents emplois qui y sont ouverts pour lui, dans la proportion qui approche le plus possible de celle que demande l'intérêt général de la société » (*Richesse des nations*, IV, VII, 3).

9. *Le libéralisme*, Éditions du Seuil, 1979, p. 168.

33 **Période de libéralisme économique. –** Le XIXe siècle en France est une période de libéralisme triomphant. Néanmoins, la bourgeoisie qui en profite appelle l'État à jouer pleinement son rôle de gardien, de garant des risques des affaires et de protection du libre jeu des lois du marché. La IIIe République marque aussi l'émergence d'un État providence dont on sait que s'il n'agit pas principalement dans le domaine économique, il emporte tout de même organisation d'activités qui deviendront économiques (réseaux de transport, services publics industriels et commerciaux). L'extension d'un secteur public est néanmoins contenue par la jurisprudence initiale du Conseil d'État sur le socialisme municipal, qui enferme l'initiative publique dans des conditions très strictes (circonstances exceptionnelles)[10].

34 **Relation de l'État à l'économie. –** L'action de l'État sur l'économie au XIXe siècle continue d'emprunter au registre du siècle précédent en ce qu'elle est encore fondée sur des prérogatives de police. Le bon ordre économique contribue au maintien de l'ordre public en général, ainsi que l'exprime Guizot[11] : « le premier résultat que le gouvernement doit rechercher à atteindre, c'est le maintien constant, permanent, de l'ordre matériel, de la tranquillité matérielle de la société. L'ordre matériel peut être troublé par le défaut d'emploi de la population laborieuse ». La rupture avec l'Ancien Régime se situe à un autre niveau. La réglementation économique s'adresse à une nouvelle forme de société, individualiste, purgée de ses corps intermédiaires. L'intervention de l'État s'inscrit dorénavant dans une relation bilatérale entre l'État et l'opérateur économique. On touche ici, l'une des spécificités du modèle français de régulation de l'économie. L'intervention de l'État se manifeste par la confrontation de normes générales (par ex. le Code de commerce de 1807) avec des libertés économiques individuelles reconnues au citoyen. Un autre trait marquant de la continuité avec le régime précédent réside dans l'action protectionniste de l'État[12] jusqu'en 1914, manifestée notamment par sa politique douanière. L'État s'illustre aussi par un certain nombre de grands travaux, destinés à unifier le territoire et à satisfaire des préoccupations sociales et de défense nationale.

Il convient tout de même de noter, ainsi que le démontre P. Rosanvallon[13], que l'action de l'État sur l'économie tout au long du XIXe siècle ne s'inscrit pas dans le cadre d'une véritable économie politique. Pour les économistes libéraux, la politique doit incontestablement être économique. Pour certains hommes politiques, l'économie ne peut éclairer la politique que sur des points particuliers[14]. « Le bouleversement de la conception du rôle de l'État par l'économie ne s'opère que beaucoup plus tard. C'est pourquoi il est préférable de ne parler pour le XIXe que d'interventions à incidence économique, le rôle de l'État étant toujours prioritairement rapporté à des fonctions d'ordre social »[15]. Cependant, des réseaux s'établissent

10. CE 29 mars 1901, *Casanova, Rec.* p. 333, S. 1901, III, p. 73, note M. HAURIOU.

11. *Histoire parlementaire de la France*, Paris 1863, t. 1, p. 126-128.

12. P. ROSANVALLON, *L'État en France de 1789 à nos jours*, Éditions du Seuil, 1990, p. 209 et s., à qui on emprunte les développements qui suivent.

13. *L'État en France de 1789 à nos jours*, préc. p. 217.

14. GUIZOT, *Histoire parlementaire*, t. 5, p. 132.

15. P. ROSANVALLON, *L'État en France de 1789 à nos jours,* Éditions du Seuil, coll. Points, 1990, p. 218.

entre l'État et l'économie et les membres de grands corps (Mines, Ponts, Polytechnique, etc.) commencent à envisager une véritable action d'impulsion économique.

La doctrine fustige l'amalgame des intérêts économiques et de la chose publique. Ainsi, Hauriou[16] établit une distinction entre l'utilité publique et ce qui doit rester privé. L'utilité publique est conçue comme composante de l'idée directrice ou d'entreprise qui anime l'institution administrative. « L'utilité publique doit être définie par ce qui est public, par opposition à ce qui est privé. Les intérêts privés même de forme collective sont essentiellement d'ordre économique. (...) les intérêts publics, même d'ordre collectif, sont au contraire, des intérêts à caractère politique, c'est-à-dire touchant à ce qu'on peut appeler, au sens large, la police de la cité. Sans doute la prospérité économique rentre dans la police de la cité. Mais elle y rentre en tant qu'elle est une garantie du bon ordre et du développement social ». « Ressortit à l'utilité publique, cette part des intérêts communs aux membres d'une collectivité qui touche à la police de la cité et garde un caractère politique, alors même qu'il lui est donné satisfaction en favorisant la prospérité économique ». Hauriou conçoit la sphère économique comme une limite à l'idée d'entreprise poursuivie par les administrations publiques. Mais l'interdiction de pénétrer la sphère économique n'est pas absolue. Est citée l'affaire *Chambre du commerce en détail de Nevers* (voir ci-dessous) et les entreprises publiques existantes justifiées soit par leur utilité publique (chemins de fer, mines, etc.) soit par leur caractère fiscal.

SECTION III L'ÉTAT INTERVENTIONNISTE

35 **Doctrine interventionniste. –** Les opérateurs économiques et les citoyens découvrent la crise économique des années 1930, théorisée par la doctrine économique avec l'idée de « cycles ». L'État se voit alors investi d'une nouvelle fonction, celle de protéger les individus contre la crise. Il n'assume plus seulement un rôle de protecteur ou de garant du marché, mais doit désormais accomplir sa fonction à l'aide de véritables mesures d'intervention destinées à en corriger les effets.

Cet interventionnisme s'appuie en partie sur le keynésianisme (J.-M. Keynes, 1883-1946), qui postule l'action anticyclique des pouvoirs publics. En période de récession l'État peut mener une politique contra-cyclique, en injectant des capitaux dans le circuit économique grâce aux dépenses publiques, injections qui relanceront l'économie. La main visible de l'État remplace la main invisible du marché.

36 **Entre-deux-guerres. –** La période d'entre-deux-guerres prépare le tournant de 1945 du point de vue de la conception par l'État de son rôle dans l'économie, en ce que l'idée d'une économie organisée par les pouvoir publics voit véritablement le

16. *Précis de droit administratif et de droit public*, Sirey, 12e éd., 1933, p. 59 et s ; note sous TC 9 déc. 1899, *Association syndicale du Canal de Gignac*, *S.* 1900, 3, p. 49.

jour. Dès 1919, bien que minoritaire, le ministre du Commerce et de l'industrie exprime cette évolution : son ministère « doit orienter l'activité du pays dans le sens le plus favorable aux intérêts généraux ; arbitre légal des conflits inévitables entre banches diverses de la production et du commerce, il devra indiquer aux industriels, aux commerçants ou plutôt aux gouvernements qui les représentent, le plan général suivant lequel ils doivent diriger leurs efforts pour que l'action des particuliers vienne aider et non entraver celle de l'État. Une nation doit avoir (...) un programme, un plan d'action dans l'ordre économique, programme établi avec méthode et réalisé avec persévérance »[17]. La crise de 1929 va jouer un rôle amplificateur de cette nouvelle conception des relations entre l'État et son économie. P. Rosanvallon[18] identifie deux courants de pensée en faveur d'une économie administrée : d'une part des technocrates polytechniciens constatent que l'intervention de l'État est inéluctable dans une économie complexe et, d'autre part, des syndicalistes encouragent l'adoption d'un plan économique, qui représente pour eux une transition vers le socialisme.

37 **Économie politique. –** L'économie devient un bien collectif géré par les gouvernants, s'appuyant d'abord sur les idées de Keynes, qui inspira la plupart des politiques des pays développés durant les « Trente Glorieuses » (1940-1970).

Ainsi que le souligne P. Rosanvallon[19], « l'économie cesse d'être considérée comme un donné, pour être appréhendée comme un construit. La transformation du rôle économique de l'État qui s'opère à partir de cette période [1945] trouve là son origine. Ce n'est pas l'État qui évolue lui-même, comme si son nouveau mode d'intervention économique n'était qu'une conséquence de la redéfinition plus globale de son rapport à la société : c'est bien plutôt la redéfinition de l'économie qui amène l'État à s'adapter. La croissance, l'emploi et le pouvoir d'achat ne sont plus compris comme des résultats et des soldes ; ils deviennent des objectifs. D'où la notion, fondamentale, de politique économique : elle traduit le projet d'un rapport volontariste et articulé à la conjoncture. L'économie est perçue comme un système de variables et de flux à optimiser. C'est une rupture considérable avec les visions du passé. Pour les économistes libéraux classiques du XIXe siècle, la notion artificialiste de politique économique ne pouvait être que vide de sens puisque tous les ajustements étaient censés être régis par les lois « naturelles » de l'équilibre. (...) Si l'économie est considérée comme un système de variables et de flux à optimiser, elle constitue du même coup un objet pour l'action ».

Le courant d'interventionnisme économique s'appuie aussi sur une ferme volonté modernisatrice, plus spécifiquement française. L'élan modernisateur va aussi jouer un rôle unificateur entre les diverses forces politiques qui s'accordent sur ce point, élément qui permet sans doute d'expliquer pourquoi la tradition interventionniste transcende les clivages politiques jusque dans les années 1980. En effet, l'intervention de l'État est présentée comme une véritable nécessité face à des opérateurs économiques considérés en 1945 comme ayant « failli ». Puis, la construction européenne prend le relais de la reconstruction du pays pour justifier l'indispensable intervention de l'État. Le lancement de grands projets (Airbus, Concorde, électronucléaire, TGV, etc.) transcende aussi les clivages politiques, en ce que ces réalisations manifestent directement et concrètement l'action de l'État en

17. E. CLÉMENTEL, *Rapport général sur l'industrie française, sa situation, son avenir*, Paris, 1919, t. 1, p. XX.
18. *L'État en France de 1789 à nos jours,* préc. p. 236.
19. *L'État en France de 1789 à nos jours,* préc. p. 250 et 251.

faveur de sa population. L'encadrement de l'administration par une élite technocratique ayant tout à gagner d'une forte tradition interventionniste, imprégnée des idées keynésiennes, ferme la boucle en quelque sorte.

38 **Manifestations.** – En France, le dirigisme économique apparaît dès la fin de la Seconde Guerre mondiale. L'État interventionniste met en œuvre sur des prérogatives destinées à encadrer le marché, l'orienter, le diriger, voire le réglementer et le contraindre. Il s'agit d'une véritable administration de l'économie. Même si l'interventionnisme économique s'appuie plus facilement sur le socle idéologique des gouvernements de gauche, on remarque qu'il fut aussi l'apanage de gouvernements de droite, jusque dans le milieu des années 1980. En deux ans (1945-1946), l'État devient le principal investisseur du pays et s'engage dans la planification. Deux facteurs de mutation du rôle de l'État doivent être soulignés. En premier lieu, les destructions matérielles de la Seconde Guerre mondiale sont beaucoup plus importantes que celles que la France avait subies lors du premier conflit mondial, appelant l'intervention de l'État. En second lieu, la vision du rôle de d'État est profondément modifiée. Les mouvements de Résistance ont dénoncé les grandes féodalités capitalistes, les partis de gauche sont moins hostiles à l'idée d'un État-patron et surtout, les idées keynésiennes pénètrent l'élite des jeunes fonctionnaires technocrates[20].

Les *prérogatives* interventionnistes de l'État passent d'abord par les outils traditionnels que sont la loi et le règlement, mis au service d'une réglementation de l'économie. Se situent en première place les mesures dirigistes d'encadrement d'un marché particulier (régime pétrolier en 1928, par exemple) ou d'une profession. Y figurent également des mesures encore plus contraignantes dont l'exemple le plus typique reste la réglementation générale des prix de 1945 (ordonnance n° 45-1483 du 30 juin 1945 sur les prix). Il ne faut pas négliger les effets plus indirects de la réglementation, comme la pression financière opérée sur les entreprises par le contrôle des prix ou la politique d'aides publiques composant une part importante de l'investissement dans l'industrie par exemple.

L'encadrement institutionnel repose d'abord sur la construction d'un puissant ministère de l'Économie et des Finances (à partir de 1918[21]). Après la Seconde Guerre mondiale, apparaissent des établissements publics industriels sous le nom d'offices, servant une politique de dirigisme économique dans certains secteurs (Office de l'azote, du tourisme, du Niger, du blé, etc.)[22]. Ils avaient pour mission de gérer certaines activités ou de réguler certains marchés agricoles (en achetant par exemple des produits invendus à des « prix d'intervention »). Beaucoup plus tard, ils connaîtront un nouvel essor avec la loi du 6 octobre 1982 relative à la création d'offices d'intervention dans le secteur agricole. Les chambres de commerce jouent aussi un rôle important dans l'accompagnement aux entreprises et la gestion de grands équipements stratégiques (ports et aéroports). Sont également créées les premières autorités administratives indépendantes, ou autorités de marché, ayant une

20. P. ROSANVALLON, *L'État en France de 1789 à nos jours,* préc. p. 244.

21. Date à laquelle le ministère de la Reconstruction devient un véritable ministère de l'Économie nationale chargé de l'approvisionnement de la Nation. Il subira encore une importante réforme en 1978.

22. P. DELVOLVÉ, *Droit public de l'économie*, Dalloz, 1998, n° 24.

mission globale de contrôle de certains marchés. On peut citer la Commission de contrôle des banques, ancêtre de la Commission bancaire (1941). Le Conseil de la concurrence (ordonnance n° 86-1243 du 1er décembre 1986) succède lui-même à la Commission de la concurrence (1977), étant précisé que l'idée d'un contrôle des pratiques anticoncurrentielle est encore plus ancienne puisque dès 1953 est instituée une Commission technique des ententes.

L'État affiche une véritable *vision* de l'économie et cherche à *l'orienter* plus qu'à simplement l'administrer. Cela repose d'abord sur la mise en place d'institutions destinées à lui offrir une meilleure connaissance des marchés et des consommateurs (création des services d'information économiques comme l'INSEE en 1946). La direction de l'économie passe par la création de nouveaux instruments statistiques et méthodologiques. L'État se dote d'instruments de simulation, de projection et les catégories du PIB ou du PNB sont utilisées. L'orientation de l'économie passe aussi par un vaste mouvement de planification. L'idée d'un plan permettant de mieux maîtriser la conjoncture émerge dès le XIXe siècle, mais le premier plan français date de 1946, sous l'influence de Jean Monnet. La même année est créé le Commissariat général au Plan. Mais il faut relativiser l'idée d'un véritable pilotage de l'économie par le Plan. Emblème d'une véritable transformation du rôle de l'État, la dimension de la planification reste plus symbolique que réellement opérationnelle.

Un vaste *secteur public* se constitue. Non seulement l'autorité publique administre l'économie, mais elle y participe également par le biais d'opérateurs publics. L'État devient entrepreneur par la création d'entreprises publiques, notamment issues de trois importantes vagues de nationalisation (1936, 1945, 1981, n° 686 et s.). Le secteur public illustre l'idée selon laquelle seul l'État est à même de satisfaire certains besoins ou de réaliser les investissements nécessaires aux reconstructions d'après-guerres. La vague de nationalisations de 1945 relève d'un consensus politique. De Gaulle explique dans son discours d'Alger du 14 juillet 1943 que « la Nation saura faire en sorte que toutes les ressources économiques de son sol et de son Empire soient mises en œuvre, non d'après le bon plaisir des individus, mais pour l'avantage général ». L'existence d'opérateurs publics situés aux points névralgiques de l'économie permet aussi aux pouvoirs publics de mener de véritables politiques macro-économiques en fixant le prix des transports et de l'énergie et en pilotant la politique du crédit par le contrôle des grandes banques.

39 **Relais juridique. –** Le droit public s'est pleinement approprié cette nouvelle facette de l'État, en définissant ses principes d'intervention et en encadrant son action. Dans la Constitution de 1946 d'abord, dont le préambule (alinéa 9) consacre les nationalisations d'inspiration interventionniste. Le juge administratif offre ensuite une certaine légitimité à l'interventionnisme et s'attribue le contrôle des mesures édictées. Dans l'arrêt *Monpeurt* de 1942[23], rendu à propos des comités d'organisation des industries du verre, le Conseil d'État juge qu'en « raison des circonstances qui nécessitaient impérieusement l'intervention de la puissance

23. CE Ass. 31 juill. 1942, *Monpeurt*, *Rec.* p. 239, *D.* 1942, p. 138, concl. SÉGALAT, note P.C., *JCP* 1942, II, 2046, concl. SÉGALAT, note P. LAROQUE, *RDP* 1943, p. 57, concl. SÉGALAT, note R. BONNARD.

publique dans le domaine économique, la loi du 16 août 1940 a aménagé une organisation provisoire de la production ». Cette activité constitue un service public et lesdits comités (qui ne sont pas des établissements publics) édictent de ce fait des actes administratifs. La jurisprudence du Conseil d'État sur le socialisme municipal s'assouplit, offrant un domaine d'action à l'initiative publique (CE Sect. 30 mai 1930, *Chambre syndicale du commerce en détail de Nevers*)[24]. Une activité aussi régalienne que la gestion de son domaine public par une collectivité publique s'ouvre à l'idée d'une valorisation économique[25]. Surtout, les activités économiques des personnes publiques ne relèvent pas exclusivement d'une gestion privée sur laquelle le juge administratif et le droit administratif n'auraient aucune prise, ainsi qu'en témoigne le service public industriel et commercial dont l'organisation relève du droit public (TC 16 janvier 1968, *Époux Barbier*)[26]. Enfin, la législation économique concernant la réglementation des prix (CE Sect. 16 novembre 1962, *Syndicat intercommunal d'électricité de la Nièvre*[27]), des échanges extérieurs (CE 28 février 1947, *Cie Réunionnaise P. Ratinaud*[28]) ou des changes (CE 30 juillet 1949, *Gluckberg*[29]) s'appuie sur un ordre public économique renforcé qui autorise une application immédiate et générale des décisions publiques en matière économique. Ces quelques constatations ne doivent pas occulter le travail constant du juge administratif en faveur du principe de la liberté du commerce et de l'industrie, principe éminemment libéral, que le juge a concilié avec certains impératifs plus interventionnistes sans jamais toutefois le reléguer à un second plan, même durant cette période d'interventionnisme de l'État (*infra*, n° 69 et s.).

SECTION IV L'ÉTAT RÉGULATEUR

40 **Recul de l'État interventionniste. –** Au milieu des années 1970, la croissance s'essouffle et les théoriciens keynésiens sont incapables d'y apporter un remède. On redécouvre quelque peu les théories de Hayek (contemporain de Keynes), selon lesquelles les décisions de l'État viendraient surtout perturber celles des opérateurs économiques et aggraver les effets de la crise. En France, l'alternance politique de 1986, marquant le retour de la droite au pouvoir, sert de déclencheur à un vaste mouvement de désengagement de l'État, marqué par une vague de privatisations (*infra*, n° 617 et s.) et de déréglementation, dont l'exemple le plus

24. *Rec.* p. 583, *RDP* 1930, p. 530, concl. JOSSE, S. 1931, III, p. 73, concl. JOSSE, note R. ALIBERT.

25. CE Sect. 5 mai 1944, *Cie maritime de l'Afrique orientale*, *Rec.* p. 129, *S.* 1945, III, p. 15 et *D.* 1944, p. 164, concl. CHENOT, *RDP* 1944, p. 236, concl. CHENOT, note G. JÈZE.

26. *Rec.* p. 789, concl. KAHN, *RDP* 1968, p. 893, note M. WALINE, concl. KAHN, *AJDA* 1968, p. 225, chron. MASSOT et DEWOST, *CJEG* 1969, J, p. 525, note A.C., *D.* 1969, p. 202, note J.-M. AUBY.

27. *Rec.* p. 612. Voir également CE Sect. 30 nov. 1962, *Sté Entreprise Labalette Frères*, *Rec.* p. 645.

28. *Rec.* p. 437.

29. *Rec.* p. 387. Voir également CE 23 nov. 1956, *Hérail*, *Rec.* p. 448 ; CE 7 oct. 1970, *Pierre Lavigne*, *Rec.* p. 1097.

typique reste l'ordonnance n° 86-1243 du 1er décembre 1986 sur la liberté des prix. On parle alors d'un passage à l'État régulateur.

La question de la datation du tournant « régulateur » ou du recul de l'interventionnisme est essentielle. Au milieu des années 1980, l'État keynésien est en repli dans le monde, du fait de l'essoufflement de la croissance et de l'ouverture des marchés. On a vu par ailleurs que le mouvement interventionniste transcendait les clivages politiques de 1940 à 1980 en ce que chaque tendance a su trouver ses propres raisons d'y adhérer. Mais le passage à un libéralisme rationalisé correspond-il en France à l'alternance de 1986 et le clivage gauche/droite est-il aussi devenu un clivage interventionnisme/libéralisme ? On pourrait répondre que l'arrivée de la gauche au pouvoir en 1981 n'a pas freiné l'évolution vers une libéralisation de l'économie (réforme bancaire de 1984 par ex.)[30]. Mais il nous semble qu'il ne faut pas négliger les facteurs politiques et que le consensus des années 1940-1980 n'existe plus. La conception du rôle de l'État dans l'économie est aujourd'hui beaucoup plus politisée qu'elle n'a pu l'être. Les partis de gauche réclament des nationalisations et le retour à un véritable dirigisme, alors que les partis de droite s'inscrivent plus volontiers dans un libéralisme encadré.

41 **Influence du droit communautaire. –** L'Europe s'est construite sur de solides principes libéraux, lesquels vont venir peu à peu s'opposer à certaines manifestations de l'État interventionniste. La politique économique n'est pas une compétence de l'Union. L'article 120 TFUE prévoit seulement que les États membres conduisent leur politique économique en vue de contribuer à la réalisation des objectifs de l'Union. Il est toutefois fait référence à l'économie de marché où la concurrence est libre. Parmi les compétences partagées entre l'Union et les États (art. 4 TFUE), on trouve la « cohésion économique, sociale et territoriale ». La référence à la cohésion économique ne saurait toutefois habiliter l'Union à développer une véritable direction de l'économie. Seul l'établissement de la règle de concurrence fait partie des compétences exclusives de l'Union (art. 3 TFUE). Les traités fondateurs instituent surtout de grandes libertés économiques destinées à assurer un marché commun et c'est essentiellement à partir de l'interprétation faite de ces libertés que l'Union va exercer sa contrainte libérale sur les mesures de politique économique prises par les États.

Le libéralisme de la construction communautaire est aussi particulièrement flagrant en matière d'ouverture des grands réseaux à la concurrence, à partir des années 1990 (*infra*, n° 344 et s.). Le droit communautaire ne reconnaît pas l'existence d'un intérêt général économique légitimant juridiquement des mesures interventionnistes. Les services d'intérêt économique général (SIEG) ou l'utilisation faite de l'intérêt général n'ont pas de vocation généralisée à assurer le fondement juridique d'un interventionnisme étatique, mais jouent comme des exceptions aux règles du Traité, exceptions aux conditions d'interprétation strictes (art. 106 § 2 TFUE). Cependant, l'article 14 TFUE, dans sa rédaction issue du Traité

30. P. ROSANVALLON, *L'État en France de 1789 à nos jours*, préc. p. 267 : « le déclin de l'intervention économique de l'État a été permanent à partir de 1983. Il n'a correspondu à un mouvement de fond qui n'a été que superficiellement affecté par l'alternance politique, même si celle-ci a pu accentuer certaines évolutions ou continuer à multiplier les mesures symboliques ».

de Lisbonne, confirme la place des SIEG dans les valeurs communes de l'Union. L'Union et les États veillent à leur fonctionnement sur la base de principes et dans des conditions qui leur permettent d'accomplir leur mission. Désormais, est confirmée la compétence des États membres pour fournir, faire exécuter et financer ces services. Le droit communautaire adopte par ailleurs une conception large de la notion d'activité économique et d'entreprise, ce qui s'oppose à la définition d'un domaine d'action privilégié de l'initiative publique, et ne définit aucune place particulière en faveur de l'opérateur public. Les aides publiques sont prohibées (art. 107 TFUE), les États doivent aménager les monopoles (art. 37 TFUE), supprimer les droits exclusifs, etc. Plus qu'un accommodement du rôle de l'État français dans l'économie, le droit communautaire impose une véritable remise en cause. Les prérogatives de l'État sur l'économie ne sont pas interdites, mais doivent être redéployées et réévaluées.

42 **Nouvelle perception de l'action de l'État. État régulateur. –** À partir du milieu des années 1980, on parle « d'interventionnisme libéral » pour caractériser l'idée d'une synthèse entre les deux conceptions précédentes du rôle de l'État, appelé à préserver, garantir, stabiliser le libre jeu du marché plus qu'à en diriger l'évolution. On remarque toutefois que loin d'être une manifestation d'« interventionnisme libéral », le nouveau rôle de l'État renoue plutôt avec la conception la plus originelle du libéralisme qui n'a jamais totalement refusé toute intervention à l'État. Quoi qu'il en soit, effet de mode oblige, on utilise plus généralement le terme d'« État régulateur ».

L'idée d'un État régulateur repose sur une définition intermédiaire de la notion de régulation (*supra*, n° 17), fondée d'une part sur les objectifs de cette fonction et d'autre part sur les modalités spécifiques d'intervention des autorités ayant en charge une mission de régulation. Les modalités spécifiques d'intervention sont un panel de prérogatives allant de la réglementation *a priori* aux décisions particulières, sanctions ou règlements des conflits *a posteriori*. Parmi les objectifs assignés à la fonction de régulation, on retient en premier lieu l'impératif de contrôle du respect de la liberté de la concurrence afin que le marché puisse produire tous les effets que l'on attend, mais aussi, en second lieu, l'objectif de rétablir l'équilibre des pouvoirs ou de rééquilibrer les forces en présence, soit par des interventions préventives, soit par la mise en place d'un mécanisme répressif.

43 **Prérogatives et interventions de l'État régulateur. –** L'État régule par petites touches l'économie et on le conçoit moins en terme de « place » qu'au regard de ses modalités d'action (réglementations, décisions particulières, sanctions, règlements des conflits). Il intervient tout d'abord en amont du processus économique pour organiser un marché sensible ou prévenir les atteintes aux lois du marché. Il agit ensuite au sein du processus économique pour contrôler la structure du marché, son accès ou assurer son bon fonctionnement. Il engage des mesures de soutien à certains marchés ou catégories d'opérateurs. Enfin, en aval du processus économique l'État organise des sanctions infligées aux opérateurs ayant méconnu les règles de la concurrence (sur l'ensemble de ces interventions, voir le Titre II de la présente partie). Certains analysent l'émergence d'un État régulateur comme le signe d'un recul de l'État. Il nous semble que loin d'opérer un repli, l'État organise plutôt un redéploiement de ses prérogatives. Il n'y a pas moins de réglementation économique, moins de contrôle, mais tout simplement une réglementation conçue

différemment ou un contrôle confié à diverses entités, non soumises à la hiérarchie des ministères, qui n'en demeurent pas moins rattachées à l'État.

Même si l'ouverture des réseaux à la concurrence s'accompagne d'une multiplication des autorités sectorielles de marché à partir des années 1990, ce qui fait parfois figure de modèle emblématique de l'État régulateur, celui-ci ne se résume nullement à celles-là. De même, les grands principes organisant l'ouverture des réseaux à la concurrence (*infra*, n° 344 et s.), à savoir la séparation de l'autorité de réglementation, de l'autorité de régulation et des opérateurs sur le marché, l'accès des tiers au réseau, la présence d'une régulation sectorielle, la définition d'un service universel et son financement, s'ils illustrent eux aussi admirablement bien les prérogatives et montrent les objectifs d'une régulation économique, n'épuisent pas le rôle de l'État régulateur.

44 **Relais juridique. –** Comme les autres figures de l'État, celle de l'État régulateur évolue dans un cadre juridique qui devient de plus en plus précis. S'agissant de l'opérateur public, F. Mitterrand expose en 1988 sa doctrine du « ni... ni... », pour « ni privatisation, ni nationalisation », offrant par là même un minimum de stabilité au secteur public. Le Conseil d'État a été conduit beaucoup plus récemment à définir la légalité de l'intervention de l'opérateur public avec précision, en lui attribuant une place complémentaire et non plus subsidiaire par rapport aux opérateurs privés, dans son arrêt d'assemblée du 31 mai 2006 *Ordre des avocats au barreau de Paris*[31]. S'agissant des prérogatives d'encadrement de l'économie, il apparaît que l'action de l'État ne peut plus s'apprécier au seul regard des atteintes éventuellement portées aux libertés économiques (chapitre 2). L'appréciation qui en ressort est nécessairement imprécise, le juge sanctionnant les « atteintes », voire la « dénaturation » de ces libertés. Deux facteurs commandent que la grille d'analyse soit refondée. En premier lieu, le modèle communautaire impose que l'État définisse d'abord avec précision quel objectif d'intérêt général il poursuit, puis ensuite que les mesures prises demeurent strictement proportionnelles à cet objectif. En second lieu, l'émergence d'un droit public de la concurrence a montré qu'il était possible de véritablement « calibrer » l'action de l'État à chaque stade du processus concurrentiel, puis a imposé que l'on définisse avec précision quelle devait être la marge d'action de l'État (Dans quelle mesure doit-il prévenir une atteinte à la concurrence ? Quand porte-t-il atteinte à la concurrence ? Quand doit-il sanctionner les opérateurs ?). Le raisonnement tenu par le juge administratif permet de mieux évaluer l'impact d'une mesure publique sur le marché et conduit nécessairement à mieux l'encadrer[32]. Ces évolutions devraient permettre d'appréhender autrement l'action de l'État sur l'économie, en contrôlant plus précisément son champ d'action, ses motifs et les mesures prises pour atteindre les objectifs fixés.

31. *Rec.* p. 272, *BJCP* 2006, n° 47, p. 295, concl. CASAS ; *AJDA* 2006, p. 1592, chron. LANDAIS et LENICA ; *JCP* A 2006, 1133, note F. LINDITCH, *CP-ACCP* n° 59, oct. 2006, p. 78, note L. RENOUARD ; *Dr. adm.* août 2006, n° 129, note M. BAZEX ; *Contrats et marchés publics*, juill. 2006, comm. 202, note G. ECKERT, *RLC* 2996, n° 641, note G. CLAMOUR, *Contrats, conc., consomm.* 2006, comm. 188, obs. F. ROLIN.

32. Sur toutes ces questions, S. NICINSKI, *Droit public de la concurrence*, LGDJ, coll. Systèmes, 2005.

45 **Perspectives.** – L'État régulateur doit désormais être appréhendé par le droit à l'aide de nouveaux instruments. En premier lieu, le droit doit circonscrire son champ d'action en précisant quelles sont les prérogatives de l'État sur l'accès au marché, sur sa structure, sur son fonctionnement, et quels sont les devoirs de l'État quant à son soutien et quant à la protection de son caractère concurrentiel. En deuxième lieu, le droit doit définir et contrôler les motifs qui vont venir fonder l'action de l'État. En troisième lieu, le droit doit permettre de contrôler l'adéquation entre les objectifs poursuivis et les mesures utilisées.

46 **Crise.** – La crise des années 2007-2008 et le besoin d'État qui a été ressenti vont sans doute amplifier la nécessité de bénéficier d'une vision claire des instruments juridiques de l'État régulateur[33]. Dès la fin de l'année 2006, puis au premier semestre 2007, les États-Unis connaissent un retournement de leur marché immobilier. La crise immobilière se transforme alors en crise financière, puis en crise boursière à l'automne 2008. Ces événements vont initier un double mouvement, de retour de l'État car les États demeurent les seuls garants efficaces et crédibles de l'économie, à une époque où les doctrines libérales semblaient largement l'emporter, et d'action concertée et transnationale. Les pays de la zone euro adoptent ainsi un plan d'action concertée à l'issue du sommet de Paris du 12 octobre 2008, relayé en droit français par la loi n° 2008-1061 du 16 octobre 2008 de finances rectificative pour le financement de l'économie. Cette loi apparaît comme un plan destiné à restaurer les liquidités et la solvabilité des institutions financières. Le volet liquidité crée une société de refinancement[34] visant à relancer le crédit interbancaire. Le volet solvabilité institue une société à capital public de prises de participation dans les banques[35], dont l'action vise à restaurer la situation des institutions financières vis-à-vis des ratios internationaux de solvabilité. L'État actionne sa fonction de soutien au marché, forme d'intervention indirecte, en se portant garant notamment en faveur de ces deux structures pour un montant maximal de 360 milliards d'euros. La crise financière se transformera finalement en crise économique, contraignant la France à adopter un plan de relance plus global, fondé sur un effort d'investissement, qui porte sur 26 milliards d'euros de dépenses réelles.

La loi n° 2008-1443 du 30 décembre 2008 de finances rectificative pour 2008 contient les dispositions fiscales du plan de relance. La loi n° 2009-122 du 4 février 2009 de finances rectificative pour 2009 portant relance de l'économie ouvre les crédits nécessaires en 2009 pour les dépenses de l'État au titre du plan (effort exceptionnel d'investissement de l'État, soutien à

33. R. NOGUELLOU, « La relance et le droit administratif », *DA* janv. 2009, focus 1. ; P. LIGNÈRES et R. LAZAR, « Les outils d'intervention de l'État face à la crise financière », *DA* janv. 2009, p. 43 ; X. DELPECH, « La loi de finances rectificative pour le financement de l'économie », *Dalloz Actualités* 21 oct. 2008 ; M. BAZEX et S. BLAZY, « Le dispositif de réponse à la crise financière », *DA* déc. 2008, n° 170 ; S. NICINSKI, « Le plan de relance de l'économie », *RFDA* 2009, p. 273 ; P. IDOUX, « Le droit public économique vu à travers la crise », *DA* mars 2010, Étude 5 ; M. LOMBARD, « La crise : une parenthèse ? Plutôt un tournant... », *RJEP* janv. 2009, p. 2 ; Actes du Colloque de Grenoble, *Le droit public économique face à la crise économique*, *RFDA* 2010, n° 3.

34. Société de financement de l'économie française (SFEF), mise en sommeil par la loi de finances 2010. La SFEF était considérée par Eurostat comme une administration publique, ce qui avait pour effet d'intégrer la dette émise par cette société dans la dette publique, Cour des comptes, *Les concours publics aux établissements de crédit*, juin 2009.

35. Société de prise de participation de l'État (SPPE).

l'investissement des entreprises et des collectivités territoriales, mesures en faveur du logement et de la solidarité). La loi n° 2009-179 du 17 février 2009 sur l'accélération des programmes de construction et d'investissement publics et privés met en œuvre certaines mesures concrètes du plan : simplification et accélération des procédures en matière de construction, de procédures administratives et de commande publique, habilitation du gouvernement à fixer par ordonnance un régime simplifié d'autorisation des installations classées. Au niveau réglementaire, on ne compte pas moins de neuf décrets, eux-mêmes parfois accompagnés de circulaires. Sont notamment lancés la prime de solidarité active[36], l'aide à l'embauche pour les très petites entreprises[37], le doublement du prêt à taux zéro[38], l'aménagement de règles relatives à l'urbanisme[39] et à la commande publique[40].

Les trois figures de l'État vis-à-vis du monde économique sont finalement mobilisées par le plan. Le plan de relance convoque les prérogatives de l'État administrateur de l'économie, les facilités de l'État opérateur économique et les leviers de l'État demandeur sur le marché, dans sa situation de collaboration avec les opérateurs économiques. Si ces instruments sont classiques, l'usage original qui en est fait conduit à se demander si le plan n'est pas la manifestation flagrante, voire le déclencheur d'une mutation du rôle de l'État vis-à-vis de l'économie, que les juristes percevaient clairement dans l'idée d'un État régulateur, mais dont on ne trouvait pas d'incontestable concrétisation. Le plan de relance de l'économie marque indéniablement l'achèvement de la mutation du rôle de l'État dans l'économie, initiée il y a quelques années. Les principaux acteurs le remarquent (Rapport Marini au Sénat n° 23 sur la loi n° 2008-106 : « la crise marque le retour de l'État ») ou le revendiquent, à l'instar du président de la République dans son discours à Douai le 4 décembre 2008 : « la demande de régulation, de protection, de justice sera plus forte. Un nouvel équilibre s'établira entre l'État et le marché (...) ».

47 **Modèle français d'État régulateur. –** La réponse à la crise permet surtout de mieux cerner la notion d'État régulateur, voire celle de modèle français de régulation de l'économie. « L'État régulateur se singularise par le fait qu'il agit à tous les stades du processus économique, en amont du marché pour en préserver les lois fondamentales, au sein des opérations économiques (régulation de la structure des opérateurs, régulation de la concurrence entre opérateurs), ou en aval pour réprimer certains comportements. L'État régulateur utilise tous les leviers de l'action économique : incitation, orientation, contrainte ou menace de contrainte, limitation, prescription, sanction, soutien, contrôle. L'État régulateur ne relève ni de la philosophie libérale, car il assume et revendique sa présence dans le monde économique, ni de la philosophie interventionniste, en ce que ses actions sont entièrement déterminées par le principe suivant lequel l'efficacité doit être atteinte par la voie la moins

36. Décret n° 2008-1351 du 19 déc. 2008 instituant une prime de solidarité active.

37. Décret n° 2008-1357 du 19 déc. 2008 instituant une aide à l'embauche pour les très petites entreprises.

38. Décrets n° 2008-1365 et 2008-1366 du 19 déc. 2008 relatif aux avances remboursables sans intérêt pour l'acquisition ou la construction de logement en accession à la propriété et modifiant le Code de la construction et de l'habitation.

39. Décret n° 2008-1353 du 19 déc. 2008 prolongeant le délai de validité des permis de construire, d'aménager ou de démolir et des décisions de non-opposition à une déclaration préalable.

40. Décret n° 2008-1355 du 19 déc. 2008 de mise en œuvre du plan de relance économique dans les marchés publics, Décret n° 2008-1356 du 19 déc. 2008 relatif au relèvement de certains seuils du Code des marchés publics.

invasive possible pour les opérateurs économiques. L'action révèle la recherche de la méthode incitative plus que coercitive, le choix de la méthode la moins attentatoire aux libertés économiques. L'État régulateur préfère actionner les leviers de l'économie plutôt qu'encadrer les agents économiques ou les contraindre. L'État libéral est le gardien et le garant au sens figuré du bon fonctionnement du marché, l'État régulateur est de garant au sens propre du fonctionnement tout court du marché et surtout de la confiance dans le fonctionnement du marché »[41].

À partir de ce constat, se dessinent les **grandes caractéristiques** d'un modèle français de l'État régulateur[42]. Du point de vue des **principes**, deux forces se sont toujours opposées en France, la revendication libérale et la tradition interventionniste. Ce n'est pas tant la présence de ces deux forces qui importe, en ce qu'on les retrouve dans d'autres États, mais plutôt leur équivalence. L'idée de forces équivalentes (et non pas agissant en se succédant au cours de différentes phases) nous semble être l'une des clés du modèle français. On a présenté l'histoire du rôle de l'État comme la succession d'une période libérale, puis interventionniste, avant qu'une sorte d'équilibre soit trouvée. En réalité, le modèle initial a oscillé, s'est enrichi, tantôt l'une des forces a prédominé l'autre, mais les principes de base restent les mêmes. Le **champ** de la régulation révèle que celle-ci est omniprésente et que l'intervention balaye chaque étape de la vie économique : réglementation générale, contrôle de l'accès au marché, contrôle de la structure du marché, contrôle du fonctionnement du marché et du comportement des opérateurs économiques (régulation *ex ante* et *ex post*). Les **modalités** de la régulation doivent être nécessaires et proportionnées. C'est la raison pour laquelle l'action s'effectue sous forme de « levier » et privilégie les méthodes indirectes comme l'utilisation des réglementations très générales, économiques ou sociales, au profit d'un but économique.

48 **Contraintes. –** Une série de contraintes pèsent sur l'État régulateur d'aujourd'hui. On ne reviendra pas sur l'existence de la contrainte communautaire. La crise a révélé, si besoin était, un manque de régulation économique communautaire et internationale. Le développement d'institutions et d'instruments de régulation internationale constituera probablement un enjeu majeur de la connaissance des mécanismes du droit public des affaires. Enfin, il existe une contrainte environnementale. La protection de l'environnement ne nous semble pas encore figurer au rang des principes à l'aune desquels le juge administratif contrôle systématiquement les mesures de régulation économique, à l'instar des libertés économiques ou du droit de la concurrence. Pour déclencher une évolution sur ce point, il faudrait presque envisager une inversion des termes du développement durable. L'article 6 de la Charte de l'environnement dispose que « les politiques publiques doivent promouvoir un développement durable. À cet effet, elles concilient la protection et la mise en valeur de l'environnement, le développement économique et le progrès social ». Le développement économique est l'un des trois piliers du développement durable. Il conviendrait plutôt que la notion même de développement économique par la régulation repose lui-même sur trois objectifs à concilier : le respect des libertés

41. S. NICINSKI, « Le plan de relance de l'économie », préc.

42. S. NICINSKI, « Le mode de régulation », Actes du Colloque de Grenoble 2010, « Le droit public économique face à la crise », *RFDA* 2010, p. 735.

économiques et du droit de la concurrence, le progrès social et la protection de l'environnement.

BIBLIOGRAPHIE

P. AMSELEK, « L'évolution générale de la technique juridique dans les sociétés occidentales », *RDP* 1982, p. 275 ▪ J.-Ch. ASSELAIN, *Histoire économique de la France*, 2 tomes, Éditions du Seuil, coll. Points, 1984 ▪ PH. BAUCHARD, *Les Technocrates et le Pouvoir, X-Crise, Synarchie, CGT, Clubs*, 1966 ▪ P. BAUCHET, *Le Plan dans l'économie française*, Economica et Presses de la FNSP, 1986 ▪ *La Planification française du Ier au VIe Plan*, Éditions du Seuil, 1970 ▪ Y. BERNARD, *L'État et la Prévision macro-économique*, Berger-Levrault, 1974 ▪ F. BIDAUX, *Le rôle de l'État et l'Initiative privée dans la reconstruction des régions dévastées*, 1922 ▪ F. BLOCH-LAINÉ, *A la recherche d'une économie concertée*, 1962 ▪ H. BONIN, *Histoire économique de la IVe République*, Economica, 1987 ▪ J. BOUVIER et F. BLOCH-LAINÉ, *La France restaurée, 1944-1954. Dialogue sur les choix d'une modernisation*, Fayard, 1986 ▪ R. BOYER et J. MISTRAL, *Accumulation, Inflation, Crises*, PUF, 1983 ▪ G. BURDEAU, *Le libéralisme*, Éditions du Seuil, coll. Points, 1979 ▪ J.-J. CARRÉ, P. DUBOIS et E. MALINVAUD, *La croissance française*, Éditions du Seuil, 1972 ▪ *État et régulations*, PUL, 1980 ▪ F. CARON, Histoire économique de la France, *XIXe-XXe siècle,* Colin, 1981 ▪ R. CATHERINE et P. GROUSSET, *L'État et l'essor industriel*, 1965 ▪ E. CHADEAU, « Les modernisateurs de la France et l'économie du XXe siècle », *Bull. de l'Institut d'histoire du temps présent*, n° 9, septembre 1982 ▪ E. COHEN et M. BAUER, *Qui dirige les groupes industriels ?*, Éditions du Seuil, 1981 ▪ *Les Grandes Manœuvres industrielles*, Belfond, 1985 ▪ Y. CROISSANT et P. VANETTI, « Les motifs de l'intervention publique », *Cahiers français* n° 313 mars-avril 2003, p. 3 ▪ M. CROZIER, « Pour une analyse sociologique de la planification française », *Revue française de sociologie*, t. IV, vol. 2, 1965 ▪ F. FRIDENSON et A. STRAUS, *Le capitalisme français, XIXe-XXe siècle*, Fayard, 1987 ▪ A. GAURON, *Histoire économique et sociale de la Cinquième République*, t. I, *Le Temps des modernistes*, La Découverte, 1983, t. II, *Années de rêves, Années de crise (1970-1981)*, La Découverte, 1988 ▪ H.-G. HUBRECHT, *Droit public économique*, *Dalloz*, coll. Cours, 1997, p. 17 et s. ▪ P. IDOUX, « Le droit public économique vu à travers la crise », *DA* mars 2010, Étude 5 ▪ B. JOBERT et P. MULLER, *L'État public en action. Politiques publiques et corporatismes*, PUF, 1987 ▪ A. JOURDAN, *Du rôle de l'État dans l'ordre économique*, 1881 ▪ J.-Ph. KOVAR, *L'État et les modes d'organisation du marché*, Th. Strasbourg III, 2005 ▪ R. KUISEL, *Le Capitalisme et l'État en France. Modernisation et dirigisme au XXe siècle*, Gallimard, 1984 ▪ E. LABOULAYE, *L'État et ses limites*, 1865 ▪ A.-S. MESCHERIAKOFF, *Droit public économique*, PUF, 2e éd., 1996, p. 40 et s. ▪ S. MEYSSONNIER, *La balance et l'horloge. La genèse de la pensée libérale en France au XVIIIe siècle*, Édition de la Passion, 1989 ▪ Ph. MINARD, *La fortune du colbertisme. État et industrie dans la France des Lumières*, Fayard, 1998 ▪ S. NORA, « Servir l'État », *Le Débat* n° 40, mai-septembre 1986 ▪ P. PASCALLON, *La Planification de l'économie française*, Masson, 1974 ▪ J.-C. PERROT, *Une histoire intellectuelle de l'économie politique (XVII-XVIIIe siècle)*, Éditions de l'EHESS, 1992 ▪ F. PONTEIL, *Les institutions de la France de 1814 à 1870*,

PUF, 1966 ▪ A. PRATE, *La France et sa monnaie. Essai sur les relations entre la Banque de France et les gouvernements*, Julliard, 1987 ▪ R. PRIOURET, *La Caisse des dépôts. Cent cinquante ans d'histoire financière*, 1966 ▪ E. QUINET et L. TOUZERY, *Le Plan français, mythe ou nécessité*, Economica, 1986 ▪ P. ROSANVALLON, *Le libéralisme économique*, Éditions du Seuil, coll. Points, 1989 ▪ *L'État en France de 1789 à nos jours*, Éditions du Seuil, coll. Points, 1990 ▪ *Le modèle politique français. La société civile contre le jacobinisme de 1789 à nos jours*, Éditions du Seuil, coll. Points, 2004 ▪ « Histoire des idées keynésiennes en France », *Revue française d'économie*, vol. II, nº 4, 1987 ▪ M. WEBER, *Histoire économique*, Gallimard, 1991 ▪ J. ZYSMAN, *L'Industrie française entre l'État et le marché*, Bonnel, 1982.

CHAPITRE II
LES LIBERTÉS ÉCONOMIQUES

49 **Hiérarchie des sources du droit public des affaires. –** L'administration de l'économie passe par tous les canaux habituels de la hiérarchie des normes. Bien que peu prolixe sur l'activité économique, le texte de la *Constitution* pose les fondements des libertés économiques (liberté en général, article 4 de la Déclaration des droits de l'homme, et droit de propriété, article 17 du même texte), en même temps qu'il rend compte des facultés plus interventionnistes des pouvoirs publics (nationalisations de l'alinéa 9 du Préambule de 1946). Certains droits sociaux issus du Préambule de 1946 et plus particulièrement de ses principes politiques, économiques et sociaux (droit de grève, participation des travailleurs à la gestion des entreprises, liberté syndicale, etc.) comportent un impact non négligeable sur la marge de manœuvre dont disposent les autorités publiques pour encadrer les opérateurs économiques. Le texte même de la Constitution de 1958 établit aussi des institutions jouant un rôle particulier en matière économique (comme le Conseil économique, social et environnemental : articles 69, 70 et 71 de la Constitution). Enfin, la liberté d'entreprendre, principe à valeur constitutionnelle, est issue de la jurisprudence du Conseil constitutionnel.

La liste exhaustive des *traités internationaux* ayant un objet économique serait impossible à dresser. Pour n'en citer qu'un, le Traité sur le Fonctionnement de l'Union Européenne pose quatre libertés clés pour l'activité économique : la libre circulation des marchandises, la libre circulation des personnes, celle des services et celle des capitaux. Il définit en outre les règles du droit communautaire de la concurrence. Sur son fondement ont été édictés des actes de droit communautaire dérivé et notamment un ensemble de directives susceptibles d'être imposées aux autorités françaises dans leur fonction d'administration de l'économie.

La définition du domaine de la *loi* (article 34 de la Constitution) n'accorde pas au législateur une compétence de principe en matière économique, mais a placé dans son champ de compétence certains éléments stratégiques (notamment les nationalisations et privatisations, les garanties pour l'exercice des libertés publiques dont fait partie la liberté du commerce et de l'industrie, le régime de la propriété, des droits réels et des obligations civiles et commerciales). Ainsi, les atteintes à l'accès aux activités économiques ou au fonctionnement du marché sont souvent le fait de lois dirigistes.

Au titre des *principes généraux du droit*, une place particulière doit être réservée à la liberté du commerce et de l'industrie, faisant souvent office de référence unique pour apprécier l'ensemble des *mesures réglementaires* d'administration de l'économie.

50 **Choix d'une étude des seules libertés économiques. –** Un travail relativement fastidieux peut être entrepris pour dresser la liste la plus exhaustive de l'ensemble des textes par lesquels les autorités publiques entendent administrer l'économie. Cependant, une telle étude quantitative occulterait l'aspect plus qualitatif de la recherche d'une définition de la marge de manœuvre des autorités administratives dans la direction et l'administration de l'économie. La question fondamentale est en effet de *déterminer quelle est la latitude exacte des pouvoirs publics et de situer cette action sur une échelle allant d'une conception dirigiste de l'économie à une conception libérale*. Pour y répondre, il convient d'analyser l'impact des libertés économiques sur l'action publique, puisque ce sont elles qui vont l'encourager ou, au contraire, la limiter.

Les libertés économiques à vocation générale (Section I), c'est-à-dire couvrant tous les aspects de l'activité économique, se retrouvent à différents niveaux de la hiérarchie des normes. On distingue la liberté d'entreprendre, la liberté du commerce et de l'industrie et les libertés économiques issues du TFUE. Il existe des libertés économiques à vocation plus particulière, comme la liberté de la concurrence (Section II), dont l'impact sur l'action publique est très différent des premières, en ce qu'elle comporte deux dimensions (une dimension verticale impliquant l'autorité publique face à l'opérateur et une dimension horizontale entre opérateurs). Enfin, on dénombre des libertés économiques « par induction », ou « par ricochet », car elles résultent d'une extension de droits et libertés traditionnels dans le domaine de l'activité économique (Section III).

SECTION I LES LIBERTÉS À VOCATION GÉNÉRALE

51 **Notion de liberté à vocation générale. –** On appelle liberté à vocation générale une liberté économique qui couvre tous les aspects de l'activité économique (établissement, organisation, fonctionnement, financement, activité quotidienne, etc.). Plusieurs libertés comportent cette vocation. Elles diffèrent par leur rang dans la hiérarchie des normes (la liberté d'entreprendre a une valeur constitutionnelle alors que la liberté du commerce et de l'industrie est un principe général du droit), ou par leur origine (certaines libertés sont issues du TFUE).

52 **Articulation des libertés à vocation générale. –** Deux options sont envisageables : soit on emboîte les libertés économiques les unes dans les autres, en tentant de déterminer celles dont procéderont les autres ; soit on considère que toutes les

libertés ont une signification et une portée sensiblement équivalentes mais qu'elles n'ont pas la même valeur dans la hiérarchie des normes.

La première conception implique certaines contradictions. Si on considère leurs champs d'application respectifs, la liberté du commerce et de l'industrie est restreinte aux domaines du commerce et de l'industrie, alors que la liberté d'entreprendre recouvrirait un plus grand nombre d'activités, comme les professions libérales. Dès lors, la liberté du commerce et de l'industrie à valeur de principe général du droit ne pourrait être qu'une composante de la liberté d'entreprendre à valeur constitutionnelle[1], mais un contenu ne bénéficiant pas de la valeur juridique de son contenant, ce qui peut surprendre. À l'inverse, l'analyse sémantique des termes (en faisant abstraction de la jurisprudence rendue à leur propos), conduit à conclure que la liberté d'entreprendre se limite à la liberté d'accès aux professions et à la liberté d'établissement. La liberté du commerce et de l'industrie aurait un champ plus large et inclurait tous les stades de l'activité économique, allant de l'établissement à la direction ou la gestion des entreprises (libertés professionnelles). Dès lors, l'analyse sémantique autorise, au contraire, à faire de la liberté d'entreprendre une composante parmi d'autres de la liberté du commerce et de l'industrie[2]. Enfin, les décisions rendues à la fois par le Conseil constitutionnel[3] et le Conseil d'État[4] confèrent le même contenu à la liberté d'entreprendre et à la liberté du commerce et de l'industrie, pouvant être invoquées contre n'importe quelle restriction à l'activité économique.

On retiendra la seconde conception de l'articulation des libertés (en particulier la liberté d'entreprendre et la liberté du commerce et de l'industrie), en vertu de laquelle leurs contenus respectifs tendent à se rapprocher. Elles apparaissent alors chacune comme une sorte de « fédération de principes économiques »[5] recouvrant à la fois la liberté d'établissement ou d'installation (choix du lieu, du moment ou de la durée d'installation), le libre accès des citoyens aux activités professionnelles (lutte contre les interdictions ou les monopoles) ou le libre exercice de la profession (dans la gestion et la direction des entreprises).

§ 1. LA LIBERTÉ D'ENTREPRENDRE

53 **Valeur constitutionnelle.** – La liberté d'entreprendre ne figure pas en tant que telle dans le texte même de la Constitution. Elle a été élevée au rang de liberté à valeur constitutionnelle par la décision du Conseil constitutionnel du 16 janvier 1982, Lois de nationalisation[6] : « les principes mêmes énoncés par la Déclaration des droits de l'homme ont pleine valeur constitutionnelle tant en ce qui concerne le caractère fondamental du droit de propriété (...) ; que la liberté qui, aux termes de l'article 4 de la Déclaration, consiste à pouvoir faire tout ce qui ne

1. Comme l'affirme le Conseil d'État, CE ord. 12 nov. 2001, *Commune de Montreuil-Bellay*, *DA* 2002, n° 41, comm. M. LOMBARD. C'est également le point de vue de P. DELVOLVÉ, *Droit public de l'économie*, Dalloz, 1998, n° 86 et s.

2. En ce sens J.-Ph. COLSON, *Droit public économique*, LGDJ, 3e éd., 2001, n° 71 et s., mais pour une raison différente. Voir également H.-G. HUBRECHT, *Droit public économique*, Dalloz, coll. Cours, 1997, n° 98 et s. et D. LINOTTE et R. ROMI, *Droit public économique*, Litec, 6e éd., 2006, n° 306 et s.

3. Pour une analyse de l'évolution de la jurisprudence du Conseil constitutionnel, G. DRAGO et M. LOMBARD, *Les libertés économiques*, Éditions Panthéon-Assas, 2003 et notamment le chapitre 1.

4. Voir *infra*, n° 63 et n° 74.

5. L'expression est de M. GUIBAL, « Commerce et industrie », *Rép. com. Dalloz*, 2003.

6. CC n° 81-132 DC.

nuit pas à autrui, ne saurait elle-même être préservée si des restrictions arbitraires ou abusives étaient apportées à la liberté d'entreprendre ».

La liberté d'entreprendre constitue probablement aussi un principe général du droit communautaire, ce que l'arrêt d'assemblée du Conseil d'État *Arcelor* laisse supposer[7]. La Charte des droits fondamentaux de l'Union européenne consacre aussi la liberté professionnelle et le droit de travailler (article 15). L'article 16 proclame plus généralement la liberté d'entreprise, mais ne la reconnaît que « conformément au droit communautaire et aux législations et pratiques nationales » (*infra*, n° 76 et s.).

54 **Origine. –** La liberté d'entreprendre est issue d'une combinaison des articles 4 et 17 de la DDH (liberté générale et droit de propriété), permettant de « mettre en lumière ce que les auteurs de la déclaration voulaient inscrire et proclamer : une société politique fondée sur la liberté se traduisant, dans le domaine de l'activité économique, par la libre entreprise, dégagée des corporations et des prescriptions de la puissance publique plaçant ainsi en premier la liberté et en second l'organisation et la réglementation de celle-ci »[8]. La liberté d'entreprendre comporte une liaison originelle avec le droit de propriété, conçu dans une logique libérale comme impliquant des prérogatives économiques. La liberté d'entreprendre est à la fois le complément du droit de propriété, son garant (le droit de propriété ne peut déployer ses effets économiques que si la liberté d'entreprendre est elle-même instituée) et sa conséquence (le droit de propriété emporte des effets économiques).

55 **Querelle sur volonté des rédacteurs de la DDH et rattachement de la liberté d'entreprendre au texte de la DDH par le Conseil constitutionnel. –** La liberté d'entreprendre serait une manifestation de la pensée pré-libérale des premiers auteurs de la Révolution française, dont les écrits et les discours manifestent leur volonté d'asseoir la liberté de disposition des capitaux et la libre entreprise[9]. La construction du texte constitutionnel actuel par référence à la DDH et au Préambule de 1946 comporterait alors des principes antinomiques en matière économique, libéraux pour ceux de 1789 et plus interventionnistes en 1946, comme l'alinéa 9 du Préambule sur les nationalisations. D'autres soutiennent[10] qu'il y a moins d'antinomie qu'il n'y paraît entre la liberté d'entreprendre rattachée à la DDH de 1789 et l'alinéa 9 du Préambule de 1946, d'inspiration interventionniste, d'une part parce que l'alinéa 9, qui puise sa source dans le programme du CNR de mars 1944, était plus conçu comme un moyen de défense envers les grands trusts économiques nuisant aux libertés individuelles que

7. CE Ass. 8 févr. 2007 *Sté Arcelor*, *JCP* A n° 14, 2 avr. 2007, n° 2081, note G. DRAGO. L'arrêt confirme implicitement l'équivalence de protection entre le droit français et le droit communautaire en matière de liberté d'entreprendre.

8. G. DRAGO, « Pour une définition positive de la liberté d'entreprendre », in (dir.) G. DRAGO ET M. LOMBARD, *Les libertés économiques*, préc. p. 29.

9. J.-L. MESTRE, « Le Conseil constitutionnel, la liberté d'entreprendre et la propriété », *D.* 1984, chron. n° 1, en réaction aux critiques du Doyen Savy à l'encontre de la décision du CC du 16 janv. 1982, « La constitution des juges », *D.* 1983, chron. p. 105, par laquelle le « juge constitutionnel [aurait] donné à la France une constitution économique libérale quelques mois seulement après des élections gagnées par la gauche sur la base d'un programme économique récusant largement les mécanismes libéraux ».

10. G. QUIOT, « Service public national et liberté d'entreprendre », in *Le Préambule de la Constitution de 1946*, PUF, 1996, p. 197.

comme un instrument de collectivisation de l'économie et, d'autre part, parce que la liberté d'entreprendre n'est pas conçue en 1789 comme illimitée et absolue[11].

56 **Liberté fondamentale. –** Le Conseil d'État a érigé la liberté d'entreprendre en liberté fondamentale au sens de l'article L. 521-2 du CJA, concernant le référé-liberté[12], dont la liberté du commerce et de l'industrie serait une composante[13]. De même, le libre exercice d'une profession est une liberté fondamentale au sens de cette disposition[14]. Le Conseil d'État a aussi pu utiliser la liberté d'entreprendre pour connaître de restrictions qu'il appréhende habituellement sous l'angle de la liberté du commerce et de l'industrie[15].

57 **Liberté publique. –** La liberté d'entreprendre se conçoit comme une liberté-autonomie dans la tradition de l'idéologie libérale, c'est-à-dire une liberté appartenant à l'homme et dont il doit se protéger contre les incursions de l'État. C'est en ce sens que la liberté d'entreprendre s'analyse sous l'angle d'une relation purement verticale entre l'opérateur économique et les autorités publiques.

A. UNE LIBERTÉ LIMITÉE

58 **Limitations et conciliation. –** Le Conseil constitutionnel a décidé que la liberté d'entreprendre n'est ni générale ni absolue et ne pouvait exister que dans le cadre d'une réglementation instituée par la loi[16]. Le législateur peut y apporter des limitations exigées par l'intérêt général à la condition que celles-ci n'aient pas pour conséquence d'en dénaturer la portée[17]. Aux motifs d'intérêt général viennent ensuite se joindre les exigences constitutionnelles comme justification d'une limitation à la liberté d'entreprendre[18].

Le Conseil constitutionnel opère deux types de contrôles, même si la rédaction de certaines décisions tend parfois à brouiller quelque peu la bonne compréhension du

11. *Contra* R. PELLOUX, « Le préambule de la Constitution du 27 oct. 1946 », *RDP* 1947, p. 398 ; J. RIVERO et G. VEDEL, « Les principes économiques et sociaux de la Constitution : le préambule », *Droit social*, fasc. XXX, 1947, p. 34, pour qui il y aurait une contradiction entre la Déclaration des droits de l'homme, d'inspiration libérale, et les principes plus sociaux de 1946.

12. CE 1er mars 2002, *Bonfils*, *RFDA* 2002, p. 666.

13. CE 12 nov. 2001, *Cne de Montreuil-Bellay*, préc.

14. CE réf. 15 déc. 2005, *Marcon, Rec.* p. 565.

15. CE 26 nov. 2004, *Commune de Wingles* (arrêté d'interdiction de circulation des poids lourds, nº 274226) ; CE 20 avr. 2004, *Joël X.* (retrait d'agrément, nº 266694) ; CE 2 juill. 2003, *Commune de Collioure* (création d'un régime d'autorisations préalables, *AJDA* 2003, p. 2218, note J.-P. MARKUS) ; CE 14 mars 2003, *Commune d'Évry* (fermeture d'un établissement, nº 254827) ; CE 17 déc. 2003, *EURL Ecosphère* (institution d'une nouvelle réglementation technique faisant obstacle en droit ou en fait à la poursuite de l'activité économique d'une entreprise, nº 262471).

16. CC nº 82-141 DC du 27 juill. 1982, à propos de la liberté d'entreprendre et de la liberté de communication.

17. CC nº 283 DC du 8 janv. 1991, loi relative à la lutte contre le tabagisme et l'alcoolisme. Voir aussi CC nº 93-316 DC du 20 janv. 1993, Loi relative à la prévention de la corruption (cons. 30).

18. CC nº 98-401 DC du 10 juin 1998, Loi d'orientation et d'incitation relative à la réduction du temps de travail. CC nº 435 DC du 13 janv. 2000, Loi sur les 35 heures II : pour la première fois le principe de participation des travailleurs est invoqué comme pouvant limiter la liberté d'entreprendre mais le moyen est rejeté au fond.

mécanisme. D'une part, le Conseil contrôle l'absence de dénaturation de la liberté d'entreprendre[19] et parfois se limite à vérifier qu'il n'y a pas de dénaturation « manifeste »[20], ce qui constitue un contrôle restreint. D'autre part, le Conseil contrôle l'absence de disproportion ou d'erreur manifeste dans l'opération de conciliation[21]. Parfois, le Conseil vérifie qu'il n'existe pas de disproportion ou d'erreur, sans exiger qu'elle revête un caractère manifeste, ce qui serait le signe d'un renforcement du contrôle[22].

59 **Conciliation avec un motif d'intérêt général. –** La jurisprudence du Conseil constitutionnel fait état de divers motifs d'intérêt général qui ont pu justifier les atteintes portées à la liberté d'entreprendre, comme la protection de la santé publique[23], l'objectif général de transparence économique[24], la sécurité financière des salariés[25], l'objectif d'intérêt général de sauvegarde de la diversité commerciale des quartiers[26], ou les prescriptions des 10e et 11e alinéas du Préambule de 1946 (droit à la santé, à la sécurité matérielle et à des moyens convenables d'existence)[27]. La protection d'intérêts liés à la préservation de l'ordre public doit aussi être conciliée avec la liberté d'entreprendre[28]. Le Conseil constitutionnel a également admis que l'objectif d'encadrement des conditions de concurrence entre opérateurs quels que soient leur taille ou le statut juridique des personnes qui y travaillent constitue un motif d'intérêt général justifiant une limitation à la liberté d'entreprendre[29].

60 **Conciliation avec des objectifs de valeur constitutionnelle. –** Il a été jugé par exemple que la liberté d'entreprendre ne devait pas être limitée dans « des

19. Décision n° 92-316 DC Loi relative à la prévention de la corruption et à la transparence de la vie économique et des procédures publiques ; décision n° 97-388 DC Loi créant les plans d'épargne retraite ; décision n° 98-401 DC Loi d'orientation et d'incitation relative à la réduction du temps de travail.

20. Décision n° 2001-451 DC Loi portant amélioration de la couverture des non salariés agricoles contre les accidents du travail et les maladies professionnelles ; décision n° 2001-455 DC Loi de modernisation sociale.

21. Décision n° 99-423 DC Loi relative à la réduction négociée du temps de travail ; décision n° 2004-509 DC Loi de programmation pour la cohésion sociale ; décision n° 2004-497 DC Loi relative aux communications électroniques et aux services de communication audiovisuelle.

22. Décision n° 2000-436 DC Loi relative à la solidarité et au renouvellement urbains ; décision n° 2009-584 DC Loi n° 2009-879 du 21 juill. 2009 portant réforme de l'hôpital et relative aux patients, à la santé et aux territoires ; QPC n° 2010-89, 2010-73 et 2010-55.

23. CC n° 283 du 8 janv. 1991, loi relative à la lutte contre le tabagisme et l'alcoolisme.

24. Justifiant les procédures de la loi du 29 janv. 1993, CC n° 316 DC du 20 janv. 1993, préc.

25. CC n° 97-388 DC du 20 mars 1997, Loi créant les plans d'épargne retraite (implicitement).

26. CC n° 2000-436 DC du 7 déc. 2000, Loi SRU : atteinte disproportionnée au regard de l'objectif d'intérêt général de sauvegarde de la diversité commerciale des quartiers.

27. CC n° 2001-451 DC du 27 nov. 2001, loi portant amélioration de la couverture des non-salariés agricoles contre les accidents de travail et les maladies professionnelles : les mesures prises pour la poursuite de ces objectifs ne constituent pas une atteinte disproportionnée et une « erreur manifeste constitutive d'une atteinte inconstitutionnelle à la liberté d'entreprendre » ; décision n° 2009-588 DC, loi n° 2009-974 du 10 août 2009 réaffirmant le principe du repos dominical et visant à adapter les dérogations à ce principe dans les communes et zones touristiques et thermales ainsi que dans certaines grandes agglomérations pour les salariés volontaire ; décision n° 2009-584 DC Loi n° 2009-879 du 21 juill. 2009 portant réforme de l'hôpital et relative aux patients, à la santé et aux territoires.

28. Décision n° 2005-532 DC Loi n° 2006-64 du 23 janv. 2006 relative à la lutte contre le terrorisme et portant dispositions diverses relatives à la sécurité et aux contrôles frontaliers ; CC 18 oct. 2010, n° 2010-55 QPC et CC 3 déc. 2010, n° 2010-73 QPC, *Sté Zeturf limited*.

29. CC 5 août 2011, *Société Somodia*, n° 2011-157 QPC.

proportions excessives » au regard de l'objectif de préservation du caractère pluraliste des courants d'expression sociaux-culturels[30].

61 **Censure d'une loi sur le fondement de la liberté d'entreprendre. –** Les censures d'une loi sur le fondement de la liberté d'entreprendre restent rares et il a fallu attendre le tournant marqué par l'examen de la loi SRU en décembre 2000[31]. La censure la plus spectaculaire demeure celle de la décision du Conseil constitutionnel du 12 janvier 2002, Loi de modernisation sociale[32], à propos de la disposition ne permettant de licencier que si la pérennité de l'entreprise était en cause. Le cumul de contraintes pesant sur l'entreprise a été considéré comme disproportionné par rapport aux exigences constitutionnelles en cause, notamment le droit au travail. Le juge constitutionnel s'en tient cependant à un simple contrôle du déséquilibre manifeste des droits et libertés en présence[33].

62 **Impact de la question prioritaire de constitutionnalité. –** Dans le domaine de la protection des libertés économiques, l'apparition de la question prioritaire de constitutionnalité pourrait être porteuse d'évolutions importantes[34]. En effet, auparavant, les atteintes aux libertés économiques réalisées par le pouvoir réglementaire sous couvert d'une loi ainsi que les atteintes issues de lois promulguées ne pouvaient pas être censurées. Généralement, cet aspect de la hiérarchie des normes est contrebalancé par la possibilité d'évoquer un droit ou une liberté issu(e) du droit de l'Union ou du droit européen. Dans le domaine économique, ce handicap n'est pas toujours surmontable car celui qui souhaite invoquer l'une des grandes libertés protégées par le TFUE doit justifier d'un élément d'extranéité (*infra*, n° 180), ce qui implique que ces libertés très protectrices ne sont pas invocables par un national contre son propre État pour une activité déployée à l'intérieur de cet État.

Un examen des décisions QPC rendues par le Conseil constitutionnel et impliquant la liberté d'entreprendre révèle que l'appréciation qui est faite ne varie pas

30. CC n° 2000-433 du 27 juill. 2000, loi modifiant la loi n° 86-1067 du 30 sept. 1986 relative à la liberté de communication. Voir également CC n° 2001-455 DC du 12 janv. 2002, Loi de modernisation sociale : limitation au regard du droit pour chacun d'obtenir un emploi mais l'atteinte est jugée disproportionnée au regard de l'objectif poursuivi.

31. CC n° 436 DC du 7 déc. 2000 Loi SRU : atteinte résultant de la soumission à autorisation administrative de tout changement de destination d'un local commercial ou artisanal entraînant un changement d'activité. C'est le caractère disproportionné qui a entraîné la censure. Précédemment, CC 20 juill. 1988 DC n° 88-244 : la réintégration de salariés ayant commis une faute particulièrement lourde dépasse manifestement les limites que le respect de la Constitution impose au législateur en matière d'amnistie (la liberté d'entreprendre de l'employeur est seulement évoquée) ; CC n° 2000-435 DC du 7 déc. 2000, *LOUM* : les limitations apportées à la liberté d'entreprendre (pour freiner les concentrations de moyennes et grandes surfaces commerciales) ne sont pas énoncées de manière claire et précise et donc contraires à l'article 34 C (censure indirecte).

32. CC n° 2001-455 DC du 12 janv. 2002, Loi de modernisation sociale.

33. CC 1er juill. 2004, décision n° 2004-497, Loi relative aux communications électroniques : conciliation de la liberté d'entreprendre avec l'objectif de diversification de l'offre de programmes en matière audiovisuelle et contrôle du « déséquilibre manifeste » (non en l'espèce) et de l'éventuelle dénaturation (non en l'espèce).

34. R. FRAISSE, « La question prioritaire de constitutionnalité et la liberté d'entreprendre », *RJEP* août-sept. 2011, étude n° 3, p. 13.

réellement de celle qui prévaut en matière de contrôle de constitutionnalité *a priori*[35]. On remarque une censure (décision n° 2010-45 QPC), à propos des dispositions législatives organisant l'attribution et la gestion des noms de domaine sur le web. Le Conseil constitutionnel décide que le législateur a méconnu l'étendue de sa compétence au motif que s'il a préservé les droits de la propriété intellectuelle, il a entièrement délégué le pouvoir d'encadrer les conditions dans lesquelles les noms de domaine sont attribués ou peuvent être renouvelés, refusés ou retirés ; qu'aucune autre disposition législative n'institue les garanties permettant qu'il ne soit pas porté atteinte à la liberté d'entreprendre ainsi qu'à l'article 11 de la Déclaration de 1789.

La procédure de QPC invite aussi le Conseil d'État à se prononcer sur les atteintes à la liberté d'entreprendre, notamment dans les décisions de non-renvoi des questions prioritaires de constitutionnalité[36]. Ainsi, le Conseil d'État a pu juger que l'intérêt général de préservation de la commodité des usagers et de la sécurité de la circulation sur les voies publiques justifie les dispositions législatives réglementant l'activité de taxis sans atteindre de manière disproportionnée la liberté d'entreprendre[37].

B. UNE LIBERTÉ PROTÉGEANT TOUS LES ASPECTS DE L'ACTIVITÉ ÉCONOMIQUE

63 **Caractère général de la liberté d'entreprendre. –** Les termes mêmes de « liberté d'entreprendre » pourraient laisser croire qu'elle ne trouve à s'exprimer qu'au moment de l'accès aux activités économiques et de l'établissement des opérateurs. Il n'en est rien et il s'avère qu'elle vise à protéger tous les aspects de l'activité économique.

64 **Accès aux activités économiques et établissement. –** La liberté d'entreprendre a pu être invoquée à propos d'une réglementation des conditions d'établissement de certains professionnels[38]. Elle est également susceptible d'être opposée à un régime d'autorisation préalable[39] ou de déclaration préalable comportant une faculté d'opposition pour l'administration[40]. La liberté d'entreprendre constitue aussi un moyen opérant à l'encontre de législations restreignant implicitement le rôle d'opérateurs privés face au secteur public[41], ou limitant plus généralement les possibilités

35. Décision n° 2010-55, QPC relative aux jeux de hasard dans sa rédaction antérieure au 13 mai 2010 ; décision n° 2010-69 QPC ; décision n° 2010-73, QPC *Zeturf* ; décision n° 2010-89 QPC.

36. A. ROBLOT-TROIZIER, « Le non-renvoi des questions prioritaires de constitutionnalité par la Conseil d'État. Vers la mutation du Conseil d'État en juge constitutionnel de la loi », *RFDA* 2011, p. 691.

37. CE 14 oct. 2010, *Vigot*, n° 337005. Voir également CE 15 sept. 2010, *Michel*, n° 340570.

38. CC n° 172 DC du 26 juin 1984, Structure des exploitations agricoles et statut du fermage.

39. CC n° 435 DC du 7 déc. 2000, Loi d'orientation pour l'outre-mer (régime des autorisations d'ouverture de grandes surfaces outre-mer).

40. CC n° 436 DC du 7 déc. 2000, Loi SRU : la liberté d'entreprendre peut être subordonnée à la délivrance d'une autorisation préalable (acquisition d'action soumise à déclaration préalable avec faculté pour l'administration de s'y opposer).

41. CC n° 451 DC du 27 nov. 2001, Couverture des non salariés agricoles : nouveau régime d'assurance restreignant le rôle des opérateurs privés au profit de la Sécurité sociale agricole (création d'une nouvelle

d'exercer une activité[42]. Plus originalement la liberté d'entreprendre peut être invoquée à l'encontre de réglementations imposant aux opérateurs privés de créer des structures ou d'engager des activités sans leur consentement[43].

Le Conseil constitutionnel a examiné la question de la constitutionnalité d'un monopole institué par la loi (législation sur les jeux avant l'ouverture à la concurrence des jeux en ligne) par rapport à la liberté d'entreprendre (CC 18 octobre 2010[44] et CC 3 décembre 2010[45], *Sté Zeturf limited*) et surtout, en tant que ce monopole constituerait une « limitation » à cette liberté. M. Lombard[46] en déduit que « il apparaît dorénavant, sans plus de doute possible, que la liberté d'entreprendre, garantie par la Constitution (mais d'une façon qui ne saurait certes être absolue et doit se concilier avec d'autres droits et exigences constitutionnelles), dépasse à tout le moins la seule liberté du chef d'entreprise dans la gestion de son patrimoine et vise le libre fonctionnement du marché dans son ensemble ». Ainsi, la liberté d'entreprendre aurait acquis une dimension « horizontale » qui la rapprocherait du mode de fonctionnement de la libre concurrence (*infra*, n° 79 et s.).

65 **Structure des opérateurs et composition de leur capital. –** La liberté d'entreprendre est susceptible de s'opposer aux législations anti-concentrations d'entreprises. Ainsi dans la célèbre décision des 10 et 11 octobre 1984, *Entreprises de presse*[47] l'atteinte à la liberté d'entreprendre n'était pas constituée car la législation ne limitait pas la création d'entreprises ou l'expansion de la clientèle. Dans le domaine de l'audiovisuel, le Conseil constitutionnel a opéré une conciliation entre le caractère pluraliste des courants d'expression socioculturels et la liberté d'entreprendre[48]. La liberté d'entreprendre a aussi été opposée en vain aux procédures de contrôle d'actions de sociétés privatisées[49].

66 **Fonctionnement des entreprises. –** La liberté d'entreprendre est susceptible d'être invoquée à l'encontre de lois restreignant les possibilités de financement

branche). Pas d'atteinte disproportionnée à la liberté d'entreprendre et pas d'erreur manifeste d'appréciation du législateur au regard de la mise en œuvre des alinéas 10 et 11 du Préambule de 1946. Voir aussi CC n° 439 DC du 16 janv. 2001, Archéologie préventive.

42. CC n° 200 DC du 16 janv. 1986, Cumul emploi-retraite : pas de méconnaissance de la liberté d'entreprendre en cas de limitation des possibilités de cumul entre pensions de retraite et revenus d'activité, au nom du droit pour chacun d'exercer un emploi et de la nécessité de permettre à un plus grand nombre d'en bénéficier. Il faut toutefois démontrer une relation directe entre la disposition critiquée et la liberté d'entreprendre. CC n° 268 DC du 29 déc. 1989, Loi de finances pour 1990 : la suppression d'une exonération fiscale ne saurait être regardée comme portant atteinte à la liberté d'entreprendre des établissements financiers distribuant les produits concernés.

43. CC n° 388 DC du 20 mars 1997, Loi créant les plans d'épargne retraite.

44. N° 2010-55 QPC.

45. N° 2010-73 QPC.

46. *AJDA* 2011, p. 652.

47. CC n° 84-181 DC du 11 oct. 2004, Entreprises de presse.

48. CC n° 433 DC du 27 juill. 2000, Liberté de communication.

49. CC n° 254 DC du 4 janv. 1989, Modalités d'application des privatisations : les modalités d'exercice temporaire et portée limitée de ces contrôles, pour assurer la sauvegarde des intérêts nationaux, ne dénaturent pas la liberté d'entreprendre.

des opérateurs[50] ou de promotion de certaines activités économiques[51]. Elle développe surtout ses effets dans les relations entre employeurs et employés. Il a été ainsi décidé que le droit à l'emploi ne saurait aller jusqu'à porter atteinte au principe de libre choix de ses collaborateurs par l'employeur, conséquence de la liberté d'entreprendre[52], mais que le législateur pouvait imposer certaines réintégrations d'employés[53]. La réduction du temps de travail et l'incitation des employeurs à le réduire avant échéance légale constitue une limitation régulière à la liberté d'entreprendre[54]. En revanche, une définition trop stricte des conditions de licenciement porte atteinte à la liberté d'entreprendre[55].

67 **Débouchés de l'activité économique.** – La liberté d'entreprendre a aussi été opposée en vain à l'encontre de lois limitant les débouchés de certains opérateurs économiques[56], ou plus originalement, contre des dispositions imposant la fourniture de certains matériels ou services[57].

68 **Bilan.** – La rareté des censures sur le fondement de la liberté d'entreprendre manifeste une insuffisance du contrôle des interventions de l'État, à partir d'une liberté-autonomie traduisant une idéologie libérale mais dont seule la dénaturation est finalement sanctionnée. Le libéralisme est traduit par la promotion d'un instrument juridique destiné à s'opposer aux incursions de l'État, sans pouvoir toutefois générer d'obligations à l'encontre d'un État tuteur ou garant. L'interprétation actuelle de la liberté d'entreprendre veut traduire la conciliation entre les « libertés libérales » et l'aspiration sociale des textes constitutionnels ultérieurs et refléter l'idée d'un interventionnisme libéral. Cet état du droit est parfaitement insatisfaisant car la liberté d'entreprendre reste une liberté publique et fonctionne comme telle, en ce sens qu'il revient alors au seul juge de positionner le curseur entre les atteintes admises et celles qui seront censurées, au gré d'une appréciation que l'on pourrait souhaiter voir plus encadrée.

50. CC n° 141 DC du 27 juill. 1982, Communication audiovisuelle, à propos du financement par la publicité.

51. CC n° 283 DC du 8 janv. 1991, Lutte contre le tabagisme et l'alcoolisme.

52. CC n° 244 DC du 20 juill. 1988 (cons 22), Loi portant amnistie : à propos de la réintégration de certains salariés par une loi d'amnistie, justifiée par l'intérêt général (apaisement politique ou social) et imposant des charges aux membres de la société.

53. CC n° 509 DC du 13 janv. 2005, Loi de programmation pour la cohésion sociale.

54. CC n° 401 DC du 10 juin 1998, Réduction du temps de travail (35 heures I). CC n° 423 DC du 13 janv. 2000, Réduction négociée du temps de travail : la subordination de l'octroi de l'allègement de cotisations sociales à la réduction négociée du temps de travail est une limitation régulière de la liberté d'entreprendre par la réduction du temps de travail au regard du droit pour chacun d'obtenir un emploi, de l'ouverture de ce bénéfice au plus grand nombre (5e alinéa du Préambule de 1946) et de la garantie pour tous du repos et des loisirs (11e alinéa).

55. CC n° 455 DC du 12 janv. 2002, Modernisation sociale.

56. CC n° 467 DC du 13 mars 2003, Loi pour la sécurité intérieure. Voir également CC n° 316 DC du 20 janv. 1993, Prévention de la corruption.

57. CC n° 997 DC du 1er juill. 2004, Loi relative aux communications électroniques et aux services de communication audiovisuelle, sur l'accès aux décodeurs.

§ 2. LA LIBERTÉ DU COMMERCE ET DE L'INDUSTRIE

69 **Reconnaissance. –** Le Conseil d'État a reconnu la liberté du commerce et de l'industrie dans deux arrêts célèbres de 1951, sans toutefois l'ériger à cette époque en principe général du droit. Dans le premier arrêt, *Daudignac*[58], le Conseil vise la loi des 2-17 mars 1791 (jamais abrogée) et juge que la liberté du commerce et de l'industrie s'oppose à ce que l'exercice d'une profession soit subordonné à la délivrance d'une autorisation préalable, condamnant par là même ce régime en l'absence de loi l'instituant[59]. Dans le second arrêt, *Fédération nationale des photographes-filmeurs*[60], sont prohibées les interdictions générales et absolues d'exercice d'une activité économique.

70 **Deux volets. –** La liberté du commerce et de l'industrie comporte deux volets. D'une part, elle s'oppose aux réglementations des autorités publiques limitant l'exercice d'activités économiques par les opérateurs privés. D'autre part, elle interdit à l'initiative publique de concurrencer l'initiative privée. C'est ce que l'on appelle le principe de non-intervention ou de non-concurrence des opérateurs publics, étudié ultérieurement (*infra*, n° 809 et s.).

71 **Principe général du droit. –** La liberté du commerce et de l'industrie est souvent qualifiée de « principe »[61] sans plus d'explication, lorsqu'elle n'est pas encore plus simplement désignée sous le terme « liberté du commerce et de l'industrie ». Elle est expressément qualifiée de principe général du droit dans l'arrêt du Conseil d'État du 29 septembre 2003, *Fédération nationale des géomètres experts*[62] : « qu'enfin, en ce qui concerne les prestations assurées au profit des particuliers et des personnes morales de droit privé, le décret attaqué n'a pas pour objet et ne saurait avoir légalement pour effet d'autoriser l'État à les assurer dans des cas et des conditions contraires aux principes généraux du droit, au nombre desquels figure la liberté du commerce et de l'industrie, ou aux règles de la concurrence ».

58. CE Ass. 22 juin 1951, *Daudignac, Rec.* p. 362, *D.* 1951, p. 589, concl. GAZIER.

59. Conf. par CE 28 mars 1979, *Ville de Strasbourg, Rec.* p. 652 ; CE 22 janv. 1982 *Assoc. « Foyer de ski de fond de Crévoux, Rec.* p. 30 ; CE 14 mars 2001, *Sté Rouge Petrus*, n° 196199 (à propos de la mise en place d'enseignes publicitaires sur les taxis).

60. CE Ass. 22 juin 1951, *Fédération nationale des photographes-filmeurs, Rec.* p. 362, *D.* 1951, p. 589, concl. GAZIER.

61. CE 19 juin 1964, *Sté des pétroles Shell Berre, Rec.* p. 344 ; CE 23 mai 2003, *Cté de communes Artois-Lys, RFDA* 2003, p. 299, note B. FAURE, « Remarques sur les mutations du principe de la liberté du commerce et de l'industrie » ; *DA* 2003, n° 208, note M. LOMBARD ; CE 30 juin 2004, *Département de la Vendée, AJDA* 2004, p. 2210, note S. NICINSKI, et p. 2309, note N. CHARBIT ; *RJEP* 2004, p. 487, concl. COLLIN ; *RLC* 2004, n° 1, p. 50, note S. DESTOURS ; CE Ass., 4 nov. 2005, *Sté Jean-Claude Decaux, RFDA* 2005, p. 1083, concl. D. CASAS ; *Contrats et marchés public* déc. 2005, p. 3, comm. F. LLORENS et P. SOLER-COUTEAUX, et n° 297, comm. J.-P. PIÉTRI ; *AJDA* 2006, p. 120, note A. MÉNÉMÉNIS ; *JCP* A n° 50/2005, 12 déc. 2005, p. 1825, note F. LINDITCH, « Mobilier urbain, vive le critère de l'objet » ; *AJDA* 2006, p. 1, obs. S. BRACONNIER ; CE 6 févr. 2006, *Sté Hitachi Chemical*, n° 264019 ; CE Ass. 31 mai 2006, *Ordre des avocats au barreau de Paris, BJCP* 2006, n° 47, p. 295, concl. CASAS ; *AJDA* 2006, p. 1592, chron. LANDAIS et LENICA ; *CP-ACCP* n° 59, oct. 2006, p. 78, note L. RENOUARD ; *Dr. adm.* août 2006, n° 129, note M. BAZEX ; *Contrats et marchés publics*, juill. 2006, comm. 202, note G. ECKERT ; CE 20 déc. 2006, *Sté Perpignan échafaudage*, n° 273814.

62. N° 221283.

72 **Liberté publique. –** La liberté du commerce et de l'industrie est une liberté publique au sens de l'article 34 de la Constitution, ainsi que l'a reconnu le Conseil d'État dans l'arrêt *Martial de Laboulaye*[63] : « la question litigieuse a trait (...) à l'exercice des libertés publiques au nombre desquelles figure la liberté du commerce et de l'industrie ». En tant que le législateur est compétent pour « fixer les règles concernant les garanties fondamentales accordées aux citoyens pour l'exercice des libertés publiques » (article 34), cela implique, en matière de liberté du commerce et de l'industrie, qu'il est seul habilité à instituer un régime d'autorisation préalable, à fixer le principe d'une réglementation, à créer un monopole[64], etc.

73 **Articulation des compétences du législateur et du pouvoir réglementaire pour limiter la liberté du commerce et de l'industrie. –** Seul le législateur est compétent pour instituer le principe d'une limitation, quelles que soient ses modalités ou la forme qu'elle prend. Il a ainsi été jugé qu'un décret ne pouvait réglementer les périodes de soldes alors que la loi ne prévoyait qu'un régime d'autorisation préalable du maire[65], que seul le législateur est compétent pour édicter une mesure générale de contrôle de qualification pour l'accès aux professions[66] ou encore qu'une mesure réglementaire ne peut pas porter à la liberté du commerce et de l'industrie une atteinte excédant celle qu'autorise une loi[67].

Il en résulte aussi une certaine inefficacité du principe de la liberté du commerce et de l'industrie, qui ne peut être invoquée lorsque la loi a institué un régime d'autorisation préalable conférant certaines prérogatives au pouvoir réglementaire[68], ou quand la loi a soumis l'accès à une profession à de multiples conditions[69], ou lorsque la loi a restreint une activité économique pour des considérations de sécurité des travailleurs[70]. Il est alors logique également que lorsque le pouvoir réglementaire agit sur simple habilitation du législateur, le principe de la liberté du commerce et de l'industrie peut être évoqué[71], mais certaines atteintes sont tolérées[72].

Lorsque le législateur institue un régime restrictif, le pouvoir réglementaire autonome peut néanmoins fixer des « prescriptions complémentaires » et les assortir de sanctions administratives. Cette prérogative repose sur la théorie de l'état de la législation antérieure, qui reconnaît au pouvoir réglementaire une compétence pour aménager l'exercice d'une liberté dès lors que celle-ci a fait l'objet de

63. CE Sect. 28 oct. 1960, *Martial de Laboulaye, Rec.* p. 570. Plus récemment, CE 17 mai 2006, *Cne de Wissous*, n° 293110.

64. Mais relève de la compétence du pouvoir réglementaire l'institution de droits exclusifs, n° 289.

65. CE 22 mars 1991, *Association fédérale des nouveaux consommateurs, AJDA* 1991, p. 650, obs. J.-P. THÉRON, *RTD com.* 1991, p. 383, obs. G. ORSONI.

66. CE 9 nov. 1988, *Association des pêcheurs aux filets, D.* 1990, J.-Ph., p. 202, note P. SOLER-COUTEAUX et F. LLORENS.

67. CE 9 nov. 1988, *Territoire de la Polynésie française c/Compagnie tahitienne maritime, RDP* 1989, p. 242, concl. GUILLAUME ; *D.* 1990, p. 202, note P. SOLER-COUTEAUX et F. LLORENS.

68. CE Ass. 12 déc. 1953, *Syndicat national des transporteurs aériens, Rec.* p. 547, *AJDA* 1954, p. 325.

69. CE 8 juill. 2005, *M. X*, n° 262182.

70. CE 20 déc. 2006, *Sté Perpignan échafaudage*, n° 273814.

71. Pour une limitation des prix CE 3 avr. 2006, *Sté des établissements Aming*, n° 288756.

72. Par ex. concernant la réglementation sur habilitation législative pour la fermeture en vue du repos hebdomadaire des commerces, le préfet agit sur habilitation de l'article L. 221-17 du Code du travail. CE 15 mai 2006, *Sté SIEGA*, n° 270280 : pas d'atteinte disproportionnée à la liberté du commerce et de l'industrie.

limitations par une législation antérieure[73]. Le Conseil d'État a finalement limité l'application de cette théorie aux législations antérieures à 1958 (CE 21 novembre 2008, *Association Faste Sud Aveyron*)[74].

74 **Couverture de toutes les interventions sur un marché. –** Comme la liberté d'entreprendre, il résulte de la jurisprudence précitée que la liberté du commerce et de l'industrie protège tous les aspects de l'activité économique. Elle protège d'abord le libre accès à la profession[75], ce qui implique que l'administration ne peut pas s'opposer à l'exercice d'une activité[76], ou mettre en œuvre un régime d'autorisation[77] ou de déclaration préalable[78]. Ensuite, elle s'applique à la réglementation du fonctionnement des opérateurs[79]. Elle ne se limite pas seulement aux activités commerciales et industrielles, mais étend son champ d'action aux autres professions, comme les professions libérales par exemple[80].

75 **Limites. –** La liberté du commerce et de l'industrie s'apprécie au regard des lois et règlements qui en encadrent l'exercice[81]. Ce sont principalement des considérations tirées de la protection de *l'ordre public* qui autorisent le pouvoir réglementaire à limiter la liberté du commerce et de l'industrie, comme par exemple la sécurité de la circulation[82], la sécurité publique en général[83], la santé des travailleurs[84], ou encore la protection du cadre de vie[85]. Des considérations purement économiques visant à la protection contre la concurrence ou à assurer le bon fonctionnement d'un marché sont insusceptibles de limiter la liberté du commerce et de l'industrie[86]. Cependant, il a été admis que l'autorité publique puisse chercher à protéger les intérêts des

73. C'est le Commissaire du gouvernement Guyomar dans ses conclusions sur CE Ass. 7 juill. 2004, *Ministre de l'Intérieur c/Benkerrou, RFDA* 2004, p. 913, qui a rappelé cette théorie concernant les législations antérieures (CE Sect. 25 juill. 1975, *Richoux, Rec.* p. 429) et qui l'a étendue aux législations contemporaines.

74. N° 293960.

75. CE Ass. 16 déc. 1988, *Association des pêcheurs aux filets et engins, Garonne, Isle et Dordogne Maritimes, Rec.* p. 448, *RDP* 1989, p. 521, concl. GUILLAUME, *AJDA* 1989, p. 82, chron. AZIBERT et DE BOISDEFFRE. Plus récemment CAA Nantes 4 mai 2010, *EURL Photo Josse*, *AJDA* 2010, p. 1475, note S. DEGOMMIER, à propos d'un refus d'autoriser un photographe à photographier à des fins commerciales les œuvres d'un musée.

76. CE 17 oct. 1952, *Synd. climatique de Briançon, Rec.* p. 445, concl. CHARDEAU.

77. Arrêt *Daudignac,* préc. Plus récemment, CE 31 juill. 1996, *Synd. prof. Des pêches maritimes pour le renouveau des prud'hommes du Var, RFDA* 1996, p. 1046.

78. CE 24 oct. 1930, *Prugnet, S.* 1931, 3, p. 1, note R. BONNARD.

79. CE Sect. 15 oct. 1965, *préfet de Police c/Alcaraz, Rec.* p. 516 ; CE 28 mars 1978, *Ville de Strasbourg, Rec.* p. 641.

80. CE Ass. 31 mai 2006, *Ordre des avocats au barreau de Paris*, préc.

81. CE 2 juin 2006, *STRMN*, n° 293843.

82. CE 11 juin 1984, *Ville de Saint-Tropez*, n° 40259 ; CE 24 oct. 1984, *Diabate*, *DA* 1984, n° 500.

83. CE 13 juin 1990, *SARL Chez Tantine*, n° 91257 : le maire peut contraindre les restaurants d'altitude desservis par des remontés mécaniques à fermer en même temps que celles-ci pour assurer la sécurité des clients qui devraient descendre par les pistes non surveillées alors qu'il fait nuit.

84. CE 20 déc. 2006, *Sté Perpignan Échafaudage*, n° 273814.

85. CE 27 juill. 2005, *Sté PLM Affichage*, n° 261949 : à propos de l'interdiction partielle des dispositifs publicitaires visibles depuis une autoroute.

86. CE Sect. 25 janv. 1991, *Brasseur*, *JCP* G 1991, II, 21654, note J. MOREAU, *RFDA* 1991, p. 372 : pas de limitation du commerce ambulant pour préserver les commerçants sédentaires.

consommateurs, à travers des considérations d'hygiène, de lutte contre la hausse de prix, ou de continuité de l'approvisionnement[87].

§ 3. LES PRINCIPALES LIBERTÉS ISSUES DU DROIT COMMUNAUTAIRE

76 **Liberté professionnelle. –** La liberté professionnelle est une liberté garantie en droit communautaire. Elle s'appuie sur diverses libertés consacrées par le Traité sur le fonctionnement de l'Union européenne : la libre circulation des travailleurs et le libre accès aux emplois salariés (article 45), la liberté d'établissement (article 49) et la libre prestation de services (article 56). Ces libertés ont été reprises ou réaffirmées par différents textes (1° de la Partie I de la Charte sociale européenne du 18 octobre 1961 ; article 2 de la Charte communautaire des droits sociaux fondamentaux des travailleurs des 8 et 9 décembre 1989 ; article 15 § 1, 15 § 2 et 16 de la Charte des droits fondamentaux).

77 **Charte des droits fondamentaux. –** La Charte a acquis une valeur juridique contraignante grâce au Traité de Lisbonne (*JOUE* 14 décembre 2007, C303/1). Son article 15 est consacré à la liberté professionnelle et au droit de travailler. Selon son premier alinéa, « toute personne a le droit de travailler et d'exercer une profession librement choisie ou acceptée ». En vertu de l'alinéa 2, tout citoyen « a la liberté de chercher un emploi, de travailler, de s'établir ou de fournir des services dans tout État membre ». L'article 16 proclame la liberté d'entreprise : « la liberté d'entreprise est reconnue conformément au droit communautaire et aux législations et pratiques nationales ».

Compte tenu de la formulation très générale de ces libertés, on peut légitimement se demander si elles ne trouveront pas à s'appliquer en toutes circonstances, sans que les conditions propres aux libertés consacrées par le TFUE, notamment la présence d'un élément d'extranéité (*infra*, n° 180), soient exigées. Elles constitueraient alors un puissant levier d'évolution du droit administratif français, en ce que le raisonnement tenu par la Cour de justice pourrait devoir être transposé (contrôle strict des motifs de limitation des libertés économiques, contrôle du caractère proportionnel de l'atteinte, *infra,* n° 199 et s.). Ainsi, si ces libertés d'origine communautaire devaient être invoquées devant le juge français, celui-ci ne pourrait plus se contenter d'en sanctionner la simple dénaturation en fonction de sa seule appréciation. Mais la liberté d'entreprise n'est reconnue que conformément au droit communautaire et, surtout, conformément aux législations et pratiques nationales, ce qui viendrait immédiatement freiner les évolutions envisagées ci-dessus.

78 **TFUE. –** Le Traité sur le fonctionnement de l'Union européenne consacre notamment deux libertés économiques à vocation générale. Il s'agit, d'une part, de la liberté d'établissement (article 49 alinéa 2, *infra,* n° 180 et s.) : « la liberté d'établissement comporte l'accès aux activités non salariées et à leur exercice, ainsi que la constitution et la gestion d'entreprises, et notamment de sociétés au sens de l'article 54, deuxième alinéa, dans les conditions définies par la législation du pays d'établissement pour ses propres ressortissants, sous réserve des dispositions du chapitre

87. CE 21 févr. 1986, *Cne de Fleury d'Aude*, *Rec.* p. 406 ; CE 22 févr. 1956, *Estorgues*, *Rec.* p. 85.

relatif aux capitaux ». D'autre part, l'article 56 alinéa 1 prohibe les restrictions à la libre prestation des services et l'article 57, alinéa 2 prévoit que « le prestataire peut, pour l'exécution de sa prestation, exercer, à titre temporaire, son activité dans le pays où la prestation est fournie, dans les mêmes conditions que celles que ce pays impose à ses ressortissants » (*infra*, nº 184). La libre circulation des marchandises, des personnes ou des capitaux vient appuyer ces libertés économiques de base. Les stipulations consacrant la liberté d'établissement sont d'effet direct[88], de même que celles concernant la libre prestation de services[89]. Bien entendu, le Traité comporte aussi tout un corpus juridique constituant la base du droit communautaire de la concurrence (article 101 et suivants, *infra*, nº 505 et s.).

SECTION II LA LIBRE CONCURRENCE

79 **Sources.** – La libre concurrence est le produit de deux sources distinctes qu'il faut se garder de confondre. Depuis le milieu des années 1990, le juge administratif oppose les règles communautaires et françaises du droit de la concurrence aux actes administratifs. Il lui arrive aussi de s'affranchir des sources écrites du droit de la concurrence pour appliquer tout simplement « la libre concurrence » ou un « principe de libre concurrence », lui permettant d'opérer sa propre appréciation des pratiques suscitées par l'administration, libérée du carcan des conditions, voire des exceptions trop strictes, posées par les textes écrits. Une nouvelle liberté économique, la libre concurrence, émerge ainsi de ce courant jurisprudentiel, construite à la fois à partir de textes écrits et de principes prétoriens.

80 **Particularités de la libre concurrence.** – La libre concurrence se distingue d'autres libertés économiques en ce qu'elle n'a pas une vocation générale et ne couvre pas tous les aspects de la vie économique. Elle tend seulement au respect d'une saine, libre, égale et loyale concurrence. Elle ne s'apprécie pas seulement au sein d'une relation bilatérale entre un opérateur disposant de libertés économiques et l'autorité publique cherchant à les limiter. La libre concurrence fait intervenir un référentiel différent, en ce qu'elle ne peut s'apprécier qu'au regard d'un marché composé d'opérateurs. Une dimension horizontale est ajoutée à l'appréciation.

On peut se demander si l'application du droit de la concurrence par le juge administratif modifie réellement le paysage des libertés économiques existantes, en définissant les contours d'une libre concurrence qui serait opposable aux décisions administratives. Avant d'envisager l'effet de cet événement sur la réévaluation du rôle de l'autorité publique, il convient d'en décrire la montée en puissance et la signification réelle.

88. CJCE 21 juin 1974, *Reyners*, aff. C-2/74.
89. CJCE 3 déc. 1974, *Van Binsbergen*, aff. C-33/74.

§ 1. LES FACTEURS D'ÉMERGENCE D'UNE LIBRE CONCURRENCE

81 **Deux facteurs. –** On dénombre deux facteurs principaux d'émergence d'une libre concurrence : la théorie de l'opposabilité du droit de la concurrence aux décisions administratives et l'extension du champ d'opposabilité de ce droit à tous les secteurs d'intervention de l'administration.

A. LA THÉORIE DE L'OPPOSABILITÉ DU DROIT DE LA CONCURRENCE AUX DÉCISIONS ADMINISTRATIVES

82 **Obstacle. –** Le principal obstacle à l'application du droit de la concurrence aux décisions de l'autorité publique résidait dans le fait que ce droit s'applique à des entreprises poursuivant une activité économique (droit communautaire) et plus précisément aux activités de production, de distribution et de service (article L. 410-1 du Code de commerce, définissant le champ d'application des règles de la concurrence en droit interne). L'autorité publique était considérée comme extérieure au marché (en tant qu'autorité de réglementation) ou en situation de demandeur de biens et de service. De ce fait, elle était réputée ne pouvoir (ou n'ayant pas intérêt à) fausser le jeu concurrentiel[90], même si ce postulat était critiquable[91], car il semble évident qu'une décision publique peut altérer le jeu concurrentiel.

83 **Opposabilité du droit de la concurrence en droit communautaire. –** C'est probablement la théorie de l'effet utile du droit communautaire qui a servi de déclencheur à l'évolution du droit interne. Dans l'application du droit communautaire de la concurrence, la Cour de justice de l'Union européenne (CJUE) distingue les activités économiques des entreprises des décisions prises par les autorités publiques dans l'exercice de prérogatives de puissance publique, auxquelles le droit de la concurrence n'est pas applicable[92]. Cependant, il demeure interdit aux États membres de prendre des mesures qui conduiraient nécessairement à ce qu'il

90. Voir les extraits des rapports du Conseil de la concurrence pour 1988 et 1991 cités par G. MATHIEU, « L'application du droit de la concurrence aux personnes publiques », *D.* 1995, p. 27. C'est aussi ce qui ressort de l'arrêt du TC du 6 juin 1989, *Ville de Pamiers, Rec.* p. 292, *AJDA* 1989, p. 431, chron. HONORAT et BAPTISTE, p. 467, note M. BAZEX, *D.* 1990, p. 418, note J.-J. ISRAËL et somm. comm. p. 101, obs. C. GAVALDA et C. LUCAS DE LEYSSAC, *Gaz. Pal.* 1989, 2, p. 582 et *RFDA* 1989, p. 457, concl. STIRN, *JCP* 1990, II, 21395, note Ph. TERNEYRE, *RDP* 1989, p. 1780, note Y. GAUDEMET, *Gaz. Pal.* 1989, 2, p. 747, note M.-C. BOUTARD-LABARDE et L. VOGEL, *CJEG* 1989, p. 295, note L. RICHER, postulat relayé par le Conseil d'État (CE 23 juill. 1993, *CGE, Rec.* p. 225, *LPA* 18 juill. 1994, p. 15, note O. GUÉZOU, *RFDA* 1994, p. 252, note Ph. TERNEYRE ; CE 29 juill. 1994, *CAMIF, Rec.* p. 365, *CJEG* 1995, p. 116, note EBB ; CE 22 janv. 1997, *Sté BC*, n° 116416 ; CE 13 juin 1997, *Sté des transports pétroliers par pipeline, Rec.* p. 230, *AJDA* 1997, p. 794, concl. BERGEAL).

91. Par ex. D. BERLIN, « Les actes de la puissance publique et le droit de la concurrence », *AJDA* 1995, p. 259 ; F. LLORENS et P. SOLER-COUTEAUX, « La soumission des personnes publiques au droit de la concurrence », *D.* 1989, chron., p. 67 ; J.-H. STAHL, concl. sur CE Sect. 3 nov. 1997, *Sté Million et Marais, RFDA* 1997, p. 1233.

92. CJCE 4 mai 1988, *Bodson*, aff. 30/87.

soit porté atteinte aux règles de la concurrence[93]. Comme l'expriment fort justement S. Destour et G. Clamour[94], « l'effet utile des règles de concurrence consacre ainsi un principe d'opposabilité permettant une application par ricochet du droit de la concurrence aux actes administratifs ».

Cependant, il convient de nuancer ce facteur issu du droit communautaire, en ce que la Cour de justice elle-même fait une application restrictive de la théorie de l'effet utile[95]. On peut dire que, par principe, une réglementation étatique échappe aux règles de la concurrence car elle n'est pas censée concerner le domaine des entreprises. Il en va différemment lorsque la réglementation est directement liée au comportement économique d'une entreprise. Cette sorte de présomption fondée sur l'imperméabilité des sphères de l'État et du marché n'est réfragable que sous certaines conditions. Pour qu'une mesure étatique soit condamnée sur le fondement de la combinaison des articles 4 § 3 et 101 TFUE, il faut soit qu'elle impose ou favorise la conclusion d'ententes ou renforce les effets d'une entente préexistante en reprenant les termes mêmes d'un accord entre entreprises, soit qu'elle délègue le pouvoir d'édicter une réglementation à des acteurs économiques[96]. La réglementation qui peut tomber sous le coup des règles de la concurrence doit apparaître avant tout comme une décision d'associations d'entreprises simplement encouragée par les pouvoirs publics. Mais lorsque les États adoptent des réglementations indépendamment de toute entente au sein d'une profession, alors même que ces réglementations pourraient avoir les mêmes effets qu'une entente, ils ne méconnaissent pas l'effet utile des règles de concurrence[97]. Qui plus est, la théorie de l'effet utile n'a pas été consacrée en dehors des mesures étatiques visant les entreprises désignées à l'article article 106 § 1 TFUE, c'est-à-dire les entreprises du secteur public ou para-public (ce qui inclut tout de même les entreprises bénéficiant de droits spéciaux ou exclusifs, qui peuvent appartenir au sens du droit français au secteur privé). En revanche, la Cour est moins restrictive lorsqu'il s'agit de sanctionner sur le fondement de l'article 106 § 1 les abus de position dominante favorisés ou imposés par une mesure étatique, ou les risques d'abus de position dominante[98].

84 **Réception de la théorie de l'opposabilité par le juge administratif. –** S'agissant de la réception de ces théories en droit français par le juge administratif, on peut se demander si celui-ci n'a pas été beaucoup plus audacieux que son homologue communautaire, car une fois qu'il a admis l'idée de l'opposabilité du droit de la concurrence aux décisions des autorités publiques, il semble qu'il ne l'ait pas limitée[99]. Il faut dire qu'admettre l'opposabilité du droit de la concurrence aux actes administratifs ne revenait pas à conférer un effet direct aux dispositions du Traité CE (auj. TFUE) dont l'effet utile était invoqué et ne remettait pas en cause la neutralité de ce même Traité vis-à-vis des choix économiques des États membres,

93. CJCE 30 avr. 1974, *Sacchi*, aff. 155/73 ; CJCE 16 nov. 1977, *Inno c/ATAB*, aff. 13/77. La jurisprudence se fonde sur deux articles du Traité (ancienne numérotation), l'article 10 alinéa 2 interdisant aux États de mettre en péril la réalisation des buts du traité et l'article 86 § 2, concernant les entreprises publiques et les entreprises bénéficiaires de droits spéciaux ou exclusifs, interdisant aux États d'édicter une mesure contraire au Traité.

94. « Collectivités territoriales et droit de la concurrence », *Juris Classeur Collectivités territoriales*, fasc. 724, 2004, n° 168 et s.

95. J.-Y. CHÉROT, *Droit public économique*, Economica, 2e éd., 2007, n° 82 et s. ; Ch. LAMBERT, J.-M. BELORGEY et S. GERVASONI, Chronique d'actualité du droit communautaire, *AJDA* 2002, p. 332.

96. CJCE 21 sept. 1988, *Van Eycke*, aff. C-267/86. Plus récemment, CJUE 3 mars 2011, *AG2R Prévoyance*, aff. C-437/09.

97. CJCE 17 nov. 1993, *Meng*, aff. C-2/91.

98. C. MOUGOUACHON, *Abus de position dominante et secteur public*, Th. Aix-Marseille III, 2010, p. 389 et s.

99. En ce sens déjà M. BAZEX, « Le droit public de la concurrence », *RFDA* 1998, p. 792.

conséquences qui semblent avoir pesé en droit communautaire[100], mais qui sont étrangères au droit administratif français. L'arrêt *Million et Marais* de 1997[101] marque ainsi le point de départ de l'opposabilité du droit de la concurrence aux décisions administratives. Pour reprendre les termes d'O. Guézou[102], la valeur du droit de la concurrence « comme élément de l'ordre juridique ne peut être méconnue par les tiers [par les autorités publiques, en prenant des actes administratifs], lesquels, n'étant pas directement obligés par ce qui leur est opposable [les règles de la concurrence ne sont pas directement applicables aux actes administratifs], n'en sont pas moins tenus d'en reconnaître et d'en respecter l'existence [ne pas induire un comportement anticoncurrentiel] et même d'en subir les effets [déclaration d'illégalité et/ou annulation] ».

Au milieu des années 1990, un ensemble de circonstances militaient ainsi en faveur de l'inclusion des règles de la concurrence dans le bloc de légalité administrative. Ces facteurs sont expliqués par le Commissaire du gouvernement Stahl dans ses conclusions sur l'arrêt *Million et Marais*[103]. En premier lieu, la technique juridique qui consiste à appliquer une branche du droit d'origine privatiste « par ricochet » à l'administration n'est pas inconnue du droit administratif lui-même et le juge administratif l'utilise dans l'application qu'il fait du droit pénal[104]. L'administration doit « tenir compte » d'un corps de règles juridiques qui ne s'appliquent pas directement à elle, mais dont elle ne doit pas provoquer la méconnaissance. En deuxième lieu, la cohérence de l'ordre juridique commande que le juge administratif mette un terme à une grave lacune juridique et censure la méconnaissance des règles de la concurrence par l'administration. En troisième lieu, le refus du juge administratif d'appliquer jusqu'alors le droit de la concurrence serait fondé sur une conception du service public centrée sur l'usager et non sur l'impact que peut avoir l'organisation du service public sur le milieu économique. Mais l'heure était venue, selon J.-H. Stahl, de « repenser les relations du service public et de son environnement concurrentiel ».

B. L'EXTENSION DU CHAMP D'OPPOSABILITÉ DU DROIT DE LA CONCURRENCE

85 **Fonctions économiques. –** La typologie la plus révélatrice de l'extension du champ d'application du droit de la concurrence reste celle qui s'intéresse aux différentes activités de l'administration, allant de ses fonctions économiques à ses fonctions les plus régaliennes. Côté intervention sur le marché, le droit de la concurrence est tout d'abord appliqué aux décisions prises par les opérateurs publics définissant leur propre comportement sur un marché concurrentiel (par exemple, décisions tarifaires, CE 29 juillet 2002, *CEGEDIM*[105] ; CE 29 septembre 2003,

100. D. KATZ, *Juge administratif et droit de la concurrence*, PUAM, 2004, p. 239 et s.

101. *Rec.* p. 393 et 406, concl. STAHL ; *AJDA* 1997, p. 945, chron. GIRARDOT et RAYNAUD et 1998, p. 247, note O. GUÉZOU ; *CJEG* 1997, p. 441 et *RFDA* 1997, p. 1228, concl. STAHL ; *JCP* 1998, I, 165, chron. J. PETIT ; *Quot. Jur.* 1998, n° 44, note J. MORAND-DEVILLER ; *RDP* 1998, p. 256, note Y. GAUDEMET. Voir également les actes du colloque sur les 10 ans de l'arrêt *Millions et Marais*, *JCP A* 29 oct. 2007, n° 44-45.

102. Note sous CE Sect. 3 nov. 1997, *Sté Million et Marais*, *AJDA* 1998, p. 247, citant la définition de l'opposabilité issue du *Vocabulaire juridique*, Association Henri-Capitant, PUF, 1996. Voir également M. BAZEX, « Le droit public de la concurrence », *RFDA* 1998, p. 781.

103. *RFDA* 1997, p. 1228.

104. Concl. PIVETEAU sur CE Ass. 6 déc. 1996, *Sté Lambda*, *RFDA* 1997, p. 173.

105. *CJEG/RJEP* 2003, p. 16, concl. MAUGÜÉ ; *AJDA* 2002, p. 1072, note S. NICINSKI ; *DA* 2002, n° 173, note M. BAZEX et S. BLAZY et n° 193, note C.M. ; *JCP* E 2003, p. 179, note J.-M. BRUGUIÈRE.

Fédération nationale des géomètres experts)[106] ou aux décisions des autorités de tutelle des entreprises publiques (CE 25 novembre 2002, *Union fédérale des consommateurs Que Choisir de la Vienne*)[107]. On peut distinguer, ensuite, toutes les activités de police économique au sens large, qui ont *a priori* un impact sur l'accès au marché concurrentiel en ce que les personnes publiques sont compétentes pour autoriser certaines activités ou délivrer des agréments (par exemple, autorisations d'urbanisme commercial, CE 5 mars 2003, *Soc. Immaldi*[108] ; CE 30 juillet 2003, *SA Caen distribution*)[109].

Les décisions des personnes publiques peuvent aussi comporter à la fois des effets sur l'accès au marché concurrentiel et sur son fonctionnement, car non seulement elles conditionnent l'accès au marché, mais elles peuvent également déterminer le comportement des opérateurs ayant eu accès au marché. On pense ici principalement aux commandes publiques (marchés publics, délégations de service public ou concession de travaux, CE Sect. 3 novembre 1997, *Million et Marais*[110] ; CE 2 juillet 1999, *SA Bouygues*)[111]. L'organisation d'un service public, par voie unilatérale ou contractuelle, peut également influencer le comportement concurrentiel des opérateurs (CE 17 décembre 1997, *Ordre des avocats à la Cour de Paris*)[112] ; CE 1er avril 1998, *Union hospitalière privée*)[113].

86 **Fonctions régaliennes. –** Plus en avant dans la sphère régalienne, on trouve toute l'activité de gestion du domaine public, support d'activités économiques (CE Sect. 26 mars 1999, *Soc. EDA*)[114] ; CE 10 avril 2002, *SARL SOMATOUR*)[115]. Enfin, bien que n'ayant *a priori* aucun objet concurrentiel ou interventionniste, ont néanmoins été soumises au droit de la concurrence les décisions de police spéciale (CE Avis Sect. 22 novembre 2000, *Soc. L&P Publicité SARL*)[116] ou générale (CE 15 mai 2009, *Société Compagnie des Bateaux Mouches*[117]), les mesures fiscales ou budgétaires (CE 17 mai 2000, *APERF*)[118], ou les actes portant création d'une

106. N° 221283.

107. N° 240821.

108. *Europe* 2003, comm. 210, obs. E. SAULNIER et comm. 213, obs. L. IDOT, *Cah. dr. ent.* 2003/5, n° 10, obs. S. DESTOURS.

109. *AJDA* 2003, p. 2036, concl. SCHWARTZ, *DA* 2003, n° 230, obs. R. S.

110. Préc.

111. Préc.

112. *Rec.* p. 491 ; *AJDA* 1998, p. 362, concl. COMBREXELLE, note B. NOUEL ; *D.* 1998, p. 591, note B. JORION ; *JCP* 1998, I, 165, chron. J. PETIT.

113. *Rec.* p. 114 ; *RFDA* 1998, p. 665, *RDSS* 1998, p. 816, concl. BONICHOT ; *MTPB* 17 juill. 1998, note E. DELACOUR.

114. *Rec.* p. 96 ; *AJDA* 1999, p. 427, concl. STAHL, note M. BAZEX ; *CJEG* 1999, p. 264, concl. STAHL ; *D.* 2000, p. 204, note J.-P. MARKUS.

115. *Contrats marchés publ.* 2002, n° 148, note Ph. DELELIS ; *JCP* G 2002, I, p. 169, note S. BRACONNIER.

116. *Rec.* p. 526, concl. AUSTRY ; *RFDA* 2001, p. 872, concl. AUSTRY ; *RDP* 2001, p. 393, note Ch. GUETTIER ; *AJDA* 2001, p. 198, note M.-Ch. ROUAULT ; *DA* janv. 2001, n° 1, note J.-B. AUBY ; *D. aff.* 2001, p. 1235, note G. GONZALEZ et p. 2110, obs. N. ALBERT ; *LPA* 21 févr. 2001, n° 37, p. 12, note N. CHARBIT.

117. N° 311082, *AJDA* 2009, p. 2437, chron. S. NICINSKI.

118. *Rec.* T, p. 889, *Europe* 2001, n° 27, obs. P. CASSIA.

autorité administrative (CE 2 octobre 2002, *SARL Even Média, SARL Copper communication*)[119].

Un traitement à part doit être réservé au rôle que peut jouer l'administration dans le processus de formation d'un accord professionnel, lorsqu'elle le rend obligatoire ou l'étend à l'ensemble d'une branche professionnelle. En droit communautaire, la Cour de justice a décidé qu'un arrêté ministériel dont l'objet et d'étendre un accord interprofessionnel restrictif de la concurrence est incompatible avec les obligations faites aux États de respecter l'effet utile des règles communautaires de concurrence (CJCE 3 décembre 1987, *BNIC c/Aubert*). Cependant, les accords professionnels à vocation sociale, comme les conventions collectives, demeurent jusqu'à présent en dehors du champ d'application du droit de la concurrence. Dès lors, la décision des pouvoirs publics de rendre obligatoires de tels accords ne saurait être considérée comme imposant ou favorisant la conclusion d'ententes en contrevenant à l'effet utile des règles de la concurrence[120]. Cette position s'explique par la distinction faite entre ce qui relève du domaine social et de l'amélioration des conditions de travail et ce qui relève du domaine économique et de la concurrence. Même si la Cour a, par la suite, été conduite à préciser sa jurisprudence[121], le domaine social bénéficie, à un titre ou à un autre, d'un traitement particulier attaché à l'*objet* de l'acte.

Il semble que le Conseil d'État ait approfondi ce type de raisonnement en appliquant le droit de la concurrence aux mesures administratives d'extension de convention collectives (CE 16 janvier 2002, *Syndicat national des entreprises de coiffure et d'esthétique à domicile*[122] ; CE Sect. 30 avril 2003, *Syndicat professionnel des exploitants indépendants des réseaux d'eau et d'assainissement*)[123]. Loin de s'inscrire en porte-à-faux vis-à-vis de la jurisprudence communautaire, le juge administratif en a exactement repris la logique[124] en s'attachant tout d'abord à l'objet social de l'acte, rendant inopérant les moyens d'irrégularité tirés du droit de la concurrence[125]. Cependant, une jurisprudence plus récente s'attache surtout aux *effets* de l'acte et aux *objectifs* poursuivis par les différents protagonistes, sans accorder par principe une exemption particulière aux actes à *objet* social. Ainsi, dans l'arrêt *Syndicat professionnel des exploitants indépendants des réseaux d'eau et d'assainissement,* les clauses de la convention, sous couvert de préoccupations sociales, ont pour effet de restreindre abusivement l'accès au marché ce qui justifie l'application du droit de la concurrence[126].

119. *AJDA* 2002, p. 1499, note S. NICINSKI ; *Contrats marchés publ.* 2002, n° 259, note Ph. DÉLÉLIS.

120. CJCE 21 sept. 1999, *Maatschappij Drijuende Bokken BV*, aff. C-219/97, et du même jour les affaires *Albany International BV Brentjens*, aff. C-115/97 à C-117/97.

121. CJCE 12 déc. 2000, *Pavel Pavlov*, aff. C-180 à C-184/98 : des accords conclus entre partenaires sociaux mais pas dans le cadre de conventions collectives ne bénéficient pas de l'exception ; cependant, la demande faite aux pouvoirs publics de rendre l'affiliation obligatoire s'inscrit dans un régime identique à celui existant dans plusieurs droits nationaux qui concerne l'exercice du pouvoir réglementaire dans le domaine social ; ce régime relève du deuxième pilier ; dès lors les articles 5 (devenu 10 CE) et 85 (devenu 81) ne s'opposent pas à la décision de rendre obligatoire l'affiliation. On peut remarquer qu'alors que les requérants tentaient d'obtenir de la Cour qu'elle nuance sa position en matière d'accords résultant d'une négociation collective, celle-ci se rattache à l'objet de l'acte, CJCE 21 sept. 2000, *H. Van des Woude*, aff. C-222/98.

122. *CJEG* mai 2002, p. 311, concl. FOMBEUR.

123. *AJDA* 2003 p. 1150, chron. DONNAT et CASAS, p. 1849, note P. SUBRA DE BIEUSSES ; *DA* 2003, n° 123, note M. BAZEX et S. BLAZY ; *BJDCP* 2004, n° 32, p. 39, concl. J.-H. STAHL ; *Dr. soc.* 2003, p. 999, note P.-H. ANTONMATTÉI et S. DESTOURS ; *LPA* 2003, n° 253, p. 14, note J. GATE ; *AC-ACCP* n° 24 juill.-août 2003, p. 71, note L. RICHER ; *CMP* 2003, n° 125, obs. E. DELACOUR.

124. Pour une position plus nuancée, voir M. BAZEX et S. BLAZY, note sous CE Sect. 30 avr. 2003, *Synd. prof. des exploitants indépendants de réseaux d'eau et d'assainissement*, *DA* 2003, n° 123 ; P. SUBRA DE BIEUSSES, note sous le même arrêt, *AJDA* 2003, p. 1849.

125. CAA Paris 20 oct. 1998, *Synd. médical des centres hospitaliers territoriaux de Nouvelle-Calédonie*, n° 95PA03860.

126. C'est également la position du Conseil de la concurrence, avis n° 00-A-30 du 4 déc. 2000, à propos du Synd. prof. des exploitants indépendants de réseaux d'eau et d'assainissement.

En appliquant le droit de la concurrence aux actes de police, de gestion du domaine public, aux mesures fiscales ou financières, le juge administratif s'est directement attaché aux *effets* potentiels de ces mesures, sans leur réserver un traitement particulier [une présomption d'exemption] eu égard à leur *objet d'intérêt général*. Il est ainsi confirmé que le juge administratif va désormais plus loin que le juge communautaire, car il a dépassé la prise en considération de l'objet de l'acte.

§ 2. LE CONTENU ET LA PORTÉE DE LA LIBRE CONCURRENCE

87 **Dualité des sources. –** Dans de nombreux cas, le juge administratif se réfère directement aux dispositions internes (Code de commerce) ou communautaires (Traité UE) prohibant les comportements anticoncurrentiels. Mais il a également reconnu de façon prétorienne, ce qui rappelle la technique des principes généraux du droit, l'existence d'un « principe de liberté de la concurrence qui découle de l'ordonnance du 1er décembre 1986 » (CE 1er avril 1998, *Union hospitalière privée*)[127] ou d'un « principe de libre concurrence »[128]. Plus modestement, on note aussi l'évocation de la « libre concurrence »[129] ou des « règles de la concurrence »[130].

Le principe de libre concurrence n'a toutefois pas acquis à ce jour une valeur constitutionnelle. Dans une décision du 11 juillet 2001[131], le Conseil constitutionnel a admis sous forme d'incidente que le respect du principe d'égalité impliquait la libre concurrence, mais il l'a admis « en l'espèce » et n'a pas réitéré son assertion depuis. Dans une décision du 27 décembre 2001[132], Loi de finances rectificative pour 2001, alors que les requérants invoquaient les « principes de la politique de concurrence », le Conseil décide que ceux-ci « ne fondent leur critique sur aucun principe ou règle de nature à établir leur caractère inconstitutionnel » et vérifie que la mesure n'enfreint pas le principe d'égalité, qui se trouve ainsi « découplé » de la

127. Voir notamment sur les conséquences de l'émergence d'un tel principe, M. BAZEX, « Le droit public de la concurrence », préc., p. 781. CE Avis 8 nov. 2000, *Soc. J.-L. Bernard Consultants*, préc. ; TA Dijon 20 févr. 2003, *Soc. J.-L. Bernard Consultants*, *DA* mai 2003, com. n° 102 ; *AJDA* 2003, p. 790, concl. HECKEL et note J.-D. DREYFUS.

128. CE 28 avr. 2003, *Fédération nationale des géomètres experts*, préc. ; CE 24 sept. 2003, *CAMIF*, n° 240604.

129. CE sect. 30 avr. 2003, *Synd. prof. des exploitants indépendants des réseaux d'eau et d'assainissement*, préc. ; CE 15 oct. 2004, *SARL Établissements Boti*, n° 261254.

130. CE 10 avr. 2002, *SARL Somatour*, préc. ; CE 30 juin 2004, *Département de la Vendée*, préc.

131. Dans une décision du 11 juill. 2001 (n° 2001-450 DC, Loi portant diverses dispositions d'ordre social, éducatif et culturel), le Conseil constitutionnel a admis sous forme d'incidente que le respect du principe d'égalité impliquait la libre concurrence, mais il l'a admis « en l'espèce » et n'a pas réitéré son assertion depuis. Dans une décision n° 2001-457 DC du 27 déc. 2001, Loi de finances rectificative pour 2001, alors que les requérants invoquaient les « principes de la politique de concurrence », le Conseil décide que ceux-ci « ne fondent leur critique sur aucun principe ou règle de nature à établir leur caractère inconstitutionnel » et vérifie que la mesure n'enfreint pas le principe d'égalité, qui se trouve ainsi « découplé » de la libre concurrence.

132. N° 2001-457 DC du 27 déc. 2001, Loi de finances rectificative pour 2001.

libre concurrence. La procédure de QPC a donné l'occasion au Conseil d'État de se prononcer sur cette question, à l'occasion d'une décision de non-renvoi (CE 2 mars 2011, *Société d'exploitation Manyris*[133]) : « si la libre concurrence peut être une exigence, notamment pour garantir le respect du principe d'égalité ou de la liberté d'entreprendre, elle n'est pas elle-même, au nombre des droits et libertés garantis par la Constitution ».

88 **Effectivité du principe de libre concurrence. –** Une partie de la doctrine a pu douter de la réelle effectivité d'un tel principe. L'égale concurrence relèverait plus d'un objectif à atteindre que de la réalité[134]. Lorsque, pour la première fois, le Conseil d'État a censuré en 2003[135] une décision administrative contrevenant au « libre exercice de la concurrence » ou à la « libre concurrence », les auteurs ont souligné la faiblesse de cette référence, peu claire et imprécise[136], qui ne serait pas un « principe érigé au rang des règles de la concurrence mentionnées [...] au Code de commerce »[137]. Il nous semble qu'il faille nuancer une appréciation aussi sévère. D'une manière générale, l'imprécision est sans doute l'apanage de tout principe général du droit dont l'intérêt est précisément de revêtir une certaine plasticité.

89 **Articulation de la libre concurrence et des autres libertés économiques. –** On se rend compte à la lecture de ce qui précède que la portée du principe de libre concurrence n'a rien à voir avec celle des libertés économiques « classiques ». La liberté du commerce et de l'industrie et la liberté d'entreprendre sont conçues comme des libertés publiques de première génération, c'est-à-dire des principes juridiques définissant une sphère d'autonomie du sujet de droit (ici une sphère d'autonomie de l'opérateur économique) qui doit être protégée contre toute incursion ou entrave extérieure. Le principe de la libre concurrence est né plus de deux siècles plus tard[138], à une époque de contestation de l'interventionnisme, mais après une remise en cause radicale du libéralisme. Cette simple constatation suffirait à elle seule à expliquer la spécificité de cette nouvelle liberté économique. Elle n'est nullement conçue sur un mode défensif vis-à-vis des prérogatives de l'État, mais tend à définir les modalités d'interventions de celui-ci (moment, contenu, ampleur). Elle met en scène non pas deux types d'acteurs, mais l'autorité publique, l'opérateur visé par la décision administrative, et enfin le reste des opérateurs concurrents affectés par les effets de la décision.

Certains auteurs ont même souligné que compte tenu du fait que le principe de libre et égale concurrence s'interprétait plutôt comme imposant le respect par les personnes publiques de l'égalité des chances entre les opérateurs économiques concurrents, il devait s'entendre davantage dans

133. N° 345288, *Dr. fisc.* 2011, n° 18, comm. 340, concl. GEFFRAY.

134. Rapport du Conseil d'État pour 2002, *Collectivités publiques et concurrence*, La Documentation française, p. 265.

135. CE Sect. 30 avr. 2003, *Syndicat professionnel des exploitants indépendants des réseaux d'eau et d'assainissement*, préc.

136. P. SUBRA DE BIEUSSES, note sous CE Sect. 30 avr. 2003, préc.

137. Chron. DONNAT et CASAS sur CE Sect. 30 avr. 2003, *Syndicat professionnel des exploitants indépendants des réseaux d'eau et d'assainissement*, *AJDA* 2003, p. 1152.

138. Toutefois, le juge administratif a pu utiliser l'expression antérieurement, voire même dès le XIXe siècle comme le remarque la note Ch. M. sous CE Avis 8 nov. 2000, *Sté Jean-Louis Bernard Consultants*, *BJDCP* 2001, p. 111.

sa dimension égalitaire que dans sa dimension libertaire[139]. D'autres insistent sur la dimension objective du droit de la concurrence appliqué par le juge administratif, droit qui vise la protection du marché en tant que structure au-delà de la protection des intérêts particuliers des concurrents eux-mêmes. Dès lors la libre concurrence ne saurait se réduire aux libertés économiques traditionnelles conçues comme des droits subjectifs[140].

Pour l'ensemble de ces raisons, on choisira de ne pas faire de la libre concurrence une composante de la liberté du commerce et de l'industrie. Cette dernière n'aurait pas une vocation matricielle en droit public économique à réunir en son sein l'ensemble des libertés économiques[141], même s'il arrive que le Conseil d'État adosse les deux types de liberté sans explicitement les distinguer[142]. Pour clarifier le débat, on peut dire que la liberté du commerce et de l'industrie permet à un opérateur de s'opposer (dans certaines limites) à toute forme d'interdiction ou de restriction d'une activité économique qui serait le fait des autorités publiques, alors que la libre concurrence s'oppose à ce que ces mêmes autorités génèrent, favorisent ou amplifient des pratiques anticoncurrentielles, voire à ce que ces autorités méconnaissent leur rôle de prévention ou de sanction des atteintes à la concurrence commises par les opérateurs. La libre concurrence et la liberté du commerce et de l'industrie sont complémentaires, mais elles peuvent aussi s'opposer, lorsque la libre concurrence vise la protection du marché dans son ensemble, alors que la liberté du commerce et de l'industrie tend à préserver les droits individuels de certains opérateurs[143].

SECTION III — LES DROITS ET LIBERTÉS TRADITIONNELS AU SERVICE DE L'ACTIVITÉ ÉCONOMIQUE

90 **Application des droits et libertés en matière économique.** – Du point de vue du principe de légalité, l'action économique de l'administration ne diffère pas de ses initiatives en d'autres domaines. Partant, tout opérateur peut faire valoir ses droits et libertés « classiques ». Ainsi, la *liberté contractuelle* a pu être invoquée en matière de concurrence, par exemple à propos de la pré-détermination du contenu de contrats à conclure entre opérateurs[144].

139. J.-F. SESTIER, « L'intervention des collectivités locales entre liberté du commerce et de l'industrie et libre et égale concurrence », in *Les collectivités locales, Mélanges Moreau*, Economica, 2003, p. 401.

140. G. CLAMOUR, *Intérêt général et concurrence. Essai sur la pérennité du droit public en économie de marché*, Bibl. Thèse Dalloz, Vol. 51, 2006, n° 554.

141. Pour une approche différente, voir B. FAURE, « Remarques sur les mutations du principe de la liberté du commerce et de l'industrie », note sous CE 23 mai 2003, *Communauté de communes Artois-Lys*, *RFDA* 2003, p. 299.

142. CE Avis Sect. 22 nov. 2000, *Sté L et P Publicité*, préc. ; CAA Bordeaux 18 févr. 2003, *Commune de Bayonne*, *AJDA* 2003, p. 1232, note P. QUILICHINI ; CE 10 avr. 2002, *SARL Somatour*, préc. ; CE 15 oct. 2004, *SARL Établissements Boti*, préc. ; CE 30 juin 2004, *Département de la Vendée*, préc.

143. CE Sect. 6 oct. 2000, *Sté Pernod Ricard, Rec.* p. 119 ; *CJEG* 2001, p. 33, concl. TOUVET.

144. CE 2 oct. 2002, *SARL Even Media et SARL Copper Communication, AJDA* 2002, p. 1499, note S. NICINSKI ; *Contrats marchés publ.* 2002, n° 259, note Ph. DÉLÉLIS.

Le *principe de non-rétroactivité* des actes administratifs trouve aussi souvent à s'appliquer en matière économique[145]. La *sécurité juridique* a été érigée en principe général du droit administratif et fonde une obligation d'édiction de mesures transitoires qu'implique une réglementation nouvelle imposée à des opérateurs économiques[146]. Retiendront plus particulièrement l'attention l'application du *droit de propriété* et du *principe d'égalité* en matière économique.

§ 1. LE DROIT DE PROPRIÉTÉ

91 **La propriété, fondement des libertés économiques. –** Le droit de propriété[147], droit naturel et imprescriptible de l'homme (article 2 de la DDH) et protégé au niveau constitutionnel (article 17 de la DDH), est souvent considéré comme un droit matriciel de l'initiative économique. Ainsi, selon W. Friedman[148], « l'aspect le plus crucial du droit de propriété est son emploi dans la poursuite de l'entreprise commerciale. Le droit de développer son initiative et ses capacités dans l'entreprise commerciale est un aspect de la liberté du développement de la personne ». La liberté d'entreprendre repose elle-même sur une combinaison du droit de propriété et de la liberté en général.

En matière économique, le droit de propriété a surtout permis d'encadrer le processus des nationalisations (*infra*, n° 607 et s.), ainsi que celui des privatisations puisque la propriété des personnes publiques est protégée à l'instar de celle des personnes privées (*infra*, n° 617 et s.).

§ 2. LE PRINCIPE D'ÉGALITÉ

92 **Principe d'égalité et différences de traitement. –** En tant que principe à valeur constitutionnelle[149] et principe général du droit administratif[150], le principe d'égalité s'applique en matière économique[151]. Traditionnellement, l'administration peut créer des discriminations, fondées sur trois types de motifs : la loi,

145. P. DELVOLVÉ, « Le principe de non-rétroactivité dans la jurisprudence économique du Conseil d'État », *Mélanges Waline*, 1974, p. 355.

146. CE Ass. 24 mars 2006, *Sté KPMG*, *AJDA* 2006, p. 1028, chron. LANDAIS et LENICA, *RFDA* 2006, p. 463, concl. AGUILA et note F. MODERNE.

147. F. COLLY, « Le Conseil constitutionnel et le droit de propriété », *RDP* 1988, p. 137 ; L. FAVOREU, « La jurisprudence du Conseil constitutionnel et le droit de propriété proclamé par la Déclaration de 1789 », *Actes du colloque du bicentenaire de la Déclaration*, PUF, 1990 ; J.-Y. CHÉROT, « La protection de la propriété dans la jurisprudence du Conseil constitutionnel », *Mélanges Mouly*, 1998, p. 405 ; M. VERPEAU, « Le droit de propriété dans la jurisprudence du Conseil constitutionnel : permanence et actualité », *CJEG* 1999, p. 411.

148. *Théorie générale du droit*, p. 377.

149. CC n° 73-51 DC du 27 déc. 1973.

150. CE Sect. 9 mars 1951, *Société des concerts du conservatoire*, *Rec.* p. 151, *S.* 1951, III, p. 81, note C. H., *Dr. soc.* 1951, p. 168, concl. LETOURNEUR, note J. RIVERO.

151. Conseil constitutionnel, Rapport sur le principe d'égalité, *RFDA* 1997, p. 227 ; Conseil d'État, *Sur le principe d'égalité*, Rapport pour 1996, *EDCE* 1996, n° 48 ; P. DELVOLVÉ, *Le principe d'égalité devant les charges publiques*, LGDJ, 1969 ; N. NITSCH, « Les principes généraux du droit à l'épreuve du droit public économique », *RDP* 1981, p. 1549.

l'intérêt général ou une différence de situation appréciable[152]. Plus récemment, le juge administratif a exigé que les différences de traitement soient en rapport avec l'objet de la norme qui les établit et ne soient pas manifestement disproportionnées au regard des différences de situation susceptibles de les justifier[153]. Si l'administration peut créer des discriminations, elle n'est pas tenue de le faire alors même que les administrés feraient valoir une différence de situation[154].

93 **Principe d'égalité en matière économique. –** Le juge administratif a consacré certaines déclinaisons du principe général d'égalité, dont l'égalité devant la réglementation économique (CE 26 octobre 1949, *Ansar*[155] ; CE 22 mars 1950, *Sté des ciments français*)[156]. Même dans les domaines de l'action économique les plus réfractaires à l'idée d'égalité, celui-ci trouve à s'appliquer. Alors que, par principe, toute aide publique pourrait venir heurter l'idée même d'égalité, le juge administratif contrôle les conditions de leur octroi au regard du principe d'égalité, ce qui le conduit à censurer la définition de conditions avantageant sans justification une catégorie d'opérateurs (pour les décisions réservant des aides aux adhérents à un « label » de qualité, par exemple, TA Montpellier 2 mai 1986, *Commissaire de la Rép. des Pyrénées-Orientales c/ Département des Pyrénées-Orientales*)[157].

94 **Discriminations et différences de situation. –** Les exemples ne manquent pas concernant l'application du principe d'égalité pour justifier soit une sujétion particulière, soit un avantage spécifique, imposé ou accordé à une catégorie d'opérateurs et justifié par une différence de situation[158]. Ainsi, au moment des nationalisations, les dérogations touchant des banques en raison de leurs statuts spécifiques ont pu être justifiées au regard du principe d'égalité, mais celles relatives aux banques dont la majorité du capital appartenait à des sociétés de caractère mutualiste ou coopératif méconnaissaient ce même principe car la dérogation n'était justifiée ni par le statut de ces banques, ni par la nature de leur activité (CC n° 81-132 DC du 16 janvier 1982, Lois de nationalisation)[159]. Lorsque l'administration accorde un avantage concurrentiel à son concessionnaire de service public opérant par ailleurs sur un marché concurrentiel, le principe d'égalité ne s'y oppose pas à condition que

152. CE Sect. 10 mai 1974, *Denoyez et Chorques*, *Rec.* p. 274, *D.* 1975, p. 393, note TEDESCHI, *AJDA* 1974, p. 298, chron. FRANC et BOYON, *RDP* 1974, p. 467, note M. WALINE, *RA* 1974, p. 440, note F. MODERNE.

153. Pour une formulation récente incluant l'obligation que la discrimination soit en rapport avec l'objet de la norme et le contrôle de proportionnalité entre la différence de traitement et la différence de situation, CE Sect. 18 déc. 2002, *Mme Duvignères*, *Rec.* p. 463, concl. FOMBEUR, *RFDA* 2003, p. 274, concl. FOMBEUR et p. 510, note J. PETIT, *AJDA* 2003, p. 487, chron. DONAT et CASAS, *JCP* A 2003, n° 5, p. 94, comm. J. MOREAU, *LPA* 23 juin 2003, note P. COMBEAU.

154. CE Ass. 28 mars 1997, *Sté Baxter*, *Rec.* p. 115, *RFDA* 1997, p. 450, concl. BONICHOT, note F. MÉLIN-SOUCRAMANIEN.

155. *Rec.* p. 433.

156. *Rec.* p. 175.

157. *Rec.* p. 513.

158. Voir par exemple CE 20 avr. 2005, *Conseil national des professions de l'automobile*, n° 2600779, en matière de tarification, CE 26 mars 1965, *Fromagerie Delisse*, *Rec.* p. 840, CE Sect. 2 mars 1973, *Synd. national du commerce en gros des équipements, pièces pour véhicules et outillages*, *Rec.* p. 181.

159. Voir également par exemple CC n° 83-167 DC du 19 janv. 1984 ; CC n° 87-232 DC du 7 janv. 1988, à propos de la mutualisation de la Caisse nationale de crédit agricole.

le concessionnaire puisse faire valoir sa différence de situation par rapport à ses concurrents (CE 30 juin 2004, *Département de la Vendée*)[160].

95 **Discriminations et intérêt général. –** L'administration de l'économie repose tout entière sur des motifs d'intérêt général. L'intérêt général économique peut viser l'objectif très large de bon fonctionnement de l'économie française, ou de manière plus restrictive, celui d'un marché en particulier. L'intérêt général économique peut aussi être le résultat d'une opération de conciliation de ses diverses composantes telles que la promotion ou le maintien de la concurrence. Dans un premier temps, le Conseil d'État a censuré l'établissement d'une grille tarifaire à destination d'opérateurs économiques, au motif que l'administration s'était « en réalité proposé, dans un intérêt économique étranger au fonctionnement même du service public, de stabiliser » certaines entreprises[161]. Mais quelque temps plus tard, la jurisprudence du Conseil d'État se fait le reflet de la prise en considération d'un intérêt économique général. Ainsi, dans l'arrêt de Section du 21 juin 1951, *Syndicat de la raffinerie du soufre français*[162], le Conseil d'État admet la légalité d'une mesure avantageant une entreprise, seule productrice d'un certain produit en période de pénurie, au motif que ce privilège était justifié par « des considérations d'intérêt général, dont il appartient à l'administration de tenir compte dans les mesures qu'elle est appelée à prendre pour l'application de la législation en matière économique ». Il a aussi été admis que l'intérêt général fonde un traitement particulier en faveur d'une entreprise exploitant un système unique destiné à rendre service aux autres opérateurs[163]. L'intérêt général est aussi susceptible de s'exprimer à travers le souci de préserver les bonnes relations économiques internationales[164] ou celui de préserver l'homogénéité d'un réseau d'opérateurs[165].

On pourrait s'interroger sur l'avenir du motif d'intérêt économique général susceptible de fonder des discriminations compte tenu de la jurisprudence du juge communautaire en matière de liberté d'établissement et de libre prestation de service (*infra*, n° 199). Toutes proportions gardées, puisqu'une liberté ne s'apprécie pas comme l'égalité, il n'en demeure pas moins que le juge communautaire exclut des motifs impérieux d'intérêt général toute considération économique venant limiter les libertés précitées. Une discrimination étant elle-même susceptible d'entraver les libertés économiques des opérateurs de la catégorie la moins avantagée, ne faudrait-il pas prendre quelques précautions désormais avec l'intérêt économique général du droit français ?

160. CE 30 juin 2004, *Département de la Vendée*, préc. L'affaire est intéressante en ce que la cour d'appel avait retenu une solution inverse s'agissant de l'application du principe d'égalité.

161. CE 1er avr. 1938, *Société L'Alcool dénaturé de Coubert*, *Rec.* p. 337, *RDP* 1939, p. 487, concl. LATOURNERIE.

162. *Rec.* p. 377, *S.* 1952, p. 33, concl. BARBET, note M. L., *D.* 1951, p. 661, note M. WALINE.

163. CE Sect. 24 avr. 1964, *SA LIC*, *Rec.* p. 239, *AJDA* 1964, p. 293, chron. FOURRÉ et PUYBASSET, p. 308, concl. COMBARNOUS.

164. Pour l'absence de nationalisation des banques dont le capital appartenait à des étrangers CC 16 janv. 1982, préc.

165. CC 7 janv. 1988, préc., s'agissant de l'homogénéité d'un réseau bancaire.

BIBLIOGRAPHIE

1. Liberté d'entreprendre

V. DELVOLVÉ, *La liberté d'entreprendre*, Th. Paris II 2002 ■ R. GARNIER, « La pénétration des exigences économiques dans la jurisprudence du Conseil constitutionnel », *RDP* n° 2 2004 ■ Y. GAUDEMET, « La liberté d'entreprendre », *RD soc.* 1986, p. 372 ■ N. JACQUINOT, « La liberté d'entreprendre dans le cadre du référé-liberté : un cas à part ? », *AJDA* 2003, p. 658 ■ J.-P. MACHALON et P. MBONGO (dir), *La constitution économique de l'État. L'ordre constitutionnel économique (1958-2008)*, *LPA* 22 janvier 1999, n° 16, n° spécial ■ J.-L. MESTRE, « Le Conseil constitutionnel, la liberté d'entreprendre et la propriété », *D.* 1984, chron. p. 1 ■ H. RABAULT, « La constitution économique de la France », *RFDC* 2000, p. 708 ■ J.-P. THIRON, « À propos de la liberté d'entreprendre », *Mélanges Péquignot*, t. II, p. 675 ■ « La reconnaissance de la liberté d'entreprendre par le Conseil constitutionnel a-t-elle une portée ? », Interventions de J. ROBERT, Ph. TERNEYRE, M. LOMBARD, J.-P. CAMBY et G. DRAGO, in *Les libertés économiques*, Éd. Panthéon-Assas, 2003, p. 9 et s.

2. Liberté du commerce et de l'industrie

F. DREYFUS, « La liberté du commerce et de l'industrie », Berger-Levrault, 1973 ■ J. GOYON, « Que reste-t-il du principe de la liberté du commerce et de l'industrie ? », in *Dix ans de droit de l'entreprise*, Litec, 1978, p. 5 ■ M. GUIBAL, « La justification des atteintes à la liberté du commerce et de l'industrie : Réflexion sur l'état actuel de la jurisprudence administrative », *AJDA* 1972, I, p. 330 ■ « Commerce et industrie », *Rép. com. Dalloz*, 2003 ■ M. KDHIR, « Le principe de la liberté du commerce et de l'industrie : mythe ou réalité ? », *D.* 1994, chron. p. 30 ■ O. RENARD-PAYEN, « Principe de la liberté du commerce et de l'industrie », *Juris Classeur Administratif*, fasc. n° 255, 1992 ■ T. REVET, « Que reste-t-il de la liberté du commerce et de l'industrie ? » *D. aff.* 1998, p. 51.

3. Libre concurrence

M. BAZEX, « Existe-t-il un droit de la concurrence en dehors de l'ordonnance du 1er décembre 1986 ? », *Gaz. Pal.* 1997, 1er sem., 13 février 1997, p. 277, « Le droit public de la concurrence », *RFDA* 1998, p. 781, « La libre concurrence, nouvelle source de l'action administrative », *Gaz. Pal.* 25-26 juillet 2001, n° 206, p. 3 ■ G. CLAMOUR, *Intérêt général et concurrence. Essai sur la pérennité du droit public en économie de marché*, Bibl. Thèses Dalloz, Vol. 51, 2006 ■ J. CAILLOSSE, « Le droit administratif français saisi par la concurrence ? », *AJDA* 2000, p. 99 ■ B. FAURE, « Le droit administratif des collectivités locales et la concurrence », *AJDA* 2001, p. 136 ■ G. GONZALEZ, « Domaine public et droit de la concurrence », *AJDA* 1999, p. 387 ■ L. IDOT, « La liberté de la concurrence en France », *LPA* 23 mars 2000, n° 59, p. 4 ■ J.-J. ISRAËL, « Les rapports du droit administratif avec le droit de la concurrence issu de l'ordonnance du 1er décembre 1986 », *LPA* 1990, n° 38, p. 10 ■ D. LINOTTE, « Principes d'égalité, de liberté, de commerce et de l'industrie et droit de la concurrence », in J.-M. RAINAUD et R. CHRISTINI (dir.), *Droit public de la concurrence*, Economica, 1987 ■ A. MARCEAU, « Police administrative et droit public de la concurrence », *AJDA* 2002, p. 190 ■ S. NICINSKI, « Les évolutions du droit public de la concurrence », *AJDA* 2004, p. 751 ■ D. RIBES, « La concurrence saisie par le droit constitutionnel français ? », *RFDC* 2003, p. 168 ▪ J.-F. SESTIER, « L'intervention des collectivités locales entre liberté du commerce et de l'industrie et libre et égale concurrence », in *Les collectivités locales, Mélanges Moreau*, Economica, 2003, p. 401 ▪ B. STIRN, « Droit public et droit de la concurrence », *Mélanges Champaud, Dalloz* 1997, p. 556, « L'idée de concurrence dans le contentieux administratif : la pluralité des sources », *Rev. conc. consom.* n° 116, juill.-août 2000, p. 8.

CHAPITRE III
LES INSTITUTIONS

96 **Multiplicité des institutions. –** Le trait le plus marquant du volet « institutionnel » du cadre de la régulation économique entendue au sens large est le foisonnement d'institutions jouant un rôle en matière économique. Cette multiplicité nuit d'ailleurs grandement à la clarté de l'intervention de l'État dans l'économie. La présente étude ne prétend donc pas à l'exhaustivité mais tend à présenter ces institutions selon les fonctions qu'elles développent.

97 **Évolution du rôle des institutions. –** Les missions des institutions publiques centrales varient en fonction des deux tendances majeures décrivant le rôle de l'État dans l'économie que sont la tendance libérale, réduisant la fonction des autorités étatiques à un rôle de simple impulsion, de préservation, ou encore de surveillance du marché, et la tendance interventionniste, autorisant la mise en œuvre de véritables prérogatives dirigistes. Le rôle des différents établissements publics ou organismes privés ayant une mission économique est plus délicat à apprécier compte tenu du fait qu'ils ont souvent été créés lors des phases les plus dirigistes de l'histoire économique française, pour pallier les conséquences des pénuries ou le mauvais fonctionnement de certains marchés, agricoles notamment. Dès lors, ils ont été spécifiquement créés pour assurer des missions d'intervention. Même si la formulation des textes les instituant n'a pas été forcément modifiée, il semblerait néanmoins que l'action de ces organismes se soit muée en une mission générale d'organisation et d'accompagnement des professions et secteurs économiques.

98 **Caractère public ou privé des institutions de régulation. –** En France, certaines institutions de régulation au sens large ont un caractère privé, sans que le droit français ne s'y oppose. Il faut souligner que le droit communautaire est beaucoup plus réticent à voir confier des missions de régulation économique à des opérateurs privés[1].

99 **Classification des institutions d'intervention économiques. –** Plusieurs typologies peuvent être adoptées afin de rendre compte d'une classification des institutions

1. J.-B. AUBY, « L'interdiction de déléguer des pouvoirs d'intervention économique à des opérateurs privés », *DA* 2003, repère 2.

d'intervention économique. On peut opposer tout d'abord les institutions nationales et les institutions locales, ou encore les institutions publiques et les organismes privés. On pourrait aussi distinguer les institutions à compétence générale et les organismes spécialisés dans certains secteurs de l'économie. On préférera une typologie fondée sur la nature des missions des différentes institutions. Cette typologie permet de distinguer les administrations de direction, d'impulsion et de contrôle de l'économie (Section I), regroupant une multitude de fonctions annexes, qui sont principalement les administrations centrales de l'État à vocation économique. Ce rôle est aujourd'hui aussi assumé, dans une moindre mesure, au niveau local par les collectivités territoriales. Cette première catégorie s'appuie sur d'autres administrations, qui peuvent être des administrations de réflexion ou qui jouent un rôle de régulation au sens strict, c'est-à-dire de contrôle du bon fonctionnement de marchés particuliers. Enfin, il existe des organismes ayant une vocation générale d'organisation et d'accompagnement des professions (Section II).

SECTION I LES ADMINISTRATIONS DE DIRECTION DE L'ÉCONOMIE ET DE CONTRÔLE DES OPÉRATEURS

100 **Direction, impulsion, contrôle.** – L'administration de l'économie ne se résume pas à une unique fonction de direction, d'abord parce que la prégnance des thèses libérales oblige l'administration à passer par d'autres voies que le dirigisme économique et, ensuite, parce que les administrations qui ont un rôle de direction développent aussi d'autres fonctions, comme celles d'impulsion, d'encadrement ou encore de contrôle. Pour les étudier, on distinguera les institutions nationales des institutions locales.

§ 1. LES INSTITUTIONS NATIONALES

101 **Fonctions.** – Certaines institutions ont un rôle de décision alors que d'autres ont une simple fonction de conseil.

A. ORGANES DE DÉCISION

102 **Exécutif.** – Il est inutile d'insister sur le rôle prépondérant du président et du Premier ministre (assisté d'institutions spécifiques comme par exemple le Conseil d'analyse économique)[2] dans le pilotage de l'économie. Un président est souvent élu sur le

2. Créé auprès du Premier ministre en 1999, le CAE a pour mission d'éclairer, par la confrontation des points de vue et des analyses, les choix du gouvernement en matière économique. Il s'agit d'une instance pluraliste composée d'économistes reconnus de sensibilités diverses.

fondement d'un programme principalement économique qu'il mettra en œuvre durant son mandat par le biais de son gouvernement et de son ministre de l'économie.

D'autres ministres peuvent, à titre individuel, jouer un rôle de régulation des secteurs économiques dont ils ont la charge. À titre d'exemple, on mentionnera le ministre chargé de l'Aviation civile, compétent pour passer les contrats liant l'État et les exploitants d'aéroports (articles L. 224-2 et R. 224-4 du Code de l'aviation civile), pour homologuer certaines redevances aéroportuaires (article R. 224-4-1 du Code de l'aviation civile), ou encore pour saisir la Commission consultative aéroportuaire en cas de différend opposant l'exploitant et ses usagers sur la politique de tarification des redevances (article R. 224-4-2).

103 **Rôle important du Parlement. –** L'importance du rôle de l'exécutif ne doit pas faire oublier celui du Parlement, non moins central. Il vote les lois de finances et les innombrables lois ayant un objet ou une incidence économique. Il faut aussi souligner l'action des commissions permanentes (commission des affaires économiques, de l'environnement et du territoire, commission des finances, de l'économie générale et du Plan à l'Assemblée nationale, par exemple) et des commissions d'enquête (affaire du Crédit Lyonnais, commission d'enquête sur la situation financière des entreprises publiques en 2003, etc.).

104 **Ministre de l'Économie. –** Les textes accordent au ministre de l'Économie d'importantes prérogatives de décision. Pour n'en citer que quelques-unes, on verra qu'il dispose d'un pouvoir d'évocation dans le processus de contrôle des concentrations (*infra*, n° 285), qu'il fixe certains prix (médicaments ou gaz, par exemple), ou édicte des réglementations sectorielles (réglementation des établissements de crédit, article L. 611-1 du Code monétaire et financier, par exemple). L'ordonnance n° 2008-1161 du 13 novembre 2008 portant modernisation de la régulation de la concurrence lui octroie un pouvoir d'injonction pour faire cesser des pratiques anticoncurrentielles affectant un marché de dimension locale (nouvel article L. 464-9 du Code de commerce).

105 **Ministère de l'Économie. –** Les services du ministère de l'Économie sont évidemment au cœur de la politique économique et assurent à la fois une mission de direction et une mission de contrôle. Certaines directions sont à remarquer. La Direction générale du Trésor et de la politique économique a été créée par un décret n° 2004-1203 du 15 novembre 2004 et regroupe trois anciennes directions (la direction du Trésor, la direction de la prévision et de l'analyse économique, la direction des relations économiques extérieures). La DGTPE propose au ministre et conduit sous son autorité les actions de la politique économique de la France. Elle est composée de cinq services, illustrant les priorités de l'action étatique en matière économique : le service des politiques macroéconomiques et des affaires européennes, le service des politiques publiques, le service du financement de l'économie, le service des affaires multilatérales et du développement, le service des relations bilatérales et du développement international des entreprises. L'APE (Agence des participations de l'État, qui assure le pilotage des entreprises publiques, n° 807 et s.) y est rattachée. La Direction générale de la concurrence, de la consommation et de la répression des fraudes (DGCCRF) n'est plus à présenter. Elle est composée de deux services, le service de la coordination et des ressources (chargé notamment des études économiques, des enquêtes, des informations) et le service de la

régulation et de la sécurité, divisé en cinq pôles (concurrence, consommation et sécurité, produits agricoles et alimentaires, santé industrie et commerce, services et réseaux). La Direction générale des entreprises a pour mission de développer un environnement favorable à la compétitivité des entreprises industrielles. Elle est responsable de la préparation et de la mise en œuvre de la politique industrielle française. Elle soutient directement les projets de recherche-développement et mène des actions de proximité en faveur des PME. On peut aussi citer la Direction générale de l'Institut national de la statistique et des études économiques (INSEE) et, enfin, le Service du contrôle économique et financier, ayant pour mission le contrôle externe de l'activité économique et de la gestion, notamment des entreprises publiques.

Il existe aussi des organismes associés au MINEFE, comme le CIRI (Comité interministériel de restructuration industrielle), organisme interministériel créé en 1982 pour faire face aux nombreuses restructurations industrielles provoquées par les deux grands chocs pétroliers. C'est aujourd'hui une structure de soutien et d'intervention gouvernementale au bénéfice des grandes entreprises en difficulté. Sa mission est une mission de médiation afin d'aider les acteurs touchés par une mutation économique à relancer l'activité et éviter les suppressions d'emplois.

B. ORGANES DE CONSEIL

106 **Conseil économique, social et environnemental. –** Le CES[3] est une assemblée consultative placée auprès des pouvoirs publics. Les principales forces économiques et sociales y sont représentées (salariés, entreprises, professions libérales, activités sociales, etc.), ce qui favorise leur collaboration et assure leur participation à la politique économique. Si l'idée est ancienne (une première assemblée est créée dès 1925), elle sera concrétisée dans la Constitution de 1946, puis dans la Constitution actuelle (Titre X, articles 69 à 71)[4]. Le CES est investi d'une triple mission. Il conseille le gouvernement et participe à l'élaboration de la politique économique, il favorise le dialogue et le rapprochement entre les catégories socioprofessionnelles, il contribue à l'information des assemblées. En vertu de l'article 69 de la Constitution, il donne son avis sur les projets ou propositions de loi, d'ordonnance ou de décret qui lui sont soumis. Selon l'article 70, il peut être consulté sur tout problème de caractère économique ou social. Tout plan ou tout projet de loi de programme à caractère économique ou social lui est soumis pour avis[5].

107 **Centre d'analyse stratégique. –** Créé par le décret n° 2006-260 du 6 mars 2006, il succède au Commissariat général du Plan (*infra*, n° 321). Directement rattaché au Premier ministre, il a pour mission d'éclairer le gouvernement dans la définition et la mise en œuvre de ses orientations stratégiques en matière économique, sociale, environnementale ou culturelle par le biais de rapports, recommandations ou avis.

108 **Conférence économique annuelle** (décret n° 99-417 du 26 mai 1999)**. –** Cet organisme associé au MINEFE (DGTE) a pour objet l'information et la consultation des partenaires sociaux sur

3. A. et G. MERLOZ, *Le Conseil économique et social sous la Ve République*, LGDJ, 1976 ; Th. S. RENOUX, « La rénovation du Conseil économique et social », *AJDA* 1985, p. 21.

4. Voir également la loi organique modifiée n° 58-1360 du 29 déc. 1958.

5. Le caractère obligatoire de la saisine du CES ne s'étend pas aux autres catégories de projets de loi, décision du CC n° 86-207 DC des 25 et 26 juin 1986.

les perspectives de l'économie française et les orientations économiques, budgétaires et fiscales du gouvernement.

109 **Commission économique de la Nation** (décret n° 99-416 du 26 mai 1999). – C'est un organisme associé au MINEFE et composé de personnalités qualifiées pour leurs travaux et leur compétence économique et financière. Le commissaire au Plan et le gouverneur de la Banque de France en sont membres de droit. La Commission examine des thèmes économiques choisis par le ministre chargé de l'économie. Elle examine aussi les comptes prévisionnels de la Nation pour l'année en cours et les budgets économiques de la Nation pour l'année suivante, ainsi que le rapport définissant l'équilibre économique et financier produit à l'appui du projet de loi de finances. La commission peut en outre passer commande de travaux ou d'études à des organismes ou des personnalités extérieures à l'administration.

C. ORGANES DE CONTRÔLE

110 **Multiplicité d'organes de contrôle.** – On a déjà cité les prérogatives du ministre de l'Économie en matière de contrôle des concentrations ou des pratiques anticoncurrentielles, assisté par certaines directions comme la DGCCRF. Les institutions ayant une mission de direction ou d'impulsion détiennent donc aussi des prérogatives de contrôle sur le secteur économique. Cette tendance est renforcée par le passage d'un État à vocation dirigiste à un État gardien et garant du bon fonctionnement de marché. Une mention particulière doit être consacrée à la fonction de régulation sectorielle et aux autorités administratives indépendantes qui l'assument.

111 **Autorités administratives indépendantes de marché.** – L'histoire du développement des autorités administratives indépendantes[6] en France montre qu'elles constituent un moyen privilégié d'accompagnement par l'État de l'économie de marché[7]. Dès 1941 est créée la Commission de contrôle des banques, ancêtre de la Commission bancaire. Le Conseil de la concurrence (et aujourd'hui l'Autorité de la concurrence)[8], qui doit sa forme actuelle à l'ordonnance n° 86-1243 du 1er décembre 1986, succède lui-même à la Commission de la concurrence (1977), étant précisé que l'idée d'un contrôle des pratiques anticoncurrentielle est encore plus ancienne puisque dès 1953 est instituée une Commission technique des ententes. Dans le domaine économique, on peut encore citer la Commission nationale d'équipement commercial[9], l'Autorité de régulation des télécommunications[10] (devenue Autorité de régulation des communications électroniques et des postes, ARCEP), puis la Commission de régulation de l'électricité[11], devenue Commission de régulation de l'énergie (CRE). Certaines assurent à la fois une mission de régulation du marché et une mission de protection des libertés publiques[12]. Certaines autorités bénéficient de la personnalité morale et sont qualifiées

6. Organismes administratifs, qui agissent au nom de l'État et disposent d'un réel pouvoir, sans pour autant relever du gouvernement. Définition issue du Rapport du Conseil d'État pour 2001, *Les autorités administratives indépendantes*, La Documentation française.

7. Les développements qui suivent sont extraits du Rapport du Conseil d'État pour 2001, *Les autorités administratives indépendantes*, préc.

8. Art. 95 et 96 de la loi n° 2008-776 du 4 août 2008 de modernisation de l'économie.

9. Art. 35 de la loi n° 93-122 du 29 janv. 1993.

10. Article L. 36-5 du CPCE, issu de la loi n° 96-659 du 26 juill. 1996.

11. Loi n° 2000-108 du 10 févr. 2000 relative à la modernisation du service public de l'électricité.

12. CSA, loi n° 89-25 du 17 janv. 1989.

d'autorités publiques indépendantes, comme l'Autorité des marchés financiers[13]. Leurs pouvoirs sont définis par les textes les instituant, parmi un panel de prérogatives (émettre un avis, formuler des recommandations ou des propositions, prendre des décisions individuelles, exercer un véritable pouvoir réglementaire, assurer un contrôle, prononcer des sanctions, régler des différends).

Les exigences communautaires de l'ouverture des réseaux à la concurrence ont assez largement légitimé, si ce n'est commandé[14], le recours à des autorités indépendantes de marché. Ces autorités répondent en outre parfaitement au besoin de nouvelles formes d'interventionnisme économique que regroupe le concept de régulation, en réaction au rôle de gestion directe de l'économie par l'État. Selon le Rapport du Conseil d'État pour 2001, consacré aux autorités administratives indépendantes, trois justifications essentielles peuvent être avancées en faveur de la création des autorités administratives indépendantes[15] : garantir l'impartialité des interventions de l'État, permettre la participation de professionnels à la régulation d'un secteur d'activités, assurer une intervention efficace de l'État en terme de rapidité, d'adaptation à l'évolution des marchés et de continuité dans l'action.

Bien entendu, ces justifications appellent immédiatement, par effet-miroir, certaines critiques, comme le risque de capture du régulateur par les opérateurs contrôlés, le risque d'une dilution de l'autorité de l'État ou d'un interventionnisme exacerbé parce qu'il se cache derrière des autorités, certes indépendantes, mais qui relèvent de l'État.

112 **Développement de la régulation sectorielle. –** L'émergence d'autorités de régulation accompagne un mouvement de désengagement de l'État quant à ses formes traditionnelles d'intervention, sous la pression libérale. Cependant, l'État doit rester présent pour assurer son rôle de gardien et de garant du marché. Dans son acception la plus globale, la régulation peut se définir comme l'ensemble des interventions de l'État destinées à garantir le projet économique dont s'est dotée une communauté humaine[16]. Plus restrictivement, elle désigne l'ensemble des mécanismes permettant de garantir le bon fonctionnement d'un marché ou d'un secteur. Parmi ces mécanismes, il ne faut pas négliger les fonctions d'information, de persuasion, de pression et d'influence dont sont dotés les régulateurs. La visibilité même du régulateur par les opérateurs est un gage d'efficacité[17].

Deux acceptions doivent être distinguées. Selon la première, les autorités étatiques fixent les règles et le régulateur a pour mission de les faire respecter par les opérateurs. La seconde s'attache au but de la régulation, qui se définit alors comme « un ensemble de techniques articulées entre elles pour organiser ou maintenir des équilibres économiques dans des secteurs qui n'ont pas,

13. Loi n° 2003-706 du 1er août 2003, article L. 621-1 du Code monétaire et financier.

14. Même si les directives communautaires exigent une régulation indépendante de l'opérateur historique, on peut s'interroger sur la question de savoir si elles commandaient aussi la séparation stricte entre les services de l'État chargés de la direction de l'économie et le régulateur. Toutefois, cette séparation s'impose lorsque l'opérateur public historique est trop lié aux pouvoirs publics.

15. Rapport préc. p. 276 et s.

16. Définition largement inspirée de J.-L. SILICANI, « Demain l'État régulateur », *Les Échos*, 16 févr. 2000, cité par Conseil d'État, rapport préc. p. 280. Voir également B. LASSERRE, « Régulation mode d'emploi », *Sociétal* n° 30 2000, p. 77 ; M. COLLET, « La création des autorités administratives indépendantes : symptôme ou remède d'un État en crise ? », *Regards sur l'actualité* n° 330, 2007.

17. Ainsi, le régulateur est lui-même soumis au contrôle du juge sanctionnant ses refus d'intervention (régime de l'erreur manifeste d'appréciation, CE Sect. 16 nov. 2007, *Tinez*, n° 293952).

pour l'instant ou par leur nature, la force et les ressources de les produire eux-mêmes »[18]. Ainsi, le rôle du régulateur ne se limiterait pas à rechercher le respect des règles par la sanction.

On a retenu une définition intermédiaire de la notion de régulation, fondée, d'une part, sur les objectifs de cette fonction et, d'autre part, sur les modalités spécifiques d'intervention des autorités ayant en charge une mission de régulation[19]. Reposant sur des modalités spécifiques d'intervention, la régulation présente la particularité d'offrir aux autorités qui en sont chargées tout un panel de prérogatives allant de la réglementation *a priori* aux décisions particulières, sanctions ou règlements des conflits *a posteriori*. Parmi les objectifs assignés à la fonction de régulation, on retient en premier lieu l'impératif de contrôle du respect de la liberté de la concurrence afin que le marché puisse produire tous les effets que l'on attend, mais aussi l'objectif de rétablir l'équilibre des pouvoirs ou de rééquilibrer les forces en présence, soit par des interventions préventives, soit par la mise en place d'un mécanisme répressif. La régulation se distingue de la réglementation, non pas en fonction du moment de leur intervention (l'une agirait *a priori*, l'autre *a posteriori*), mais plutôt en considération du fait que la réglementation a pour unique objet de produire des règles générales et impersonnelles, alors que la régulation se caractérise par des prérogatives beaucoup plus nombreuses. Si le régulateur est titulaire d'un pouvoir réglementaire et peut ainsi produire une réglementation, c'est une réglementation dont l'objet est souvent limité à l'application de la réglementation générale ou destiné à apporter des précisions en définissant des règles de fonctionnement (droits et obligations des opérateurs, règles techniques) d'un marché particulier. Le terme régulation peut s'appliquer, selon nous, soit à une mission générale de l'État vis-à-vis de l'économie (c'est l'intitulé du titre retenu pour cette partie), soit à la mission d'autorité indépendante agissant dans un secteur donné (régulation sectorielle, à laquelle on fait référence ici).

§ 2. LES INSTITUTIONS LOCALES

113 **Administrations déconcentrées et collectivités territoriales. –** Les administrations déconcentrées de l'État assurent un rôle en matière économique, accompagnant ainsi l'action des collectivités locales.

18. M.-A. FRISON ROCHE, « La victoire du citoyen-client », *Sociétal* n° 30, p. 49.

19. M.-A. FRISON ROCHE, « Définition du droit de la régulation économique », *D.* 2004, chron. p. 126 ; J.-Ph. COLSON, *Droit public économique*, préc. p. 509. Voir également « La régulation : monisme ou pluralisme », Colloque DGCCRF du 25 mars 1998, *LPA* 10 juill. 1998, n° 82 ; L. COHEN-TANUGI, « Une doctrine pour la régulation », *Le Débat*, n° 52, nov. 1988 ; L. BOY, « Réflexion sur le droit de la régulation », *D.* 2001, p. 3031 ; G. TIMSIT, « Les deux corps du droit, essai sur la notion de régulation », *RFDA* 1996, p. 375 ; S. BRACONNIER, « La régulation des services publics », *RFDA* 2001, p. 43 ; P. SABLIÈRE, « Libres propos sur les notions de réglementation, tutelle et régulation dans les rapports entre les pouvoirs publics et les entreprises publiques », *CJEG* 1997, p. 1 ; *Régulation économique et démocratie*, (dir.) M. LOMBARD, Dalloz, 2006 ; *Les régulations économiques : légitimités et efficacités*, (dir.) M.-A. FRISON ROCHE, Dalloz-Presses de Sciences Po, 2004 ; A. DELION, « Notion de régulation et droit de l'économie », *Annales de la régulation de l'Université Paris I Panthéon-Sorbonne*, n° 1, LGDJ, 2006.

A. L'ADMINISTRATION DÉCONCENTRÉE

114 **Région. –** La région en tant que circonscription administrative est consacrée à l'action économique dès l'origine, même si, très paradoxalement, il n'existe pas d'énumération précise de ses attributions économiques. Après la réforme entreprise en matière de révision générale des politiques publiques (2010), parmi les huit directions désormais placées sous la coordination du Secrétariat général pour les affaires régionales, c'est la Direction régionale des Entreprises, de la Concurrence, de la Consommation du Travail et de l'emploi qui conduira la politique économique de la région.

115 **Préfets. –** Les préfets de département et les préfets de région veillent à l'exécution des règlements et des décisions gouvernementales et dirigent les services déconcentrés. Le préfet de région détermine les orientations nécessaires à la mise en œuvre dans la région des politiques nationales et communautaires de sa compétence (décret n° 2004-374 du 29 avril 2004). Alors que les décrets aujourd'hui abrogés n° 82-389 et n° 82-390 du 10 mai 1982 respectivement relatifs aux pouvoirs du préfet de département et du préfet de région attribuaient explicitement des compétences économiques à ces autorités, la réforme de 2004 ne comporte aucun volet économique, si ce n'est quelques compétences en matière d'aide aux entreprises (art. 63 et 65 du décret n° 2004-374). Seules sont définies les attributions générales des préfets, dont on suppose qu'elles trouveront naturellement à s'exercer dans le domaine économique. Dans le cadre du déploiement du plan de relance de l'économie après la crise financière de 2008, la circulaire du 24 octobre 2008 confie désormais aux préfets de nouvelles missions économiques, puisqu'ils sont responsables du suivi des mesures du financement de l'économie. Les préfets président également une série d'organismes dispensateurs d'aides aux entreprises (CODEFI, Comité départemental d'aide aux entreprises en difficultés, présidé par le préfet de département, qui attribue les aides du Fonds de développement économique et social ; CORRI, Comité régional de restructuration industrielles, présidé par le préfet de région, Comité de programmation des crédits européens, qui attribue des financements reçus du Fonds européen de développement économique régional, Comité des aides).

B. LES COLLECTIVITÉS TERRITORIALES

116 **Articulation des compétences économiques de l'État et des collectivités territoriales. –** C'est l'État qui conserve la responsabilité de la politique économique et sociale[20]. L'action des collectivités territoriales ne s'exerce que « sous réserve des missions incombant à l'État »[21]. Mais celles-ci « concourent » avec l'État au

20. Art. L. 3231-1 du CGCT.
21. Art. L. 1511-1 alinéa 1 du CGCT.

développement économique[22]. Leur rôle est donc subordonné, parfois complémentaire, mais non négligeable[23].

117 **Compétences particulières et clause générale de compétence. –** Les collectivités territoriales bénéficient de compétences à vocation économique expressément énumérées par certaines dispositions législatives, mais il est intéressant de constater qu'elles se servent aussi de la clause générale de compétence pour étendre leur compétence économique. L'article L. 1111-2 du CGCT dispose que « les communes, les départements et les régions règlent par leurs délibérations les affaires de leur compétence. Ils concourent avec l'État à l'administration et à l'aménagement du territoire, au développement économique, social, sanitaire, culturel et scientifique (...) ». Ainsi, une subvention en faveur d'organismes participant à des actions contribuant au développement économique ou social local a pu être fondée sur la clause générale de compétences (par exemple CE 4 avril 2005, *Commune d'Argentan*)[24].

La réforme des collectivités territoriales de décembre 2010 a modifié l'article L. 1111-4 du CGCT, pour y inclure une précision qui n'entrera en vigueur qu'en 2015, selon laquelle « les compétences attribuées par la loi aux collectivités territoriales le sont à titre exclusif. (...) Lorsque la loi a attribué à une catégorie de collectivités territoriales une compétence exclusive, les collectivités territoriales relevant d'une autre catégorie ne peuvent intervenir dans aucun des domaines relevant de cette compétence ». Toujours à partir de 2015, si le conseil municipal « règle par ses délibérations les affaires de la commune » (art. L. 2121-29 du CGCT), les délibérations du conseil général seront consacrées aux « affaires du département dans les domaines de compétence que la loi lui attribue ». Mais le conseil général pourra « en outre, par délibération spécialement motivée, se saisir de tout objet d'intérêt départemental pour lequel la loi n'a donné compétence à aucune autre personne publique » (art. L. 3211). Les attributions du Conseil régional sont organisées sur le même modèle (art. L. 4221-1), mais la Région conserve toujours une compétence de principe pour la promotion du développement économique. On peut s'interroger sur l'impact de ce nouveau dispositif quant au développement des compétences économiques des collectivités territoriales. Les commentateurs de la réforme s'accordent à dire qu'en réalité les compétences des différentes collectivités ne devraient pas être réellement affectées, car la fonction de la clause générale de compétence, que le législateur a tenté de restreindre, ne visait qu'à permettre à une collectivité non d'empiéter sur les compétences des autres échelons, mais de se saisir de questions, qui sont d'intérêt public et pour lesquelles aucune autre collectivité n'a reçu compétence[25]. On pourrait toutefois s'interroger sur la pérennité de la faculté des communes et des départements

22. Art. L. 1111-2 alinéa 2 du CGCT.

23. L. BENOIT, « Décentralisation et développement économique : la nouvelle répartition des compétences », *AJDA* 2005, p. 1878 ; N. DANTONEL-COR, « Les paradoxes de la compétence économique locale », *JCP* A 2010, n° 44, 2324.

24. *Rec.* p. 137 ; *RFDA* 2006, p. 51, note E. CADEAU.

25. J.-F. BRISSON, « La loi du 16 déc. 2010 portant réforme territoriale ou le droit des collectivités territoriales en miettes », *DA* mars 2011, Étude 5 ; B. FAURE, « La nouvelle compétence générale des départements et des régions », *RFDA* 2011, p. 240.

d'utiliser leur clause de compétence pour diligenter des actions en faveur de la promotion du développement économique, attribuée à la région.

118 **Prépondérance limitée de la Région. –** Parmi les collectivités territoriales, la Région joue un rôle prépondérant, dispose d'une primauté, sans que le législateur soit allé jusqu'à lui octroyer une véritable qualité de collectivité « chef de file » en la matière.

1. La Région

119 **Évolution du rôle de la Région. –** L'article 4 de la loi n° 72-619 du 5 juillet 1972 (portant création de l'établissement public régional) définissait précisément les attributions économiques de l'établissement public, qui avait pour mission, dans le respect des attributions des départements et des communes, de contribuer au développement économique et social de la région[26]. La loi n° 82-213 du 2 mars 1982 relative aux droits et libertés des communes, des départements et des régions confirme le rôle de la Région tout en rappelant la prépondérance de l'État. L'État a la responsabilité de la politique économique et sociale, mais autorise certaines interventions économiques des collectivités locales (aides directes et indirectes, participation au capital de sociétés, garanties d'emprunt). La région bénéficie d'une certaine distinction en ce qu'elle a compétence pour « promouvoir [son] développement économique » (article 59) et bénéficie d'attributions supplémentaires en matière économique (article 66). La loi n° 82-6 du 7 janvier 1982 approuvant le plan intérimaire 82-83 (article 4) accorde une primauté à la région en matière de distribution d'aides directes et celle n° 82-653 du 29 juillet 1982, portant réforme de la planification, institue le Plan des Régions, ayant pour objet les objectifs à moyen terme du développement économique de la Région et accorde un rôle primordial à la région dans la procédure d'élaboration du plan national. Ces différentes lois sont cependant considérées comme ayant échoué à garantir à la région un rôle pivot en matière économique car les autres collectivités ont mené leurs propres politiques économiques[27].

La réforme de 2004 était l'occasion de confirmer le rôle de la région. Alors que le projet de loi réservait à la région « la responsabilité » du développement économique, l'article 1er de la loi n° 2004-809 du 13 août 2004 relative aux libertés et responsabilités locales ne lui confère plus qu'un rôle de *coordination* des actions de développement économique[28]. La Région « contribue au développement économique de son territoire » (article L. 4211-1 du CGCT), par une série d'actions prévues dans diverses dispositions du Code général des collectivités territoriales

26. Par toutes études intéressant le développement régional, toutes propositions tendant à coordonner et à rationaliser les investissements des collectivités publiques, par la participation volontaire au financement d'équipements collectifs présentant un intérêt régional direct, par la réalisation d'équipements collectifs présentant un intérêt régional direct avec l'accord et pour le compte d'autres collectivités publiques, et par les attributions intéressant le développement régional confiées par l'État.

27. J.-Cl. NEMERY, « Le nouveau régime juridique des interventions économiques des collectivités locales », *AJDA* 1983, p. 67.

28. L. BENOIT, « Décentralisation et développement économique : la nouvelle répartition des compétences », *AJDA* 2005, p. 1878.

(partie commune aux différentes collectivités territoriales et partie propre à la Région). Toutefois, il faut préciser que les compétences économiques de la Région sont partagées avec les autres catégories de collectivités territoriales et que l'État conserve la « responsabilité » de la conduite de la politique économique[29]. Ainsi, bien que la compétence économique soit l'une des compétences « phare » de la Région dans la répartition issue de la politique de décentralisation, cette compétence est largement entamée par celles des autres collectivités publiques.

120 **Coordination des actions de développement économique. –** En matière économique, le rôle de la Région se borne à celui d'un coordinateur. En effet, l'article L. 1511-1 du CGCT dispose que « la Région coordonne sur son territoire les actions de développement économique des collectivités territoriales et de leurs groupements ».

121 **Élaboration du schéma régional de développement économique. –** La loi n° 2004-809 du 13 août 2004 (article 1er-II) a prévu un mécanisme expérimental. En effet, « à titre expérimental et pour une durée de cinq ans, aux fins de coordination des actions de développement économique définies à l'article L. 1511-1 du Code général des collectivités territoriales, l'État peut confier à la région le soin d'élaborer un schéma régional de développement économique. Il est adopté par le Conseil régional après concertation avec les départements, communes, EPCI et chambres consulaires. Ce schéma prend en compte les orientations stratégiques découlant des conventions conclues entre les collectivités territoriales précitées et les autres acteurs économiques et sociaux du territoire. Il définit les orientations stratégiques de la région en matière économique. Ce schéma vise à promouvoir un développement économique équilibré de la région, à développer l'attractivité de son territoire et à prévenir les risques d'atteinte à l'équilibre économique de la région. Lorsque le schéma est adopté, cette dernière est compétente pour attribuer les aides d'État au profit des entreprises et qui font normalement l'objet d'une gestion déconcentrée. Une convention passée entre l'État, la région et le cas échéant les autres collectivités concernées, définit les objectifs de cette expérimentation, les aides concernées et les moyens financiers mis en œuvre par chacune des parties. Les conditions d'octroi des aides peuvent être différentes que celles retenues au plan national.

122 **Plan de la Région. –** Il est constitué par le schéma régional d'aménagement et de développement du territoire (prévu par la loi n° 83-8 du 7 janvier 1983 sur la répartition des compétences). Ce plan fixe les orientations économiques mises en œuvre par la Région, soit directement, soit par voie contractuelle avec l'État, d'autres collectivités territoriales ou EPCI, des entreprises publiques ou privées ou des établissements publics (article L. 4251-1 du CGCT).

123 **Concertation en cas d'atteinte à l'équilibre économique. –** L'article L. 1511-1 du CGCT prévoit qu'en cas d'atteinte à l'équilibre économique de tout ou partie de la région, le Président du Conseil régional organise une concertation avec les Présidents des Conseils généraux, les maires et les présidents de groupements et inscrit la

29. Article L. 3231-1 du CGCT rendu applicable aux régions par l'article L. 4211-1 du même code.

question à l'ordre du jour de la prochaine réunion du Conseil régional ou de la Commission permanente. Les avis des diverses personnes précitées sont communiqués au cours du débat.

124 **Aides économiques.** – La loi n° 2004-809 a confirmé la primauté de la Région en matière d'octroi d'aides économiques (*infra*, n° 471). La région peut également accorder des garanties d'emprunt (article L. 4253-1 du CGCT et *infra,* n° 481 et s.) ou des aides aux entreprises en difficulté (article L. 3231-3 auquel revoie l'article L. 4211-1 du CGCT). Selon l'article L. 4211-1, 7° du CGCT, la Région peut attribuer pour le compte de l'État les aides financières que celui-ci accorde aux investissements des entreprises concourant au développement régional et à l'emploi dans des conditions prévues par décret.

125 **Participation au capital de sociétés.** – La région peut participer au capital des sociétés de développement régional et des sociétés de financement interrégionales ou propres à chaque région, existantes ou à créer, ainsi que des sociétés d'économie mixte (article L. 4211-1, 8° du CGCT). Les régions peuvent plus généralement participer au capital de sociétés commerciales (régime des SEML, *infra,* n° 745 et s.) ou d'organismes à but lucratif, à condition que la structure ait pour objet d'exploiter des services régionaux ou des activités d'intérêt général (article L. 3231-6 du CGCT, auquel revoie l'article L. 4211-1 du CGCT).

126 **Fonds de placement. Fonds d'investissement.** – La région est habilitée à souscrire des parts dans un fonds commun de placement à risques à vocation régionale ou interrégionale ou à participer, par le versement de dotations, à la constitution d'un fonds d'investissement auprès d'une société de capital-investissement à vocation régionale ou interrégionale ayant pour objet d'apporter des fonds propres à des entreprises. Le montant total des dotations ou des souscriptions versées par une ou plusieurs régions ne peut excéder 50 % du montant total du fonds. La région passe avec la société gestionnaire du fonds d'investissement une convention déterminant notamment l'objet, le montant et le fonctionnement du fonds ainsi que les conditions de restitution des dotations versées en cas de modification ou de cessation d'activité de ce fonds (article L. 4211-1, 9° du CGCT). La région peut financer ou aider à la mise en œuvre des fonds d'investissement de proximité définis à l'article L. 214-41-1 du Code monétaire et financier par convention avec la société de gestion du fonds qui détermine les objectifs économiques du fonds, lesquels figurent dans le règlement du fonds. Dans le cadre de cette convention, des départements, des communes ou leurs groupements pourront participer financièrement à la mise en œuvre du fonds. Les collectivités territoriales et leurs groupements ne peuvent pas détenir des parts ou actions d'une société de gestion d'un fonds d'investissement de proximité (article L. 4211-1, 11° du CGCT).

127 **Participation au capital d'un établissement de crédit.** – Une région peut, seule ou avec d'autres collectivités territoriales, participer au capital d'un établissement de crédit et ayant pour objet exclusif de garantir les concours financiers accordés à des personnes privées, et notamment à des entreprises nouvellement créées (article L. 4253-3 du CGCT).

128 **Constitution d'un fonds de garantie auprès d'un établissement de crédit.** – La région peut verser des dotations à la constitution d'un fonds de garantie auprès d'un établissement de crédit ayant pour objet exclusif de garantir des concours financiers accordés à des entreprises. La région passe avec la société gestionnaire du fonds de garantie une convention déterminant

notamment l'objet, le montant et le fonctionnement du fonds, les modalités d'information du conseil régional par la société (article L. 4211-1, 10° du CGCT)[30].

129 **Conseil économique et social régional. –** « Le Conseil économique et social régional est, auprès du conseil régional et du président du conseil régional, une assemblée consultative »[31]. Il représente les forces économiques de la région[32]. Préalablement à leur examen par le conseil régional, le conseil économique et social régional est obligatoirement saisi pour avis[33] des documents relatifs, notamment, au projet de plan de la région et à son bilan annuel d'exécution, aux différents documents budgétaires de la région, pour se prononcer sur leurs orientations générales, aux orientations générales dans les domaines sur lesquels le conseil régional est appelé à délibérer et au projet de budget. À l'initiative du président du conseil régional, il peut être saisi de demandes d'avis et d'études sur tout projet à caractère économique, social ou culturel.

2. Le département et la commune

130 **Existence d'une vocation économique. –** Dès les premières lois de décentralisation, les collectivités infrarégionales se sont vu confier des compétences économiques ou ont mené leurs propres politiques en la matière. Ainsi, l'article 29 de la loi n° 83-8 du 7 janvier 1983 relative à la répartition des compétences entre les communes, les départements, les régions et l'État autorise les communes à élaborer et approuver des chartes intercommunales de développement et d'aménagement, qui définissent les perspectives à moyen terme de leur développement économique et déterminent les programmes d'action correspondants. Les communes déterminent les modalités de concertation avec l'État, la région et les principaux organismes professionnels, économiques ou sociaux qui le demandent. Aujourd'hui, bien qu'une primauté soit accordée à la région en matière de développement économique, le Code général des collectivités territoriales mentionne expressément les interventions des départements et communes en matière économique et sociale (articles L. 3231-1 et suivants et L. 2251-1 et suivants). Tantôt les collectivités infrarégionales agissent de concert avec la région, tantôt elles bénéficient d'une autonomie d'action.

131 **Actions dépendantes de celles de la région. –** Certaines aides (article L. 1511-2 du CGCT) sont normalement octroyées par la région. Les départements et les communes disposent toutefois de deux moyens d'action. En premier lieu, ils peuvent participer à leur financement dans le cadre d'une convention

30. H. GROUD, « Société de développement régional et autres sociétés financières régionales », *Répertoire sociétés*, sept. 2006.

31. Art. L. 4134-1 CGCT.

32. Selon l'article R. 4134-1 du CGCT et s., il est composé de quatre collèges dont les membres sont désignés pour 6 ans : représentants des entreprises et activités professionnelles non salariées dans la région ; représentants des organisations syndicales de salariés représentatives au plan national ; représentants des organismes et associations qui participent à la vie collective de la région ; personnalités, qui, en raison de leur qualité ou de leurs activités, concourent au développement de la région. S'y joignent éventuellement des personnalités extérieures.

33. Art. L. 4241-1 CGCT.

passée avec la région. En second lieu, le département ou la commune auteur d'un projet d'aide ou de régime d'aide peut le mettre en œuvre après accord de la région (*infra*, n° 471).

132 **Actions indépendantes de celles de la région.** – Les actions du département et des communes en matière économique restent tout de même limitées par le principe suivant lequel l'État a la responsabilité de la conduite de la politique économique, ainsi que par les règles juridiques encadrant l'action économique des personnes publiques (principe de la liberté du commerce et de l'industrie, principe d'égalité)[34]. En matière d'aides, le département accorde librement des aides aux entreprises en difficulté, ne nécessitant qu'un avis du conseil municipal de la commune sur laquelle est implantée l'entreprise (article L. 3231-3 du CGCT et *infra,* n° 471). Les départements ou les communes accordent aussi aux personnes de droit privé des garanties d'emprunt ou des cautionnements dans les seules limites fixées par le régime institué par les articles L. 2252-1 et L. 3231-4 et suivants du CGCT (*infra*, n° 481). Alors même que les aides de l'article L. 1511-2 sont soumises au principe de la primauté de la région, les départements ou les communes peuvent conclure des conventions avec l'État pour compléter les aides ou régimes d'aides en relevant. Dans ce cas, la région en est simplement informée (article L. 1511-5 du CGCT). Concernant les aides à l'immobilier d'entreprise (article L. 1511-3 du CGCT), la rédaction des textes laisse penser que les départements ou les communes sont susceptibles de les octroyer librement. Les départements et les communes peuvent participer au capital de sociétés commerciales (régime des SEML, articles L. 1521-1 et suivants, *infra,* n° 745 et s.) ou des organismes à but lucratif, à condition que la structure ait pour objet d'exploiter des services locaux ou des activités d'intérêt général (articles L. 2253-1 et L. 3231-6 du CGCT). Les départements et les communes peuvent aussi participer au capital d'un établissement de crédit ou contribuer à la constitution d'un fonds de garantie auprès d'un tel établissement dans les mêmes conditions que les régions (articles L. 2253-7 et L. 3231-7 du CGCT).

SECTION II **LES INSTITUTIONS D'ORGANISATION ET D'ACCOMPAGNEMENT**

133 **Particularités.** – Les périodes de l'histoire économique française placées sous le sceau de l'économie dirigée ont favorisé la création d'organismes d'encadrement ou d'organisation de certains marchés ou professions. Ces institutions subsistent encore, au prix d'une profonde évolution de leur mission, moins dirigiste et plus tournée vers l'accompagnement des professionnels. Elles se caractérisent souvent par une *représentation des professionnels* en leur sein et un *champ de compétence limité à une filière, une profession ou un secteur.*

34. Comme le rappellent les articles L. 2251-1 et L. 3231-1 du CGCT.

134 **Organisations professionnelles et règles de la concurrence. –** Le principal risque juridique concernant les institutions d'organisation et d'accompagnement reste celui d'une atteinte aux règles de la concurrence. Lorsque l'organisme agit comme acteur économique, il a été jugé que toute pratique susceptible d'avoir un objet ou un effet anticoncurrentiel mise en œuvre par un ordre professionnel, autorité qui représente la collectivité de ses membres, révèle nécessairement une entente entre ses membres[35]. La question de la soumission au droit de la concurrence des organismes professionnels ayant la qualité d'autorité publique ou agissant comme telle a suscité plus de difficultés, notamment en droit communautaire. Mais depuis qu'en droit français le juge administratif accepte d'apprécier la légalité d'actes administratifs au regard des règles de la concurrence, la possibilité de sanctionner sur ce fondement les décisions prises par des institutions d'organisation et d'accompagnement des professions ne soulève plus de difficulté (Titre II, Chapitre 5, *infra,* n° 530 et s.).

Il en va différemment en droit communautaire. En effet, les décisions prises par des organismes professionnels revêtant le caractère de réglementation étatique échappent aux règles de la concurrence. Seules les décisions apparaissant comme des décisions d'associations d'entreprises, le cas échéant encouragées par les pouvoirs publics, sont susceptibles de tomber sous le coup des règles de la concurrence[36] (Titre II, Chapitre 5, *infra,* n° 530 et s.).

§ 1. ORGANISMES AYANT UNE MISSION D'ORGANISATION DES PROFESSIONS

135 **Offices publics. –** Après la Seconde Guerre mondiale, apparaissent des *établissements publics* industriels sous le nom d'offices, servant une politique de dirigisme économique (office de l'azote, du tourisme, du Niger, du blé, etc.)[37]. Il s'agissait d'établissements publics présentant la particularité d'être composés de membres des professions concernées et ayant une tâche de dirigisme ou de discipline économique. Ils avaient pour mission de gérer certaines activités ou de réguler certains marchés agricoles (en achetant par exemple des produits invendus à des « prix d'intervention »). Placés sous la tutelle de l'État, leur compétence s'étend à l'ensemble d'une filière. Ils ont connu un nouvel essor avec la loi du 6 octobre 1982 relative à la création d'offices d'intervention dans le secteur agricole[38]. Les offices jouent à l'heure actuelle un important rôle de concertation avec les autorités publiques, de veille économique et d'analyse des marchés, d'appui technique et économique aux filières (notamment en favorisant l'adaptation des productions aux demandes), de gestion des mesures communautaires (par exemple orientation de la production par des quotas, certificats d'importation et d'exportation, stockages), d'information et de communication sur les produits et les marchés, et enfin d'assistance à l'exportation.

35. Cass. com. 16 mai 2000, *Bull. civ.* IV, n° 102 ; *Cons. conc.* n° 94-D-05 du 18 janv. 1994 et n° 99-D-68 du 9 nov. 1999.

36. Voir D. DEL PRETE, « Ordres professionnels et droit communautaire de la concurrence », *LPA* 20 mai 2004, n° 101, p. 5 ; L. IDOT, « Quelques réflexions sur l'application du droit communautaire de la concurrence aux ordres professionnels », *JTDE* 1997, n° 38, p. 73.

37. P. DELVOLVÉ, *Droit public de l'économie*, Dalloz, 1998, n° 24.

38. Modifiée notamment par la loi n° 98-565 du 8 juill. 1998.

Une importante réforme a touché les offices du secteur agricole en 2006[39]. En effet, à partir de 2003, les aides versées au titre de la PAC le furent indépendamment de la production et du type de production, afin de sensibiliser les agriculteurs à la demande du marché. Or l'un des rôles principaux des offices était justement de distribuer ces aides, dans un cadre relativement éclaté et sujet à critiques. C'est désormais l'Agence unique de paiement qui gère les aides publiques nationales et communautaires (aides directes du premier pilier) en faveur de l'agriculture (article L. 622-1 du Code rural). Les offices ont été néanmoins maintenus mais regroupés au sein de grands pôles entre 2006 et 2009 (Office national interprofessionnel des fruits, des légumes, des vins et de l'horticulture (VINIFLHOR), Office national interprofessionnel de l'élevage et des productions (Office de l'élevage)[40], Office national interprofessionnel des plantes à parfum, aromatiques et médicinales (ONIPAM), l'Office interprofessionnel des produits de la mer et de l'aquaculture (OFIMER) et l'Office national interprofessionnel des grandes cultures (ONIGC)[41]. Une ordonnance n° 2009-325 du 25 mars 2009 a regroupé les anciens offices et créé une institution unique, l'Établissement national des produits de l'agriculture et de la mer (FranceAgriMer), établissement public administratif placé sous la tutelle de l'État (art. L. 621-1 du Code rural). Sa mission est décrite à l'article L. 621-3 du Code rural et comprend l'amélioration de la connaissance et du fonctionnement des marchés, le renforcement de l'efficacité économique de la filière et l'application des mesures communautaires. Il favorise l'organisation des producteurs ainsi que l'organisation des relations entre les diverses professions de chaque filière, encourage l'organisation de la mise en marché et participe à l'élaboration et à la mise en œuvre des mesures relatives à l'amélioration des conditions de concurrence et à la protection et à l'information des consommateurs. L'établissement est doté de conseils spécialisés par filières.

136 **Organismes privés d'intervention. –** « La loi du 11 juillet 1938 sur l'organisation de la nation pour le temps de guerre avait prévu la création ou aménagé des organismes qui étaient essentiellement conçus pour rationaliser l'emploi de matières premières destinées à se raréfier, pour en assurer une répartition équitable et éviter les hausses de prix qu'entraînerait une compétition désordonnée des acheteurs ». S'en est suivi la création, puis l'évolution de ces « groupements, sociétés, associations, centres, caisses ou comptes aux dénominations variées, [ayant pour conséquence] la disparité des formes et des statuts, la divergence dans les méthodes d'action et de financement, l'incertitude fréquente sur la nature exacte des rapports entre l'État et ces organismes, de même que sur les pouvoirs de tutelle et de contrôle dont les pouvoirs publics disposaient à leur égard »[42]. Le décret n° 53-933 du 30 septembre 1953 a eu pour objet d'offrir un cadre d'action à ces organismes. Il s'agit d'organismes privés[43], agents d'exécution des décisions de l'État, habilités par convention avec l'État à assurer, faciliter, régulariser, sous le contrôle de l'État, l'approvisionnement,

39. Loi n° 2006-11 du 5 janv. 2006 d'orientation agricole et décret n° 2006-1597 du 31 mai 2006.
40. Qui remplace notamment l'ONILAIT.
41. Qui remplace notamment l'ONIC.
42. Extraits de l'exposé des motifs du décret n° 53-933 du 30 sept. 1953.
43. Loi du 17 nov. 1943 sur la gestion des intérêts professionnels et décret n° 53-933 du 30 sept. 1953.

l'acquisition, le stockage, la répartition ou la vente de matières premières, de produits industriels ou agricoles ou à réaliser des compensations ou péréquations de prix en application de la réglementation des prix.

À l'origine leurs missions étaient éminemment dirigistes, mais il semblerait que leurs activités soient aujourd'hui davantage tournées vers l'accompagnement et l'organisation des professions. Ces organismes sont soit des sociétés professionnelles ou interprofessionnelles, soit des entreprises ou organismes agréés. Les sociétés professionnelles (titre II du décret précité) sont des sociétés anonymes dont les actionnaires interviennent réellement et directement dans la production, l'achat, le stockage, la transformation ou la vente des produits sur lesquels porte l'activité de la société. Elles sont l'objet d'un contrôle de l'État (présence d'un commissaire du gouvernement et d'un membre du corps du contrôle général économique et financier). Par exemple, en matière agricole, il peut être fait appel à ces organismes pour l'exportation, la régularisation des marchés ou l'amélioration de la production de produits agricoles (article L. 623-2 du Code rural).

On peut aussi citer les comités économiques agricoles (articles L. 552-1 et suivants du Code rural) ayant un rôle d'harmonisation. Ils développent parfois une véritable mission d'organisation de la profession par édiction d'actes administratifs réglementaires.

137 **Ordres professionnels. –** Établissements privés[44] chargés d'une mission de service public (organisation et contrôle de l'exercice d'une profession), les ordres professionnels peuvent édicter des actes administratifs à caractère réglementaire sur l'organisation de la profession dont ils ont la charge, ainsi que prendre des décisions individuelles. Ils exercent quatre types de missions : la représentation de la profession, l'édiction de règles et d'usages de la profession, la formation professionnelle des membres de la profession et l'organisation de l'accès à la profession.

§ 2. ORGANISMES AYANT UNE MISSION D'ACCOMPAGNEMENT DES PROFESSIONS

138 **Établissements publics ayant une mission d'accompagnement des acteurs économiques. –** Sans exclure par principe la présence d'acteurs privés, la mission d'accompagnement des acteurs économiques est souvent confiée à des établissements publics. Ils assurent principalement un rôle de promotion, d'organisation, d'accompagnement et d'information des acteurs économiques (INC, Agence française pour le développement international des entreprises[45], par exemple), mais parfois aussi servent à assurer le contrôle du respect de certaines règles professionnelles (l'Institut national des appellations d'origine par exemple, assurant la promotion des produits, mais aussi le contrôle du respect des cahiers des charges imposés aux producteurs).

44. À l'origine du très célèbre arrêt CE Ass. 2 avr. 1943, *Bouguen*, *Rec.* p. 86, *D.* 1944, p. 52, concl. LAGRANGE, note J. DONNEDIEU DE VABRES, *S.* 1944, III, p. 1, concl. LAGRANGE, note MESTRE.

45. EPIC de l'État, anciennement Centre français du commerce extérieur, constituant un réseau d'appui pour aider les entreprises françaises à se développer à l'international.

139 **Actions collectives auprès des entreprises.** – Certains organismes se sont spécialisés dans le développement d'actions collectives auprès des entreprises (formation professionnelle, normalisation, qualité, certification, exportation, recherche-développement, essais, mesures et contrôles, conseils en productivité et compétitivité, etc.). Il s'agit d'organismes financés collectivement par le biais de taxes prélevées sur les opérateurs du secteur et comportant une représentation des professions intéressées.

Les réseaux des *chambres professionnelles* ont fait l'objet d'une importante réforme opérée par la loi n° 2010-853 du 23 juillet 2010[46] (réseau des chambres de commerce et d'industrie créées par la loi du 9 avril 1898, articles L. 710-1 et suivants du Code de commerce, réseau des chambres d'agriculture créées par la loi du 30 janvier 1924, articles L. 510-1 et suivants du Code rural et réseaux des chambres des métiers et de l'artisanat, créées par la loi du 26 juillet 1925, articles 5 et suivants du Code de l'artisanat, composés d'établissements publics)[47]. Elles développent un rôle de service aux entreprises en matière d'aide au développement économique (conseil aux entreprises, information économique, formation). Les chambres professionnelles détiennent aussi un pouvoir réglementaire pour organiser les services publics qu'elles exploitent. Les CCI participent aussi activement à la gestion de grands équipements structurants (ports, aéroports).

La nouvelle rédaction de l'article L. 710-1 du Code de commerce, concernant le réseau des chambres de commerce et d'industrie, vient préciser la mission de celles-ci, qui contribuent « au développement économique, à l'attractivité et à l'aménagement des territoires ainsi qu'au soutien des entreprises et de leurs associations en remplissant, dans des conditions fixées par décret, toute mission de service public et toute mission d'intérêt général nécessaires à l'accomplissement de ces missions ». Les actions que les CCI peuvent mener sont désormais clairement énoncées : elles peuvent assurer des « missions d'appui, d'accompagnement, de mise en relation et de conseil auprès des créateurs et repreneurs d'entreprises et des entreprises, dans le respect des dispositions législatives et réglementaires en vigueur en matière de droit de la concurrence » ; développer une « mission d'appui et de conseil pour le développement international des entreprises et l'exportation de leur production, en partenariat avec l'Agence française pour le développement international des entreprises » ; ou une « mission en faveur de la formation professionnelle initiale ou continue grâce, notamment, aux établissements publics et privés d'enseignement qu'il ou elle crée, gère ou finance ».

Surtout, les réseaux des chambres voient confirmer leur rôle de représentation des intérêts des professions (art. L. 510-1 du Code rural, L. 710-1 du Code de commerce et art. 5 du Code de l'artisanat). Le législateur va même pleinement et solennellement confirmer cette fonction s'agissant des CCI. Le réseau est qualifié de « corps intermédiaire de l'État », il assure « l'interface entre les différents acteurs concernés » et il est bien précisé que le rôle de représentation s'exerce vis-à-vis des pouvoirs publics mais aussi des autorités étrangères (art. L. 710-1 du Code de

46. R. DEGRON, « La régionalisation du réseau des CCI : une réforme attendue et révélatrice d'un nouvel ordre territorial », *AJDA* 2010, p. 1938.

47. Les chambres de commerce et d'industrie ont été expressément qualifiées d'établissements publics économiques par l'article 84 de la loi du 8 août 1994.

commerce). Ces précisions sont suffisamment importantes pour être soulignées, dans un pays qui a supprimé toute référence aux corps intermédiaires économiques depuis la Révolution.

Les CPDE (comités professionnels de développement économique créés par la loi n° 78-654 du 22 juin 1978) exercent une mission générale d'amélioration de la compétitivité de certains secteurs[48]. Le législateur a expressément reconnu un caractère de service public aux missions exercées par les CPDE (loi n° 2004-804 du 9 août 2004 sur le soutien à l'investissement et à la consommation). « Les comités professionnels de développement économique exercent une mission de service public qui a pour objet de concourir à la préservation de l'emploi et à l'équilibre de la balance des paiements en organisant l'évolution des structures de création, de production et de commercialisation pour assurer leur compétitivité, en contribuant au financement d'actions d'intérêt général n'entravant pas la concurrence et facilitant cette évolution, en aidant au développement des jeunes entreprises innovantes, en accroissant la productivité par une meilleure diffusion de l'innovation et des nouvelles technologies, en améliorant l'adaptation aux besoins du marché et aux normes environnementales, en soutenant les actions de promotion, en accompagnant le développement international des entreprises, en encourageant la formation et la préservation des savoir-faire et du patrimoine, en procédant à toutes études concernant les domaines d'activité intéressés, en diffusant les résultats, en soutenant les actions de lutte contre la contrefaçon et en favorisant toutes les initiatives présentant un intérêt pour l'ensemble de la profession ».

Les CTI (centres techniques industriels créés par la loi n° 48-1228 du 22 juillet 1948)[49], dont le célèbre arrêt *Narcy*[50] a reconnu la mission de service public, sont des organismes privés, chargés de promouvoir le progrès technique et de participer à l'amélioration du rendement et à la garantie de la qualité. Ils coordonnent et facilitent les initiatives, exécutent des travaux de laboratoire, ou participent à des enquêtes. L'AFNOR (Association française de normalisation, association privée) développe des missions de normalisation (établissement de normes), d'information des acteurs économiques, de formation et de certification.

Il existe enfin des sociétés pour le développement de l'industrie, du commerce et de l'agriculture (ordonnance n° 59-248 du 4 février 1959). L'objectif est de favoriser la création sous la forme de sociétés ayant passé convention avec l'État, de groupements à forme commerciale susceptibles d'attirer et de retenir un grand nombre d'entreprises. L'activité de ces sociétés pourra revêtir les formes les plus diverses : bureaux d'études techniques ou commerciales, prospection de débouchés nouveaux, adaptation de certaines fabrications, représentation et courtage. Les associés de ces sociétés sont des entreprises de taille moyenne. Une convention est conclue avec l'État, accompagnée d'avantages fiscaux.

48. Secteurs de l'ameublement, des industries du cuir et de la maroquinerie, de l'horlogerie, bijouterie, joaillerie, orfèvrerie, textile et habillement.

49. Actuellement au nombre de 16 dans des secteurs divers, tels que le béton, la mécanique, les corps gras, la fonderie, l'horlogerie, l'habillement, la soudure, etc.

50. CE Sect. 28 juin 1963, *Rec.* p. 401, *AJDA* 1964, p. 91, note A. DE LAUBADÈRE, *RDP* 1963, p. 1186, note M. WALINE.

BIBLIOGRAPHIE

L. BENOIT, « Décentralisation et développement économique : la nouvelle répartition des compétences », *AJDA* 2005, p. 1878 P. BERNARD, « L'interventionnisme économique des collectivités locales et la décentralisation », *Mélanges Péquignot*, PUM, 1984, t. 1, p. 41 R. DE CASTELNAU et P. LE FAY, « Le nouveau régime des interventions économiques des collectivités territoriales », *AJDA* 2005, p. 121 S. CAUDAL et J.-F. SESTIER (dir.), *Les collectivités locales et l'entreprise*, LGDJ, 2002 J.-Cl. DOUENCE, *L'action économique locale, décentralisation ou recentralisation*, Economica, 1988 G. DURAND, « L'établissement public économique, une nouvelle catégorie d'établissement public ? », *JCP* 1995, I, 3877 M. FALZON, *Les interventions économiques des collectivités locales*, LGDJ, 1996 E. GERBAUX et P. MULLER, « Les interventions économiques locales », *Pouvoirs* n° 60, 1992 J.-Cl. HÉLIN et L. LORVELLEC, « La création des offices par produits », *Revue de droit rural*, n° 111, janvier 1983, p. 1 Y. JÉGOUZO, « Les offices par produit dans le secteur agricole », *AJDA* 1982, p. 709 J.-F. JOYE, *L'action économique locale*, L'Harmattan, 2002 A.-G. KOUÉVI, *Droit des interventions locales*, LGDJ Dexia, 2003 Y. MADIOT et J.-L. GOUSSEAU, *Collectivités locales et développement économique*, Imprimerie Nationale Dexia, 2002 A.-P. NOUVION, *L'institution des chambres de commerce. Pouvoirs et contre-poids*, LGDJ, 1992 P.-Y. SCHUBZ, « De la nature des chambres de commerce et d'industrie : continuité et évolution », *RDP* 1994, p. 1481 J.-F. SESTIER, « Le renouveau législatif du développement économique », *JCP* A 2005, 1002 P. SOUBELET, « Les interventions économiques des collectivités locales », *Rev. adm.* 1992, p. 549.

TITRE 2
L'EXPRESSION DE LA RÉGULATION

140 **Instruments d'intervention. –** L'État régulateur dispose d'une série d'instruments d'intervention pour assurer la direction, l'administration, le contrôle et la préservation du marché. Il est toutefois surprenant de constater que les prérogatives de contrainte directe des opérateurs économiques demeurent relativement rares. La boîte à instruments dans laquelle peut puiser l'État n'est pas aussi conséquente qu'on pourrait le penser. Elle n'est en tout cas pas construite sur une réflexion générale autour des motifs d'intervention de l'État, du moment de cette intervention, et de la nature des prérogatives qu'il est susceptible de mettre en œuvre. Malgré cela, on peut distinguer successivement les prérogatives dont dispose l'État pour assurer le contrôle de l'accès au marché (Chapitre I) ou de sa structure (Chapitre II), pour régler le fonctionnement du marché (Chapitre III), pour le soutenir (Chapitre IV) ou enfin pour en garantir le caractère concurrentiel (Chapitre V).

CHAPITRE I
LE CONTRÔLE DE L'ACCÈS AU MARCHÉ

141 **Respect du principe de la liberté du commerce et de l'industrie. –** L'interdiction même faite à un opérateur d'accéder à une activité économique est probablement la mesure la plus attentatoire au principe de la liberté du commerce et de l'industrie. Étant donné qu'il s'agit d'une liberté publique au sens de l'article 34 de la Constitution, seule la loi pourra y porter les atteintes les plus graves. Dans un pays où les principes libéraux bénéficient encore d'une large application, les restrictions apportées à l'exercice de certaines professions demeurent limitées.

142 **Méthode du contrôle de l'accès au marché. –** Le législateur est susceptible d'employer plusieurs méthodes pour contrôler l'accès à une activité économique, méthodes qui constituent d'ailleurs un panel de mesures d'encadrement que l'on peut appliquer à toute liberté publique. La poursuite d'activités peut être purement et simplement interdite. D'autres activités peuvent être soumises à agrément ou à autorisation préalable. Enfin, l'exploitation de certaines activités est soumise à un régime de déclaration préalable ou *a posteriori*. Les activités économiques soumises à ces contraintes peuvent être regroupées sous l'égide de la notion de profession réglementée, qui désigne une activité « dont l'accès, l'exercice ou les modalités d'exercice est subordonné directement ou indirectement, en vertu de dispositions législatives, réglementaires ou administratives, à la possession de qualifications professionnelles déterminées, l'utilisation d'un titre professionnel limité par des dispositions législatives, réglementaires ou administratives aux détenteurs d'une qualification professionnelle donnée »[1].

143 **Monopoles et droits exclusifs. –** L'autorité publique s'engage parfois dans la voie de la constitution d'un monopole en faveur d'un opérateur dit « historique » en charge d'un service public ou octroie des droits exclusifs à un ou plusieurs opérateurs identifiables. Par déduction, l'accès à ces activités est interdit aux autres opérateurs. Mais ces prérogatives relèvent d'un contrôle de la structure même du marché (Chapitre 2). En revanche, par la définition de conditions d'accès à une

1. Directive 2005/36/CE du 7 sept. 2005 relative à la reconnaissance des qualifications professionnelles.

profession et par la restriction de l'exercice de cette profession aux seuls opérateurs satisfaisant ces conditions, l'autorité publique accorde des droits exclusifs dans la réalisation d'actes ou d'opération aux membres d'une profession dans leur ensemble. Ce « monopole » partagé par les membres d'une catégorie d'opérateurs est restrictif de l'accès à l'activité économique. Lorsque l'administration décide de briser ce monopole, se pose la question de l'indemnisation de ceux qui ont souvent acquis à titre onéreux le droit d'exercer leur profession.

144 **Modèle français et modèle communautaire. –** On retrouve dans le domaine de l'accès aux activités économiques la confrontation habituelle entre le droit français et le droit communautaire. Dans le cadre d'un libéralisme encadré à la française, le législateur intervient pour réglementer l'accès à certaines activités sans que le Conseil constitutionnel y trouve à redire du point de vue de la liberté d'entreprendre. Ces activités ont en commun de toucher des domaines sensibles (argent, opérations nécessitant un caractère « officiel », protection de l'ordre public) ou de ne pouvoir être exercées qu'avec un niveau de qualification professionnelle indispensable (activités médicales ou paramédicales). En droit communautaire, la liberté économique étant la règle, les modalités d'encadrement doivent respecter des conditions strictement définies (poursuite d'un objectif parmi des objectifs limitativement énumérés, proportionnalité de la mesure de restriction à l'objectif poursuivi). Mais les libertés économiques du droit communautaire ne sont pas invocables d'une manière généralisée par les opérateurs des États membres.

145 **Plan. –** Après avoir passé en revue les différents régimes de réglementation de l'accès aux activités économiques en droit français (Section I), on s'attachera à établir l'état du droit communautaire (Section II).

SECTION I — LES RESTRICTIONS À L'ACCÈS AUX ACTIVITÉS ÉCONOMIQUES EN DROIT FRANÇAIS

146 **Motifs. –** L'encadrement de l'accès aux activités économiques se justifie d'abord par des motifs tirés de la protection de la santé et de la sécurité publique. Il est en outre évident que l'exercice de certaines professions nécessite l'exigence d'un niveau de qualification professionnelle attesté par des diplômes ou une validation de l'acquis de l'expérience. Enfin, l'autorité publique peut poursuivre un but de régulation de la concurrence en limitant le nombre de licences ou d'autorisations accordées pour l'exercice d'une activité économique.

147 **Régimes. –** La limitation de l'accès aux activités économiques se situe d'abord au niveau du principe même de *l'institution* d'un régime restrictif. On distingue les activités interdites, les activités soumises à autorisation et enfin les activités ne nécessitant qu'une simple déclaration préalable. Le passage d'un régime à l'autre ou la déréglementation de l'accès aux professions sont également encadrés. Au sein

même de chaque régime, l'administration dispose de différentes prérogatives sous le contrôle du juge, pour accorder ou refuser l'autorisation, pour la retirer ou encore pour poser des conditions à la délivrance des autorisations. Ces règles sont des règles *d'exécution* des régimes restrictifs.

§ 1. L'INSTITUTION DE RÉGIMES RESTRICTIFS

148 **Pluralité de régimes.** – La possibilité pour les autorités publiques d'instituer des régimes restrictifs à l'accès à une activité économique repose sur une série de règles générales. Ensuite, plusieurs catégories de régimes sont envisageables, du plus attentatoire aux libertés économiques, au plus respectueux de celles-ci.

A. RÈGLES GÉNÉRALES ENCADRANT L'INSTITUTION DE RÉGIMES RESTRICTIFS

149 **Légalité des régimes restrictifs.** – La régularité de l'institution de régimes restrictifs repose sur plusieurs facteurs. L'autorité publique compétente est d'abord le législateur, même si le pouvoir réglementaire peut trouver à s'exprimer. Les motifs sur lesquels reposent de tels régimes sont avant tout des motifs d'ordre public, même si des considérations économiques peuvent indirectement être mises en jeu.

1. L'autorité compétente

150 **Compétence du législateur.** – Seul le législateur peut limiter l'accès à une profession et le soumettre à des conditions. Le pouvoir réglementaire ne peut s'exprimer que dans le cadre fixé par le législateur.

CE Ass. 16 décembre 1988, *Assoc. des pêcheurs aux filets et engins Garonne Isle et Dordogne maritimes*[2] : « Considérant que la Constitution du 4 octobre 1958 dispose dans son article 37, 1er alinéa, que "les matières autres que celles qui sont du domaine de la loi, ont un caractère réglementaire" et, dans son article 34, que "la loi fixe les règles concernant (...) les garanties fondamentales accordées aux citoyens pour l'exercice des libertés publiques" ; qu'au nombre des libertés publiques dont, en vertu de cette dernière disposition, les garanties fondamentales relèvent du domaine de la loi figure le libre accès à l'exercice par les citoyens de toute activité professionnelle n'ayant fait l'objet d'aucune limitation légale ; (...) que si le dernier alinéa du même article précise que les conditions d'adhésion à ces associations sont fixées par décret en Conseil d'État, cette disposition n'autorisait pas le gouvernement, en l'absence d'une habilitation expresse, à soumettre l'accès à l'exercice de l'activité de pêcheur professionnel à d'autres limitations que celles qui découlent des dispositions précitées de la loi »[3].

151 **Compétence complémentaire du pouvoir réglementaire.** – Il ressort de la jurisprudence que le pouvoir réglementaire national ne doit pas altérer les limites

2. *Rec.* p. 447.
3. Dans le même sens, CE Ass. 22 juin 1963, *Synd. du personnel soignant de la Guadeloupe et dame Delacour*, *Rec.* p. 386 ; CE 16 juin 1976, *Confédération nationale des auxiliaires médicaux et paramédicaux*, *Rec.* p. 309.

posées par le législateur[4]. Il ne lui appartient pas non plus de modifier le champ d'application d'une loi, en étendant les restrictions décidées par le législateur[5]. Cependant, il est loisible au pourvoi réglementaire de réglementer l'accès à des activités connexes à celles que le législateur soumet à agrément.

CE Ass. 13 mai 1983, *SA René Moline*[6] : « Si le législateur n'a expressément soumis à agrément que les exploitants d'installation de traitement de déchets et matériaux, il a donné au gouvernement le pouvoir d'organiser et de contrôler l'ensemble du processus d'élimination dont font partie, aux termes mêmes de l'article 2 précité de la loi du 15 juillet 1975 la collecte et le transport des déchets et matériaux afin d'atteindre les objectifs qu'il s'était fixé, à savoir éviter toute atteinte à la santé des hommes et à l'environnement d'une part, faciliter la récupération des éléments et matériaux réutilisables ou de l'énergie d'autre part ; qu'eu égard à l'ensemble des pouvoirs dont la loi investit ainsi le gouvernement, et sans que puisse y faire obstacle le principe de liberté du commerce et de l'industrie, le décret attaqué a pu légalement soumettre à agrément, accordé aux clauses et conditions d'un cahier des charges, l'activité de ramassage des huiles usagées ; qu'il a pu également prévoir, afin de faciliter le contrôle de cette activité et d'assurer un ramassage exhaustif des huiles usagées, que le ramasseur agréé bénéficierait d'un droit exclusif de ramassage dans une zone géographique déterminée pendant une durée limitée ».

Lorsque le législateur institue un régime restrictif, le pouvoir réglementaire autonome peut fixer des « prescriptions complémentaires » et les assortir de sanctions administratives. Ainsi, le pouvoir réglementaire peut instituer un régime d'autorisations non prévu par le législateur, poursuivant un motif différent que celui ayant justifié la législation. Cette prérogative repose sur la théorie de l'état de la législation existante, qui reconnaît au pouvoir réglementaire une compétence pour aménager l'exercice d'une liberté dès lors que celle-ci a fait l'objet de limitations par une législation antérieure[7]. Le Conseil d'État a finalement limité l'application de cette théorie aux législations antérieures à 1958 (CE 21 nov. 2008, *Association Faste Sud Aveyron*[8]).

Cela résulte d'une jurisprudence élaborée à partir de la situation issue de l'état du droit existant avant 2003 en matière de restrictions à l'accès de la profession de taxi. En effet, la loi du 20 janvier 1995 prévoyait seulement deux types d'autorisations : le certificat de capacité professionnelle pour le conducteur de taxi et l'autorisation de stationnement pour l'exploitant. C'est son décret d'application du 17 août 1995 qui a ajouté une troisième catégorie, à savoir la carte professionnelle. Ce faisant, l'autorité administrative n'a pas réglementé l'activité de taxi et la circulation sur le domaine routier, mais la profession même en posant des conditions d'honorabilité. Ainsi, le Conseil d'État dans un arrêt d'Assemblée du 7 juillet 2004, *Ministre de l'Intérieur c/ Benkerrou*[9], a admis que « le décret du 17 août 1995 a pu légalement subordonner l'exercice de la profession de conducteur de taxi à la délivrance, sous certaines conditions, d'une carte professionnelle, alors même que celle-ci n'était pas prévue par la loi du 20 janvier 1995 ».

4. CE Sect. 30 nov. 1998, *Fédération nationale de l'industrie hôtelière*, *RFDA* 1999, p. 265.
5. CE 22 mars 1991, *Sté Tousalon*, *Rec.* p. 731.
6. *Rec.* p. 191.
7. C'est le Commissaire du gouvernement Guyomar dans ses conclusions sur CE Ass. 7 juill. 2004, *Ministre de l'Intérieur c/Benkerrou*, *RFDA* 2004, p. 913, qui a rappelé cette théorie concernant les législations antérieures (CE Sect. 25 juill. 1975, *Richoux*, *Rec.* p. 429) et qui l'a étendue aux législations contemporaines.
8. N° 293960.
9. *Rec.* p. 298, concl. GUYOMAR, *RFDA* 2004, p. 913, concl. GUYOMAR et p. 1130, note M. DEGOFFE et A. HAQUET, *AJDA* 2004, p. 1695, chron. LANDAIS et LENICA, *CJEG* 2004, p. 543, note M. V., *DA* nov. 2004, p. 27, note E. BREEN, *RDP* 2005, p. 500, comm. Ch. GUETTIER.

Concernant le pouvoir réglementaire local, et notamment celui de police, le célèbre arrêt Daudignac rendu par le Conseil d'État en 1951[10] prohibe l'institution d'un régime d'autorisation préalable. Il a été précisé par la suite que l'autorité de police locale ne peut agir que sur habilitation d'une loi[11]. Cependant, il faut distinguer la restriction issue d'un régime d'autorisation préalable, que l'autorité réglementaire ne peut pas instituer, de la restriction issue d'une interdiction ni générale ni absolue, que l'autorité de police est tout à fait en mesure d'édicter, comme le confirme l'arrêt Fédération nationale des photographes-filmeurs de 1951[12].

152 **Compétence exclusive du pouvoir réglementaire. –** La possibilité pour le pouvoir réglementaire national de restreindre l'accès à une profession en l'absence de toute loi est beaucoup plus douteuse. Le commissaire du gouvernement Guyomar dans ses conclusions sur l'arrêt *Ministre de l'Intérieur c/ Benkerrou* a cependant rappelé que l'autorité investie du pouvoir réglementaire pouvait prescrire la détention d'une autorisation, au titre du pouvoir de police générale, et exclusivement à ce titre[13].

La protection d'un concessionnaire de service public contre la concurrence s'agissant d'activités exercées exclusivement sur le domaine public autorise l'autorité réglementaire à actionner les prérogatives limitant fortement l'accès aux activités concernées par d'autres opérateurs (CE Sect. 29 janvier 1932, *Société des autobus antibois*)[14].

2. Les motifs

153 **Ordre public. –** Les composantes classiques de l'ordre public (sécurité, salubrité, tranquillité) constituent autant de motifs pouvant fonder des mesures de restriction aux activités économiques, et ce d'autant plus que c'est souvent l'autorité de police qui les édicte[15]. Ces motifs sous-tendent les lois imposant une limitation à l'exercice de certaines activités, comme les prescriptions particulières édictées par les autorités de police locale.

On peut citer l'interdiction de la fabrication d'armes biologiques ou l'interdiction de la communication à des personnes étrangères de documents et renseignements d'ordre économique, commercial ou technique (loi n° 80-538 du 16 juillet 1980).

Au niveau local, un maire peut interdire l'activité de photographe-filmeur dans certaines rues ou à certaines heures où la circulation est particulièrement intense et difficile (CE 26 février 1960,

10. CE Ass. 22 juin 1951, *Daudignac*, *Rec.* p. 362, *D.* 1951, p. 589, concl. GAZIER, note J.C.

11. CE 28 mars 1979, *Ville de Strasbourg*, *Rec.* p. 632 : s'il appartient au maire en vertu d'une loi de réglementer dans l'intérêt de la commodité et de la sûreté de la circulation de réglementer l'exercice du commerce ambulant et de l'interdire dans certaines rues et à certaines heures, il ne peut légalement sans porter atteinte à la liberté du commerce et de l'industrie subordonner l'exercice de l'activité à la délivrance d'une autorisation.

12. CE Ass. 22 juin 1951, *Rec.* p. 362.

13. Sont cités les arrêts CE Sect. 15 mai 1936, *Belot, Rec.* p. 544 ; CE 4 févr. 1983, *Ville de Charleville-Mézières c/Mme Calo*, *Rec.* p. 45 ; CE 7 mai 1993, *Ville de Saint-Malo c/Mme Gautier*, *Rec.* p. 634 ; CE 13 juin 1997, *Fédération nationale des taxis indépendants ruraux du Bas-Rhin*, n° 170415. Il est vrai que la réglementation de l'accès à la profession de taxi ne reposait que sur un décret de 1973, mais il existait une loi du 13 mars 1937.

14. *S.* 1932, III, p. 65, note P. L. ; *RDP* 1932, p. 501, concl. LATOURNERIE ; *D.* 1932, III, p. 60, concl. LATOURNERIE, note Ch. BLAEVOET.

15. Comme le remarque M. GUIBAL, « Commerce et industrie », *Rép. com. Dalloz* 2003.

Ville de Rouen[16] ; voir également CE Sect. 15 octobre 1965, *Préfet de Police c/ Alcatraz*[17] ; CE 13 mars 1968, *Ministre de l'Intérieur c/ Époux Leroy*[18] ; pour le commerce ambulant, CE 14 décembre 1981, *Alfred Arzia*)[19]. Il peut être interdit de procéder dans l'enceinte d'un abattoir à l'habillage des cuirs et des peaux car cette activité comporte des risques de contamination pour les viandes (CE Sect. 2 novembre 1956, *Biberon*)[20]. La fermeture par le maire d'un magasin à certaines heures de la nuit est régulière car, compte tenu de la vente d'alcool, ce commerce suscitait des tapages nocturnes et des violences (CE 21 janvier 1994, *Cne de Dammarie-les-Lys*)[21]. Les restaurants d'altitude peuvent être tenus de fermer aux mêmes heures que les remontées mécaniques afin d'assurer la sécurité des clients (CE 13 juin 1990, *SARL Chez Tantine*)[22].

154 **Protection de la santé publique. –** La protection de la santé publique peut justifier l'interdiction du commerce de l'absinthe (loi du 16 mars 1915), l'interdiction du trafic de stupéfiants (article L. 1343-4 CSP), ou encore l'interdiction de la publicité en faveur de l'alcool et du tabac (loi nº 91-32 du 10 janvier 1991).

155 **Protection de la moralité et des bonnes mœurs. –** L'extension des composantes de l'ordre public fournit autant de motifs aux autorités de police pour réglementer l'accès à une profession. La protection de la moralité et des bonnes mœurs autorise le législateur à interdire les jeux de hasard et les loteries, les maisons de tolérance, le proxénétisme, etc. On retrouve ces considérations au niveau local, par exemple en matière d'interdiction de projection de films[23]. Au titre de la moralité, l'autorité publique peut aussi chercher à protéger la moralité d'une profession, en exerçant ce que l'on pourrait qualifier de « police de la profession »[24], ou réglementer l'accès à des activités pouvant conduire à l'exploitation d'autrui (bureaux de placements privés par exemple).

156 **Utilisation du domaine public et protection d'un service public. –** L'administration dispose de prérogatives étendues pour limiter les activités commerciales exploitées exclusivement sur le domaine public et concurrençant un service public. Le Conseil d'État a défini les prérogatives de l'administration dans son célèbre arrêt de principe *« Société des autobus antibois »* du 29 janvier 1932[25], rendu à propos d'une entreprise de transports en commun, qui concurrençait la société concessionnaire de la ville. Il ressort de cet arrêt que l'autorité de police peut soumettre l'activité à autorisation préalable, lui interdire d'effectuer tout trafic de voyageurs à l'intérieur de l'agglomération, prescrire des itinéraires spéciaux et n'autoriser la montée et la descente des voyageurs qu'en certains endroits. Quant à la

16. *Rec.* p. 154.
17. *Rec.* p. 516, *AJDA* 1965, p. 663, concl. KHAN.
18. *Rec.* p. 179, *AJDA* 1968, p. 221, chron. MASSOT et DEWOST.
19. *RDP* 1982, p. 1722.
20. *Rec.* p. 403, concl. MOSSET.
21. *D.* 1994, somm. 112, obs. D. MAILLARD DESGRÉES DU LOÛ.
22. Nº 091257.
23. CE 18 déc. 1959 *Sté Les films Lutetia*, *Rec.* p. 693, CE 26 juill. 1985, *Ville d'Aix-en-Provence*, *Rec.* p. 236 : interdiction sur territoire d'une commune d'un film ayant obtenu un visa d'exploitation, mais dont la projection est de nature à entraîner des troubles à l'ordre public en raison de circonstances locales particulières.
24. CE Ass. 7 juill. 2004, *Ministre de l'Intérieur c/Benkerrou*, préc.
25. *S.* 1932, III, p. 65, note P. L. ; *RDP* 1932, p. 501, concl. LATOURNERIE ; *D.* 1932, III, p. 60, concl. LATOURNERIE, note Ch. BLAEVOET.

possibilité d'instituer un monopole au profit d'un concessionnaire, et, par conséquent, d'en interdire l'accès aux autres opérateurs, si la solution était en germe dans l'arrêt *Société des autobus antibois*, elle est pleinement confirmée en 1956 (pour une activité de traction de péniches sur les voies navigables CE 16 novembre 1956, *Société Désaveines* et, du même jour, *CE Société des grandes Tuileries Persson et Desfontaines*)[26].

157 **Ordre public économique. –** La question se pose de savoir si l'autorité publique peut poursuivre un objectif de régulation du marché et afficher clairement un motif d'ordre purement économique. La réponse est résolument positive s'agissant des lois qui restreignent certaines activités en les soumettant à autorisation préalable, tout en définissant un nombre limité d'autorisations à pourvoir (taxis, pharmacies, etc.). Dans cette situation, le législateur vise à réguler la concurrence. Pour M. Guibal[27], « situé entre l'ordre public général et un ordre économique de direction qui est, en quelque sorte, l'aboutissement de l'interventionnisme économique de la puissance publique, il existe un ordre public moins marqué par le volontarisme et dont la fonction est la protection des administrés en tant qu'agents économiques ou en tant que consommateurs ».

Toutefois, il convient de noter que cet ordre public économique n'est pas invocable par les autorités de police locales lorsqu'elles édictent des mesures restreignant une activité économique pour protéger une catégorie d'opérateurs[28].

3. La libéralisation de l'accès à une activité économique

158 **Assouplissement du régime. –** Les régimes étant classés en fonction de leur caractère plus ou moins attentatoire aux libertés économiques, les autorités publiques peuvent décider de « libéraliser » l'accès à des activités antérieurement réglementées. C'est précisément ce qu'a proposé le Rapport de la Commission pour la libération de la croissance française, dit Rapport Attali, de 2007, qui s'est inscrit dans un objectif de réforme des professions réglementées, en ouvrant certaines activités plus largement ou en supprimant les numerus clausus (taxis, coiffeurs, pharmacies, avocats aux conseils, notaires, etc.).

159 **Exemple des commissaires-priseurs. –** La loi n° 2000-642 du 10 juillet 2000 portant réglementation des ventes volontaires de meubles aux enchères publiques a libéralisé l'activité de commissaire-priseur s'agissant des ventes volontaires. Des modalités d'indemnisation sont toutefois prévues, ainsi que l'atteste l'article 38 de la loi : « les commissaires-priseurs sont indemnisés en raison du préjudice subi du fait de la dépréciation de la valeur pécuniaire de leur droit de

26. *Rec.* p. 440 et 441, *RDP* 1957, p. 529, note M. WALINE et *RDPA* 1957. 1, concl. LAURENT; solution confirmée à propos de l'activité de pilotage dans les ports CE Section 2 juin 1972 *Fédération française des syndicats professionnels de pilotes maritimes*, *AJDA* 1972, p. 647, concl. ROUGEVIN-BAVILLE, puis à propos de la mise à l'eau ou à terre des bateaux dans un port de plaisance CE 29 avr. 1981, *Établissements Fine Frères*, *Rec.* p. 200.

27. « Commerce et industrie », *Rép. com. Dalloz*, 2003.

28. Commet un détournement de pouvoir l'administration qui prend une mesure de restriction de l'accès à une activité économique pour protéger une catégorie d'opérateurs CE 23 avr. 1997, *Commune de Gets*, n° 115523.

présentation résultant de la suppression du monopole conféré jusqu'à l'entrée en vigueur de la présente loi à ces officiers ministériels dans le domaine des ventes volontaires de meubles aux enchères publiques ». La valeur de l'office est calculée en tenant compte de ses recettes, de la valeur de ses immobilisations corporelles autres que les immeubles, ainsi que de la répartition du chiffre d'affaires entre les ventes volontaires et l'ensemble des ventes[29].

160 **Assouplissement du contingent. –** L'administration peut aussi choisir d'augmenter le numerus clausus des autorisations nécessaires à l'exercice d'une profession disposant d'un monopole pour l'exercice de certaines activités. L'indemnisation est plus douteuse et certains textes l'excluent expressément[30].

L'autorité administrative a aussi la faculté d'ouvrir l'utilisation d'une infrastructure à une pluralité d'opérateurs alors que l'accès en était réservé auparavant. La promotion de la libre concurrence constitue un motif légitime d'une telle décision[31]. Dès lors, il semble que le choix entre une politique de promotion d'une large concurrence ou de protection d'un opérateur chargé d'un service public (motif autorisant la restriction à une activité économique, comme on l'a vu ci-dessus) relève d'un choix discrétionnaire de l'autorité administrative. Du côté des *obligations* mises à la charge des autorités publiques, la cour administrative d'appel de Paris avait jugé que lorsque le concessionnaire d'un service public évolue dans un environnement pleinement concurrentiel, « il appartient au concédant de ne pas prendre de mesures manifestement susceptibles d'empêcher le concessionnaire de poursuivre son activité de service public », et notamment de ne pas délivrer un nombre excessif de licences à des compagnies concurrentes, agissement susceptible d'engager la responsabilité de l'administration (CAA Paris 4 juin 1992, *SA Tahiti Moorea Service*)[32]. Le Conseil d'État, dans l'arrêt *SPS Tarbes* du 10 octobre 2007[33] a sonné le glas d'une telle évolution en posant le principe qu'il « ne peut être utilement invoqué un principe général de protection du concessionnaire contre la concurrence par le concédant, indépendamment de toute clause contractuelle posant une telle obligation à ce dernier ».

B. LES CATÉGORIES DE RÉGIMES RESTRICTIFS

161 **Échelle. –** On distingue les différents régimes en fonction de leur caractère plus ou moins attentatoire aux libertés économiques. Il existe ainsi des régimes d'interdiction, des régimes de soumission d'activités à autorisation préalable et, enfin, des régimes imposant une simple déclaration préalable.

29. Décret n° 2001-652 du 19 juill. 2001 portant conditions d'indemnisation des commissaires priseurs pour la perte de leur activité de monopole. Sur ce point, CE 27 oct. 2004, *SCP François de Ricqles*, n° 259690.

30. Par ex. l'article 6 de la loi n° 95-66 du 20 janv. 1995 relative à l'accès à l'activité de conducteur et à la profession d'exploitant de taxi.

31. CE 10 avr. 2002, *SARL Somatour, Contrats marchés publ.* 2002, n° 148, note Ph. DELELIS ; *JCP* G 2002, I, p. 169, note S. BRACONNIER.

32. *AJDA* 1992, p. 140.

33. *AJDA* 2007, p. 2348.

1. Les activités interdites

162 **Activités interdites et choses interdites à la vente. –** Parmi les activités interdites, on peut citer la contrebande (article 217 du Code pénal), la fabrication de fausse monnaie (article 139 du Code pénal), les maisons de tolérance (loi du 13 avril 1946), l'exploitation de maisons de jeux de hasard (article 410 du Code pénal, loi n° 2004-204 du 9 mars 2004). Il est par ailleurs interdit de vendre des produits anticonceptionnels ou abortifs, y compris leur distribution gratuite, sauf par les pharmaciens et seulement sur prescription médicale (articles L. 5134-1 du Code de la santé publique)[34], des jouets dangereux (article L. 5231-1 du Code de la santé publique), certains produits utilisés pour la teinture des cheveux (articles L. 5131-4 et s. du Code de la santé publique). Point n'est besoin de s'étendre sur l'interdiction du commerce de stupéfiants ou des armes chimiques (loi n° 98-467 du 17 juin 1998).

2. Les activités soumises à autorisation préalable

163 **Cadre général. –** L'autorisation préalable se rencontre sous de nombreuses appellations : accord, agrément, approbation, carte professionnelle, concession, licence, etc. L'autorité publique est susceptible de multiplier les différentes restrictions, en soumettant une profession à agrément, tout en exigeant par ailleurs l'obtention d'un titre ou d'un diplôme pour l'exercer.

164 **Intermédiaires et maniement de fonds. –** Sont principalement concernés les professionnels intervenant comme intermédiaires pour des transactions ou susceptibles de manier ou de conserver des fonds pour leurs clients.

L'ouverture *d'établissements de crédits* (loi n° 84-46 du 24 janvier 1984 relative à l'activité et au contrôle des établissements de crédit, aujourd'hui Code monétaire et financier, article L. 511-1 et suivants) est soumise à autorisation préalable. Les établissements de crédit sont des personnes morales effectuant à titre de profession habituelle des opérations de banque, lesquelles comprennent l*a réception des fonds du public, les opérations de crédit ainsi que la mise à la disposition de la clientèle ou la gestion de moyens de paiement*. Il est interdit à toute personne autre qu'un établissement de crédit d'effectuer des opérations de banque à titre habituel. L'établissement de crédit doit satisfaire certaines conditions (capital minimum, respect d'un rapport minimum entre le montant des fonds propres de l'établissement et celui de l'ensemble des risques qu'il encourt du fait de ses opérations). Un agrément est délivré par l'Autorité de contrôle prudentiel. Sa décision, obligatoirement motivée, est susceptible de recours devant la juridiction administrative[35]. Le retrait d'agrément peut être prononcé à titre disciplinaire.

Les *prestataires de services d'investissement* (loi n° 96-597 du 2 juillet 1996 de modernisation des activités financières modifiée et codifiée au Code monétaire et financier) sont des entreprises d'investissement et des établissements de crédit ayant reçu un agrément pour fournir des services d'investissement. Les services d'investissement portent sur les instruments financiers *(actions, titres de créance représentant un droit de créance sur la personne morale qui les émet à l'exclusion des effets de commerce et des bons de caisse, parts ou actions d'organismes de placement collectif, instruments financiers à terme)*. Ils comprennent la réception, la transmission et l'exécution d'ordres pour le compte de tiers, la négociation pour compte propre, la prise ferme, le placement. S'y ajoutent divers services connexes, tels que la conservation ou l'administration

34. CE Ass. 21 déc. 1990, *Confédération nat. assoc. fam. catholiques et autres*, *Rec.* p. 368, concl. STIRN, *JCP* G 1991, IV, 132, *DA* 1991, n° 66.
35. Sur les conditions d'octroi de l'agrément, CE 20 janv. 1989, *Sté Prodimed*, *Rec.* p. 22.

d'instruments financiers, le conseil en gestion de patrimoine, ou la fourniture de conseil aux entreprises en matière de structure de capital, de stratégie industrielle ainsi que des services concernant les fusions et les rachats d'entreprises. Les prestataires disposent d'un monopole pour la réalisation de ces opérations. L'agrément des prestataires des services d'investissement est subordonné à l'approbation de leur programme d'activité pour chacun des services d'investissement qu'ils désirent fournir. Elle est accordée par l'Autorité des marchés financiers (AMF). L'agrément des entreprises d'investissement est délivré par l'Autorité de contrôle prudentiel, ou, dans certains cas, par l'AMF elle-même. Le retrait d'agrément intervient soit à la demande de l'entreprise, soit lorsque le bénéficiaire ne vérifie plus les conditions requises pour l'agrément ou s'il ne respecte pas les engagements pris à cette occasion, soit lorsqu'il n'exerce plus.

Certaines catégories de *courtiers* sont soumises à agrément, comme les courtiers de marchandises assermentés (pour la vente publique de marchandises en gros, la vente publique de marchandises déposées dans un magasin général, etc.), les courtiers en vins ou en champagne.

Les personnes se livrant à certaines opérations portant sur les immeubles et les fonds de commerce (notamment *agents immobiliers*) font aussi l'objet de restrictions (loi n° 70-9 du 2 janvier 1970, modifiée par la loi n° 94-624 du 21 juillet 1994, puis par l'ordonnance n° 2004-634 du 1er juillet 2004 et le décret n° 2005-1315 du 21 octobre 2005). L'exercice de ces activités est subordonné à la délivrance par le préfet d'une carte professionnelle précisant les opérations susceptibles d'être accomplies par le titulaire de la carte. Le texte énumère les conditions *(aptitude professionnelle, garantie financière, assurance, absence d'incapacités ou d'interdictions d'exercer)* auxquelles doivent satisfaire les professionnels en vue de l'obtention de la carte. Le décret de 2005 énumère les mentions qui doivent être portées sur cette carte, comme « transactions sur immeubles et fonds de commerce », « gestion immobilière », « marchand de liste ».

L'activité des *entreprises d'assurances* est soumise à un agrément administratif accordé sur leur demande par l'Autorité de contrôle prudentiel (article L. 321-1 du Code des assurances).

Les sociétés de ventes volontaires de meubles aux enchères publiques[36] sont également soumises à l'obtention d'un agrément délivré par le Conseil des ventes volontaires de meubles aux enchères publiques. Ces sociétés sont seules habilitées à pratiquer les ventes volontaires de meubles aux enchères publiques et, pour les ventes judiciaires, les commissaires-priseurs prennent le titre de commissaires-priseurs judiciaires.

On peut enfin citer certaines activités dans le domaine des communications électroniques (articles L. 41-1 et L. 97-2 du Code des postes et des communications électroniques), les agences de mannequins (articles L. 7123-1 et suivants du Code du travail), la vente de boissons alcoolisées (article L. 3331-1 du CSP), les entreprises de pompes funèbres (article L. 2223-22 du CGCT), les journalistes (articles L. 7111-3 et suivants du Code du travail) et les auto-écoles (loi n° 99-505 du 18 juin 1999), sans que cette liste ait un caractère limitatif.

165 **Profession où une compétence attestée par un diplôme est requise. –** Il arrive que l'administration doive simplement se contenter de vérifier que la compétence nécessaire à l'exercice dune profession, grâce à l'obtention d'un diplôme, est acquise. Dans d'autres cas, l'administration impose une restriction quant au nombre de professionnels agissant dans un secteur donné.

La profession de *pharmacien* illustre ce dernier cas de figure. Il faut obligatoirement être titulaire d'un diplôme pour accéder à la profession et il existe une réglementation particulière à l'exercice de la pharmacie d'officine. Le candidat à l'exploitation d'une officine doit en faire la déclaration préalable à la préfecture. À

36. La loi n° 2000-642 du 10 juill. 2000 a substitué aux commissaires-priseurs des sociétés de ventes volontaires de meubles aux enchères publiques (article L. 321-4 et s. du Code de commerce). Voir le décret n° 2001-650 du 19 juill. 2001 pour les conditions d'exercice de la profession.

cette déclaration doivent être jointes les justifications propres à établir que son auteur remplit les conditions requises pour l'exercice de la pharmacie[37]. L'octroi de la licence tient compte des règles d'implantation des officines. Un barème légal détermine le rapport qui doit exister entre le nombre des officines et le chiffre de la population susceptible de s'y approvisionner. L'administration est tenue d'autoriser la création de nouvelles officines si le nombre de celles qui existent déjà est inférieur au barème fixé par la loi[38].

L'ouverture d'un *laboratoire d'analyse* médicale nécessite également l'obtention d'un diplôme ainsi qu'une autorisation administrative. Il en va de même pour les opticiens-lunetiers, les infirmiers, les orthophonistes, les coiffeurs, etc. L'exercice de la profession de guide interprète et conférencier requiert l'obtention d'une carte professionnelle pour effectuer des visites commentées dans les divers musées et monuments historiques. Elle est délivrée notamment aux personnes titulaires de certains diplômes ou titres.

L'activité d'exploitant de taxi[39] nécessite l'obtention de trois autorisations différentes, poursuivant chacune un objectif particulier (police, réglementation de l'activité, réglementation de la profession). L'activité de conducteur de taxi ne peut être exercée que par les titulaires d'un certificat de capacité professionnelle, délivré par le préfet du département. Les taxis reçoivent également du préfet une carte professionnelle précisant le ou les départements dans lesquels ils peuvent exercer leur profession. Après avis de la commission départementale ou, le cas échéant, communale, des taxis et des véhicules de petite remise, le maire fixe, s'il y a lieu, le nombre des taxis admis à être exploités dans la commune, attribue les autorisations de stationnement et délimite les zones de prise en charge. Le titulaire d'une autorisation de stationnement a la faculté de présenter à titre onéreux un successeur à l'autorité administrative qui a délivré celle-ci.

Enfin, il existe des professions s'exerçant dans le cadre d'une charge ou d'un office, comme les avoués, notaires, huissiers de justice, ou greffiers près les tribunaux de commerce.

3. Les activités soumises à déclaration préalable

166 **Exemples. –** Parmi les activités pour lesquelles une déclaration est requise, on peut citer celle de photo-filmeurs, d'ambulants et forains, de brocantes, ou encore les agences privées de recherches (décret n° 81-1086 du 8 décembre 1981). Certaines catégories d'installations classées ne sont également soumises qu'à déclaration préalable (loi n° 76-663 du 16 juillet 1976).

37. CE 28 janv. 1994, *Cons. central sect. A ordre pharmaciens* et *Cons. Région Ile-de-France ordre pharmaciens*, *Rec.* p. 45, *RFDA* 1994, p. 406, *LPA* 11 mai 1994, p. 4, concl. BONICHOT.

38. CE 10 juill. 1957, *Mlle Poulizane*, *Rec.* p. 456, *RPDA* 1957, n° 316.

39. Loi n° 95-66 du 20 janv. 1995 et décret n° 95-935 du 17 août 1995.

§ 2. L'EXÉCUTION DES RÉGIMES RESTRICTIFS

167 **Règles applicables au sein des régimes restrictifs. –** Une fois le régime restrictif institué, les autorités chargées de le mettre en œuvre disposent d'une certaine marge de manœuvre pour en appliquer les dispositions. Les principales difficultés juridiques se rencontrent concernant les régimes d'autorisation préalable.

A. L'OCTROI DES AUTORISATIONS

168 **Fixation d'un contingent. –** Lorsque le nombre d'autorisations est limité, les textes qui instituent le régime peuvent également prévoir une règle permettant de déterminer le nombre d'autorisations à pourvoir, en fonction de considérations géographiques ou démographiques par exemple (cas des pharmacies). Dans certains cas, les textes sont plus vagues, comme par exemple la loi n° 95-66 du 20 janvier 1995 sur l'activité d'exploitant de taxi, qui ne donne pas de précision sur les facteurs à prendre en considération pour fixer le nombre de licences dans chaque secteur. Le juge administratif a pallié cette carence en décidant que les autorités « doivent fixer ce nombre en tenant compte, sous le contrôle du juge de l'excès de pouvoir, des besoins de la population, des conditions générales de la circulation publique et des équilibres économiques de la profession »[40]. On se rend compte que la considération économique tirée de la régulation de la concurrence apparaît comme une donnée que l'administration doit utiliser. Le juge administratif en a également profité pour soumettre la décision de l'administration en ce domaine à un contrôle normal.

169 **Fixation de conditions requises pour la délivrance d'une autorisation. –** Là encore, les textes encadrent souvent la décision de l'administration, notamment ceux qui soumettent l'exercice d'une activité professionnelle à la possession d'un diplôme ou d'une capacité. Dans d'autres cas, l'administration doit prendre garde à ne pas fixer de conditions susceptibles de méconnaître le principe d'égalité ou le droit de la concurrence.

CE 23 février 1979, *Ville de Strasbourg*[41] : en prévoyant l'attribution de points supplémentaires aux candidats ayant exercé certaines professions lors d'un concours organisé pour l'attribution de licences de taxis, le maire a méconnu le principe d'égalité.

CE 16 juin 1978, *Ville de Clermont-Ferrand*[42] : le maire excède ses pouvoirs en fixant une limite d'âge pour la délivrance de licences de taxi.

170 **Procédure d'octroi. –** La diversité des procédures n'autorise pas à fixer de règle générale en la matière, puisque tantôt l'autorisation est délivrée par une autorité ayant une compétence générale (comme le préfet), tantôt elle fait intervenir des autorités spécifiques, comme la Commission départementale de l'équipement commercial en matière d'ouverture de grandes surfaces. Tantôt l'autorité prend seule la décision, tantôt une procédure consultative est organisée préalablement.

40. CE 27 juin 2007, *Synd. de défense des conducteurs du taxi parisien*, *DA* août-sept. 2007, n° 129, note M. BAZEX et S. BLAZY.
41. *Rec.* p. 77.
42. *Rec.* p. 260.

171 **Décision d'octroi. Pouvoir discrétionnaire ou compétence liée. –** Là aussi, la diversité fait figure de principe. Tantôt la compétence est liée en ce que l'administration doit se borner à vérifier que les conditions requises pour l'obtention de l'autorisation sont satisfaites (diplôme[43], suffisance des fonds propres, nombre d'années d'expérience professionnelle, etc.). Tantôt, la compétence reste liée mais seulement par la définition de grands principes ou objectifs que l'administration doit respecter, voire concilier sous le contrôle du juge (exemple en matière d'urbanisme commercial : article L. 752-6 du Code de commerce). Enfin, il arrive que la compétence de l'administration soit beaucoup plus discrétionnaire (délivrance des licences de taxis).

Il est arrivé au juge d'édicter lui-même un régime de compétence liée pour l'attribution d'autorisations aux ressortissants de l'Union européenne lorsque les textes français n'envisageaient pas leur situation (CE Ass. 29 juin 2001, *Vassilikiotis*[44] : « la présente décision a nécessairement pour conséquence que les autorités compétentes sont tenues de prendre, dans un délai raisonnable, les mesures prévues par le décret du 15 juin 1994 modifié pour l'attribution des cartes professionnelles aux ressortissants communautaires qui ne possèdent pas un titre ou diplôme français ; qu'il leur incombe, notamment, de prévoir un système d'équivalence ou de déterminer les conditions permettant, conformément aux exigences des règles du droit communautaire relatives à la liberté de prestation de services, de s'assurer que les titres ou diplômes délivrés dans d'autres États membres présentent des garanties équivalentes à celles exigées par le droit national français »).

172 **Contrôle du juge sur la décision d'octroi. –** Lorsque l'administration dispose d'un entier pouvoir discrétionnaire, on peut envisager que le juge n'exerce qu'un contrôle restreint. Cette situation demeurant rare, le juge opte le plus souvent pour un contrôle normal, voire un contrôle que l'on peut qualifier de très étendu.

Les autorisations d'ouverture de grande surface en matière d'urbanisme commercial ont donné l'occasion ces dernières années au juge administratif de développer les différentes phases de son contrôle[45]. Il est admis depuis longtemps que je juge exerce un contrôle normal sur les refus d'autorisation d'ouverture de magasins de grande surface[46]. Ce type de contrôle est justifié par la définition des principes encadrant l'autorité administrative dans la délivrance de ces autorisations (article L. 752-6 du Code de commerce)[47]. Un contrôle en deux temps est explicité dans les conclusions Schwartz sur l'arrêt du Conseil d'État, Assemblée, 27 mai 2002, *SA Guimatho*[48]. Dans un premier temps, il faut apprécier si le projet est de nature à écraser le petit commerce et entraîner un gaspillage des équipements commerciaux et, dans un second temps, il convient d'établir un bilan de l'opération à l'aide des autres principes mis en avant par le législateur (à l'époque, liberté

43. Par ex. concernant l'activité de guide touristique (auj. art. L. 221-1 et R. 221-11 et s. du Code du tourisme).

44. *Rec.* p. 303, concl. LAMY, *AJDA* 2001, p. 1046, chron. GUYOMAR et COLLIN, *LPA* 24 oct. 2001, note S. DAMAREY.

45. M. TOULLIER, « Le juge administratif suprême face à l'équilibre des formes de commerce », *AJDA* 2004, p. 801.

46. CE 27 juin 1979, *Sté Adour-distribution*, *RDP* 1980, p. 243 ; CE 20 mars 1987, *SA Soradis*, n° 062599 ; CE 24 juill. 1987 *Sté Guichard Perrachon*, n° 049016 ; CE 30 sept. 1987, *Scaex*, n° 076268.

47. Voir la réforme issue de la loi n° 2008-776 du 4 août 2008 de modernisation de l'économie, comm. Ph. BILLET *JCP* A n° 40 29 sept. 2008, n° 837.

48. *AJDA* 2002, p. 702.

d'entreprendre dans le cadre d'une concurrence saine et loyale, aménagement du territoire, création d'emplois). Le Conseil d'État a en effet jugé qu'il « appartient aux commissions d'équipement sous le contrôle du juge de l'excès de pouvoir, d'apprécier si un projet soumis à autorisation est de nature à compromettre, dans la zone de chalandise intéressée, l'équilibre recherché par le législateur entre les diverses formes de commerce et, dans l'affirmative, de rechercher si cet inconvénient est compensé par les effets positifs que le projet peut présenter au regard notamment de l'emploi, de l'aménagement du territoire, de la concurrence, de la modernisation des équipements commerciaux, et, plus généralement, de la satisfaction des consommateurs ».

CE 11 février 2004, *Conseil national des professions de l'automobile*[49] : projet de nature à compromettre l'équilibre entre les diverses formes de commerce mais légalité de l'autorisation au regard de la satisfaction des besoins des consommateurs en milieu rural.

CE 7 juin 2004, *SARL ESPE*[50] : projet de nature compromettre l'équilibre entre les diverses formes de commerce et bilan négatif.

CE 15 juillet 2004, *Secrétaire d'État aux PME*[51] : projet de nature à compromettre l'équilibre entre les diverses formes de commerce mais le bilan est positif eu égard à la croissance de la population, au renforcement du caractère attractif des équipements commerciaux, à la confortation de l'activité économique en offrant un débouché aux autres entreprises de la région, à la satisfaction des besoins de la clientèle locale et touristique.

CE 7 juin 2004, *SARL DVO*, n° 257834 : s'il n'entraîne pas de déséquilibre dans la zone de chalandise, le projet ne peut être interdit même si le bilan est négatif.

En 2003, le juge administratif peaufine son contrôle en y intégrant une donnée qui n'est pas expressément prévue par le législateur au titre des principes que l'administration doit respecter, mais qui est en tout état de cause opposable à l'administration puisqu'il s'agit du droit de la concurrence.

CE 30 juillet 2003, *SA Caen Distribution*[52] : les commissions d'équipement commercial ont l'obligation de prendre en compte dans leurs décisions les règles de la concurrence. Est ainsi illégale une autorisation qui aurait pour effet d'autoriser un opérateur à abuser de sa position dominante.

CE 5 avril 2006, *Union des commerçants, industriels et artisans d'Uzès et du Gard*[53] : le projet n'a pas à être interdit car il ne comporte aucun risque d'abus de position dominante.

La transposition de la directive services (*infra*, n° 204 et s.) a conduit le législateur (loi de modernisation de l'économie n° 2008-776 du 4 août 2008, article 102) à supprimer les tests économiques de la rédaction de l'article L. 752-6 du Code de commerce. En revanche, l'opposabilité du droit de la concurrence aux autorisations d'exploitation commerciale devrait perdurer.

En matière d'ouverture de pharmacies, le Conseil d'État adopte une position identique, en exerçant un contrôle très étendu sur les décisions accordant une

49. N° 238592.
50. N° 260846.
51. N° 258529 et n° 259215.
52. *AJDA* 2003, p. 2036, concl. SCHWARTZ.
53. N° 269883.

dérogation, ou en vérifiant régulièrement si les besoins réels de la population justifient une telle mesure[54].

B. LE RETRAIT DES AUTORISATIONS

173 **Retrait de l'autorisation. –** Il existe trois motifs justifiant le retrait d'une autorisation d'exercer une activité économique. L'administration peut retirer une autorisation lorsque son titulaire cesse de remplir les conditions subordonnant l'octroi de l'autorisation. Le Conseil d'État avait admis très tôt[55] que, « l'exigence d'un agrément comporte nécessairement, pour l'autorité qui le donne, le pouvoir de le retirer lorsque le titulaire cesse de remplir les conditions mises à son octroi ». Le retrait peut être prononcé comme mesure de police administrative pour maintenir l'ordre et la sécurité publics[56]. Le retrait peut enfin intervenir pour des motifs disciplinaires, à titre de sanction[57]. L'administration doit alors respecter les règles en matière de motivation de ses décisions et de mise en œuvre du principe du contradictoire[58]. Dans ce cas, et dans le cadre du contentieux de l'excès de pouvoir, le contrôle sur le choix de la sanction présentait une certaine hétérogénéité, le juge administratif opérant tantôt un contrôle entier, tantôt un contrôle restreint[59]. En matière de sanctions professionnelles, le Conseil d'État a finalement opéré une généralisation du contrôle normal sur la proportionnalité de la sanction par rapport au manquement professionnel constaté, dans l'arrêt de section du 22 juin 2007, *ARFI*[60].

La question du retrait pose inévitablement celle de la nature d'acte créateur de droits (ou pas) des autorisations d'exercice d'activités économiques. Si la plupart d'entre elles sont créatrices de droits au sens de la jurisprudence sur le retrait et l'abrogation des actes administratifs, les autorisations emportant occupation du domaine public ne le sont normalement pas. Le Conseil d'État a toutefois retenu la solution inverse à propos d'autorisations d'utilisation de fréquences qui, « même

54. CE 23 mars 1990, *Min. aff. soc. et emploi c/M. Chape, DA* 1990, n° 296, *Gaz. Pal.* 1990, 2, somm. p. 675 ; CE 14 avr. 1995, *Cons. rég. Alsace ordre pharmaciens,* n° 155656 et 155567 ; CE 12 janv. 1996, *M. Kibler,* req. n° 157728 ; CE 14 oct. 1996, *Pharmacie Simantob et autres,* n° 156641 et 157648.

55. CE Sect. 25 juill. 1975, *Ministre de l'Équipement c/Richoux, Rec.* p. 429 ; CE 23 mai 1997, *Sté Amérique Europe Asie, Rec.* p. 196 ; y compris pour les autorisations de mise sur le marché de certains produits, CE 27 févr. 2008, *Société TOP SA*, n° 270727 et 292203.

56. CE 22 avr. 1955, *Association franco-russe, Rec.* p. 202.

57. Par exemple concernant les taxis, l'article 2 bis de la loi n° 95-66 du 20 janv. 1995 relative à l'accès à l'activité de conducteur et à la profession d'exploitant de taxi prévoit le retrait de la carte professionnelle par le préfet en cas de violation de la réglementation applicable à la profession et l'article 6 bis de la même loi autorise l'autorité administrative compétente pour délivrer l'autorisation de stationnement, lorsque celle-ci n'est pas exploitée de façon effective ou continue, ou en cas de violation grave ou répétée par son titulaire de son contenu ou de la réglementation applicable à la profession, à lui donner un avertissement ou procéder au retrait temporaire ou définitif de son autorisation de stationnement.

58. CE 28 oct. 1983, D. *Fogelgesang*, p. 598 et 673, *DA* 1983, p. 457 : il faut inviter le titulaire de l'autorisation à présenter ses observations avant de prononcer le retrait.

59. CE 30 juin 1997, *Perron*, n° 162246 et CE Ass. 7 juill. 2004, *Ministre de l'intérieur c/Benkerrou*, préc.

60. *RFDA* 2007, p. 1199, concl. GUYOMAR.

si elles ont notamment pour effet de permettre l'utilisation du domaine public hertzien, créent des droits au profit de leurs titulaires »[61].

C. LA CESSION DES AUTORISATIONS

174 **Cessibilité des autorisations. –** Par principe, les autorisations administratives sont incessibles, notamment lorsqu'elles présentent un caractère personnel. Il semble en aller différemment lorsqu'elles se situent à la source d'une activité économique ou lorsqu'elles en encadrent l'exercice (quotas d'émission de gaz à effet de serre, par exemple). Dans ce cas, il a pu être considéré que les autorisations en cause « ne sont ni exclusivement personnelles, ni exclusivement réelles, mais bien l'un et l'autre »[62]. Dès lors, émergent de véritables marchés secondaires de ces autorisations. On peut citer les licences de taxis[63], les licences de débit de boisson, les quotas en matière agricole, les autorisations d'utilisation de fréquences de la boucle locale ou les autorisations d'urbanisme. Plus récemment, sont venus s'ajouter les certificats d'économie d'énergie ou les quotas d'émission de gaz à effet de serre.

175 **Régime de cession. –** Certains auteurs[64] ont dressé le cadre général du régime applicable à la cession de ces autorisations. On en retient plusieurs éléments. En premier lieu, le degré de « cessibilité » de ces autorisations dépend des prérogatives de l'administration. Dans certains cas, l'administration ne dispose d'aucun pouvoir d'opposition (licences de taxis, quotas d'émission, etc.). Dans d'autres cas, l'administration détient un droit d'opposition (cessions de certaines fréquences radioélectriques). Enfin, l'administration doit parfois donner son accord préalable à la cession (autorisations d'occupation du domaine public constitutives de droits réels, certaines fréquences radioélectriques). En deuxième lieu, la délivrance à titre initial d'une autorisation source d'activités économiques pose la question de l'application d'une procédure de mise en concurrence. En troisième lieu, se pose également la question du maintien de la délivrance de ces autorisations à titre gratuit (lorsque l'on sait qu'elles acquièrent une valeur marchande sur un marché secondaire), au regard de l'interdiction de céder une propriété publique à un prix inférieur à sa valeur.

61. CE 30 juin 2006, *Sté Neuf télécom SA*, *RJEP* 2006, p. 162, note F. FONTAINE et G. WEIGEL.

62. F. BRENET, « La patrimonialisation des autorisations administratives – Réalités et implications », *DA* août-sept. 2007, n° 14 ; Y. JÉGOUZO, « Les autorisations administratives vont-elles devenir des biens meubles ? », *AJDA* 2004, p. 945 ; Ph. YOLKA, « Patrimonialité des autorisations administratives : les limites d'une évolution », *JCP* A 2007, 2141 ; H. LAULHÉ, « La vénalité des actes administratifs », *AJDA* 1961, p. 424 ; F. BATAILLER, « Les "beati possidentes" du droit administratif (les actes unilatéraux créateurs de privilèges) », *RDP* 1965, p. 1051.

63. L'article 3 de la loi n° 95-66 du 20 janv. 1995 relative à l'accès à l'activité de conducteur et à la profession d'exploitant de taxi, institue la faculté de présenter à titre onéreux un successeur à l'autorité administrative.

64. F. BRENET, article préc.

SECTION II LA LIBERTÉ D'ÉTABLISSEMENT ET LA LIBRE PRESTATION DE SERVICES EN DROIT COMMUNAUTAIRE

176 **Accès aux activités économiques en droit communautaire. –** La confrontation des modèles français et communautaire en matière d'accès aux activités économique est édifiante. En effet, alors que la restriction est tout de même largement admise (du moins lorsqu'elle est issue d'une loi) en droit français, elle n'est qu'une exception très encadrée, en droit communautaire. La liberté d'établissement et la libre prestation de services garantissent la liberté d'accès aux activités économiques en droit communautaire et sont invocables par les opérateurs économiques des États membres. Même si elle est largement admise, cette invocabilité souffre tout de même des limites. L'invocation de ces libertés ne se fait pas exclusivement devant le juge communautaire, puisque le juge administratif français accepte de censurer des dispositions nationales qui les méconnaissent[65].

177 **Liberté d'établissement. –** L'article 49 du TFUE stipule que « les restrictions à la liberté d'établissement des ressortissants d'un État membre dans le territoire d'un autre État membre sont interdites. Cette interdiction s'étend également aux restrictions à la création d'agences, de succursales ou de filiales, par les ressortissants d'un État membre établis sur le territoire d'un État membre ».

178 **Libre prestation de services. –** L'article 56 du TFUE interdit les restrictions à la libre prestation des services à l'égard des ressortissants des États membres établis dans un pays de la Communauté autre que celui du destinataire de la prestation.

§ 1. CHAMP D'APPLICATION

179 **Plan. –** Seront successivement examinées la liberté d'établissement et la libre prestation de service.

A. LA LIBERTÉ D'ÉTABLISSEMENT

180 **Champ d'application matériel. –** En vertu de l'article 49 alinéa 2 TFUE, la liberté d'établissement recouvre l'accès aux activités non salariées et leur exercice, ainsi que la constitution et la gestion d'entreprises, dans les conditions définies par le pays d'établissement pour ses propres ressortissants. La Cour de justice[66], dans les affaires Reyners, de 1974, et Reinhard Gebhard, de 1995, a précisé la notion

65. CE 27 juill. 2005, *Ministre de l'Économie, des Finances et de l'Industrie*, n° 253224 : « Considérant que si les impôts directs ne relèvent pas, en tant que tels, du domaine de compétence de la Communauté européenne, les États membres doivent exercer leur compétence fiscale dans le respect du droit communautaire et notamment des libertés protégées par les stipulations des articles 52 (devenu, après modification, article 43 CE) et 67 du Traité CE ».

66. CJCE 21 juin 1974, *Reyners*, aff. C-2/74 et CJCE 30 nov. 1995, *Reinhard Gebhard*, aff. C-55/94.

d'établissement : « la notion d'établissement au sens du traité est une notion très large, impliquant la possibilité pour un ressortissant communautaire de participer, de façon stable et continue, à la vie économique d'un État membre autre que son État d'origine, et d'en tirer profit, favorisant ainsi l'interpénétration économique et sociale à l'intérieur de la communauté dans le domaine des activités non salariées ». La directive « services » du 12 décembre 2006[67] (article 4) définit l'établissement comme l'exercice effectif d'une activité économique visée à l'article 43 du Traité (aujourd'hui art. 49 TFUE) par le prestataire pour une durée indéterminée et au moyen d'une infrastructure stable à partir de laquelle la fourniture de services est réellement assurée.

L'invocabilité de la liberté d'établissement nécessite un élément d'extranéité, ce qui signifie que les nationaux d'un État ne peuvent pas en revendiquer la protection contre leur propre État pour un établissement sur son territoire[68], mais il est envisageable pour un ressortissant national d'invoquer la liberté d'établissement contre son propre État s'il a acquis ou désire acquérir une qualification professionnelle dans un autre État membre[69].

La liberté d'établissement recouvre l'ensemble des corollaires à la liberté d'exercice d'une profession, comme l'interdiction de gêner les activités non salariées. Ainsi, sont constitutifs d'une gêne l'établissement d'une durée minimale de résidence pour bénéficier de certaines allocations familiales[70], les entraves à l'acquisition d'un bien immobilier ou un traitement fiscal particulier. La liberté d'établissement protège aussi les établissements secondaires. La Cour a ainsi écarté les arguments que la France faisait valoir à l'encontre de l'établissement de cabinets secondaires pour les avocats (CJCE 12 juillet 1984, *Klopp*)[71] ou les médecins (CJCE 30 avril 1986, *Comm. c/ France*)[72].

181 **Liberté d'établissement et libre circulation des capitaux. –** La distinction entre la liberté d'établissement et la libre circulation des capitaux repose sur la différence existant entre le simple investissement, qui relève de la libre circulation des capitaux (article 63 TFUE), et l'établissement par acquisition d'une participation dans le capital d'une société établie dans un autre État membre, permettant d'exercer une influence certaine sur les décisions de la société et d'en déterminer les activités (CJCE 13 avril 2000, *Baars*)[73].

La Cour pratique parfois l'économie de moyens. La légalité de l'action spécifique est examinée au regard de la libre circulation des capitaux, dont les restrictions sont ensuite considérées comme ayant des conséquences directes sur la liberté d'établissement (CJCE 4 juin 2000, *Comm. c/ France*)[74].

67. Directive 2006/123/CE du 12 déc. 2006 relative aux services dans le marché intérieur, *JOUE* n° L 376/36 du 27 déc. 2006.
68. Ex. vétérinaire belge exerçant en Belgique, CJCE 16 nov. 1995, aff. C-152/94.
69. CJCE 7 févr. 1979, *Knoors*, aff. C-115/78.
70. CJCE 10 mars 1993, *Comm. CE c/Luxembourg*, aff. C-11/91.
71. Aff. 107/83.
72. *Rec.* p. 1475.
73. Aff. C-251/98.
74. Aff. C-483/99. Voir également *Comm. c/Portugal*, aff. C-367/98.

182 **Application aux restrictions émanant de l'État d'origine. –** Malgré l'exigence d'un élément d'extranéité, l'État d'origine peut être considéré comme entravant l'établissement dans un autre État membre et la liberté d'établissement lui est alors opposable.

CJCE 11 mars 2004, *Lasteyrie du Saillant*[75] : à propos de l'incompatibilité du régime fiscal français imposant les plus values latentes lors du transfert de domicile du contribuable hors de France.

CE 30 décembre 2003, *SARL Coréal Gestion* : à propos du dispositif anti-sous-capitalisation du Code général des impôts.

183 **Champ d'application personnel. –** La liberté d'établissement est invocable uniquement en faveur des ressortissants d'un État membre ou des membres de la famille d'un travailleur migrant, même si ces membres n'ont pas la nationalité d'un État membre (directive n° 2004/38/CE du 28 avril 2004, relative au droit des citoyens de l'Union et des membres de leur famille de circuler et de séjourner librement sur le territoire des États membres). Elle bénéficie également aux personnes morales lorsqu'elles s'implantent par le biais d'agences, de succursales ou de filiales, si cet établissement présente une consistance minimale par la réunion permanente de moyens humains et techniques nécessaires à des prestations déterminées (CJCE 4 juillet 1985, *Berkholz*)[76].

B. LA LIBRE PRESTATION DE SERVICES

184 **Champ d'application matériel. –** La notion de services est explicitée à l'article 57 du TFUE, qui stipule que « sont considérées comme services les prestations fournies normalement contre rémunération, dans la mesure où elles ne sont pas régies par les dispositions relatives à la libre circulation des marchandises, des capitaux et des personnes. Les services comprennent notamment : a) des activités de caractère industriel ; b) des activités de caractère commercial ; c) des activités artisanales ; d) les activités des professions libérales ». La directive « services » du 12 décembre 2006[77] (*infra*, n° 194 et s.) définit les services (article 4) comme « toute activité économique non salariée, exercée normalement contre rémunération ».

Ont, par exemple, été considérés comme des services : la diffusion de programmes télévisés (CJCE 26 avril 1988, *Bond van Adverteerders*, aff. C-352/85) ; la mise à disposition de main-d'œuvre temporaire (CJCE 17 décembre 1981, *Webb*, aff. C-279/80) ; des soins médicaux (CJCE 13 mai 2003, *Müller-Fauré*, aff. C-385/99) ; la prise de paris (CJCE 6 novembre 2003, *Gambelli*, aff. C-243/01).

La rémunération est présente même si elle est indirecte, précision d'importance fondamentale pour certains services sociaux (soins médicaux rémunérés par le paiement de cotisations de Sécurité sociale CJCE 12 juillet 2001, *Smits et*

75. Aff. C-9/02.
76. Aff. C-168/84.
77. Directive 2006/123/CE du 12 déc. 2006 relative aux services dans le marché intérieur, *JOUE* n° L 376/36 du 27 déc. 2006.

Peerbooms)[78] et même dans les cas dans lequel le service n'est pas payé par celui qui en bénéficie (cotisation de retraite complémentaire, CJCE 26 juin 2003, *Skandia*)[79].

L'invocabilité de la libre prestation de services suppose aussi un élément d'extranéité matérialisé par le franchissement d'une frontière. Le cas le plus classique est celui dans lequel le prestataire franchit une frontière pour fournir sa prestation. Mais la libre prestation de services protège également les situations dans lesquelles c'est le destinataire de la prestation qui se rend dans un autre État membre afin d'y bénéficier d'un service (CJCE 31 janvier 1984, *Luisi et Carbone*)[80], notamment pur y recevoir des soins médicaux (CJCE 28 avril 1998, *Kohll*)[81]. Elle couvre également des situations dans lesquelles seule la prestation franchit la frontière (prestataire et destinataires résident dans le même État membre mais la prestation s'accomplit dans un autre État : CJCE 1er juillet 1993, *Hubbard*)[82], voire lorsque seule l'offre de services franchit la frontière (CJCE 10 mai 1995, *Alpine Investments*[83] : proposition téléphonique de services financiers par des banques néerlandaises à des clients établis dans d'autres États membres). En revanche, elle ne s'applique pas aux situations purement internes, sauf lorsqu'un ressortissant d'un État membre souhaite faire usage de son droit de libre circulation (CJCE 19 janvier 1988, *Gullung*)[84].

La libre prestation de services est susceptible, dans certains cas, de s'appliquer aux restrictions instituées par l'État d'origine. En effet, une entreprise peut l'invoquer à l'encontre de l'État dans lequel elle est établie, dès lors qu'elle souhaite fournir des prestations à des destinataires situés dans un autre État membre (CJCE 14 juillet 1994, *Peralta*[85]).

185 **Libre prestation de services et liberté d'établissement. –** La distinction entre les deux libertés repose sur le critère du caractère temporaire de la présence du prestataire de services sur le territoire de l'État de la prestation. Mais le caractère temporaire de la présence du prestataire n'exclut pas les prestations de longue durée, comme la tenue d'un chantier (CJCE 11 décembre 2003, *Schnitzer*)[86] ou la présence d'une infrastructure nécessaire aux fins de l'accomplissement de la prestation en cause (bureau, cabinet d'étude, CJCE 30 novembre 1995, *Gebhard*)[87].

186 **Champ d'application personnel. –** La libre prestation de services protège uniquement les ressortissants communautaires. Les ressortissants des États tiers peuvent en bénéficier car l'article 54 du TFUE dispose que les sociétés constituées en conformité de la législation d'un État membre et ayant leur siège, leur administration

78. Aff. C-157/99.
79. Aff. C-422/01.
80. Aff. C-286/82 et 26/83.
81. Aff. C-158/96.
82. Aff. C-20/92.
83. Aff. C-384-93.
84. Aff. C-292/86.
85. Aff. C-379/92.
86. Aff. C-215/01.
87. Aff. C-55/94.

centrale ou leur principal établissement à l'intérieur de la Communauté sont assimilées aux personnes physiques ressortissantes des États membres.

§ 2. RÉGIME

187 **Plan.** – Le régime est axé autour de l'interdiction des restrictions, lui-même articulé autour du principe de non-discrimination. Des dérogations sont prévues.

A. L'INTERDICTION DES DISCRIMINATIONS

188 **Plan.** – Seront successivement abordées la liberté d'établissement puis la libre prestation de services.

1. En matière de liberté d'établissement

189 **Règle du traitement national.** – La règle du traitement national est issue de la rédaction même des articles 49 et 57 TFUE. Elle implique de traiter les ressortissants communautaires présents sur le territoire de l'État d'accueil de la même manière que les ressortissants nationaux. Dès lors, tout type de discrimination est interdit. On distingue traditionnellement les discriminations directes et indirectes, toutes deux prohibées.

Selon la définition de K. Lenaerts[88], « il y a discrimination directe lorsqu'une réglementation communautaire ou nationale applique un critère de distinction prohibé ou soumet des cas différents à une réglementation formellement identique. Il y a discrimination indirecte lorsque, bien que n'appliquant pas de critère de distinction prohibé, une réglementation communautaire ou nationale applique d'autres critères de distinction dont les effets sont identiques ou du moins analogues à ceux auxquels aboutirait l'application du critère de distinction prohibé, ou encore lorsqu'une réglementation communautaire ou nationale établit une distinction purement formelle de cas différents, mais leur applique, en réalité, un traitement identique ».

CJCE 23 mai 1996, *O'Flynn*[89] : « Une disposition du droit national doit être considérée comme indirectement discriminatoire dès lors qu'elle est susceptible, par sa nature même, d'affecter davantage les travailleurs migrants que les travailleurs nationaux et qu'elle risque, par conséquent, de défavoriser plus particulièrement les premiers. Il n'est pas nécessaire, à cet égard, de constater que la disposition en cause affecte, en pratique, une proportion substantiellement plus importante de travailleurs migrants. Il suffit de constater que cette disposition est susceptible de produire un tel effet ».

190 **Prohibition des discriminations directes.** – La législation nationale ne doit pas exiger de condition de nationalité pour l'accès aux professions (pour les professions d'avocat, d'architecte, d'ingénieur et de géomètre, CJCE 14 juillet 1988, *Comm. c/Grèce*)[90]. Il en va de même s'agissant de l'exercice des professions (par

88. « L'égalité de traitement en droit communautaire. Un principe unique aux apparences multiples », *Cah. dr. europ.* 1991, n° 1-2, p. 3.
89. Aff. C-237/94.
90. Aff. 38/87.

exemple en France, sur l'exigence de nationalité française pour louer un emplacement permettant l'exercice de l'activité d'artiste-peintre, CJCE 18 juin 1985, *Steinhauser*)[91]. Sont aussi examinés au regard de la prohibition des discriminations directes tous les avantages connexes à l'établissement professionnel, comme l'octroi d'allocations familiales ou de prêts avantageux[92]. Ces règles suscitent également beaucoup de jurisprudence en matière fiscale[93]. Le juge administratif français applique aussi la liberté d'établissement telle qu'elle est interprétée en droit communautaire, c'est-à-dire comme prohibant toute discrimination en fonction du lieu d'établissement des sociétés (CE 17 janvier 2007, *Banque fédérative du Crédit Mutuel*)[94].

191 **Prohibition des discriminations indirectes. –** Il s'agit de discriminations qui ne sont pas fondées sur la nationalité ou sur le siège social (pour les sociétés), mais qui ont un effet discriminatoire en imposant des conditions défavorisant les ressortissants des autres États membres. Il en va par exemple ainsi de l'obligation de composer des équipages de pêche à 75 % de personnes résidant dans l'État membre du pavillon[95], de cotiser une seconde fois à un régime de Sécurité sociale en tant que travailleur indépendant lorsque l'on cotise déjà dans un autre État membre en tant que salarié[96], ou encore du refus de déduction fiscale opposé par l'administration pour des laboratoires dont les recherches n'ont pas lieu sur le territoire national[97].

2. En matière de libre prestation de services

192 **Conséquences du caractère temporaire de la prestation de service. –** Le caractère temporaire de la prestation de service emporte certaines conséquences quant au traitement des prestataires. Celui-ci n'est pas tenu de respecter toute la législation de l'État d'accueil instituée en considération d'une présence permanente (CJCE 18 janvier 1979, *Van Wesemael*)[98]. Le motif d'intérêt général invoqué pour limiter l'activité de prestation de services ne peut l'être que dans la mesure où cet intérêt n'est pas sauvegardé par les règles auxquelles le prestataire est soumis dans l'État membre dans lequel il est établi (CJCE 17 décembre 1981, *Webb*)[99]. Enfin, les réglementations de l'État d'accueil doivent être objectivement nécessaires en vue de garantir l'observation des règles professionnelles et d'assurer la protection des intérêts qui en constituent l'objectif (CJCE 4 décembre 1986, *Comm. c/ Allemagne*)[100].

91. Aff. 197/84.
92. CJCE 14 janv. 1988, *Comm. c/Italie*, aff. 63/86.
93. Par ex. à propos de la législation réservant le bénéfice de l'avoir fiscal aux succursales de sociétés d'assurances établies en France, CJCE 7 mai 1998, *Lease Plan Luxembourg*, aff. C-390/96.
94. N° 262967. Voir aussi CJCE 22 déc. 2010, *Yellow Cab*, aff. C-338/09.
95. CJCE 17 nov. 1992, *Comm. c/Royaume-Uni*, aff. C-279/89.
96. CJCE 7 juill. 1988, *Stanton*, aff. 143/87.
97. CJCE 8 juill. 1999, *Baxter*, aff. C-254/97.
98. Aff. 110 et 111/78.
99. Aff. 279/80.
100. Aff. C-205/84.

Ainsi, il ressort de l'affaire CJCE 10 juillet 1991, *Comm. c/France* (aff. C-294/89) que la règle de l'exclusivité territoriale [commandant que l'avocat étranger ait recours à un postulant pour plaider dans le ressort du tribunal en cause] ne saurait être appliquée à des activités de caractère temporaire exercées par des avocats établis dans d'autres États membres, ceux-ci se trouvant dans des conditions de droit et de fait qui ne permettent pas la comparaison avec celles applicables aux avocats établis sur le territoire français.

193 **Prohibition des discriminations directes. –** En matière de prestations de services, on ne retient pas forcément la nationalité du prestataire, mais plutôt son lieu d'établissement. Sont ainsi prohibées toutes les discriminations en fonction de l'établissement.

CJCE 26 avril 1988, *Bond van Adverteerders*[101] : une législation est discriminatoire car elle interdit la diffusion de programmes de radio et de télévision offerts à partir de l'étranger, s'ils comportent des messages publicitaires destinés principalement au public de l'État de réception.

CJCE 13 novembre 2003, *Lindmann*[102] : est une discrimination l'imposition à l'impôt sur le revenu des gains obtenus dans les loteries des autres États membres alors que les mêmes gains obtenus dans les loteries de l'État membre ne sont pas imposés.

194 **Prohibition des discriminations indirectes. –** Comme en matière de liberté d'établissement, les discriminations indirectes affectant les prestations de services sont censurées.

CJCE 3 juin 1992, *Comm. c/Italie*[103] : est une discrimination l'obligation pour les pouvoirs adjudicateurs en matière de travaux publics d'exiger du titulaire qu'il confie 15 à 30 % des travaux à des entreprises locales.

CJCE 12 juin 2003, *Gerritse*[104] : est une discrimination la règle nationale ne permettant pas de prendre en compte les frais professionnels pour l'imposition des non résidents, à la différence des contribuables résidents.

CJCE 10 mars 2005, *Laboratoires Fournier*[105] : à propos de la règle nationale subordonnant un avantage fiscal à la condition que la prestation soit accomplie sur le territoire national.

B. LA PROHIBITION DE TOUTES LES RESTRICTIONS

195 **Législations indistinctement applicables. –** À partir des années 1990, la jurisprudence de la Cour évolue. On considère qu'une législation indistinctement applicable aux opérateurs de l'État membre et à ceux des autres États membres est susceptible d'être déclarée contraire aux règles du traité relatives à la liberté d'établissement ou à la libre prestation de services dans la mesure où elle gêne l'exercice de cette liberté. Les libertés économiques sont appliquées aux législations indistinctement applicables à partir du moment où celles-ci entravent ou restreignent les libertés en cause.

L'affaire des guides touristiques semble marquer un véritable tournant (CJCE 26 février 1991, *Comm. c/France* ; *Comm. c/Italie* ; *Comm. c/Grèce*)[106]. Les États membres sont coupables

101. Préc.
102. Aff. C-42/02.
103. Aff. C-360/89.
104. Aff. C-243/01.
105. Aff. C-39/04.
106. Aff. C-154/89, aff. C-180/89, aff. C-198/89.

de manquements en exigeant la possession d'une licence, d'une carte professionnelle ou d'un permis pour exercer l'activité de guide. Un État membre ne peut subordonner l'exécution de la prestation de services sur son territoire à l'observation de toutes les conditions requises pour un établissement. Mais cour ne relève pas explicitement l'existence de « législations indistinctement applicables ».

Toute restriction est explicitement censurée, même si elle s'applique indistinctement aux prestataires nationaux et à ceux des autres États membres, lorsqu'elle est de nature à gêner les activités des prestataires établis dans d'autres États membres (CJCE 25 juillet 1991, *Gouda*[107] ; CJCE 25 juillet 1991, *Comm. c/ Pays-Bas*[108] ; CJCE 25 juillet 1991, *Säger et Dennemeyer*)[109].

Les mesures indistinctement applicables peuvent tout de même être déclarées compatibles si elles remplissent quatre conditions[110] : lorsqu'elles s'appliquent de manière non discriminatoire ; qu'elles se justifient par des raisons impérieuses d'intérêt général ; qu'elles soient propres à garantir l'objectif qu'elles poursuivent ; qu'elles n'aillent pas au-delà de ce qui est nécessaire pour l'atteindre.

196 **Entrave. –** Toute mesure nationale qui gêne ou rend moins attrayant l'exercice de la libre prestation de services ou de la liberté d'établissement constitue une entrave. Il peut en aller ainsi pour l'obligation de posséder une forme juridique ou un statut juridique particulier (CJCE 15 janvier 2002, *Comm. c/Italie*, aff. C-439/99), pour l'obligation de constituer une caution (CJCE 29 mai 2001, *Comm. c/Italie*, aff. C-267/99), s'agissant de la nécessité d'exercer son activité à titre salarié (CJCE 5 juin 1997, *Ypourgos Ergasias*, aff. C-398/95), ou encore pour ce qui est de l'interdiction de tout lien de collaboration intégrée entre les avocats et les experts comptables (CJCE 19 février 2002, *Wouters*). La prohibition de la rémunération des comptes bancaires à vue a été jugée incompatible avec la liberté d'établissement (CJCE 5 octobre 2004, *Caixa Bank*[111], et à propos de l'interdiction faite à une banque de rémunérer les comptes de dépôt et des sanctions infligées aux banques qui le proposaient, CE 23 février 2005, *Sté Caixa Bank*)[112]. Il semble en aller ainsi de toute mesure fixant des honoraires minimaux, de nature à gêner davantage des prestataires établis dans d'autres États qui disposent de moins de facilités pour s'attacher une clientèle (CJCE 5 décembre 2006, *Cipolla, Macrino et Capodarte*)[113].

Les nationaux profitent alors de cette jurisprudence puisque l'invocation des libertés communautaires les protège contre les discriminations à rebours, c'est-à-dire les situations dans lesquelles les nationaux sont moins favorisés que les ressortissants des autres États membres, mais à condition de justifier d'un élément d'extranéité (CJCE 31 mars 1993, *Kraus*)[114].

107. Aff. C-288/89.
108. Aff. C-353/89.
109. Aff. C-76/90.
110. Pour la libre prestation de services CJCE 9 juill. 1997, *Parodi*, aff. C-22/95 ; pour la liberté d'établissement, CJCE 31 mars 1993, *Kraus*, aff. C-19/92.
111. Aff. C-442/02.
112. N° 247209.
113. Aff. C-94/04 et C-202/04. Il est à noter que la Cour juge ensuite que ces restrictions peuvent être justifiées par des raisons impérieuses d'intérêt général.
114. Aff. C-19/92.

C. L'ABANDON DE LA RÈGLE DU TRAITEMENT NATIONAL

197 **Règle du traitement national. –** Le principe de base est celui du traitement national. Il signifie que les États membres demeurent maîtres de leur législation, à condition que celle-ci ne comporte aucune discrimination directe ou indirecte. À partir des années 1990, en matière d'accès à des professions nécessitant l'obtention de diplômes, la Cour est allée encore plus loin en obligeant les États membres, alors que la règle nationale exigeait des professionnels qu'ils soient titulaires d'un diplôme local, qu'ils prennent en considération des diplômes obtenus dans d'autres États.

CJCE 7 mai 1991, *Vlassopoulou*[115] : la Cour abandonne implicitement la règle du traitement national s'agissant de l'exigence de diplôme pour l'accès à une profession en faisant obligation pour un État membre de prendre en considération les diplômes, certificats et autres titres que l'intéressé a acquis dans le but d'exercer cette même profession dans un autre État membre et en procédant à une comparaison entre les compétences attestées par ces diplômes et les connaissances et qualifications exigées par les règles nationales. Voir également pour les conditions d'utilisation des titres universitaires pour l'accès aux professions, CJCE 31 mars 1993, *Kraus*[116], à propos d'une autorisation administrative préalable pour utiliser un titre universitaire obtenu à l'étranger.

D. LES DÉROGATIONS

198 **Articles 51 et 52 TFUE. –** Ces articles comportent des dérogations communes aux deux libertés. L'article 51 vise les « activités participant (...) même à titre occasionnel, à l'exercice de l'autorité publique »[117]. L'article 52 stipule que les prescriptions relatives à la liberté d'établissement et à la libre prestation de services « ne préjugent pas l'applicabilité des dispositions législatives, réglementaires et administratives prévoyant un régime spécial pour les ressortissants étrangers, et justifiées par des raisons d'ordre public, de sécurité publique et de santé publique »[118]. Il est à noter que les objectifs économiques ne peuvent constituer des raisons d'ordre public au sens de l'article 52 TFUE (CJCE 26 avril 1988, *Bond van Adverteerders*, CJCE 25 juillet 1991, *Gouda ;* CJCE 4 mai 1993, *Federacion de distribuidores cinematrograficos*[119]). La restriction doit, en outre, présenter un caractère nécessaire pour atteindre l'objectif visé.

Au titre de la *santé publique*, il a été admis que la libre prestation de services médicaux et hospitaliers pouvait être restreinte pour assurer le maintien de la capacité de soins sur le territoire national (CJCE 28 avril 1998, *Kohll*)[120]. Les systèmes d'autorisation préalable imposés aux patients étrangers sont autorisés, mais assortis

115. Aff. C-340/89.
116. Préc.
117. Son interprétation est stricte, CJCE 21 juin 1974, *Reyners*, aff. 2/74 : « l'exclusion (...) est limitée à celles des activités qui, prises en elles-mêmes, constituent une participation directe et spécifique à l'exercice de l'autorité publique ».
118. La dérogation de l'article 46 ne joue pas s'il existe une directive communautaire d'harmonisation CJCE 23 nov. 2000, *Comm. c/Espagne*, aff. C-421/98.
119. 352/85 ; C-288/89 ; C-17/92.
120. Préc.

de l'obligation d'accorder l'autorisation si le patient ne peut bénéficier d'un traitement identique dans l'État où il réside. Des restrictions à la publicité pour les boissons alcooliques ont également pu être validées sur ce fondement (CJCE 8 mars 2001, *Gourmet International*)[121].

Au titre de la *sécurité publique*, n'a pas été censuré le droit d'opposition ministériel à certaines cessions ou affectations à titre de sûreté ou au changement de destination d'actifs d'une société d'énergie (CJCE 4 juin 2002, *Comm. c/Belgique*)[122]. À propos de l'interdiction d'activités de prise de paris en l'absence de concession délivrée par l'État, il a été jugé qu'une telle restriction à la liberté d'établissement et à libre prestation de service doit répondre véritablement à l'objectif de prévention de l'exploitation de ces activités à des fins criminelles ou frauduleuses (CJCE 6 mars 2007, *Massimiliano Plancanica*)[123].

Il est à noter que les discriminations directes ne peuvent être justifiées que par une disposition dérogatoire expresse du traité (CJCE 26 avril 1988, *Bond van Adverteerders*[124] ; CJCE 13 novembre 2003, *Lindmann*[125]).

199 **Raisons impérieuses d'intérêt général. –** Elles justifient les législations indistinctement applicables et présentent l'intérêt d'être d'origine jurisprudentielle. La démonstration s'effectue en trois étapes : l'existence d'une raison impérieuse d'intérêt général, la nécessité de recourir à la restriction et la proportionnalité entre la restriction édictée et l'objectif poursuivi[126].

Ont été reconnues comme telles la protection du destinataire de la prestation de services (CJCE 31 mars 1993, *Kraus*)[127], la protection de la propriété intellectuelle (CJCE 18 mars 1980 *Coditel*)[128], la protection des travailleurs (CJCE 17 décembre 1981, *Webb*)[129], la protection des consommateurs et des assurés (CJCE 4 décembre 1986, *Comm. c/France*)[130], la conservation du patrimoine historique et artistique national (CJCE 26 février 1991, *Comm. c/Italie*)[131], le maintien du pluralisme culturel en matière de programmes TV (CJCE 25 juillet 1991, *Gouda*)[132], la cohérence du régime fiscal (CJCE 28 janvier 1992, *Bachmann*)[133], le risque d'atteinte grave au

121. Aff. C-405/98.
122. Aff. C-503/99.
123. Aff. C-338/04, aff. C-359/04 et C-360/04.
124. Aff. 352/85.
125. Aff. C-42/02.
126. CE 19 juin 2006, *M. Philippe A.*, n° 277263 : l'obligation de formation continue ne porte pas atteinte de manière disproportionnée à la liberté d'établissement et à la libre prestation de services.
127. Préc.
128. Aff. 62/79.
129. Préc.
130. Aff. 220/83. Voir également CE 2 oct. 2006, *M. Philippe A.*, n° 281632 : « Considérant que les règles professionnelles destinées à protéger les destinataires de prestations de services constituent une exigence impérieuse d'intérêt général de nature à justifier une atteinte aux libertés d'établissement et de prestation de service prévues par les articles 43 et 49 du traité instituant la Communauté européenne » et CJCE 5 déc. 2006, *Cipolla, Macrino et Capodarte*, aff. C-94/04 et C-202/04, à propos d'honoraires minimaux pour les avocats.
131. Aff. 180/89.
132. Préc.
133. Aff. C-204/90.

système financier de la Sécurité sociale (CJCE 28 avril 1998, *Kohll*)[134], la bonne administration de la justice (CJCE 12 décembre 1996, *Reisebüro Broede*)[135], la protection de l'environnement (CJCE 17 mai 1994, *Corsica Ferries*), la protection de la recherche (CJCE 10 mars 2005, *Laboratoires Fournier*)[136], l'approvisionnement en médicaments de la population sûr et de qualité (CJUE 1er juin 2010, *Blanco Péres*[137]).

Les considérations *d'ordre public économique*, comme la régulation ou la protection d'un marché ou d'une catégorie d'opérateurs, sont strictement exclues (motifs de nature économique CJCE 5 juin 1997, *Ypourgos Ergasias*[138], lutte contre concurrence déloyale des entreprises de bâtiment à main-d'œuvre moins onéreuse, CJCE 25 octobre 2001, *Finalarte Sociedade de Construçao Civil*[139], nécessité de sauvegarder les conditions de la concurrence, CJUE 8 juillet 2010, *Commission c/ République portugaise*[140] et CJUE 24 mars 2011, *Commission c/Espagne*[141]).

Des *considérations sociales* ont été utilisées par le juge administratif français pour légitimer une législation indistinctement applicable concernant le principe du conventionnement des tarifs médicaux. Il a ainsi pu être jugé (CE 30 novembre 2005, *Syndicat des médecins d'Aix et Région*)[142] que « considérant, d'autre part, qu'il résulte des termes de la convention litigieuse que les médecins ressortissants de l'Union européenne (...) sont tenus, s'ils s'installent en France, de respecter les tarifs opposables définis par la convention, (...) que cette obligation, qui s'impose à tous les médecins placés dans la même situation quelle que soit leur nationalité, est justifiée par l'objectif de maintien d'une médecine libérale accessible à tous et assurant un juste équilibre entre la qualité des soins et leur coût, dans un but de protection de la santé ; qu'eu égard à cette justification, les stipulations litigieuses ne peuvent, en tout état de cause, être regardées comme méconnaissant les stipulations de l'article 43 du Traité [aujourd'hui 49 TFUE] instituant la Communauté européenne relative à la liberté d'établissement ». Le juge administratif semble même s'autoriser à découvrir de nouvelles raisons impérieuses au sens du droit communautaire en jugeant (CE Ass. 24 mars 2006, *KPMG*)[143] que les « dispositions du Code de déontologie ont pour objet, en renforçant l'indépendance des commissaires aux comptes, de garantir le bon fonctionnement du contrôle légal des comptes et d'assurer leur sincérité et leur régularité, dans l'intérêt de l'ensemble des parties prenantes, et, notamment, des salariés et des actionnaires ; que l'intérêt général qui s'attache à ce que les comptes donnent une image fidèle du patrimoine, de la situation financière et du résultat des sociétés constitue une raison impérieuse, au sens donné à ce concept par la Cour de justice des Communautés européennes, justifiant des limitations à la libre prestation de services ; que, contrairement à ce qui est soutenu, les mesures en cause, qui sont adaptées à l'objectif poursuivi, ne portent pas, au regard tant du contenu des obligations qu'elles édictent que de leur champ d'application, une atteinte excessive à la libre prestation de services ».

134. Préc.

135. Aff. C-3/95.

136. Aff. C-39/04.

137. À propos d'une législation imposant des distances minimales entre pharmacies et des critères de densité géographiques, aff. C-570/07.

138. Préc.

139. C-49/98.

140. C-171/08.

141. C-400/08.

142. N° 278291.

143. *AJDA* 2006, p. 1028, chron. LANDAIS et LÉNICA, *DA* 2006, n° 71, *JCP* A 2006, 1120, note J.-M. BELORGEY, *RFDA* 2006, p. 463, concl. AGUILA, note F. MODERNE.

§ 3. LES DIRECTIVES D'HARMONISATION ET LES DIRECTIVES CADRE

200 **Nécessité d'édicter des directives. –** Le simple effet des décisions de la Cour ne suffit pas toujours à garantir l'effectivité des libertés d'établissement et de prestation de services. Il a été nécessaire dans un premier temps d'édicter des directives établissant une reconnaissance mutuelle des diplômes avant d'envisager un encadrement plus général.

A. RECONNAISSANCE MUTUELLE DES DIPLÔMES ET DES FORMATIONS

201 **Directives sectorielles. –** Il existe une série de directives sectorielles de reconnaissance mutuelle des diplômes, permettant à un ressortissant d'un État membre ayant effectué ses études dans son État et obtenu les diplômes nécessaires à l'exercice d'une activité, de pouvoir l'exercer dans un autre État (professions de santé, profession d'architecte et profession d'avocat notamment).

202 **Directive nº 99/42 du 7 juin 1999. –** Elle s'applique à un ensemble de professions et prévoit la reconnaissance des diplômes sur la base d'un examen comparatif, sans toutefois instituer un mécanisme de reconnaissance automatique. Elle autorise également la reconnaissance des qualifications acquises sur la base de l'expérience professionnelle.

203 **Directive nº 2005/36 du 7 septembre 2005. –** Elle perfectionne le régime de reconnaissance des diplômes et des qualifications professionnelles pour la liberté d'établissement. Est institué un système sectoriel de reconnaissance automatique s'appliquant aux professionnels de santé et aux architectes, les avocats restant régis par leurs directives spécifiques. Un système de reconnaissance de l'expérience professionnelle, qui reprend en les simplifiant les mécanismes de la directive nº 99/42, est également prévu. Un régime général de reconnaissance des titres de formation s'applique à toutes les autres professions et les qualifications sont réparties en cinq niveaux (formation générale du niveau de l'enseignement primaire ou secondaire ; certificat sanctionnant un cycle d'études secondaires ; diplôme sanctionnant une formation post-secondaire d'une durée de 1 à 3 ans, etc.). La reconnaissance joue si le niveau possédé par le demandeur est au moins équivalent au niveau immédiatement inférieur à celui exigé dans l'État d'accueil. Des mesures de compensation peuvent être exigées dans certains cas.

Un régime particulier concerne les prestations de service. Dans le domaine des professions réglementées dont l'exercice est subordonné à la possession d'une qualification professionnelle, une personne légalement établie dans un État membre pour y exercer une profession a le droit de fournir ses services à titre temporaire et occasionnel dans un autre État membre. Il est interdit à cet État de subordonner cette prestation à une autorisation, une inscription ou une affiliation à une organisation ou un organisme professionnel si ce n'est automatiquement et gratuitement. Mais le prestataire se soumet aux règles professionnelles et disciplinaires de la profession applicables dans l'État d'accueil.

B. LA DIRECTIVE « SERVICES » DU 12 DÉCEMBRE 2006

204 **Projet Bolkenstein.** – La directive n° 2006/123/CE du Parlement européen et du Conseil du 12 décembre 2006 relative aux services dans le marché intérieur[144] est issue du projet tant controversé, dit projet Bolkenstein. L'attention était fortement monopolisée à l'époque de sa rédaction sur l'application du droit du travail du pays d'origine, qui a focalisé les débats. Purgée des dispositions litigieuses du projet, la directive services, dont le délai de transposition expirait le 28 décembre 2009, n'en emporte pas moins un profond bouleversement du cadre juridique français. Bien que visant dans son intitulé les services, elle tend à élargir aussi bien la liberté d'établissement que la libre prestation de services, tout en garantissant un niveau de qualité élevé pour les services.

205 **Objectifs.** – Les considérants de la directive exposent les objectifs poursuivis en commençant par constater qu'il subsiste des obstacles à la liberté d'établissement des prestataires dans les États membres et à la libre circulation des services et que leur suppression ne peut passer uniquement par l'application des articles 43 et 49 du Traité [auj. 49 et 56 TFUE]. On a vu en effet ci-dessus que l'invocabilité des libertés économiques communautaires était limitée par l'exigence d'un élément d'extranéité et que ces libertés ne pouvaient pas jouer comme nos libertés nationales, alors que l'interprétation qui en est donnée par la jurisprudence communautaire permettait d'en faire des libertés plus protectrices des activités économiques. Il est intéressant de remarquer à ce titre que la directive envisage la liberté d'établissement au profit de l'ensemble des opérateurs et ne limite pas ses prescriptions à la situation des opérateurs d'un État membre désirant s'établir dans un autre État. On peut donc supposer que ses dispositions seront invocables par les nationaux d'un État contre leur propre État. En matière de services, les prescriptions ne sont applicables que lorsque le prestataire désire fournir des services dans un autre État membre, ce qui constitue une condition d'extranéité et réduit l'invocabilité. La directive ne s'applique que dans la mesure où les activités en cause sont ouvertes à la concurrence et n'oblige donc pas les États à libéraliser les SIEG (services d'intérêt économique général) ou à privatiser des entités publiques, ou encore à abolir des monopoles existants.

La directive précise qu'elle n'affecte pas les conditions d'emploi, le temps de travail, la durée des congés payés, et le taux de salaire minimal. Elle n'affecte pas non plus les relations entre partenaires sociaux, le droit de grève, la législation en matière de Sécurité sociale.

206 **Champ d'application.** – La directive s'applique aux services fournis par les prestataires ayant leur établissement dans un État membre. Elle exclut de son champ d'application (article 2) un certain nombre de professions qui sont, en France, des professions réglementées et qui ne subiront dès lors aucun impact du fait de la transposition de la directive. Il s'agit des services d'intérêt général non économique, des services financiers (banque, crédit, assurance, retraites professionnelles ou individuelles, titres, fonds d'investissement, conseils en investissement), des services et réseaux de communications électroniques, des services dans le domaine des transports (y compris les services portuaires), des services des agences

144. *JOUE* n° L 376/36 du 27 déc. 2006. M. KARPENSCHIF, « Les collectivités locales et la directive « services » : entre contraintes nouvelles et espoirs déçus », *JCP* A 6 sept. 2010, n° 36, 2256.

de travail intérimaire, des services de soins de santé, des services audiovisuels, des activités de jeux d'argent, des activités participant de l'autorité publique, des services sociaux (logement social, aide à l'enfance ou aux famille ainsi qu'aux personnes dans le besoin), des services de sécurité privée, des services fournis par les notaires et les huissiers de justice nommés par les pouvoirs publics[145]. La directive ne s'applique pas en matière fiscale.

1. La simplification administrative

207 **Simplification administrative. –** La directive « services » comporte un chapitre entier (chapitre II) consacré à la simplification administrative, dont on sait qu'elle est fondamentale lorsqu'un opérateur souhaite développer une activité économique dans un autre État. Les États membres doivent examiner les procédures et formalités applicables à l'accès et à l'exercice d'une activité et doivent les simplifier lorsqu'elles ne sont pas suffisamment simples. Des guichets uniques doivent être mis en place pour l'accomplissement des formalités nécessaires à l'accès aux activités. Au titre d'un droit à l'information, la directive dresse une liste de renseignements qui doivent être facilement accessibles (comme les exigences applicables pour accéder à une activité, les autorités compétentes, etc.).

2. La liberté d'établissement

208 **Limitation et évaluation des régimes d'autorisation préalable. –** La directive (chapitre III) limite la faculté pour les États de soumettre une activité à un régime d'autorisation préalable. Un régime d'autorisation est défini comme toute procédure qui a pour effet d'obliger un prestataire ou un destinataire à faire une démarche auprès d'une autorité compétente en vue d'obtenir un acte formel ou une décision implicite relative à l'accès à une activité de service ou à son exercice. Trois conditions cumulatives doivent être réunies pour instituer un régime d'autorisation préalable : le régime d'autorisation ne doit pas être discriminatoire à l'égard du prestataire visé ; la nécessité d'un régime d'autorisation est justifiée par une raison impérieuse d'intérêt général ; l'objectif poursuivi ne peut pas être réalisé par une mesure moins contraignante, notamment parce qu'un contrôle *a posteriori* interviendrait trop tardivement pour avoir une efficacité réelle. Les États membres doivent établir un rapport qui indique les régimes d'autorisation et en établir la conformité avec les conditions susvisées.

On rappelle que la notion de raison impérieuse d'intérêt général est strictement définie en droit communautaire et n'englobe pas tout ce que les pouvoirs publics pourraient considérer comme d'intérêt général. La directive en rappelle la liste telle que résultant de la jurisprudence de la Cour en son article 4 : ordre public, sécurité publique, santé publique, préservation de l'équilibre financier du système de Sécurité sociale, protection des consommateurs, des destinataires de services et des travailleurs, loyauté des transactions commerciales, lutte contre la fraude, protection de l'environnement et de l'environnement urbain, santé des animaux, propriété intellectuelle, conservation du patrimoine national historique et artistique, objectifs de la politique sociale, objectifs de politique culturelle.

145. On peut se demander si l'exigence d'une « nomination » s'entend au sens strict ou inclut l'octroi de charges par les pouvoirs publics.

On remarque que ces exigences sont issues de la jurisprudence même de la Cour, qui subordonne les régimes d'autorisations préalables dérogatoires à la liberté d'établissement à la condition qu'ils soient fondés sur des critères objectifs, non discriminatoires et connus à l'avance, qui assurent qu'ils soient propres à encadrer suffisamment l'exercice du pouvoir des autorités nationales (CJUE 22 décembre 2010, *Yellow Cab*, aff. C-339/09 : un régime qui permet à l'autorité compétente de refuser une autorisation, au motif qu'elle porte atteinte à la rentabilité de l'entreprise exploitant déjà l'activité, porte atteinte à l'objectivité et à l'impartialité du traitement des demandes d'autorisations).

209 **Conditions d'octroi des autorisations. –** La directive réglemente en outre les conditions d'octroi des autorisations en encadrant le pouvoir d'appréciation des autorités compétentes. Les critères doivent être non discriminatoires, justifiés par une raison impérieuse d'intérêt général, proportionnels à cet objectif d'intérêt général, clairs et non ambigus, objectifs, rendus publics à l'avance, transparents et accessibles. La durée de l'autorisation ne doit pas être limitée, sauf notamment lorsque le nombre d'autorisations disponibles est limité par une raison impérieuse d'intérêt général.

210 **Procédures de sélection des candidats. –** La directive comporte en outre une prescription susceptible d'avoir des répercussions importantes en droit français, en ce qu'elle institue une procédure de sélection entre plusieurs candidats. L'article 12-1 de la directive services dispose en effet que « lorsque le nombre d'autorisations disponibles pour une activité donnée est limité en raison de la rareté des ressources naturelles ou des capacités techniques utilisables, les États membres appliquent une procédure de sélection entre les candidats potentiels qui prévoit toutes les garanties d'impartialité et de transparence, notamment la publicité adéquate de l'ouverture de la procédure, de son déroulement et de sa clôture ». Dans ce cas, les autorisations ne sont octroyées que pour une durée limitée. Alors que la mise en concurrence était jusqu'alors limitée à certains contrats de la commande publique, elle s'étend aux mesures unilatérales d'habilitation d'un opérateur à exercer une activité économique lorsque le nombre d'autorisations à accorder est limité, incluant en droit français certaines autorisations d'occupation du domaine public.

211 **Exigences posées par les autorités publiques. –** Certaines exigences sont interdites. Il s'agit des exigences discriminatoires fondées sur la nationalité, de l'obligation pour le prestataire d'avoir son établissement principal sur le territoire de l'État d'accueil, de l'obligation de constituer une garantie financière, ou encore de l'obligation d'avoir été inscrit sur des registres de l'État depuis plusieurs années. Une mention particulière est faite à l'interdiction pour les États de faire-valoir un objectif de régulation de la concurrence ou du marché. Il est interdit de soumettre l'accès à une activité à l'application d'un test économique permettant de vérifier l'existence d'un besoin économique ou d'une demande de marché ou d'évaluer l'adéquation de l'activité avec des objectifs de programmation économique fixés par les autorités publiques.

D'autres exigences sont simplement à évaluer. Il s'agit notamment de l'existence de limites quantitatives ou territoriales (fixées en fonction de la population ou d'une distance géographique minimale entre prestataires), de l'exigence imposée au prestataire d'être constitué sous une forme juridique particulière, d'exigences concernant la détention du capital d'une société, des tarifs minimum ou maximum que doivent proposer les prestataires, etc. Ces exigences doivent satisfaire trois conditions : être non discriminatoires, être nécessaires et justifiées par une raison impérieuse d'intérêt général, être proportionnées à l'objectif poursuivi.

3. La libre prestation des services

212 **Libre accès à l'activité de service. –** Les États membres doivent garantir le droit des prestataires de fournir des services dans un État membre autre que celui dans lequel ils sont établis[146]. Par cette formulation, l'invocabilité de la directive semble limitée à la démonstration d'un élément d'extranéité, contrairement au chapitre concernant la liberté d'établissement.

213 **Exigences. –** Les exigences subordonnant l'accès à une activité de services doivent être non discriminatoires, nécessaires en vertu d'une exigence d'ordre public, de sécurité publique, de santé publique ou de protection de l'environnement, et proportionnées à l'objectif poursuivi. Sont strictement interdites l'obligation imposée au prestataire d'avoir un établissement sur le territoire de l'État d'accueil, l'obtention d'une autorisation des autorités de l'État d'origine, l'application d'un régime contractuel particulier entre le prestataire et le destinataire, etc.

214 **Protection des destinataires. –** On a vu qu'en matière de soins médicaux par exemple, la libre prestation de services passait par la liberté du destinataire d'aller se faire soigner dans un autre État. La directive interdit donc une série d'exigences qui pourraient être imposées aux destinataires des prestations, comme celle d'obtenir une autorisation de leur propre État.

4. Transposition

215 **État de la transposition en droit français. –** Le 20 janvier 2010, le Secrétariat général aux affaires européennes a rendu public un rapport sur l'état de transposition de la directive Services[147]. La loi de modernisation de l'économie du 4 août 2008 (n° 2008-776) a notamment d'ores et déjà supprimé les tests économiques dans l'octroi des autorisations d'urbanisme commercial, ainsi que l'autorisation des établissements hôteliers. La loi sur les activités touristiques n° 2009-888 du 22 juillet 2009 a supprimé le régime d'autorisation des professions du tourisme. Celui des établissements d'accueil de jeunes enfants et de services à la personne a été allégé. La loi n° 2010-853 du 23 juillet 2010 relative aux réseaux consulaires, au commerce, à l'artisanat et aux services assouplit le régime d'extension des marchés d'intérêt national, libéralise la profession d'agent artistique et aménage les professions d'expert-comptable, de sociétés de services à la personne, d'activités de placement, etc.

146. Des dérogations supplémentaires sont prévues, notamment en faveur des avocats et des notaires.
147. J.-B. AUBY, « La transposition de la directive services », *DA* mars 2010, Repère 3.

BIBLIOGRAPHIE

A. DECOCQ et G. DECOCQ, *Droit européen des affaires*, LGDJ, 2e éd., 2010 ▪ L. DUBOUIS et Cl. BLUMANN, *Droit matériel de l'Union européenne*, Montchrestien, 6e éd., 2012 ▪ C. GAVALDA et G. PARLÉANI, *Droit des affaires de l'Union européenne*, Litec, 4e éd., 2002 ▪ M. GUIBAL, « Commerce et industries », *Rép. com. Dalloz*, 2003 ▪ J.-G. HUGLO, « Droit d'établissement et libre prestation des services », *J.-Cl. Europe*, fasc. 710 ▪ A. PERRIN, « Les professions réglementées », *DA* août-septembre 2008, étude 16 ▪ O. RENARD-PAYEN, « Professions réglementées », *J.-Cl. admi. fasc.* 261, 2006.

CHAPITRE II
LE CONTRÔLE DE LA STRUCTURE DU MARCHÉ

216 **Deux méthodes. –** Pour contrôler la structure d'un marché, les pouvoirs publics disposent de deux principales méthodes. La première consiste à établir un monopole ou à accorder des droits exclusifs à un opérateur ou à un nombre limité d'opérateurs (Section I). La seconde repose sur l'établissement d'un régime de contrôle des concentrations d'entreprises opéré par l'Autorité de la concurrence et octroyant au ministre chargé de l'économie un important pouvoir d'évocation (Section II).

217 **Deux droits. –** Les deux séries de prérogatives offertes aux pouvoirs publics pour contrôler la structure du marché font chacune l'objet d'un double encadrement, par le droit français d'une part et par le droit communautaire d'autre part. Cette situation provoque inexorablement des tensions, puisque les modèles français et communautaire d'encadrement de l'économie ne reposent pas sur les mêmes principes. Il peut en résulter de profondes divergences dans l'application des principes juridiques. Toutefois, si pour l'établissement de monopoles ou de droits exclusifs on s'attachera à examiner à la fois le droit communautaire et le droit français qui interagissent, on laissera délibérément de côté le contrôle communautaire des concentrations, pour se contenter d'étudier le volet purement français. Cette prise de position se justifie par le fait qu'une opération relève soit du mécanisme français de contrôle, soit du mécanisme communautaire. Dans le second cas, on ne se situe plus dans le cadre d'un droit français des affaires. Les interférences ne manqueront cependant pas d'être soulignées.

SECTION I L'INSTITUTION DE DROITS EXCLUSIFS ET LA CRÉATION DE MONOPOLES

218 **Divergences. –** Les notions de monopole et de droits exclusifs sont proches mais méritent dans certains cas d'être distinguées. Le contrôle communautaire de l'institution de monopoles fait apparaître un raisonnement aujourd'hui bien rôdé d'où il ressort que le monopole n'est pas systématiquement considéré

comme incompatible avec ce droit pourtant fondé sur un puissant libéralisme. Le juge administratif français utilise en apparence le raisonnement tenu par la Cour de justice, mais fonde finalement la légalité d'un droit exclusif sur des motifs d'intérêt général conçus assez largement.

§ 1. LES NOTIONS DE DROIT EXCLUSIF ET DE MONOPOLE

219 **Droit exclusif. –** La doctrine définit le droit exclusif comme un privilège légal conférant « une exclusivité sur le marché, un monopole »[1]. Pour l'application de l'ordonnance n° 2004-503 du 17 juin 2004 (article 2), portant transposition de la directive n° 80/723/CEE relative à la transparence des relations financières entre les États membres et les entreprises publiques, « constitue un droit exclusif tout droit ayant pour effet de réserver (...) l'exercice d'une activité ou la fourniture d'un service sur un territoire donné ». On peut aussi retenir de l'article 2-3 de la directive n° 2004/17 (organisant la passation des marchés publics dans les secteurs spéciaux) qu'un tel droit a pour effet de réserver à une ou plusieurs entités l'exercice d'une activité et d'affecter substantiellement la capacité des autres entités d'exercer cette activité.

CE 30 avril 2003, *UNICEM*[2] : à propos du droit exclusif de l'Institut national de recherches archéologiques préventives pour les diagnostics et opérations de fouilles d'archéologie préventive.

CE 24 septembre 2003, *CAMIF*[3] : à propos de l'UGAP, il a été jugé que celui-ci ne disposait pas d'un droit exclusif s'agissant des commandes que pouvaient lui passer l'État, les collectivités territoriales ou certains établissements publics, « dès lors que les clients de l'UGAP disposent de la faculté de s'adresser à d'autres fournisseurs », mais la fonction de coordinateur des groupements de commande que l'UGAP peut constituer relève bien de l'octroi d'un droit exclusif car les dispositions du décret attaqué lui « réserv[aient] notamment la fonction de coordonnateur de ces groupements ».

CE 26 janvier 2007, *Syndicat professionnel de la Géomatique*[4] : « l'octroi à l'Institut géographique national d'un droit exclusif limité, consistant à imposer aux services et établissements publics de l'État, d'une part, de lui communiquer les données dont ils disposent, et, d'autre part, d'avoir recours aux données du référentiel, lorsqu'elles leur conviennent, n'est pas sans rapport avec l'objet même du système d'information géographique en cause, qu'il a reçu la mission d'intérêt général de constituer, de mettre à jour et de diffuser, et qui vise à être un référentiel ».

220 **Droit exclusif et monopole. –** *A priori*, il existe une proximité certaine entre les notions de droit exclusif et de monopole, voire une superposition quasi parfaite. Il arrive cependant qu'une distinction puisse être faite entre la situation économique de monopole et son expression juridique par l'exercice d'un ou plusieurs droits

1. F. BERROD, « Monopoles publics et droit communautaire », *J.-Cl. Europe*, fasc. 1510, 2004.
2. N° 244139.
3. N° 244139.
4. *AJDA* 2007, p. 744, note S. NICINSKI.

exclusifs contribuant à constituer une situation monopolistique[5]. Il peut aussi exister des droits exclusifs n'engendrant pas nécessairement d'activité monopolistique, soit parce que ces droits ne s'étendent pas à l'ensemble d'un marché tel qu'il peut être défini économiquement, soit parce que, par exemple, il s'agit de droits exclusifs d'utilisation de certaines installations (réseaux, installations dans un port), n'empêchant pas une concurrence de se développer à partir d'autres installations.

§ 2. LE CONTRÔLE DE L'INSTITUTION DE MONOPOLES EN DROIT COMMUNAUTAIRE

221 **Article 37 du TFUE. –** Le Traité UE n'évoque les monopoles qu'à deux reprises, dans ses articles 37 et 106. L'article 37 TFUE stipule que « les États membres aménagent les monopoles nationaux présentant un caractère commercial, de telle façon que soit assurée, dans les conditions d'approvisionnement et de débouchés, l'exclusion de toute discrimination entre les ressortissants des États membres ». Le paragraphe 2 du même article aménage une clause dite de standstill, interdisant les mesures nouvelles contraires aux principes du premier paragraphe.

Cet article ne concerne que la libre circulation des marchandises et, plus particulièrement, l'interdiction des restrictions quantitatives entre les États membres. Cela est dû à la négociation même du Traité de Rome durant laquelle le cas des monopoles publics a été examiné par le Comité Spaak, qui n'a envisagé que les obstacles à la circulation des marchandises et qui souhaitait qu'à la fin de la période de transition les organisations nationales d'achat ou d'importation disparaissent ou se soient adaptées au Marché commun[6].

222 **Article 106 du TFUE. –** L'article 106 § 1 TFUE stipule que « les États membres, en ce qui concerne les entreprises publiques et les entreprises auxquelles ils accordent des droits spéciaux ou exclusifs, n'édictent ni ne maintiennent aucune mesure contraire aux règles du présent traité, notamment à celles prévues aux articles 18 et 101 à 109 inclus ». Dans la mise en œuvre de la politique d'ouverture des réseaux à la concurrence[7], la Commission s'appuie sur cette stipulation pour prendre une série de directives de libéralisation des secteurs publics.

Cette stipulation trouve son origine dans le travail d'un autre comité, le groupe Marché commun à Bruxelles, qui avait abordé le problème des monopoles face à la concurrence[8].

Il n'existe donc en droit communautaire aucune prohibition de principe envers les monopoles. Cette relative bienveillance à l'égard des monopoles s'explique par l'existence d'un principe de neutralité du droit communautaire à l'égard de la

5. À ce titre, voir les affaires CJCE 21 mars 1972, *SAIL*, aff. C-82/71 ; CJCE 3 févr. 1976, *Manghera*, aff. C-59/75 et CJCE 23 oct. 1997, *Commission c/ Pays-Bas, « Monopole de la SEP »*, aff. C-157/94 dans lesquelles sont distingués le monopole lui-même et son droit d'exclusivité remis en cause.

6. Rapp. Chefs des délégations aux ministres des Affaires étrangères, Bruxelles, 21 avr. 1956, p. 37. Selon M. KARPENSCHIF (« La privatisation des entreprises publiques : une pratique encouragée sous surveillance communautaire », *RFDA* 2002, p. 95), il résulte des travaux préparatoires de l'ex-article 37 § 2 (doc. MAE 177/57 du 18 janv. 1957) que les auteurs du Traité avaient envisagé la disparition progressive des monopoles.

7. Livre Blanc sur le marché unique, COM(85) 310 (final).

8. F. BERROD, « Monopoles publics et droit communautaire », *J.-Cl. Europe Traité*, fasc. 1510, 2004.

nature publique ou privée de la propriété et par la conscience que les monopoles sont un instrument légitime de la politique économique des États. Cela est réaffirmé par l'exception de l'article 106 § 2 sur les services d'intérêt économique général (*infra*, nº 235 et s.), qui vise à concilier l'intérêt des États à utiliser certaines entreprises notamment du secteur public, en tant qu'instrument de la politique économique ou sociale avec l'intérêt de la Communauté au respect des règles de la concurrence et la préservation de l'unité du marché[9].

223 **Problématique.** – Les monopoles sont-ils en eux-mêmes contraires au droit communautaire, ou uniquement s'ils contreviennent à l'exercice d'une des grandes libertés protégées par le Traité sur le fonctionnement de l'UE ou les règles de la concurrence ? Peut-on envisager de sanctionner l'institution même du monopole ou faut-il se contenter de traiter uniquement ses conséquences ?

A. L'ÉVOLUTION DU CONTRÔLE DES MONOPOLES

224 **Évolution.** – Le traitement des monopoles a suivi la même évolution que la protection accordée à la liberté d'établissement et à la libre prestation des services. À l'origine concentré sur le respect d'un principe de non-discrimination, ce sont ensuite les entraves générées par des mesures indistinctement applicables qui ont pu être censurées.

1. Le contrôle des monopoles par rapport au principe de non-discrimination

225 **Détermination de l'obligation imposée aux États membres.** – L'article 37 TFUE impose aux États membres d'aménager leurs monopoles, mais cette obligation est susceptible de deux interprétations. Soit il s'agit uniquement d'une obligation d'adaptation ou de modification de l'organisation des monopoles, pour tenir compte des principes du marché commun, ce qui laisse subsister le monopole lui-même. Soit il s'agit d'une obligation de suppression des monopoles dont les droits exclusifs sont indissociables, si ceux-ci se révèlent discriminatoires.

CJCE 3 février 1976, *Manghera*[10] : l'article 31 [auj. art. 37 TFUE] oblige les États membres à aménager les monopoles de manière à faire disparaître un droit d'importation exclusif discriminatoire.

226 **Détermination des droits exclusifs tombant sous le coup de l'article 37 TFUE.** – Compte tenu de la place de l'article 37 au sein du TFUE (dans les stipulations consacrées à la libre circulation des marchandises), les droits exclusifs susceptibles d'y contrevenir sont ceux qui affectent les échanges portant sur le commerce de marchandises (CJCE 23 octobre 1997, *Comm. c/ Italie*)[11].

9. Point 103 de l'arrêt *Albany* CJCE 21 sept. 1999, aff. C-67/96.
10. Aff. 59/75. Conf. par CJCE 23 oct. 1997, *Comm. c/ Pays-Bas, affaire du « monopole de la SEP »*, aff. C-157/94.
11. Aff. C-158/94.

Les règles édictées à l'article 37 ne concernent en outre que les activités intrinsèquement liées à l'exercice de la fonction spécifique du monopole en cause, mais ne permettent pas de condamner les règles nationales étrangères à l'exercice de cette fonction spécifique (s'agissant d'une taxe gênant les produits exportés, mais difficilement rattachable au monopole en cause, CJCE 13 mars 1979, *Peureux* I[12]).

227 **Discriminations interdites. –** Conformément aux stipulations de l'article 37, toutes formes de discrimination sont interdites. On peut citer à ce titre les droits exclusifs d'importation d'un produit (même si les exportateurs d'autres États membres peuvent vendre leur production à une catégorie limitée de consommateurs, sauf si cette possibilité leur assure un accès suffisant au marché, CJCE 23 octobre 1997, *Comm. c/ Pays-Bas*, affaire du « monopole de la SEP »)[13], les droits exclusifs d'exportation car ces droits entravent le libre choix du consommateur (conclusions Elmer sur CJCE 23 octobre 1997, *Franzen*)[14], les droits exclusifs de commercialisation en gros, ou encore le cumul de droits exclusifs (CJCE 13 décembre 1990, *Commission c/ Grèce*)[15]. On se rend vite compte que cette interprétation assez restrictive de l'article 37 du TFUE ne permet pas de censurer de manière générale l'institution de droits exclusifs et qu'une évolution était, dès lors, nécessaire.

2. Le contrôle des monopoles au regard des grandes libertés garanties par le Traité sur le fonctionnement de l'Union européenne

228 **Extension du contrôle des monopoles au regard de la libre circulation des marchandises. –** L'affaire des Terminaux de télécommunications (CJCE 19 mars 1991, *France c/ Commission*)[16] a marqué un véritable tournant dans l'évolution du contrôle des monopoles. La Cour pose comme principe que même si l'article 86 § 1 TCE [auj. 106 § 1 TFUE] « présuppose l'existence d'entreprises titulaires de certains droits spéciaux ou exclusifs, il ne s'ensuit pas pour autant que tous les droits spéciaux ou exclusifs sont nécessairement compatibles avec le traité. Cela dépend des différentes règles auxquelles l'article 90 § 1 [aujourd'hui 106 § 1 TFUE] du traité renvoie », formulation de l'amorce d'un contrôle de front de la validité des droits exclusifs. Il est ensuite fait application de l'article 28 TCE [auj. 34 TFUE] aux monopoles publics. La Cour utilise une liberté située dans le même titre que l'article 31 TCE [auj. 34 TFUE] (libre circulation des marchandises), mais de portée plus générale en ce qu'elle prohibe toute restriction quantitative à l'exportation, ainsi que toutes mesures d'effet équivalent. L'arrêt applique ensuite l'article 28 TCE [34 TFUE] à l'existence même du droit exclusif et non plus à son exercice. Cette approche autorise alors un contrôle des droits exclusifs de commercialisation (ce qui était interdit avec l'article 31 TCE [37 TFUE]). Enfin, peuvent également être sanctionnées les mesures non discriminatoires dès lors qu'elles créent une

12. Aff. 86/78.
13. Aff. C-157/94.
14. Aff. C-189/95.
15. Aff. C-347/88 pour un cumul de vente et d'importation.
16. Aff. C-202/88. Voir plus récemment, CJCE 5 juin 2007, *Rosengren*, aff. C-170/04.

entrave aux échanges[17]. On retrouve ici une évolution générale du contrôle des réglementations économiques, amorcé sous l'angle de la censure des discriminations, puis étendu à toute mesure constituant une entrave ou une gêne aux libertés économiques.

229 **Contrôle des monopoles de prestations de service. –** La libre prestation de services va également constituer une source de contrôle des droits exclusifs. Sans citer expressément les stipulations du Traité sur la libre prestation de services, l'arrêt *Sacchi* de 1974[18] juge que le droit d'exclusivité sur des messages publicitaires est en principe licite, mais ne peut aboutir à favoriser certains courants d'importation ou certains opérateurs économiques, c'est-à-dire aboutir à des discriminations dans les conditions d'approvisionnement.

CJCE 18 juin 1991, *ERT*[19] : le monopole ne peut être organisé de manière à ce qu'il aboutisse à une discrimination dans les prestations de service.

Comm. CE décision C(2007)2110Final, du 10 mai 2007 relative aux droits spéciaux octroyés à la Banque Postale, aux Caisses d'Épargne et au Crédit Mutuel pour la distribution des Livrets A et Bleu, au titre de l'article 86 § 3 du Traité CE [auj. 106 § 3 TFUE][20] : les droits exclusifs accordés à certaines institutions bancaires pour la distribution des livrets susvisés sont examinés au regard des libertés d'établissement et de services.

230 **Contrôle des monopoles d'établissement sur le fondement de l'article 49 TFUE. –** La liberté d'établissement a pu aussi servir de fondement juridique au contrôle d'un monopole. Il a été jugé que le monopole d'émettre des émissions télévisées réservé à une entreprise aboutit à interdire à tout autre opérateur de s'installer[21]. Enfin, les monopoles peuvent aussi être examinés au regard de la libre circulation des travailleurs[22].

3. Les monopoles et le droit de la concurrence

231 **Article 106 § 1 TFUE. –** On se situe ici dans le cadre de la règle fixée à l'article 106 § 1 TFUE, qui constitue l'autre volet de contrôle des monopoles. En effet, les droits exclusifs ne doivent pas contrevenir aux règles du traité, notamment celles prévues aux articles 18 et 101 à 109 inclus. Il s'agit principalement de l'interdiction des discriminations, puis du droit communautaire de la concurrence, et plus particulièrement de la prohibition des ententes, des abus de position dominante et des aides d'État.

17. Conformément au tournant pris avec l'arrêt *Cassis de Dijon*, CJCE 20 févr. 1979, aff. 120/78.

18. CJCE 30 avr. 1974, *Sacchi*, aff. 155/73.

19. Aff. C-260/89.

20. Voir également TPICE 18 janv. 2005, T-93/02, *Confédération nationale du Crédit Mutuel* ; N. LENOIR et D. ROSKIS, « La Commission européenne met fin aux droits spéciaux de distribution des livrets A et Bleu », *JCP* E 2007, act. 260 ; A. BALOKI, « La banalisation du Livret A : une exigence du droit de la concurrence », *DA* janv. 2010, Étude 2. La possibilité de proposer des Livrets A est désormais offerte en France à tout établissement de crédit (art. 39 de la Loi de modernisation de l'économie n° 2008-776 du 4 août 2008.

21. TPI 8 juill. 1999, *Vlaamse Televisie Maatchappij NV c/ Commission*, aff. T-266/97.

22. CJCE 10 déc. 1991, *Merci*, aff. C-179/90, dans le cas où un opérateur ne peut employer que des ressortissants d'un même État.

232 **Sanction de l'exercice d'un droit exclusif. –** L'octroi de droits exclusifs ne contrevient pas, en tant que tel, aux règles communautaires de la concurrence[23]. Mais lorsque tel est le cas, est particulièrement visée la prohibition des abus de position dominante, ne serait-ce que parce que l'octroi de droits exclusifs présuppose la constitution d'une position dominante[24]. Mais il ne faut pas oublier que seul l'abus est sanctionné. Dès lors, il y aura incompatibilité avec les règles de la concurrence lorsque, par le simple exercice de tels droits, l'entreprise est amenée à exploiter sa position dominante de façon abusive ou lorsque ces droits sont susceptibles de créer une situation dans laquelle cette entreprise est conduite à commettre de tels abus[25]. L'utilisation des règles de la concurrence sert donc à ce stade à appréhender le monopole à travers son exercice.

233 **Sanction de l'existence d'un monopole. –** Certaines théories peuvent conduire la Cour à apprécier l'existence même d'un monopole. C'est le cas de la théorie de l'abus automatique, qui veut que l'on considère que la situation réglementaire dans laquelle est placé l'opérateur en situation de monopole le conduit à en abuser de manière automatique (CJCE 13 décembre 1991, *RTT*[26] ; CJCE 17 mai 2001, *TNT Traco SpA*)[27].

Un courant jurisprudentiel initié par l'arrêt *Höfner*[28] tend à constater que, pour subsister, un monopole doit être à même de satisfaire la demande des consommateurs ou des usagers, sous peine de conduire à la constatation qu'il y a la place pour un nouvel entrant[29].

B. LA JUSTIFICATION DES MONOPOLES

234 **Raisonnement en deux temps. –** Le raisonnement à adopter doit s'articuler en deux temps. Il convient en premier lieu de confronter les droits exclusifs aux libertés du traité ou aux règles de la concurrence pour en apprécier la validité. S'il apparaît que le droit exclusif est contraire aux règles du traité, il est encore susceptible d'être justifié au regard de l'article 106 § 2 du TFUE[30] ou de certaines stipulations exonératoires.

23. CJCE 23 avr. 1991, *Höfner et Elser*, aff. C-41/90 ; CJCE 18 juin 1991, *ERT*, aff. C-260/89.
24. Voir toutefois sur le fondement de la prohibition des ententes, CJCE 27 avr. 1994, *Almelo*, aff. C-393/92.
25. CJCE 23 avr. 1991, *Höfner et Elser*, préc. ; CJCE 10 déc. 1991, *Merci*, aff. C-179/90, CJCE 5 oct. 1994, *Centre d'insémination de la Crespelle*, aff. C-323/93, CJCE 7 juill. 1997, *GT Link*, aff. C-242/95 ; CJCE 12 févr. 1998, *Raso*, aff. C-163/96 ; CJCE 18 juin 1998, *Corsica Ferries*, aff. C-266/96 ; CJCE 21 sept. 1999, *Albany*, aff. C-67/96 ; CJCE 29 mars 2001, *Portugal c/ Commission*, aff. C-163/99 ; TPI 20 mars 2002, *UPS Europe SA*, aff. T-175/99.
26. Aff. C-18/88.
27. Aff. C-340/99.
28. CJCE 23 avr. 1991, aff. C-41/90.
29. Voir également CJCE 25 oct. 2001, *Firma Ambulanz Glöckner*, aff. C-475/99.
30. CJCE 17 mai 2001, *TNT Traco*, aff. C-340/99.

1. Sur le fondement de l'article 106 § 2 TFUE

235 **L'exception généralisée fondée sur un service d'intérêt économique général (SIEG).** – Longtemps restée en veille, l'exception de l'article 106 § 2 TFUE [ex. 86 § 2 du Traité CE] apparaît aujourd'hui comme une exception généralisée aux règles du Traité. Elle représente une légère inflexion d'un droit entièrement fondé sur des principes libéraux et renvoie à la conception française du service public. L'article 106 § 2 du TFUE stipule que « les entreprises chargées de la gestion de services d'intérêt économique général (...) sont soumises aux règles du présent traité, notamment aux règles de concurrence, dans les limites où l'application de ces règles ne fait pas échec à l'accomplissement en droit ou en fait de la mission particulière qui leur a été impartie. Le développement des échanges ne doit pas être affecté dans une mesure contraire à l'intérêt de la Communauté ». Pour bénéficier de l'exception, il faut réunir quatre conditions cumulatives.

236 **Reconnaissance d'un SIEG.** – Il s'agit d'activités de services marchands remplissant des missions d'intérêt général et soumises de ce fait, par les États membres à des obligations de service public[31]. La mission doit en outre présenter un caractère spécifique par rapport aux missions d'entreprises privées (CJCE 10 février 2000, *Deutsche Post*)[32]. Jusqu'en 1997, la Cour s'est plutôt livrée à une appréciation *in abstracto,* fondée sur la nature de l'activité, pour savoir si une mission pouvait être reconnue d'intérêt général. À partir des arrêts sur les monopoles d'importation et d'exportation d'électricité et de gaz de 1997, la Cour bascule en faveur d'une appréciation *in concreto* fondée sur les *obligations particulières* imposées par l'État à l'entreprise. Ces obligations doivent être la manifestation d'une politique économique, sociale, culturelle ou environnementale menée par l'État et doivent faire peser une charge spécifique sur l'entreprise[33].

Les États membres disposent d'un large pouvoir d'appréciation quant à la définition de ce qu'ils considèrent comme des SIEG (voir, en ce sens, CJCE 16 novembre 1995, *FFSA e.a./Commission*, C244/94 et ainsi que la Commission l'expose au point 22 de la communication COM (2000) 580 final, du 20 septembre 2000, sur les services d'intérêt général en Europe). Partant, la définition de ces services par un État membre ne peut être remise en question par la Commission qu'en cas d'erreur manifeste (conclusions de l'avocat général M. Léger sous l'arrêt de la Cour du 19 février 2002, *Wouters e.a.*, aff. C-309/99, point 162 ; TPICE 15 juin 2005, *Olsen/Commission*, T-17/02, 12 février 2008, *BUPA*, T-289/03, 26 juin 2008, *SIC*, T-442/03 ; Comm. CE décision C(2007) 2110Final, du 10 mai 2007 relative aux droits spéciaux octroyés à la Banque Postale, aux Caisses d'Épargne et au

31. Communication sur les SIEG, *JOCE* n° C 17, 19 janv. 2001, p. 4.

32. Aff. C-147 et 148/97.

33. CJCE 23 oct. 1997, *Commission c/ France*, aff. C-159/94, *Commission c/ Pays-Bas*, aff. C-157/94, *Commission c/ Italie*, aff. C-158/94 et *Commission c/ Espagne*, aff. C-160/94. J.-Y. CHÉROT, « L'article 90, paragraphe 2, du Traité CE après les arrêts de la Cour de justice des Communautés européennes du 23 oct. 1997 sur les monopoles d'importation d'électricité », *RFDA* 1998, p. 135. La Commission s'est également rangée à cette appréciation, voir en matière de diffusion du haut débit les conditions posées par la Commission pour la reconnaissance de SIEG, dans ses décisions relatives à l'aide N 381/2004, *France-Haut débit en Pyrénées-Atlantiques*, *JO* C 162/05 du 2 juill. 2005 et à l'aide N 382/2004, *France-Haut débit en Limousin*, *OJ* 230/06 du 20 sept. 2005.

Crédit Mutuel pour la distribution des Livrets A et Bleu : la définition par les autorités françaises d'un service d'accessibilité bancaire est trop vague et imprécise). L'étude de la jurisprudence communautaire montre que le juge vérifie le caractère d'intérêt général ou d'intérêt public de la mission, ainsi que la réalité des obligations spécifiques imposées par l'État à l'opérateur.

Ont été reconnues comme telles la gestion d'un réseau de télécommunications (CJCE 11 mars 1991, *Terminaux de télécommunications*, aff. C-202/88 ; *RTT*, aff. C-18/88), la collecte, le transport et la distribution du courrier (CJCE 19 mai 1993, *Corbeau* aff. C-320/91, CJCE 17 mai 2001, *TNT Traco* C-340/99), les services d'approvisionnement en eau, les dessertes aériennes ou ferroviaires non rentables (CJCE 11 avril 1989, *Ahmed Saeed Flugreisen*, aff. 66/86), la distribution d'électricité (CJCE 27 avril 1994, *Almelo*, aff. C-393/92 et les affaires de 1997 sur les monopoles d'électricité CJCE 23 octobre 1997, *Comm. c/ France*, aff. C-159/94), la gestion de certains déchets dans un but environnemental (CJCE 23 mai 2000, *FFAD*, aff. C-209/98), la diffusion d'émissions télévisées (CJCE 30 avril 1974, *Sacchi*, aff. 155/73), les fonds gérant un régime de pension remplissant une fonction sociale essentielle (CJCE 21 septembre 1999, *Albany*, aff. C-67/96), la mise à disposition d'un réseau de téléphone (aff. préc. des Terminaux de télécommunications). D'une manière générale les opérations portuaires ne constituent pas des SIEG (CJCE 10 décembre 1991, *Merci*, « *Port de Gênes* », aff. C-179/90, CJCE 17 juillet 1997, *GT-Link*, aff. C-242/95), sauf lorsqu'il s'agit de la gestion d'un port assurant le débouché le plus important dans un État pour le trafic fluvial (CJCE 14 juillet 1971, *Muller*, « *Port de Mertert* », aff. 10/71) et les opérations de lamanage (CJCE 18 juin 1998, *Corsica Ferries*, aff. C-266/96).

237 **Investiture par l'État. –** Un acte émanant de la puissance publique doit avoir investi l'entité de sa mission de service[34]. Cette investiture peut se matérialiser par une habilitation unilatérale ou l'octroi d'une concession de service public[35].

238 **Test de la nécessité et test de la proportionnalité. –** La mise en œuvre des règles du Traité ferait échec à l'accomplissement de la mission du SIEG en dehors de toute protection. Cette condition implique un premier test de nécessité de la mesure de protection, puis un test de proportionnalité destiné à vérifier que la mesure de protection instituée est proportionnée à l'objectif poursuivi. La rigueur initiale de la jurisprudence en cette matière a été progressivement assouplie.

Comme représentative de cet assouplissement, voir à titre initial les affaires des monopoles d'importation et d'exportation de l'électricité et du gaz[36], puis l'affaire CJCE 17 mai 2001, *Poste Italiane*[37] : « il n'est pas nécessaire pour que les conditions d'application de l'article 86 § 2 [auj. 106 § 2 TFUE] soient remplies que l'équilibre financier ou la viabilité de l'entreprise chargée de la gestion d'un service d'intérêt économique général soit menacée. Il suffit qu'il soit fait échec à l'accomplissement des missions particulières imparties à l'entreprise... dans des conditions économiquement acceptables ».

Concernant la condition de nécessité, il apparaît *a fortiori* que l'octroi de droits exclusifs à des organismes publics ne se justifie pas s'ils ne sont pas en mesure de satisfaire la demande. C'est ce qui a été jugé pour le placement de travailleurs, dès lors que les organismes en cause ne faisaient pas face aux besoins du marché du

34. CJCE 21 mars 1974, *BRT*, aff. 127/73.
35. CJCE 27 avr. 1994, *Almelo*, aff. C-393/92 ; CJCE 23 mai 2000, *Kobenhavns Kommune*, aff. C-209/98.
36. Préc.
37. Aff. C-340/99.

travail et que de nombreuses agences privées auraient pu pallier ce genre de carence[38].

239 **Non-affectation du développement des échanges d'une manière contraire à l'intérêt de la communauté.** – Cette condition n'est pas toujours traitée de manière explicite par la jurisprudence[39].

2. Sur le fondement de dispositions spécifiques du Traité sur le fonctionnement de l'Union européenne

240 **Libre circulation des marchandises.** – Selon l'article 36 TFUE, « les dispositions des articles 34 et 35 ne font pas obstacle aux interdictions ou restrictions d'importation, d'exportation ou de transit, justifiées par des raisons de moralité publique, d'ordre public, de sécurité publique, de protection de la santé et de la vie des personnes et des animaux ou de préservation des végétaux, de protection des trésors nationaux ayant une valeur artistique, historique ou archéologique ou de protection de la propriété industrielle et commerciale. Toutefois, ces interdictions ou restrictions ne doivent constituer ni un moyen de discrimination arbitraire ni une restriction déguisée dans le commerce entre États membres »[40]. Normalement, cette exception ne joue que si les droits exclusifs institués contreviennent aux articles 34 et 35 sur la libre circulation des marchandises, et pas pour justifier la méconnaissance de l'article 37 sur l'aménagement des monopoles[41].

241 **Liberté de circulation des travailleurs.** – L'article 45, § 3 et § 4, renvoie également à l'ordre public, la sécurité publique, la santé publique, et à la réserve des emplois dans l'administration publique. L'article 51 autorise un traitement particulier pour les activités participant à l'exercice de l'autorité publique et l'article 52 permet d'instituer un régime spécial pour les ressortissants étrangers, justifié par des raisons d'ordre public, de sécurité publique et de santé publique.

242 **Liberté de prestation de services.** – L'article 62 TFUE applique aux services les articles 51 à 54 inclus (*supra*, n° 198).

3. Sur le fondement de la théorie des exigences impératives d'intérêt général

243 **Légitimation de droits exclusifs.** – Un droit exclusif peut être légitimé au regard d'une exigence impérative d'intérêt général, ce qui a été reconnu dans l'affaire *Terminaux de télécommunications* (précitée).

38. CJCE 11 déc. 1997, *Job II* aff. C-55/96 ; CJCE 8 juin 2000, *Giovanni Carra*, aff. C-258/98. Voir également CJCE 23 mai 2000, *FFAD*, aff. C-209/98.

39. Voir toutefois l'affaire des monopoles d'importation et d'exportation d'électricité et du gaz, préc., dans laquelle la Cour renvoie à l'adoption de directives sectorielles.

40. Ex. d'application pour protéger la santé publique dès lors que mesure est nécessaire et proportionnée CJCE 23 mai 2000, *FFAD*, aff. C-209/98.

41. Voir toutefois, probablement parce qu'il existait une double incompatibilité avec l'article 28 [34 TFUE] et l'article 31 [37 TFUE] CJCE 13 déc. 1990, *Comm. c/ Grèce*, aff. C-347/88.

CJCE 25 juillet 1991, *Mediawet*[42] : un État peut décider de restreindre la liberté des destinataires de services de recourir à des prestataires de services d'autres États membres pour réaliser des émissions de télévision, pour protéger la pluralité des médias ou l'intérêt d'avoir accès à des moyens de qualité pour la production d'émissions.

TPI 8 juillet 1999, *Vlaamse Televisie Maatschappij NV*[43] : la protection du consommateur ou celle du réseau peuvent justifier l'existence d'un monopole sur les télécommunications s'il est à la fois nécessaire et proportionné.

Comm. CE décision C(2007)2110Final, du 10 mai 2007 relative aux droits spéciaux octroyés à la Banque Postale, aux Caisses d'Épargne et au Crédit Mutuel pour la distribution des Livrets A et Bleu : le financement du logement social ne constitue pas une raison impérieuse d'intérêt général.

CJCE 6 mars 2007, *Placanica, Palazzese et Sorrichio*[44], à propos du monopole des jeux de hasard : les particularités d'ordre moral, religieux ou culturel ainsi que les conséquences moralement et financièrement préjudiciables pour l'individu et la société qui entourent les jeux et paris peuvent être de nature à justifier un pouvoir d'appréciation pour déterminer certaines exigences (en l'espèce un régime de concession). Mais ici certaines mesures sont discriminatoires ou disproportionnées.

En matière de jeux, les raisons sont nombreuses : protection des consommateurs, prévention de la fraude et de l'incitation des citoyens à une dépense excessive liée au jeu (CJCE 6 novembre 2003, *Gambelli*[45] ; CJCE 6 mars 2007, *Placanica*)[46] ; CJCE 8 septembre 2009, *Liga Portuguesa de Futebol profissional*[47], CJCE 3 juin 2010, *The Sporting Exchange Ltd*[48]. En revanche, n'y entre pas l'affectation de tout ou partie des recettes des jeux à une activité d'intérêt général (CJCE 21 octobre 1999, *Zenatti*[49]). Parfois, la manipulation et la conciliation des différentes raisons sont difficiles à établir. L'arrêt *Gambelli* (préc.) décide que dans la mesure où l'État incite et encourage les joueurs à participer aux jeux afin que le Trésor public en retire des profits financiers, il ne peut invoquer l'ordre public social tenant à la nécessité de réduire les occasions de jeu pour justifier des mesures restrictives. Mais la contradiction est levée avec l'arrêt *Placanica* (préc.) dans lequel la Cour juge qu'une politique d'expansion contrôlée dans le secteur des jeux peut tout à fait être cohérente avec l'objectif visant à attirer les joueurs vers des offres légales plutôt que clandestines, ce qui peut impliquer une offre étendue, une publicité d'une certaine envergure et le recours à de nouvelles techniques de distribution. Un arrêt de 2010 est plus nuancé, en ce que la Cour juge que le point d'équilibre est toutefois difficile à trouver (*The Sporting Exchange*, préc.), car l'objectif de protection des consommateurs contre la dépendance est difficilement compatible avec une politique d'expansion des jeux de hasard, qui ne saurait être considérée comme cohérente que si les activités illégales présentaient une dimension considérable et si les mesures adoptées visaient à canaliser l'envie de jouer des consommateurs dans des circuits légaux. L'état le plus récent du droit résulte de l'arrêt de la Cour du 30 juin 2011, *Zeturf*[50], rendu sur question préjudicielle du Conseil d'État français, dans lequel elle précise que : « un État membre cherchant à assurer un niveau de protection particulièrement élevé des consommateurs dans le secteur des jeux de hasard peut être fondé à considérer que seul l'octroi de droits exclusifs à un organisme unique soumis à un contrôle étroit des pouvoirs publics est de nature à permettre

42. Aff. C-353/89.
43. Aff. T-266/97.
44. C-338/04, aff. C-359/04 et C-360/04.
45. C-243/01.
46. C-338/04.
47. C-42/07 : une réglementation nationale qui interdit à des opérateurs établis dans d'autres États membres de proposer des jeux de hasard par l'Internet sur le territoire dudit État peut être justifiée par l'objectif de lutte contre la fraude et la criminalité.
48. C-203/08.
49. C-67/98.
50. C-212/08.

de maîtriser les risques liés audit secteur et de poursuivre l'objectif de prévention de l'incitation à des dépenses excessives liées aux jeux et de lutte contre l'assuétude au jeu d'une façon suffisamment efficace ; il incombe à la juridiction de renvoi de vérifier que : les autorités nationales visaient véritablement, au moment des faits au principal, à assurer un tel niveau de protection particulièrement élevé et que, au regard de ce niveau de protection recherché, l'institution d'un monopole pouvait effectivement être considérée comme nécessaire, et les contrôles étatiques, auxquels les activités de l'organisme bénéficiant des droits exclusifs sont en principe soumises, sont effectivement mis en œuvre de manière cohérente et systématique dans la poursuite des objectifs assignés à cet organisme ; afin d'être cohérente avec les objectifs de lutte contre la criminalité ainsi que de réduction des occasions de jeu, une réglementation nationale instituant un monopole en matière de jeux de hasard doit : reposer sur la constatation selon laquelle les activités criminelles et frauduleuses liées aux jeux et l'assuétude au jeu constituent un problème sur le territoire de l'État membre concerné auquel une expansion des activités autorisées et réglementées serait de nature à remédier, et ne permettre la mise en œuvre que d'une publicité mesurée et strictement limitée à ce qui est nécessaire pour canaliser les consommateurs vers les réseaux de jeu contrôlés »[51]. La jurisprudence de la CJUE n'interdit donc pas les monopoles, ni les restrictions, ce qui fait douter certains auteurs de la nécessité d'adopter en France la loi n° 2010-476 du 12 mai 2010 relative à l'ouverture à la concurrence et à la régulation des jeux d'argent et de hasard en ligne[52].

CJCE 19 mai 2009, *Commission c/Italie et Apothekerkammer des Saarlandes e. a.*[53] : à propos du monopole des pharmaciens pour détenir et exploiter une pharmacie, restriction justifiée par le motif d'intérêt général de protection de la santé publique et plus précisément l'objectif visant à assurer à la population un approvisionnement en médicaments sûrs et de qualité.

244 **Adéquation et proportionnalité. –** Comme dans d'autres domaines, les restrictions fondées sur une raison impérieuse d'intérêt général doivent être propres à garantir la réalisation des objectifs qu'elles poursuivent (principe d'adéquation) et elles ne doivent pas excéder ce qui est nécessaire pour atteindre les objectifs (principe de proportionnalité)[54].

§ 3. LE DROIT FRANÇAIS

245 **Monopoles et droits exclusifs en droit français. –** Il convient de commencer par examiner l'autorité compétente et les fondements juridiques autorisant *l'institution* même d'un droit exclusif ou d'un monopole en droit français. Le droit français s'éloigne ensuite du raisonnement suivi par le droit communautaire quant au contrôle de la *régularité* de tels droits.

51. Pour une application par le Conseil d'État, voir CE 30 déc. 2011, *Société Stanley International Betting Limited*, n° 330604 et CE 30 déc. 2011, *Société Zeturf Limited*, n° 287503.

52. D. ALLAND, « Droit de l'Union européenne et droit français des jeux de hasard et d'argent en ligne. Histoire d'une instrumentalisation », *AJDA* 2010, p. 1970. Sur la loi, voir J.-B. VILA, « L'ouverture à la concurrence des jeux d'argent et de hasard en ligne », *AJDA* 2010, p. 1366.

53. Aff. C-531/06 et C-171/07.

54. CJCE 3 mars 1993, *Dieter Kraus*, aff. C-19/92 ; CJCE 30 nov. 1995, *Reinhard Gebhard*, aff. C-55/94.

A. L'INSTITUTION DE MONOPOLES OU DE DROITS EXCLUSIFS

246 **Compétence. –** Seul le législateur est compétent pour instituer un monopole (CE Sect. 9 octobre 1981, *CCI de Toulon et du Var*)[55]. Mais le pouvoir réglementaire peut instituer des droits exclusifs (CE 19 février 1996, *Synd. des fabricants de mobilier de bureau et d'atelier, sièges et système d'organisation*[56], CE 27 juillet 2001, *CAMIF*[57] et CE 26 janvier 2007, *Syndicat professionnel de la géomatique*)[58]. Ainsi, par exemple, le pouvoir réglementaire peut accorder une exclusivité à un opérateur pour l'utilisation d'installations publiques, pour le traitement de données publiques, sans que cette exclusivité vienne automatiquement conférer un monopole sur un marché donné (parce que les opérateurs concurrents peuvent utiliser d'autres infrastructures, peuvent racheter les bases issues du traitement de données afin de les commercialiser, etc.).

247 **Motifs. Protection du concessionnaire contre la concurrence. –** Les motifs autorisant les autorités publiques à instituer un monopole ou à octroyer un droit exclusif sont les mêmes que ceux qui restreignent l'accès à une profession (*supra,* n° 146). Une mention particulière concerne la protection du service public (et, partant, du concessionnaire) exploité exclusivement sur le domaine public. En effet, l'administration dispose de prérogatives étendues pour limiter les activités commerciales exploitées sur le domaine public et concurrençant un service public. Le Conseil d'État a défini les prérogatives de l'administration dans son célèbre arrêt de principe « *Société des autobus antibois* » du 29 janvier 1932[59], rendu à propos d'une entreprise de transports en commun, qui concurrençait la société concessionnaire de la ville. Il ressort de cet arrêt que l'autorité de police peut soumettre l'activité à autorisation préalable, lui interdire d'effectuer tout trafic de voyageurs à l'intérieur de l'agglomération, prescrire des itinéraires spéciaux et n'autoriser la montée et la descente des voyageurs qu'en certains endroits. Quant à la possibilité d'instituer un monopole au profit d'un concessionnaire, si la solution était en germe dans l'arrêt *Société des autobus antibois*, elle est pleinement confirmée en 1956 (pour une activité de traction de péniches sur les voies navigables CE 16 novembre 1956, *Société Désaveines* et, du même jour, *CE Société des grandes Tuileries Perrusson et Desfontaines*)[60].

Cette jurisprudence est fondée sur deux types de considérations. Tout d'abord, jouent des considérations tirées à la fois de la nécessité de préserver une bonne utilisation du domaine public (raisons techniques) et d'assurer la sécurité publique. Ensuite, des considérations plus

55. *Rec.* p. 366, *AJDA* 1981, p. 579.
56. *Rec.* p. 677.
57. *Rec.* p. 53.
58. Préc.
59. *S.* 1932, III, p. 65, note P. L., *RDP* 1932, p. 501, concl. LATOURNERIE, *D.* 1932, III, p. 60, concl. LATOURNERIE, note Ch. BLAEVOET.
60. *Rec.* p. 440 et 441, *RDP* 1957, p. 529, note M. WALINE et *RDPA* 1957.1, concl. LAURENT ; solution confirmée à propos de l'activité de pilotage dans les ports CE Section 2 juin 1972, *Fédération française des syndicats professionnels de pilotes maritimes*, *AJDA* 1972, p. 647, concl. ROUGEVIN-BAVILLE, puis à propos de la mise à l'eau ou à terre des bateaux dans un port de plaisance CE 29 avr. 1981, *Établissements Fine Frères*, *Rec.* p. 200.

économiques visent à protéger le concessionnaire contre la concurrence afin de préserver *in fine* le bon fonctionnement du service public en assurant sa rentabilité. Ainsi, les pouvoirs domaniaux et de police générale des autorités publiques viennent se combiner avec la nécessité de préserver le bon fonctionnement du service public, au détriment d'une libre concurrence.

Lorsque l'activité en cause ne s'exerce pas entièrement sur le domaine public, les prérogatives de l'administration sont moins attentatoires à la libre concurrence. Il en va ainsi, par exemple, des activités de transport maritime qui, si elles utilisent les infrastructures portuaires (domaine public), s'exercent principalement en mer, dont on sait que l'eau est une *res communis*. Pour résumer, on peut dire que l'administration ne peut pas réserver à son concessionnaire le monopole de l'utilisation de certaines infrastructures, mais peut en réglementer l'utilisation. Par ailleurs, une telle réglementation ne pourrait être justifiée que par le souci d'apporter au concessionnaire l'appui nécessaire à l'exploitation du service, et non dans le but de le préserver de la concurrence. C'est ce qui résulte de l'arrêt de 1981, Chambre de commerce et d'industrie de Toulon et du Var[61].

L'autorité publique dispose d'une faculté de protéger son délégataire contre la concurrence, mais cela n'est nullement une obligation[62]. Le Conseil d'État a posé, en 2007, le principe qu'il « ne peut être utilement invoqué un principe général de protection du concessionnaire contre la concurrence par le concédant, indépendamment de toute clause contractuelle posant une telle obligation à ce dernier »[63].

B. LA RÉGULARITÉ DES DROITS EXCLUSIFS ET DES MONOPOLES

248 **Raisonnement communautaire et raisonnement français. –** Alors qu'en droit communautaire, le juge contrôle d'abord si le droit exclusif porte atteinte à l'une des libertés protégées par le traité avant d'examiner une éventuelle cause d'exemption, le juge administratif français est passé à un contrôle direct de la régularité du droit exclusif.

249 **La justification d'un droit exclusif en tant qu'exemption. –** Dans un premier temps, les pratiques issues de l'utilisation de droits exclusifs furent d'abord examinées au regard des règles de la concurrence, puis le juge administratif envisageait l'exception de l'article 86 § 2 TCE [106 § 2 TFUE]. Concernant la qualification d'un service d'intérêt économique général ou des conditions attachées à l'article 106 § 2, il arrive que le Conseil d'État pratique l'économie des moyens. Ainsi, sans se prononcer sur la nature exacte d'un régime d'assurance vieillesse facultatif et fonctionnant selon le principe de la capitalisation, le Conseil d'État a simplement jugé que la restriction de la concurrence organisée par la décision

61. CE Section 9 oct. 1981, *AJDA* 1981, p. 579 chron. F. TIBERGHIEN et B. LASSERRE.

62. La cour administrative d'appel de Paris avait jugé que lorsque le concessionnaire évolue dans un environnement pleinement concurrentiel, « il appartient au concédant de ne pas prendre de mesures manifestement susceptibles d'empêcher le concessionnaire de poursuivre son activité de service public », et notamment de ne pas délivrer un nombre excessif de licences à des compagnies concurrentes, agissement susceptible d'engager la responsabilité de l'administration (CAA Paris 4 juin 1992, *SA Tahiti Moorea Service*, *AJDA* 1992, p. 140).

63. CE 10 oct. 2007, *Sté SPS Tarbes*, *JCP* A n° 49, 3 déc. 2007, n° 2316, note Ch. GUETTIER, *AJDA* 2007, p. 2348, note S. NICINSKI.

administrative dont la légalité était contestée n'était pas justifiée par l'accomplissement de la mission particulière impartie à l'opérateur titulaire de droits exclusifs[64].

250 **Le contrôle direct de la validité d'un droit exclusif. –** Dans un second temps, le juge administratif s'est livré de plus en plus souvent à un contrôle direct et autonome du bien fondé du droit exclusif[65]. À partir de l'arrêt *CAMIF* du 27 juillet 2001[66], le raisonnement du Conseil d'État est beaucoup plus clair. En effet, le juge administratif commence par examiner les conditions de l'article 106 § 2 [ex 86 § 2], avant même d'envisager les pratiques issues des droits exclusifs conférés à la CAMIF. Les étapes du raisonnement sont inversées. Les conditions de l'article 106 § 2 deviennent alors des conditions d'examen *a priori* de la régularité d'un droit exclusif, plus que des conditions d'exemption *a posteriori* des règles de la concurrence. Les missions de l'UGAP (centrale d'achat publique) semblent revêtir un intérêt général dans la mesure où l'opérateur offre un service à de meilleures conditions de coût et de qualité, prodigue aux personnes publiques une assistance technique et apporte son concours à des exportations d'intérêt général.

L'affaire de l'Institut national de recherches archéologiques a fourni en 2003 au Conseil d'État (CE Sect. 30 avril 2003, *Union nationale des industries de carrières et des matériaux de construction*)[67] l'occasion de se prononcer une fois de plus sur l'existence de droits exclusifs. Là encore, le contrôle du bien fondé des droits exclusifs conférés à un opérateur public précède l'analyse de son comportement sur le marché. Mais le Conseil d'État commence par qualifier la mission en elle-même, en dehors de toute référence à la qualité de l'initiative privée : l'activité de diagnostics et de fouilles d'archéologie préventive répond à un intérêt général dans la mesure où elle participe à la protection du patrimoine archéologique et qu'elle poursuit une finalité scientifique. Ce sont ensuite les modalités incontournables d'organisation de ces activités qui justifient l'octroi de droits exclusifs : lien indispensable avec l'édiction de prescriptions et leur contrôle par l'État, conditions matérielles d'exécution, besoin de les garantir et d'instituer un financement péréqué sur l'ensemble du territoire. Enfin, le Conseil d'État prend le soin d'affirmer que les droits exclusifs sont octroyés en vue de permettre l'accomplissement de la mission

64. CE Sect. 8 nov. 1996, *Fédération française des sociétés d'assurance*, *Rec.* p. 441, *AJDA* 1997, p. 142, chron. CHAUVAUX et GIRARDOT, *LPA* 4 avr. 1997, p. 10, note M. BAZEX, *CJEG* 1997, p. 232, concl. BONICHOT.

65. La légalité du droit exclusif dépend, comme en droit communautaire CJCE 23 avr. 1991, *Höfner et Elser*, préc. ; CJCE 8 juin 2000, *Giovanni Carra*, préc., de la qualité de la prestation offerte et de l'aptitude de l'opérateur à satisfaire la demande. Mais ce contrôle demeure discret et relève simplement parfois d'une incidente dans un considérant de principe. Ainsi, dans l'arrêt *Association française des Banques* du 26 mars 1997 (*Rec.* p. 110), le Conseil d'État a jugé que « l'attribution à un nombre limité d'établissements financiers d'un droit exclusif à recevoir les fonds détenus par les notaires depuis moins de trois mois, justifiée par l'aptitude de ces établissements et de leurs réseaux à assurer à ces fonds une garantie obligatoire et illimitée, ne met pas lesdits établissements en situation d'exploiter une position dominante de façon abusive ». Alors que les établissements bancaires ne bénéficiaient pas de l'exception de l'article 86 § 2 [106 § 2 TFUE] (CJCE 14 juill. 1981, *Zückner*, *Rec.* I, p. 2021), il semble que la position des autorités communautaires se soit assouplie sur ce point (déclaration n° 37 annexée au traité d'Amsterdam, relative aux établissements publics de crédit en Allemagne).

66. Préc.

67. *JCP* G 2003, IV, 2846, obs. M.-Ch. ROUAULT, *AJDA* 2003, p. 1508, note P.-L. FRIER, *DA* 2003, n° 164, obs. M. BAZEX et S. BLAZY, *JCP* A 2003, n° 1516, note J. MOREAU.

d'intérêt général précédemment définie. Ainsi, tout en se référant à l'article 106 § 2 TFUE, le Conseil d'État s'éloigne de l'interprétation qu'en fait le juge communautaire car la démonstration des conditions est plus souple[68].

Le même raisonnement est suivi dans les affaires CE 24 septembre 2003, *CAMIF*[69] et surtout CE 26 janvier 2007, *Syndicat professionnel de la géomatique*[70] dans lequel il est décidé que le référentiel grande échelle que l'IGN a pour mission de constituer présente tout d'abord les caractères d'un SIEG (il « répond à des besoins propres de l'État, notamment en matière de défense nationale et de prévention des risques, en sorte que sa réalisation est nécessaire à la conduite des missions d'intérêt général assurée pour l'État et ses établissements publics »), est ensuite nécessaire (la « cohérence d'ensemble du dispositif, l'ampleur et l'urgence du projet ainsi que l'investissement qu'il représente et la rentabilité économique incertaine de certains de ses constituants justifient la concentration des moyens financiers et humains nécessaires à cette réalisation sur un seul opérateur ») et enfin est proportionné (c'est un droit exclusif limité qui n'excède pas les nécessités des services d'intérêt général auxquels l'outil est destiné).

Le Conseil constitutionnel inscrit lui aussi sa jurisprudence dans un contrôle *a priori* de l'octroi de droits exclusifs. Dans la première décision sur l'archéologie préventive de 2001[71], l'octroi de droits exclusifs est légitimé par la nature de la mission et ses modalités d'organisation. Mais le Conseil constitutionnel décide en juillet 2003 dans sa seconde décision sur l'archéologie[72] « qu'aucun principe ni aucune règle de valeur constitutionnelle n'impose [au législateur] d'accorder de droits exclusifs à un établissement public spécialisé ; qu'il lui est loisible d'associer des personnes privées à l'exécution de ce service public en leur permettant de réaliser les opérations de fouilles faisant l'objet de prescriptions ». Cette position n'exprime nullement que le Conseil constitutionnel condamne l'octroi de droits exclusifs à un opérateur public, au bénéfice des opérateurs privés présents sur le marché. Loin de modifier sa position, le Conseil constitutionnel prend simplement acte du fait que le législateur est revenu sur l'octroi de droits exclusifs pour ouvrir le marché à un ensemble d'opérateurs. Aux requérants qui contestent l'octroi de droits exclusifs à un établissement public en 2001, le Conseil constitutionnel répond par la définition de conditions permettant au législateur d'instituer de tels droits. Aux requérants qui contestent la possibilité de confier certaines missions à des opérateurs privés en 2003, le Conseil constitutionnel répond que l'institution de droits exclusifs n'est pas une obligation pour législateur.

SECTION II LE CONTRÔLE DES CONCENTRATIONS EN DROIT FRANÇAIS

251 **Historique.** – Trop de libéralisme tue le libéralisme. C'est peut-être sur le fondement de l'idée que la constitution de groupes trop puissants nuit au développement d'entreprises plus modestes qu'il est le plus facile d'expliquer l'existence d'un contrôle des concentrations d'entreprises en droit français. Alors qu'aux États-Unis, dès 1890, le Sherman Act prohibe les ententes illicites et la monopolisation, dispositif complété en 1914 par le Clayton Act instituant la

68. En ce sens M. BAZEX et S. BLAZY, note sous CE 30 avr. 2003, *UNICEM*, *DA* 2003, n° 164, citant CJCE 23 oct. 1997, *Commission c/ République française*, *Rec.* I, p. 5909.
69. N° 240604.
70. N° 276928.
71. CC décision n° 2000-439 du 16 janv. 2001.
72. CC décision n° 2003-480 du 31 juill. 2003.

première législation sur le contrôle des concentrations, il a fallu attendre en France la loi nº 77-806 du 19 juillet 1977 pour bénéficier d'une procédure de contrôle en matière de concentrations. Critiquée comme manifestation d'un interventionnisme économique trop prégnant, les auteurs s'interrogent aussi sur sa réelle utilité[73]. L'ordonnance nº 86-1243 du 1er décembre 1986 reprend finalement les solutions de la loi de 1977, notamment en ce que les décisions en matière de concentration reviennent à l'autorité politique. C'est la loi NRE nº 2001-420 du 15 mai 2001 qui a établi l'économie générale du dispositif actuel de contrôle des concentrations (article L. 430-1 à L. 430-10 et R. 430-1 à R. 430-10 du Code de commerce). La loi de modernisation de l'économie nº 2008-776 du 4 août 2008, sans modifier cette économie générale, a cependant transféré le pouvoir de décision en matière de contrôle des concentrations à l'Autorité de la concurrence. L'Autorité a édicté des *Lignes directrices en matière de contrôle des concentrations* le 16 décembre 2009, dépourvues de portée normative, mais « opposables aux entreprises et invocables par elles »[74]. À l'exception d'un important pouvoir d'évocation, l'autorité politique est désormais dessaisie.

Le règlement CE nº 139/2004 du 20 janvier 2004 du Conseil, relatif au contrôle des opérations de concentrations entre entreprises, n'est directement applicable en droit français que pour certaines de ses dispositions. Il en va ainsi des dispositions fixant les compétences respectives des autorités nationales et communautaires en matière de contrôle des concentrations ainsi que des procédures de renvoi entre ces autorités.

§ 1. LE CHAMP D'APPLICATION

252 **Champ d'application matériel et quantitatif. –** Certaines opérations intéressant les opérateurs économiques relèvent de la notion de concentration et échappent au contrôle des pratiques anticoncurrentielles. La compétence des autorités française s'apprécie à l'aide de seuils quantitatifs visant à déterminer, d'une part, quelles sont les opérations qui seront contrôlées et, d'autre part, quelles sont les opérations qui relèveront des autorités françaises et celles qui reviendront aux autorités communautaires.

A. LA NOTION DE CONCENTRATION

253 **Définition. –** L'article L. 430-1-I du Code de commerce dispose qu'« une opération de concentration est réalisée : 1º lorsque deux ou plusieurs entreprises antérieurement indépendantes fusionnent ; 2º lorsqu'une ou plusieurs personnes, détenant déjà le contrôle d'une entreprise au moins ou lorsqu'une ou plusieurs entreprises acquièrent, directement ou indirectement, que ce soit par prise de participation au capital ou achat d'éléments d'actifs, contrat ou tout autre moyen, le contrôle de l'ensemble ou de parties d'une ou plusieurs autres entreprises ». Le II

73. Ch. BOLZE et P. ARHEL, « Concentrations », *Rép. com. Dalloz*, 2001, nº 5.

74. Publiées sur le site internet de l'Autorité. Sur la réforme, voir S. NICINSKI, « L'Autorité de la concurrence », *RFDA* 2009, p. 1237.

prévoit que « la création d'une entreprise commune accomplissant de manière durable toutes les fonctions d'une entité économique autonome constitue une concentration au sens du présent article ».

La notion de concentration repose ainsi sur le critère du *contrôle* d'une entreprise. Le III de l'article précité précise ce qu'il faut entendre par « contrôle », lequel « découle des droits, contrats ou autres moyens qui confèrent, seuls ou conjointement et compte tenu des circonstances de fait ou de droit, la possibilité d'exercer une influence déterminante sur l'activité d'une entreprise, et notamment : – des droits de propriété ou de jouissance sur tout ou partie des biens d'une entreprise ; – des droits ou des contrats qui confèrent une influence déterminante sur la composition, les délibérations ou les décisions des organes d'une entreprise ».

Par exemple, Keolis, en raison d'un éclatement de l'actionnariat n'était contrôlée par aucun de ses actionnaires et la montée au capital de la SNCF Participations, en lui conférant un contrôle conjoint sur l'entreprise, constitue donc une opération de concentration[75].

Cette définition législative vise deux objectifs. Le premier est de s'aligner sur la définition communautaire (notions d'entreprise commune et d'influence déterminante, selon le règlement n° 139/2004 CE relatif au contrôle des concentrations entre entreprises). Le second est de couvrir un maximum d'hypothèses, le critère matériel l'emportant sur l'aspect formel. Le contrôle des concentrations sert ainsi à réguler l'évolution structurelle des entreprises (critère de l'accroissement du patrimoine et de la concentration des actifs) mais aussi à éviter les menaces pour le fonctionnement concurrentiel du marché (critère de la prise de décision).

254 **Filiale commune. –** Lorsque deux ou plusieurs entreprises créent une filiale commune, la question de pose de savoir si l'opération relève des concentrations ou, éventuellement, de la prohibition des ententes. L'article L. 430-1 du Code de commerce a retenu le critère de l'autonomie, en disposant que « la création d'une entreprise commune accomplissant de manière durable toutes les fonctions d'une entité économique autonome constitue une concentration au sens du présent article ». Ce critère est également utilisé par le droit communautaire (règlement n° 139/2004 CE relatif au contrôle des concentrations entre entreprises)[76] et par le Conseil de la concurrence[77].

Le Conseil d'État s'était déjà aligné sur cette définition une année avant le vote de la loi NRE, CE Sect. 31 mai 2000, *Sté Cora*[78] : « considérant qu'une filiale commune à plusieurs entreprises ne peut être regardée comme une concentration au sens des dispositions précitées que si elle assure de manière durable toutes les fonctions d'une entité économique autonome (...) si la société Opéra a pour rôle essentiel d'effectuer le "référencement" des fournisseurs de ses maisons mères

75. Commission COMP/M.5557 SNCF/CDPQ/KEOLIS/EFFIA.

76. Voir également Commission européenne, Communication relative à la notion d'entreprise commune de plein exercice, *JOCE* n° C 66, 2 mars 1998.

77. Cons. conc avis n° 97-A-23 du 17 oct. 1997 : l'entreprise doit assurer toutes les fonctions d'une entreprise autonome d'une manière durable avec tous les moyens matériels, logistiques et commerciaux nécessaires à l'exercice des activités d'une entreprise autonome. Mais il existait un critère supplémentaire de l'absence de coordination des sociétés mères, abandonné pour s'en tenir au critère de l'autonomie dans Cons. conc. décision n° 02-D-44 du 11 juill. 2002, relative à la situation de la concurrence dans le secteur de l'eau potable et de l'assainissement, notamment en ce qui concerne la mise en commun des moyens pour répondre à des appels à la concurrence.

78. *CJEG* 2000, p. 492, concl. LAMY, *RTD com.* 2000, p. 875, obs. ORSONI.

pour une gamme importante de produits et de négocier les conditions d'achat avec les producteurs ainsi "référencés", les décisions d'achat continueront à être prises par les maisons mères et leurs filiales, qui restent présentes en tant qu'acheteurs sur le marché de l'approvisionnement en produits de grande distribution ; que la société Opéra doit négocier les délais de règlement par référence aux pratiques antérieures de ses maisons mères et ne peut accorder d'escomptes de paiement qu'avec leur accord ; que si la société Opéra est chargée d'acheter en propre certains produits afin de les revendre à ses mandants, il ne ressort pas des pièces du dossier que cette activité, qui ne porte que sur une part très faible des achats des maisons mères et de leurs filiales, suffise à lui conférer le caractère d'une entité économique autonome ».

255 **Prise de participation minoritaire. –** La prise de participation minoritaire dans une société est susceptible d'engendrer une opération de concentration. On lui applique alors le critère de l'influence déterminante de l'article L. 430-1 du Code de commerce.

Voir par exemple *Cons. conc.*, avis n° 97-A-14, *affaire Carrefour c/ Cora-GMB* : une participation de 42 % de Carrefour dans le capital de Cora ne permet pas l'exercice d'une influence déterminante, car elle est contrebalancée par un pacte d'actionnaires portant sur le reste du capital. On en déduit *a contrario* qu'en l'absence d'un tel pacte, il aurait pu y avoir concentration.

256 **Notion d'influence déterminante. –** La notion d'influence déterminante est appréciée selon la technique du faisceau d'indices. Les Lignes directrices (préc.) précisent que « le plus souvent, ce sont les droits conférés à l'actionnaire majoritaire, voire à un actionnaire minoritaire, qui déterminent l'exercice du contrôle sur une entreprise. D'autres éléments, tels des relations contractuelles ou des relations financières, ajoutés aux droits conférés à un actionnaire minoritaire, peuvent établir un contrôle de fait. Dans des circonstances très exceptionnelles, une entreprise peut même disposer d'une influence déterminante sans aucune participation au capital ».

Le Conseil d'État[79] s'aligne sur cette méthode pour identifier une influence dominante au sens de l'article L. 430-1 du Code de commerce : existence d'un droit de veto détenu par une société, composition du capital, nomination et révocation des membres de l'organe disposant des pouvoirs les plus étendus dans la société contrôlée, situation de prêteur d'un prêt dépassant largement le montant du capital social de la société contrôlée, droit d'opposition à toute augmentation de fonds propres.

Dans l'affaire de la fusion des Caisses d'Épargnes et de la Banque populaire, l'Autorité de la concurrence (n° 09-DCC-16 du 22 juin 2009) a écarté la présence d'une concentration, au motif que l'État n'exercerait pas d'influence déterminante sur le nouveau groupe. En particulier, s'agissant des éléments qui auraient pu conférer à l'État un contrôle de fait, l'apport en fonds propres de l'État, d'un montant de 5 Mds d'euros, était destiné à être remboursé rapidement et il suffisait que la moitié des actions de préférence soient remboursées, soit environ 1,5 Md d'euros, pour que l'État perde son droit d'être représenté par deux membres au conseil de surveillance. En tout état de cause, l'État avait le pouvoir de proposer deux membres indépendants mais non de les révoquer et il ne disposait donc pas du pouvoir de bloquer les décisions devant être prises à la majorité qualifiée.

79. CE 31 janv. 2007, *Sté France Antilles*, *RFDA* 2007, p. 328, concl. GLASER, *AJDA* 2007, p. 789, chron. LENICA et BOUCHER, *DA* avr. 2007, n° 55, note M. BAZEX et S. BLAZY, *RLC* 2007/11 n° 744, note S. MANNA, *JCP* E 2007, 1576, note G. MARSON.

B. LES SEUILS DE DÉCLENCHEMENT DES CONTRÔLES

257 **Double seuil.** – Seules les opérations de concentration les plus importantes (présumées comporter un risque d'atteinte à la concurrence) sont contrôlées, ce qui institue un seuil minimal. Les opérations de concentration de dimension communautaires relèvent quant à elles des autorités communautaires, ce qui révèle un seuil maximal. Les différents textes ont progressivement simplifié les critères pour ne retenir que celui du chiffre d'affaires des entreprises parties à l'opération.

258 **Seuils exprimés en chiffre d'affaires.** – En vertu de l'article L. 430-2 du Code de commerce, sont soumises à la procédure des articles L. 430-1 et suivants du même code les opérations réunissant les trois conditions suivantes : le chiffre d'affaires total mondial hors taxes de l'ensemble des entreprises ou groupes des personnes physiques ou morales parties à la concentration est supérieur à 150 millions d'euros ; le chiffre d'affaires total hors taxes réalisé en France par deux au moins des entreprises ou groupes des personnes physiques ou morales concernés est supérieur à 50 millions d'euros (ce « petit seuil » a été relevé par ordonnance n° 2004-274 du 25 mars 2004)[80] ; l'opération n'entre pas dans le champ d'application du règlement (CE) n° 139/2004 du Conseil du 20 janvier 2004 relatif au contrôle des concentrations entre entreprises[81]. Sont ainsi exclues les concentrations de dimension communautaire, c'est-à-dire lorsque le chiffre d'affaires total réalisé sur le plan mondial par l'ensemble des entreprises concernées représente un montant supérieur à 5 milliards d'euros ; le chiffre d'affaires total réalisé individuellement dans la Communauté par au moins deux des entreprises concernées représente un montant supérieur à 250 millions d'euros, à moins que chacune des entreprises concernées réalise plus des deux tiers de son chiffre d'affaires total dans la Communauté à l'intérieur d'un seul et même État membre.

Ces nouveaux seuils, issus de la loi NRE, ont pour effet de restreindre le nombre d'opérations qui feront l'objet d'un contrôle, pour les ramener à environ 300 par an[82]. Il existe une procédure de renvoi aux autorités nationale des concentrations de dimension communautaire (affaire *SEB c/ Moulinex, infra*, n° 285). L'article L. 430-2 soumet en effet à la procédure de contrôle par les autorités nationales les opérations ayant fait l'objet d'un renvoi total ou partiel de la part des autorités communautaires[83].

80. La loi n° 2008-776 du 4 août 2008 a prévu des seuils spéciaux pour les opérations de concentration de magasins de commerce de détail (« grand seuil » fixé à 75 millions d'euros, « petit seuil » fixé à 15 millions d'euros).

81. Précisé par la communication consolidée sur la compétence de la Commission du 21 févr. 2009.

82. E. BESSON, *Rapport* Doc AN n° 2327 du 12 avr. 2000, t. 1, p. 179.

83. Par ex. (indications figurant aux Lignes directrices), décisions de la Commission COMP/M.5557 *SNCF-P/CDPQ/Kéolis/Effia* – 29 oct. 2009 ; M.3373 *Accor/Colony/Barrière-Desseigne/JV* – 4 juin 2004 ; M.2978 – *Lagardère/Natexis/Vup* – 23 juill. 2003 (refus) ; M.2898 – *Leroy Merlin/Brico* – 13 déc. 2002 ; M.2621 – *Seb/Moulinex* – 8 janvier 2002 ; M.1684 – *Carrefour/Promodes* – 25 janv. 2000 ; M.1628 – *TotalFina/Elf Aquitaine* – 23 nov. 1999 (renvoi partiel des marchés visés par la demande) ; M.1522 – *Csme/Msca/Rock* – 11 juin 1999 ; M.1464 – *Total/PétroFina (II)* – 26 mars 1999 ; M.1030 – *Lafarge/Redland* – 16 déc. 1997 ; M.1021 – *Compagnie Nationale de Navigation/Sogelfa-Cim* – 1er déc. 1997 M.991 – *Promodes/Casino* – 30 oct. 1997 ; M.460 – *Holdercim/Cedest* – 6 juill. 1994.

C. LES SECTEURS SOUMIS À DES DISPOSITIONS SPÉCIALES

259 **Application de règles spéciales à certains secteurs. –** Certains secteurs, comme le secteur de l'audiovisuel (avant que la loi n° 2000-719 du 1er août 2000 ne réintroduise l'application des règles générales), de la presse ou le secteur bancaire étaient soumis à des règles spéciales. Cependant, pour le secteur bancaire, il a été admis que les deux législations s'appliquent cumulativement, car la législation spéciale visait un objectif prudentiel différent de l'objectif du maintien de la concurrence (loi n° 2003-706 du 1er août 2003). Concernant le secteur de la presse, c'est l'arrêt du Conseil d'État du 31 janvier 2007, *Société France Antilles*)[84], qui consacre l'application cumulative des deux législations, l'une visant à garantir le pluralisme des courants de pensée et d'opinion, qui est l'une des composantes de la liberté de la presse, et l'autre visant à protéger les intérêts économiques des consommateurs en prévenant les atteintes à la concurrence.

D. LE NON-CUMUL DU DROIT DES CONCENTRATIONS ET DES RÈGLES PROHIBANT LES PRATIQUES ANTI-CONCURRENTIELLES

260 **Distinction des deux catégories de règles. –** La distinction est fondée sur le fait que le droit des concentrations appréhende *a priori* les structures des entreprises et joue de ce fait un rôle préventif, alors que le droit des pratiques anticoncurrentielles se préoccupe des comportements des entreprises, a un rôle répressif et intervient *a posteriori* à propos de pratiques avérées. Mais en même temps, il s'avère que le contrôle des concentrations vise à prévenir les abus de position dominante ultérieurs.

261 **Principe du non-cumul. –** Le non-cumul du droit des concentrations et du droit des pratiques anticoncurrentielles est un principe posé par la Cour de cassation[85]. Mais dans sa décision n° 02-D-44 du 11 juillet 2002, le Conseil de la concurrence estime que l'application du droit des concentrations à la création ou à la survie d'une entreprise (ici création de filiales communes) ne fait pas obstacle à l'application du droit des pratiques anticoncurrentielles à des comportements qui sont détachables de cette création ou de cette survie (décision de ne pas concurrencer les filiales communes dans les procédures d'appel à la concurrence).

262 **Article L. 430-9 du Code de commerce. –** Il existe une procédure permettant de revenir sur une concentration autorisée si celle-ci se révèle porteuse de pratiques anticoncurrentielles. L'article L. 430-9 du Code de commerce prévoit que « l'Autorité de la concurrence peut, en cas d'exploitation abusive d'une position dominante ou d'un état de dépendance économique, enjoindre, par décision motivée, à l'entreprise ou au groupe d'entreprises en cause de modifier, de compléter ou de résilier,

84. CE Sect. 31 janv. 2007, *Sté France Antilles*, préc.
85. Cass. com. 26 nov. 1996, *Syndicat des distributeurs indépendants, Bull. civ.* IV, n° 291, à propos des ententes.

dans un délai déterminé, tous accords et tous actes par lesquels s'est réalisée la concentration de la puissance économique qui a permis les abus même si ces actes ont fait l'objet de la procédure prévue au présent titre ».

Le dispositif issu de la loi NRE, antérieur à 2008, prévoyait que le Conseil de la concurrence pouvait seulement demander au ministre chargé de l'Économie de prononcer les injonctions en cause. Dans l'affaire précitée n° 02-D-44 impliquant des distributeurs d'eau, le Conseil de la concurrence a fait une première application de l'article L. 430-9 du Code de commerce, s'agissant d'un abus de position dominante, et demande au ministre de l'économie d'enjoindre à la CGE et à la Lyonnaise des eaux de modifier, compléter ou résilier dans un délai déterminé tous accords ou actes qui les avaient conduites à associer leurs moyens dans le cadre de filiales communes[86].

§ 2. LA PROCÉDURE

263 **Deux examens.** – Avant 2008, la procédure de contrôle des concentrations en droit français se caractérisait par l'existence de deux hypothèses, une procédure courte ne faisant intervenir que le ministre de l'économie ou une procédure longue impliquant le Conseil de la concurrence. Depuis la réforme de 2008, seule l'Autorité de la concurrence est compétente, mais elle opte entre un examen simple (Phase I) et une procédure d'examen approfondi (Phase II). Ces procédures sont précédées d'une notification préalable et entourées d'une série de sanctions dissuadant les entreprises de tenter d'y échapper.

A. LA NOTIFICATION PRÉALABLE

264 **Système de notification préalable.** – Avant 2001, le contrôle des concentrations reposait sur un système de notification facultative et de contrôle *a posteriori*. L'article L. 430-3 du Code de commerce, issu de la loi NRE, institue un mécanisme très différent. La notification est obligatoire et préalable à la réalisation de l'opération[87]. Elle intervient lorsque les parties concernées sont en mesure de présenter un projet suffisamment abouti pour permettre l'instruction du dossier et notamment lorsqu'elles ont conclu un accord de principe, signé une lettre d'intention ou dès l'annonce d'une offre publique[88]. Il est cependant fréquent que des contacts informels aient eu lieu avant la notification. Depuis la réforme de 2008, la notification est adressée à l'Autorité de la concurrence.

Les Lignes directrices de l'Autorité définissent cette phase de contact informel : « La phase de pré-notification, qui est facultative, est déclenchée à l'initiative des entreprises parties à

86. Pour une demande d'annulation de cette décision, voir CE 7 nov. 2005, *Cie générale des eaux*, *RFDA* 2006, p. 726, concl. GLASER (après que le juge judiciaire s'est déclaré incompétent, Cass. com. 12 juill. 2004, *Bull. civ.* IV n° 152).

87. Réserve faite des opérations réalisées par achat ou échange de titres sur un marché réglementé, voir article R. 430-5 du Code de commerce, ou ayant fait l'objet d'une dérogation ministérielle (article L. 430-4 alinéa 2).

88. Selon les Lignes directrices, « De façon générale, il est possible d'admettre un projet si les parties notifiantes assurent l'Autorité de leur intention de conclure un engagement ferme et en apportent la preuve, indiquent l'objet et les modalités de la concentration envisagée, l'identité des parties à l'opération, le périmètre de la concentration et le calendrier prévisionnel ».

l'opération qui souhaiteraient consulter le service des concentrations de l'Autorité lorsque des incertitudes pèsent sur la contrôlabilité de l'opération, ou, pour des opérations complexes, lorsque les parties envisagent de joindre à leur dossier de notification des études économiques ad hoc ou lorsqu'elles souhaitent se faire une première idée sur l'acceptabilité de leur projet et ainsi anticiper les éventuels aménagements nécessaires ».

Dès réception du dossier, l'Autorité de la concurrence en adresse un exemplaire au ministre chargé de l'économie. En effet, étant donné qu'il conserve un important pouvoir d'évocation, il convient d'assurer son droit à l'information.

265 **Personnes soumises à l'obligation. –** La notification incombe aux personnes physiques ou morales qui acquièrent le contrôle de tout ou partie d'une entreprise ou, dans le cas d'une fusion ou de la création d'une entreprise commune, à toutes les parties concernées qui doivent alors notifier conjointement.

La société vendeuse d'une structure qui sera incluse dans l'opération de concentration n'est visiblement pas soumise à l'obligation de notification, mais est ensuite considérée comme une « partie » pour le déroulement de la procédure (et notamment application des dispositions sur l'information due par l'administration et le respect des droits de la défense ; voir sous l'empire de la réglementation antérieure à la loi NRE, CE Sect. 31 mai 2000, *Sté Koramic-Building-Products SA*[89]).

266 **Contenu du dossier. –** Il est aujourd'hui fixé par l'article R. 430-2 du Code de commerce, qui dresse la liste conséquente des documents à fournir, par renvoi à deux annexes. L'administration peut demander de compléter la notification[90] ou d'actualiser les informations[91].

267 **Transparence. –** L'article L. 430-3 du Code de commerce prévoit la publication d'un communiqué dès réception de la notification d'une opération, communiqué qui indique notamment (article R. 430-5 du même code) le délai dans lequel les tiers intéressés sont invités à faire connaître leurs observations[92], ainsi que le résumé non confidentiel de l'opération.

B. L'EXAMEN SIMPLE

268 **Décision de l'Autorité de la concurrence. –** La procédure courte d'examen simple (Phase I) se caractérise par le fait qu'elle ne fait intervenir qu'une décision de l'Autorité de la concurrence[93] dans un délai assez bref de 25 jours ouvrés à compter de la date de réception de la notification complète (article L. 430-5 du Code de commerce). Ce délai est éventuellement prolongé de 15 jours ouvrés si les parties proposent des engagements visant à remédier aux

89. *RFDA* 2000, p. 893.

90. CE Sect. 9 avr. 1999, *Sté Coca-Cola*, *RFDA* 1999, p. 777, concl. STAHL, *AJDA* 1999, p. 611, note M. BAZEX et B. THIRY, *D.* 2000, p. 157, note A. TROIANIELLO, CE Sect. 6 oct. 2000, *Sté Pernod-Ricard*, *RFDA* 2001, p. 417.

91. CE Sect. 6 oct. 2000, *Sté Pernod-Ricard*, *RFDA* 2001, p. 409, concl. TOUVET.

92. Pour une application anticipée, voir CE 27 juin 2007, *Société Métropole Télévision* (M6), nº 278652.

93. En réalité, c'est le président de l'Autorité qui est compétent pour prendre la décision. Il peut déléguer à un vice-président l'examen de certains dossiers.

effets anticoncurrentiels de l'opération[94]. L'Autorité de la concurrence peut opter entre trois types de décision.

Avant la réforme de 2008, il revenait au ministre de l'Économie de se prononcer sur l'opération de concentration dans un délai de cinq semaines, éventuellement prolongé si les engagements des parties lui parvenaient plus tardivement.

269 **Autorisation de la concentration. –** L'Autorité de la concurrence peut, en premier lieu, constater par décision motivée que l'opération n'entre pas dans le champ d'application du contrôle des opérations de concentrations. Dans ce cas, le principe général des droits de la défense doit être respecté, mais il est considéré comme respecté si les parties ont pu être reçues à deux reprises par les services de la DGCCRF et ont pu échanger par courrier[95]. En deuxième lieu, la concentration peut être autorisée, en la subordonnant éventuellement à la réalisation effective des engagements des parties (*infra*, n° 277 et s.). Dans ce cas, l'opération devient inattaquable, sauf si elle comporte une pratique anticoncurrentielle détachable de l'opération ou en cas de mise en œuvre de l'article L. 430-9 du Code de commerce (*supra,* n° 262).

270 **Déclenchement d'un examen approfondi. –** En troisième lieu, l'Autorité de la concurrence peut « si elle estime qu'il subsiste un doute sérieux d'atteinte à la concurrence, engager un examen approfondi » (article L. 430-5), c'est-à-dire enclencher une Phase II. Les parties doivent en être informées (article L. 430-7). La réforme de 2008 fait peser sur l'Autorité de la concurrence le choix entre le simple examen de l'opération et le déclenchement d'un examen approfondi. Dans les deux cas c'est désormais elle qui prend la décision finale. Dans l'état du droit antérieur, il revenait au ministre de saisir pour avis le Conseil de la concurrence, autorité non politique, s'il estimait que l'opération était de nature à porter atteinte à la concurrence et que les engagements pris ne suffisaient pas à y remédier. La jurisprudence du Conseil d'État (*infra*, n° 292) tendait à encadrer le choix du ministre, en instituant une véritable obligation de saisir le Conseil de la concurrence en cas d'atteinte à la concurrence.

On peut aujourd'hui se demander si le choix de l'Autorité de la concurrence sera contrôlé de la même manière. Certains termes de la loi (« si elle estime ») semblent lui octroyer un pouvoir discrétionnaire, sur lequel le contrôle devrait être très restreint. Mais on peut aussi s'attacher aux termes suivants de la loi, prescrivant un déclenchement d'une phase II s'il « subsiste un doute sérieux d'atteinte à la concurrence », en concluant que la phase II doit obligatoirement être déclenchée dès lors qu'il subsiste un doute. La référence au simple doute pourrait avoir le même effet qu'en matière de référé-suspension, en ce qu'un doute doit être de nature à conduire l'autorité compétente à faire plus souvent usage de ses prérogatives, c'est-à-dire en l'espèce déclencher un examen approfondi. Il ne faut pas non plus sous-estimer la pression contentieuse que pourraient exercer les opérateurs économiques concurrents des parties à la concentration, ayant probablement intérêt à ce

94. Les parties peuvent demander à l'Autorité de la concurrence de suspendre les délais d'examen en cas de nécessité particulière, notamment pour finaliser leurs engagements. Cette possibilité est issue de la réforme de 2008 et devrait permettre aux parties d'éviter un examen approfondi.

95. CE Sect. 31 mai 2000, *Sté Cora*, *Rec.* p. 194, *CJEG* 2000, p. 492, concl. LAMY.

qu'un examen approfondi soit diligenté et, par conséquent, ayant intérêt à ce que le choix de l'Autorité soit contrôlé.

Les Lignes directrices déterminent les éléments d'appréciation du « doute sérieux ». Celui-ci peut subsister lorsque « la pratique décisionnelle n'est pas suffisamment établie sur les marchés concernés et l'analyse concurrentielle nécessite d'être approfondie, par exemple en ce qui concerne la définition des marchés pertinents, l'importance des barrières à l'entrée, l'existence d'une atteinte à la concurrence ou de gains d'efficacité ; des évolutions importantes et récentes sur les marchés concernés sont susceptibles de justifier une modification significative de la pratique décisionnelle ; malgré les atteintes à la concurrence identifiées en phase 1, les parties n'ont pas proposé d'engagements, ou proposé des engagements insuffisants ou dont la mise en œuvre opérationnelle est incertaine ».

Le ministre chargé de l'économie obtient une prérogative importante (article L. 430-7-1 du Code de commerce, issu de la loi n° 2008-776 du 4 août 2008), puisqu'il peut aussi demander à l'Autorité de la concurrence un examen approfondi de l'opération[96]. Aucune condition de fond n'accompagne cette prérogative, ce qui risque de rendre le contrôle du juge administratif inexistant sur ce point. On note toutefois que sous l'empire de la législation antérieure à 2001, alors que les textes n'imposaient strictement aucune condition à la saisine du Conseil de la concurrence par le ministre, le Conseil d'État avait tout de même introduit un contrôle de l'erreur manifeste (CE Sect. 15 octobre 1982, *Le Bihan*[97] ; CE 5 novembre 2003, *Sté Interbrew*[98]).

La marge de manœuvre de l'Autorité face à une demande du ministre doit aussi faire l'objet d'une attention particulière. Les Lignes directrices indiquent que « l'Autorité, qui a le statut d'une autorité administrative indépendante, examinera le bien-fondé d'une telle demande mais n'est pas tenue d'y déférer ». B. Lasserre, Président de l'Autorité de la concurrence, milite en faveur d'une absence totale d'obligation de la part de celle-ci : « la loi n'impose pas à l'autorité de réserver une suite favorable à cette demande, dans la mesure où une telle exigence aurait été manifestement incompatible avec l'indépendance garantie par le Code de commerce »[99]. Mais on pourrait aussi avancer que l'indépendance de l'Autorité ne serait pas réellement menacée si elle était tenue de déclencher un examen approfondi, sachant qu'elle demeure libre quant au choix de la décision.

271 **Silence de l'Autorité. –** Si l'Autorité de la concurrence ne prend aucune des trois décisions susvisées, elle doit en informer le ministre de l'Économie. L'opération est alors réputée avoir fait l'objet d'une décision d'autorisation à l'issue du délai imparti au ministre pour demander un examen approfondi (article L. 430-5 du Code de commerce).

96. Dans un délai de 5 jours ouvrés à compter de la date à laquelle il a reçu la décision de l'Autorité de la concurrence ou en a été informé.

97. *Rec.* p. 349, *AJDA* 1983, p. 254, concl. PAUTI et note M. BAZEX.

98. *DA* 2004, n° 4, note M. BAZEX et S. BLAZY.

99. « La transformation du Conseil de la concurrence en Autorité de la concurrence, clé de voûte d'une régulation de la concurrence moderne, juste et efficace », site de l'Autorité de la concurrence, www.autoritedelaconcurrence.fr.

C. L'EXAMEN APPROFONDI

272 **Compétence de l'Autorité de la concurrence. –** C'est encore l'Autorité de la concurrence qui procède à l'examen approfondi (Phase II). Il est déclenché par la condition d'un doute sérieux d'atteinte à la concurrence par l'opération projetée. L'Autorité de la concurrence examine si l'opération est de nature à porter atteinte à la concurrence, notamment par création ou renforcement d'une position dominante ou par création ou renforcement d'une puissance d'achat qui place les fournisseurs en situation de dépendance économique (article L. 430-6 du Code de commerce). C'est donc d'un bilan concurrentiel qu'il s'agit (*infra*, n° 283).

Antérieurement à la réforme de 2008, la procédure dite longue se caractérisait par l'intervention du Conseil de la concurrence. Il était saisi par le ministre[100], mais le dossier était transmis dès la notification. Il n'existait pas d'autosaisine ou de saisine d'office (un amendement en ce sens pendant la discussion du projet de loi NRE a finalement été repoussé), ce que la réforme de 2008 remet en cause.

273 **Procédure. –** La procédure suivie devant l'Autorité de la concurrence est définie à l'article L. 430-6 du Code de commerce par renvoi aux articles définissant la procédure générale devant cette institution. Plus précisément, l'article L. 463-2 alinéa 2 dispose que le rapport du rapporteur est notifié aux parties, au commissaire du gouvernement (qui est ici le représentant du gouvernement en la personne du directeur de la DGCCRF) et aux ministres intéressés. Il est accompagné des documents sur lesquels se fonde le rapport et des observations faites par les intéressés. Il contient la présentation « des parties, de l'opération, des marchés pertinents, l'analyse concurrentielle de l'opération et, le cas échéant, ses gains d'efficacité économique et une analyse des engagements proposés par les parties et des mesures correctives envisagées par l'Autorité » (Lignes directrices). Le Conseil d'État a considéré que les ministres pouvaient communiquer au Conseil leurs observations par l'intermédiaire du commissaire du gouvernement (CE Sect. 9 avril 1999, *Sté Coca-cola*)[101] et que cela ne méconnaissait pas le principe du contradictoire envers la société partie à la concentration, dans la mesure où elle pouvait y répondre. La référence à l'article L. 463-4 rappelle la préservation du secret des affaires. L'article L. 463-6 sanctionne la divulgation d'informations par une partie concernant l'autre partie. Enfin, l'article L. 463-7 précise que les séances ne sont pas publiques. Les parties peuvent être entendues. L'Autorité de la concurrence peut auditionner toute personne dont elle estime qu'elle peut contribuer à son information[102]. On pourrait à ce sujet se demander, en cas de concentration impliquant un délégataire de service public, si l'audition de la collectivité publique délégante ne serait pas utile.

274 **Décision de l'Autorité de la concurrence. –** Depuis la réforme de 2008, la décision finale appartient à l'Autorité de la concurrence. Elle dispose d'un délai

100. Sur contentieux des décisions du ministre, *infra*, n° 292 et s.

101. *RFDA* 1999, p. 777, concl. STAHL, *AJDA* 1999, p. 611, note M. BAZEX et B. THIRY, *D.* 2000, p. 157, note A. TROIANIELLO.

102. Par ex. dans l'affaire *Bœing c/Jeppesen*, il a été procédé à l'audition des représentants du concurrent et d'un client de l'entreprise acquéreur et un représentant de la Dir. générale de l'aviation civile (avis 12 juin 2001).

de 65 jours ouvrés à compter de l'ouverture de l'examen approfondi (article L. 430-7 du Code de commerce). Après avoir pris connaissance de l'ouverture d'un examen approfondi, les parties peuvent proposer des engagements de nature à remédier aux effets anticoncurrentiels de l'opération (*infra*, n° 277). La réception de tels engagements peut soit prolonger le délai susvisé, soit le suspendre (article L. 430-7-II). Le projet de décision est transmis aux parties, auxquelles un délai « raisonnable » (précision apportée par la réforme de 2008) est imparti pour présenter leurs observations.

275 **Régimes antérieurs. Compétence du ministre chargé de l'Économie. –** L'autorité compétente pour statuer sur la concentration était le ministre chargé de l'Économie, après avis du Conseil de la concurrence. Ce dernier rendait uniquement un avis et ne disposait pas d'un pouvoir de décision. Le ministre transmettait sans délai cet avis aux parties. Si les parties répondaient, il n'existait pas de mécanisme de double saisine du Conseil de la concurrence, ainsi que l'a jugé le Conseil d'État[103]. Les parties pouvaient proposer des engagements pendant ce délai au regard de l'avis du Conseil de la concurrence (*infra*, n° 277). Le projet de décision était ensuite envoyé aux parties qui disposaient d'un délai pour présenter leurs observations.

CE Sect. 31 mai 2000, *Sté Koramic-Building-Products SA*[104] : sanction d'une décision n'ayant pas respecté l'obligation d'information envers la société cédante, mais sous l'empire de la réglementation antérieure (saisine de l'administration après l'opération de concentration). Cette jurisprudence présente encore un intérêt aujourd'hui, car l'obligation de notification n'incombe dans le cas des cessions de sociétés qu'à l'acheteur.

CE Sect. 9 avril 1999, *The Coca-Cola Compagnie*[105] : arrêt rendu sous l'empire de la réglementation antérieure, par lequel le Conseil juge que même si aucun délai n'est prévu, « les parties doivent être mises en mesure de présenter utilement leurs observations ». En l'espèce un délai de 4 jours seulement suffit, sachant que les parties avaient eu antérieurement connaissance du sens de l'avis du Conseil de la concurrence et que de nombreuses séances de travail avaient été organisées avec l'administration, ayant permis aux parties de connaître la position qu'envisageait de prendre l'administration.

276 **Quatre types de décisions. –** En vertu de l'article L. 430-7-III du Code de commerce, l'Autorité de la concurrence peut, par décision motivée, prendre l'une des quatre décisions suivantes[106]. En premier lieu, il peut s'agir d'une décision d'interdiction de l'opération, éventuellement accompagnée d'une injonction de rétablir une concurrence suffisante. En deuxième lieu peut intervenir une décision d'autorisation en enjoignant aux parties de prendre toute mesure propre à assurer une concurrence suffisante ou en les obligeant à observer des prescriptions de nature à apporter au progrès économique[107] une contribution suffisante pour compenser les atteintes à la concurrence. Les injonctions et prescriptions mentionnées s'imposent quelles que soient les clauses contractuelles éventuellement conclues par les parties.

103. CE Sect. 6 oct. 2000, *Sté Pernod-Ricard*, préc.

104. *RFDA* 2000, p. 893.

105. Préc.

106. Sur la motivation, voir les termes explicites de l'article L. 430-7 du Code de commerce et CE Sect. 6 oct. 2000, *Sté Pernod-Ricard*, préc.

107. Dans le régime antérieur, la décision du ministre pouvait être accompagnée de prescriptions de nature à apporter au progrès économique « et social » une contribution suffisante. La référence au progrès social a été supprimée par la réforme de 2008. Cela s'explique par le fait que le ministre a conservé d'importantes prérogatives concernant justement l'aspect social de l'opération.

À propos des prescriptions, voir CE Sect. 9 avril 1999, *Sté Interbrew*[108] : il s'agissait d'une prise de contrôle sur un brasseur, acceptée à condition que le groupe acheteur se défasse de certains actifs et vende un nombre significatif d'entrepôts. Mais le problème dans cette affaire résultait de ce que la cession des entrepôts était expressément interdite aux trois principaux brasseurs (Heineken, Danone, Interbrew). La prescription concernait donc une entreprise tierce à la concentration. Cela avait été expressément admis dans les conclusions Stahl, suivi par le Conseil d'État, mais sur le fondement de la rédaction de l'article 42 de l'ordonnance du 1er décembre 1986, qui isolait la possibilité offerte aux ministres de « subordonner la réalisation de l'opération à l'observation de prescriptions de nature à (...) compenser les atteintes à la concurrence ». Or la rédaction actuelle est beaucoup plus précise en ce que les prescriptions ou injonctions sont adressées « aux parties » exclusivement. Cette jurisprudence sera-t-elle maintenue ? On peut supposer qu'elle le sera, car il s'agit d'une mesure de police économique qui peut ne pas s'appuyer sur un texte et concerner des tiers. Cependant, en application du principe général des droits de la défense, qui commande que l'entreprise tierce ait été à même de présenter ses observations, la décision ministérielle est annulée.

L'Autorité peut choisir, en troisième lieu, d'autoriser l'opération, qui peut être subordonnée à la réalisation des engagements pris par les parties. En quatrième lieu, une autorisation tacite naît en cas de silence à l'expiration du délai.

D. LES ENGAGEMENTS DES PARTIES

277 **Nature des engagements des parties. –** Les parties à une opération de concentration peuvent prendre des engagements de nature à remédier aux effets anticoncurrentiels de l'opération. Il peut s'agir d'engagements structurels[109], c'est-à-dire la cession d'actifs, la création de « murailles de Chine » (étanchéité imposée entre plusieurs entreprises ou une maison mère et ses filiales, ou entre le groupe acquéreur et le groupe vendeur), etc. Les engagements sont aussi susceptibles d'être comportementaux, comme par exemple la renonciation à la commercialisation d'une marque, la limitation du budget publicitaire, l'interdiction d'octroyer des remises, un engagement de sous-traitance, ou encore des obligations relatives à l'approvisionnement, etc.

Par exemple, dans l'affaire *Coca-Cola*, à propos du rachat d'Orangina par Coca-Cola, l'engagement d'octroi à un tiers indépendant d'une licence exclusive de vente et de distribution d'Orangina sur une partie du marché « hors foyer » a été jugé insuffisant (CE Sect. 9 avril 1999, *The Coca-Cola Compagnie*)[110].

On remarque particulièrement la décision de l'Autorité de la concurrence du 30 décembre 2010 (n° 10-DCC-198 relative à la création d'une entreprise commune par Véolia Environnement et la CDC), dans laquelle l'Autorité prend acte de l'engagement des parties de créer un fonds d'animation de la concurrence (avec deux composantes : remboursement des dépenses exposées pour la constitution d'offres et financement de l'assistance à maîtrise d'ouvrage) afin de remédier au phénomène induit par la concentration de diminution des candidatures et donc une baisse d'effectivité de la mise en concurrence recherchée par les autorités organisatrices des transports.

108. *RFDA* 1999, p. 769, concl. STAHL.
109. *Bolze et Arhel*, préc. n° 170 et s.
110. Préc.

278 **Délai. –** Les engagements peuvent être proposés à différents stades de la procédure. Ils sont admis au moment de la notification, puis à tout moment pendant le délai initial du simple examen et, enfin, au cours de l'examen approfondi.

E. LES SANCTIONS

279 **Réalisation conditionnée de l'opération. –** Conformément à l'article L. 430-4 du Code de commerce, la réalisation effective de l'opération ne peut intervenir qu'après l'accord de l'Autorité de la concurrence (ou du ministre chargé de l'Économie s'il évoque[111] l'affaire). Il existe des dérogations « en cas de nécessité particulière dûment motivée » (en matière d'OPA, par exemple), mais comportant un risque juridique si l'entreprise se voit finalement refuser l'opération et doit se soumettre à un désinvestissement.

280 **Série de sanction. –** Une série de sanctions, prévues à l'article L. 430-8 du Code de commerce, est applicable aux entreprises qui ne respecteraient pas les étapes de la procédure[112]. Il existe des sanctions pécuniaires, en cas d'absence de notification, de réalisation d'une opération notifiée avant la décision ministérielle, d'omission ou déclaration inexacte ou en cas d'inexécution des injonctions, prescriptions ou engagements. L'absence de notification peut générer une injonction sous astreinte de la part de l'Autorité de la concurrence de notifier, à moins de revenir à l'état antérieur, et ouvre la procédure de contrôle. L'omission ou l'inexactitude d'une déclaration entraîne le retrait de la décision d'autorisation. Enfin, l'irrespect d'une injonction, d'une prescription ou d'un engagement est constaté par l'Autorité de la concurrence, à la suite de quoi l'Autorité peut retirer l'autorisation de concentration, ou prononcer une injonction sous astreinte d'exécution.

§ 3. L'APPRÉCIATION DE L'OPÉRATION DE CONCENTRATION

281 **Atteinte à la concurrence. –** Le contrôle des concentrations est un moyen de préserver par anticipation le respect d'une libre, saine et loyale concurrence. Aussi, l'appréciation de l'opération par les différentes entités saisies s'effectue au regard de ce standard. La contribution au progrès économique de l'opération est susceptible de la rattraper si elle se révèle anticoncurrentielle.

282 **Réforme introduite par la loi du 4 août 2008. –** La loi de modernisation de l'économie n° 2008-776 du 4 août 2008 a procédé à une clarification des différentes appréciations portées sur l'opération, en les confiant à des autorités distinctes[113]. Le bilan concurrentiel et économique incombe à l'Autorité de la concurrence. Le

111. *Infra*, n° 285 et s.

112. Ces sanctions étaient infligées antérieurement par le ministre chargé de l'Économie et, depuis la réforme de 2008, par l'Autorité de la concurrence.

113. Auparavant, le Conseil de la concurrence devait tenir compte de la compétitivité des entreprises en cause au regard de la concurrence internationale et de la création ou du maintien de l'emploi.

ministre chargé de l'Économie dispose d'un nouveau pouvoir d'évocation d'une opération pour des motifs d'intérêt général incluant notamment l'impact social de l'opération.

A. LE RÔLE DE L'AUTORITÉ DE LA CONCURRENCE : LE BILAN CONCURRENTIEL ET ÉCONOMIQUE

283 **Technique du bilan.** – En vertu de l'article L. 430-6 du Code de commerce, lorsqu'une opération fait l'objet d'un examen approfondi, l'Autorité de la concurrence examine si elle « est de nature à porter atteinte à la concurrence, notamment par création ou renforcement d'une position dominante ou par création ou renforcement d'une puissance d'achat qui place les fournisseurs en situation de dépendance économique. Elle apprécie si l'opération apporte au progrès économique une contribution suffisante pour compenser les atteintes à la concurrence »[114]. On se réfère donc à une technique du bilan, mais il s'agit d'un bilan prospectif (contrairement à l'analyse des pratiques anticoncurrentielles).

CE 31 juillet 2009, *Sté Fiducial audit et Fiducial expertise*[115] : à propos du contrôle d'une décision ministérielle (mais le principe posé demeure identique après la réforme de 2008), le Conseil d'État vérifie que l'autorité de contrôle des concentrations a correctement évalué « le risque de création d'une position dominante collective » et que la décision comporte « des éléments d'analyse prospective ». Au passage, on note la réception par le Conseil d'État de la notion de position dominante collective, qui décrit un phénomène dans lequel apparaît un oligopole collusif entre les opérateurs les plus importants sur le marché, produisant des effets coordonnés sans toutefois qu'il y ait entente volontaire. Le droit communautaire (TPICE 6 juin 2002, *Air Tours*, T-342/59) a fixé des conditions pour l'appréciation de cette situation, que reprend le Conseil d'État : « Considérant que les comportements d'opérateurs en situation oligopolistique sur un marché peuvent, en l'absence même de toute entente formelle, être implicitement coordonnés, de sorte que le pouvoir de ces opérateurs sur le marché s'en trouve accru, au détriment, notamment, des consommateurs ; que l'identification d'une telle position dominante collective suppose que, compte tenu des différents indices et éléments de preuve qui peuvent être relevés, il apparaisse que chacun des membres de l'oligopole est en mesure de connaître de manière suffisamment précise et immédiate l'évolution du comportement des autres, qu'il existe des menaces de représailles crédibles en cas de déviation de la ligne d'action implicitement approuvée par tous et que les réactions prévisibles des consommateurs et des concurrents actuels ou potentiels de l'oligopole ne peuvent suffire à remettre en cause les résultats attendus de la collusion tacite ».

284 **Bilan concurrentiel et économique.** – L'appréciation s'effectue en deux temps. L'Autorité dresse d'abord le bilan concurrentiel. Si les atteintes à la concurrence sont avérées, l'Autorité apprécie si elles peuvent être compensées par une contribution au progrès économique. Le contrôle des atteintes à la concurrence est opéré en général, le terme « notamment » implique que la création ou le renforcement d'une position dominante ou le renforcement d'une puissance d'achat ne sont que des illustrations des atteintes à la concurrence pouvant être relevées.

114. Avant 2005, le Conseil de la concurrence était chargé uniquement du bilan concurrentiel, mais depuis la loi n° 2005-882 du 2 août 2005 ayant ajouté la référence à l'emploi, la mission du Conseil s'était enrichie d'un aspect social. La réforme de 2008 supprime à nouveau cet aspect social.

115. *DA* janv. 2010, comm. 1, note M. BAZEX.

Les Lignes directrices publiées par l'Autorité de la concurrence indiquent la trame générale de l'opération d'appréciation, avant d'en détailler chaque étape. On se contentera ici de reproduire les étapes de ce bilan : « Pour mener son examen sur le fond, l'Autorité suit une démarche systématique qui commence par la délimitation des marchés pertinents. Elle apprécie ensuite la probabilité que l'opération porte atteinte à la concurrence compte tenu du degré de concentration sur les marchés pertinents. Puis elle approfondit son analyse en caractérisant ses effets non coordonnés, qu'ils soient horizontaux, verticaux et conglomeraux. Dans les cas qui le justifient, l'Autorité analyse les risques de disparition d'un concurrent potentiel ou les risques de création ou renforcement d'une puissance d'achat plaçant les fournisseurs dans une situation de dépendance économique. L'Autorité analyse aussi les effets coordonnés de l'opération. Dans le cas spécifique de la création d'une entreprise commune, elle analyse le risque de coordination entre les sociétés-mères. Elle peut être amenée à se prononcer sur les restrictions accessoires à une opération. Elle tient compte des gains d'efficacité économique prouvés qu'apporte l'opération aux consommateurs et, le cas échéant, de l'argument de l'entreprise défaillante lorsqu'il est applicable. Si, au terme de cette analyse, le bilan concurrentiel reste négatif, l'Autorité examine les mesures correctives proposées par les parties ».

La notion de « pouvoir de marché » ne figure pas à l'article L. 430-6 du Code de commerce, qui utilise alternativement les notions de position dominante ou de puissance d'achat. Pourtant, elle est utilisée pour l'appréciation des effets d'une concentration. Les Lignes directrices établies par la Commission européenne (n° 2004/ C31/03 du 5 février 2005) explicitent ce qu'il faut entendre par puissance de marché. « Par "augmentation du pouvoir de marché", il faut entendre la capacité d'une ou plusieurs entreprises de, profitablement, augmenter les prix, réduire la production, le choix ou la qualité des biens et des services, diminuer l'innovation ou exercer d'une autre manière, une influence sur les facteurs de la concurrence ».

Le Conseil d'État a confirmé que le renforcement du pouvoir de marché résultant d'une concentration peut conduire à l'interdiction de celle-ci ou à son autorisation sous conditions, alors même que cette concentration n'aboutit pas à la création d'une position dominante (CE 23 décembre 2010, *Sté Monsieur Bricolage et Société Bric'Oléron*[116]).

Exemple de position dominante dans l'affaire *Carrefour/Promodès*, arr. min. 5 juillet 2000, *BOCCRF* 18 octobre 2000 : « lorsque l'opération a pour conséquence de ne laisser subsister dans une zone de chalandise que deux enseignes nationales de même format, offrant pour l'essentiel des produits identiques ou largement substituables, les risques de création d'une position dominante collective ayant pour effet de restreindre la concurrence sont en principe élevés ».

Exemple de création ou de renforcement d'une puissance d'achat qui place les fournisseurs en situation de dépendance économique dans l'appréciation de l'affaire *Carrefour/Promodès* par la Commission européenne, constatant que la perte d'un client représentant environ 20 % du chiffre d'affaires risque de mettre un fournisseur en péril. Elle n'a autorisé l'opération qu'à la condition que Carrefour s'engage à ne pas déréférencer les PME qui réalisent au moins 25 % de leur chiffre d'affaires avec les enseignes Carrefour/Promodès (Comm. CE 25 janvier 2000, aff. IV/M. 1684).

116. *DA* juill. 2011, n° 65, note M. BAZEX.

Le rapport d'activité du Conseil de la concurrence pour 1988 illustre les termes du **bilan économique**, qui doit prendre en considération « l'amélioration de la productivité des entreprises en cause grâce aux économies de coûts qu'elles pourront réaliser par le biais de l'opération, et qu'elles ne pourraient obtenir sans se regrouper, le développement de leur capacité d'innovation grâce à la mise en commun de leurs moyens de recherche et de développement, lorsque les moyens qu'elles détiennent sont complémentaires ou lorsque l'innovation dans le secteur suppose que soit atteinte une masse critique de recherches qu'aucune des parties à l'opération ne peut espérer atteindre seule ». Les Lignes directrices publiées par l'Autorité de la concurrence avancent trois critères : le caractère vérifiable et quantifiable des gains d'efficacité économique ; leur caractère spécifique à la concentration appréciée et le transfert d'une part de ces gains aux consommateurs. Le bilan économique dépasse les simples considérations concurrentielles et même le seul intérêt des parties à l'opération, puisque peut être pris en compte l'intérêt d'un secteur tout entier.

Cons. conc. avis du 17 mai 1994, *affaire Metaleurop/Heubach* : le développement du progrès économique peut s'entendre d'une contribution à la lutte contre la pollution de l'environnement.

Cons. conc. avis du 29 juillet 1998, *affaire Coca-Cola* : si la vente d'Orangina au groupe Coca-cola est manifestement de nature à permettre à Pernod-Ricard d'obtenir un meilleur prix que celui qui aurait pu résulter de formules alternatives de désengagement du secteur des BGSA, cet avantage pour Pernod-Ricard ne saurait être considéré comme un progrès économique pour la collectivité, dès lors que cette dernière supporterait en contrepartie le coût induit d'un affaiblissement de la concurrence sur le marché.

Pour des exemples, voir Décision du ministre C2005-18 du 28 octobre 2005, avis du Conseil de la concurrence n° 05-A-18 du 11 octobre 2005 dans l'opération Ouest-France/Socpresse ; Décision du ministre C2002-21 du 20 janvier 2003 dans l'affaire Alliance Santé Distribution/Ouest Répartition Pharmaceutique ; Décision du ministre C2006-02 du 30 août 2006 et avis du Conseil de la concurrence n° 06-A-13 du 13 juillet 2006 dans l'affaire Canal Plus/TPS ; Avis du Conseil de la concurrence n° 05-A-01 du 7 janvier 2005 relatif à l'acquisition de la société Laboratoires Dolisos par la société Boiron.

B. LE RÔLE DU MINISTRE CHARGÉ DE L'ÉCONOMIE : UN POUVOIR D'ÉVOCATION POUR DES MOTIFS D'INTÉRÊT GÉNÉRAL

285 **Nouveau pouvoir d'évocation.** – La loi n° 2008-776 du 4 août 2008 de modernisation de l'économie a placé aux mains du ministre chargé de l'Économie une nouvelle et intéressante prérogative (nouvel article L. 430-7-1-II du Code de commerce). Il s'agit d'un pouvoir d'évocation d'une affaire de concentration pour des motifs d'intérêt général. Désormais la répartition des rôles est claire : à l'Autorité de la concurrence l'aspect concurrentiel et économique, au ministre chargé de l'Économie les considérations de compétitivité des entreprises et les aspects sociaux de l'opération. Dans un délai de 25 jours ouvrés à compter de la réception de la décision de l'Autorité de la concurrence, le ministre chargé de l'économie peut évoquer l'affaire et statuer sur l'opération en cause pour des motifs d'intérêt général autres que le maintien de la concurrence et, le cas échéant compensant l'atteinte portée à cette dernière par l'opération. Le droit français admet donc

clairement qu'une atteinte à la concurrence puisse être légitimement régularisée par un motif d'intérêt général.

L'article L. 430-7-1-II alinéa 2 explicite le contenu des motifs d'intérêt général, qui peuvent être notamment (la liste n'est donc pas exhaustive) le développement industriel, la compétitivité internationale des entreprises ou la création ou le maintien d'emploi. On note que le texte se contente d'invoquer des motifs « d'intérêt général » et non des motifs impérieux ou caractérisés d'intérêt général.

Ce nouveau pouvoir d'évocation suscite un certain nombre de questions. On peut supposer que le ministre évoquera l'affaire principalement dans deux cas. Il s'agit des décisions d'interdiction pure et simple d'opérations et des décisions d'autorisation avec injonctions ou prescriptions. Le ministre peut en effet soit renverser une interdiction au nom de l'intérêt général, soit souhaiter assouplir les injonctions ou prescriptions fixées. Il n'est pas impossible non plus que le ministre intervienne dans un troisième cas, pour confirmer une décision d'autorisation prise par l'Autorité de la concurrence, afin d'en renforcer le fondement et l'appuyer sur des motifs d'intérêt général. L'Autorité indique elle-même[117] que cette prérogative ne sera utilisée qu'« à titre exceptionnel ». Lors de la discussion du projet de loi de modernisation de l'économie à l'origine de la réforme, les parlementaires ont souligné le caractère d'exception de cette procédure, réservée aux concentrations stratégiques[118].

Lors de sa consultation sur le projet de réforme[119], le Conseil de la concurrence avait déterminé une quatrième hypothèse d'intervention du nouveau pouvoir d'évocation du ministre, pour interdire dans l'intérêt général une concentration autorisée parce que non attentatoire à la concurrence, mais contrevenant à des impératifs liés à la défense et à la sécurité publique. Étaient mis en avant les risques que peuvent comporter certains investissements étrangers introduits en France par le biais d'une concentration d'entreprises. Le Conseil de la concurrence était d'avis d'exclure cette hypothèse, au motif que les instruments prévus par le Code monétaire et financier se seraient révélés beaucoup plus efficaces, rapides et respectueux des libertés économiques du TFUE. En effet, il n'est pas impossible qu'une décision ministérielle d'interdiction d'une concentration pour motif d'intérêt général soit considérée comme contrevenant à la liberté d'établissement ou à la libre circulation des capitaux, qui sont des libertés protégées par le traité. Finalement, la réforme ne limite pas la faculté d'intervention du ministre, qui pourrait donc théoriquement revenir sur une concentration autorisée, mais uniquement en invoquant un motif euro-compatible.

On peut se demander s'il incombe au ministre de revenir sur l'analyse concurrentielle effectuée par l'Autorité de la concurrence, en s'y éloignant, ou si l'analyse concurrentielle effectuée précédemment est le point de départ obligé de sa propre appréciation. L'enjeu est de taille car le texte permet au ministre d'évoquer l'affaire et de « statuer sur l'opération en cause pour des motifs d'intérêt général autres que le maintien de la concurrence et, le cas échéant, compensant l'atteinte portée à cette

117. www.autoritedelaconcurrence.fr
118. Rapport Sénat, préc.
119. Avis n° 08-A-05.

dernière par l'opération ». Tout réside dans ce qu'il faut entendre par « le cas échéant ». Soit les motifs d'intérêt général doivent impérativement compenser les atteintes à la concurrence dès lors qu'elles sont mises en évidence par l'analyse de l'Autorité de la concurrence. Le « cas échéant » renvoie alors à l'hypothèse d'atteintes à la concurrence. Dans ce cas, le ministre a intérêt à revenir sur l'analyse concurrentielle pour éventuellement en minimiser les conclusions si ses motifs d'intérêt général sont fragiles. Soit « le cas échéant » signifie que les motifs d'intérêt général évoqués ne doivent pas nécessairement compenser les atteintes à la concurrence. Dans ce cas, le ministre n'a aucun intérêt à revenir sur l'analyse concurrentielle.

Le ministre prend une décision motivée statuant sur l'opération après avoir entendu les parties. Cette décision peut être conditionnée par la mise en œuvre d'engagements. Elle est transmise sans délai à l'Autorité de la concurrence.

Antérieurement à la réforme introduite par la loi n° 2008-776 du 4 août 2008, le ministre était chargé d'établir lui aussi un bilan concurrentiel de l'opération dès la phase initiale de la procédure (article L. 430-5 du Code de commerce). À l'issue de la procédure longue (saisine du Conseil de la concurrence), il devait répondre à la question de savoir s'il convenait de définir des prescriptions de nature à apporter au progrès économique et social une contribution suffisante pour compenser les atteintes à la concurrence (article L. 430-7 du Code de commerce). La jurisprudence rendue sous l'empire de l'ancien droit par le Conseil d'État est donc encore pertinente.

Voir par exemple dans l'affaire Coca-cola (CE Sect. 9 avril 1999, *The Coca-Cola Compagnie*)[120], à propos du rachat de la marque Orangina par Coca-Cola, on commence par une analyse économique du marché pertinent (ici est établie une distinction du marché des boissons au goût de cola par rapport aux autres boissons gazeuses sans alcool). Ensuite, l'examen des atteintes à la concurrence montre l'utilisation faite de la notion d'effet de gamme ou d'effet de portefeuille (détention de plusieurs marques) pour confirmer l'analyse des ministres selon laquelle après la concentration, les deux produits « incontournables » que sont Orangina et Coca-cola se retrouveraient dans la même gamme, ce qui porterait atteinte à la concurrence car il s'agit d'un facteur déterminant dans le choix du fournisseur pour les acheteurs « hors foyer ». Enfin, sont dressés le bilan et la contribution au progrès économique et social. Selon le Conseil d'État, le groupe vendeur Pernod-Ricard invoquait des avantages pour leur propre développement ou pour le développement de la marque Orangina à l'étranger, mais l'impact sur les consommateurs et la collectivité dans son ensemble est finalement jugé insuffisant.

À propos plus précisément du bilan économique et social, CE Sect. 6 octobre 2000, *Sté Pernod-Ricard*[121] : le Conseil d'État estime que le développement à l'étranger de la marque Orangina ne nécessite pas la cession des actifs, que le développement de la Sté Pernod-Ricard n'apporte pas à lui seul une contribution au progrès économique et social, et que le produit fiscal de l'opération n'apporte pas une compensation suffisante aux effets anticoncurrentiels de l'opération. Le juge recherche plutôt les progrès pour l'« économie française ».

CE Sect. 9 avril 1999, *Sté Interbrew*[122] : les ministres se sont éloignés de la position du Conseil de la concurrence, à propos de la prise de contrôle par le groupe Heineken des brasseries Fischer, en considérant que la concentration n'était pas de nature à porter atteinte à la concurrence sur le marché de la bière à destination de la distribution alimentaire, en se fondant sur la force de négociation de la grande distribution et sur les capacités de production excédentaires du secteur, mais évoquent des risques d'atteinte à la concurrence sur le marché de la bière à destination des cafés, hôtels et restaurants.

120. Préc.
121. *RFDA* 2001, p. 409, concl. TOUVET.
122. *RFDA* 1999, p. 769, concl. STAHL.

Bilan économique et social dans l'affaire *Moulinex/SEB* (CE 13 février 2006, *Sté De Longhi SpA*)[123] : à propos des effets d'une concentration dont l'autorisation était annulée mais qui n'a pas été défaite, cette affaire permet de constater un gain d'efficience dont une partie est transférée au consommateur final sous forme d'amélioration de la qualité des produits et la préservation de 1 600 emplois directs et 10 000 emplois indirects.

Appréciation de l'existence d'une position dominante collective, CE 31 juillet 2009, *Sté Fiducial*, *AJDA* 2009, p. 1595, chron. Liébert et Botteghi : le ministre suivi par le Conseil d'État reprennent pour la première fois de manière expresse les trois critères cumulatifs posés par le TPICE dans l'arrêt *Airtours* (du 6 juin 2002, T-342/99), confirmé par CJCE 10 juillet 2008, *Bertelsmann* (C-413/06-P) pour apprécier l'existence d'une position dominante collective (critère de la transparence entre les membres de l'oligopole, critère des représailles en cas de déviation par rapport au comportement décidé, incapacité des concurrents et des consommateurs à remédier à la coordination).

286 **Marge de manœuvre par rapport à la position de la Commission européenne. –** Si une opération de concentration a pu faire l'objet d'un examen par la Commission européenne, celle-ci ne saurait se livrer à une appréciation liant les autorités françaises, sans priver de tout intérêt la procédure de renvoi du contrôle d'une opération aux autorités nationales.

CE Sect. 6 février 2004, *Sté Royal Philips Electronic et autres*[124], à propos d'une décision de la Commission autorisant la concentration (rachat de Moulinex par Seb), sous condition. Est soulevé l'argument selon lequel le droit communautaire ne connaît pas, pour l'essentiel, le bilan économique et social. Le Commissaire du gouvernement Glaser rappelle que conformément à la position du TPI (aff. T-119/02), la Commission ne saurait sous peine de priver la procédure de renvoi de sa substance se livrer à un examen de la compatibilité de la concentration de nature à lier les autorités nationales et que l'examen effectué par les autorités nationales a un autre objet que celui effectué par la Commission.

Selon les conclusions Glaser sur CE 13 février 2006, *Sté De Longhi SpA*[125], le ministre peut fonder son autorisation sur la contribution au progrès économique et social, alors même qu'un tel critère n'est pas explicitement prévu en droit communautaire (le Conseil ne se prononcera pas sur le moyen soulevé par le requérant).

287 **Marge de manœuvre par rapport à un plan de cession. –** En vertu de l'article L. 621-63 du Code de commerce, « les personnes qui exécutent le plan, même à titre d'associés, ne peuvent pas se voir imposer des charges autres que les engagements qu'elles ont souscrits au cours de sa préparation ». Cela ne prive pas le ministre (et désormais l'Autorité de la concurrence) de sa liberté pour contrôler le respect des règles de la concurrence (conclusions Glaser sur CE Sect. 6 février 2004, *Sté Royal Philips Electronic et autre*)[126].

C. L'EXCEPTION DE L'ENTREPRISE DÉFAILLANTE

288 **Objet. –** L'exception de l'entreprise défaillante intervient dans le bilan concurrentiel c'est-à-dire lors du premier temps de l'appréciation, avant le bilan

123. *RFDA* 2006, p. 715, concl. GLASER.

124. *RFDA* 2004, concl. GLASER, *AJDA* 2004, p. 647, obs. DONNAT et CASAS, *RTD com.* 2004, p. 260, obs. G. ORSONI.

125. *RFDA* 2006, p. 715.

126. Préc.

économique et social. Elle permet d'autoriser une concentration dont le bilan concurrentiel est négatif lorsque la cible de l'opération connaît des difficultés économiques. Elle repose sur l'idée que le renforcement d'une position dominante se produirait de toute façon du fait de la disparition de l'entreprise cible. Le raisonnement à tenir suppose de se projeter dans le futur, mais en considération d'une situation encore plus hypothétique que dans les autres cas de concentration.

L'exception de l'entreprise défaillante trouve son origine dans le droit américain. D'abord consacrée par la Cour suprême (US Supreme Court, 6 janvier 1930, *International Shoe Co v/ Federal Trade commission*, 280 US 291, 10 mars 1969, *Citizen Publishing Co v/ US*, 394 US 131), elle fut intégrée aux Horizontal merger guidelines de 1992, rédigées par le Department of Justice et la Federal Trale Commission. Quatre conditions doivent être réunies : l'entreprise défaillante serait incapable de faire face à ses obligations financières ; l'entreprise défaillante ne pourrait pas faire l'objet d'un redressement judiciaire durable ; l'entreprise défaillante n'a pu trouver d'autre repreneur ; si la concentration n'est pas autorisée, l'entreprise disparaît du marché. Elle est ensuite appliquée en droit communautaire[127], puis par le Conseil de la concurrence français[128].

289 **Trois conditions. –** Le juge administratif fait une première application de cette théorie à propos du rachat de Moulinex par SEB, autorisé sur son fondement (CE Sect. 6 février 2004, *Sté Royal Philips Electronic et autres*)[129]. Une définition est donnée : « il apparaît au terme de ce bilan [concurrentiel] que les effets de cette opération sur la concurrence ne seraient pas plus défavorables que ceux qui résulteraient de la disparition de l'entreprise en difficulté ». Le Conseil d'État pose trois conditions à l'application de la théorie de l'entreprise défaillante : ses difficultés entraîneraient la disparition rapide de la société en l'absence de reprise, il n'existe pas d'offre de reprise moins dommageable pour la concurrence, la concentration ou la défaillance de l'entreprise est neutre pour la concurrence.

Cependant, l'application stricte de cette dernière condition conduit à tenter de démontrer que toutes les parts de marché de l'entreprise défaillante auraient été récupérées par l'entreprise acheteuse, ce qui est quasiment impossible. Elle fait donc l'objet d'une appréciation souple par la Commission européenne, qui retient que la condition peut être remplie si la disparition des actifs a des effets au moins aussi néfastes pour la concurrence, et notamment les consommateurs, que la concentration[130] ; ou lorsqu'il n'existe pas de risque de position dominante collective par la reprise de l'entreprise défaillante[131]. Le Conseil d'État juge que « la disparition de la société en difficulté ne serait pas moins dommageable pour les consommateurs que la reprise projetée », et reprend donc l'appréciation souple de la Commission.

En l'espèce la décision d'autorisation du ministre est censurée sur le fondement de l'erreur d'appréciation commise sur la survenance d'un goulet d'étranglement sur l'offre de produits en

127. Décision Com. 16 déc. 1993, *aff. Kali & Salz/MDK/Treuhand*, 94/449/CE, CJCE 31 mars 1998, *République française c/ Commission*, aff. C-68/94 et *SCPA et EMC c/ Commission*, aff C-30/95.

128. Avis 96-A-01 du 31 janv. 1996, *Seiko-Seiki* ; avis n° 02-A-07 du 15 mai 2002 relatif à l'acquisition d'une partie des actifs du groupe Moulinex par le groupe SEB.

129. Préc.

130. 11 juill. 2001, *BASF/ Eurodiol*, n° 2002/365/CE.

131. 1er juill. 2002, *Deloitte & Touche/Andersen (UK)* et 5 sept. 2002, *Ernst & Young Francec/ Andersen France*.

cas de disparition de Moulinex. Le Conseil d'État estime que les concurrents auraient pu rapidement réagir pour fournir des produits identiques et que si on note une corrélation entre la hausse des prix et la baisse de l'offre, elle reste d'ampleur limitée et de courte période. Le Conseil souligne la méconnaissance des possibilités offertes par une acquisition des marques sans reprise des actifs, l'absence de prise en compte des conséquences négatives que la concentration pouvait avoir sur les consommateurs de manière durable (renforcement de SEB par acquisition d'un portefeuille de marques représentant un avantage stratégique considérable). Il en déduit que la troisième condition n'était pas remplie et annule l'autorisation

L'affaire *SEB/Moulinex* a donné l'occasion aux différentes autorités de se prononcer une seconde fois car l'opération n'a pas été démantelée et a donné lieu à une seconde autorisation, aussitôt attaquée (CE 13 février 2006, *Soc. De Longhi*)[132]. Cela a permis au Conseil d'État de prendre acte de l'évolution notable et constatée de la concurrence (aucune des marques de SEB n'est incontournable, des marques notoires sont apparues sur le segment haut de gamme, la concurrence asiatique s'est renforcée) et constater la légalité de l'autorisation de concentration.

§ 4. LE CONTRÔLE OPÉRÉ PAR LE JUGE ADMINISTRATIF

290 **Compétence du Conseil d'État en premier et dernier ressort. –** L'article R. 311-1 du Code de justice administrative dispose que « le Conseil d'État est compétent pour connaître en premier et dernier ressort [...] des recours contre les décisions ministérielles prises en matière de contrôle des concentrations économiques ». Cette compétence inclut les recours contre les décisions du Conseil de la concurrence sur le fondement de l'article L. 430-9 du Code de commerce (CE 7 novembre 2005, *Cie générale des eaux*)[133]. Même si la réforme introduite par la loi de modernisation de l'économie du 4 août 2008 attribue de nouvelles compétences à l'Autorité de la concurrence, le juge administratif devrait rester compétent pour apprécier la légalité des décisions de cette autorité administrative, puisque l'ordonnance n° 2008-1161 du 13 novembre 2008 portant modernisation de la régulation de la concurrence ne confère pas le contentieux des décisions prises en matière de contrôle des concentrations à la cour d'appel de Paris.

291 **Entier contrôle. –** Le Conseil d'État exerce un contrôle entier sur l'existence d'une concentration[134], sur l'appréciation des effets d'une concentration et sur le raisonnement économique qui la sous-tend[135].

292 **Refus du ministre de saisir le Conseil de la concurrence. Refus de demander un examen approfondi. –** Sous l'empire de l'ancienne législation, s'agissant du refus opposé par le ministre de saisir le Conseil de la concurrence, c'est-à-dire de déclencher une procédure longue, on notait une évolution notable. Sous l'empire de la loi de 1977, le Conseil d'État commence par limiter son contrôle à l'erreur manifeste d'appréciation. En effet, cette législation accordait au ministre un pouvoir discrétionnaire de choisir de soumettre la concentration au Conseil de la concurrence

132. *RFDA* 2006, p. 715, concl. GLASER, *DA* mai 2006, n° 72, note M. BAZEX et S. BLAZY.
133. *RFDA* 2006, p. 726, concl. GLASER.
134. CE Sect. 31 mai 2000, *Sté Cora*, *Rec.* p. 194, *CJEG* 2000, p. 492, concl. LAMY.
135. Par ex. à propos du contrôle d'une décision ministérielle appréciant l'éventuelle existence d'une position dominante collective, CE 31 juill. 2009, *Sté Fiducial*, *AJDA* 2009, p. 1595, chron. LIÉBERT et BOTTEGHI.

(CE Sect. 15 octobre 1982, *Le Bihan*)[136]. Cette position suscite alors la critique, en ce que si les règles économiques ont un caractère objectif, l'autorité publique doit être considérée comme n'ayant aucune liberté d'appréciation pour saisir le Conseil de la concurrence dès lors qu'il y a atteinte à la concurrence[137].

Dans un arrêt du 5 novembre 2003, *Sté Interbrew*[138], sous l'empire de l'ancienne législation (avant la loi NRE), le Conseil confirme le contrôle de l'erreur manifeste. Le commissaire du gouvernement Séners constate que le contrôle de l'erreur manifeste d'appréciation éventuellement associé à celui du détournement de pouvoir apporte des garanties suffisantes pour éviter que l'administration ne dévoile son pouvoir discrétionnaire. La présence d'un pouvoir discrétionnaire exclut donc tout contrôle normal. Mais M. Séners ouvre la voie à un renforcement du contrôle en affirmant que « la loi NRE a changé la donne en imposant désormais au ministre de consulter le Conseil lorsqu'il estime qu'une opération est de nature à porter atteinte à la concurrence ». Il est suivi par son collègue Glaser (sur CE Sect. 20 juillet 2005, *Sté Fiducial Informatique*)[139] pour qui l'exigence de procédure rejoint l'exigence de fond car toute autorisation de concentration prise alors qu'il y a une atteinte à la concurrence serait annulée aussi pour défaut de consultation du Conseil de la concurrence, ce qui devrait « conduire [le Conseil d'État], à adopter un contrôle normal sur la décision de ne pas saisir le Conseil de la concurrence ».

La loi NRE disposait que le ministre « saisit pour avis » le Conseil de la concurrence s'il estime que l'opération est de nature à porter atteinte à la concurrence. Cette nouvelle formulation impliquait qu'en cas d'atteinte à la concurrence le ministre était tenu de saisir le conseil de la concurrence et que le Conseil d'État ne pouvait que renforcer son contrôle sur une éventuelle décision de refus (comme l'indique l'arrêt CE 27 juin 2007, *Sté Métropole Télévision*)[140].

Le rôle du ministre chargé de l'Économie se limitera après 2008 à la possibilité de demander à l'Autorité de la concurrence un examen approfondi. L'emploi des termes « peut demander » va freiner l'évolution du contrôle du Conseil d'État sur les décisions du ministre, d'autant plus qu'aucune condition n'est attachée à cette demande d'examen approfondi.

293 **Décision de saisir l'Autorité de la concurrence. –** Avant 2008, la saisine du Conseil de la concurrence n'était qu'une étape dans la procédure de contrôle et constituait un acte préparatoire. Il en allait de même de la saisine du ministre par le Conseil sur le fondement de l'article L. 430-9 du Code de commerce[141]. La solution sera la même concernant la demande de déclenchement d'un examen approfondi adressée à l'Autorité de la concurrence par le ministre chargé de l'Économie.

136. *Rec.* p. 349, *AJDA* 1983, p. 254, concl. PAUTI et note M. BAZEX.

137. M. BAZEX, *AJDA* 1999, p. 616.

138. *RFDA* 2004, p. 126, concl. SÉNERS, *Contrats conc. consom.* 2004, n° 41, obs. M. MALAURIE-VIGNAL, *DA* 2004, n° 4, note M. BAZEX et S. BLAZY.

139. *RFDA* 2006, p. 692, *AJDA* 2005, p. 2167, chron. LANDAIS et LENICA, *DA* oct. 2005, n° 133, note M. BAZEX.

140. *DA* nov. 2007, n° 149, note M. BAZEX et S. BLAZY, *AJDA* 2007, note S. NICINSKI.

141. CE 7 nov. 2005, *Cie générale des eaux*, *RFDA* 2006, p. 726, concl. GLASER.

CE 9 juillet 2003, *SOGEBRA*[142] : la décision de saisir pour avis le Conseil de la concurrence avant d'apprécier la concentration projetée n'entraîne aucune autre conséquence juridique que celle de rendre possible une décision ministérielle et constitue donc un acte préparatoire et il en va de même pour le refus de retirer la saisine (malgré l'argumentation des parties à la concentration, qui invoquaient le risque de divulgation d'informations à des concurrents, l'obligation de suspendre l'opération ce qui est de nature à favoriser les groupes concurrents s'agissant d'une acquisition progressive d'un grand nombre d'entrepôts et de sociétés de distribution par un producteur, l'effet de contrecarrer la politique de croissance de la société requérante).

294 **Contrôle sur la décision rendue à propos de l'opération de concentration. –** Avant la réforme de 2008, l'analyse économique du marché pertinent faisait l'objet d'un contrôle entier. Les décisions d'enjoindre aux parties de renoncer à la concentration étaient appréciées au regard des atteintes qu'elles sont susceptibles de porter à la liberté du commerce et de l'industrie et faisaient l'objet d'un contrôle normal de proportionnalité. Le contrôle sur l'appréciation des engagements des parties était lui aussi un contrôle normal[143]. Le Conseil d'État a mis en place à partir de l'année 2000, un contrôle en deux temps par rapport à la liberté du commerce et de l'industrie, qui ne va pas sans rappeler le raisonnement du droit communautaire, puisqu'il contrôle la nécessité puis la proportionnalité de la mesure prise (CE Sect. 6 octobre 2000, *Sté Pernod-Ricard*[144], à propos d'une seconde tentative de rachat de la marque Orangina par Coca-cola).

À propos d'une autorisation de concentration fondée sur la théorie de l'entreprise défaillante (CE Sect. 6 février 2004, *Sté Royal Philips Electronic et autres*)[145], le Conseil d'État opère également un contrôle normal sur l'appréciation des conditions d'application de la théorie de l'entreprise défaillante.

La grille de contrôle des décisions prises après évocation ne varie pas après la réforme de 2008. Dans sa décision de Section du 30 décembre 2010, *Sté Métropole Télévision*[146], le Conseil d'État confirme le principe d'un contrôle de proportionnalité entre l'exigence du maintien d'une concurrence suffisante sur les marchés affectés par l'opération et l'usage par l'Autorité de la concurrence de ses pouvoirs d'interdiction, d'injonction, de prescription ou de subordination de l'autorisation à la réalisation des engagements des parties.

295 **Saisine de l'Autorité de la concurrence sur le fondement des pouvoirs d'instruction du juge administratif. –** Lors de la phase contentieuse, aucun texte n'autorisait le juge administratif à saisir pour avis le Conseil de la concurrence afin de l'éclairer dans son contrôle sur la décision ministérielle. Le Conseil d'État a néanmoins fondé de manière prétorienne une telle saisine sur les pouvoirs d'instruction du juge administratif[147]. En théorie une telle possibilité subsiste après

142. *AJDA* 2003, p. 2380, note S. NICINSKI, *RFDA* 2004, p. 121, concl. SÉNERS et p. 573, note J. PETIT, *RTD com.* 2004, p. 78, note G. ORSONI.

143. Sur tous ces points, CE Sect. 9 avr. 1999, *The Coca-Cola Compagnie*, préc.

144. *RFDA* 2001, p. 409, concl. TOUVET : « la décision prise par le ministre de s'opposer purement et simplement à l'opération projetée était nécessaire à la sauvegarde de la concurrence sur le marché national et ne peut dès lors être regardée comme ayant porté une atteinte excessive à la liberté du commerce et de l'industrie ».

145. Préc.

146. *DA* mars 2011, p. 31, note M. BAZEX.

147. CE 20 juill. 2005, *Sté Fiducial Informatique*, *RFDA* 2006, p. 692, concl. GLASER.

2008, si le juge administratif souhaite solliciter l'expertise de l'Autorité de la concurrence lors du contrôle d'une décision ministérielle prise après évocation. En pratique on peut douter de l'utilité d'une telle possibilité dans la mesure où l'Autorité se sera déjà prononcée sur l'opération et dans la mesure où le ministre est censé statuer sur des considérations d'intérêt général que le Conseil d'État peut apprécier sans aide extérieure.

CE 13 février 2006, *Sté Fiducial Informatique et autre*[148] : se pose la question du respect du contradictoire envers les opérateurs non parties à la concentration devant le Conseil de la concurrence ainsi saisi par le juge administratif sur le fondement de ses pouvoirs d'instruction. Il est fait application de la procédure de l'article L. 430-6 du Code de commerce, exactement comme lorsque le Conseil est saisi par le ministre. Plus généralement, il n'y a pas de violation de l'équité du procès au regard d'une des parties (le requérant était partie au procès, mais pas à la concentration) si le juge est conduit à demander l'avis d'un tiers.

296 **Substitution de motifs. –** Dans l'affaire *Fiducial informatique*, concernant le rachat de sociétés ayant comme activité la production de progiciels de gestion à destination des PME, et notamment des experts-comptables, le Conseil d'État annule une décision ministérielle d'autorisation pour contradiction de motifs dans l'analyse concurrentielle[149]. L'administration demande alors une substitution de motifs sur le fondement de l'analyse faite par le Conseil de la concurrence saisi pour avis[150]. Dans un second arrêt[151], le juge administratif définit le marché pertinent, examine les atteintes à la concurrence (et conclut à leur relativisation) et procède à l'appréciation du bilan concurrentiel pour finalement admettre la substitution de motifs.

297 **Effet d'une annulation d'une décision d'autorisation de concentration. –** Comme traditionnellement en droit administratif, la disparition de l'acte annulé ne rend pas le demandeur titulaire d'une autorisation tacite, mais conduit l'administration à procéder à un nouvel examen de l'opération car elle reste saisie d'une demande, si le demandeur le confirme explicitement (conclusions Stahl sur CE Sect. 9 avril 1999, *Interbrew*)[152].

Dans l'affaire *SEB/Moulinex*, la concentration n'a pas été défaite à la suite de l'annulation par le Conseil d'État. Le ministre et le Conseil de la concurrence (avis positif n° 04-A-16 du 28 juillet 2004) ont pu examiner les conséquences réelles de la concentration avant de se prononcer une nouvelle fois et d'autoriser à nouveau la concentration. Lors du contrôle de cette seconde décision, le Conseil d'État prend également en compte la réalité de la concurrence (CE 13 février 2006, *Sté De Longhi SpA*[153] : contrôle des effets anticoncurrentiels de la concentration en examinant successivement les parts de marché détenues par le nouveau groupe (élevées mais avec

148. *RFDA* 2006, p. 702, concl. GLASER, *DA* 2006, n° 72, note M. BAZEX et S. BLAZY, *Contrats, conc. consom.* août-sept. 2006, chron. n° 4, note G. MARSON.

149. CE 20 juill. 2005, *Sté Fiducial Informatique*, préc.

150. Avis du *Cons. conc.* du 14 déc. 2005, n° 05-A-24, relatif à l'acquisition de la société CCMX Holding par la société SA CEGID dans le secteur des progiciels de gestion à destination de la profession comptable.

151. CE 13 févr. 2006, *Sté Fiducial Informatique* et autre, préc.

152. *RFDA* 1999, p. 689.

153. *RFDA* 2006, p. 715, concl. GLASER.

une concurrence active, ce qui réduit sa puissance économique), l'augmentation des prix de vente, le rôle des marques, la compensation de l'ampleur des parts de marché par la concurrence et la force de négociation de la grande distribution).

BIBLIOGRAPHIE

F. BERROD, « Monopoles publics et droit communautaire », *J.-Cl. Europe* fasc.1510, 2004 ■ Ch. BOLZE et P. ARHEL, « Concentrations », *Rép. com. Dalloz*, 2001 ■ J.-M. COT et J.-P. DE LA LAURENCIE, *Le contrôle français des concentrations*, LGDJ, coll. Droit des affaires, 2e éd., 2003 ■ S. DESTOURS et G. CLAMOUR, « Collectivités territoriales et droit de la concurrence », *Juris-Classeur Coll. terr.*, fasc. nº 724, nº 147 et s. ■ L. IDOT, « La deuxième partie de la loi NRE ou la réforme du droit français de la concurrence », *JCP* 2001, p. 1609 ■ K. LENAERTS, « Les services d'intérêt économique général et le droit communautaire », *Rapport public du Conseil d'État pour 2002*, p. 425 ■ S. NICINSKI, « L'Autorité de la concurrence », *RFDA* 2009, p. 1237 ■ J.-H. STAHL, « La jurisprudence du Conseil d'État en matière de contrôle des concentrations », *Bull. Lamy Droit économique*, nº 120, août-septembre 1999, p. 15.

CHAPITRE III
LE CONTRÔLE DU FONCTIONNEMENT DU MARCHÉ

298 **Direction, orientation et encadrement.** – Les autorités publiques disposent d'une palette de prérogatives d'intervention pour contrôler le fonctionnement du marché. La prégnance des thèses libérales n'étant pas démentie, les prérogatives de véritable *direction* du comportement des opérateurs économiques demeurent rares. Il n'existe plus guère de domaines que l'on puisse citer en exemple dans lequel l'État fixe la nature de la production à mettre en œuvre, les quotas à produire et les débouchés à satisfaire. La seule survivance d'un véritable pouvoir de direction réside dans le contrôle des prix, désormais limité à des cas particuliers (Section I).

La faculté pour les autorités publiques *d'orienter* le marché reste réduite. Si l'on excepte les mesures d'incitation fiscale (qui constituent probablement le levier le plus efficace d'orientation des comportements économiques mais qui ne relèvent pas de notre objet d'études) et l'octroi d'aides lorsqu'elles sont davantage destinées à orienter le marché qu'à le soutenir (voir le chapitre suivant), les mesures d'orientation s'inscrivent essentiellement dans les dérivés d'une politique de planification moribonde au plan national. Il existe en effet un processus d'orientation du marché par la contractualisation d'objectifs économiques (Section II).

Dans certains domaines sensibles, il est admis que les autorités publiques inscrivent leur action dans un objectif d'*organisation générale et d'encadrement d'un secteur particulier* (Section III). Elles disposeront alors d'un panel de prérogatives, permettant de réglementer l'accès au marché, d'en définir les principes de fonctionnement, et de sanctionner les comportements prohibés.

SECTION I LA DIRECTION DE L'ÉCONOMIE PAR LE CONTRÔLE DES PRIX

299 **Liberté des prix en 1986. –** L'année 1986 marque un tournant fondamental en matière de prix puisqu'est proclamé un principe de liberté des prix. Cependant, ce principe est assorti de quelques exceptions notables.

§ 1. LE PRINCIPE DE LIBRE DÉTERMINATION DES PRIX

300 **Les prix administrés et l'ordonnance n° 45-1483 du 30 juin 1945 sur les prix. –** Les circonstances de la Seconde Guerre mondiale ont conduit les autorités publiques à bloquer les prix sur la base du niveau qu'ils avaient atteint avant la guerre. Ceux-ci ne pouvaient être modifiés que sur décision du ministre de l'Économie. Les prix des produits nouveaux faisaient quant à eux l'objet d'un arrêté particulier. Ainsi, chaque année, plusieurs milliers d'arrêtés étaient édictés. Aucun principe de fond n'était fixé par l'ordonnance pour encadrer l'appréciation du ministre, ce qui restreignait considérablement le contrôle opéré par le juge administratif[1]. Mais le ministre de l'Économie pouvait placer certains produits sous un régime de liberté des prix, ce qui fut fait à la fin des années 1970 (politique engagée à partir de 1977 par le gouvernement Barre) et au milieu des années 1980. En 1986, un peu plus de 53 % des prix étaient ainsi libérés[2].

301 **La liberté des prix et l'ordonnance n° 86-1243 du 1er décembre 1986. –** L'ordonnance n° 86-1243 relative à la liberté des prix et de la concurrence commence par abroger l'ordonnance du 30 juin 1945, pour marquer solennellement le passage d'une économie de prix administrés à une économie de liberté des prix. L'article L. 410-2 du Code de commerce (issu de l'article 1er de l'ordonnance du 1er décembre 1986) dispose que « sauf dans les cas où la loi en dispose autrement, les prix des biens, produits et services relevant antérieurement au 1er janvier 1987 de l'ordonnance n° 45-1483 du 30 juin 1945 sont librement déterminés par le jeu de la concurrence ».

302 **Fondements communautaires au principe de la liberté des prix. –** La protection des grandes libertés instituées par le Traité sur le fonctionnement de l'Union européenne peut s'opposer aux réglementations nationales restrictives de la concurrence par les prix. De telles réglementations ne doivent pas entraver la libre circulation des marchandises par leurs effets qui peuvent être équivalents à des restrictions quantitatives (articles 34 à 37 du TFUE). Cette prohibition s'applique à une réglementation des prix[3]. Lorsqu'un produit fait l'objet d'une organisation communautaire, aucune réglementation nationale n'est autorisée à venir perturber le

1. Contrôle d'un détournement de pouvoir CE Ass. 5 févr. 1985, *Union départementale des consommateurs de Paris*, *CJEG* 1985, p. 129, concl. STIRN.
2. O. RENARD-PAYEN, « Prix et concurrence », *J.-Cl. adm.*, fasc. 290, 2005.
3. CJCE 7 juin 1983, *Commission c/ Italie*, aff. 78/82.

dispositif institué[4]. Néanmoins, il a été jugé qu'une réglementation directe des prix n'est pas de nature à entraver la libre circulation des produits et des services (par exemple tarifs de transport routiers de marchandises : CJCE 5 octobre 1995, *Centro Servizi Spediporto*, aff. C-96/94). Ainsi, les États membres peuvent fixer des prix maximum ou minimum[5] sous réserve qu'ils ne rendent pas les importations plus difficiles ou impossibles (CJCE 26 février 1976, *Tasca*, aff. 65/75, à propos de la réglementation française accordant à une organisation interprofessionnelle la possibilité de fixer le prix de la vente de l'eau-de-vie, CJCE 30 janvier 1985, *BNIC c/ Guy Clair*, aff. 123/83).

303 **Exemple du tabac. –** La fixation des prix de vente de tabac manufacturés par les autorités françaises a été jugée contraire à la réglementation communautaire (CJCE 21 juin 1983, *Commission c/ République française*, aff. C-90/82), bien que la directive n° 72/464/CEE du 19 décembre 1972 autorisât des législations nationales sur le contrôle du niveau des prix ou le respect du prix imposé. Le Conseil d'État a retenu une appréciation similaire en décidant que le ministre de l'Économie ne pouvait fixer des prix inférieurs à ceux définis par les importateurs. Dès lors, la réglementation française a été déclarée illégale en ce que la limitation des prix qu'elle prévoyait visait uniquement les produits importés (CE Ass. 28 février 1992, *Sté Rothmans international France et Sté Philip Morris France*, CE 28 février 1992, *Sté Arizona Tobacco Produits*)[6]. Aujourd'hui, ils font l'objet d'une simple homologation[7].

304 **Notion de prix. –** Il faut entendre par prix toute rémunération, sans considération d'une dénomination particulière (honoraires, tarifs, barèmes). Sont ainsi des prix les péages autoroutiers (CE 13 mai 1977, *Sté Cie financière et industrielle des autoroutes)*[8], les tickets de cantine scolaire (CE 10 août 1988, *Cne de Guérande*)[9], les tarifs de pompes funèbres communales (CE 31 mai 1989, *Ville de Paris*)[10], etc. En revanche, une taxe fiscale ou parafiscale n'est pas un prix (CE 22 novembre 1985, *Ville de La Courneuve*)[11].

§ 2. LA SUBSISTANCE DE PRIX RÉGLEMENTÉS

305 **Compétence. –** Le domaine des prix relève du pouvoir réglementaire (CE 20 octobre 1965, *Lambert*)[12]. Mais on se souvient que la réglementation des prix a donné l'occasion au Conseil constitutionnel de fonder sa jurisprudence sur les lois empiétant sur le domaine réglementaire, lois qui n'en sont pas

4. Voir toutefois CJCE 9 sept. 2003, *Milk Marque*, aff. C-137/00 : pouvoir de régulation conservé par les autorités nationales alors même qu'il existe une organisation commune, à propos de la sanction par une autorité nationale du prix du lait pratiqué par un opérateur.

5. La réglementation imposant aux entreprises d'approvisionnement en électricité de supporter des prix d'achat minima inférieurs à la valeur du produit n'a pas été jugée contraire à l'article 28 TCE (CJCE 13 mars 2001, *Preussen Elektra*, aff. C-379/98).

6. *Rec.* p. 78, *DA* 1992, n° 193, *AJDA* 1992, p. 210, concl. LAROQUE, *RDP* 1992, p. 1480, note F. FINES.

7. CE 3 mai 2000, *Sté HF et Ph. F. Reemtsma*, n° 194438.

8. *D.* 1978, J. 130, note P. DELVOLVÉ.

9. N° 887868.

10. *Rec.* p. 136.

11. *Rec.* p. 333.

12. *Rec.* p. 526.

pour autant contraires à la Constitution (CC 30 juillet 1982, *Blocage des prix et des revenus*)[13].

306 **Principe et exceptions. –** Désormais, on peut affirmer que le principe reste celui de la liberté des prix. Toutefois, la rédaction de l'article L. 410-2 du Code de commerce n'abroge que l'ordonnance de 1945, à l'exception des autres textes fixant un régime de prix réglementés. Par ailleurs, deux autres catégories d'exceptions sont expressément prévues à l'article L. 410-2 du Code de commerce concernant respectivement les secteurs ou les zones où la concurrence par les prix est limitée et les situations conjoncturelles pouvant conduire les autorités à réglementer les prix.

A. LA RÉGLEMENTATION DES PRIX EXTÉRIEURE À L'ORDONNANCE DU 1ER DÉCEMBRE 1986

307 **Réglementations des prix subsistant après l'abrogation de l'ordonnance du 30 juin 1945. –** De nombreuses lois antérieures à 1986, éventuellement modifiées mais non expressément abrogées en 1986, continuent de réglementer les prix dans certains domaines. On peut ainsi citer le prix des annonces judiciaires et légales (loi n° 55-4 du 4 janvier 1955), les honoraires des officiers publics et ministériels (notaires, décret n° 78-262 du 8 mars 1978, huissiers, décret n° 88-914 du 7 septembre 1988 pris en application de la loi du 29 mars 1944 sur la tarification de l'activité des officiers ministériels), les honoraires des experts judiciaires (fixés par l'autorité judiciaire), le prix des transports ferroviaires et aériens (loi LOTI n° 82-1153 du 30 décembre 1982, article L. 330-8 du Code de l'aviation), les loyers des baux commerciaux (article L. 145-1 à L. 145-13 du Code de commerce), les loyers des baux ruraux (article L. 411-11 du Code rural), les prix des opérations de banque (articles L. 311-1 et suivants du Code monétaire et financier), certains tarifs d'hébergement des personnes âgées (loi n° 90-600 du 6 juillet 1990) ou enfin les loyers soumis au décret du 28 août 1966[14].

Le Conseil d'État a toutefois annulé le décret du 7 septembre 1988 pour les prestations des huissiers hors monopole, au motif que l'encadrement de ces tarifs aurait dû être fondé sur l'ordonnance du 1er décembre 1986 (CE Ass. 21 octobre 1994, *Ordre des avocats à la Cour de Paris*)[15].

308 **Prestations médicales. –** Il existe une réglementation spécifique, en marge de l'ordonnance de 1986, fondée actuellement sur l'article L. 5123-1 du Code de la santé publique, habilitant le ministre des Affaires sociales et le ministre de l'Économie à fixer par arrêté les prix de tous les produits et médicaments relevant du monopole des pharmaciens, et sur l'article L. 162-38 du Code de la Sécurité sociale, permettant

13. Décision n° 143 DC. Mais la décision n° 512 DC du 21 avr. 2005, *Avenir de l'école*, apporte un important correctif à la décision *Blocage des prix*, en ce que le Conseil constitutionnel déclare réglementaires plusieurs dispositions de la loi déférée, sans pour autant les censurer.

14. CE 6 juin 1997, *RJDA* 11/97, n° 1366 : ces loyers ne pouvant être considérés comme visés par l'article 1er de l'ordonnance du 1er déc. 1986, le décret du 28 août 1966 n'institue donc pas un régime nouveau nécessitant la consultation préalable du Conseil de la concurrence.

15. *Rec.* p. 459.

de fixer par arrêtés les prix et marges de produits et les prix des prestations de services pris en charge par les régimes obligatoires de Sécurité sociale. Ces dispositions ont permis aux autorités publiques de fixer, par exemple, les tarifs des transports sanitaires privés, des professions médicales et laboratoires d'analyse, des cliniques privées conventionnées ou encore des établissements thermaux[16].

309 **Prix des livres. –** Les prix des livres sont fixés selon un dispositif institué par la loi Lang n° 81-766 du 10 août 1981 (notamment modifiée par la loi n° 85-500 du 13 mai 1985) et ses décrets d'application. Toute personne physique ou morale qui édite ou importe des livres est tenue de fixer un prix de vente au public. Le détaillant fixe ensuite le prix de vente effectif entre 95 % et 100 % du prix fixé par l'éditeur ou l'importateur. Certaines dispositions de ce mécanisme ont été censurées par le Conseil d'État pour incompatibilité avec le droit communautaire. Se fondant sur la jurisprudence de la Cour de justice, le Conseil d'État a annulé comme constituant des mesures d'effet équivalent à des restrictions quantitatives à l'importation (aujourd'hui article 34 du TFUE) les dispositions selon lesquelles il incombe à l'importateur d'un livre chargé d'accomplir la formalité du dépôt légal d'un exemplaire de ce livre, c'est-à-dire au dépositaire principal, d'en fixer le prix de vente au détail, et de celles selon lesquelles, pour les livres importés édités dans un autre État membre, le prix fixé par l'importateur ne peut être inférieur au prix de vente fixé ou conseillé par l'éditeur pour la vente au public en France de cet ouvrage ou, à défaut, au prix de vente au détail fixé ou conseillé par lui dans le pays d'édition (CE 22 novembre 1991, *Association des centres distributeurs Édouard Leclerc*)[17].

310 **Prix des produits agricoles. –** Depuis 2005, en situation de crise conjoncturelle (prix de cession par les producteurs anormalement bas), les entreprises de commercialisation et de distribution peuvent conclure avec l'État des accords prévoyant la répercussion de ces baisses sur les prix de vente à la consommation (article L. 611-4 du Code rural).

B. LA RÉGLEMENTATION DES PRIX ISSUE DE L'ORDONNANCE DU 1ER DÉCEMBRE 1986

311 **Article L. 410-2 du Code de commerce. –** L'article L. 410-2 du Code de commerce prévoit deux exceptions au principe de la libre détermination des prix. La première est permanente et couvre les zones dans lesquelles la concurrence par les prix est limitée. La seconde est conjoncturelle et concerne les situations de crise.

1. Les réglementations permanentes

312 **Motifs. –** Une réglementation permanente des prix peut être instituée dans les secteurs ou les zones où la concurrence par les prix est limitée en raison soit de

16. CE Sect. 25 juin 1999, *Sté d'exploitation de l'établissement thermal d'Uriage*, n° 188458 ; CE 25 juin 1999, *Sté des eaux minérales et bains de mer d'Allevard*, *RFDA* 1999, p. 893.
17. *Rec.* p. 399, *RFDA* 1992, p. 166.

situations de monopole ou de difficultés durables d'approvisionnement, soit de dispositions législatives ou réglementaires (article L. 410-2 alinéa 2 du Code de commerce). Cette exception fonde désormais des régimes spécifiques existant avant 1986 : le tarif des produits des monopoles d'État, les péages autoroutiers (mécanisme de fixation institué par le décret n° 95-81 du 25 janvier 1995, après avis du Conseil de la concurrence du 24 octobre 1994). Le Conseil d'État exerce un contrôle entier sur l'existence de ces conditions[18].

En l'absence de monopole, la réglementation des prix peut aussi être justifiée par les spécificités du marché. Ainsi, le Conseil d'État a jugé que « la situation de concurrence limitée par les prix qui résulte nécessairement de cette position dominante occupée sur un marché de taille réduite sur lequel l'importation de marchandises est soumise à l'octroi de mer, est de celles dans lesquelles, en application des dispositions précitées de l'article L. 410-2 du Code de commerce, les prix peuvent être réglementés » (CE 18 janvier 2006, *Sté des ciments antillais*)[19]. Cette voie avait d'ailleurs été ouverte par le Conseil de la concurrence dans un avis n° 88-A-04 du 16 mars 1988 relatif au projet de décret réglementant les prix dans les DOM, dans lequel il avait estimé que le prix de la farine pouvait être réglementé car la concurrence était limitée du fait d'un taux élevé d'octroi de mer.

313 **Procédure. –** En application de cette exception, un décret en Conseil d'État peut réglementer les prix après consultation de l'Autorité de la concurrence (anciennement Conseil de la concurrence). Le rôle de l'Autorité consiste uniquement à apprécier si les conditions sont réunies (par exemple Cons. conc. avis n° 95-A-02 du 31 janvier 1995 sur le tarif des huissiers de justice). Cependant, l'appréciation peut être étendue à l'évaluation de l'impact sur les marchés en cause (par exemple Cons. conc. avis n° 05-A-25 du 15 décembre 2005 relatif à un projet de décret fixant les règles tarifaires pour les réseaux publics de transport et de distribution d'électricité)[20]. On rappelle que l'Autorité de la concurrence doit être consultée préalablement à l'adoption de tout texte réglementaire nouveau ayant pour effet d'imposer des pratiques uniformes en matière de prix (article L. 462-2 3° du Code de commerce)[21].

314 **Secteurs concernés. –** La tarification des courses de *taxis* est réglementée par le décret n° 87-238 du 6 avril 1987 (prix minima et prix de la course). Il en va de même des *transports* urbains de voyageurs hors Ile-de-France (décret n° 87-538 du 16 juillet 1987, arrêtés pris par les préfets en fonction d'un taux fixé par arrêté

18. CE 3 mars 1993, *Compagnie financière et industrielle des autoroutes*, *Rec.* p. 636 ; CE 18 janv. 2006, *Sté des ciments antillais*, *AJDA* 2006, p. 1169, note A. LAGET-ANNAMAYER. Voir aussi par exemple l'appréciation du Conseil de la concurrence dans l'avis n° 95-A-02 du 31 janv. 1995 à propos du tarif des huissiers de justice : il n'existe aucune disposition législative ou réglementaire qui pourrait fonder une réglementation des prix des prestations hors monopole, ni par définition de monopole sur ce type de prestation.

19. Préc.

20. L'Autorité de la concurrence peut aussi, à la demande du gouvernement, des professionnels ou des consommateurs, donner son avis sur toute question de concurrence, ce qui peut impliquer une réglementation ou un encadrement des prix (par exemple avis n° 88-A-17 du 6 déc. 1988 sur les tarifs de dépannage).

21. L'Autorité peut être saisie en même temps sur le fondement des articles L. 410-2 et L. 462-2 3° du Code de commerce, ce qui la conduit d'ailleurs à opérer deux appréciations différentes, l'une se contentant de vérifier si les conditions de l'article L. 410-2 sont réunies, l'autre lui permettant d'apprécier plus largement l'impact sur le marché (par exemple avis n° 95-A-02 du 31 janv. 1995).

ministériel), des tarifs des *cantines scolaires* et de *demi-pension des établissements publics* (décret n° 2000-672 du 19 juillet 2000), ainsi que de certains produits et services vendus en *outre-mer* (décrets du 17 novembre 1988 pris après avis du Conseil de la concurrence)[22]. Concernant les redevances aéroportuaires, l'article L. 224-2 du Code de l'aviation civile précise que les services publics aéroportuaires donnent lieu à la perception de redevances pour services rendus fixées conformément aux dispositions de l'alinéa 2 de l'article L. 410-2 du Code de commerce[23].

315 **Péages autoroutiers. –** La réglementation des péages autoroutiers repose sur l'article L. 122-4 du Code de la voirie routière (issu de l'article 4 de la loi du 18 avril 1955) et sur les dispositions du décret n° 95-81 du 25 janvier 1995. Selon la partie du Rapport de la Cour des comptes pour 2008 consacrée aux péages autoroutiers, la hausse des péages mis en œuvre par des sociétés d'autoroute (désormais privées) est négociée avec l'État avant le début de chaque contrat d'entreprise d'une durée de cinq ans, conformément à l'encadrement réglementaire et aux dispositions des cahiers des charges. Puis, chaque année les autorités compétentes homologuent les grilles tarifaires proposées par les concessionnaires. Le rapport abonde dans le sens de l'avis du 2 décembre 2005 du Conseil de la concurrence, appelant une meilleure régulation des tarifs autoroutiers par les autorités publiques, afin d'éviter les rentes de situation au profit des sociétés concessionnaires.

316 **Gaz et électricité. –** Les domaines du gaz et de l'électricité se caractérisent par l'existence de tarifs réglementés. En vertu de l'article L. 337-1 du Code de l'énergie, la procédure de l'article L. 410-2 du Code de commerce (décret en Conseil d'État après consultation de l'Autorité de la concurrence) s'applique au prix de l'accès régulé à l'électricité nucléaire historique, aux tarifs réglementés de vente d'électricité et aux tarifs de cession de l'électricité aux entreprises locales de distribution ou aux entreprises issues de la séparation juridique des activités des entreprises locales de distribution[24]. C'est le décret n° 2009-975 relatif aux tarifs réglementés de vente de l'électricité qui détermine les bénéficiaires des tarifs réglementés et prévoit des catégories tarifaires. Matérialisant le principe de gestion du service public aux meilleures conditions de coûts et de prix, les tarifs réglementés de vente d'électricité couvrent l'ensemble des coûts supportés à ce titre par Électricité de France et par les distributeurs non nationalisés (art. L. 337-6 du Code de l'énergie). Les décisions sur les tarifs sont prises conformément aux dispositions du Code de l'énergie. En particulier, pendant une période transitoire s'achevant le 7 décembre 2015, les tarifs réglementés de vente d'électricité sont arrêtés par les ministres chargés de l'énergie et de l'économie, après avis de la Commission de régulation de l'énergie (art. L. 337-4).

22. Il s'agit de mesures motivées par des situations de monopole, par exemple en Guyane les produits pétroliers et le gaz, pour la Guadeloupe les mêmes produits ainsi que le ciment et la farine, les marges brutes étant fixées par arrêtés pour les négociants d'engrais et d'aliments pour bétail.

23. Voir également les articles R. 224-2 et s. du même code. Les tarifs reposent sur la conclusion de contrats avec les exploitants ou font l'objet d'une homologation ministérielle.

24. Ces mêmes dispositions s'appliquent aux plafonds de prix qui peuvent être fixés pour la fourniture d'électricité aux clients qui ont exercé leur droit au libre choix du fournisseur dans les zones du territoire non interconnectées au réseau métropolitain continental.

S'agissant du gaz, ce sont les dispositions des articles L. 445-1 et s. du Code de l'énergie et celles du décret n° 2009-1603 relatif aux tarifs réglementés de vente de gaz naturel qui fixent le régime applicable (similaire à celui de l'électricité).

Malgré l'ouverture totale de ces secteurs à la concurrence, le législateur français a maintenu l'existence de tarifs réglementés. La première version de la loi relative au secteur de l'énergie, votée en décembre 2006, a été censurée par le Conseil constitutionnel[25]. Le large recours aux tarifs réglementés méconnaissait l'objectif d'ouverture des marchés à la concurrence par les directives communautaires, en ce que les dispositions de la loi votée ne se bornaient pas à appliquer les tarifs réglementés aux contrats en cours, mais imposaient aux opérateurs historiques des obligations tarifaires permanentes étrangères à la poursuite d'objectifs de service public.

Dans un arrêt du 20 avril 2010, *Federutility*[26], la Cour de justice a admis que la directive 2003/55 ne s'opposait pas à ce qu'un État membre détermine le niveau du prix de fourniture du gaz naturel par le biais de la définition d'un prix de référence. L'intervention étatique peut être fondée sur l'article 3§ 2 de la directive, qui prévoit ce type d'intervention, ou plus généralement sur le fondement du 26e considérant, qui reconnaît aux clients le droit « d'être approvisionnés en gaz naturel d'une qualité bien définie à des prix raisonnables ». Les modalités de fixation d'un niveau de prix doivent cependant satisfaire le test de l'article 106§ 2 TFUE sur les SIEG. Est reconnu comme participant à l'intérêt général l'objectif d'éviter que les consommateurs subissent une augmentation de prix non souhaitée et non proportionnée. La mesure doit être indispensable pour garantir des prix raisonnables et l'intervention doit être limitée dans le temps et ne pas aller au-delà de ce qui est nécessaire pour atteindre l'objectif.

Les tarifs réglementés doivent, en outre, correspondre aux coûts de l'opérateur[27]. Les autorités compétentes ont néanmoins parfois choisi de fixer les tarifs réglementés à un prix très bas pour ne pas peser sur le budget des ménages. Le Conseil d'État a eu l'occasion d'apprécier cette position (CE 26 janvier 2007, *Sté Poweo*)[28] et a admis que le ministre de l'Économie puisse prendre en compte la situation économique générale et celle des ménages. Sa seule obligation reste de fixer des tarifs supérieurs aux coûts moyens complets de chaque opérateur, évalués à la date de fixation des tarifs et comportant une estimation pour l'année à venir. En cas d'évolution en cours d'année, le ministre doit prévoir un ajustement. Sur tous ces points, le contrôle par le Conseil d'État se limite à un contrôle de l'erreur manifeste d'appréciation. L'application de ces règles a conduit le Conseil d'État onze mois plus tard à annuler des prix du gaz fixés manifestement en dessous des coûts (période fin 2004 – avril 2006), ainsi que cela avait été constaté dans un avis du Conseil de la concurrence, et à refuser une modulation temporelle des effets de l'annulation (CE 10 décembre 2007, *Sté Poweo*)[29]. Une décision similaire a été prise en matière d'électricité (CE 1er juillet 2010, *Sté Poweo*[30]), dans laquelle le juge administratif rappelle les obligations du ministre en la matière : pour chaque tarif, le ministre compétent doit, à la date à laquelle il statue,

25. Décision n° 2006-543 DC du 30 nov. 2006.

26. C-265/08.

27. Art. 4 de la loi modifiée du 10 févr. 2000 pour l'électricité et article 7 de la loi n° 2003-8 du 3 janv. 2003 pour le gaz.

28. N° 296191.

29. N° 289012.

30. *JCP* A 2010, 2321, note P. IDOUX, *RJEP* 2010 concl. COLLIN. Voir également CE ord. 28 nov. 2011, *ANODE*, *AJDA* 2012, p. 579, chron. M. LOMBARD.

premièrement, permettre au moins la couverture des coûts moyens complets des opérateurs, tels qu'ils peuvent être évalués à cette date, deuxièmement, prendre en compte une estimation de l'évolution de ces coûts sur l'année à venir, en fonction des éléments dont il dispose à cette même date, et troisièmement, ajuster le tarif s'il constate un écart significatif entre tarif et coût au cours de l'année écoulée.

2. Les réglementations temporaires

317 **Motifs. –** Le gouvernement peut arrêter des mesures temporaires contre des hausses ou des baisses excessives de prix, motivées par une situation de crise, des circonstances exceptionnelles, une calamité publique ou une situation manifestement anormale de marché dans un secteur déterminé (article L. 410-2 alinéa 3 du Code de commerce).

318 **Procédure et durée. –** La réglementation s'établit par décret en Conseil d'État après consultation du Conseil national de la consommation. Le décret précise sa durée de validité qui ne peut excéder six mois.

319 **Utilisation. –** Cette procédure a été utilisée lors du blocage des prix et marges en Guadeloupe pour quatre mois à la suite du passage du cyclone Hugo (décret n° 89-680 du 20 septembre 1989), et pour réglementer le prix des produits pétroliers après la crise du Golfe persique (décret n° 90-701 du 8 août 1990).

SECTION II L'ORIENTATION DU MARCHÉ PAR LA CONTRACTUALISATION D'OBJECTIFS ÉCONOMIQUES

320 **Politique de contractualisation. –** Aujourd'hui, la politique de planification nationale a été abandonnée, mais ses dérivés que sont les contrats de plan État/Région, État/entreprises publiques[31] ou privées, État/établissements publics subsistent. Ils constituent pour l'État, moyennant des engagements financiers, un instrument d'orientation de l'activité de certains opérateurs.

§ 1. L'ABANDON DE LA PLANIFICATION NATIONALE

321 **Historique. –** Le Ier plan, le Plan Monnet, fut adopté par décret du 16 janvier 1947 et s'est appliqué jusqu'en 1953. Il trouvait une justification dans les nécessités de la reconstruction et la relance de l'économie. Trois plans quadriennaux se succédèrent, puis trois plans quinquennaux jusqu'en 1980. Le VIIIe Plan, devant couvrir la période 1981-1985, subit l'alternance de 1981. Un plan intérimaire fut adopté pour la période 82-83. Un IXe Plan a couvert la période 84-88 et postérieurement à l'alternance politique, une majorité moins attachée à l'idée de la planification a lancé la préparation du Xe Plan. Le retour de la gauche en 1988 a provoqué

31. *Infra*, n° 713 et s.

une réorientation des objectifs du Xe Plan qui fut adopté en 1989 (pour les années 1989-1992). La procédure d'élaboration du XIe Plan a été engagée, mais l'alternance de 1993 a eu raison de la politique de planification française.

322 **Cadre juridique.** – Ce n'est qu'en 1982 que la politique de planification a pu reposer sur un cadre juridique avec la loi n° 82-653 du 29 juillet 1982, portant réforme de la planification[32]. Le plan est défini à l'article 1er de la loi n° 82-653 du 29 juillet 1982 : « le plan détermine les choix stratégiques et les objectifs à moyen terme du développement économique, social et culturel de la nation ainsi que les moyens nécessaires pour les atteindre »[33]. Toutefois, il ne s'agissait que d'un acte à caractère prospectif et indicatif[34].

323 **Planification régionale.** – Il existe des Plans de Région. Le Plan de région est constitué par le schéma régional d'aménagement et de développement du territoire prévu à l'article 34 de la loi n° 83-8 du 7 janvier 1983 portant répartition de compétences entre les communes, les départements, les régions et l'État. Il fixe les orientations mises en œuvre par la région soit directement, soit par voie contractuelle avec l'État, d'autres régions, les départements, les communes ou leurs groupements, les entreprises publiques ou privées, les établissements publics ou toute autre personne morale (article L. 4251-1 du CGCT).

§ 2. LA PERSISTANCE DES CONTRATS DE PLAN

324 **Définition des contrats de plan.** – Selon l'article 11 de la loi n° 82-653 du 29 juillet 1982, « l'État peut conclure avec les collectivités territoriales, les régions, les entreprises publiques ou privées et éventuellement d'autres personnes morales, des contrats de plan comportant des engagements réciproques des parties en vue de l'exécution du plan et de ses programmes prioritaires. Ces contrats portent sur les actions qui contribuent à la réalisation d'objectifs compatibles avec ceux du plan de la nation. Ils définissent les conditions dans lesquelles l'État participe à ces actions (...). Le contrat de plan conclu entre l'État et la région définit les actions que l'État et la région s'engagent à mener conjointement par voie contractuelle pendant la durée du plan. (...) Les contrats conclus entre l'État, d'une part, et les collectivités territoriales, des entreprises ou d'autres personnes morales, d'autre part, doivent être communiqués aux régions concernées. L'État peut subordonner la conclusion du contrat de plan avec une entreprise à l'inclusion dans ce

32. Notamment modifiée par la loi n° 96-62 du 29 janv. 1996 et par l'ordonnance n° 2004-545 du 11 juin 2004.

33. La procédure d'adoption par la loi prévoyait une consultation de la Commission nationale de planification (comportant le Commissaire au Plan sachant que Commissariat général au plan a été supprimé en 2005 et remplacé par le Centre d'études et de prospectives, un représentant de chaque région, les organisations syndicales les plus représentatives, etc.).

34. Comme le confirme la décision CC n° 142-82 du 27 juill. 1982, à propos de la loi de 1982 et de la modification limitée du plan, tous les deux ans seulement : « le législateur ne peut lui-même se lier ; qu'une loi peut toujours et sans condition, fût-ce implicitement, abroger ou modifier une loi antérieure ou y déroger ; qu'ainsi les dispositions de l'article 4, dernier alinéa, de la loi présentement examinée sont dépourvues de tout effet juridique et ne peuvent limiter en rien le droit d'initiative du Gouvernement et des membres du Parlement ; qu'elles ne sauraient pas davantage empêcher le vote dans l'avenir de lois contraires aux dites dispositions ».

contrat de la définition des principales orientations stratégiques de l'entreprise et à la mise en évidence de leur compatibilité avec les objectifs du plan de la nation ».

A. NATURE ET FORCE OBLIGATOIRE DES CONTRATS DE PLAN

325 **Nature contractuelle. –** « Les contrats de plan sont conclus suivant une procédure fixée par décret en Conseil d'État. Ils ne peuvent être résiliés par l'État, avant leur date normale d'expiration, que dans les formes et conditions qu'ils stipulent expressément. Ils sont réputés ne contenir que des clauses contractuelles » (article 12 de la loi précitée du 29 juillet 1982).

326 **Absence de certitude de la réalisation des engagements. –** Un arrêt de 1996 est venu considérablement affaiblir la portée des contrats de plan, en tant qu'il suppose que la conclusion de tels contrats ne rend pas certaine la réalisation des engagements qui y sont prévus. Il a été jugé, à propos d'un recours formé par une association de défense de l'environnement à l'encontre de la décision de signer un contrat de plan, comportant un projet de nature à affecter l'environnement, « qu'il ressort de l'ensemble des dispositions du chapitre III du titre Ier de la loi du 29 juillet 1982 portant réforme de la planification que ce contrat de plan n'emporte, par lui-même, aucune conséquence directe quant à la réalisation effective des actions ou opérations qu'il prévoit » (CE 25 octobre 1996, *Association Estuaire-Écologie*)[35]. Dans la même veine et dans le cadre de l'appréciation de l'intérêt à agir des agents d'une entreprise publique (La Poste) liée à l'État par un contrat de plan, le Conseil d'État a décidé les stipulations contenues dans le contrat de plan, relatives respectivement aux missions de La Poste, à ses relations financières avec l'État, à ses objectifs et moyens financiers et à la procédure de révision de ce contrat ne sont pas, eu égard à leur objet ou aux termes généraux dans lesquels elles sont énoncées, susceptibles de léser de façon suffisamment directe et certaine les intérêts des agents de La Poste (CE Sect. 19 novembre 1999, *Fédération syndicaliste FO des travailleurs des P. et T.*)[36]. Il en résulte implicitement qu'il faudrait examiner ces contrats au cas par cas, selon le caractère précis et inconditionnel de leurs clauses.

327 **Abandon des engagements. Responsabilité pour faute à l'égard du cocontractant. –** Cette nature contractuelle emporte des conséquences en cas de méconnaissance de ses engagements par l'une des parties. Lorsque le Premier ministre a décidé d'implanter le Synchrotron à Grenoble plutôt qu'à Strasbourg, contrairement aux engagements pris dans le contrat de plan conclu entre l'État et la Région Alsace, le Conseil d'État (CE Ass. 8 janvier 1988, *Ministre du plan et de l'aménagement du territoire c/ Cté urbaine de Strasbourg*)[37] a jugé que la méconnaissance des stipulations d'un contrat, si elle est susceptible d'engager, le cas échéant, la responsabilité d'une partie vis-à-vis de son cocontractant, ne peut être utilement

35. *RFDA* 1997, p. 339, concl. STAHL et note Y. MADIOT, *D.* 1997, p. 441, note LE NOAN.
36. *RFDA* 2000, p. 197.
37. *Rec.* p. 3, *AJDA* 1988, p. 137, chron. AZIBERT et DE BOISDEFFRE, *Rev. adm.* 1988, p. 141, note Ph. TERNEYRE, *RFDA* 1988, p. 25, concl. DAËL, *JCP* 1988, II, 21084, note R. DRAGO.

invoquée comme moyen de légalité à l'appui d'un recours pour excès de pouvoir formé à l'encontre d'une décision administrative ; que ni les dispositions précitées de la loi du 29 juillet 1982, ni aucune autre disposition législative n'ont entendu conférer à la stipulation dont il s'agit du contrat de plan passé entre l'État et la région Alsace une portée autre que celle d'une stipulation contractuelle. Il en ressort que si un contrat administratif n'appartient pas au bloc de légalité administrative, sa méconnaissance peut tout de même fonder un contentieux indemnitaire.

Le Conseil d'État a, par la suite, affiné sa jurisprudence en effectuant une distinction entre les stipulations des contrats ne constituant que de simples objectifs, dont la méconnaissance n'entraîne pas l'engagement de la responsabilité de l'État, et les stipulations matérialisant de véritables engagements contractuels.

CE 21 décembre 2007, *Région Limousin*[38], à propos d'un contrat de plan État/Région : « si le protocole d'accord du 21 février 2001, qui ne fixe qu'un objectif et prévoit sa concrétisation par des conventions ultérieures, constitue une simple déclaration commune d'intention sans portée juridique, les trois conventions signées les 13 novembre 2001 et 12 septembre 2002 présentent en revanche le caractère de contrats susceptibles de mettre en jeu la responsabilité contractuelle de l'État ».

328 **Abandon des engagements pour un motif d'intérêt général et responsabilité sans faute. –** La jurisprudence la plus aboutie sur la question résulte de l'arrêt du Conseil d'État du 21 décembre 2007, *Région Limousin*[39], dans lequel il est jugé qu'en renonçant à ses engagements contractuels pour un motif d'intérêt général (coût élevé et faible rentabilité socio-économique d'un projet), l'État engage même sans faute sa responsabilité à l'égard des régions concernées[40]. Seuls les préjudices directs et certains sont indemnisables. L'économie de cette jurisprudence peut se résumer de la manière suivante : comme dans n'importe quel contrat, les parties sont tenues d'exécuter leurs obligations ; en cas d'inexécution de ses engagements, l'État engage sa responsabilité pour faute contractuelle ; en cas d'inexécution de ses engagements pour motif d'intérêt général, l'État engage sa responsabilité contractuelle sans faute et indemnise les préjudices directs et certains.

B. LES CONTRATS DE PROJETS ÉTAT/RÉGIONS

329 **Évolution. –** L'État participe au financement des projets de développement régionaux, financement qui constitue l'objet principal des contrats de plan État/Région. Entre les années 1980 et la quatrième génération de contrats État/Régions (2000-2006), les crédits alloués par l'État et les régions ont été triplés pour atteindre environ 35 milliards d'euros. Le financement est de plus en plus assuré par les régions. La cinquième génération de contrats de plan (désormais appelés contrats

38. *JCP* A n° 9/2008, n° 2050, note J.-M. PONTIER, *BJDCP* n° 57 avr. 2008, p. 138, concl. BORDENAVE.

39. Préc.

40. Pour une responsabilité sans faute non contractuelle de l'État vis-à-vis d'une commune pour avoir abandonné un projet économique, aller voir CE 15 nov. 2000, *Cne de Morschwiller-le-Bas*, n° 207418.

de projets) a vu le jour en 2007 et s'étendra jusqu'en 2013, couvrant ainsi la périodicité des futurs programmes européens[41].

330 **Réforme. –** Les nouveaux contrats de projets sont issus d'une réforme dont le processus a été entamé en 2004. On reconnaît aux contrats de plan de nombreux avantages, comme celui de permettre l'affirmation des régions ou de faire avancer plus rapidement les projets. Cependant, les critiques demeuraient en ce que les contrats comportaient de nombreux thèmes dispersés, souffraient de l'enchevêtrement des compétences (implication de toutes les collectivités, des communes à l'Union européenne), autorisaient l'État à faire prévaloir son point de vue tout en ne respectant pas ses engagements financiers. Le Premier ministre a engagé en mars 2004 une large concertation sur l'avenir des contrats de plan. Celle-ci a abouti à une réforme, initiée lors de la tenue du comité interministériel d'aménagement et de compétitivité du territoire (CIACT) du 3 mars 2006, et axée autour de plusieurs impératifs : concentrer les contrats de projets sur des investissements d'envergure nationale à haut effet d'entraînement sur le développement économique et la création d'emplois, resserrer leur contenu autour de trois pôles (compétitivité et attractivité du territoire, promotion du développement durable, cohésion sociale et territoriale) et renforcer et assouplir le partenariat avec les collectivités territoriales (notamment en associant les collectivités infrarégionales).

SECTION III — L'ORGANISATION ET L'ENCADREMENT DE CERTAINS MARCHÉS

331 **Motifs. –** Sans aller jusqu'à mettre en œuvre une véritable direction de marchés particuliers et du fonctionnement des opérateurs qui y évoluent, l'autorité publique dispose dans certains secteurs de prérogatives qui vont au-delà de la limitation de l'accès, de la définition de certaines règles professionnelles appréciée au regard des libertés économiques, ou de l'institution de droits spéciaux ou exclusifs. L'autorité publique se manifeste par un véritable pouvoir d'organisation et d'encadrement. Ces prérogatives sont motivées par la nécessité d'un minimum d'organisation d'une production ou par le caractère très sensible de certains marchés. Il peut s'agir de marchés concurrentiels sensibles par nature, parce qu'ils touchent le domaine financier ou permettent l'exercice de libertés publiques, ou de marchés sensibles parce que la concurrence ne s'y exerce que partiellement. On fait ici référence à la politique d'ouverture des réseaux à la concurrence, couvrant des marchés sur lesquels un opérateur historique anciennement monopolistique est encore en position dominante.

41. A. BONREPAUX et L. GISCARD D'ESTAING, *L'exécution des contrats de plan État-régions et la programmation des fonds structurels européens*, Rapport n° 2421, Commission des finances, AN 29 juin 2005.

332 **Degré de contrôle. –** Les prérogatives d'encadrement et d'organisation manifestent différents degrés de contrôle de la part de l'autorité publique. En effet, chaque secteur combine à des degrés variables des prérogatives sur la production des opérateurs, sur leur financement, sur l'accès au marché, sur la définition de leurs droits et obligations, ou sur la sanction de leur comportement.

333 **Concept de régulation sectorielle. –** L'encadrement de certains marchés particuliers est fondé sur la fonction de régulation confiée à l'État. On a retenu une définition intermédiaire de la notion de régulation, fondée, d'une part, sur les objectifs de cette fonction et, d'autre part, sur les modalités spécifiques d'intervention des autorités ayant en charge une mission de régulation[42]. Reposant sur des modalités spécifiques d'intervention, la régulation présente la particularité d'offrir aux autorités qui en sont chargées tout un panel de prérogatives allant de la réglementation *a priori* aux décisions particulières, sanctions ou règlements des conflits *a posteriori*. Parmi les objectifs assignés à la fonction de régulation, on retient en premier lieu l'impératif de contrôle du respect de la liberté de la concurrence afin que le marché puisse produire tous les effets que l'on attend, mais aussi l'objectif de rétablir l'équilibre des pouvoirs ou de rééquilibrer les forces en présence, soit par des interventions préventives, soit par la mise en place d'un mécanisme répressif. La régulation se distingue de la réglementation, non pas en fonction du moment de leur intervention (l'une agirait *a priori*, l'autre *a posteriori*), mais plutôt en considération du fait que la réglementation a pour unique objet de produire des règles générales et impersonnelles, alors que la régulation se caractérise par des prérogatives beaucoup plus nombreuses. Si le régulateur est titulaire d'un pouvoir réglementaire et peut ainsi produire une réglementation, c'est une réglementation dont l'objet est souvent limité à l'application de la réglementation générale ou destiné à apporter des précisions en définissant des règles de fonctionnement (droits et obligations des opérateurs, règles techniques) d'un marché particulier. Le terme régulation peut s'appliquer, selon nous, soit à une mission générale de l'État vis-à-vis de l'économie (c'est l'intitulé du titre retenu pour cette partie), soit à la mission d'autorité indépendante agissant dans un secteur donné (régulation sectorielle). C'est à cette seconde acception que l'on s'intéressera particulièrement ici. La régulation sectorielle est souvent confiée à une autorité indépendante de marché (autorité administrative indépendante ou autorité publique indépendante).

§ 1. L'ENCADREMENT DE MARCHÉS CONCURRENTIELS SENSIBLES

334 **Notion de marchés sensibles. –** La notion de « marché sensible », bien que n'ayant aucune consistance juridique, rend pourtant admirablement compte des raisons qui ont pu pousser les autorités publiques à encadrer ou à simplement organiser leur fonctionnement. Un marché peut être dit « sensible » par sa nature même. On pense au secteur financier et bancaire, au cœur de

42. M.-A. FRISON-ROCHE, « Définition du droit de la régulation économique », *D.* 2004, chron. p. 126 ; J.-Ph. COLSON, *Droit public économique*, préc. p. 509.

l'économie, ayant une fonction importante de conservation de l'épargne des ménages et de financement de l'économie, et qui ne saurait fonctionner sans aucune surveillance. Un marché peut aussi être sensible parce qu'indirectement il contribue à l'exercice des libertés publiques. On peut citer ici l'exemple du secteur audiovisuel. Ces deux catégories de marchés, bien que concurrentiels, ont requis l'intervention des pouvoirs publics, notamment par le biais d'autorités de marché indépendantes chargées de ces secteurs. On étudiera successivement, à titre d'exemple, les deux principales autorités agissant dans ces secteurs, que sont l'autorité des marchés financiers et le conseil supérieur de l'audiovisuel.

A. LE MARCHÉ BANCAIRE ET FINANCIER

335 **Présentation du secteur. –** Le secteur bancaire et financier offre un certain nombre de services, regroupés au sein des opérations de banque (réception de fonds du public, opérations de crédit, mise à la disposition de la clientèle ou gestion de moyens de paiement) et des services d'investissement. De multiples organismes y opèrent : les établissements du secteur bancaire (les établissements de crédit, les banques mutualistes ou coopératives, les caisses de crédit municipal, les sociétés financières, les institutions financières spécialisées, les compagnies financières, les établissements et services autorisés à effectuer des opérations de banque, les intermédiaires), les prestataires de service de paiement et les changeurs manuels, les prestataires de services d'investissement, et les autres prestataires de service. L'encadrement du secteur bancaire et financier par l'autorité publique fait apparaître les deux fonctions traditionnelles de l'État en la matière. Il existe, d'une part, une réglementation sectorielle établie *a priori* par une autorité ministérielle et, d'autre part, une fonction de régulation confiée à des autorités indépendantes. La mission de régulation du secteur bancaire est encore partagée entre plusieurs institutions, même si d'importants progrès ont été accomplis par la réforme issue de la loi n° 2003-706 du 1er août 2003 de sécurité financière.

La séparation entre la mission de contrôle de la qualité de la situation financière des institutions et la mission de régulation des marchés visant à protéger leur fonctionnement a été maintenue par la réforme de 2003. La première mission porte plus sur les institutions elles-mêmes et le respect de la réglementation applicable. Elle était confiée à la Commission bancaire et au Comité des établissements de crédit et des entreprises d'investissement[43]. La seconde mission vise plus à encadrer les opérations sur les marchés financiers et l'objet de la réforme de 2003 a été de la confier à la nouvelle Autorité des marchés financiers.

336 **Réforme de 2010. –** La crise financière de l'automne 2008 a ouvert un débat sur le fonctionnement des autorités de supervision du marché et s'est traduite par une fusion des autorités d'agrément et de contrôle de la banque et de l'assurance (ordonnance n° 2010-76 du 21 janvier 2010). Ainsi que l'indique le Rapport au président de la République sur l'ordonnance n° 2010-76, au niveau international,

43. Pour le secteur des assurances, cette mission était confiée à la Commission de contrôle des assurances, des mutuelles et des institutions de prévoyance, ainsi qu'au Comité des entreprises d'assurance.

les pays du G 20 ont renforcé la surveillance des risques financiers avec la création du Conseil de stabilité financière. En France, la loi n° 2008-776 du 4 août 2008 de modernisation de l'économie a habilité le gouvernement à prendre des mesures relatives aux autorités d'agrément et de contrôle du secteur financier. Ces mesures ont d'abord pour objet de redéfinir les missions, l'organisation et le fonctionnement des autorités d'agrément et de contrôle en rapprochant, d'une part, les autorités d'un même secteur et, d'autre part, la Commission bancaire et l'Autorité de contrôle des assurances et des mutuelles. Ensuite, la réforme de 2010 vise à attribuer à ces autorités une dimension européenne et à ajuster leurs champs de compétence en vue d'intervenir dans le contrôle de la commercialisation de produits financiers. Enfin, il convenait d'adapter les procédures d'urgence et de sauvegarde, les procédures disciplinaires et les sanctions qu'elles peuvent prononcer. L'Inspection générale des finances, saisie de la question, a rendu un rapport proposant de fusionner la Commission bancaire, l'Autorité de contrôle des assurances et des mutuelles, le Comité des établissements de crédit et des entreprises d'investissement et le Comité des entreprises d'assurance. L'ordonnance institue donc une nouvelle autorité de supervision, l'Autorité de contrôle prudentiel (ACP). Trois objectifs sont poursuivis : assurer la sécurité des consommateurs, assurer la stabilité financière en dotant l'Autorité d'une mission de surveillance des risques dans l'ensemble du secteur financier et porter l'influence de la France dans les négociations internationales sur la réforme de la régulation financière.

337 **Réglementation. –** Les établissements de crédit font l'objet d'une réglementation fixée par le ministre de l'Économie (article L. 611-1 du Code monétaire et financier). Cette réglementation porte sur la structure du secteur (conditions dans lesquelles des participations directes ou indirectes peuvent être prises, étendues ou cédées dans ces établissements), le montant du capital des établissements, les conditions d'implantation des réseaux, les conditions des relations avec leur clientèle et les conditions de la concurrence, les normes de gestion que les établissements de crédit doivent respecter en vue notamment de garantir leur liquidité, leur solvabilité et l'équilibre de leur structure financière. Sont aussi fixées par arrêté ministériel les règles relatives à la publicité des informations destinées aux autorités compétentes, les instruments et les règles du crédit, les règles relatives à la protection des déposants et, enfin, les règles applicables à l'organisation comptable, aux mécanismes de contrôle et de sécurité dans le domaine informatique ainsi que les procédures de contrôle interne. Les articles L. 611-1-1 et suivants du Code monétaire et financier autorisent aussi le ministre de l'Économie à réglementer l'activité des établissements de paiement et des agents des prestataires de services de paiement.

338 **Création de l'Autorité de contrôle prudentiel (ACP)[44]. –** Les articles L. 612-1 et suivants du Code monétaire et financier définissent la mission de l'ACP. Qualifiée d'autorité administrative indépendante (sans personnalité morale), elle veille à la préservation de la stabilité du système financier et à la protection des clients, assurés, adhérents et bénéficiaires des personnes soumises à son contrôle. Ces personnes

44. Ord. n° 2010-76 du 21 janv. 2010 et décrets n° 2010-218 et 2010-217.

sont déterminées à l'article L. 612-2. On y retrouve les établissements de crédit, les entreprises d'investissement, les entreprises de marché, les adhérents aux chambres de compensation, les établissements de paiement, les compagnies financières, etc. Elle contrôle le respect par ces opérateurs de la réglementation qui leur est applicable. Ces règles figurent notamment dans le Code monétaire et financier, le Code des assurances, le livre III du Code de la consommation, mais aussi dans les codes de conduite homologués par le ministre qui prennent donc une valeur réglementaire. Elle est chargée d'examiner les demandes d'autorisations ou de dérogations individuelles qui lui sont adressées et de prendre les décisions prévues par les dispositions législatives et réglementaires applicables aux personnes soumises à son contrôle. Elle a pour mission d'exercer une surveillance permanente de la situation financière et des conditions d'exploitation des personnes soumises à son contrôle et de veiller au respect par ces personnes des règles destinées à assurer la protection de leur clientèle, résultant notamment de toute disposition législative et réglementaire ou des règles de bonne pratique de leur profession. Pour l'accomplissement de ses missions, l'Autorité de contrôle prudentiel dispose, à l'égard des personnes mentionnées à l'article L. 612-2, d'un pouvoir de contrôle, du pouvoir de prendre des mesures de police administrative et d'un pouvoir de sanction.

La composition de l'Autorité est précisée aux articles L. 612-5 et suivants du Code monétaire et financier. On note que les différentes formations de l'Autorité tiennent compte de la diversité de ses missions. Le collège plénier est présidé par le gouverneur de la Banque de France de manière à permettre à l'Autorité de bénéficier de l'expertise économique et financière de la banque centrale et à assurer un traitement efficace des situations d'urgence. Le vice-président est doté d'une expérience en matière d'assurance. La composition du collège plénier fait apparaître la présence de personnalités qualifiées, de personnalités publiques (représentants des juridictions et président de l'Autorité des normes comptables notamment). Au sein du collège coexistent deux sous-collèges sectoriels (secteur bancaire, secteur des assurances). La commission des sanctions est entièrement distincte du collège. Les articles L. 612-23 à L. 612-29 sont consacrés aux pouvoirs de contrôle de l'autorité. L'Autorité disposera également de pouvoirs de police (art. L. 612-30 à L. 612-34) l'autorisant à prendre plusieurs types de mesures dans le respect du principe du contradictoire et de la transparence : mise en garde lorsque les pratiques portent atteinte aux règles de bonne pratique de la profession ; mesures conservatoires (surveillance spéciale, limitation ou interdiction temporaire d'opérations, transfert d'office de portefeuille, interdiction ou limitation des dividendes, suspension des dirigeants) et modalités d'administration provisoire. Les articles L. 612-38 à L. 612-42 définissent le pouvoir disciplinaire de l'autorité, qui peut prononcer des sanctions professionnelles et pécuniaires.

339 **Institutions consultatives. –** Le Comité consultatif du secteur financier est chargé d'étudier les questions liées aux relations entre, d'une part, les établissements de crédit, les entreprises d'investissement et les entreprises d'assurance et, d'autre part, leurs clientèles respectives, et de proposer toutes mesures appropriées dans ce domaine, notamment sous forme d'avis ou de recommandations d'ordre général (article L. 614-1). Le Comité consultatif de la législation et de la réglementation financières est saisi pour avis par le ministre chargé de l'économie de tout projet de loi ou d'ordonnance et de toute proposition de règlement ou de directive communautaires traitant de questions relatives au secteur de l'assurance, au secteur bancaire et aux entreprises

d'investissement, à l'exception des textes portant sur l'Autorité des marchés financiers ou entrant dans les compétences de celle-ci (article L. 614-3).

340 **Autorité des marchés financiers. –** L'Autorité des marchés financiers, autorité publique indépendante bénéficiant de la personnalité morale, a été créée par la loi de sécurité financière du 1er août 2003 et remplace l'ancienne Commission des opérations de bourse et le Conseil des marchés financiers. Les dispositions la concernant sont codifiées aux articles L. 621-1 et suivants du Code monétaire et financier. Sa mission est de veiller à la protection de l'épargne investie dans les instruments financiers et tous autres placements donnant lieu à appel public à l'épargne, à l'information des investisseurs et au bon fonctionnement des marchés d'instruments financiers. L'Autorité des marchés financiers comprend un collège[45] (autorité exerçant toutes les attributions, sauf disposition particulière), une commission des sanctions[46] et, le cas échéant, des commissions spécialisées et des commissions consultatives.

L'AMF définit des règles professionnelles s'appliquant aux organismes opérant dans le secteur (par exemple les règles qui doivent être respectées dans les opérations sur des instruments financiers placés par appel public à l'épargne, les règles relatives aux offres publiques d'acquisition, les conditions d'exercice de certains services, les conditions d'agrément et d'exercice de certaines activités, les principes généraux d'organisation et de fonctionnement de certains systèmes ou entreprises). Elle détient aussi un pouvoir d'autorisation préalable pour certaines opérations portant sur des instruments financiers, peut les suspendre ou les interdire. Afin d'assurer l'exécution de sa mission, l'Autorité des marchés financiers effectue des contrôles et des enquêtes. L'Autorité des marchés financiers veille également au respect des obligations professionnelles auxquelles sont astreintes, en vertu des dispositions législatives et réglementaires, les entités ou personnes opérant dans le secteur bancaire et financier, ainsi que les personnes physiques placées sous leur autorité ou agissant pour leur compte. Le collège peut, après avoir mis la personne concernée en mesure de présenter ses explications, ordonner qu'il soit mis fin, en France et à l'étranger, aux manquements aux obligations résultant des dispositions législatives ou réglementaires ou des règles professionnelles visant à protéger les investisseurs contre les opérations d'initiés, les manipulations de cours et la diffusion de fausses informations, ou à tout autre manquement de nature à porter atteinte à la protection des investisseurs ou au bon fonctionnement du marché. À cette fin, le collège peut décider de l'ouverture d'une procédure de sanction, prononcée par la Commission des sanctions. L'Autorité est habilitée à recevoir de tout intéressé les réclamations qui entrent par leur objet dans sa compétence et à leur donner la suite

45. Il est composé de 16 membres : un président, nommé par décret, un conseiller d'État, un conseiller à la Cour de cassation, un conseiller maître à la Cour des comptes, un représentant de la Banque de France, le président du Conseil national de la comptabilité, trois membres désignés, à raison de leur compétence financière et juridique ainsi que de leur expérience en matière d'appel public à l'épargne et d'investissement de l'épargne dans des instruments financiers, respectivement par le Président du Sénat, le Président de l'Assemblée nationale et le président du Conseil économique et social, six personnalités compétentes désignées par le ministre de l'économie après consultation des professionnels du secteur, un représentant des salariés.

46. Les fonctions de membre de la commission des sanctions sont incompatibles avec celles de membre du collège.

qu'elles appellent. Elle propose, lorsque les conditions sont réunies, la résolution amiable des différends portés à sa connaissance par voie de conciliation ou de médiation. Elle établit chaque année un rapport au président de la République et au Parlement. S'agissant de la répartition des compétences en matière de recours contre les décisions de l'AMF, ne relèvent de l'autorité judiciaire que les actes individuels adoptés à l'encontre des non professionnels. Les mesures prises à l'encontre des professionnels, y compris les sanctions, sont de la compétence du juge administratif (compétence directe du Conseil d'État)[47].

B. LE MARCHÉ DE L'AUDIOVISUEL

341 **Présentation du marché de l'audiovisuel. –** Le secteur de la communication audiovisuelle couvre toute communication au public de services de radio ou de télévision, quelles que soient les modalités de mise à disposition auprès du public. Ce secteur fait l'objet d'une réglementation d'ensemble, issue de la loi n° 86-1067 du 30 septembre 1986, dite loi Léotard, modifiée à de nombreuses reprises. Comme dans le secteur bancaire et financier, le secteur de l'audiovisuel fait l'objet d'une réglementation *a priori* et d'un mécanisme de régulation qui l'accompagne, confié à une autorité indépendante. Le Conseil supérieur de l'audiovisuel, autorité indépendante, garantit l'exercice de la liberté de communication audiovisuelle en matière de radio et de télévision par tout procédé de communication électronique. Il assure notamment l'égalité de traitement ; il garantit l'indépendance et l'impartialité du secteur public de la radio et de la télévision ; il veille à favoriser la libre concurrence et l'établissement de relations non discriminatoires entre éditeurs et distributeurs de services, quel que soit le réseau de communications électroniques utilisé par ces derniers, conformément au principe de neutralité technologique ; il veille à la qualité et à la diversité des programmes, au développement de la production et de la création audiovisuelles nationales ainsi qu'à la défense et à l'illustration de la langue et de la culture françaises. Il peut formuler des propositions sur l'amélioration de la qualité des programmes.

342 **Réglementation. –** La loi n° 86-1067 encadre précisément les droits et obligations des opérateurs intervenant dans le secteur de l'audiovisuel. Elle définit notamment des restrictions quant à la détention du capital des sociétés titulaires d'autorisations et quant aux possibilités de concentration, dans le but de prévenir les atteintes au pluralisme. Au niveau réglementaire, le Premier ministre se voit confier un pouvoir de réglementation sectorielle en matière de définition des fréquences. Des décrets en Conseil d'État définissent les obligations mises à la charge des opérateurs publics du secteur, chargés d'une mission d'intérêt général, ou encore des règles de fonctionnement applicables aux services de radio ou de télévision distribués par les réseaux n'utilisant pas des fréquences assignées par le Conseil supérieur de l'audiovisuel.

343 **Conseil supérieur de l'audiovisuel. –** Le CSA est une autorité administrative indépendante créée par la loi du 17 janvier 1989. Il est composé d'un collège de

47. Décret n° 2003-1109 du 21 nov. 2003.

neuf membres nommés par décret du président de la République[48]. Sur l'ensemble des activités relevant de sa compétence, le CSA peut être saisi de demandes d'avis ou d'études par le gouvernement, les présidents de l'Assemblée nationale ou du Sénat et les commissions compétentes de ces deux assemblées[49]. Il est également consulté par l'Autorité de la concurrence sur des pratiques restrictives de la concurrence et les concentrations économiques intervenant dans le secteur audiovisuel. Au titre d'un pouvoir réglementaire limité, le CSA peut fixer des règles techniques et des règles en matière de production, de programmation et de diffusion dans certains domaines (campagnes électorales par exemple). Il est compétent pour régler des différends relatifs à la distribution d'un service de radio ou de télévision. Le CSA dispose d'un pouvoir d'avis conforme sur la nomination des présidents des télévisions et radios publiques. La planification des bandes MF et MA, tout comme l'attribution de canaux de diffusion aux télévisions (résorption de zones d'ombre, extension de réseaux), repose exclusivement sur le Conseil. Les autorisations délivrées par le CSA aux diffuseurs prennent plusieurs formes : les services de radio et de télévision privés diffusés en mode hertzien terrestre doivent signer une convention avec le Conseil, qui leur délivre ensuite une autorisation d'usage de la fréquence ; les services de radio et de télévision privés diffusés sur des fréquences non assignées par le CSA (réseaux câblés, satellites, internet, ADSL, réseaux de téléphonie mobile, etc.) sont soumis, en fonction de leur budget, soit au régime du conventionnement, soit au régime de la déclaration. Les autorisations sont accordées au regard de l'appréciation du projet du candidat par rapport à des impératifs clairement définis dans la loi Léotard. Le CSA effectue une importante mission de contrôle, portant notamment sur le respect par les diffuseurs de leurs obligations en matière de programme ou du respect des règles de concurrence et de concentration. Enfin, le CSA est titulaire d'un pouvoir de sanction, prononcées à l'encontre des diffuseurs en cas de manquements à leurs obligations et engagements. Au titre de ses missions, le CSA peut se faire communiquer certaines informations et dispose de pouvoirs d'enquête.

§ 2. L'ENCADREMENT DES RÉSEAUX OUVERTS À LA CONCURRENCE

344 **Motif. –** Un encadrement strict de certains secteurs se justifie par les risques pesant sur le respect des règles de la concurrence. En effet, la politique d'ouverture des réseaux à la concurrence a pour objectif de démanteler des monopoles historiques en ouvrant leurs activités à des opérateurs concurrents. La puissance de marché de ces opérateurs historiques et la nécessité de constituer de nouveaux marchés équilibrés doivent être contrebalancées par des prérogatives

48. Trois sont désignés par le président de la République, trois par le président du Sénat et trois par le président de l'Assemblée nationale.

49. Le CSA est consulté sur les projets de loi dans le secteur de l'audiovisuel, sur la fixation des règles applicables aux radios et télévisions attribuées par câble, internet, ADSL, etc., sur l'adoption des obligations en matière de publicité, de diffusion des films, sur le contenu des cahiers des missions et des charges des radios et télévisions publiques, etc.

importantes octroyées aux autorités publiques. C'est aussi la raison qui explique que ces prérogatives sont vouées à la disparition à mesure que les marchés atteindront un niveau d'équilibre concurrentiel jugé stable et satisfaisant.

345 **Approche transversale et spécificités par secteur. –** L'ouverture des réseaux à la concurrence s'inscrit dans un cadre général qui permet d'en appréhender les mécanismes de fond, même si les dispositions sectorielles ne le reproduisent pas systématiquement. C'est pourquoi une analyse secteur par secteur est ensuite indispensable. Les secteurs ouverts à la concurrence sont les activités de réseaux (énergie, télécommunications, poste, transports).

A. APPROCHE TRANSVERSALE

346 **Réforme. –** L'ouverture des réseaux à la concurrence a commandé que la France abandonne son modèle au profit d'un cadre communautaire, lequel fixe des grands principes d'ouverture d'un réseau à la concurrence.

1. Du modèle français au modèle communautaire

347 **Construction du modèle français. –** Jusqu'au début des années 1990, le modèle français de la gestion de services publics industriels et commerciaux exploités à partir d'un réseau repose sur plusieurs piliers. Techniquement, ces activités sont exploitées à partir de réseaux constitués au niveau national et couvrant la quasi-totalité du territoire. Juridiquement, elles sont qualifiables de services publics à caractère industriel et commercial. Économiquement, elles sont confiées à un opérateur monopolistique à statut public ou appartenant au secteur public. Cet opérateur public est verticalement intégré en ce qu'il est propriétaire et exploite le réseau support de l'activité et fournit l'ensemble des services aux usagers. L'État cumule également différentes fonctions : la réglementation de l'activité, la régulation du marché, la tutelle sur l'opérateur monopolistique et le rôle d'actionnaire (ou plus exactement de propriétaire) unique de cet opérateur.

Ce modèle puise sa justification dans une série de facteurs. Économiquement, un monopole naturel est susceptible d'apparaître dans les secteurs qui connaissent des rendements constamment croissants[50], comme les industries de réseaux. La croissance de l'opérateur permet de réaliser des économies d'échelle, profitables au consommateur. L'idéal économique est alors de réserver ces activités à des monopoles, qui appellent en contrepartie l'intervention de l'État, soit pour encadrer rigoureusement l'opérateur privé en charge de l'activité, soit sous forme de nationalisation de l'opérateur. Certains réseaux sont par ailleurs le vecteur de la souveraineté de l'État et impliquent son intervention (voies de circulation, poste, rail, télécommunications), voire ont parfois même été constitués à l'origine uniquement pour le service de l'État (poste). Les services offerts à partir des réseaux sont aussi

50. Il s'agit de situations dans lesquelles le bien produit coûte d'autant moins cher à l'unité qu'il est produit en grande quantité. C'est le cas lorsque l'activité exige un investissement initial très important, la constitution du réseau en l'espèce.

le gage de l'intérêt que manifeste l'État Providence pour le bien-être social. Les classes moyennes accèdent ainsi à des services de première nécessité, dans le respect des principes d'égalité, de continuité et d'adaptation constante au service de la construction du lien social et de la réduction des inégalités[51]. Le réseau incarne à ce titre les solidarités sociales (universalité, péréquation tarifaire, etc.). Des raisons techniques[52] et financières ont également conduit l'État à s'impliquer, la phase de constitution ou d'achèvement de réseaux de qualité nécessitant d'importants investissements[53].

348 **Contestation du modèle français. –** Dans les années 1960 et 1970, les travaux économiques ont mis en évidence que les pratiques en vigueur dans les nations recourant à ce modèle étaient peu incitatives. Les différentes expériences menées dans le monde ont montré que pour réformer ces organisations, trois pistes pouvaient être suivies : la privatisation du statut des opérateurs, l'introduction de la concurrence et la recherche de nouvelles réglementations de secteurs ouverts à la concurrence[54]. On se situe alors à une époque charnière, puisque la situation économique et sociale s'écarte des conditions qui prévalaient à l'issue de la Seconde Guerre mondiale. Le compromis social tend à être remis en cause. En France, le modèle de l'opérateur public, peu enclin à l'efficacité économique et empreint de lourdeurs bureaucratiques, est contesté par des usagers en mal de devenir de véritables clients ou consommateurs, afin de profiter de services à valeur ajoutée d'une meilleure qualité et des vertus de la concurrence par les prix[55]. Le passage à un modèle d'ouverture à la concurrence est favorisé par les progrès du droit de la concurrence et les innovations techniques qui permettent de différencier les différents segments de l'activité et d'offrir des services plus diversifiés.

349 **Modèle communautaire. –** Le modèle communautaire est aux antipodes du modèle français. Si l'impératif d'ouverture des réseaux à la concurrence ne figure pas expressément dans les traités constitutifs de l'Union européenne[56], toute la philosophie juridique qui les inspire tend à faire prévaloir la libre concurrence. Le libre jeu des mécanismes du marché est perçu comme la meilleure organisation possible, au service des opérateurs économiques, mais surtout au service des consommateurs. Cependant, les institutions communautaires sont restées longtemps en retrait et ce n'est qu'au cours des années 1970, encouragées par les expériences américaine et britannique, qu'elles sont intervenues. Il convient de rappeler que c'est d'abord la Cour de justice qui s'est intéressée aux activités de

51. Cette constatation est particulièrement vraie dès la troisième République et surtout après la Seconde Guerre mondiale.

52. Les réseaux territoriaux aux mains de compagnies privées s'interconnectent progressivement, encourageant la concentration des entreprises gestionnaires, évolution à laquelle l'État ne peut rester indifférent. Celui-ci doit également se préoccuper du raccordement des zones les moins rentables et les plus difficiles d'accès du territoire.

53. Rapport de la Commission Stoffaës, *Services publics Question d'avenir*, La Documentation française, 1995.

54. Rapport Stoffaës, préc. p. 26.

55. S. NICINSKI, *L'usager du service public industriel et commercial*, L'Harmattan, coll. Logiques juridiques, 2001, p. 34 et s.

56. Seuls les transports font l'objet de stipulations spécifiques.

réseau et a joué un rôle d'aiguillon à l'encontre de la Commission[57]. Cette dernière va alors fonder ses interventions sur l'article 86 § 3 TCE [aujourd'hui 106 § 3 TFUE]. En 1984 et 1987 la Commission publie ses premières communications sur le secteur des télécommunications[58]. En 1992 c'est au tour des services postaux et des transports de faire l'objet d'un Livre Vert. Les premières directives de libéralisation jalonnent les années 1990 (directive n° 91/440/CEE du 29 juillet 1991 relative au développement des chemins de fer communautaires ; directive n° 90/388 CE du 28 juin 1990 relative à la concurrence dans les marchés de services de télécommunications ; directive n° 96/62/CE du 19 décembre 1996 concernant des règles communes pour le marché intérieur de l'électricité ; directive n° 97/67/CE du 15 décembre 1997 concernant les règles communes pour le développement du marché intérieur des services postaux ; directive n° 98/30/CE du 22 juin 1998 concernant des règles communes pour le développement du marché intérieur du gaz naturel). Le modèle communautaire repose sur l'ouverture des services et des activités à un ensemble d'opérateurs en concurrence, sur la séparation des différentes activités des opérateurs et de l'État vis-à-vis de ces opérateurs et sur un mécanisme de régulation.

350 **Bilan mitigé. –** Presque vingt ans plus tard, le bilan de ce modèle est mitigé. On pense au scandale de l'électricité aux États-Unis, aux accidents dans les transports en Grande-Bretagne, à l'augmentation de certains prix en France et au paradoxe des tarifs réglementés du gaz et de l'électricité, auxquels les consommateurs s'accrochent en raison de leur très bas niveau alors qu'ils freinent le développement de la concurrence, et aux cas dans lesquels les entreprises les plus solides ont éliminé leurs concurrents et disposent d'un réel pouvoir de marché au détriment des consommateurs (par exemple dans le domaine du transport aérien ou s'agissant des ententes entre opérateurs de téléphonie mobile).

2. Le cadre communautaire

351 **Stipulations du TFUE. –** En vertu de l'article 37 TFUE, les États membres aménagent les monopoles nationaux présentant un caractère commercial. Le traité promeut en outre la libre circulation des marchandises (article 43) et la libre prestation des services (article 56). La règle la plus importante reste celle de l'article 106 § 1 selon laquelle « les États membres, en ce qui concerne les entreprises publiques et les entreprises auxquelles ils accordent des droits spéciaux ou exclusifs, n'édictent ni ne maintiennent aucune mesure contraire aux règles du Traité, notamment celles prévues aux articles 18 et 101 à 109 inclus ». Ces dernières règles constituent le droit communautaire de la concurrence. Le paragraphe 2 de l'article 106 prévoit une exception en faveur des entreprises chargées d'un service d'intérêt économique général (*infra*, n° 352). Surtout, le paragraphe 3 du même article autorise la

57. En 1964 (aff. 6/64), la Cour juge que l'électricité est une marchandise, en 1971 (aff. 10/71), elle rend un premier arrêt sur l'article 86 TCE [article 90 à l'époque et 106 aujourd'hui] et en 1974 elle décide que les transports aériens et maritimes sont assujettis aux règles générales du traité (aff. 167/73). En 1985, la Cour statue sur un recours en carence diligenté par le Parlement européen à l'encontre de la Commission du fait de l'absence de définition d'une politique commune des transports.

58. Livre Vert de juin 1987 et résolution du Conseil de juin 1988.

Commission à veiller à l'application des règles énoncées ci-dessus en adressant si besoin des directives ou décisions appropriées aux États membres. C'est sur ce fondement qu'ont été adoptées les directives sectorielles. Enfin, le traité consacre un titre V (troisième partie) aux transports, dont l'article 93 autorise l'octroi d'aides correspondant au remboursement de servitudes inhérentes à la notion de service public.

352 **Jurisprudence de la Cour en l'absence de directive sectorielle. –** Avant même l'édiction de directives sectorielles et aujourd'hui encore en dehors des domaines couverts par ces directives, la Cour a eu à connaître des comportements et pratiques des entreprises publiques de réseaux. Il en ressort que le droit de la concurrence leur est pleinement applicable[59]. Mais c'est évidemment la construction jurisprudentielle élaborée sur le fondement de l'article 106 § 2 [ex 86 § 2 TCE[60]] qui est la plus intéressante. Cette stipulation permet de faire échapper aux règles de la concurrence les entreprises chargées d'un service d'intérêt économique général[61]. On ne reviendra pas sur l'examen par la Cour des différentes conditions d'application de cette exception (*supra,* n° 235 et s.), d'interprétation stricte. En revanche, il faut mentionner le tournant jurisprudentiel des années 1990 concernant l'application de cette exception aux entreprises de réseaux. Ce tournant repose sur deux arrêts, rendus l'un à propos de la poste belge (CJCE 19 mai 1993, *Corbeau*)[62] et l'autre à propos de la distribution d'électricité aux Pays-Bas (CJCE 27 avril 1994, *Almelo*)[63].

Plusieurs principes fondamentaux pour l'application de l'article 106 § 2 [ex 90 § 2] sont posés. En premier lieu, on note un assouplissement de la condition selon laquelle, pour admettre l'exception, il faut démontrer que l'application des règles de concurrence ferait échec à l'accomplissement en droit ou en fait de la mission particulière qui leur a été impartie. Les entreprises chargées d'un SIEG peuvent échapper aux règles de la concurrence dans la mesure où les restrictions à la concurrence, voire une exclusion de toute concurrence de la part des autres opérateurs économiques sont nécessaires pour assurer l'accomplissement de la mission particulière qui leur a été impartie. L'obstacle à l'accomplissement du service est interprété soit comme une menace de l'équilibre financier soit comme rendant le fonctionnement du service matériellement impossible. Pour apprécier cette condition, il faut tenir compte des conditions économiques dans lesquelles est placée l'entreprise, notamment les obligations de respect de certaines réglementations, comme l'environnement. L'appréciation de la condition procède donc du bilan économique. En deuxième lieu, le régime du SIEG est précisé : il s'exerce au profit de tous les usagers, sur l'ensemble du territoire, à des tarifs uniformes à des conditions

59. CJCE 8 juin 1982, aff. C-258/78 ; CJCE 3 oct. 1985, aff. C-311/84 ; CJCE 20 mars 1985, *British Telecoms*, aff. C-41/83 ; CJCE 10 déc. 1991, *Port de Gênes*, aff. C-179/90.

60. § 2 : « Les entreprises chargées de la gestion de services d'intérêt économique général ou présentant le caractère d'un monopole fiscal sont soumises aux règles du présent traité, notamment aux règles de concurrence, dans les limites où l'application de ces règles ne fait pas échec à l'accomplissement en droit ou en fait de la mission particulière qui leur a été impartie. Le développement des échanges ne doit pas être affecté dans une mesure contraire à l'intérêt de la Communauté ».

61. Faisant partie de la catégorie plus vaste des services d'intérêt général, que le Livre Vert de la Commission sur les SIG (du 21 mai 2003 COM (2003) 270 final) définit comme des « services marchands et non marchands que les autorités publiques considèrent comme étant d'intérêt général et soumettent à des obligations spécifiques d'intérêt général ». Ils impliquent une égalité d'accès, ainsi qu'un prix abordable et une certaine qualité.

62. Aff. C-320/91.

63. Aff. C-393/92.

de qualité similaires sans égard aux situations particulières et au degré de rentabilité de chaque opération individuelle. En troisième lieu, la Cour opère une distinction entre les services de base et les services spécifiques, c'est-à-dire ceux qui répondent à des besoins particuliers d'opérateurs. Une protection élargie contre la concurrence des activités de l'opérateur chargé du SIEG est admise pour assurer sa rentabilité.

La Cour a pu apporter quelques précisions à sa jurisprudence initiale dans l'affaire des monopoles d'importation et d'exportation de l'électricité et du gaz (CJCE 23 octobre 1997, *Commission c/ France*)[64]. On en retient principalement un assouplissement de l'appréciation dans la mesure où, pour exempter une entreprise chargée d'un SIEG des règles du traité, il suffit que l'application de ces règles fasse échec à l'accomplissement de ses obligations particulières, sans qu'il soit nécessaire que la survie de l'entreprise soit elle-même menacée. Ensuite, la mission d'intérêt général se révèle à travers des obligations particulières que l'État impose à l'entreprise et qui doivent être clairement identifiées. Ces obligations peuvent contribuer à la réalisation d'objectifs économiques, mais aussi culturels, sociaux ou environnementaux. Toutefois, ils doivent être clairement précisés et spécifiquement imposés à l'entreprise. Ici, les obligations d'EDF et GDF en matière d'aménagement du territoire et d'environnement ne semblaient pas dépasser ce que le droit commun imposait à toutes les entreprises et n'ont pas été prises en compte. La Cour a relevé que l'obligation de rechercher les tarifs les plus compétitifs et le moindre coût pour la collectivité n'était pas expressément mise à la charge d'EDF et ne l'a donc pas retenue. Enfin, pour apprécier la condition de l'affectation du développement des échanges intracommunautaires, la Cour se montre sceptique quant aux effets bénéfiques d'une suppression des seuls monopoles d'importation et d'exportation, laissant subsister d'autres droits exclusifs dans le domaine de l'énergie, en l'absence de directive sectorielle. Il semble que la Cour ait préféré renvoyer la Commission à l'adoption d'une réglementation communautaire sectorielle.

L'article 106 § 2 TFUE constitue encore, en l'absence de directive sectorielle, le fondement juridique de l'éventuelle protection d'un opérateur public de réseaux contre la concurrence. La notion et le régime du SIEG ont d'ailleurs fait l'objet d'évolutions dans la rédaction du Traité sur le fonctionnement de l'Union européenne. Ainsi l'article 14 commence par rappeler que eu égard à la place qu'occupent les services d'intérêt économique général parmi les valeurs communes de l'Union ainsi qu'au rôle qu'ils jouent dans la promotion de la cohésion sociale et territoriale de l'Union, l'Union et ses États membres, chacun dans les limites de leurs compétences respectives et dans les limites du champ d'application des traités, veillent à ce que ces services fonctionnent sur la base de principes et dans des conditions, notamment économiques et financières, qui leur permettent d'accomplir leurs missions. Désormais, il est précisé que le Parlement européen et le Conseil, statuant par voie de règlements conformément à la procédure législative ordinaire, établissent ces principes et fixent ces conditions, sans préjudice de la compétence qu'ont les États membres, dans le respect des traités, de fournir, de faire exécuter et de financer ces services[65]. Ainsi, il est expressément reconnu que les États peuvent instituer des SIEG.

64. Aff. C-159/94. Voir également du même jour *Commission c/ Pays-Bas*, aff. C-157/94, *Commission c/ Italie*, aff. C-158/94 et *Commission c/ Espagne*, aff. C-160/94. J.-Y. CHÉROT, « L'article 90, paragraphe 2, du Traité CE après les arrêts de la Cour de justice des Communautés européennes du 23 oct. 1997 sur les monopoles d'importation d'électricité », *RFDA* 1998, p. 135.

65. Voir également le Protocole n° 9 sur les services d'intérêt général annexé au Traité de Lisbonne, article 1er : « Les valeurs communes de l'Union concernant les services d'intérêt économique général au sens de l'article 16 du traité sur le fonctionnement de l'Union [art. 14 en réalité] comprennent notamment : – le rôle essentiel et la grande marge de manœuvre des autorités nationales, régionales et locales pour fournir, faire

3. Les grands principes de l'ouverture des réseaux à la concurrence

353 **Existence d'un cadre commun.** – Chaque secteur a fait l'objet d'une réglementation communautaire particulière, adaptant à des degrés divers ce que l'on a appelé un cadre commun. Les éléments de ce cadre commun ne se retrouvent pas toujours dans leur intégralité dans les textes sectoriels adoptés par les institutions de l'Union, parce que l'ouverture à la concurrence de certains réseaux reste mesurée et progressive (domaine des transports par exemple). Mais ils nous semblent suffisamment constants pour pouvoir en faire de véritables principes d'ouverture des réseaux à la concurrence.

354 **Ouverture à la concurrence.** – Les activités exploitées par un opérateur anciennement monopolistique sont ouvertes à la concurrence. Cette ouverture passe par deux principaux droits d'accès accordés aux nouveaux opérateurs tiers intervenant sur le marché : l'accès aux activités et l'accès aux infrastructures essentielles moyennant le paiement de droits d'accès non discriminatoires. En d'autres termes, les tiers peuvent fournir tous les services exploitables du secteur (qu'il s'agisse de services « intermédiaires » rendus à des opérateurs ou de services rendus aux usagers finals) et ont accès au réseau support de ces activités. L'accès au marché peut être soumis à un régime d'autorisations ou de déclarations préalables, dans un cadre défini par les textes communautaires.

355 **Principes de séparation.** – En premier lieu, les différentes fonctions de l'État vis-à-vis du secteur concerné doivent être séparées (à des degrés variables). L'État dispose principalement de trois « casquettes » : celle d'opérateur public monopolistique (propriétaire de l'opérateur historique), celle de régulateur et celle d'auteur de la réglementation applicable à l'activité. Ces fonctions doivent être séparées : les services exerçant les missions de l'État actionnaire doivent être distingués de ceux produisant la réglementation et la fonction de régulation est confiée à une autorité indépendante. En second lieu, les opérateurs verticalement intégrés ne doivent pas maintenir cette organisation. Le gestionnaire de l'infrastructure doit être séparé de l'opérateur exploitant des services à partir de cette infrastructure. Cette séparation est au moins comptable.

356 **Fonction de régulation.** – La régulation du secteur, telle qu'on l'a définie ci-dessus, est confiée à une autorité de marché indépendante, dotée d'un panel de prérogatives. Elle dispose souvent d'un pouvoir réglementaire (limité dans son champ d'application et son contenu) lui permettant de poser des droits et obligations aux opérateurs ou d'élaborer des règles techniques[66]. Elle exerce une mission

exécuter et organiser les services d'intérêt économique général d'une manière qui réponde autant que possible aux besoins des utilisateurs ; – la diversité des services d'intérêt économique général et les disparités qui peuvent exister au niveau des besoins et des préférences des utilisateurs en raison de situations géographiques, sociales ou culturelles différentes ; – un niveau élevé de qualité, de sécurité et quant au caractère abordable, l'égalité de traitement et la promotion de l'accès universel et des droits des utilisateurs ». Art. 2 : « Les dispositions des traités ne portent en aucune manière atteinte à la compétence des États membres pour fournir, faire exécuter et organiser des services non économiques d'intérêt général ».

66. Sous le contrôle du juge, M. COLLET, *Le contrôle juridictionnel des actes des autorités administratives indépendantes*, LGDJ, coll. Bibliothèque de droit public, 2003.

consultative sur les lois et règlements concernant son secteur. Surtout, elle dispose d'importants pouvoirs de sanction et de règlement des différends. L'idée sous-tendue par ce mécanisme est qu'au fur et à mesure que la concurrence se développe et que le poids de l'opérateur historique se réduit, la régulation doit s'effacer. La crise électrique californienne de 1999/2000 a démontré que des opérateurs ne disposant pourtant pas d'une position dominante sur le marché (producteurs) pouvaient néanmoins imposer une augmentation des prix. La seule façon d'éviter ces dérives reste l'intervention du régulateur.

L'articulation entre le droit commun de la concurrence et le droit de la régulation sectorielle, élaboré ou interprété par les autorités de marché, n'est pas aisée. Il est souvent imposé à l'autorité sectorielle de saisir l'Autorité de la concurrence des pratiques anticoncurrentielles commises par les opérateurs du secteur et inversement, cette dernière saisit pour avis l'autorité sectorielle sur les pratiques commises par ces opérateurs. Bien que l'autorité sectorielle intervienne surtout pour assurer le respect de règles matérielles propres au secteur dont elle a la charge, elle est souvent investie d'une mission générale de préservation de la concurrence effective et loyale. Dès lors, la mission de l'autorité sectorielle se superpose à celle de l'autorité de concurrence de droit commun et il arrive que leurs décisions se contredisent. À l'instar de S. Naugès[67], on ne peut que conseiller que l'autonomie du droit de la régulation sectorielle soit privilégiée face au droit commun de la concurrence.

357 **Service universel. –** Le droit communautaire ne reconnaît pas en tant que tel le service public « à la française ». Rarement évoqué en tant que tel[68], le droit communautaire lui préfère cependant l'expression « obligations de service public ». Les textes sectoriels isolent un service de base dans chaque domaine, qui peut être confié à un opérateur bénéficiant de certains avantages en contrepartie du respect d'obligations en direction des usagers. L'expression « service universel » est apparue dans le Livre Vert de 1987 sur les télécommunications, affirmant qu'il faut trouver « un compromis équitable entre l'orientation des coûts et l'objectif de service universel ». En 1992, dans le rapport sur la situation dans le secteur des télécommunications, le service universel apparaît comme un objectif : il s'agit d'un réseau doté d'une couverture géographique générale et qui est mis sur demande à la disposition de tout usager ou prestataire de services dans un délai raisonnable et à un prix abordable. La notion apparaît ensuite dans les directives sectorielles.

En dernier lieu, on en trouve une définition aboutie dans la directive n° 2002/22/CE du 7 mars 2002 sur le service universel postal : « ensemble d'exigences d'intérêt général dont l'objectif est de veiller à ce que certains services soient mis à la disposition de tous les consommateurs et utilisateurs sur la totalité du territoire d'un État membre, indépendamment de leur position géographique, au niveau de la qualité spécifié et, compte tenu de circonstances nationales particulières, à un prix abordable ».

67. « L'articulation entre droit commun de la concurrence et droit de la régulation sectorielle », *AJDA* 2007, p. 672.

68. Par exemple dans le Livre Vert de la Commission du 21 mai 2003 sur les services d'intérêt général, mais l'expression renvoie à différentes réalités (service offert au public, rôle particulier d'intérêt public, statut de l'organisme qui le gère, « obligations de service public » en tant qu'obligations spécifiques imposées par les autorités publiques à un fournisseur de service afin de garantir la réalisation de certains objectifs). L'expression figure à l'article 93 TFUE dans le domaine des transports.

358 **Financement des obligations de service public.** – Trois méthodes sont envisageables pour financer les obligations de service public imposées à un ou plusieurs opérateurs[69]. La première est celle de l'arrêt *Corbeau* précité, qu'il est préférable de choisir en l'absence de tout texte sectoriel. Il s'agit d'étendre le périmètre des activités protégées contre la concurrence au-delà du SIEG, afin que des activités rentables financent le SIEG. Compte tenu de la présence des deux autres méthodes, moins attentatoires à la concurrence, il est permis de douter de la survivance de cette première option. La deuxième méthode consiste à créer un fonds de service universel (prévu par les directives sectorielles) alimenté par les différents opérateurs intervenant sur le marché, au bénéfice du ou des opérateurs chargés du service universel. La troisième méthode s'applique là encore en l'absence de directive sectorielle et repose sur les conditions de la jurisprudence *Altmark* (*infra*, n° 437) qui autorise une stricte compensation des charges de service public échappant à la qualification d'aide d'État.

B. APPROCHE SECTORIELLE

359 **Secteurs abordés.** – On a choisi de traiter successivement des communications électroniques, des services postaux, de l'énergie et des transports ferroviaires.

1. Les communications électroniques

360 **Textes.** – Le secteur des télécommunications fut un des premiers à faire l'objet d'un processus de libéralisation. Une première directive n° 90/388 de la Commission du 28 juin 1990, relative à la concurrence dans les marchés de services de télécommunications a initié l'ouverture à la concurrence des services de télécommunications, évolution achevée avec la directive n° 96/19 du 13 mars 1996, qui réalise la pleine concurrence sur le marché des télécommunications. Cette première vague de directives est transposée en droit français par la loi n° 96-659 du 26 juillet 1996 de réglementation des télécommunications. L'ouverture est totale depuis le 1er janvier 1998. Le secteur va alors suivre une nouvelle évolution, conformément au principe selon lequel après une première phase d'ouverture à la concurrence, lorsqu'un véritable marché concurrentiel semble « stabilisé », l'encadrement par l'autorité publique doit se faire plus léger. C'est l'objectif poursuivi par les autorités communautaires à travers le « Paquet télécoms » du 7 mars 2002. Il est composé d'une directive-cadre (directive n° 2002/21 relative à un cadre réglementaire commun pour les réseaux et les services de communications électroniques), d'une directive sur les activités de réseaux et de services (directive n° 2002/20), d'une directive relative à l'accès aux réseaux et aux ressources associées ainsi qu'à leur interconnexion, laquelle comprend un volet consacré aux obligations susceptibles d'être imposées aux opérateurs

69. G. ECKERT, « Les modes de financement du service public dans l'environnement concurrentiel », in *Service public et communauté européenne : entre l'intérêt général et le marché*, La Documentation française 1998, t. II, p. 429. Voir également le dossier consacré par l'*AJDA* à ce thème, « Le financement du service public face au droit communautaire », 2004, p. 1011 et plus particulièrement l'article de D. RITLENG, « Financement du service public et aides d'État ».

puissants (directive n° 2002/19), et d'une directive consacrée au service universel et aux droits des utilisateurs (directive n° 2002/22). La directive initiale de 1990 a fini par être remplacée par une directive n° 2002/77 du 16 septembre 2002, relative à la concurrence dans le marché des réseaux et des services de communications électroniques. En droit français, la transposition du paquet Télécoms a été effectuée par deux lois, la loi n° 2003-1365 du 31 décembre 2003 relative aux obligations de service public des télécommunications et à France Télécom et celle n° 2004-669 du 9 juillet 2004 relative aux communications électroniques[70] et aux services de communication audiovisuelle. Les dispositions de ces lois sont en grande partie codifiées au Code des postes et communications électroniques.

Au niveau européen, un nouveau paquet télécoms est entré en vigueur en 2009 (*Directive 2009/140/CE du Parlement européen et du Conseil du 25 novembre 2009, Directive 2009/136/CE du Parlement européen et du Conseil du 25 novembre 2009,* Règlement (CE) n° 1211/2009 du Parlement européen et du Conseil du 25 novembre 2009 instituant l'Organe des régulateurs européens des communications électroniques (ORECE) ainsi que l'Office). L'économie générale de ce « paquet » met l'accent sur le développement de réseaux/infrastructures propres aux opérateurs, en sus de la concurrence sur le seul marché des services. La séparation fonctionnelle (filialisation) des opérateurs verticalement intégrés, visant les opérateurs puissants, est instaurée comme moyen de développement d'une concurrence effective sur les marchés de détail. Les autorités réglementaires nationales peuvent imposer des obligations *ex ante* aux opérateurs disposant d'une puissance significative de marché au niveau des marchés de détail, alors que cette possibilité n'existait jusqu'à présent que pour les marchés de gros. L'Organe des régulateurs européens de communications électroniques (ORECE) est institué. En droit français, la transposition est assurée par l'ordonnance n° 2011-1012 du 24 août 2011 relative aux communications électroniques.

361 **Définitions des activités. –** On entend par communications électroniques les émissions, transmissions ou réceptions de signes, de signaux, d'écrits, d'images ou de sons, par voie électromagnétique. Le secteur des communications électroniques offre deux types d'activités : l'exploitation d'un réseau de communications électroniques ouvert au public ou la fourniture au public d'un service de communications électroniques. Un réseau de communications électroniques est constitué par toute installation ou tout ensemble d'installations de transport ou de diffusion ainsi que, le cas échéant, les autres moyens assurant l'acheminement de communications électroniques, notamment ceux de commutation et de routage. On entend par services de communications électroniques les prestations consistant entièrement ou principalement en la fourniture de communications électroniques (article L. 32 du CPCE).

362 **Réseaux et services. –** Le paquet Télécoms de 2002 a permis d'assouplir le régime d'exercice des activités de communications électroniques en passant du régime de l'autorisation préalable à celui de la simple déclaration. Ainsi, désormais, l'établissement et l'exploitation des réseaux ouverts au public et la fourniture au

70. Peu à peu le terme « communications électroniques » s'est substitué à celui de télécommunications. On doit cette évolution aux progrès techniques qui permettent d'envisager globalement un ensemble de services reposant sur des supports techniques variés.

public de services de communications électroniques sont libres sous réserve d'une déclaration préalable auprès de l'ARCEP (article L. 33-1). Mais les opérateurs sont tenus de respecter un certain nombre de règles et de prescriptions, tenant notamment aux conditions de permanence, de qualité et de disponibilité du réseau et du service, à des prescriptions exigées par la protection de la santé et de l'environnement et par les objectifs d'aménagement du territoire et d'urbanisme, au financement du service universel et, le cas échéant, à la fourniture du service universel et des services complémentaires, ou encore à l'interconnexion et l'accès (article L. 33-1 du CPCE).

Les exploitants de réseaux ouverts au public bénéficient d'un droit de passage sur le domaine public routier et de servitudes sur les propriétés privées (article L. 45-9). Les autorités concessionnaires ou gestionnaires du domaine public non routier, lorsqu'elles donnent accès à des exploitants de réseaux de communications électroniques, doivent le faire sous la forme de conventions, dans des conditions transparentes et non discriminatoires. Elle peut donner lieu à versement de redevances dues à l'autorité concessionnaire ou gestionnaire du domaine public concerné dans le respect du principe d'égalité entre les opérateurs. Ces redevances sont raisonnables et proportionnées à l'usage du domaine (art. L. 46 et art. R. 20-51 et suivants du CPCE fixant les tarifs pour le domaine public routier et non routier)[71].

363 **Service public et service universel. –** Le législateur français a défini un service public en matière de communications électroniques et un régime. Les obligations de service public sont assurées dans le respect des principes d'égalité, de continuité et d'adaptabilité. Le service public comprend trois composantes : le service universel, les services complémentaires[72] et les missions d'intérêt général en matière de défense et de sécurité, de recherche publique et d'enseignement supérieur (article L. 35 du CPCE).

Le service universel est défini comme la fourniture à tous d'un service téléphonique de qualité à un prix abordable. Ce service assure l'acheminement des communications téléphoniques, des communications par télécopie et des communications de données à des débits suffisants pour permettre l'accès à Internet, ainsi que l'acheminement gratuit des appels d'urgence. Il inclut en outre un service de renseignements et un annuaire d'abonnés, l'accès à des cabines téléphoniques, ainsi que des mesures en faveur des handicapés. Il est intéressant de noter que les conditions tarifaires du service universel doivent tenir compte des difficultés d'accès des personnes à revenu modeste et interdire toute discrimination géographique, ce qui implique une péréquation tarifaire (article L. 35-1 du CPCE)[73].

Tous les opérateurs présents sur le marché doivent respecter des obligations de service public. Les États membres peuvent encore toutefois désigner un ou plusieurs opérateurs chargés spécifiquement du service universel selon une procédure transparente et non discriminatoire. Cette nouvelle configuration a conduit le législateur français à abandonner la désignation *a priori* de France Télécom comme opérateur unique de service universel (comme c'était le cas dans la loi précitée de 1996). Il est désormais prévu que le ministre chargé des communications

71. Concernant l'illégalité du décret antérieur, CE 21 mars 2003, *Sipperec*, *AJDA* 2003, p. 1935, note P. SUBRA DE BIEUSSES.

72. Offre, sur l'ensemble du territoire, d'accès au réseau numérique à intégration de services, de liaisons louées, de commutation de données par paquet et de services avancés de téléphonie vocale (article L. 35-5).

73. Voir le décret d'application n° 2004-1222 du 17 nov. 2004, article R. 20-30 et s. du CPCE.

électroniques peut désigner, pour chacune des composantes du service universel, un ou plusieurs opérateurs chargés de la fournir[74]. La désignation intervient à l'issue d'appels à candidatures portant sur les conditions techniques et financières ainsi que, le cas échéant, le coût net de fourniture de ces prestations. Les tarifs du service universel peuvent faire l'objet soit d'une mesure d'encadrement pluriannuel, soit d'une opposition ou d'un avis préalable de l'ARCEP (article L. 35-2 du CPCE). Le financement du service universel est assuré par un fonds, alimenté par une contribution de tous les opérateurs. C'est l'ARCEP qui détermine la contribution de chaque opérateur, ainsi que les versements effectués par le fonds aux opérateurs de service universel (article L. 35-3 du CPCE).

364 **Accès des tiers aux réseaux. –** La libre prestation d'activités de communications électroniques repose sur un accès des opérateurs aux réseaux et sur une interconnexion de ceux-ci. Les opérateurs règlent ces questions par des conventions de droit privé les liant. L'ARCEP peut imposer, de manière objective, transparente, non discriminatoire et proportionnée, les modalités de l'accès ou de l'interconnexion pour satisfaire les objectifs dont elle doit veiller à la réalisation. La demande d'interconnexion faite par un opérateur ne peut être refusée si elle est justifiée au regard, d'une part, des besoins du demandeur, d'autre part, des capacités de l'exploitant à la satisfaire. Tout refus d'interconnexion opposé par l'exploitant est motivé. Les opérateurs qui contrôlent l'accès aux utilisateurs finals peuvent se voir imposer des obligations. Les conditions générales et les principes tarifaires de l'interconnexion font l'objet d'une réglementation (article L. 34-8 du CPCE).

365 **Objectifs de la fonction de régulation. –** La fonction de régulation du secteur des communications électroniques est indépendante de l'exploitation des réseaux et de la fourniture des services de communications électroniques. Elle est exercée au nom de l'État par le ministre chargé des communications électroniques et par l'Autorité de régulation des communications électroniques et des postes (article L. 32-1 du CPCE). La fonction de régulation est strictement encadrée en ce qu'elle doit tendre à préserver un certain nombre d'objectifs, comme, par exemple, la fourniture et le financement de l'ensemble des composantes du service public, le respect d'une concurrence effective et loyale entre opérateurs, la définition de conditions d'accès aux réseaux ouverts au public et d'interconnexion de ces réseaux, ou encore un niveau élevé de protection des consommateurs (article L. 32-1). Le même article est enrichi du fait des objectifs visés par le « paquet 2009 » : ainsi, les titulaires de la fonction de régulation veillent à la promotion d'une concurrence fondée sur les infrastructures et doivent tenir compte, lorsqu'ils fixent des obligations en matière d'accès, du risque assumé par les entreprises qui investissent et à autoriser des modalités de coopération entre les investisseurs et les personnes recherchant un accès, afin de diversifier le risque d'investissement dans le respect de la concurrence sur le marché et du principe de non-discrimination.

74. Décret n° 2008-792 du 20 août 2008 : il n'y a plus un opérateur mais des opérateurs chargés du service universel désignés pour une zone géographique.

À ce titre, le Conseil d'État a jugé (CE Sect. 25 juin 2004, *Sté Scoot France*)[75], à propos de décisions de l'autorité de régulation concernant le plan national de numérotation, qu'en « maintenant le 12 pour le service de renseignement par opérateur, l'Autorité de régulation des télécommunications a méconnu l'objectif de concurrence effective et loyale entre les exploitants de réseaux de télécommunications et les fournisseurs de services de télécommunications qu'en vertu des dispositions précitées du II de l'article L. 32-1 du Code des postes et télécommunications il lui incombe de faire respecter, au bénéfice des utilisateurs, dans l'attribution des ressources en numérotation ».

366 **ARCEP.** – La fonction de régulation du secteur est principalement exercée par l'Autorité de régulation des communications électroniques et des postes[76]. Celle-ci bénéficie de l'ensemble du panel de missions et prérogatives d'une autorité sectorielle de marché. Ainsi, elle est investie d'abord d'un rôle consultatif, puisqu'elle est consultée sur les projets de loi, de décret ou de règlements relatifs au secteur des communications électroniques et participe à leur mise en œuvre (article L. 36-5 du CPCE). Elle dispose d'un pouvoir réglementaire limité (article L. 36-6 du CPCE) afin de préciser certaines règles (droits et obligations afférents à l'exploitation des différentes catégories de réseaux et de services, prescriptions techniques, etc.)[77]. L'ARCEP cumule ensuite une série de prérogatives qui la placent au centre de la régulation du secteur.

En vertu de l'article L. 36-7 du CPCE, l'ARCEP reçoit les déclarations préalables des opérateurs (réseaux et services), contrôle le respect par les opérateurs des obligations résultant des dispositions législatives et réglementaires qui leur sont applicables et sanctionne les manquements constatés, détermine les montants des contributions au financement des obligations de service universel, définit des mesures d'encadrement pluriannuel des tarifs et émet un avis public sur la mise en œuvre d'un tarif ou s'y oppose, établit le plan national de numérotation téléphonique, attribue aux opérateurs les ressources en numérotation nécessaires à leur activité, et établit la liste des opérateurs réputés exercer une influence significative sur un marché du secteur des communications électroniques et fixe leurs obligations.

Comme d'autres autorités de marché, l'ARCEP règle les différends entre opérateurs (art. L. 36-8). En cas d'atteinte grave et immédiate aux règles régissant le secteur des communications électroniques, l'autorité peut, après avoir entendu les parties en cause, ordonner des mesures conservatoires en vue notamment d'assurer la continuité du fonctionnement des réseaux. Les décisions prises dans ce cadre sont susceptibles de recours en annulation ou en réformation devant la cour d'appel de Paris.

Enfin, l'ARCEP dispose d'un pouvoir de sanction dissuasif. Selon l'article L. 36-11 CPCE, elle peut, soit d'office, soit à la demande du ministre chargé des communications électroniques, d'une organisation professionnelle, d'une association agréée d'utilisateurs ou d'une personne physique ou morale concernée, sanctionner les manquements qu'elle constate, de la part des exploitants de réseaux

75. *AJDA* 2004, p. 1702, chron. LANDAIS et LENICA.

76. Dénommée en 1996 ART (Autorité de régulation des télécommunications), elle se voit confier la mission de régulation du secteur postal par la loi n° 2005-516 du 20 mai 2005, qui en profite pour tenir compte du changement de vocabulaire opéré en 2004, date à partir de laquelle les télécommunications sont incluses dans les communications électroniques.

77. Le pouvoir réglementaire de l'ARCEP peut aussi s'exprimer en dehors de cette disposition (par exemple à travers le plan national de numérotation que l'ARCEP établit, article 44 CPCE).

ou des fournisseurs de services de communications électroniques, aux dispositions législatives et réglementaires afférentes à leur activité ou aux décisions prises pour en assurer la mise en œuvre. Ses décisions sont susceptibles d'un recours de pleine juridiction devant le Conseil d'État[78].

Le ministre et l'ARCEP peuvent procéder à des enquêtes et recueillir des informations auprès des opérateurs (article L. 32-4 du CPCE).

367 **Opérateurs exerçant une influence significative sur le marché. –** L'ARCEP établit, après avis du Conseil de la concurrence, la liste des opérateurs réputés exercer une influence significative sur les différents marchés du secteur (article L. 37-1 du CPCE) et détermine leurs obligations (art. L. 37-2 du CPCE). Il s'agit d'opérateurs se trouvant dans une position équivalente à une position dominante leur permettant de se comporter de manière indépendante vis-à-vis de leurs concurrents, de leurs clients et des consommateurs. Les obligations qui peuvent leur être imposées sont strictement définies aux articles L. 38 et L. 38-1 du CPCE (par exemple, fournir des prestations d'interconnexion ou d'accès, faire droit aux demandes raisonnables d'accès à des éléments de réseau ou à des moyens qui y sont associés, ne pas pratiquer de tarifs excessifs ou d'éviction sur le marché en cause et pratiquer des tarifs reflétant les coûts correspondants, etc.)[79]. Le « paquet 2009 » introduit une nouveauté majeure, tenant à la prise de conscience que les distorsions de la concurrence peuvent s'établir sur des marchés distincts. En premier lieu, l'ARCEP peut définir les obligations des opérateurs également réputés exercer une influence significative sur un autre marché du secteur des communications électroniques étroitement lié au premier. En second lieu, le caractère temporaire des obligations fixées est rappelé. L'Autorité n'impose d'obligations aux opérateurs réputés exercer une influence significative sur un marché du secteur des communications électroniques qu'en l'absence de concurrence effective et durable et les supprime dès lors qu'une telle concurrence existe.

2. Les services postaux[80]

368 **Textes. –** L'ouverture du réseau postal à la concurrence a d'abord fait l'objet d'un Livre Vert sur le développement du marché unique pour les services postaux du 11 juin 1992[81]. Il a fallu attendre 1997 pour voir aboutir le processus dans une directive n° 97/67 du 11 décembre 1997 concernant les règles communes pour le développement du marché unique des services postaux de la Communauté et l'amélioration de la qualité du service. Elle a été modifiée une première fois par la directive n° 2002/39 du 10 juin 2002 concernant la poursuite de l'ouverture à la

78. Le législateur a organisé un partage du contentieux entre le Conseil d'État et la cour d'appel de Paris, ce qui ne contribue pas à l'unification du droit de la régulation économique.

79. Sous l'empire de la réglementation antérieure, voir le contrôle exercé par le Conseil d'État sur les décisions de l'ART en ce domaine, CE Sect. 25 févr. 2005, *France Télécom*, *AJDA* 2005, p. 997, chron. LANDAIS et LENICA ; P. IDOUX, « Juger la régulation, c'est encore réguler », note sous l'arrêt, *RDP* 2005, n° 6, p. 1643.

80. L'exposé de l'exemple des services de communications électroniques étant assez complet, on se contentera pour les autres secteurs d'indiquer les spécificités et éléments les plus importants.

81. Com (91) 476 final.

concurrence des services postaux de la Communauté[82]. En France, c'est la loi nº 2005-516 du 20 mai 2005 relative à la régulation des activités postales qui en opère une transposition complète[83], codifiée aux articles L. 1 et suivants du Code des postes et communications électroniques. Puis une troisième modification du droit communautaire intervient avec la directive nº 2008/6/CE du 20 février 2008. Elle prévoit une ouverture totale des marchés au 31 décembre 2010. La désignation du prestataire de service universel doit faire l'objet d'un réexamen périodique et la durée de cette désignation doit être suffisante pour permettre la rentabilité des investissements. Enfin, elle détermine les mesures que peuvent mettre en œuvre les États membres pour financer le coût net supporté par le prestataire au titre des obligations, calculé selon des modalités fixées en annexe de la directive. Cette directive est transposée dans le titre II de la loi nº 2010-123 du 9 février 2010 relative à l'entreprise publique La Poste et aux activités postales.

369 **Services, secteur réservé et service universel. –** Comme dans d'autres secteurs, l'ouverture à la concurrence est progressive. Le périmètre du secteur protégé de la concurrence s'est réduit au fil des étapes définies par les directives. Depuis le 1er janvier 2006, les services réservés ne sont plus limités qu'à la levée, au tri, au transport et à la distribution des envois ordinaires dans la limite de 50 grammes (article L. 2 du CPCE). L'ouverture totale est prévue pour le 31 décembre 2010.

Le service universel est défini à partir des caractéristiques des prestations assurées et reste soumis à des règles strictes. Selon l'article L. 1 du CPCE, « Le service universel postal concourt à la cohésion sociale et au développement équilibré du territoire. Il est assuré dans le respect des principes d'égalité, de continuité et d'adaptabilité en recherchant la meilleure efficacité économique et sociale. Il garantit à tous les usagers, de manière permanente et sur l'ensemble du territoire national, des services postaux répondant à des normes de qualité déterminées. Ces services sont offerts à des prix abordables pour tous les utilisateurs. Les prix sont orientés sur les coûts et incitent à une prestation efficace, tout en tenant compte des caractéristiques des marchés sur lesquels ils s'appliquent ». Ces services sont offerts à des prix abordables pour tous les utilisateurs ». Il comprend des offres de services nationaux et transfrontières d'envois postaux d'un poids inférieur ou égal à 2 kilogrammes, de colis postaux jusqu'à 20 kilogrammes, d'envois recommandés et d'envois à valeur déclarée. Une tournée quotidienne doit être assurée les jours ouvrables au domicile de chaque personne. Les services postaux à l'unité fournis par le prestataire de service universel sont proposés au même tarif de base sur l'ensemble du territoire national.

La Poste est désignée prestataire de service universel, mais pour une durée limitée. Dans sa rédaction issue de la réforme de 2010, l'article L. 2 du CPCE dispose que « la Poste est le prestataire du service universel postal pour une durée de quinze ans à compter du 1er janvier 2011. Tous les trois ans, le Gouvernement, après avis de

82. Sur l'interprétation de ces textes, CJCE 10 févr. 2000, *Deutsche Post*, aff. C-147 et 148/97, CJCE 11 mars 2004, *Asempre*, aff. C-240/02.

83. Toutefois, une première transposition à minima résultait de la loi du 25 juin 1999 d'orientation pour l'aménagement et le développement du territoire et du décret nº 2001-122 du 8 févr. 2001 relatif au cahier des charges de La Poste.

la Commission supérieure du service public des postes et des communications électroniques et de l'Autorité de régulation des communications électroniques et des postes, informe le Parlement des conditions d'exécution par La Poste de sa mission de service universel postal ainsi que des moyens mis en œuvre pour l'améliorer. Le prestataire du service universel postal est soumis, au titre des prestations relevant de ce service, à des obligations particulières en matière de qualité et d'accessibilité du service, de traitement des réclamations des utilisateurs et, pour des prestations déterminées, de dédommagement en cas de non-respect des engagements de qualité de service. Il tient une comptabilité spécifique sur ses activités dans le champ du service universel. Il transmet, sur demande de l'Autorité de régulation des communications électroniques et des postes, toute information et tout document comptable permettant d'assurer le contrôle du respect de ses obligations ».

370 **Tarifs et financement. –** Les services fournis par le prestataire de service universel sont proposés au même tarif sur l'ensemble du territoire national (article L. 1). Le financement du service universel est assuré par un fonds de compensation (article L. 2-2). Le montant des contributions versées au fonds ou reçues est déterminé par l'ARCEP. L'ARCEP décide, après examen de la proposition de La Poste, des caractéristiques d'encadrement pluriannuel des tarifs des prestations du service universel[84]. Elle est informée par La Poste, avant leur entrée en vigueur, des tarifs des prestations du service universel. Dans un délai d'un mois à compter de la transmission de ces tarifs, elle émet un avis public. Elle modifie ou suspend les projets de tarifs de toute prestation relevant du service universel si les principes tarifaires s'appliquant au service universel ne sont manifestement pas respectés (article L. 5-2.3° du CPCE).

Le prestataire du service universel peut conclure avec les expéditeurs d'envois de correspondance en nombre, les intermédiaires groupant les envois de correspondance de plusieurs clients ou les titulaires de l'autorisation prévue à l'article L. 3, des contrats dérogeant aux conditions générales de l'offre du service universel et incluant des tarifs spéciaux pour des services aux entreprises (article L. 2-1).

371 **Accès des tiers aux activités postales. –** Les prestataires de services postaux relatifs aux envois de correspondance, y compris transfrontalière, doivent être titulaires d'une autorisation délivrée par l'ARCEP, d'une durée de 15 ans, renouvelable et non cessible, mais qui ne peut être refusée que pour des motifs strictement définis (articles L. 3 et L. 5-1 du CPCE), et respecter un certain nombre d'obligations (par exemple respect de l'environnement, garantir la sécurité et la confidentialité, article L. 3-2 du CPCE)[85]. Les activités postales n'étant pas exploitées à proprement parler à partir d'installations propres constituant un réseau, l'accès des opérateurs tiers est limité aux moyens, détenus ou contrôlés par l'opérateur de

84. À propos de l'encadrement pluriannuel des tarifs du service universel, voir la saisine du Conseil de la concurrence par l'ARCEP (avis nº 07-A-17 du 20 déc. 2007) à propos des tarifs proposés par la Poste à ses plus gros clients, comportant d'importantes remises commerciales susceptibles de constituer les pratiques d'éviction des concurrents, et l'exclusion de ces remises des intermédiaires (notamment les routeurs) et concurrents. Le Conseil de la concurrence se livre à une analyse précise du marché et des tarifs proposés et conclut à l'absence d'effet anticoncurrentiel.

85. Sont expressément exclues les activités n'incluant pas la distribution, ce qui permet de faire bénéficier d'une liberté totale les activités intermédiaires (comme le routage, par exemple).

service universel, qui sont indispensables à l'exercice de leurs activités postales, dans des conditions transparentes et non discriminatoires, selon des modalités techniques et tarifaires prévues dans le cadre de conventions signées à cette fin avec lui (article L. 3-1 du CPCE).

372 **Réglementation et régulation. –** Le ministre chargé des postes prépare et met en œuvre la réglementation applicable aux services postaux. L'ARCEP dispose également en matière postale d'un ensemble assez complet des prérogatives habituelles d'une autorité de régulation (articles L. 4 et suivants du CPCE).

3. L'énergie[86]

373 **Textes. –** La libéralisation du secteur électrique repose d'abord sur une première directive, la directive n° 96/92 du 19 décembre 1996 concernant des règles communes pour le marché intérieur de l'électricité, abrogée par une directive n° 2003/54 du 26 juin 2003, imprimant à la réforme une ampleur plus importante. Notamment, il y était prévu une entière libéralisation du marché au 1er juillet 2007. En France, une première transposition a été effectuée par la loi n° 2000-108 du 10 février 2000, relative à la modernisation et au développement du service public de l'électricité, qui compose, avec la loi n° 2004-803 du 9 août 2004, relative au service public de l'électricité et du gaz et aux entreprises électriques et gazières, le socle textuel principal des règles relatives au secteur, alors même qu'elle a fait l'objet de multiples modifications[87]. Plus récemment, un troisième paquet énergie a été adopté au niveau européen, comportant notamment une directive n° 2009/72/CE du 13 juillet 2009 concernant les règles communes pour le marché intérieur de l'électricité[88] et abrogeant celle de 2003. Elle prévoit essentiellement une séparation renforcée du réseau de transport des structures de production et de distribution, un renforcement des pouvoirs des autorités de régulation nationales, la création d'un réseau européen des gestionnaires de réseaux de transport et la création d'une agence de coopération des régulateurs de l'énergie. Une ordonnance n° 2011-504 du 9 mai 2011 a codifié une partie des textes de rang législatif au sein d'un Code de l'énergie.

374 **Ouverture à la concurrence. –** Comme ailleurs, l'ouverture à la concurrence s'est effectuée progressivement, par seuils de consommation, à l'aide de la notion de client éligible, qui désigne le client libre de choisir le fournisseur d'électricité de son choix, jusqu'à ce que tous les clients soient éligibles. Chaque activité du secteur de l'électricité fait l'objet de dispositions spécifiques.

86. On retiendra principalement l'exemple de l'électricité, étant entendu que le secteur gazier présente de nombreuses similitudes avec celui de l'électricité (voir S. NICINSKI et P. PINTAT, « La libéralisation du secteur gazier », *AJDA* 10 févr. 2003, p. 223).

87. Notamment par les lois n° 2003-8 du 3 janv. 2003, relative aux marchés du gaz et de l'électricité et au service public de l'énergie, n° 2004-803 du 9 août 2004 relative au service public de l'électricité et du gaz et aux entreprises électriques et gazières, n° 2005-781 du 13 juill. 2005 de programme fixant les orientations de la politique énergétique, et n° 2006-1537 du 7 déc. 2006 relative au secteur de l'énergie.

88. Pour le gaz, voir le Code de l'énergie.

375 **Production. –** L'exploitation d'une installation de production électrique est subordonnée à une autorisation administrative délivrée selon la procédure prévue aux articles L. 311-5 et L. 311-6 du Code de l'énergie, ou au terme d'un appel d'offres en application de l'article L. 311-10 du même code. L'autorisation d'exploiter une installation de production d'électricité est délivrée par l'autorité administrative en tenant compte des critères déterminés par l'article L. 311-5 (sécurité des installations, choix des sites, efficacité énergétique, capacités techniques économiques et financières du candidat, compatibilité avec les principes et les missions de service public, notamment avec les objectifs de programmation pluriannuelle des investissements et la protection de l'environnement, respect de la législation sociale en vigueur). Lorsque les capacités de production ne répondent pas aux objectifs de la programmation pluriannuelle des investissements, notamment ceux concernant les techniques de production et la localisation géographique des installations, l'autorité administrative peut recourir à la procédure d'appel d'offres (art. L. 311-10). Les critères de l'article L. 311-5 servent à l'élaboration du cahier des charges de l'appel d'offres.

376 **Transport. –** La concession de la gestion du réseau public de transport d'électricité est donnée par l'État au gestionnaire du réseau public de transport d'électricité (art. L. 321-1 du Code de l'énergie). Le gestionnaire du réseau public de transport d'électricité exerce ses missions dans les conditions fixées par un cahier des charges type de concession approuvé par décret en Conseil d'État, après avis de la Commission de régulation de l'énergie (art. L. 321-2). La société gestionnaire du réseau public de transport d'électricité est la société issue de la séparation juridique entre les activités de transport et les activités de production et de fourniture de l'entreprise dénommée « Électricité de France » (art. L. 111-40)[89]. Le gestionnaire du réseau public de transport exploite et entretient le réseau public de transport d'électricité. Il est responsable de son développement afin de permettre le raccordement des producteurs, des consommateurs, la connexion avec les réseaux publics de distribution et l'interconnexion avec les réseaux des autres pays européens (art. L. 321-6).

377 **Distribution. –** Un gestionnaire de réseau de distribution d'électricité est, dans sa zone de desserte exclusive, notamment chargé, dans le cadre des cahiers des charges de concession et des règlements de service des régies, de définir et de mettre en œuvre les politiques d'investissement et de développement des réseaux de distribution afin de permettre le raccordement des installations des consommateurs et des producteurs ainsi que l'interconnexion avec d'autres réseaux, d'assurer la conception et la construction des ouvrages ainsi que la maîtrise d'œuvre des travaux relatifs à ces réseaux (art. L. 322-8). Les gestionnaires des réseaux de distribution continuent d'être désignés sans limitation de durée par le législateur. Il s'agit d'ERDF et des DNN (art. L. 111-52 et L. 111-54). Ils conçoivent et exploitent ces réseaux de façon à assurer une desserte en électricité d'une qualité régulière, définie et compatible avec les utilisations usuelles de l'énergie électrique (art. L. 322-12). Lorsque le niveau de qualité n'est pas atteint en matière d'interruptions d'alimentation imputables aux réseaux publics de distribution, l'autorité organisatrice peut obliger le gestionnaire du réseau public de distribution concerné à remettre entre les mains d'un comptable public une somme qui sera restituée après constat du rétablissement du niveau de qualité (même disposition).

378 **Achat pour la revente. –** Le négoce d'électricité est autorisé. Les fournisseurs souhaitant exercer l'activité d'achat d'électricité pour revente aux consommateurs finals ou aux gestionnaires de réseaux pour leurs pertes doivent être titulaires d'une autorisation délivrée par l'autorité administrative (art. L. 333-1).

89. Une société (RTE), dont le capital est détenu en totalité par Électricité de France, l'État ou d'autres entreprises ou organismes appartenant au secteur public, est le gestionnaire du réseau public de transport d'électricité.

379 **Vente aux consommateurs finals.** – L'activité de vente aux consommateurs finals (ou fourniture) s'exerce au sein de marchés concurrentiels sous réserve des obligations de service public (art. L. 111-1).

380 **Principe de séparation.** – Les principes d'ouverture des réseaux à la concurrence commandent une séparation entre les différentes activités. Les obligations de séparation sont renforcées dans les derniers textes. La gestion d'un réseau de transport d'électricité est assurée par des personnes morales distinctes de celles qui exercent des activités de production ou de fourniture d'électricité (art. L. 111-7). Le gestionnaire d'un réseau de transport créé après 2009 ne peut être contrôlé par une entreprise de fourniture ou de production (art. L. 111-8). La gestion d'un réseau de distribution d'électricité ou de gaz naturel desservant plus de 100 000 clients sur le territoire métropolitain continental est assurée par des personnes morales distinctes de celles qui exercent des activités de production ou de fourniture d'électricité (art. L. 111-57). Des aménagements ont été consentis pour le groupe EDF, groupe verticalement intégré (art. L. 111-9 et s. et L. 111-64). Ils reposent principalement sur des garanties d'indépendance des organes assurant la gestion du réseau.

381 **Les droits d'accès.** – L'accès aux réseaux publics d'électricité, élément central de l'ouverture à la concurrence, est fondé sur une série de droits. Tout client qui achète de l'électricité pour sa propre consommation ou qui achète de l'électricité pour la revendre a le droit de choisir son fournisseur d'électricité, c'est ce que l'on appelle le droit d'éligibilité (art. L. 331-1 à L. 331-3). Un droit d'accès aux réseaux publics de transport et de distribution est garanti par les gestionnaires de ces réseaux, sur le fondement de contrats conclus entre ces derniers et les utilisateurs des réseaux. Les critères de refus sont objectifs, non discriminatoires et publiés et ne peuvent être fondés que sur des impératifs liés au bon accomplissement des missions de service public et sur des motifs techniques tenant à la sécurité et la sûreté des réseaux, et à la qualité de leur fonctionnement (art. L. 111-91 et s.).

382 **Service public.** – Le service public de l'électricité (art. L. 121-1 et s.) est d'abord principalement tourné vers la garantie de l'approvisionnement, élément central de la politique énergétique de l'Union européenne. Le régime du service public résulte d'une savante superposition des principes de droit français « classiques » (égalité, continuité, adaptabilité) et de nouvelles lois notamment issues, d'une part, de l'évolution du service public en France et, d'autre part, des exigences communautaires (de sécurité, de qualité, de coûts, de prix et d'efficacité économique, sociale et énergétique).

La rédaction du Code de l'énergie est bien plus claire que les textes antérieurs. Le service public de l'électricité repose sur trois piliers : les missions de développement équilibré de l'approvisionnement en électricité, de développement et d'exploitation des réseaux publics de transport et de distribution d'électricité ainsi que de fourniture d'électricité (art. L. 121-2). La mission de fourniture d'électricité consiste à assurer, en favorisant la maîtrise de la demande, la fourniture d'électricité, sur l'ensemble du territoire, aux clients bénéficiaires des tarifs réglementés de vente, concourt à la cohésion sociale, au moyen de la péréquation nationale des tarifs, de la mise en œuvre de la tarification spéciale dite « produit de première nécessité », et assure la fourniture d'électricité de secours aux clients raccordés aux réseaux publics (art. L. 121-5). La loi désigne EDF et les DNN dans leurs zones respectives de desserte comme opérateurs chargés de cette mission (même article).

Les charges imputables aux missions de service public assignées aux opérateurs électriques sont intégralement compensées (art. L. 121-6 et s.)[90]. Elles comprennent les charges en matière de production d'électricité[91] et les charges en matière de fourniture d'électricité (dues à la tarification spéciale « produit de première nécessité » et à la participation au dispositif en faveur des personnes en situation de précarité). Le ministre chargé de l'Énergie arrête le montant des charges sur proposition de la Commission de régulation de l'énergie effectuée annuellement. La compensation de ces charges, au profit des opérateurs qui les supportent, est assurée par des contributions dues par les consommateurs finals d'électricité installés sur le territoire national.

383 **Tarifs réglementés. –** La législation française (art. L. 337-4) a maintenu l'existence de tarifs réglementés pour la vente d'électricité (*supra*, n° 316). Jusqu'en 2015, les tarifs réglementés de vente d'électricité sont arrêtés par les ministres chargés de l'énergie et de l'économie, après avis de la Commission de régulation de l'énergie. Les tarifs réglementés de vente d'électricité sont définis en fonction de catégories fondées sur les caractéristiques intrinsèques des fournitures, en fonction des coûts liés à ces fournitures. Ces tarifs bénéficient aux consommateurs finals domestiques et non domestiques pour leurs sites souscrivant une puissance inférieure ou égale à 36 kilovoltampères, aux consommateurs finals domestiques et non domestiques pour leurs sites situés dans les zones non interconnectées au réseau métropolitain continental. Dans les autres cas et jusqu'au 31 décembre 2015, ces tarifs peuvent bénéficier aux consommateurs finals domestiques et non domestiques pour leurs sites pour lesquels il n'a pas été fait usage, au 7 décembre 2010, du droit d'éligibilité. Jusqu'au 31 décembre 2015, les consommateurs finals domestiques et non domestiques bénéficient d'un « droit de retour » aux tarifs réglementés pour une durée minimale d'un an, s'ils ont exercé leur éligibilité après le 7 décembre 2010. Dans ce cas, le droit d'éligibilité doit avoir été exercé pendant un an au moins.

384 **Régulation. –** La fonction de régulation du secteur est confiée à la Commission de régulation de l'énergie (CRE) dont la mission générale est de concourir, au bénéfice des consommateurs finals, au bon fonctionnement des marchés de l'électricité et du gaz naturel (articles L. 131-1 et suivants). Elle est investie des missions traditionnelles d'une autorité de marché d'un secteur ouvert à la concurrence (rôle consultatif, pouvoir réglementaire d'édiction de règles particulières, prérogatives d'enquêtes, rôle de règlement des différends et de sanction, prononcé de mesures conservatoires).

4. Les transports ferroviaires

385 **Textes et évolution. –** S'il est un sujet délicat à aborder en matière d'ouverture des réseaux à la concurrence, c'est bien celui de l'ouverture du transport

90. Dispositions précisées par le décret modifié n° 2004-90 du 28 janv. 2004.

91. CE 10 nov. 2004, *Union des industries utilisatrices d'énergie*, *CJEG* janv. 2005, p. 26, concl. VERCLYTTE et note Ch. BARTHÉLEMY.

ferroviaire. Les avancées communautaires en la matière témoignent d'un temps de préparation des réformes supérieur aux autres secteurs. Un premier règlement n° 1191/69 du 26 juin 1969 constituait le socle d'une réglementation commune en matière de financement d'obligations de service public et visait la suppression des obligations susceptibles de provoquer une distorsion de la concurrence. C'est une directive n° 91-440 du 29 juillet 1991 relative au développement de chemins de fer communautaires qui pose les premiers jalons d'une ouverture du réseau à la concurrence, mais il faut souligner que les obligations imposées se situent en deçà de ce que peuvent connaître d'autres réseaux à la même époque (indépendance de gestion des entreprises ferroviaires, séparation au moins comptable de la gestion de l'infrastructure et de l'exploitation des services, assainissement de la structure financière des entreprises ferroviaires, droit d'accès aux réseaux pour les transports combinés internationaux de marchandises)[92]. Le processus communautaire est relancé avec le Livre blanc sur « La politique européenne des transports à l'horizon 2010 : l'heure des choix » (COM (2001) 370 final) du 12 septembre 2001. Face au déclin de ce mode de transport, l'Union européenne souhaite le redynamiser car il s'agit d'un moyen de transport sûr et non polluant.

En France, la loi n° 97-135 du 13 février 1997 a créé l'établissement public Réseau Ferré de France (RFF) et a permis ainsi la séparation organique de la gestion du réseau par rapport aux activités de transport, qui relevaient toutes auparavant de la SNCF. C'est le décret (aujourd'hui modifié) n° 2003-194 du 7 mars 2003 qui avait alors défini les règles d'utilisation du réseau ferré national. Une importante réforme du secteur est intervenue par le biais de la loi n° 2009-1503 du 8 décembre 2009 relative à l'organisation et à la régulation des transports ferroviaires. Désormais, un Code des transports regroupe notamment les dispositions de rang législatif propres au transport ferroviaire et à l'ouverture du secteur à la concurrence (ordonnance n° 2010-1307 du 28 octobre 2010 relative à la partie législative du Code des transports).

386 **Premier « Paquet ferroviaire ». –** Trois directives ont été adoptées le 26 février 2001. La directive n° 2001/12 modifie la directive n° 91/440 et prévoit que les États membres adaptent leur législation nationale afin de permettre l'extension des droits d'accès à la partie nationale du réseau transeuropéen de fret ferroviaire (RTEFF, recevant 70 % du fret). La directive n° 2001/13, modifiant la directive n° 95/18, concerne les licences des entreprises ferroviaires et définit les conditions dans lesquelles les entreprises peuvent obtenir une licence pour exploiter des services de fret ferroviaire sur le RTEFF. Enfin, la directive n° 2001/14 règle la question de la répartition des capacités ferroviaires ou des sillons et la tarification correspondante. Elle commande également aux États membres d'instituer un organisme indépendant de contrôle, chargé de suivre les développements sur le marché ferroviaire et d'agir comme organisme d'appel pour des décisions prises à l'encontre des entreprises ferroviaires par le gestionnaire de l'infrastructure ou des organismes chargés d'émettre des licences ou des certificats de sécurité.

92. C'est la directive n° 95/19 du 19 juin 1995 concernant la répartition des capacités d'infrastructure ferroviaire et la perception des redevances d'utilisation de l'infrastructure qui a défini les règles applicables pour ces services.

387 **Deuxième « Paquet ferroviaire ».** – Le 29 avril 2004 est adoptée une seconde série de textes, prévoyant la création d'une agence ferroviaire européenne, l'ouverture du marché pour le transport international de marchandises sur l'ensemble du réseau ferroviaire européen à partir du 1er janvier 2006, l'ouverture du marché du fret national (cabotage) à partir du 1er janvier 2007 et des mesures de sécurité des chemins de fer.

388 **Troisième « Paquet ferroviaire ».** – Le 3 mars 2004, la Commission a proposé une nouvelle série de mesures, comportant une directive pour l'ouverture du marché du transport de passagers international par rail (avec cabotage), un règlement sur les droits et les obligations des passagers dans le trafic ferroviaire international, un règlement sur la qualité du fret ferroviaire et une directive pour les licences de conducteurs de train. Il y est notamment prévu une ouverture à la concurrence des services de transport ferroviaire international de passagers au plus tard en 2010. Des accords de conciliation ont été adoptés par le Parlement européen le 25 septembre 2007 et formalisés par le Conseil le 23 octobre suivant.

389 **Règlement CE nº 1370/2007 du 23 octobre 2007 relatif aux services publics de transport de voyageurs par chemin de fer et par route[93].** – Ce règlement n'a pas pour but de poursuivre l'ouverture du marché des services ferroviaires (même s'il entend y contribuer) mais d'instaurer un cadre légal en matière d'octroi de compensation et/ou de droits exclusifs pour les contrats de service publics à conclure dans le domaine du transport[94]. On en retient d'abord la constatation faite par les autorités communautaires que certains services de transport constituent une nécessité d'intérêt général n'offrant pas de possibilité d'exploitation commerciale et qu'il convient de faire face à la baisse des transports publics dans les modes de transport urbain. Les autorités étatiques doivent néanmoins intervenir pour qu'ils soient assurés en utilisant l'institution de droits exclusifs, l'octroi de compensations financières aux obligations de service public et la définition de règles générales. Dans ce cas, le recours à des contrats de service public est généralisé[95]. Ils définissent les obligations de service public et établissent clairement à l'avance de façon objective et transparente les paramètres de calcul de la compensation. Les compensations attribuées conformément aux règles du règlement sont exemptées de notification. La durée maximale des contrats de service public est de 10 ans, portée à 15 ans pour les services de transport de voyageurs par chemin de fer ou par d'autres modes ferroviaires[96]. Ils sont attribués à l'issue d'une procédure de mise en concurrence ouverte, équitable, transparente et non discriminatoire, ayant fait l'objet d'une publicité préalable. Les autorités nationales peuvent néanmoins attribuer directement les contrats de service public de transport par chemin de fer d'une durée maximale de 10 ans dans ce cas et moyennant une obligation de publicité *a posteriori*.

On retiendra aussi que l'attribution directe est également envisageable pour les contrats dont la valeur annuelle ne dépasse pas un million d'euros et qui ont pour objet la fourniture annuelle de

93. *JOUE* nº L 315, 3 déc. 2007, p. 1. M. KARPENSCHIF, « Contrats de service public et transport de voyageurs : nouvelles règles pour un nouvel essor ? », *JCP* A nº 8 18 févr. 2008, 2038.

94. Ce faisant, il abroge les règlements nº 1191/69 et 1107/70 qui traitaient de la compensation versée au titre d'obligations de service public, mettant ainsi en œuvre l'article 73 TCE.

95. Ces contrats étaient déjà prévus par le règlement nº 1893/91 du 20 juin 1991.

96. Il existe une possibilité de prorogation de 50 % maximum en cas d'investissements importants.

moins de 300 000 km de services publics de transport de voyageurs. Une attribution directe est aussi prévue en faveur d'opérateurs internes sur lesquels l'autorité publique exerce un contrôle analogue à celui qu'elle exerce sur ses propres services. Cette condition est celle du recours aux prestataires « in house » que l'on connaît bien en matière de commande publique (*infra*, n° 990). La curiosité tient au fait que le règlement, en visant à expliciter ce critère à l'aide d'une série d'indices (article 5.1.a), précise que la détention à 100 % du capital du prestataire interne par l'autorité publique n'est pas une condition obligatoire pour autant que le secteur public exerce une influence dominante et que le contrôle puisse être établi sur la base d'autres critères, alors que cette condition subsiste (au mieux on admet que le capital puisse être détenu en totalité par plusieurs personnes publiques) en matière de prestations « in house » dans le domaine des marchés publics et des concessions de services (*infra*, n° 992).

390 **Réforme issue de la loi n° 2009-1503 du 8 décembre 2009 relative à l'organisation et à la régulation des transports ferroviaires[97]. Code des transports. –** La réforme renforce l'indépendance des différents intervenants. Le principe de séparation des activités implique que « la gestion de l'infrastructure ferroviaire est comptablement séparée de l'exploitation des services de transport des entreprises ferroviaires. Aucune aide publique versée à une de ces activités ne peut être affectée à l'autre » (art. L. 2122-4 du Code des transports). Le gestionnaire d'infrastructure publie chaque année un document de référence du réseau qui décrit les caractéristiques de l'infrastructure mise à disposition des entreprises ferroviaires, les tarifs des prestations offertes, les règles de répartition des capacités, ainsi que les informations nécessaires à l'exercice des droits d'accès au réseau (art. L. 2122-5). Tout demandeur de sillons peut conclure avec le gestionnaire d'infrastructure un accord-cadre précisant les caractéristiques des capacités d'infrastructure ferroviaire qui lui sont offertes pour une durée déterminée tenant compte, le cas échéant, de l'existence de contrats commerciaux, d'investissements particuliers ou de risques (art. L. 2122-6). Les entreprises ferroviaires autorisées à exploiter des services de transport ont, dans des conditions équitables et sans discrimination, un droit d'accès à l'ensemble du réseau ferroviaire, y compris pour l'accès par le réseau aux infrastructures de services, ainsi que, lorsqu'il n'existe pas d'autre possibilité d'accès dans des conditions économiques raisonnables, aux services que ces infrastructures permettent de leur fournir (art. L. 2122-9). Pour exercer une activité de transport sur le réseau ferroviaire, les entreprises doivent être titulaires d'une licence d'entreprise ferroviaire délivrée dans des conditions fixées par décret en Conseil d'État (art. L. 2122-10). À compter du 1er janvier 2011, la gestion des gares, lorsqu'elle est effectuée par la Société nationale des chemins de fer français, fait l'objet d'une comptabilité séparée de celle de l'exploitation des services de transport. Aucune aide publique versée à l'une de ces activités ne peut être affectée à l'autre (art. L. 2123-1).

97. *DA* févr. 2010, n° 32, comm. M. BAZEX ; Ch. SALQUE, « La libéralisation du transport ferroviaire de passagers : un défi majeur pour la SNCF », *DA* nov. 2009, étude n° 19, p. 7 ; S. NICINSKI, « L'ouverture du réseau ferroviaire à la concurrence », in dossier *Le droit des transports face à la concurrence et à la décentralisation*, *AJDA* 2009, p. 1027 ; D. BROUSSOLLE, « De la surveillance de la SNCF à la protection de la RATP aux frais de la région Ile-de-France », *AJDA* 2010, p. 425 ; P. VIEU, « Entre libéralisation et nouvelle régulation : les mutations du paysage ferroviaire français », *RFDA* 2010, p. 35 ; S. BOISSARD, « La libéralisation du transport ferroviaire de voyageurs en France et le régime des gares », *RJEP* 2010, étude 6 ; R. PEYLET, « La nouvelle régulation ferroviaire », *RJEP* 2010, étude 2.

RFF est le gestionnaire du réseau (art. L. 2111-9 du Code des transports). Réseau ferré de France et les titulaires de délégation de service public pour la construction, l'entretien et l'exploitation de tout ou partie de l'infrastructure répartissent, chacun en ce qui le concerne, les capacités d'utilisation des infrastructures du réseau ferré national, dans les conditions prévues par décret en Conseil d'État (art. L. 2122-2 du Code des transports). Le décret modifié[98] n° 2003-194 du 7 mars 2003 organise un droit d'accès au réseau ferré national en faveur des entreprises de transport de marchandises et des entreprises de transport international de voyageurs. RFF est chargé de répartir les capacités d'infrastructure du réseau ferré national et d'attribuer aux demandeurs, selon les modalités strictement encadrées par le décret, chaque sillon correspondant à la capacité d'infrastructure requise pour faire circuler un train donné entre deux points du réseau ferré national pendant une période de temps donnée. L'octroi de capacités d'infrastructures donne lieu au paiement de redevances.

Particularité du réseau ferroviaire, il avait été créé une direction indépendante au sein de la SNCF, chargée d'agir au service de RFF pour gérer le trafic et les circulations sur le réseau. Il peut paraître surprenant que l'on maintienne le système antérieur dans lequel des agents de la SNCF assuraient la gestion du réseau pour le compte de RFF, alors que l'ouverture des réseaux à la concurrence suppose une séparation plus stricte entre la gestion de l'infrastructure et l'exploitation des services. Cette particularité avait fait l'objet d'une mise en demeure adressée par la Commission européenne à la France en juin 2008. Une nouvelle entité, « Gares et connexions » avait ainsi été créée au sein du groupe SNCF[99], afin d'ouvrir un guichet unique à tous les opérateurs ferroviaires en vue de leur offrir un accès non discriminatoire aux gares. La loi précitée du 8 décembre 2009, et plus encore le Code des transports, organisent l'indépendance de ce service. Il exerce, pour le compte et selon les objectifs et principes de gestion définis par Réseau ferré de France, les missions de gestion du trafic et des circulations sur le réseau ferré national, dans des conditions assurant l'indépendance des fonctions essentielles ainsi exercées garantissant une concurrence libre et loyale et l'absence de toute discrimination. Le directeur du service gestionnaire des trafics et des circulations ne reçoit aucune instruction qui soit de nature à remettre en cause ou à fausser cette indépendance et veille au caractère non discriminatoire des décisions prises pour l'exécution de ses missions (art. L. 2123-5). Sa nomination et ses fonctions sont entourées de garanties d'indépendance (art. L. 2123-6). Des sanctions pénales entourent la divulgation, à toute personne étrangère au service gestionnaire des trafics et des circulations, d'informations d'ordre économique, commercial, industriel, financier ou technique dont la communication serait de nature à porter atteinte aux règles d'une concurrence libre et loyale et de non-discrimination imposées par la loi (art. L. 2123-7).

98. Voir les décrets n° 2010-932 du 24 août 2010 relatif au transport ferroviaire de voyageurs, n° 2011-891 du 26 juill. 2011 relatif au service gestionnaire du trafic et des circulations et portant diverses dispositions en matière ferroviaire et n° 2012-70 du 20 janv. 2012 relatif aux gares de voyageurs et aux autres infrastructures de services du réseau ferroviaire.

99. L'absence d'indépendance de cette entité est critiquée par l'Autorité de la concurrence, avis n° 09-A-55 du 4 nov. 2009.

La libéralisation du transport international de voyageurs marque l'ouverture des services à la concurrence, comme le prévoyait la directive 2007/58/CE qui avait fixé comme date butoir le 1er janvier 2010. Les dessertes intérieures sont autorisées, à condition que la prestation demeure internationale, c'est-à-dire que son objet principal soit le transport de voyageurs entre des gares situées dans des États différents. Deux limites importantes sont prévues. D'une part, si la condition n'est pas respectée (ce qui est constaté par un avis motivé de l'ARAF, voir ci-dessous), l'autorité administrative compétente peut limiter ces dessertes intérieures. D'autre part, un mécanisme de protection des contrats de service public est institué. Toute autorité organisatrice de transport ferroviaire compétente peut également limiter ou, le cas échéant, interdire ces dessertes intérieures, sous réserve que l'Autorité de régulation des activités ferroviaires ait, par un avis motivé, estimé que ces dessertes compromettent l'équilibre économique d'un contrat de service public (art. L. 2121-12).

391 **ARAF.** – Une véritable autorité de régulation du réseau ferroviaire est créée, dont l'absence était régulièrement dénoncée. L'Autorité de régulation des activités ferroviaires (ARAF) est tout d'abord une autorité publique indépendante dotée de la personnalité morale (art. L. 2131-1 et s.). Son organisation et sa mission, bien que calquées sur celles de ses homologues, présentent toutefois un perfectionnement du modèle. Sa mission porte non seulement sur le bon fonctionnement des activités concurrentielles, mais elle est aussi étendue à celui du service public. Elle est composée de 7 membres nommés en raison de leur compétence pour 6 ans et soumis à des incompatibilités garantissant leur indépendance. Au titre de ces prérogatives, elle dispose d'un pouvoir de formuler (et publier) des recommandations de sa propre initiative sur les conditions d'accès au réseau, mais après avoir procédé[100] à une consultation des acteurs du secteur des transports ferroviaires. Elle est consultée sur les projets de textes réglementaires relatifs à l'accès au réseau ou aux infrastructures et matériels. Son pouvoir réglementaire supplétif reste soumis à l'homologation ministérielle. L'ARAF joue un rôle majeur dans le processus d'ouverture à la concurrence des transports de voyageurs, en ce qu'elle est le garant du caractère accessoire des dessertes intérieures effectuées à l'occasion d'un transport international. Elle se prononce en premier lieu sur la condition que la desserte s'inscrive bien dans le cadre d'un transport international qui doit demeurer l'objet principal de la prestation. Elle se prononce également sur l'éventuelle atteinte à l'équilibre économique d'un contrat de service public par ces dessertes intérieures, afin de permettre à l'autorité organisatrice compétente de limiter ou interdire ces dessertes. L'ARAF dispose aussi d'un pouvoir d'avis conforme sur la fixation des redevances d'infrastructures liées à l'utilisation du réseau. À la demande de l'autorité administrative compétente, l'ARAF émet aussi un avis sur les tarifs des services de transport de voyageurs réalisés à titre exclusif par une entreprise ferroviaire à laquelle l'exploitation est confiée sans mise en concurrence préalable[101]. Elle

100. La formulation de l'article L. 2131-3 (« après avoir procédé à toute consultation qu'elle estime utile des acteurs ») conduit à se demander si la consultation globale est obligatoire mais le choix des personnes consultées relève de l'appréciation de l'ARAF ou si c'est le principe même de la consultation qui doit être estimé utile.

101. Voir le décret n° 2010-932 relatif au transport ferroviaire de voyageurs.

dispose en outre des fonctions plus classiques de règlement des différends et de prononcé de sanction à l'égard des opérateurs. Le ministre des Transports conserve son pouvoir tarifaire, sur proposition de RFF et après avis conforme de l'ARAF comme on vient de le voir.

BIBLIOGRAPHIE

1. Réglementation des prix

J.-J. BIOLAY, « Transparence tarifaire et pratiques relatives aux prix. Organisation de la concurrence par les prix », *J.-Cl. concurrence consommation*, fasc. nº 285, 2005 A. DECOCQ et A. PÉDAMON, *L'ordonnance du 1er décembre 1986 relative à la liberté des prix et de la concurrence*, Litec, 1987 J.-L. DELVOLVÉ, « Légalité des réglementations nationales des prix et responsabilités des États membres et des entreprises au regard du droit communautaire de la concurrence », *Gaz. Pal.* 1985, 2, doctr. p. 473 L. FOCSANEANU, « Le contrôle français des prix sous le contrôle communautaire », *JCP* E 1985, II, 14498 Y. GALMO et J. BIANCHARELLI, « Les réglementations nationales en matière de prix au regard du droit communautaire », *RTDE* 1985, p. 501 O. RENARD-PAYEN, « Prix et concurrence », *J.-Cl. adm.*, fasc. nº 290, 2005.

2. Contrats de plan

H. JACQUOT, *Le statut juridique du plan français*, LGDJ, 1973 J. MOREAU, « Les contrats de plan État-régions, technique nouvelle d'aménagement du territoire », *AJDA* 1979, p. 737 J.-M. PONTIER, *Les contrats de plan entre l'État et les régions*, PUF, Que sais-je, 1998 M. VASSEUR, « Un nouvel essor du concept contractuel : les aspects juridiques de l'économie concertée et contractuelle », *RTDC* 1964, p. 31.

3. Contrôle des marchés et ouverture des réseaux

Dossier « Le service public et la construction communautaire », *RFDA* 1995, p. 291 Dossier spécial « Droit des télécommunications », *AJDA* mars 1997 M. BAZEX, *Problématique des monopoles et droits exclusifs et spéciaux au regard des traités communautaires*, Université Paris X Nanterre, 1994, « L'entreprise publique et le droit européen », *RDAI*, 1991, p. 461, « Le droit communautaire et l'accès des entreprises du secteur concurrentiel aux réseaux publics », *Rev. aff. eur.* 1994, p. 103 N. BELLOUBET-FRIER, « Service public et droit communautaire », *AJDA* 1994, p. 270 J.-M. BELORGEY, « Service public et droit communautaire », *AJDA* juin 1996, nº spécial, p. 35 Rapport Bergougnoux, *Services publics en réseau : perspectives de concurrence et nouvelles régulations*, Commissariat Général du Plan, La Documentation française, 2000 D. BERLIN, « Service postal, marché intérieur et droit communautaire », *Juris PTT* 1994, p. 3 S. BOISSARD, « La libéralisation du transport ferroviaire de voyageurs en France et le régime des gares », *RJEP* 2010, étude 6 S. BRACONNIER, « La nouvelle régulation postale issue de la loi du 20 mai 2005 », *RLC* nº 4 août/octobre 2005,

p. 97 ■ D. BROUSSOLLE, « La création de Réseau Ferré de France », *AJDA* 1997, p. 456, « De la surveillance de la SNCF à la protection de la RATP aux frais de la région Ile-de-France », *AJDA* 2010, p. 425 ■ G. CALLEY, *L'exploitation publique des services postaux*, LGDJ, 2002, « La loi 2005-516 du 20 mai 2005 relative à la régulation des activités postales », *RFDA* 2006, p. 96 ■ CEDECE, *L'entreprise dans le marché unique européen*, La Documentation française, 1995 ■ Centre d'études des entreprises publiques (CEEP), *Europe, concurrence et service public*, Masson/Armand Colin, 1995 ■ N. CHARBIT, *Le droit de la concurrence et le secteur public*, L'Harmattan, 2002 ■ G. CHAVRIER, « Le service public de l'électricité est-il menacé ? », *DA* octobre 2002, p. 10 ■ H. CHAVRIER, « La jurisprudence de la CJCE sur l'application de l'article 90 du Traité de Rome », *CJEG* 1995, p. 125 ■ J.-Y. CHÉROT, « L'article 90 paragraphe 2 du traité de Rome et les entreprises de réseau », *AJDA* 1996, p. 171, « L'article 90, paragraphe 2 du Traité CE après les arrêts de la Cour de justice des Communautés européennes du 23 octobre 1997 sur les monopoles d'importation d'électricité », *RFDA* 1998, p. 135 ■ J. CHEVALLIER, « La mutation des postes et télécommunications », *AJDA* 1990, p. 667, « La réforme des télécommunications », *AJDA* 1991, p. 203, « La nouvelle réforme des télécommunications : ruptures et continuités », *RFDA* 1996, p. 909 ■ M. DEBÈNE, « Entreprises publiques et marché unique, entre assimilation et suspicion », *AJDA* 1992, p. 243, « Sur le service universel : renouveau du service public ou mystification ? », *AJDA* 1996, p. 183 ■ A. DELION et M. DURUPTY, « Droit et jurisprudence communautaires et entreprises publiques », *RFAP* 1992, p. 342 ■ P. DELVOLVÉ, « Droit boursier et droit public », in *Les offres publiques d'achat*, Litec, coll. Droit 360°, 2009, p. 239 ■ F. FAGES et S. RODRIGUES, « La loi du 20 mai 2005 : la nouvelle régulation des activités postales », *AJDA* 2005, p. 1896 ■ A. FIQUET, « Vers une réconciliation entre l'Europe et les services publics : l'exemple de l'électricité », *AJDA* 1998, p. 846 ■ L. FLOCHEL, *Économie des réseaux : l'impact des différentes formes de libéralisation sur les comportements et structures de marché*, Th. Paris I, 1997 ■ J. FOURNIER, « Coudre l'Europe : les entreprises publiques de service public et la construction européenne », *CJEG* juin 1994, n° spécial, p. 289, « La nouvelle réglementation des télécommunications », *CJEG* 1997, p. 77 ■ M.-A. FRISON-ROCHE, « Libres propos sur le service public marchand dans la perspective de la dérégulation des réseaux d'infrastructure essentielle », *RJDA* 10/95, p. 850 ■ J.-M. GLACHANT, « La crise californienne. Accident fortuit ou première défaillance du système de régulation des réformes concurrentielles de l'électricité ? », in *Les risques de régulation*, Presses de Sciences Po et Dalloz, 2005, p. 29 ■ F. HAMON, « Le marché intérieur de l'énergie : les directives électricité et gaz naturel », *AJDA* 1998, p. 851 ■ « Les monopoles des services publics français face au droit communautaire », *D.* chr. XX, p. 92 ■ R. KOVAR, « La CJCE et les entreprises chargées de la gestion d'un service d'intérêt économique général : un pas dans le bon sens vers une dérégulation réglée », *Europe* juillet-août 1994, p. 1 ■ Ch. LEMAIRE, *Énergie et concurrence. Recherches sur les mutations juridiques induites par la libéralisation des secteurs de l'électricité et du gaz*, PUAM, 2003 ■ P. LIGNÈRES et R. LAZAR, « L'énergie en France au 1er juillet 2007, hésitations autour de la libéralisation et de la privatisation », *DA* août--septembre 2007, n° 13 ■ M. LOMBARD, « Jus classicum : la régulation des activités postales », *CJEG* mai 2006, p. 181 ■ P. LOMBARD, « Le service public du gaz sous les feux de l'actualité juridique », *AJDA* 1998, p. 873 ■ J.-C. LOUPIEN, « Le système ferroviaire français face au droit communautaire », *CJEG* 2000, p. 181 ■ H. MAISL, « La nouvelle réglementation des télécommunications », *AJDA* 1996, p. 762 ■ S. NICINSKI, « L'ouverture du réseau ferroviaire à la concurrence », in dossier *Le droit des transports face à la concurrence et à la décentralisation*, *AJDA* 2009, p. 1027 ■ S. NICINSKI et P. PINTAT, « La libéralisation du secteur gazier », *AJDA* 10 février 2003, p. 223 ■ G. NOUGARET, « Les fragiles équilibres de la loi relative à la régulation des activités postales », *JCP* A 2005, n° 50, 1384 ▪ R. PEYLET, « La nouvelle régulation ferroviaire », *RJEP* 2010, étude 2 ▪ L. RAPP, « La politique de libéralisation des services en Europe, entre service public et service universel », *RMC* 1995, p. 352 ▪ L. RICHER, « La loi du 10 février 2000 sur l'électricité : entre concurrence et service public », *AJDA* 2000, p. 239, « État de la transposition de la directive 96/82 en France », *CJEG* janvier 2002, p. 27, « Une nouvelle conception du service public de l'électricité et du gaz », *AJDA* 2004, p. 2094 ▪ F. ROBBE, « L'ouverture du marché de l'électricité et l'adaptation du service public », *CJEG* 2000, p. 211 ▪ S. RODRIGUES, « Prospective du service public en Europe : le marché intérieur, entre concurrence et utilité publique », *RAE* n° 2, 1994, p. 65 ▪ P. SABLIÈRE, *Droit de l'électricité*, Dalloz, 2003 ▪ Ch. SALQUE, « Transport ferroviaire : libéralisation et intégration du marché européen », *DA* mars 2008, Étude 4 ▪ « La libéralisation du transport ferroviaire de passagers : un défi majeur pour la SNCF », *DA* novembre 2009, étude n° 19, p. 7 ; ▪ D. SIMON et R. KOVAR (dir.), *Service public et Communauté européenne : entre l'intérêt général et le marché, Tome I : Introductions et approche sectorielle, Tome II : Approche transversale et conclusion*, Actes du Colloque de Strasbourg, octobre 1996, La Documentation française, 1998 ▪ Ch. STOFFAËS, *Services publics, question d'avenir*, La Documentation française, 1995, (dir.) *Entre monopole et concurrence. La régulation de l'énergie en perspective historique*, PAU, 1994 ▪ A. TAILLEFAIT, « L'ouverture des marchés postaux européens : lenteurs et résistances », *DA* octobre 2005, p. 7 ▪ B. THIRY et J. VANDAMME (dir.), *Les entreprises publiques dans l'Union européenne : entre concurrence et intérêt général*, Pedone, 1995 ▪ T. TUOT, « La loi du 10 février 2000 un an après l'installation de la régulation du marché électrique », *CJEG* février 2001, p. 51, « La Communauté et les entreprises publiques : petits malentendus sans importance ? », *CJEG* juin 1994, n° spécial, p. 397 ▪ P. VIEU, « Entre libéralisation et nouvelle régulation : les mutations du paysage ferroviaire français », *RFDA* 2010, p. 35 ▪ J. VIROLE, « L'entreprise publique et le droit communautaire européen », *RFAP* 1984, p. 727 ▪ F. WEINGARTEN, « La théorie des infrastructures essentielles et l'accès des tiers aux réseaux en droit communautaire », *CJEG* 1998, p. 461.

CHAPITRE IV
LE SOUTIEN DU MARCHÉ

392 **Soutien par l'aide publique. –** Les aides publiques, tout en s'inscrivant dans un effort général de soutien au marché, matérialisent la poursuite de plusieurs objectifs plus précis, comme influencer l'orientation du comportement des acteurs économiques, préserver le tissu économique (aide aux entreprises en difficulté), améliorer la compétitivité, ou encore financer une mission de service public. Mais loin d'en retenir la finalité, le droit saisit les aides publiques par leurs effets et tend à prohiber les aides susceptibles d'affecter la concurrence.

393 **Définition de l'aide publique. –** Une aide publique peut se définir globalement comme tout avantage octroyé par une collectivité publique à un opérateur ou à un secteur dans un but économique et sans contrepartie. La poursuite d'un but économique tend à exclure de la notion d'aide les aides à finalité sociale et, partant, les aides aux associations qui ne sont pas considérées comme des opérateurs économiques. Cette première exclusion est d'un maniement délicat, tant le secteur économique tend aujourd'hui à recouvrir les domaines de l'action culturelle, artistique et sociale[1]. L'absence de contrepartie doit assurément être nuancée, en ce qu'en distribuant des aides, les collectivités publiques attendent des retombées en matière de comportement des opérateurs (création d'emploi, maintien ou orientation d'activités) et cherchent à réguler le marché. Parfois même, les contreparties demandées sont directes et précises (création d'un nombre précis d'emplois) et conditionnées au versement et au maintien de l'aide. Il faudrait donc dire que l'absence de contrepartie renvoie plutôt à l'idée que la collectivité publique en accordant une aide ne rémunère pas une prestation pour satisfaire ses propres besoins ou ceux de ses administrés.

Selon G. Teboul et T. Tuot[2] l'aide est une « opération de l'État ou de ses établissements vers une entreprise même publique, dont l'objet n'est pas un gain direct et quantifiable pour l'État, qui a un impact quantitatif sur les comptes de l'entreprise, et qui lui est versée directement ou

1. Il faut toutefois noter que la notion d'opérateur économique est susceptible de recouvrir largement le champ associatif, S. NICINSKI, « Relations financières entre les collectivités publiques et les associations », commentaire de la circulaire du 18 janv. 2010, *AJDA* 2010, p. 599.
2. *EDCE* n° 41, 1990, p. 147.

indirectement, ou qui lui bénéficie par le biais de son environnement, sous condition dans ce cas d'avoir une finalité économique ». Plus simplement, pour L. Grard, il s'agit d'un « avantage gratuit »[3]. En droit communautaire, les aides d'État sont des décisions des États membres par lesquelles ces derniers, en vue de la poursuite d'objectifs économiques et sociaux qui leur sont propres, mettent par des décisions unilatérales et autonomes, à la disposition des entreprises ou d'autres sujets de droit des ressources ou leur procurent des avantages destinés à favoriser la réalisation des objectifs économiques et sociaux recherchés[4].

394 **Forme de l'aide. –** La forme de l'aide est indifférente. Selon la circulaire du 26 janvier 2006 relative à l'application au plan local des règles communautaires de concurrence relatives aux aides publiques aux entreprises, « la notion d'aide recouvre l'ensemble des avantages, directs ou indirects, que les collectivités publiques peuvent allouer à une entreprise ou un groupe d'entreprises, notamment sous la forme de subventions, d'avantages fiscaux, quelles que soient leurs formes, de remises de dettes, d'abandons de créances, d'octrois de garanties, de prises de participations en capital, de bonifications d'intérêt, de prêts et avances remboursables, à taux nul ou à des conditions plus favorables que celles du taux moyen des obligations, de prêts ou de mises à disposition de biens meubles, immeubles ou de personnel, de rabais sur le prix de vente, de locations ou de locations-ventes de terrains nus ou aménagés ou de bâtiments neufs ou rénovés ».

395 **Origine de l'aide et régime de contrôle. –** En France, l'origine de l'aide doit être distinguée du régime de contrôle. En effet, il existe des aides d'État au sens strict[5] et des aides attribuées par les collectivités territoriales. La difficulté tient au fait que les différents régimes de contrôle ne recoupent pas cette distinction. En droit communautaire, l'interdiction du TFUE (article 107) s'applique aux « aides accordées par les États », mais la dénomination est trompeuse car elle inclut aussi les aides délivrées par les collectivités territoriales. S'agissant de ces dernières, le régime spécifique institué par le Code général des collectivités territoriales vient s'ajouter aux contraintes juridiques issues du droit communautaire. Enfin, qu'il s'agisse des aides de l'État *stricto sensu* ou des aides octroyées par les collectivités territoriales, les grands principes du droit français leur sont applicables (libre concurrence, principe d'égalité, etc.).

CC n° 84-184 du 29 décembre 1984 : « Le principe d'égalité ne fait pas obstacle à ce que le législateur édicte, par l'octroi d'avantages fiscaux, des mesures d'incitation à la création et au développement d'un secteur d'activité concourant à l'intérêt général, notamment comme cela est prévu par la loi, des fondations et des associations d'intérêt général à caractère culturel ».

Quelles que soient leur forme et leur origine, les aides publiques sont soumises à un régime général issu du droit administratif français (Section I), auquel se superpose un contrôle communautaire des aides publiques (Section II). Les collectivités territoriales relèvent de surcroît d'un régime spécifique (Section III).

3. « Aides d'État. Notion », *Juris-cl. Europe*, fasc. 1530, 2000.

4. CJCE 2 juill. 1974, aff. C-173/73, *Rép. Salienne c/Comm., Rec.* CJCE 1974, p. 709.

5. Par ex. Fonds de développement économique et social – FDES – qui constitue un compte spécial du Trésor et qui a vocation à fixer les orientations de « tout programme d'investissement financé avec le concours direct ou indirect de l'État » ; Fonds d'intervention pour l'aménagement du territoire FIAT, aides aux entreprises en difficulté par les CODEFI – Comités départementaux d'examen des problèmes de financement des entreprises –, etc.

SECTION I LE RÉGIME GÉNÉRAL DES AIDES PUBLIQUES ISSU DU DROIT ADMINISTRATIF

396 **Composantes du régime général. –** Il n'existe pas de réglementation générale sur les aides publiques en droit français. Le législateur et le juge administratif ont réglé point par point les difficultés juridiques soulevées par la décision d'octroi d'une aide, le contrôle de sa régularité et surtout, aujourd'hui, par le retrait des aides octroyées.

§ 1. LA DÉCISION D'OCTROI

397 **Nature. –** En règle générale, les aides sont octroyées par le biais d'actes administratifs unilatéraux. Cependant, rien n'interdit qu'elles fassent l'objet de contrats[6] et le recours au contrat est même souvent prescrit par le législateur[7]. Ce contrat peut être un contrat administratif par son objet même, en tant qu'instrument de l'exécution d'un service public d'intervention économique (CE 26 juin 1974, *Sté La Maison des Isolants-France*)[8].

L'article 10 de la loi n° 2000-321 du 12 avril 2000 prévoit de manière générale la conclusion obligatoire de conventions précisant l'objet, le montant et les conditions d'utilisation de la subvention, lorsqu'elle dépasse annuellement 23 000 euros (selon l'article 1er du décret n° 2001-495 du 6 juin 2001). Cette obligation s'applique exclusivement aux subventions, c'est-à-dire des contributions financières versées sous forme monétaire.

Pour les collectivités territoriales, lorsque l'attribution d'une subvention ne nécessite pas la conclusion d'une convention qui doit être approuvée par l'assemblée délibérante, elle doit donner lieu à une délibération distincte du vote du budget. Lorsque l'attribution n'est pas assortie de conditions, la collectivité peut individualiser au budget les crédits par bénéficiaire ou établir dans un état annexe une liste de bénéficiaires (article L. 2311-7 du CGCT pour les communes).

La circulaire du 18 janvier 2010 relative aux relations entre les pouvoirs publics et les associations (*JO* du 20 janvier 2010) encadre les conventions d'objectifs et les appels à projet. Un modèle unique de convention d'objectifs, annuelle ou pluriannuelle, a été élaboré et annexé à la circulaire, pour constituer un nouveau cadre de référence pour la délivrance de subventions aux associations. Un guichet unique de demande de subvention sera expérimenté. Il contribuera à améliorer la gestion des aides publiques en relation avec la procédure de contrôle diligentée par la Commission européenne.

6. CE 23 sept. 1987, *Sté Sagem*, *Rec.* p. 287, *AJDA* 1987, p. 610, chron. AZIBERT et DE BOISDEFFRE : contrats prévus par un dispositif réglementaire.

7. Voir le recensement opéré par M. KARPENSCHIF, « Contrats publics et subventions », *CP-ACCP* n° 73, janv. 2008, p. 52 : aide à l'immobilier d'entreprises (article L. 1511-3 du CGCT), aides versées aux organismes ayant pour objet exclusif de participer à la création ou à la reprise d'entreprises (article L. 1511-7 du CGCT), constitution de fonds de garantie auprès d'établissements de crédit (article L. 3231-7 du CGCT), etc.

8. *Rec.* p. 365, *RDP* 1974, p. 1486, note J.-M. AUBY.

398 **Pouvoir discrétionnaire. –** L'octroi de subventions relève en principe du pouvoir discrétionnaire des collectivités publiques et les refus opposés ne sont soumis qu'à un contrôle de l'erreur manifeste.

CE 25 septembre 1995, *Association connaître et informer pour valoriser l'importance des citoyens*[9] : pas d'obligation de motivation des décisions de refus qui peuvent être fondées sur le fait que le demandeur ne correspondait ni aux critères ni aux priorités définies par la collectivité publique, qui n'est soumise qu'à un contrôle de l'erreur manifeste.

399 **Compétence. –** L'article 34 de la Constitution n'accorde aucune exclusivité au législateur en matière de création de régimes d'aides publiques. Toutefois, si l'aide est de nature fiscale, il conviendra de respecter le principe de légalité de l'impôt[10]. De même, le recours à la loi de finances peut s'avérer indispensable (ouverture d'une ligne budgétaire pour financer des aides, même si l'inscription au budget n'équivaut pas à la définition d'un régime d'aides, autorisation de l'octroi d'une garantie de l'État). Dans les autres cas, le pouvoir réglementaire peut instituer des régimes d'aides en définissant les modalités d'application de la loi[11]. Le pouvoir réglementaire local dispose également d'une compétence en la matière, sur habilitation du législateur[12].

400 **Soumission de l'aide à des conditions. –** Les collectivités publiques délivrent des aides dans le but d'orienter l'activité économique d'un opérateur ou de soutenir l'emploi et l'activité économique. Il est donc logique que les aides consenties soient soumises au respect par le bénéficiaire de certaines prescriptions de nature sociale ou économique (embauche, préservation des emplois, maintien d'un certain type d'activités, etc.). *L'existence* de contreparties semble même imposée par la jurisprudence (CE 26 juin 1986, *Département de l'Yonne*)[13] et appréciée au regard de la poursuite d'un objectif d'intérêt général ainsi qu'au regard de leur caractère « suffisant » (CE Sect. 3 novembre 1997, *Cne de Fougerolles*)[14].

Dans un important arrêt de principe du 5 juillet 2010, *CCI de l'Indre*[15], le Conseil d'État a déterminé l'*origine* des conditions imposées au bénéficiaire, en unifiant le régime des aides fondées sur un contrat et celui des aides octroyées par décision unilatérale : « considérant que l'attribution d'une subvention par une personne publique crée des droits au profit de son bénéficiaire ; que toutefois, de tels droits ne sont ainsi créés que dans la mesure où le bénéficiaire de la subvention respecte les conditions mises à son octroi, que ces conditions découlent des normes qui la régissent, qu'elles aient été fixées par la personne publique dans sa décision d'octroi, qu'elles aient fait l'objet d'une convention signée avec le bénéficiaire, ou encore qu'elles découlent implicitement mais nécessairement de l'objet même de la

9. N° 155970.

10. À propos de l'obligation faite au législateur d'encadrer suffisamment l'action de l'administration en matière de délivrance d'agréments fiscaux, CC n° 99-424 du 29 déc. 1999.

11. CE 5 déc. 1984, M. GOULET, *Rec.* p. 398 ; CE 21 févr. 2000, *Synd. Sud Travail*, *RFDA* 2000, p. 465.

12. Art. L. 1511-1 du CGCT, par exemple CE Ass. 12 déc. 2003, *Département des Landes*, *RFDA* 2004, p. 518, concl. SÉNERS et note J.-Cl. DOUENCE, *AJDA* 2004, p. 195, note DONNAT et CASAS.

13. *JCP* G 1997, II, 22777, note J.-M. PEYRICAL.

14. *Rec.* p. 391, *AJDA* 1997, p. 1010, note L. RICHER, *CJEG* 1998, p. 16 concl. TOUVET.

15. *JCP* A n° 38, 20 sept. 2010, 2285, note J.-P. MARKUS, *CMP* oct. 2010, n° 353, note P. DEVILLERS.

subvention ». Les conditions imposées au bénéficiaire peuvent tout d'abord découler des normes qui régissent la subvention. Le Conseil d'État reprend ici sa jurisprudence faisant référence aux normes légales et réglementaires s'appliquant à la subvention ou déterminant son régime (CE 8 juillet 1988, *SABDEC*[16] : à propos de l'application des dispositions d'un décret soumettant l'octroi de primes à la création d'emplois). Ensuite, les conditions peuvent avoir été fixées par la personne publique dans sa décision d'octroi ou faire l'objet d'une convention. Le Conseil d'État envisage ici les deux fondements juridiques de l'octroi d'une subvention (acte unilatéral ou contrat) pour en unifier le régime. Mais attention, la référence à la décision d'octroi pourrait aussi renvoyer à l'acte unilatéral détachable du contrat et précédant sa conclusion, signifiant par là même que même en présence d'un contrat, les conditions peuvent avoir été fixées dans d'autres types d'actes[17]. Enfin, la condition peut découler implicitement mais nécessairement de l'objet même de la subvention. Le Conseil d'État finalise ici sa jurisprudence sur l'existence de conditions implicites comportant un impact sur le régime de retrait de la subvention (voir ci-dessous).

Quant à la *nature* des conditions, on peut se demander si certaines collectivités publiques peuvent subordonner leurs aides à la nature des contrats de travail que l'opérateur propose. Par exemple, une collectivité publique pourrait-elle refuser d'aider une entreprise embauchant en CDD ou en CNE ? Une réponse négative a été donnée par le juge administratif en droit des marchés publics[18] et on peut supposer qu'elle s'étende en droit des aides publiques.

Il ressort de la jurisprudence que l'aide locale ne peut être motivée dans l'unique intérêt du bénéficiaire. Les collectivités territoriales ne peuvent donc conditionner leurs aides au seul accomplissement d'un plan de redressement (CAA Bordeaux 21 juin 1999, *Ville de Royan*)[19]. Toutefois, on pourrait objecter que le redressement d'une entreprise économiquement importante sur un territoire est susceptible de constituer un motif d'intérêt général et peut présenter des contreparties suffisantes.

Les contreparties ou conditions exigées ne doivent cependant pas être excessives ou sans rapport avec l'objet de l'aide (par exemple situation fiscale de l'entreprise CE 1er mars 1996, *Guillet*)[20].

Au niveau local, les contreparties doivent répondre à un intérêt public local (CAA Marseille 7 décembre 1999, *Cne d'Istres*[21] ; TA Marseille 20 décembre 2002, *Préfet des Bouches-du-Rhône*[22], à propos d'une subvention attribuée à un concert de Johnny Hallyday, afin de permettre la commercialisation de places à prix réduit, avec apposition du logo de la ville).

401 **Contrôles. –** Pour les aides distribuées par l'État, le décret-loi modifié du 25 juin 1934 a posé le principe du contrôle par l'État de l'ensemble des organismes aidés. Concernant les collectivités territoriales, l'article L. 1611-4 du CGCT dispose que toute association, œuvre ou entreprise ayant reçu une subvention peut

16. *Rec.* p. 280.
17. Voir par ex. CAA Lyon 23 déc. 2008, n° 06LY02155.
18. TA Bordeaux 5 déc. 2006, *Préfet de la Gironde*, *CMP* n° 4/avr. 2007, comm. n° 101, E. DELACOUR.
19. N° 97BX01661.
20. *LPA* 17 avr. 1996, p. 5, concl. BONICHOT.
21. N° 98MA00236.
22. N° 0004215.

être soumise au contrôle des délégués de la collectivité qui l'a accordée. Les organismes ayant reçu dans l'année une subvention fournissent à la collectivité une copie de leurs budgets et de leurs comptes. L'article 10 de la loi n° 2000-321 du 12 avril 2000 impose, lorsque la subvention est affectée à une dépense déterminée que l'organisme produise un compte rendu financier qui atteste de la conformité des dépenses effectuées à l'objet de la subvention[23].

La circulaire du 18 janvier 2010 relative aux relations entre les pouvoirs publics et les associations (*JO* du 20 janvier 2010) améliore le processus de contrôle du respect par les bénéficiaires d'aides des objectifs qui leur ont été assignés. Le modèle de convention prévoit que « l'association s'engage, à son initiative et sous sa responsabilité, à mettre en œuvre, en cohérence avec les orientations de politique publique mentionnées au préambule, le programme d'actions suivant (...) ». L'association rend compte de son action grâce à des justificatifs étayant un bilan qualitatif et quantitatif. L'administration doit contrôler que la subvention n'excède pas le coût du SIEG (lorsqu'il y en a un). Pour le reste, le modèle de convention préfère prévoir que l'administration procède « conjointement avec l'association, à *l'évaluation* des conditions de réalisation du programme ». L'évaluation commune se distingue alors du contrôle unilatéral qui caractérise la délégation de service public. En cas d'irrespect des objectifs par l'association, celle-ci doit procéder au reversement des sommes versées.

§ 2. LA RÉGULARITÉ DE L'AIDE AU REGARD DES GRANDS PRINCIPES DU DROIT PUBLIC

402 **Principe d'égalité. –** Les régimes d'aides sont contrôlés au regard du principe d'égalité, qui trouve de nombreuses applications en matière économique. Alors que, par principe, toute aide pourrait venir heurter l'idée même d'égalité, l'intérêt général qui peut s'attacher au développement économique par l'incitation justifie les régimes d'aides[24]. Toutefois, les critères utilisés pour l'octroi des aides doivent être « objectifs et rationnels en fonction de [la] recherche » d'objectifs d'intérêt général[25]. Le juge administratif est aussi amené à contrôler les conditions d'octroi d'aides au regard du principe d'égalité, ce qui le conduit à censurer la définition de conditions avantageant sans justification une catégorie d'opérateurs (pour les décisions réservant des aides aux adhérents à un « label » qualité par exemple TA Montpellier 2 mai 1986, *Commissaire de la Rép. des Pyrénées-Orientales c/Département des Pyrénées-Orientales*)[26].

403 **Principe d'égalité et objectifs à valeur constitutionnelle. –** Lors du contrôle des régimes d'aides au regard du principe d'égalité, le Conseil constitutionnel valide des mécanismes qui

23. Pour le contenu de ce compte rendu, voir l'arrêté du 24 mai 2005, *JO* du 29 mai.
24. CE 5 déc. 1984, *M. Goulet*, *Rec.* p. 398 ; CE 2 juill. 1999, *Cne de Volvic*, *Rec.* p. 238 ; décision n° 84-184 DC du Conseil constitutionnel du 29 déc. 1984, *Loi de finances pour 1985* : « le principe d'égalité ne fait pas obstacle à ce que le législateur édicte, par l'octroi d'avantages fiscaux, des mesures d'incitation à la création et au développement d'un secteur d'activité concourant à l'intérêt général ».
25. Décision n° 2003-477 DC du 31 juill. 2003.
26. *Rec.* p. 513.

procèdent de l'idée de discrimination positive, pour assurer la mise en œuvre d'objectifs à valeur constitutionnelle. Ainsi, le Conseil constitutionnel a décidé (décision n° 2001-456 du 27 décembre 2001) qu'une aide uniquement destinée aux quotidiens d'information politique et générale « n'entraîne pas de rupture injustifiée d'égalité » au motif qu'il est « loisible au législateur de créer une aide de l'État dans le but de compenser des surcoûts spécifiques de diffusion » et que cette aide « participe de la volonté de préserver le pluralisme des quotidiens d'information politique et générale, dont le maintien et le développement sont nécessaires à l'exercice effectif de la liberté proclamée par l'article 11 de la Déclaration des droits de l'homme et du citoyen de 1789 ».

404 **Principe de la liberté du commerce et de l'industrie. –** En délivrant des aides, les collectivités publiques ne doivent pas porter atteinte au principe de la liberté du commerce et de l'industrie, entendu comme s'opposant à ce que les collectivités publiques empiètent sur les domaines réservés à l'initiative privée lorsque celle-ci n'est pas défaillante. C'est le cas lorsqu'une collectivité publique s'empare d'une activité marchande dont l'objet est la mise en place un dispositif d'aide (CE 10 mai 1985, *SA Boussac Saint-frères*)[27]. C'est aussi le cas lorsqu'une collectivité publique permet à un opérateur de développer ses activités par l'octroi d'une aide au détriment des autres opérateurs agissant dans le secteur[28]. Cette interdiction devrait normalement suivre l'infléchissement récent de l'interprétation du principe de la liberté du commerce et de l'industrie, en ce qu'un intérêt public pourra justifier un dispositif d'aide[29].

405 **Contrôle de l'erreur manifeste d'appréciation. –** Le contrôle du juge administratif est limité à la sanction de l'erreur manifeste sur certains aspects des régimes d'aides (CE 5 décembre 1984, *M. Goulet*)[30].

§ 3. LE RÉGIME DU RETRAIT ET DU REVERSEMENT DES AIDES

406 **Décision unilatérale. –** Le régime du retrait ou de l'abrogation des actes unilatéraux s'applique de manière originale lorsqu'est en cause une décision attribuant des aides. En 2010, le Conseil d'État a unifié le régime du retrait des subventions, quel que soit le support de leur octroi, qu'il s'agisse d'un acte unilatéral ou d'un contrat.

407 **Acte créateur de droits sous condition. –** Bien que les actes à objet pécuniaire aient fait l'objet d'une jurisprudence récente en la matière, puisque désormais, toutes les décisions accordant un avantage financier sont créatrices de droits en vertu de la jurisprudence « Soulier »[31], il était auparavant admis que les décisions

27. *Rec.* p. 145 ; *AJDA 1985, p. 434*, concl. CAZIN D'HONINCTHUN, *RFDA* 1986, p. 74, note G. HUBRECHT et G. MELLERAY.

28. TA Grenoble 27 janv. 1988, *Ruphy c/Cne de La Cluzaz*, *JCP* 1989 II, 21265, note C. DEVÈS ; TA Strasbourg 29 déc. 1995, *Cne de Woippy*, *LPA* 23 août 1996, concl. PORTAIL ; TA Besançon 16 oct. 1997, *SA Super Ceram*, *DA* 1998, n° 4 ; CE 16 janv. 2006, *Département des Landes*, n° 258320.

29. CE 23 juin 1997, *Morera*, n° 156728.

30. *Rec.* p. 398.

31. CE 6 nov. 2002, *M*[me] *Soulier*, *Rec.* p. 369, *AJDA* 2002, p. 1434, chron. DONNAT et CASAS, *AJFP* 2003, p. 20, note A. FUCHS.

pécuniaires pour lesquelles l'administration disposait d'un pouvoir d'appréciation entraient dans la catégorie des actes créateurs de droits (CE 24 octobre 1956, *Rivolier*)[32], en l'absence de toute condition suspensive ou résolutoire (CE 28 juillet 1993, *Cne de Faye-d'Anjou*)[33]. La majeure partie des aides étant attribuée après appréciation de l'autorité compétente, la jurisprudence « Soulier » n'a pas constitué un véritable bouleversement en la matière. Néanmoins, il convient de noter que les décisions d'attribution d'aides comportant des conditions sont d'une nature particulière. En effet, elles ne créent de droits acquis à leur maintien que tant que l'attributaire respecte les conditions qui lui sont posées (CE 10 mars 1967, *Sté Samat*)[34]. Il s'ensuit un régime spécifique de retrait, puisque le retrait s'opère dans les conditions de la jurisprudence *Ternon* tant que les conditions posées à l'attributaire sont respectées[35] ou lorsqu'il n'y a pas de conditions[36]. À partir du moment où l'attributaire ne respecte pas (ou plus) les conditions qui lui ont été posées, l'administration peut retirer l'aide à tout moment, mais uniquement en invoquant le motif tiré du non-respect des conditions (CE 26 novembre 1993, *Sté industrielle française du tout-terrain)*[37]. Ce régime est en quelque sorte « à cheval » entre le régime de retrait des actes créateurs de droits et celui des actes non créateurs de droits.

CE 8 février 1985, *Syndicat intercommunal de la Marana*[38] : l'acte unilatéral octroyant une subvention est « par nature » créateur de droits (en l'espèce, délibération ayant pour objet d'alléger les charges du syndicat). « Dans ces conditions, (...) l'exécution des décisions accordant les subventions en annuités doit être regardée comme implicitement subordonnée à la condition que la charge supportée par le syndicat demeure au moins égale au montant de la subvention annuelle prévue pour l'emprunt considéré ; qu'il suit de là que les arrêtés du préfet portant octroi de subventions pluriannuelles au syndicat de la Marana n'étaient susceptibles de créer des droits que dans la mesure où la condition ci-dessus énoncée demeurait, pour chacun d'entre eux, satisfaite ». Le retrait est donc intervenu plus de dix ans après la première délibération d'octroi d'une subvention.

408 **Conditions implicites. –** Lorsqu'aucune condition n'est explicitement définie dans le lien juridique constitué entre l'administration et l'opérateur économique aidé, le juge administratif peut dégager des conditions implicites dont l'irrespect entraîne la faculté de retrait de l'aide.

CE 8 juillet 1988, *SABDEC*[39] : à propos de l'application des dispositions d'un décret soumettant l'octroi de primes à la création d'emplois, le Conseil d'État juge « que l'inobservation des conditions prévues dans la décision d'attribution, au nombre desquelles se trouve nécessairement, même en l'absence de toute stipulation expresse, le maintien, pendant un délai suffisant, des effectifs recrutés grâce aux programmes primés, entraîne la réduction ou l'annulation de la prime ; qu'il appartient à l'autorité administrative, sous le contrôle du juge de l'excès de pouvoir

32. *Rec.* p. 302.
33. *Rec.* p. 658.
34. *Rec.* p. 113, *AJDA* 1967, p. 280, concl. GALMOT.
35. CAA Nancy 29 janv. 2007, *M. X*, n° 05NC01467.
36. CAA Bordeaux 15 oct. 2002, *Cne de Saint-Jean*, n° 98BX02237 ; CAA Marseille 1er mars 2004, *Cne de Lodeve*, n° 00MA01437.
37. *Rec.* p. 593. Voir également CE 7 août 2008, *Crédit coopératif*, n° 285979 : l'autorité chargée de l'exécution d'une subvention peut constater que les conditions ne sont plus remplies et refuser de verser le solde de la subvention.
38. *AJDA* 1985, p. 293.
39. *Rec.* p. 280.

d'apprécier dans chaque cas, en fonction notamment de la conjoncture économique et des difficultés particulières à chaque entreprise, la durée en deçà de laquelle la suppression d'emplois créés au titre des programmes retenus pour l'attribution de la prime de développement industriel n'est pas compatible avec le maintien partiel ou total de celle-ci »[40].

Toutefois, cette possibilité ne vaut que lorsque la condition implicite est elle-même clairement identifiable, comme le maintien d'emplois pendant une durée raisonnable. Lorsque la contrepartie repose uniquement sur la création d'emplois, en l'absence de précisions sur leur nombre, le juge ne peut déterminer de contreparties implicites à opposer au bénéficiaire (CE 21 mars 2001, *SICOMI Bail-Investissement*)[41].

409 **Motifs de retrait ou de non-paiement de l'aide. –** Les seuls motifs susceptibles d'être invoqués par l'administration doivent être en relation avec les conditions posées à l'octroi de l'aide. Cela reflète le caractère hybride du régime de retrait des décisions unilatérales d'attribution d'aides en ce qu'il emprunte au régime des actes non créateurs de droit la possibilité de retrait à tout moment, mais s'en éloigne en ce que le retrait ne peut pas être fondé sur tout motif (CE 25 juillet 1986, « *Les fils d'Auguste Peureux* »[42] : décision unilatérale attributrice d'une aide qui ne peut être retirée uniquement parce que le bénéficiaire fait l'objet de poursuites pénales n'affectant pas la réalisation du projet). Mais jouent aussi à ce stade les conditions implicites. Par exemple, un entrepreneur quittant le territoire d'une région s'expose au risque de devoir reverser les primes obtenues (CAA Lyon 18 mai 2000, *Sté Meca Control*)[43]. Par ailleurs, le bénéficiaire de l'aide peut invoquer la force majeure pour s'opposer au retrait de l'acte (CE 14 février 1994, *Sté Gama*)[44].

410 **Délai de retrait. –** La décision octroyant une aide étant créatrice de droits, son retrait ne peut intervenir normalement que dans un délai de quatre mois suivant la prise de décision. Lorsqu'il n'y a pas de décision expresse formalisant l'octroi de l'aide, on retient la date du versement des sommes correspondantes[45]. Dans un important avis *Fort* de 2004[46], le Conseil d'État règle le cas d'un avantage maintenu sans décision formelle alors que les conditions auxquelles est subordonné son maintien ne sont plus remplies. Le délai de quatre mois court alors à compter du jour auquel l'ordonnateur ne pouvait ignorer que les conditions n'étaient plus remplies.

40. Voir plus récemment, CE 26 nov. 1993, *Ministre de l'Industrie et de l'Aménagement du territoire*, n° 103579 ; CAA Bordeaux 24 juill. 2001, *Association syndicale d'exploitation agricole de la Vernide* n° 97BX02233.

41. N° 198232.

42. *RFDA* 1987, p. 457, concl. FOUQUET.

43. N° 96LY21161.

44. *Rec.* p. 775.

45. CE avis 3 mai 2004, *Fort*, *Rec.* p. 194, *AJDA* 2004, p. 1530, note S. HUL, *RFDA* 2004, p. 854, *DA* 2004, comm. 88, note E. G.

46. CE avis 3 mai 2004, *Fort*, préc. Pour une application voir CAA Bordeaux 26 déc. 2006, *Onivins*, *AJDA* 2007, p. 1403, note E. JAYAT : le principe posé par l'avis *Fort* n'est pas applicable lorsque l'aide est illégalement octroyée dès l'origine et que cette irrégularité est ensuite constatée par la Commission européenne, constat qui ne déclenche pas un délai de retrait.

Il convient de noter également, s'agissant des aides irrégulières, la solution retenue par le Conseil d'État dans un arrêt du 29 mars 2006, *Centre d'exportation du livre français*[47], selon laquelle il est possible d'écarter les règles de droit national selon lesquelles les décisions pécuniaires créatrices de droit ne peuvent être retirées au-delà d'un délai de quatre mois, dès lors que ces règles ne peuvent faire obstacle à la pleine effectivité du droit communautaire et remettre en cause l'obligation pour l'État de tirer toutes les conséquences de l'illégalité d'aides accordées. Le Conseil d'État a précisé sa jurisprudence dans un arrêt du 28 octobre 2009, *VINIFLHOR*[48], en définissant les conditions auxquelles les règles nationales peuvent justifier qu'une aide illégalement versée ne soit pas récupérée. « Considérant qu'ainsi que l'a jugé la Cour de justice des Communautés européennes, notamment dans ses arrêts du 21 septembre 1983 *Deutsche Milchkontor et autres* (aff. C-205/82 à 215/82) et du 13 mars 2008 *Vereniging Nationaal Overlegorgaan Sociale Werkvoorziening* (aff. C-383/06), en l'absence de disposition communautaire, les modalités de récupération d'une aide indûment versée sur le fondement d'un texte communautaire sont soumises aux règles de droit national, sous réserve que l'application de ces règles se fasse de façon non discriminatoire au regard des procédures visant à trancher des litiges nationaux du même type et qu'elle ne porte pas atteinte à l'application et à l'efficacité du droit communautaire ou n'ait pas pour effet de rendre pratiquement impossible ou excessivement difficile la récupération des sommes octroyées ; que le droit communautaire ne s'oppose pas à ce qu'une législation nationale exclue la répétition d'une aide indûment versée en prenant en compte des critères tels que la protection de la confiance légitime, la disparition de l'enrichissement sans cause ou l'écoulement d'un délai ; qu'il exclut en revanche, ainsi que l'a par exemple jugé la Cour de justice des Communautés européennes dans son arrêt du 12 mai 1998 Steff-Houlberg Export et autres, (aff. C-366/95), qu'un opérateur qui n'a pas été de bonne foi pour demander et obtenir une aide puisse se prévaloir des dispositions limitant le délai dans lequel une décision d'octroi de l'aide peut être retirée ; qu'il appartient en tout état de cause au juge national d'apprécier si, pour le règlement du litige qui lui est soumis, la règle de droit national doit être écartée ou interprétée, afin que la pleine efficacité du droit communautaire soit assurée ». Il revient donc au juge de rechercher si la règle de droit national relative aux conditions de retrait des décisions individuelles créatrices de droits devait être écartée ou interprétée afin que la pleine efficacité du droit communautaire soit assurée. En l'espèce le bénéficiaire de l'aide de bonne foi a pu invoquer le délai de quatre mois au-delà duquel il est impossible de retirer une telle décision.

411 **Contrat. Unification du régime de retrait. –** Jusqu'à présent, lorsque l'aide faisait l'objet de la conclusion d'un contrat et qu'elle était soumise au respect de certaines conditions par l'opérateur, la non-exécution de celles-ci offrait à la collectivité publique la possibilité d'en tirer toutes les conséquences contractuelles, y compris celle d'en réclamer le remboursement, mais à condition que cette faculté ait été prévue au contrat[49]. En effet, si le régime de l'exception d'inexécution peut conduire la personne publique à cesser de délivrer l'aide pour l'avenir, seule une stipulation précise permet d'exiger un remboursement des aides versées.

Dans l'arrêt du 5 juillet 2010, *CCI de l'Indre*[50], le Conseil d'État a unifié le régime du retrait des aides versées, quel que soit leur support juridique. Dans ce domaine précis, le régime de retrait des actes unilatéraux est importé dans le droit conventionnel. Même si la relation reste conventionnelle, la personne publique est autorisée à appliquer le régime de retrait de la décision d'attribution de la subvention. Il est ainsi jugé que « l'attribution d'une subvention par une personne

47. *AJDA* 2006, p. 1396, note A. CARTIER-BRESSON, *JCP* A 2006, p. 1107, note M. KARPENSCHIF.
48. N° 302030, *JCP* A 8 mars 2010, n° 2087, note S. MARTIN.
49. Pour les contrats passés avec les associations, voir la circulaire du 18 janv. 2010 (*JO* du 20 janv.).
50. *JCP* A n° 38, 20 sept. 2010, 2285, note J.-P. MARKUS.

publique crée des droits au profit de son bénéficiaire ; que toutefois, de tels droits ne sont ainsi créés que dans la mesure où le bénéficiaire de la subvention respecte les conditions mises à son octroi ».

412 **Responsabilité. –** Il est rare que le refus d'une aide puisse engager la responsabilité de la collectivité publique sollicitée, car elle agit dans le cadre d'un pouvoir discrétionnaire (voir toutefois CE 30 mars 1990, *Sté Courses Questembert*)[51]. Une promesse d'aide non tenue est susceptible d'engager la responsabilité du dispensateur de l'aide (CE 12 octobre 1984, *Sté « La Centrale de charcuterie Alsacienne »*)[52]. Lorsqu'une collectivité publique retire sa garantie d'emprunt (forme particulière d'aide), elle est susceptible d'engager sa responsabilité à la fois vis-à-vis de l'emprunteur et du prêteur, qui perd une sûreté. Pour l'emprunteur, la collectivité publique doit l'indemniser des frais engagés, c'est-à-dire le coût des premières opérations effectuées[53]. On pourrait de se demander si l'indemnisation de la perte d'une chance sérieuse de réaliser un projet ne serait pas également indemnisable. Si la décision d'octroi de l'aide est annulée, le bénéficiaire peut aussi engager la responsabilité de la collectivité publique dispensateur de l'aide si cette dernière lui a fourni des renseignements inexacts[54].

La collectivité publique aidant un organisme peut aussi engager sa responsabilité en tant que dirigeant de droit (Cass. com. 8 janvier 2002, *Albenque*)[55] ou de fait (CE 1er octobre 2004, *ADEPS*)[56]. La responsabilité est de nature administrative et le juge recherche les comportements contraires à l'intérêt de l'entité aidée[57].

413 **Recours. –** On constate que les concurrents du bénéficiaire de l'aide qui n'auraient eux-mêmes pas été primés sont en droit de former un recours contre la décision d'octroi (CE 9 mai 2005, *Sté Id Toast*[58] ; CE 26 février 2006, *Cie Ryanair*)[59], de même que les contribuables (TA Montpellier 15 novembre 2005, *J.-L. Silvestre, Assoc. Les Amis de Bamba*)[60].

51. *Rec.* p. 1066.
52. *Rec.* p. 327.
53. CAA Nantes 8 nov. 1995, *Cne de Faye-d'Anjou*, *AJDA* 1996, p. 331, note F. CHOUVEL.
54. CAA Nancy 30 janv. 2003, *Sté Hydrolique PB*, coll. Intercomm. 2003, comm. 97, note J. M.
55. *AJDA* 2002, p. 808, note G. CLAMOUR.
56. *AJDA* 2005, p. 164, note S. NICINSKI.
57. CE 5 déc. 2005, *Département de la Dordogne*, *AJDA* 2006, p. 565, note F. BRENET, *JCP* A 2006, n° 1005, concl. GLASER.
58. *AJDA* 2005, p. 1659, note P.-A. J.
59. *JCP* A 2006, 1072, note M. KARPENSCHIF.
60. *JCP* A 2006, 1072, note M. KARPENSCHIF.

SECTION II LE CONTRÔLE COMMUNAUTAIRE DES AIDES PUBLIQUES

414 **Incompatibilité des aides publiques. –** Le droit communautaire ne pose pas d'interdiction de principe aux aides publiques, mais prévoit une large incompatibilité assortie de dérogations (article 107 § 2 et § 3). En tant qu'instrument économique aux mains des États, les aides publiques demeurent légitimes. Mais en tant que sources de distorsion de la concurrence, elles font l'objet d'un contrôle attentif. On reproche d'ailleurs aux autorités communautaires de négliger quelque peu le raisonnement économique tendant à démontrer que la concurrence est bel et bien faussée, au profit d'une approche plus automatique de l'incompatibilité.

415 **Article 107 § 1 TFUE. –** L'article 107 § 1 du Traité stipule que « sauf dérogations prévues par le présent traité, sont incompatibles avec le marché commun, dans la mesure où elles affectent les échanges entre États membres, les aides accordées par les États ou au moyen de ressources d'État sous quelque forme que ce soit qui faussent ou qui menacent de fausser la concurrence en favorisant certaines entreprises ou certaines productions ».

416 **Enjeux et sanctions. –** Les enjeux pour les États et les opérateurs économiques aidés sont très importants[61], car les aides sont soumises à une obligation de notification à la Commission et si l'aide n'est pas notifiée, elle devient illégale et doit être remboursée par les bénéficiaires. Le dispositif sur les aides n'a pas d'effet direct, à l'exception de l'obligation de notification (article 108 § 3 TFUE, CJCE 11 décembre 1973, *Lorenz*)[62], laquelle peut donc être sanctionnée par le juge national avant même que la Commission ait pu procéder à une appréciation, mécanisme qui invite nécessairement le juge national à se prononcer sur la qualification d'une aide (CJCE 30 novembre 1993, *Kirsammer Hack*)[63].

§ 1. LA NOTION D'AIDE D'ÉTAT

417 **Quatre conditions cumulatives. –** Se fondant sur la définition de l'article 107 § 1 TFUE [ex 87 § 1 TCE], la Cour de justice a posé quatre conditions cumulatives (CJCE 21 mars 1990, *Belgique c/Commission*)[64] : la mesure doit procéder d'une intervention de l'État ou au moyen de ressources d'État ; la mesure procure un avantage au bénéficiaire ; l'intervention est susceptible d'affecter les échanges entre États membres ; elle fausse ou menace de fausser la concurrence.

61. Ce qui a été souligné par le XXVIIIe rapport de la Commission sur la politique de la concurrence pour l'année 1998, SEC(99) 743 final.

62. Aff. 120/73.

63. Aff. C-189/91.

64. C-142/87 ; 16 mai 2002, *France c/Commission*, aff. C-482/99 ; CJCE 24 juill. 2003, *Altmark Trans GmbH*, aff. C-280/00 ; CJCE 23 mars 2006, *Enirisorse*, aff. C-237/04.

Bien entendu, le bénéficiaire doit avoir la qualité d'entreprise au sens du droit de la concurrence[65].

418 **Indifférence quant à la forme et aux objectifs poursuivis. –** Le droit communautaire ne prend en considération ni la forme de la mesure ni les objectifs de la mesure (subvention, décision de collectivités publiques actionnaires, etc.).

CJCE 23 février 1961, *De Gezamenlijke Stennkolenmijnen*, aff. 30/59 ; CJCE 15 mars 1994, *Banco exterior de Espana*, aff. C-387/92 : « la notion d'aide est plus générale que la notion de subvention parce qu'elle comprend non seulement des prestations positives telles les subventions elles-mêmes, mais également des interventions qui, sous des formes diverses, allègent les charges qui normalement grèvent le budget d'une entreprise et qui, par là, sans être des subventions au sens strict du mot, sont d'une même nature et ont des effets identiques »[66]. Plus récemment, la Cour a encore élargi la notion d'aide en jugeant que dans le cadre des avantages indirects qui ont les mêmes effets que les subventions, il importe de relever que figure la fourniture de biens ou de services dans des conditions préférentielles (voir en ce sens, notamment, arrêt du 20 novembre 2003, *GEMO*, aff. C-126/01, points 28 et 29 puis arrêt *Chronopost II* du 1er juillet 2008, aff. C-341/08). Parmi les mesures indirectes, on trouve aussi les exonérations fiscales (CJCE 11 novembre 2004, *Ramondin SA Daewoo*, aff. C-186 et 187/02), les réductions fiscales accordées aux redevables de l'ISF investissant dans des PME (en France, décision n° 596a/2007 du 11 mars 2008), ou encore la conversion en capital par les autorités publiques de dettes d'entreprises (Décision de la Commission n° 91/144 du 2 mai 1990, *Halkis Cement Company*, *JOCE* L 73, 20 mars 1991).

A. UNE AIDE ACCORDÉE PAR UN ÉTAT OU AU MOYEN DE RESSOURCES D'ÉTAT

419 **Difficultés juridiques. –** L'application de la condition que l'aide soit accordée par les États ou au moyen de ressources d'État a suscité plusieurs difficultés. En effet, l'aide peut être consentie soit directement par l'État, soit indirectement par le biais d'organismes liés à l'État, voire institués pour gérer l'aide. Dans ce dernier cas, se pose la question du degré d'implication de l'État, quant aux aides versées par des organismes placés sous son contrôle et quant à la nature des ressources d'État utilisées pour financer l'aide. L'arrêt *Stardust* (CJCE 16 mai 2002, *République française c/Commission*[67]) a posé deux conditions cumulatives : la mesure incriminée doit apparaître comme le résultat d'un comportement imputable à l'État (critère de l'imputabilité) et elle doit être octroyée au moyen de ressources d'État.

1. Une charge financière pour l'État

420 **Interprétations. Aide devant nécessairement comporter une charge financière pour l'État. –** Deux interprétations de la rédaction de l'article 107

65. Voir à ce propos la synthèse opérée par la Commission sur la notion d'entreprise appliquée au droit des aides et sur les critères de l'aide d'État dans sa Communication relative à l'application des règles de l'Union européenne en matière d'aides d'État aux compensations octroyées pour la prestation de SIEG (2012/C 8/02) du 20 déc. 2011.
66. Plus récemment, CJCE, 26 sept. 1996, *Rép. française c/Comm.* CE, aff. C-241/94.
67. C-482/99.

§ 1 sont envisageables : soit on considère que les aides doivent être obligatoirement financées sur fonds publics, soit on considère que peuvent être des aides les avantages accordés « par un État », indépendamment du fait qu'ils constituent ou non une charge financière pour l'État. La seconde interprétation aurait évidemment pour effet d'étendre considérablement la notion d'aide. Après une certaine hésitation, la Cour a opté pour la première interprétation, c'est-à-dire la position la plus restrictive.

CJCE 17 mars 1993, *Sloman Neptun*, aff. CJCE C-72 et 73/91, 30 novembre 1993, *Kirsammer-Hack*, aff. C-189/91 : « La distinction établie dans cette disposition entre les aides accordées par l'État et les aides accordées au moyen de ressources d'État ne signifie pas que tous les avantages consentis par l'État constituent des aides, qu'ils soient ou non financés au moyen de ressources étatiques, mais vise seulement à inclure dans cette notion les avantages qui sont accordés directement par l'État ainsi que ceux qui le sont par l'intermédiaire d'un organisme public ou privé, désigné ou institué par cet État ». Pour le maintien de cette jurisprudence, voir l'affaire C-379/98, *Preussen Elektra*, du 13 mars 2001, et notamment les conclusions Jacobs.

2. L'imputabilité à l'État

421 **Notion d'État. Inclusion des aides délivrées par les collectivités infra-étatiques. –** La notion « d'État » de l'article 107 § 1 TFUE est conçue au sens large. Sont des aides d'État les aides octroyées par le pouvoir législatif (TPICE 12 décembre 1996, *Air France c/Commission*[68]). Il en va de même des aides délivrées par les collectivités territoriales ou infra-étatiques. En effet, pour ne pas favoriser les États régionalisés ou très décentralisés, et pour éviter que leurs collectivités infra-étatiques ne puissent délivrer des aides en toute liberté, il est acquis que la notion d'État couvre les collectivités décentralisées (CJCE 14 octobre 1987, *RFA c/Commission*)[69].

422 **Imputabilité à l'État. Organismes publics ou privés institués par l'État. –** De la même manière que pour les collectivités infra-étatiques, s'est posée la question de savoir si les aides distribuées par des organismes indépendants, mais institués par l'État, devaient être soumises au régime des articles 107 et 108 TFUE. Une réponse positive semble évidente s'agissant des organismes créés pour gérer les aides[70]. Pour inclure progressivement les aides délivrées par des organismes sous influence étatique, la Cour a affiné sa jurisprudence et a dû préciser les critères retenus.

Dans un premier temps, ont été incluses les aides accordées par des organismes sous influence étatique, à condition qu'intervienne une décision de l'État (CJCE 10 décembre 1969, *Com. c/République française*)[71], à propos d'un avantage accordé par la Banque de France sur ordre du gouvernement ; CJCE 30 janvier 1985, *Com. c/Rép. française*, à propos d'une aide consentie par la Caisse nationale

68. T-358/94.
69. Aff. C-248/84.
70. CJCE, 22 mars 1977, *Steinike*, aff. 78/76 : « l'article 92 englobe l'ensemble des aides accordées par les États ou au moyen de ressources d'État, sans qu'il y ait lieu de distinguer selon que l'aide est accordée directement par l'État ou par des organismes publics ou privés qu'il institue ou désigne pour gérer l'aide ».
71. Aff. 6 et 11/69.

de crédit agricole dont la mise en œuvre est subordonnée à l'approbation des pouvoirs publics).

Puis, la Cour a utilisé le critère de *l'imputabilité*, permettant d'élargir encore la notion, en incluant les aides délivrées par des organismes agissant sous l'influence de l'État, même lorsqu'il n'y a pas d'instructions précises de l'État. L'appréciation de l'imputabilité relève alors d'une analyse de l'influence de l'État sur l'organisme, à partir d'un ensemble d'indices « résultant des circonstances de l'espèce et du contexte dans lequel [la] mesure est intervenue » (arrêt *Stardust* préc.). Sont notamment pris en compte un ensemble d'éléments statutaires destinés à démontrer cette influence et leur faible degré d'autonomie (statut juridique de l'entreprise, intégration dans les structures de l'administration publique, intensité de la tutelle – nomination des dirigeants, prérogatives sur les mesures prises par l'organisme –, nature des activités et condition d'exercice sur le marché, probabilité d'implication des autorités publiques dans l'adoption de la mesure, etc.). On remarquera que dans ce cas, le simple examen de la situation statutaire de l'organisme suffit à démontrer que son comportement est imputable à l'État, sans que ce dernier ait formellement pris une décision manifestant explicitement sa volonté d'accorder une aide.

Voir CJCE 2 février 1988, *Van der Kooy*, aff. 67, 68 et 70/85 ; CJCE 7 juin 1988, *Grèce/Commission*, aff. 57/86 ; CJCE, 21 mars 1991, *Comm. c/Italie*, aff C-303/88 et C-305/89 ; TPI 12 décembre 1996, *Air France c/Commission*, T-358/94, à propos de la Caisse des dépôts et consignations, pourtant rattachée au pouvoir législatif ; CJCE 13 mars 2001, *Preussen Elektra*, aff. C-379/98 ; CJCE 20 novembre 2003, *GEMO*, aff. C-126/01.

423 **Aides délivrées par les entreprises publiques. –** L'idée d'imputabilité est reprise s'agissant d'éventuelles aides délivrées par les entreprises publiques à leurs clients, eux-mêmes opérateurs économiques. Le capital des entreprises publiques fait apparaître une ressource d'origine étatique car l'avantage consenti à un client par une entreprise publique entraîne une privation de dividendes pour l'État[72]. Plus généralement, la jurisprudence adopte une approche fondée sur le critère du contrôle public sur les ressources concernées : « même si les sommes correspondant à une mesure d'aide d'État sont des ressources financières d'entreprises publiques et ne sont pas de façon permanente en possession du Trésor public, le fait qu'elles restent sous contrôle public, et donc à la disposition des autorités nationales compétentes, suffit pour qu'elles soient qualifiées de ressources d'État » (TPICE 12 décembre 1996, *Air France c/Commission*[73]). La Commission considère que les bénéfices non distribués d'entreprises publiques sont considérés comme des ressources publiques[74]. Il y aura une aide si ce capital n'est pas employé selon des objectifs déterminés par les critères de l'économie de marché[75].

72. Concl. SLYNN sur CJCE 2 févr. 1988, *Van der Kooy*, préc. ; CJCE 21 mars 1991, *Italie c/Commission*, aff. C-305/89.

73. T-358/94.

74. Décision de la Commission du 16 avr. 1997 concernant les aides accordées par l'Italie à Enirisorse, *JOCE* L 80, 18 mars 1998.

75. Décision 97/81 du 30 juill. 1996, à propos de l'apport de capital effectué en faveur d'une entreprise par une entreprise du secteur public, *JOCE* L 25, 28 janv. 1997.

CJCE 16 mai 2002, *France c/Commission*[76] : l'imputabilité doit se fonder sur « un ensemble d'indices résultant des circonstances de l'espèce et du contexte dans lequel cette mesure est intervenue ». Dans cet arrêt, la Cour précise que les ressources financières des entreprises publiques sont assimilées à des ressources d'État.

424 **Imputabilité à l'État. Manifestation de volonté. –** On pourrait se demander si la notion d'aide implique une manifestation de volonté de l'organisme qui la délivre. Il convient d'écarter l'appréciation de l'imputabilité à l'État des aides consenties par des organismes qui en sont organiquement dépendants mais dont les éléments du statut démontrent l'influence de l'État. En effet, on se situe ici en aval, au moment de l'appréciation de la délivrance de l'aide elle-même, et non en amont, au stade de l'analyse des relations entre l'État et l'organisme attribuant l'aide. Une manifestation de volonté semble devoir s'exprimer au moment de la délivrance de l'aide, même si cette volonté peut se manifester à travers un simple cadre réglementaire (CJCE 15 juillet 2004, *Pearle BV*[77], qui mentionne l'absence d'« initiative » de l'autorité publique, l'absence de « politique publique » pour écarter la qualification d'aide).

On peut aussi se référer à la déclaration de la Commission du 2 août 2004 concernant France Télécom, selon laquelle, les déclarations des autorités françaises annonçant leur soutien à France Télécom étaient « suffisamment claires, précises et fermes pour manifester l'existence d'un engagement crédible de l'État », la thèse d'après laquelle ces déclarations seraient des aides n'étant alors pas « dépourvue de fondement ». Le TUE (21 mai 2010, *République française c/France Télécom*, T-425/04, T-444/05, T-450/04 et T-456/04) a toutefois précisé que même si les déclarations ont bien dans leur ensemble conféré un avantage à France Télécom, la Commission n'a pas démontré que cet avantage était lié à un transfert de ressources d'État. Notamment, la démonstration d'un tel engagement aurait supposé que « ces déclarations précisent, de manière explicite, soit les dettes concrètes à garantir, soit, à tout le moins, un cadre financier prédéfini, tel qu'une ligne de crédit à concurrence d'un certain montant, ainsi que les conditions d'octroi du concours envisagé ».

3. La notion de ressources d'État

425 **Fonds privés à disposition d'un organisme public. –** La question s'est posée de savoir si la notion de ressources d'État incluait les fonds privés remboursables, déposés auprès d'organismes publics[78]. Il semble que les critères de la gestion des fonds selon des règles instituées par une législation nationale (CJCE 2 juillet 1974, *Italie c/Commission*)[79], de la libre administration de ces fonds ou en tout cas du solde disponible (pour la Caisse des dépôts en France, TPI 12 décembre 1996, *Air France c/Commission*)[80] aient conduit les autorités communautaires à admettre qu'il s'agissait de ressources d'État.

426 **Nature des ressources. –** La notion de ressources d'État couvre bien évidemment les fonds budgétaires, mais également les taxes parafiscales, ou encore les

76. C-482/99.

77. Aff. C-345-02.

78. Sont qualifiées d'aides les financements accordés par des organismes publics ou privés institués par l'État ou désignés en vue de gérer l'aide CJCE 22 mars 1977, *Steinike & Weinlig*, 78/76.

79. Aff. 173/73.

80. T-358/94.

fonds prélevés obligatoirement en vertu de la loi au profit d'organismes de Sécurité sociale ou d'organismes professionnels, même s'ils sont administrés par des entités distinctes des autorités publiques (CJCE 2 juillet 1974, *Italie c/Commission*)[81].

427 **Charge financière ne pesant pas sur les collectivités publiques. –** Il ne saurait en revanche y avoir d'aide sur ressources d'État lorsque la charge financière du dispositif ne repose finalement pas sur les collectivités publiques. Ainsi, ne constituent pas des aides d'État une réglementation prévoyant que le régime de protection des salariés ne s'applique pas aux PME (CJCE 30 novembre 1993, *Kirsammer-Hack*)[82], ou l'imposition d'un prix minimum de vente constituant un avantage pour les vendeurs, mais dont la charge financière pèse sur les consommateurs et non sur l'État (CJCE 24 janvier 1978, *Van Tigglele*)[83].

428 **Manque à gagner. –** Une aide peut consister en un manque à gagner pour l'État, lorsque celui-ci renonce à une ressource au profit d'opérateurs économiques. Il en va ainsi des allègements fiscaux ou de charges sociales[84]. C'est aussi le cas d'un régime dérogatoire au droit commun de la faillite, institué pour permettre la poursuite d'activités de grandes entreprises industrielles en difficulté. Considéré comme inhérent à tout régime juridique applicable aux entreprises insolvables et à leurs créanciers (pas d'aide à ce stade), il constitue une aide eu égard à ses caractéristiques spécifiques dès lors que l'État ou des organismes publics figurent parmi les principaux créanciers des entreprises concernées par le nouveau régime (CJCE 1er décembre 1998, *Ecotrade c/AFS*)[85]. Le renoncement à des ressources par l'État n'est pas susceptible de caractériser une aide si ce renoncement était inévitable du fait de l'économie du système (CJCE 2 avril 2009, Bouygues SA, à propos du reversement à Orange et SFR par l'État d'une partie du prix de leur licence UMTS pour aligner la situation de ces deux opérateurs sur celle du troisième entrant, Bouygues en 2001, sachant que pour des raisons indépendantes de leur volonté les deux premiers opérateurs n'avaient pas pu accéder au marché, de telle sorte qu'il fallait rétablir l'égalité financière entre l'ensemble des trois opérateurs[86]).

Pour déterminer si le manque à gagner ou le défaut de rentrée est une ressource d'État, la Cour utilise le critère des *ressources normales* et se demande si les ressources en cause devaient revenir normalement à l'État ou demeurer aux mains des opérateurs (CJCE 16 mai 2000, *France/Ladbroke et Commission*)[87], à propos des gains non réclamés du PMU, considérés comme revenant normalement à l'État du fait d'une réglementation). Il en va ainsi des charges habituelles pesant sur les entreprises (CJCE 5 octobre 1999, *Commission c/France*)[88] ou des impositions fiscales.

81. Aff. 173/73.
82. C-189/91.
83. Aff. 82/77.
84. Aff. C-5 à 25/97.
85. C-200/97.
86. C-431/07.
87. C-83/98.
88. Aff. C-251/97.

429 **Intervention minimale de l'État. –** Lorsque l'État n'intervient que pour fixer un cadre législatif ou réglementaire déterminant le statut ou les modalités de fonctionnement d'un organisme, sans qu'il soit à l'initiative d'un projet ou qu'il puisse disposer des fonds affectés à ce projet, la notion d'aide est écartée.

CJCE 15 juillet 2004, *Pearle BV*[89] : à propos de l'action d'organismes professionnels financée par des taxes et s'agissant d'une campagne publicitaire financée par des fonds collectés auprès des organismes affiliés bénéficiaires de la campagne, initiative ayant été considérée comme émanant d'une association privée d'opticiens et non d'un organisme public. La seule intervention de l'État consistait à adopter la loi générale sur l'organisation de la profession sur la base de laquelle l'organisme en cause a été habilité à intervenir, loi fixant uniquement les objectifs et les moyens à disposition des organismes en cause.

CE 21 juin 2006, *Confédération paysanne*[90] : à propos de cotisations interprofessionnelles mises à disposition d'organismes professionnels sans que l'État en dispose à un quelconque moment. L'État se contentait de fixer un cadre législatif pour les actions financées par les cotisations, actions n'entrant pas dans la qualification d'aide d'État.

B. LA NOTION D'AVANTAGE ÉCONOMIQUE

430 **Analyse. –** La notion d'avantage économique comporte deux volets d'analyse. En premier lieu, une aide suppose une absence de contrepartie. Il faut cependant relativiser cette affirmation dans la mesure où en distribuant des aides, les États attendent un comportement économique compte tenu du caractère incitatif de l'aide. Cela n'ôte pas à la mesure son caractère d'aide. Dans le cas contraire, la notion d'aide serait abusivement réduite[91]. Cependant, ne saurait constituer une aide la rémunération d'une prestation bien définie. De même, la compensation des charges générées par des obligations de service public ne sont pas qualifiables d'aides, ce qui comporte l'indéniable avantage de ne pas avoir à les notifier. En second lieu, l'aide est un avantage certes, mais un avantage considéré comme anormal. Ainsi, le critère de l'anormalité est au cœur de cet aspect de la notion d'aide. La notion d'anormalité s'apprécie aussi à travers la sélectivité de l'aide. En effet, pour constituer une aide, l'avantage ne doit toucher que certains opérateurs. Si elle profite indifféremment à l'ensemble des opérateurs, l'avantage résulte de l'application d'un régime général.

1. Aide et prix d'une prestation

431 **Exclusion des notions d'aides et de prix. –** Ne constitue pas une aide la rémunération d'une prestation. En revanche, si une prestation offerte par une personne publique (ou appartenant au secteur public) n'est pas rémunérée à sa juste valeur, c'est-à-dire sa valeur de marché, il peut y avoir une aide. La situation inverse, c'est-à-dire celle dans laquelle la prestation est rémunérée à un prix excédant sa valeur, fait également ressortir la présence d'une aide lorsque la prestation est acquise par une personne publique.

89. Aff. C-345-02.
90. N° 271450.
91. CJCE 27 mars 1980, *Denkavit*, aff. 61/79.

432 **Participation du bénéficiaire de l'aide. –** Il y a aide d'État si la participation est calculée en termes trop approximatifs (à propos d'un reversement par le bénéficiaire CJCE 12 juillet 1973, *Com. c/RFA*)[92].

433 **Fourniture de prestations par des entreprises publiques à des conditions préférentielles. –** La fourniture de biens ou de services à des conditions préférentielles est susceptible de constituer une aide d'État[93]. Lorsqu'une entreprise publique dispose d'un réseau exploité en monopole et qu'elle le met à disposition de l'une de ses filiales agissant sur un marché concurrentiel, ou qu'elle apporte à sa filiale une assistance logistique et commerciale, cette dernière doit rémunérer le service rendu à sa juste valeur. C'était l'objet de l'affaire *Chronopost*, filiale de La Poste (CJCE 3 juillet 2003, *Chronopost SA*)[94] dans laquelle la Cour a posé le principe suivant lequel pour exclure la qualification d'aide, la filiale doit reverser à la société mère une rémunération proportionnelle aux coûts réels supportés pour la fourniture d'une assistance logistique et commerciale : « l'existence d'une aide d'État en faveur de la Chronopost peut être exclue si, d'une part, il est établi que la contrepartie exigée couvre dûment tous les coûts variables supplémentaires occasionnés par la fourniture de l'assistance logistique et commerciale, une contribution adéquate aux coûts fixes consécutifs à l'utilisation du réseau postal ainsi qu'une rémunération appropriée des capitaux propres dans la mesure où ils sont affectés à l'activité concurrentielle de la Chronopost et si, d'autre part, aucun indice ne donne à penser que ces éléments ont été sous-estimés ou fixés de manière arbitraire »[95].

434 **Prix excessif d'une prestation acquise par une personne publique. –** Il arrive que, pour dissimuler une aide, la collectivité publique et le bénéficiaire cherchent à identifier une prestation factice qui ferait l'objet d'une rémunération. C'est ce qui a été tenté par les chambres de commerce souhaitant attirer les compagnies aériennes « law cost » sur leurs aéroports. Les compagnies seraient investies d'une mission de promotion commerciale et touristique des régions concernées. Lorsque les sommes versées excèdent largement le coût des actions de promotion, le juge en déduit la présence d'aides (CE 27 février 2006, *Ryanair*)[96].

2. Aide et compensation pour charges de service public

435 **Compensation de charges en général. –** Normalement la compensation d'une charge induite par un aspect négatif d'une réglementation étatique n'engendre pas

92. Aff. 72/70.

93. CJCE 2 févr. 1988, *Van der Kooy e.a./Commission*, 67/85, 68/85 et 70/85, et CJCE 29 févr. 1996, *Belgique/Commission*, aff. C-56/93.

94. C-83/01, aff. C-93/01 et C-94/01 ; voir auparavant CJCE 11 juill. 1996, *SFEI*, aff. C-39/94. Sur les suites de cette affaire, voir CJCE 1er juill. 2008, *Chronopost SA, La Poste c/Union française de l'Express*, aff. C-341/06 et C-342/06.

95. Il en va de même pour la Banque Postale, décision de la Commission du 21 déc. 2005, C(2005) 5412, N/531/2005.

96. N° 264406.

d'avantage économique au sens strict, mais le droit communautaire restait très incertain sur cette question[97].

436 **Système à triple détente. –** Les autorités communautaires ont institué un système perfectionné à triple détente, fondé sur la jurisprudence *Altmark* de 2003 (*infra*, n° 437), puis un premier « paquet Monti-Kroes » datant 2005[98], remplacé par un « paquet Almunia » en 2012[99]. La jurisprudence *Altmark* pose les conditions pour qu'une compensation accordée à une entreprise chargée d'obligations de service public puisse échapper à la qualification d'aide d'État. Les textes du paquet Almunia traitent des compensations de service public octroyées aux entreprises chargées d'un service d'intérêt économique général (SIEG). Il est d'abord composé d'un règlement de la Commission relatif à l'application des articles 107 et 108 du TFUE aux aides *de minimis* accordées à des entreprises fournissant des services d'intérêt économique général (*JOUE* 26 avril 2012). Il institue une exemption, spécifique aux aides aux SIEG (service d'intérêt économique général), de 500 000 € par période triennale.

Il comporte aussi une Décision 2012/21/UE de la Commission du 21 décembre 2011 relative à l'application de l'article 106 § 2 du TFUE aux aides d'État sous forme de compensations de service public octroyées à certaines entreprises chargées de la gestion d'un SIEG. Cette décision énonce sous quelles conditions une aide d'État sous la forme d'une compensation pour un service d'intérêt économique général n'est pas soumise à l'obligation de notification préalable prévue à l'article 108, paragraphe 3, du traité étant donné qu'elle peut être considérée comme compatible avec l'article 106, paragraphe 2, du traité. Ce texte se place donc sur le terrain de l'exemption. Les compensations sont des aides d'État, mais considérées comme compatibles et exemptées de l'obligation de notification.

Un Encadrement 2012/C 08/03 du 20 décembre 2011 a pour objet de préciser dans quelles conditions les aides d'État peuvent être compatibles avec le marché commun, conformément aux dispositions de l'article 106 § 2 TFUE. Enfin, une Communication de la même date vise à préciser les conditions de l'arrêt *Altmark*.

Les textes du paquet Almunia traitent des compensations de service public octroyées aux entreprises chargées d'un service d'intérêt économique général (SIEG). Si la compensation pour charges de service public respecte les quatre conditions posées par la jurisprudence *Altmark*, elle n'est pas qualifiable d'aide et échappe au champ d'application de la réglementation des aides d'État. Si la

97. CJCE 7 févr. 1985, *ADBHU*, aff. 240/83, aide si allègement très général et compensation conçue en obligations à caractère général et couvrant toute une profession, Déc. 97/811, 9 avr. 1997, *JOUE* n° L334, 5 déc. 1997, p. 25.

98. Décision n° 2004/842/CE de la Commission du 28 nov. 2005, concernant l'application des dispositions de l'article 86§ 2 du Traité CE aux aides d'État sous forme de compensation de service public octroyées à certaines entreprises chargées de la gestion de services d'intérêt économique général » ; Encadrement communautaire des aides d'État sous forme de compensation de service public (2005/C 297/04) ; Directive 2005/81/CE de la Commission du 28 nov. 2005, modifiant la directive 80/723/CEE relative à la transparence des relations financières entre les États membres et les entreprises publiques ainsi qu'à la transparence financière dans certaines entreprises.

99. P. THIEFFRY, « Compensation des charges de service public. Les contradictions du " paquet Almunia " », *AJDA* 2012, p. 300 ; M. KARPENSCHIF, « Du paquet Monti/Kroes au paquet Almunia : le financement des SIEG facilité et sécurisé ? », *JCP* A n° 1-2012.

compensation entre dans le champ d'application de la Décision, limité à certaines catégories d'aides, et en respecte les conditions (conditions légèrement plus souples que celles fixées par l'arrêt *Altmark*), la compensation est qualifiable d'aide, mais dispensée de l'obligation de notification, ce qui permet de l'octroyer rapidement. Enfin, si la compensation n'entre pas dans le champ d'application de la Décision, mais respecte certaines conditions fixées par l'Encadrement, elle est qualifiable d'aide, doit être notifiée, mais pourra bénéficier d'une décision positive de compatibilité.

437 **Conditions de l'arrêt *Altmark* permettant de faire échapper la compensation à la qualification d'aide d'État. –** Dans l'affaire *Ferring* (CJCE 22 novembre 2001, *Ferring*)[100], il avait été jugé que la compensation d'un surcoût lié à des obligations de service public ne constituait pas nécessairement une aide d'État. C'est à la jurisprudence *Altmark*, du 24 juillet 2003, que l'on doit d'avoir posé des conditions précises permettant de faire échapper une telle compensation à la qualification d'aide d'État.

CJCE 24 juillet 2003, *Altmark*[101] :

— premièrement, l'entreprise bénéficiaire doit effectivement être chargée de l'exécution d'obligations de service public et ces obligations doivent être clairement définies ;

— deuxièmement, les paramètres sur la base desquels est calculée la compensation doivent être préalablement établis de façon objective et transparente, afin d'éviter qu'elle comporte un avantage économique susceptible de favoriser l'entreprise bénéficiaire par rapport à des entreprises concurrentes ;

— troisièmement, la compensation ne saurait dépasser ce qui est nécessaire pour couvrir tout ou partie des coûts occasionnés par l'exécution des obligations de service public, en tenant compte des recettes y relatives ainsi que d'un bénéfice raisonnable pour l'exécution de ces obligations ;

— quatrièmement, lorsque le choix de l'entreprise à charger de l'exécution d'obligations de service public, dans un cas concret, n'est pas effectué dans le cadre d'une procédure de marché public permettant de sélectionner le candidat capable de fournir ces services au moindre coût pour la collectivité, le niveau de la compensation nécessaire doit être déterminé sur la base d'une analyse des coûts qu'une entreprise moyenne, bien gérée et adéquatement équipée en moyens de transport afin de pouvoir satisfaire aux exigences de service public requises, aurait encourus pour exécuter ces obligations, en tenant compte des recettes y relatives ainsi que d'un bénéfice raisonnable pour l'exécution de ces obligations.

On remarque que la quatrième condition renvoie à une alternative entre une procédure de mise en concurrence[102] et une méthode de comparaison des coûts. Elle implique que pour bénéficier de la jurisprudence *Altmark*, l'opérateur doit être celui qui fournit la prestation au moindre coût pour la collectivité publique.

100. Aff. C-53/00.
101. C-280/00.
102. Mais aucune procédure formelle de mise en concurrence n'est obligatoire (TPI 15 juin 2005, *Fred Olsen*, aff. T-17/02).

Exemples d'application dans lesquels les conditions ont été considérées comme satisfaites : Décision de la Commission relative à l'aide N 475/2003, Irlande – Obligations de service public concernant des capacités nouvelles de production d'électricité pour la sécurité d'approvisionnement, *JO* C 34/8 du 7 février 2004, à propos du financement d'un régime promouvant des investissements afin d'assurer la sécurité de l'approvisionnement en électricité (procédure de concurrence ouverte, transparente et non discriminatoire garantissant le respect des trois dernières conditions) ; Décision de la Commission relative à l'aide N 381/2004, *Haut débit en Pyrénées-Atlantiques*, *JO* C 162/05 du 2 juillet 2005, Décision de la Commission relative à l'aide N 382/2004, *Haut débit dans le Limousin*, *JO* C 230/06 du 20 septembre 2005 à propos du financement de l'infrastructure du haut débit en France[103] ; Décision de la Commission relative à l'aide C 49/06, *Poste italienne, rémunération versée pour la distribution de produits d'épargne de la Poste*, *JO* C 31 du 13 février 2007.

Le juge administratif français applique l'exemption issue de la jurisprudence *Altmark* dans le cas de subventions accordées aux délégataires de service public. Un jugement du tribunal administratif de Nice du 20 juin 2008, *Comité d'entreprise de l'association Nice Acropolis*[104] attire l'attention sur l'application de deux des quatre conditions de la jurisprudence *Altmark*. En effet, le caractère préalable de l'établissement des paramètres de compensation est acquis par le fait que l'autorité délégante les a insérés dans les documents de consultation lors de la procédure de passation. S'agissant de la quatrième condition, le juge administratif aurait pu s'en tenir à la constatation que la procédure de passation des délégations de service public en France répond en tout état de cause aux exigences de l'arrêt *Altmark*. Mais la particularité de l'affaire résidait dans le fait que suite à une mise en concurrence, aucune offre n'avait été proposée ou acceptée par l'autorité délégante, ce qui lui permettait d'envisager une négociation directe. Dès lors, on aurait pu se demander si la quatrième condition demeurait satisfaite. Le Tribunal a préféré conforter sa solution en s'appuyant sur la seconde option de la quatrième condition, jugeant que les propositions faites par diverses entreprises lors de la mise en concurrence initiale offraient au délégant une analyse des coûts qu'une entreprise moyenne aurait encourus. Dans l'affaire qui oppose Corsica Ferries à la SNCM, la cour administrative de Marseille (CAA Marseille 7 novembre 2011, *Société Corsica Ferries*, n° 08MA01604) avait à apprécier une clause de rendez-vous financier entre les parties à la délégation. La convention de délégation de service public prévoyait une clause de sauvegarde, qui comportait d'une part des paramètres de calcul de la compensation des obligations de service public, mais aussi, d'autre part, qui prévoyait qu'en « cas de modification importante des conditions techniques, réglementaires ou économiques d'exploitation des services délégués ou pour tenir compte d'événements extérieurs ayant un impact significatif sur les engagements financiers du (des) délégataire(s), les parties se rencontreront (...) pour prendre, autant que besoin, les mesures de rétablissement de l'équilibre financier initial de la convention ». La cour d'appel constate alors que la clause de sauvegarde réserve la possibilité d'octroyer au délégataire des financements additionnels, autres que ceux nécessités par l'exécution des obligations de service public, pour un montant indéterminé, sans qu'aient été définis de paramètres pour leur calcul, et sans qu'il soit certain que ces financements n'excèdent pas ce qui est nécessaire pour couvrir les coûts occasionnés par l'exécution des obligations de service public. La compensation est ainsi qualifiée d'aide d'État illégale.

438 **Décision 2012/21/UE concernant les aides d'État sous forme de compensation de service public. Absence de notification à la Commission.** – Le champ d'application de cette Décision couvre les aides d'État sous forme de compensations de service public accordées à des entreprises chargées de la gestion de

103. Voir désormais les lignes directrices pour les réseaux à haut débit, Comm. CE, IP/09/1332, 17 sept. 2009.

104. *AJDA* 2009, p. 262, note F. DIEU.

services d'intérêt économique général au sens de l'article 106 § 2 dans les domaines suivants :

— compensations inférieures à 15 millions d'euros annuels pour les prestations de SIEG dans les domaines autres que le transport et les infrastructures de transport. Le montant de 15 millions d'euros peut s'apprécier en fonction d'une moyenne établie sur la durée du mandat confié à l'opérateur si la compensation varie d'une année sur l'autre ;

— compensations octroyées à des hôpitaux fournissant des soins médicaux, notamment s'il y a lieu, des services d'urgence ;

— compensations octroyées pour des services répondant à des besoins sociaux concernant les soins de santé et de longue durée, la garde d'enfants, l'accès et la réinsertion sur le marché du travail, le logement social et les soins et l'inclusion sociale des groupes vulnérables ;

— compensations octroyées pour des liaisons aériennes ou maritimes avec les îles, dont le trafic annuel moyen au cours des deux exercices précédant celui de l'octroi du service d'intérêt économique général n'a pas dépassé 300 000 passagers ;

— compensations octroyées aux aéroports et aux ports dont le trafic annuel moyen au cours des deux exercices précédant celui de l'octroi du service d'intérêt économique général n'a pas dépassé 200 000 passagers pour les aéroports et 300 000 passagers pour les ports.

Dans le domaine des transports aérien et maritime, la décision s'applique uniquement aux aides d'État sous forme de compensations de service public accordées à des entreprises chargées de la gestion de services d'intérêt économique général au sens de l'article 106, paragraphe 2, du traité qui satisfont, respectivement, au règlement (CE) n° 1008/2008 et au règlement (CEE) n° 3577/92, s'il y a lieu. En tout état de cause, le transport terrestre, régi par l'article 93 TFUE et des textes spéciaux, n'entre pas dans le champ d'application de la Décision.

La décision ne s'applique que si la période pendant laquelle l'entreprise est chargée de la gestion du service d'intérêt économique général ne dépasse pas dix ans. Si la durée du mandat est supérieure à dix ans, la décision ne s'applique que dans la mesure où le prestataire de service doit consentir un investissement important qui doit être amorti sur une plus longue période, conformément aux principes comptables généralement admis.

Des conditions sont ensuite requises pour l'application de la Décision, conditions sensiblement enrichies en 2012. Premièrement la responsabilité de la gestion du SIEG doit être confiée à l'entreprise au moyen d'un acte officiel (mandat), comportant notamment la nature et la durée des obligations de service public, l'entreprise et le territoire concerné, la nature de tout droit exclusif ou spécial accordé à l'entreprise, la description du mécanisme de compensation et les paramètres de calcul, de contrôle et de révision de celle-ci, les modalités de récupération des éventuelles surcompensations et les moyens de les éviter, ainsi qu'une référence formelle à la décision.

Deuxièmement, le montant de la compensation ne doit pas excéder ce qui est nécessaire pour couvrir les coûts occasionnés par l'exécution des obligations de service public, y compris un bénéfice raisonnable. Le coût net peut être calculé sur la base de la différence entre les coûts et les recettes. Il peut également être calculé sur la base de la différence entre le coût net pour l'entreprise assurant l'obligation de service public et le coût net ou bénéfice de la même entreprise n'assurant pas l'obligation de service public. Dans la première méthode, les coûts à prendre en considération englobent tous les coûts occasionnés par la gestion du service d'intérêt économique général (tous les coûts si l'opérateur n'assure qu'un SIEG, uniquement les coûts afférents au SIEG si l'opérateur assure plusieurs missions, en ajoutant le cas échéant une contribution aux coûts communs). Les recettes à prendre en considération doivent inclure la totalité des recettes tirées du SIEG, que celles-ci soient ou non considérées comme des aides d'État au sens de l'article 107 du TFUE. Si l'entreprise en question est titulaire d'un droit exclusif ou spécial lié à des activités, qui ne relèvent pas du service d'intérêt économique général pour lequel l'aide est octroyée, et qui génèrent un bénéfice excédant le bénéfice raisonnable, ou que cette entreprise bénéficie d'autres avantages octroyés par l'État, ceux-ci doivent être inclus dans ses recettes, quelle que soit la catégorie dont ils relèvent aux fins de l'article 107 du TFUE. L'État membre concerné peut décider que les bénéfices tirés d'autres activités ne relevant pas du service d'intérêt économique général en question doivent être affectés en tout ou en partie au financement du service d'intérêt économique général. Le « bénéfice raisonnable » est défini comme le taux de rendement du capital qu'exigerait une entreprise moyenne s'interrogeant sur l'opportunité de fournir le service d'intérêt économique général pendant toute la durée du mandat, en tenant compte du niveau de risque. Le taux de rendement du capital est défini comme le taux de rendement interne que l'entreprise obtient sur son capital investi pendant la durée du mandat. Les États membres peuvent introduire des critères incitatifs, liés notamment à la qualité du service fourni et aux gains d'efficience productive.

Un taux de rendement du capital qui ne dépasse pas le taux de swap applicable majoré d'une prime de 100 points de base est considéré comme raisonnable en tout état de cause. Lorsque, en raison de circonstances particulières, il n'est pas approprié de recourir au taux de rendement du capital, les États membres peuvent, pour déterminer le niveau du bénéfice raisonnable, se fonder sur d'autres indicateurs de bénéfice, tels que le rendement des capitaux propres moyen, le rendement du capital employé, le rendement de l'actif ou la marge d'exploitation.

Troisièmement, les États membres (et la Commission) procèdent à des contrôles réguliers pour éviter les surcompensations.

La question de l'articulation de la Décision avec la jurisprudence *Altmark* se pose. On se rend compte que les conditions posées par le texte recoupent peu ou prou les trois premières conditions de la jurisprudence *Altmark*. Il ne reprend pas la quatrième condition posée par la Cour, relative aux modalités de choix de l'entreprise (procédure de marché public permettant de sélectionner le candidat capable de fournir ces services au moindre coût pour la collectivité ou méthode de la comparaison des coûts). Dès lors, on en conclut que si les quatre conditions de la jurisprudence *Altmark* sont satisfaites, la compensation n'est pas une aide d'État et n'entre pas dans le champ d'application de la procédure de contrôle. Si l'on se situe dans le champ d'application de la Décision et que les trois premières conditions sont satisfaites, mais pas la quatrième, la compensation est une aide publique, mais ne doit pas être notifiée. C'est le cas des compensations correspondant aux coûts nets estimés sur la base de paramètres définis dans le mandat. Plus simplement, c'est le cas des opérateurs bénéficiant d'une compensation dont les paramètres sont définis dans leur habilitation à gérer un service public, mais qui ne sont pas forcément les opérateurs qui auraient fourni la prestation au moindre coût pour la collectivité[105].

439 **Encadrement de l'Union européenne du 20 décembre 2011 applicable aux aides d'État sous forme de compensations de service public[106]. –** L'Encadrement a pour objet de préciser dans quelles conditions les aides d'État peuvent être compatibles avec le marché commun, conformément aux dispositions de l'article 106 § 2 TFUE (*supra*, n° 235 et s.). Le texte vise simplement à appliquer les conditions de l'article 106 § 2 TFUE au cas particulier des aides sous forme de compensation de service public, afin de guider les autorités publiques. Les mesures sont donc qualifiables d'aides, doivent être notifiées, mais si elles respectent les conditions fixées, elles pourront être déclarées compatibles par une décision positive de la Commission. L'aide doit d'abord être octroyée à un véritable SIEG. L'appréciation qui en est faite par le texte peut surprendre, dans le sens où l'Encadrement précise que « les États membres ne peuvent assortir d'obligations spécifiques de service public des services qui sont déjà fournis ou peuvent l'être de façon satisfaisante et dans des conditions (prix, caractéristiques de qualité objectives, continuité et accès au service) compatibles avec l'intérêt général, tel que le définit l'État, par des entreprises exerçant leurs activités dans des conditions normales de marché », sous le contrôle de l'erreur manifeste. Le SIEG acquiert par la même occasion un caractère subsidiaire qu'il n'avait pas jusqu'alors. Plus surprenant encore, les États membres doivent justifier qu'ils ont évalué le besoin en service public à l'aide d'une consultation publique ou d'autres moyens appropriés.

Ensuite, l'opérateur doit être titulaire d'un « mandat » dont le contenu est le même que celui défini par la décision (voir ci-dessus). La durée du mandat doit se justifier au regard de critères objectifs, tels que la nécessité d'amortir des immobilisations incessibles. En principe, la durée du mandat ne devrait pas excéder la période nécessaire à l'amortissement comptable des principaux actifs indispensables à la prestation du SIEG.

Enfin, le montant de la compensation ne doit pas dépasser ce qui est nécessaire pour couvrir le coût net de l'exécution des obligations de service public, compte tenu d'un bénéfice raisonnable. Le montant de la compensation peut être établi, au choix, sur la base des coûts et recettes escomptés, sur la base des coûts effectivement supportés et des recettes effectivement perçues, ou encore sur la base d'une combinaison des deux, en fonction des mesures incitatives que les États membres souhaitent introduire dès le départ en vue de favoriser les gains d'efficience. Le coût net nécessaire, effectif ou escompté, pour exécuter les obligations de service public doit être calculé en utilisant la méthode du coût net évité lorsque la législation nationale ou celle de l'Union l'exige et, dans d'autres cas, lorsque c'est possible. La méthode du coût net évité consiste à calculer le coût net nécessaire, effectif ou escompté, pour exécuter les obligations de service public

105. Commission européenne, Document de travail sur les aides d'État sous forme de compensation de service public, SEC(2007) 1516, document accompagnant la Communication sur les services d'intérêt général, nov. 2007.

106. 2012/C 08/03.

comme la différence entre le coût net supporté par le prestataire lorsqu'il exécute ces obligations et le coût ou bénéfice net du même prestataire lorsqu'il ne les exécute pas. Il peut y avoir des cas dans lesquels le recours à cette méthode est impossible ou inapproprié. Dans cette hypothèse, il peut être recouru à la méthode fondée sur la répartition des coûts (voir décision). L'Encadrement précise ensuite la méthode de détermination du bénéfice raisonnable et des coûts à prendre en considération, d'une manière beaucoup plus minutieuse qu'en 2005 dans le paquet précédent.

De ce fait, si les conditions de la jurisprudence *Altmark* ne sont pas remplies, il existe encore une possibilité de « sauvetage » de la mesure au titre de l'exception aux règles de la concurrence[107].

440 **Communication de la Commission du 20 décembre 2011, relative à l'application des règles de l'Union européenne en matière d'aides d'État aux compensations octroyées pour la prestation de services d'intérêt économique général (2012/C 8/02). –** La Communication rappelle d'abord le contexte de l'appréciation des mesures de compensation, qui est celui des aides d'État, et les conditions de qualification d'une aide d'État, notamment le fait le destinataire est une entreprise et que l'aide implique des ressources d'État (*supra*, n° 417 et s.). Puis, elle vise à expliciter les quatre conditions issues de la jurisprudence *Altmark*.

Les États membres disposent d'un large pouvoir d'appréciation quant à la définition de ce qu'ils considèrent comme un SIEG, ainsi qu'en ce qui concerne la compensation à accorder au prestataire de ce service. La compétence de la Commission en la matière se limite à vérifier que l'État membre n'a pas commis d'erreur manifeste en qualifiant un service de SIEG. La Commission réitère sa position selon laquelle les obligations spécifiques de service public ne peuvent intervenir que si le marché ne satisfait pas correctement la demande. La commission rappelle ensuite les exigences liées au contenu du mandat (voir la décision et l'Encadrement).

Sur les paramètres de la compensation incluant un bénéfice raisonnable, l'obligation de les établir au préalable ne signifie pas que la compensation doit être calculée au moyen d'une formule spécifique (par exemple, un certain prix par jour, par repas, par passager ou par nombre d'usagers). Ce qui importe véritablement, c'est de savoir exactement, dès le départ, comment la compensation est déterminée. Si le SIEG est attribué selon une procédure d'appel d'offres, la méthode de calcul de la compensation doit figurer dans les informations fournies à l'ensemble des entreprises souhaitant participer à la procédure. Par « bénéfice raisonnable », il y a lieu d'entendre le taux de rendement du capital, qu'exigerait une entreprise moyenne considérant l'opportunité de fournir le service d'intérêt économique général pendant toute la durée du mandat, en tenant compte du niveau de risque. Ce dernier dépend du secteur concerné, du type de service et des caractéristiques du mécanisme de compensation. Le taux doit être déterminé, si possible, en prenant comme référence le taux de rendement du capital obtenu pour des contrats de service public similaires exécutés dans des conditions de concurrence (des contrats attribués par appel d'offres, par exemple). Dans les secteurs où il n'existe aucune entreprise comparable à celle qui s'est vu confier la gestion du service d'intérêt économique général, il peut être fait référence à des entreprises comparables établies dans d'autres États membres ou, au besoin, appartenant à

107. Pour une application combinée des deux dispositifs, voir l'affaire du LNE (*infra*, n° 678). A. MET-DOMESTICI, « Aides d'État, service public et droit communautaire », *AJDA* 2006, p. 1881 (et les références citées sur la jurisprudence *Altmark*). En droit français, voir S. NICINSKI, « Application de la jurisprudence Altmark par le juge administratif français », note sous TA Montpellier 30 déc. 2005, *Association Contribuables de l'Hérault*, *AJDA* 2006, p. 1346 ; CAA Bordeaux 7 juill. 2005, *Min. Équip.*, n° 01BX01305.

d'autres secteurs, pour autant que les caractéristiques propres à chaque secteur soient prises en considération.

S'agissant du choix de l'entreprise, et notamment de l'hypothèse du recours à une procédure d'appel d'offres appropriée, certaines prises de position de la Commission surprennent. L'appel d'offres ouvert est privilégié, la Commission émettant des réserves sur les procédures de dialogue compétitif ou négociée avec publication, qui ne sont considérées comme satisfaisant la quatrième condition de l'arrêt *Altmark* que « dans des cas exceptionnels ». En droit français, cela signifie que la procédure de passation des délégations de service public (qui est en réalité une procédure négociée après publicité préalable) ne satisferait donc pas la condition de l'arrêt *Altmark*. De même, le critère du prix le plus bas est préféré à celui de l'offre économiquement la plus avantageuse, lequel reste néanmoins acceptable. Lorsque la compensation n'est pas attribuée dans le cadre d'un appel d'offres, et lorsqu'il existe une rémunération communément admise sur le marché pour un service donné, cette rémunération offerte sur le marché constitue le meilleur montant de référence pour déterminer la compensation en l'absence d'appel d'offres. Dans le cas contraire, l'arrêt fait référence au critère de l'entreprise bien gérée (la compensation doit être déterminée sur la base d'une analyse des coûts qu'une entreprise moyenne, bien gérée et adéquatement équipée de moyens matériels pour pouvoir satisfaire aux exigences de service public requises, aurait supportés pour exécuter ces obligations, compte tenu des recettes y relatives ainsi que d'un bénéfice raisonnable pour l'exécution de ces obligations). La Commission explicite ce qu'il faut entendre par entreprise « moyenne », « bien gérée », et « adéquatement équipée de moyens matériels », ainsi que les méthodes d'« analyse des coûts » auxquelles il faut recourir.

3. Aide et notion d'avantage anormal

441 **Allègement de charges pesant normalement sur les opérateurs économiques. –** La notion d'aide recouvre les interventions qui, sous des formes diverses, allègent les charges qui normalement grèvent le budget d'une entreprise et qui, par là, sans être des subventions au sens strict du mot, sont de même nature et ont des effets identiques[108]. L'allègement de charges pesant normalement sur les entreprises constitue donc un avantage anormal qualifiable d'aide (CJCE 5 octobre 1999, *Commission c/France*)[109]. Il en va notamment ainsi des charges fiscales ou sociales. Même si les États membres conservent leur compétence quant à l'aménagement des systèmes de Sécurité sociale et qu'ils peuvent poursuivre des objectifs de politique de l'emploi (CJCE 17 juin 1999, *Belgique c/Commission*)[110], l'allègement de charges sociales peut être qualifié d'aide (CJCE 2 juillet 1974, *Italie c/Commission*)[111].

CJCE 20 novembre 2003, *GEMO*[112] : à propos d'un dispositif assurant gratuitement pour des éleveurs et des abattoirs la collecte et l'élimination des cadavres d'animaux et des déchets d'abattoirs, il a été jugé que « la notion d'aide peut recouvrir non seulement des prestations positives telles que des subventions, des prêts ou des prises de participation au capital d'entreprises, mais également des interventions qui, sous des formes diverses, allègent les charges qui grèvent normalement le budget d'une entreprise et qui, par là, sans être des subventions au sens strict du mot, sont de

108. Selon un principe reconnu dans le cadre du traité CECA (arrêt du 23 févr. 1961, *De Gezamenlijke Steenkolenmijnen in Limburg/ Haute Autorité de la CECA*, 30/59), puis confirmé par la suite (CJCE 1er mars 1994, *Banco exterior de Espana*, aff. C-387/92 ; CJCE 11 juill. 1996, *SFEI*, aff. C-39/94 ; CJCE 26 sept. 1996, *France c/Commission*, aff. C-241/94).

109. Aff. C-251/97.

110. Aff. C-75/97.

111. Aff. 173/73 ; plus récemment CJCE 29 juin 1999, *Déménagement Manutention Transport SA*, aff. C-256/97.

112. Aff. C-126/01.

même nature et ont des effets identiques[113]. Dans le cadre des avantages indirects qui ont les mêmes effets que les subventions, il importe de relever que figure la fourniture de biens ou de services dans des conditions préférentielles (voir arrêts du 2 février 1988, *Van der Kooy e.a. c/Commission*[114] ; du 29 février 1996, *Belgique c/Commission*[115], et du 11 juillet 1996, *SFEI e.a.*)[116]. Étant donné que, en l'occurrence, le service de collecte et d'élimination des cadavres d'animaux et des déchets d'abattoirs est fourni gratuitement aux éleveurs et aux abattoirs, il y a donc lieu d'apprécier si ce bénéfice peut être considéré comme libérant les entreprises d'une charge qui grève normalement leur budget. À cet égard, il convient de constater que la charge financière occasionnée par l'élimination des cadavres d'animaux et des déchets d'abattoirs doit être considérée comme un coût inhérent à l'activité économique des éleveurs et des abattoirs ».

442 **Test des conditions normales de marché. –** Les autorités communautaires ont rapidement mis en avant le critère des « conditions normales de marché » pour apprécier les agissements des pouvoirs publics (CJCE 14 février 1990, *France c/ Commission*[117], Communication de la Commission de 1984[118] et Communication de 1991 sur l'application des articles 92 et 93 du Traité CE et de l'article 5 de la directive 80/723/CEE aux entreprises publiques du secteur manufacturier[119]. « Il convient de déterminer si l'entreprise bénéficiaire reçoit un avantage économique qu'elle n'aurait pas obtenu dans des conditions normales de marché » (CJCE 11 juillet 1996, *SFEI*)[120]. Le critère du comportement normal en économie de marché était jusqu'à fin 2008 réservé aux cas dans lesquels l'État intervenait sur le marché comme une entreprise l'aurait fait. Le TPICE a appliqué ce critère à des mesures fiscales exprimées par voie purement réglementaire dans un arrêt du 17 décembre 2008 (*Ryanair*, T-196/04).

Le test de l'intervention dans des conditions normales de marché a été précisé (CJCE 11 juillet 1996, *WestLB*[121]) : il ne doit pas nécessairement être fait référence au seul investisseur, ou à la seule entreprise bénéficiaire de l'investissement, mais au contraire en tenant compte de l'interaction entre les différents agents économiques. La Commission est tenue de faire une analyse complète de tous les éléments pertinents de l'opération litigieuse et de son contexte, y compris de la situation de l'entreprise bénéficiaire et du marché concerné. Le TPIUE a utilisé ces critères dans une affaire concernant la mise à disposition d'une banque de capitaux propres détenus par une autorité publique (TPIUE 3 mars 2010, *Bundesverband Deutscher Banken EV*[122]). Il y indique qu'il convient de rechercher si l'entreprise aurait pu se procurer auprès d'autres investisseurs des fonds comportant pour elle les mêmes avantages et à quelles conditions. La mesure ne saurait constituer une aide d'État si elle ne place pas l'entreprise dans une situation plus avantageuse que celle qui serait la sienne sans l'intervention publique.

113. Voir, notamment, arrêts du 19 sept. 2000, *Allemagne c/Commission*, aff. C-156/98, point 25, et du 8 mai 2003, *Italie et SIM 2 Multimedia c/Commission*, aff. C-328/99 et C-399/00, point 35.
114. 67/85, 68/85 et 70/85, points 28 et 29.
115. C-56/93, point 10.
116. C-39/94, point 62.
117. C-301/78.
118. *Bull.* CE 9/84, p. 98 et s.
119. *JOCE* n° C 273, 18 oct. 1991.
120. C-39/94.
121. C-306/94.
122. T-163/05.

443 **Interventions capitalistiques de l'État. –** La méthode du test de l'opérateur agissant dans des conditions normales de marché a d'abord été utilisée pour la participation de l'État dans le capital d'entreprises, puis pour évaluer le comportement de l'État actionnaire. Aujourd'hui, elle est déclinée pour apprécier toutes les transactions bilatérales entre l'État et les opérateurs privés (achat ou vente d'un bien par exemple). Le critère de l'opérateur se décline ainsi sous toutes ses formes (investisseur privé en économie de marché, vendeur privé, acheteur privé, etc.).

CJCE, 21 mars 1991, *Italie c/Commission*[123] : « Selon une jurisprudence constante, l'intervention des pouvoirs publics dans le capital d'une entreprise, sous quelque forme que ce soit, peut constituer une aide étatique lorsque les conditions visées à l'ex-article 92 du traité sont remplies ».

Selon une Communication de la Commission datant de 1984 (Rapport concurrence 1984), le critère est susceptible de couvrir quatre situations : création d'entreprises, transfert de propriété du secteur privé vers le secteur public, apport en capital dans une entreprise du secteur public, augmentation de capital dans une entreprise du secteur privé. Il n'y a pas aide d'État lorsque l'opération est réalisée « dans des circonstances qui seraient acceptables pour un investisseur privé opérant dans les conditions normales d'une économie de marché ».

Le critère est ensuite repris par la Cour dans l'arrêt du 10 juillet 1986 dit « *Céramiques sanitaires* »[124] dans lequel il est jugé qu'« en vue de vérifier si une prise de participation présente le caractère d'une aide étatique, il est pertinent d'appliquer le critère indiqué dans la décision de la Commission..., qui est basé sur les possibilités de l'entreprise d'obtenir les sommes en cause sur les marchés privés de capitaux. Dans le cas d'une entreprise dont le capital social est détenu par les autorités publiques, il convient notamment d'apprécier si, dans des circonstances similaires, un associé privé, se basant sur des possibilités de rentabilité prévisible, abstraction faite de toute considération de caractère social ou de politique régionale ou sectorielle, aurait procédé à un tel apport en capital ». Voir également l'abondante jurisprudence CJCE 14 novembre 1984, *Intermills*, aff. C-323/82 ; 13 mars 1985, *Leeuwarder Papierwarenfabrik*, aff. C-296-318/82 ; CJCE 21 mars 1991, *ENI-Lanerossi*, aff. C-303/88 ; CJCE 21 mars 1991 *Alfa Roméo*, aff. C-305/89 ; CJCE 3 octobre 1991, *Aluminia Comsal*, aff. C-261/89 ; CJCE 19 septembre 2000, *Allemagne c/ Commission*, aff. C-156/98 ; TPICE 12 décembre 2000, *Alitalia*, T-296/97.

Le critère se décline ensuite pour toutes les relations financières comme la mise à disposition de capitaux (CJCE 8 mai 2003, *Italie et SIM 2 Multimédia*, aff. C-328/99 et C-399/00 ; mise à disposition d'une banque de capitaux propres détenus par une autorité publique TPIUE 3 mars 2010, *Bundesverband Deutscher Banken EV*[125]), la renonciation au rendement normal du capital investi (TPIUE 6 mars 2003, *Westdeutsche Landesbank Girozentrale*, T-228/99 et T-233/99), la couverture des risques opérationnels d'une entreprise (TPIUE 7 octobre 2000, *DHL Aviation*, T-452/08).

La jurisprudence écarte les arguments tirés de considérations sociales ou régionales, étrangères à l'appréciation qui doit être celle de l'opérateur agissant dans des conditions normales de marché[126]. Il en va de même de considérations qui sont celles de l'État puissance publique, comme la prise en charge de salariés licenciés, les aides à verser pour la reconstitution du tissu économique, etc.[127].

444 **Critère de l'investisseur privé en économie de marché. –** Lors d'opérations de recapitalisation effectuées par l'État actionnaire en faveur d'entreprises dont il

123. Aff. C-305/89.
124. *Belgique c/Commission*, « *Boch* », aff. 40/85, et « *Meura* », aff. 234/84.
125. T-163/05.
126. TPI 12 déc. 2000, *Alitalia*, T-296/97.
127. CJCE 14 sept. 1994, *Royaume d'Espagne c/Commission*, aff. C-278 et 282/92.

détient une partie du capital, les autorités communautaires s'appuient sur différents indices, comme les perspectives attendues d'un retour à la rentabilité (première décision *Air France*, 20 novembre 1991), le comportement des autres actionnaires, notamment celui des actionnaires privés, la capacité de l'entreprise à mobiliser les capitaux nécessaires sur le marché (*Régie Renault*, affaire *France Télécom* et décision de la Commission du 2 août 2004 concernant l'aide de l'État mise à exécution par la France en faveur de France Télécom), etc. Sont également prises en compte les difficultés particulières du secteur dans lequel intervient le bénéficiaire, élément jouant dans le sens de la qualification d'aide (Décision dans l'affaire *CDF-Chimie Orkem*, *JOCE* C 198, 7 août 1990).

CJCE 21 mars 1990, *Commission c/Belgique*[128], dite Tubemeuse : qualification d'aide à propos de recapitalisations eu égard à l'absence de comportement parallèle des actionnaires privés manifestant, au contraire, un désengagement compte tenu des mauvaises perspectives, le retour à la rentabilité compromis, etc.

CJCE 1er juillet 2008, *Chronopost SA*, aff. C-341/06 : pour apprécier si les relations entre La Poste et sa filiale Chronopost sont susceptibles de comporter des éléments d'aide, la Cour se demande si le comportement de La Poste en tant qu'actionnaire de la SFMI-Chronopost se justifiait commercialement au regard du principe de l'investisseur en économie de marché, et ne cachait donc pas des subventions susceptibles de constituer des aides d'État, et valide l'appréciation de la Commission, qui a vérifié que le TRI de l'investissement de La Poste en tant qu'actionnaire excédait le coût total du capital de la SFMI-Chronopost, c'est-à-dire le taux de rendement normal qu'un investisseur privé exigerait dans des circonstances similaires.

445 **Critère du prêteur privé agissant aux conditions normales de marché. –** La Commission prend en compte la capacité de l'entreprise à obtenir un prêt sur le marché[129]. Dans l'affaire *Leurwarder Papierwarenfabriek* du 7 mars 1985[130], la Cour valide l'appréciation de la Commission relevant « l'impossibilité pour l'entreprise de se financer sur le marché des capitaux eu égard à la situation financière de l'entreprise, à son besoin urgent d'investissement de remplacement et aux surcapacités structurelles de son secteur d'activité » (voir également TPIUE 30 avril 1998, *Cityflyer Express*[131]).

446 **Critère du vendeur privé opérant dans des conditions normales de marché. Privatisation et filialisation d'entreprises. –** Le prix de vente ne doit pas refléter d'éléments d'aide d'État, ce qui serait le cas s'il était sous-évalué.

Voir la décision 89/661 du 31 mai 1989[132] à propos de la vente d'Alfa Roméo à Fiat par un holding public, la Commission a vérifié que « le prix d'achat payé par Fiat [n']était [pas] inférieur au prix proposé par Ford, afin de déterminer si Finmeccanica avait renoncé à une proportion substantielle de la valeur marchande d'Alfa Roméo et conféré de ce fait un avantage financier à Fiat »[133].

128. Aff. C-142/87.

129. Par exemple décision n° 97/450 du 4 déc. 1996, *JOCE* L194 du 23 juill. 1997, p. 32.

130. C-296 et 318/82.

131. T-16/96.

132. *JOCE* n° L 394, 30 déc. 1989, p. 9.

133. Voir E. SITBON, « Le droit communautaire des aides d'État et les procédures de privatisation en France », *Dalloz affaires* n° 165, 17 juin 1999, p. 926 ; R TURRINI, « Privatisations et droit communautaire », *RD aff. int.* 7/1993, p. 813.

La Commission a déterminé les critères permettant de considérer qu'une procédure de privatisation échappe à a qualification d'aide d'État[134]. Il n'y a pas de suspicion si l'opération est réalisée en bourse, mais les ventes de gré à gré doivent respecter certaines conditions (appel d'offres ouvert, transparent, inconditionnel ; vente au plus offrant ; les candidats doivent disposer du temps et des informations nécessaires pour évaluer les actifs et présenter leur offre).

Voir CE Ass. 18 décembre 1998, *Sté Générale*[135] : une cession de participation publique par appel d'offres échappe à la qualification d'aide d'État.

Une filialisation au sein du secteur public ne saurait s'analyser comme une privatisation d'entreprise sans contrepartie. En effet, alors que le Tribunal de première instance avait jugé qu'une filialisation par l'État d'une activité ouverte à la concurrence constituait en soi une aide parce qu'elle s'analysait comme un transfert de clientèle sans contrepartie, la Cour (CJCE 1er juillet 2008, *Chronopost*, aff. C-341/06) censure ce raisonnement au motif que la contrepartie réside précisément dans la participation de la société mère (en l'espèce La Poste) dans le capital de sa filiale (Chronopost). Ainsi, un transfert d'actifs rémunéré par des titres de la structure bénéficiaire du transfert n'est pas une opération sans contrepartie.

447 **Critère du vendeur privé opérant dans les conditions normales du marché. Vente d'immeubles. –** La Commission a publié le 10 juillet 1997 une communication concernant les éléments d'aide d'État contenus dans les ventes de terrains et de bâtiments par les pouvoirs publics[136]. Il en ressort notamment que, pour échapper à la qualification d'aide, l'État doit recourir à une procédure ouverte ou à une estimation par un expert indépendant.

TPI 29 mars 2007, *Scott SA c/Commission*[137] : confirme l'existence d'une aide en cas de vente d'un terrain à un prix préférentiel (non en l'espèce).

448 **Critère de l'acheteur privé achetant aux conditions normales du marché. –** Ce critère a été utilisé lors de l'achat par la France des actions détenues par la société Thompson dans le capital du Crédit Lyonnais à un prix dépassant les cours de la bourse, considéré comme anormal et donc constitutif d'une aide d'État[138].

CE 27 février 2006, *Ryanair*[139] : « les engagements souscrits par la chambre de commerce et d'industrie du Bas-Rhin excédaient très largement le coût des actions touristiques mises à la charge de la compagnie Ryanair Limited et ne pouvaient, par conséquent, être regardées comme la rémunération normale d'une prestation, telle qu'aurait pu la verser un investisseur privé avisé en économie de marché ».

134. XXIIIe Rapport sur la conc. 1993, puis décision n° 98/234 du 15 juill. 1997, *Lloyd Trietino Societa di Navigazione SpA, JOCE* L 88, 24 mars 1998.
135. *CJEG* mars 1999, p. 103.
136. *JOCE* n° C 209.
137. Aff. T-366/00.
138. Décision 98/183 du 1er oct. 1997 (*JOCE* n° L 67, 7 mars 1998).
139. N° 264406.

4. Critère de la sélectivité

449 **Distinction entre les mesures spécifiques et les mesures générales. –** Cette distinction figure expressément à l'article 107 § 1 TFUE, en ce qu'il vise les avantages accordés à « certaines entreprises ou certaines productions ». Ainsi, les mesures de portée générale à caractère économique, ou plus particulièrement d'ordre fiscal ou social, échappent à la qualification d'aide. Mais la distinction est parfois difficile à établir. Ainsi, lorsque la mesure touche tout un secteur ou une catégorie d'entreprises (les PME par exemple), en général, il y a aide d'État. On examinera si dans un régime juridique donné, la mesure constitue un avantage pour certaines entreprises par rapport à d'autres se trouvant dans une situation factuelle et juridique comparable (CJCE 6 septembre 2006, *Portugal c/Commission*[140]).

Selon le Premier rapport sur les aides d'État dans la communauté européenne (1989) la mesure générale regroupe « toutes les interventions de l'État qui s'appliquent uniformément à l'ensemble de l'économie et qui ne favorisent pas certaines entreprises ou certains secteurs », alors que la mesure sélective est une mesure destinée à « exempter partiellement les entreprises d'un secteur particulier des charges générales découlant de l'application normale d'un système » (fiscal ou de Sécurité sociale)[141]. Une mesure expérimentale ou ponctuelle ayant vocation à être généralisée est tout de même susceptible d'être qualifiée d'aide d'État (CJCE 17 juin 1999, aff. C-75/97).

450 **Appréciation de la sélectivité au niveau régional. –** Selon un arrêt de la Cour (CJCE 6 septembre 2006, *République Portugaise c/Commission*)[142], l'appréciation de la sélectivité peut se faire au niveau régional et un taux d'imposition inférieur au taux national peut ne pas constituer une mesure sélective s'il est décidé par une autorité locale suffisamment autonome.

451 **Mécanisme général mais octroi discrétionnaire de l'aide particulière. –** Certaines mesures peuvent être qualifiées d'aides même si elles participent d'un mécanisme général, si leur octroi est décidé discrétionnairement par les autorités publiques (les conventions françaises du Fonds national pour l'emploi par ex, en raison du pouvoir discrétionnaire sur l'ampleur de l'aide et l'étendue de la participation financière de l'État, CJCE 26 septembre 1996, *France c/Commission*)[143].

452 **Justification d'une aide sélective par l'économie générale d'un système fiscal ou social. –** Une exemption particulière peut ne pas être une aide si elle est justifiée par l'économie générale d'un système fiscal ou de Sécurité sociale. Cela pose la question du choix d'un critère permettant de faire bénéficier certaines entreprises d'un avantage, tout en présentant ce critère comme s'insérant dans l'économie générale d'un système. L'appréciation s'effectue alors au regard de la normalité de la dérogation par rapport à la cohérence globale d'un système.

Ainsi, ne remplit pas la condition de sélectivité une mesure étatique qui, bien qu'elle confère un avantage à une catégorie spécifique d'opérateurs économiques,

140. C-88/03.
141. Pour une approche approfondie en matière fiscale, voir Communication 98/C 384/03 de la Commission sur l'application des règles relatives aux aides d'État aux mesures relevant de la fiscalité directe des entreprises : *JOCE* n° C 384, 10 déc. 1998, p. 3.
142. Aff. C-88/03.
143. C-241/94.

ne déroge pas à l'application normale du système, mais, au contraire, s'y insère et constitue, ce faisant, une mesure inhérente à ce système, ou encore, lorsque les différences de traitement engendrées par cette mesure peuvent se justifier par la nature ou l'économie du système (voir conclusions de l'avocat général M. Tizzano sous l'arrêt de la CJCE du 3 mars 2005, *Heiser*, aff. C-172/03, point 47 ; de l'avocat général M. Jacobs sous l'arrêt de la Cour du 13 mars 2001, *PreussenElektra*, aff. C-379/98, point 130, et de l'avocat général M. Léger sous l'arrêt de la Cour du 29 avril 2004, *Pays-Bas/Commission*, aff. C-159/01, points 36 et 37 ; arrêts du TPICE du 29 septembre 2000, *CETM/Commission*, point 52, et la jurisprudence citée, et du 1er juillet 2004, *Salzgitter/Commission*, T-308/00, point 42).

CJCE 14 juillet 1983, *Commission c/Italie*[144] : la Cour a considéré comme une aide d'État la réduction de charges pour les salariées féminines car cela favorisait les entreprises employeuses de main-d'œuvre féminine comme le textile.

CJCE 17 juin 1999, *Belgique c/Commission, affaire Maribel*[145] : la réduction des cotisations patronales dues sur les salaires des travailleurs manuels a été considérée comme une aide car elle visait à améliorer la compétitivité de certaines entreprises dans des secteurs exposés à la concurrence internationale.

CJCE 14 avril 2005, *AEM*, aff. C-128 et 129/03 : la majoration de redevance pour l'accès au réseau national de transport d'électricité exigée par les autorités italiennes de certaines entreprises visait à compenser le bénéfice qu'elles tiraient de la libéralisation du marché. La différenciation entre entreprises qui en résultait en matière de charges relevait de l'économie du système et ne constituait pas une aide au profit des entreprises non soumises à la majoration.

TPICE 28 juin 2008, *SIC*, T-442/03 : à propos de l'exonération de charges fiscales de la transformation d'un organisme à statut public en société à capitaux publics par la loi procédant à la transformation, Le Tribunal considère donc que la Commission, dès lors qu'elle n'a pas examiné la question de savoir si, en dépit de sa spécificité, l'exonération des frais de notaire ne constituait pas une aide d'État au motif que le recours à l'instrument législatif, recours qui entraînait cette exonération, n'avait pas été choisi dans le but de faire échapper les entreprises publiques à des charges, mais s'inscrivait simplement dans la logique du système juridique portugais, n'a pas légalement fondé sa conclusion selon laquelle l'exonération des frais de notaire ne constituait pas une aide d'État.

C. L'AFFECTATION DES ÉCHANGES ENTRE LES ÉTATS MEMBRES

453 **Démonstration. –** Selon une jurisprudence traditionnelle de la Cour, il n'y a pas lieu d'établir une incidence réelle de l'aide sur les échanges entre États membres et une distorsion effective de la concurrence, mais il suffit de démontrer que l'aide est susceptible d'avoir de tels effets (CJCE 10 janvier 2006, *Cassa di Risparmio di Firenze*[146]). La condition est satisfaite dès lors que l'entreprise bénéficiaire de l'aide exerce une activité économique faisant l'objet de tels échanges ou qu'il ne saurait être exclu qu'elle soit en concurrence avec des opérateurs établis dans d'autres États membres (CJCE 6 septembre 2006, *Portugal c/Commission*[147]). Mais lorsque l'incidence de la mesure d'aide sur les échanges est indirecte ou non

144. Aff. 203/82.
145. Aff. C-75/97.
146. C-222/04.
147. C-88/03.

immédiate, la Cour exige une démonstration plus minutieuse de la part de la Commission (CJCE 30 avril 2009, *Commission c/Italie et Wam SpA*[148]).

454 **Indifférence quant à l'ampleur de la mesure ou son caractère local. –** On aurait pu penser que les aides d'une ampleur limitée, ou celles qui sont accordées à des opérateurs économiques modestes, ou encore les aides locales ou régionales échappent à la qualification d'aide. Même s'il existe des dispositions spécifiques pour ce que l'on appelle les aides de minimis (*infra*, n° 461), l'ampleur de l'aide ou la taille de l'opérateur qui en est attributaire ne jouent pas sur le critère de l'affectation des échanges entre États membres.

« Il n'existe pas de seuil ou de pourcentage en dessous duquel on peut considérer que les échanges entre États membres ne sont pas affectés. En effet, l'importance relativement faible d'une aide ou la taille relativement modeste de l'entreprise bénéficiaire n'excluent pas *a priori* l'éventualité que les échanges entre États membres soient affectés »[149].

CJCE 21 juillet 2005, *Xunta de Galicia*[150] : « En effet, ainsi que la Cour l'a déjà jugé, la condition d'application de l'article 92, paragraphe 1, du traité, selon laquelle l'aide doit être de nature à affecter les échanges entre États membres ne dépend pas de la nature locale ou régionale des services fournis ou de l'importance du domaine d'activité concerné (...). En particulier, une aide d'une importance relativement faible est de nature à affecter de tels échanges lorsque le secteur dans lequel opèrent les entreprises qui en bénéficient connaît une vive concurrence (voir arrêts du 26 septembre 2002, *Espagne c/Commission*, aff. C-351/98, *Rec.* p. I-8031, point 63, et du 29 avril 2004, *Italie c/Commission*, aff. C-298/00 P, *Rec.* p. I-4087, point 54) ». « Ainsi, lorsqu'un secteur est caractérisé par un nombre élevé de petites entreprises, une aide, même relativement modeste sur le plan individuel, mais ouverte potentiellement à l'ensemble ou à une très large partie des entreprises du secteur, peut avoir des répercussions sur les échanges entre États membres (voir arrêts du 26 septembre 2002, *Espagne c/Commission*, précité, point 64, et du 29 avril 2004, *Italie c/Commission*, aff. C-372/97, *Rec.* p. I-3679, point 57). « Enfin, lorsqu'une aide accordée par un État ou au moyen de ressources d'État renforce la position d'une entreprise par rapport à d'autres entreprises concurrentes dans les échanges intracommunautaires, ces derniers doivent être considérés comme influencés par l'aide (arrêts du 17 septembre 1980, *Philip Morris c/Commission*, 730/79, *Rec.* p. 2671, point 11, et du 19 septembre 2000, *Allemagne c/Commission*, aff. C-156/98, *Rec.* p. I-6857, point 33) ».

455 **Secteurs non libéralisés. –** Il n'y a pas d'affectation des échanges dans les secteurs non encore libéralisés (Commission, décision du 30 juillet 1997 dans le domaine du transport routier avant 1990)[151].

D. LA RESTRICTION DE LA CONCURRENCE

456 **Condition non autonome. –** La condition de la restriction de la concurrence ne bénéficiait pas d'une réelle autonomie, dans la mesure où la Cour considérait que, dès lors qu'une mesure étatique accorde un avantage sur un marché concurrentiel, elle était de nature à fausser la concurrence (CJCE 17 septembre 1980, *Philip*

148. C-494/06-P.

149. CJCE 11 nov. 1987, *France c/Commission*, 259/85 ; CJCE 21 mars 1990, *Belgique c/Commission*, « *Tubemeuse* », aff. C-142/87 ; CJCE 14 sept. 1994, *Espagne c/Commission*, aff. C-278/92 à C-280/92 ; CJCE 27 nov. 2003, *Enirisorse*, aff. C-34/01 à C-38/01.

150. C-71/04.

151. *JOCE* n° L 66, 6 mars 1998.

Morris, CJCE 7 mars 2002, *Italie c/ Commission*)[152]. Toutefois, dans l'affaire Chronopost du 1er juillet 2008[153], la Cour se livre à une véritable appréciation de cette condition et contrôle si la mesure modifie la structure du marché concerné et affecte la situation des entreprises concurrentes déjà présentes sur ce marché[154]. Le TPICE a rappelé que la Commission était tenue de motiver sa position en fournissant dans la décision des indications concrètes et pertinentes concernant les effets prévisibles de la mesure d'aide, sans toutefois exiger une analyse économique de la situation du marché concerné[155].

457 **Condition supplémentaire que le bénéficiaire soit une entreprise. –** Pour être qualifiée d'aide, la mesure doit évidemment profiter à un opérateur qualifiable d'entreprise (CJCE, 22 mars 1977, *Steinike et Weindlig*)[156]. Parfois, le destinataire n'est pas le bénéficiaire et les autorités communautaires doivent alors rechercher qui est le véritable bénéficiaire. Les « Livrets » délivrés par certaines institutions bancaires avec une exclusivité en fournissent un bon exemple. Le fait d'accorder à quelques établissements bancaires le droit de distribuer le Livret Bleu (alors même que les avantages sont consentis en faveur de leurs clients) leur accorde un avantage sur leurs concurrents[157].

§ 2. LES DÉROGATIONS

458 **Dérogations de plein droit. –** L'article 107 § 2 TFUE prévoit trois types de dérogations de plein droit, en faveur des aides à caractère social accordées aux consommateurs individuels, en faveur des aides pour remédier aux dommages causés par les calamités naturelles ou autres événements extraordinaires, et enfin en faveur des aides octroyées à l'économie de certaines régions de la RFA affectées par la division de l'Allemagne.

Les dérogations liées aux événements extraordinaires ont permis à la Commission européenne de préciser les conditions dans lesquelles l'indemnisation de certaines pertes consécutives aux attentats du 11 septembre est autorisée (Communication du 10 octobre 2001, voir TPICE 25 juin 2008, *Olympiaki Aeroporia Ypiresies*, aff. T-268/06 à propos d'aides accordées aux entreprises aériennes dont l'activité vers le continent américain a été perturbée dans les jours suivant le 11 septembre).

459 **Aides pouvant être compatibles. –** L'article 107 § 3 TFUE énumère ensuite quatre catégories d'aides pouvant être compatibles avec le marché commun. Le

152. C-310/99. Pour une approche critique, J.-Y. CHÉROT, « Le plan d'action de la commission dans le domaine des aides d'État », *AJDA* 2007, p. 2412.
153. C-341/06.
154. Ce qui n'est pas le cas s'agissant d'une simple filialisation, puisque « l'activité de courrier express étant déjà exploitée directement par La Poste sous la dénomination Postadex jusqu'à la date de la création de la SFMI-Chronopost, le transfert de la clientèle de Postadex au profit de cette dernière n'apparaît pas comme ayant eu pour effet, par lui-même, de modifier les conditions de la concurrence sur le marché du courrier express ».
155. TPICE 6 sept. 2006, *République italienne c/Commission*, T-304/04 et T-316/04.
156. Aff. 78/76.
157. *JOCE* n° C 146 du 12 mais 1998.

Conseil est compétent pour en déterminer d'autres, sur proposition de la Commission. Il s'agit des aides destinées à favoriser le développement économique de régions dans lesquelles le niveau de vie est anormalement bas ou dans lesquelles sévit un grave sous-emploi (art. 107 § 3 a) ; des aides destinées à promouvoir la réalisation d'un projet important d'intérêt européen commun, ou à remédier à une perturbation grave de l'économie d'un État membre (art. 107 § 3 b) ; des aides destinées à faciliter le développement de certaines activités ou de certaines régions économiques, quand elles n'altèrent pas les conditions des échanges dans une mesure contraire à l'intérêt commun (art. 107 § 3 c) ; et, enfin, des aides destinées à promouvoir la culture et la conservation du patrimoine, quand elles n'altèrent pas les conditions des échanges et de la concurrence dans la communauté dans une mesure contraire à l'intérêt commun (art. 107 § 3 d). La détermination de la compatibilité des aides visées à l'article 107 § 3 est subordonnée à l'appréciation de la Commission qui est considérée comme disposant « d'un pouvoir discrétionnaire dont l'exercice implique des appréciations d'ordre économique et social qui doivent être effectuées dans un contexte communautaire » et qui n'est soumis qu'à un contrôle de l'erreur manifeste d'appréciation (CJCE 17 septembre 1980, *Philip Morris*[158] et CJCE 14 février 1990, *France c/Commission*[159]).

Pour bénéficier de ces dérogations, les aides doivent remplir au moins un certain nombre de conditions. L'aide doit contribuer à la réalisation des objectifs fondamentaux de la Communauté[160]. Ensuite, l'aide doit permettre à l'opérateur de résoudre ses difficultés. Surtout, les aides au fonctionnement sont prohibées (CJCE 14 février 1990, *France c/Commission*[161]).

C'est à partir de ces différentes catégories de dérogations que sont établis les textes produits par la Commission en vue de définir des critères de compatibilité (communications, lignes directrices, encadrements, etc.). Ces textes adoptent une classification sectorielle ou horizontale, qui peut reposer sur plusieurs catégories de l'article 107 § 3.

La crise économique et financière de la fin de l'année 2008 a donné l'occasion à la Commission de faire usage de la dérogation fondée sur l'article 87 § 3 b) [auj. 107 § 3 b TFUE]. Dans un premier temps, la Commission européenne a appliqué sa grille d'analyse classique, en appréciant les mesures au regard des principes fixés dans la Communication sur les aides d'État au sauvetage et à la restructuration des entreprises en difficulté datant de 2004[162]. Il en est allé ainsi, par exemple, pour le renflouement des banques allemandes et danoises fin 2008. Dans un second temps, la Commission prend une Communication relative à l'application des règles en matière d'aides d'État aux mesures prises en rapport avec les institutions financières dans le contexte de crise financière mondiale datant d'octobre 2008[163], fondée sur l'article 87 § 3 point b du Traité CE (aides destinées à remédier à une perturbation grave de l'économie d'un État membre, auj. 107 § 3 b TFUE). En tout état de cause, il convenait de bien distinguer les aides destinées aux entreprises en difficulté, lesquelles ne peuvent être accordées sans compensation ou restructuration de l'entreprise, et les aides destinées à des entreprises saines mais dont le fonctionnement est

158. Aff. 730/79.
159. C-301/87.
160. L'intérêt de secteurs particuliers d'une économie nationale n'est pas suffisant, Décision de la Commission n° 87/515 du 11 févr. 1987, *Seeadler*.
161. Préc.
162. 2004/C244/02, *JOUE* 1er oct. 2004.
163. 2008/C270/02, *JOUE* 25 oct. 2008.

profondément bouleversé par la crise. La Communication est d'interprétation stricte, les mesures prises doivent être temporaires et faire l'objet d'une évaluation fréquente, même s'il est admis que les États peuvent indiquer que leurs mesures perdurent jusqu'à ce que la crise disparaisse. La Commission fixe d'abord des principes généraux : les aides doivent être ciblées, proportionnées aux objectifs à atteindre et être conçues de façon à minimiser les retombées négatives pour les concurrents. Sont ensuite examinées les garanties couvrant les dettes des institutions financières, la recapitalisation d'institutions financières et la liquidation contrôlée des mêmes institutions, puis enfin la fourniture d'autres formes de facilités de trésorerie. La Commission a d'abord contrôlé le dispositif du plan français de relance de l'économie mis en place par la loi n° 2008-1061 du 16 octobre 2008 de finances rectificative pour le financement de l'économie, lequel est jugé conforme le 30 octobre 2008[164] aux principes communautaires, notamment grâce à son accès non discriminatoire pour les banques agréées en France, grâce à une tarification couvrant les coûts de financement du plan et garantissant la contribution des banques bénéficiaires, et grâce à l'existence de garanties appropriées contre l'usage abusif du plan. La Commission a également déclaré conforme quelques semaines plus tard le mécanisme de renforcement des fonds propres de certains établissements de crédit[165] : la participation de l'État est limitée dans le temps, rémunérée, accompagnée de la fixation de règles d'éthique en direction des dirigeants et de mesures de contrôle du respect des obligations imposées aux banques en matière de financement de l'économie réelle. Enfin, la Commission (CE déc. C(2009) 249 du 19 janvier 2009) a autorisé une série de mesures d'aides aux entreprises adoptées par la France pour permettre aux collectivités territoriales et certains organismes d'accorder en 2009 et 2010 des aides jusqu'à 500 000 euros aux entreprises rencontrant des difficultés dues à la crise ou des problèmes de financement dus au resserrement du crédit.

460 **Dérogation générale de l'article 106 § 2 TFUE. –** La dérogation générale fondée sur la présence d'un service d'intérêt économique général, si les conditions qui y sont attachées sont remplies (*supra*, n° 235 et s.), s'applique également en matière d'aides publiques.

TPICE 28 juin 2008, *SIC*, T-442/03, à propos d'une SA à capitaux publics chargée du service public de la télévision portugaise ayant bénéficié d'une augmentation de capital, de prêts, d'un plan de restructuration, d'un protocole sur le financement du cinéma, et d'un échelonnement de dettes envers des organismes publics, mesures considérées en l'espèce comme susceptibles d'être à l'origine d'une compensation excessive des coûts de la mission de service public. Le caractère proportionnel de l'aide exigé par l'article 106 § 2 fait donc défaut.

TPIUE 1er juillet 2010, *Métropole Télévision (M6) et Télévision française 1 SA (TF1)*, T-568/08 et T-573/08 : le Tribunal valide la décision de la Commission qualifiant d'aide d'État compatible sur le fondement de l'ex-article 86 § 2 TCE la dotation en capital de 150 millions d'euros accordée par le gouvernement français à France Télévisions pour compenser la suppression progressive de la publicité sur les chaînes du groupe, au motif qu'il n'existait aucun doute sur le critère de proportionnalité car la dotation était d'un montant largement inférieur à l'augmentation des coûts nets du service public impliquée par la suppression de la publicité.

461 **Décisions, communications et lignes directrices de la Commission. –** La Commission européenne a produit un certain nombre de textes destinés à guider l'action des autorités publiques. On distingue deux grandes catégories de textes. Il existe, d'une part, des règlements d'exemption[166] qui définissent les conditions que

164. IP/08/1609.

165. IP/08/1900, 8 déc. 2008.

166. Fondés sur le règlement n° 994/98 du Conseil du 7 mai 1998, pris en application des articles 87 et 88 du traité CE, autorisant la Commission européenne à exempter de notification, par voie de règlements, certaines catégories d'aides aux entreprises.

doit revêtir une aide pour échapper à l'obligation de notification. D'autre part, la Commission indique par des encadrements ou des lignes directrices[167] à quelles conditions et dans quelle mesure des aides soumises à l'obligation de notification seraient susceptibles d'être déclarées compatibles.

Il existait auparavant une série de règlements d'exemption. À la suite d'une consultation organisée par la Commission[168], le règlement général d'exemption par catégorie (RGEC) nº 800/2008 du 6 août 2008 a été adopté[169]. Il s'agit d'un règlement général d'exemption qui autorise une série de mesures d'aide et consolide en un seul texte les dispositions préexistantes de cinq règlements distincts, tout en étendant les catégories d'aides couvertes par l'exemption. Sont incluses les aides à finalité régionale, les aides à l'investissement et à l'emploi en faveur des PME, les aides à l'entrepreneuriat féminin, les aides pour la protection de l'environnement, les aides aux services de conseil en faveur des PME et aides à la participation des PME aux foires, les aides sous formes de capital-investissement, les aides à la recherche, au développement et à l'innovation, les aides à la formation et les aides aux travailleurs défavorisés et handicapés[170]. Ce nouveau règlement est très profitable aux PME. Il introduit le critère de la défaillance du marché pour apprécier la compatibilité des aides avec le Traité. Selon ce critère, ne sont déclarées compatibles que les aides dont la Commission peut affirmer que sans elles les forces du marché ne suffiraient pas à orienter le bénéficiaire vers un comportement adéquat[171].

Il faut aussi mentionner l'importante exemption des aides *de minimis*[172]. Cette exemption concerne les aides accordées sur une période de trois ans n'excédant pas 200 000 euros, se calculant à partir de toutes les aides reçues par une même entreprise sur une période de trois ans. L'aide doit obligatoirement être transparente, c'est-à-dire dont le montant est susceptible d'être déterminé préalablement et précisément sans qu'il soit nécessaire d'effectuer une analyse du risque (par ex. subventions, prêts, garanties inférieures à 1 500 000 €). Sont exclues les aides accordées aux entreprises en difficulté.

S'agissant des aides régionales (article 107 § 3 a et c), le régime actuel est fixé par des lignes directrices pour la période 2007/2013[173]. La Commission a défini des critères territoriaux, ainsi que des critères d'objet et de volume, en privilégiant les aides à l'investissement plutôt qu'au fonctionnement. Le mécanisme est le même pour les aides sectorielles : de nombreux textes concernent les principaux secteurs (transports, sidérurgie, agriculture, etc.). Les aides ne doivent pas tendre à préserver des surcapacités, mais viser à restaurer la viabilité à long terme du bénéficiaire en résolvant les problèmes structurels y compris par des réductions de capacités. On peut aussi citer les lignes directrices sur les aides au sauvetage et à la restructuration d'entreprises en

167. Édictées sur le fondement de l'art. 88 § 1 TCE.

168. Comm. CE 24 avr. 2007, nº IP/07/549.

169. Comm. CE règlement nº 800/2008 du 6 août 2008 déclarant certaines catégories d'aides compatibles avec le marché commun en application des articles 87 et 88 du Traité (*JOUE* nº L 214, 9 août 2008, p. 3).

170. Comm. CE IP/08/1110, 7 juill. 2008.

171. M. KARPENSCHIF, « Le RGEC : nouveau départ pour les droit des aides d'État ? », *JCP* A nº 5-6, 26 janv. 2009, nº 2023.

172. Règlement nº 1998/2006 du 15 déc. 2006.

173. 2006/C 54/08.

difficulté[174], ou les lignes directrices sur le *financement des aéroports et les aides au démarrage pour les compagnies aériennes au départ d'aéroports régionaux*[175]. La Commission a publié de simples communications pour les éléments d'aide contenus dans les ventes de terrains et de bâtiments par les pouvoirs publics[176], les aides sous forme de garantie[177], les éléments d'aide dans la fiscalité directe des entreprises[178], les aides au capital-investissement[179], ou encore les aides à la protection de l'environnement[180].

462 **Entreprises en difficulté. –** Les a et c de l'article 107 § 3 fondent des possibilités de dérogations à l'incompatibilité des aides d'État. Les lignes directrices sur les aides au sauvetage et à la restructuration d'entreprises en difficulté[181] fournissent un certain nombre d'indications. Est considérée comme en difficulté une entreprise « incapable d'assurer son redressement avec ses propres ressources financières ou avec les ressources que sont prêts à lui apporter ses propriétaires/actionnaires et ses créanciers, d'enrayer des pertes qui la conduisent, en l'absence d'une intervention extérieure des pouvoirs publics vers une mort économique quasi certaine à court terme ou à moyen terme ». Les lignes directrices distinguent les aides au sauvetage et les mesures de restructuration. Les aides au sauvetage constituent une « assistance de caractère temporaire et réversible ». Elles permettent de soutenir l'activité d'une entreprise le temps nécessaire pour élaborer un plan de restructuration ou de liquidation. Ce délai ne peut excéder six mois. Ces aides sont soumises à cinq critères cumulatifs : consister en des aides de trésorerie (garantie ou prêt limité à six mois), être accompagnées d'un plan de restructuration ou d'un plan de liquidation (ou la preuve que le prêt a été remboursé ou que la garantie a cessé), être d'un montant strictement nécessaire à l'exploitation immédiate de l'entreprise, respecter le principe de non-récurrence. Les aides à la restructuration visent au contraire à restaurer la viabilité de l'entreprise et s'accompagnent d'un plan de restructuration. Là encore, cinq conditions cumulatives doivent être respectées. Le plan doit permettre de rétablir dans un délai raisonnable la viabilité à long terme de l'entreprise ; le plan doit prévenir dans la mesure du possible toute restriction de concurrence (par ex. limitation de la présence de l'entreprise sur le marché) ; le principe de proportionnalité doit être respecté ; la Commission peut imposer des conditions et obligations ; l'entreprise doit exécuter intégralement le plan et les engagements qui l'accompagne. Il n'est pas rare qu'au titre de la préservation de la concurrence, les entreprises soient conduites à réaliser des cessions d'actifs, voire faire l'objet d'une privatisation (plan de sauvetage d'Alitalia en 2004), ou que les États consentent à l'ouverture de certains marchés liés aux activités du bénéficiaire

174. *JOCE* n° C 244/2 du 1er oct. 2004.
175. *JOUE* n° C 321, 9 déc. 2005.
176. *JOCE* C 209, 10 juill. 1997.
177. Voir plus récemment la Communication de la Commission du 20 mai 2008 sur l'application des articles 87 et 88 TCE aux aides sous forme de garanties, *JOUE* C 155, 20 juin 2008, remplaçant la précédente communication, *JOCE* C 71, 11 mars 2000.
178. *JOCE* n° C 384, 10 déc. 1998.
179. *JOCE* n° C 235, 21 août 2001.
180. *JOUE* n° C 82, 1er avr. 2008.
181. *JOCE* n° C 244/2 du 1er oct. 2004.

de l'aide (comme Alstom en 2004, Air France en 1996 ou l'ouverture du fret en avance pour la SNCF). Des aides structurelles d'urgence peuvent accompagner une aide au sauvetage en respectant les mêmes conditions que cette dernière.

463 **Protection de l'environnement. –** La protection de l'environnement peut générer plusieurs types d'aides. En premier lieu, le règlement général d'exemption par catégorie du 6 août 2008 (RGEC) précité autorise sous certaines conditions les aides à la protection de l'environnement. Au titre des conditions propres à l'écologie, figure l'exigence que l'aide comporte un effet incitatif. En deuxième lieu, les lignes directrices sur les aides d'État à la protection de l'environnement[182] s'appliquent aux aides que ne rempliraient pas les conditions du RGEC et qui doivent donc être notifiées. Elles peuvent tout d'abord reposer sur l'article 87 § 3 c) et être considérées comme compatibles si, sur la base d'une mise en balance, elles permettent d'accroître les actions de protection de l'environnement, sans altérer les conditions des échanges dans une mesure contraire à l'intérêt commun. L'aide doit obligatoirement avoir un effet incitatif. La Commission a défini dans ses Lignes directrices les mesures considérées comme permettant de remédier à une défaillance du marché entravant la protection de l'environnement ou d'améliorer le niveau de protection de l'environnement. Ces mesures sont accompagnées des conditions auxquelles elles sont considérées comme ayant un effet incitatif. Ces aides peuvent ensuite reposer sur l'article 107 § 3 b) si elles sont destinées à promouvoir la réalisation d'un projet important d'intérêt européen commun constituant une priorité pour l'environnement. Là encore la Commission a assorti cette hypothèse de conditions.

§ 3. LA PROCÉDURE DE CONTRÔLE

464 **Textes et procédure. –** La procédure est décrite aux articles 108 § 2 et 108 § 3 TFUE. Une obligation de notification préalable à la Commission européenne pèse sur les États membres. La Commission procède ensuite à un examen et si l'aide est incompatible, elle décide que l'État doit la supprimer ou la modifier. En vertu du règlement de procédure du 22 mars 1999, la Commission a l'obligation d'ordonner la récupération des aides incompatibles. Cependant, celle-ci a considéré qu'elle ne devait pas obligatoirement ordonner la récupération d'une aide incompatible si cela entrait en contradiction avec le principe de confiance légitime[183]. Afin de pallier certaines difficultés rencontrées dans la mise en œuvre de la procédure de contrôle, la Commission a adopté en 2009 des communications relatives à divers aspects de cette procédure. Pour renforcer l'efficacité du contrôle, la Commission a élaboré une première communication visant à mettre en place une procédure simplifiée pour des catégories de subventions ne soulevant aucune difficulté (mesures d'aide entrant dans les encadrements ou lignes directrices existants, mesures conformes à la pratique décisionnelle de la Commission, prorogation ou

182. *JO* C 82, 1er avr. 2008.
183. Comm. CE déc. n° 2004/3060, 2 août 2004, *France Télécom*.

extension des régimes existants)[184] et a adopté un code de bonnes pratiques pour la conduite des procédures de contrôle[185].

S'agissant des collectivités territoriales, il convient de se reporter à l'article L. 1511-1-1 du CGCT, qui dispose que « l'État notifie à la Commission européenne les projets d'aides ou de régimes d'aides que les collectivités territoriales et leurs groupements souhaitent mettre en œuvre, sous réserve de leur compatibilité avec les stratégies de développement de l'État, telles qu'elles sont arrêtées en comité interministériel d'aménagement et de compétitivité des territoires. Toute collectivité territoriale, tout groupement de collectivités territoriales ayant accordé une aide à une entreprise est tenu(e) de procéder sans délai à sa récupération si une décision de la Commission européenne ou un arrêt de la Cour de justice des Communautés européennes l'enjoint, à titre provisoire ou définitif. À défaut, après une mise en demeure restée sans effet dans un délai d'un mois à compter de sa notification, le représentant de l'État territorialement compétent y procède d'office par tout moyen. Les collectivités territoriales et leurs groupements supportent les conséquences financières des condamnations qui pourraient résulter pour l'État de l'exécution tardive ou incomplète des décisions de récupération. Cette charge est une dépense obligatoire au sens de l'article L. 1612-15 ».

465 **Participation des juridictions nationales. –** Seul l'article 108 § 3 (obligation de notification) bénéficie d'un effet direct, ce qui a pour conséquence que le juge national doit annuler une aide non notifiée (CE 2 juin 1992, *Féd. nationale du commerce extérieur des produits alimentaires*[186] ; CE 6 nov. 1998, *Comité interprofessionnel de l'horticulture florale*)[187]. Mais rien n'empêche le juge administratif de décider qu'il n'y a pas d'aide et donc pas de notification obligatoire (CE Ass. 18 décembre 1998, *Société générale et autres*)[188]. L'annulation vaut aussi pour les aides notifiées mais pas encore autorisées par la Commission (CJCE 11 juillet 1996, *SFEI*[189] : « l'ouverture par la Commission d'une procédure d'examen au titre de l'article 93 § 3 (...) ne saurait décharger les juridictions nationales de leur obligation de sauvegarde des droits des justiciables en cas de violation de l'obligation de notification préalable »)[190]. Le refus de notifier un texte au titre de la réglementation des aides d'État, y compris lorsque le texte en cause est de nature législative, est susceptible de recours pour excès de pouvoir[191]. La coopération des juridictions nationales a fait l'objet d'une communication de la Commission européenne (Comm. CE 25 février 2009, Communication relative à l'application des règles en matière d'aides d'État par les juridictions nationales[192]), dans laquelle le rôle de celles-ci est clairement explicité : elles empêchent le versement d'une aide illégale, récupèrent une aide illégale, ordonnent le versement d'intérêts au titre de la période d'illégalité, accordent des dommages et intérêts aux entreprises

184. Comm. CE 29 avr. 2009, IP/09/659 *JOUE* n° C 136, 16 juin 2009, p. 3.
185. Comm. CE 29 avr. 2009, *JOUE* n° C 136, 16 juin 2009, p. 13.
186. *Rec.*, p. 165.
187. *Rec.*, p. 387.
188. *CJEG* mars 1999, p. 103.
189. Aff. C-39/94.
190. Voir l'étude de la Commission sur le rôle des juridictions nationales dans la mise en œuvre du contrôle des aides d'État (Communiqué IP/06/477 du 7 avr. 2006).
191. CE Sect. 7 nov. 2008, *Comité national des interprofessions des vins à appellations d'origine*, n° 282920.
192. *JOUE* n° C 85, 9 avr. 2009, p. 1. S. MARTIN, « Contrôle communautaire des aides d'État : la recherche de la coopération avec les États membres », *JCP* A n° 45, 2 nov. 2009, 2257.

concurrentes et aux autres tiers, et ordonnent des mesures provisoires contre les aides illégales.

Certaines difficultés ont pu se produire à propos de l'éventuelle récupération d'aides que la Commission a finalement reconnues compatibles mais dont les décisions ont fait l'objet d'un recours devant le juge communautaire.

CE 29 mars 2006, *Centre d'exportation du livre français*[193] : à propos du problème de la récupération d'une aide que la Commission a reconnue compatible à trois reprises, mais dont les décisions ont fait l'objet de deux annulations par le TPI et d'un recours pendant. Normalement, selon l'arrêt de la Cour dit *Saumons*[194], la décision de la Commission reconnaissant la compatibilité d'une aide n'a pas pour conséquence de régulariser les actes d'exécution de cette aide pris en méconnaissance de l'article 88 § 3. Le Conseil d'État écarte le principe de confiance légitime à propos de la récupération d'une aide, écarte le régime du retrait des décisions pécuniaires créatrices de droit pour faire prévaloir la pleine effectivité du droit communautaire et des conséquences de l'illégalité des aides octroyées et pose une question préjudicielle à la CJCE pour savoir s'il existe une obligation d'ordonner la récupération d'une aide non notifiée si l'aide est déclarée compatible par la Commission sur saisine d'un tiers. La Cour répond (CJCE 12 février 2008, *CELF c/SIDE*)[195] que le Conseil d'État n'est pas tenu d'ordonner la récupération d'aides d'État non notifiées à la Commission, lorsque celle-ci a constaté leur compatibilité avec le marché commun. Le Conseil d'État (arrêt du 19 décembre 2008)[196], dans la même affaire, pose encore deux questions préjudicielles à la Cour : le juge national peut-il surseoir à statuer sur la question de l'obligation de restitution d'une aide d'État jusqu'à ce que la Commission se soit prononcée par une décision définitive sur la compatibilité de l'aide, lorsqu'une première décision de la Commission déclarant cette aide compatible a été annulée par le juge communautaire ? Lorsque la Commission a déclaré à trois reprises l'aide compatible avec le marché commun, avant que ces décisions soient annulées par le TPI, une telle situation est-elle susceptible de constituer une circonstance exceptionnelle pouvant conduire le juge national à limiter l'obligation de récupération de l'aide ? Dans les deux cas, la Cour de justice répond par la négative (CJUE 11 mars 2010, *CELF, Min. culture c/SIDE*, aff. C-1/09).

CJCE 5 octobre 2006, *Commission c/République française*[197] : l'effet suspensif en droit français des recours contre les titres de perception émis dans le but de récupérer une aide d'État est contraire au droit communautaire.

Le Conseil d'État (arrêt du 28 octobre 2009, *VINIFLHOR*[198]) a défini les conditions auxquelles les règles nationales peuvent justifier qu'une aide illégalement versée ne soit pas récupérée. « Considérant qu'ainsi que l'a jugé la Cour de justice des Communautés européennes, notamment dans ses arrêts du 21 septembre 1983 *Deutsche Milchkontor et autres* (aff. C-205/82 à 215/82) et du 13 mars 2008 *Vereniging Nationaal Overlegorgaan Sociale Werkvoorziening* (aff. C-383/06), en l'absence de disposition communautaire, les modalités de récupération d'une aide indûment versée sur le fondement d'un texte communautaire sont soumises aux règles de droit national, sous réserve que l'application de ces règles se fasse de façon non discriminatoire au regard des procédures visant à trancher des litiges nationaux du même type et qu'elle ne porte pas atteinte à l'application et à l'efficacité du droit communautaire ou n'ait pas pour effet de rendre pratiquement impossible ou excessivement difficile la récupération des sommes octroyées ; que le droit communautaire ne s'oppose pas à ce qu'une législation nationale exclue la répétition d'une aide indûment versée en prenant en compte des critères tels que la protection de la confiance légitime, la disparition de l'enrichissement sans cause ou l'écoulement d'un délai ; qu'il exclut en

193. *AJDA* 2006, p. 1396, note A. CARTIER-BRESSON, *JCP* A 2006, p. 1107, note M. KARPENSCHIF.
194. CJCE 21 nov. 1991, *FNCE, dit Saumons*, aff. C-354/90.
195. Aff. C-199/06.
196. N° 274923.
197. Aff. C-232/05.
198. N° 302030.

revanche, ainsi que l'a par exemple jugé la Cour de justice des Communautés européennes dans son arrêt du 12 mai 1998 *Steff-Houlberg Export et autres* (aff. C-366/95), qu'un opérateur qui n'a pas été de bonne foi pour demander et obtenir une aide puisse se prévaloir des dispositions limitant le délai dans lequel une décision d'octroi de l'aide peut être retirée ; qu'il appartient en tout état de cause au juge national d'apprécier si, pour le règlement du litige qui lui est soumis, la règle de droit national doit être écartée ou interprétée, afin que la pleine efficacité du droit communautaire soit assurée ». Il revient donc au juge de rechercher si la règle de droit national relative aux conditions de retrait des décisions individuelles créatrices de droits devait être écartée ou interprétée afin que la pleine efficacité du droit communautaire soit assurée. En l'espèce le bénéficiaire de l'aide de bonne foi a pu invoquer le délai de quatre mois au-delà duquel il est impossible de retirer une telle décision.

466 **Remboursement de taxes faisant partie intégrante d'une mesure d'aide. –** Normalement, les redevables d'une taxe ne peuvent exciper du fait que cette taxe constitue une aide au profit d'autres opérateurs pour en réclamer le remboursement. Il n'en va autrement que si la taxe fait partie intégrante de la mesure d'aide. Une taxe imposée seulement à certains opérateurs et pas à leurs concurrents peut constituer une aide en faveur des premiers. C'était le cas de la taxe additionnelle sur les ventes de médicaments imposée aux laboratoires pharmaceutiques et dont les répartiteurs grossistes étaient exemptés en raison de certaines obligations de service public pesant sur eux, pour la part excédant le surcoût généré par ces obligations (CJCE 22 novembre 2001, *Ferring*)[199]. La Cour de justice s'est également prononcée sur le problème du remboursement des taxes impliquées dans la constitution d'une aide incompatible. En effet, la question s'est posée de savoir s'il fallait exiger de la part des opérateurs exonérés qu'ils payent la taxe (ou de la part des bénéficiaires des fonds récoltés grâce à la taxe qu'ils remboursent les subventions accordées), ou, au contraire, imposer le remboursement des taxes perçues à ceux qui y étaient assujettis[200]. Dans la jurisprudence *Banks* de 2001[201], la Cour exclut le remboursement des taxes de portée générale lorsque seule l'exonération au profit de certains opérateurs constitue une aide.

Dans l'affaire *Van Calster* de 2003[202], la Cour considère que lorsqu'une taxe fait partie intégrante d'une mesure d'aide, les juridictions nationales sont tenues d'ordonner son remboursement. Il semble qu'il y a notamment deux critères, ou plutôt deux situations, qui conduisent à considérer qu'une taxe « fait partie intégrante d'une mesure d'aide ». La première situation vise les cas dans lesquels une taxe est imposée de manière asymétrique, dans l'unique but de compenser un désavantage concurrentiel. Revenant sur le cas des laboratoires pharmaceutiques français, la Cour fait une application originale de sa jurisprudence sur l'obligation de remboursement (CJCE 7 septembre 2006, *Laboratoires Boiron SA c/URSSAF de Lyon*)[203]. En tant que la taxe en cause est « une taxe à laquelle n'est assujettie qu'une seule des deux catégories d'opérateurs en situation concurrentielle, à savoir les laboratoires pharmaceutiques », l'aide ne tient pas à l'exonération d'une

199. Aff. C-53/00.

200. Pour le Conseil d'État, voir CE 6 nov. 1998, *CNIH, Rec.* p. 387, à propos de la décharge d'une taxe affectée au financement d'une aide.

201. CJCE 20 sept. 2001, aff. C-390/98.

202. CJCE 21 oct. 2003, aff. C-261-01 et C-262/01.

203. Aff. C-526/04.

catégorie d'opérateurs, mais à l'assujettissement asymétrique institué. Dès lors, la taxe fait « partie intégrante de l'aide ». Les juridictions nationales doivent donc en ordonner le remboursement. La seconde situation est plus classique et renvoie au mécanisme des taxes parafiscales. L'aide d'État est alors constituée par l'affectation sous forme de subventions au profit de certains opérateurs de sommes perçues grâce à une taxe spécialement instituée dans un but spécifique (CJCE 27 novembre 2003, *Enirisorse*)[204]. Le mécanisme d'affectation budgétaire permet de satisfaire la condition selon laquelle la taxe fait « partie intégrante de l'aide »[205]. Mais dans les affaires précitées soumises à la Cour de justice, les opérateurs agissaient dans un même domaine d'activité. Le Conseil d'État a fait une application, certes orthodoxe, de cette seconde situation à des opérateurs payeurs de la taxe (tous opérateurs dont le chiffre d'affaires dépasse 5 MF) et des opérateurs bénéficiaires des fonds récoltés (entreprises de presse) qui n'ont quasiment rien à voir les uns avec les autres, alors que la prohibition des aides publiques s'inscrit tout de même dans un objectif de préservation de la concurrence sur un marché donné (CE 21 décembre 2006, *Ministre de l'Économie, des Finances et de l'Industrie c/SA Auchan*)[206].

CE 15 juillet 2004, *Ministre de l'Économie (affaire GEMO)*[207] : « l'administration est, en principe, tenue de restituer des taxes perçues en méconnaissance du droit communautaire ; qu'elle ne peut s'opposer à cette restitution que si elle établit que cette restitution entraînerait un enrichissement sans cause de la personne astreinte au paiement de ces taxes ; qu'un tel enrichissement sans cause peut survenir lorsque le remboursement excède le préjudice subi par le redevable de la taxe litigieuse en raison du montant des taxes qu'il n'a pas répercuté dans ses prix de vente et de la diminution des volumes de vente liée à l'augmentation du prix résultant du montant des taxes qu'il a répercuté sur ses clients ».

467 **Responsabilité de l'État. –** La mise en œuvre d'une mesure d'aide en méconnaissance du droit communautaire peut engager la responsabilité de l'État, laquelle peut être atténuée par la faute de la victime qui ne pouvait ignorer la procédure d'examen engagée par la Commission[208]. Le préjudice ne recouvre toutefois pas les sommes que la société a dû rembourser, mais se limite aux frais financiers liés à l'emprunt contracté pour rembourser l'aide et les débours correspondant au temps consacré par le personnel de l'entreprise à la procédure de remboursement.

204. Aff. C-34/01 à C-38/01 ; CJCE 13 janv. 2005, *Streekgewest*, aff. C-174/02.
205. CE 27 juill. 2009, *Soc. Montaudis*, *AJDA* 2009, p. 2071, note F. LICHÈRE.
206. Nº 288562.
207. Nº 264494.
208. CAA Paris, 23 janv. 2006, *Sté Groupe Salmon Arc-en-Ciel*, *AJDA* 2006, p. 766, concl. HELMLINGER, *AJDA* 2006, p. 1142, chron. N. CHARBIT. Voir aussi TA Clermont-Ferrand 23 sept. 2004, *Fontanille*, *AJDA* 2005, p. 385, note C. WEISS-MARCHAL.

SECTION III LE RÉGIME DES AIDES CONSENTIES PAR LES COLLECTIVITÉS TERRITORIALES

468 **Évolution. –** Les lois nº 2002-276 du 27 février 2002, relative à la démocratie de proximité, et nº 2004-809 du 13 août 2004, relative aux libertés et responsabilités locales, ont profondément remanié le mécanisme d'aides issu des lois de décentralisation de 1982. Le mécanisme de 1982 distinguait les aides directes et les aides indirectes, les premières relevant de la Région dans un cadre réglementaire assez strict, alors que les secondes bénéficiaient d'un régime plus souple et pouvaient être accordées par d'autres collectivités territoriales. Les réformes de 2002 et 2004 ont supprimé l'existence d'un encadrement réglementaire national ainsi que la distinction entre aides directes et aides indirectes, qui ne bénéficiait d'aucune correspondance au niveau communautaire. La primauté du rôle de la Région est confirmée s'agissant du dispositif général, mais les possibilités d'intervention des autres collectivités territoriales sont en même temps assouplies. Les articles L. 1511-1 et suivants du CGCT régissent un dispositif général d'aides à la création et à l'extension d'activités économiques, en même temps qu'un dispositif particulier d'aides à l'immobilier d'entreprises[209].

469 **Articulation avec le droit communautaire. –** En vertu de l'article L. 1511-1 du CGCT, le Conseil régional est tenu d'établir un rapport annuel sur les aides et les régimes d'aides mis en œuvre sur son territoire. Ce rapport est communiqué au préfet et les informations qui y figurent sont destinées à permettre à l'État de remplir ses obligations au regard du droit communautaire. Selon l'article L. 1511-1-1, l'État notifie à la Commission européenne les projets d'aides ou de régimes d'aides que les collectivités territoriales et leurs groupements souhaitent mettre en œuvre. Les collectivités territoriales sont tenues de procéder sans délai à la récupération d'aides incompatibles si une décision de la Commission européenne ou un arrêt de la Cour de justice de l'Union européenne les en enjoint. Les collectivités territoriales supportent les conséquences financières des condamnations qui pourraient résulter pour l'État de l'exécution tardive ou incomplète des décisions de récupération. Les obligations résultant de la procédure prévue à l'article 108 TFUE et de la mise en œuvre des règlements d'exemption s'imposent aux collectivités territoriales et à leurs groupements lorsqu'elles concernent leurs dispositifs d'aide aux entreprises.

La circulaire du 26 janvier 2006 (*JO* 31 janvier 2006) relative à l'application au plan local des règles communautaires de concurrence relatives aux aides publiques aux entreprises incite les régions à opter pour la simple application des règlements communautaires d'exemption ou à utiliser les régimes déjà approuvés.

209. Circulaire du Premier ministre du 26 janv. 2006 relative à l'application au plan local des règles communautaires de concurrence relatives aux aides publiques aux entreprises.

§ 1. LE DISPOSITIF GÉNÉRAL

470 **Particularités. –** Le dispositif issu de la réforme de 2004 présente la particularité d'étendre le cercle des autorités compétentes pour délivrer des aides. L'objet des aides locales est exclusivement économique, ce qui pose la question du sort des aides non économiques.

A. LES AUTORITÉS COMPÉTENTES

471 **Articulation des compétences entre collectivités territoriales. –** La primauté du rôle de la Région en matière économique ressort de la rédaction de l'article L. 1511-2 du CGCT, qui dispose que « le conseil régional définit le régime et décide de l'octroi des aides aux entreprises dans la région qui revêtent la forme de prestations de services, de subventions, de bonifications d'intérêt, de prêts et avances remboursables, à taux nul ou à des conditions plus favorables que celles du taux moyen des obligations ».

Les autres collectivités territoriales sont toutefois amenées à intervenir dans des conditions assouplies par rapport à la législation antérieure à 2004, puisque la conclusion d'une convention avec la Région suffit : « les départements, les communes et leurs groupements peuvent participer au financement de ces aides dans le cadre d'une convention passée avec la région. Toutefois, en cas d'accord de la région, la collectivité territoriale ou le groupement de collectivités territoriales auteur du projet d'aide ou de régime d'aides peut le mettre en œuvre ». Ces dispositions distinguent donc deux régimes d'aides : les aides accordées grâce à un cofinancement impliquant la Région et nécessitant une convention entre les personnes publiques « financeurs » et les aides accordées après accord de la Région. En tout état de cause, ces formalités conditionnent la régularité de la décision d'octroi de l'aide. S'agissant de la convention entre collectivités publiques « financeurs », on peut supposer qu'elle comporte des engagements précis des collectivités, notamment en termes de délais de déblocages des aides.

On peut aussi supposer que demeure le principe selon lequel l'intervention spontanée des autres collectivités territoriales que la Région est prohibée. Auparavant, les interventions des départements et des communes en matière d'aides directes ne devaient constituer que le complément de l'action des régions. Aujourd'hui, le préalable de la conclusion d'une convention produit le même effet, si ce n'est que de matérielle, la condition d'intervention des départements et des communes devient purement formelle[210].

Selon l'article L. 1511-5 du CGCT, une convention peut être conclue entre l'État et une collectivité territoriale autre que la région pour compléter les aides ou régimes d'aides. Une copie de la convention est en ce cas portée à la connaissance du président du conseil régional par le Préfet. Ce dispositif permet à une collectivité territoriale autre que la région de contourner la primauté de celle-ci en

210. Voir ainsi CE 6 juin 1986, *Département de la Côte-d'Or*, *Rec.* p. 156 ; CE 1er oct. 1993, *Commune de Vitrolles*, *LPA* 19 oct. 1994, note F. CHOUVEL.

matière d'aides de l'article L. 1511-2 en ayant recours au soutien de l'État, comme cela était admis auparavant par la jurisprudence[211].

472 **Respect de la politique étatique. –** Toutefois, les prérogatives générales de la Région en matière de coordination de l'action économique des collectivités territoriales ne s'exercent que « sous réserve des missions incombant à l'État » (article L. 1511-1 alinéa 1 du CGCT). L'État a la responsabilité de la conduite de la politique économique et sociale ainsi que de la défense de l'emploi (article L. 2251-1 du CGCT pour les communes, L. 3231-1 pour les départements, et L. 4211-1 6° pour les régions). Les régimes d'aides élaborés par les collectivités territoriales doivent, en outre, nécessairement être compatibles avec les stratégies de développement de l'État, telles qu'elles sont arrêtées en comité interministériel d'aménagement et de compétitivité des territoires (article L. 1511-1-1 alinéa 1 du CGCT). On peut toutefois douter de la rigueur d'un contrôle des décisions des collectivités territoriales sur ce fondement, tant que la politique de l'État ne sera pas matérialisée dans des décisions clairement identifiables. Cependant, outre la violation flagrante de la loi instituant certains contrats de travail ou autorisant l'usage de certains produits, on pourrait se demander si les décisions des collectivités qui refuseraient d'attribuer des primes aux entreprises embauchant en CNE, en CDD, ou utilisant des OGM ne seraient pas aussi incompatibles avec les orientations de l'État.

B. L'OBJET DES AIDES

473 **Objets des aides. –** Les aides accordées par les collectivités territoriales ou leurs groupements ont pour objet la création ou l'extension d'activités économiques (article L. 1511-2 alinéa 3). Cela conduit à distinguer les aides du dispositif général des aides relevant des dispositifs particuliers (aides aux entreprises en difficulté, aides pour les besoins de la population en milieu rural, etc.) Cette disposition est susceptible de deux interprétations. Soit on considère que les aides n'ayant pas un objet économique sont tout simplement irrégulières en ce que les collectivités territoriales excéderaient leurs compétences, soit on considère, au contraire, que les aides n'ayant pas une vocation économique peuvent être distribuées en toute liberté par les collectivités territoriales à condition de relever de leurs affaires locales. L'appréciation par le juge administratif de la qualité des bénéficiaires des aides laisse supposer que c'est à la seconde interprétation qu'il faut se référer.

474 **Conditions cumulatives. –** La légalité des subventions communales est soumise à trois conditions cumulatives : il faut qu'il y ait un intérêt public, que l'intervention ait pour objet de répondre aux besoins de la population et que l'action de la collectivité respecte le principe de neutralité du service public (conclusions Glaser

211. CE 18 nov. 1991, *Département des Alpes-Maritimes c/Association « Agriculture 06 »*, *Rec.* p. 396, *RDP* 1992, p. 531, concl. POCHARD.

sur CE 4 avril 2005, *Cne d'Argentan*[212] ; CE 16 mars 2005, *Min. Outre-mer*[213] ; CAA Versailles 31 mai 2007, *Cne de Stains*)[214].

L'existence d'un besoin local des populations, qui ne peut être satisfait par des activités privées préexistantes, permet d'établir l'intérêt local de l'objet d'une délibération par laquelle une collectivité décide d'une action de soutien à une activité économique. La circonstance que les moyens de l'activité seront utilisés en dehors du territoire de la collectivité, que l'équilibre financier résulte des ressources provenant de cet usage extérieur ou que des activités similaires soient assurées par le secteur privé mais dans des conditions ne permettant pas la satisfaction du besoin local, ne privent pas d'intérêt local la décision de soutien (CE 20 octobre 2010, *Province des Iles Loyauté*[215]).

475 **Bénéficiaires. –** L'appréciation de la qualité de bénéficiaire d'une aide conduit à plusieurs conclusions. D'abord, il apparaît que les aides économiques ne peuvent être délivrées qu'à des entreprises, c'est-à-dire des opérateurs économiques, ce qui signifie que les aides délivrées à des organismes n'ayant pas la qualité d'opérateur économique ne sont pas soumises au dispositif issu des articles L. 1511-1 et suivants du CGCT et que leur octroi est libre. Ensuite, les aides en faveur des personnes physiques sont prohibées de manière plus ou moins radicale.

En principe les aides aux personnes physiques sont illégales, mais il existe des possibilités d'aides locales à l'habitation en faveur des personnes en difficulté (CE 29 juin 2001, *Cne de Mons-en-Barœul*)[216].

Les aides délivrées aux *associations* ont fait l'objet d'un vaste contentieux. Les tribunaux administratifs avaient admis que les aides délivrées aux associations sportives devaient être soumises au régime des aides économiques[217]. En 1996, le Conseil d'État a constaté qu'une aide en faveur d'une association sportive ne pouvait avoir pour objet la création et l'extension d'activités économiques, ce qui la faisait échapper au régime institué par le législateur en faveur des aides aux entreprises, mais la conclusion retenue n'en est pas mois défavorable en ce que loin d'admettre un régime de liberté d'octroi de ce type d'aides, le Conseil d'État juge « qu'aucune autre disposition législative n'autorisait son versement » (CE 26 juin 1996, *Département de l'Yonne*)[218]. En 2000, le Conseil d'État maintient sa qualification, selon laquelle de telles associations ne « sauraient être regardées comme des entreprises », ce qui exclut l'application du régime d'aide aux entreprises, mais admet la légalité de l'aide au motif qu'elle présente un intérêt public pour la commune, compte tenu du fait que l'association est chargée d'une mission éducative et sociale, ce qui lui permet d'écarter le moyen selon lequel l'aide serait dépourvue de base légale (CE 30 mai 2000, *Ville de Dunkerque*)[219]. Plus généralement, le Conseil d'État, dans un arrêt *Commune d'Aix-en-Provence* de 2007, a exclu de l'application des articles L. 1511-1 et suivants les subventions délivrées aux associations n'ayant pas la qualité d'entreprise. Le Conseil d'État confirme dans cette

212. *Rec.* p. 137, *JCP* A 2005, 1307.
213. *Rec.* p. 108.
214. *JCP* A 14 oct. 2007, n° 40, p. 19, note J. GRAND D'ESNON.
215. *JCP* A n° 4 janv. 2011, n° 2037, note J.-P. MARKUS.
216. *AJDA* 2002, p. 42, note Y. JÉGOUZO.
217. TA Dijon 27 nov. 1990, *Préfet de Saône-et-Loire*, *LPA* 12 août 1991, note F. CHOUVEL.
218. *JCP* 1997, II, 22777, note J.-M. PEYRICAL.
219. *AJDA* 2000, p. 939, note F. CHOUVEL, *RDP* 2001, p. 295, note G. ECKERT.

jurisprudence sa tendance à exclure du champ d'application des réglementations à caractère économique (droit de la concurrence et droit de la commande publique) les relations entre les collectivités publiques et les organismes n'ayant pas une activité économique. En l'espèce, il s'agissait du Festival d'Aix-en-Provence, animant un service public culturel. Dès lors, il semblerait que les activités culturelles, artistiques, sportives et sociales servent à circonscrire un domaine non économique. On peut toutefois douter de la validité de ce « sanctuaire » au regard du droit communautaire (*infra*, n° 576 et s.).

CE Sect. 6 avril 2007, *Cne d'Aix-en-Provence*)[220] : « que la Commune d'Aix-en-Provence n'a pas davantage méconnu les dispositions des articles L. 1511-1 et suivants du CGCT dès lors que celles-ci ont pour objet de réglementer les conditions dans lesquelles les collectivités territoriales peuvent apporter des aides à des entreprises et que l'association, dont l'activité exclusive est de gérer, à la demande des collectivités publiques qui l'ont créée et sous leur contrôle, le service public du festival international d'Aix-en-Provence, ne saurait être regardée comme une entreprise au sens de ces dispositions ».

Les aides *entre personnes publiques* sont susceptibles d'obéir à différents régimes. En premier lieu, les aides distribuées aux personnes publiques ayant une activité économique sont soumises au régime institué par le CGCT (TA Lyon 27 juin 2001, *Assoc. contre l'extension et les nuisances de l'aéroport de Lyon Satolas*[221], à propos d'une aide délivrée par le Conseil régional de Rhône-Alpes à la Chambre de commerce et d'industrie, qualifiée d'aide directe et soumise aux dispositions du CGCT). En second lieu, une collectivité territoriale a la possibilité d'accorder une aide à une autre collectivité territoriale, à la condition qu'elle serve à financer un projet d'intérêt local (CE 16 juin 1997, *Département de l'Oise*[222] : un département ne peut subventionner la commune de Colombey-les-Deux-Églises, qui n'est pas sur son territoire), et sans la subordonner à des conditions (mais une simple incitation à un comportement est régulière CE Ass. 12 décembre 2003, *Département des Landes*)[223].

476 **Subventions dans les contrats publics. –** La présence d'une subvention octroyée par une collectivité publique à son cocontractant n'est pas rare dans les contrats publics. Si la subvention (dite d'équilibre ou de couverture des risques) est trop importante, elle peut même faire basculer la qualification du contrat (souvent dans le sens d'une requalification d'une délégation de service public en

220. *JCP* A 2007, n° 2111, note M. KARPENSCHIF et n° 2125, note F. LINDITCH, *AJDA* 2007, p. 1020, chron. LENICA et BOUCHER, p. 1153, édito L. RICHER, *JCP* A 2007, n° 2128, *Gaz. Cnes* 4 juin 2007, p. 54, note E. DE FENOYL, *Contrats et marchés publics* juin 2007, n° 191, note G. Eckert, *RFDA* 2007, p. 812, concl. SÉNERS, note J.-Cl. DOUENCE, *Dalloz* n° 37/2007, 25 oct. 2007, p. 2617, note G. CLAMOUR, *RDP* n° 5/2007, p. 1367, note O. BUI-XUAN, *Concurrences* n° 3/2007, p. 169, note B. DU MARAIS et A. SAKON.

221. *AJDA* 2002, p. 170, note F. CHOUVEL.

222. *RFDA* 1997, p. 313, concl. TOUVET.

223. *RFDA* 2004, p. 518, concl. SÉNERS et note J.-Cl. DOUENCE, *AJDA* 2004, p. 195, note DONNAT et CASAS. L'article L. 2224-11-5 du CGCT issu de la loi sur l'eau du 30 déc. 2006 met fin à la jurisprudence *Département des Landes*.

marché public)[224]. Mais il est aussi extrêmement important de constater que ces subventions sont soumises au droit des aides publiques (voir l'affaire *Corsica Ferries*, *supra*, n° 437).

Le mouvement inverse se rencontre aussi. Il arrive que de simples conventions de subventionnement se transforment en délégations ou en marchés publics, par application d'une technique de faisceau d'indices, qui permet au juge d'identifier une véritable commande publique (initiative du projet, existence d'une prestation individualisée rémunérée, etc.)[225].

477 **Liste limitative.** – Les articles L. 1511-1 à L. 1511-3 posent une liste limitative de catégories d'aides : prestations de services, subventions, bonifications d'intérêts, prêts et avances remboursables à taux nul ou préférentiel, aides à l'immobilier d'entreprise énumérées à l'article L. 1511-3 du CGCT, prise en charge totale ou partielle des commissions dues par les bénéficiaires de garanties d'emprunts.

§ 2. LES DISPOSITIFS PARTICULIERS

478 **Anciennes aides indirectes.** – Cette seconde catégorie comporte notamment les aides à l'immobilier d'entreprise et les garanties d'emprunt, anciennement qualifiables d'aides indirectes, dont la particularité demeure qu'elles peuvent être octroyées par n'importe quelle collectivité territoriale.

A. LES AIDES À L'IMMOBILIER D'ENTREPRISE

479 **Régime antérieur.** – Les dispositions issues de la loi n° 2002-276 du 27 février 2002 imposaient aux collectivités territoriales de revendre ou de louer leurs bâtiments aux conditions du marché[226]. Dès lors, toutes les opérations autres que la location ou la vente de bâtiments relevaient du régime des aides indirectes et pouvaient être accordées librement en droit français. Le Conseil d'État exigeait tout de même une justification par des motifs d'intérêt général.

CE Sect. 3 novembre 1997, *Cne de Fougerolles*[227] : légalité de vente de terrain à un franc symbolique en contrepartie de la promesse de créer 5 emplois en trois ans et de payer 36 000 F en cas de non-réalisation de la promesse.

CE 6 avril 1998, *Cté urbaine de Lyon*[228] : l'exonération de loyer de bail emphytéotique pour un montant équivalent au coût de travaux à réaliser par le locataire est irrégulière car non justifiée

224. Pour les marchés, voir CE 27 févr. 2006, *Ryanair*, n° 264406 ; pour les délégations, voir par exemple TA Montpellier 30 sept. 2005, *Association des contribuables de l'Hérault*, *AJDA* 2006, p. 1346, note S. NICINSKI.

225. S. NICINSKI, « Les associations et le droit administratif : plaidoyer pour la convention d'objectifs et de moyens », *DA* 2006, étude 11 et les références citées.

226. Par ex. CE 27 févr. 1995, *Cne de Châlon-sur-Marne*, *Rec.* p. 108.

227. *Rec.* p. 391, *CJEG* 1998, p. 16, concl. TOUVET, *AJDA* 1997, p. 1010, obs. L. RICHER, *D.* 1998, p. 131, note J.-F. DAVIGNON, *JCP* E 1998, 270, note F. CHOUVEL, *JCP* 1998, I, 165, n° 34, note J. PETIT et II, 10007, note R. PIASTRA, *LPA* 7 oct. 1998, p. 24, note J. MORAND-DEVILLER, *RDI* 1998, p. 227, chron. Ch. MAUGÜÉ.

228. *BJDCP* 1998, n° 1, p. 80, concl. GOULARD.

au regard des conditions du marché, mais l'opération aurait été licite si l'entreprise avait pris des engagements fermes et précis en termes de retombées économiques et notamment de création d'emplois.

On pouvait penser que la réforme des aides à l'immobilier d'entreprise issue de la loi nº 2004-809 du 13 août 2004 (voir *infra*, nº 480) rendrait obsolète la jurisprudence issue de l'arrêt *Commune de Fougerolles*. En effet, le montant de l'aide est désormais calculé par référence au prix du marché. Mais cela ne signifie pas nécessairement que la cession d'un bien à un prix inférieur au prix du marché est interdite. Le prix du marché n'est pas désigné comme l'unique prix de cession régulier, mais comme le prix de référence pour le calcul de l'aide. Dès lors, rien n'empêche une collectivité territoriale de continuer à céder des biens à un prix inférieur au prix du marché, si la différence de prix constitutive d'une aide s'inscrit dans un régime d'aide régulier (*de minimis* par ex.), ou fait l'objet d'une notification conduisant à une décision de compatibilité. À cette première hésitation sur la pérennité de l'arrêt *Commune de Fougerolles*, vient désormais s'en ajouter une deuxième, sur les conséquences à tirer de l'arrêt *Commune de Mer* du 25 novembre 2009[229], par lequel le Conseil d'État juge que : « si la liberté reconnue aux collectivités territoriales par les dispositions précitées du Code général des collectivités territoriales d'accorder certaines aides ou subventions à des personnes privées pour des motifs d'intérêt général local ne peut légalement s'exercer que dans le respect des principes constitutionnels, la cession par une commune d'un terrain à une association locale pour un prix inférieur à sa valeur ne saurait être regardée comme méconnaissant le principe selon lequel une collectivité publique ne peut pas céder un élément de son patrimoine à un prix inférieur à sa valeur à une personne poursuivant des fins d'intérêt privé lorsque la cession est justifiée par des motifs d'intérêt général, et comporte des contreparties suffisantes ». En l'espèce, l'aide était versée à une association privée qui n'était pas qualifiable d'opérateur économique, mais on remarque que le considérant de principe ne fait nullement référence à la qualité de l'attributaire, ce qui laisse penser qu'il est d'application générale. Néanmoins, la même analyse que celle effectuée à propos de l'arrêt *Commune de Fougerolles* demeure. On peut dire que le droit des aides locales à l'immobilier se conçoit désormais comme combinant deux séries d'exigences. Il convient d'abord d'appliquer le droit écrit des aides locales (issu du droit communautaire, voir ci-dessous) et de se demander si l'aide ainsi attribuée entre dans un régime d'aide réglementaire (ou fait l'objet d'une notification). Si tel est le cas, il faut ensuite, pour être régulière, que l'aide réponde aux deux conditions fixées par le Conseil d'État, quant au motif d'intérêt général qui la justifie et quant à l'existence de contreparties suffisantes[230]. En aucun cas les exigences jurisprudentielles ne doivent être appliquées isolément, comme se substituant au régime réglementaire.

480 **Nouveau régime** (issu de la loi nº 2004-809 du 13 août 2004, en vigueur depuis le 1er janvier 2005). **–** L'article L. 1511-3 du CGCT dispose que « le montant des aides que les collectivités territoriales et leurs groupements peuvent attribuer, seuls

229. *JCP* A 18 janv. 2010, nº 2031, note M.-Ch. ROUAULT, *AJDA* 2010, p. 51, note Ph. YOLKA, *DA* janv. 2010, nº 41, note G. ECKERT, *JCP* A 8 mars 2010, nº 2091, note C. CHAMARD-HEIM.

230. Sur l'absence de telles contreparties, voir CAA Douai 29 déc. 2006, *Commune de Fécamp*, nº 06DA00459 ; CAA Marseille 28 nov. 2005, *Commune de Bollène*, nº 04MA00438 ; CAA Marseille 15 oct. 2007, *Commune d'Aubagne*, nº 04MA01640.

ou conjointement, sous forme de subventions, de rabais sur le prix de vente, de location ou de location-vente de terrains nus ou aménagés ou de bâtiments neufs ou rénovés est calculé par référence aux conditions du marché, selon des règles de plafond et de zone déterminées par décret en Conseil d'État ». Désormais, le régime des aides à l'immobilier d'entreprises couvre un ensemble assez complet d'opérations immobilières.

Le décret n° 2005-584 du 27 mai 2005 est venu préciser ce nouveau régime (articles R. 1511-4 et suivants du CGCT) en instituant un dispositif finalement modifié deux ans plus tard par le décret n° 2007-1282 du 28 août 2007[231]. La valeur vénale des terrains ou bâtiments utilisée comme référence pour la détermination du montant des aides que peuvent attribuer les collectivités territoriales et leurs groupements est fixée par le service des domaines ou par un expert. Dans le cas où son avis est requis, la valeur vénale est fixée par le service des domaines. Dans les autres cas, la collectivité territoriale ou le groupement intéressé peut soit demander l'intervention du service des domaines, soit recourir à un expert choisi parmi les personnes présentant toutes les garanties d'indépendance, jouissant d'une parfaite honorabilité et possédant la compétence nécessaire en matière d'évaluation de terrains ou de bâtiments en raison de leur formation ou de l'expérience acquise dans l'exercice de leur profession ainsi qu'une connaissance du marché local. La valeur vénale de référence est déterminée, préalablement aux négociations précédant la vente, sur la base d'indicateurs du marché et de critères d'évaluation communément acceptés. Par dérogation à ce qui précède, la valeur d'un bien immobilier est réputée celle du marché lorsque le bien a été acheté dans le cadre d'une vente par adjudication et que, préalablement à cette procédure, l'offre de vente a fait l'objet d'une publicité d'au moins deux mois dans la presse nationale, les revues immobilières ou d'autres publications appropriées et a été annoncée par des agents immobiliers s'adressant à un large éventail d'acquéreurs potentiels. Les assemblées délibérantes des collectivités territoriales et de leurs groupements déterminent les conditions d'attribution, de liquidation, de versement, d'annulation et de reversement des aides à l'immobilier accordées aux entreprises.

Une série de régimes spécifiques, plus favorables, remaniés par le décret n° 2009-1717 du 30 décembre 2009 afin de tenir compte des évolutions communautaires[232], sont également prévus pour les aides à l'immobilier accordées aux entreprises dans les zones d'aide à l'investissement des petites et moyennes entreprises (articles R. 1511-5 à R. 1511-9), aux entreprises dans les zones d'aide à finalité régionale (articles R. 1511-10 à R. 1511-18-1), aux entreprises en vue de la réalisation de projets de recherche et de développement (articles R. 1511-19 à R. 1511-20), et à des entreprises dans le secteur de la production, de la transformation et de la commercialisation des matières premières et produits agricoles inscrits à l'annexe I du traité instituant la Communauté européenne (articles R. 1511-21 à R. 1511-23-1).

Le juge français opère un contrôle moins strict que son homologue communautaire sur la valeur de marché (CAA Paris 1er octobre 2002, *Cne de Montreuil*)[233].

231. G. RIVEL, « Aides des collectivités territoriales. Les nouvelles modalités d'intervention des collectivités territoriales auprès des entreprises en matière immobilière », *JCP* A n° 41, 8 oct. 2007, p. 40.

232. J.-P. MARKUS, « Réforme des aides locales à l'investissement et à la location d'immeubles », *JCP* A, 18 janv. 2010, n° 58.

233. *AJDA* 2003, p. 198.

TPICE 29 mars 2007, *Scott SA c/Comm. CE*)[234] : à propos du calcul du montant de l'aide à récupérer en cas de vente d'un terrain à un franc symbolique, le TPICE juge que la valeur de l'aide est égale à la différence entre ce que la bénéficiaire a en fait payé et ce qu'il aurait dû payer à la date de l'acquisition dans les conditions normales de marché pour acheter un terrain équivalent auprès d'un vendeur privé.

B. LES GARANTIES D'EMPRUNT

481 **Limitation. –** Les articles L. 2252-1 et suivants (communes), L. 3231-4 (départements) et L. 4253-1 (régions) du CGCT soumettent à un régime qu'ils déterminent les garanties d'emprunt et les cautionnements accordés par les collectivités territoriales (articles D. 1511-30 et suivants du CGCT). Des ratios prudentiels sont fixés. La limite principale réside dans le fait que le montant total des annuités déjà garanties ou cautionnées, majoré du montant de la première annuité du nouveau concours garanti et du montant des annuités de la dette communale ne doit pas dépasser 50 % des recettes réelles de la section de fonctionnement du budget. Les collectivités territoriales ne peuvent financer que des emprunts, ce qui exclut les autres opérations de crédit, notamment celles qui excluent l'établissement d'un tableau d'amortissement définissant les annuités de remboursement (CE 16 janvier 1995, *Ville de Saint-Denis*)[235], à propos de lignes de crédits et d'avances de trésorerie). Par ailleurs, la garantie accordée à un seul débiteur ne peut excéder 10 % du plafond des garanties susceptibles d'être accordées. La garantie accordée ne peut excéder 50 % de l'emprunt (80 % pour les opérations d'aménagement).

Il va sans dire que les garanties d'emprunt sont des aides au sens du droit communautaire et doivent donc en respecter les règles[236] ou entrer dans le cadre de dérogations.

482 **Forme et preuve de l'engagement. –** Aucune convention spécifique n'est exigible et seule la délibération de l'assemblée suffit à engager la collectivité[237]. Mais lorsqu'une convention est conclue, elle doit être conforme à la délibération, faute de quoi la garantie souscrite est nulle (CE 27 octobre 2000, *Soc. BFG Bank Luxembourg SA*)[238]. La délibération doit définir avec précision l'objet et le montant de l'emprunt à garantir ainsi que les conditions de mise en œuvre de la garantie (CE 28 octobre 2002, *Commune de Moisselles*)[239].

483 **Nature juridique du contrat de garantie ou de cautionnement. –** Les contrats de garantie ou de cautionnement sont considérés comme l'accessoire du contrat de prêt auquel ils se rapportent et ont la même nature, administrative (par exemple, CE 28 juin 1996, *Krief*[240] ; TC 22 juin 1998, *Agent judiciaire du Trésor c/*

234. Aff. T-366/00.
235. *Rec.* p. 34, *AJDA* 1995, p. 657, note F. CHOUVEL.
236. Communication de la Commission du 11 mars 2000, sur l'application des articles 87 et 88 CE aux aides d'État sous forme de garantie.
237. Civ. 1re, 7 déc. 1999, *Soc. Westpac Banking Corp, CMP* 2000, n° 55.
238. *CMP* 2001, n° 21.
239. *BJDCL* 2002, p. 481, concl. VALLÉE.
240. N° 138874.

Miglierina)[241] ou de droit privé (CE 12 mars 2000, *Cne de Morestel*[242] ; CE 28 octobre 2002, *Commune de Moisselles*)[243].

484 **Encadrement des objectifs poursuivis. –** L'opération garantie doit répondre à un intérêt général économique (CE 5 mars 1997, *Ville de Nice*, n° 169753).

485 **Bénéficiaires de droit privé. –** En vertu des textes précités, seules les personnes de droit privé peuvent bénéficier de garanties d'emprunt ou de cautionnement de la part de collectivités territoriales.

C. LES AUTRES RÉGIMES D'AIDES

486 **Aides aux entreprises en difficulté. –** Il existe un dispositif spécifique d'aides aux entreprises en difficultés, moyennant la conclusion d'une convention avec l'entreprise, « lorsque la protection des intérêts économiques et sociaux de la population » l'exige. Ces aides ont pour objet « la mise en œuvre de mesures de redressement », condition obligatoire tant au regard de la jurisprudence (TA Grenoble 23 mars 1983, *Préfet de la Savoie c/Cne de Saint-Rémy-de-Maurienne*)[244], que du droit communautaire. L'octroi de ces aides est réservé aux départements (article L. 3231-3 du CGCT) et aux régions (article L. 4211-1 6° du CGCT), mais reste indépendant du dispositif général institué par l'article L. 1511-2. De ce fait, la Région ne bénéficie d'aucune primauté en la matière. Les mesures prises doivent faire l'objet d'un avis préalable du conseil municipal de la commune où est située l'entreprise concernée. Il va sans dire que les aides versées doivent respecter le droit communautaire. Une circulaire n° 82-102 du 24 juin 1982 donne la définition de l'entreprise en difficulté et indique les données à prendre en considération par les collectivités territoriales (conséquences d'une fermeture de l'entreprise, nature des emplois menacés, conséquences sur les budgets locaux, etc.).

487 **Satisfaction des besoins de la population en milieu rural. –** La loi n° 2005-157 du 23 février 2005 relative au développement des territoires ruraux institue un mécanisme d'aides destiné à lutter contre la fermeture des services nécessaires à la satisfaction des besoins de la population en milieu rural. Lorsque l'initiative privée est défaillante ou insuffisante pour assurer la création ou le maintien de ces services, la commune (ou le département) peut accorder des aides, sous réserve de la conclusion d'une convention avec le bénéficiaire (articles L. 2251-3 et L. 3231-3 du CGCT)[245].

488 **Autres activités aidées. –** Les collectivités territoriales peuvent verser des subventions aux organismes ayant pour objet exclusif de participer à la création ou à la reprise d'entreprises (articles L. 1511-7 du CGCT, R. 1511-1 et suivants). Elles peuvent aussi attribuer des aides destinées à favoriser l'installation ou le maintien de professionnels de santé dans les zones dans lesquelles est constaté un déficit en matière d'offre de soins (articles L. 1511-8 et R. 1511-44 et suivants du CGCT ; pour les aides aux étudiants en médecine, articles D. 1511-52 et suivants du CGCT). Les collectivités territoriales peuvent attribuer des subventions à des entreprises existantes ayant pour objet l'exploitation de salles de spectacle cinématographique (articles L. 2251-4, L. 3232-4 et R. 1511-40 et suivants du CGCT). Les départements et les régions sont susceptibles d'accorder des subventions de fonctionnement aux structures locales des organisations syndicales représentatives (articles L. 3231-3-1 et L. 4253-5 du CGCT).

241. N° 3003.
242. *CJEG* 2000, p. 191, concl. GOULARD.
243. Préc.
244. N° 19798.
245. J.-D. DREYFUS et M. NOËL, « Un socialisme municipal qui ne dit pas son nom ? », *BJDCL* 2005, n° 4, p. 214.

On n'abordera pas ici en détail les aides de nature fiscale, comme les possibilités d'exonération de taxe professionnelle ou de taxe foncière dont les collectivités territoriales peuvent faire profiter les entreprises[246].

BIBLIOGRAPHIE

Cour des comptes, *Les interventions des collectivités territoriales en faveur des entreprises*, Rapport public particulier, novembre 1996, *Les aides des collectivités territoriales au développement économique*, Rapport public particulier, 2008 ▪ F. AVICE, « Vers un renouveau des aides directes locales aux entreprises ? », *JCP Coll. terr.* 2003, n° 1393 ▪ J.-M. BELORGEY, « La sécurité juridique des décisions d'octroi d'aides publiques au regard du droit communautaire », *AJDA* 2000, p. 371 ▪ L. BENOÎT, « Décentralisation et développement économique : la nouvelle répartition des compétences », *AJDA* 2005, p. 1878 ▪ C. BLUMAN, « Les aides locales aux entreprises et le droit communautaire », in *L'Union européenne et les collectivités territoriales*, Economica, 1997 ▪ D. BROUSSOLLE, « Aides d'État et concurrence déloyale », *JCP* E 1998, p. 1438 ▪ R. DE CASTELNAU et P. DE FAŸ, « Le nouveau régime des interventions économiques des collectivités territoriales », *AJDA* 2005, p. 121 ▪ C. CASTOR, « Où en est le droit des aides d'État ? », *DA* mai 2010, étude 9 ▪ O. CASTRIC, « Les évolutions récentes du droit des interventions économiques des collectivités territoriales », *LPA* 12 juillet 2005, p. 3 ▪ J.-Y. CHÉROT, *Les aides d'État dans les communautés européennes*, Economica, 1998, « Vers un progrès notable des droits des concurrents des bénéficiaires d'aides publiques », *AJDA* 1998, p. 467 ▪ COUTANT, « L'intervention économique des collectivités locales et le droit de la concurrence », *BJCL* 2004, p. 80 ▪ X. DELCROS, « Le contrôle du juge administratif français en matière d'aides publiques », *AJDA* 1993, p. 462 ▪ M. FROMONT, « Aides économiques. Notion. Création », *J.-Cl. adm. fasc.* 156, 2004, « Aides économiques. Octroi Exécution », fasc. 257, 2004, « Aides économiques. Aides des collectivités territoriales », fasc. 258, 2004 ▪ H. GROUD, « La sécurisation des aides publiques locales aux entreprises », *AJDA* 2003, p. 1584, « Questions sur le droit des interventions économiques des collectivités territoriales », *AJDA* 2005, p. 457, « Réflexions sur le nouveau droit de l'interventionnisme économique local et régional », *RDP* 2005, p. 1252 ▪ M. HÉCQUART-THÉRON, « La contractualisation des actions et moyens publics d'intervention », *AJDA* 1993, p. 451 ▪ R. HERTZOG, « Linéaments d'une théorie des subventions », *RFFR* 1993, n° 23, p. 5 ▪ L. IDOT, « Les aides aux entreprises en difficulté et le droit communautaire », *RTD eur.* 1998, p. 295 ▪ P. JOYE, « Le renouveau du cadre juridique de l'action économique locale », *BJCL* 2005, p. 582 ▪ M. KARPENSCHIF, *Le contrôle communautaire des aides publiques nationales*, Th. Lyon III, 1998 ▪ « Vers une modélisation communautaire du contentieux national de la restitution des aides indues », *JCP* A 2006, 1316, « Les aides des collectivités locales aux entreprises : quelques interrogations sur la règle de minimis », *JCP* A 2006, n° 1018 ▪ J.-P. KEPPENE, *Guide des aides d'État en droit communautaire*, Bruylant, 1999 ▪ R. KOVAR, « Les prises de participation publiques et le régime communautaire des aides d'État », *RTD com.* 1992, p. 109 ▪ J.-P. MARKUS, « Aides aux entreprises », *J.-Cl. Collectivités territoriales*, fasc. 725 et 726 ▪ Ministère de l'Économie,

246. M. FROMONT, « Aides économiques. Aides des collectivités territoriales », *J.-Cl. Administratif*, fasc. 258, n° 39 et s.

de l'industrie et de l'emploi et Ministère du Budget, des comptes publics et de la fonction publique, *Vade-mecum des aides d'État*, La Documentation française, 2009 ▪ J. MOREAU, « Les aides locales aux entreprises et le développement économique », *JCP* A 2006, 1106 ▪ L. ORY, « Aides à l'investissement immobilier. Aides des collectivités locales à l'investissement immobilier des entreprises : quels changements après le décret du 27 mai 2005 ? », *JCP* A 2005, n° 27, 1259 ▪ S. PERDU, « Le retrait des aides publiques, à propos d'un revirement de jurisprudence », *DA* 2003, chron. 13 ▪ G. RIVEL, « Aides des collectivités territoriales. Les nouvelles modalités d'intervention des collectivités territoriales auprès des entreprises en matière immobilière », *JCP* A n° 41, 8 octobre 2007, p. 40 ▪ C. ROCHE, « Les collectivités territoriales et l'Union européenne », *AJDA* 2005, p. 1325 ▪ J.-F. SESTIER, « Le renouveau législatif du développement économique », *JCP* A 2005, 1002 ▪ M. SOUSSE, « L'intervention économique dans la loi relative aux libertés et responsabilités locales », *LPA* 19 août 2005, p. 3 ▪ G. TEBOUL et T. TUOT, « Fondement et régime des aides d'État aux entreprises en France », *EDCE* 1990, n° 41, p. 147 ▪ M. TROPER, *Interventionnisme économique et pouvoir local en Europe*, Economica, 2000 ▪ G. VLACHOS, « Essai de clarification du régime du contrôle des aides d'État en droit communautaire », *LPA* 12-13 octobre 1999, p. 15 ▪ M. VOISSET, « L'Europe et les aides aux entreprises : aides européennes et contrôle des aides nationales », *LPA* 8 novembre 2000, p. 55.

CHAPITRE V
LA PROTECTION DU CARACTÈRE CONCURRENTIEL DU MARCHÉ

489 **État protecteur, gardien et garant d'une libre concurrence. –** Les autorités publiques ont largement développé leur rôle de *protection du caractère concurrentiel du marché*. Conformément aux thèses libérales, loin de se désintéresser du fonctionnement du marché, l'État doit en être le gardien et assurer un rôle de garant du respect des règles d'une libre, saine et loyale concurrence par les opérateurs. On peut dire que les autorités publiques se sont réellement investies dans ces missions qui représentent aujourd'hui le cœur de leur intervention.

490 **Droit privé de la concurrence. –** Le droit privé de la concurrence recouvre les règles incluses dans le Livre IV du Code de commerce, intitulé « De la liberté des prix et de la concurrence » (pratiques anticoncurrentielles, concentration, transparence, pratiques restrictives de concurrence et autres pratiques prohibées). Selon une conception plus restrictive, le droit de la concurrence peut s'arrêter aux règles sanctionnant les pratiques anticoncurrentielles (ententes, abus de position dominante ou de dépendance économique) issues du droit interne (titre II du Livre IV du Code de commerce) et communautaire (article 101 et 102 du TFUE)[1]. Elles constituent une véritable branche du droit et s'appliquent aux opérateurs économiques, y compris aux opérateurs publics. Il ne s'agit pas dans le cadre d'un manuel de droit public des affaires de développer longuement ces règles, composant un corps de droit parvenu à maturité et étudié par ailleurs en tant que tel. Mais l'une des autorités chargée de les réprimer est une autorité administrative, l'Autorité de la concurrence. Il est donc indispensable de s'intéresser à ses différentes fonctions et au contentieux de ses décisions.

491 **Droit public de la concurrence. –** Plus récemment, s'est développé ce que l'on peut appeler un droit public de la concurrence. Les règles de la concurrence ayant

1. Sur le recensement des différentes définitions, voir S. DESTOURS et G. CLAMOUR, « Collectivités territoriales et droit de la concurrence », *Juris-Classeur Collectivités territoriales*, fasc. 724, 2004, n° 12 et s. et L. IDOT, « La liberté de la concurrence en France », *LPA* 23 mars 2000, n° 59, p. 4. Pour des définitions plus larges, voir P. DELVOLVÉ, *Droit public de l'économie*, Dalloz, 1998, n° 92 et M. BAZEX, « La concurrence réglée : secteur public et privé » in *Droit public de la concurrence*, Economica, 1987, p. 231.

pour objet de protéger le marché dans son ensemble, au-delà de la simple protection des intérêts des concurrents eux-mêmes, il est tout à fait normal que l'on retrouve l'administration dans ce cadre de défense de la structure elle-même au-delà des intérêts particuliers, car la défense d'un intérêt supérieur entre dans ses missions[2]. La protection du marché peut intégrer les multiples composantes de l'intérêt général qui constitue le moteur de l'action administrative. *Le droit public de la concurrence peut donc se définir comme le droit de l'influence de l'administration sur le jeu de la concurrence et plus particulièrement sur les pratiques anticoncurrentielles.* Il appréhende avant tout le rôle joué par l'administration, il juge l'action de l'administration au regard de ses missions d'intérêt général et non uniquement le comportement des opérateurs économiques touchés par la décision administrative. C'est un droit de l'action étatique et non du comportement d'opérateurs privés. Pour cette raison, il se distingue du droit privé de la concurrence. La promotion d'un droit public de la concurrence est l'expression de l'une des dimensions du rôle de protection de l'État vis-à-vis du marché en ce qu'il interdit aux autorités publiques d'engendrer, d'aggraver, de susciter ou de ne pas sanctionner une pratique anticoncurrentielle. Cette obligation n'est plus le fait d'une autorité administrative chargée de réprimer les comportements d'opérateurs (Autorité de la concurrence), mais est mise à la charge de chaque autorité publique dans le cadre de ses missions les plus traditionnelles.

492 **Deux axes. –** La mission de protection du caractère concurrentiel du marché dont sont investies les autorités publiques se développe autour de deux axes : la censure des pratiques anticoncurrentielles commises par les opérateurs (Section I) et la censure des décisions administratives porteuses d'effets anticoncurrentiels (Section II). On retrouve alors à la fois l'obligation d'action de l'administration (censurer les pratiques troublant le jeu du marché) et son obligation d'abstention (ne pas elle-même troubler le jeu du marché).

SECTION I — LA SANCTION DES PRATIQUES ANTICONCURRENTIELLES COMMISES PAR LES OPÉRATEURS

493 **Autorités de la concurrence et pratiques anticoncurrentielles. –** La sanction des pratiques anticoncurrentielles commises par les opérateurs publics et privés relève d'institutions que l'on a coutume d'appeler les autorités de la concurrence.

2. Sur ce point, voir l'ensemble de la thèse de G. CLAMOUR, *Intérêt général et concurrence. Essai sur la pérennité du droit public en économie de marché*, Bibl. Thèses Dalloz, vol. 51, 2006. L'auteur oppose les dimensions objective (« droit anti-trust », « droit du marché », « grand droit ») et subjective (droits des concurrents) du droit de la concurrence, pour montrer que la dimension objective peut parfaitement être considérée comme une mission d'intérêt général dont les personnes publiques ont la charge.

§ 1. LES AUTORITÉS CHARGÉES DE RÉPRIMER LES PRATIQUES ANTICONCURRENTIELLES

494 **Autorités administratives et juridictions. –** L'Autorité de la concurrence, les juridictions nationales et le ministre de l'Économie assurent un rôle de préservation du caractère concurrentiel du marché.

A. L'AUTORITÉ DE LA CONCURRENCE

495 **Origine et nature. –** Le Conseil de la concurrence a été créé par l'ordonnance n° 86-1243 du 1er décembre 1986 sous forme d'autorité administrative indépendante. La loi n° 2008-776 du 4 août 2008 de modernisation de l'économie (articles 95 et 97) crée une Autorité de la concurrence[3] unique, aux pouvoirs accrus et aux moyens étendus. Elle est qualifiée d'autorité administrative indépendante. Son rôle est de veiller au libre jeu de la concurrence. Elle reprend les anciennes fonctions du Conseil de la concurrence en matière de sanction des pratiques anticoncurrentielles (articles L. 420-1 et suivants du Code de commerce) et se voit confier une nouvelle mission de contrôle des concentrations (articles L. 461-1 et suivants du Code de commerce).

La loi n° 2008-776 (article 97) habilite le gouvernement à prendre par voie d'ordonnance (ordonnance n° 2008-1161 du 13 novembre 2008 portant modernisation de la régulation de la concurrence) des dispositions ayant pour objet de doter l'Autorité de la concurrence de compétences en matière de contrôle des pratiques anticoncurrentielles et d'avis sur les questions de concurrence, de règles de fonctionnement et de procédures, d'une capacité d'agir en justice, de moyens d'investigation renforcés.

496 **Composition. –** L'Autorité de la concurrence comprend dix-sept membres nommés pour une durée de cinq ans par décret pris sur le rapport du ministre chargé de l'Économie. Six d'entre eux sont issus des plus hautes juridictions françaises, cinq d'entre eux sont des personnalités choisies en raison de leur compétence en matière économique ou en matière de concurrence et de consommation et les cinq derniers exercent ou ont exercé leurs activités dans les secteurs de la production, de la distribution, de l'artisanat, des services ou des professions libérales (article L. 461-1-II du Code de commerce).

497 **Fonction consultative. –** L'Autorité de la concurrence peut être consultée par les commissions parlementaires sur les propositions de loi ainsi que sur toute question concernant la concurrence. Elle donne son avis sur toute question de concurrence à la demande du gouvernement. Elle peut également donner son avis sur les mêmes questions à la demande des collectivités territoriales, des organisations professionnelles et syndicales, des organisations de consommateurs agréées, des chambres d'agriculture, des chambres de métiers ou des chambres de commerce et d'industrie, en ce qui concerne les intérêts dont elles ont la charge (article L. 462-1 du Code de commerce). L'Autorité est obligatoirement consultée par le Gouvernement sur tout projet de texte réglementaire instituant un régime nouveau ayant

3. S. NICINSKI, « L'Autorité de la concurrence », *RFDA* 2009, p. 1237.

directement pour effet de soumettre l'exercice d'une profession ou l'accès à un marché à des restrictions quantitatives, d'établir des droits exclusifs dans certaines zones, d'imposer des pratiques uniformes en matière de prix ou de conditions de vente (article L. 462-2 du Code de commerce). On a vu précédemment que l'Autorité de la concurrence intervenait aussi en matière de police des prix (*supra*, n° 313).

Les juridictions administratives et judiciaires peuvent la consulter sur les pratiques anticoncurrentielles relevées dans les affaires dont elles sont saisies (article L. 462-3). Le Conseil d'État a également développé une pratique prétorienne de demande d'avis au Conseil de la concurrence en dehors des textes précités (*supra*, n° 295).

498 **Pouvoir de recommandation. –** L'ordonnance n° 2008-1161 du 13 novembre 2008 a conféré une nouvelle prérogative à l'Autorité de la concurrence, puisqu'elle peut « prendre l'initiative de donner un avis sur toute question concernant la concurrence. Cet avis est rendu public. Elle peut également recommander au ministre chargé de l'Économie ou au ministre chargé du secteur concerné de mettre en œuvre les mesures nécessaires à l'amélioration du fonctionnement concurrentiel des marchés » (article L. 462-4 du Code de commerce).

499 **Sanction des pratiques anticoncurrentielles. –** L'Autorité de la concurrence peut être saisie par le ministre chargé de l'Économie de toute pratique anticoncurrentielle (mentionnée aux articles L. 420-1, L. 420-2 et L. 420-5 du Code de commerce). Elle peut se saisir d'office ou être saisie par le ministre de l'économie ou par les entreprises ou, pour toute affaire qui concerne les intérêts dont ils ont la charge, par les collectivités territoriales, les organisations professionnelles et syndicales, les organisations de consommateurs agréées et les chambres consulaires (article L. 462-5). Elle prononce des sanctions ou des injonctions. La procédure (articles L. 463-1 et suivants) est initiée par un rapporteur, qui dispose d'importants pouvoirs d'enquête très largement amplifiés par l'ordonnance précitée du 13 novembre 2008 (article L. 450-1 et s.). Il notifie les griefs aux intéressés ainsi qu'au commissaire du Gouvernement (désigné par le ministre de l'Économie), qui peuvent consulter le dossier et présenter leurs observations. Son rapport est ensuite notifié au commissaire du gouvernement, aux ministres intéressés, ainsi qu'aux parties qui peuvent y répondre. S'ensuit une séance non publique, puis l'affaire est mise en délibéré. L'Autorité de la concurrence peut prononcer des mesures conservatoires si la pratique dénoncée porte une atteinte grave et immédiate à l'économie générale, à celle du secteur intéressé, à l'intérêt des consommateurs ou à l'entreprise plaignante (article L. 464-1).

L'Autorité peut ordonner aux intéressés de mettre fin aux pratiques anticoncurrentielles dans un délai déterminé ou imposer des conditions particulières. Elle peut aussi accepter des engagements proposés par les entreprises ou organismes et de nature à mettre un terme aux pratiques anticoncurrentielles. Elle peut surtout infliger des sanctions pécuniaires proportionnées à la gravité des faits reprochés, à l'importance du dommage causé à l'économie, à la situation de l'organisme ou de l'entreprise sanctionné ou du groupe auquel l'entreprise appartient et à l'éventuelle réitération de pratiques prohibées. Le montant maximum de la sanction est, pour une entreprise, de 10 % du montant du chiffre d'affaires mondial hors taxes (article L. 464-2 du Code de commerce).

500 **Champ de compétences organique. – Opérateurs soumis à l'Autorité de la concurrence.** – Les règles définies au livre quatrième du Code de commerce, consacré à la liberté des prix et de la concurrence, s'appliquent à toutes les activités de production, de distribution et de services, y compris celles qui sont le fait de personnes publiques (article L. 410-1 du Code de commerce, issu de l'article 53 de l'ordonnance n° 86-1243 du 1er décembre 1986). Le Conseil de la concurrence a défini son champ de compétences organique à partir de ces dispositions et sanctionne toutes les pratiques anticoncurrentielles, qu'elles soient attribuées à des opérateurs privés ou publics (*infra*, n° 859 et s.).

501 **Contentieux.** – Initialement, le contentieux des décisions du Conseil de la concurrence (aujourd'hui Autorité de la concurrence) relevait du Conseil d'État, mais une loi n° 87-499 du 6 juillet 1987 transfère au juge judiciaire le contentieux du contrôle des décisions du Conseil de la concurrence[4]. L'unification du contentieux spécifique de la concurrence sous l'autorité du juge judiciaire (d'ores et déjà compétent au titre d'un contentieux civil et pénal des pratiques anticoncurrentielles) permettait d'éviter ou de supprimer des divergences qui pouvaient apparaître dans l'application et dans l'interprétation du droit de la concurrence. On peut en déduire, sans doute un peu trivialement, que le contrôle des pratiques anticoncurrentielles est principalement[5] confié à une autorité administrative indépendante qui applique le droit de la concurrence en tant que branche du droit privé.

B. LES AUTRES AUTORITÉS

502 **Commission européenne et TFUE.** – La Commission européenne est l'autorité communautaire de la concurrence sous le contrôle du TPICE puis de la Cour de justice. Elle peut être saisie de plaintes ou se saisir elle-même. Le Traité sanctionne également les pratiques anticoncurrentielles en son article 101 s'agissant des ententes et 102 concernant les abus de position dominante. Il convient de souligner que les exemptions prévues par le droit communautaire (voir l'article 101 § 3 pour les ententes ou l'article 106 § 2 fondé sur la présence d'un SIEG pour l'ensemble des pratiques prohibées) ne recouvrent pas l'intégralité des justifications admises par le droit français.

503 **Juridictions nationales.** – Les articles L. 420-1, L. 420-2 et L. 420-5 du Code de commerce peuvent être invoqués devant les juridictions civiles ou administratives, de même que les articles 101 et 102 TFUE. Les juridictions civiles ont même développé une action en concurrence déloyale sur le fondement de l'article 1382 du Code civil.

4. C'est la très célèbre décision du Conseil constitutionnel n° 86-224 DC du 23 janv. 1987 qui a validé le transfert à la cour d'appel de Paris.

5. Sans préjudice du rôle direct du juge judiciaire en la matière, ou du rôle d'autres institutions publiques, comme la DGCCRF, par exemple.

504 **Rôle du ministre de l'Économie. –** Sans aller jusqu'à qualifier le ministre de l'Économie d'autorité de la concurrence, qualification qui serait parfaitement impropre, on peut néanmoins souligner son rôle de saisine de l'Autorité de la concurrence de toute pratique anticoncurrentielle (article L. 462-5 du Code de commerce). Il peut également introduire une action devant la juridiction civile ou commerciale lorsqu'il constate une pratique restrictive de concurrence (article L. 442-6-III du Code de commerce). L'ordonnance n° 2008-1161 du 13 novembre 2008 attribue au ministre de l'Économie un nouvel et important pouvoir d'injonction aux entreprises de mettre un terme aux pratiques anticoncurrentielles lorsque ces pratiques affectent un marché de dimension locale, ne concernent pas des faits relevant des articles 81 et 82 du traité instituant la Communauté européenne [auj. 101 et 102 TFUE] et sous réserve que le chiffre d'affaires que chacune d'entre elles a réalisé en France lors du dernier exercice clos ne dépasse pas 50 millions d'euros et que leurs chiffres d'affaires cumulés ne dépassent pas 100 millions d'euros (article L. 464-9 du Code de commerce).

§ 2. LES PRATIQUES ANTICONCURRENTIELLES

505 **Entente. –** Les pratiques anticoncurrentielles que l'Autorité de la concurrence est amenée à sanctionner sont strictement visées à l'article L. 462-6 du Code de commerce. Cette disposition vise tout d'abord *l'entente* (article L. 420-1 du Code de commerce), qui se définit comme un accord ou une action concertée, qui a pour objet ou peut avoir pour effet d'empêcher, de restreindre ou de fausser le jeu de la concurrence sur un marché de produits ou de services déterminé. Cette entente peut prendre diverses formes (écrite ou orale, expresse ou tacite, horizontale entre concurrents sur un même marché ou verticale, comme par exemple entre un producteur et un distributeur). L'article L. 420-1 du Code de commerce cite ensuite les exemples les plus caractéristiques : les accords ou pratiques concertées qui tendent à limiter l'accès au marché ou le libre exercice de la concurrence par d'autres entreprises, ceux qui tendent à faire obstacle à la fixation des prix par le libre jeu du marché en favorisant artificiellement leur hausse ou leur baisse (le cas « classique » des ententes tarifaires), ceux qui tendent à limiter ou contrôler la production, les débouchés, les investissements ou le progrès technique, ou ceux qui tendent à répartir des marchés ou les sources d'approvisionnement.

506 **Abus de position dominante. –** *L'abus de position dominante* est visé à l'article L. 420-2 du Code de commerce. Doivent être démontrés l'existence d'une position dominante, l'exploitation abusive de cette position[6] et un objet ou un effet restrictif de concurrence sur un marché. La « position dominante concerne une position de puissance économique détenue par une entreprise qui lui donne le pouvoir de faire obstacle au maintien d'une concurrence effective sur le marché en

6. CE 17 oct. 2008, *Sté OGF*, *DA* janv. 2009, n° 3, comm. M. BAZEX et S. BLAZY : une convention peut placer un opérateur en position dominante, mais seul la démonstration d'un abus automatique peut conduire le juge à déclarer la convention nulle.

cause en lui fournissant la possibilité de comportements indépendants dans une mesure appréciable vis-à-vis de ses concurrents, de ses clients et, finalement, des consommateurs »[7].

507 **Exploitation abusive d'un état de dépendance économique. –** *L'exploitation abusive d'un état de dépendance économique* (article L. 420-2 du Code de commerce) suppose la réunion de trois conditions : l'existence d'une situation de dépendance économique, une exploitation abusive de cette situation et une affectation, réelle ou potentielle du fonctionnement ou de la structure de la concurrence sur le marché. En prohibant les abus de dépendance économique, le législateur a souhaité que les pratiques abusives mises en œuvre par une entreprise ou un groupe d'entreprises, qui exercent une domination sur un ou des partenaires commerciaux sans toutefois détenir de position dominante sur le marché dans son ensemble, puissent être réprimées.

508 **Justifications. –** Les pratiques précédentes sont néanmoins susceptibles d'être justifiées (article L. 420-4 du Code de commerce) si elles résultent de l'application d'un texte législatif[8] ou d'un texte réglementaire pris pour son application ou si elles ont pour effet d'assurer un progrès économique, y compris par la création ou le maintien d'emplois, et qu'elles réservent aux utilisateurs une partie équitable du profit qui en résulte, sans donner aux entreprises intéressées la possibilité d'éliminer la concurrence pour une partie substantielle des produits en cause[9].

509 **Prix abusivement bas. –** Enfin, sont prohibées les *offres de prix ou pratiques de prix de vente aux consommateurs abusivement bas* par rapport aux coûts de production, de transformation et de commercialisation, dès lors que ces offres ou pratiques ont pour objet ou peuvent avoir pour effet d'éliminer d'un marché ou d'empêcher d'accéder à un marché une entreprise ou l'un de ses produits (article L. 420-5 du Code de commerce).

7. CJCE 13 févr. 1979, *Hoffmann-La Roche*, aff. 85/76, CA Paris 17 oct. 1990, *Sté internationale de boissons*, *BOCC* 31 oct. 1990, p. 295.

8. Par ex. CE 29 avr. 2009, *Chambre syndicale des loueurs d'automobiles de place de Paris Ile-de-France*, n° 305695, à propos de la coexistence entre un régime de délivrance de licences de taxi gratuites et la faculté de revente de ces licences à titre onéreux qui ne saurait constituer une entente eu égard au fait qu'elle repose sur la loi n° 95-66 du 20 janv. 1995.

9. Ces pratiques qui peuvent consister à organiser, pour les produits agricoles ou d'origine agricole, sous une même marque ou enseigne, les volumes et la qualité de production ainsi que la politique commerciale, y compris en convenant d'un prix de cession commun ne doivent imposer des restrictions à la concurrence, que dans la mesure où elles sont indispensables pour atteindre cet objectif de progrès.

SECTION II LA SANCTION DES EFFETS ANTICONCURRENTIELS DES DÉCISIONS DE L'AUTORITÉ PUBLIQUE

510 **Application du droit de la concurrence aux décisions administratives. –** À partir des années 1996/1997, le Conseil d'État a rendu opposable le droit des pratiques anticoncurrentielles aux décisions administratives et a développé un principe de libre concurrence s'analysant comme une nouvelle liberté économique (*supra*, n° 79 et s.). Ce phénomène touche l'ensemble des domaines traditionnels de l'action administrative. En conciliant le principe de libre concurrence avec les objectifs de l'action publique, le juge administratif a contribué à l'émergence d'un véritable droit public de la concurrence[10]. L'analyse de cette branche du droit conduit à dresser un bilan des droits et obligations de l'administration vis-à-vis du marché concurrentiel.

§ 1. LA RÉPARTITION DES COMPÉTENCES ENTRE L'AUTORITÉ DE LA CONCURRENCE ET LE JUGE ADMINISTRATIF

511 **Décisions des autorités publiques ayant un effet anticoncurrentiel. –** L'article L. 410-1 du Code de commerce dispose que « les règles définies au présent livre [liberté des prix et de la concurrence] s'appliquent à toutes les activités de production, de distribution et de services, y compris celles qui sont le fait de personnes publiques ». Cette formulation ne permet pas d'établir si elle entend définir l'applicabilité du droit de la concurrence ou le champ de compétence de l'Autorité de la concurrence, chargée d'en assurer le respect. La loi n° 87-499 du 6 juillet 1987 a transféré au juge judiciaire le contentieux du contrôle des décisions du Conseil [auj. Autorité] de la concurrence, mais elle ne concerne que les décisions du Conseil [auj. Autorité] de la concurrence, et non les décisions prises par l'ensemble des autorités administratives ayant un effet sur la concurrence[11]. C'est au Tribunal des conflits qu'il est revenu de répartir les compétences dans le domaine du contrôle des pratiques anticoncurrentielles.

512 **L'affaire *Ville de Pamiers* (1989). –** Dans sa décision *Ville de Pamiers*, du 6 juin 1989[12], le Tribunal des conflits a jugé qu'« il résulte de l'article 53 de l'ordonnance du 1er décembre 1986 que les règles qui y sont définies ne s'appliquent aux personnes publiques qu'autant que celles-ci se livrent à des activités de

10. S. NICINSKI, *Droit public de la concurrence*, LGDJ, coll. Systèmes, 2005.

11. S. NICINSKI, *Droit public de la concurrence*, préc. p. 141 et s.

12. *Rec.* p. 292 ; *AJDA* 1989, p. 431, chron. HONORAT et BAPTISTE, p. 467, note M. BAZEX ; *D.* 1990, p. 418, note J.-J. ISRAËL et somm. comm. p. 101, obs. C. GAVALDA et C. LUCAS DE LEYSSAC ; *Gaz. Pal.* 1989, 2, p. 582 et *RFDA* 1989, p. 457, concl. STIRN ; *JCP* 1990, II, 21395, note Ph. TERNEYRE ; *RDP* 1989, p. 1780, note Y. GAUDEMET ; *Gaz. Pal.* 1989, 2, p. 747, note M.-C. BOUTARD-LABARDE et L. VOGEL ; *CJEG* 1989, p. 295, note L. RICHER.

production, de distribution et de services. L'organisation du service public (...) n'est pas constitutive d'une telle activité. L'acte juridique de dévolution de l'exécution de ce service n'est pas, par lui-même, susceptible d'empêcher, de restreindre ou de fausser le jeu de la concurrence sur le marché. Il n'appartient en conséquence qu'aux juridictions de l'ordre intéressé de vérifier la validité de cet acte au regard des dispositions (...) de l'ordonnance susvisée ». S'agissant de la répartition des compétences, les activités de production, de distribution ou de services des personnes publiques relèveraient donc des autorités de la concurrence, alors que l'acte administratif d'organisation ressortirait de la compétence du juge administratif[13]. S'agissant du fond du droit, la décision du Tribunal est ambiguë, dans la mesure où il affirme que les actes d'organisation du service ne sont pas susceptibles de fausser le jeu de la concurrence (absence par principe d'effet sur le marché), mais invite en même temps le juge administratif à les censurer sur le fondement du droit de la concurrence, sous-entendant par là même qu'un acte administratif serait bel et bien susceptible d'enfreindre les règles de la concurrence[14]. Dans une décision du 4 novembre 1996, *Société Datasport*[15], le Tribunal des conflits clarifie la répartition des compétences qu'il avait opérée quelque dix années plus tôt, et lève l'ambiguïté de sa jurisprudence (abandon du critère de l'effet sur le marché). D'un côté les activités de production, de distribution ou de services des personnes publiques sont soumises à l'ordonnance de 1986 et relèvent des autorités de la concurrence et, de l'autre côté, les décisions prises dans le cadre d'une mission de service public et relevant de l'exercice de prérogatives de puissance publique ne sont pas soumises au droit de la concurrence et ressortent de la compétence du juge administratif.

513 **L'arrêt *Préfet de la Région Ile-de-France* (1999). –** À partir des années 1996/1997, le juge administratif a accepté de contrôler les actes administratifs au regard des règles du droit de la concurrence (*supra*, n° 84) et a développé un volet publiciste du droit de la concurrence. Cette évolution a appelé une répartition plus claire des compétences. Dans un arrêt du 18 octobre 1999, *Préfet de la Région Ile-de-France, Préfet de Paris*[16], le Tribunal des conflits juge que « si dans la mesure où elles effectuent des activités de production, de distribution ou de services les personnes publiques peuvent être sanctionnées par le Conseil de la concurrence agissant sous le contrôle de l'autorité judiciaire les décisions par lesquelles ces personnes assurent la mission de service public qui leur incombe au moyen de prérogatives de puissance publique relèvent de la compétence de la juridiction administrative pour en apprécier la légalité et, le cas échéant, pour statuer sur la mise en jeu de la responsabilité encourue par ces personnes publiques ». Le

13. M. BAZEX, note TC 18 oct. 1999, *Aéroports de Paris et Air France c/TAT*, *AJDA* 1999, p. 1030 remarque quant à lui que le champ d'application de l'ordonnance de 1986 (article 53) couvre toutes les pratiques économiques d'entreprises, alors même qu'elles résulteraient de l'exercice de prérogatives de puissance publique. Le Tribunal des conflits aurait donc méconnu l'attribution des compétences opérée par l'ordonnance de 1986, ayant pourtant valeur législative.

14. Ambiguïté dénoncée notamment par Y. GAUDEMET, note sous l'arrêt, *RDP* 1989, p. 1785.

15. *Rec.* p. 552 ; *AJDA* 1997, p. 142, chron. CHAUVAUX et GIRARDOT.

16. *AJDA* 1999, p. 996, chron. FOMBEUR et GUYOMAR et p. 1030, note M. BAZEX ; *CJEG* 2000, p. 18, concl. SCHWARTZ ; *LPA* 27 avr. 2000, note A. GUEDJ ; *RFDA* 2000, p. 567, note Y. LAIDIÉ ; *D. aff.* 2000, p. 607, note A. LOUVARIS.

Tribunal complète sa répartition à l'aide d'un critère de détachabilité : les décisions « se rattachant » à l'exercice de prérogatives de puissance publique relèvent du juge administratif, de même que les pratiques qui en sont « indissociables », alors que les pratiques qui en sont détachables ressortent de la compétence des autorités de la concurrence.

On rappelle que lorsqu'il est compétent, le juge administratif est habilité à saisir l'Autorité de la concurrence pour avis sur les pratiques anticoncurrentielles en liaison avec des actes administratifs (article L. 462-3 du Code de commerce). Il semble que le juge administratif ait largement fait usage de cette possibilité[17], sans toujours d'ailleurs suivre l'avis rendu[18].

514 **Critique.** – La confusion originelle sur la portée exacte de l'article 53 de l'ordonnance du 1er décembre 1986 (article L. 410-1 du Code de commerce) continue de brouiller les pistes. S'agissant d'une règle de fond, elle commande que le droit de la concurrence s'applique aux activités de production, de distribution et de services, y compris celles qui sont le fait de personnes publiques. Ainsi, elle justifiait même avant les années 1990 l'application du droit de la concurrence aux opérateurs publics. Elle peut aussi désormais être interprétée comme justifiant la règle de l'opposabilité du droit de la concurrence aux actes administratifs ayant un effet sur les activités de production, de distribution et de service. Mais l'étendue actuelle de l'opposabilité du droit de la concurrence rend le contenu de l'article 53 quasiment inutile, car il n'y a plus d'opposition s'agissant de l'application du fond du droit entre ce qui relève des activités (domaine des pratiques) et ce qui relève de l'autorité normative (domaine des décisions). Si on l'interprète comme une règle de compétence, il apparaît qu'elle justifie encore la compétence de l'Autorité de la concurrence à l'égard des activités des opérateurs publics, qui sont par postulat considérées comme des activités de production, de distribution et de service[19]. La rédaction de la décision du Tribunal des conflits de 1999 est très claire : « dans la mesure où elles effectuent des activités de production, de distribution ou de services les personnes publiques peuvent être sanctionnées par le Conseil de la concurrence ». Ainsi, les pratiques des opérateurs publics relèvent toujours de l'Autorité de la concurrence, au titre de l'article 53 de l'ordonnance. Mais pourquoi les pratiques de l'opérateur public continuent-elles de faire l'objet d'un traitement à part, comme si par

17. CE 29 juill. 2002, *Sté Cegedim, CJEG/RJEP* 2003, p. 16, concl. MAUGÜÉ, *AJDA* 2002, p. 1072, note S. NICINSKI, *DA* 2002, n° 173, note M. BAZEX et S. BLAZY et n° 193, note C.M., *JCP* E 2003, p. 179, note J.-M. BRUGUIÈRE ; et *Cons. conc. décision* n° 01-D-78 du 6 déc. 2001, INSEE ; CE Sect. 26 mars 1999, *EDA*, *Rec.* p. 96, *AJDA* 1999, p. 427, concl. STAHL, note M. BAZEX, *CJEG* 1999, p. 264, concl. STAHL, *D.* 2000, p. 204, note J.-P. MARKUS, *RDP* 1999, note S. MANSON ; TA Bastia 6 févr. 2003, *Autocars Mariani*, *DA* 2003, n° 104, note R. ROUX, *AC-ACCP* n° 23, 2003, p. 54, note Ch. CABANES et P. MARTY, « Transports publics : la concurrence entre sociétés d'un même groupe est-elle possible ? », *AJDA* 2003, p. 738, note S. PALMIER ; et *Cons. conc. décision* n° 04-D-30 du 7 juill. 2004 relative à des marchés publics de Transport scolaire en Haute-Corse : le Conseil de la concurrence n'est pas saisi pour avis, mais directement par les parties à propos de pratiques qu'il qualifie d'entente avant de se déclarer incompétent ; CE Sect. 30 avr. 2003, *Synd. prof. des exploitants indépendants des réseaux d'eau et d'assainissement*, *AJDA* 2003, p. 1150, chron. DONNAT et CASAS, p. 1849, note P. SUBRA DE BIEUSSES, *DA* 2003, n° 123, note M. BAZEX et S. BLAZY, *BJDCP* 2004, n° 32, p. 39, concl. J.-H. STAHL, *Dr. soc.* 2003, p. 999, note P.-H. ANTONMATTÉI et S. DESTOURS, *LPA* 2003, n° 253, p. 14, note J. GATE, *AC-ACCP* n° 24 juill.-août 2003, p. 71, note L. RICHER, *CMP* 2003, n° 125, obs. E. DELACOUR et *Cons. conc.* avis n° 00-A-30 du 4 déc. 2000 sur la convention collective des entreprises des services d'eau et d'assainissement ; CE 13 janv. 2003, *Mutuelle générale des services publics*, *AJDA* 2003, p. 899, note J.-D. DREYFUS, *BJDCP* 2003, n° 27, p. 135, concl. FOMBEUR, obs. C. MAUGÜÉ et *Cons. conc.* avis n° 03-A-21 du 31 déc. 2003.

18. Affaire *Mutuelle générale des services publics*, préc.

19. Voir par exemple A. GUEDJ, note sous TC 18 oct. 1999, *Aéroports de Paris*, *LPA* 27 avr. 2000, p. 4.

principe elles n'impliquaient aucune décision administrative[20] ? Si l'article 53 de l'ordonnance (art. L. 410-1 du Code de commerce) est une règle de fond et que la répartition des compétences est d'origine prétorienne, il faut aller jusqu'au bout du raisonnement et retirer à l'Autorité de la concurrence la connaissance des pratiques d'opérateurs publics.

§ 2. L'APPLICATION DU DROIT DE LA CONCURRENCE AUX PRINCIPALES MISSIONS DE L'ADMINISTRATION

515 **Mesure de l'impact du droit de la concurrence. –** Un examen des principaux domaines touchés par l'application du droit de la concurrence permet de mesurer l'impact des règles de la concurrence sur les prérogatives traditionnelles de l'administration et de définir les contours de ses nouvelles obligations.

A. LE DROIT DE LA COMMANDE PUBLIQUE

516 **Droit de la concurrence et mise en concurrence. –** Le droit de la concurrence n'était pas entièrement étranger au droit de la commande publique, en ce que le Conseil de la concurrence et les juridictions judiciaires sanctionnaient depuis longtemps les pratiques anticoncurrentielles (et plus particulièrement les ententes) dont se rendent coupables les candidats à la commande publique[21]. Le droit de la commande publique est lui-même jalonné de ce que l'on a coutume d'appeler des obligations de « mise en concurrence » des candidats, obligations qui ne sauraient se confondre avec le droit de la concurrence proprement dit. Il existe en effet une différence fondamentale entre la mise en concurrence, impliquant que l'acheteur public fasse en sorte que les éventuels candidats puissent présenter leur candidature et offre librement, qu'ils soient traités sur un pied d'égalité et dans les conditions les plus transparentes possibles, et le droit de la concurrence, sanctionnant les pratiques de type ententes ou abus de position dominante dont pourraient se rendre coupables les candidats potentiels[22].

Cependant, l'intégration proprement dite des règles de la concurrence dans le droit de la commande publique restait à confirmer. Le pas fut franchi par le juge

20. En ce sens, concl. SCHWARTZ sur TC 18 oct. 1999, *Aéroports de Paris*, *CJEG* 2000, p. 18. Voir également les affaires citées par M. BAZEX, « Droit de la concurrence et personnes publiques », *Gaz. Pal.* 1994, 2e sem. p. 1198 et G. MATHIEU, « L'application du droit de la concurrence aux personnes publiques », *D.* 1995, chron. p. 27.

21. Pour un aperçu du droit existant, voir L. RICHER, « L'application du droit de la concurrence aux marchés publics », *CJEG* oct. 1989, p. 295 ; voir également le dossier « Les pratiques anticoncurrentielles », *AC-ACCP* n° 20, mars 2002, p. 34 et s., avec les articles de L. GRAVIER et R. ROUX, « Juge administratif et droit de la concurrence dans les contrats publics », p. 34, de S. DESTOURS, « La confusion dans autorités de la concurrence : exemple de la gestion du domaine public aéroportuaire », p. 39, d'O. GUÉZOU, « Droit de la concurrence et droit des marchés publics : vers une notion transversale de mise en libre concurrence », p. 43, de V. SÉLINSKY, « La participation à des marchés publics par des entreprises groupées », p. 47, de C. CABANES et P. MARTY, « Droit communautaire de la concurrence et aides d'État aux transports publics », p. 52. Voir aussi les contributions d'O. GUÉZOU à Ph. TERNEYRE (dir.), *Droit des marchés publics*, Éditions du Moniteur, 2003, n° III. 130, 133, 140, 143, 150 et 153 ; S. NICINSKI, « Comment éviter la qualification d'entente anticoncurrentielle ? », *AC-ACCP* janv. 2004, p. 51.

22. Dossier « Les pratiques anticoncurrentielles », *CP-ACCP* n° 99, mai 2010.

administratif, tout d'abord dans le cadre d'un référé précontractuel (CE 2 juillet 1999, *SA Bouygues*)[23], puis dans un cadre plus général, le Conseil d'État a confirmé sa position en 2003 (CE 28 avril 2003, *Fédération nationale des géomètres experts*)[24], en jugeant qu'il « appartient à la personne publique responsable du marché de s'assurer, lorsqu'elle engage une procédure de passation d'un marché public, que les règles de libre concurrence sont effectivement respectées ».

517 **Obligation de ne pas générer une pratique anticoncurrentielle. –** L'acheteur public ne doit pas générer un comportement anticoncurrentiel du fait du contenu du contrat, des choix opérés lors de la passation et de son attitude pendant le déroulement de la procédure.

Il résulte de l'arrêt *Million et Marais*, de 1997[25], que les clauses d'un contrat de délégation de service public ne doivent pas avoir pour effet de placer le délégataire dans une situation où il contreviendrait au droit de la concurrence. Le titulaire d'un marché ou d'une délégation peut particulièrement se rendre coupable d'un abus de position dominante (articles L. 420-2 du Code de commerce, article 102 TFUE) puisque pendant la durée du contrat il bénéficie de droits exclusifs. Dès lors, la démonstration d'une position dominante est assez facile à établir[26].

Une remarque s'impose tout de même. Dans l'affaire *Million et Marais*, le Conseil d'État a raisonné implicitement à partir d'un marché local, probablement constitué par la commande publique elle-même ou plus exactement par le croisement de la demande de la personne publique et les offres des opérateurs candidats. Or les autorités de la concurrence adoptent une position légèrement différente et retiennent généralement le marché national des opérateurs alors même que la commande publique est locale (pour la détermination du marché pertinent, voir la décision Cons. conc. décision n° 01-D-08 du 4 avril 2001 relative à une saisine présentée par le Syndicat des exploitants indépendants des réseaux d'eau et d'assainissement, retenant que le marché à prendre en considération n'est pas celui résultant du croisement entre l'appel d'offres et les soumissions, mais le marché national). Dès lors, à moins de bénéficier d'une part de marché très importante au niveau national, l'attributaire d'un contrat public n'est pas de ce seul fait en position dominante. Le Conseil de la concurrence n'accepte de constater l'existence d'un abus de position dominante que dans des situations très spécifiques dans lesquelles peuvent se situer des titulaires sortants. Il est alors fait application de la théorie de l'abus sur un marché connexe à celui sur lequel l'opérateur est en position dominante (décision n° 08-D-24 du 22 octobre 2008 relative à une saisine concernant l'affermage de la distribution d'eau et de l'assainissement à Saint-Jean-d'Angély). Les délégataires sortants sont en position dominante vis-à-vis des usagers dans le cadre de l'exécution du contrat qui s'achève. Pour qu'ils puissent être considérés comme commettant un abus sur le marché des opérateurs (marché distinct) au moment du renouvellement, il faut démontrer la présence de puissants facteurs susceptibles de leur conférer un avantage très substantiel. Il en va ainsi par exemple de la modification des contrats de travail du personnel à reprendre (Cons. conc. décision n° 06-MC-02 du 27 juin 2006 relative à une demande de mesures conservatoires par la commune de Bouc-Bel-Air). Le titulaire sortant peut aussi commettre un abus en profitant de sa position dominante sur le

23. *Rec.* p. 266, *CJEG* 1999, p. 357, concl. BERGEAL, *RDI* 1999, p. 647, obs. F. LLORENS et P. SOLER-COUTEAUX.

24. *Contrats marchés publ.* 2003, n° 119, note Ph. DELELIS, *DA* 2003, n° 143, note A. MÉNÉMENIS.

25. CE Sect. 3 nov. 1997, *Sté Intermarbres et Sté Million et Marais*, *Rec.* p. 393 et 406, concl. STAHL, *AJDA* 1997, p. 945, chron. GIRARDOT et RAYNAUD et 1998, p. 247, note O. GUÉZOU, *CJEG* 1997, p. 441 et *RFDA* 1997, p. 1228, concl. STAHL, *JCP* 1998, I, 165, chron. J. PETIT, *Quot. Jur.* 1998, n° 44, note J. MORAND-DEVILLER, *RDP* 1998, p. 256, note Y. GAUDEMET.

26. CE 17 oct. 2008, *Sté OGF*, *DA* janv. 2009, n° 4, comm. M. BAZEX et S. BLAZY.

marché de la fourniture des prestations indispensables pour assurer la mission (décision n° 05-D-58 du 3 novembre 2005 relative à des pratiques relevées dans le secteur de l'eau potable en Ile-de-France). En dehors de ces cas très spécifiques et limités, la sanction de l'abus de position dominante n'est pas applicable. On en déduit que l'arrêt fondateur de l'application du droit de la concurrence en droit public aurait probablement donné lieu à des solutions très différentes si les faits avaient été soumis au Conseil de la concurrence.

La démonstration de l'abus de cette position peut résulter d'un examen des clauses du contrat, qui révèlent en définitive la manière dont il sera exécuté, et donc la manière dont l'opérateur économique titulaire du droit exclusif abusera ou pas de sa situation. Dans ses conclusions sur l'arrêt *Million et Marais*, J.-H. Stahl[27] évoque plusieurs types de clauses susceptibles de conduire automatiquement le titulaire du contrat à enfreindre les règles de la concurrence : une durée excessive de la convention[28] ; les clauses relatives aux prestations hors monopole grâce auxquelles un délégataire peut mettre à profit sa position exclusive sur les prestations monopolistiques pour limiter la concurrence sur le marché des prestations hors monopole ; le privilège d'occupation de certaines installations conférées au titulaire du contrat ; les clauses favorisant une information privilégiée du partenaire de l'administration, susceptible de porter atteinte à la concurrence au moment du renouvellement du contrat[29] ; ou encore les clauses tarifaires. D'autres types de clauses sont susceptibles de conduire le titulaire du contrat à enfreindre le droit de la concurrence. On pense aux clauses permettant au partenaire de l'administration de se prévaloir de l'image de marque de l'administration (par exemple par l'installation de locaux commerciaux dans ceux de l'administration, etc.), aux clauses obligeant l'administration à protéger son partenaire contre la concurrence, aux clauses visant à déléguer un service complémentaire, qui s'étend au-delà du service public proprement dit, et qui contribuent donc à conférer certains avantages au titulaire du contrat (par exemple pour la desserte maritime d'une île, un service complémentaire correspondant aux périodes du printemps, de l'été et de l'automne, alors que cette extension n'est pas justifiée par les nécessités du service public)[30] ou encore aux clauses insérées dans le projet de contrat et avantageant le délégataire en place (constitution d'une caution, spécifications techniques particulières, mode de calcul de la rémunération versée au délégataire[31], etc.).

27. *RFDA* 1997, p. 1228.

28. *Cons. conc. décision* n° 98-D-52 du 7 juill. 1998, relative à des pratiques relevées dans le secteur du mobilier urbain ; *Cons. conc.* Avis n° 04-A-19 du 21 oct. 2004, relatif à l'occupation du domaine public pour la distribution de journaux gratuits.

29. En ce sens, Cass. com. 3 mai 2000, *Sté Suez-Lyonnaise des eaux, BOCC* 2000, n° 7, p. 329 : l'entreprise fournisseuse d'eau en gros et candidate à une délégation commet un abus de position dominante en refusant de communiquer aux autres candidats ses conditions de vente d'eau en gros, ce qui les met dans l'impossibilité de disposer des données nécessaires pour concourir normalement.

30. Voir CE 24 oct. 2001, *Collectivité territoriale de Corse et Office des transports de la Corse*, *Rec.* p. 485, *BJCP* 2002, p. 139, concl. BERGEAL et note R. SCHWARTZ, *DA* 2002, n° 6, note A. MÉNÉMENIS.

31. CE 24 oct. 2001, *Collectivité territoriale de Corse et Office des transports de la Corse*, préc. ; CAA Bordeaux 23 mai 2006, *Asso. Fouras Environnement Écologie*, n° 03BX00062, *RCL* n° 9, oct.-déc. 2006, p. 58 : limitation de l'accès à un marché et entrave au libre jeu de la concurrence lorsque la collectivité délégante insère une clause faisant supporter au nouveau délégataire les conséquences financières de la résiliation de la convention avec le sortant ; *Cons. conc.* 27 juin 2006, n° 06-MC-02 relative à une demande de mesures conservatoires présentées par la commune de Bouc-Bel-Air : abus de position dominante à propos d'une clause insérée dans les contrats de travail des salariés d'une crèche publique par leur employeur,

L'administration peut également générer une pratique anticoncurrentielle au stade de la passation, par les choix techniques auxquels elle peut procéder, choix qui auraient pour effet de restreindre abusivement la concurrence, comme la limitation excessive du nombre de candidatures par exemple[32], un allotissement judicieux[33], des spécifications techniques supérieures aux normes en vigueur que peu d'entreprises peuvent satisfaire[34].

L'attitude de l'administration pendant la phase de passation est susceptible de générer des ententes verticales. Le Conseil d'État a d'ailleurs jugé, le 27 mai 1998, dans un arrêt *Syndicat national du béton armé*[35], que « la négociation des marchés de maîtrise d'œuvre doit, en tout état de cause, être conduite dans le respect des dispositions de l'article 7 de l'ordonnance du 1er décembre 1986 » (aujourd'hui article L. 420-1 du Code de commerce).

518 **Obligation de sanctionner les pratiques anticoncurrentielles. –** On peut s'interroger sur l'existence d'une véritable obligation mise à la charge de l'administration de sanction des pratiques anticoncurrentielles qu'elle constate. Sur le plan des principes, l'inconvénient d'une telle solution serait de faire jouer à l'administration le rôle d'une autorité de contrôle et de sanction des pratiques anticoncurrentielles. Néanmoins, cette évolution s'inscrirait dans le mouvement constant « d'assainissement » de la commande publique[36]. Certains tribunaux administratifs ont assigné à l'acheteur public une obligation de contrôle du respect du droit de la concurrence par les entreprises candidates, en reliant cette obligation aux prérogatives traditionnelles de l'acheteur public[37]. On remarque que ces tribunaux intègrent dans l'égal accès des candidats et l'obligation de mise en concurrence une pratique qui relève clairement du droit de la concurrence, puisqu'il s'agissait d'une entorse à la concurrence émanant d'un opérateur public, qui aurait établi une offre en profitant de

association subventionnée, rendant la reprise des contrats de travail très onéreuse en cas de changement de prestataire.

32. En ce sens O. GUÉZOU, « Droit de la concurrence et droit des marchés publics : vers une notion transversale de mise en libre concurrence », préc.

33. *Cons. conc décision* n° 03-MC-01 du 23 janv. 2003, demande de mesures conservatoires présentées par TPS, à propos de l'attribution à Canal Plus de l'exclusivité des droits du Championnat de Ligue 1 : « s'il n'est pas critiquable, par principe, qu'un mécanisme d'enchères aboutisse à une exclusivité, soit par addition de lots, soit par une offre globale, l'attribution exclusive d'un bien à une entreprise dominante peut avoir des effets restrictifs de la concurrence » ; TA Nice 9 nov. 1998, *Marché de transport d'élèves dans les Alpes-Maritimes* : le tribunal administratif de Nice a jugé, sur le fondement de l'abus de position dominante, que l'organisation d'un marché en un seul lot et sa dévolution à un groupement étaient de nature à faire obstacle à la fixation des prix par le libre jeu du marché en favorisant la stipulation d'un prix unique.

34. CE Sect. 3 nov. 1995, *District de l'agglomération nancéienne*, *AJDA* 1995, p. 946, chron. STAHL et CHAUVAUX : en l'espèce le choix opéré était justifié par les nécessités du service public.

35. *Rec.* p. 676, *BJCP* 1998, n° 1, p. 101.

36. TA Fort-de-France 12 nov. 2002, *Synd. intercommunal du Centre Sud de la Martinique*, requête n° 02364, cité par L. GRAVIER et R. ROUX, « Juge administratif et droit de la concurrence dans les contrats publics », préc. Voir également dans le même sens TA Paris ord. 10 sept. 2003, *St Hitronetic*, *Contrats marchés publ.* n° 11 nov. 2003, p. 30, note G. ECKERT. Le juge des référés précontractuels ne peut sanctionner que les manquements aux obligations de publicité et de mise en concurrence, ce qui peut donner un aperçu faussé de l'état du droit (CE 24 oct. 2001, *Collectivité territoriale de Corse et Office des transports de la Corse*, préc. ; CE 14 mars 2003, *Sté Air Lib*, *AJDA* 2003, p. 1052, note J.-D. DREYFUS).

37. TA Rouen 23 juin 2000, *Sté Jean Béhotas*, *BJDCP* n° 15, p. 164 ; TA Lille, ord. 5 juill. 2001, *Sté Saur France*, n° 0102663 ; TA Bastia 6 févr. 2003, *SARL Autocars Mariani*, préc.

subventions croisées, ou encore des candidats s'étant rendus coupables d'une entente. Si toutefois l'obligation de contrôle des comportements anticoncurrentiels des candidats devait être maintenue à la charge de l'acheteur, on pourrait se demander à quel stade il doit la mettre en œuvre. On faudrait alors proposer une distinction entre les pratiques anticoncurrentielles décelables au stade de la candidature (groupements ne reposant pas sur des motifs techniques ou économiques viables, par exemple) et celles décelables au stade de l'offre (pratiques relatives aux prix). L'acheteur public devrait alors réagir au plus tôt, au niveau de la candidature si la pratique est décelable à ce stade et au niveau de l'offre, au plus tard.

B. LA GESTION DU DOMAINE PUBLIC

519 **Le domaine public, siège d'activités économiques. –** L'occupation du domaine public est de plus en plus souvent sujette à convoitise commerciale. Les occupants sont alors autant d'opérateurs intervenant sur un marché concurrentiel qu'il faut préserver. Mais ce phénomène ne réduit-il pas les dépendances du domaine public à des richesses que des opérateurs peuvent commercialement exploiter, au mépris des services publics auxquels elles peuvent être affectées ou des contraintes d'intérêt général auquel elles doivent répondre ? Deux situations méritent d'être distinguées : la gestion de titres d'occupation du domaine public (attribution, non-renouvellement, contenu, refus, etc.) et la réglementation des activités commerciales s'exerçant sur le domaine public, lorsqu'elles entrent en concurrence avec un opérateur de service public.

1. La gestion des titres d'occupation du domaine public

520 **Arrêt *EDA*.** – L'arrêt *EDA* du 26 mars 1999[38] a donné l'occasion au Conseil d'État de juger que l'autorité affectataire des dépendances du domaine public doit « lorsque, conformément à l'affectation de ces dépendances, celles-ci sont le siège d'activités de production, de distribution ou de services, prendre en considération les diverses règles, telles que le principe de la liberté du commerce et de l'industrie ou l'ordonnance du 1er décembre 1986, dans le cadre desquelles s'exercent ces activités ; qu'il revient au juge de l'excès de pouvoir, à qui il appartient d'apprécier la légalité des actes juridiques de gestion du domaine public, de s'assurer que ces actes ont été pris compte tenu de l'ensemble de ces principes et de ces règles et qu'ils en ont fait, en les combinant, une exacte application ». Le droit de la concurrence contraint désormais l'administration dans le choix des occupants. Certaines règles s'imposent à elle quant à la durée, le contenu et la procédure d'attribution des titres d'occupation.

521 **Choix des occupants. –** Du point de vue du droit de la concurrence, il faut distinguer la situation dans laquelle l'administration peut octroyer plusieurs titres d'occupation sur une même dépendance (l'étendue de la dépendance s'y prête) du cas de figure dans lequel l'administration ne peut accorder (ou décide de

38. *Rec.* p. 96, *AJDA* 1999, p. 427, concl. STAHL, note M. BAZEX, *CJEG* 1999, p. 264, concl. STAHL, *D.* 2000, p. 204, note J.-P. MARKUS, *RDP* 1999, note S. MANSON.

n'accorder) qu'un seul titre d'occupation à un opérateur qui se trouvera de ce fait en situation privilégiée. La théorie des infrastructures essentielles s'applique à la situation de l'administration gestionnaire du domaine public. Normalement, l'administration est libre de décider si les dépendances de son domaine public pourront être occupées privativement. Elle est également libre de fixer le nombre d'occupants qu'elle souhaite accueillir et peut refuser d'accorder des titres d'occupation. Les motifs tirés de la sécurité ou de la conservation du domaine public sont suffisamment souples pour lui garantir un pouvoir quasi discrétionnaire. À l'inverse, en droit de la concurrence, la théorie des infrastructures essentielles commande que lorsqu'une infrastructure ou une ressource est rare et essentielle à une activité économique, certaines règles encadrent son utilisation[39].

La notion d'infrastructure essentielle s'applique avant tout aux entreprises qui en sont détentrices. Mais le Conseil de la concurrence (pour une exclusivité d'occupation)[40] et la cour d'appel de Paris (s'agissant d'un refus d'octroi de titre d'occupation)[41] ont tous deux laissé supposer que les règles de la concurrence s'appliquaient aux choix opérés par l'autorité administrative, choix qui sont analysés comme les conditions de « mise sur le marché » d'une infrastructure essentielle. L'administration, en tant que détenteur d'une infrastructure essentielle, se verrait ainsi appliquer le régime propre à ce type de ressources, résumé dans un avis du Conseil de la concurrence[42].

Dans le cas où la dépendance du domaine public peut supporter de *nombreuses occupations* (trottoir d'une voie publique, emplacement de marché, enceinte d'un port ou d'un aéroport), l'administration doit respecter à la fois des exigences issues du droit administratif des biens (intérêt du domaine, affectation, conservation de la dépendance), exigences ayant accueilli le principe d'égalité entre candidats à l'occupation (CE 30 juin 2004, *Département de la Vendée*), et les règles de la concurrence (commandant par exemple de ne pas défavoriser une catégorie d'activités)[43].

39. C. LUCAS DE LEYSSAC et G. PARLÉANI, *Droit du marché*, PUF, coll. Thémis, 2002, p. 205 ; L. RICHER, « Le droit à la paresse, Essential facilities version française », *D. aff.* 1999, p. 523 ; M. BAZEX, « Entre concurrence et régulation : la théorie des "facilités essentielles" », *Rev. conc. consom.* n° 119, janv. /févr. 2001, p. 37 ; M.-A. FRISON-ROCHE, « Libres propos sur le service public marchand dans la perspective de la régulation des réseaux d'infrastructures essentielles », *RJDA*, 10/95, p. 847.

40. *Cons. conc.* avis n° 04-A-19 du 21 oct. 2004 relatif à l'occupation du domaine public pour la distribution de journaux gratuits.

41. CA Paris 31 oct. 1991, *Mme Parouty*, *D.* 1992, J, p. 312, note V. SÉLINSKY : le non-renouvellement par la SNCF de la concession d'un occupant d'un local commercial dans une gare ne saurait constituer un abus de dépendance économique dans la mesure où il est loisible à l'occupant de poursuivre la même activité dans tout autre local approprié et disponible sur le marché de la location d'immeubles à usage commercial.

42. *Cons. conc.* avis n° 02-A-08 du 22 mai 2002, relatif à la saisine de l'association pour la promotion de la distribution de la presse : la qualification d'infrastructure essentielle suppose que l'infrastructure soit possédée par une entreprise qui en détient le monopole ou une position dominante ; l'accès à l'infrastructure est strictement nécessaire pour exercer une activité concurrente sur un marché annexe ; l'infrastructure ne peut être reproduite dans des conditions économiques raisonnables par les concurrents de l'entreprise ; l'accès à cette infrastructure est refusé ou autorisé dans des conditions restrictives injustifiées ; l'accès à l'infrastructure est possible. Le détenteur de l'infrastructure est soumis à deux contraintes : offrir un accès à ses concurrents, à l'amont ou à l'aval, sans pouvoir opposer un refus ; offrir un accès dans des conditions équitables et non discriminatoires.

43. CAA Paris 4 déc. 2003, *SETIL*, *AJDA* 2005, p. 200, note S. NICINSKI, *CMP* 2004, n° 54 ; note G. ECKERT.

L'administration peut aussi choisir d'accorder une exclusivité d'occupation ou de limiter le nombre d'occupants. Le droit de la concurrence admet les droits exclusifs, mais à condition d'en justifier l'existence. Ainsi, le Conseil de la concurrence (Avis n° 04-A-19 du 21 octobre 2004 relatif à l'occupation du domaine public pour la distribution de journaux gratuits), à propos de la délivrance de titres d'occupation du domaine public, a précisé que « les restrictions d'accès à cette ressource doivent être justifiées par des raisons objectives », notamment « techniques et financières ». Le Conseil de la concurrence a également évoqué le risque d'abus de position dominante dont pourrait se rendre coupable un occupant du domaine public du fait de la position extrêmement favorable dans laquelle son titre le placerait.

2. L'exigence d'une procédure de passation

522 **Absence de procédure de passation en droit administratif. –** Le droit administratif n'impose le respect d'aucune procédure particulière à l'administration lorsqu'elle accorde un titre d'occupation du domaine public (*infra*, n° 935, n° 1235 et s.). Les règles de la concurrence militent en sens inverse. L'attribution initiale d'une ressource rare à un opérateur ou à un faible nombre d'opérateurs suppose de déterminer une technique de mise en concurrence ou une procédure d'attribution. L'avis du Conseil de la concurrence n° 04-A-19 du 21 octobre 2004, relatif à l'occupation du domaine public pour la distribution de journaux gratuits, vient confirmer l'existence d'obligations procédurales. S'agissant de la délivrance des titres d'occupation en règle générale, le Conseil [auj. Autorité] de la concurrence pose l'exigence d'une obligation de publicité préalable. Le Conseil déduit l'obligation de publicité préalable de la règle de l'égalité de traitement entre candidats, de celle du libre jeu de la concurrence et de l'amélioration du service rendu aux usagers. S'agissant des titres d'occupation avec clause d'exclusivité, le Conseil impose une procédure beaucoup [auj. Autorité] plus complète : une obligation de publicité préalable, suivie de la remise de propositions par les candidats qui seraient véritablement « mis en compétition ». Ces exigences sont réitérées dans l'avis n° 10-A-04 de l'Autorité de la concurrence en date du 22 février 2010 et relatif aux problèmes de concurrence pouvant résulter de la privatisation des aéroports français.

3. La durée des titres d'occupation

523 **Encadrement de la durée des titres d'occupation. –** La durée des titres d'occupation du domaine public ne fait pas l'objet d'une réglementation d'ensemble. La durée d'amortissement des installations édifiées par l'occupant est un critère permettant de fixer la durée du titre d'occupation du domaine public[44], mais elle ne constitue jamais un critère unique ou déterminant. Il apparaît que les impératifs d'une libre concurrence sont de nature à renforcer considérablement l'encadrement de la durée des titres d'occupation du domaine public. Le Conseil de la concurrence, dans son avis n° 04-A-19 du 21 octobre 2004, relatif à l'occupation du

44. Art. 1er de l'ordonnance n° 2004-559 du 17 juin 2004 sur les contrats de partenariat.

domaine public pour la distribution de journaux gratuits, encadre la durée des titres d'occupation : le libre jeu de la concurrence serait facilité par une remise en jeu à intervalles fréquents des autorisations délivrées. En l'absence d'amortissement des installations pouvant déterminer la durée de l'autorisation, cette dernière doit être très brève et ne saurait être supérieure à un an.

4. Le contenu des titres d'occupation

524 **Statut de l'occupant.** – Le droit de la concurrence pourrait conduire le juge administratif à opérer un contrôle du contenu des titres d'occupation (droits et obligations de l'occupant). D'ores et déjà, le statut d'occupant exclusif du domaine public peut conférer une position dominante à l'opérateur[45]. L'opérateur économique occupant à titre exclusif une dépendance du domaine public est à son tour détenteur d'une infrastructure essentielle[46].

Certains avis du Conseil de la concurrence sont riches d'enseignements à ce sujet. La première affaire qui illustre ce point de vue est l'affaire *Société Total Réunion Comores et Société Elf Antar France*. Les sociétés Total et Elf étaient titulaires d'un titre d'occupation du domaine public et ont été jugées coupables d'un abus de position dominante pour avoir rendu impossible l'accès aux installations à d'autres sociétés[47]. La seconde affaire est l'affaire *Decaux*, dans le domaine du mobilier urbain (Cons. conc. décision n° 98-D-52 du 7 juillet 1998 relative à des pratiques relevées dans le secteur du mobilier urbain). La distorsion de la concurrence est due à l'insertion dans le contrat liant la société Decaux à l'administration de clauses assurant à cette société un droit d'occupation quasiment illimité dans le temps (tacite reconduction, préavis de résiliation impossible à mettre en œuvre, avenants aussi longs que la convention initiale, droit de priorité pour l'installation de nouveaux matériels).

Certains auteurs[48] vont même jusqu'à suggérer que si un occupant du domaine public venait à enfreindre les règles du droit de la concurrence, l'administration serait en mesure de résilier le titre d'occupation. Les concurrents de l'occupant pourraient également demander à l'administration de modifier le titre d'occupation ou de le résilier et former un recours contre le refus.

5. La réglementation des activités commerciales sur le domaine public

525 **Prérogatives domaniales et limitation de la concurrence.** – Il existe des activités commerciales s'exerçant sur le domaine public et entrant dans la catégorie des utilisations collectives (transports collectifs, etc.) ne nécessitant pas l'obtention d'un titre d'occupation. Les pouvoirs domaniaux de l'administration l'autorisent

45. Voir par exemple *Cons. conc.* avis n° 04-A-19 du 21 oct. 2004 relatif à l'occupation du domaine public pour la distribution de journaux gratuits ; *Cons. conc. décision* n° 01-MC-02 du 1er juin 2001 relative à une saisine et à une demande de mesures conservatoires présentées par la société Vedettes Inter-Iles Vendéennes.

46. Mentionnant expressément l'expression, voir dans l'affaire *Sté Héli-Inter Assistance*, Cass. com. 25 janv. 2000, n° 97-20199.

47. Cass. com. 5 mars 1996, *Bull. civ.* IV n° 76. Voir également Cons. conc. décision n° 01-MC-02, préc., dans laquelle il est reproché un refus d'accès émanant de l'occupant, mais le Conseil de la concurrence décide que ce refus d'accès ne s'appuie pas sur un acte administratif.

48. G. GONZALEZ, « Domaine public et droit de la concurrence », *AJDA* 1999, p. 387.

néanmoins à en réglementer l'exercice. Les atteintes à la libre et égale concurrence sont significatives lorsque, *via* ses pouvoirs domaniaux, l'administration protège contre la concurrence un opérateur de service public qu'elle a institué, mais qui évolue dans un environnement que l'on pourrait appeler « semi-concurrentiel ». Il en va ainsi, par exemple, d'une activité de transport en commun, lorsqu'il existe un délégataire, soumis à de lourdes contraintes de continuité du service, et devant faire face à la concurrence d'opérateurs n'intervenant que sur les segments du marché les plus rentables.

526 **Contrôle de l'accès au marché et aux infrastructures. –** L'administration dispose de prérogatives étendues pour limiter les activités commerciales exploitées sur le domaine public et concurrençant un service public. Le Conseil d'État les a définies dans son célèbre arrêt de principe *Société des autobus antibois* du 29 janvier 1932[49], rendu à propos d'une entreprise de transports en commun, qui concurrençait la société concessionnaire de la ville. Il ressort de cet arrêt que l'autorité de police peut notamment soumettre l'activité à autorisation préalable, voire même instituer un monopole au profit du concessionnaire (CE 16 novembre 1956, *Société Désaveines* et, du même jour, *CE Société des grandes Tuileries Perrusson et Desfontaines*)[50]. Ces prérogatives sont justifiées par la nécessité de préserver une bonne utilisation du domaine public (raisons techniques) et d'assurer la sécurité publique. Ensuite, des considérations plus économiques visent à protéger le concessionnaire contre la concurrence afin de préserver *in fine* le bon fonctionnement du service public en assurant sa rentabilité. Lorsque l'activité en cause ne s'exerce pas entièrement sur le domaine public, les prérogatives de l'administration sont moins attentatoires à la libre concurrence. Il en va ainsi, par exemple, des activités de transport maritime qui s'exercent principalement en mer, dont on sait que l'eau est une *res communis*. Dans ce cas l'administration ne peut pas réserver à son concessionnaire le monopole de l'utilisation de certaines infrastructures, mais peut en réglementer l'utilisation. Une telle réglementation ne pourrait être justifiée que par le souci d'apporter au concessionnaire l'appui nécessaire à l'exploitation du service, et non dans le but de le préserver de la concurrence (CE Section 9 octobre 1981, *Chambre de commerce et d'industrie de Toulon et du Var*)[51].

La jurisprudence administrative heurte le droit de la concurrence, et notamment les conséquences juridiques attachées à la théorie des infrastructures essentielles. La Commission européenne a appliqué cette théorie à des installations portuaires, notamment dans le cas d'une autorité portuaire qui avait limité dans le temps l'accès à certaines installations dans le but de protéger son activité d'opérateur[52] ou pour sanctionner le refus d'un opérateur d'accorder l'accès à une installation, alors même que ce refus résultait d'une mesure étatique[53].

49. *S.* 1932, III, p. 65, note P. L., *RDP* 1932, p. 501, concl. LATOURNERIE, *D.* 1932, III, p. 60, concl. LATOURNERIE, note Ch. BLAEVOET.

50. *Rec.* p. 440 et 441, *RDP* 1957, p. 529, note M. WALINE, *RPDA* 1957. p. 1, concl. LAURENT.

51. *AJDA* 1981, p. 579, chron. TIBERGHIEN et LASSERRE.

52. Comm. CE Déc. du 21 déc. 1993, *Sea Containers c/Stena Sealink*, *JOCE* L15/8 du 18 janv. 1994.

53. Comm. CE Déc. du 21 déc. 1993 relative au refus d'accès aux installations du port de Rodby, *JOCE* L55/52, du 26 févr. 1994.

527 **Arrêt *Département de la Vendée*.** – Dans un arrêt du 30 juin 2004, *Département de la Vendée*[54], le Conseil d'État soumet les prérogatives de l'administration aux règles de la concurrence, mais ne les remet pas véritablement en cause, à propos d'un droit d'accès privilégié à un ponton accordé à un opérateur public de transport maritime. Le Conseil d'État intègre les impératifs de la concurrence dans son raisonnement, mais ne modifie pas l'économie des prérogatives de l'administration. Il appartient à l'administration « dans les limites compatibles avec le respect des règles de concurrence et du principe de liberté du commerce et de l'industrie, d'apporter aux [opérateurs] chargés d'un service public l'appui nécessaire à l'exploitation du service et, le cas échéant, de leur accorder des facilités particulières pour l'utilisation du domaine public ». La justification de cette prise de position peut être trouvée dans les conclusions Collin rendues sur cet arrêt : « à défaut "d'assise domaniale" (...), autorisant purement et simplement la soustraction de l'activité à la concurrence, le pouvoir réglementaire peut toujours apporter au jeu de la libre concurrence les restrictions nécessitées par les besoins du service public. En d'autres termes, si la limitation de la concurrence ne saurait constituer le but de la réglementation, celle-ci peut légalement avoir cet effet du fait de la prise en compte des contraintes du service public ».

En venant éventuellement hypothéquer les prérogatives de l'administration, les impératifs de la concurrence renforcent corrélativement les droits des occupants opérateurs économiques. De là, la conception que l'on peut se faire de certaines dépendances du domaine public serait réduite à celle d'infrastructures supportant des activités économiques et entièrement vouée à les supporter.

C. LES MESURES DE POLICE

528 **Application du droit de la concurrence aux mesures de police. –** Alors que les pouvoirs de police relèvent d'une matière très régalienne, il s'avère que les prérogatives de l'administration en ce domaine ont été très tôt contrôlées au regard du principe de la liberté du commerce et de l'industrie[55], et le sont désormais au regard de la libre concurrence[56].

Le Conseil d'État a appliqué le droit de la concurrence aux mesures de police dans un avis d'Assemblée rendu le 22 novembre 2000, *Société L&P Publicité SARL)*[57] : « dès lors que l'exercice des pouvoirs de police est susceptible d'affecter des activités de production, de distribution ou de services, la circonstance que les

54. *AJDA* 2004, p. 2210, note S. NICINSKI, et p. 2309, note N. CHARBIT, *RJEP* 2004, p. 487, concl. COLLIN, *RLC* 2004, n° 1, p. 50, note S. DESTOURS. Dans la même affaire Conseil conc. décision n° 01-MC-02 du 1er juin 2001.

55. CE Ass. 22 juin 1951, *Daudignac et Fédération nationale des photographes-filmeurs*, *Rec.* p. 362, *D.* 1951, p. 589, concl. GAZIER, note J.C.

56. M.-Ch. ROUAULT, note sous avis CE Sect. 22 nov. 2000, *Sté L&P Publicité*, *AJDA* 2001, p. 200 ; A. MARCEAU, « Police administrative et droit public de la concurrence », *AJDA* 2002, p. 190.

57. CE Sect. Avis 22 nov. 2000, *Société L&P Publicité*, *Rec.* p. 526, concl. AUSTRY ; *RFDA* 2001, p. 872, concl. AUSTRY ; *RDP* 2001, p. 393, note Ch. GUETTIER ; *AJDA* 2001, p. 198, note M.-Ch. ROUAULT ; *DA* janv. 2001, n° 1, note J.-B. AUBY ; *D. aff.* 2001, p. 1235, note G. GONZALEZ et p. 2110, obs. N. ALBERT ; *LPA* 21 févr. 2001, n° 37, p. 12, note N. CHARBIT.

mesures de police ont pour objectif la protection de l'ordre public ou, dans certains cas, la sauvegarde des intérêts spécifiques que l'administration a pour pouvoir de protéger ou de garantir n'exonère pas l'autorité investie de ces pouvoirs de police de l'obligation de prendre en compte également la liberté du commerce et de l'industrie et les règles de concurrence ».

529 **Mesures de police concernées. –** L'avis *L&P Publicité* concernait la réglementation de l'affichage par l'autorité administrative. Par définition, ce pouvoir de police spéciale est susceptible d'affecter la concurrence sur le marché de l'affichage. Le Conseil d'État est d'avis que la réglementation de l'affichage peut avoir pour effet de créer une position dominante notamment par la limitation du nombre des emplacements d'affichage. Qu'en est-il des mesures de police générale ? Une limitation de circulation ou de stationnement ne pourrait-elle pas être contraire à la libre concurrence ? Comment apprécier les mesures instituant un emplacement réservé (un emplacement livraison est accordé à un commerçant) ou un couloir de circulation réservé à certains opérateurs économiques (taxis et bus), mais pas à d'autres (les voitures de « petite remise ») ? On pourrait aussi imaginer le cas d'une réglementation de la circulation favorisant l'accès aux bâtiments de certains opérateurs (présence d'un feu rouge, sortie facilitée d'une voie rapide, etc.). Le principe de libre concurrence ou la prohibition des abus de position dominante avaient déjà été invoqués sans succès, mais il est à noter que ces moyens n'avaient pas été jugés inopérants[58]. Puis, dans un arrêt du 15 mai 2009, *Sté Cie des Bateaux Mouches*[59], le Conseil d'État apprécie la régularité d'une mesure de police générale prise pour assurer la sécurité des passagers des bateaux-mouches au regard des règles de la concurrence.

D. LA RATIFICATION D'ACCORDS OU DE PRATIQUES PROFESSIONNELLES

530 **Rôle de l'administration. –** Certains accords professionnels doivent faire l'objet d'une ratification ou d'un agrément délivré par l'autorité administrative. Il arrive également plus généralement que l'administration ratifie implicitement une pratique commerciale dont elle prend acte ou qu'elle ne condamne pas. Toute décision administrative qui aurait pour effet d'entériner, d'avaliser, de ratifier, de reconnaître, de prendre acte, d'étendre ou de rendre obligatoire une pratique anticoncurrentielle serait alors susceptible d'enfreindre le droit de la concurrence.

531 **Évaluation du rôle joué par l'acte administratif dans le processus anticoncurrentiel. –** Il convient de distinguer l'acte administratif rendant obligatoire une pratique anticoncurrentielle de l'acte administratif ne procédant qu'à une amplification d'une pratique anticoncurrentielle. Dans le premier cas, l'acte est considéré comme ayant quasi automatiquement un caractère anticoncurrentiel, car il participe

58. Limitation de circulation des poids lourds pendant la période estivale CE 15 oct. 2004, *SARL Établissements Boti*, n° 261254 ; mesure fixant les conditions de vol en aéro-club pour des raisons de sécurité CE 19 mars 2001, *Syndicat national des industriels et professionnels de l'aviation générale*, n° 202349.
59. N° 311082.

au processus juridique générant la pratique. Le juge se livre alors à une appréciation *in abstracto*, lorsque cette appréciation n'est pas tout simplement sous-entendue. Dans le second cas, la pratique existe juridiquement en dehors de l'acte administratif, qui n'a qu'un effet amplificateur. Il apparaît que le juge se livre alors à une appréciation *in concreto* du rôle véritable joué par l'administration.

532 **Acte administratif rendant obligatoire une pratique anticoncurrentielle. –** La jurisprudence opère une totale confusion entre la pratique anticoncurrentielle et l'acte administratif l'avalisant. Il s'agit de l'arrêt du 12 juin 1996, *Société Christ et Fils*[60], dans lequel le juge administratif avait à apprécier la légalité de l'extension d'un accord interprofessionnel comportant une obligation de pratiquer un prix minimum déterminé. Le Conseil d'État juge que la décision tacite par laquelle l'administration a étendu l'accord professionnel est illégale eu égard au fait que l'accord professionnel est lui-même anticoncurrentiel[61]. On peut toutefois constater que l'acte administratif joue un rôle générateur en ce qu'il rend obligatoire la pratique en cause, même si ce rôle n'est pas mis en évidence par le juge administratif en l'espèce. Par sa nature même, l'acte d'extension d'un accord serait automatiquement générateur de la pratique anticoncurrentielle, tout simplement en ce qu'il joue un rôle dans le processus de formation de l'obligation juridique litigieuse[62].

Toutes les mesures d'homologation d'un comportement anticoncurrentiel prises par l'administration se rattachent à ce cas de figure. L'acte d'homologation étant nécessaire au processus juridique de formation de la pratique anticoncurrentielle, le juge administratif lui accorde des effets anticoncurrentiels en ce qu'il conditionne l'existence d'une pratique contraire au droit de la concurrence[63].

533 **Acte administratif amplificateur d'une pratique anticoncurrentielle. –** Dans ce cas, le juge administratif isole le rôle joué par l'acte administratif. C'est en quelque sorte la généralisation de la pratique qui est contestable en sus de son caractère anticoncurrentiel. Les commissaires du gouvernement insistent sur le rôle joué par l'acte administratif, qui doit « donner toute sa portée »[64] à la pratique prohibée, ou emporter des « effets différents, spécifiques et plus substantiels »[65], effets découlant des conséquences juridiques s'attachant à l'extension.

Ainsi, dans l'arrêt du 16 janvier 2002, *Syndicat national des entreprises d'esthétique et de coiffure à domicile*[66], le Conseil d'État suit un raisonnement en deux étapes : dans un premier temps, « les stipulations des conventions ou accords collectifs ne doivent pas avoir pour objet

60. *Rec.* p. 223, *LPA* 4 avr. 1997, p. 10, note M. BAZEX.

61. Procédant à la même confusion, CE 7 juill. 2000, *Fédération française des sociétés d'assurances*, *Rec.* T, p. 873, *Europe* 2001, n° 27, obs. P. CASSIA.

62. C'est ce que suggère le Commissaire du gouvernement FOMBEUR dans ses conclusions sur CE 16 janv. 2002, Syndicat national des entreprises de coiffure et esthétique à domicile, *CJEG* 2002, p. 310 : la violation des règles de concurrence résulte de la convention conclue entre les opérateurs elle-même, et le juge administratif annulera l'arrêté d'extension en application de la jurisprudence classique selon laquelle la légalité de l'arrêté est subordonnée à la validité de la convention.

63. CE 19 janv. 2004, *T-Online à propos d'un arrêté d'homologation des offres tarifaires ADSL de France Télécom*, *AJDA* 2004, p. 1476, note S. NICINSKI, *DA* 2004, n° 73, note M. BAZEX et S. BLAZY.

64. Concl. FOMBEUR préc.

65. Concl. STAHL sur CE Sect. 30 avr. 2003, *Synd. prof. des exploitants indépendants des réseaux d'eau et d'assainissement*, *BJDCP* n° 32, p. 40.

66. *CJEG* mai 2002, p. 311, concl. FOMBEUR.

ou pour effet d'empêcher, de restreindre ou de fausser le jeu de la concurrence sur un marché en limitant l'accès au marché ou le libre exercice de la concurrence » et, dans un second temps, « l'extension d'une convention ou d'un accord collectif de travail ne peut avoir légalement pour effet de placer une entreprise dans une situation où elle contreviendrait [au droit de la concurrence] ». Ainsi, le rôle de l'administration dans le processus anticoncurrentiel est explicitement souligné et distingué de celui des opérateurs. Cette distinction entre les effets de l'acte et ceux de l'accord est encore plus visible dans l'arrêt du 30 avril 2003, *Syndicat professionnel des exploitants indépendants des réseaux d'eau et d'assainissement*[67], puisque l'effet d'extension de l'acte administratif jouait un rôle majeur dans le processus anticoncurrentiel (voir également CJCE 9 décembre 2004, *Commission c/Italie*). Il s'agissait de la convention collective nationale des services d'eau et d'assainissement, dont le mécanisme était celui d'une double extension : la convention avait pour effet d'étendre le régime légal de la poursuite des contrats de travail des employés en cas de reprise de l'activité par un nouvel employeur et l'arrêté d'extension avait pour effet d'étendre cette obligation à des entreprises qui ne le souhaitaient pas. Concrètement, en cas de remise en concurrence des contrats de distribution d'eau ou d'assainissement conclus avec les communes, par exemple, le nouveau délégataire devait reprendre le personnel de l'ancien, alors même que le Code du travail ne l'aurait pas forcément exigé. Ainsi, ce dispositif pouvait apparaître comme limitant l'accès des plus petites entreprises à la commande publique, en ce qu'elles ne disposent pas d'une assise financière suffisante pour faire face à une telle obligation. L'effet d'extension de l'acte administratif était donc une cause directe de l'atteinte au libre exercice de la concurrence. Il avait un effet anticoncurrentiel en lui-même.

534 **Acte administratif entérinant une pratique anticoncurrentielle. –** Dans ce troisième cas de figure, l'acte administratif ne joue au départ aucun rôle dans le processus anticoncurrentiel qui est préexistant, ni dans l'établissement du comportement en *pratique*, ni dans son *existence juridique*. L'administration prend simplement acte d'un comportement et admettre que son attitude puisse être censurée sur le fondement du droit de la concurrence reviendrait alors à l'investir l'administration d'une mission de contrôle des pratiques économiques des opérateurs avec lesquels elle entre en contact. Elle serait censurée en ce qu'elle n'aurait pas réagi face à une pratique prohibée. À notre connaissance, aucune jurisprudence ne vient étoffer ce cas de figure précis.

E. L'INSTITUTION D'AVANTAGES CONCURRENTIELS

535 **Privilèges, droit exclusif, droit spécial. –** La question est de savoir à quelles conditions l'administration peut confier un monopole ou simplement un droit particulier, préférentiel, à un opérateur économique. Plus largement, on étendra l'analyse à tous les avantages concurrentiels que peut conférer une décision administrative par l'octroi de certains privilèges. Le juge administratif opère alors un contrôle sur l'institution du droit exclusif ou spécial par l'administration, ainsi que sur le comportement généré par un tel droit.

Si l'octroi de privilèges n'est pas toujours irrégulier en soi (*supra*, n° 218 et s.), leur avenir mérite d'être analysé au regard d'un arrêt du Conseil d'État, *SARL Somatour* du 10 avril 2002, dans lequel il a validé, sur le fondement de la liberté du commerce et de l'industrie et des règles de la concurrence, une mesure administrative supprimant un droit exclusif d'usage d'installations portuaires conféré à un

67. Préc.

opérateur, au profit d'une ouverture à la concurrence. Au nom du libre jeu de la concurrence, l'administration peut supprimer des droits exclusifs, mais cela ne signifie pas qu'elle soit tenue de le faire.

536 **Spécificité du contrôle de l'octroi de privilèges. –** Pour apprécier la validité de l'acte administratif octroyant un droit spécial ou exclusif, ou plus généralement un privilège, le juge administratif a souvent adopté le raisonnement des autorités communautaires et internes de la concurrence. Il est alors conduit à apprécier les *effets de l'acte sur le comportement envisageable et hypothétique de l'opérateur titulaire de tels droits*. Ainsi, le juge administratif admet la licéité du droit lui-même et s'attache alors à ses seules conséquences. Lorsqu'est en cause un abus de position dominante, le juge administratif admet facilement qu'un droit exclusif puisse conférer une position dominante dont seul l'abus est prohibé[68]. La théorie de l'abus automatique lui est alors d'une réelle utilité. L'opérateur est conduit, par le simple exercice de son droit privilégié et des modalités qui y sont attachées, à abuser de sa position dominante. Certaines prérogatives et particularités encouragent néanmoins les pratiques anticoncurrentielles.

537 **Composition privilégiée de l'organe dirigeant d'un opérateur. –** La composition même de l'organe dirigeant de l'opérateur bénéficiant de droits exclusifs pourrait être constitutive d'une entente. Cependant, il a été jugé à plusieurs reprises que la composition de l'organe dirigeant de l'opérateur lui permettant éventuellement de mieux connaître les besoins de ses clients, (sur l'accès à des informations privilégiées, CE 11 juin 2003, *EDF*)[69] du fait de leur représentation en son sein, ne constituait pas une entente (CE 27 juillet 2001, *CAMIF*)[70].

538 **Octroi de prérogatives particulières. –** L'octroi de prérogatives particulières à l'opérateur titulaire de droits exclusifs peut le conduire à les utiliser pour fausser le jeu de la concurrence. Ainsi, il a été jugé, comme en droit communautaire[71], que le fait de confier une mission de réglementation à un opérateur le conduisait nécessairement à abuser d'une position dominante (CE Sect. 8 novembre 1996, *Fédération française des sociétés d'assurance*[72] ; CE 25 novembre 2000, *Synd. des industries de matériels audiovisuels électroniques*)[73]. De même, l'octroi d'un avantage fiscal peut générer un abus de position dominante lorsque les concurrents doivent se retirer du marché ou offrir leurs prestations à perte (CE Sect. 8 novembre 1996, *Fédération française des sociétés d'assurance*, précité).

68. CE Sect. 8 nov. 1996, *Fédération française des sociétés d'assurance*, *Rec.* p. 441, *AJDA* 1997, p. 142, chron. CHAUVAUX et GIRARDOT, *LPA* 4 avr. 1997, p. 10, note M. BAZEX, *CJEG* 1997, p. 232, concl. BONICHOT ; CE 16 juin 2004, *Mutuelle générale des services publics*, *AJDA* 2004, p. 1509, note N. CHARBIT, *RLC* nov. 04/ janv. 05, p. 63, note S. DESTOURS, *DA* oct. 2004, n° 140, note M. BAZEX et S. BLAZY, *BJDCP* 2004, p. 367 concl. STAHL et p. 374, note Ch. MAUGÜÉ. ; CE 26 mars 2004, *Soc. United Pan-Europe communications France*, n° 244636.
69. N° 240512.
70. N° 218067.
71. CJCE 19 mars 1991, *République française c/Commission*, aff. C-202/88.
72. Préc.
73. N° 229447.

539 **Mesures financières. –** Une mesure administrative emporte des conséquences sur le financement d'un opérateur à qui elle accorde des droits spéciaux ou exclusifs de deux manières : en lui attribuant des ressources et en déterminant le tarif de ses prestations[74]. On sait que le droit de la concurrence prohibe la pratique de prix anormalement bas dans le but d'éliminer la concurrence. Les mesures financières contenues dans l'acte administratif feront donc l'objet d'une attention particulière.

La simple attribution de ressources (redevances, subventions d'équilibre versées par l'administration) à un opérateur semble être relativement neutre du point de vue de la concurrence, dans la mesure où elle n'a pas pour effet direct et immédiat de déterminer le niveau des tarifs que l'opérateur pratiquera. Il a été jugé que la simple définition des ressources de l'opérateur n'impliquait pas qu'il soit conduit à pratiquer des prix anormalement bas (CE 30 avril 2003, *UNICEM*)[75]. Cependant, dans la mesure où un opérateur bénéficie de ressources certaines et sans rapport avec la qualité de sa prestation ou le volume de son activité, il sera beaucoup plus libre de fixer un tarif très bas pour s'octroyer une part de marché substantielle sur un marché annexe[76] par exemple (s'il bénéficie déjà de droits exclusifs sur un marché principal).

L'affaire de la Mutuelle générale des services publics fournit un exemple intéressant de l'appréciation des effets financiers sur la concurrence que peut avoir un acte administratif octroyant des droits exclusifs. Un décret a confié le monopole de la gestion de quatre prestations sociales à la Mutualité fonction publique (MFP), union de 29 mutuelles de fonctionnaires. Le Conseil d'État saisi d'un recours contre cet acte administratif (CE 16 juin 2004, *Mutuelle générale des services publics*)[77] a d'abord pris soin de saisir pour avis le Conseil de la concurrence (Cons. conc. avis n° 03-A-21 du 31 décembre 2003 relatif à la position de la Mutualité fonction publique sur le marché des prestations sociales au profit des agents publics). Ce dernier a estimé que le cadre réglementaire plaçait l'opérateur titulaire de droits exclusifs en situation de percevoir une rémunération non proportionnée aux services rendus. En effet, l'opérateur subdéléguait une partie de ses missions dans des conditions telles que finalement il encaissait des frais de gestion pour des dossiers qu'il ne gérait pas. Il était ici reproché à l'administration une incompétence négative, l'acte administratif encourant l'illégalité « en tant qu'il ne prévoyait pas » de mesures financières susceptibles d'éviter les entorses à la concurrence. Le Conseil d'État reste beaucoup plus laconique dans son arrêt du 16 juin 2004 et juge d'une manière générale que les opérateurs en cause ne sont pas conduits à adopter un comportement anticoncurrentiel.

540 **Durée du privilège. –** Dans un avis n° 03-A-21 du 31 décembre 2003[78], le Conseil de la concurrence a vivement critiqué l'attribution par décret de droits exclusifs à un opérateur pour une durée illimitée, qui comporterait en elle-même un risque d'atteinte à la concurrence en ce que l'opérateur serait mis en situation d'abuser de sa position dominante. La limitation de la durée d'avantages concurrentiels octroyés par l'administration trouve son fondement dans le principe de proportionnalité. Le Conseil de la concurrence suit en cela la position des autorités communautaires estimant que l'attribution de droits exclusifs pour une durée trop

74. Sur l'étude du tarif, *infra*, n° 874 et s.

75. *JCP* G 2003, IV, 2846, obs. M.-Ch. ROUAULT, *AJDA* 2003, p. 1508, note P.-L. FRIER, *DA* 2003, n° 164, obs. M. BAZEX et S. BLAZY, *JCP* À 2003, n° 1516, note J. MOREAU.

76. Pour ce qui est des répercussions sur un marché connexe de l'attribution d'un droit exclusif sur un marché principal, voir *Cons. conc.* avis n° 03-A-21 du 31 déc. 2003 relatif à la position de la Mutualité fonction publique sur le marché des prestations sociales au profit des agents publics.

77. Préc.

78. Relatif à la position de la Mutualité fonction publique sur le marché des prestations sociales au profit des agents publics.

longue est restrictive de la concurrence[79]. Le Conseil d'État, saisi de la légalité de l'acte administratif ayant octroyé les droits exclusifs sans limitation de durée (CE 16 juin 2004, *Mutuelle générale des services publics*) refuse de s'engager, en matière de concurrence, dans une annulation « en tant que l'acte ne prévoit pas » de limitation de durée.

541 **Conflits d'intérêts provoqués par l'octroi de privilèges. –** La Cour de justice sanctionne en droit communautaire l'octroi de droits exclusifs provoquant des conflits d'intérêts[80]. Là encore, l'affaire *Mutuelle générale des services publics* offre un exemple intéressant de ce cas de figure. Le Conseil de la concurrence (avis précité n° 03-A-21 du 31 décembre 2003), est d'avis que « par le fait même de désigner la MFP comme l'organisme choisi par l'État pour gérer une partie de ses propres prestations d'action sociale, le décret introduit une différence entre les opérateurs présents sur le marché connexe de la protection sociale complémentaire car il distingue, aux yeux des agents publics, c'est-à-dire des clients potentiels, un opérateur parmi les autres comme étant celui bénéficiant de l'aval des autorités publiques pour servir de relais à l'administration dans l'exercice de son action sociale. Ce choix renforce ainsi la notoriété de la MPF, au détriment de ses concurrents, la faisant apparaître comme le partenaire de l'État en matière d'action sociale ». Par ailleurs, le Conseil de la concurrence constate l'existence de certaines confusions entre les prestations libres ouvertes à la concurrence effectuées par les mutuelles en cause et les prestations d'intérêt général sous monopole.

542 **Composition et prérogatives d'organismes professionnels. –** L'administration peut être à l'origine de la création de certains organismes professionnels ou administratifs dans lesquels les opérateurs présents sur le marché concerné (ou certains d'entre eux) disposent d'une représentation. Plusieurs situations peuvent être susceptibles de fausser le jeu de la concurrence. Il ne faut pas que, par le biais des prérogatives conférées *à* l'organisme ou *au sein de* l'organisme, un opérateur ou un groupe d'opérateurs soit en mesure d'imposer sa domination aux autres, ou que l'organisme facilite la réalisation d'une entente[81].

Le droit communautaire s'est particulièrement intéressé aux agissements d'organismes professionnels, mais il relève d'une logique très différente de celle du droit administratif français. En effet, les décisions prises par des organismes professionnels revêtant le caractère de réglementation étatique échappent aux règles de la concurrence. Seules les décisions apparaissant comme des décisions d'associations d'entreprises, le cas échéant encouragées par les pouvoirs publics, sont susceptibles de tomber sous le coup des règles de la concurrence[82]. Dès lors, certains agissements d'organismes professionnels vont échapper au droit communautaire de la

79. Décision de la Commission 1999/242/CE du 3 mars 1999 concernant TPS ; Communication interprétative de la commission sur les concessions en droit communautaire du 12 avr. 2000 ; CJCE 23 mai 2000, *FFAD*, aff. C-209/98.

80. CJCE 18 juin 1991, *ERT*.

81. Par exemple, un ordre d'avocats ne peut pas diffuser un barème indicatif d'honoraires, Cass. com. 21 mars 2000, *LPA* 15 nov. 2000, note M. MALAURIE-VIGNAL.

82. Voir D. DEL PRETE, « Ordres professionnels et droit communautaire de la concurrence », *LPA* 20 mai 2004, n° 101, p. 5 ; L. IDOT, « Quelques réflexions sur l'application du droit communautaire de la concurrence aux ordres professionnels », *JTDE* 1997, 1997, n° 38, p. 73.

concurrence, alors que le juge administratif français va accepter de les contrôler à travers les décisions administratives qui les encouragent ou les initient. Ainsi, en droit communautaire, une commission d'experts peut fixer des tarifs obligatoires si ces experts n'agissent pas en tant que représentants des entreprises du secteur concerné (même si elles ont proposé leur nomination), si ces experts se prononcent sur la base de critères d'intérêt général déterminés par l'administration et non en fonction des intérêts de la profession et si les pouvoirs publics conservent un pouvoir de contrôle et de réformation des décisions prises (CJCE 17 novembre 1993, *Reiff*; 5 octobre 1995, *Centro Servisi Spediparto*)[83]. En revanche, lorsque les pouvoirs publics prescrivent une procédure dans laquelle les membres d'un organisme professionnel fixent des tarifs sans avoir à tenir compte de critères d'intérêt général, l'administration est considérée comme enfreignant ses obligations à l'égard des règles de la concurrence en ce qu'elle délègue ses compétences au profit d'opérateurs économiques (CJCE 18 juin 1998, *Commission c/Italie*[84], en application du principe posé par CJCE 21 septembre 1988, *Van Eycke*)[85]. Ainsi, la Cour recherche principalement la présence prépondérante des pouvoirs publics et des missions qu'ils poursuivent dans les pratiques des organismes professionnels (pour la réglementation de l'ordre des avocats néerlandais adoptée sur habilitation législative néanmoins qualifiée de décision d'associations d'entreprises, CJCE 19 février 2002, *Wouters*)[86]. Dans l'affaire *Arduino* (CJCE 19 février 2002)[87], rendue à propos d'un projet de tarif établi par l'ordre des avocats italiens, la Cour a considéré que le tarif en question revêtait bien un caractère étatique, alors même que les membres de l'ordre agissaient en tant que représentants de leurs pairs et n'étaient pas encadrés par des directives d'intérêt général, au motif notamment que les pouvoirs publics devaient approuver le tarif.

Le droit public de la concurrence s'inscrit dans un mouvement inverse, car l'objectif est précisément de censurer toute participation de l'administration à un processus anticoncurrentiel. Le rôle joué par l'administration est l'objet même de l'appréciation du juge et non une condition de non-application du droit de la concurrence. Les prérogatives et la composition de certains organismes dans le secteur des télécommunications ont donné au Conseil d'État l'occasion de se prononcer sur cette question. Deux organismes étaient en cause, le Conseil supérieur de la télématique, auquel France Télécom participait, et le Comité de la télématique anonyme auprès duquel France Télécom pouvait être appelé comme expert. Le Conseil d'État, saisi de la légalité du décret de création des deux organismes précités (CE 28 juillet 2000, *Association Premier janvier*), juge que puisque les organismes ne disposaient que de compétences consultatives, la participation de France Télécom au Conseil supérieur de la télématique et la possibilité pour France Télécom d'être appelé comme expert auprès du comité de la télématique anonyme, n'ont pu lui donner de prérogatives particulières sur ses concurrents. Le Conseil d'État a eu

83. Aff. C-185/91 et aff. C-96/94.
84. Aff. C-35/96.
85. J.-B. AUBY, « L'interdiction de déléguer des pouvoirs d'intervention économique à des opérateurs privés », *DA* 2003, n° 2.
86. Aff. C-309/99.
87. Aff. C-35/99.

l'occasion de se prononcer une seconde fois sur ces organismes (CE 2 octobre 2002, *SARL Even Média, SARL Copper communication*)[88] et a retenu qu'il n'y avait pas d'atteinte aux règles de la concurrence dans la mesure où l'organisme n'avait pas compétence pour se prononcer sur les droits et obligations des opérateurs. Cependant, il restait tout de même compétent pour formuler des recommandations ou avis sur les contrats-types. Le Conseil d'État n'y a pas vu une atteinte au jeu de la concurrence. Quoi qu'il en soit, les dispositions litigieuses ont été entre-temps modifiées et tous les opérateurs sont désormais représentés au sein du Conseil supérieur de la télématique.

Ainsi, le juge administratif opère son appréciation en fonction des prérogatives conférées aux organismes en cause par les pouvoirs publics et les prérogatives conférées à certains opérateurs au sein de ces organismes[89].

F. TABLEAU DES DROITS ET OBLIGATIONS DE L'ADMINISTRATION FACE AU MARCHÉ CONCURRENTIEL

543 **Promotion de la libre concurrence.** – Tout en amont, se pose la question d'une éventuelle obligation de promotion d'une concurrence plus large, plus libre, plus saine. Aucun risque de comportement anticoncurrentiel n'est dénoncé à l'administration, mais celle-ci décide qu'il lui incombe d'intervenir. On rencontre ce cas de figure lorsque l'autorité publique (de son propre fait ou sous l'influence de la politique d'ouverture des réseaux au niveau communautaire) décide de réglementer l'accès à une ressource essentielle, afin de s'assurer que tous les opérateurs y auront accès. Il résulte de la jurisprudence que la libre concurrence constitue un motif légitime justifiant une telle mesure administrative (CE 10 avril 2002, *SARL Somatour*[90] : ouverture de l'utilisation d'infrastructures portuaires à un ensemble d'opérateurs alors qu'avant l'accès était réservé). L'administration n'est *a priori* tenue à aucune obligation en la matière, en dehors de ce qui résulte des directives d'ouverture des réseaux à la concurrence instituant notamment le principe de l'accès des tiers au réseau[91]. Cependant, il convient de noter une légère inflexion de l'état du droit en ce domaine. En effet, on sait que lorsque l'administration doit choisir un partenaire économique, elle est souvent soumise à une procédure contraignante de mise en concurrence (marchés publics, concessions de travaux, délégation de service public). En dehors des procédures expressément prévues par des textes, c'est normalement la règle du libre choix qui prévaut (délivrance de la plupart des titres d'occupation du domaine public, par exemple). Le droit de la

88. *AJDA* 2002, p. 1499, note S. NICINSKI, *Contrats marchés publ.* 2002, n° 259, note Ph. DÉLÉLIS.

89. Voir également CE 5 mars 2003, *Immaldi, Europe 2003*, comm. 210, obs. E. SAULNIER et comm. 213, obs. L. IDOT, *Cah. dr. ent.* 2003/5, n° 10, obs. S. DESTOURS.

90. *Contrats marchés publ.* 2002, n° 148, note Ph. DELELIS, *JCP* G 2002, I, p. 169, note S. BRACONNIER.

91. Voir à ce propos M. BAZEX, « Entre concurrence et régulation, la théorie des facilités essentielles », *Rev. conc. et consom.* n° 119, janv-févr. 2001, p. 37, qui expose deux méthodes face à un risque de comportement anticoncurrentiel, le recours au droit de la concurrence ou le recours à une régulation étatique en amont.

concurrence semble, au contraire, exiger le respect d'une procédure minimale et d'une obligation de transparence dans le but de prévenir des comportements anticoncurrentiels[92]. De ce fait, on peut se demander si le droit de la concurrence ne jouerait pas un rôle de règle de droit supplétive, intervenant lorsque le droit de la commande publique ne trouve pas à s'appliquer et obligeant l'administration à agir en amont du processus anticoncurrentiel.

544 **Prévention. –** À un stade ultérieur, se profile une éventuelle obligation de prévention, lorsqu'un risque d'atteinte à la concurrence est avéré. Il a ainsi pu être reproché à l'administration de n'avoir pas prévenu certaines entraves au développement d'un marché émergent (CE ord. référé 19 janvier 2004, *Société T-Online*)[93]. Si en l'espèce la décision de l'administration n'a pas été censurée, on peut néanmoins en déduire que se profilent les contours d'une obligation de prévention en cas de risque avéré d'atteinte au libre jeu de la concurrence.

545 **Interdiction de générer une pratique anticoncurrentielle. –** Immédiatement en amont de la pratique anticoncurrentielle, on retrouve l'obligation mise à la charge de l'administration de ne pas générer une telle pratique ou de ne pas créer les conditions propices à un processus anticoncurrentiel. L'autorité publique ne doit pas placer un opérateur en situation de méconnaître le droit de la concurrence en lui accordant un avantage concurrentiel ou en restreignant l'accès de ses concurrents à un marché. En aval du comportement anticoncurrentiel, l'administration est tenue de ne pas rendre obligatoire une pratique prohibée, de l'étendre à toute une profession ou d'en aggraver les effets. Demeure la question de savoir si l'administration peut être sanctionnée si elle ne fait que prendre acte d'un comportement prohibé, sans véritablement jouer un rôle dans le processus anticoncurrentiel.

546 **Répression. –** Tout en aval se situe le problème de la répression des comportements anticoncurrentiels par l'administration. Dans certains domaines, le juge administratif a censuré l'abstention de l'administration de sanctionner un comportement anticoncurrentiel dont elle avait eu connaissance (commande publique par exemple). Mais l'institution d'un rôle répressif de l'administration en matière de concurrence est cependant loin d'être généralisée.

§ 3. LES PARTICULARITÉS DU DROIT PUBLIC DE LA CONCURRENCE

547 **Sources. –** S'agissant des *sources*, le droit public de la concurrence repose sur l'importation de règles issues du droit privé et communautaire de la concurrence. Mais le juge administratif utilise de plus en plus souvent ce qu'il appelle un « principe de libre concurrence », source spécifique au droit public de la concurrence (*supra*, n° 88). En 2003, le Commissaire du gouvernement Stahl, dans ses conclusions sur l'arrêt du 30 avril 2003, *Syndicat professionnel des exploitants*

92. *Supra*, n° 522 et *infra*, n° 935.
93. Préc.

indépendants des réseaux d'eau et d'assainissement[94], affirmait que la lignée jurisprudentielle visant à prendre en compte les exigences de la concurrence lui apparaissait « à même de procéder à la synthèse des différentes sources de la légalité, issues de plusieurs branches du droit, qui s'imposent à l'ensemble des autorités administratives ». L'émergence d'un principe de libre concurrence a indéniablement contribué à réaliser cette synthèse.

Quels avantages le principe de libre concurrence présente-il ? Tout d'abord, il permet au juge administratif de *maîtriser* les sources, ce qui constitue un facteur *d'autonomie* du droit public de la concurrence. Le juge administratif pourrait s'affranchir des règles issues du droit privé de la concurrence, et en tempérer les exigences lorsque l'intérêt général est en cause (pour une mise en balance de l'intérêt général et de la libre concurrence, voir CAA Bordeaux, 29 avril 2003, *Département des Landes*)[95] et CE, 24 septembre 2003, CAMIF)[96]. Pour la première fois, dans l'arrêt du 30 avril 2003, *Syndicat professionnel des exploitants indépendants des réseaux d'eau et d'assainissement*)[97], le Conseil d'État s'affranchit des sources privatistes du droit de la concurrence pour sanctionner un acte administratif. On remarquera d'ailleurs que lorsque le juge administratif s'affranchit du Code de commerce ou des règles communautaires de la concurrence pour n'invoquer que « la libre concurrence », il est en mesure de sanctionner tout avantage concurrentiel sans se plier à la démonstration de l'existence des différents critères exigés par le droit privé de la concurrence. Loin de faire preuve d'incapacité à adopter un raisonnement économique orthodoxe, le juge administratif démontre son autonomie et la souplesse de ses références. Il adopte son propre standard de l'« anticoncurrentiel ».

548 **Méthodes. –** Le juge administratif s'attache avant tout à appréhender le rôle joué par l'administration dans le processus anticoncurrentiel, que l'administration intervienne en amont du processus pour l'encourager ou, en aval, pour l'entériner. Lorsque l'administration intervient en amont, le juge administratif doit saisir les effets futurs, directs et certains des décisions administratives. Lorsque l'administration intervient en aval, il doit déterminer quel degré d'amplification de la pratique est à attribuer à l'administration. D'ores et déjà, les méthodes du juge administratif se distinguent de celles des autorités de la concurrence en ce que ces dernières ont à appréhender des comportements effectifs d'opérateurs plus que des risques de distorsion de la concurrence dus à l'activité administrative.

Les méthodes du juge administratif en droit public de la concurrence se distinguent également de celles qu'il a l'habitude d'utiliser en contentieux public « classique », dans la mesure où il doit appréhender un risque de distorsion de la concurrence, c'est-à-dire la probabilité de réalisation d'une pratique prohibée générée par les effets futurs d'une décision appréciée à sa date d'édiction. C'est la généralisation de l'utilisation de cette méthode de raisonnement hypothético-déductive qui fait la spécificité de la matière. La méthode de qualification, puis d'évaluation des pratiques des opérateurs à travers la décision de l'administration est également

94. *BJDCP* n° 32, p. 39.
95. N° 99BX00418.
96. N° 240604.
97. Préc.

l'une des particularités marquantes du droit public de la concurrence. La réception d'un ensemble de notions économiques (marché, abus de position dominante, entente) à travers l'examen des motifs de fait d'un acte administratif contribue aussi à marquer la spécificité du contentieux de la concurrence[98].

Dans un premier temps, le juge administratif s'est attaché à calquer son raisonnement sur celui des autorités de la concurrence et à donner aux notions de droit économique la même signification qu'en droit interne et communautaire de la concurrence. Ainsi, le Commissaire du gouvernement Stahl dans ses conclusions sur l'arrêt *Million et Marais* de 1997[99] invite le juge administratif à se placer dans un même cadre conceptuel, à utiliser les mêmes critères et à donner aux notions le même sens que celui que retiennent les autorités et juges de la concurrence. Dans ses conclusions sur l'arrêt *EDA*, il en appelle à une « stricte orthodoxie dans le maniement des concepts de la concurrence »[100]. La volonté de se situer dans le cadre conceptuel du droit interne et communautaire de la concurrence se retrouve aussi dans l'utilisation de certaines grandes théories du droit de la concurrence comme celle de l'abus automatique de position dominante[101], de la domination collective ou des barrières à l'entrée d'un marché[102], ou encore celle des ressources essentielles[103]. Puis, dans un second temps, on constate un certain affranchissement du juge administratif par rapport aux notions et au raisonnement économiques. Le juge administratif dissout en quelque sorte les règles de la concurrence dans la grille d'analyse du droit administratif et leur impose ses objectifs (réserve des missions de service public, réserve d'intérêt général).

549 **Exorbitance. –** Le droit de la concurrence a été conçu pour s'appliquer dans des relations entre particuliers, et plus précisément à des opérateurs économiques. Certaines considérations d'intérêt général ne sont pas absentes, dans la mesure où le droit de la concurrence vise aussi à protéger l'ensemble du marché, voire l'ensemble des consommateurs. Mais lorsque le juge administratif doit apprécier une décision publique au regard de son impact sur la concurrence, on se situe à un tout autre niveau d'analyse. Le juge administratif doit tenir compte des missions des personnes publiques car c'est la décision publique qui est avant toute autre chose appréciée, et non le comportement des opérateurs. On ne saurait faire de l'acte administratif un simple écran transparent entre le juge administratif et le comportement des opérateurs.

L'exorbitance du droit public de la concurrence se manifeste par la prise en compte des missions dont les personnes publiques sont investies et de l'intérêt

98. J.-Y. CHÉROT, « Les méthodes du juge administratif dans le contentieux de la concurrence », in Dossier *Le juge administratif et le contentieux économique*, *AJDA* 2000, p. 687 ; L. RICHER, « Le juge économiste ? », in dossier *Le juge administratif et le contentieux économique*, *AJDA* 2000, p. 703.

99. *RFDA* 1997, p. 1228.

100. Dans le même sens D. CASAS, « Les personnes publiques et les règles de la concurrence : vers l'égale concurrence ? », *Cahiers de la fonction publique* avr. 2001, p. 15.

101. CE 29 juill. 2002 *Cegedim*, préc. ; CE 8 nov. 1996 *FFSA*, préc. ; CE 17 déc. 2003 *Commune de Nanterre*, n° 241471 ; CE 30 juill. 2003 *Caen Distribution*, *AJDA* 2003, p. 2036, concl. SCHWARTZ, *DA* 2003, n° 230, obs. R. S.

102. Comme le notent M. BAZEX et S. BLAZY, *DA* 2003, n° 123 sous CE Sect. 30 avr. 2003, *Syndicat professionnel des exploitants indépendants des réseaux d'eau et d'assainissement*.

103. CE 29 juill. 2002, *Sté Cegedim*, préc.

général dont elles ont la charge, lesquelles préoccupations sont de nature à infléchir les règles du droit de la concurrence.

On doit aux membres du Conseil d'État et plus particulièrement aux Commissaires du gouvernement l'idée d'exceptions au droit de la concurrence ou de légitimations de pratiques prohibées issues du droit administratif et rendant compte de la spécificité des missions des personnes publiques. MM. Girardot et Raynaud, en 1997 dans leur chronique sous l'arrêt *Million et Marais*)[104], avaient avancé l'idée qu'il revenait à la jurisprudence d'introduire les exigences du service public pour tempérer la stricte application des règles de concurrence. Le Commissaire du gouvernement Combrexelle[105], dans ses conclusions sur l'arrêt du 17 décembre 1997, Ordre des avocats à la Cour de Paris, confirme cette idée : « votre décision de Section *Sté Million et Marais* nous semble avoir pour corollaire, compte tenu des liens étroits existant entre les droits communautaires et nationaux de la concurrence, l'émergence d'un principe prétorien directement inspiré de la jurisprudence de la Cour relative à l'article 90, paragraphe 2 [aujourd'hui 106 § 2 TFUE], ce principe conciliant, sous le contrôle du juge, les exigences du service public avec celles de la concurrence ».

Dans l'avis du 22 novembre 2000, *Sté L&P Publicité*[106], le Conseil d'État recommande que les mesures de police de l'affichage ne portent aux règles de la concurrence que les atteintes justifiées au regard des objectifs de la réglementation de l'affichage. Enfin, dans l'arrêt *Département des Landes* du 29 avril 2003[107], le Conseil d'État juge que l'intérêt général peut justifier le but de la mesure prise.

L'exorbitance se manifeste aussi par la conciliation entre les règles de la concurrence et les impératifs propres au droit public. Dans l'arrêt du 30 avril 2003, *Syndicat professionnel des exploitants indépendants des réseaux d'eau et d'assainissement*[108], le Conseil d'État adopte parfaitement l'idée de conciliation : « il incombe au ministre d'opérer, sous le contrôle du juge de l'excès de pouvoir, une conciliation entre, d'une part, les objectifs d'ordre social de nature à justifier que les règles définies par les signataires d'une convention ou d'un accord collectif soient rendues obligatoires pour tous les salariés et employeurs du secteur, et, d'autre part, les impératifs tendant à la préservation de la libre concurrence dans le secteur en cause »[109]. Certains[110], et notamment G. Clamour[111], ont d'ores et déjà conclu à l'intégration de la libre concurrence à l'intérêt général dont l'administration a la charge, puisque la protection du marché (dimension objective du droit de la concurrence) serait elle-même une mission d'intérêt général. Dès lors, on assisterait à une véritable absorption des impératifs de concurrence dans le droit public, ce qui faciliterait l'opération de conciliation entre la concurrence et les composantes plus traditionnelles de l'intérêt général. On a en effet pu constater que le Conseil d'État qualifiait les règles de la concurrence de « but d'intérêt

104. Chron. GIRARDOT et RAYNAUD sur CE Sect. 3 nov. 1997, *Sté Million et Marais*, *AJDA* 1997, p. 945.
105. *AJDA* 1998, p. 362.
106. Préc.
107. Préc.
108. Préc.
109. Voir également CE 21 mai 2008, *Soc. nouvelle de remorquage du Havre*, n° 291115.
110. Conseil d'État, *Collectivités publiques et concurrence*, Rapport public pour 2002, p. 219 et 388.
111. *Intérêt général et concurrence*, Thèse préc.

général » (CE 10 avril 2002, *Somatour*)[112] et qu'il avait jugé que « l'existence d'une situation de concurrence effective sur le marché » était « d'intérêt public » (CE 21 février 2005, *Fédération nationale UFC Que Choisir*)[113].

BIBLIOGRAPHIE

1. Autorité de la concurrence

J.-Y. CHÉROT, « La consultation du Conseil de la concurrence sur les textes législatifs et réglementaires anticoncurrentiels », *D.* 1995, chron. 233 R. DRAGO, « Le Conseil de la concurrence », *JCP* 1987, I, 3300 B. LASSERRE, « Le Conseil de la concurrence dans le réseau communautaire », *Concurrences* 2005-3, p. 42 C. LUCAS DE LEYSSAC, « Faut-il faire du Conseil de la concurrence une juridiction ? », *RJ com.* 1992, p. 273 S. NICINSKI, « L'Autorité de la concurrence », *RFDA* 2009, p. 1237 V. SÉLINSKY, « Conseil de la concurrence (organisation-compétence-pouvoirs) », *J.-Cl. Concurrence-consommation*, fasc. 60, « Poursuites devant le Conseil de la concurrence (saisines, instruction, procédures, voies de recours, mesures conservatoires et sanctions) », fasc. 390.

2. Application du droit de la concurrence aux décisions administratives

Dossier « Dix ans après l'arrêt Million et Marais : et après ? », *JCP* A 29 octobre 2007, n° 44-45 N. CHARBIT, *Le droit de la concurrence et le secteur public*, L'Harmattan, 2002 G. CLAMOUR, *Intérêt général et concurrence, Essai sur la pérennité du droit public en économie de marché*, Bibl. Thèses Dalloz, vol. 51, 2006. G. CLAMOUR et S. DESTOURS, « Droit de la concurrence. Droit public de la concurrence », *J.-Cl. Collectivités territoriales*, fasc. 724-20, 2008 Conseil d'État, *Les collectivités publiques et la concurrence*, Rapport public pour 2002 S. DESTOURS, *La soumission des personnes publiques au droit interne de la concurrence*, Litec, 2000 D. KATZ, *Juge administratif et droit de la concurrence*, PUAM, 2004 S. NICINSKI, *Droit public de la concurrence*, LGDJ, coll. Systèmes, 2005 ; C. ADAM, « la prise en compte des missions de service public par les règles de concurrence », *Gaz. Pal.* 1997, 1er sem., 13 février 1997, p. 275 J.-B. AUBY, « L'interdiction de déléguer des pouvoirs d'intervention économique à des opérateurs privés », *DA* 2003, n° 2 M. BAZEX, « Règles de concurrence applicables au secteur public. Règles opposables aux autorités publiques », *Juris-Classeur Europe*, fasc. n° 1500, 1992, « Le droit public de la concurrence », *RFDA* 1998, p. 781, « Le juge administratif et l'application du droit national et communautaire de la concurrence : contenu et spécificité », in *Le juge administratif et le droit de la concurrence, Rev. conc. et consom.* 2000, n° 116, p. 11, « La libre concurrence, nouvelle source de l'action administrative », *Gaz. Pal.* 25-26 juillet 2001, n° 206, p. 3 D. BERLIN, « Les actes de la puissance publique et le droit de la concurrence », *AJDA* 1995, p. 259 S. BLAZY, « Les actes normatifs des autorités publiques et les règles de concurrence »,

112. Préc.
113. N° 277442.

Gaz. Pal. 1997, 1er sem., 13 février 1997, p. 279 ▪ M.-C. BOUTARD-LABARDE et L. VOGEL, « Droit de la concurrence et personnes publiques », *Gaz. Pal.* 23 décembre 1989, p. 747 ▪ D. BRAULT, « Service public et position dominante : peut-il y avoir abus ? », *Revue Lamy de la concurrence*, novembre 2004/ janvier 2005, p. 182 ▪ Ch. BRÉCHON-MOULÈNES, « La place du juge administratif dans le contentieux économique public », in dossier *Le juge administratif et le contentieux économique*, *AJDA* 2000, p. 679 ▪ J. CAILLOSSE, « Le droit administratif français saisi par la concurrence ? », *AJDA* 2000, p. 99 ▪ R. CHAPUS, « Activités des personnes publiques, droit de la concurrence et compétence juridictionnelle », *RFDA* 1989, p. 80 ▪ N. CHARBIT, « Marée haute et écueils de la jurisprudence du Conseil d'État en matière de concurrence », *LPA* 21 février 2001, p. 4, « Droit de la concurrence et secteur public. Applicabilité et compétence », *Juris-Classeur Concurrence-consommation*, fasc. n° 120, 2003 ▪ J.-Y. CHÉROT, « La soumission d'actes de droit public au droit de la concurrence n'est pas contraire à la Constitution », *D.* 1991, chron. p. 163, « Les méthodes du juge administratif dans le contentieux de la concurrence », in Dossier *Le juge administratif et le contentieux économique*, *AJDA* 2000, p. 687 ▪ G. CLAMOUR et S. DESTOURS, « Droit de la concurrence. Droit public de la concurrence », *J.-Cl. Collectivités territoriales*, fasc. 724-20, 2008 ▪ A. COLIN-GOGUEL, « La compétence du Conseil de la concurrence face aux services publics : quelle place pour le critère de détachabilité ? », *Rev. conc. consom.*, n° 126, mars-avril 2002, p. 35 ▪ P. DELVOLVÉ, « Conseil d'État et Conseil de la concurrence », in *Le dialogue des juges, Mélanges en l'honneur du président Genevois*, Dalloz, 2009, p. 329 S. DESTOURS, « L'application du droit interne de la concurrence aux personnes publiques par les juridictions administratives : fin d'une énigme », *JCP* E 1998, *Cah. dr. entr.* n° 2, p. 1 ▪ B. FAURE, « Le droit administratif des collectivités locales et la concurrence », *AJDA* 2001, p. 136 ▪ D. FONTAINE, « Les collectivités locales et la concurrence », *LPA* 7 juillet 1989, n° 81, p. 15 ▪ M.-A. FRISON-ROCHE, « Les difficultés inhérentes à l'intervention du juge administratif en matière de concurrence : un sujet de dispute », *Rev. conc. consom.* n° 88, 1995, p. 13 ▪ G. GONZALEZ, « Domaine public et droit de la concurrence », *AJDA* 1999, p. 387 ▪ O. GUÉZOU, « Droit de la concurrence et droit des marchés publics : vers une notion transversale de mise en libre concurrence ? », in dossier *Les pratiques anticoncurrentielles*, *AC-ACCP* n° 20, mars 2002, p. 43, « Droit des marchés publics et droit de la concurrence », in *Droit des marchés publics*, Éditions du Moniteur, 2003, III. 130 ▪ « Champ d'application du droit de la concurrence et marchés publics », III. 133 ▪ « Pratiques anticoncurrentielles – Généralités », III. 140 ▪ « Ententes dans les marchés publics », III. 143 ▪ « Recherches et constatation des pratiques anticoncurrentielles : procédure et preuve », III. 150 ▪ « Sanction des pratiques anticoncurrentielles », III. 153 ▪ J.-J. ISRAËL, « Contentieux administratif et contentieux de la concurrence », *Mélanges Chapus*, Montchrestien, 1992, p. 315 ▪ D. LINOTTE, « Le droit public de la concurrence », *AJDA* 1984, p. 65 ▪ F. LLORENS et P. SOLER-COUTEAUX, « La soumission des personnes publiques au droit de la concurrence », *D.* 1989, chron. p. 67 ▪ A. MARCEAU, « Police administrative et droit public de la concurrence », *AJDA* 2002, p. 190 ▪ C. MOUGOUACHON, *Abus de position dominante et secteur public*, Th. Aix-Marseille III, 2010 ▪ S. NICINSKI, « Les évolutions du droit public de la concurrence », *AJDA* 2004, p. 751 ▪ L. RICHER, « L'application du droit de la concurrence aux marchés publics », *CJEG* octobre 1989, p. 295, « Le juge économiste ? », in dossier *Le juge administratif et le contentieux économique*, *AJDA* 2000, p. 703, « Refus de conclure un contrat et pratiques anticoncurrentielles », *AC-ACCP* 2002, n° 15, p. 47 ▪ J.-H. STAHL, « La concurrence, l'Administration et le juge administratif », *Cahiers de la fonction publique*, nov. 1999, p. 10 ▪ B. STIRN, « Juridictions administratives et règles de concurrence », *Rev. conc. consom.* n° 88, 1995, p. 20, « Droit public et droit de la concurrence », *Mélanges Champaud*, Dalloz, 1997, p. 556, « L'idée de concurrence dans le contentieux administratif : la pluralité des sources », *Rev. conc. consom.* n° 116, juillet-août 2000, p. 8 ▒ Ph. TERNEYRE, « La compétence du juge administratif », in dossier *Le juge administratif et le contentieux économique*, *AJDA* 2000, p. 697.

DEUXIÈME PARTIE
LA PARTICIPATION AU MARCHÉ

550 L'action économique des personnes publiques peut s'exprimer par la participation directe au marché. La personne publique devient elle-même *opérateur économique*, en exploitant une activité économique de production de biens et de services marchands. L'opérateur public agit sur le marché et entre en concurrence avec d'autres opérateurs économiques. La personne publique n'est alors plus conçue comme une puissance publique extérieure au marché qu'elle régule, mais comme un véritable opérateur à l'intérieur du marché auquel elle participe. Cette situation est plus originale et ne correspond pas aux missions premières des personnes publiques. C'est pourquoi le droit public des affaires contribue à encadrer la participation au marché des personnes publiques. En premier lieu, il apparaît que les opérateurs publics présentent certaines spécificités quant à l'identification d'un secteur public et dans leurs modalités de fonctionnement (Titre I). En second lieu, le droit encadre aujourd'hui strictement le principe et les modalités d'intervention des opérateurs économiques publics (Titre II).

TITRE 1
LES OPÉRATEURS PUBLICS : IDENTIFICATION ET FONCTIONNEMENT

551 **Notion de secteur public. –** Les opérateurs économiques publics évoluent au sein de ce que l'on appelle le secteur public. Celui-ci est caractérisé par la fluctuation de son périmètre. En effet, la consistance du secteur public tient à la fois à son histoire originale et à la multiplicité des critères d'identification des entreprises publiques. Les vagues successives de nationalisations puis de privatisations rendent parfois ce périmètre insaisissable. Il est cependant indispensable d'en tracer les contours et de dévoiler les facteurs internes d'évolution du secteur public (Chapitre I).

552 **Diversité des opérateurs publics. –** On peut classer les opérateurs publics selon leur forme juridique (EPIC, sociétés de droit privé, sociétés à capital entièrement public, sociétés nationales, GIP, GIE, etc.), selon leurs activités (entreprises publiques du secteur concurrentiel, entreprises publiques ayant une mission de service public), voire selon leur situation sur le marché (entreprises monopolistiques, entreprises en concurrence). Mais il apparaît que les entreprises appartenant directement ou indirectement à l'État, ayant vocation à agir sur l'ensemble du territoire, présentent des différences significatives par rapport aux entreprises publiques locales. Ces différences s'expliquent tant par la particularité de l'État actionnaire et des débats juridico-politiques qui entourent cette fonction que par les règles juridiques respectivement applicables aux entreprises de l'État et à celles des collectivités territoriales. Aussi, l'examen des opérateurs publics nationaux (Chapitre II) précédera celui des opérateurs publics locaux (Chapitre III).

CHAPITRE I
LE SECTEUR PUBLIC

553 **Plan. –** Appréhender le secteur public, c'est, d'une part, chercher à en saisir la consistance et, d'autre part, en délimiter le périmètre. Mais à travers ces deux paramètres, ce sont ses tensions internes et ses facteurs d'évolution qu'il faut isoler et identifier, de manière à en définir la raison d'être et la légitimité. En effet, un secteur public qui ne serait pas fondé sur un ensemble de principes politico-juridiques assurant sa légitimité serait l'objet de fluctuations de plus en plus importantes, sous-tendues par une remise en cause grandissante. Ces différents paramètres s'apprécient au regard de l'histoire originale de la construction d'un secteur public (Section I). La notion même d'opérateur économique public (Section II) ne repose pas sur des critères généraux, le législateur ayant préféré adopter une approche au cas par cas pour ce qui est de la nature *publique* de l'opérateur, bien que la catégorie des activités *économiques* soit plus homogène du fait de l'influence du droit communautaire. Le périmètre du secteur public est sujet à fluctuations, à l'aune des différentes vagues d'entrée dans le secteur public par nationalisation (Section III) ou de sortie par privatisation (Section IV). La tendance actuelle est plutôt à l'ouverture du secteur public et au développement d'une économie mixte rationalisée (Section V).

SECTION I HISTORIQUE

554 **Plan. –** Le secteur public a d'abord connu une phase de construction, reposant sur des facteurs d'inégales importances et très hétérogènes, avant de connaître une période d'expansion, suivie d'un mouvement de contraction jusqu'à s'inscrire dans un périmètre correspondant à ce que l'on peut appeler la « raison d'être » du secteur public, ce qui suscite inévitablement la question de sa légitimité actuelle.

§ 1. LA CONSTRUCTION D'UN SECTEUR PUBLIC

555 **Tâtonnements. –** Un secteur public apparaît sous l'Ancien Régime, mais plutôt sous la forme d'une association du Roi et des entrepreneurs privés. Bien que le Roi cherche à accroître sa puissance par la maîtrise de l'économie, la méthode de l'administration de l'économie est préférée à celle de l'intervention directe sur le marché. Colbert au XVIIe siècle puis les intendants du XVIIIe siècle préfèrent déléguer des activités économiques à des compagnies privées sous forme de concession, mais les intérêts des deux parties sont étroitement mêlés. L'entrepreneur est commandité par le Roi pour exploiter une activité nécessaire pour le royaume, des capitaux sont mis à sa disposition et des privilèges lui sont accordés (monopole par exemple). C'est l'époque des exploitations coloniales. L'État gère en réalité peu d'activités économiques en régie directe (on retient toutefois les célèbres manufactures de Sèvres ou des Gobelins). Au XIXe, l'État prend en charge le monopole fiscal des tabacs (1810), le transport de courrier (1851), ou encore les journaux officiels (1880). Au début du XXe siècle, même si la jurisprudence administrative sur le socialisme municipal freine le développement d'opérateurs publics, la volonté des municipalités de prendre en charge certaines activités (bains-douches, restaurants, etc.) est bien réelle et le juge administratif admet finalement la régularité de l'initiative publique dans certains domaines (*infra*, n° 812 et s.). Au niveau étatique, l'État reprend des activités exploitées par le secteur privé incapable de maintenir le niveau d'investissement nécessaire (téléphone, chemin de fer).

556 **Période de l'entre-deux-guerres. –** La construction d'un secteur public repose sur des justifications idéologiques clairement identifiées par A. Delion[1]. On y retrouve le courant du socialisme municipal, l'idéologie marxiste réclamant l'expropriation des propriétaires de capitaux et la nationalisation des entreprises, ou encore l'influence du christianisme social (il faut que certains biens soient réservés à la collectivité lorsqu'ils viennent à conférer une trop grande puissance à leur détenteur privé). Cependant, la construction d'un secteur public tient à cette époque plus de la convergence d'une série d'événements ayant quasiment obligé les acteurs publics à intervenir que d'une intervention mûrie reposant sur un socle idéologique précis. Le retour de l'Alsace oblige les décideurs publics à confier ses actifs économiques soit à des sociétés d'économie mixte (Compagnie française des pétroles en 1921), soit à des offices publics (unités de production d'azote, mines de potasse d'Alsace). La reconstruction des régions dévastées passe aussi à cette époque par la création d'offices. Là encore, on remarque que le choix se porte sur une association de l'État avec des entrepreneurs privés plus que sur la création d'opérateurs entièrement publics. Ce choix se manifeste pour la réalisation de grands travaux (Compagnie nationale du Rhône en 1931), ou lorsqu'il s'agit de venir en aide à l'initiative privée devant faire face au financement d'infrastructures trop coûteuses (création de la SNCF en 1937 sous forme de SEM grâce à la reprise par l'État de 51 % du capital des sociétés privées concessionnaires, accompagnée d'un effacement de leur dette). La crise de 1929 oblige l'État à

1. *Le droit des entreprises et participations publiques*, LGDJ, coll. Systèmes, 2003, p. 13.

intervenir dans le secteur des transports (création d'Air France en 1933). On remarque que l'intervention de l'État en matière d'industries de réseaux est souvent due au besoin de constituer un véritable réseau national, doté d'une universalité et d'une continuité géographique, en regroupant des entreprises privées en difficulté. Dans d'autres domaines, l'apparition d'opérateurs publics relève d'un véritable choix stratégique, soit parce qu'il s'agit de domaines sensibles que l'État compte maîtriser (nationalisation des industries d'armement en 1936), soit parce qu'il veut s'octroyer un véritable rôle dans le financement de l'économie (nationalisation de la Banque de France). Mais la Seconde Guerre mondiale achève l'économie française.

557 **Recours aux opérateurs publics après 1945. –** La reconstruction passe par l'entreprise publique et l'État veut y jouer un rôle prépondérant pour renforcer son poids dans l'économie. Les facteurs politiques et idéologiques[2] convergent pour que l'action de l'État apparaisse plus construite, plus raisonnée, autour de l'idée d'un capitalisme d'État. L'appareil de production est obsolète et détruit, les capitaux privés se font rares, et on peut nourrir des doutes sur la capacité des entrepreneurs privés à investir massivement dans un cadre d'économie désormais planifiée. Qui plus est, il faut rattraper un retard dû au fait que la France a insuffisamment profité des deux premières révolutions industrielles. L'unanimité semble se faire sur le recours à des entreprises publiques. Cela se traduit dans le programme du Conseil national de la Résistance (15 avril 1944), signé par tous les partis, prônant le retour à la Nation des grands moyens de production nationalisés, des sources d'énergie, des ressources du sous-sol, des compagnies d'assurance et des grandes banques. Cependant, une opposition se manifeste[3] entre les tenants de l'étatisation, réclamant une tutelle étroite sur le secteur public, et les tenants de l'autonomie de l'entreprise publique, fondée sur une méfiance de l'étatisation et qui se traduira par une composition tripartite des conseils d'administration réunissant des éléments censés faire contrepoids aux représentants de l'État (formule retenue pour EDF et GDF en 1946). On retrouve là tout le débat sur la différence entre étatisation et nationalisation, l'entreprise publique devant être perçue comme le bien collectif des parties prenantes et non comme l'instrument économique des pouvoirs publics. Juridiquement, l'alinéa 9 du Préambule de la Constitution de 1946 traduit cette tendance : « tout bien, toute entreprise dont l'exploitation a ou acquiert les caractères d'un service public ou d'un monopole de fait doit devenir la propriété de la collectivité ». Les pouvoirs publics se lancent dans une campagne de nationalisations d'entreprises existantes ou de création d'entreprises publiques. Plusieurs domaines sont particulièrement concernés. Il s'agit d'abord de l'énergie (nationalisation en 1946 de l'électricité, du gaz et des charbonnages), des transports (concentration dans Air France des moyens de transport aérien en 1946, RATP en 1948) et des infrastructures qui leur sont indispensables (création d'ADP en 1945). L'État prend aussi en charge le développement industriel et énergétique de la France (création du Bureau de recherche du pétrole en 1945 et des sociétés d'État

2. Facteurs identifiés par A. DELION, ouvrage préc., p. 15 et s.

3. Rapport Albert/Buisson, *Entreprises publiques. Le rôle de l'État actionnaire*, La Documentation française, 2002, p. 11.

outre-mer, création du CEA en 1945). Pour s'assurer un poids incontesté dans l'économie et être en mesure de la soutenir, l'État va s'octroyer une place incontournable en amont, dans le secteur financier (création en 1946 de la Banque française du commerce extérieur, loi du 2 décembre 1945 nationalisant la Banque de France et les quatre plus grandes banques de dépôt et loi du 25 avril 1946 nationalisant 34 compagnies d'assurance).

§ 2. L'EXPANSION DU SECTEUR PUBLIC

558 **Expansion sous des gouvernements de droite. –** De 1958 à 1981 le secteur public connaît encore une phase d'expansion, alors que la France est dirigée par des gouvernements de droite, que l'on pourrait imaginer peu enclins à la création d'opérateurs publics. Cependant, l'idée perdure qu'il faut maintenir et étendre le secteur public qui est considéré comme le seul capable de réaliser d'importants investissements, s'impliquer dans la recherche et oser un développement comportant d'importants risques économiques (industrie aérospatiale, TGV, etc.)[4]. Sont ainsi créées les sociétés d'autoroute, les compagnies d'aménagement et on assiste à un fort développement des SEM au niveau local. Des régies sont transformées en entreprises publiques (BRGM en 1953, ONF en 1978, SEITA en 1959). C'est à cette époque que le cadre juridique du fonctionnement des entreprises publiques de l'État est élaboré et que les prérogatives de tutelle sont définies (décrets de 1953 et de 1955, n° 802 et s.). C'est aussi durant cette période que l'organisation de la gouvernance des entreprises publiques est sujette à critique (rapport Nora de 1967), exhortant l'État à contractualiser ses relations avec elles, contractualisation mise en œuvre à partir de 1969.

559 **Expansion à partir de 1981. –** L'alternance politique de 1981 et l'arrivée au pouvoir du Président Mitterrand vont marquer le début d'une seconde vague de nationalisation, inscrite au programme politique du candidat. Elle est fondée sur des raisons idéologiques et politiques très fortes et apparaît comme la phase d'évolution probablement la plus concertée. Sont nationalisés les cinq plus gros groupes industriels (Compagnie générale d'électricité, Saint-Gobain, Pechiney, Thompson et Rhône-Poulenc), deux compagnies financières (Suez et Paribas) et les banques ayant plus d'un milliard de dépôt. Le secteur public atteint alors son ampleur maximale puisque plus de 10 % de l'effectif salarié y est employé, que le secteur bancaire et des assurances est presque entièrement public et que les entreprises publiques du secteur industriel représentent plus de 10 % du PIB. Cependant, le secteur public est rapidement éprouvé par une insuffisance chronique de fonds propres et son incapacité à nouer des alliances industrielles et commerciales, compte tenu de la détention publique du capital des entreprises publiques.

4. A. DELION, ouvrage préc. p. 18.

§ 3. LA CONTRACTION DU SECTEUR PUBLIC

560 **Facteurs. –** Dès le début des années 1980, les entreprises publiques nationalisées ont rencontré des besoins de financements importants, accentués par la crise issue du choc pétrolier. Dans un premier temps l'État a joué son rôle d'actionnaire et doublé le montant des dotations sur la période 1982-1985 (jusqu'à 14 milliards de francs). Mais les plans de restructuration de certaines entreprises ont épuisé les ressources de l'État actionnaire (9,5 milliards de francs pour Usinor et 12 milliards pour Renault). La loi du 3 janvier 1983 sur le développement des investissements et de l'épargne autorise donc les entreprises publiques du secteur concurrentiel à émettre des titres participatifs ou des certificats d'investissement permettant d'accroître les capitaux propres sans toucher aux prérogatives de l'État. Ces titres permettent d'associer des investisseurs privés au capital et aux résultats de l'entreprise mais ne confèrent pas de droit de vote à leurs porteurs. La formule a été utilisée tout d'abord pour Saint-Gobain, Rhône-Poulenc, la CGE puis Renault, avant d'être étendue en 1985 aux établissements financiers publics. La gestion de certaines entreprises publique est remise en cause (Bull, Renault, Crédit Lyonnais), a entraîné de fortes pertes et démontré les faiblesses de l'État entrepreneur.

561 **Privatisations. –** Le retour au pouvoir de la droite en 1986 et les nécessités pratiques poussent aux privatisations. Les entreprises publiques doivent pouvoir recourir à des opérations capitalistiques. Les lois de privatisation des 2 juillet et 6 août 1986 visent 65 entreprises (entreprises nationalisées en 1982, banques nationalisées en 1945, entreprises créées par l'État comme Elf-Aquitaine et TF1). Le programme est interrompu en 1988 par la réélection de F. Mitterrand et le retour de la gauche aux affaires. Cependant, F. Mitterrand prône une politique du « ni... ni » (pour ni nationalisation, ni privatisation). Le recours aux certificats d'investissement et aux titres participatifs s'est développé, mais les besoins en fonds propres s'accroissent à l'approche de l'ouverture du marché commun et il apparaît alors évident que l'État actionnaire n'est pas en mesure de jouer pleinement son rôle. Le Haut conseil du secteur public recommande dans son rapport de 1989 d'élever la limite du capital consacré aux certificats d'investissements, de créer de nouveaux titres participatifs et d'envisager des participations croisées entre opérateurs publics des différents États membres. Des augmentations de capital ont effectivement eu lieu en faveur du public à partir de 1988 (Pechiney en 1989, UAP en 1990, GAN en 1990, AGF et Elf-Aquitaine en 1991). L'État autorise l'entrée de partenaires industriels au capital de Renault (1990), de Bull (1991) et des AGF (1992). La part de capital de l'État tombe ainsi dans ces entreprises, en 1993, de 55 % à 75 % selon l'entreprise. La crise économique de 1991 touche également les entreprises publiques et contribue à accroître leur besoin de financement.

Après que la droite a remporté les élections, une seconde vague de privatisations est initiée par la loi du 19 juillet 1993 (entreprises non privatisées en 1986 figurant sur la liste et autres entreprises comme Aérospatiale, Air France, CNP, Renault, Seita, ou Usinor-Sacilor). Les restructurations d'entreprises publiques (secteur charbonnier, Crédit Lyonnais), ainsi que le transfert de la dette de la SNCF à RFF (1997) ou encore la restructuration du secteur de la défense créent des besoins qui épuisent rapidement les finances de l'État actionnaire et engloutissent une partie du produit des privatisations.

562 **Restructuration.** – Les années 2000 marquent la diminution des fractions de capital détenues par l'État dans les entreprises publiques et la transformation des EPIC en sociétés (France Télécom en 1996, EDF, GDF en 2004, ADP en 2005, La Poste en 2010), suivie de la cession d'une part minoritaire de capital (EDF, GDF, ADP) ou majoritaire (France Télécom).

Sur les 21 entreprises de la liste de 1993, entre 1993 et 2004, 19 d'entre elles ont été privatisées : BNP et Rhône-Poulenc en 1993, Elf-Aquitaine et UAP en 1994, Seita, Péchiney et Usinor-Sacilor en 1995, Renault, CGM, AGF en 1996, Bull en 1997, la Société marseillaise de Crédit (SMC), la CNP Assurances, CIC-UIC-Gan SA (sous-groupes de SGGP), Thomson CSF (sous-groupe de Thomson SA) en 1998, Aérospatiale-Matra et le Crédit Lyonnais en 1999, Thomson Multimédia (sous-groupe de Thomson SA) en 2000, la Banque Hervet en 2001, Air France en 2004, la Snecma en 2005. Une seule autre entreprise privatisable prévue par la loi de juillet 1993 reste sous le contrôle de l'État : la Caisse Centrale de Réassurance.

Les opérateurs publics historiques exploitant un service public à partir d'un réseau sous forme de monopole ont vu leur organisation bouleversée sous la pression du droit communautaire dès les années 1990. La politique d'ouverture des réseaux à la concurrence met un terme à une organisation séculaire, puisque d'anciennement monopolistiques les opérateurs historiques agissent sur un marché ouvert à la concurrence et soumis au droit de la concurrence et de la régulation. Les relations financières qu'ils entretiennent avec l'État sont passées au crible du principe de transparence financière et de l'interdiction des aides publiques. Leur statut de droit public est fortement contesté (*infra*, n° 688). Le mouvement s'accélère dans les années 2000 avec les réflexions sur le gouvernement d'entreprise appliquées aux entreprises publiques, la création de l'Agence des participations de l'État et la production d'une multitude de rapports préconisant de réformer la gouvernance des entreprises publiques et de bien distinguer les différentes fonctions de l'État vis-à-vis des entreprises publiques. De 1985 à 2005, la part de l'emploi salarié dans le secteur public est passée de plus de 10 % à 3,9 %, pour s'établir à 3,5 % en 2009.

§ 4. LE JUSTE PÉRIMÈTRE DU SECTEUR PUBLIC OU LA LÉGITIMITÉ DE L'OPÉRATEUR PUBLIC

563 La construction d'un secteur public en France a reposé et repose encore sur une série de facteurs convergents. Mais même si ces facteurs persistent, les objectifs qu'ils cherchent à atteindre peuvent l'être par d'autres voies, ce qui pose un redoutable problème de légitimité du secteur public à l'heure actuelle.

A. LES FACTEURS DÉTERMINANT LE PÉRIMÈTRE DU SECTEUR PUBLIC

564 **Facteurs économiques. –** Certains facteurs explicatifs de l'évolution du secteur public sont tirés de la théorie économique[5]. L'État serait investi d'une responsabilité pour des biens collectifs purs que le marché n'est pas en mesure de fournir, ainsi que d'un devoir de protection du consommateur et de l'usager lorsqu'une activité est exploitée en monopole. Il faut organiser certaines activités que le libre jeu de la concurrence n'aurait pas permis de prendre en charge de la même manière, soit en raison d'un financement insuffisant des investissements, soit pour soustraire le prix payé par l'usager à la simple volonté d'opérateurs privés. Les activités qui produisent des externalités positives (investissement dans la recherche) ou négatives (atteintes à l'environnement) nécessitent des décisions de gestion de la part de l'État face à une initiative privée défaillante. L'État doit prendre en charge certains investissements dont la rentabilité est incertaine ou indirecte Son rôle de redistribution peut être étendu à certaines activités économiques, mais devant être fournies à l'ensemble de la collectivité à des conditions abordables et non discriminatoires. Enfin, il appartient à l'État d'assumer la compétitivité globale du territoire.

565 **Facteurs historiques et conjoncturels. –** D'autres facteurs sont plus « historiques » ou conjoncturels. L'État a pris en charge des actifs économiques hérités des conflits mondiaux ou que le secteur privé ne parvenait pas à exploiter. Concernant les opérateurs « historiques » de service public, le choix a été fait par le passé de confier à un seul opérateur monopolistique et intégré une mission de service public exploitée à partir d'un réseau comportant une exigence d'universalité et en fonction d'un principe de péréquation tarifaire. Et tant que la pression du droit communautaire n'a pas conduit au démantèlement de cette organisation, le périmètre du secteur public a été déterminé par la survivance de ce système. Il ne faut pas négliger non plus l'effet-cliquet du statut du personnel de ces grands opérateurs et le poids de leurs syndicats, jouant comme un frein à toute évolution vers une privatisation du statut ou du capital.

566 **Facteurs politiques, État « stratège », État « modèle ». –** Il ne faut pas oublier les facteurs politiques, plus ou moins fondés sur une solide idéologie. Des courants politiques ou religieux ont prôné la collectivisation de certains biens et sans entrer dans la querelle alimentant la distinction entre collectivisation et étatisation, il s'est avéré que la collectivisation conduisait souvent à l'Étatisation des moyens de production. Même en l'absence de doctrine forte, les gouvernements ont toujours été tentés par la voie du contrôle de l'économie, par la détention d'acteurs clés dans les domaines financier ou industriel. Sans aller jusqu'au contrôle absolu des leviers de l'économie, l'État peut simplement souhaiter la soutenir par la détention d'acteurs structurants (transports, communication, énergie). On rejoint là les facteurs procédant de l'État « stratège » de l'économie, tendance pouvant se définir par la volonté de l'État de se situer aux points névralgiques du tissu économique, pour le contrôler, le soutenir, voire l'orienter vers des politiques innovantes (en matière technologique, en matière de développement durable). Le secteur public peut également

5. Rapport S. ALBERT et Cl. BUISSON, *Entreprises publiques. Le rôle de l'État actionnaire*, préc. p. 12.

faire office de vitrine pour l'État, tendance s'exprimant dans l'idée d'un État « modèle ». L'entreprise Renault a été considérée comme une vitrine sociale pendant les Trente Glorieuses. Les entreprises publiques peuvent encore être considérées comme mettant à l'abri leur personnel des évolutions les plus néfastes du monde du travail (quoique cette assertion mérite d'être nuancée compte tenu de la suppression des régimes spéciaux en matière de retraite, par exemple). Certaines entreprises publiques sont à même d'initier de véritables tendances en matière de développement durable.

567 **Protection de l'appareil de production. –** L'impératif de protection de l'appareil de production constitue aussi un puissant facteur de développement du secteur public. En effet, l'application des règles de la domanialité publique aux biens des EPIC affectés à un service public et leur soustraction aux procédures collectives, ou tout simplement l'édiction d'un régime protecteur de substitution s'appliquant à des biens privés appartenant à des sociétés du secteur public est toujours considéré comme un excellent moyen de protéger l'affectation de ces biens. Enfin, en matière énergétique, le secteur public est considéré comme un garant de l'indépendance de la France.

B. LA LÉGITIMITÉ ACTUELLE DU SECTEUR PUBLIC

568 **Recentrage du secteur public sur sa raison d'être. –** Aujourd'hui, le secteur public, ayant subi un mouvement de contraction, peut être considéré comme recentré sur sa raison d'être, c'est-à-dire des entreprises assurant une mission de service public, présentant certaines spécificités comme les industries de défense ou agissant dans des domaines structurants de l'économie (transports, communication, énergie) et contribuant à la compétitivité globale du territoire. Selon la Cour des comptes (Rapport 2008), l'État actionnaire poursuit une série d'« objectifs stratégiques extrapatrimoniaux », comme la défense nationale, la maîtrise de la politique industrielle, le renforcement des industries françaises en Europe (Thalès ou EADS), la préservation de l'indépendance énergétique, ou encore la constitution d'opérateurs de dimension mondiale (GDF-Suez).

La crise économique ayant éclaté en 2008 révèle aussi les objectifs des prises de participation minoritaire de l'État dans le secteur privé et bancaire notamment. L'État se dote de nouveaux instruments institutionnels chargés de véhiculer ses participations. Ainsi, le FSI (Fonds stratégique d'investissement) créé le 19 décembre 2008 sous forme de société anonyme détenue à 51 % par la CDC et à 49 % par l'État affiche une stratégie résumée dans le *Rapport sur l'État actionnaire* de 2009. La doctrine de prise de participation[6] du FSI est fortement théorisée sans toutefois qu'elle devienne un carcan pour les équipes chargées du choix des projets dans lesquels le FSI investira[7]. En premier lieu, elle poursuit quatre objectifs : le

6. Les opérations sont éventuellement soumises au régime du contrôle des concentrations lorsqu'elles entrent dans son champ d'application, Aut. conc. décision 25 janv. 2011, n° 11-DC-10 relative à la prise de contrôle exclusif du Groupe Parisot et Windhurst Industries et de la prise de contrôle conjoint de Windhurst Industries par le FSI.

7. Source : Document en ligne sur le site du FSI.

développement des PME de croissance ; le développement des entreprises de taille moyenne qui disposent d'un potentiel de création de valeur ; le soutien des entreprises de taille moyenne présentes sur des secteurs en phase de mutation et qui peuvent émerger comme acteurs de référence ; le développement des grandes et moyennes entreprises qui jouent un rôle important dans leur secteur et dont la stabilisation du capital rend possible la réalisation d'un projet industriel. En second lieu, les principes d'intervention sont également clairement définis. L'investissement doit s'effectuer dans des projets rentables (entreprises porteuses d'un projet stratégique convaincant traduit par un plan d'affaires porteur de création de valeur). Le FSI est un investisseur de long terme, qui agit par apport en fonds propres, qui gère l'arbitrage risque/rentabilité sur une longue période, notamment lorsque le projet est marqué par une forte intensité R&D, et qui se définit comme un investisseur socialement responsable, en veillant notamment à ce que les entreprises dans lesquelles il investit se comportent de manière citoyenne en intégrant des aspects environnementaux et sociaux dans leur gestion. Le FSI est toujours un investisseur minoritaire et s'efforce de rechercher des co-investisseurs. L'investissement s'effectue pour des durées limitées dans le temps et le FSI fait évoluer son portefeuille. La doctrine d'investissement commande une implication dans la gouvernance des entreprises. L'investissement est privilégié dans des entreprises stratégiques au regard de la compétitivité de l'économie, c'est-à-dire celles qui ont des compétences, des technologies et des emplois irremplaçables pour le territoire national et européen. On remarque que l'investissement s'effectue d'abord dans des projets rentables, ce qui met un terme définitif à l'idée d'un « droit à la perte » qui avait pu valoir autrefois dans le secteur des entreprises publiques exploitant un service public. L'État actionnaire s'implique ensuite dans la gouvernance, en renouant avec l'idée d'entreprises à participation publique qui seraient des vitrines économiques, sociales et environnementales. Ainsi, le périmètre du réengagement de l'État par la participation à l'économie est délimité par la notion d'opérateur stratégique. C'est ce que confirme l'acquisition par l'État de 33,34 % du capital de STX France (ex-Chantiers de l'Atlantique) en novembre 2008 commandée par le caractère stratégique de la société pour l'industrie française. Depuis 2009, un accord lie le FSI au Fonds souverain d'Abou Dhabi. Les investissements décidés en 2010 par le FSI et les fonds qu'il finance ont concerné 426 entreprises, pour un montant total de 2,4 milliards d'euros. Ainsi que le souligne S. Bernard[8], « la théorisation de l'usage et de l'intérêt que représente l'acquisition d'une participation publique minoritaire n'est pas neutre : elle concrétise la substitution d'une vision faisant de l'actionnariat public un projet alternatif à la propriété privée à une perception qui y voit, à titre transitoire, une aide au développement du secteur privé. Ici se produit un véritable basculement d'un actionnariat public alternatif à un actionnariat public auxiliaire ».

8. S. BERNARD, « L'actionnariat public », in Actes du Colloque de Grenoble, *Le droit public économique face à la crise économique*, *RFDA* 2010, n° 4. Voir également du même auteur, « L'État actionnaire et l'idée de partenariat public-privé institutionnalisé », *JCP* A n° 51-52, 19 déc. 2011, n° 2399.

À l'inverse, dans le secteur bancaire, la doctrine est plus nuancée[9]. La SPPE (Société de prise de participation de l'État créée dans le cadre du Plan de relance de l'économie[10]) se contente de titres super-subordonnés dans le capital des banques lorsqu'elles n'ont pas failli dans leur gestion et prend part à la gouvernance lorsque la prise de participation est motivée par un sauvetage. Ainsi, l'État bénéficie de droits économiques sans implication dans les organes de gouvernance des entreprises qui ont seulement besoin d'un soutien financier sans que leur gestion soit sujette à caution. Il fait en revanche usage de droits de gouvernance pour les opérations de sauvetage[11].

569 **Remise en cause. –** Un puissant mouvement de remise en cause voit inexorablement le jour à l'heure actuelle. En effet, on se rend compte que les différentes fonctions de l'État (*infra*, n° 661 et s.) vis-à-vis du secteur public et de l'économie en général peuvent passer par d'autres voies que la possession d'entreprises. La fonction de l'État stratège peut passer par la voie de la législation et de la réglementation générale (mesures contraignantes, incitatives, etc.). La préservation du service public et sa bonne gestion, de même que la régulation des tarifs, peuvent se contenter de contrats de service public, à conclure avec tout type d'entreprises. Le financement d'investissements peut s'effectuer par le biais de contrats « aidés » ou tout simplement par le recours aux marchés de capitaux désormais largement ouverts. Cette remise en cause est aussi alimentée par la pression du droit communautaire sur les attributs de l'actionnaire public, qui, sans remettre en question ouvertement le statut des opérateurs du secteur public, prive l'État de ses moyens d'action habituels (*infra*, n° 672 et s.).

570 **Autorité compétente. –** Les décisions de l'État actionnaire peuvent relever du législateur (privatisations, nationalisations) ou de l'autorité réglementaire (décret du Premier ministre). Il convient de mentionner aussi la règle issue de l'article 36 modifié de la loi n° 48-24 du 6 janvier 1948 : « le ministre de l'Économie et des Finances est le seul ordonnateur principal habilité à souscrire, acquérir, aliéner ou gérer les participations de l'État. Le ministre de l'Économie et des Finances est le seul ordonnateur principal des dépenses déterminées par les augmentations de capital ou de fonds de dotation des entreprises publiques ».

9. Réponse du ministre de l'Économie aux observations de la Cour des comptes, *Rapport consacré aux concours publics aux établissements de crédit*, 2009, p. 121.

10. S. NICINSKI, « Le plan de relance de l'économie », *RFDA* 2009, n° 2.

11. Pour une analyse de l'actualité de l'État actionnaire pendant la crise, p. IDOUX et T. ROMBAULT, « Renault, EDF et autres : l'entreprise à participation publique au cœur de l'actualité », *DA* avr. 2010, Étude 8.

SECTION II NOTION

571 **Définition. –** Le secteur public est traditionnellement composé d'opérateurs publics, terme plus moderne que l'on préférera à celui d'entreprise publique. *Un opérateur public se définit comme une structure bénéficiant d'une autonomie, ayant une activité économique et soumise à l'influence prépondérante d'une personne publique.* Ces trois critères seront successivement examinés.

§ 1. L'AUTONOMIE

572 **Autonomie et personnalité morale. –** Certaines structures sont autonomes sans toutefois bénéficier de la personnalité morale. Le critère de la personnalité morale est un critère requis en droit français pour identifier une entreprise publique, alors que le droit communautaire qualifie d'entreprises des structures ne bénéficiant pas forcément de la personnalité morale. Compte tenu du fait que certaines structures non dotées de la personnalité morale ont été considérées comme des opérateurs économiques en droit français pour l'application du droit des marchés publics ou des règles de la concurrence, on a retenu une définition de l'opérateur public fondée sur une simple autonomie (au moins budgétaire) suffisant à identifier au sein d'une administration une activité économique.

573 **Droit français. –** En droit français, plusieurs types d'organismes ont une activité économique et ne sont pas dotés de la personnalité juridique. Au niveau de l'État, il existe des services dotés d'un budget annexe, retraçant, en vertu de l'article 18 de la LOLF, les opérations des services ayant une activité de production de biens ou de prestations de services et donnant lieu au paiement de redevances, lorsqu'elles sont effectuées à titre principal par lesdits services (Journaux officiels, Monnaies et médailles, anciennement PTT, UGAP, etc.), ou des services dotés d'un compte de commerce (catégorie particulière des comptes spéciaux du Trésor, retraçant des opérations de caractère industriel ou commercial effectuées à titre accessoire par les services industriels de l'État – DDE par exemple). Au niveau local, il existe trois types de régies, les régies dotées de l'autonomie financière et de la personnalité morale (établissements publics), les régies autonomes (autonomie financière seulement) et les régies simples (pas d'autonomie).

Parfois, les textes imposent expressément le critère de la personnalité juridique. Ainsi, pour l'application du droit des marchés publics, l'article 4-2 de l'ordonnance n° 2005-649 du 6 juin 2005 dispose qu'« est une entreprise publique au sens de la présente ordonnance tout organisme doté de la personnalité juridique qui exerce des activités de production ou de commercialisation de biens ou de services marchands ». À l'inverse, dans le domaine de l'ingénierie publique, les services de l'État non dotés de la personnalité morale sont considérés comme des opérateurs publics avec lesquels des marchés publics peuvent être passés[12]. Les règles de la concurrence ont été appliquées à des opérateurs publics ne disposant pas de la personnalité juridique, comme l'INSEE[13].

574 **Droit communautaire.** – En droit communautaire, pour l'application du droit de la concurrence, la notion d'entreprise n'exige pas que l'organisme dispose de la personnalité morale[14].

§ 2. L'ACTIVITÉ ÉCONOMIQUE

575 **Conception large.** – La notion d'activité économique dépasse largement la notion de service public industriel et commercial en droit français, en ce que des organismes exploitant un service public administratif sont considérés comme des opérateurs économiques ou des entreprises publiques (SEM concessionnaire d'autoroutes par exemple, certains services de santé, etc.). Certains textes français réduisent le secteur public aux organismes exploitant une activité commerciale, industrielle ou agricole. Là encore la conception française est trop restrictive en ce qu'un opérateur économique peut être un professionnel libéral ou une association.

A. DROIT COMMUNAUTAIRE

576 **Évolution.** – Les critères utilisés en droit communautaire manifestent une conception de plus en plus large de l'activité économique[15]. Seuls quelques secteurs fonctionnant selon des modalités très particulières sont exclus. Dans la plupart des cas, la jurisprudence communautaire vise à étoffer la notion d'entreprise délimitant le champ d'application du droit de la concurrence. La notion d'opérateur économique inclut celle d'entreprise, mais la question est de savoir si elle ne serait pas beaucoup plus large.

12. Art. 12 de la loi n° 83-8 du 7 janv. 1983 modifiée par la loi MURCEF n° 2001-1168 du 11 déc. 2001.

13. CE 29 juill. 2002, *Sté Cegedim*, CJEG/*RJEP* 2003, p. 16, concl. MAUGÜÉ ; *AJDA* 2002, p. 1072, note S. NICINSKI ; *DA* 2002, n° 173, note M. BAZEX et S. BLAZY et n° 193, note C.M. ; *JCP* E 2003, p. 179, note J.-M. BRUGUIÈRE.

14. CJCE 16 juin 1987, *République italienne*, n° 118/95 : peut constituer une entreprise un service administratif non doté de la personnalité juridique, de type régie d'une collectivité publique ; CJCE 23 avr. 1991, *Höfner et Elser c/Macrotron GmbH*, aff. C-41/90 ; CJCE 27 oct. 1993, *Decoster*, aff. C-69/91.

15. E. BERNARD, « L'"activité économique", un critère d'applicabilité du droit de la concurrence rebelle à la conceptualisation », *RID éco.* 2009, p. 353. L Idot a dégagé deux axes de définition : l'approche négative (ce que n'est pas une activité économique) et l'approche positive (ce qu'est une activité économique), in « Nouvelles invasion ou confirmation du domaine du droit de la concurrence ? À propos de quelques développements récents », *Europe* janv. 1996, p. 1 et « La notion d'entreprise en droit de la concurrence, révélateur de l'ordre concurrentiel », in *L'ordre concurrentiel, Mélanges en l'honneur d'Antoine Pirovano*, Frison-Roche, 2003. F. TESSON, *Les limites de l'influence du droit du marché intérieur sur les activités administratives des États membres*, Th. Pau, 2010, p. 284 et s.

1. Critères

577 **Offre de biens et de services sur un marché. –** Pour l'application du droit de la concurrence, est une entreprise toute entité qui exerce une activité économique, indépendamment de son statut juridique et de son mode de financement[16]. La notion d'activité économique désigne très généralement l'offre de biens ou de services sur un marché[17]. La Commission européenne définit l'activité économique de manière encore plus large, comme « une activité, avec but lucratif ou non, qui implique des échanges économiques »[18]. Certaines situations plus délicates ou ambiguës ont toutefois conduit la Cour à affiner ses critères.

578 **Critère comparatiste. –** Est une activité économique une activité pouvant au moins en principe être exercée par une entreprise privée. Se prononçant sur la délicate question de savoir si la présence d'une activité économique impliquait en tout état de cause un marché, lorsqu'un tel marché fait défaut, l'Avocat général Jacobs invite à considérer que le critère essentiel n'est pas la présence d'un marché, mais la question de savoir si l'activité « pourrait, à tout le moins en principe, être exercée par une entreprise en vue de réaliser un but lucratif »[19]. Ce critère aurait l'avantage de concourir efficacement à l'objectif des règles de la concurrence, à savoir éviter que la concurrence soit faussée.

La Cour a appliqué un tel critère dans les affaires CJCE 23 avril 1991, *Höfner et Elser*, aff. C-41/90 (à propos d'un office de placement considéré comme ayant une activité d'entreprise, au motif que les activités de placement n'ont pas toujours été et ne sont pas nécessairement exercées par des entités publiques) et CJCE 25 octobre 2001, *Ambulanz Glökner*, aff. C-475/99 (des entités exerçant une activité de transport de malades ont une activité économique car de telles activités n'ont pas toujours été et ne sont pas nécessairement exercées par des autorités publiques). Ce critère a été critiqué au motif que toute activité peut un jour être exercée par une entité privée, par l'Avocat général Maduro (concl. sur CJCE 11 juillet 2006, *Fenin*, aff. C-205/03).

579 **But lucratif. –** La Cour de justice avait jugé que le seul fait qu'un organisme ne poursuivait pas un but lucratif n'enlevait pas à son activité sa nature économique[20]. Plus récemment, l'Avocat général Jacobs[21] a réaffirmé l'importance du critère du but lucratif, mais l'Avocat général Maduro[22] le tempère : « même si aucun but lucratif n'est poursuivi, il peut exister une participation au marché susceptible de mettre en cause les objectifs du droit de la concurrence ».

580 **Activité exercée dans un contexte de marché. –** S'il n'existe pas de marché concurrentiel sur lequel plusieurs entreprises agissent, l'application des précédents

16. CJCE 23 avr. 1991, *Höfner et Elser*, aff. C-41/90 ; CJCE 17 févr. 1993, *Poucet et Pistre*, aff. C-159/91 et 160/91 ; CJCE 16 nov. 1995, *Fédération française des sociétés d'assurance*, aff. C-244/94 ; CJCE 11 déc. 1997, *Job Centre*, aff. C-55/96 ; CJCE 21 sept. 1999, *Albany*, aff. C-67/96.

17. CJCE 18 juin 1998, *Commission c/République italienne*, aff. C-35/96 ; TPICE 30 mars 2000, *Consiglio Nazionale delgi Spedizioneri Doganali c/Commission*, aff. T-513/93.

18. Décision du 20 juill. 1999 relative à la procédure d'application de l'article 82 du Traité CE et de l'article 54 de l'accord EEE – Coupe du monde de football 1998, *JOCE* n° L. 5 du 8 janv. 2000.

19. Concl. sur CJCE 10 janv. 2006, *Ministero dell'Economia e delle Finanze c/Cassa di Risparmio di San Miniato, SpA*, aff. C-222/04.

20. CJCE 16 nov. 1995, *FFSA*, aff. C-244/94.

21. Concl. préc. aff C-222/04.

22. Concl préc. aff. C-205/03.

critères s'avère délicate. Le critère qui semble aujourd'hui déterminant dans cette situation est celui de la simple participation à un marché ou l'exercice d'une activité dans un contexte de marché, comme l'explique l'Avocat général Maduro dans l'affaire *Fenin* de 2006[23] : « ce n'est pas le simple fait que l'activité peut, théoriquement, être exercée par des opérateurs privés qui importe, mais le fait que l'activité est exercée dans des conditions de marché. Celles-ci sont caractérisées par un comportement en vue d'un objectif de capitalisation, par opposition au principe de solidarité. C'est ce qui permet de déterminer s'il existe ou non un marché, même si les dispositions légales en vigueur empêchent l'émergence d'une concurrence réelle sur ce marché. En revanche, dès lors que l'État permet à une concurrence partielle de se développer, l'activité en cause implique nécessairement la participation à un marché ».

Ce critère est décisif pour qualifier les organismes agissant en tant qu'acheteurs institutionnels. Bien qu'étant réputés n'exercer aucune activité économique, les acheteurs, en se procurant des biens et des services, peuvent tout de même être considérés comme exerçant une activité économique si ces biens sont eux-mêmes destinés à une activité économique : « le caractère économique ou non de l'utilisation ultérieure du produit acheté détermine nécessairement le caractère de l'activité d'achat »[24]. C'est l'application d'un critère que l'on pourrait qualifier de finaliste, conduisant l'observateur à apprécier globalement l'activité de l'entité.

Dans l'affaire *Fenin*, l'organisme n'a pas été considéré comme une entreprise parce qu'il faisait usage de ses biens dans le cadre d'une activité purement sociale. Les fournisseurs d'un organisme gestionnaire du régime de santé publique lui reprochaient des retards considérables de paiement estimant que ce comportement constituait un abus de position dominante.

Ce critère a été utilisé pour qualifier d'entreprises les expéditeurs en douane italiens, au motif qu'ils offrent contre rémunération des services consistant à effectuer des formalités douanières[25].

581 **Acteur actif sur le marché. –** À partir d'une critique du critère finaliste en ce qu'il ouvre des zones de non-application du droit de la concurrence (au stade des achats effectués par un organisme n'ayant pas « en aval » une activité économique), alors qu'il est évident que certains acheteurs peuvent abuser de leur puissance d'achat par rapport à leurs fournisseurs, R. Kovar[26] propose d'utiliser le critère de l'acheteur actif sur le marché, caractérisé par sa puissance d'achat et ainsi distingué des consommateurs n'ayant aucun poids économique. Lorsque l'acheteur actif sur un marché réalise des achats, il serait réputé exercer une activité économique et soumis en tant que tel au droit de la concurrence. Les conclusions Mazak du 3 septembre 2009, prononcées dans l'affaire C-305/08, *CoNISMa c/Région Marche*, sont centrées sur le critère de l'acteur actif sur un marché. La qualité d'opérateur économique n'exige pas une présence continue et systématique de l'entité sur le marché. Seul compte le fait d'être actif sur le marché, même de manière isolée ou occasionnelle. Premièrement, une entité est qualifiable d'opérateur économique

23. Concl. préc. sur CJCE 11 juill. 2006, *Fenin*, aff. C-205/03.

24. CJCE 11 juill. 2006, *Fenin*, aff. C-205/03.

25. CJCE 18 juin 1998, *Commission c/Italie*, aff. C-35/96. Voir aussi CJCE 12 sept. 2000, *Pavlov*, aff. C-180 à 184/98 ; CJCE 19 févr. 2002, *Wouters*, aff. C-309/99 ; CJCE 24 oct. 2002, *Aéroports de Paris c/Commission*, aff. C-82/01.

26. « Les acheteurs institutionnels et le droit communautaire de la concurrence », *CMP* janv. 2007, p. 7.

indépendamment de son statut juridique, de sa finalité non lucrative et, même, des conditions d'exercice de son activité sur le marché. Deuxièmement, peuvent être considérés comme des opérateurs économiques les entités de droit public, c'est-à-dire celles qui sont elles-mêmes qualifiables de pouvoir adjudicateurs au sens des directives.

Un tel critère rejoindrait le droit français, en ce que c'est précisément sur le fondement de telles considérations que s'est opéré le revirement de jurisprudence de l'arrêt *Millions et Marais*[27].

582 **Risque d'entorses à la concurrence. –** Manifestant un véritable phénomène de politique jurisprudentielle, il a parfois été admis qu'une entité soit qualifiable d'entreprise eu égard à la potentialité de la commission d'infractions aux règles de la concurrence[28]. Ce critère ne saurait néanmoins jouer isolément des critères précédents.

2. Exclusions

583 **Fondement des exclusions. –** La première catégorie d'exclusions est jurisprudentielle. Il ressort de la jurisprudence de la Cour de justice que plusieurs types d'exclusions sont désormais clairement identifiés et ont trait à la nature, l'objet ainsi que les règles auxquelles une activité est soumise. Elles reposent sur une pluralité de critères d'importance variable.

L'évolution des textes permet de cerner la catégorie des *services non économiques d'intérêt général*, qui échappent par définition au droit de la concurrence et aux règles du marché. Après avoir rédigé en 2004 un Livre blanc sur les services d'intérêt général[29] (incluant les services d'intérêt économique général et les services non économiques d'intérêt général), la Commission publie une communication spécifiquement dédiée à l'une des catégories de services non économiques (26 avril 2006), intitulée « Mettre en œuvre le programme communautaire de Lisbonne : Les services sociaux d'intérêt général dans l'Union européenne »[30]. En 2007, elle complète son approche avec une communication sur les services d'intérêt général, y compris les services sociaux d'intérêt général[31]. La directive Services 2006/123/CE du 12 décembre 2006 exclut de son champ d'application des services d'intérêt général non économiques et certains services sociaux. Le protocole n° 26 du Traité sur les services d'intérêt général, introduit par le Traité de Lisbonne, vise en son article 2 les services non économiques d'intérêt général. Celui-ci dispose que les dispositions des traités ne portent en aucune manière atteinte à la compétence des États membres pour fournir, faire exécuter et organiser des services non économiques d'intérêt général. Aucune définition n'est donnée. Il ressort cependant

27. CE Sect. 3 nov. 1997, *Sté Intermarbres et Sté Million et Marais, Rec.* p. 393 et 406, concl. STAHL ; *AJDA* 1997, p. 945, chron. GIRARDOT et RAYNAUD et 1998, p. 247, note O. GUÉZOU ; *CJEG* 1997, p. 441 et *RFDA* 1997, p. 1228, concl. STAHL ; *JCP* 1998, I, 165, chron. J. PETIT ; *Quot. Jur.* 1998, n° 44, note J. MORAND-DEVILLER ; *RDP* 1998, p. 256, note Y. GAUDEMET.

28. CJCE 16 nov. 1995, *FFSA*, aff. C-244/94 ; concl. JACOBS sur CJCE 22 janv. 2002, *Cisal*, aff. C-218/00.

29. COM(2004) 374 du 12 mai 2004.

30. COM(2006) 177 final.

31. COM(2007) 725 final.

de l'articulation des différents textes que les services non économiques d'intérêt général regroupent certains services sociaux (présentant les critères dégagés par la Cour, voir ci-dessous) et les services non économiques autres que sociaux (essentiellement les prérogatives étatiques traditionnelles, là encore voir ci-dessous la jurisprudence de la Cour)[32].

584 **Activité exclusivement sociale fondée sur le principe de solidarité. –** Les organismes d'assurance-maladie ou gérant un régime de retraite sont réputés n'exercer aucune activité économique si certaines conditions sont remplies. Le juge communautaire prend en considération la nature de l'activité exercée, le statut de l'organisme et ses conditions de fonctionnement. L'activité doit poursuivre un « objectif social » et « obéir à un principe de solidarité »[33]. Pour étoffer la démonstration de l'existence d'un principe de solidarité, plusieurs critères d'importance secondaire entrent en jeu et sont considérés comme caractérisant le contexte à partir duquel la qualification doit intervenir : l'absence de but lucratif, le caractère obligatoire du régime, la détermination par la loi des prestations à assurer, le caractère indépendant des cotisations versées par rapport aux prestations reçues, l'impossibilité pour les organismes d'influer sur le montant des cotisations, l'utilisation des fonds et la détermination du niveau des prestations, et, plus globalement le fait que le régime fonctionne sur un système de répartition impliquant une redistribution des richesses[34]. À l'inverse, lorsqu'un régime est facultatif et fondé sur un système de capitalisation, l'organisme peut être qualifié d'entreprise[35]. Mais les critères précités tirés du statut de l'organisme et de ses modalités de fonctionnement demeurent secondaires par rapport à l'objectif social de l'activité sans lequel l'organisme peut être qualifié d'entreprise[36].

Voir aussi pour des prestations d'enseignement public financées par le budget public et accomplissant une tâche de l'État vers la population dans les domaines social, culturel et éducatif, CJCE 27 septembre 1988, *Humbel, aff. C*-263/86 ; CJCE 11 septembre 2007, *Commission c/Allemagne*, aff. C-318/05, Décision de la Commission relative à l'aide N 118/00, *Subventions aux clubs sportifs professionnels, JO* C 333 du 28 novembre 2001 ; décision relative à l'aide NN 54/2006, *Collège de logistique Prerov, JO* C 291 du 30 novembre 2006.

CJUE 15 juillet 2010, *Commission c/Allemagne*, aff. C-271/08 : l'objectif social poursuivi par les parties à la négociation collective n'est pas inconciliable avec l'application d'une procédure de

32. Sur l'articulation des différentes catégories, L. RENOUARD, « Services sociaux d'intérêt général et droit communautaire de la concurrence », *CP-ACCP* n° 103, oct. 2010, p. 23.

33. Aff. POUCET et PISTRE, préc.

34. Jurisprudence précitée et CJCE 22 janv. 2002, *Cisal*, aff. C-218/00 ; CJCE 16 mars 2004, *AOK Bundesverband*, aff. C-264/01, 306/01, 354 et 355/01 ; TPICE 4 mars 2003, *Federacion Nacional de Empresas de Instrumentacion Cientifica, Médica, Técnica y Dental*, T-319/99 ; CJCE 11 juill. 2006, *Fenin*, aff. C-205/03, à propos d'un régime de prestations gratuites de services médicaux à des affiliés sur la base d'une couverture universelle.

35. CJCE 16 nov. 1995, *Fédération française des sociétés d'assurance*, préc. ; CJCE 21 sept. 1999, *Albany*, aff. C-67/96 : qualification d'entreprise d'un fonds de pension fonctionnant selon le mécanisme de la capitalisation, dont les prestations étaient proportionnées aux cotisations versées, alors même qu'il ne poursuivait aucun but lucratif. CJUE 3 mars 2011, *AG2R Prévoyance*, aff. C-437/09 : organisme n'ayant pas de but lucratif et agissant selon un principe de solidarité qualifié d'entreprise au motif qu'il a été choisi parmi d'autres entreprises sur un marché concurrentiel sur la base de considérations économiques (mais reconnaissance de la qualité de SIEG).

36. À propos d'un office public pour l'emploi, CJCE 23 avr. 1991, *Höfner*, préc.

passation des marchés publics, à propos des contrats conclus par les administrations communales allemandes avec des entreprises d'assurance désignées dans une convention collective.

585 **Prérogatives de puissance publique et mission de police. –** Les personnes de droit public ou de droit privé investies de prérogatives de puissance publique ou d'une mission de police n'exercent pas une activité économique. Pour délimiter le champ d'application des directives marchés et des libertés économiques protégées par le Traité, la Cour a rappelé les critères permettant d'identifier les activités participant à l'exercice de l'autorité publique (CJUE 29 avril 2010, *Commission c/ Allemagne*[37]) : elles impliquent un exercice suffisamment qualifié de droits exclusifs, de privilèges, de puissance publique ou de pouvoir de coercition.

CJCE 19 janvier 1994, *Eurocontrol*, aff. C-364/92 : prérogatives de contrôle et de police de l'espace aérien qui sont des prérogatives de puissance publique. Quelques années plus tard, la Cour affine son raisonnement en distinguant les diverses activités d'Eurocontrol (CJCE 26 mars 2009, *Selex Sistemi Integrati*, aff. C-113/07). Deux activités d'Eurocontrol (assistance aux administrations nationales et activité de normalisation technique) sont rattachables à sa mission régalienne. En revanche, l'activité de recherche et développement n'est pas de nature économique. De même, l'extension et l'exploitation d'une piste aéroportuaire constituent des activités économiques, à la différence des fonctions de sécurité et de police des aéroports[38].

Sûreté, contrôle aérien, douanes, contrôle de la circulation maritime et sécurité maritime : décisions de la Commission relatives aux aides N309/2002, *Sûreté aérienne*, du 19 mars 2003, *JO* C 148 du 25 juin 2003 et N348/2002 du 16 octobre 2002, *Subventions aux régies portuaires pour l'exécution de missions relevant de la puissance publique, JO* C 284 du 21 novembre 2002.

CJCE 18 mars 1997, *Diego Cali*, aff. C-343/95 : une activité de surveillance antipollution dans un port pétrolier exercée par une entité privée sur habilitation d'une autorité publique n'est pas une activité économique.

TPICE 30 septembre 2004, *Meca-Medina*, aff. T-313/02 : activité de régulation du marché exclue du droit de la concurrence.

Décision de la Commission relative à l'aide N 571/2004, *Pologne, Aide d'État au secteur du charbon polonais, JO* C 87 du 11 avril 2006 : fermeture de mines de charbon et gestion des actifs et décision relative aux aides CZ 45/2004 et 110/2004, *Aides d'État à l'industrie houillère tchèque, JO* C 87 du 11 avril 2006 : allocation de fonds pour les travaux de réadaptation et de surveillance des sites et éradication des conséquences de l'activité minière.

Décision de la Commission relative à l'aide N 478/2004, *Irlande, JO* C 207 du 31 août 2006 : financement et surveillance de la construction d'infrastructures de chemin de fer.

Décision de la Commission relative à l'aide N 140/2006, *Lituanie, JO* C 244 du 11 octobre 2006 : organisation, financement et exécution de mesures pénitentiaires afin d'assurer la mise en œuvre du système pénal.

586 **Absence de marché. –** L'activité économique suppose l'existence d'un marché afin d'y offrir biens et services. Dans sa décision du 12 décembre 2006, *Selex Sistemi Integrati SpA c/Commission*[39], le TPICE a jugé que l'activité d'Eurocontrol consistant à élaborer et préparer des normes techniques en matière de navigation aérienne n'était pas fournie sur un marché en ce que les seuls demandeurs étaient les États eux-mêmes, qui avaient précisément choisi d'élaborer les normes dans le cadre d'une coopération internationale, par l'intermédiaire d'un organisme qu'ils avaient créé.

37. C-160/08.
38. TPIUE 24 mars 2011, *Freistaat Sachsen*, T-443/08.
39. Aff. T-155/04.

Le critère de la présence sur un marché a été critiqué par l'Avocat général Jacobs pour qui « une entité devait être qualifiée d'entreprise aux fins des règles de concurrence non seulement quand elle offre des biens et des services sur le marché mais aussi quand elle exerce d'autres activités qui sont économiques par leur nature et qui pourraient conduire à fausser un marché concurrentiel »[40].

587 **Détention d'une participation dans une entreprise. –** La simple détention de participations, même de contrôle, ou l'exercice de droits attachés à la qualité d'actionnaire ou d'associé, ou encore la perception de dividendes ne suffit pas à caractériser une activité économique, sauf si le détenteur du pouvoir de contrôle s'immisce dans la gestion de l'entreprise[41].

3. La distinction entre la notion d'opérateur économique et la notion d'entreprise

588 **Enjeux. –** La notion d'opérateur économique est utilisée en droit des marchés publics, en ce que les marchés publics sont conclus avec des « opérateurs économiques » sans que les directives marchés (n° 2004/17 et 2004/18) n'en donnent de définition précise. Selon l'article 1er-8 de la directive n° 2004/18, « le terme "opérateur économique" couvre à la fois les notions d'entrepreneur, fournisseur et prestataire de services. Il est utilisé uniquement dans un souci de simplification du texte ». « Les termes "entrepreneur", "fournisseur" et "prestataire de services" désignent toute personne physique ou morale ou entité publique ou groupement de ces personnes et/ou organismes qui offre, respectivement, la réalisation de travaux et/ou d'ouvrages, des produits ou des services sur le marché ». Ainsi, la notion d'opérateur économique délimite le champ d'application du droit de la commande publique, alors que celle d'entreprise délimite celui du droit de la concurrence. Deux thèses s'opposent quant à leur assimilation, opposition fondée sur la plus ou moins grande nécessité d'appliquer au plus grand nombre de situations les règles susvisées.

589 **Assimilation. –** La thèse de l'assimilation est fondée sur l'idée que la notion d'entreprise repose sur le caractère économique de son activité, critère qui identifie également l'opérateur économique. Le droit de la concurrence et le droit de la commande publique, qui est un droit de la mise en concurrence, poursuivraient le même objectif d'une concurrence loyale, saine, libre et égale. Par souci de simplification leurs champs d'application organique devraient pouvoir se rejoindre[42].

590 **Non-assimilation. –** La thèse de la non-assimilation repose sur l'idée que le droit de la concurrence ne doit pas s'étendre au-delà de ses frontières naturelles, au contraire du droit de la commande publique dont le champ d'application est

40. Concl. sur CJCE 10 janv. 2006, *Ministero dell'Economia e delle Finanze c/Cassa di Risparmio di San Miniato, SpA*, aff. C-222/04.

41. À propos des Caisses d'épargne italiennes et des activités d'investissement, CJCE 10 janv. 2006, *Ministero dell'Economia e delle Finanze c/Cassa di Risparmio di San Miniato, SpA*, aff. C-22/04.

42. En ce sens, concl. KOKOTT sur CJCE 18 janv. 2007, *Auroux c/Cne de Roanne*, aff. C-220/05 ; P. THIEFFRY, « Les services sociaux d'intérêt général sont-ils des entreprises ? », *AJDA* 2007, p. 1331 ; S. NICINSKI, « Opérateurs privés », in *Droit des marchés publics*, Éditions du Moniteur, II.310.1.

déjà délimité par la présence d'un pouvoir adjudicateur et dont il faut faire jouer les effets à tous types de relations contractuelles nouées avec des tiers. Il faudrait contenir le droit de la concurrence, mouvement amorcé avec l'affaire *Fenin* (précitée) dans laquelle la notion d'entreprise a été retreinte, et développer les effets du droit de la commande publique. Partant, la notion d'opérateur économique en droit de la commande publique serait plus large que celle d'entreprise. L'opérateur économique ne poursuit pas nécessairement un but lucratif[43].

L'arrêt *CoNISMa* rendu par la Cour de justice en 2009 confirme que la notion d'opérateur économique propre au droit des marchés publics est en réalité plus large que celle d'entreprise en droit de la concurrence. En effet, la notion d'entreprise, qui circonscrit le droit de la concurrence, n'a pas forcément vocation à s'appliquer à certaines structures ayant un faible impact sur la structure ou le fonctionnement de la concurrence. En revanche, la notion d'opérateur économique au sens du droit des marchés publics se doit d'être plus large, en ce qu'il convient de ne pas exclure du champ d'application des procédures de passation certaines commandes, ce qui aboutirait au résultat parfaitement contraire à l'objectif du droit de la commande publique de permettre la passation de gré à gré de certaines commandes avec un opérateur ne présentant pas l'organisation interne d'une entreprise, ne poursuivant pas les mêmes objectifs ou ne répondant qu'occasionnellement à une commande publique.

CJUE 23 décembre 2009, *CoNISMa*, aff. C-305/08 : « le législateur communautaire n'a pas entendu limiter la notion d'« opérateur économique qui offre des services sur le marché » aux seuls opérateurs qui sont dotés d'une organisation d'entreprise, ni introduire des conditions particulières susceptibles d'établir une limitation, en amont, de l'accès aux appels d'offres fondée sur la forme juridique et l'organisation interne des opérateurs économiques. Partant, il ressort tant des règles communautaires que de la jurisprudence de la Cour qu'est admise à soumissionner ou à se porter candidate toute personne ou entité qui, au vu des conditions énoncées dans un avis de marché, se considère apte à assurer l'exécution de ce marché, directement ou en recourant à la sous-traitance, indépendamment de son statut, de droit privé ou de droit public, ainsi que de la question de savoir si elle est systématiquement active sur le marché ou si elle n'intervient qu'à titre occasionnel, ou si elle est subventionnée par des fonds publics ou ne l'est pas. Il convient d'ajouter qu'une interprétation restrictive de la notion d'« opérateur économique » aurait pour conséquence que les contrats conclus entre des pouvoirs adjudicateurs et des organismes qui n'agissent pas principalement dans un but lucratif ne seraient pas considérés comme des « marchés publics », qu'ils pourraient être passés de gré à gré et qu'ils échapperaient ainsi aux règles communautaires en matière d'égalité de traitement et de transparence, contrairement à la finalité de ces règles ».

B. DROIT FRANÇAIS

591 **Articulation avec le droit communautaire. –** Le droit français présente des similitudes avec le droit communautaire et des éléments de contradiction. Bien qu'il n'existe aucune définition générale de l'entreprise publique, certains textes sectoriels

43. En ce sens M. KARPENSCHIF, « L'association, opérateur économique au sens du droit des marchés publics », *CP-ACCP* n° 68, juill. /août 2007, p. 40. En droit de la commande publique, CJCE 18 janv. 2007, *Auroux c/Cne de Roanne*, aff. C-220/05, point 44 et conclusion KOKOTT, point 54 : « la qualité d'entrepreneur (...) ne suppose d'ailleurs pas nécessairement la poursuite d'un but lucratif ».

ont repris le critère tiré de la nature de l'activité de l'organisme. Dans d'autres cas, c'est le caractère non concurrentiel du marché qui génère l'exclusion. D'une manière générale, les exclusions françaises sont plus larges que celles qui sont admises en droit communautaire, ce qui n'ira pas sans poser quelques difficultés.

Ainsi, pour l'application des règles de transparence entre les États et les entreprises publiques, l'article 1-II de l'ordonnance n° 2004-503 du 7 juin 2004 et, pour l'application du droit des marchés publics, l'article 4-2 de l'ordonnance n° 2005-649 du 6 juin 2005 dispose qu'« est une entreprise publique au sens de la présente ordonnance tout organisme (...) qui exerce des activités de production ou de commercialisation de biens ou de services marchands ».

592 **Embryon de définition conceptuelle de l'activité économique. –** Certains juges du fond (TA Limoges 6 mai 2010, *AFORMAC*, à propos d'organismes assurant des actions de formation des demandeurs d'emploi[44]) commencent à aborder la notion d'opérateur économique de manière conceptuelle en se fondant sur deux critères : les modalités d'organisation des structures concernées et les conditions dans lesquelles elles exercent leurs missions. Le Conseil d'État avait jugé dans l'arrêt *Commune d'Aix-en-Provence* du 6 avril 2007[45] que les collectivités publiques peuvent ne pas passer de marchés publics lorsque le tiers auquel elles s'adressent ne saurait être regardé comme un opérateur sur un marché concurrentiel. Il a plus récemment (28 mai 2010, *Sté Enfenconfiance*[46]) posé incidemment le critère de l'intervention sur un marché. On pourrait en déduire plusieurs indices quant à la notion d'activité économique : l'intervention sur un marché concurrentiel, les modalités d'organisation et les conditions d'intervention.

1. Exclusion tenant à la nature des activités exercées

593 **Faisceau d'indices. –** Le droit français paraît exclure du domaine économique les activités sociales, culturelles et artistiques de manière beaucoup plus générale que le droit communautaire. Plus particulièrement, les associations qui interviennent dans ces domaines bénéficient désormais en droit français d'une large immunité face aux règles du marché, ce qui est contestable au regard du droit communautaire. Toutefois, la simple nature de l'activité ne suffit pas et le juge français fonde son appréciation sur un faisceau d'indices, à l'instar de son homologue communautaire.

594 **Activités sociales. –** Dans son avis du 23 octobre 2003, *Fondation Jean-Moulin*[47], à propos de la gestion par une fondation d'un ensemble de prestations d'action sociale destinées aux agents du ministère de l'Intérieur, le Conseil d'État estime qu'il n'est pas nécessaire de s'interroger sur la nécessité de se conformer aux règles applicables aux marchés publics, « dès lors que les prestations d'action sociale en cause, qui constituent un élément de la politique de gestion des

44. *AJDA* 2010, p. 1323, note J.-D DREYFUS.
45. *JCP* A 2007, n° 2111, note M. KARPENSCHIF et n° 2125, note F. LINDITCH, *AJDA* 2007, p. 1020, chron. LENICA et BOUCHER, p. 1153, édito L. RICHER, *JCP* A 2007, n° 2128, *Gaz. Cnes* 4 juin 2007, p. 54, note E. DE FENOYL.
46. *CMP* août-sept. 2010, n° 268, note G. ECKERT.
47. Rapport CE 2004, p. 209.

ressources humaines de ce ministère, ne présentent pas, dans les conditions où elles sont mises en œuvre, le caractère d'une activité économique. Il suit de là qu'en organisant la gestion de ces prestations, le ministère procède à une simple organisation du service ». Si l'avis « *Fondation Jean-Moulin* » se réfère aux modalités d'organisation de la gestion des prestations en cause, on est loin de l'analyse rigoureuse opérée par les autorités communautaires. Toutefois, le Conseil d'État établit les caractéristiques garantissant la vocation sociale des prestations et les distinguant des prestations à caractère purement marchand : l'exploitant ne doit pas se borner « à offrir des services disponibles et aisément accessibles, en termes de localisation et de prix, sur le marché et leurs conditions d'octroi et de tarification les rendent accessibles à l'ensemble des agents, en particulier à ceux à revenus modestes ». Le Conseil d'État prend également en considération le fait qu'en confiant certaines missions à la Fondation Jean Moulin, l'administration poursuivait un but d'organisation des services du ministère. Rien n'indique si cet élément, très différent de l'objet social des prestations, et relevant de la liberté d'organisation des personnes publiques, est obligatoirement requis et doit être associé à la nature sociale des prestations en cause pour faire jouer l'exception.

À la suite d'un recours exercé par la CIMADE contre le décret n° 2008-817 du 22 août 2008, ouvrant à une ou plusieurs personnes morales la possibilité de conclure des conventions avec le ministre de l'Immigration pour l'assistance aux étrangers placés en centre, le Conseil d'État[48] a mentionné que la loi ne prévoit pas que cette mission d'assistance doit être réservée à des associations, ni n'interdit que cette activité, qui peut revêtir un caractère économique, soit dévolue au terme d'une procédure de marché public.

Face à des activités sociales, il convient de distinguer deux volets différents. En aval, une prestation peut s'adresser à une population non solvable, voire très défavorisée, et revêtir l'apparence d'une activité sociale à caractère non économique. Mais en amont, le choix de l'administration, en finançant les opérateurs susceptibles de délivrer la prestation, peut imprimer à cette activité un caractère économique et créer un véritable marché. Pour s'en convaincre, il suffit de se référer aux gérants d'hôtels hébergeant des personnes en attente de logement, à la demande de l'administration et moyennant rémunération par elle. Un véritable marché économique très prisé s'est développé, à partir d'une activité qui aurait revêtu tous les caractères d'une prestation purement sociale si l'administration n'avait pas pris la décision de financer le logement par ce biais.

La circulaire du 18 janvier 2010 (*JO* du 20 janvier), relative aux relations entre les pouvoirs publics et les associations, vient de sonner le glas d'une conception franco-française très extensive de la notion d'activité non économique et la tendance à exclure trop rapidement les associations du champ économique : « cette

48. CE 3 juin 2009, n° 321841, S. SLAMA, « Centres de rétention : la mi-temps du contentieux de l'assistance juridique des étrangers retenus », *JCP* A n° 27, 29 juin 2009, n° 805.

notion « d'activité économique » recouvre, quel que soit le secteur d'activité, toute offre de biens ou de services sur un marché donné :

— le fait que l'activité concernée puisse être de nature « sociale » n'est pas en soi suffisant pour faire exception à la qualification d'activité économique au sens du droit des aides d'État ;

— le fait que l'entité susceptible de bénéficier du concours public ne poursuive pas un but lucratif ne signifie pas que les activités qu'elle exerce ne sont pas de nature économique ;

— seules échappent à cette qualification les activités liées à l'exercice de prérogatives de puissance publique ou certaines activités identifiées par la jurisprudence communautaire, comme les prestations d'enseignement public ou la gestion de régimes obligatoires d'assurance. Dans la pratique, la grande majorité des activités exercées par les associations peuvent être considérées comme des « activités économiques ».

595 **Activités culturelles et artistiques. –** Le Conseil d'État dans son arrêt *Commune d'Aix-en-Provence* a soustrait à l'application du droit des marchés publics les contrats conclus avec des organismes agissant dans les secteurs culturels et artistiques, au titre de la « nature de l'activité » exercée, s'agissant du très célèbre Festival international d'art lyrique d'Aix-en-Provence[49]. Toutefois, là encore la technique du faisceau d'indices est utilisée sans que l'on sache véritablement quel est le poids respectif des différents indices (nature de l'activité, conditions particulières d'exercice, caractère non concurrentiel du marché). Notamment, la précision tenant aux conditions particulières d'exercice pourrait jouer le rôle d'un critère réducteur en renvoyant aux conditions fixées par le droit communautaire, mais rien ne l'indique.

596 **Activités concourant au respect des missions essentielles de l'État. –** Le Conseil d'État a jugé que la Mission d'appui aux contrats de partenariat[50] avait une activité de conseil juridique procédant de l'État et s'insérant dans une mission d'intérêt général visant au respect par les personnes publiques du principe de légalité. De ce fait, elle n'intervient pas sur un marché et ses prestations revêtent un caractère non économique.

Cette exclusion paraît contraire au droit communautaire, en ce qu'il a été jugé dans l'affaire TPICE 12 décembre 2006, *Selex Sistemi Integrati SpA c/Commission*, aff. T-155/04 qu'une offre de conseils intervenant dans le secteur des missions des États membres révélait une activité économique. Toutefois, il est possible de soutenir que le rôle de la MAPP n'est en rien comparable à celui d'un conseil juridique classique, celle-ci se contentant de donner un avis sur la faisabilité d'un projet.

49. CE Sect. 6 avr. 2007, *Cne d'Aix-en-Provence*, *JCP* A 2007, n° 2111, note M. KARPENSCHIF et n° 2125, note F. LINDITCH, *AJDA* 2007, p. 1020, chron. LENICA et BOUCHER, p. 1153, édito L. RICHER, *JCP* A 2007, n° 2128, *Gaz. Cnes* 4 juin 2007, p. 54, note E. DE FENOYL.

50. CE Ass. 31 mai 2006 *Ordre des avocats au barreau de Paris, BJCP* 2006, n° 47, p. 295, concl. CASAS ; *AJDA* 2006, p. 1592, chron. LANDAIS et LENICA ; *CP-ACCP* n° 59, oct. 2006, p. 78, note L. RENOUARD ; *Dr. adm.* août 2006, n 129, note M. BAZEX ; *Contrats et marchés publics* juill. 2006, comm. 202, note G. ECKERT.

2. Exclusion tenant au caractère non concurrentiel du marché

597 **Opérateur n'agissant pas sur un marché concurrentiel. –** Le Conseil d'État a jugé dans un important arrêt de *Section, Commune d'Aix-en-Provence* du 6 avril 2007 (précité) que les collectivités publiques peuvent ne pas passer de marchés publics lorsque le tiers auquel elles s'adressent ne saurait être regardé comme un opérateur sur un marché concurrentiel. Seraient ainsi exclus les opérateurs « n'agissant pas sur un marché concurrentiel », formulation devant être comprise comme l'extension de l'exception aux cas dans lesquels l'opérateur exerçant une activité économique n'opère pas sur un marché « contestable », c'est-à-dire les cas dans lesquels il n'est possible de s'adresser qu'à un seul opérateur déterminé[51].

598 **Critiques. –** La mise en concurrence propre à la passation d'un marché a précisément pour objet de susciter la concurrence, de tester le caractère réellement contestable d'un marché et au besoin de briser les monopoles existants par des mises en concurrence fréquentes. Il n'appartient nullement au pouvoir adjudicateur de constater *a priori* qu'un marché est peu contestable. Cette attitude serait même extrêmement nuisible aux marchés dits « émergents ». L'exclusion va à l'encontre de la jurisprudence de la Cour (affaire *Fenin*, précitée) en ce que la Cour a mis en avant le critère du contexte de marché, entendu comme permettant de déterminer s'il existe ou non un marché, même si les dispositions légales en vigueur empêchent l'émergence d'une concurrence réelle sur ce marché. Dès lors, il ne faut pas se demander si l'opérateur agit sur un marché non concurrentiel (droit français), mais si le marché est susceptible de l'être (droit communautaire).

§ 3. L'INFLUENCE PUBLIQUE

599 **Critère double. –** Pour qu'une entreprise soit publique, il faut qu'elle soit sous l'influence de collectivités publiques. Deux types de critères se concurrencent : le critère capitalistique, c'est-à-dire la détention majoritaire du capital par une personne publique, et le critère plus large de l'influence dominante ou prépondérante. La définition de l'entreprise publique ne fait l'objet d'aucun texte général et les textes ou la jurisprudence n'utilisent une déclinaison du critère de l'influence publique que pour déterminer leur champ d'application ou pour définir la notion de transfert de la propriété d'entreprises du secteur public au secteur privé selon l'article 34 de la Constitution.

A. LE CRITÈRE CAPITALISTIQUE

600 **Notion. –** Le critère capitalistique désigne la détention de plus de la majorité du capital d'un organisme par une ou plusieurs personnes publiques. Cette détention peut être directe ou indirecte. Une détention de capital est « indirecte » lorsqu'elle

51. Chron. LENICA et BOUCHER, *AJDA* 2007, p. 1020. Hypothèse pressentie par A. MÉNÉMÉNIS et E. FATÔME, « Concurrence et liberté d'organisation des personnes publiques », *AJDA* 2006, p. 67.

passe par le biais d'organismes publics réunissant diverses participations ou lorsque l'entreprise est détenue par des structures de droit privé appartenant elles-mêmes au secteur public.

601 **Textes. –** Le critère de la détention majoritaire du capital se retrouve dans certains textes ou projet de texte. Ainsi, le Projet Queuille de 1948, destiné à établir une définition générale de l'entreprise publique, mais finalement non discuté au Parlement, prévoyait que « l'entreprise publique est une personne morale dotée de l'autonomie financière, et dont le capital est exclusivement constitué par des apports en espèce ou en nature, faits par l'État en vue de leur affectation à une exploitation commerciale, industrielle ou agricole. Elle exerce son activité en se conformant aux lois et usages du commerce ».

Le premier cercle de compétence de la Cour des comptes en matière de contrôle de gestion est défini à l'article L. 133-1 du Code des juridictions financières (issu de la loi du 22 juin 1976), qui dispose que « la Cour des comptes assure la vérification des comptes et de la gestion des établissements publics de l'État à caractère industriel et commercial, des entreprises nationales, des sociétés nationales, des sociétés d'économie mixte ou des sociétés anonymes dans lesquelles l'État possède la majorité du capital social ». La loi n° 83-675 du 26 juillet 1983, dite de démocratisation du secteur public, notamment relative à la composition des organes dirigeants des entreprises publique, utilise le critère de la détention de la majorité du capital social pour délimiter son champ d'application, ainsi que celui de la nature du statut des entités concernées : EPIC et EP à double visage dont le personnel est soumis au droit privé ; liste de sociétés figurant en annexe, entreprises nationales, sociétés nationales, sociétés d'économie mixte ou sociétés anonymes dans lesquelles l'État détient directement plus de la moitié du capital social ainsi que les sociétés à forme mutuelle nationalisées ; SA dans lesquelles plus de la moitié du capital est détenu par des personnes publiques ou conjointement par des personnes publiques et des entités soumises aux dispositions de la loi.

602 **Jurisprudence. –** Le juge administratif s'est prononcé sur la consistance du secteur public à travers l'interprétation de l'article 34 de la Constitution, qui dispose que la loi « fixe les règles concernant (...) les transferts de propriété d'entreprises du secteur public au secteur privé ». Il est intéressant de noter[52] que pendant les travaux préparatoires de la Constitution, ses rédacteurs se référaient au modèle de la société contrôlée entièrement par l'État sous la garantie de la loi. Le Conseil d'État va cependant devoir appliquer l'article 34 de la Constitution à d'autres cas de figure, le secteur public ayant profondément évolué entre 1958 et le début des années 1980. C'est le critère capitalistique, c'est-à-dire la détention majoritaire du capital d'une entreprise par une personne publique qui est retenu. Ce critère est nécessaire et suffisant.

CE 2 esp. Assemblée 24 novembre 1978, *Syndicat national du personnel de l'énergie atomique et Schwartz*[53], à propos (1re esp.) d'un décret autorisant le CEA à créer la COGEMA, à lui transférer les actifs relatifs à l'exploitation commerciale des matières nucléaires et prévoyant la détention de 100 % de la COGEMA par le CEA : « Le décret attaqué prévoit que le CEA sera tenu de conserver la majorité au moins du capital social de la société qu'il est autorisé à créer et disposera de plus de la moitié des sièges au conseil d'administration de cette société ; dans ces conditions, ladite société

52. J.-Y. CHÉROT, *Droit public économique*, Economica, 2e éd., 2007, n° 313.

53. *Rec.* p. 465 et 467, *AJDA* mars 1979, p. 34, chron. DUTHEILLET DE LAMOTHE et ROBINEAU et concl. LATOURNERIE et p. 42, note M. BAZEX.

appartiendra au secteur public ». La seconde espèce concernait le transfert des actifs de l'ERAP à Elf-Aquitaine et à sa filiale Elf-Aquitaine

Production, l'ERAP devant conserver la majorité du capital de Elf et disposer de la majorité des sièges, comme Elf par rapport à sa filiale (même solution). Le Conseil d'État utilise donc deux critères alternatifs (majorité du capital, majorité des sièges au CA). Le secteur public est entendu au sens large en ce que peuvent y être incluses des sociétés non détenues directement par l'État. Le Commissaire du gouvernement, non suivi sur ce point, en se fondant sur les prérogatives de la minorité de blocage, avait conclu que le critère de la détention des 2/3 du capital était préférable.

CE Ass. 22 décembre 1982, *Comité central d'entreprise de la SFENA*[54] : « L'État, la société nationale des industries aérospatiales (SNIAS) et une société filiale du Crédit Lyonnais détenaient ensemble jusqu'à la fin de 1980, plus de la moitié du capital de la SFENA et qu'ainsi cette société avait le caractère d'une entreprise du secteur public ». Selon J.-Y. Chérot[55], cette jurisprudence comporte trois apports majeurs : en premier lieu, le critère de la garantie de la participation par la loi ou le règlement n'est plus requis (alors qu'il l'était dans les arrêts de 1978) et l'extension du secteur public peut résulter de la volonté des gouvernants ou des dirigeants d'entreprises publiques ; en deuxième lieu le critère de la détention de la majorité des sièges dans les organes de gestion est supprimé ; en troisième lieu, le Conseil d'État consacre la notion d'entreprise publique codétenue (par des collectivités publiques ou d'autres entreprises du secteur public). La condition de la garantie de la participation publique semble toutefois opérer une résurgence dans CE 28 juin 1989, *Syndicat du personnel des industries électriques et gazières du centre de Grenoble*, n° 77659.

Le critère capitalistique est clairement désigné comme un critère suffisant dans la jurisprudence postérieure (CE 6 mars 1991, *Syndicat national CGT du CEPME*[56]) : 50 % d'un organisme était détenu par l'État et la circonstance que l'État n'ait désigné qu'une part minoritaire des dirigeants est sans influence sur l'appartenance au secteur public ; CE Ass. 6 décembre 1996, *Sté Lambda*[57] : le Conseil reconnaît une entreprise privée à la composition de son capital ; CE avis du 26 août 1997[58] : à propos d'un organisme ne disposant pas de « capital » eu égard à son statut particulier, qui est jugé comme n'appartenant pas au secteur public car « la détention majoritaire du capital par l'État, les collectivités locales, leurs établissements publics et les entreprises publiques constitue le critère de l'appartenance d'une société au secteur public, au sens de l'article 34 de la Constitution » ; CE avis n° 362610 du 17 septembre 1998[59] : la détention de la majorité des droits de vote aux assemblées d'actionnaires ne suffit pas à qualifier une entreprise d'entreprise publique.

B. LE CRITÈRE DE L'INFLUENCE DOMINANTE

603 **Signification. –** Est une entreprise publique l'entreprise sur laquelle une personne publique exerce une influence dominante ou prépondérante. Cette influence s'exprime généralement à l'aide de trois sous-critères alternatifs : le critère capitalistique (détention de la majorité du capital social), celui de la majorité des droits de vote dans l'organe délibérant (critère décisionnel) et celui de la désignation de la majorité des membres des organes de direction (critère organique). S'agissant de la

54. *Rec.* p. 436, *RDP* 1983, p. 497, concl. BACQUET, note J.-M. AUBY, *AJDA* 1983, p. 172, chron. LASSERRE et DELARUE, *D.* 1983, IR, p. 277, obs. P. DELVOLVÉ et note M. DURUPTY, *D.* 1984, p. 261, note H. AMIEL, *JCP* 1983, II, 20072, note M. LOMBARD, *Droit social* 1983, p. 676, note J.-P. DUBOIS.
55. Ouvrage préc., n° 315.
56. *RFDA* 1991, note M. DURUPTY.
57. *Rec.* p. 466, concl. PIVETEAU.
58. *EDCE* n° 49, La Documentation française 1998, p. 209.
59. *EDCE* 1999, p. 220.

détention du capital, on pourrait se demander si dans certains cas la détention d'une part minoritaire mais significative de capital ne suffirait pas. Cette situation se rencontrerait dans les entreprises où l'actionnariat est éclaté, ou dans les entreprises dans lesquelles ont été conclus des pactes d'actionnaires en faveur de l'actionnaire le plus important (qui ne serait pas forcément majoritaire).

604 **Marchés publics. –** En droit des marchés publics, est une entreprise publique une entreprise sur laquelle un pouvoir adjudicateur exerce une influence dominante. Le critère de l'influence dominante est commun aux textes français et communautaires.

Selon l'article 2-b) de la directive n° 2004/17, est une entreprise publique « toute entreprise sur laquelle les pouvoirs adjudicateurs peuvent exercer directement ou indirectement une influence dominante du fait de la propriété, de la participation financière ou des règles qui la régissent. L'influence dominante est présumée lorsque les pouvoirs adjudicateurs, directement ou indirectement, à l'égard de l'entreprise : détiennent la majorité du capital souscrit de l'entreprise ou disposent de la majorité des voix attachées aux parts émises par l'entreprise ou peuvent désigner plus de la moitié des membres de l'organe d'administration, de direction ou de surveillance de l'entreprise » (voir la transposition à l'article 4-2° de l'ordonnance n° 2005-649 du 6 juin 2005).

605 **Transparence des relations financières entre les États membres et les entreprises publiques. –** Les mêmes critères sont posés par la directive n° 80/723/CEE modifiée du 25 juin 1980 (transposée par l'ordonnance n° 2004-503 du 7 juin 2004), aujourd'hui remplacée par la directive n° 2006/111/CE du 16 novembre 2006, relative à la transparence des relations financières entre les États membres et les entreprises publiques.

606 **Contrôle de la Cour des comptes. –** Le second cercle de compétence de la Cour des comptes en matière de contrôle de gestion s'identifie à l'aide de critères procédant de l'idée d'influence prépondérante. Ainsi, l'article L. 133-2 du Code des juridictions financières dispose que « la Cour des comptes peut également assurer, sous réserve de la compétence attribuée aux chambres régionales et territoriales des comptes, la vérification des comptes et de la gestion : (...) b) Des sociétés, groupements ou organismes, quel que soit leur statut juridique, dans lesquels l'État, les collectivités, personnes ou établissements publics, les organismes déjà soumis au contrôle de la Cour détiennent, séparément ou ensemble, plus de la moitié du capital ou des voix dans les organes délibérants ; c) Des filiales des organismes visés aux deux alinéas précédents, lorsque ces organismes détiennent dans lesdites filiales, séparément, ensemble ou conjointement avec l'État, plus de la moitié du capital ou des voix dans les organes délibérants ; d) Des personnes morales dans lesquelles l'État ou des organismes déjà soumis au contrôle de la Cour détiennent, directement ou indirectement, séparément ou ensemble, une participation au capital permettant d'exercer un pouvoir prépondérant de décision ou de gestion ».

SECTION III NATIONALISATIONS

607 **Vagues. –** La France a connu trois différentes vagues de nationalisations. La première, modeste, date de 1936 et de l'avènement du Front populaire, et a pour objet les industries d'armement et les chemins de fer. La deuxième intervient en 1946 à la Libération (EDF, GDF, Charbonnages de France, Compagnies d'assurance, Compagnies de transport aérien, Renault, Société des moteurs Gnome et Rhône, banques de dépôt et Banque de France, etc.). On doit la troisième vague de nationalisations à l'arrivée de la gauche au pouvoir en 1981 : sont concernées cinq grandes sociétés industrielles (Compagnie Générale d'électricité, Saint-Gobain, Pechiney, Rhône-Poulenc, Thomson-Brandt), deux compagnies financières (Paribas et Suez) et de nombreuses banques.

608 **Notion. –** « La nationalisation désigne le transfert de la propriété d'un bien ou d'une entreprise dans le patrimoine de l'État, ordonné souverainement par ce dernier, moyennant indemnisation du (ou des) propriétaires. Les nationalisations ont en commun d'être toutes une affirmation de souveraineté (interne ou externe), un acte de puissance publique et l'expression d'un choix politique : l'État, en tant qu'il représente la Nation, acquiert par la contrainte la propriété d'un bien ou d'une entreprise »[60]. Plus précisément, le Conseil constitutionnel limite la notion de nationalisation aux opérations imposées unilatéralement aux propriétaires, en en excluant les nationalisations « conventionnelles », résultant d'accords entre les différentes parties, alors que ce type d'opérations est à l'origine d'une grande partie du secteur public (compagnies de chemin de fer en 1937, Dassault Usinor, Sacilor, branches armement et espace de Matra en 1981).

CC décision n° 83-167 DC du 19 janvier 1984, Établissements de crédit : « La nationalisation, au sens de l'article 34 de la Constitution, implique que le transfert de propriété d'une entreprise résulte d'une décision de la puissance publique à laquelle le ou les propriétaires sont obligés de se plier ; que la prise de participations dans le capital d'entreprises ne saurait, en raison du caractère contractuel de l'opération, constituer une nationalisation ».

609 **Motifs. –** S'agissant des nationalisations de 1946, outre l'impératif de reconstruction du pays, celles qui ont été réalisées par le Gouvernement provisoire de la République française relèvent d'un mouvement étatiste et centralisateur[61], alors que celles réalisées par l'Assemblée nationale constituante procèdent plus d'une nouvelle conception de l'économie, fondée sur la nationalisation sans l'Étatisme[62]. En effet, l'idéal politique de l'époque consiste à soustraire la gestion de ces entreprises au bureaucratisme et y associer les forces vives de la Nation, le personnel et les usagers. En 1982, les travaux préparatoires de la loi n° 82-155 du 11 février 1982 indiquent que la nouvelle majorité socialiste a entendu fonder les nationalisations sur la nécessité de donner aux pouvoirs publics les moyens de faire face à la crise économique, de promouvoir la croissance et de combattre le chômage. Depuis 1988 et la politique du « ni-ni » de F. Mitterrand (ni privatisation ni nationalisation) le

60. D. TRUCHET, « Nationalisation », *Dictionnaire de la culture juridique*, PUF, 2003.
61. Comme le remarque J. DUFAU, *Les entreprises publiques*, Le Moniteur, 1991, p. 37.
62. Comme le remarque J.-Y. CHÉROT, *Droit public économique*, Economica, 2e éd., 2007, n° 307.

thème des nationalisations semble tombé en désuétude. Les objectifs des nationalisations sont multiples et répondent parfois à des idéologies très différentes, ce qui explique que la technique ait pu être utilisée par des gouvernements de différents bords politiques. L'objectif poursuivi peut être de socialiser les biens de production, de combattre le grand capitalisme, de démocratiser la gestion des entreprises, de répartir plus équitablement les profits, d'assurer l'indépendance nationale, de donner à l'État des moyens d'action économique, de lutter contre le chômage et d'assurer la croissance, de permettre la survie de certaines activités ou de résister à une crise économique, voire de punir les propriétaires d'entreprises pour leur comportement (Renault en 1945)[63]. Tantôt l'objectif poursuivi sera de soustraire l'entreprise aux lois du marché, tantôt il s'agira, au contraire, pour l'État d'en profiter en tant qu'entrepreneur. La crise de l'année 2008 a aussi montré que des nationalisations (ou plus raisonnablement d'importantes prises de participation) peuvent être envisagées pour venir en aide à des institutions financières dont la chute aurait de trop graves répercussions sur l'économie.

610 **Champ d'application. –** La question s'est posée de savoir si l'alinéa 9 du Préambule de 1946 devait être interprété comme limitant le champ d'application des nationalisations aux entités qu'il vise (service public national et monopole de fait). Dans sa décision n° 132 DC du 16 janvier 1982, Loi de nationalisation, le Conseil constitutionnel considère nécessairement mais implicitement que la nécessité publique d'une nationalisation peut s'apprécier au regard des objectifs annoncés dans l'exposé des motifs de la loi de 1982, donc qu'une nationalisation peut toucher des entreprises qui n'exploitent pas forcément un monopole de fait ou un service public national. La question s'est aussi posée de savoir si l'alinéa 9 instituait une compétence liée du législateur, qui serait alors tenu de nationaliser les services publics nationaux et les monopoles de fait[64]. Outre l'absence d'effectivité d'une telle obligation au contentieux (on ne voit pas par quelle voie de droit on pourrait exercer un recours contre la carence du législateur, recours ayant pour effet d'obliger le législateur à exercer sa compétence), la doctrine contemporaine penche plutôt en faveur de l'idée que les termes de l'alinéa 9 sont suffisamment vagues pour « officialiser la compétence discrétionnaire de l'État en matière de nationalisation et de privatisation »[65].

611 **Compétence. –** Au titre de l'article 34 alinéa 11 de la Constitution, le législateur « fixe (...) les règles concernant (...) les nationalisations d'entreprises ». Cette compétence a été interprétée par le Conseil constitutionnel comme incluant la définition des critères des entreprises à nationaliser ainsi que la possibilité pour le législateur de déterminer lui-même la liste des sociétés concernées (décision n° 139 DC du 11 février 1982, Loi de nationalisation).

63. D. TRUCHET, « Nationalisation », préc.

64. Hypothèse émise par K. KATZAROV, *Théorie de la nationalisation*, éd. de la Braconnière, Neuchatel, p. 203.

65. R. DE BELLESCIZE, « Grandeur et servitude de la notion de service public constitutionnel », *RFDA* 2006, p. 1163.

612 **Contrôle. –** L'appréciation du législateur quant à la nécessité publique de procéder à une nationalisation n'est soumise qu'à un contrôle de l'erreur manifeste. Le législateur dispose ainsi d'une large marge de manœuvre dans le choix de ses motifs, ce qui ne saurait toutefois se traduire par l'expression d'un pouvoir entièrement discrétionnaire. Cependant, le droit de propriété et la liberté d'entreprendre, issus de la déclaration de 1789, ne doivent pas être méconnus. Ces différentes limites ont été solennellement rappelées par le Conseil constitutionnel en 1982, dans une décision emblématique (décision n° 81-132 DC du 16 janvier 1982, Loi de nationalisation) conciliant les principes considérés comme libéraux de la déclaration de 1789 avec les exigences plus sociales du préambule de 1946 (quoiqu'il faille se méfier de l'apparente opposition idéologique de ces deux textes, *supra*, n° 55). Cette appréciation semble interdire une socialisation massive des moyens de production.

613 **Application du principe d'égalité. –** La première loi de nationalisation du gouvernement Mauroy a été censurée en ce qu'elle méconnaissait le principe d'égalité, également applicable en matière économique aux personnes morales. Le gouvernement avait notamment exclu des nationalisations les banques dites mutualistes et les banques étrangères. Le Conseil constitutionnel[66] a considéré que les banques mutualistes ne présentaient aucune spécificité justifiant leur exclusion des nationalisations. De manière peut-être contestable, les banques étrangères ont pu bénéficier d'une dérogation, eu égard aux difficultés que leur nationalisation aurait pu entraîner sur le plan international.

614 **Indemnisation juste et préalable. –** L'article 17 de la DDH s'applique aux nationalisations et la privation de propriété pour cause de nécessité publique requiert donc une juste et préalable indemnité. Le Conseil constitutionnel a défini des directives d'indemnisation de manière très détaillée dans sa décision précitée n° 81-132 DC. Les actionnaires des sociétés visées par la loi de nationalisation ont droit à la compensation du préjudice subi par eux, évalué au jour du transfert de propriété, abstraction faite de l'influence que la perspective de nationalisation a pu exercer sur la valeur de leurs titres. Ensuite, deux situations sont à distinguer. Pour les sociétés cotées en bourse, le Conseil constitutionnel censure la méthode d'évaluation proposée à l'origine en ce que, trop simple et trop rapide, elle aboutit à une sous-estimation de la valeur des sociétés. La loi définitive prend donc de nouvelles précautions en cumulant divers critères d'évaluation et en retenant une période d'évaluation plus courte. Pour les sociétés non cotées en bourse, le Conseil censure également la première méthode retenue, ce qui a conduit le gouvernement dans la seconde loi à adopter une méthode d'évaluation confiée à une commission indépendante, à laquelle le Conseil donne quelques directives dans la décision n° 82-139 DC du 11 février 1982.

615 **Procédure. –** En dehors des directives données par le Conseil constitutionnel au gré de sa jurisprudence, le Code général de la propriété des personnes publiques envisage plus globalement la procédure de nationalisation. En effet, l'article L. 1112-1 du CG3P dispose que « le transfert à l'État de biens et de droits, à caractère mobilier ou immobilier, par voie de nationalisation d'entreprises est

66. Décision n° 81-132 DC du 16 janv. 1982.

réalisé dans les conditions fixées par les dispositions législatives qui prononcent la nationalisation ». En renvoyant aux lois particulières de nationalisation, le CG3P n'ajoute donc rien de véritablement novateur au dispositif antérieur.

616 **Modalités d'indemnisation des propriétaires de l'entreprise nationalisée. –** L'indemnisation peut intervenir en numéraire (mais le cas est rare), peut consister en l'effacement des dettes de l'entreprise envers l'État (Usinor, Sacilor, Dassault), mais le plus souvent les actionnaires reçoivent des parts bénéficiaires ou des actions de la nouvelle société ou des obligations émises par la société elle-même ou par des structures créées à cet effet.

SECTION IV PRIVATISATIONS

617 **Historique. Première vague. –** Les privatisations d'entreprises ne sont pas un phénomène uniquement français et touchent bon nombre de pays, essentiellement les anciens pays socialistes et des pays plus libéraux ayant néanmoins constitué un important secteur public (comme la Grande-Bretagne). En France, la privatisation de filiales de groupes publics avant 1986 en dehors de tout cadre juridique fut dénoncée par le Haut conseil du secteur public (créé en 1982). Le retour de la droite au pouvoir en 1986 a eu comme conséquence la mise en œuvre d'un important programme de privatisation juridiquement encadré. L'article 4 de la loi n° 86-793 du 2 juillet 1986 prévoyait la privatisation de 65 entreprises dont la liste était annexée. Parallèlement, la privatisation de TF1 a fait l'objet de dispositions particulières dans la loi n° 86-1067 du 30 septembre 1986 (afin de pouvoir céder TF1 à un groupe d'acquéreurs dans certaines conditions) et celle de la Caisse nationale du crédit agricole dans la loi n° 88-50 du 18 janvier 1988 sous forme de mutualisation. En 1988, après la crise boursière de l'automne 1987 et la victoire de la gauche aux élections, seules 13 de ces 65 entreprises avaient été effectivement transférées du secteur public au secteur privé.

Les entreprises effectivement privatisées sont en 1986 la Compagnie Saint-Gobain, en 1987 Paribas, la Compagnie générale de constructions téléphoniques, la Banque du bâtiment et des travaux publics, la Banque industrielle et immobilière privée, le CCF, la CGE, l'agence Havas, la Société Générale, la Mutuelle générale française accident et la Mutuelle générale française vie, la Compagnie financière de Suez, en 1988 la Société Matra. Il a été choisi de les privatiser en une seule fois en offrant sur le marché la totalité du capital détenu par l'État, celui-ci ne conservant que des participations très résiduelles (autour de 1 %).

La loi n° 86-793 du 2 juillet 1986 était une loi d'habilitation, qui aurait dû permettre au gouvernement Chirac de fixer par ordonnance le régime des privatisations. Cette loi fut soumise au Conseil constitutionnel (décision n° 86-207 DC des 25 et 26 juin 1986) qui l'a déclarée conforme à la Constitution, mais sous d'importantes réserves d'interprétation, qui ont en réalité dicté les futures modalités d'évaluation des entreprises à privatiser. La décision fixe les limites constitutionnelles au champ d'application des privatisations. Le Président de la République, François Mitterrand, a refusé de signer l'ordonnance rédigée par le gouvernement de droite, ce qui conduisit ce dernier à reprendre le contenu de l'ordonnance dans une loi, qui deviendra la loi n° 86-912 du 6 août 1986.

618 **Protection de la propriété publique. –** Dans une décision des 25 et 26 juin 1986 (n° 86-207 DC) que l'on peut considérer comme le pendant de celle de 1982 rendue à propos des nationalisations et dans laquelle le Conseil constitutionnel avait rappelé les termes de l'article 17 de la DDH, en vertu desquels la privation du droit de propriété des personnes privées devait requérir une juste et préalable indemnité et être justifiée par la nécessité publique, le Conseil constitutionnel étend de manière plus originale la protection du droit de propriété aux propriétés des personnes publiques, avec comme conséquence qu'un bien ou une entreprise faisant partie de patrimoines publics ne doivent pas être cédés à des personnes poursuivant des fins d'intérêt privé pour des prix inférieurs à leur valeur.

619 **Deuxième vague. –** Dès 1993 et le retour de la droite aux affaires, la vague de privatisations a repris son cours, mais le vote d'une nouvelle loi s'avérait nécessaire (le délai imparti pour réaliser les opérations prévues en 1986 expirait le 1er mars 1991). La loi du 19 juillet 1993 comportait à son tour une liste annexée visant 21 groupes d'entreprises (ayant le statut de société et appartenant au secteur concurrentiel) et autorise la privatisation de toute société dont l'objet principal est de détenir une participation dans une entreprise figurant sur la liste. Les entreprises visées par la loi étant elles-mêmes de véritables groupes, leurs filiales sont privatisées par la même occasion (soit plus de 1 700 entreprises).

La liste annexée à la loi de 1993 vise 21 entreprises : Aérospatiale, Société nationale industrielle, Air France, Banque Hervet, BNP, Caisse centrale de réassurance (seule entreprise n'ayant finalement pas été privatisée), Caisse nationale de prévoyance-assurances, Bull, Compagnie générale maritime, Péchiney, Régie nationale des usines Renault, Rhône Poulenc, Société centrale des assurances générales de France, Société centrale union des assurances de Paris, SEITA, Société marseillaise de crédit, SNECMA, Sté Nationale Elf Aquitaine, Thomson SA, Usinor-Sacilor. Une loi n° 96-314 du 12 avril 1996 a complété la liste en y ajoutant la SFP.

À partir de 1996, l'État connaît des difficultés dans le processus de privatisation, dues à la situation économique ou financière délicate de certaines entreprises (Bull), ou encore à l'avis négatif de la commission de privatisation (Thomson en 1997). L'État expérimente aussi la technique de cession de gré à gré, mieux adaptée aux alliances industrielles, ou permettant de mieux valoriser les entreprises de petite taille ou de monnayer le droit de contrôle accordé sur une entreprise.

En 1997, le gouvernement Jospin annonce qu'il poursuivra les privatisations lorsqu'elles permettent à la France de conserver son rang économique et, surtout, pour permettre des rapprochements avec des partenaires européens. Les plus importantes opérations concernent Thomson dans le capital duquel l'État devient minoritaire, la privatisation du Crédit Lyonnais et du Crédit Foncier de France. Sous le gouvernement Raffarin, l'État adopte une politique très pragmatique annoncée dès 2002, consistant à examiner au cas par cas les projets d'ouverture de capital ou de privatisation. Pour Air France, des cessions de participation au secteur privé ont eu lieu dès 1999, mais c'est un décret de 2003 qui autorise le passage au secteur privé à l'occasion du rapprochement avec KLM. France Télécom a été rajoutée sur la liste de la loi de 1993 (loi n° 2003-1365 du 31 décembre 2003), puis GDF (loi n° 2006-1537)[67]. En 2006, l'État cède l'intégralité de sa participation dans trois sociétés autoroutières (APRR, ASF et SANEF).

Sur les 21 entreprises de la liste de 1993, entre 1993 et 2004, 19 d'entre elles ont été privatisées : BNP et Rhône-Poulenc en 1993, Elf-Aquitaine et UAP en 1994, Seita, Péchiney et Usinor-Sacilor en 1995, Renault, CGM, AGF en 1996, Bull en 1997, la Société marseillaise de Crédit (SMC), la CNP Assurances, CIC-UIC-Gan SA (sous-groupes de SGGP), Thomson CSF (sous-groupe de Thomson SA) en 1998, Aérospatiale-Matra et le Crédit Lyonnais en 1999, Thomson Multimédia (sous-groupe de Thomson SA) en 2000, la Banque Hervet en 2001, Air France en 2004, la Snecma en 2005. Une seule autre entreprise privatisable prévue par la loi de juillet 1993 reste sous le contrôle de l'État : la Caisse Centrale de Réassurance.

Aujourd'hui, il reste peu d'entreprises privatisables, mais on pense au cas d'Aéroports de Paris, de la Française des Jeux, de la SNECMA ou encore d'Areva.

620 **Motifs. –** Les motifs des privatisations sont avant tout financiers. D'une part, les entreprises publiques ont d'importants besoins de financement que leur actionnaire peine à satisfaire. D'autre part, l'État préfère souvent bénéficier à court terme du produit de la cession d'une entreprise plutôt que de profiter sur le long terme des dividendes qu'elle lui rapporte. Économiquement, une privatisation va permettre à l'entreprise qui en fait l'objet de réaliser des opérations capitalistiques, va simplifier la conclusion d'accords de coopération et plus généralement va faciliter son évolution sur le marché concurrentiel (comme Air France en 2003). Politiquement, les gouvernements de droite affichent une volonté de désétatisation de l'économie, mais on remarque que les gouvernements de gauche se sont aussi parfois engouffrés dans le mouvement. Il ne faut pas enfin négliger les privatisations d'opportunité, consistant à privatiser une entreprise dans le but inavouable de ne pas avoir à procéder à des opérations délicates (licenciements, restructurations, etc.).

L'ensemble des recettes de la privatisation aura financé, d'une part, le désendettement de l'État pour 60 milliards de francs, ses dépenses courantes pour 80 milliards de francs et, d'autre part, la dotation aux entreprises publiques pour 220 milliards de francs[68].

§ 1. NOTION

621 **Définition de l'opération de privatisation. –** La notion de privatisation est étroitement liée au critère de l'entreprise publique retenu en droit français, à savoir la détention directe ou indirecte de plus de 50 % du capital par des personnes publiques ou des personnes morales de droit privé appartenant au secteur public. Ainsi, une opération de privatisation est un transfert d'entreprise du secteur public au secteur privé, c'est-à-dire une opération ayant pour effet de transférer au secteur privé plus de 50 % du capital de l'entreprise. Cette opération peut prendre différentes formes, répertoriées par l'article 1 de la loi modifiée n° 96-314 du 6 août 1986 : cession de titres, échange (contre des actions de titres participatifs, certificats d'investissement ou certificats pétroliers), renonciation au droit préférentiel de

67. Décret n° 2007-1784 portant décision de transfert de GDF au secteur privé.

68. Rapport Albert et Buisson, *Les entreprises publiques. Le rôle de l'État actionnaire*, La Documentation française, 2002, p. 116.

souscription à une augmentation de capital[69] ou vente d'un tel droit, augmentation de capital contre apport de titres ou d'actifs, fusion ou scission, émission de tous titres ou valeurs mobilières assortis ou non d'éléments donnant un droit sur le capital, dissolution ou liquidation d'entreprise ou par transfert de portefeuille selon le droit des assurances.

622 **Privatisation du capital et privatisation de la forme juridique. –** Il ne faut pas confondre le changement de statut d'un opérateur public, passant d'une forme juridique de droit public à une forme juridique de droit privé (par exemple du statut d'établissement public à celui de société anonyme : France Télécom en 1996, EDF et GDF en 2004), avec la privatisation de son capital. En effet, par exemple, si France Télécom est devenu une société anonyme en 1996, ce n'est qu'en 2004 que la participation publique passe sous la barre des 50 % (par l'effet de l'application de l'article 7 de la loi n° 2003-1365 du 31 décembre 2003).

623 **Privatisation et délégation au secteur privé. –** La délégation d'une activité au secteur privé par un contrat de délégation de service public ne constitue évidemment pas un transfert de la propriété d'une entreprise du secteur public au secteur privé[70]. Cependant, les interrogations actuelles sur le champ des privatisations et les limites posées par l'alinéa 9 du Préambule de 1946 (*supra*, n° 617) conduisent à se demander s'il est possible qu'un service public constitutionnel, soumis à une obligation de non-privatisation, puisse être délégué au secteur privé[71]. Si l'interrogation est d'actualité et que les doutes que la réponse suscite sont réels, il faut alors en conclure que la distinction entre les deux types d'opérations n'est pas si évidente qu'il n'y paraît.

624 **Transfert d'actifs et transfert d'entreprise. –** Le réalisme du droit économique conduit souvent à faire abstraction de la personnalité morale, en ce sens que la structuration apportée par la personnalité juridique est parfois méconnue par les règles du droit économique. Ainsi, un ensemble d'actifs peut être considéré comme une entreprise au sens du droit de la privatisation, à condition que cet ensemble soit susceptible d'une exploitation autonome[72].

Si, en principe la prise de participation minoritaire d'une entreprise du secteur public dans le capital d'une entreprise du secteur privé ne constitue pas une privatisation, il peut en aller autrement si elle est rémunérée par un transfert d'actifs susceptible d'une exploitation autonome[73].

69. CE Ass. 22 déc. 1982, SFENA, préc.
70. Comme le note à juste titre P. DELVOLVÉ, *Droit public de l'économie*, Dalloz, 1998, n° 630.
71. En ce sens les auteurs des *Grandes décisions du Conseil constitutionnel*, 13e éd., 2005, n° 37.
72. CE Ass. 24 nov. 1978, *Synd. national du personnel de l'énergie atomique CFDT et Schwartz*, *Rec.* p. 465 et 467, *AJDA* mars 1979, p. 34, chron. DUTHEILLET DE LAMOTHE et ROBINEAU et p. 42, concl. LATOURNERIE et note M. BAZEX ; plus particulièrement CE 11 oct. 1985, *Syndicat général de la recherche agronomique*, *Rec.* p. 278, *RFDA* 1986, p. 409, concl. LASSERRE, *AJDA* 1985, p. 718, chron. HUBAC et AZIBERT et CE 4 mars 1996, *Fédération nationale CGT des personnels des secteurs financiers FNST-CGT*, *Rec.* p. 68, CE avis n° 360641 du 2 oct. 1997 : « dès lors que le secteur des poudres et explosifs à usage militaire de la SNPE ne correspond plus qu'à une fraction minoritaire de l'activité de la SNPE et est susceptible de faire l'objet d'une exploitation autonome, son transfert au secteur privé pourrait être autorisé en application des dispositions du Titre III de la loi du 6 août 1986 ».
73. CE 11 oct. 1985, *Syndicat général de la recherche agronomique*, préc. et CE 3 sept. 1997, *Syndicat du négoce indépendant des produits sidérurgiques*, n° 156599.

§ 2. CHAMP D'APPLICATION

625 **Réserve des services publics nationaux et des monopoles de fait. –** L'alinéa 9 du Préambule de 1946 dispose que « tout bien, toute entreprise, dont l'exploitation a ou acquiert les caractères d'un service public national ou d'un monopole de fait, doit devenir la propriété de la collectivité ». Cette disposition a été invoquée avec succès pour s'opposer aux privatisations. Alors qu'au contentieux elle ne permet finalement pas d'obliger le législateur à nationaliser, elle a pu se lire *a contrario* et être invoquée à l'encontre de lois de privatisation soumises au Conseil constitutionnel ou à l'encontre d'actes administratifs décidant d'une privatisation et contestés devant le juge administratif. Elle est même formulée sous forme d'interdiction dans la loi n° 86-912 du 6 août 1986, s'agissant des transferts relevant de l'autorité administrative (article 20 : « les opérations de transfert mentionnées au présent article ne peuvent concerner des entreprises dont l'exploitation présente le caractère d'un service public national ou d'un monopole de fait »).

626 **Notion de service public national. –** C'est, tout d'abord, le Conseil constitutionnel qui a défini la notion de service public national en y incluant deux composantes : les services publics nationaux dont la « nécessité découle de principes ou de règles de valeur constitutionnelle » et les activités qui sont « érigées en service public national » par l'appréciation du législateur ou de l'autorité réglementaire ». Les premiers ont été dénommés services publics constitutionnels, en ce que (au gré des formulations retenues par le Conseil constitutionnel) leur nécessité, leur existence et leur fonctionnement découlent de principes ou de règles de valeur constitutionnelle, et soit sont exigés par la Constitution, soit trouvent leur fondement dans des dispositions de nature constitutionnelle[74]. Jusqu'à présent, le Conseil constitutionnel a refusé de qualifier comme telles certaines activités, mais n'a pas encore donné d'exemple précis d'un service qui serait un service public constitutionnel. Seraient ainsi des activités dont l'existence et le fonctionnement sont exigés par la Constitution les services répondant aux fonctions de souveraineté (défense, justice, affaires étrangères, police). La question est plus délicate s'agissant des activités expressément prévues ou implicitement supposées par la Constitution et essentiellement le Préambule de 46 (enseignement, santé, aide sociale et, de façon encore moins certaine, la culture, la formation professionnelle ou l'assurance-chômage).

Ne sont pas des services publics constitutionnels : le service public du crédit (207 DC), aucune des 65 entreprises privatisables figurant sur la liste de la loi de 1986 (207 DC), la télévision par voie hertzienne (217 DC), la distribution de prêts bonifiés (87-232 DC), le service des télécommunications (96-380 DC).

Les services publics nationaux créés par le législateur ou l'autorité réglementaire ne font pas apparaître de critères d'identification précis et il semble qu'il faille s'en remettre à la seule volonté de l'autorité créatrice[75]. Toutefois, l'activité doit être

74. L. FAVOREU et L. PHILIP, *Les grandes décisions du Conseil constitutionnel*, Dalloz, 13e éd., n° 37 ; P. ESPLUGAS, *Conseil constitutionnel et service public*, LGDJ, 1994 ; R. de BELLESCIZE, « Grandeur et servitude de la notion de service public constitutionnel », *RFDA* 2006, p. 1163.

75. J. RIVERO et G. VEDEL, « Les principes économiques et sociaux de la Constitution ; le Préambule », *Droit social*, 1947, vol. XXXI, p. 13.

exercée à l'échelon national selon le Conseil d'État[76]. Le Conseil constitutionnel a précisé la notion dans sa décision nº 2006-543 DC du 30 novembre 2006 (Loi relative au secteur de l'énergie) à propos de la privatisation de GDF, en décidant que le législateur ou l'autorité réglementaire étaient loisibles de déterminer les activités devant être qualifiées de services publics nationaux « en fixant leur organisation au niveau national et en les confiant à une seule entreprise ». Est ainsi confirmée la position du Conseil d'État quant à la conception territoriale de la notion de service public national, à laquelle vient s'ajouter le critère organique en vertu duquel l'activité doit être confiée à une seule entreprise. Dès lors, n'est pas un service public national une activité organisée au niveau national mais confiée à un monopsone, par exemple.

627 **Régime des services publics nationaux. –** Les services publics constitutionnels ne sont pas privatisables (207 DC). La question est de savoir à quelle notion de « privatisation » on fait référence. Il semble certain que le capital de l'entreprise qui les exploite ne puisse être majoritairement transféré au secteur privé (c'est la seule interdiction visée par la décision nº 2006-543 DC du 30 novembre 2006, Loi relative au secteur de l'énergie). Mais *quid* d'une privatisation de la forme juridique sans privatisation du capital ? *Quid* également de leur délégation au secteur privé par voie contractuelle ? Un éclaircissement sur cette question semble souhaitable. Si l'objectif à atteindre est de préserver l'existence d'un service public, soumis aux lois d'égalité, de continuité et de mutabilité, l'interdiction de privatisation (quel que soit le sens qu'on lui donne) n'est pas efficace car les lois du service public s'appliquent quel que soit le mode de gestion choisi. Si l'objectif est de garantir le contrôle de l'État, il faudrait comparer les efficacités respectives des moyens contractuels de contrôle sur une structure du secteur privé et des moyens de contrôle sur une entreprise publique (contrat de délégation v/ contrat d'entreprise ou contrat de service public).

En revanche, les services publics nationaux par détermination de la loi ou du règlement ont fait l'objet d'une évolution de la jurisprudence du Conseil constitutionnel. Dans un premier temps, le Conseil a décidé que « le fait qu'une activité a été érigée en service public par le législateur sans que la Constitution l'ait exigé ne fait pas obstacle à ce que cette activité fasse, comme l'entreprise qui en est chargée, l'objet d'un transfert au secteur privé »[77]. Il fallait en déduire que la privatisation du capital était possible sans pour autant que la qualification de service public national disparaisse. Dans un second temps, marqué par la décision France Télécom du 23 juillet 1996 (96-380 DC), le Conseil constitutionnel exige que si le législateur entend privatiser un service public national qu'il a créé, il doit s'assurer auparavant qu'il l'a effectivement privé de ses caractéristiques de service public national. Même si la loi nº 2003-1365 du 31 décembre 2003 décidant la privatisation de France Télécom n'a pas été soumise au contrôle du Conseil constitutionnel, il apparaît que France Télécom n'étant plus le seul exploitant du service universel conformément à ce que commandaient les directives européennes (article L. 35-2 du Code des postes et des communications électroniques) sur la question, l'État

76. CE Sect. 27 sept. 2006, *Bayrou*, *AJDA* 2006, p. 2056, chron. LANDAIS et LENICA, *RFDA* 2006, p. 1147, concl. Glaser.

77. 207 DC, conf. par décision du 7 janv. 1988 relative à la Caisse nationale du Crédit agricole.

s'est cru autorisé à réduire sa participation. Cette position du législateur est contestable[78]. En effet, le fait que France Télécom ne soit plus en droit opérateur unique du service universel ne signifie pas forcément qu'il ne soit plus exploitant d'un service public national (surtout si, dans les faits, France Télécom demeure un exploitant stratégique).

Cette position est confirmée à propos de GDF (décision n° 2004-501 DC du 5 août 2004, dans laquelle le CC constatait que GDF conservait sa qualité de service public national par détermination de la loi et que le législateur garantissait la participation majoritaire de l'État). Dans sa décision n° 2006-543 DC du 30 novembre 2006, loi relative au secteur de l'énergie, le Conseil constitutionnel constate que le législateur (loi du 8 novembre 2006) fait perdre à GDF son caractère de service public national (censure du tarif réglementé, ouverture totale à la concurrence, obligations de service public imposées à l'ensemble des opérateurs), ce qui autorise sa privatisation.

628 **Notion de monopole de fait. –** La notion de monopole de fait « doit s'entendre compte tenu de l'ensemble du marché à l'intérieur duquel s'exercent les activités des entreprises ainsi que de la concurrence qu'elles affrontent dans ce marché de la part de l'ensemble des autres entreprises » et ne sont pas prises en compte les « positions privilégiées que telle ou telle entreprise détient momentanément ou à l'égard d'une production qui ne représente qu'une partie de ses activités » (CC décision n° 86-207 DC des 25 et 26 juin 1986, Privatisations).

Dans la même décision, le Conseil décide qu'aucune des entreprises figurant sur la liste de la loi de 1986 ne présente les caractéristiques d'un monopole de fait, alors qu'il était pourtant soutenu par les requérants que la CGE disposait d'un monopole en matière de centraux téléphonique, qu'il en était de même pour Rhône-Poulenc concernant certains vaccins obligatoires, ou encore s'agissant de la position de Saint-Gobain sur le marché du verre. Pour TF1, le Conseil constitutionnel a estimé qu'il existait d'autres chaînes de télévision (décision n° 86-217 DC du 18 septembre 1986). Pour GDF, le Conseil constitutionnel procède à une appréciation activité par activité et constate que le transport est ouvert à la concurrence, que la distribution était aussi effectuée par les DNN, que les activités de production ou de stockage n'avaient pas été incluses dans la nationalisation et qu'à compter du 1er juillet 2007 la fourniture de gaz n'est plus sous monopole, le gaz constituant en outre une énergie substituable (n° 2006-543 DC du 30 novembre 2006, Loi relative au secteur de l'énergie). Il en va de même pour le Crédit local de France dont l'activité s'exerce en concurrence avec l'ensemble du système bancaire (CE Ass. 30 juin 1995, *Union des syndicats CGT de la Caisse des dépôts et consignations, Rec.* p. 275).

Désormais, l'appréciation de l'existence d'un monopole de fait s'effectue à l'échelon national[79].

629 **Critique. –** L'alinéa 9 du Préambule de 1946 peut aussi s'interpréter à l'aide d'un critère matériel. Le service public national serait celui qui sert les intérêts de la Nation, qui doit posséder les activités indispensables au bon fonctionnement de l'économie. Les salariés ne travailleraient plus uniquement au profit d'un intérêt

78. G. QUIOT, « De l'inconstitutionnalité de la loi du 31 déc. 2003 relative aux obligations de service public des télécommunications et à France Télécom », *AJDA* 2005, p. 813.

79. CE Sect. 27 sept. 2006, *Bayrou*, *AJDA* 2006, p. 2056, chron. LANDAIS et LENICA, *RFDA* 2006, p. 1147, concl. GLASER : aucune des sociétés d'autoroute privatisées ne s'était vue confier une concession à l'échelon national, pour l'ensemble des autoroutes. Voir aussi l'avis rendu par le Conseil d'État avant l'édiction des décrets, 25 et 26 août 2005, Rapport public 2006, p. 202, qui se fondait de manière contestable sur l'existence d'un itinéraire *bis* pour écarter l'existence d'un monopole de fait.

privé, mais au profit de l'intérêt commun. La fonction de l'alinéa 9 serait de permettre à l'État de disposer des activités essentielles à l'intérêt général[80].

§ 3. PROCÉDURE

630 **Cadre juridique. –** Les opérations de privatisation sont encadrées par les lois n° 86-793 du 2 juillet 1986 et n° 86-912 du 6 août 1986, modifiées à de multiples reprises. On identifie d'abord l'autorité compétente pour privatiser avant d'examiner les deux grands régimes de privatisation.

A. L'AUTORITÉ COMPÉTENTE

631 **Compétence du législateur. –** L'article 34 de la Constitution dispose que la loi fixe les règles concernant les transferts de propriété d'entreprises du secteur public au secteur privé. Selon l'article 7 de la loi modifiée n° 86-793 du 2 juillet 1986, l'approbation du législateur est exigée dans deux cas :

— le transfert des entreprises publiques de premier rang les plus importantes (dont l'État détient directement plus de la moitié du capital social et dont les effectifs, augmentés de ceux des filiales dans lesquelles elles détiennent, directement ou indirectement, plus de la moitié du capital social, sont supérieurs à mille personnes, ou dont le chiffre d'affaires consolidé avec celui des filiales, telles qu'elles viennent d'être définies, est supérieur à 150 millions d'euros) ;

— le transfert des entreprises qui sont entrées dans le secteur public en application d'une disposition législative (essentiellement les entreprises nationalisées).

La décision d'initier la procédure est ensuite prise par décret.

CC décision n° 207 DC des 25 et 26 juin 1986, Privatisations : l'article 34 de la Constitution n'impose pas que toute opération impliquant un transfert du secteur public au secteur privé soit directement décidée par le législateur. Il appartient à celui-ci de poser des règles dont l'application incombera aux autorités désignées par lui.

CE 8 janvier 1997, *Comité central d'entreprise de la COFACE,* n° 160091 : la création de la COFACE était prévue par la loi, mais sa privatisation s'effectue par voie de conséquence de la privatisation d'entreprises qui la détiennent. Le pouvoir réglementaire peut alors en tirer les conséquences pour prévoir par décret de nouvelles règles d'organisation de la COFACE.

CE Sect. 27 septembre 2006, *Bayrou*[81] : à propos de la privatisation de sociétés d'autoroute par décrets, que les requérants estimaient entachés d'incompétence, au motif qu'une partie du capital des sociétés était détenue non pas directement par l'État mais par un établissement public prétendument fictif. À partir du moment où il est vérifié par le juge que la structure porteuse des

80. R. DE BELLESCIZE, « Grandeur et servitude de la notion de service public constitutionnel », *RFDA* 2006, p. 1163, qui souligne que dans les débats parlementaires datant de 1946, l'électricité et le gaz en tant que sources d'énergie sont des industries clés du développement. On peut objecter que ce qui était vrai en 1946 l'est moins dans le cadre d'une ouverture totale à la concurrence et d'une diversification des sources de production. Voir également les critiques de G. QUIOT, « De l'inconstitutionnalité de la loi du 31 déc. 2003 relative aux obligations de service public des télécommunications et à France Télécom », *AJDA* 2005, p. 813 et « Le Conseil d'État et la constitutionnalité de la privatisation des sociétés concessionnaires d'autoroutes », *AJDA* 2006, p. 1603.

81. *AJDA* 2006, p. 2056, chron. LANDAIS et LENICA, *RFDA* 2006, p. 1147, concl. GLASER.

participations n'est pas dépourvue de toute consistance (budget propre, exercice effectif du rôle d'actionnaire, minorité de représentants de l'État au conseil d'administration), le vice d'incompétence est écarté.

632 **Compétence du pouvoir réglementaire. –** Selon la même disposition, les autres transferts sont soumis à l'approbation de l'autorité administrative. Relèvent également de la compétence réglementaire les prises de participation du secteur privé au capital social d'une entreprise dont l'État détient directement plus de la moitié du capital social, et qui n'a pas pour effet de transférer sa propriété au secteur privé.

Un décret est requis pour matérialiser la décision de privatiser les entreprises figurant sur la liste annexée à la loi de 1993[82] (dont la privatisation est décidée par la loi), avant les décisions du ministre de l'Économie intervenant pendant la procédure (par exemple, décret n° 2003-945 du 3 octobre 2003 pour Air France, CE 11 février 2004, *Delmas*[83], confirmant la possibilité de prendre le décret décidant la privatisation d'une société figurant sur la liste annexée à la loi de 1993, dix ans après la promulgation de la loi et avant la saisine de la Commission des participations et des transferts).

Un décret est nécessaire pour privatiser les entreprises de premier rang les moins importantes (effectif inférieur à 1 000 personnes et chiffre d'affaires inférieur à 150 millions d'euros, art. 19 de la loi n° 86-912).

Sont ensuite requis (art. 20 et 21 de la loi n° 86-912) :

— un décret après avis conforme de la Commission des participations et des transferts pour le transfert au secteur privé des entreprises de second rang dont l'effectif dépasse 2 500 personnes ou dont le chiffre d'affaires est supérieur à 375 millions d'euros ;

— un décret pour les entreprises de second rang les plus importantes (effectif de l'entreprise et de ses filiales supérieur à 1 000 personnes ou chiffre d'affaires supérieur à 150 millions d'euros) ;

— une déclaration préalable, générant une autorisation tacite en cas de non-opposition du ministre de l'Économie dans un délai de dix jours pour un motif tiré de l'évaluation faite de l'entreprise, pour les entreprises dont l'effectif ne dépasse pas 1 000 personnes et le chiffre d'affaires 150 millions d'euros ;

— une déclaration *a posteriori* au ministre de l'Économie dans un délai de 30 jours après la réalisation de l'opération pour les entreprises dont l'effectif ne dépasse pas 50 salariés et le chiffre d'affaires 7,5 millions d'euros.

633 **Privatisations implicites. –** On peut imaginer la situation dans laquelle une entreprise est détenue majoritairement par des entreprises du secteur public et que l'une de ces entreprises est privatisée, faisant du même coup tomber la participation publique dans la première entreprise sous la barre des 50 %. Le Conseil d'État semble avoir admis cette technique de privatisation[84], validant ainsi la théorie des privatisations implicites[85].

82. Par ex. le décret n° 2007-1784 portant décision de transfert de GDF au secteur privé.
83. *CJEG/RJEP* avr. 2004, p. 200, concl. GOULARD.
84. CE 9 janv. 1997, *Comité d'entreprise de la COFACE*, préc.
85. R. DRAGO, « Peut-il y avoir des privatisations implicites ? », *Mélanges Auby*, Dalloz, 1992, p. 87.

634 **Détournement de procédure. –** Dans sa décision n° 207 DC des 25 et 26 juin 1986, *Privatisations*, le Conseil constitutionnel avait réservé le cas des détournements de procédure et avait invité les juridictions compétentes à paralyser et à réprimer de telles pratiques. On peut ainsi s'interroger sur deux cas de figure. En premier lieu, l'État peut choisir d'interposer une structure entre lui et l'entreprise du secteur public, structure ayant plus ou moins une activité réelle, afin que l'entreprise ne soit pas considérée comme de premier rang avec les contraintes procédurales que cela impose. Cette hypothèse a été envisagée, pour être aussitôt écartée, à propos de l'établissement public Autoroutes de France, au motif que l'État n'a été actionnaire des sociétés d'autoroutes privatisées qu'après Autoroute de France et n'a jamais possédé directement plus de la moitié du capital des sociétés privatisées[86].

En second lieu, on peut imaginer, comme dans les sociétés aéroportuaires, que l'État, actionnaire majoritaire de sociétés à capital entièrement public, décide de céder sa participation. Si les autres actionnaires publics s'en portent acquéreurs, l'entreprise ne sortira pas du secteur public, mais ne sera plus une entreprise de premier rang. De plus, de la décision de rachat ou pas des parts de l'État par les autres actionnaires publics, dépendra la procédure à suivre, et éventuellement la préparation d'une loi.

Le Conseil d'État a eu à se prononcer sur ce cas de figure dans un arrêt du 30 juin 1995, *Union des syndicats CGT de la Caisse des dépôts et consignations*[87]. Il était reproché au gouvernement d'avoir contourné les règles fixées par la législation sur la privatisation en faisant passer l'entreprise en question (le CLF) d'un régime contraignant à un régime moins contraignant en cédant la participation de l'État à d'autres personnes publiques. Alors que l'État possédait 78 % du capital du CLF, il s'est retrouvé minoritaire à la suite de l'entrée de la CDC dans le capital (participation de l'État réduite à 25,5 %). Deux critères sont essentiels au regard de cette affaire pour échapper au détournement de procédure : le caractère très temporaire de la détention du capital par l'État (quelques mois en l'espèce) ; la détention du capital pour les besoins de la constitution de l'entreprise.

B. LE DÉROULEMENT DE LA PROCÉDURE

635 **Deux régimes. –** La loi modifiée n° 86-912 du 6 août 1986 prévoit deux types de régimes (titre II et titre III). Le titre III est de droit commun par rapport au titre II.

Le titre III s'applique donc aux privatisations des SEM locales et des actifs susceptibles d'une exploitation autonome[88]. Les actifs susceptibles d'exploitation autonome doivent représenter une « part essentielle de l'activité de l'entreprise » pour susciter l'application des lois de privatisation[89].

636 **Opérations soumises au titre II de la loi du 6 août 1986. –** Le champ d'application du titre II recouvre les transferts des entreprises figurant sur les listes

86. CE Sect. 27 sept. 2006, *Bayrou*, *AJDA* 2006, p. 2056, chron. LANDAIS et LENICA, *RFDA* 2006, p. 1147, concl. GLASER. Voir également CE Ass. 30 juin 1995, *Union des syndicats CGT de la Caisse des dépôts et consignations, Rec.* p. 276, *CJEG* 1996, p. 23, concl. BONICHOT.

87. *CJEG* 1996, p. 23, concl. BONICHOT.

88. CE avis des 10 nov. 1993 et 2 oct. 1997.

89. CE 4 mars 1996, *Diard*, n° 117884.

annexées aux lois n° 86-793 du 2 juillet 1986 et n° 93-923 du 19 juillet 1993, que ces transferts soient globaux ou qu'ils interviennent par tranches successives tant que l'État détient directement plus de 20 % du capital. Sont également concernées les entreprises entrées dans le secteur public en vertu d'une loi et détenue par des entreprises figurant sur la liste de la loi précitée de 1993, ainsi que les ouvertures minoritaires de capital des entreprises de premier rang.

Le régime de cession par tranches successives concerne encore en réalité trois entreprises, Renault, Thales (ex-Thomson CSF) et Thomson Multimédia. Il n'est plus applicable à Bull et au Crédit Lyonnais dans lesquelles l'État détient moins de 20 %.

Une **Commission des participations et des transferts** (anciennement Commission de privatisation) est chargée de déterminer la valeur des entreprises et de se prononcer, pour les opérations hors marché, sur le choix de l'acquéreur. Elle est composée de sept membres nommés pour cinq ans et choisis en fonction de leur compétence et de leur expérience en matière économique, financière ou juridique. Des incompatibilités entre les fonctions de membre de la Commission et d'autres fonctions garantissent l'indépendance de cette dernière. Elle est saisie par le ministre de l'Économie à l'occasion de chacune des opérations de privatisation soumise au régime du titre II de la loi de 1986.

À propos de l'indépendance des experts, la réserve d'interprétation du Conseil constitutionnel dans sa décision n° 207-DC des 25 et 26 juin 1986 exigeait qu'ils soient indépendants des acquéreurs éventuels. La question s'est posée de savoir s'il ne fallait pas assurer aussi l'indépendance vis-à-vis du cédant. Le Conseil d'État s'en tient quant à lui à la position du Conseil constitutionnel[90].

En 1996, la Commission a rendu un avis négatif sur la cession de la participation majoritaire de l'État dans le capital de Thomson SA au groupe Daewoo.

Son rôle est de fixer la valeur de l'entreprise, la valeur des éléments faisant l'objet de la cession ou d'évaluer la parité ou le rapport d'échange, le cas échéant. Ses évaluations sont rendues publiques et font l'objet d'un avis préalable. Elle donne également son avis sur les procédures de mise sur le marché. Ses avis n'ont pas à être motivés[91]. Conformément à la décision du Conseil constitutionnel n° 86-207 DC des 25 et 26 juin 1986 et à sa réserve d'interprétation en matière d'évaluation des entreprises à privatiser, scrupuleusement suivie par le législateur lors de la rédaction de la seconde loi de 1986, les évaluations sont conduites selon des méthodes objectives couramment pratiquées en matière de cession totale ou partielle d'actifs de sociétés en tenant compte, selon une pondération appropriée à chaque cas, de la valeur boursière des titres, le cas échéant, des éléments optionnels qui y sont attachés, de la valeur des actifs, des bénéfices réalisés, de l'existence de filiales et des perspectives d'avenir.

90. CE Ass. 29 juin 2001, *Goulier, Rec.* p. 291 et CE Sect. 27 sept. 2006, *Bayrou*, *AJDA* 2006, p. 2056, chron. LANDAIS et LENICA, *RFDA* 2006, p. 1147, concl. GLASER. Comme le démontrent C. LANDAIS et F. LENICA, les critères selon lesquels sont choisis les experts en vertu du décret du 24 oct. 1986 assurent en tout état de cause la double indépendance.

91. CE Ass. 2 févr. 1987, *Joxe et Bollon, Rec.* p. 26, *RFDA* 1987, p. 189, concl. MASSOT, *AJDA* 1987, chron. AZIBERT et DE BOISDEFFRE.

Le juge administratif exerce un contrôle normal sur l'évaluation de la Commission et admet que l'avis de la Commission puisse être contesté à l'appui d'un recours contre le décret de privatisation[92].

Les prix d'offre, les prix de cession ainsi que les parités d'échange sont ensuite arrêtés par le ministre de l'Économie. Ils ne peuvent être inférieurs à l'évaluation de la Commission. Les conditions de l'opération sont ensuite fixées, dans un délai qui ne peut être inférieur à 30 jours après l'avis de la Commission.

La **procédure** de droit commun est celle des marchés financiers, pour les cessions ou échanges de titres, les ventes de droits préférentiels ou les renonciations à de tels droits. Elle consiste à placer des titres cotés auprès d'investisseurs individuels ou institutionnels, conformément au droit boursier. Au moment de la cession des titres, un arrêté du ministre de l'Économie peut décider qu'aucune personne ne pourra acquérir plus de 5 % des titres cédés, mesure qui n'a jamais été utilisée. Cette première procédure fait intervenir la Commission des participations et des transferts, mais aussi les conseils financiers de l'État et de l'entreprise.

Le ministre de l'Économie peut aussi décider de faire appel à des acquéreurs hors marché. Ce choix est arrêté sur avis conforme de la Commission. L'article 1er du décret n° 93-1041 du 3 septembre 1993 précise les conditions de mise en œuvre de cette procédure. La décision de vente ou d'échange de titres de gré à gré fait l'objet d'une publicité au *JO*. Soit un cahier des charges régissant l'opération est rédigé, soit une personnalité indépendante est désignée afin de rédiger un rapport sur les conditions et le déroulement de l'opération. La Commission est saisie par le ministre de l'Économie des offres reçues. Le choix des acquéreurs et les conditions de cession sont fixés sur avis conforme de la Commission.

Concrètement, les candidats déclarés ont accès à des informations confidentielles sur l'entreprise cédée. Ils accèdent à des data rooms, c'est-à-dire des locaux de l'entreprise qui regroupent des informations industrielles, financières et commerciales leur permettant d'établir une évaluation, moyennant engagement de confidentialité. Il peut y avoir une sélection à deux tours, le second tour pouvant déclencher la divulgation d'informations encore plus confidentielles. Cette procédure à deux tours a été initiée en 1998 lors de la cession du CIC, filiale de GAN[93].

Pour un contrôle de la procédure de cession hors marché de la Compagnie générale maritime, voir CE 13 juin 1997, *Union maritime de la CFDT et autres*[94] ; CE Ass. 18 décembre 1998, *Société générale et autres*[95].

Les statuts de toute société dont le transfert au secteur privé a été décidé en application de l'article 2 de la loi de 1993 sont modifiés par une assemblée générale extraordinaire tenue avant le transfert au secteur privé pour prévoir que les organes de direction devront comprendre des représentants des salariés. Les salariés ont aussi un droit d'acquérir au moins 10 % des titres en cas de recours aux procédures du marché financier et peuvent bénéficier d'avantages financiers pour cette acquisition. L'actionnariat salarié peut constituer un rempart efficace contre des OPA

92. CE Ass. 2 févr. 1987, *Joxe et Bollon*, préc. ; CE Sect. 27 sept. 2006, *Bayrou*, *AJDA* 2006, p. 2056, chron. LANDAIS et LENICA, *RFDA* 2006, p. 1147, concl. GLASER.

93. S. ALBERT et C. BUISSON, *L'entreprise publique. Le rôle de l'État actionnaire*, La Documentation française, 2002, p. 87.

94. *RFDA* 1997, p. 883.

95. *AJDA* 1999, p. 285.

hostiles en faisant office d'actionnariat stable (par exemple lors de l'échec du rachat de la Société générale par la BNP en 1999).

Des mesures sont également prises en faveur du capitalisme populaire puisque le ministre de l'Économie peut fixer un nombre de titres dans la limite duquel les demandes des personnes physiques seront servies intégralement. Elles peuvent aussi bénéficier d'avantages financiers pour le paiement et d'une attribution gratuite d'actions.

637 **Opérations soumises au titre III de la loi du 6 août 1986. –** Le champ d'application du régime du titre III recouvre les privatisations des entreprises relevant du pouvoir réglementaire. L'autorisation de privatisation ne peut être donnée qu'au vu d'un dossier comprenant l'évaluation de la valeur de l'entreprise par des experts indépendants. La méthode d'évaluation est la même que pour les opérations relevant du titre II. Le prix de l'offre ou le prix de cession ne peut être inférieur à la valeur fixée par les experts. La privatisation ne peut avoir lieu si les intérêts nationaux ne sont pas préservés.

638 **Pratique des privatisations. –** Les premières privatisations ont été effectuées en bloc par mise sur le marché en une seule fois de l'ensemble des titres (par exemple Saint-Gobain en 1986 pour 84 % de son capital). Parfois, une partie du capital a été cédée de gré à gré à un noyau dur d'actionnaires stables accompagnant la mise sur le marché des actions (Paribas en 1987, Société générale en 1987, BNP en 1993, le Crédit Lyonnais en 1999, etc.). La privatisation peut intervenir aussi par cession totale de l'entreprise de gré à gré, procédure préférée à la mise sur le marché pour les entreprises de petite taille ou pour celles connaissant des difficultés et ayant besoin d'un véritable projet industriel (CGM en 1996) ou d'un engagement de recapitalisation important de la part de l'acquéreur (Compagnie française de navigation rhénane en 1996). Parfois, il arrive que ce soit l'État qui procède à une restructuration, accompagnée d'une recapitalisation et d'une réorganisation, avant de privatiser. Cette méthode peut en outre être rendue obligatoire par l'intervention de la Commission européenne fixant des conditions à la recapitalisation (exemple de la réorganisation du groupe GAN en trois pôles, immobilier, bancaire et assurances avant leur cession en 1998 et exemple du Crédit Lyonnais en 1998-1999). L'État peut choisir de céder intégralement l'entreprise ou de conserver une part de capital afin de stabiliser l'actionnariat (en sus de la constitution d'un groupe d'actionnaires stables, comme pour Elf Aquitaine en 1994). La privatisation peut enfin intervenir au gré d'un processus progressif, associant une mise sur le marché, la formation de partenariats industriels, voire des fusions avec des entreprises étrangères (Renault, Bull, création d'EADS et Thomson).

§ 4. PROTECTION DES ENTREPRISES PRIVATISÉES

639 **Constitution de noyaux durs d'actionnaires. –** La loi du 6 août 1986 avait prévu pour les cessions hors marché la possibilité de constituer des noyaux durs d'actionnaires, destinés à assurer une certaine stabilité dans les entreprises nouvellement privatisées, à éviter la dilution du capital en milliers

d'actionnaires et à faire obstacle aux OPA dont les sociétés sans actionnaires stables sont des cibles faciles. La constitution de noyaux durs pouvait ne porter que sur une fraction du capital (par exemple, 15 % de la BNP). En réalité, on retrouvait souvent les mêmes actionnaires, phénomène qui s'inscrivait dans une sorte de maillage de l'actionnariat des entreprises privatisées. Cela s'expliquait aussi naturellement par le fait que certaines grandes banques nationales publiques étaient déjà détentrices de participations avant les privatisations dans les entreprises publiques industrielles (Pechiney, Saint-Gobain, Thomson, CGE, Rhône-Poulenc), ce qui en faisait des actionnaires de référence après la privatisation[96]. La faculté pour ces noyaux d'actionnaires de peser sur la direction de l'entreprise pouvait donner lieu au paiement d'un surprix[97]. Mais la loi n° 89-465 du 10 juillet 1989, dite de dénoyautage des entreprises privatisées, autorise librement la cession des actions des entreprises privatisées, nonobstant toute convention contraire (pactes d'actionnaires conclus). La méthode du groupe d'actionnaires stables a cependant perduré lors de la seconde phase de privatisation en 1993, jusqu'en 1995 avec la privatisation du Crédit Lyonnais[98].

640 **Auto-surveillance de l'actionnariat. –** Une procédure particulière a été mise en place pour la société Air France par l'article 1er de la loi n° 2003-322 du 9 avril 2003. Le maintien de la licence d'exploitation d'Air France étant subordonné à la condition que son capital soit détenu par des États membres et/ou par leurs ressortissants et que l'entreprise soit contrôlée par ces derniers (règlement n° 2407/92/CE du 23 juillet 1992) et les conditions d'institution d'une action spécifique ayant été encadrées par la jurisprudence de la CJCE, le législateur français a préféré opter pour une technique originale d'autorégulation de son actionnariat par l'entreprise elle-même. Cette technique présente en outre le mérite de préserver l'autonomie de gestion d'Air France[99]. Lorsque le président du conseil d'administration ou du directoire constate que la licence d'exploitation ou les droits de trafic d'Air France risquent d'être remis en cause, il peut mettre en demeure certains actionnaires de céder leurs titres, après en avoir informé les organes dirigeants de l'entreprise, les actionnaires et le public.

641 **Action spécifique. –** En vertu de l'article 10 de la loi modifiée n° 86-912 du 7 août 1986, une action spécifique (ou *golden share*) peut être créée au moment de la privatisation. Elle confère des prérogatives exorbitantes à l'État actionnaire, ce qui contribue à maintenir l'entreprise privatisée dans une catégorie à mi-chemin entre le secteur privé et le secteur public. Postérieurement au décret décidant la privatisation de l'entreprise et préalablement à la saisine de la commission de la

96. F. MORIN, « Le cœur financier français : morphogenèse et mutation », *Marchés et techniques financières*, 1995.

97. Jugé conforme à la Constitution, CC n° 86-217 du 18 sept. 1986 à propos de la privatisation de TF1.

98. Aller voir à propos de la composition du capital des privatisées par des entreprises du secteur public ou permettant une certaine politisation du capital des privatisées : L. RAPP, « Le secteur public français, entre nationalisations et privatisations », *AJDA* 1987, p. 303 ; M. BAZEX, « La privatisation, stade suprême de l'interventionnisme ? » *RFDA* 1994, p. 285 ; J.-P. CAMBY et Ph. VINCENT, « La loi relative au " dénoyautage " des entreprises privatisées », *AJDA* 1990, p. 347 ; B. SAINT-GIRONS, « L'aménagement des modalités d'application des privatisations », *RFDA* 1989, p. 786.

99. M. LOMBARD, « Les garanties accompagnant la privatisation d'Air France », *AJDA* 2003, p. 1100.

privatisation, un décret détermine, pour chacune des entreprises mentionnées à l'article 2 de la loi de privatisation n° 93-923 du 19 juillet 1993 (notamment figurant sur la liste annexée), si la protection des intérêts nationaux exige qu'une action ordinaire de l'État soit transformée en une action spécifique. Dans l'affirmative, ledit décret prononce également cette transformation. L'institution de cette action produit ses effets de plein droit. Hormis les cas où l'indépendance nationale est en cause, l'action spécifique peut à tout moment être définitivement transformée en action ordinaire par décret. On estime que bien qu'illimitée juridiquement dans sa durée[100], l'action spécifique doit avoir une durée de vie comprise entre cinq et dix ans. Ces dispositions s'appliquent également aux entreprises privatisées par décret (importantes entreprises de second rang) lors de leur transfert au secteur privé.

Les droits pouvant être attachés à une action spécifique sont les suivants :

1° L'agrément préalable par le ministre chargé de l'Économie pour le franchissement, par une personne agissant seule ou de concert, d'un ou plusieurs des seuils fixés dans le décret décidant l'institution d'une action spécifique et calculés en pourcentage du capital social ou des droits de vote ;

2° La nomination au conseil d'administration ou de surveillance, selon le cas, d'un ou deux représentants de l'État désignés par décret et sans voix délibérative ;

3° Le pouvoir de s'opposer, dans des conditions fixées par décret en Conseil d'État, aux décisions de cession d'actifs ou de certains types d'actifs de la société ou de ses filiales ou d'affectation de ceux-ci à titre de garantie, qui sont de nature à porter atteinte aux intérêts nationaux. Ainsi, selon le décret n° 93-1296 du 13 décembre 1993, une liste des actifs concernés doit être déterminée dans le décret instituant l'action spécifique. C'est ensuite un régime de déclaration préalable au ministre de l'Économie qui est mis en place, avec un droit d'opposition de ce dernier dans le délai d'un mois à compter de la réception du dossier complet.

Pour les entreprises visées ou leurs filiales, dont l'activité principale relève des articles 55, 56 et 223 du traité instituant la Communauté européenne, les participations excédant 5 % prises par des personnes physiques ou morales étrangères ou sous contrôle étranger sont soumises à l'agrément du ministre chargé de l'Économie.

Lorsque des prises de participation ont été effectuées en méconnaissance des dispositions précitées, le ou les détenteurs des participations acquises irrégulièrement ne peuvent pas exercer les droits de vote correspondants et doivent céder ces titres dans un délai de trois mois. Le ministre chargé de l'Économie informe de ces prises de participation le président du conseil d'administration ou le président du directoire de l'Entreprise, selon le cas, qui en informe la prochaine assemblée générale des actionnaires. Passé le délai de trois mois, il est procédé à la vente forcée des titres dans des conditions fixées par décret.

Une action spécifique a été instituée pour Havas et Matra, puis pour Elf Aquitaine en 1993[101] avant d'être supprimée en 2002 (suite à l'arrêt de la Cour de justice concernant Elf Aquitaine du 4 juin 2002, aff. C-483/99) et enfin pour Thomson SA en 1996, et Aérospatiale en 1999 (action supprimée à compter de l'apport par Aérospatiale de ses activités à EADS). La dernière action spécifique en date est celle instituée pour GDF en 2006, afin de préserver les intérêts essentiels de la France dans le secteur de l'énergie et, notamment, la continuité et la sécurité de l'approvisionnement en énergie.

100. Bien que ce caractère illimité puisse être contesté au regard de la jurisprudence du Conseil constitutionnel, qui dans sa décision n° 89-254 DC du 4 juill. 1989 à propos de la loi dite de dénoyautage, n'a validé certaines prérogatives exorbitantes du ministre de l'Économie qu'au regard de leur caractère temporaire.

101. Les prérogatives attachées à l'action spécifiques ont été utilisées en 1998 lors de l'OPA de Total-Fina sur Elf.

En droit communautaire, l'institution d'une action spécifique est susceptible de heurter la libre circulation des capitaux protégée par l'article 63 TFUE, ainsi que la liberté d'établissement protégée par l'article 49 TFUE. En effet, l'investissement direct sous forme de participation à une entreprise par la détention d'actions ainsi que l'acquisition de titres sur le marché des capitaux constituent des mouvements de capitaux. L'investissement direct, en particulier, est caractérisé par la possibilité de participer effectivement à la gestion d'une société et à son contrôle. Il en va de même s'agissant des investissements de portefeuille (achats de titre pour réaliser un placement, sans intention de contrôler l'entreprise). L'institution d'une action spécifique, même si elle ne comporte pas d'effet discriminatoire, est susceptible d'empêcher l'acquisition d'actions dans les entreprises concernées et de dissuader les investisseurs d'autres États membres d'effectuer leurs placements dans le capital de ces entreprises. Elle est donc susceptible, de ce fait, de rendre illusoire la libre circulation des capitaux et par conséquent d'entraver la liberté d'établissement[102].

Néanmoins, l'institution d'une action spécifique n'est pas automatiquement jugée incompatible avec le droit communautaire. Le raisonnement de la Cour se divise en deux étapes (CJCE 4 juin 2002, *Commission c/France*, aff. C-483/99). En premier lieu, l'action spécifique doit être justifiée dans son fondement. La Cour est sensible aux préoccupations pouvant, selon les circonstances, justifier que les États membres gardent une certaine influence dans les entreprises initialement publiques et ultérieurement privatisées, lorsque ces entreprises agissent dans les domaines des services d'intérêt général ou stratégique[103]. Deux types de justifications peuvent être évoqués : les raisons visées à l'article 65 TFUE (faire échec aux infractions aux lois et règlements, ordre public, sécurité publique) et des raisons impérieuses d'intérêt général. En revanche, les motifs de politique économique ne peuvent être invoqués[104]. En second lieu, est appliqué le test de proportionnalité, qui commande que la réglementation nationale doit être propre à garantir la réalisation de l'objectif qu'elle poursuit et ne pas aller au-delà de ce qui est nécessaire pour qu'il soit atteint.

S'agissant de l'action spécifique instituée pour la société Elf Aquitaine, la Cour a jugé[105] que l'objectif poursuivi par la réglementation en cause, à savoir garantir la sécurité des approvisionnements en produits pétroliers en cas de crise, relève d'un intérêt public légitime. En effet, parmi les raisons de sécurité publique qui peuvent justifier une entrave à la libre circulation des marchandises, figure l'objectif d'assurer, en tout temps, un approvisionnement minimal en produits pétroliers. Mais le mécanisme institué ne satisfaisait pas au test de proportionnalité, car les prérogatives du ministre étaient définies de manière trop large et trop discrétionnaire. Il a aussi été jugé que dans les secteurs du pétrole, des télécommunications et de l'électricité, il ne saurait être nié que l'objectif de garantir la sécurité de l'approvisionnement de tels produits ou la fourniture de tels services en cas de crise, sur le territoire

102. CJCE 4 juin 2002, *Commission c/France*, aff. C-483/99, à propos de l'action spécifique instituée pour Elf Aquitaine ; CJCE 13 mai 2003, *Commission c/Royaume-Uni*, aff. C-98/01.

103. CJCE 4 juin 2002, *Commission c/France*, aff. C-483/99, du même jour *Commission c/Portugal*, aff. C-367/98, et *Commission c/Belgique*, aff. C-503/99.

104. CJCE 2 juin 2005, *Commission c/Italie*, aff. C-174/04.

105. CJCE 4 juin 2002, *Commission c/France*, aff. C-483/99.

de l'État membre en cause, peut constituer une raison de sécurité publique. Mais là encore, l'institution d'un large pouvoir discrétionnaire en faveur de l'administration, sans indication des circonstances objectives et spécifiques dans lesquelles les autorités feront usage de leurs prérogatives ne passe pas le test de proportionnalité (ni celui de la sécurité juridique)[106]. Enfin, la protection d'un service d'intérêt général (service postal universel) peut constituer une raison impérieuse d'intérêt général légitimant l'édiction d'une action spécifique[107].

L'arrêt du 4 juin 2002, *Commission c/Belgique*[108] fournit un exemple d'action spécifique considérée comme compatible avec le droit communautaire. On peut relever qu'entrent en considération la nature du régime imposé aux investisseurs (déclaration préalable ou autorisation préalable), le régime le moins attentatoire aux libertés en cause étant préférable[109], la définition précise des actifs stratégiques faisant l'objet d'une protection ainsi que des décisions y afférant, leur caractère ponctuel et les motifs pouvant donner lieu à l'édiction de ces décisions.

642 **Maintien d'une participation minoritaire substantielle de l'État et prérogatives particulières. –** Il semble que le maintien par l'État d'une certaine participation minoritaire dans les entreprises privatisées soit conçu comme un instrument d'interventionnisme économique, voire un moyen de défense contre des OPA hostiles ou comme un palliatif d'éventuelles défaillances d'actionnaires privés.

Tout en devenant minoritaires, les collectivités publiques actionnaires peuvent imaginer des mécanismes leur permettant de s'assurer un contrôle sur la société privatisée. Certains de ces mécanismes, par leur nature et par leur origine, sont susceptibles de heurter la libre circulation des capitaux. C'est ce qui a été jugé par la Cour de justice en 2007 dans l'affaire *Commission c/République Fédérale d'Allemagne*, à propos de la privatisation de Volkswagen[110]. Le législateur avait plafonné les droits de vote à 20 %, fixé une minorité de blocage à 20 % également et donné aux actionnaires publics le droit de désigner chacun deux représentants au conseil de surveillance de l'entreprise. Or ces dispositions profitaient principalement aux actionnaires publics ou les visaient directement et la Cour en déduit que la législation a « créé ainsi un instrument qui permet aux acteurs publics de se réserver, avec un investissement plus réduit que ne l'exigerait le droit commun des sociétés, une minorité de blocage leur permettant de s'opposer à des décisions importantes » et a donné à ces mêmes acteurs publics « la possibilité d'exercer, avec un tel investissement plus réduit, une influence substantielle ». La Cour en déduit qu'une telle législation constitue donc une restriction à la libre circulation des capitaux. Ainsi, certaines prérogatives spécifiques conférées directement ou indirectement aux actionnaires publics d'une société privatisée sont susceptibles de heurter le droit communautaire. Toutefois, dans l'arrêt précité, la Cour prend le soin de distinguer la situation issue d'une législation contraignante des prérogatives librement consenties parce qu'issues d'un pacte d'actionnaires ou des statuts

106. CJCE 13 mai 2003, *Commission c/Espagne*, aff. C-463/00.
107. CJCE 28 sept. 2006, *Commission c/Pays-Bas*, aff. C-282/04 et C-283/04.
108. C-503/99.
109. Voir également CJCE 13 mai 2003, *Commission c/Espagne*, aff. C-463/00.
110. CJCE 23 oct. 2007, aff. C-112/05.

de la société. On peut donc supposer que de telles prérogatives pourraient être instituées par voie conventionnelle.

§ 5. PRIVATISATIONS ET DROIT COMMUNAUTAIRE

643 **Obligation de neutralité à l'égard du régime de propriété. –** En vertu de l'article 345 TFUE, les institutions communautaires sont tenues par une obligation de stricte neutralité à l'égard du régime de propriété dans les États membres, ce qui les empêche d'inciter les États membres à privatiser. Ainsi que le rappelle la Commission européenne, « le passage d'une entreprise du secteur public au secteur privé est un choix de politique économique qui, en tant que tel, relève de la compétence exclusive des États membres, découlant du principe de neutralité du Traité vis-à-vis du régime de propriété »[111].

644 **Actions de la Commission en faveur des privatisations. –** Néanmoins, comme l'a démontré M. Karpenschif[112], il existe un véritable encouragement communautaire à la privatisation des entreprises publiques. Cet encouragement repose sur deux éléments. Tout d'abord, la privatisation apparaît comme un facteur d'une pleine soumission des autorités publiques aux règles du marché et, à titre d'exemple, on peut citer les programmes élaborés au bénéfice des pays candidats à l'entrée dans l'Union, comportant des mesures en faveur de la privatisation des entreprises nationales. Ensuite, la privatisation apparaît comme la contrepartie à l'acceptation de mesures d'aides en faveur d'entreprises publiques en difficulté (par exemple en France pour le Crédit Lyonnais, le GAN, le Crédit Foncier de France). Étant donné qu'eu égard à l'obligation de neutralité citée ci-dessus, la Commission ne peut imposer la condition de privatisation à une entreprise qui reçoit une aide à des fins de restructuration (XXVe Rapport sur la politique de la concurrence, 1995), elle « utilise plutôt la période de dialogue constructif avec les autorités nationales intéressées pour les convaincre de l'intérêt et de l'opportunité d'une telle opération » (M. Karpenschif)[113].

645 **Privatisation et risque d'aide publique. –** En revanche, le contrôle des modalités de privatisation par rapport à la prohibition des aides publiques n'est nullement rendu impossible par l'article 345 TFUE. En particulier, il ne faut pas que le prix de l'entreprise à privatiser constitue une aide en faveur de l'acquéreur du fait d'une sous-évaluation manifeste. De ce fait, la Commission a élaboré des principes directeurs que les opérations de privatisation des entreprises publiques doivent respecter pour ne pas enfreindre la réglementation relative aux aides d'État.

111. Communication concernant certains aspects juridiques touchant aux investissements intracommunautaires, *JOCE* C 220 du 19 juill. 1997.

112. « La privatisation des entreprises publiques : une pratique encouragée sous surveillance communautaire », *RFDA* 2002, p. 95.

113. Article préc.

Ainsi, la privatisation d'une entreprise n'est présumée ne comporter aucune aide lorsque (XXIIe Rapport sur la politique de la concurrence, 1992) :

– la vente se fait par appel d'offres public ouvert, transparent et inconditionnel, ou par procédure équivalente ;

– la société est adjugée au plus offrant ;

– tous les candidats disposent du temps et des informations nécessaires pour procéder à une évaluation appropriée des activités afin d'avoir une base pour formuler leur offre[114].

646 **Action spécifique et entrave aux libertés protégées par le TFUE. –** Enfin, comme on l'a vu ci-dessus (*supra* n° 641 et n° 642) l'institution d'une action spécifique ou de prérogatives particulières en faveur des actionnaires publics est susceptible de heurter le droit communautaire.

SECTION V L'OUVERTURE DU SECTEUR PUBLIC

647 **Notion d'ouverture. –** On désigne sous le terme d'ouverture l'ensemble des opérations ayant pour effet de décloisonner, de désengorger ou d'étendre le secteur public sans transfert d'entreprise au secteur privé, c'est-à-dire sans que les entités en cause sortent juridiquement du secteur public et sans nationalisation, c'est-à-dire en augmentant la participation publique au capital d'une société de manière amiable. Sont donc principalement concernées les opérations de filialisation, l'ouverture minoritaire du capital des entreprises publiques et les prises de participation croisées entre entreprises publiques et entreprises privées résultant d'accords commerciaux ou industriels. Le résultat procède de l'économie mixte, est issu d'un mouvement que certains ont appelé la « respiration du secteur public »[115], mais que l'on peut aussi considérer comme un formidable instrument de « néo-interventionnisme », permettant à l'État de conserver un moyen d'action sur le secteur privé.

648 **Historique. –** Des règles d'ouverture minoritaire du capital des entreprises publiques de 1er rang avaient été fixées dans la loi n° 86-912 du 6 août 1986 (décret d'autorisation et procédures identiques à celles des privatisations). La loi du 31 décembre 1989 assouplit certaines conditions pour les sociétés d'assurance. Les gouvernements de gauche poursuivent le mouvement concernant tout d'abord la Régie Renault avec la loi du 4 juillet 1990, motivée par la nécessité pour l'entreprise de pouvoir conclure un accord avec Volvo. Le décret n° 91-6332 du 4 avril 1991, aujourd'hui abrogé, déterminait plus généralement les règles d'ouverture minoritaire du capital des entreprises publiques. La loi n° 93-923 du 19 juillet

114. Voir également CE Ass. 18 déc. 1998, *Société générale, Rec.* p. 500, *CJEG* 1999, p. 103, concl. LOLUM ; Commission, décision n° 2000/628/CE du 11 avr. 2000, *Azienda Communale Centrale del Latte di Roma*, *COCE* L 265 du 19 oct. 2000.

115. L. RAPP, « Les lois de privatisation et de respiration du secteur public », *RFDA* 1987, p. 157 ; M. DURUPTY, « Aspects récents de la respiration du secteur public », *Mélanges Auby*, Dalloz, 1992, « La respiration du secteur public », *CJEG* 1994, n° 500, p. 283.

1993 fixe des règles proches de celles applicables en cas de privatisation pour l'ouverture du capital des entreprises de premier rang. La loi n° 96-660 du 26 juillet 1996 autorise l'ouverture minoritaire du capital de France Télécom, finalement réalisée par le gouvernement Jospin.

§ 1. L'OUVERTURE MINORITAIRE DU CAPITAL DES ENTREPRISES PUBLIQUES

649 **Principe. –** En pratique, les décisions d'ouverture du capital des entreprises publiques sont décidées par leurs organes dirigeants. Toutefois, certaines dispositions spécifiques concernent les entreprises de premier rang.

650 **Régime. –** Le régime du titre II de la loi n° 86-912 du 6 août 1986 s'applique à l'ouverture minoritaire du capital des entreprises de premier rang[116] et aux cessions par tranches successives des participations détenues par l'État dans une des entreprises de premier rang figurant sur la liste annexée à la loi de 1993[117]. La question du régime applicable se pose donc s'agissant des entreprises de second rang qui pourraient figurer sur la liste de la loi de 1993. Il résulte de l'arrêt *Joxe et Bollon* de 1987[118] que c'est le régime du titre II qui s'applique.

On pourrait se demander ce qu'il en est de l'ouverture minoritaire du capital des entreprises de second rang, en général. Les lois de 1986 et 1993 n'avaient pas prévu de procédure dans ce cas et l'on pourrait en conclure que les textes intervenus par la suite n'ayant prévu aucune disposition spécifique, il convient de n'observer aucune règle particulière. Certains auteurs[119] considèrent qu'il faut déduire de l'arrêt *Joxe et Bollon* qu'en cas de silence des textes, il convient d'appliquer à l'ouverture minoritaire les mêmes règles que s'il s'agissait d'une ouverture majoritaire, c'est-à-dire une véritable privatisation.

651 **Compétence. –** Selon l'article 7 § 1 de la loi modifiée n° 86-793 du 2 juillet 1986, les opérations d'ouverture du capital des entreprises de premier rang n'ayant pas pour effet de les privatiser (c'est-à-dire les ouvertures minoritaires du capital) sont soumises à l'approbation de l'autorité administrative, dans les mêmes conditions que les opérations de privatisation relevant de la compétence du pouvoir réglementaire. On en déduit que la nature de l'autorisation (par décret ou par autorisation du ministre de l'Économie) varie en fonction de la taille de l'entreprise.

652 **Choix des acquéreurs hors marché pour les entreprises de 1er rang. –** Pour les opérations concernant les entreprises de premier rang et les entreprises visées par la liste annexée à la loi n° 93-923 du 19 juillet 1993, lorsque l'opération est prévue par un accord de coopération industrielle, commerciale ou financière, la Commission des participations est consultée par le ministre de l'Économie sur le choix des acquéreurs et sur les conditions de la cession afin de recueillir son avis conforme. Les objectifs de l'accord et l'identité des actionnaires font l'objet d'une

116. 1° de l'article 5 de la loi n° 86-793 du 2 juill. 1986, renvoyant aux opérations mentionnées à l'alinéa 2 du II de son article 7.
117. Art. 2-I alinéa 3 de la loi n° 93-923 du 19 juill. 1993.
118. CE Ass. 2 févr. 1987, *RFDA* 1987, p. 189, concl. MASSOT.
119. P. DELVOLVÉ, *Droit public de l'économie*, Dalloz, 1998, n° 639.

publication au *Journal Officiel*. L'approbation de l'opération ne peut intervenir qu'après l'expiration d'un délai de 15 jours à compter de cette publication (article 1er du décret n° 93-1041 du 3 septembre 1993). Lorsqu'il n'y a aucun accord de coopération, on retrouve exactement la même procédure que s'il y avait privatisation hors marché.

§ 2. LES PRISES DE PARTICIPATION PUBLIQUE DANS DES ENTREPRISES DU SECTEUR PRIVÉ

653 **Politique de « prise de participation ». –** En droit moderne des sociétés, on s'est rendu compte qu'il suffisait qu'un actionnaire possède une toute petite participation, surtout lorsque le reste de l'actionnariat est atomisé, pour diriger l'entreprise. L'État s'engage aujourd'hui dans une politique de prise de participation minoritaire, visant à « préserver les entreprises de raids extérieurs, [à] garder à l'État des moyens de politique industrielle, quitte à remettre la gestion opérationnelle aux partenaires privés (Thales, EADS), ou même [à] n'intervenir que provisoirement pour sauver une entreprise (Alstom) »[120]. Juridiquement, ces opérations sont susceptibles d'entrer dans le champ d'application de la législation sur les privatisations, mais elles relèvent politiquement d'autres objectifs. Il convient d'ailleurs de distinguer deux types de situations : d'une part la situation de l'État actionnaire minoritaire d'entreprises anciennement publiques en voie de privatisation totale et, d'autre part, la situation de l'État ayant pris une participation minoritaire dans une entreprise du secteur privé. Mais dans les deux cas, l'État ne pourra faire l'économie d'une réflexion sur son rôle d'actionnaire minoritaire (éventuellement de référence), notamment quant aux objectifs qu'il entend poursuivre et aux moyens qu'il peut mettre en œuvre.

La crise économique ayant éclaté en 2008 a sans doute permis de mieux définir la justification des prises de participation minoritaire de l'État dans le secteur privé et bancaire notamment[121]. L'État se dote de nouvelles institutions chargées de véhiculer ses prises de participation. Ainsi, le FSI (Fonds stratégique d'investissement), société anonyme créée le 19 décembre 2008 résume sa stratégie dans le *Rapport sur l'État actionnaire* de 2009. La doctrine de prise de participation[122] du FSI est fortement théorisée sans toutefois qu'elle devienne un carcan pour les équipes chargées du choix des projets dans lesquels le FSI investira[123]. En premier lieu, elle poursuit quatre objectifs : le développement des PME de croissance ; le développement des entreprises de taille moyenne qui disposent d'un potentiel de création de valeur ; le soutien des entreprises de taille moyenne présentes sur des secteurs en

120. A. DELION, « Les sociétés d'économie mixte : seulement locales ou également nationales ? », *RFDA* 2005, p. 977.

121. S. BERNARD, « L'actionnariat public », in Actes du Colloque de Grenoble, *Le droit public économique face à la crise économique*, *RFDA* 2010, n° 3.

122. Les opérations sont éventuellement soumises au régime du contrôle des concentrations lorsqu'elles entrent dans son champ d'application, Aut. conc. décision 25 janv. 2011, n° 11-DC-10 relative à la prise de contrôle exclusif du Groupe Parisot et Windhurst Industries et de la prise de contrôle conjoint de Windhurst Industries par le FSI.

123. Source : Document en ligne sur le site du FSI.

phase de mutation et qui peuvent émerger comme acteurs de référence ; le développement des grandes et moyennes entreprises qui jouent un rôle important dans leur secteur et dont la stabilisation du capital rend possible la réalisation d'un projet industriel. En second lieu, les principes d'intervention sont également clairement définis. L'investissement doit s'effectuer dans des projets rentables (entreprises porteuses d'un projet stratégique convaincant traduit par un plan d'affaires porteur de création de valeur). Le FSI est un investisseur de long terme, qui agit par apport en fonds propres, qui gère l'arbitrage risque/rentabilité sur une longue période, notamment lorsque le projet est marqué par une forte intensité R&D, et qui se définit comme un investisseur socialement responsable, en veillant notamment à ce que les entreprises dans lesquelles il investit se comportent de manière citoyenne en intégrant des aspects environnementaux et sociaux dans leur gestion. Le FSI est toujours un investisseur minoritaire et s'efforce de rechercher des co-investisseurs. L'investissement s'effectue pour des durées limitées dans le temps et le FSI fait évoluer son portefeuille. La doctrine d'investissement commande une implication dans la gouvernance des entreprises. L'investissement est privilégié dans des entreprises stratégiques au regard de la compétitivité de l'économie, c'est-à-dire celles qui ont des compétences, des technologies et des emplois irremplaçables pour le territoire national et européen. On remarque que l'investissement s'effectue d'abord dans des projets rentables, ce qui met un terme définitif à l'idée d'un « droit à la perte » qui avait pu valoir autrefois dans le secteur des entreprises publiques exploitant un service public. L'État actionnaire s'implique ensuite dans la gouvernance, en renouant avec l'idée d'entreprises à participation publique qui seraient des vitrines économiques, sociales et environnementales. Ainsi, le périmètre du réengagement de l'État par la participation à l'économie est délimité par la notion d'opérateur stratégique. C'est ce que confirme l'acquisition par l'État de 33,34 % du capital de STX France (ex-Chantiers de l'Atlantique) en novembre 2008 commandée par le caractère stratégique de la société pour l'industrie française. Depuis 2009, un accord lie le FSI au Fonds souverain d'Abou Dhabi. Les investissements décidés en 2010 par le FSI et les fonds qu'il finance ont concerné 426 entreprises, pour un montant total de 2,4 milliards d'euros. Ainsi que le souligne S. Bernard[124], « la théorisation de l'usage et de l'intérêt que représente l'acquisition d'une participation publique minoritaire n'est pas neutre : elle concrétise la substitution d'une vision faisant de l'actionnariat public un projet alternatif à la propriété privée à une perception qui y voit, à titre transitoire, une aide au développement du secteur privé. Ici se produit un véritable basculement d'un actionnariat public alternatif à un actionnariat public auxiliaire ».

À l'inverse, dans le secteur bancaire[125], les participations de la SPPE (Société de prise de participation de l'État créée dans le cadre du Plan de relance de l'économie[126]) se divisent en deux catégories : les simples investissements accordant des

124. S. BERNARD, « L'actionnariat public », in Actes du Colloque de Grenoble, *Le droit public économique face à la crise économique*, *RFDA* 2010, n° 4. Voir également du même auteur, « L'État actionnaire et l'idée de partenariat public-privé institutionnalisé », *JCP* A n° 51-52, 19 déc. 2011, n° 2399.

125. Réponse du ministre de l'Économie aux observations de la Cour des comptes, *Rapport consacré aux concours publics aux établissements de crédit*, 2009, p. 121.

126. S. NICINSKI, « Le plan de relance de l'économie », *RFDA* 2009, n° 2.

droits économiques et pour lesquels l'État a volontairement renoncé à toute implication dans les organes de gouvernance (titres super-subordonnés) dans les entreprises qui ont seulement besoin d'un soutien financier sans que leur gestion soit sujette à caution et les participations accompagnées de droits de gouvernance pour les opérations de sauvetage[127]. Ces deux entités (FSI et SPPE) sont désormais incluses dans le périmètre de l'APE (décret n° 2011-130 du 31 janvier 2011).

654 **Rôle de l'APE et rôle de la CDC.** – L'Agence des participations de l'État (APE) a comme mission de gérer les participations publiques des entreprises de son périmètre. À ce titre, demeurent dans son périmètre les entreprises anciennement publiques, mais dont l'État continue d'être actionnaire minoritaire (36 % de GDF-Suez, 30 % de Safran, 27 % de Thalès, et env. 15 % du capital de France Télécom, Air-France KLM, EADS, Renault, etc.). Ce rôle ne doit pas être confondu avec celui de la CDC, investisseur institutionnel, assurant une mission d'actionnaire dans les grandes entreprises du CAC 40. Alors que l'APE conduit une politique de désengagement de l'État dans le secteur concurrentiel, la CDC envisage son rôle d'investisseur institutionnel de manière pérenne, afin de mener des opérations de prise de participation visant à stabiliser l'actionnariat ou à favoriser l'adaptation et la croissance.

655 **Opérations réalisées par l'État.** – Lorsqu'il s'agit d'une première participation au capital d'une société existante, l'opération s'effectue par décret du Premier ministre pris sur rapport du ministre de l'Économie et des Finances (par exemple, décret n° 2004-614 du 28 juin 2004 autorisant la participation de l'État au capital de la société Alstom ; décret n° 2001-1142 du 4 décembre 2001 pour la constitution de DCN Développement, décret n° 2000-875 du 8 septembre 2000 autorisant la prise de participation de l'État au capital de la société à constituer CIVI. POL Conseil, société de conseil et de service du ministère de l'Intérieur ; décret n° 99-1076 du 20 décembre 1999 autorisant la prise de participation de l'État au capital de la société Framatome SA, décret n° 98-1170 du 21 décembre 1998 autorisant la prise de participation de l'État au capital de la société en cours de constitution Dassault Participation).

656 **Opérations réalisées par les entreprises publiques.** – Le décret n° 53-707 du 9 août 1953 soumet les prises de participation ou extension à une approbation des ministres de tutelle. L'APE examine les projets d'acquisition ou de cession, d'accord commercial et de recherche et développement des entreprises soumises à son contrôle (décret n° 2004-963 du 9 septembre 2004).

§ 3. LA POLITIQUE DE FILIALISATION

657 **Utilité.** – La filialisation est un phénomène naturel du monde des affaires. Elle permet à une entreprise de se diversifier, de nouer des alliances par le biais de filiales communes aux entreprises désirant s'associer, d'isoler la

127. Pour une analyse de l'actualité de l'État actionnaire pendant la crise, p. IDOUX et T. ROMBAULT, « Renault, EDF et autres : l'entreprise à participation publique au cœur de l'actualité », *DA* avr. 2010, Étude 8.

gestion de certaines activités, de s'implanter à l'étranger. Les entreprises publiques utilisent massivement la filialisation. On peut citer par exemple l'acquisition d'Orange par France Télécom, ayant fait passer une entreprise britannique sous contrôle français, ou encore le rachat de London Electricity par EDF.

658 **Procédure.** – La filialisation est susceptible d'étendre le secteur public s'il est le fait d'entités lui appartenant. Néanmoins, elle ne saurait être considérée comme une nationalisation puisque l'élément relatif au transfert de propriété contraignant propre à la notion de nationalisation fait défaut. Dès lors, la politique de filialisation ne relève pas de la compétence du législateur en application de l'article 34 de la Constitution. En vertu de l'article 2 du décret modifié n° 53-707 du 9 août 1953, les prises ou extension de participation financières réalisées par les organismes soumis au décret doivent être approuvés par un arrêté conjoint du ministre de l'Économie et des Finances et du ou des ministres intéressés, qui en précise le montant en valeur absolue et en pourcentage. Mais ce contrôle ne s'applique de plein droit qu'aux entreprises publiques de premier rang. Un arrêté ministériel doit l'étendre aux filiales.

BIBLIOGRAPHIE

1. Notion

J.-Y. CHÉROT, « Le droit communautaire de la concurrence fonde-t-il un ordre concurrentiel ? », in *Mélanges Pirovano*, 2003 L. IDOT, « La notion d'entreprise en droit de la concurrence, révélateur de l'ordre concurrentiel », in *Mélanges Pirovano*, 2003 R. KOVAR, « Quand la Cour de justice invite à s'intéresser à nouveau aux notions d'entreprise et d'activité économique », *D.* 2006, p. 919, « Les acheteurs institutionnels et le droit communautaire de la concurrence », *CMP* janvier 2007, p. 7.

2. Nationalisations

A. DELION et M. DURUPTY, *Les nationalisations 1982*, Economica, 1982 L. FAVOREU (dir.), *Nationalisations et Constitution*, Economica, 1982 L. HAMON, « Les nationalisations devant le Conseil constitutionnel », *D.* 1983, chron. p. 79 F. HERVOUËT, « L'Étatisation, enfant naturel de la nationalisation », *RDP* 1985, p. 1319 D. LINOTTE, « Les nationalisations de 1982 », *RDP* 1982, p. 435 G. VEDEL, « La technique des nationalisations », *Dr soc.* 1946, p. 49 Dossier Nationalisations, *AJDA* 1982, n° spécial avril.

3. Privatisations

AJDA dossier spécial « Privatisations », 1987, p. 5 Cl. ANDRIEU, L. LE VAN et A. PROST, *Les nationalisations de la libération, De l'utopie au compromis*, Presses de la fondation nationale des Sciences politiques, 1987 M. BAZEX, « La privatisation, stade suprême de l'interventionnisme ? », *RFDA* mars-avril 1994, p. 285 ■ R. DE BELLESCIZE, *Les services publics constitutionnels*, LGDJ, 2005 ■ A. BIZAGUET, *Le secteur public et les privatisations*, PUF, Que sais-je ?, 2e éd., 1992 ■ B. BOUMAKANI, « La commission des participations et des transferts », *RDP* 1999, p. 557 ■ J.-P. CAMBY et P. VINCENT, « La loi relative au dénoyautage des entreprises privées », *AJDA* 1990, p. 347 ■ Cour des comptes, *Bilan financier pour l'État des nationalisations et des privatisations et analyse du processus de privatisation*, Rapport 1990, t. 3 ■ Ch. DEBBASCH, *Les privatisations en Europe*, CNRS, 1988 ■ A. DELION et M. DURUPTY, « Les privatisations partielles en France », *RFAP* 1992, p. 349, « La nouvelle politique des privatisations », *RFAP* 1998, p. 133, « Des entreprises publiques aux entreprises à participation publique », *RFAP* 1999, p. 343 ■ X. DENIS-JUDICIS et J.-P. PETIT, *Les privatisations*, Montchrestien, coll. Clefs, 1998 ■ F. DION, *Les privatisations en France et à l'étranger*, La Documentation française, 1995 ■ G. DRAGO, « Service public national et services publics constitutionnels », *JCP* A nº 16-18 du 16 avril 2007, p. 26, « Service public de l'énergie. Fin d'un service public national », *JCP* A nº 4, 22 janvier 2007, p. 30 ■ J.-D. DREYFUS, « Privatisations. Rencontre d'une société de troisième type : la société à action spécifique », *LPA* 21 décembre 1994, nº 152, p. 11, « L'externalisation, éléments de droit public », *AJDA* 2002, p. 1214 ■ M. DURUPTY, *Les privatisations en France*, La Documentation française, 1988, « Les restructurations du secteur public », *RFDA* 1991, p. 309, « Aspects récents de la respiration du secteur public », *Mélanges Auby*, 1992, p. 97, « La privatisation banalisée. Commentaire de la loi de privatisation du 19 juillet 1993 », *AJDA* 1993, p. 712 ■ J. FOURNIER, « Le devenir des entreprises publiques dans le droit et la pratique de l'UE », *RJEP* 2005, nº 619, p. 135 ■ E. GUILLAUME, « Libre circulation des capitaux : les enseignements des arrêts de la Cour européenne de justice du 4 juin 2002 », *CJEG* déc. 2002, p. 640 ■ Y. GUYON, « L'évaluation des valeurs mobilières à l'occasion des opérations de privatisation », *RFDA* 1987, nº 2 ■ M. KARPENSCHIF, « La privatisation des entreprises publiques : une pratique encouragée sous surveillance communautaire », *RFDA* 2002, p. 95 ■ R. KOVAR, « Actions spécifiques et entreprises privatisées : donner et retenir ne vaut ? », *CJEG* décembre 2002, p. 625 ■ M. LOMBARD, « Les garanties accompagnant la privatisation d'Air France », *AJDA* 2003, p. 1100, « Les limites constitutionnelles à la privatisation des entreprises dont l'activité a le caractère d'un monopole », *Mélanges Moderne*, Dalloz, 2004, p. 673 ■ C. MANSON, *Privatisations, J.-Cl. Sociétés Traité*, fasc. 178-50 ■ S. PERROTET, *1986-2006, Bilan de vingt années de privatisations*, *RJEP* 2008, étude 4 ■ M. POYET, « La transformation des entreprises publiques, véritable enjeu de pérennité », *RA* 2004, p. 565 ■ G. QUIOT, « De l'inconstitutionnalité de la loi du 31 décembre 2003 relative aux obligations de service public des télécommunications et à France Télécom », *AJDA* 2005, p. 813 ■ L. RAPP, Y. GUYON et J. MASSOT, « Aspects de la privatisation », *RFDA* 1987, p. 153 ■ L. RAPP, *Techniques de privatisation des entreprises publiques*, Lib. technique, 1986, « Les lois de privatisation et la respiration du secteur public », *RFDA* 1987, p. 153, « Le secteur public français entre nationalisations et privatisations », *AJDA* 1987, p. 303 ■ L. RICHER et A. VIANDIER, « La loi de privatisation », *JCP* E 1993, I, p. 281 ■ E. SITBON, « Le droit communautaire des aides d'État et les procédures de privatisation en France », *Dalloz Aff.* 1999, p. 926 ■ N. THIRION, « Les privatisations d'entreprises publiques dans une économie sociale de marché : aspects juridiques », Buylant, 2002 ■ R. TURINI, « Privatisation et droit communautaire », *RDAI* 1993, p. 813 ■ X. VANDENDRIESSCHE, « Le transfert du secteur public au secteur privé : notion et compétence », *Dr. soc.* 1987, p. 702.

4. Filialisation

L. BONNEFOUS, *Les filiales des entreprises publiques et les nationalisations silencieuses*, Rapport de la commission sénatoriale de contrôle des entreprises publiques, Doc. Sénat, 1976-77, nº 379 M. DEBÈNE, « L'ouverture du capital des entreprises publiques », *AJDA* 1991, p. 623 J.-D. DREYFUS, « L'externalisation, éléments de droit public », *AJDA* 2002, p. 1214 M. Long, « La diversification des entreprises publiques françaises », *RFAP*, 1980 L. RAPP, « La réforme du statut de Renault », *AJDA* 1990, p. 688, *Les filiales des entreprises publiques*, LGDJ, 1983, *Les groupes d'entreprises publiques*, PUF, Que sais-je ?, L. RICHER et A. VIANDIER, « L'ouverture minoritaire du capital des entreprises publiques », *JCP* 1992, I, 3574.

CHAPITRE II
LES OPÉRATEURS PUBLICS NATIONAUX

659 **Spécificité. –** Les opérateurs publics nationaux présentent une indéniable spécificité en ce qu'ils sont directement ou indirectement liés à l'État. L'État, autorité régalienne par excellence, devient parfois acteur sur un marché économique. La problématique de l'État opérateur économique est riche d'interrogations et de remises en cause. En premier lieu, l'État assure différentes fonctions vis-à-vis des entreprises publiques (réglementation, régulation, contrôle de la mission de service public, définition des stratégies économiques nationales, définition des orientations des entreprises publiques, tutelle et pilotage, fonction d'actionnaire). De ce point de vue, la tendance générale vise à séparer clairement ces différentes fonctions, qui doivent être fondées chacune sur des objectifs et des instruments juridiques différents. Se pose alors l'inévitable question des arbitrages à réaliser. En deuxième lieu, la fonction de direction ou de pilotage des entreprises publiques fait l'objet de critiques récurrentes à travers l'institution de la tutelle. Très paradoxalement, la tutelle est jugée à la fois trop présente et parfaitement inefficace. Facteur de lenteur et de lourdeur dans la prise de décision, son organisation conduit à une grave dilution des responsabilités au sein de l'entreprise publique. La réforme de la gouvernance des entreprises publiques, en chantier depuis des années, a trouvé quelques traductions concrètes au cours des années 2000. En troisième lieu, il n'est aujourd'hui plus concevable d'ignorer la pression que le droit communautaire fait peser sur les décisions de l'État actionnaire et sur le statut des établissements publics industriels et commerciaux. Même si la présence d'entreprises publiques n'est pas remise en cause en elle-même, ses modalités sont contestées.

660 **Plan. –** La remise en cause des fonctions de l'État actionnaire autorise à dresser un état des réflexions sur ce sujet (Section I). Chronologiquement, on abordera la création des opérateurs publics nationaux (Section II), puis leur direction (Section III) et les contrôles qui pèsent sur eux (Section IV), avant de traiter des éléments marquants de leur gestion (Section V).

SECTION I L'ÉTAT ACTIONNAIRE : ÉTAT DES RÉFLEXIONS

661 **Critiques et propositions de réforme.** – Les relations entre l'État et ses entreprises publiques ont fait l'objet d'examens particulièrement minutieux, partant souvent d'un ensemble de critiques pour aboutir à des propositions d'amélioration dans une série de rapports, à commencer par le rapport Nora de 1967. Les rapports les plus récents reprennent en les adaptant au secteur public les recommandations propres à la réforme du gouvernement d'entreprise. Deux catégories de propositions se distinguent. La première est la plus ancienne et vise à refonder le rôle et les prérogatives de l'État dans la direction des entreprises publiques. Elle a inclus plus récemment l'état des réflexions sur la gouvernance d'entreprises du secteur privé. La seconde catégorie envisage beaucoup plus globalement l'ensemble des fonctions de l'État vis-à-vis des entreprises publiques. Il y est principalement recommandé que les différentes fonctions de l'État vis-à-vis du secteur public soient clairement identifiées, séparées et encadrées par des règles claires et rationalisées.

Rapport Arthuis, *Les ambiguïtés de l'État actionnaire*, 1993-1994 ; Rapport du groupe de travail présidé par J. Bergougnoux, *Les services publics en réseau. Perspectives et nouvelles régulations*, La Documentation française 2000 ; R. Barbier de la Serre, *L'État actionnaire et le gouvernement des entreprises publiques*, 2003 ; M. Diefenbacher, Rapport au nom de la Commission d'enquête de l'Assemblée nationale, *Sur la gestion des entreprises publiques afin d'améliorer le système de prise de décision*, 2003 ; OCDE, *Lignes directrices sur le gouvernement d'entreprise des entreprises publiques*, 2005.

On peut ajouter à ces différentes propositions de réforme la pression exercée par le droit communautaire sur les modalités de fonctionnement des entreprises publiques, puissant facteur de remise en cause et de réajustements à procéder.

§ 1. SÉPARER LES DIFFÉRENTES FONCTIONS DE L'ÉTAT

662 **Pourquoi et comment.** – Le pilotage des entreprises publiques est souvent noyé au milieu des multiples autres fonctions de l'État les impliquant et celles-ci subissent souvent des arbitrages en défaveur de leur intérêt social, l'État n'ayant tendance à s'en préoccuper qu'en cas de crise grave les affectant. Il est donc apparu nécessaire de bien distinguer les différentes fonctions de l'État touchant le secteur public, tout simplement afin de s'assurer que l'objectif de performance de l'entreprise publique fasse l'objet d'un traitement particulier et, partant, soit préservé. En effet, comme dans n'importe quelle entreprise, la performance doit être au cœur des préoccupations des actionnaires, désireux de préserver leur patrimoine. La méthode à suivre consiste donc, d'une part, à isoler les différents services responsables du suivi de chaque fonction, et, d'autre part, à diversifier les instruments juridiques propres à chaque fonction.

663 **Fonction régalienne.** – L'État est source de la réglementation économique que les entreprises doivent respecter, au titre de sa fonction régalienne. Il élabore un

corpus juridique auquel l'entreprise doit se soumettre, comme les autres acteurs économiques. Les services chargés de l'élaboration de cette réglementation doivent être isolés des services assurant la tutelle sur les entreprises publiques et préparer les textes sans que les intérêts des entreprises publiques viennent interférer dans leur contenu. La fonction régalienne de l'État producteur d'une réglementation économique passe par l'élaboration de lois et règlements à portée générale et impersonnelle.

664 **Fonction de régulation. –** L'État est le gardien et le garant du respect des règles de la concurrence. Il doit s'assurer que les opérateurs publics et privés se livrent une saine, loyale et libre concurrence. Cette fonction peut passer par la création d'autorités indépendantes de régulation sectorielle (*supra*, n° 111 et s.). La fonction de régulation d'un marché au bénéfice d'opérateurs concurrents ou de consommateurs ne passe plus par les prérogatives d'un État actionnaire d'un opérateur historique en situation de monopole, mais par un ensemble de prérogatives confiées à une autorité de régulation.

665 **Financement et préservation d'un service public. –** L'État assure traditionnellement une fonction de création de certains services publics, fonction s'étendant à leur organisation et leur financement. L'État est aussi le garant du bon fonctionnement de ces services vis-à-vis des usagers. L'histoire a démontré que le modèle français reposait sur la création d'opérateurs publics historiques, titulaires d'un monopole national et assumant une mission de service public. Leurs obligations de service public étaient soigneusement décrites dans leurs cahiers des charges ou dans les contrats les liant à l'État actionnaire (*infra*, n° 723 et s.). Aujourd'hui, compte tenu de la politique d'ouverture des réseaux à la concurrence et du développement des mécanismes de délégation de service public, il n'existe plus de réelle spécificité qui imposerait que l'exploitation d'un service public soit confiée à un opérateur public. Surtout, même si la présence d'opérateurs publics est maintenue, il apparaît préférable de généraliser la technique du « contrat de service public », liant l'autorité publique aux opérateurs publics et privés chargés d'une mission de service public. De la même manière, le financement de la mission de service public (voire exclusivement de son segment non rentable) passe par l'octroi de subventions dont la qualification d'aide publique peut être écartée (*supra*, n° 437 et s.) et non plus par la dotation de l'État actionnaire. Il est préconisé, vis-à-vis des opérateurs de service public, de développer une démarche de type « concession » comportant la définition d'obligations de service public, d'efficacité, assorties d'une compensation financière (péréquation, compensation, évolution tarifaire ou allongement de la durée des concessions). Cette constatation suscite deux interrogations juridiques. En premier lieu, faudra-t-il généraliser les procédures de mise en concurrence aux contrats passés avec les entreprises publiques du secteur concurrentiel, contrats qui apparaissent pour le moment comme des déclinaisons des prérogatives de contrôle de l'État sur ses entreprises ? En second lieu, peut-on affirmer que les prérogatives que l'État tiendrait d'un contrat sont aussi efficaces que la mise en œuvre de ses prérogatives de tutelle ? En effet, il apparaît que même si des contrats de service public existent depuis longtemps entre l'État et les entreprises publiques, la confusion des fonctions permet à l'État de passer par ses prérogatives

traditionnelles de tutelle pour faire valoir ses exigences en matière de service public. Si l'on sépare les fonctions, seules les prérogatives contractuelles pourront être utilisées à l'avenir.

666 **État stratège. –** L'État est chargé de définir la politique économique et sociale du pays. Il se sert des entreprises publiques comme fer de lance, comme vitrines sociales, comme moyen de protection de l'indépendance nationale. Il mène à travers les opérateurs publics des politiques d'innovation technologique ou de développement durable. L'État peut aussi chercher à assurer un contrôle sur l'économie en se situant à des points stratégiques (secteur des transports, des télécommunications, secteur bancaire). Cela lui permet aussi de soutenir le marché en déterminant les tarifs des prestations nécessaires aux autres activités économiques (énergie, transport) ou en finançant l'initiative économique (secteur bancaire). Les décisions de l'État stratège relèvent incontestablement du gouvernement ou d'une entité interministérielle et doivent être isolées des services assurant la tutelle sur les entreprises publiques. Les moyens de l'État stratèges sont néanmoins les prérogatives de pilotage des entreprises publiques. On peut aussi imaginer une contractualisation de ces objectifs. En tout état de cause, ces objectifs d'intérêt économique général sont susceptibles d'entrer en conflit avec l'intérêt social de l'entreprise. La bonne performance d'une entreprise se satisfait mal de contraintes profitant aux autres acteurs économiques. Il est donc recommandé que l'État définisse les modalités d'arbitrage entre l'intérêt général et l'intérêt social des entreprises publiques et élabore une procédure transparente de résolution des conflits qui pourraient naître. Selon les lignes directrices de l'OCDE (2005), l'État doit indiquer ses priorités et fournir des précisions sur la manière dont il procédera aux arbitrages.

L'une des spécificités de l'entreprise publique est qu'il semble admis par la jurisprudence (relativement rare sur ce sujet) que l'intérêt social de l'entreprise puisse céder devant l'intérêt général. À l'occasion de la remise à flot de l'entreprise Usinor, la cour d'appel de Versailles a eu à juger en 1990[1] de l'action d'actionnaires minoritaires contre les décisions de l'État, actionnaire majoritaire. Il en ressort que le juge judiciaire s'est montré très perméable aux considérations d'économie politique avancées et sensible au but d'intérêt national poursuivi par l'État actionnaire ainsi qu'à son projet d'ensemble, dont l'entreprise publique n'est qu'un instrument. Cependant, la doctrine même de l'État à ce sujet a évolué, puisqu'en réponse à une critique virulente de son rôle d'État actionnaire dressée par la Cour des comptes dans son rapport 2008, le ministère de l'Économie a fait savoir qu'il existait une « impossibilité juridique pour l'État actionnaire de contraindre une entreprise à prendre une décision contraire à son intérêt social ».

En droit communautaire, la Cour a admis à plusieurs reprises que les États membres étaient légalement en droit d'utiliser les entreprises, notamment du secteur public, en tant qu'« instrument de politique économique »[2]. C'est même

1. A. VIANDIER, « L'intérêt social cède-t-il devant la raison d'État ? », comm. CA Versailles 29 nov. 1990, *Abdelnour c/SA Usinor*, *Bull. Joly*, 1991, n° 85, p. 277. L'arrêt est confirmé par Cass. com. 17 mai 1994, n° 91-21363, *Bull. civ.* IV n° 183.

2. CJCE 19 mars 1991, *France c/Commission*, aff. C-202/88, point 12 et CJCE 23 oct. 1997, *Commission c/France*, aff. C-159/94, point 55.

précisément l'objet de l'article 106 § 2 TFUE, prévoyant une exemption en faveur des entreprises chargées d'un SIEG. En effet, la mission d'intérêt général s'identifie précisément à l'aide des obligations que l'État fait peser sur ces entreprises au titre d'objectifs économiques, sociaux ou encore environnementaux.

667 **État actionnaire et propriétaire. –** Comme dans le secteur privé, l'État doit se comporter comme un véritable actionnaire propriétaire d'entreprises. Ses seules préoccupations de ce point de vue devraient tourner autour de la compétitivité et de la performance de l'entreprise. L'entreprise publique doit fournir à l'État des dividendes. Celui-ci doit avoir une bonne connaissance de son patrimoine et agir au mieux de ses intérêts patrimoniaux. L'actionnaire assure aussi un rôle de financeur de son entreprise par le biais d'opérations capitalistiques ou d'opérations en compte-courant. Selon les Principes de gouvernement d'entreprise de l'OCDE (2004), principes élaborés pour le secteur privé, il existe quatre principaux droits fondamentaux des actionnaires : participer et voter aux assemblées générales, obtenir en temps opportun et de façon régulière des informations pertinentes et suffisantes sur l'entreprise, élire et révoquer les administrateurs, approuver les transactions extraordinaires. Mais l'exercice des droits de l'actionnaire majoritaire dans la gestion de l'entreprise ne doit pas tendre à confondre le contrôle de la gestion par les dirigeants et la direction à la place des dirigeants. L'actionnaire majoritaire doit fixer des objectifs mais laisser aux organes dirigeants la définition de la stratégie de l'entreprise au mieux de son objet social. Il doit établir des relations claires avec les actionnaires minoritaires, en s'abstenant d'imposer des orientations stratégiques sans compensation ou incompatibles avec l'intérêt social de l'entreprise.

Il est préconisé que l'État passe d'une relation de tutelle exorbitante du droit commun à une relation de partenariat semblable à celle d'un actionnaire dans les entreprises privées. Là encore, la méthode à choisir consiste à confier à une entité exclusivement dédiée au sein de l'État la responsabilité de la fonction d'actionnaire.

La gouvernance d'entreprises prône aussi l'établissement des relations avec les parties prenantes que sont les salariés, les usagers, les territoires sur lesquels l'entreprise est implantée et ses partenaires économiques. Peut-être encore plus que les entreprises du secteur privé, les entreprises publiques ont des responsabilités vis-à-vis des parties prenantes qu'il conviendrait de clarifier. La meilleure méthode semble une fois de plus être la contractualisation.

668 **Critiques. –** Dans son rapport pour 2008, la Cour des comptes semble souhaiter revenir sur l'objectif de séparation des fonctions de l'État vis-à-vis des entreprises publiques. Critiquant le rôle de l'Agence des participations de l'État chargée d'assumer la fonction patrimoniale (APE, n° 807 et s.), elle affirme que « dans ses positions d'actionnaire, l'État ne peut s'en tenir à des considérations strictement patrimoniales. Il lui faut aussi, à des degrés divers selon les secteurs de l'économie, englober d'autres considérations stratégiques, participant notamment des politiques de défense ou industrielles et plus généralement de la valorisation d'intérêts nationaux ou européens. Or, volontairement centrée sur la défense des intérêts patrimoniaux, l'Agence ne joue pas ce rôle de synthèse. Pour cette raison aussi, de nouvelles évolutions de la gouvernance de l'État actionnaire paraissent nécessaires ». Dans sa réponse, le ministère de l'Économie souligne qu'il n'appartient pas à l'APE d'exercer ce rôle de synthèse, car de tels arbitrages relèves du gouvernement. De tels arbitrages constitueraient alors finalement la spécificité de l'État actionnaire et le distingueraient des holdings privés.

669 **Politique actionnariale de l'État. Aspects économiques, industriels et sociaux. –** À partir de l'année 2010, la politique actionnariale de l'État semble avoir opéré un important virage. En effet, l'État semble vouloir aller désormais au-delà d'une vision purement financière du pilotage des participations publiques. Dès 2010, le rapport de l'Agence des participations de l'État insiste sur « le développement d'une politique industrielle plus active des entreprises à participation publique ». Le décret n° 2011-130 du 31 janvier 2011[3] officialise ce tournant. Sans renier la défense des intérêts patrimoniaux de l'État, la politique actionnariale est désormais menée sous ses aspects économiques, industriels et sociaux. Les entreprises publiques seront soutenues dans une stratégie de développement industriel et économique de long terme. L'APE est désormais placée sous la direction générale d'un Commissaire aux participations de l'État et est directement rattachée au ministre de l'Économie. Son périmètre s'étend, puisque sont rattachés à l'APE les deux autres instruments d'intervention actionnariale de l'État, que sont le FSI (Fonds stratégique d'investissement, *supra*, n° 653) et la SPPE (Société de prise de participation de l'État, *supra*, n° 653).

§ 2. AMÉLIORER LA GOUVERNANCE DES ENTREPRISES PUBLIQUES

670 **Critiques. –** On peut citer un extrait des lignes directrices de l'OCDE sur le gouvernement d'entreprise des entreprises publiques (2005), résumant assez bien la situation de la direction des entreprises publiques : « l'une des difficultés tient au fait que les entreprises publiques peuvent souffrir au moins autant d'ingérences politiques directes indues que de la passivité totale ou de la distance de l'État actionnaire. On assiste aussi à une dilution des responsabilités. Les entreprises publiques sont souvent à l'abri de deux menaces qui sont essentielles au contrôle de la gestion dans le secteur privé, à savoir la menace d'une OPA et celle d'une faillite ».

671 **Propositions de réforme[4]. –** Les divers rapports émis sur le rôle de l'État actionnaire proposent d'abord de supprimer les formes de tutelle *a priori* (homologation, visa préalable, approbation) et de codifier les décisions qui supposent une information préalable ou une approbation de l'actionnaire. S'agissant du conseil d'administration, il est préconisé de le restaurer dans sa fonction principale de gestion de l'entreprise. Il existe des divergences selon les rapports précités s'agissant de la répartition des rôles entre l'actionnaire majoritaire et le conseil d'administration pour ce qui est de la définition des objectifs de l'entreprise. Tantôt il est préconisé que l'État actionnaire se contente de déterminer les grandes orientations en laissant au conseil d'administration le soin d'élaborer les stratégies pour les mettre

3. Modifiant le décret n° 2004-963 du 9 sept. 2004 portant création du service à compétence nationale « Agence des participations de l'État ». M. LOMBARD, « Participations de l'État », chron. Actualité du droit de la concurrence et de la régulation, *AJDA* 2011, p. 1302.

4. Principalement issues du Rapport Barbier de la Serre (préc.) et des Lignes directrices de l'OCDE (préc.).

en œuvre, tantôt il est admis que l'État participe aussi à la définition des stratégies. En tout état de cause, il apparaît que ce travail doit être effectué périodiquement et se traduire dans un document de synthèse et que l'État ne doit pas se manifester par le biais d'ingérences permanentes. Concernant la composition du conseil d'administration, la nomination de ses membres doit relever de procédures méthodiques et transparentes. Le conseil d'administration doit avoir un mandat clair pour assurer sa fonction de pilotage stratégique et être responsable des décisions prises. Il faut le laisser jouer son rôle de pivot de la relation entre l'entreprise et l'actionnaire et supprimer l'emprise de l'État actionnaire à tous les niveaux (Président du conseil d'administration, conseil d'administration et assemblée des actionnaires). Les membres ne doivent pas se comporter en représentants d'autres entités. Cela impliquerait donc d'unifier le statut des administrateurs. Il est aussi préconisé de renforcer le poids des administrateurs extérieurs, garants de l'intérêt social, pour ne pas que le conseil se limite à un face-à-face État/salariés. S'agissant du président du conseil d'administration, les propositions sont très divergentes. Tantôt il est recommandé de ne pas modifier la nomination du président par décret, mais de lier sa pérennité à la performance de l'entreprise. Tantôt il est proposé de procéder à la nomination du directeur général par le conseil d'administration lui-même.

S'agissant du contrôle sur les entreprises publiques, il apparaît préférable de généraliser et de développer les comités d'audit, ainsi que les comités de nomination-rémunération, à l'instar de ce qui se pratique dans le secteur privé. Dès 1999, les entreprises cotées dans lesquelles l'État détient une participation se sont dotées d'un comité d'audit et disposent souvent d'un comité des rémunérations et d'un comité des stratégies (par exemple, Wanadoo, filiale de France Télécom dispose d'un comité d'audit, d'un comité des rémunérations, d'une charte de fonctionnement du conseil d'administration et a accueilli trois administrateurs indépendants ; EDF, Air France). Le principe de transparence trouverait une application particulière dans les entreprises publiques en ce qu'il leur serait imposé de diffuser des informations sur leurs objectifs, la structure de leur capital et la répartition des droits de vote, les facteurs de risques significatifs et les aides financières éventuelles.

§ 3. SUBIR LA PRESSION DU DROIT COMMUNAUTAIRE

672 **Régularité de l'existence d'opérateurs publics. –** L'article 345 TFUE stipule que « le présent traité ne préjuge en rien le régime de la propriété des États membres ». Cet article est interprété comme offrant un fondement juridique à la régularité de la présence d'opérateurs publics sur un marché, qu'il s'agisse d'opérateurs à statut de droit public ou d'opérateurs privé à capital majoritairement public. Néanmoins, si l'existence d'opérateurs publics n'est pas en elle-même contestable au regard du droit communautaire, certaines modalités de leur fonctionnement font l'objet d'un contrôle étroit de la part des autorités communautaires.

673 **Contestation des modalités de fonctionnement. –** Le droit communautaire des aides d'État contribue à fragiliser les modalités de fonctionnement habituelles des entreprises du secteur public et leurs relations avec l'État actionnaire. En premier

lieu, toutes les interventions capitalistiques de l'État tombent sous le coup de la qualification d'aide d'État. La Cour a jugé que « l'intervention des pouvoirs publics dans le capital d'une entreprise, sous quelque forme que ce soit, peut constituer une aide étatique lorsque les conditions visées à l'ex-article 92 du traité [auj. 107 TFUE] sont remplies »[5]. Quatre situations ont été recensées[6] : la création d'entreprises, les transferts de propriété du secteur privé vers le secteur public, les apports en capital dans une entreprise du secteur public et les augmentations de capital dans une entreprise du secteur privé. Les autorités communautaires utilisent le critère bien connu de l'opérateur agissant dans des conditions normales de marché, afin de déterminer si l'État a octroyé une aide (*supra*, n° 442 et s.). De ce point de vue, la poursuite d'un intérêt économique supérieur n'est pas une cause de justification de l'aide versée. La fonction de l'État actionnaire dans le financement des entreprises publiques tombe ainsi sous le coup de la réglementation des aides. Bien qu'acceptant certaines opérations d'aides à des entreprises publiques en difficulté, la Commission européenne en profite pour imposer des directives de réorganisation et de réorientation des entreprises publiques.

Ainsi, la Commission n'a accepté le versement d'une dotation de 12 milliards de francs à la Régie Renault que si l'État la transformait en société commerciale (loi du 4 juillet 1990). La recapitalisation d'Air France à hauteur de 20 milliards de francs en 1994 a été soumise à la condition que la compagnie se dote d'un plan de restructuration, procède à des cessions d'actifs et à l'ouverture de son capital. L'apport de 20 milliards de francs au groupe GAN en 1997 n'a été jugé compatible avec le traité qu'à la condition qu'un plan de restructuration soit adopté, prévoyant là encore la cession d'actifs.

En deuxième lieu, les modalités de privatisation sont également susceptibles de rencontrer le droit des aides, en ce qu'une cession à un prix inférieur à la valeur de l'entreprise privatisée est qualifiable d'aide en faveur de l'acquéreur. En troisième lieu, les prérogatives exorbitantes de l'actionnaire public sont strictement limitées. L'institution d'une action spécifique n'est pas irrégulière en soi, mais doit répondre à ces critères précis (*supra*, n° 641). Dans un arrêt datant de 2007, la Cour de justice a jugé[7] que certaines prérogatives exorbitantes conférées aux actionnaires publics par le législateur pouvaient heurter la libre circulation des capitaux. Cette appréciation, concernant en l'espèce une société privatisée, pourrait s'appliquer à n'importe quelle entreprise du secteur public et stigmatiser ainsi les prérogatives exorbitantes de l'actionnaire public en général.

En quatrième lieu, de manière inquiétante, la Commission a estimé à plusieurs reprises que le statut d'établissement public, impliquant une garantie illimitée de l'État, révélait de ce fait l'existence d'une aide publique (*infra*, n° 688). Sans que le statut de droit public soit lui-même déclaré incompatible avec le droit communautaire, sa pérennité est gravement menacée.

En cinquième lieu, la politique d'ouverture des réseaux à la concurrence (*supra*, n° 344 et s.) a bouleversé le choix français de gestion des grands services publics. D'un système fondé sur la présence d'un opérateur historique, intégré, titulaire d'un monopole dont les tarifs étaient régulés et le financement assuré par dotation de

5. CJCE 21 mars 1991, *Italie c/Commission*, aff. C-305/89.
6. Commission, Rapport concurrence 1984.
7. CJCE 23 oct. 2007, *Commission c/République Fédérale d'Allemagne*, aff. C-112/05.

l'État, on est passé à un système dans lequel évoluent une pluralité d'opérateurs en concurrence, financés par des fonds de péréquation ou des subventions encadrées, mis en concurrence pour assurer le service universel.

674 **Modèle français, modèle communautaire. –** L'ensemble des constatations qui précèdent conduisent à constater que le modèle communautaire est en train de se substituer au modèle français. La présence d'un secteur public n'est pas remise en cause, mais sa raison d'être est fragilisée. En effet, on peut supposer que l'opérateur public n'est que le vecteur de la mise en œuvre de certains leviers de l'État sur l'économie. Il est le siège de méthodes particulières de gestion de l'économie. Pour assurer la fourniture de certaines prestations sur l'ensemble du territoire, à des tarifs abordables, tout en maintenant un niveau d'investissement nécessaire, la France a opté pour la création d'opérateurs publics assujettis à des prérogatives de tutelle et financés par dotations de l'État. Le droit communautaire ne condamne pas ces leviers (contribuer à l'investissement, réguler les tarifs), mais tend à leur faire emprunter d'autres voies (subventions conformes à la jurisprudence *Altmark*, n° 494 et s., autorités de régulation, normes générales et impersonnelles). Dès lors, l'opérateur public semble de moins en moins utile en ce qu'il ne peut plus assumer le rôle de vecteur de prérogatives particulières.

SECTION II CRÉATION ET FORMES JURIDIQUES

675 **Plan. –** Les entreprises publiques peuvent revêtir une multiplicité de formes juridiques différentes. L'autorité compétente pour leur création dépend ensuite de la forme juridique retenue. La tendance actuelle est à la sociétisation des grands EPIC nationaux.

§ 1. LA TYPOLOGIE DES ENTREPRISES PUBLIQUES NATIONALES

676 **Répertoire. –** Il existe un Répertoire des entreprises contrôlées majoritairement par l'État (RECME), prévu par la loi de nationalisation de 1982 et institué par le décret n° 84-966 du 22 octobre 1984. Il est confié à l'INSEE et une première version a été établie en 1985. Le RECME a adopté une conception extensive du secteur public, puisqu'il regroupe les organismes exerçant une activité industrielle et commerciale suivants : les établissements ou les organismes de l'État quel que soit leur statut ; les entreprises nationales, les sociétés nationales, les sociétés d'économie mixte, les sociétés commerciales dans lesquelles l'État possède directement la majorité du capital, et les sociétés à forme mutuelle nationalisées ; les organismes, quel que soit leur statut juridique, dont la majorité du capital ou des voix dans les organes délibérants est détenue, directement ou indirectement, par l'une des personnes visées aux deux catégories précédentes.

En 2010[8], l'État contrôle majoritairement, directement ou indirectement, 938 entreprises, dont 90 entreprises de premier rang. 95 % des entreprises sont de rang 1 à 5. L'État est minoritaire dans environ 400 entreprises. Parmi les entreprises de premier rang, 50 n'ont aucune filiale. La SNCF, le CEA et GDF contrôlent à peu près une centaine de filiales chacun. Le secteur public se manifeste par une forte présence dans le tertiaire (services rendus aux entreprises, transports, énergie, services aux particuliers). L'Agence des participations de l'État évalue à un peu moins de 90 milliards d'euros le montant des participations étatiques dans les entreprises cotées, soit environ 7 % de la capitalisation boursière française.

677 **Formes juridiques de droit public. –** Les entreprises publiques peuvent revêtir tout d'abord le statut de services non personnalisés de l'État ayant une activité industrielle et commerciale (DCN jusqu'en 2001, Direction des Journaux Officiels, la Direction de la Documentation française, l'INSEE, le Service Hydrographique et Océanographique de la Marine SHOM jusqu'en 1997, les DDE, etc.). Certaines entreprises publiques peuvent aussi être constituées sous forme de GIP (par exemple, le Laboratoire français du fractionnement et des biotechnologies avant sa transformation en EPIC).

Ensuite, le statut d'EPIC peut être choisi pour créer une entreprise publique. L'EPIC ne dispose pas d'un capital réparti en actions, mais de fonds propres constitués par une dotation apportée par la personne publique ayant créé l'établissement. Les EPIC obéissent au principe de spécialité. Leurs salariés sont de droit privé mais peuvent en même temps être soumis à des statuts réglementaires de droit public (SNCF, RATP, EDF et GDF avant 2004), sauf le directeur général et le comptable public (s'il y en a un). Leur patrimoine peut relever des règles de la domanialité publique. Les EPIC peuvent bénéficier d'une comptabilité privée (la plupart des grands EPIC nationaux, comme la SNCF, la RATP, La Poste avant 2010 ou les ports autonomes). Les EPIC connaissent une tendance à la sociétisation, mais il reste tout de même encore beaucoup d'EPIC nationaux[9].

678 **Formes juridiques de droit privé. –** La notion d'entreprise publique (*supra*, n° 571 et s.) ne repose pas sur le critère du statut de droit public de l'organisme. Dès lors, de nombreuses entreprises publiques revêtent la forme de société de droit privé (société anonyme la plupart du temps, comme EDF, GDF jusqu'en juillet 2008[10], ADP, La Poste). Le législateur les qualifie parfois d'entreprises nationales (France Télécom qualifiée comme telle par la loi de 1996 et dont État devait conserver la majorité du capital, ou la DCN également qualifiée comme telle par la loi de finances rectificative pour 2001, dont l'État conserve totalité du capital) ou de sociétés nationales (termes employés par des textes, par exemple l'article 1er de

8. Source : site INSEE et Rapports de l'Agence des participations de l'État.

9. Le BRGM, le Centre français du commerce extérieur, le Centre national d'études spatiales, Charbonnages de France, le CEA, l'ERAP, les établissements publics d'aménagement, les établissements publics fonciers, les houillères de bassin, l'INC, l'ONF, les offices nationaux interprofessionnels (ONIC, ONILAIT, OFIMER, etc.), les ports autonomes, RFF, l'UGAP, VNF, La Monnaie de Paris (ancienne Direction des Monnaies et des médailles, transformée en EPIC en 2007) ou sous forme d'agences (par exemple Agence de l'environnement et de la maîtrise de l'énergie ADEME).

10. Après la fusion avec Suez, la part de l'État est passée à 36,4 % ce qui fait sortir l'entité du périmètre des entreprises publiques. GDF-Suez est désormais une entreprise à participation publique minoritaire.

la loi n° 83-675 du 26 juillet 1983). L'utilisation de GIE est plus rare mais pas impossible (par exemple le GIE Dragages-Ports créé par l'État et les ports autonomes maritimes en 1979 afin d'exercer en régie des travaux d'entretien).

Bien que lorsque le capital est partagé entre personnes publiques et personnes privées on préfère parler d'entreprises à participation publique[11], il existe des sociétés d'économie mixte nationales (par exemple les SEM nationales en outre-mer, loi n° 46-860 du 30 avril 1946).

Il existe des sociétés publiques sans participation de l'État (ou avec une participation très minoritaire), mais avec des représentants de l'État au conseil d'administration ou de surveillance (COGEMA, Compagnie nationale du Rhône, EDF International, France 2, France 3, SNCF Participations, Escota, SAPN, Aréa, Aréva, SNCM).

679 **Hors secteur public. –** L'État occupe de plus en plus souvent une position d'actionnaire minoritaire dans des entreprises du secteur privé (France Télécom, Renault, Air-France KLM, EADS, Safran, Thalès, Thomson, GDF-Suez depuis juillet 2008).

680 **Typologie. –** Trois grandes classifications des opérateurs publics nationaux sont envisageables. Les entreprises publiques peuvent se répartir selon la nature de leur statut, comme on vient de le voir. Ensuite, la nature de leur activité conduit à distinguer les entreprises ayant une mission de service public et les entreprises du secteur concurrentiel (bien que cette distinction ne soit plus tout à fait pertinente du fait de l'ouverture des réseaux à la concurrence, mouvement impliquant que des entreprises publiques exploitant un service public évoluent désormais dans un environnement concurrentiel). Une classification par secteur d'activité semble aujourd'hui plus pertinente (secteur des transports avec RATP et la SNCF, secteur des infrastructures de transport avec ADP, les ports autonomes, RFF, secteur de l'énergie avec EDF, Charbonnages de France, Aréva, secteur de l'armement et de l'aéronautique avec la DCN, EADS, GIAT-Industries, SNPE, Thales, DCI, secteur des médias avec Arte-France, France Télévisions, RFI et Radio France).

Enfin, il est possible d'envisager une classification reposant sur les modalités de détention du capital par les personnes publiques. On distingue traditionnellement les entreprises publiques de premier rang, c'est-à-dire les entreprises dans lesquelles l'État détient directement plus de la moitié du capital (comme la Caisse centrale de réassurance, EDF, ADP, La Poste, France Télévision, la Française des Jeux, l'Imprimerie nationale, DCN, GIAT-Industries, Radio France, la SNPE, la SEMMARIS, etc.), des entreprises de rang supérieur (filiales et sous-filiales). Il existe aussi des entreprises publiques dites « codétenues », c'est-à-dire des entreprises dont plus de la moitié du capital est détenu par l'État, des établissements publics ou d'autres sociétés du secteur public (Aréva par exemple).

11. A. DELION, « Les sociétés d'économie mixte : seulement locales ou également nationales ? », *RFDA* 2005, p. 977.

§ 2. LA CRÉATION DES ENTREPRISES PUBLIQUES

681 **Absence de répartition claire des compétences. –** La Constitution de 1958 n'a pas attribué au législateur une compétence générale concernant la création des entreprises publiques. La création d'une entreprise publique peut d'ailleurs relever de plusieurs procédés, allant de la création *ex nihilo* à la prise de participation majoritaire dans le capital d'une société existante, en passant par le procédé de la nationalisation.

682 **Établissements publics[12]. –** La création de catégories d'établissements publics (même tutelle, spécialité analogue) relève de la compétence du législateur en vertu de l'article 34 de la Constitution, le pouvoir réglementaire demeurant compétent pour la création des établissements au sein même des catégories. Une entreprise publique peut constituer à elle seule une catégorie d'établissement public (RATP, RTF, etc.). La loi fixe également les règles constitutives d'une catégorie, c'est-à-dire celles qui fixent le cadre général de l'organisation et du fonctionnement des établissements de la catégorie.

683 **Sociétés. –** La création de sociétés de droit privé peut s'effectuer dans les conditions de droit commun. Toutefois, le législateur étant compétent en matière d'obligations civiles et commerciales et les sociétés étant soumises à un statut commun codifié au Code de commerce, seul le législateur peut créer des catégories de sociétés publiques dérogeant au droit commun des sociétés (sociétés anonymes à capital entièrement public ou comportant moins de 7 actionnaires, par exemple). De même, le principe de la liberté du commerce et de l'industrie étant une liberté publique, cela implique que le législateur est compétent pour fixer les règles concernant les garanties fondamentales accordées aux citoyens pour son exercice. Ainsi, seul le législateur serait compétent pour créer une entreprise publique exploitant un monopole. Si l'entrée dans le secteur public s'effectue par nationalisation, là encore le législateur sera seul compétent (article 34 de la Constitution). Si la « création » d'une entreprise publique s'effectue par une prise de participation majoritaire librement consentie au capital d'une société existante, l'opération s'effectue par décret du Premier ministre pris sur rapport du ministre de l'Économie et des Finances. Lorsque l'opération est réalisée par une entreprise du secteur public, la décision est prise par ses organes de direction mais soumise à l'approbation des ministres de tutelle (décret n° 53-707 du 9 août 1953).

§ 3. LA TENDANCE ACTUELLE À LA SOCIÉTISATION DES ÉTABLISSEMENTS PUBLICS NATIONAUX

684 **Ampleur du phénomène. –** Le glas semble avoir sonné pour les grands établissements publics industriels et commerciaux nationaux, destinés à

12. *Les EPIC dans tous leurs états*, Actes du colloque organisé par l'université Lyon 3 sous la direction de M. KARPENSCHIF, *JCP* A 2009, n° 31-35.

être irrémédiablement transformés en sociétés de droit privé[13]. Le phénomène est d'une ampleur certaine : l'ERAP a transféré ses actifs à Elf Aquitaine et le service des poudres fut transformé en société commerciale dans les années 1970 ; TDF est transformé en société anonyme en 1986 ; puis la SEITA et le CNME en 1980, la Caisse d'aide à l'équipement en 1987 (devenue Crédit local de France), la DCN en 2001[14], l'Imprimerie nationale (anciennement budget annexe) en 1993, les transformations les plus célèbres restant celle de France Télécom en 1996, EDF et GDF en 2004, Aéroports de Paris en 2005, puis enfin La Poste en 2010[15].

685 **Procédures. –** Il existe deux catégories de procédures pour transformer des EPIC en sociétés[16]. La première, utilisée plutôt lors des premières transformations, et surtout pour France Télécom, consiste à supprimer l'EPIC et à apporter l'ensemble de ses biens, droits et obligations à une nouvelle personne morale prenant la forme d'une société de droit privé[17]. La seconde n'opère qu'un changement de forme juridique sans création de nouvelle personne morale. Il n'y a alors pas d'apport des biens, droits et obligations de l'EPIC, ni cessation d'activité, mais organisation d'une continuité juridique par le législateur[18].

13. D. BAILLEUL, « Vers la fin de l'établissement public industriel et commercial ? À propos de la transformation des EPIC en sociétés », *RJEP* 2006, p. 105 ; M. LOMBARD, « L'établissement public industriel et commercial est-il condamné ? », *AJDA* 2006, p. 79 ; B. PLESSIX, « L'établissement public industriel et commercial au cœur des mutations du droit administratif », *JCP* A 2007, n° 13, p. 38.

14. Art. 78 de la loi n° 2001-1276 de finances rectificative pour 2001.

15. *Les EPIC dans tous leurs états*, Actes du colloque organisé par l'université Lyon 3 sous la direction de M. KARPENSCHIF, *JCP* A 2009, n° 31-35.

16. S. CARPI, *Contribution à une théorie des successions en droit public*, PUR, 2006 ; B. PLESSIX, « Établissement public. Notion. Création. Contrôle », *J.-Cl. Admi.* Fasc. 135, 2007. Voir également, Conseil d'État, *Les établissements publics, transformation et suppression*, La Documentation française 1989.

17. Par exemple loi n° 80-495 du 2 juill. 1980, à propos de la transformation du service d'exploitation des tabacs et allumettes en société nationale ; Loi n° 96-660 du 26 juill. 1996 relative à l'entreprise nationale France Télécom, article 1er : « La personne morale de droit public France Télécom mentionnée à l'article 1er est transformée à compter du 31 déc. 1996 en une entreprise nationale dénommée France Télécom, dont l'État détient directement plus de la moitié du capital social », « les biens, droits et obligations de la personne morale de droit public France Télécom sont transférés de plein droit, au 31 déc. 1996, à l'entreprise nationale France Télécom ». Cette procédure est évidemment la seule envisageable lorsque c'est un service de l'État doté d'un budget annexe qui est « transformé » en société de droit privé, loi n° 93-1419 du 31 déc. 1993 relative à l'Imprimerie nationale, plus récemment, article 78 de la loi de finances rectificative pour 2001, n° 2001-1276 du 28 déc. 2001, transformant le service à compétence nationale DCN en société anonyme et lui apportant les droits, biens et obligations de l'État relatifs au service.

18. Ainsi qu'en témoignent, par exemple, les termes de la loi n° 2004-803 du 9 août 2004, relative au service public de l'électricité et du gaz et aux entreprises électriques et gazières, en son article 25 : « la transformation en sociétés d'Électricité de France et de Gaz de France n'emporte ni création de personnes morales nouvelles, ni cessation d'activité. Les biens, droits, obligations, contrats et autorisations de toute nature des sociétés Électricité de France et Gaz de France, en France et hors de France, sont ceux de chacun des établissements publics au moment de la transformation de leur forme juridique. Cette transformation ne permet aucune remise en cause de ces biens, droits, obligations, contrats et autorisations et n'a, en particulier, aucune incidence sur les contrats conclus avec des tiers par Électricité de France, Gaz de France (...). Les opérations entraînées par cette transformation ne donnent pas lieu à la perception de droits, impôts ou taxes de quelque nature que ce soit ». Il est procédé de la même manière pour ADP par la loi n° 2005-357 du 20 avr. 2005, relative aux aéroports, puis pour La Poste par la loi n° 2010-123 du 9 févr. 2010 relative à l'entreprise publique La Poste et aux activités postales.

686 **Privatisation du statut.** – La transformation d'un EPIC en société relève d'une opération de privatisation du statut juridique. Le terme de privatisation est si polysémique qu'il convient de ne pas se méprendre. On utilise ce terme pour désigner au moins trois catégories d'opérations : premièrement, l'opération consistant à transférer l'exploitation d'une activité (le plus souvent un service public) dévolue à une régie ou à un établissement public aux mains d'un délégataire privé ; deuxièmement, l'opération de transfert de la propriété d'une entreprise du secteur public au secteur privé (privatisation au sens de l'article 34 de la Constitution) et, troisièmement, la modification de la forme juridique d'un organisme, passant d'une forme juridique de droit public à une forme juridique de droit privé (privatisation du statut). La privatisation du statut doit alors être distinguée de la privatisation du capital (par exemple, France Télécom est devenue société anonyme en 1996, mais la privatisation de son capital n'a été rendue possible que par une loi de 2003)[19].

687 **Autorité compétente.** – La transformation des EPIC en sociétés n'est qu'une privatisation du statut. De ce fait, même si le législateur intervient quasiment toujours pour y procéder, l'opération ne relève pas d'un transfert de propriété du secteur public au secteur privé impliquant obligatoirement le vote d'une loi en vertu de l'article 34 de la Constitution. Normalement, la règle du parallélisme des compétences s'applique et l'opération de transformation peut alors être opérée soit par la loi, soit par le pouvoir réglementaire[20], à moins qu'une loi se révèle indispensable (déclassement définitif de biens du domaine public sans désaffectation, dérogation au droit privé des sociétés, privatisation du capital accompagnant la privatisation du statut, etc.).

A. FACTEURS

688 **Pression du droit communautaire sur le statut d'établissement public.** – La pression du droit communautaire sur le statut d'EPIC apparaît comme le facteur le plus puissant d'une privatisation du statut. Puissant parce que les autorités françaises ne le maîtrisent pas et parce que, fondé sur l'incompatibilité des aides publiques, il implique potentiellement d'importantes conséquences financières. Pourtant, les arguments avancés par la Commission ne sont pas incontestables[21] et la solution trouvée par les autorités françaises, consistant en une privatisation du statut, n'est probablement pas la plus efficace. La Commission européenne a lancé des procédures à l'encontre d'EPIC nationaux intervenant sur le marché concurrentiel. Elle avait déjà demandé la transformation de la Régie Renault en société pour accepter les aides publiques qui lui étaient versées[22]. Ses décisions plus récentes touchant EDF, La Poste et le LNE ciblent plus précisément le statut de droit public de ces opérateurs économiques, en ce qu'il révélerait l'existence d'une garantie illimitée de l'État, incompatible avec la prohibition des aides publiques. Dans une communication du 11 mars 2000, sur l'application des articles 87 et 88 CE [auj. 107 et 108 TFUE] aux aides d'État sous forme de garantie, la Commission avait exposé que

19. Pour P. DELVOLVÉ, seule la seconde opération est une vraie privatisation, *Droit public de l'économie*, Dalloz, 1998, n° 630 et s.

20. Par exemple, apport de l'établissement public CNME à la société CEPME.

21. S. NICINSKI, « Personnalité publique et droit du marché », in *La personnalité publique*, Litec, coll. Colloques et Débats, 2007, p. 225.

22. Décision n° 88/454/CEE du 28 mars 1988, *JOCE* L 220 du 11 août 1988.

« constituent (...) une aide sous forme de garantie les conditions de crédit plus favorables obtenues par les entreprises dont le statut légal exclut la possibilité d'une procédure de faillite ou d'insolvabilité ».

Le Conseil d'État français s'était déjà prononcé à ce sujet à l'occasion de l'examen du projet de loi relatif au redressement du Crédit Lyonnais et du Comptoir des entrepreneurs, dans une note non publiée, mais mentionnée dans le rapport pour 1995[23]. Le montage impliquait la création d'un établissement public de financement, à propos duquel le Conseil d'État convient qu'il est inutile de préciser dans la loi que cet établissement public bénéficiait de la garantie de l'État, en raison de sa nature même d'établissement public. Selon A. Delion[24], plusieurs arguments ont été avancés à l'appui du principe d'une garantie implicite de l'État envers ses établissements publics. D'abord, l'établissement public étant un démembrement d'une collectivité publique, il est nécessaire que l'État se substitue à lui pour ne pas laisser les créanciers sans recours, puisqu'aucune procédure de redressement ou d'exécution forcée sur les biens ne leur est pas ouverte. Ensuite, la jurisprudence selon laquelle la responsabilité de la collectivité publique est engagée envers les tiers en cas d'insolvabilité de son concessionnaire[25] aurait été étendue au cas des établissements publics. Enfin, si une garantie expresse avait été fournie à l'établissement public créé dans l'affaire du Crédit Lyonnais, cela aurait signifié *a contrario* que la garantie n'était pas automatique pour les autres établissements publics, rendant ainsi le coût de leurs emprunts plus élevé.

Les décisions prises à propos d'EDF[26], du LNE[27] et désormais de La Poste[28] ont offert à la Commission la possibilité de développer un argumentaire peu ou prou commun à ces différentes affaires. En premier lieu, le statut d'EPIC exclurait la possibilité d'une procédure de redressement ou de liquidation judiciaire selon les procédures de la loi modifiée du 25 janvier 1985. Mais c'est surtout l'insaisissabilité des biens des EPIC, personnes publiques, qui est au cœur de la démonstration, en ce que cette particularité serait elle-même à l'origine de l'inapplicabilité des procédures de faillite. En deuxième lieu, les termes de la loi n° 80-539 du 16 juillet 1980, relative à l'exécution des jugements par les personnes morales de droit public, et de son décret d'application n° 81-501 du 12 mai 1981, en vertu desquels l'autorité de tutelle « dégage le cas échéant, les ressources nécessaires (...) en augmentant les ressources » du débiteur sont interprétées comme impliquant nécessairement que ces « nouvelles ressources » proviendraient de l'État lui-même. En troisième lieu, la notation des agences de notation, dont on sait qu'elle est essentielle pour le coût d'un crédit et dont on sait qu'elle est excellente pour les EPIC, serait directement fondée sur cette garantie implicite. La Commission en conclut que « la

23. P. 219.

24. A. DELION, « Les garanties d'État et leur évolution », *RJEP/CJEG* oct. 2004, p. 417.

25. CE Sect. 13 nov. 1970, *Ville de Royan*, *Rec.* p. 683, *RDP* 1971, p. 740, concl. BRAIBANT ; CE 11 déc. 2000, *Agofroy, Rec.* p. 607, *RFDA* 2001, p. 1277, concl. AUSTRY.

26. Par lettre du 4 avr. 2003 (2003/C 164/03) la Commission notifie à la France sa décision d'ouvrir la procédure de l'article 88 § 2 TCE concernant la mesure d'aide en faveur d'EDF sous la forme de la garantie illimitée de l'État liée au statut d'EPIC (*JOUE* C 164/7 du 15 juill. 2003).

27. Ouverture d'une procédure formelle d'examen le 5 juill. 2005 à l'encontre du Laboratoire national d'essais (n° C/24/2005) *JOUE* du 22 oct. 2005, C 263/22 ; Décision de la Commission du 22 nov. 2006 à propos de l'aide en faveur du Laboratoire national de météorologie et d'essais (C(2006)5477), *JOUE* 5 avr. 2007, L 95, p. 25.

28. La Commission Européenne a demandé le mercredi 4 oct. 2006 à la France de mettre fin, avant la fin de l'année 2008, à la garantie illimitée dont bénéficie La Poste en tant que personne morale de droit public, estimant que cette garantie fausse la concurrence. Voir également la décision du 29 nov. 2007, C (2007) 5778 final, Aide d'État n° C56/2007, Garantie illimitée de l'État en faveur de La Poste.

garantie de l'État, liée au statut d'EPIC, dans la mesure où elle est générale, quant aux activités (...) qu'elle couvre, et illimitée dans le temps, paraît à ce stade disproportionnée » ou encore que l'État est tenu « d'intervenir en tant que garant en dernier ressort des personnes morales de droit public ». La transformation d'EDF en société anonyme en 2004 a justifié la clôture de la procédure ouverte à son propos. Pour le LNE, la Commission a reconnu la présence d'un service d'intérêt économique général, ce qui constitue une avancée intéressante en ce que cette notion est porteuse d'une exemption de l'application des règles de la concurrence, mais a réservé l'appréciation des conditions de l'exception de l'article 106 § 2 TFUE à une décision ultérieure. On peut supposer que d'autres EPIC actuellement en situation de monopole sur certains marchés vont être concernés, dès que leur secteur sera ouvert à la concurrence, puisqu'une aide ne peut être déclarée incompatible avec le marché commun que si elle affecte les échanges (article 107 § 1 TFUE), condition non vérifiée dans les secteurs non encore ouverts à la concurrence[29].

L'argument tiré de la liaison, dans la notation établie par des agences indépendantes, entre le statut d'EPIC et l'attribution de notes maximales (ou s'en approchant) permettant à ces organismes de bénéficier de crédits dans de bonnes conditions est susceptible d'être contesté. Il faut bien reconnaître que parmi les entreprises publiques, celles qui ont le statut d'EPIC ont de meilleures notes que celles qui sont constituées sous forme de sociétés. Selon la notation établie par l'agence Fitch, RFF, la SNCF et la RATP bénéficient d'une notation AAA et on peut lire dans leurs rapports que ces « notes reposent sur le statut d'EPIC (...), en vertu duquel [l]a dette [de l'établissement] bénéficie d'une garantie implicite de l'État français ». Les anciens EPIC se contentent d'une moins bonne notation (AA pour GDF eu égard au soutien implicite de l'État), A+ pour ADP (pas de pondération positive au titre du soutien potentiel de l'État), AA- pour EDF (poids des retraites, coût du démantèlement nucléaire), A- pour France Télécom. Le jour de l'annonce faite par la Commission à propos de La Poste, l'agence de notation Fitch revoit sa note à la baisse (de AAA stable à AAA négatif), au motif qu'il faut interpréter « la recommandation de la Commission européenne comme le premier signe tangible de pression sur le statut juridique de La Poste et donc, sur ses notes ». On ne saurait alors rallier la doctrine[30] ayant avancé que la variation des notes précédemment exposées reposait en réalité sur d'autres considérations, comme la présence d'un monopole, l'importance des actifs ou la fourniture de biens de première nécessité. L'articulation de la contestation ne doit pas reposer sur une inexacte appréciation des faits, mais sur les faiblesses du raisonnement adopté par la Commission. Si on prend l'exemple d'ADP, aujourd'hui société de droit privé, il apparaît qu'il bénéficie d'un A+, selon Fitch, alors que ses biens sont insaisissables[31] et on se souvient que l'insaisissabilité des biens avait été placée par la Commission au centre de sa démonstration de l'existence d'une garantie illimitée. Dès lors, de deux choses l'une : soit l'insaisissabilité des biens est un argument fondamental pour démontrer l'existence d'une garantie illimitée de l'État mais cette garantie n'influence pas le coût du crédit ; soit l'insaisissabilité des biens ne permet pas de démontrer l'existence d'une garantie illimitée de l'État liée à un statut puisque des sociétés anonymes peuvent bénéficier de cet avantage et ce sont alors les prémisses du raisonnement de la Commission qui ne sont plus valables. Par ailleurs, les termes de la loi précitée du 16 juillet 1980 n'impliquent pas directement que l'État fournisse lui-même les ressources nécessaires : l'affaire de *Campoloro*[32] l'a démontré, puisque l'application des procédures prévues par cette loi peut passer par la vente de biens, l'augmentation de

29. Pour la SNCF, voir le projet de lignes directrices de la Commission sur les aides d'État aux entreprises ferroviaires, du 21 déc. 2007, IP/07/1990.

30. A. DELION, article préc. ; Ch. BARTHELEMY, « La garantie implicite, gratuite et illimitée de l'État aux établissements publics : mythe ou réalité ? », *RJEP/CJE* oct. 2004, p. 423.

31. Article L. 251-3 du Code de l'aviation civile.

32. CE Sect. 18 nov. 2005, *Sté fermière de Campoloro*, n° 271898.

ressources perçues sur des tiers (impôts, tarifs des services publics). Il ne faut également pas confondre l'engagement de la responsabilité de l'État pour défaut de mise en œuvre de diverses procédures de tutelle ou de contrôle avec l'existence d'une garantie illimitée. Cependant, l'issue de l'affaire de *Campoloro* révèle que l'engagement de la responsabilité de l'État peut emprunter les traits d'un régime de garantie[33]. L'absence de traitement et de reconnaissance en droit français d'une situation de cessation des paiements des établissements publics peut laisser penser qu'une dotation exceptionnelle de l'État viendrait renflouer les situations délicates. Enfin, M. Monti, ancien Commissaire européen chargé de la concurrence, a pu estimer que la privatisation du statut d'EDF n'était pas imposée par le droit communautaire[34], car l'article 345 TFUE préserverait l'existence même d'opérateurs publics. Il existerait donc d'autres solutions. Il donne l'exemple de la suppression en 2002 des garanties dont bénéficiaient les banques allemandes à statut public n'ayant pas entraîné de modification de leur statut. Seul le caractère illimité de la garantie constituerait une aide, pas la garantie elle-même.

La solution consistant à transformer les EPIC en sociétés est d'une efficacité relative. Il ressort de plus en plus clairement que c'est l'actionnaire public qui focalise désormais toute l'attention. La seule issue ne serait dès lors pas une privatisation du statut, mais une privatisation totale du capital. En effet, toutes les interventions capitalistiques de l'État actionnaires sont entravées par le droit des aides (*supra*, n° 414 et s.). Ses prérogatives exorbitantes heurtent quant à elles la libre circulation des capitaux (action spécifique, organisation des droits de vote ou institution d'une minorité particulière de blocage, *supra*, n° 641 et n° 642).

689 **Nécessité de s'adapter aux réalités des affaires. –** Les EPIC doivent réaliser des opérations capitalistiques et trouver des financements. La lourdeur de la tutelle est fréquemment invoquée, même si les EPIC bénéficient largement d'une gestion commerciale et de l'absence de comptabilité publique. Quant au principe de spécialité, il est encore vécu comme un obstacle, même si la formulation de l'objet social dans les statuts des EPIC est de plus en plus large[35]. Par ailleurs, il existe des activités qui ne peuvent être entreprises que sous certaines formes juridiques (société d'assurances, banques). Mais c'est surtout l'incapacité de l'État à financer les EPIC à hauteur des investissements qu'ils doivent réaliser qui les a conduits à envisager de procéder par d'autres voies.

L'absence de capital prive les établissements publics des possibilités de financement et d'alliances offertes par certaines opérations capitalistiques (augmentation des fonds propres, échanges de titres de participation, etc.). On peut citer à ce titre l'échec du rapprochement entre l'américain MCI et France Télécom en 1993 et le fait que la perspective d'une alliance avec Deutsche Telekom en 1996 (alliance finalement non concrétisée) a cependant accéléré la réforme et la transformation du statut. Néanmoins, et même si cette avancée ne confère pas un « capital » aux EPIC, il convient de remarquer leur rapprochement notable avec les entreprises de droit privé opéré par la loi de finances pour 2001, puisque l'État actionnaire se

33. Arrêt du conseil d'État précité et CEDH 6 déc. 2006, *Société de gestion du port de Campoloro et Société fermière de Campoloro c/France*, n° 57516/00.

34. Audition à l'Assemblée nationale en 2003 et audition à la Réunion de la délégation pour l'Union européenne du mardi 8 juin 2004.

35. M. LOMBARD, « L'établissement public industriel et commercial est-il condamné ? », préc.

rémunère par des « dividendes »[36]. La transformation en société permet aussi de bénéficier d'apports corporels ou incorporels si l'apporteur conditionne son apport à une participation au capital.

Au fil du temps, l'idée semble s'être imposée qu'une bonne gestion commerciale des entreprises publiques devait s'accompagner du statut adéquat, c'est-à-dire du statut d'entreprise privée. C'est l'une des conclusions à laquelle parvient le rapport Diefenbacher de 2003[37], sur la gestion des entreprises publiques, qui préconise de « généraliser le statut de société anonyme pour toutes les entreprises opérant dans le champ concurrentiel ». Plus prudemment, les Lignes directrices de l'OCDE (2005) préconisent la « rationalisation des formes juridiques » des opérateurs publics. On peut toutefois se demander s'il serait véritablement inconcevable que les caractéristiques essentielles des établissements publics soient modifiées en droit français pour admettre que l'EPIC peut être doté d'un capital.

B. CONSÉQUENCES

690 **Contrats. –** S'agissant des contrats, après une période d'incertitude[38], il a été jugé par le Tribunal des conflits dans l'arrêt du 16 octobre 2006, *Caisse centrale de réassurance c/ Mutuelle des architectes français*[39], que la nature de droit public ou de droit privé des contrats des anciens EPIC s'appréciait à la date de leur conclusion, soit à un moment où l'une des parties était une personne publique. On en déduit donc que les contrats qui étaient administratifs à cette date le demeurent et restent soumis à un régime de droit public. L'article 1er de la loi n° 2010-123 relative à La Poste prend néanmoins le soin de préciser que « la transformation en société anonyme n'affecte pas les actes administratifs pris par La Poste ».

691 **Personnel. –** Pour ce qui est du personnel, seul le cas dans lequel le personnel est composé à l'origine de fonctionnaires est véritablement susceptible de soulever des difficultés[40]. Si l'on admet que des fonctionnaires puissent être affectés à des

36. L'article 79 de la loi n° 2001-1276 du 28 déc. 2001, loi de finances rectificative pour 2001, dispose que « l'État peut percevoir un dividende annuel sur le résultat des établissements publics placés sous sa tutelle dont l'activité présente à titre principal un caractère industriel, commercial ou financier. (...) Le dividende constitue le mode exclusif de rémunération de l'État actionnaire ».

37. M. DIEFENBACHER, Rapport au nom de la Commission d'enquête de l'Assemblée nationale, *Sur la gestion des entreprises publiques afin d'améliorer le système de prise de décision*, 2003. La notion de « champ concurrentiel » ne semble pas exclure les entreprises chargées d'une mission de service public. Voir aussi le rapport Barbier de la Serre, préc.

38. L. RICHER, « Transformation d'un établissement public en société et contrats en cours », *CP-ACCP* n° 47, sept. 2005, p. 58 ; G. DELALOY, « L'incidence du changement de statut d'EDF sur la nature juridique des contrats conclus avec les producteurs d'électricité », *Contrats marchés publ.* mars 2006, étude n° 3.

39. *AJDA* 2006, p. 2382, chron. LANDAIS et LENICA, *RJEP* 2007, p. 30, concl. STAHL, *JCP* A 2007, 2077, note B. PLESSIX.

40. On peut citer le cas de la SEITA, de la Caisse nationale de crédit agricole, du GIAT, de la CNP, de la Société Nationale DCN, la CDC Finances et des aéroports concédés à des sociétés commerciales. Toutefois, pour ces cas, c'est la solution du détachement de fonctionnaires ou de mise à disposition de la société qui a été retenu. Voir J.-P. DUPRILOT, « Les modifications de statut des établissements publics et leurs conséquences sur le régime juridique de leurs personnels », *AJDA* 1972, p. 603 ; L. LAMBLIN, *La fonction publique de l'État confrontée à la concurrence*, Th. Paris II, 2007, p. 662 et s.

activités concurrentielles[41], quand bien même ces activités seraient qualifiables par ailleurs de services publics, la transformation des EPIC en sociétés (privatisation du statut) soulève moins de difficultés juridiques que la privatisation future du capital de ces sociétés, surtout lorsque la présence d'une mission de service public est moins certaine[42]. Le Conseil d'État a dégagé les conditions permettant de maintenir un corps de fonctionnaires auprès d'une société privée dans un avis du 18 novembre 1993[43]. Le président de la société anonyme doit être une autorité subordonnée afin de pouvoir gérer le corps de fonctionnaires, ce qui implique que le gouvernement dispose d'un pouvoir entier de nomination et de révocation avec une entière liberté d'appréciation. Doit également être respecté le principe constitutionnel selon lequel un corps de fonctionnaires ne peut servir qu'à exécuter une mission de service public, ce qui implique que la loi portant création de la société définisse les missions de service public confiées à la société, que le capital demeure majoritairement public, que des obligations garantissant la bonne exécution du service public soient imposées par un cahier des charges, et que le législateur s'assure qu'il n'y ait pas d'atteinte au principe de continuité.

692 **Mission de service public. –** Concernant le sort de la mission de service public, se pose la question de l'incidence de l'alinéa 9 du Préambule de 1946, qui dispose que « tout bien, toute entreprise, dont l'exploitation a ou acquiert les caractères d'un service public national ou d'un monopole de fait, doit devenir la propriété de la collectivité ». Cette disposition est fréquemment utilisée pour tenter de s'opposer à la privatisation du capital d'entreprises publiques. Mais faut-il aller plus loin et considérer que les services publics nationaux doivent être exploités par des personnes publiques, auquel cas l'alinéa 9 s'opposerait aussi à la privatisation du statut des EPIC chargés d'un service public national ou d'un monopole de fait ? La catégorie des services publics nationaux se divise en deux et regroupe les services publics constitutionnels (c'est-à-dire ceux dont l'existence et le fonctionnement sont exigés par la Constitution) et les services publics nationaux par détermination de la loi ou du règlement. Pour ce qui est de la seconde catégorie, le Conseil constitutionnel dans sa décision France Télécom de 1996[44] a admis qu'un service public national par détermination de la loi soit exploité par un organisme privé (mais à capital majoritairement public). La loi n° 2010-123 du 9 février 2010 relative à la privatisation du statut de La Poste confirme cette tendance, puisqu'il y est précisé que « cette transformation ne peut avoir pour conséquence de remettre en cause le caractère de service public national de La Poste ». Pour les services publics exigés

41. Voir l'excellente démonstration de L. LAMBLIN, *La fonction publique de l'État confrontée à la concurrence*, préc. Le recensement effectué par M. Lamblin révèle que le phénomène est d'une certaine ampleur et que l'on dépasse en tout état de cause largement les quelques cas isolés.

42. Pour le cas de France Télécom, F. MELLERAY, « Fonction publique et service public : le cas de France Télécom », *AJDA* 2003, p. 2078 ; D. JEAN-PIERRE, « La loi France télécom et la fonction publique », *JCP* A n° 14, 2004, p. 490 ; L. RAPP, « France Télécom entre service public et secteur privé ou la tentation de Madrid », *AJDA* 2004, p. 579.

43. Le cas de France Télécom et de l'Imprimerie nationale est particulier en ce que les fonctionnaires sont placés en position d'activité directement auprès de la société. CE, Assemblée générale, Avis du 18 nov. 1993, n° 355255, *Grands Avis*, Dalloz, comm. L. RICHER.

44. Décision n° 96-380 DC.

par la Constitution, la réticence est plus vive, mais la doctrine[45] admet que l'obligation de non-privatisation du capital ne fait pas obstacle à la possibilité de faire assurer contractuellement le service par un organisme privé.

La réponse à cette question tient finalement au caractère substituable des différents moyens de contrôle de l'État sur le secteur public (entendu comme regroupant les entreprises publiques à statut de droit public et les entreprises constituées sous forme de droit privé mais ayant un capital majoritairement public). En d'autres termes, le contrôle pesant sur les EPIC accorde-t-il plus de prérogatives à l'État que le contrôle pesant sur les sociétés de droit privé à capital majoritairement public ? Il apparaît que le champ d'application des grands textes organisant la tutelle de l'État *infra*, n° 712 et s.) sur les entreprises publiques couvre à la fois les EPIC et les sociétés du secteur public[46]. Par ailleurs, l'existence de certains attributs de la tutelle varie au cas par cas et non selon la forme juridique de l'entreprise publique[47]. Mais si l'on s'en réfère aux principes du gouvernement d'entreprise[48], ceux-ci tendent à séparer les différentes fonctions de l'État et ainsi à distinguer les moyens de contrôle. Théoriquement, le contrôle de la bonne exploitation du service public devrait n'être assuré que par les contrats conclus avec les entreprises publiques. La question fondamentale qui devrait donc se poser, si ces principes sont réellement mis en œuvre, est de savoir si des prérogatives contractuelles seront aussi efficaces que des attributs « unilatéraux » du pouvoir de tutelle, à l'heure où l'on doute de l'effectivité des prérogatives de direction et de contrôle au sein des contrats administratifs.

693 **Biens.** – La mission de service public anciennement dévolue à l'EPIC peut subsister après la transformation en société de droit privé, mais les biens désormais privés qui y sont affectés ne peuvent plus bénéficier du statut de dépendances du domaine public. L'institution d'un régime protecteur de substitution relève d'une exigence constitutionnelle à l'adresse du législateur. Un rapide tour d'horizon démontre qu'en ce domaine c'est à la diversité des régimes qu'il faut s'en tenir.

Concernant France Télécom, lors de sa transformation par la loi n° 96-660 du 26 juillet 1996, en société anonyme dont l'État détenait plus de la moitié du capital social, ses biens sont déclassés, mais un régime spécifique garantissant certaines prérogatives à l'État est institué : « lorsqu'un élément d'infrastructure des réseaux de télécommunications et nécessaire à la bonne exécution par France Télécom des obligations de son cahier des charges, et notamment à la continuité du service public, l'État s'oppose à sa cession ou à son apport ou subordonne la réalisation de la cession ou de l'apport à la condition qu'ils ne portent pas préjudice à la bonne exécution desdites obligations ». Il s'agit de prérogatives d'opposition à certaines opérations sur les biens. Ce régime est abrogé par l'article 2.IX de la loi n° 2003-1365 du 31 décembre 2003. Très contestée quant à sa constitutionnalité[49], la loi de 2003 semble avoir pris acte de ce que France Télécom n'est plus officiellement l'exploitant du service universel (conformément à ce que commandaient les directives européennes, article L. 35-2 du Code des postes et des communications électroniques). Dès lors, s'agissant des biens, le législateur s'est affranchi des principes constitutionnels régissant le service public dans la gestion des biens transférés, principes qui commandaient un régime de

45. L. FAVOREU et L. PHILIP, *Grandes décisions du Conseil constitutionnel*, Dalloz, 13e édition, n° 37-31.

46. Loi modifiée n° 83-75 du 26 juill. 1983 relative à la démocratisation du secteur public, décret modifié n° 55-733 du 26 mai 1955 relatif au contrôle économique et financier de l'État, décret n° 2004-963 du 9 sept. 2004, portant création du service à compétence nationale Agence des participations de l'État ; n° 807 et s.

47. A. DELION, *Le droit des entreprises et participations publiques*, LGDJ, coll. Systèmes, 2003, p. 87 et s.

48. J.-Y. CHÉROT, article préc.

49. G. QUIOT, « De l'inconstitutionnalité de la loi du 31 déc. 2003 relative aux obligations de service public des télécommunications et à France Télécom », *AJDA* 2005, p. 813.

substitution. On peut en être surpris dans la mesure où il existe une différence de taille entre les notions de service public et de service universel et qu'un environnement concurrentiel n'ôte pas forcément à une activité sa qualification de service public.

Alors qu'EDF était encore un exploitant public, le Conseil d'État, dans un arrêt d'Assemblée du 23 octobre 1998[50], a jugé que, concernant ses biens, le législateur de 1946 avait « fixé des règles dont l'application est incompatible avec celles de la domanialité publique ». Ainsi, au moment de la transformation d'EDF et de GDF en sociétés anonymes, le législateur n'a pas institué de régime spécial (qui aurait été inévitablement plus contraignant que le régime antérieur) grevant l'ensemble des biens de ces établissements. Mais les biens nécessaires à l'exploitation d'un service public bénéficient pour le moment d'une protection garantissant leur affectation au service public. Les ouvrages des réseaux de distribution sont transférés aux collectivités territoriales (article 36 de la loi du 9 août 2004), le réseau de transport est transféré à une société anonyme (article 9 de la loi du 9 août 2004) dont le capital est détenu en totalité par EDF, l'État ou d'autres organismes publics et les ouvrages les plus importants sont pour le moment insaisissables. Le ministre chargé de l'Énergie dispose de prérogatives pour assurer la sécurité de l'approvisionnement, sans que l'affectation des biens nécessite de ce fait d'être garantie[51]. Les obligations de comportement pouvant être imposées aux exploitants des installations de production par l'administration sont susceptibles de pallier l'absence de régime spécifique de ces biens (article 6 modifié de la loi du 10 février 2000).

Le régime probablement le plus protecteur est celui des biens d'ADP, transformé en société anonyme par la loi n° 2005-357 du 21 avril 2005[52]. Le nouvel article L. 251-3 du Code de l'aviation civile dispose que « lorsqu'un ouvrage ou terrain appartenant à Aéroports de Paris est situé dans le domaine aéroportuaire et nécessaire à la bonne exécution par la société de ses missions de service public ou au développement de celles-ci, l'État s'oppose à sa cession, à son apport, sous quelque forme que ce soit, à la création d'une sûreté sur cet ouvrage ou terrain, ou subordonne la cession, la réalisation de l'apport ou la création de la sûreté à la condition qu'elle ne soit pas susceptible de porter préjudice à l'accomplissement desdites missions. (...) Les biens mentionnés au premier alinéa ne peuvent faire l'objet d'aucune saisie et le régime des baux commerciaux ne leur est pas applicable ».

Le cas de La Poste n'est pas inintéressant. Le régime de ses biens avait été assoupli alors même qu'elle demeurait un EPIC. Ainsi, l'article 23 de la loi n° 90-568 du 2 juillet 1990 disposait que « les biens immobiliers de La Poste relevant de son domaine public sont déclassés. Ils peuvent être librement gérés et aliénés dans les conditions du droit commun. Lorsque les conditions de la cession ou de l'apport d'un bien compromettent la bonne exécution par La Poste de ses obligations législatives et réglementaires ou des engagements pris dans le cadre de son contrat de plan, en ce qui concerne, notamment, la continuité du service public et la politique d'aménagement du territoire, l'État s'oppose à la cession ou à l'apport ou subordonne leur réalisation à la condition qu'ils ne portent pas préjudice à la bonne exécution desdites obligations (...). En cas de non-respect des conditions prévues à l'alinéa précédent, la nullité de la cession ou de l'apport peut être demandée par l'État ». Il semblerait que La Poste avait pu contourner ce régime en transférant une partie de ses biens à ses filiales. La loi n° 2010-123 du 9 février 2010 ayant emporté la privatisation du statut de La Poste étend tout simplement le régime précédemment décrit aux filiales de La Poste.

Lorsque la présence d'un service public appelle un régime protecteur des biens et si ce régime est institué par le législateur, la protection accordée peut passer par

50. *Rec.* p. 364, *AJDA* 1998, p. 1017, concl. ARRIGHI DE CASANOVA, *CJEG* 1998, p. 490, concl. note D. DELPIROU, *D.* 1999, p. 484, note J.-P. AMADEI, *JCP* 1999, I, n° 169, chron. J. PETIT, *RFDA* 1999, p. 578, note Ch. LAVIALLE.

51. Titre II de la loi du 10 févr. 2000, modifiée par la loi n° 2005-781 du 13 juill. 2005.

52. J.-F. BRISSON, « L'incidence de la loi du 20 avr. 2005 sur le régime des infrastructures aéroportuaires », *AJDA* 2005, p. 1835 ; J. DUFAU, « Le changement de statut des aéroports de Paris », *JCP* A 2005, n° 27, p. 1077.

de multiples voies : qualité du propriétaire (bien transféré à une personne de droit public), pouvoir prépondérant de décision sur le propriétaire (bien transféré à une personne privée dont l'intégralité du capital est détenue par des personnes publiques), qualité des biens (insaisissabilité), obligation de comportement des exploitants des biens ou interdiction d'opérations (cession, constitution de sûretés, baux commerciaux, etc.).

Il est désormais connu que le Conseil constitutionnel[53] a rappelé au législateur la portée d'exigences constitutionnelles qui « résident en particulier dans l'existence et la continuité des services publics dont le domaine est le siège ». Initiée en 1994 dans sa décision sur la loi relative à la constitution de droits réels sur le domaine public[54], peaufinée en 1996 à propos des transferts de biens à France Télécom société anonyme[55], la jurisprudence du Conseil semble s'articuler autour d'une formulation aboutie en 2003 dans la décision sur la loi habilitant le gouvernement à simplifier le droit[56]. Le Conseil constitutionnel a défini un objectif et a semblé vouloir maintenir une sorte d'unité dans la définition de cet objectif pour les biens affectés à un service public, qu'ils continuent d'appartenir au domaine public ou qu'ils soient transférés à une personne privée (les décisions précitées ne concernent pas toutes le cas des transformations d'EPIC en sociétés). En revanche, aucune méthode particulière n'est imposée. Ont pu être ainsi validées la technique du recours à des prérogatives d'opposition (à une cession ou à un apport) actionnées par l'administration sans que l'on sache d'ailleurs s'il s'agit d'un pouvoir discrétionnaire ou d'une compétence liée[57] ; la méthode conférant à l'administration un pouvoir prépondérant de décision (par la détention de la majorité du capital ou par l'édiction d'un cahier des charges) ou un pouvoir de sanction sur un organisme privé chargé d'assurer une mission de service public[58]. La simple présence de prérogative de droit commun dont l'administration peut faire usage, en dehors de l'édiction d'un régime spécifique a été considérée comme suffisante[59]. On ne peut que souhaiter une harmonisation des caractéristiques du régime de substitution. Là encore, se pose la question de la substituabilité d'un ensemble d'obligations mises à la charge des sociétés par des contrats de service public aux contraintes définies par le législateur.

53. E. FATÔME, « À propos des bases constitutionnelles du droit du domaine public », *AJDA* 2003, p. 1192 et 1404. Pour une formulation aboutie, CC décision n° 2003-473 DC du 26 juin 2003, Loi habilitant le gouvernement à simplifier le droit, *Rec.* p. 382, *AJDA* 2003, p. 1391, note J.-E. SCHOETTL, p. 1404, note E. FATÔME, *RFDC* 2003, p. 772, note E. FATÔME et L. RICHER.

54. CC n° 94-346 DC, Loi relative à la constitution de droits réels sur le domaine public, *AJDA* 1994, p. 786, note G. GONDOUIN, *RFDC* 1994, p. 814, note P. BON.

55. CC n° 96-380 DC du 23 juill. 1996, Loi relative à l'entreprise nationale France Télécom : il « appartiendra aux autorités juridictionnelles et administratives de veiller strictement au respect par l'entreprise France Télécom des principes constitutionnels régissant le service public notamment dans la gestion des biens transférés ».

56. CC 26 juin 2003, Loi habilitant le gouvernement à simplifier le droit, préc. Il ne s'agissait pas ici de régler les conséquences d'un transfert de biens à une personne privée, mais il nous semble qu'il existe une certaine unité au sein des exigences constitutionnelles touchant des biens affectés à un service public.

57. CC n° 96-380 DC du 23 juill. 1996, Loi relative à l'entreprise nationale France Télécom.

58. CC n° 2005-513 DC du 14 avr. 2005, Loi relative aux aéroports.

59. CC n° 2005-513 DC du 14 avr. 2005, Loi relative aux aéroports.

SECTION III GOUVERNANCE

694 **L'autonomie et la tutelle. –** Le juste équilibre entre la nécessaire autonomie qu'il faut accorder à l'entreprise publique et la préservation des prérogatives de l'État pris en tant qu'actionnaire, mais aussi en tant que pilote de certaines politiques industrielles ou économiques par le biais d'entreprises publiques, est difficile à trouver. L'autonomie est consubstantielle à toute personne morale, en particulier à l'entreprise, laquelle doit réaliser son objet social au regard de son intérêt propre grâce à des décisions prises par ses organes dirigeants. Cet impératif n'est pas absent des réflexions autour de l'entreprise publique et trouve un point d'orgue dès la rédaction du Rapport Nora en 1967 qui propose de restaurer une autonomie compromise par les lourdeurs et l'omniprésence de la tutelle. Bien que le principe d'autonomie de gestion ne dispose pas d'une valeur constitutionnelle[60], il fait l'objet d'une revendication constante[61]. Mais toute la question est de savoir où s'arrête l'intérêt social de l'entreprise et où commence l'intérêt public justifiant les prérogatives de l'État à son égard, au service duquel l'entreprise publique peut être considérée comme un instrument de politique économique, sociale ou industrielle. Car bien que contestées, les prérogatives de tutelle n'en reposent pas moins aussi sur un socle idéologique puissant, lié aux raisons d'être des entreprises publiques. Vitrines sociales, leur politique salariale doit être maîtrisée par l'État. Exploitante monopolistique d'un service public, leurs tarifs doivent être réglementés. Fers de lance d'un politique économique ou industrielle, leurs investissements et leurs stratégies doivent y répondre. Mais au-delà du principe même de la tutelle, ce sont ses modalités qui sont critiquables. Elles reposent aujourd'hui sur une stratification de textes anciens, bien que récemment remaniés. Certaines prérogatives sont encore trop lourdes et entravent la rapidité de la prise de décision. Les rôles respectifs des différents organes au sein des entreprises publiques ont encore tendance à se confondre tant la présence de l'État est détectable à de multiples niveaux, ce qui nuit au réel exercice du pouvoir et à la responsabilité qui l'accompagne. Il conviendrait d'appliquer aux entreprises publiques une formule qui a fait ses preuves dans d'autres domaines : libertés et responsabilités.

La gouvernance des entreprises publiques focalise toutes les critiques en ce que l'équilibre idéal entre les prérogatives de la tutelle et l'autonomie indispensable à l'entreprise n'a pas encore été trouvé. Il n'existe aucun statut général propre aux entreprises publiques, lesquelles peuvent revêtir plusieurs formes juridiques. Il appartient normalement au législateur de fixer en cadre général de la gouvernance des entreprises publiques, au regard de deux chefs de compétence. S'agissant des établissements publics, l'article 34 dispose que la loi fixe les règles concernant la création de catégories d'établissements publics, compétence s'étendant nécessairement à ses règles constitutives. S'agissant des entreprises publiques sous forme de société, seule une loi peut venir déroger au droit commun des sociétés anonyme

60. CC décision n° 83-162 des 19 et 20 juill. 1983, à propos de la loi de démocratisation du secteur public.
61. A.-S. MESCHERIAKOFF, « L'autonomie des entreprises publiques. Éléments pour une théorie », *RDP* 1975, p. 1575.

(codifié au Code de commerce), puisque l'article 34 de la Constitution étend la compétence du législateur aux principes fondamentaux « des obligations civiles et commerciales »[62].

Rapport Arthuis, *Les ambiguïtés de l'État actionnaire*, 1993-1994 ; Rapport du groupe de travail présidé par J. Bergougnoux, *Les services publics en réseau. Perspectives et nouvelles régulations*, La Documentation française, 2000 ; R. Barbier de la Serre, *L'État actionnaire et le gouvernement des entreprises publiques*, 2003 ; M. Diefenbacher, Rapport au nom de la Commission d'enquête de l'Assemblée nationale, *Sur la gestion des entreprises publiques afin d'améliorer le système de prise de décision*, 2003 ; OCDE, *Lignes directrices sur le gouvernement d'entreprise des entreprises publiques*, 2005.

695 **Influence de la réforme du gouvernement d'entreprises.** – Les règles du gouvernement d'entreprise résultent d'une suspicion grandissante à l'égard des dirigeants d'entreprises. Les faillites retentissantes de certaines entreprises et les revendications des actionnaires (notamment les fonds de pension) sont de puissants moteurs de réforme à cet égard. Le mouvement est initié dans les pays anglo-saxons par les autorités de marché. Dès 1978 des comités d'audit sont rendus obligatoires par la Bourse de New York pour les sociétés cotées. À la suite de scandales financiers dans les années 1980, le comité Treadway préconise dans un rapport rendu public en 1987 de mettre en place une fonction d'audit interne objective et efficace. En 1995, en Grande-Bretagne est publié un *Code of best practice* par un comité présidé par Lord Cadbury, code qui insiste sur la dissociation entre les fonctions de président et de directeur général de la société et sur l'information, l'expertise et l'indépendance des administrateurs. Il y est aussi clairement affirmé que les investisseurs institutionnels doivent jouer un rôle actif dans la marche de la société. L'American Law Institute, en 1994, en publiant les « Principles of Corporate Governance. Analysis and recommendations », alimente le débat autour d'une restauration des prérogatives des conseils face aux dirigeants. En 1997 se constitue à Londres un Conseil pour un gouvernement d'entreprise global regroupant des dirigeants de compagnies internationales. Des propositions pour l'établissement d'un code international du gouvernement d'entreprise sont émises. En France est rédigé en 1995 un premier rapport Viénot, sur « Le conseil d'administration des sociétés cotées », suivi d'un second rapport Viénot en 1999. Les réflexions françaises se démarquent des avancées anglo-saxonnes en la matière, puisque l'entreprise n'est pas perçue comme étant à l'unique service de ses actionnaires. L'entreprise est une institution emblématique du lien social, manifestant l'intérêt d'un ensemble de parties prenantes, réunissant les actionnaires, les salariés, les fournisseurs, clients et usagers, mais aussi le tissu économique, géographique et social dans lequel évolue l'entreprise. Ces règles du gouvernement d'entreprise prônent l'encadrement des dirigeants par des obligations de loyauté et de diligence, sanctionnées civilement et pénalement, l'information des actionnaires, l'indépendance des administrateurs par rapport aux dirigeants, ou la création de comités d'audit. La loi NRE de 2001 renforce les principes du gouvernement d'entreprise en France. À la suite de la faillite d'Enron aux États-Unis, un comité Bouton poursuit la réflexion en France en 2002.

§ 1. DROIT COMMUN ET RÈGLES EXORBITANTES

696 **Référence au droit commun.** – La direction des entreprises publiques emprunte au droit commun en ce qu'elle est assurée par un conseil d'administration doté d'un président. La forme dualiste (directoire et conseil de surveillance) est moins répandue (CNP, Aréva, BDPME, et plus récemment c'est le choix qui a été fait en 2007 pour Aéroports de Lyon, Toulouse Blagnac et Bordeaux Mérignac).

62. CC n° 60-9 L du 14 oct. 1960.

697 **Règles exorbitantes. –** La loi n° 83-675 du 26 juillet 1983 relative à la démocratisation du secteur public (DSP) modifiée par la loi NRE (loi n° 2001-420 du 15 mai 2001), et son décret d'application (n° 83-1160 du 26 décembre 1983) organisent une composition tripartite des organes de gestion des entreprises publiques. Les dispositions de cette loi contribuent à faire des entreprises publiques des « vitrines sociales », en ce que la participation des salariés aux organes dirigeants (ainsi que leur statut) y est minutieusement organisée. Le président du Conseil d'administration est nommé par décret et non élu par le conseil. Malgré ces dispositions très dérogatoires par rapport au droit commun des sociétés, les entreprises relevant de la loi DSP restent soumises aux dispositions législatives, conventionnelles ou statutaires de droit commun qui leur sont applicables en tant qu'elles ne sont pas contraires à la loi DSP.

698 **Champ d'application. –** La loi de démocratisation du secteur public s'applique principalement aux EPIC, aux entreprises publiques de premier rang, à une liste d'entreprises annexée à la loi, aux sociétés filiales appartenant au secteur public et aux sociétés codétenues à plus de 50 % par l'État et les organismes précités.

L'article 1er de la loi n° 83-675 du 26 juillet 1983 prévoit que la loi régit les entreprises suivantes : établissements publics industriels et commerciaux de l'État, autres que ceux dont le personnel est soumis à un régime de droit public ; autres établissements publics de l'État qui assurent tout à la fois une mission de service public à caractère administratif et à caractère industriel et commercial, lorsque la majorité de leur personnel est soumise aux règles du droit privé ; sociétés mentionnées à l'annexe I de la loi (SA Natexis et ses filiales, Compagnie française d'assurance pour le commerce extérieur, CDC, Elf-Aquitaine) ; entreprises nationales, sociétés nationales, sociétés d'économie mixte ou sociétés anonymes dans lesquelles l'État détient directement plus de la moitié du capital social ainsi que les sociétés à forme mutuelle nationalisées ; sociétés anonymes dans lesquelles plus de la moitié du capital social est détenue, directement ou indirectement, depuis plus de six mois, à lui seul par l'un des établissements ou sociétés mentionnés au présent article, et dont le nombre de salariés employés en moyenne au cours des vingt-quatre derniers mois est au moins égal à 200 ; autres sociétés anonymes dans lesquelles plus de la moitié du capital social est détenue, directement ou indirectement, depuis plus de six mois, conjointement par l'État, ses établissements publics ou les sociétés mentionnés au présent article, et dont le nombre de salariés employés en moyenne au cours des vingt-quatre derniers mois est au moins égal à 200.

Sont exclus des dispositions particulières concernant la composition et le fonctionnement des conseils d'administration ou de surveillance les établissements publics de l'État et les sociétés de premier rang dont l'effectif est inférieur à 200 personnes, ainsi que des établissements et sociétés visés en annexe II de la loi (Caisse nationale de crédit agricole, Air France, des ports autonomes, la Réunion des musées nationaux, VNF et les établissements et sociétés mentionnées dans la loi du 30 septembre 1986 relative à la liberté de communication). Toutefois, les conseils de ces établissements comportent des représentants des salariés.

Certains organismes sont exclus du champ d'application de l'ensemble des dispositions spécifiques relatives à la démocratisation des conseils. Il s'agit des établissements énumérés à l'annexe III de la loi (notamment certains théâtres nationaux, la Comédie Française, la Banque de France, Matra et ses filiales, les établissements publics d'aménagement, les sociétés aéroportuaires, les SEM concessionnaires d'ouvrages routiers à péage dont plus de la moitié du capital est détenu directement ou indirectement par l'État ou l'un de ses établissements publics).

§ 2. LE CONSEIL D'ADMINISTRATION OU DE SURVEILLANCE

699 **Spécificités.** – Les conseils d'administration ou de surveillance des entreprises publiques présentent des spécificités quant à leur composition et au statut de leurs membres. Leur rôle général est plus classique.

A. LA COMPOSITION

700 **Composition tripartite ou bipartite.** – Deux catégories d'établissements doivent être distinguées du point de vue de la composition de leurs organes d'administration (articles 5 et 6 de la loi).

La première catégorie (art. 5 de la loi DSP) regroupe les EPIC, les établissements publics à double visage, les entreprises nationales, sociétés nationales, SEM ou SA dont plus de 90 % du capital est détenu par des personnes morales de droit public ou par des sociétés entrant dans le champ d'application de la loi DSP, ainsi que dans des sociétés centrales de groupes d'entreprises nationales d'assurance, les sociétés à forme mutuelle nationalisées, la société anonyme Natexis, le Crédit lyonnais et la Compagnie française d'assurance pour le commerce extérieur. Leur conseil d'administration ou de surveillance relève d'une composition tripartite et comprend des représentants de l'État nommés par décret et, le cas échéant, des représentants des autres actionnaires nommés par l'assemblée générale ; des personnalités qualifiées (pouvant être choisies en raison de leur qualité de représentant des consommateurs ou des usagers) nommées par décret ; des représentants de salariés.

Lorsque l'entreprise publique est chargée d'une mission de service public, au moins une des personnalités qualifiées doit être choisie parmi les représentants des consommateurs ou des usagers. Dans les établissements publics, les représentants des salariés constituent le tiers du nombre des membres du conseil d'administration ou de surveillance. Dans les autres entreprises visées ci-dessus, les représentants de chacune des catégories sont de six.

La seconde catégorie (art. 6 de la loi DSP) regroupe les autres entreprises soumises aux dispositions de la loi DSP concernant la composition et le fonctionnement des conseils d'administration ou de surveillance. Il s'agit notamment des entreprises nationales, sociétés nationales, SEM ou SA dans lesquelles l'État détient directement plus de la moitié du capital social, des sociétés à forme mutuelle nationalisées, des SA dans lesquelles plus de la moitié du capital est détenue directement ou indirectement par un établissement ou une société visé par la loi DSP et dont l'effectif est supérieur à 200, et des SA codétenues majoritairement par l'État, ses établissements publics ou des sociétés visées par la loi DSP dont l'effectif est supérieur à 200. Leur conseil d'administration ou de surveillance compte dix-huit membres, lorsque la majorité du capital social est détenue par l'État, et de neuf à dix-huit membres dans les autres cas (avec un maximum de quinze membres dans les banques). Leur composition est bipartite. Dans tous les cas le conseil comprend des représentants élus des salariés (de trois représentants à un tiers des membres). Les autres membres desdits conseils sont désignés, dans les entreprises constituées en forme de sociétés, par l'assemblée générale des actionnaires conformément aux dispositions du Code de commerce, sous réserve, le cas échéant, des représentants de l'État, qui sont nommés par décret. La loi ne renseigne pas quant au nombre de représentants de l'État.

D'autres textes interviennent aussi pour fixer la composition des conseils de sociétés qui ne relèvent pas forcément de la loi DSP. Ainsi, l'article 51 de la loi n° 96-314 du 12 avril 1996 prévoit que des représentants de l'État peuvent être nommés au conseil d'administration ou de surveillance des sociétés dont plus de la moitié du capital social est détenue directement ou indirectement par une entreprise du secteur public mentionnée aux 1, 2 ou 3 de l'article 1er de la loi DSP (établissements publics, sociétés de l'annexe I, entreprises de premier rang) ou conjointement par l'État, un établissement public et, le cas échéant, des collectivités territoriales. Le nombre de représentants est fixé par décret et ne peut excéder six ni le tiers des membres du conseil. Ces représentants ne sont pas pris en compte pour la détermination du nombre minimal ou maximal de membres tels que fixés par le Code de commerce.

701 **Durée du mandat et désignation. –** La durée du mandat de membre des conseils d'administration ou de surveillance est de cinq ans. Il peut être mis fin à tout moment par décret au mandat des membres des conseils d'administration ou de surveillance nommés par décret. Les représentants de l'État sont choisis parmi les fonctionnaires de l'État de catégorie A et agents contractuels d'un niveau équivalent, en activité ou à la retraite, ainsi que parmi les dirigeants d'établissements publics de l'État ou d'entreprises publiques de premier rang (article 3 du décret n° 94-582 du 12 juillet 1994 modifié). Ils sont nommés par décret du Premier ministre sur le rapport du ou des ministres intéressés (article 5 du décret n° 94-582 du 12 juillet 1994 modifié).

On note que dans les entreprises publiques de premier rang qui ne relèvent pas des dispositions de la loi DSP relatives à la composition et au fonctionnement des conseils, les représentants de l'État sont nommés par décret du Premier ministre sur le rapport des ministres intéressés. Pour les autres organismes qui comportent des représentants de l'État, ceux-ci sont nommés par arrêtés des ministres intéressés en l'absence de règles statutaires particulières (article 5 du décret n° 94-582 du 12 juillet 1994 modifié).

Les membres du conseil d'administration ou de surveillance nommés par l'assemblée générale ordinaire peuvent être révoqués par elle à tout moment.

Les représentants des salariés sont élus par les salariés. L'élection a lieu au scrutin secret, de liste, avec représentation proportionnelle à la plus forte moyenne et sans panachage (pour les modalités particulières, voir le décret n° 83-1160 du 26 décembre 1983). Les représentants des salariés peuvent être révoqués pour faute grave par décision du président du tribunal de grande instance statuant en tant que juge des référés à la demande de la majorité des membres du conseil dont ils sont membres.

B. LE STATUT DES MEMBRES DU CONSEIL D'ADMINISTRATION OU DE SURVEILLANCE

702 **Responsabilité. –** Dans le silence de la loi concernant la responsabilité des membres du conseil d'administration ou du conseil de surveillance, on en déduit qu'ils sont soumis aux responsabilités civile et pénale de droit commun et notamment engagent leur responsabilité individuelle ou solidaire en cas de faute commise dans leur gestion. Seuls les salariés bénéficient d'un certain assouplissement

(articles 21 et 22 de la loi DSP). Mais les dirigeants sont souvent des fonctionnaires, et le régime de la faute de service va jouer le rôle d'un paravent (CC nº 83-162 DC des 19 et 20 juillet 1983, relative à la loi DSP). Un régime spécial a été créé à l'occasion de l'affaire du Crédit Lyonnais et du Comptoir des entrepreneurs[63]. Désormais, l'article L. 313-7-1 du Code des juridictions financières dispose que tout représentant, administrateur ou agent chargé de responsabilité au sein des entreprises publiques qui, dans l'exercice de ses fonctions, aura causé un préjudice grave à l'entreprise publique, par des agissements manifestement incompatibles avec les intérêts de celle-ci, par des carences graves dans les contrôles qui lui incombaient ou par des omissions ou négligences répétées dans son rôle de direction sera passible de l'amende prévue à l'article L. 313-1 (150 euros au montant du traitement ou salaire annuel brut). La sanction est prononcée par la CDBF[64].

C. LE RÔLE DU CONSEIL D'ADMINISTRATION

703 **Rôle du conseil d'administration. –** L'article 7 de la loi DSP (tel que modifié par la loi NRE) dispose d'une manière générale que « le conseil d'administration ou de surveillance délibère sur les grandes orientations stratégiques, économiques, financières ou technologiques de l'activité de l'entreprise, notamment, le cas échéant, sur le contrat de plan ou d'entreprise, avant l'intervention des décisions qui y sont relatives »[65]. Le conseil d'administration assure aussi un rôle de proposition pour la désignation de son président.

704 **Comités. –** Les entreprises publiques se dotent de plus en plus souvent de divers comités, dont le rôle est de préparer, par un travail technique approfondi, le travail du conseil d'administration. Le comité le plus important est sans doute le comité d'audit, qui a vocation à analyser les comptes. Sa mission ne s'arrête pas à ce seul aspect, puisqu'il doit s'assurer que les risques au sein de l'entreprise sont identifiés et maîtrisés (existence d'une cartographie des risques, mise à jour). Enfin, il doit s'impliquer dans la communication financière de l'entreprise. Des comités d'audits ont été généralisés au sein des entreprises publiques. Un comité stratégique peut aussi être institué dans les entreprises à participation publique (aujourd'hui au sein de RFF, DCNS, France Télévisions, ADP, la SNCF et la Française des Jeux). Il prépare la discussion au conseil du plan stratégique pluriannuel. Il délibère sur les modalités de réalisation des opérations stratégiques de l'entreprise et de ses filiales. Enfin, il peut exister un comité des rémunérations qui délibère notamment sur toutes les formes de rémunération des dirigeants, en recherchant la plus grande adéquation entre la part variable de la rémunération et les objectifs de l'entreprise.

63. Loi nº 95-1251 du 28 nov. 1995, M. DEGOFFE, « L'extension de la faute de gestion. Commentaire de l'article 21 de la loi du 28 nov. 1995 », *AJDA* 1996, p. 206.

64. Pour un tableau très complet, voir M. LASCOMBE et X. VANDENDRIESSCHE, « La responsabilité financière des dirigeants des entreprises publiques », note sous CDBF 24 févr. 2006, *Sté Altus Finance*, *RFDA* 2006, p. 624 et CE 16 janv. 2008, *Haberer*, *JCP* A nº 6, 4 févr. 2008, p. 6.

65. Voir également les « Règles de gouvernance » qui ont fait l'objet d'une communication du ministre de l'Économie au conseil des ministres du 21 juill. 2004.

§ 3. LE PRÉSIDENT DU CONSEIL D'ADMINISTRATION

705 **Nomination du président du conseil d'administration par décret. –** Dans les EPIC, les établissements publics à double visage, les sociétés de l'annexe I de la loi DSP, les entreprises publiques de premier rang et les sociétés à forme mutuelle nationalisées, le président du conseil d'administration est nommé, parmi les membres du conseil et sur proposition de celui-ci, par décret. Pour les entreprises ayant choisi l'option du directoire et conseil de surveillance, le directoire comporte trois à cinq membres nommés sur proposition du conseil de surveillance par décret. La proposition du conseil lie l'autorité de nomination qui ne peut choisir une personne non proposée, mais il faut garder à l'esprit que la composition du conseil est elle-même largement maîtrisée par l'autorité réglementaire. La révocation de ces autorités intervient également par décret (article 10 de la loi DSP). Il s'agit de décrets pris en conseil des ministres sur le fondement de l'ordonnance du 28 novembre 1958, laquelle renvoie à un décret n° 85-834 du 6 août 1985 fixant la liste des présidents ou directeurs généraux dont la nomination relève du conseil des ministres[66]. La révision constitutionnelle de juillet 2008 soumet désormais le pouvoir de nomination du président de la République à l'avis public de la commission permanente de chaque assemblée. Il ne peut procéder à une nomination lorsque les votes négatifs dans chaque commission représentent au moins 3/5e des suffrages exprimés au sein des deux commissions (art. 13 de la Constitution). Le président du conseil d'administration ou les membres du directoire sont nommés pour la durée de leur mandat d'administrateur ou pour la durée du mandat des membres du conseil de surveillance qui les a proposés (décret n° 94-582 du 12 juillet 1994, articles 1 et 2), soit pour cinq ans.

Pour les autres entreprises, les organes dirigeants sont élus et révoqués en application des dispositions de droit commun du Code de commerce sur les sociétés.

§ 4. LES ACTIONNAIRES

706 **Assemblées d'actionnaires. –** Aucun texte général ne prévoit de dérogation au droit commun des sociétés concernant les assemblées d'actionnaires de sociétés à statut privé du secteur public. Dès lors, il convient d'appliquer les règles instituées par le Code de commerce (pour les sociétés anonymes, article L. 225-96 et suivants).

707 **Prérogatives exorbitantes des actionnaires publics. –** La Cour de justice (CJCE 23 octobre 2007, *Commission c/République Fédérale d'Allemagne*[67]) a considéré que certaines modifications du droit commun des sociétés par le législateur ayant pour but de conférer aux actionnaires publics des prérogatives exorbitantes étaient susceptibles de heurter la libre circulation des capitaux. En l'espèce, il s'agissait d'un plafonnement des droits de vote à 20 % et de la fixation d'une minorité de blocage à 20 %, dispositions qui ne visaient pas exclusivement les

66. Il en va de même s'agissant de la révocation, CE 7 oct. 1992, *Reverdy*, *RFDA* 1992, p. 1089.
67. C-112/05.

actionnaires publics mais qui leur profitaient en réalité directement compte tenu de la composition du capital. Les actionnaires publics avaient en outre le droit de désigner chacun deux représentants au conseil d'administration. La Cour prohibe de telles prérogatives instituées par voie législative, mais réserve le cas dans lequel elles seraient librement consenties par voie conventionnelle.

708 **Pactes d'actionnaires publics.** – Les actionnaires d'une société du secteur public, et particulièrement les actionnaires publics, peuvent envisager de conclure un pacte d'actionnaires entre eux. Un pacte d'actionnaires est susceptible de comporter tout d'abord des clauses relatives à la gestion de la société. Elles viennent renforcer les droits des actionnaires minoritaires par le biais d'un droit de consultation, d'information ou de contrôle complémentaire à leur profit. Elles peuvent prévoir un droit de veto ou aménager des effets équivalents (quorum, majorités renforcées) pour les décisions importantes au profit des minoritaires. Afin de demeurer licites, de telles clauses ne doivent pas autoriser un abus du droit de vote. Un pacte d'actionnaire peut aussi comporter des clauses relatives à l'actionnariat, conférant un droit de souscription : en cas d'augmentation de capital, les minoritaires peuvent se voir reconnaître un droit prioritaire de souscription (le plus souvent afin de maintenir leur participation au même seuil). Il peut aussi s'agir de clauses de contrôle des cessions, qui visent à maintenir la direction de la société dans les mains de ceux qui la détiennent à l'origine. Ainsi, il n'est pas rare de trouver des clauses de préemption. Ces clauses sont interprétées strictement car elles constituent une limite à la liberté de négociation des actions[68]. Il peut aussi exister des clauses d'agrément de futurs actionnaires ou encore des clauses d'inaliénabilité. Les clauses de portage prévoient quant à elles qu'en cas de rachat par un membre du pacte des actions d'un autre membre, lesdites clauses peuvent temporairement être « portées » par un établissement financier si l'acquéreur n'est pas en mesure d'en payer immédiatement le prix. Le caractère temporaire de ces clauses est une condition de leur validité. Cela est à combiner avec la détermination d'une durée limitée du pacte. À défaut, le pacte acquiert une durée indéterminée et comme tout contrat à durée indéterminée, il devient susceptible de résiliation unilatérale. La clause d'inaliénabilité doit impérativement satisfaire deux conditions : l'existence d'un intérêt sérieux motivant sa présence et une limitation dans le temps en fonction de l'intérêt en question.

En droit privé, la sanction de l'inobservation d'un pacte d'actionnaire est normalement la condamnation à des *dommages-intérêts* par voie judiciaire. Les parties peuvent aussi prévoir des clauses pénales ou des clauses résolutoires de plein droit. *L'exécution forcée* pose plus de difficultés. La Cour de cassation a assoupli sa jurisprudence sur la question. L'exécution forcée peut aujourd'hui être obtenue en cas d'aliénation des titres au mépris d'un pacte de préférence ou d'un droit de préemption[69]. Il a aussi été admis que l'actionnaire majoritaire soit condamné à

68. Ex. CA Paris, 18 févr. 2000, *RJDA* 6/2000, n° 662.

69. Ch. mixte 26 mai 2006, n° 240, *RJDA* 8-9/06 n° 883 chron. P. CHAUVIN, p. 796 : le bénéficiaire d'un pacte de préférence est en droit d'exiger l'annulation du contrat passé avec un tiers en méconnaissance de ses droits et d'obtenir sa substitution à l'acquéreur, à condition toutefois que ce tiers ait eu connaissance, lorsqu'il a contracté, de l'existence du pacte et de l'intention du bénéficiaire de s'en prévaloir. À défaut d'apporter une telle preuve, il ne peut réclamer que des dommages-intérêts (Cass. 3e civ. 31-1-2007 n° 05-21071, *BRDA* 4/07 inf. 15).

racheter les actions du minoritaire s'il s'y était engagé[70]. En droit administratif, l'exécution forcée serait probablement beaucoup plus délicate. Cependant, l'exécution forcée d'un pacte d'actionnaires en droit privé s'exprime par l'annulation d'un contrat de cession d'actions passé avec un tiers, à la demande de la partie au pacte d'actionnaire en méconnaissance des droits de laquelle la cession a eu lieu. Il ne s'agirait donc pas de contraindre une personne publique à faire quelque chose, c'est-à-dire à prendre une décision ou engager une action matérielle, bien que cela ne soit pas étranger au droit administratif, mais d'obtenir l'annulation d'un contrat.

709 **Relations avec les actionnaires minoritaires. –** Les actionnaires minoritaires peuvent apparaître comme fondamentalement dépourvus de toute prérogative face à l'État, actionnaire majoritaire très atypique. Dans les diverses propositions de réforme, il est souvent question de restaurer l'intérêt de ces actionnaires. Néanmoins, certains cas isolés sont susceptibles d'apporter la preuve contraire aux assertions qui précèdent. Il en va ainsi du cas de l'entrée de Vinci au capital d'ASF (Autoroutes du Sud de la France). La forte augmentation de la cote de Vinci est le signe que les marchés ont perçu sa prise de participation comme effectuée dans de très bonnes conditions, élément venant s'ajouter au fait que l'État a été contraint de conclure un pacte d'actionnaires en 2004 avec cette société pour freiner l'augmentation de sa participation.

SECTION IV CONTRÔLES

710 **Pluralité des contrôles. –** Paradoxalement, une pluralité de contrôles pèse sur les entreprises publiques sans toutefois que le résultat soit très efficace. On distingue les contrôles opérés au titre de la fonction d'État actionnaire et les contrôles opérés au titre d'autres objectifs.

§ 1. LES CONTRÔLES OPÉRÉS AU TITRE DE LA FONCTION DE L'ÉTAT ACTIONNAIRE

711 **Réforme. –** Les propositions de réforme sont loin d'avoir été entièrement suivies. Les textes instituant les prérogatives de la tutelle sur les entreprises publiques datent des années 1950 et ont simplement été remaniés. Une Agence des participations de l'État a cependant été créée et centralise les fonctions de l'État actionnaire.

A. LES PRÉROGATIVES DE LA TUTELLE

712 **Origine et évolution. –** À la suite de la constatation de déficits financiers importants des entreprises nationalisées en 1946, deux textes généraux organisent

70. CA Versailles 14 oct. 2004, n° 03-4586, *RJDA* 5/05 n° 574.

la tutelle : le décret n° 53-707 du 9 août 1953 modifié relatif au contrôle de l'État sur les entreprises publiques nationales et certains organismes ayant un objet d'ordre économique et social et le décret n° 55-733 du 26 mai 1955 modifié relatif au contrôle économique et financier de l'État. Ces textes ont été profondément remaniés en 2005 pour tenir compte des propositions émises dans les divers rapports sur la gouvernance des entreprises publiques, bien que les réformes réalisées demeurent en deçà de ce qui avait été proposé par les groupes de travail réunis à cet effet. La réforme de 2005 a poursuivi deux objectifs. D'une part, il a fallu remédier à certaines lacunes constatées en étendant le contrôle de l'État aux filiales des entreprises publiques, afin qu'elles ne puissent pas échapper à tout contrôle en filialisant leurs activités. D'autre part, il a été jugé opportun d'uniformiser, mais sans alourdir, les règles relatives aux autorisations préalables de la tutelle, uniformisation que les statuts particuliers des entreprises publiques avaient mises à mal.

713 **Contrôle de l'État sur les entreprises publiques nationales. –** Ce contrôle est organisé par le décret n° 53-707 du 9 août 1953, modifié en dernier lieu par le décret n° 2005-436 du 9 mai 2005. Son champ d'application renvoie à une partie des organismes contrôlés par la Cour des comptes (article 1). Il s'étend donc de plein droit aux EPIC nationaux, aux sociétés ou entreprises nationales, aux SEM ou SA dans lesquelles l'État détient la majorité du capital (entreprises publiques de premier rang). S'agissant des autres organismes soumis au contrôle de la Cour des comptes et dans lesquels l'État ou les entités elles-mêmes contrôlées en vertu du décret du 9 août 1953 détiennent plus de la moitié du capital ou des voix dans les organes délibérants, l'article 7 du décret dispose que le contrôle doit être expressément institué par un texte et que l'extension du contrôle s'effectue par arrêté conjoint du ministre de l'Économie et des Finances et du Budget ou des ministres intéressés.

Il est organisé un mécanisme d'approbation préalable de certaines décisions prises par l'organisme contrôlé. L'approbation préalable est délivrée conjointement par le ministre de l'Économie et le ou les ministres intéressés et a pour effet de rendre les décisions prises définitives. Le régime d'approbation préalable s'applique d'abord à un certain nombre de documents financiers (budgets ou états prévisionnels, bilans, comptes de résultats et affectation des bénéfices pour les organismes n'ayant pas la forme de société commerciale) ainsi qu'à des opérations patrimoniales ou capitalistiques (cessions, prises ou extension de participation financière). La rémunération des dirigeants ou des membres des conseils d'administration ou de surveillance est fixée ou approuvée par décision conjointe des mêmes ministres. Le ministre de l'Économie et le ministre intéressé peuvent fixer des règles d'encadrement dans certains domaines (tenue des comptes, évaluation des immobilisations et amortissements). Un traitement particulier est réservé aux éléments de rémunération du personnel et au statut et régime des retraites. Ceux-ci doivent être communiqués au ministre de l'Économie et au ministre intéressé, qui les soumettent pour avis à une commission interministérielle, avant de les approuver.

714 **Contrôle économique et financier de l'État. –** Le décret n° 55-733 du 26 mai 1955, relatif au contrôle économique et financier de l'État, a été entièrement refondu par les décrets n° 2002-1502 du 18 décembre 2002 et n° 2005-437 du 9 mai 2005. La réforme de 2005 est de taille en ce qu'elle institue un lien structurel

et fonctionnel entre conseil, contrôle et inspection[71]. Le contrôle économique et financier de l'État[72] est un contrôle externe portant sur l'activité économique et la gestion financière des entreprises et organismes qui en relèvent. Il a pour objet d'analyser les risques et d'évaluer les performances de ces entreprises et organismes en veillant aux intérêts patrimoniaux de l'État.

Le champ d'application du contrôle économique et financier de l'État distingue trois catégories d'organismes. Il existe d'une part les organismes obligatoirement assujettis au contrôle économique et financier de l'État. Il s'agit des EPIC de l'État, des sociétés ou GIE dans lesquels l'État détient plus de 50 % du capital (pour les sociétés il s'agit donc des entreprises publiques de premier rang) et les groupements et organismes professionnels ou interprofessionnels autorisés à percevoir des taxes, redevances ou cotisations de caractère obligatoire (on dépasse donc le strict cadre des opérateurs publics). D'autre part, un certain nombre d'organismes ne sont assujettis que facultativement au contrôle économique et financier de l'État. Peuvent ainsi y être soumis par décret contresigné par les ministres chargés de l'Économie et du Budget, les organismes exerçant une activité économique et bénéficiant du concours financier de l'État sous une forme quelconque ainsi que les GIE constitués sans capital auquel participe l'État lorsque ce dernier supporte plus de la moitié des dépenses de fonctionnement ou dispose de plus de la moitié des voix à l'assemblée. Peuvent aussi y être soumis par décret contresigné par les ministres chargés de l'Économie et du Budget et le ministre intéressé, les organismes centraux ou nationaux des divers régimes d'assistance, de Sécurité sociale, de prestations familiales ou de mutualité agricole, les organismes ou entreprises de toute nature exerçant une activité d'ordre économique et ayant fait appel sous forme d'apport en capital, de prêt, d'avance ou de garantie au concours des EPIC nationaux ou des entreprises publiques de premier rang, les entreprises et organismes dans lesquels l'État ou l'un de ses établissements publics détient, séparément ou conjointement, directement ou indirectement, plus de la moitié du capital ou des voix dans les organes délibérants et les entreprises et organismes dont la majorité des ressources provient, directement ou indirectement, séparément ou conjointement, du concours financier de l'État ou de l'un de ses établissements publics. Enfin il existe des organismes qui sont normalement obligatoirement soumis au contrôle économique et financier de l'État mais qui peuvent en être dispensés par décret contresigné par les ministres chargés de l'Économie et du Budget s'ils relèvent de la compétence de l'Agence des participations de l'État (*infra*, n° 717 et s.).

Le contrôle économique et financier de l'État est exercé, sous l'autorité du ministre chargé de l'Économie, par des missions de contrôle (qui remplacent les anciens « contrôleurs d'État ») dirigées par des « responsables ». Les entreprises et organismes contrôlés par ces missions sont désignés par arrêté conjoint des ministres chargés de l'Économie et du Budget. L'agent chargé de l'exercice du contrôle dispose d'importantes prérogatives : il a tous pouvoirs d'investigation sur pièce et sur place, l'entreprise contrôlée est tenue de lui communiquer toutes les informations nécessaires à l'exécution de sa mission (y compris les informations concernant les filiales) et l'agent peut demander des éléments d'information complémentaires, il a entrée avec voix consultative aux séances de l'organe délibérant et peut assister aux séances de tous comités, commissions constituées à l'intérieur de l'entreprise ainsi qu'aux assemblées générales. Des modalités spécifiques d'exercice du contrôle peuvent être fixées en tant que besoin, par entreprise ou par catégorie d'entreprises, par arrêté conjoint des ministres de l'Économie et du Budget, après information du ministre intéressé. Les responsables des missions de contrôle font connaître leur avis aux

71. Ch. COPPOLANI, « Le contrôle général économique et financier », *RFAP* 2007, n° 124, p. 625.

72. Résultant de la fusion de quatre corps d'inspection et de contrôle.

ministres chargés de l'Économie et du Budget sur les projets de délibération ou de décision qui sont soumis à l'approbation de ces derniers, ainsi que sur les projets de conventions relatifs à l'organisation des rapports de l'État avec l'entreprise. Les agents chargés du contrôle présentent aux mêmes ministres un rapport annuel sur la situation économique et financière des entreprises contrôlées.

715 **Contrôle technique. –** Des textes particuliers concernant chaque entreprise peuvent compléter le dispositif général notamment en instituant une tutelle technique par le biais de commissaires du gouvernement, représentant le ministre de tutelle technique, c'est-à-dire le ministre dont les attributions englobent l'activité matérielle de l'entreprise concernée. Par exemple, les statuts de la SNCF, de La Poste, ou de la RATP prévoient la présence d'un commissaire du gouvernement (il en va de même pour EDF). Leurs prérogatives varient selon les statuts de l'entreprise et peuvent aller de la simple information sur la politique du gouvernement (France Télécom) à un véritable pouvoir d'opposition sur les délibérations des organes sociaux (Cogéma).

Un commissaire du gouvernement est créé au sein de RFF par les articles 40 et 41 du décret n° 97-444 du 5 mai 1997. Celui-ci siège au conseil d'administration de RFF et dans les comités et les commissions créés par le conseil d'administration (avec voix consultative), s'assure que la politique générale de RFF est définie par le conseil d'administration conformément aux missions de l'établissement et fait connaître, le cas échéant, au conseil la position du Gouvernement sur les questions examinées. Il formule les observations qui lui paraissent nécessaires sur la conformité des délibérations du conseil avec les orientations générales de la politique arrêtée par les pouvoirs publics. Il peut se faire communiquer tous documents et procéder ou faire procéder à toutes vérifications, demander l'inscription de toute question à l'ordre du jour d'une réunion ordinaire du conseil, ou encore demander une réunion extraordinaire du conseil sur un ordre du jour déterminé.

716 **Contrôle sur les investissements. –** Le contrôle sur les investissements est confié au Comité des investissements à caractère économique et social (CIES créé par décret n° 96-1022 du 27 novembre 1996, succédant au Fonds de développement économique et social qui assurait lui-même le financement des entreprises publiques en tant que compte de prêt du Trésor). Il s'agit d'une instance ministérielle présidée par le ministre de l'Économie et des Finances, chargée d'examiner deux fois par an les programmes d'investissement des entreprises bénéficiant d'un concours financier de l'État. L'instruction des dossiers porte en particulier sur le rythme des travaux et les montants des investissements et des emprunts. Le CIES contrôle aussi l'exécution des programmes en cours.

Le champ de compétence du CIES est défini (article 1er de décret n° 96-1022 du 27 novembre 1996) par référence à celui de la Cour des comptes en matière de contrôle de gestion (articles L. 133-1 et L. 133-2 du CJF) et par renvoi à une annexe où figurent Aéroports de Paris ; les organismes concessionnaires d'aéroports appartenant à l'État (Bordeaux, Lille, Lyon, Marseille, Montpellier, Nantes – Saint-Nazaire, Nice, Strasbourg et Toulouse) ; le Groupe Air France ; les Charbonnages de France et houillères de bassin ; la Cogema ; la Compagnie nationale du Rhône ; Électricité de France ; Gaz de France ; les ports autonomes fluviaux ; les ports autonomes maritimes et ports d'intérêt national ; La Poste ; la Régie autonome des transports parisiens ; la SNCF ; la Société nationale maritime Corse Méditerranée ; les Sociétés concessionnaires d'autoroutes ; la Société pour la réalisation de la liaison fluviale Saône-Rhin ; Voies navigables de France.

B. L'AGENCE DES PARTICIPATIONS DE L'ÉTAT

717 **Origines. –** Les rapports Barbier de la Serre et Diefenbacher de 2003 préconisaient de confier à une entité unique toutes les responsabilités normales d'un actionnaire, à savoir le dialogue avec le management sur la stratégie et le suivi de sa mise en œuvre, le contrôle des risques et de la qualité de la gestion, la recherche de la valorisation du patrimoine. En 2004, par décret du 9 septembre (nº 2004-963) il est créé, au sein du ministère de l'Économie, un service à compétence nationale placé auprès du directeur du Trésor dénommé Agence des participations de l'État (APE)[73]. Le décret nº 2011-130 du 31 janvier 2011[74] apporte certaines modifications d'envergure à l'organisation issue du décret de 2004. L'APE est désormais placée sous la direction générale d'un Commissaire aux participations de l'État et est directement rattachée au ministre de l'Économie. Son périmètre s'étend, puisque sont rattachés à l'APE les deux autres instruments d'intervention actionnariale de l'État, que sont le FSI (Fonds stratégique d'investissement, *supra*, nº 653) et la SPPE (Société de prise de participation de l'État, *supra*, nº 653). Surtout, la politique actionnariale que mène l'APE est désormais réorientée en vue de développer des politiques industrielles plus actives pour les entreprises à participation publique : le Commissaire des participations de l'État anime ainsi la politique actionnariale de l'État sous ses aspects économiques, industriels et sociaux.

718 **Champ de compétence. –** L'agence exerce ses compétences dans les entreprises et organismes contrôlés ou détenus, majoritairement ou non, directement ou indirectement, par l'État qui figurent sur une liste modifiée annexée au décret nº 2004-963. On y trouve, ainsi que leurs filiales et participations, notamment, AREVA, ADP, les aéroports de province demeurant de la responsabilité de l'État, Air France-KLM, Charbonnage de France, la DCN, EDF, l'ERAP, France Télécom, France Télévision, GDF, GIAT Industries, La Française des Jeux, La Poste, les Ports autonomes, Radio France, la RATP, Renault SA, RFF, l'Imprimerie Nationale, la SNCF, Thales et toutes les participations dans les entreprises dont l'État détient moins de 1 % du capital.

719 **Missions. –** L'agence exerce, en veillant aux intérêts patrimoniaux de l'État, la mission de l'État actionnaire en amont et en aval des décisions incombant au ministre de l'Économie. L'agence propose au ministre chargé de l'Économie la position de l'État actionnaire en ce qui concerne la stratégie des entreprises et organismes relevant de sa compétence. À ce titre, elle analyse la situation économique et financière de ces entreprises. Elle met ensuite en œuvre les décisions et orientations de l'État actionnaire. En tant que de besoin, l'agence participe, en liaison avec les administrations compétentes, à l'élaboration des contrats qui lient ces entreprises et organismes à l'État. Ces contrats, pouvant concerner la mission de service public des entreprises publiques, ne relèvent pas à proprement parler de la mission de l'État actionnaire, mais il a été jugé utile d'y associer l'APE. L'agence examine, en liaison avec les ministères intéressés, les principaux programmes d'investissement et de financement des entreprises et organismes susmentionnés ainsi que les

73. B. BÉZARD et E. PREISS, « L'agence des participations de l'État », *RFAP* 2007, nº 124, p. 601.
74. M. LOMBARD, « Participations de l'État », Actualité du droit de la concurrence et de la régulation, *AJDA* 2011, p. 1302.

projets d'acquisition ou de cession, d'accord commercial ou de coopération et de recherche et développement. Elle propose au ministre chargé de l'Économie la position de l'État actionnaire sur ces sujets et la met en œuvre.

L'agence assure l'interface entre l'entreprise publique et son actionnaire, le cas échéant avec le commissaire du gouvernement, de la cohérence des positions des représentants de l'État participant aux organes délibérants de ces entreprises et organismes. Elle représente l'État aux assemblées d'actionnaires. Elle peut être consultée pour les nominations et révocations des membres des organes délibérants nommés par décret, autres que les représentants de l'État, dans les entreprises et organismes susmentionnés. Elle évalue régulièrement la gestion mise en œuvre par les dirigeants des entreprises, contrôle l'activité des personnes de droit public figurant sur la liste annexée au décret et la gestion financière des personnes contrôlées. Elle propose, après avis des ministères concernés, les évolutions statutaires et assure la préparation et la mise en œuvre des décisions prises en ces matières en liaison avec les administrations concernées. Elle met en œuvre les opérations en capital. L'agence établit le rapport relatif à l'État actionnaire prévu par l'article 142 de la loi n° 2001-420 du 15 mai 2001 relative aux nouvelles régulations économiques (*infra*, n° 730). Elle participe au suivi des questions relatives à la comptabilité patrimoniale de l'État.

L'organisation retenue a privilégié une structure en trois pôles d'expertise (audit-comptabilité, finances, juridique) qui appuient les services chargés directement des relations avec les entreprises et qui sont regroupés par secteurs d'activités.

720 **Charte des relations avec les entreprises publiques. –** L'APE a élaboré dès 2004 une Charte des relations avec les entreprises publiques comportant des règles de gouvernance. Elles « visent à établir un standard de qualité qui sera appliqué aux entreprises qui sont contrôlées par l'État et qui sera proposé et défendu par les représentants de l'État, en concertation avec les autres actionnaires, aux conseils d'administration ou de surveillance des entreprises du secteur privé à participation publique ». Le rôle du conseil d'administration (ou de surveillance) est strictement défini et limité à la définition des orientations et à la validation de la stratégie, lesquelles seront mises en œuvre par la direction. La Charte insiste sur le rôle et la présence de comités indépendants (notamment un comité d'audit et un comité stratégique) qui préparent le travail du conseil. Enfin, des mécanismes assurent la bonne information de l'APE sur l'activité des entreprises publiques.

721 **Critiques. –** Alors que les textes précités ont pour objet de rationaliser la fonction de l'État actionnaire et d'en confier la mise en œuvre à une entité, l'APE semble aller au-delà de son strict rôle. On peut lire dans le rapport 2007 (p. 12) que « l'activité de l'APE a été marquée par la contribution de ses équipes à la définition de la stratégie générale des entreprises de son périmètre et de leur trajectoire financière pluriannuelle ». Il existe cependant une différence entre le fait d'exprimer la position de l'État actionnaire au sein des organes dirigeants et assurer la direction quasi effective de l'entreprise en définissant sa stratégie. On retombe là dans les anciens travers de la tutelle.

722 **Comité de direction de l'État actionnaire. –** Il est institué un comité interministériel de direction de l'État actionnaire, présidé par le ministre de l'Économie, par le décret n° 2004-963. Ce comité détermine le cadre général d'évolution du secteur public, ses principes de gouvernance et de contrôle dans lesquels s'inscrit l'action de l'agence. Il peut être saisi pour examiner une orientation stratégique concernant une entreprise publique ou pour se prononcer sur les principaux programmes d'investissement et de financement des entreprises publiques, ainsi que sur leurs projets d'acquisition ou de cession, d'accord commercial ou de coopération et de recherche

et développement. Selon le rapport de la Cour des comptes pour 2008, ce comité ne s'est jamais réuni. Il est supprimé par le décret n° 2011-130 du 31 janvier 2011.

C. LA CONTRACTUALISATION DES RELATIONS ENTRE L'ÉTAT ET LES ENTREPRISES PUBLIQUES

723 **Objectifs et utilité. –** Après 1945, au moment de la reconstruction nationale, les plans nationaux comportaient une déclinaison pour les entreprises publiques afin de leur assigner des impératifs de production. La dialectique entre l'autonomie et la tutelle a trouvé une expression dans la réforme des modalités de la tutelle autour d'une contractualisation des objectifs assignés aux opérateurs publics. Le Rapport Nora du 4 avril 1967 en est l'expression la plus aboutie. Centré sur l'idée d'une reconstruction des relations entre l'État et les entreprises publiques, il préconise la contractualisation de la tutelle, le renforcement de l'autonomie de gestion des entreprises, l'évaluation de la compensation des charges de service public et la correspondance des prix aux coûts.

724 **Histoire. –** Les premiers contrats de programme sont signés en 1969-1970 (SNCF 1969, EDF 1971, ORTF), mais l'objectif principal concernant la SNCF, à savoir le retour à l'équilibre financier, n'est pas atteint et le contrat avec EDF est mis en péril lors du choc pétrolier de 1974. Des contrats d'entreprise leur succèdent en 1978-1979. D'une durée plus courte, déconnectés des objectifs du plan national, ils sont centrés sur l'impératif de redressement financier des entreprises concernées (SNCF, Air France, la CGM et CDF). Lors de la relance de la planification en 1982, des contrats de plan sont conclus avec les entreprises publiques. Ils manifestent la volonté d'assurer la cohérence entre l'action des entreprises et les grandes orientations de la planification nationale, tout en laissant une grande liberté aux entreprises. On distinguait deux types de contrats : les contrats conclus avec des entreprises du secteur concurrentiel comportant des objectifs économiques et sociaux (investissements, emploi) et restreignant fortement la tutelle ; les contrats conclus avec les entreprises chargées d'une mission de service public visant le retour à l'équilibre financier, la baisse des tarifs, l'instauration d'une certaine qualité et l'amélioration de la productivité. L'État s'engageait en contrepartie à développer un certain niveau d'investissement[75].

Leur fondement juridique est l'article 11 de la loi n° 82-653 du 29 juillet 1982 portant réforme de la planification (situé au sein du chapitre III sur l'exécution du plan de la Nation), qui dispose que « l'État peut conclure avec les collectivités territoriales, les régions, les entreprises publiques ou privées et éventuellement d'autres personnes morales, des contrats de plan comportant des engagements réciproques des parties en vue de l'exécution du plan et de ses programmes prioritaires. Ces contrats portent sur des actions qui contribuent à la réalisation d'objectifs compatibles avec ceux du plan de la Nation. Ils définissent les conditions dans lesquelles l'État participe à ces actions. (...) L'État peut subordonner la conclusion du contrat de plan avec une entreprise à l'inclusion dans ce contrat de la définition des principales orientations stratégiques de l'entreprise et la mise en évidence de leur compatibilité avec les objectifs du plan de la Nation ».

75. Bilan dressé par Haut Conseil du secteur public, *Rapport pour 1988*, p. 134.

725 **Maintien de la contractualisation. –** Aujourd'hui, la contractualisation se concentre sur certaines entreprises de réseau et connaît un nouvel essor dans le cadre de leur ouverture à la concurrence. Ils ont trouvé un fondement juridique avec l'article 140 de la loi NRE du 15 mai 2001 : « L'État peut conclure, avec les entreprises du secteur public placées sous sa tutelle ou celles dont il est actionnaire et qui sont chargées d'une mission de service public, des contrats d'entreprise pluriannuels. Ceux-ci déterminent les objectifs liés à l'exercice de la mission de service public assignée à l'entreprise, les moyens à mettre en œuvre pour les atteindre, le cas échéant par l'intermédiaire de filiales, et les relations financières entre l'État et l'entreprise. Les contrats d'entreprise sont négociés avec les ministres chargés de l'économie et du budget et avec les autres ministres chargés d'exercer la tutelle de l'État. Ils ne peuvent être résiliés par chacune des deux parties avant leur date normale d'expiration que dans les formes et conditions qu'ils stipulent expressément. Ils sont réputés ne contenir que des clauses contractuelles ».

Le contrat de service public avec GDF (2005-2007) comporte des obligations en matière de service public (sécurité, continuité géographique), des engagements en matière de développement durable, sur les investissements et prévoit l'évolution des tarifs régulés. Le contrat de performance conclu avec La Poste (2004-2007) traite de la qualité du service, du réseau des bureaux de poste, vise à accroître la modernité sociale de l'entreprise et sa compétitivité. Le contrat de service public concernant EDF (2005-2007) fixe un objectif d'indépendance énergétique, de préservation de l'environnement, prévoit la limitation des tarifs, tend à assurer la cohésion sociale et territoriale et détermine une compensation financière accordée par l'État.

726 **Procédure de mise en concurrence. –** Normalement, les contrats de service public ne font pas l'objet d'une mise en concurrence. Il s'agit pour l'État d'assigner des obligations à une entreprise d'ores et déjà investie d'une mission de service public, parce qu'elle est opérateur de service universel ou en situation de monopole. L'investiture résulte alors d'un texte législatif ou des statuts mêmes de l'entreprise. Le droit communautaire tend cependant à généraliser les procédures de mise en concurrence, qu'il étend désormais aux contrats de service public dans le domaine du transport de voyageurs (règlement n° 1370/2007 du 23 octobre 2007)[76].

Le règlement n° 1370/2007 du 23 octobre 2007[77] relatif aux services publics de transport de voyageurs par chemin de fer et par route met en œuvre une procédure d'attribution encadrée pour les contrats de service public, procédure s'inspirant largement du droit des marchés publics. Des exceptions notables sont cependant prévues. Les autorités locales peuvent fournir elles-mêmes des prestations en régie. Il est ensuite possible d'attribuer directement des contrats de service public à un opérateur sur lequel la collectivité publique exerce un contrôle analogue à celui qu'elle exerce sur ses propres services. Mais contrairement à ce qui est exigé pour l'exception « in house », il n'est pas nécessaire que la collectivité publique détienne 100 % du capital de l'opérateur dédié. Il est également possible à l'autorité publique d'attribuer sans procédure un contrat de service public lorsque la valeur annuelle du contrat est inférieure à 1 000 000 euros ou qui a pour objet la fourniture annuelle de moins de 300 000 km de services. En cas de risque d'interruption du service, les collectivités publiques peuvent en outre attribuer en urgence des contrats pour une période de deux ans maximum. Enfin, une exception notable concerne le transport par chemin de fer pour des contrats d'une durée maximale de 10 ans.

76. *JOUE* n° L 315 du 3 déc. 2007, p. 1.

77. M. KARPENSCHIF, « Contrats de service public et transport de voyageurs : nouvelles règles pour un nouvel essor ? », *JCP* A 2008, n° 8, p. 16.

§ 2. LES AUTRES CONTRÔLES

727 **Haut Conseil du secteur public. –** Un Haut Conseil du secteur public a été créé par l'article 53 de la loi n° 82-155 du 11 février 1982 qui en prévoit le rôle et la composition (le décret n° 99-255 du 2 avril 1999 est venu apporter quelques précisions quant à la composition du Haut Conseil). Il est chargé de suivre l'évolution du secteur public, sa gestion et ses activités et de faire toutes propositions utiles dans un rapport publié tous les deux ans. Il est composé de 6 députés et 4 sénateurs, 5 membres désignés par le gouvernement[78], 5 représentants des syndicats et 5 personnalités qualifiées. Il a établi des rapports sur des sujets très diversifiés, comme le champ d'application de la loi de démocratisation du secteur public (1984), le bilan de la contractualisation des relations entre l'État et les entreprises publiques (1988), les entreprises de service public (1990) ou encore les services publics en réseau face au progrès technique et à la mondialisation (1998).

728 **Contrôle de gestion par la Cour des comptes. –** Les entreprises publiques peuvent faire l'objet de contrôles de gestion diligentés par la Cour des comptes[79]. Il s'agit d'une vérification sur pièces et sur place de la régularité des recettes et des dépenses décrites dans les comptabilités publiques et d'un contrôle du bon emploi des crédits, fonds et valeurs. La Cour des comptes assure ainsi la vérification des comptes et de la gestion des établissements publics de l'État à caractère industriel et commercial, des entreprises nationales, des sociétés nationales, des sociétés d'économie mixte ou des sociétés anonymes dans lesquelles l'État possède la majorité du capital social (article L. 133-1 CJF)[80]. Certains de ses rapports publics thématiques sont consacrés à des entreprises publiques (par exemple, le groupe Crédit Lyonnais en 1995, La Poste en 2003, La Banque de France en 2005, les ports en 2006).

729 **Commissaire aux comptes. –** Les sociétés anonymes du secteur public et les principaux EPIC sont soumis au Code de commerce pour l'établissement de leurs comptes et doivent donc les faire certifier par des commissaires aux comptes dans les conditions de droit commun.

78. Les cinq membres du Haut Conseil du secteur public désignés par le gouvernement sont le commissaire au Plan, le directeur du Trésor, le directeur du budget, le directeur général de l'industrie, des technologies de l'information et des postes et le directeur des relations du travail.

79. R. MUZELLEC, « Le contrôle de la cour des comptes sur les entreprises publiques », *AJDA* 1976, p. 540 ; PERDRIAU, « Du contrôle de la Cour des comptes sur les entreprises publiques », *Revue du Trésor* 2000, p. 419.

80. Elle assure aussi la vérification des comptes et de la gestion des autres établissements ou organismes publics, quel que soit leur statut juridique, qui exercent une activité industrielle ou commerciale, des sociétés, groupements ou organismes, quel que soit leur statut juridique, dans lesquels l'État, les collectivités, personnes ou établissements publics, les organismes déjà soumis au contrôle de la Cour détiennent, séparément ou ensemble, plus de la moitié du capital ou des voix dans les organes délibérants, des filiales des organismes visés aux deux alinéas précédents, lorsque ces organismes détiennent dans lesdites filiales, séparément, ensemble ou conjointement avec l'État, plus de la moitié du capital ou des voix dans les organes délibérants, et des personnes morales dans lesquelles l'État ou des organismes déjà soumis au contrôle de la Cour détiennent, directement ou indirectement, séparément ou ensemble, une participation au capital permettant d'exercer un pouvoir prépondérant de décision ou de gestion (article L. 133-2 CJF).

730 **Rôle du Parlement. –** L'Assemblée nationale et le Sénat sont d'abord des destinataires privilégiés d'informations portant sur le secteur public. Le gouvernement doit leur adresser chaque année la nomenclature des entreprises publiques, ainsi qu'un rapport relatif à l'État actionnaire en annexe de la loi de finances. Les chambres peuvent également réunir des commissions d'enquête sur certains événements touchant la vie des entreprises publiques (par exemple dans l'affaire Crédit Lyonnais en 1994).

L'article 142 de la loi n° 2001-420 du 15 mai 2001 relative aux nouvelles régulations économiques, modifié par la loi n° 2003-706 du 1er août 2003 de sécurité financière, dispose que le gouvernement dépose tous les ans, en annexe au projet de loi de finances de l'année, un rapport relatif à l'État actionnaire qui : 1° Analyse la situation économique, à la clôture du dernier exercice, de toutes les entités significatives, établissements et sociétés, cotées et non cotées, contrôlées par l'État ; 2° Présente des comptes combinés de toutes les entités significatives, établissements et sociétés, contrôlées par l'État, et expose fidèlement la situation financière de l'ensemble de ces entités, y compris les engagements hors bilan, son évolution prévisible, ainsi que les événements importants survenus entre la date de clôture de l'exercice de combinaison et la date à laquelle les comptes combinés ont été établis. Les questions de méthode comptable à trancher pour l'élaboration de ces états financiers sont soumises à l'appréciation d'un groupe de personnalités indépendantes nommées par arrêté du ministre chargé de l'Économie ; 3° Retrace les opérations de transfert au secteur privé réalisées en application de la loi n° 86-912 du 6 août 1986 relative aux modalités des privatisations, en distinguant celles fondées sur le titre II de ladite loi de celles fondées sur le titre III. Il y est également fait état des produits encaissés par l'État en cours d'exercice et de leurs utilisations ; 4° Dresse le bilan par l'État de sa mission d'actionnaire ou de tuteur des entreprises publiques. Ce bilan contient le rapport d'activité du service des participations de la direction du Trésor. Il comprend également des éléments concernant la stratégie commerciale et industrielle et la politique de l'emploi des entreprises publiques.

731 **Critiques. –** Dans son rapport pour 2008 la Cour des comptes a consacré une partie à l'État actionnaire. Y est relevé le peu de visibilité du Parlement sur la gestion de l'État actionnaire. En effet, la seule loi, en dehors des lois de privatisation, qui peut donner lieu à un débat sur la politique de l'État actionnaire est la loi de finances initiale au moment du vote du compte d'affectation spéciale consacré aux participations de l'État, centré sur les cessions et le désendettement. Or l'appréciation de l'efficacité d'une cession ne peut pas s'étendre au contrôle de la gestion même et de la raison d'être des participations.

732 **Autorités de régulation. –** Lorsque les secteurs d'intervention des anciens opérateurs publics historiques ont fait l'objet d'une ouverture à la concurrence, ceux-ci sont soumis au contrôle des autorités de régulation instituées à cet effet (*supra*, n° 111 et s.).

SECTION V GESTION

733 **Principaux aspects de la gestion. –** Ne seront examinés que les aspects les plus importants de la gestion des opérateurs publics.

§ 1. LES BIENS

734 **Biens des EPIC. –** En tant que personnes morales de droit public les EPIC sont susceptibles de détenir un domaine public (article L. 2111-1 du Code général de la propriété des personnes publiques) pour ce qui est des biens dont ils sont propriétaires qui sont soit affectés à l'usage direct du public, soit affectés à un service public pourvu qu'en ce cas ils fassent l'objet d'un aménagement indispensable à l'exécution des missions de ce service public.

735 **Biens des entreprises publiques sous forme de sociétés privées. –** Les personnes privées ne peuvent pas posséder de domaine public. Aussi, leurs biens sont régis par le droit privé. Des régimes particuliers de protection ont été institués à propos des biens des anciens EPIC transformés en sociétés de droit privé lorsqu'une mission de service public continue de leur être confiée (*supra*, n° 693). Aucun régime uniforme n'a été déterminé et le degré de protection varie. Lorsque l'existence et la continuité du service public appellent un régime protecteur des biens, la protection accordée peut passer par de multiples voies : qualité du propriétaire (bien transféré à une personne de droit public), pouvoir prépondérant de décision sur le propriétaire (bien transféré à une personne privée dont l'intégralité du capital est détenue par des personnes publiques), qualité des biens (insaisissabilité), obligation de comportement des exploitants des biens ou interdiction d'opérations (cession, constitution de sûretés, baux commerciaux, etc.).

Certains biens sont déclassés au moment de la transformation en société anonyme sans qu'un régime de substitution à la domanialité publique soit institué (par exemple, article 78 loi de finances rectificative pour 2001 procédant à la transformation de la DCN en société nationale dont le capital est détenu en totalité par l'État). Concernant France Télécom, lors de sa transformation par la loi n° 96-660 du 26 juillet 1996, en société anonyme dont l'État détenait plus de la moitié du capital social, ses biens sont déclassés, mais un régime spécifique garantissant certaines prérogatives à l'État est institué : « lorsqu'un élément d'infrastructure des réseaux de télécommunications est nécessaire à la bonne exécution par France Télécom des obligations de son cahier des charges, et notamment à la continuité du service public, l'État s'oppose à sa cession ou à son apport ou subordonne la réalisation de la cession ou de l'apport à la condition qu'ils ne portent pas préjudice à la bonne exécution desdites obligations ». Il s'agit de prérogatives d'opposition à certaines opérations sur les biens. Ce régime est abrogé par l'article 2.IX de la loi n° 2003-1365 du 31 décembre 2003. Dans un arrêt du 30 octobre 1998[81], le Conseil d'État a jugé que, concernant ses biens, le législateur de 1946 avait « fixé des règles dont l'application est incompatible avec celles de la domanialité publique ». Ainsi, au moment de la transformation d'EDF et de GDF en sociétés anonymes, le législateur n'a pas institué de régime spécial (qui aurait été inévitablement plus contraignant que le régime antérieur) grevant l'ensemble des biens de ces établissements. Mais les biens nécessaires à l'exploitation d'un service public bénéficient pour le moment d'une protection garantissant leur affectation au service public. Les ouvrages des réseaux de distribution sont transférés aux collectivités territoriales (article 36 de la loi du 9 août 2004), le réseau de transport est transféré à une société anonyme (article 9 de la loi du 9 août 2004) dont le capital est détenu en totalité par EDF, l'État ou d'autres organismes publics et les ouvrages les plus importants sont pour le moment insaisissables. Le ministre chargé de l'énergie dispose de prérogatives pour assurer la sécurité de l'approvisionnement, sans que l'affectation des biens nécessite de ce fait d'être

81. *Rec.* p. 364, *AJDA* 1998, p. 1017, concl. ARRIGHI DE CASANOVA, *CJEG* 1998, p. 490, concl. note D. DELPIROU, *D.* 1999, p. 484, note J.-P. AMADEI, *JCP* 1999, I, n° 169, chron. J. PETIT, *RFDA* 1999, p. 578, note Ch. LAVIALLE.

garantie[82]. Les obligations de comportement pouvant être imposées aux exploitants des installations de production par l'administration sont susceptibles de pallier l'absence de régime spécifique de ces biens (article 6 modifié de la loi du 10 février 2000). Le régime probablement le plus protecteur est celui des biens d'ADP, transformé en société anonyme par la loi n° 2005-357 du 21 avril 2005[83]. Le nouvel article L. 251-3 du Code de l'aviation civile dispose que « lorsqu'un ouvrage ou terrain appartenant à Aéroports de Paris est situé dans le domaine aéroportuaire et nécessaire à la bonne exécution par la société de ses missions de service public ou au développement de celles-ci, l'État s'oppose à sa cession, à son apport, sous quelque forme que ce soit, à la création d'une sûreté sur cet ouvrage ou terrain, ou subordonne la cession, la réalisation de l'apport ou la création de la sûreté à la condition qu'elle ne soit pas susceptible de porter préjudice à l'accomplissement desdites missions. (...) Les biens mentionnés au premier alinéa ne peuvent faire l'objet d'aucune saisie et le régime des baux commerciaux ne leur est pas applicable ».

§ 2. LA COMPTABILITÉ ET LES FINANCEMENTS

736 **Comptabilité. –** Les entreprises publiques sont soumises aux règles de la comptabilité privée, en matière de tenue de comptabilité, d'établissement de comptes et de conservations de justifications. La comptabilité est assurée par le comptable de l'entreprise. Certains EPIC demeurent dotés d'un agent comptable (agent public), ce qui rend applicables les articles 190 à 225 du décret n° 62-1587 du 29 décembre 1962 portant règlement général sur la comptabilité publique. En réalité, l'agent comptable d'un EPIC dispose de beaucoup moins de prérogatives que les autres comptables publics. Seul le conseil d'administration arrête les comptes et il ne prépare les comptes sociaux que conformément aux directives de l'ordonnateur.

737 **Poids des entreprises publiques dans les finances de l'État[84]. –** L'article 30 de la LOLF (loi n° 2001-692 du 1er août 2001) dispose que les règles applicables à la comptabilité de l'État ne se distinguent de celles applicables aux entreprises qu'en raison des « spécificités de son action » et l'article 27 oblige l'État à produire des comptes réguliers, sincères et donner une image fidèle de son patrimoine et de sa situation financière. Cette réforme doit conduire à une présentation qui devrait inclure le hors-bilan, c'est-à-dire notamment le secteur public sous forme de comptes combinés (ces comptes concernent des entreprises ou entités qui constituent un ensemble dont la cohésion résulte de liens économiques ou organisationnels). Cette avancée devrait contenir l'accroissement des charges relatives aux entreprises publiques.

82. Titre II de la Loi du 10 févr. 2000, modifiée par la loi n° 2005-781 du 13 juill. 2005.

83. J.-F. BRISSON, « L'incidence de la loi du 20 avr. 2005 sur le régime des infrastructures aéroportuaires », *AJDA* 2005, p. 1835 ; J. DUFAU, « Le changement de statut des aéroports de Paris », *JCP* A 2005, n° 27, p. 1077.

84. B. CASTAGNÈDE, *L'équilibre financier des entreprises publiques*, Armand Colin, 1971 ; C. LOUIT, *Les finances des entreprises publiques*, LGDJ, 1974, E. BLOY, « La gestion des entreprises publiques et la contrainte d'autofinancement », *Annales fin.* 1981, n° 47 ; J. JACQUINON, « Éléments d'une étude des finances et de la gestion financière des entreprises nationales », *AJDA* 1967, p. 436 ; A. PREMCHAND, « Le gouvernement et les entreprises publiques : les liens budgétaires », *Finances et développement*, déc. 1979 ; P. SABLIÈRE, « Libres propos sur les notions de réglementation, tutelle et régulation dans les rapports entre les pouvoirs publics et les entreprises publiques », *CJEG* 1997, p. 1 ; G. VEDEL, « Le financement des entreprises publiques », *RFAP* 1977, n° 4.

S'agissant des critères de convergence du traité de Maastricht, les entreprises publiques ne sont pas comptabilisées, sauf si elles sont intégrées à la catégorie des administrations publiques (APU). L'INSEE et les autorités communautaires utilisent alors un critère financier, en vertu duquel sont réintégrées dans le champ des APU les entreprises publiques dont l'activité de production est insuffisante pour couvrir au moins 50 % de leurs besoins et qui reçoivent de ce fait des subventions ou des taxes.

738 **Enregistrement des mouvements financiers entre l'État et les entreprises publiques. –** Les mouvements financiers entre l'État et ses entreprises sont d'abord enregistrés sur un compte d'affectation spéciale du Trésor, « Participations financières de l'État » (appelé ainsi depuis 2006) géré par le service des participations. Il reçoit les produits de cession de titres de sociétés publiques et toutes les recettes d'opérations en capital et sert à apporter des dotations en capital aux entreprises publiques. Il permet une gestion consolidée des flux budgétaires liés aux participations de l'État. Son fondement juridique actuel est l'article 21 de la LOLF (et l'article 48 de la loi de finances pour 2006) : « les opérations de nature patrimoniale liées à la gestion des participations financières de l'État, à l'exception de toute opération de gestion courante, sont de droit retenues sur un unique compte d'affectation spéciale ». Le projet annuel de performance (PAP) associé à chacun des programmes constitue la référence de l'action de l'État actionnaire en ce qu'il présente les objectifs, les indicateurs de performance et justifie les prévisions de recettes et de dépenses.

Les dividendes annuels (environ 1 milliard d'euros) sont ensuite enregistrés sur un autre compte (901-510) et alimentent directement le budget de l'État. Les EPIC ne versaient pas de dividende mais acquittaient à l'État une contribution représentant la rémunération de la dotation de l'entreprise. L'État se servait de ce flou juridique pour parfois augmenter le montant de cette contribution au gré de ses besoins (par exemple, en 2001, augmentation de plus de 1 milliard d'euros de la contribution due par EDF et GDF). Désormais l'article 79 de la loi du 28 décembre 2001 prévoit que l'État peut percevoir un dividende annuel sur le résultat des établissements publics placés sous sa tutelle dont l'activité présente à titre principal un caractère industriel, commercial ou financier. Le montant est parfois fixé dans les contrats d'entreprise.

En 2007[85], le chiffre d'affaires global des entreprises publiques relevant de l'APE s'est élevé à 160 milliards d'euros et révèle une progression par rapport aux années antérieures. Il en va de même du résultat net. Le total des dividendes qui seront perçus par l'État actionnaire au titre de l'exercice budgétaire 2007 s'élève à plus de 3,9 milliards d'euros.

Les recettes du compte des participations de l'État sont généralement affectées (70 %) au désendettement des administrations publiques[86]. Le solde est utilisé pour satisfaire les besoins en fonds propres d'entreprises publiques (dotations en capital ou avances d'actionnaire). La doctrine d'emploi du compte des participations

85. *Source* : Rapport de l'Agence des participations de l'État pour 2007.

86. Jusqu'en 2006, des dotations ont été effectuées au profit d'entreprises porteuses de passifs lourds (RFF, Charbonnages de France, EPFR chargé de la défaisance du Crédit Lyonnais).

financières de l'État a été précisée. Les deux programmes de la mission du compte assignent plusieurs objectifs à l'État actionnaire : veiller à l'augmentation de la valeur des participations financières de l'État ; assurer le succès des opérations de cession des participations ; participer à la décroissance de la dette des participations qui rentrent dans le périmètre des APU (critères de Maastricht) et contribuer au désendettement des administrations publiques.

739 **Financements par l'État. –** Comme on l'a vu, l'ensemble des opérations en capital réalisées par l'État et des financements qu'il consent tombe sous le coup de la prohibition des aides d'État, ce qui ne signifie pas qu'ils sont interdits, mais simplement qu'ils doivent répondre à certaines conditions pour être réguliers (*supra*, n° 442 et s.). Ainsi, pour qu'une compensation de charge de service public échappe à la qualification d'aide d'État et, partant, n'ait pas à être notifiée à la Commission européenne, il faut qu'elle satisfasse les conditions posées par la jurisprudence *Altmark* (*supra*, n° 437 et s.).

740 **Autres financements. –** Les entreprises publiques recourent assez classiquement aux marchés de capitaux. Lorsqu'elles empruntent, l'État peut accorder sa garantie à condition que celle-ci ne soit pas illimitée dans son montant et sa durée (sous peine de constituer une aide d'État). Désormais, la garantie explicite de l'État ne peut être autorisée que par une loi de finances (article 34-II-5° de la LOLF).

741 **Transparence. –** Les relations financières entre l'État et les entreprises publiques obéissent en outre à une règle de transparence, issue de la directive modifiée n° 80/723/CEE du 25 juin 1980 (aujourd'hui remplacée par la directive n° 2006/111/CE du 16 novembre 2006), transposée par l'ordonnance n° 2004-503 du 7 juin 2004. Ces dispositions instituent deux grandes obligations. En premier lieu, les entreprises publiques sont tenues de conserver toutes informations relatives aux ressources publiques dont elles ont bénéficié directement ou par l'intermédiaire d'autres entreprises publiques pendant une période de cinq ans aux fins de les fournir à l'État lorsque celui-ci les leur demande. Le champ d'application de cette obligation couvre une grande partie du secteur public puisqu'il s'étend à tout organisme qui exerce des activités de production ou de commercialisation de biens ou de services marchands et sur lequel une ou des personnes publiques exercent, directement ou indirectement, une influence dominante en raison de la propriété, de la participation financière ou des règles qui la régissent[87]. En second lieu, les entreprises publiques ayant à la fois une activité concurrentielle et une mission de service public ou des droits spécifiques sont astreintes à la tenue de comptes séparés. Il s'agit des organismes qui exercent des activités de production ou de commercialisation de biens ou de services marchands et qui, pour certaines de ces activités, soit sont chargés d'une mission de service public pour laquelle ils reçoivent une compensation, soit bénéficient de droits exclusifs ou spéciaux[88]. Les comptes séparés font ressortir les produits et les charges associés aux deux catégories d'activités

87. En sont exclus la Banque de France, les entreprises publiques dont les prestations de services ne sont pas susceptibles d'affecter sensiblement les échanges entre les États membres de la Communauté européenne et les entreprises publiques dont le montant net annuel du chiffre d'affaires ou le total du bilan n'atteint pas certains seuils.

88. Avec les mêmes exceptions.

et la méthode retenue pour l'imputation ou la répartition des produits et des charges entre ces deux catégories d'activités reflète fidèlement la structure financière de ces organismes et leur organisation. La nouvelle directive n° 2006/111/CE comporte des obligations plus contraignantes en ce que, d'une part, les relations financières dont la transparence est à assurer sont précisément définies et couvrent la compensation des pertes d'exploitation, les apports en capital ou en dotation, les apports à fonds perdus ou les prêts à conditions privilégiées, les avantages financiers sous forme de non-perception de bénéfices ou de non-recouvrement de créances, la renonciation à une rémunération normale des ressources publiques engagées, les compensations de charges imposées par les pouvoirs publics. D'autre part, la directive impose que les produits et charges soient imputés ou répartis selon les principes de la comptabilité analytique.

742 **Réglementation des tarifs. –** L'article L. 410-2 du Code de commerce (issu de l'ordonnance n° 86-1243 du 1er décembre 1986) fixe un principe de liberté des tarifs et des prix. Son alinéa 2 prévoit une exception, dans les secteurs où la concurrence par les prix est limitée en raison soit de situations de monopole ou de difficultés durables d'approvisionnement, soit de dispositions législatives ou réglementaires, un décret en Conseil d'État peut réglementer les prix après consultation de l'Autorité de la concurrence. S'agissant des tarifs proposés par les entreprises publiques, plusieurs textes sont intervenus (par exemple, décret n° 88-1208 du 30 décembre 1988 réglementant les péages d'autoroute, article 4 de la loi n° 2000-108 du 10 février 2000, concernant les tarifs de l'électricité, article 7 de la loi n° 2003-8 du 3 juin 2003, relative aux marchés du gaz et de l'électricité, concernant les tarifs du gaz et nécessitant l'avis de la CRE). Dans les autres cas, les tarifs ou leurs modalités d'évolution sont fixés par les cahiers des charges des entreprises publiques ou dans les contrats de service public (voir par exemple le titre II du contrat de service public État/GDF sur la période 2005/2007 qui fixe une formule d'évolution et une procédure impliquant la CRE).

Les tarifs doivent couvrir l'ensemble des coûts. Dès les années 1970 a été mise en place une politique de vérité des prix au sein des opérateurs publics, d'abord pour éviter la dégradation financière de la situation des entreprises publiques. Aujourd'hui, c'est le droit de la concurrence qui encadre le niveau des tarifs (*infra*, n° 874 et s.). Des tarifs trop bas sont susceptibles d'être qualifiés de prix prédateurs ou de constituer une aide en faveur des clients eux-mêmes qualifiables d'opérateurs économiques.

§ 3. LES CONTRATS

743 **Soumission au droit des marchés publics. –** Les EPIC nationaux et les sociétés de droit privé ne relèvent normalement pas du droit des marchés publics[89]. Toutefois, les entreprises publiques peuvent être qualifiées d'entités adjudicatrices si elles exercent une activité d'opérateur de réseau et dans le cadre

89. P. DELVOLVÉ, « Les marchés des entreprises publiques », *CJEG* n° 500, 1994, p. 269.

des contrats conclus au titre de cette activité. Dans ce cas, elles seront soumises à la directive n° 2004/17 et à l'ordonnance n° 2005-649 du 6 juin 2005.

Est une entreprise publique au sens de l'ordonnance tout organisme doté de la personnalité juridique qui exerce des activités de production ou de commercialisation de biens ou de services marchands et sur lequel un ou plusieurs pouvoirs adjudicateurs soumis au Code des marchés publics ou à l'ordonnance exercent, directement ou indirectement, une influence dominante en raison de la propriété, de la participation financière ou des règles qui la régissent. L'influence des pouvoirs adjudicateurs est réputée dominante lorsque ceux-ci, directement ou indirectement, détiennent la majorité du capital, disposent de la majorité des droits de vote ou peuvent désigner plus de la moitié des membres de l'organe d'administration, de direction ou de surveillance.

Certains textes assignent des obligations spécifiques aux établissements publics. Ainsi, l'article R. 113-18 du Code des ports maritimes dispose que les marchés des ports autonomes sont soumis au Code des marchés publics, à l'exception des articles 126 à 130 pour les marchés ne donnant pas lieu à une participation financière de l'État. L'article 33 du décret n° 97-444 du 5 mai 1997 sur RFF prévoit que « le conseil d'administration est assisté d'une commission des marchés présidée par le président du conseil d'administration ou son représentant et composée à parts égales d'administrateurs désignés par le conseil parmi les personnalités choisies en raison de leurs compétences et les représentants des salariés, et de fonctionnaires désignés par les ministres chargés de l'Économie, du Budget, de la Concurrence et des Transports ». Elle est consultée sur les marchés importants. L'article 8 de la loi MURCEF n° 2001-1168 du 11 décembre 2001, oblige les EPIC de l'État satisfaisant un besoin d'intérêt général autre qu'industriel et commercial (assez peu d'EPIC seront concernés) à respecter le principe de publicité et de mise en concurrence pour les marchés de travaux dont ils assurent la maîtrise d'ouvrage.

BIBLIOGRAPHIE

■ *L'État et les entreprises publiques*, n° spécial *RFAP* 1984, n° 32 ■ *L'État actionnaire*, *RFAP* 2007, n° 124 ■ Actualité de l'entreprise publique, *CJEG* juin 1994, n° spécial 500 ■ *Les EPIC dans tous leurs états*, Actes du colloque organisé par l'université Lyon 3 sous la direction de M. KARPENSCHIF, *JCP* A 2009, n° 31-35 ■ CONSEIL D'ÉTAT, *Les établissements publics*, Études du Conseil d'État, la Documentation française, 2010 ■ S. ALBERT et Cl. BUISSON, *Entreprises publiques. Le rôle de l'État actionnaire*, La Documentation française, 2002 ■ J. ARTHUIS, C. BELOT et P. MARINI, *Les ambiguïtés de l'État actionnaire*, Rapport au Sénat, n° 591, 1994 ■ D. BAILLEUL, « Vers la fin de l'établissement public industriel et commercial ? À propos de la transformation des EPIC en sociétés », *RJEP* 2006, p. 105 ■ R. BARBIER DE LA SERRE, *L'État actionnaire et le gouvernement des entreprises publiques*, 2003 ■ M. BAZEX, « Les contrats de plan entre l'État et les entreprises publiques », *AJDA* 1984, p. 68, « À la recherche de l'autonomie des entreprises publiques », *CJEG* juin 1994, n° spécial 500, p. 243 ■ M. BAZEX et S. BLAZY, « L'institutionnalisation de l'État actionnaire », *DA* décembre 2004, comm. 174 ■ « Le contentieux des prises de participation des entreprises publiques », *DA* octobre 2004, comm. 148 ■ B. BÉZARD et E. PREISS, « L'agence des participations de l'État », *RFAP* 2007, p. 601 ■ J. BERGOUGNOUX, « Les services publics en réseau. Perspectives et nouvelles régulations », La Documentation française, 2000 ■ A. BOURDU et V. VARLAMOFF, « La diversification des entreprises publiques et le jeu de la concurrence par les mérites », *Contrats, conc. consom.* mai 2009, alerte 30 ■ A. CARTIER-BRESSON, *L'État actionnaire*, LGDJ, Bibl. de droit public, 2010 ■ J.-Y. CHÉROT, « L'avenir des entreprises publiques nationales dans le contexte des réformes sur le gouvernement d'entreprise », *DA* avril 2006, p. 5 ▪ E. COHEN, « Secteur public : portée et limites des pratiques de l'État actionnaire », in *Service public, Secteur public*, La Documentation française, 1997, p. 65 ▪ Conseil d'État, *Les établissements publics, transformation et suppression*, La Documentation française, 1989 ▪ P. COMBEAU, « De l'art du trompe-l'œil juridique : la contractualisation des rapports entre l'État et les entreprises publiques », *LPA* 2007, n° 20, p. 6 ▪ Cour des comptes, *Rapport public 2008*, « L'État actionnaire : apports et limites de l'Agence des participations de l'État » ▪ A. DELION, *Le droit des entreprises et participations publiques*, LGDJ, coll. Systèmes, 2003, « Les garanties d'État et leur évolution », *RJEP/CJEG* octobre 2004, p. 417, « De l'État tuteur à l'État actionnaire », *RFAP* 2007, n° 124, p. 537 ▪ M. DIEFENBACHER, Rapport au nom de la Commission d'enquête de l'Assemblée nationale, *Sur la gestion des entreprises publiques afin d'améliorer le système de prise de décision*, 2003 ▪ R. DRAGO, *Quel avenir pour les entreprises publiques ?*, PUF, 2001 ▪ J. DUFAU, *Les entreprises publiques*, Éditions du Moniteur, 2e éd., 1991 ▪ J.-D. DREYFUS, *Entreprises du secteur public*, Rép. sociétés Dalloz, 2009 ▪ « Entreprise publique, service public et monopole », *DA* juin 2000, chron. 4 ▪ M. DURUPTY, *Les entreprises publiques*, PUF, coll. Thémis, 1986, « Existe-t-il un critère de l'entreprise publique ? », *Rev. adm.* 1984, p. 7 ▪ « Faut-il réaménager le contrôle de l'État sur les entreprises publiques », *AJDA* 1995, p. 3 ▪ C. GARBAR, *Droit applicable aux personnels des entreprises publiques*, LGDJ, 1996 ▪ Y. GAUDEMET, « L'entreprise publique à l'épreuve du droit public », *Mélanges Drago*, 1996, p. 259 ▪ M. LAINE, « La gouvernance des entreprises publiques : quel rôle pour l'État actionnaire ? », *JCP* A 9 décembre 2002, n° 1294 ▪ L. LAMBLIN, *La fonction publique de l'État confrontée à la concurrence*, Th. Paris II, 2007 ▪ A. DE LAUBADÈRE, *Traité de droit administratif*, t. 4, *L'administration de l'économie*, LGDJ, 2000 ▪ M. LOMBARD, « L'établissement public industriel et commercial est-il condamné ? », *AJDA* 2006, p. 79, « L'État actionnaire : une relation paradoxale avec le Code de commerce », in *1807-2007, Livre du bicentenaire du Code de commerce*, *Dalloz* 2007, p. 183, « De l'État propriétaire à l'État actionnaire : quels changements juridiques ? », *RFAP* 2007, p. 573 ▪ C. MALECKI, « L'État actionnaire, l'exemple atypique d'un grand actionnaire », *Cah. dr. entr.* 2005, p. 61 ▪ A.-S. MESCHERIAKOFF, « L'autonomie des entreprises publiques. Éléments pour une théorie », *RDP* 1985, p. 1575 ▪ S. NICINSKI, « Personnalité publique et droit du marché », in *La personnalité publique*, Litec, coll. Colloques et Débats, 2007, p. 225 ▪ S. NORA, *Rapport sur les entreprises publiques*, La Documentation française, 1968 ▪ OCDE « Lignes directrices sur le gouvernement d'entreprise des entreprises publiques », 2005 ▪ T. PAUCELLE, *Pouvoir et responsabilité dans les sociétés anonymes à participation publique majoritaire*, Thèse, CNAM, 1990 ▪ M.-L. PELLETIER, *L'entreprise public de service public*, 2009, L'Harmattan ▪ B. PLESSIX, « L'établissement public industriel et commercial au cœur des mutations du droit administratif », *JCP* A 2007, n° 13, p. 38 ▪ P. SABLIÈRE, « Libres propos sur les notions de réglementation, tutelle et régulation dans les rapports entre les pouvoirs publics et les entreprises publiques », *CJEG* 1997, p. 1 ▪ G. TIMSIT, « Les relations entre l'État et les entreprises publiques », *Rev. adm.* 1983, p. 9 ▪ M. VOISSET, « Un essai de renouvellement des relations entre l'État et les entreprises publiques : les contrats de plan », in *Mélanges Pequignot*, CERAM, Montpellier, 1984, t. II, p. 717.

CHAPITRE III
LES OPÉRATEURS PUBLICS LOCAUX

744 **Différentes formes juridiques.** – L'opérateur public local prend différentes formes juridiques. Ainsi, les collectivités territoriales peuvent intervenir par la voie de régies, d'établissements publics ou de sociétés anonymes. Les régies ou les établissements publics locaux[1] ne présentent pas de réelles spécificités du point de vue de leur organisation et de leur statut de nature à nécessiter un traitement approfondi dans un manuel de droit public des affaires. En revanche, les sociétés d'économie mixte locales constituent un instrument d'intervention particulier (Section I). En 2010, le législateur a enrichi le panel des instruments d'interventionnisme local en créant les sociétés publiques locales (Section II).

SECTION I LES SOCIÉTES D'ÉCONOMIE MIXTE LOCALES

745 **Droit public et droit privé.** – Les sociétés d'économie mixte locales se distinguent par la particularité d'un statut empruntant à la fois au droit public et au droit privé. Côté droit public, on se référera aux deux grandes lois ayant offert aux SEML un véritable statut général (lois n° 83-597 du 7 juillet 1983 et n° 2002-1 du 2 janvier 2002 accompagnées de la circulaire du 20 novembre 2002) leur imprimant une spécificité d'origine publiciste. Côté droit privé, la loi du 24 juillet 1966 sur les sociétés commerciales, modifiée et codifiée aux articles L. 225-1 et suivants du Code de commerce, rend applicables aux SEML les règles de gestion et de comptabilité privées. Il existe actuellement plus de mille SEML en activité (un pic a été constaté en 2000, avant un tassement à partir de 2006).

1. *Les EPIC dans tous leurs états*, Actes du colloque organisé par l'université Lyon 3 sous la direction de M. KARPENSCHIF, *JCP* A 2009, n° 31-35.

746 **Histoire. –** La création de quelques SEM au tout début du XXe siècle en Alsace (par exemple, Gaz de Strasbourg en 1914) est due à l'importation du modèle allemand des sociétés communales. Mais ce sont les décrets-lois Poincaré des 5 novembre et 26 décembre 1926 qui autorisent les communes à prendre de manière générale une participation dans les sociétés de construction de logements sociaux et d'exploitation de services publics. Les SEM vont apparaître comme un outil de reconstruction de la France après la Seconde Guerre mondiale, en même temps qu'un facteur de relance économique, sans toutefois que la formule ait un grand succès jusqu'en 1955. À partir de cette date, les SEM connaissent un véritable essor et vont être utilisées dans le secteur de l'aménagement et de l'urbanisme, puis dans le secteur des services. Elles subissent toutefois une grave crise dans les années 1970, justifiant les appréciations sévères de la Cour des comptes (Rapport public pour 1980) : surévaluation des besoins, négligences, engagements des collectivités à la légère, insuffisances du contrôle. Les premières lois de décentralisation, en confiant les secteurs d'activités de prédilection des SEM aux collectivités territoriales en font néanmoins leurs instruments d'action privilégiés. Le législateur les dote d'un statut et en encadre le fonctionnement par la loi n° 83-597 du 7 juillet 1983, relative aux sociétés d'économie mixte locales. Ces sociétés vont alors connaître une période de grand essor, leur objet étant étendu aux principales compétences des collectivités locales. À partir de 1993, certains de leurs privilèges sont remis en cause et leurs activités subissent le choc immobilier des années 1990. Aujourd'hui, c'est un modèle fortement contesté ou dont l'utilité prête à discussion, sous l'impact du droit communautaire de la commande et des aides publiques[2].

747 **Utilité controversée. –** Deux discours s'opposent. Côté Fédération des SEML (aujourd'hui Fédération des entreprises publiques locales), on se veut confiant dans l'avenir des SEM et leur utilité ne fait pas de doute. Elles seraient l'outil alliant, d'une part, compétences techniques et valeurs libérales du marché et, d'autre part, valeurs du service public, recherche de l'intérêt général et souci de cohésion sociale. Côté doctrine, le discours est plus pessimiste. Ainsi, Cl. Boiteau[3] fait état du rapport de la Cour des comptes sur les transports publics urbains (2005) signalant que les SEML ne possédant aucune expérience dans la gestion des réseaux importants de transport urbain, ont dû finalement sous-traiter ce type de service. Les élus[4] dénoncent eux-mêmes aussi la contradiction des objectifs assignés au SEML, à savoir privilégier l'intérêt général tout en faisant preuve de performances concurrentielles. Certains semblent même s'offusquer que l'intérêt social des SEM puisse céder devant la raison d'État[5].

2. *Quarante ans de sociétés d'économie mixte en France*, Economica, 1988 ; J.-Cl. MICHEL, *Les sociétés d'économie mixte locales*, LGDJ, 1990.

3. « Les sociétés d'économie mixte et les contrats de délégation de service public », *RFDA* 2005, p. 948.

4. A. SANTINI, « Le devenir des sociétés d'économie mixte locales », *RFDA* 2005, p. 953 ; J.-M. PEYRICAL, « Que reste-t-il du *in house* ? », *RFDA* 2005, p. 955 ; J.-F. SESTIER, « Dix ans d'application de la loi du 7 juill. 1983, forces et faiblesses du droit de l'économie mixte », *Revue espaces* mars 1994, p. 90.

5. A. VIANDIER, « L'intérêt social cède-t-il devant la raison d'État ? », comm. CA Versailles 29 nov. 1990, *Abdelnour c/SA Usinor, Bull. Joly*, 1991, n° 85, p. 277.

748 **Unicité du statut et pluralité des catégories. –** La grande majorité des SEML bénéficie d'un statut unifié par la loi n° 83-597 du 7 juillet 1983, puis modernisé par celle n° 2002-1 du 2 janvier 2002. Mais il existe aussi plusieurs autres catégories de SEM bénéficiant de dispositions spécifiques, soit par dérogation au statut précité, soit parce qu'elles restent en dehors du champ d'application des lois de 1983 et 2002.

Selon le recensement établi par A. Delion[6], on compte : les sociétés d'économie mixte locales de droit local d'Alsace-Lorraine, les sociétés issues de participations prises dans le cadre des décrets Poincaré, les sociétés d'économie mixte à objet sportif, les sociétés d'économie mixte d'équipement et d'exploitation de remontées mécaniques et de réalisation des réseaux câblés, les sociétés anonymes d'HLM, les sociétés de financement régional dites Instituts régionaux de participation, les sociétés de développement régional, les sociétés de développement des territoires et départements d'outre-mer, les sociétés d'aménagement foncier et d'équipement rural, les sociétés locales de garanties, sociétés autorisées à prendre une participation dans une société par décret en Conseil d'État, les sociétés issues de l'application de l'article L. 2253-1 du CGCT et les sociétés aéroportuaires après ouverture de leur capital à des investisseurs privés.

749 **Caractère local. –** Par habitude, par tradition, par communauté de langage, on a tendance à réserver l'expression « société d'économie mixte » aux sociétés dans lesquels les collectivités territoriales ou leurs groupements prennent des participations. La SEM serait en réalité exclusivement une SEML. Pourtant, la tendance actuelle de l'État à se désengager des entreprises nationales et à privilégier une politique de participation majoritaire dans certains cas, mais de plus en plus souvent minoritaire, démontre qu'il existe bel et bien des sociétés d'économie mixte nationales. On préfère parler de « participation publique », plutôt que d'économie mixte, ou « d'entreprises à participation publique » plutôt que de « sociétés d'économie mixte nationales ». Une explication convaincante a été donnée par A. Delion[7], fondée sur les motifs conduisant l'État à prendre des participations, motifs qui s'inscrivent moins dans la volonté d'affirmer une économie dirigée, impérialiste que caractérise le terme d'économie mixte, que dans celle de privilégier les opérations non nécessairement durables, motivées par des considérations patrimoniales.

750 **Plan. –** Seront successivement examinés l'objet des SEML, la composition de leur capital et leur forme juridique, les règles relatives aux concours financiers des collectivités territoriales, leurs modalités d'intervention, les règles d'administration et les contrôles pesant sur elles et enfin leur disparition.

§ 1. OBJET

751 **Limitation de l'objet des SEM. –** L'article L. 1521-1 du CGCT limite doublement l'objet des SEM locales. En premier lieu, les collectivités territoriales et leurs groupements sont assujettis à une limitation d'ordre général en ce qu'ils ne peuvent créer des SEM locales que « dans le cadre des compétences qui leur sont reconnues par la loi ». Cette précision renvoie aux attributions de compétence des collectivités territoriales (article L. 1111-2 du CGCT). En second lieu,

6. « Les sociétés d'économie mixte : seulement locales ou également nationales ? », *RFDA* 2005, p. 977.
7. « Les sociétés d'économie mixte : seulement locales ou également nationales ? », préc.

l'objet des SEM est limité à certaines activités : « réaliser des opérations d'aménagement, de construction, [...] exploiter des services à caractère industriel ou commercial, ou pour toute autre activité d'intérêt général ». Finalement, la possibilité de créer des SEM pour n'importe quelle activité d'intérêt général relativise l'apparente limitation de leur objet. Néanmoins, lorsque l'objet de SEML inclut plusieurs activités, celles-ci doivent être complémentaires[8]. De même, l'objet d'une SEM ne doit pas caractériser un empiètement sur des compétences réservées à l'État ou à un établissement public national[9]. On remarque qu'aucune disposition ne limite géographiquement l'objet des SEM et il n'est pas rare que celles-ci interviennent sur des territoires qui ne relèvent pas de leurs collectivités actionnaires. Toutefois, l'exigence d'intérêt général s'entend parfois comme limitant le champ d'intervention de la SEML au territoire de ses actionnaires, une activité exercée à titre principal sur le territoire d'une autre collectivité[10] ou à l'étranger[11] ne présentant plus d'intérêt général pour les actionnaires. Pour ce qui est de la question de la filialisation des SEML, il est à noter que le juge administratif soumet les prises de participation dans le capital de sociétés tierces à la condition que l'action de cette dernière entre dans la compétence des personnes publiques actionnaires de la SEM et présente un intérêt pour elles[12].

CE 10 juillet 1996, *M. Coisne*[13] : l'activité d'une SEML relative à des missions d'information communale, à la rédaction, diffusion du journal de la ville et de promotion de la station relève d'une mission de service public.

CAA Paris 11 mai 2004, *Cne Ozoir-la-Ferrière*[14] : est illicite la création d'une SEML ayant exclusivement un but commercial et lucratif.

CE 10 octobre 1994, *Préfet de la Moselle*[15] : est illicite la création d'une SEM ayant un objet purement social, visant à contribuer à la reconversion économique d'une zone du territoire.

Dans le domaine médical et afin de répondre à des besoins pressants, l'objet des SEML a été étendu en 2003 aux opérations de conception, réalisation, entretien ou maintenance, ainsi qu'au financement d'équipements hospitaliers ou médicaux-sociaux pour les besoins d'un établissement de santé, d'un établissement social ou médico-social ou d'un groupement de coopération sanitaire.

Enfin, et pour prendre en compte les effets des transferts de compétence résultant de l'intercommunalité, les communes actionnaires de SEM dont l'objet social s'inscrit dans le cadre d'une compétence transférée à un EPCI peuvent continuer à participer au capital de ces SEM à condition de céder à l'EPCI plus des deux tiers

8. CE 5 juill. 2010, *Syndicat national des agences de voyage*, n° 308564 : les activités complémentaires doivent être le complément normal de l'activité principale, sans devoir être absolument nécessaires à celle-ci.

9. Par ex. construction ou exploitation d'autoroutes, voir cependant pour la régularité de l'intervention d'une SEML en matière de distribution d'électricité ou de gaz, CE 28 juin 1999, *Synd. du personnel des industries électriques et gazières de centre de Grenoble, CJEG* 1989, p. 369, note DELPIROU, *RFDA* 1989, p. 929, concl. GUILLAUME et note J.-F. LACHAUME.

10. CAA Bordeaux 27 avr. 2004, *CIVIS*, *AJDA* 2004, p. 1669.

11. CRC Haute-Normandie ROD 12 mars 2009, *SEML Transmanche*. En sens inverse, admettant (probablement à titre accessoire) des activités à l'étranger CRC Pays de la Loire ROD 20 août 2010, *SEM Oryon*.

12. CAA Bordeaux 27 avr. 2004, *CIVIS*, *AJDA* 2004, p. 1669.

13. *Rec.* p. 1006, *RFDA* 1997, p. 504.

14. *JCP* A 2004, n° 1420, note J. MOREAU.

15. *Rec.* p. 838, *CJEG* 1995, p. 202, note D. TRUCHET, *AJDA* 1995, p. 257, note Cl. DEVÈS et BIZET.

des actions précédemment détenues (article L. 1521-1 du CGCT). Cette opération s'analyse en une modification de la composition du capital et doit par conséquent obéir aux règles posées par l'article L. 1524-1 alinéa 3 du CGCT, exigeant une délibération préalable des assemblées délibérantes des collectivités territoriales actionnaires. Cependant, le législateur n'a pas étendu cette possibilité lorsqu'une commune adhère à un syndicat mixte ouvert, ou transfère la compétence incluse dans l'objet social de la SEM à un établissement public, cas dans lesquels la commune ne pourra pas se maintenir au capital de la SEM.

752 **Secteurs d'activité.** – 42 % des SEM ont une activité de gestion de services publics (par ordre décroissant : équipement et gestion du tourisme, sports loisirs culture et événementiel, eau énergie environnement, déplacements), 25 % agissent dans le secteur immobilier, 22 % dans l'aménagement et 11 % dans le développement économique.

753 **Application des conditions d'intervention d'une collectivité publique en tant qu'opérateur économique.** – Lorsqu'une collectivité publique prend une participation dans une SEM, le juge administratif lui appliquait la règle de non-concurrence entre initiatives publique et privée, fondée sur le principe de la liberté du commerce et de l'industrie. Ainsi, la collectivité publique ne pouvait justifier sa participation qu'en cas de carence de l'initiative privée dans le secteur d'intervention choisi pour la SEM[16]. Aujourd'hui, cette règle a été réinterprétée par le Conseil d'État et les nouvelles conditions de légalité de l'initiative publique, fondées sur la présence d'un intérêt public, s'appliquent à la création des SEM (*infra*, n° 826 et s.). C'est effectivement en ce sens que la jurisprudence du Conseil d'État s'est orientée dans l'arrêt du 5 juillet 2010, *Syndicat national des agences de voyage*[17].

Il y est jugé que « qu'aux termes du premier alinéa de l'article L. 1521-1 du Code général des collectivités territoriales, dans sa rédaction applicable à la date de l'arrêté préfectoral contesté : Les communes, les départements, les régions et leurs groupements peuvent, dans le cadre des compétences qui leur sont reconnues par la loi, créer des sociétés d'économie mixte locales qui les associent à une ou plusieurs personnes privées et, éventuellement, à d'autres personnes publiques pour réaliser des opérations d'aménagement, de construction, pour exploiter des services publics à caractère industriel ou commercial, ou pour toute autre activité d'intérêt général (...) ; qu'il résulte de ces dispositions que les sociétés d'économie mixte locales peuvent légalement exercer, outre des activités d'aménagement, de construction ou de gestion de services publics, toute activité économique sur un marché concurrentiel pourvu qu'elle réponde à un intérêt général ; que si un tel intérêt général peut résulter de la carence ou de l'insuffisance de l'initiative des entreprises détenues majoritairement ou exclusivement par des personnes privées, une telle carence ou une telle insuffisance ne saurait être regardée comme une condition nécessaire de l'intervention d'une société d'économie mixte (SEM) sur un marché ; qu'ainsi, en recherchant si la prise en charge par la société d'économie mixte locale RCCE, en complément de son activité principale de service public, d'activités touristiques définies aux articles 1er et 2 de la loi du 13 juillet 1992 cités ci-dessus présentait un intérêt public suffisant permettant de regarder ces activités comme des activités d'intérêt général au sens de l'article L. 1521-1 du Code général des collectivités territoriales et en jugeant que la carence de l'initiative privée sur le marché

16. Par ex. pour la production, la fabrication de matériaux pour la construction en l'entretien des routes, CE 23 déc. 1994, *Cne de Clairveaux-d'Aveyron*, *Rec.* p. 582, *JCP* 1995, II, n° 22507, note M. CLIQUENNOIS, *RFDA* 1995, p. 214, *AJDA* 1995, p. 351.

17. N° 308564.

local des prestations touristiques en cause n'était pas une condition nécessaire de la légalité de la décision attaquée devant elle, la cour n'a commis aucune erreur de droit et n'a pas, notamment, méconnu le principe de liberté du commerce et de l'industrie ». On remarque que la condition de l'intérêt public, qui justifie en général l'initiative publique, rejoint la notion d'activité d'intérêt général délimitant en particulier l'objet des SEML.

§ 2. CAPITAL ET FORME JURIDIQUE

754 **Encadrement de la participation publique. –** En vertu des dispositions combinées des articles L. 1522-1 et L. 1522-2 du CGCT, la participation des collectivités territoriales et de leurs groupements au capital des SEML, séparément ou à plusieurs, doit être comprise entre 50 % et 85 %. On en déduit donc que les collectivités territoriales et leurs groupements ne peuvent être actionnaires minoritaires et que les SEML font nécessairement partie du secteur public en considération du critère capitalistique (*supra*, n° 600 et s.). S'agissant de la limite inférieure, le législateur prend soin de préciser que cette détention majoritaire du capital par les collectivités et leurs groupements doit s'accompagner d'une détention de plus de la moitié des voix dans les organes délibérants.

755 **Choix des actionnaires privés. –** Pour le moment, le choix des actionnaires privés s'effectue à la discrétion des collectivités publiques. Pourtant, la coopération institutionnelle peut présenter un bon moyen de contournement des règles de mise en concurrence applicables à la coopération contractuelle. Cette affirmation est cependant à nuancer dans la mesure où les contrats conclus entre les SEM et leurs collectivités publiques actionnaires, lorsqu'ils relèvent de la commande publique, n'échappent pas aux procédures de passation spécifiques imposées par les textes (*infra*, n° 766 et s.). Dès lors, le partenaire privé, en acceptant en amont une coopération institutionnelle, n'est absolument pas certain que la SEM sera titulaire du contrat convoité en aval. Mais il reste que la participation au capital d'une SEM peut constituer un observatoire privilégié des politiques publiques pour les opérateurs privés. La question se pose alors d'une mise en concurrence au niveau de la constitution même de la SEM, tant en doctrine[18] qu'en droit communautaire[19] (*infra*, n° 914). Si une mise en concurrence est effectuée au stade de la constitution de la SEM, l'attribution du contrat convoité à la SEM se ferait alors automatiquement. Une série de difficultés surgit alors[20] : faut-il lier la durée du contrat à la durée de la SEM et comment organiser, à l'issue de cette durée, le rachat des parts de l'actionnaire privé, qui, en droit des sociétés, est strictement encadré ?

756 **Nature des actionnaires et problème des sociétés à capital entièrement public. –** Les dispositions précitées visent expressément les collectivités

18. M.-Y. BENJAMIN, « La mise en concurrence du capital privé des sociétés d'économie mixte ? », *RFDA* 2005, p. 973.

19. Livre Vert sur les partenariats, 2004, Communication interprétative de la Commission du 5 févr. 2008 concernant l'application du droit communautaire des marchés publics et des concessions aux partenariats public-privé institutionnalisés (PPPI), C(2007)6661.

20. Mises en avant par M.-Y. BENJAMIN (article préc.).

territoriales et leurs groupements[21]. La participation au capital d'une SEML est aussi expressément ouverte (article L. 1522-1 du CGCT) aux collectivités territoriales étrangères et à leurs groupements, sous réserve que ceux-ci ne détiennent pas séparément ou à plusieurs, plus de la moitié du capital et des voix détenus par l'ensemble des collectivités territoriales et leurs groupements.

La limite supérieure de 85 % du capital détenu par les collectivités territoriales et leurs groupements pourrait laisser comprendre que les 15 % restants doivent être détenus intégralement par des personnes privées. La réalité est légèrement plus complexe. L'article L. 1522-1 du CGCT dispose expressément que les collectivités territoriales ou leurs groupements s'associent « à une ou plusieurs personnes privées et, éventuellement, à d'autres personnes publiques » et en tant que sociétés anonymes régies par le livre II du Code de commerce, elles doivent comporter au moins 7 actionnaires (article L. 225-1 du Code de commerce). Mais il existe d'autres personnes publiques que les collectivités territoriales et leurs groupements, comme l'État, les établissements publics ou encore les syndicats mixtes qui ne sont pas, à proprement parler, des groupements de collectivités territoriales. La lecture littérale des textes conduit à conclure qu'une SEM peut être publique à 99 %, avec un seul actionnaire privé. Cette situation se rencontre notamment lorsque sont actionnaires la Caisse des dépôts et consignation, des OPHLM ou des OPAC, voire des chambres consulaires. Il s'avère en réalité que le capital minoritaire des SEM est principalement réparti entre trois types d'actionnaires : les entreprises (25 % de l'actionnariat minoritaire) ; le groupe CDC (20 %) et les organismes financiers privés (17 %). Le reste est réparti entre des organismes publics (5,7 %), d'autres SEML (3,7 %), les chambres consulaires, les organismes professionnels et les constructeurs sociaux (14 %) et d'autres personnes privées[22].

Ainsi, l'existence de sociétés à capital entièrement public ne peut résulter que de dispositions législatives spéciales dérogeant aux règles générales énoncées ci-dessus. On compte aujourd'hui les sociétés aéroportuaires[23], les sociétés publiques d'aménagement[24] et les sociétés publiques locales (voir ci-dessous).

On suivra volontiers une doctrine avisée[25], pour qui ce n'est pas réellement la part de capital détenu qui révèle véritablement le contrôle que peuvent avoir les actionnaires publics sur les SEM, mais plutôt le contenu des relations contractuelles que les SEM établissent avec les collectivités publiques.

757 **Soumission au régime juridique des sociétés commerciales. –** Les SEML revêtent la forme de sociétés anonymes régies par le Livre II du Code de commerce, sous réserve des dispositions spécifiques issues du CGCT. Cela implique que l'organisation des SEML relève du droit des sociétés et qu'elle ressort de la compétence du juge judiciaire. Leur capital doit être de 225 000 euros au moins si elles font publiquement appel à l'épargne et de 37 000 euros au moins dans les

21. Ce qui exclut la création d'une SEML par un établissement public, CAA Marseille 12 févr. 2007, *Préfet du Var*, n° 06MA02263.
22. Source : Fédération des entreprises publiques locales.
23. Article 7-II de la loi n° 2005-357 du 20 avr. 2005 relative aux aéroports.
24. Article L. 327-1 du Code de l'urbanisme, issu de l'article 20 de la loi n° 2006-872 du 13 juill. 2006.
25. J.-F. SESTIER, « Les sociétés d'économie mixte locales après la loi de modernisation », *RFDA* 2002, p. 923.

autres cas (article L. 224-2 du Code de commerce). Par dérogation, l'article L. 1522-3 du CGCT dispose que les sociétés de construction d'immeubles doivent avoir un capital d'au moins 225 000 euros et de 150 000 euros pour les sociétés d'aménagement. Ces dispositions sont destinées à garantir que les SEM disposent de fonds propres minimum, car le niveau insuffisant de fonds propres est souvent à l'origine de difficultés des SEM.

Les statuts de la SEML sont des contrats de droit privé (CE 16 octobre 1974, *Association pour l'étude et la défense des quartiers à rénover de Draguignan, DA* 1974, n° 354). On pourrait s'interroger sur la nature juridique des pactes d'actionnaires conclus entre les associés personnes publiques d'une SEML. En tant que contrats conclus entre personnes publiques indépendamment des statuts, ils sont présumés être de droit public, sauf s'ils ne font naître que des relations de droit privé entre les cocontractants. Ainsi, on pourrait distinguer les pactes d'actionnaires à contenu « classique », contrats de droit privé, et les pactes d'actionnaires conclus pour préserver un service public ou un intérêt général, dont la nature pourrait être publique.

§ 3. CONCOURS FINANCIER DES COLLECTIVITÉS TERRITORIALES

758 **Obstacles juridiques antérieurs à la loi du 2 janvier 2002. –** La jurisprudence du Conseil d'État avait sérieusement remis en cause les relations financières entre les SEML et leurs actionnaires collectivités territoriales, en les soumettant au droit commun des aides locales[26]. Dès lors, la garantie aux pertes d'une SEM est considérée comme illégale[27], de même qu'une augmentation de capital suivie immédiatement d'une réduction de capital destinée à résorber des pertes[28], ou une bonification d'intérêts[29], ou encore un effacement de passif par liquidation de la SEML[30].

Le Conseil d'État avait néanmoins admis que les avances de trésorerie étaient licites[31], sous réserve du respect de deux conditions : elles ne doivent pas rémunérer une prestation de service[32] et l'apport doit être consenti dans le cadre d'une convention avec la collectivité[33]. Le juge administratif avait aussi admis qu'une collectivité puisse rembourser, moyennant la conclusion d'une convention, les dépenses

26. CE 17 janv. 1994, *Préfet du département des Alpes-de-Haute-Provence c/Cne d'Allos, Rec.* p. 18, *AJDA* 1994, p. 470, note Cl. DEVÈS, *RFDA* 1994, p. 900, note J.-Cl. DOUENCE, *JCP* 1994, II, 22311, note J. MOREAU.

27. CE 6 nov. 1995, *Cne de Villenave-d'Ornon c/Pujol, RFDA* 1996, p. 221, concl. MARTIN.

28. CE 17 janv. 1994, *Préfet du département des Alpes-de-Haute-Provence*, préc.

29. CE 20 mars 1998, *Département de la Seine-Saint-Denis, DA* 1998, n° 370, note M.-Y. BENJAMIN, *JCP* E 1998, 1547, note F. CHOUVEL.

30. CE 15 mars 2000, *Cne de Romilly-sur-Seine, Coll. terr.* 2000, n° 149, note J. MOREAU, *Rev. gén. coll. terr.* 2000, p. 451, note Cl. DEVÈS.

31. CE 13 sept. 1995, *Département des Alpes-Maritimes, Rec.* p. 345, *AJDA* 1996, p. 225, note Cl. DEVÈS ; CE 21 juin 1999, *SEM intercommunale des pays de France et de l'Aulnoye, Gaz. Pal.* 2000, 1, somm. 398.

32. CE 20 oct. 1995, M. LEFÈVRE, *Assoc. Vivre ensemble à Sanary, RF décentr.* 1996, p. 84, note C. DEVÈS.

33. CE 13 sept. 1995, *Département des Alpes-Maritimes*, préc.

engagées par la SEM pour le compte de la collectivité, si les opérations effectuées et les sommes dépensées avaient été préalablement définies[34].

759 **Modifications de capital et apports en compte-courant d'associés. –** L'un des grands apports de la loi n° 2001-1 du 2 janvier 2002, modifiée par l'ordonnance n° 2003-1212 du 18 décembre 2003, a été de régulariser les relations financières entre les SEML et leurs collectivités publiques actionnaires, du moins au regard du droit national. En effet, l'article L. 1522-4 du CGCT dispose désormais que « les collectivités territoriales et leurs groupements peuvent, en leur qualité d'actionnaire, prendre part aux modifications de capital ou allouer des apports en compte-courant d'associés aux sociétés d'économie mixte locales, dans les conditions définies à l'article L. 1522-5. Ces concours financiers ne sont pas régis par les dispositions du titre Ier du présent livre ». Ainsi, les modifications de capital ou les apports en compte-courant ne sont plus soumis au droit des aides publiques locales. Néanmoins, l'article L. 1522-5 du CGCT prévoit un certain nombre de conditions s'agissant de l'apport en compte-courant.

L'apport en compte-courant ne peut être alloué que dans le cadre d'une convention expresse conclue entre la SEM et la collectivité, qui doit prévoir à peine de nullité, la nature, l'objet et la durée de l'apport ; le montant, les conditions de remboursement et éventuellement de rémunération ou de transformation en augmentation de capital de l'apport. L'apport ne peut être consenti pour une durée supérieure à deux ans, renouvelable une fois. Au terme de cette période, l'apport est remboursé ou transformé en augmentation de capital. En cas de transformation en augmentation de capital, le capital détenu par la collectivité publique ou le groupement ne doit pas excéder la limite des 85 % fixée par le législateur. Une règle de prudence a aussi été fixée, en ce qu'une nouvelle avance ne peut être consentie si la totalité des avances déjà consenties à des SEM excède (y compris la nouvelle avance) 5 % des recettes réelles de fonctionnement de l'actionnaire public. Aucune avance ne peut par ailleurs être consentie si, en cas de pertes, les capitaux propres de la société sont inférieurs à la moitié du capital social. Les assemblées délibérantes se prononcent sur l'octroi, le renouvellement ou la transformation en capital d'un apport en compte-courant d'associés, à la vue d'un rapport d'un représentant de la collectivité publique aux organes dirigeants de la SEM et d'une délibération de l'organe dirigeant de la SEM exposant les motifs d'un tel apport et justifiant son montant, sa durée ainsi que les conditions de son remboursement, de son éventuelle rémunération ou de sa transformation en augmentation de capital. L'apport en compte-courant peut se faire de différentes manières : soit l'actionnaire avance des fonds en versant une somme dans la caisse sociale, soit l'actionnaire laisse à disposition de la société des sommes que celle-ci lui doit (dividendes par exemple).

Les modalités de l'augmentation de capital ne font pas l'objet de dispositions particulières. Le juge avait pourtant sanctionné ce type d'opération sur le fondement de l'erreur manifeste au regard de deux critères, la situation financière de la SEML et les capacités financières de l'actionnaire[35]. La présence d'un fondement législatif ne semble pas remettre en cause cette limite, confirmée sous forme de principe en 2010[36]. Les auteurs sont parfois sceptiques quant aux chances de succès d'un projet d'augmentation de capital pour lequel la participation des actionnaires

34. CE 30 déc. 1998, *Cne de Colombes, Rec.* p. 514.

35. CE 17 janv. 1994, *Préfet du Département des Alpes-de-Haute-Provence c/Cne d'Allos,* préc.

36. CE 10 nov. 2010, *Communauté de communes du nord du bassin de Thau*, n° 313590, *AJDA* 2011, p. 19 : même si la situation financière de la SEML est dégradée, les capacités financières des actionnaires peuvent justifier l'augmentation de capital.

privés est indispensable. Ainsi, Cl. Boiteau[37] souligne que les « actionnaires privés n'investissent qu'autant qu'il leur paraît nécessaire pour s'assurer des informations sur la politique publique menée par la collectivité, d'éventuels contrats indirects, ou un utile poste d'observation et de contacts dans le cas d'un actionnaire banquier, par exemple (...). Ils savent que, sauf exception, ils ne percevront pas de dividendes. (...) Dans ces conditions, en cas de difficultés financières de la société d'économie mixte, ces actionnaires ne seront pas particulièrement enclins à la financer ».

760 **Concours financiers pour le financement du logement social. –** Le législateur (loi SRU n° 2000-1208 du 13 décembre 2000, articles L. 1523-5 et L. 1523-6 du CGCT) avait déjà prévu deux types de subventions spécifiques en matière de logement social, dont le montant et les modalités sont très encadrés, pouvant être versées aux SEM et échappant à la réglementation sur les aides locales. Il s'agit, d'une part, des subventions ou avances accordées aux sociétés d'économie mixte exerçant une activité de construction ou de gestion de logements, destinées à des programmes de logements, et à leurs annexes, dont les financements sont assortis de maxima de loyers ou de ressources des occupants, déterminés par l'autorité administrative. D'autre part, il existe des subventions exceptionnelles accordées aux sociétés d'économie mixte locales ayant pour objet une activité de construction ou de gestion de logements sociaux, lorsqu'elles sont confrontées à des difficultés dues à un déséquilibre grave et durable de leurs programmes immobiliers et pour la mise en œuvre de mesures de redressement dans le cadre d'une convention passée avec la SEM, qui fixe la nature, le montant et la durée des subventions ainsi attribuées.

On rappellera que, selon l'article L. 2252-2 du CGCT, les communes peuvent accorder des garanties d'emprunt ou des cautionnements, sans être limitées par les règles prudentielles habituellement applicables, pour les opérations de construction, d'acquisition, d'amélioration de logements réalisées par les SEM.

761 **Concours financiers pour la promotion économique du territoire ou pour la gestion de services communs aux entreprises. –** La loi de 2002 y ajoute un type de financements, échappant là encore à la réglementation des aides locales. Il s'agit de subventions ou avances destinées à des programmes d'intérêt général liés à la promotion économique du territoire ou à la gestion de services communs aux entreprises (article L. 1523-7 du CGCT). Ces concours sont moins encadrés que les deux précédents et font simplement l'objet d'une convention précisant les obligations à la charge de la SEM. Les travaux préparatoires de la loi de 2002[38] indiquent qu'étaient visées la réalisation de rapports d'études économiques et financières, la prospection d'entreprises ou encore l'organisation de salons professionnels, de foires, de réunions techniques d'information ou la mise à disposition des entreprises d'informations juridiques et financières[39].

37. « Les sociétés d'économie mixte et les contrats de délégation de service public », *RFDA* 2005, p. 946.

38. Cités par J.-F. SESTIER, « Les sociétés d'économie mixte locales après la loi de modernisation », *RFDA* 2002, p. 923.

39. CRC Auvergne ROD 18 oct. 2007, *SEM/L de Royat-Chamalières Tourisme*, p. 17 et CRC Lorraine ROD 30 déc. 2009, *Communauté d'agglomération de Metz Métropole* : les CRC ont précisé le contenu de

762 **Concours financiers pour les opérations d'aménagement. –** Des avances en matière d'opérations d'aménagement (article L. 1523-2 du CGCT, issu de la loi de 2002) justifiées par un besoin de trésorerie temporaire et devant être en rapport avec les besoins réels de l'opération peuvent être consenties. Ces avances doivent faire l'objet d'une convention que l'on suppose distincte de la concession d'aménagement. On ne considérera pas que le financement de l'opération (prévu au même article) relève des aides publiques, car il semble désormais devoir être qualifié de prix d'un marché public.

763 **Relations financières entre une collectivité publique et une SEM mandataire d'une maîtrise d'ouvrage publique. –** En vertu de l'article 5 b de la loi MOP modifiée n° 85-704 du 12 juillet 1985, les rapports entre le mandataire et le maître d'ouvrage public sont définis par une convention qui doit prévoir le mode de financement de l'ouvrage ainsi que les conditions dans lesquelles la collectivité procédera à une avance des fonds nécessaires ou remboursera les dépenses exposées pour son compte.

764 **Soumission au droit communautaire des aides publiques. –** La participation initiale au capital ou la participation à son augmentation par les collectivités publiques reste soumise au droit communautaire des aides publiques[40]. Il en va de même des avances ou subventions autorisées par le législateur. On sait que le critère de qualification d'une aide publique appliqué par le droit communautaire est celui du comportement normal de l'investisseur en économie de marché (*supra*, n° 442 et s.). En ne reprenant pas ce critère, le législateur français a exposé les relations financières qu'il autorise entre les SEM et leurs actionnaires publics au risque de se voir reprocher de comporter des éléments d'aide publique. Les SEML pourraient cependant bénéficier des exemptions par catégorie[41]. Deux questions se posent néanmoins. La première a trait au cas des avances qui peuvent être remboursables ou éventuellement rémunérées. L'avance remboursée et rémunérée au taux du marché ne devrait normalement pas être qualifiée d'aide publique. La seconde a trait au champ d'application de la prohibition des aides publiques en droit communautaire. Pour constituer une aide, la mesure doit bénéficier à une entreprise, notion revêtant un sens bien précis. Dans le cas des subventions aux programmes d'intérêt général, il faudrait encore s'assurer que la SEM qui en est bénéficiaire est bien qualifiable d'entreprise et exerce une activité économique avant de soulever l'argument de la prohibition. Et si le véritable bénéficiaire (entreprises en faveur desquelles agit la SEM) n'est pas le destinataire de l'aide (SEM), il faut encore se demander si la

ces activités, comme incluant la réalisation de rapports, d'études économiques et financières, d'expertise sur des dossiers particuliers d'implantation, prospection d'entreprises, actions de promotion touristique, ou la mise en place d'actions collectives telles que l'organisation de salons professionnels, de foires, de réunions techniques d'information, de mise à disposition d'informations juridiques et financières (in S. BRAMERET, *Les relations des collectivités territoriales avec les sociétés d'économie mixte locales. Recherche sur l'institutionnalisation d'un partenariat public-privé*, Th. Grenoble, 2010, p. 118, LGDJ, 2012).

40. Par ex. Commission, Décision 8 mai 2001 concernant l'aide d'État mise à exécution par la France en faveur de la Société BAI, 2002/15/CE, *JOCE* 15 janv. 2002, L12/33.

41. *Infra*, n° 456 et n° 461 et M. KARPENSCHIF, « SEM et aides publiques : vers une normalisation des relations ? », *CP-ACCP* n° 59, oct. 2006, p. 55.

mesure n'a pas un caractère général, susceptible de la faire échapper à la qualification d'aide publique.

§ 4. INTERVENTIONS

765 **Les SEML, instruments privilégiés. –** Les SEML étaient considérées par les collectivités locales comme des instruments privilégiés d'intervention. Elles étaient soumises en contrepartie à certaines sujétions spéciales. Les avancées récentes de l'État du droit incitent à revoir ces conclusions.

A. LA PERTE DES PRIVILÈGES D'INTERVENTION

766 **SEM délégataires de services publics. –** Les SEML peuvent se porter candidates à l'attribution de délégations de service public. La rédaction de l'article L. 1411-1 du CGCT, issue de la loi de 2002, facilite même l'accès des SEML aux délégations, en ce que les garanties professionnelles des candidats sont désormais appréciées notamment dans la personne des associés et au vu des garanties professionnelles en son sein. Ainsi, les SEML nouvellement créées ne rencontrent plus d'obstacle quant à l'appréciation de leur candidature. Mais en 1993, il convient de remarquer que le Conseil constitutionnel a censuré les dispositions de la loi Sapin n° 93-122 du 29 janvier 1993 excluant les SEM candidates du champ d'application de la procédure de délégation de service public, au nom du principe d'égalité entre les sociétés commerciales[42]. Les SEML sont donc soumises aux mêmes procédures que n'importe quel autre candidat. De plus, les élus mandataires d'une SEML ne peuvent participer à la commission de délégation lorsque leur société est candidate (article L. 1524-5 du CGCT).

767 **SEM mandataires. –** Les contrats de mandat ne sont désormais plus exclus du champ d'application du Code des marchés publics (article 3 du Code des marchés publics 2006, article 7 de l'ordonnance n° 2005-649 du 6 juin 2005). Lorsque l'on sait que la conclusion d'un contrat de mandat était un moyen d'intronisation privilégié des SEML, on peut mesurer l'importance de la perte de ce privilège.

Mais dans certains cas, les SEM bénéficient encore de privilèges d'intervention. Ainsi, en matière d'aménagement foncier, l'État, les collectivités locales et les établissements publics peuvent, par convention passée avec une SEM ou un établissement public lui confier le soin de procéder en leur nom et pour leur compte à la réalisation d'études, à des acquisitions foncières, à l'exécution de travaux, et à la construction d'ouvrages ou de bâtiments de toute nature (article R. 321-20 du Code de l'urbanisme). Mais ces mandats devraient normalement eux aussi être soumis au Code des marchés publics.

42. CC 20 janv. 1993, n° 92-313 DC.

768 **Conclusion de contrats de droit privé. –** En dehors des cas particuliers des jurisprudences *Entreprise Peyrot*[43] ou *SERM*[44], les contrats conclus par les SEML avec d'autres personnes de droit privé sont de droit privé (CE 19 novembre 2004, *Sté National Westminster Bank*)[45].

769 **SEM titulaires de marchés publics. –** Lorsqu'un pouvoir adjudicateur envisage de conclure un marché public avec une SEML, le contrat est soumis au Code des marchés publics (CE 30 décembre 2002, *Département des Côtes d'Armor*)[46].

770 **Perte du bénéfice de l'exception des prestations intégrées. –** Aussi bien le champ d'application du droit des marchés publics (CJCE 18 novembre 1999, *Teckal*, aff. C-107/98 ; article 3-1° du Code des marchés publics 2006) que celui des concessions (CJCE 21 juillet 2005 *Coname*, aff. C-231/03) admettent ce que l'on a coutume d'appeler l'exception du « in house » ou des prestations intégrées. Ne sont pas soumis à des procédures particulières de la commande publique les contrats conclus avec des organismes sur lesquels le pouvoir adjudicateur (ou le concédant) exerce un contrôle comparable à celui qu'il exerce sur ses propres services et qui réalisent l'essentiel de leurs activités pour lui. Pendant longtemps, il a été admis que les SEM pouvaient bénéficier de cette exception lorsqu'elles se portaient candidates à un contrat relevant de la commande publique, eu égard à leurs relations organiques avec les collectivités publiques en cause, susceptibles de satisfaire la condition du contrôle analogue.

Voir, en faveur de l'ouverture du bénéfice du « in house » aux SEM : conclusions S. Alber, sur l'affaire « *RI. SAN. Srl c/Comune di Ischia* » (cf. CJCE 9 septembre 1999, aff. C-108/98) ; conclusions Léger sur CJCE 7 décembre 2000 *Arge Gewässerschutz* ; CE 28 avril 2003, *Union nationale des services publics industriels et commerciaux*, req. n° 239839).

Désormais, il ressort clairement de la jurisprudence communautaire que la participation du secteur privé dans le capital d'une société, même infime, s'oppose à ce que celle-ci bénéficie de l'exception « in house » lorsqu'elle se porte candidate à l'attribution d'un contrat de la commande publique[47].

CJCE 11 janvier 2005, *Stadt Halle*, aff. C-26/03 ; il en va de même lorsque le capital de la société initialement entièrement public doit être ouvert aux capitaux privés, CJCE 13 octobre 2005, *Parking Brixen*, aff. C-458/03 ; CJCE 10 novembre 2005, *Commission c/Autriche*, aff. C-29/03 ; CJCE 6 avril 2006, *Anav*, aff. C-410/04.

43. TC 8 juill. 1963, *Société Entreprise Peyrot, Gaja*, p. 567, *Rec.* p. 787, *D.* 1963, p. 534, concl. LASRY, note JOSSE, *JCP* 1963, II, 13375, note AUBY ; *RDP* 1964, p. 767.

44. CE Section 30 mai 1975, *Société d'équipement de la région montpelliéraine, Rec.* p. 326, *AJDA* 1975, p. 345, chron. M. FRANCK et M. BOYON, *D.* 1976, p. 3, note F. MODERNE.

45. *AJDA* 2005, p. 374, note J.-D. DREYFUS, *DA* mars 2005, p. 24, note A. MÉNÉMÉNIS, *JCP* A n° 51, 13 déc. 2004, p. 1226, concl. D. CASAS, *Contrats et marchés publics* 2005, comm. 13, note G. ECKERT, *BJDCP* 2005, n° 39, p. 111, obs. R. S.

46. *Rec.* p. 630, *Coll. terr.* 2003, n° 60, note G. LE CHATELIER, *CMP* 2003, comm. n° 48, obs. E. DELACOUR.

47. J.-M. PEYRICAL, « Que reste-t-il du *in house* ? », *RFDA* 2005, p. 955 ; J.-M. PEYRICAL et C. SABATTIER, « Collectivités locales et sociétés d'économie mixte : les limites du *in house* », *CP-ACCP* n° 29, 2004, p. 32 ; X. BEZANÇON, « In house : les SEM dans la jurisprudence communautaire », *CP-ACCP*, n° 59, oct. 2006, p. 46.

771 **SEM mandataire de maîtrise d'ouvrage. –** L'article 4 de la loi n° 85-704 du 12 juillet 1985, dite loi MOP, dans sa rédaction antérieure, réservait le bénéfice des mandats de maîtrise d'ouvrage publique et de conduite d'opération à des personnes publiques ou à des sociétés d'économie mixte. Sous la pression des autorités communautaires, la législation française a été modifiée par l'ordonnance n° 2004-566 du 17 juin 2004, qui autorise désormais que le mandat de maîtrise d'ouvrage soit confié à une personne publique ou privée.

772 **SEM concessionnaire d'aménagement. –** L'ancien article L. 300-4 du Code de l'urbanisme réservait les conventions d'aménagement aux établissements publics, aux sociétés d'économie mixte locales ou aux sociétés d'économie mixte dont plus de la moitié du capital social était détenu par l'État, les régions, les départements, les communes ou leurs groupements. Là encore, sous la pression du droit communautaire, le législateur a ouvert la conclusion des concessions d'aménagement à toute personne y ayant vocation (article 1er de la loi n° 2005-809 relative aux concessions d'aménagement, modifiant l'article L. 300-4 du Code de l'urbanisme).

B. LA FIN DES SUJÉTIONS SPÉCIALES ?

773 **Absence de soumission généralisée au droit des marchés publics. –** Lorsque les SEM recherchent elles-mêmes des partenaires économiques pour satisfaire leurs besoins, la question se pose d'une éventuelle soumission de leurs contrats au droit des marchés publics. L'article 48-1 de la loi du 29 janvier 1993, qui soumettait les contrats de travaux, d'études et de maîtrise d'œuvre passés par les SEM pour les besoins du service public aux principes de publicité et de mise en concurrence prévus par le Code des marchés publics a été abrogé par l'ordonnance n° 2005-649 du 6 juin 2005.

774 **Marchés subventionnés. –** L'article 35 de l'ordonnance n° 2005-649 du 6 juin 2005 soumet aux procédures qu'elle prévoit (procédures formalisées) les marchés subventionnés à plus de 50 % par un pouvoir adjudicateur soumis au Code des marchés publics ou à l'ordonnance elle-même et qui ou bien concernent des activités de génie civil ou ont pour objet de réaliser, de concevoir et réaliser ou de faire réaliser tous travaux de bâtiment relatifs à des établissements de santé, des équipements sportifs, récréatifs ou de loisir, des bâtiments scolaires ou universitaires ou des bâtiments à usage administratif ou bien encore sont des marchés de services liés à un des marchés de travaux mentionnés ci-dessus. Compte tenu de relations financières existant entre les SEML et les collectivités publiques, cette hypothèse pourrait concerner les SEML. Toutefois, on pourrait se demander si le terme « subvention » s'applique à toutes les relations financières entre les SEM et les collectivités territoriales. Une participation au capital peut difficilement être qualifiée de subvention, mais qu'en est-il de l'apport en compte-courant réalisé dans le but de financer une opération précise, objet d'un marché ?

775 **Qualification possible d'entité adjudicatrice. –** Les directives marchés publics opèrent une distinction entre les secteurs « classiques » (directive n° 2004/18) et les secteurs « spéciaux » (directive n° 2004/17). La directive n° 2004/17

s'applique à certaines entités, dites entités adjudicatrices, en tant qu'elles exercent une activité de réseau (mise à disposition ou exploitation de réseaux fixes et exploitation d'une aire géographique). En droit français, c'est l'ordonnance n° 2005-649 du 6 juin 2005 qui définit les règles applicables aux personnes privées entités adjudicatrices. Parmi les entités adjudicatrices figurent les entreprises publiques (article 2-1-b de la directive n° 2004/17, article 4 de l'ordonnance n° 2005-649 du 6 juin 2005). Compte tenu des règles capitalistiques applicables aux SEML (détention de la majorité du capital par des personnes publiques), celles-ci sont des entreprises publiques.

Est une entreprise publique une entreprise sur laquelle un pouvoir adjudicateur (entité soumise au Code des marchés publics ou à l'ordonnance précitée) exerce une influence dominante. Le critère de l'influence dominante est commun aux textes français et communautaire. Ce critère s'apprécie à l'aide de trois sous-critères alternatifs : la détention de la majorité du capital social (critère capitalistique), celui de la majorité des droits de vote (critère décisionnel) et celui de la désignation de la majorité des membres des organes de direction (critère organique).

776 **Qualification incertaine d'organisme de droit public. –** La notion d'organisme de droit public est une notion spécifiquement communautaire qui transcende les distinctions du droit interne ; elle vise en réalité les organismes de droit public ou de droit privé relevant de la « sphère publique ». Selon l'article 1er § 9 de la directive n° 2004/18 (et l'article 2-1-a de la directive n° 2004/17), par « organisme de droit public », on entend tout organisme « créé pour satisfaire spécifiquement des besoins d'intérêt général ayant un caractère autre qu'industriel ou commercial ; doté de la personnalité juridique et dont soit l'activité est financée majoritairement par l'État, les collectivités territoriales ou d'autres organismes de droit public, soit la gestion est soumise à un contrôle par ces derniers, soit l'organe d'administration, de direction ou de surveillance est composé de membres dont plus de la moitié sont désignés par l'État, les collectivités territoriales ou d'autres organismes de droit public ». En droit français, il faut se référer à la transposition de cette définition à l'article 3-I-1° de l'ordonnance n° 2005-649 du 6 juin 2005. Concernant les SEML, si les deux derniers critères sont automatiquement satisfaits, le premier pose certaines difficultés.

En considération de la jurisprudence communautaire, les activités traditionnelles des SEML sont susceptibles d'être qualifiée d'« intérêt général »[48]. La principale difficulté réside dans le fait que la condition que l'organisme ait été créé pour satisfaire un besoin « autre qu'industriel et commercial » fait l'objet d'une jurisprudence complexe qui ne s'attache pas seulement à l'objet de l'activité, mais aussi aux modalités de fonctionnement de l'organisme. Concernant l'objet de l'activité, la Cour a pu prendre en considération le fait que l'organisme recherchait non seulement la satisfaction d'opérateurs économiques, mais aussi celle des consommateurs finals[49]. Concernant ses modalités d'exercice, il convient de prendre en considération le contexte concurrentiel dans lequel intervient l'opérateur, si celui-ci opère dans des conditions normales de marché, poursuit un but lucratif et supporte les

48. Traitement des ordures ménagères, CJCE 10 nov. 1998, *BFI Holding*, aff. C-360/96 ; organisation de foires et expositions, CJCE 10 mai 2001, *Agora*, aff. C-223/99.

49. CJCE 10 mai 2001, *Agora et Excelsior*, aff. C-223 et 260/99, à propos d'une activité d'organisation de foires et d'expositions.

pertes liées à son activité, ou encore s'il y a un risque que l'organisme se laisse guider par des considérations autres qu'économiques[50]. S'agissant des sociétés d'économie mixte, la Cour a tendance à considérer que leurs actionnaires publics prendront toutes les mesures nécessaires pour pallier leurs défaillances financières, et constate alors que les SEM ne supportent pas de risque économique[51].

La CJCE a qualifié à plusieurs reprises des SEM d'organisme de droit public[52]. Le Conseil d'État a admis que les SEMCA (SEM concessionnaires d'autoroute), avant leur privatisation, étaient des pouvoirs adjudicateurs[53].

777 **Rétablissement de l'égalité entre les titulaires de concessions d'aménagement. –** Désormais, toute personne publique ou privée est susceptible de devenir concessionnaire d'aménagement. Mais sans autre précision, les sociétés privées auraient pu faire valoir une certaine supériorité sur les SEM au moment du choix de l'aménageur, en mettant en avant leur souplesse et leur rapidité d'intervention supérieure puisqu'elles ne sont pas des pouvoirs adjudicateurs. Pour pallier toute difficulté, l'article L. 300-5-1 du Code de l'urbanisme fait peser sur tous les concessionnaires d'aménagement non soumis au Code des marchés publics ou à l'ordonnance du 6 juin 2005 des obligations de publicité et de mise en concurrence pour la passation de leurs contrats[54].

On notera aussi que les titulaires d'un mandat de maîtrise d'ouvrage publique sont soumis, concernant les contrats qu'ils signent, aux règles de passation et d'exécution applicables au maître de l'ouvrage (article 4 de la loi n° 85-704 du 12 juillet 1985, MOP).

778 **Marchés des SEM exerçant une activité de construction ou de gestion de logements sociaux. –** Ces marchés sont soumis aux dispositions de l'ordonnance n° 2005-649 du 6 juin 2005 relative aux marchés passés par certaines personnes publiques ou privées non soumises au Code des marchés publics (article L. 481-4 du Code de la construction et de l'habitation et décret d'application codifié aux articles R. 433-5 et suivants du même code).

C. LES INTERVENTIONS OBJETS DE DISPOSITIONS SPÉCIFIQUES

779 **Interventions en faveur d'actionnaires. –** La loi du 7 juillet 1983 avait posé le principe de la conclusion d'une convention comportant un certain nombre de clauses obligatoires lorsque les SEM intervenaient au profit de leurs actionnaires publics. La loi SRU n° 2000-1208 du 13 décembre 2000 et celle du 2 janvier

50. CJCE 22 mai 2003, *Arkkitehtuuritoimisto Riitta Korkhonen Oy*, aff. C-18/01 et concl. ALBER ; CJCE 27 févr. 2003, *Adolf Truley GmbH*, aff. C-373/00 ; CJCE 16 oct. 2003, *Commission c/Espagne*, aff. C-283/00.

51. Aff. *Riitta Korkhonen*, préc. et *Commission c/Espagne*, préc.

52. CJCE 15 janv. 1998, *Mannesmann* aff. C-44/96 : SEM chargée de l'impression de documents administratifs officiels ; CJCE 27 févr. 2003, *Adolf Truley GmbH*, aff. C-373/00.

53. Avis n° 366-305 du 16 mai 2002, *EDCE* 2003, p. 201.

54. J.-F. SESTIER, « Les SEM après les textes relatifs aux concessions d'aménagement », *CP-ACCP* n° 59, oct. 2006, p. 36.

2002 ont supprimé ce principe. Néanmoins, dans de nombreux cas, la conclusion d'une convention spécifique s'imposera tout de même. En effet, les interventions en matière d'aménagement supposent la conclusion d'une concession d'aménagement (article L. 1523-2 du CGCT). Lorsque la SEM intervient dans le domaine de la construction ou de la gestion de logements, une convention doit être conclue lorsque des subventions ou des avances sont consenties (article L. 1523-5 du CGCT). Dans le domaine des services, les interventions des SEM devront faire l'objet d'un marché ou d'une délégation, dès lors que les modalités d'intervention font entrer l'opération dans le champ d'application des contrats précités.

780 **Intervention en faveur de personnes ne participant pas au capital des SEML. –** En vertu de l'article L. 1523-1 du CGCT, pour les opérations autres que des prestations de services, cette intervention est subordonnée à la condition que ces personnes apportent préalablement la totalité du financement nécessaire, s'il s'agit de personnes privées, ou garantissent la totalité du financement nécessaire, s'il s'agit de personnes publiques. À défaut, ces interventions sont soumises à des formalités plus contraignantes. Ces dispositions visent à encadrer les interventions immobilières des SEML et le juge administratif a précisé que ces activités étaient finançables par les bénéficiaires sous forme d'apport préalable de la totalité des fonds, ou par remboursement des débours, par simple garanties de financement ou par subvention d'équilibre[55].

La compétence territoriale des collectivités publiques actionnaires ne limite donc pas celle des SEML (Rép. min. n° 349.30, *JOAN* Q du 28 septembre 1992, p. 4515).

Dans un avis du 19 décembre 1995[56], le Conseil d'État a estimé, concernant les SEM chargées du service des pompes funèbres, que la possibilité d'intervenir pour le compte de collectivités non-actionnaires devait s'interpréter non comme autorisant une SEM à fournir librement des prestations sur le territoire de toute commune autre que celle de ses actionnaires, mais comme permettant à une commune de déléguer un service public à une SEML, alors même que cette commune ne participerait pas à son capital, dans la mesure où les statuts de la société ne s'y opposent pas.

781 **Interventions en matière d'aménagement. –** Le législateur[57] a prévu des dispositions spécifiques lorsqu'une SEML est titulaire d'une concession d'aménagement. L'acte de concession doit notamment prévoir l'objet du contrat, sa durée, les conditions dans lesquelles il peut être prorogé ou renouvelé ; les conditions de rachat, de résiliation ou de déchéance par le concédant ; les obligations de chacune des parties et notamment, le cas échéant, le montant de la participation financière du concédant ; les conditions dans lesquelles le concédant peut consentir des avances justifiées par un besoin de trésorerie temporaire de l'opération ; les modalités de rémunération de la société ou de calcul du coût de son intervention ; et les pénalités applicables en cas de défaillance de la société ou de mauvaise exécution du traité de concession. Les concours financiers visés ci-dessus ne sont pas soumis à la réglementation des aides locales.

55. TA Paris 21 avr. 1994, *Préfet de Seine-Saint-Denis*, *DA* 1994, n° 433.
56. *EDCE* 1995, p. 427.
57. Loi du 2 janv. 2002, modifiée notamment afin d'harmoniser le vocabulaire par la loi n° 2005-809 du 20 juill. 2005 sur les concessions d'aménagement, article L. 1523-2 et s. du CGCT.

782 **Intervention en matière de logement social. –** Les activités portant sur la construction et la gestion d'immeubles s'exercent principalement dans le domaine du logement social. À ce titre, les SEM font l'objet de dispositions spécifiques. L'article L. 252-1 du Code de la construction et de l'habitation prévoit que les SEM (comme les organismes d'HLM) peuvent conclure avec un organisme bailleur un bail à réhabilitation. La SEM s'engage à réaliser des travaux d'amélioration sur l'immeuble du bailleur, à le louer, à le conserver en bon état d'entretien et à effectuer les réparations de toute nature.

§ 5. ADMINISTRATION ET CONTRÔLE

783 **Application du droit commun des sociétés. –** Comme le souligne l'article L. 1522-1 du CGCT, les SEML sont avant tout des sociétés anonymes régies par les dispositions du Code de commerce. Cependant, certaines dispositions spécifiques du CGCT organisent l'administration des SEM et l'aspect « administratif » du contrôle qui pèse sur elles.

A. ADMINISTRATION

784 **Règles d'administration d'une société anonyme. –** Comme toute société anonyme, les SEML sont gérées soit selon le système moniste du président et du conseil d'administration, soit selon la formule dualiste du directoire et du conseil de surveillance. Depuis la loi NRE n° 2001-420 du 15 mai 2001, la confusion systématique des fonctions de direction et de gestion a été abandonnée dans les sociétés à conseil d'administration. Le rôle du conseil d'administration a aussi évolué, en ce qu'il se limite à la détermination des orientations de la société, se saisit des questions intéressant la bonne marche de la société et procède aux contrôles et vérifications opportuns, mais ne dispose plus des pouvoirs les plus étendus pour agir en toutes circonstances au nom de la société.

Le président du conseil d'administration, personne physique en règle générale, est élu parmi les membres du conseil. Les SEM bénéficient d'une particularité à ce titre car les collectivités territoriales (personnes morales) peuvent occuper ce poste (articles L. 2253-5, L. 3231-8 et L. 4253-4 du CGCT). Le président du conseil d'administration organise et dirige le conseil et veille au bon fonctionnement des organes de la société. Il peut également assumer la direction générale de la société en cumulant ses fonctions avec celles de directeur général. Le directeur général est seul investi des pouvoirs les plus étendus pour agir en toutes circonstances au nom de la société. Il peut être choisi parmi les membres du conseil ou en dehors d'eux. En cas de dissociation des fonctions de président du conseil d'administration et de directeur général, il est important de remarquer que l'élu local qui exercerait les fonctions de directeur général tout en n'étant pas président du conseil ne bénéficierait pas de la protection de l'article L. 1524-5 du CGCT (*infra*, n° 787) et encourrait l'inéligibilité.

Dans les structures de type dualiste, le conseil de surveillance est composé de 3 à 18 membres et ses membres sont nécessairement actionnaires de la société. Son rôle est limité au contrôle de la gestion de la société. Le directoire est composé de 5 membres au plus et dispose des pouvoirs les plus étendus pour agir en toutes circonstances au nom de la société.

L'article L. 2253-5 du CGCT prévoit qu'une commune peut en être membre. Cette possibilité doit être écartée[58] car, d'une part, aucun membre du directoire ne peut faire partie du conseil de surveillance et, d'autre part, il existe un risque d'inéligibilité pesant sur l'élu qui serait désigné car la protection accordée par l'article L. 1524-5 du CGCT (permettant de ne pas considérer comme entrepreneurs de services municipaux, départementaux ou régionaux les élus désignés au sein de certains organes de la SEM) ne vise pas la fonction de membre du directoire.

785 **Représentation des actionnaires publics. Article L. 1524-5 du CGCT. –** Chaque collectivité territoriale ou groupement de collectivités territoriales actionnaire a droit au moins à un représentant au conseil d'administration ou au conseil de surveillance de la SEM. Il est désigné en son sein par l'assemblée délibérante de l'actionnaire. Cela signifie que les représentants des collectivités territoriales ou de leurs groupements sont membres de l'assemblée délibérante. Les statuts fixent le nombre de sièges revenant aux actionnaires publics, dans une proportion au plus égale à celle du capital public par rapport à l'ensemble du capital. Si le nombre de membres du conseil d'administration ou du conseil de surveillance prévu par le droit commun des sociétés anonymes (18 au plus) ne suffit pas à assurer la représentation directe de tous les actionnaires publics ayant une participation modeste au capital, un mécanisme de représentation indirecte est institué, par le biais d'une assemblée spéciale d'actionnaires, désignant elle-même un ou des représentants communs qui siégeront dans les instances dirigeantes de la SEML.

Selon les dispositions du Code de commerce (article L. 225-74), aucun membre du conseil de surveillance ne peut faire partie du directoire. Cela signifie que si un élu est membre du directoire alors que sa collectivité est représentée au conseil de surveillance, il est censé occuper ce poste à titre personnel et encourt l'inéligibilité.

786 **Représentation des actionnaires privés. –** Le droit privé s'applique ici pleinement et les dirigeants, administrateurs ou membres du conseil de surveillance sont nommés par l'assemblée générale constitutive ou ordinaire (articles L. 225-18 et L. 225-75 du Code de commerce).

787 **Inéligibilité et responsabilité des représentants des actionnaires publics. –** Ces délicates questions sont régies par l'article L. 1524-5 du CGCT. Par dérogation au droit commun des sociétés, la responsabilité civile des représentants des actionnaires publics incombe à la personne publique dont ils sont mandataires[59]. Avant 2002, les élus locaux qui acceptaient les fonctions de représentant de la collectivité dans les organes dirigeants d'une SEML s'exposaient à de multiples risques électoraux et pénaux du fait de la confusion d'intérêts qui pouvait en résulter. Le législateur est donc intervenu (loi n° 2002-1 du 2 janvier 2002) afin de pallier ces difficultés.

58. Fédération des SEM, *SEM, mode d'emploi*, 2005-2006, p. 71.

59. Mais cette responsabilité ne peut être engagée qu'en cas de faute séparable des fonctions sociales, c'est-à-dire en cas de faute imputable personnellement au représentant d'une collectivité territoriale. Le juge judiciaire utilise à tort l'expression « faute personnelle » pour désigner la faute commise par le représentant de la collectivité séparable de ses fonctions sociales, faute incombant néanmoins à la collectivité. Voir Cass. com. 25 juin 1991, n° 88-14-323 pour le maintien artificiel d'une SEM non viable par des aides, qualifié de faute séparable, et Cass. 1re civ., 28 nov. 2007, *Cne de Cavalaire-sur-Mer*, *JCP* A 24 mars 2008, n° 13-2068 pour l'absence de reconnaissance d'une telle faute.

Côté inéligibilité, les élus locaux mandataires des actionnaires publics et exerçant les fonctions de membre ou de président du conseil d'administration ou de surveillance ou de président assurant les fonctions de directeur général ne sont pas considérés comme entrepreneurs de services municipaux, départementaux ou régionaux au sens du Code électoral, laquelle qualité est susceptible d'entraîner une incompatibilité ou une inéligibilité. Toutefois, pour bénéficier de cette exclusion, il ne faut pas que les représentants en question exercent une autre fonction au sein de la SEM. On remarque donc *a contrario* que le cumul des fonctions de mandataire avec les fonctions de membre ou de président du directoire, de directeur général (dissocié du président du conseil d'administration), et, de manière générale, avec l'exercice de toute fonction salariée se trouve exclu. Cette distinction est motivée par le fait que l'exemption ne peut bénéficier à ceux qui exercent un rôle prépondérant au sein de la société. Un dispositif similaire touchant les mêmes personnes évite, lorsque l'actionnaire public délibère sur ses relations avec la SEML, qu'elles soient considérées comme intéressées à l'affaire au sens de l'article L. 2131-11 du CGCT (qui rend les délibérations illégales). Toutefois, selon les mêmes dispositions, les élus mandataires ne peuvent participer aux commissions d'appel d'offres ou aux commissions d'attribution de délégations de service public lorsque la SEML est candidate.

L'élu administrateur ne bénéficie nullement d'une exemption généralisée en matière de responsabilité pénale. Sa responsabilité pénale peut être recherchée sur le fondement d'infractions pénales propres à la gestion d'une société (abus de biens sociaux ou banqueroute). Surtout, ce sont les infractions propres aux élus locaux qui sont les plus dangereuses. Les délits de favoritisme et de prise illégale d'intérêts ne sont pas expressément visés par les dispositions précitées. Le fait de ne pas considérer les élus comme intéressés à l'affaire limite le risque pénal mais ne l'exclut pas. Une réponse ministérielle[60] a indiqué qu'en cas de violation de l'article L. 1524-5 alinéa 11 du CGCT (interdiction de participer aux commissions d'attribution lorsque la SEM est candidate à un contrat économique), l'exercice de fonctions dans la société en raison de mandats confiés par la collectivité ne fait pas obstacle à la caractérisation du délit de prise illégale d'intérêts.

Les entreprises privées actionnaires des SEML doivent éviter de soumissionner aux marchés passés par leur SEM. Les conflits d'intérêts qui en résulteraient pourraient déboucher sur un délit de favoritisme ou une prise illégale d'intérêts (Rép. min. n° 29725, *JOAN* Q 11 décembre 2000, p. 6993).

L'élu administrateur risque également de faire l'objet d'une action en comblement de passif (article L. 624-3 du Code de commerce). En théorie, l'action ne peut être engagée à l'encontre de l'élu mais doit être dirigée contre la collectivité qu'il représentait[61]. Ce n'est donc qu'à titre exceptionnel que l'élu pourrait se voir réclamer un comblement de passif, par exemple parce qu'il aurait largement agi à titre personnel.

60. Rép. min. QE n° 01569, *JO* Sénat, 23 avr. 2009, p. 1017. B. ROMAN-SÉQUENSE, « Quel est le régime juridique des élus locaux administrateurs d'une société d'économie mixte locale ? », *CMP* juin 2008, comm. 151.

61. Cass. com. 26 oct. 1999, *Syndicat intercommunal d'alimentation en eau potable c/Lourec*, *JCP* 1999, G, II, 10221.

Enfin, l'élu administrateur relève de la Cour de discipline budgétaire et financière. Il ressort néanmoins de l'article L. 312-1-II-e du CJF que les élus locaux ne sont pas justiciables de la Cour à raison d'actes accomplis dans leurs fonctions, cette immunité s'étendant aux fonctions accessoires obligées de leur fonction principale. La question est donc de savoir si les fonctions exercées par les élus au sein des SEM peuvent être considérées comme accessoires de leur mandat d'élu. Selon le Guide produit par la Fédération des SEM[62], la CDBF a estimé dans plusieurs arrêts que la fonction de président de SEM n'était pas l'accessoire du mandat d'élu local[63].

B. CONTRÔLES

788 **Contrôles de droit privé et contrôles de droit public. –** La nature hybride des SEM explique qu'elles soient assujetties à une série de contrôles, alliant les dispositifs du droit commun des sociétés (assemblées d'actionnaires, conseil de surveillance, commissaire aux comptes) aux spécificités du droit administratif (intervention du préfet et de la chambre régionale des comptes).

789 **Rôle du préfet. –** Le volet « administratif » du contrôle pesant sur les SEML et faisant intervenir le préfet repose sur deux modalités : la transmission d'actes pour information et la transmission d'actes soumis au contrôle de légalité.

Les délibérations du conseil d'administration ou du conseil de surveillance et des assemblées générales des sociétés d'économie mixte locales sont communiquées dans les quinze jours suivant leur adoption au représentant de l'État (article L. 1524-1 du CGCT). Il en va de même des concessions d'aménagement dont la SEM est titulaire, ainsi que des comptes annuels et des rapports des commissaires aux comptes. Le défaut de transmission n'est à ce jour assorti d'aucune sanction.

Les décisions relevant de l'exercice de prérogatives de puissance publique prises par les SEM pour le compte d'une collectivité territoriale ou d'un EPCI font partie des actes obligatoirement transmissibles au préfet au titre du contrôle de légalité et obéissent au régime de ces actes, qui ne sont exécutoires que dès qu'ils ont fait l'objet d'une mesure de publicité et qu'ils ont été transmis[64]. Sont également soumis au contrôle de légalité les projets de modification portant sur l'objet social, la composition du capital ou les structures des organes dirigeants.

790 **Contrôle par la chambre régionale des comptes. –** La CRC territorialement compétente exerce deux types de contrôle. Le premier cas est prévu par les dispositions propres aux SEM et vise le cas dans lequel la *charge financière pesant sur les actionnaires publics pourrait augmenter gravement.* En vertu de l'article L. 1524-2 du CGCT, si le représentant de l'État estime qu'une délibération est de nature à augmenter gravement la charge financière d'un ou plusieurs actionnaires publics locaux, ou le risque encouru en cas de garantie d'emprunt contracté par la société, il saisit, dans le délai d'un mois suivant la date de réception, la chambre

62. *SEM, mode d'emploi*, 2005-2006, p. 82.

63. *CDBF* 23 févr. 1994, *MM. X et Y, Rec.* p. 719.

64. Art. L. 2131-2-8° pour les communes, L. 3131-2-7° pour les départements, L. 4141-2-6° pour les régions.

régionale des comptes, à charge pour lui d'en informer simultanément la société et les assemblées délibérantes des collectivités territoriales ou de leurs groupements, actionnaires ou garants. La saisine de la chambre régionale des comptes entraîne une seconde lecture par le conseil d'administration ou de surveillance ou par les assemblées générales de la délibération contestée. La chambre régionale des comptes dispose d'un délai d'un mois à compter de la saisine pour faire connaître son avis à l'ensemble des protagonistes.

L'autre cas relève du *contrôle de gestion* en ce que les SEM sont susceptibles d'entrer quasiment automatiquement dans des catégories d'organismes soumises au contrôle de gestion des CRC. Les CRC sont en effet compétentes pour examiner la gestion des organismes auxquels les collectivités territoriales accordent un concours financier supérieur à 1 500 euros ou dans lesquels elles détiennent séparément ou ensemble plus de la moitié du capital ou des voix dans les organes délibérants ou exercent un pouvoir prépondérant de décision ou de gestion (article L. 211-4 du CJF).

791 **Information et contrôle des actionnaires. –** L'information des collectivités publiques actionnaires passe par la présentation d'un rapport annuel rédigé par leurs mandataires respectifs, rapports rendant compte de l'exécution de sa mission par le mandataire. Les organes délibérants des collectivités territoriales et de leurs groupements actionnaires se prononcent sur ce rapport écrit (article L. 1524-5 du CGCT). Conformément au droit commun des sociétés, les actionnaires disposent en outre d'un droit permanent d'information et à ce titre peuvent consulter notamment les comptes annuels des trois derniers exercices, les rapports du conseil d'administration ou encore les rapports des commissaires aux comptes.

Les assemblées délibérantes des collectivités actionnaires doivent également donner expressément leur accord à une modification portant sur l'objet social, la composition du capital ou les structures des organes dirigeants d'une SEM (article L. 1524-1 du CGCT). Il en va ainsi si le conseil d'administration envisage de procéder à une dissociation des fonctions de président et de directeur. Les collectivités ou groupements actionnaires doivent également donner leur accord express pour que la SEML puisse prendre une participation dans le capital d'une société commerciale (article L. 1524-5 du CGCT), procédure requise pour la création de filiales.

792 **Contrôle par les collectivités territoriales ayant accordé une garantie d'emprunt à la SEM. –** Lorsqu'une collectivité territoriale accorde sa garantie à un emprunt contracté par une SEML, elle a le droit d'être représentée auprès de la SEML par un délégué spécial. Ce délégué doit être entendu, à sa demande, par les organes dirigeants de la société et ses observations sont consignées. Il peut surtout procéder à la vérification des livres et des documents comptables (article L. 1524-6 du CGCT).

793 **Contrôle par le commissaire aux comptes. –** La présence d'un ou plusieurs commissaires aux comptes est obligatoire. Sa mission est d'opérer un contrôle permanent sur les comptes sociaux (article L. 225-235 alinéa 3 du Code de commerce). Il est également investi d'une mission d'alerte lorsqu'il a connaissance de faits de nature à compromettre la continuité de l'exploitation (procédure décrite à l'article L. 234-1 du Code de commerce).

§ 6. DISPARITION

794 **Motifs. –** L'article 1844-7 du Code civil envisage les différents motifs de dissolution de sociétés, applicables aux SEM : arrivée à terme, réalisation de l'objet social, dissolution judiciaire pour justes motifs, annulation du contrat de société par le juge, dissolution judiciaire consécutive à la réunion des parts en une seule main, dissolution anticipée décidée par les associés, prononcé de la liquidation judiciaire. Il faut y ajouter les causes particulières aux sociétés anonymes : nombre d'actionnaires inférieur à 7 depuis plus d'un an, réduction du capital en deçà du minimum légal, capitaux propres inférieurs à la moitié du capital social.

Certains de ces motifs, comme la réalisation de l'objet social, semblent parfaitement convenir à la raison d'être d'une SEM qui peut avoir été créée pour atteindre un objectif et devoir disparaître juste après. La mésentente entre associés, légitimant une dissolution judiciaire pour justes motifs, constituerait également un motif de prédilection lorsque le jeu des majorités politiques rend difficile le maintien d'une SEM. Enfin, on peut s'interroger sur l'irrespect par les collectivités actionnaires des règles de détention de 50 % à 85 % du capital. Si cette fourchette n'était pas respectée dès l'origine, les délibérations approuvant la création de la SEM encourraient l'annulation. Mais *quid* si l'illégalité provient d'un changement de circonstances de fait (modification de capital) ? Le juge judiciaire pourrait-il prononcer l'annulation du contrat de société, pour des motifs propres au droit administratif, sur le fondement de l'illégalité d'actes administratifs assurément non réglementaires (délibérations approuvant les modifications de capital) qui pourraient être devenus définitifs ?

795 **Application des procédures collectives. –** Les procédures collectives sont applicables aux SEM, mais pas sans difficultés. Les situations les déclenchant sont fréquentes eu égard à l'insuffisance chronique de fonds propres des SEM, ou à leur gestion parfois hasardeuse. Cela entraîne un risque de mise en jeu des garanties financières accordées par la collectivité et la formation d'actions en comblement de passif[65].

796 **Action en comblement du passif. –** Comme n'importe quel dirigeant de société, la personne publique peut faire l'objet d'une action en comblement de passif sur le fondement de l'article 180 de la loi du 25 janvier 1985 aujourd'hui codifié à l'article L. 624-3 du Code de commerce[66]. Toutefois, l'action en responsabilité des personnes morales de droit public ayant commis une faute dans l'exercice d'une mission de service public administratif relève du juge administratif[67] et d'un régime de droit public s'inspirant des textes précités et fondé sur la faute de gestion commise par la personne publique dirigeante de fait[68].

65. Ph. TERNEYRE, « Dangers et méthodes de redressement des sociétés d'économie mixte locales », *LPA* 25 oct. 1995, n° 128, p. 35 ; V. L'HÔTE, « L'application des procédures collectives aux sociétés d'économie mixte locales », *AJDA* 2003, p. 2233.

66. Par ex. T. com. Marseille, 16 avr. 1993, *SEM de l'Étoile, c/Cne de Plan-de-Cuques, M. Gampio-Obélé-Bélé*, « La responsabilité des collectivités locales du fait de leur soutien abusif aux sociétés d'économie mixte locales en difficulté », *RGCT* nov-déc 2000, p. 535.

67. TC 15 nov. 1999, *Comité d'expansion de la Dordogne c/Département de la Dordogne, AJDA* 1999, p. 992, chron. FOMBEUR et GUYOMAR, *LPA* 17 avr. 2000, note J.-L. COURTIER.

68. CE 1er oct. 2004, *ADEPS, AJDA* 2005, p. 164, note S. NICINSKI.

797 **Sort des contrats. –** Quelle que soit la cause de la disparition de la SEML, le principe de continuité du service public préside au sort des contrats en cours. Depuis 2002 (article L. 1523-4 du CGCT), en cas de mise en liquidation judiciaire, les contrats de délégation de service public et les concessions d'aménagement sont immédiatement résiliés. Le législateur a imposé la rédaction de clauses contractuelles prévoyant l'indemnisation, par la collectivité publique, de la partie non amortie des biens affectés au service public, sur lesquels la collectivité exerce son droit de retour ou de reprise.

798 **Privatisation. –** Les collectivités territoriales et leurs groupements ne peuvent pas devenir minoritaires dans une SEML, puisque la loi leur impose de détenir au moins 50 % du capital. Mais rien ne les empêche de céder l'intégralité de leur participation. Cette opération relève alors du champ d'application des privatisations[69]. En cas de difficultés, la mise en œuvre d'un plan de cession à un éventuel repreneur obéit aux mêmes règles. Ainsi, furent soumis au titre III de la loi du 6 août 1986 le transfert au secteur privé du club de football de Marseille et celui du Futuroscope de Poitiers (lequel est redevenu une SEM locale en 2002).

SECTION II LES SOCIÉTES PUBLIQUES LOCALES

799 **Nouvel instrument d'intervention des collectivités territoriales. –** Les SEML ayant perdu bon nombre de leurs privilèges d'intervention, les collectivités territoriales étaient à la recherche d'un nouvel instrument d'intervention, alliant la souplesse d'une structure à statut privé et les facilités offertes par un capital entièrement public. La loi n° 2010-559 du 28 mai 2010 pour le développement des sociétés publiques locales[70] crée une nouvelle catégorie de société locale, sous forme de société anonyme à capital entièrement public. L'objectif est de profiter des développements de la jurisprudence sur les opérateurs « in house » en créant une catégorie d'opérateurs susceptibles de se voir confier une mission sans mise en concurrence préalable[71]. Il n'en demeure pas moins que l'Autorité

69. Circulaire n° 3877 du 8 févr. 1994 relative aux opérations de transfert au secteur privé des entreprises de second rang et des entreprises dans lesquelles les collectivités territoriales détiennent une participation majoritaire.

70. C. BERGEAL, « Utilisez la société publique locale, mais respectez le mode d'emploi », *AJDA* 2010, p. 1228 ; S. NICINSKI, « La loi du 28 mai 2010 pour le développement des sociétés publiques locales », *AJDA* 2010, p. 1759 ; Cl. DEVÈS, « La loi n° 2010-559 du 28 mai 2010 pour le développement des sociétés publiques locales. Évolution ou régression des règles de la commande publique ? », *JCP* A 2010, n° 2229 ; J. FACON, « Les SPL : une révélation au grand jour de la qualité d'opérateurs économiques des collectivités locales », *RLCT* 2010/59, n° 1672 ; G. CLAMOUR, « Loi n° 2010-559 du 28 mai 2010 pour le développement des sociétés publiques locales », *CMP* juill. 2010, 235 ; M. KARPENSCHIF, « Les sociétés publiques locales : passeport pour un véritable PPPI ? », *JCP* A 2010, n° 48, étude 2348 ; Ph. TERNEYRE, « Les sociétés publiques locales », *JCP* A 2011, n° 2396 ; Dossier, « La société publique locale, un nouvel outil de gestion des services publics locaux », *RDP* n° 3/2011, p. 717 ; Aut. Conc. Avis n° 11-A-18, 24 nov. 2011 relatif à la création des sociétés publiques locales.

71. Rapport Sénat n° 430 (2008 2009) de J. MÉZARD.

de la concurrence recommande une analyse préalable des coûts et des avantages respectifs des différents modes de gestion des services publics à la disposition des collectivités, avant d'effectuer un choix[72].

Depuis le 1er juin 2010, vingt-deux sociétés publiques locales ont été créées, ainsi que 9 sociétés publiques locales d'aménagement. Sur les 22 SPL, 14 résultent de la transformation d'une structure préexistante (association notamment ou SEML). La moitié des SPL créées agit dans les secteurs de l'aménagement et du développement économique.

Les sociétés publiques locales sont désormais l'objet du titre III du livre V de la première partie du CGCT (article L. 1531-1). Le législateur a donc créé un nouvel instrument sans supprimer ou améliorer le régime des autres structures (SEML).

§ 1. UN ACTIONNARIAT PUBLIC

800 **Sociétés à capital public. –** Les SPL ont un statut de droit privé et sont plus précisément constituées sous forme de société anonyme. Mais leur capital est intégralement public (art. L. 1533-1 al. 1). Elles constituent ainsi la seconde catégorie de sociétés locales à capital entièrement public[73], aux côtés de ses sociétés publiques locales d'aménagement (SPLA, art. L. 327-1 du Code de l'urbanisme issu de la loi n° 2006-872 du 13 juillet 2006).

Par dérogation au droit commun (7 actionnaires), le nombre d'actionnaires des SPL a été réduit à deux au minimum (art. L. 1531-1 al. 4 du CGCT). Le chiffre d'un seul actionnaire a été écarté afin d'assurer un réel contrôle sur l'activité de ces sociétés par la présence de plus d'une personne publique.

La SPL bénéficie ainsi d'une réforme initiée avec les SPLA, puisque l'obligation de comporter au moins sept actionnaires avait freiné leur développement. C'est la raison pour laquelle la loi n° 2009-323 du 25 mars 2009 de mobilisation pour le logement a abaissé à deux le nombre minimal d'actionnaires pour ces sociétés (art. L. 327-1 al. 4 du Code de l'urbanisme).

La nature des actionnaires fait aussi l'objet d'un encadrement. L'article L. 1531-1 du CGCT (alinéa 1er) limite la possibilité de constituer des SPL aux seules collectivités territoriales et à leurs groupements. Les établissements publics locaux sont donc exclus de la composition du capital, de même que les syndicats mixtes, les GIP ou d'autres sociétés publiques locales.

§ 2. L'APPLICATION DU RÉGIME DES SEML

801 **Unification du régime des sociétés locales. –** Comme pour les SEML, le régime des SPL est hybride. Les SPL sont des sociétés anonymes régies par le livre II du Code de commerce et soumises au régime des SEML, issu du titre II du livre V de la première partie du CGCT. Le régime des SEML s'applique sous réserve

72. Aut. Conc. Avis n° 11-A-18, 24 nov. 2011 relatif à la création des sociétés publiques locales.

73. Il existe aussi en réalité les sociétés aéroportuaires avant l'ouverture de leur capital au secteur privé (art. 7-II de la loi n° 2005-357 du 20 avr. 2005 relative aux aéroports).

des dispositions spécifiques aux SPL issues de l'article L. 1531-1 du CGCT. Par exemple, l'article L. 1523-1 du CGCT, qui autorise les SEML à intervenir pour les personnes qui ne participent pas à leur capital, sera mis en échec par l'alinéa 3 de l'article L. 1531-1 du CGCT, qui oblige les SPL à n'exercer leur activité que pour le compte de leurs actionnaires (voir ci-dessous).

L'application du régime du chapitre IV du titre II du CGCT aux SPL (administration et contrôle, art. L. 1524-1 et s.) va permettre de placer ces nouvelles sociétés sous le contrôle du préfet, de la chambre régionale des comptes et des assemblées délibérantes des personnes publiques actionnaires. Pour ces dernières, il est même expressément prévu (nouvel article L. 1411-19 du CGCT et article 48 de la loi n° 93-122 du 29 janvier 1993) qu'elles se prononcent sur le principe de toute délégation de service public à une société publique locale et statuent au vu d'un rapport qui présente le document contenant les caractéristiques des prestations que doit assurer la société publique locale délégataire.

Le régime des SPLA est lui aussi unifié. Comme les sociétés publiques locales, elles sont soumises à l'ensemble des dispositions du régime des SEML (titre II du livre V) par la loi n° 2010-559 du 28 mai 2010, là encore sous réserve des dispositions qui leur sont propres de l'article L. 327-1 du Code de l'urbanisme.

§ 3. L'INTERVENTION DES SOCIÉTÉS PUBLIQUES LOCALES

802 **Objet et champ d'intervention. –** L'alinéa 1er de l'article L. 1531-1 du CGCT dispose que les collectivités territoriales et leurs groupements peuvent créer des sociétés publiques locales « dans le cadre des compétences qui leur sont *attribuées* par la loi ». La formulation retenue est similaire à celle qui préside la création des SEML. L'alinéa 2 de l'article L. 1531-1 du CGCT dispose que les sociétés publiques locales sont « compétentes pour réaliser des opérations d'aménagement au sens de l'article L. 300-1 du Code de l'urbanisme, des opérations de construction ou pour exploiter des services publics à caractère industriel ou commercial ou toutes autres activités d'intérêt général ». La formulation retenue est la même que pour les SEML. La référence aux « autres activités d'intérêt général » vient contredire l'apparente limitation du champ d'intervention de la SPL. Comme les SEML, la régularité de l'intervention des SPL est soumise au respect du principe de la liberté du commerce et de l'industrie[74].

803 **Opération d'aménagement. –** Les sociétés publiques locales sont susceptibles de réaliser des opérations d'aménagement au sens de l'article L. 300-1 du Code de l'urbanisme. Ces opérations constitueraient l'objet même des sociétés publiques locales d'aménagement créées en 2006. Le législateur maintient donc deux structures pour exercer une activité d'aménagement et susceptibles d'échapper aux règles de la mise en concurrence issues de la loi sur les concessions d'aménagement (loi n° 2005-809 du 20 juillet 2005). Mais il y a fort à parier qu'en dehors de cas exceptionnels, la structure de la SPLA sera privilégiée. En effet, l'article 3 de la loi

74. Conf. par la circulaire du 29 avr. 2011, n°COT/B/11/08052/C.

nº 2010-559 du 28 mai 2010 a aussi pour effet de pérenniser les SPLA en supprimant leur caractère expérimental et temporaire. Leurs missions sont également largement étendues pour couvrir quasiment tout le domaine de l'action immobilière : les SPLA peuvent porter non plus seulement les opérations d'aménagement elles-mêmes, mais aussi des missions en amont, comme la réalisation d'études préalables, l'acquisition ou la cession d'immeubles, la construction ou la réhabilitation immobilière en vue de la réalisation des objectifs de l'article L. 300-1 du Code de l'urbanisme, etc. Surtout, les SPLA sont dotées de nouvelles prérogatives de puissance publique, par délégation de leur titulaire, comme la préemption, l'expropriation ou l'exercice du droit de priorité.

804 **Qualification d'opérateur « in house ». –** Les SPL ont été créées afin de profiter des développements de la jurisprudence sur les opérateurs intégrés, dits « in house », de manière à permettre aux collectivités territoriales de bénéficier de possibilités d'externalisation de missions sans mise en concurrence préalable. Mais la loi nº 2010-559 du 28 mai 2010 ne crée pas des opérateurs « in house » en tout état de cause, elle crée des opérateurs susceptibles, moyennant certaines précautions, d'entrer dans la catégorie des opérateurs « in house ». La qualification d'opérateur intégré nécessite la réunion de deux conditions : le pouvoir adjudicateur doit exercer sur l'entité en cause un contrôle analogue à celui qu'il exerce sur ses propres services ; l'entité doit réaliser l'essentiel de son activité avec la ou les collectivités qui la détiennent (*infra*, nº 990 et s.).

S'agissant de la condition du contrôle analogue[75], la détention du capital par des personnes publiques est un élément indispensable, mais non décisif (CJCE 11 mai 2006, *Carbotermo SpA*, aff. C-340/04). Il y a alors une présomption de contrôle analogue, mais qui peut être renversée s'il est démontré que la structure jouit d'une certaine autonomie qu'elle met au profit de la poursuite d'un objectif purement commercial (CJCE 13 octobre 2005, *Parking Brixen*, aff. C-458/03 ; CJCE 11 mai 2006, *Carbotermo*, aff. C-340/04). Pour contrebalancer l'objectif de marché que poursuit naturellement une structure sous forme de société commerciale, deux éléments doivent être réunis[76]. Il faut d'une part brider l'activité de la structure. La loi nºº2010-559 du 28 mai 2010 y pourvoit *de facto*, puisque l'article L. 1531-1 du CGCT n'autorise la création des SPL que dans le cadre de la compétence des actionnaires publics et qu'il impose que la SPL exerce ses activités exclusivement pour le compte de ses actionnaires et sur leur territoire. D'autre part, il faut s'assurer que les actionnaires publics bénéficient d'un réel pouvoir de décision, ce qui peut éventuellement passer par l'adjonction aux organes classiques de direction de comités stratégiques ou de pilotage entièrement maîtrisés par les personnes publiques (CJCE 13 novembre 2008, *Coditel Brabant*, aff. C-324/07 ; 10 septembre 2009, *Sea SRL c/Cne Di Ponte Nossa*, aff. C-573/07).

75. T. BANGUI, « L'effectivité du contrôle analogue des sociétés publiques locales », *CMP* mai 2012, Étude 4.

76. Dans le sens d'une vigilance particulière de la part des collectivités de rattachement lors de la définition et de l'application des statuts de la SPL, Aut. Conc. Avis nº 11-A-18, 24 nov. 2011 relatif à la création des sociétés publiques locales, *DA* mars 2012, nº 25, comm. J.-B. AUBY.

C'est exactement ce que confirme la circulaire du 29 avril 2011 (n°COT/B/11/08052/C), qui précise, tant à propos des SPL que des SPA que « sous réserve de l'appréciation souveraine des juges du fond, [les dispositions spécifiques du CGCT établissant des contrôles des collectivités sur ces sociétés] ne semblent pas suffisantes pour garantir le respect systématique de ce premier critère [condition du contrôle analogue]. Les statuts et règlements intérieurs des SPLA et SPL devront prévoir des modalités de contrôle renforcé par les collectivités actionnaires sur les organes de gestion de la société. À titre d'exemple, certains statuts de SPLA existantes prévoient la création de comités de pilotage, composés d'un représentant de chaque collectivité actionnaire, chargés d'examiner les nouveaux dossiers proposés à la société (...) et de comités de contrôle, composés de la même manière et institués pour chaque opération ou mission engagée par la société afin de vérifier la conformité de l'exécution des contrats avec les objectifs fixés ».

La condition tenant aux destinataires des activités de l'entité est réalisée par la rédaction de l'article L. 1531-1 du CGCT, puisque son alinéa 3 impose que la SPL exerce ses activités exclusivement pour le compte de ses actionnaires et sur leur territoire.

805 **Qualification de pouvoir adjudicateur et nature des contrats des SPL. –** Les sociétés publiques locales ont un statut de droit privé, ce qui les fait échapper au Code des marchés publics pour la passation de leurs propres marchés. Mais elles pourraient relever du champ d'application de l'article 3-I-1° de l'ordonnance n° 2005-649 du 6 juin 2005. On rappelle que sont soumis aux règles de cette ordonnance les organismes de droit privé ou de droit public autres que ceux soumis au Code des marchés publics dotés de la personnalité juridique et qui ont été créés pour satisfaire spécifiquement des besoins d'intérêt général ayant un caractère autre qu'industriel ou commercial, dont : soit l'activité est financée majoritairement par un pouvoir adjudicateur soumis au Code des marchés publics ou à l'ordonnance, soit la gestion est soumise à un contrôle par un pouvoir adjudicateur soumis au Code des marchés publics ou à l'ordonnance, soit l'organe d'administration, de direction ou de surveillance est composé de membres dont plus de la moitié sont désignés par un pouvoir adjudicateur soumis au Code des marchés publics ou à l'ordonnance. Le critère du contrôle est indéniablement satisfait, mais celui de la nature de l'activité ne l'est pas forcément. Il faut que l'organisme ait été créé « pour satisfaire spécifiquement des besoins d'intérêt général ayant un caractère autre qu'industriel et commercial ». Dès lors, la qualification d'organisme de droit public ou de droit privé serait susceptible de varier en fonction de la nature du besoin à satisfaire. En revanche, la qualification en organisme de droit privé doté de la personnalité juridique et constitué par des pouvoirs adjudicateurs en vue de réaliser certaines activités en commun serait plus systématique et les ferait relever également de l'ordonnance (art. 3-I-4°)[77].

Si la SPL est titulaire d'un marché public en tant qu'opérateur « in house », et qu'elle passe un marché public pour ses propres besoins, elle sera un pouvoir adjudicateur par construction. En effet, le droit français des marchés publics (l'article 3-1 du code 2006) pose comme troisième condition à la reconnaissance

77. Rép. Min. n° 18924, *JO* Sénat Q 8 déc. 2011, p. 3146.

du caractère « in house » que l'opérateur applique, pour répondre à ses besoins propres, les règles de passation des marchés prévues par le Code des marchés publics ou par l'ordonnance n° 2005-649 du 6 juin 2005. Mais si la SPL est titulaire « in house » d'une délégation, l'article L. 1411-12 b du CGCT ne reprend que les deux conditions du droit communautaire et exige en plus que l'activité déléguée figure expressément aux statuts de l'entité « in house ». Dès lors, aucun texte ne fait obligation à la SPL de respecter une procédure particulière pour la passation des marchés que l'exécution de la délégation impliquerait.

Les contrats passés par les SPL seront normalement des contrats de droit privé. Même si ces sociétés « exercent leurs activités exclusivement pour le compte de leurs actionnaires » (art. L. 1531-1 al. 3), il convient de ne pas comprendre l'emploi de l'expression « pour le compte de » comme emportant l'administrativité des contrats conclus.

BIBLIOGRAPHIE

Les EPIC dans tous leurs états, Actes du colloque organisé par l'université Lyon 3 sous la direction de M. KARPENSCHIF, *JCP* A 2009, n° 31-35 ▪ CONSEIL D'ÉTAT, *Les établissements publics*, Études du Conseil d'État, la Documentation française, 2010 ▪ M.-Y. BENJAMIN, *SEML Guide juridique et pratique*, EFE, 2002, « Les avances en compte-courant d'associés : un nouveau mode d'intervention des collectivités locales au profit des SEML », *BJDCL* 2003, n° 8, p. 546, « Quand vingt ans de sédimentation législative compromettent le sort des SEML », in Dossier *Vingtième anniversaire de la loi du 7 juillet 1983*, *JCP* A, 7 juillet 2003, p. 941, « Les marchés des SEM », *CP-ACCP* n° 59, octobre 2006, p. 51 ▪ X. BEZANÇON, « In house : les SEM dans la jurisprudence communautaire », *CP-ACCP*, n° 59, octobre 2006, p. 46 ▪ J.-F. BIZET, « La responsabilité des élus à la tête des sociétés d'économie mixte », *LPA* 15 février 1995, p. 31 ▪ J.-F. BIZET, Cl. DEVÈS, M.-A. DUPUIS, « De quelques difficultés à concilier, au sein des sociétés d'économie mixte locales, les règles du droit commercial et celles du droit administratif », *DA* 1991, n° 12, p. 1 et 1992, n° 1, p. 1 ▪ Cl. BOITEAU, « Les sociétés d'économie mixte et les contrats de délégation de service public », *RFDA* 2005, p. 946 ▪ F. BOUYSSOU, « Les réformes apportées aux règles locales et à la fiscalité de l'urbanisme par la loi du 2 juillet 2003 », in Dossier *Vingtième anniversaire de la loi du 7 juillet 1983*, *JCP* A, 7 juillet 2003 ▪ S. BRAMERET, *Les relations des collectivités territoriales avec les sociétés d'économie mixte locales. Recherche sur l'institutionnalisation d'un partenariat public-privé »*, LGDJ, Bibl. Thèses, 2012 ▪ D. CAPITANT, « Les SEM exclues du "in house" », *CP-ACCP* n° 45, mars 2005 ▪ Y. CLAISSE et P. MOREAU, « La modernisation des sociétés d'économie mixte locales », *Semaine juridique* 30 janvier 2002, p. 4 ▪ N. CHARREL, « Les SEM exclues du dispositif "in house" », *Gaz. Cnes* 25 février 2005, p. 76 ▪ Ph. COSSALTER, « Sociétés d'économie mixte et mise en concurrence : perspectives comparées », *RFDA* 2002, p. 938 ▪ E. DELACOUR, « Économie mixte : une réforme du cadre juridique des SEM locales », *JCP* E 30 mai 2002, p. 890 ▪ A. DELION, « Les sociétés d'économie mixte : seulement locales ou également nationales ? », *RFDA* 2005, p. 977 ▪ C. DEVÈS, « La responsabilité pénale de l'élu dirigeant d'une SEM », *RGCT* n° 10, mars-avril 2000, p. 190, « La modernisation du statut des sociétés d'économie mixte locales », *AJDA* 2002, p. 139, « La loi n° 2010-559 du 28 mai 2010 pour le développement des sociétés publiques locales : évolution ou régression des règles de la commande publique ? », *JCP* A 2010, étude 2229 ▪ *DGCL, Guide pratique des sociétés d'économie mixte locales*, La Documentation française, 2006 ▪ J.-D. DREYFUS, « Le régime des marchés des sociétés d'économie mixte concessionnaires d'autoroute », *AJDA* 2005, p. 374 ▪ R. DUFF, « De l'économie mixte à la gestion mixte, au management mixte ou à la gouvernance mixte », in *Regards croisés sur l'économie mixte : approche pluridisciplinaire droit public et droit privé*, L'Harmattan, 2006, p. 23 ▪ G. DURAND, « La SEML, l'établissement public et la société publique d'aménagement », *CP-ACCP*, n° 59, octobre 2006, p. 31 ▪ G. DURAND, *Les sociétés d'économie mixte locales*, Berger-Levrault, 2e éd., 2002 ▪ Th. DURNERIN, « L'Europe des entreprises publiques locales », *CP-ACCP* n° 59, octobre 2006, p. 45 ▪ G. ECKERT, « La poursuite d'intérêts publics à travers la participation directe des collectivités publiques aux activités économiques. Point de vue français », *RUDH* 2003, p. 118, « La problématique communautaire », *RFDA* 2005, p. 959 ▪ Fédération des SEM, *SEM mode d'emploi*, 2005-2006 ▪ F. FRAYSSE, « La loi tendant à moderniser le statut des sociétés d'économie mixte locales », *JCP* 2003, 173 ▪ F. GARTNER, « La direction des SEM locales par les élus : entre commerce et transparence », *RFDA* 1997, p. 783 ▪ S. GUÉRARD (dir), *Regards croisés sur l'économie mixte : approche pluridisciplinaire – Droit public et privé*, Colloque de Lille (2004), L'Harmattan, 2006 ▪ L. JANICOT, « La réforme du statut des sociétés d'économie mixte locales », *RGCT* 2001, p. 1121 ▪ M. KARPENSCHIF, « L'accès des sociétés d'économie mixte aux financements communautaires », in Dossier *Vingtième anniversaire de la loi du 7 juillet 1983*, *JCP* A 2003, p. 952, « SEM et aides publiques : vers une normalisation des relations ? », *CP-ACCP* n° 59, octobre 2006, p. 55, « SPLA, SPL, SLP. Un an après la Communication interprétative sur les partenariats public-privé institutionnalisés (PPPI) : où en est-on du développement de l'économie mixte ? » ▪ V. L'HÔTE, « L'application des procédures collectives aux sociétés d'économie mixte locales », *AJDA* 2003, p. 2233 ▪ P. LIGNIÈRES et K. MARCIANO, « Moderniser les sociétés d'économie mixte », *DA* avril 2002, p. 37 ▪ F. LLORENS et P. SOLER-COUTEAUX, « Les sociétés publiques locales ou la naissance du *in house* à la française », *CMP* juillet 2010, repère 7 ▪ S. MAJEROWICZ, « La responsabilité des élus locaux au sein des sociétés d'économie mixte locales après la loi du 2 janvier 2002 », *CJEG* 2003, n° 594, p. 1 ▪ J. MARTIN et P.-Y. NAULEAU, « Privatisation des SEM concessionnaires d'autoroutes : le sort des contrats », *CP-ACCP*, n° 59, octobre 2006, p. 40 ▪ F. MODERNE, « Contrats de maîtrise d'œuvre des SEM », *RFDA* 1994, p. 1071 ▪ F. MOURAREAU, *Le guide des sociétés d'économie mixte locales*, La Documentation française, 2007 ▪ M. PETER, « La SEM : un juste équilibre public-privé », *CP-ACCP* n° 59, octobre 2006, p. 28 ▪ J.-M. PEYRICAL, « Que reste-t-il du *in house* ? », *RFDA* 2005, p. 955 ▪ F. ROLIN, « Les étrangers dans la maison ou l'économie mixte exclue des contrats "in house" », *AJDA* 2005, p. 898 ▪ A. SANTINI, « Le devenir des sociétés d'économie mixte locales », *RFDA* 2005, p. 953 ▪ J.-F. SESTIER, « Les sociétés d'économie mixte locales après la loi de modernisation », *RFDA* 2002, p. 923, « Les SEM après les textes relatifs aux concessions d'aménagement », *CP-ACCP* n° 59, octobre 2006, p. 36 ▪ M.-T. SUR, C. GRANGE, M.-A. RENAUX, *Les sociétés d'économie mixte locales*, Le Moniteur, 1990 ▪ A. VERDIER et S. MARTINEZ, *Les entreprises publiques locales dans les 25 payes de l'Union européenne*, Dexia, 2004.

Sociétés publiques locales

C. BERGEAL, « Utilisez la société publique locale, mais respectez le mode d'emploi », *AJDA* 2010, p. 1228 G. CLAMOUR, « Loi n° 2010-559 du 28 mai 2010 pour le développement des sociétés publiques locales », *CMP* juillet 2010, 235 Cl. DEVÈS, « La loi n° 2010-559 du 28 mai 2010 pour le développement des sociétés publiques locales. Évolution ou régression des règles de la commande publique ? », *JCP* A 2010, n° 2229 J. FACON, « Les SPL : une révélation au grand jour de la qualité d'opérateurs économiques des collectivités locales », *RLCT* 2010/59, n° 1672 M. KARPENSCHIF, « Les sociétés publiques locales : passeport pour un véritable PPPI ? », *JCP* A 2010, n° 48, étude 2348 S. NICINSKI, « La loi du 28 mai 2010 pour le développement des sociétés publiques locales », *AJDA* 2010, p. 1759 R. NOGUELLOU, « Les sociétés publiques locales », *DA* juillet 2010, alerte 44 Ph. TERNEYRE, « Les sociétés publiques locales », *JCP* A n° 51-52, 19 décembre 2011, n° 2396.

TITRE 2
L'INTERVENTION SUR LE MARCHÉ

806 **Limitation. –** La pérennité des doctrines libérales en France se traduit par un encadrement juridique de l'intervention des opérateurs publics sur le marché. La liberté du commerce et de l'industrie se décline dans un principe de non-concurrence entre initiative publique et initiative privée qui a longtemps cantonné l'initiative publique dans une position subsidiaire. Réinterprété en 2006, le principe de la liberté du commerce et de l'industrie offre désormais un ancrage plus solide à l'intervention publique, fondé sur un principe d'action positif.

L'opérateur public ne bénéficie d'aucun privilège d'intervention sur le marché et doit en respecter les règles. Il en va ainsi notamment du droit de la concurrence et plus particulièrement, d'une part, de la prohibition des aides publiques et, d'autre part, des règles sanctionnant les pratiques anticoncurrentielles.

807 **Plan. –** L'intervention des opérateurs publics sur le marché pose d'abord la question de la régularité même de leur intervention, avant celle de la licéité de leur comportement. Ainsi, seront successivement examinés le principe de l'intervention des opérateurs publics, délimitant leur champ d'intervention (Chapitre I) puis les modalités de leurs interventions à travers leurs comportements sur le marché (Chapitre II).

CHAPITRE I
LE PRINCIPE DE L'INTERVENTION : LE CHAMP D'INTERVENTION DES OPÉRATEURS PUBLICS

808 **Licéité de l'intervention des opérateurs publics. –** Un certain nombre de contraintes juridiques, dont notamment le principe de la liberté du commerce et de l'industrie, constitue un cadre général au principe d'intervention des opérateurs publics. L'actualité du principe de la liberté du commerce et de l'industrie comme principe de non-concurrence entre opérateurs publics et opérateurs privés a été réaffirmée par le Conseil d'État, mais l'initiative publique repose désormais sur le fondement de l'unique justification d'un intérêt public. Cependant, il faut bien admettre que si les possibilités d'intervention des personnes publiques sont juridiquement limitées, il existe une quasi-liberté économique en fait tant la jurisprudence administrative se montre bienveillante avec l'initiative publique[1]. Deux facteurs viennent alimenter la large possibilité d'intervention des personnes publiques. D'une part, la marge de manœuvre des collectivités publiques se nourrit de la conception extensive de la notion de service public ou d'intérêt public. De nombreuses activités sont aujourd'hui qualifiables de service public, ce qui offre un terrain d'action privilégié aux opérateurs publics (manifestations culturelles, sportives, services aux entreprises, activités sociales, touristiques, organisation de foires, marchés, manifestations économiques, etc.). D'autre part, le juge administratif n'est conduit à censurer l'initiative publique que lorsque les requérants lui opposent le principe de la liberté du commerce et de l'industrie, phénomène qui demeure finalement relativement rare du fait d'une certaine habitude prise de voir les collectivités publiques omniprésentes sur le marché. À partir de ce cadre général (Section I), il est envisageable de définir différents domaines (Section II) en fonction de leur perméabilité à l'intervention publique (domaine réservé, domaine naturel, domaine partagé).

1. En ce sens et pour un exposé très complet de jurisprudence, G. CLAMOUR, « Qui peut le moins peut le plus... ! Ou la liberté économique de fait des personnes publiques », *JCP* A 2007, 2286.

SECTION I LE CADRE GÉNÉRAL

809 **Double signification du principe de la liberté du commerce et de l'industrie. Principe de non-concurrence. –** Traditionnellement, le principe de la liberté du commerce et de l'industrie s'oppose à toute entrave, par le biais de diverses réglementations, au libre exercice des activités économiques. Mais la liberté du commerce et de l'industrie couvre aussi l'interdiction faite à l'administration de concurrencer l'initiative privée. On parle alors d'un principe de non-intervention[2], d'un principe d'abstention[3] ou d'un principe de non-concurrence des activités privées par l'initiative publique.

Cette seconde signification du principe de la liberté du commerce et de l'industrie est due à une interprétation particulièrement extensive du décret d'Allarde des 2-17 mars 1791, dont l'article 7 dispose qu'« à compter du 1er avril prochain, il sera libre à toute personne de faire tel négoce ou d'exercer telle profession ». Aucune discrimination entre opérateurs publics et opérateurs privés ne peut cependant être fondée sur ce texte. Il faut donc en conclure que cette extension du principe est due à l'influence constante de la doctrine libérale en France quelles que soient les époques, en vertu de laquelle l'administration doit s'abstenir d'exercer elle-même des activités économiques. Il existerait un domaine économique naturel de l'intervention du secteur privé, qui lui est réservé. L'État doit se contenter d'en assurer la protection et de préserver le bon fonctionnement du marché tout en y demeurant extérieur.

810 **Autres facteurs. –** À côté de l'interprétation faite de la liberté du commerce et de l'industrie, d'autres sources juridiques sont susceptibles de fonder l'intervention d'un opérateur public. Cependant, ces sources sont d'un maniement délicat dans la mesure où elles permettent à l'administration d'organiser ou de réglementer certaines activités (ou l'y obligent) sans nécessairement impliquer une exploitation par un opérateur public.

§ 1. LE PRINCIPE DE LA LIBERTÉ DU COMMERCE ET DE L'INDUSTRIE

811 **Valeur. –** Le principe de la liberté du commerce et de l'industrie entendu comme principe de non-concurrence entre opérateurs publics et privés conserve une valeur infra-législative[4]. Le législateur conserve donc la faculté de l'écarter, pour fonder la régularité de l'intervention publique sur le marché, ou au contraire d'en réaffirmer les effets.

Exemples dans lesquels la liberté du commerce et de l'industrie est écartée, CE 5 septembre 2001, *Guiavarc'h*[5] ; articles 7 et 7-1 de la loi n° 92-125 du 6 février 1992, à propos de l'assistance

2. O. RENARD-PAYEN, *Principe de la liberté du commerce et de l'industrie*, *J.-Cl. Adm.* Fasc. n° 255.
3. M. GUIBAL, *Commerce et industrie*, *Rép com. Dalloz*, févr. 2003.
4. Malgré l'affirmation curieuse de l'article 1er de la loi n° 2007-1224 du 21 août 2007 sur le dialogue social et la continuité du service public dans les transports terrestres réguliers de voyageurs, selon laquelle le principe de la liberté du commerce et de l'industrie – probablement interprété comme protégeant la liberté de travailler des opérateurs économiques mise à mal par certaines grèves dans les transports- aurait une valeur constitutionnelle.
5. N° 225473.

technique fournie par les services de l'État aux collectivités territoriales ; article L. 1425-1. I alinéa 1er pour l'établissement et l'exploitation des infrastructures et réseaux de télécommunications.

Exemples dans lesquels les limites de la liberté du commerce et de l'industrie sont rappelées, article L. 1425-1-I alinéa 2 pour la fourniture par les collectivités territoriales de services de télécommunications aux utilisateurs finals ; article L. 2251-3 du CGCT : « Lorsque l'initiative privée est défaillante ou insuffisante pour assurer la création ou le maintien d'un service nécessaire à la satisfaction des besoins de la population en milieu rural, la commune peut confier la responsabilité de le créer ou de le gérer à une association régie par la loi du 1er juillet 1901 relative au contrat d'association ou à toute autre personne ».

A. ÉVOLUTION HISTORIQUE

812 **Socialisme municipal. –** À la fin du XIXe siècle se développe un mouvement connu sous le nom de socialisme municipal, dans lequel s'engouffrent les collectivités locales qui créent et exploitent de multiples services en vue de fournir à une classe moyenne émergente un certain nombre de prestations : eau, électricité, transports, services d'hygiène, cabinets médicaux, etc. L'activité est indubitablement de nature économique, mais l'objectif poursuivi par les communes (qui en sont les principaux acteurs) est fortement marqué de préoccupations sociales.

Les lois de décentralisation du 10 août 1871 et du 6 avril 1884 semblent constituer le point d'ancrage juridique de ce mouvement, en accordant aux assemblées locales un pouvoir discrétionnaire dans l'organisation de la vie locale et, partant, dans la création de services publics.

813 **Opposition du Conseil d'État. –** Les idées socialistes de l'époque n'ayant pas la faveur de la majorité des membres du Conseil d'État, celui-ci soumet la création d'activités économiques par les personnes publiques à des conditions extrêmement strictes dans son arrêt *Casanova* de 1901.

CE 29 mars 1901, *Casanova*[6] : « Si les conseils municipaux peuvent dans des circonstances exceptionnelles, intervenir pour procurer des soins médicaux aux habitants qui en sont privés, il résulte de l'instruction qu'aucune circonstance de cette nature n'existait à Olmeto, où exerçaient deux médecins ». Le commissaire du gouvernement Corneille expose les fondements d'une telle jurisprudence dans ses conclusions sur l'arrêt d'assemblée du 21 janvier 1921, *Syndicat des agents généraux des compagnies d'assurance du Territoire de Belfort*[7]. Une collectivité locale ne peut pas utiliser les moyens administratifs dont elle dispose pour faire concurrence à l'initiative privée et modifier les conditions générales du régime économique. Lorsqu'il n'y a pas de carence de l'initiative privée et lorsque les besoins collectifs des habitants sont assurés, il n'y a pas de base légale au service à créer.

814 **Décrets de 1926. –** Deux décrets-lois de 1926 favorisent assez largement les interventions économiques des collectivités locales. Le décret du 28 décembre 1926 dispose que « les communes et les syndicats de communes peuvent être autorisés à exploiter directement des services d'intérêt public à caractère industriel et commercial ». Sont considérées comme industrielles et commerciales « les exploitations susceptibles d'être gérées par des entreprises privées (...) par application de la loi de 2-17 mars 1791 ». L'exposé des motifs du décret du 5 novembre 1926 est très clair quant à la volonté politique de l'époque (après-guerre) de voir les

6. *Rec.* p. 333, *S.* 1901, III, p. 73, note M. HAURIOU.
7. *S.* 1921, III, p. 33.

municipalités assurer un rôle majeur dans « la création et la direction de tous les services publics destinés à assurer la vie économique et sociale de la cité ».

815 **Jurisprudence Chambre syndicale du commerce en détail de Nevers. –** Loin de se conformer à la tendance politique de l'époque, le Conseil d'État réaffirme, en l'assouplissant toutefois, sa jurisprudence antérieure. Dans un arrêt de section du 30 mai 1930, *Chambre syndicale du commerce en détail de Nevers*[8], le Conseil d'État suivant en cela son commissaire du gouvernement Josse, se prête à une interprétation neutralisante des décrets de 1926, considérés comme ne dérogeant pas aux principes posés antérieurement. Il est ainsi jugé que « les entreprises ayant un caractère commercial restent, en règle générale, réservées à l'initiative privée et que les conseils municipaux ne peuvent ériger des entreprises de cette nature en services publics communaux que si, en raison de circonstances particulières de temps et de lieu, un intérêt public justifie leur intervention en cette matière ». L'institution d'un service de ravitaillement par la ville de Nevers en l'absence de circonstances particulières est donc irrégulière. D'« exceptionnelles » dans l'arrêt *Casanova*, les circonstances justifiant la création de services publics deviennent simplement « particulières ».

B. APPLICATION

816 Deux conditions cumulatives justifiant la régularité de l'intervention publique sont posées par l'arrêt *Chambre syndicale du commerce en détail de Nevers*.

1. Les deux conditions cumulatives : intérêt public et carence de l'initiative privée

817 **Présentation. –** À partir des années 1930, deux conditions cumulatives sont requises pour qu'une personne publique soit habilitée à exercer une activité économique. Il faut en premier lieu qu'un *intérêt public* justifie son intervention et, en second lieu, que la collectivité publique fasse état de circonstances particulières de temps et de lieu. Cette seconde condition se résume au constat d'une *absence ou d'une carence de l'initiative privée*. La condition de la carence d'initiative privée pouvait toutefois se fondre dans la condition de l'existence d'un intérêt public local, puisque l'absence de satisfaction d'un besoin essentiel de la population par le secteur privé révèle quasiment automatiquement l'existence d'un intérêt public à satisfaire le besoin en question.

CE 27 février 1931, *Giaccardi*[9] : pas de circonstances particulières pouvant faire regarder l'exploitation d'un cinématographe comme ayant un caractère d'intérêt public communal ; CE 17 février 1956, *Siméon* : insuffisance d'initiative privée justifiant l'extension d'un service municipal de fabrication de glace alimentaire ; CE Sect. 4 octobre 1957, *Ville de Charleville*[10] : illégalité de l'extension d'un service communal de fabrication de glace alimentaire (satisfaction d'un

8. *Rec.* p. 583, *RDP* 1930, p. 530, concl. JOSSE, *S.* 1931, III, p. 73, note R. ALIBERT.
9. *Rec.* p. 225, *S.* 1931, III, p. 73, note R. ALIBERT.
10. *D.* 1957, p. 619, concl. JOUVIN.

besoin les rattachant à l'hygiène et à la salubrité publique, mais condition de la carence de l'initiative privée non satisfaite).

2. L'assouplissement des conditions

818 **Condition de l'intérêt public. –** L'existence d'un intérêt public est quasiment toujours admise dans certains domaines. Il s'agit tout d'abord des activités matérielles liées à *l'ordre public*. Le Conseil d'État admet la prise en charge par les collectivités publiques d'activités liées à l'hygiène comme des bains-douches, des lavoirs[11]. Sont aussi concernées les *activités matérielles de première nécessité*, comme l'alimentation, ou liées aux circonstances de l'époque (reconstruction, logement).

CE 22 novembre 1935, *Chouard*[12] : régularité de la constitution de sociétés immobilières chargées de la construction et de l'exploitation d'immeubles pour combattre la crise du logement ; CE 19 février 1943, *Ricordel*[13] : restaurant économique ; CE 4 juillet 1984, *Département de la Meuse*[14] : irrégularité de la création de la Caisse départementale des incendiés de la Meuse en raison de la présence de nombreuses sociétés d'assurance dans le département, mais la condition de l'intérêt public est liée à la satisfaction de besoins essentiels de la collectivité.

Suivent le même mouvement les activités liées aux loisirs et peu à peu, l'intérêt public s'étend aux *activités culturelles, artistiques, touristiques ou sportives*.

CE 21 janvier 1944, *Léoni*[15] : création d'un théâtre municipal faisant prévaloir les intérêts artistiques sur les intérêts commerciaux ; CE Sect. 12 janvier 1959, *Syndicat des exploitants de cinématographes de l'Oranie*[16] : création d'un théâtre de verdure destiné à mettre à disposition de la population de larges possibilités de distraction pour un prix modique ; CE Sect. 17 avril 1964, *Commune de Merville-Franceville*[17] : création d'un terrain de camping dans une station balnéaire ; CE Sect. 23 juin 1972, *Sté La Plage de la Forêt*[18] : création d'une piscine municipale. Sol. impl., CE 7 juillet 2004, *Cne Celoux*[19]. Sol. implicite également pour un multiplexe de dix salles de cinéma, CE 5 octobre 2007, *Sté UGC-Cine-Cité*[20].

L'intérêt économique entre aussi en ligne de compte. Très tôt, des *considérations purement financières*, voire économiques, ont conduit le Conseil d'État à admettre qu'une collectivité publique puisse créer ou étendre une activité existante pour des raisons liées à la rentabilité de l'activité. Le juge administratif a ensuite admis qu'une collectivité publique intervienne en faveur de la satisfaction d'un intérêt public supérieur lié au bon fonctionnement de l'économie ou à sa préservation.

11. CE 2 févr. 1906, *Chambre syndicale des propriétaires de bains de Paris*, *S.* 1907, III, p. 1, note M. HAURIOU ; CE 13 mai 1933, *Blanc, S.* 1933, III, p. 81, note R. ALIBERT : intérêt public d'une activité liée à l'hygiène et insuffisance d'initiative privée.
12. *Rec.* p. 1020, *S.* 1936, III, p. 9, note R. BONNARD.
13. *Rec.* p. 43.
14. *DA* 1984, n° 359, *RFDA* 1985, p. 58, note J.-Cl. DOUENCE.
15. *Rec.* p. 26.
16. *Rec.* p. 363, *AJDA* 1960, p. 85, concl. MAYRAS, *D.* 1960, J, p. 402, note J. ROBERT.
17. *Rec.* p. 251, *AJDA* 1964, p. 288, chron. FOURRÉ et PUYBASSET, *RA* 1965, p. 31, note LIET--VEAUX.
18. *Rec.* p. 477, *AJDA* 1972, p. 462, n° 53, obs. D. LABETOULLE et CABANES, *RDP* 1972, concl. BERNARD.
19. *Rec.* p. 319, *JCP* A 2004, 1094, chron. GLASER et SÉNERS, *BJCL* 2004, n° 9, p. 625, concl. SÉNERS, *LPA* 13 mai 2005, n° 95, p. 15, note F. NICOUD.
20. *AJDA* 2007, p. 1903, *CMP* nov. 2007, n° 308, note G. ECKERT.

CE 23 juin 1933, *Planche*[21] : prolongation de l'itinéraire d'un service de transport justifiée par une gestion plus performante d'un service existant en même temps que par une situation financière préoccupante. Toutefois, dans l'arrêt CE 19 mai 1933, *Blanc*[22], la création d'une buanderie mécanique a été jugée illégale alors même qu'elle compensait le déficit d'une piscine et de bains-douches et lavoirs municipaux car il n'y avait pas de lien suffisant entre les deux types d'activités ; CE 23 juin 1933, *Lavabre*[23] : création de boucheries municipales pour régulariser le cours de la viande et ainsi lutter contre une hausse excessive des prix ; CE 4 juin 1954, *Dame Berthod*[24] : vente par une commune de fournitures funéraires en vue d'assurer l'équilibre financier de la régie et dans l'intérêt de la population qui peut s'adresser à un seul établissement pour l'ensemble des prestations ; CE 10 mai 1985, *SA Boussac Saint-Frères*[25] : légalité de l'achat de terrains afin de favoriser l'implantation ultérieure d'entreprises nouvelles. Pour la mise en avant de l'intérêt du développement économique, industriel et artisanal, voir TA Caen 8 janvier 1980, *Sté Gauthier*[26].

La disparition de l'intérêt public ayant commandé la création du service n'emporte pas obligation de supprimer l'activité et le Conseil d'État a admis la régularité du maintien d'un service municipal lorsque les circonstances justifiant sa création ont disparu[27].

819 **Condition de la carence de l'initiative privée. –** Très tôt, la condition de la carence ou de l'insuffisance d'initiative privée est appréciée de manière souple. Mais c'est l'arrêt *Ville de Nanterre* de 1964 qui marque un véritable tournant, puisque le Conseil d'État interprète la condition de la carence d'initiative privée à la fois sur le plan quantitatif (insuffisance du nombre d'établissements privés exerçant l'activité en question) et sur le plan qualitatif (insuffisante qualité des prestations fournies par le secteur privé). L'insuffisance qualitative inclut assez rapidement les difficultés liées au niveau des tarifs pratiqués par les opérateurs privés. Si certaines catégories de la population sont exclues de l'accès aux prestations compte tenu de leurs revenus modestes, le juge administratif considère alors qu'il y a carence de l'initiative privée et qu'il revient à l'administration de satisfaire la demande non solvable.

CE 2 février 1949, *Dlles Bresnard*[28] : légalité de l'ouverture de cliniques chirurgicales payantes dans les hôpitaux ; CE 20 octobre 1965, *Grimes et Syndicat des médecins libres patentés de Madagascar*[29] : légalité du fonctionnement d'un hôpital militaire permettant aux médecins d'examiner des « malades externes » en raison de l'insuffisance quantitative de médecins à Madagascar ; CE Sect. 20 novembre 1964, *Ville de Nanterre*[30] : insuffisance du nombre de chirurgiens-dentistes par rapport à la population de la ville et praticiens privés pratiquant des tarifs

21. *S.* 1933, III, p. 81, concl. RIVET, note R. ALIBERT.
22. *S.* 1933, III, p. 81.
23. *Rec.* p. 677, *S.* 1933, III, p. 81, concl. RIVET, note R. ALIBERT et CE Ass. 24 nov. 1933, *Zénard*, *S.* 1934, p. 105, concl. DETTON, note A. MESTRE.
24. *Rec.* p. 335.
25. *Rec.* p. 145 ; *AJDA* 1985, p. 434, concl. CAZIN d'HONINCTHUN, *RFDA* 1986, p. 74, note G. HUBRECHT et G. MELLERAY.
26. *Rec.* p. 617.
27. CE 23 juin 1933, *Lavabre*, *Rec.* p. 677, *S.* 1933, III, p. 81, concl. RIVET, note R. ALIBERT et CE Ass. 24 nov. 1933, *Zénard*, *S.* 1934, p. 105, concl. DETTON, note A. MESTRE.
28. *Rec.* p. 45.
29. *Rec.* p. 531.
30. *Rec.* p. 562, *AJDA* 1964, p. 686, chron. PUYBASSET et PUISSOCHET, *RA* 1965, p. 31, note LIET--VEAUX.

supérieurs à ceux de la Sécurité sociale ; CE Sect. 23 décembre 1970, *Cne de Montmagny*[31] : service de consultations juridiques gratuites ; CE 25 juillet 1986, *Cne de Mercœur*[32] : construction par une commune d'un bâtiment à usage de commerce d'alimentation, bar-restaurant destiné à être exploité par un tiers, opération ayant pour objet d'organiser des repas collectifs et des réunions pour la vie administrative et sociale de la commune et de contribuer à l'animation de la vie locale, ce qui correspondait à un intérêt commun non suffisamment satisfait eu égard au mauvais état de fonctionnement de l'unique hôtel-café-restaurant.

3. Personnes et opérations concernées

820 **Toutes collectivités publiques et SEML. –** L'application du principe de la liberté du commerce et de l'industrie concerne en premier lieu les collectivités territoriales et en particulier les communes, à l'origine du socialisme municipal. Mais les initiatives économiques de l'État sont également soumises aux restrictions imposées par ce principe[33].

L'intervention des SEML est aussi soumise aux limites issues du principe de la liberté du commerce et de l'industrie (puisque l'objet d'une SEM s'apprécie au regard des compétences des collectivités territoriales)[34]. Cette extension aurait pu soulever une difficulté, au motif que les sociétés à statut de droit privé et à participation publique auraient pu ne pas relever de ce que l'on a coutume d'appeler « l'initiative publique ». Le Conseil d'État a clarifié le champ d'application du principe de la liberté du commerce et de l'industrie en jugeant dans l'arrêt du 5 juillet 2010, *Syndicat national des agences de voyage*[35], que le respect des règles d'intervention de l'initiative publique s'applique aux SEM par opposition aux « entreprises détenues majoritairement ou exclusivement par des personnes privées ».

821 **Toutes opérations. –** Là encore, c'est la création et l'extension de services publics qui est au cœur de la jurisprudence initiée par l'arrêt *Chambre syndicale du commerce en détail de Nevers*. Mais il semble que de nombreuses autres opérations économiques soient concernées, comme les simples prises de participation dans des sociétés privées (CE 4 janvier 1935, *De Lara*)[36], ou la présentation d'une candidature à un marché public (TA Strasbourg 29 décembre 1995, *Syndicat des horticulteurs c/Ville de Woippy,* TA Besançon 22 juillet 1999, *Monnot c/Cne de Boussières*).

Le commissaire du gouvernement Bergeal, dans ses conclusions sur l'arrêt *Compagnie méditerranéenne d'exploitation des services d'eau*[37], proposait de cantonner le principe de liberté du

31. *Rec.* p. 788, *RDP* 1971, p. 249, concl. KHAN, *DA* 1971, n° 38, *AJDA* 1971, p. 153, chron. LABETOULLE et CABANES.
32. *DA* 1986, n° 489.
33. CE Sect. 13 nov. 1953, *Chambre syndicale des industries et du commerce des armes, munitions et articles de chasse*, *Rec.* p. 487.
34. CE 23 déc. 1994, *Commune de Clairvaux d'Aveyron*, *Rec.* p. 582, *AJDA* 1995, p. 351, *JCP* G 1995, II, 22502, note M. CLIQUENOIS, *RFDA* 1995, p. 214, note D. TRUCHET ; récemment conf. par CAA Nancy 14 juin 2007, *SAEM Reims Champagne Congrès Expo*, *AJDA* 2007, p. 1933, note G. CLAMOUR, *RLC* 2007, n° 920, obs. G. CLAMOUR ; CAA Nancy 15 mars 2007, *SAEM Reims Champagne Congrès Expo*, *RLC* 2007, n° 845, obs. G. CLAMOUR.
35. N° 308564, *AJDA* 2011, p. 18.
36. *DH* 1936, III, p. 1.
37. CE 16 oct. 2000, *RFDA* 2001, p. 106.

commerce et de l'industrie à la seule création des services publics (voire à leur extension). Il semble cependant que le champ des opérations concernées soit plus large.

4. Exclusions

822 Deux types d'opérations sont exclus de l'application du principe de la liberté du commerce et de l'industrie. Des activités publiques concurrençant l'initiative privée sont admises si elles constituent un *complément* – ou un accessoire – nécessaire au fonctionnement d'un service public (CE Ass. 27 février 1942, *Mollet*)[38], si elles servent la rentabilité ou la meilleure gestion d'un service public existant (CE Sect. 18 décembre 1959, *Delansorme*)[39]. Les activités accessoires peuvent être justifiées par le fait qu'elles contribuent au bon fonctionnement ou au fonctionnement normal de l'activité principale (CE Sect. 29 mai 1936, *Synd. entrepreneurs de couverture*[40] ; CE 4 juillet 1973, *Synd. nat. Entreprises diffusion*[41] ; CE 26 octobre 1979, *Porentru*)[42].

Des activités publiques concurrençant l'initiative privée sont également admises si elles permettent aux personnes publiques de *pourvoir à leurs propres besoins* (CE 29 avril 1970, *Unipain*[43], *sol. impl.* dans CE Ass. 5 juillet 1985, *Ville d'Albi*)[44]. Le Conseil d'État a réactualisé sa jurisprudence *Unipain*, en en réaffirmant le principe, mais surtout en l'étendant aux activités qui *découlent* de la satisfaction des besoins des personnes publiques, alors même qu'elles seraient susceptibles d'affecter les activités privées de même nature (à propos de la possibilité de recueillir l'image du demandeur à l'occasion d'une demande de passeport, CE Ass. 26 octobre 2011, *Association pour la promotion de l'image*[45]).

C. REFORMULATION

823 **Condition de l'intérêt public. –** L'intérêt public a été replacé au premier plan dans l'appréciation de la régularité de l'initiative publique. Les conditions de l'exploitation d'activités économiques par des personnes publiques ont été entièrement reformulées.

1. Les prémisses

824 **Jeu des deux anciennes conditions. –** Paradoxalement, la condition de l'intérêt public pouvait sembler s'effacer devant celle de l'insuffisance d'initiative privée. C'est la condition de la carence de l'initiative privée qui concentrait l'attention et faisait l'objet des débats et c'est aussi elle qui matérialisait, plus que celle de

38. *Rec.* p. 64, *S.* 1942.III. p. 41, note PL.
39. *Rec.* p. 692, *AJDA* 1960, p. 213, D. 1960, J, p. 371.
40. *Rec.* p. 622.
41. *Rec.* p. 462.
42. *Rec.* p. 609.
43. *Rec.* p. 280, *AJDA* 1970, p. 340, concl. BRAIBANT, *RDP* 1970, p. 423, note M. WALINE.
44. *Rec.* p. 220.
45. *AJDA* 2012, p. 35, chron. GUYOMAR et DOMINO.

l'intérêt public, la prégnance des thèses libérales en France. L'intérêt public, quant à lui, suivait l'évolution de la notion d'intérêt général, manifestait une perméabilité à des impératifs de plus en plus nombreux et sa présence semblait aller de soi dans de nombreuses situations.

825 **Indépendance de la condition de l'intérêt public. –** Dans l'arrêt *Territoire de la Polynésie française* de 2005[46], le Conseil d'État censure l'erreur de droit commise par la cour d'appel qui avait jugé que « seule l'insuffisance de l'initiative privée était susceptible de justifier » la prise en charge par une collectivité locale d'une activité de desserte aérienne de son territoire. *A contrario*, l'intérêt public local est donc à lui seul susceptible de fonder une initiative publique et peut jouer indépendamment de la carence de l'initiative privée.

2. L'arrêt *Ordre des avocats au barreau de Paris*

826 **Assouplissement des conditions de l'intervention publique. –** Dans l'arrêt d'assemblée *Ordre des avocats au barreau de Paris* du 31 mai 2006, le Conseil d'État, dans sa formation la plus solennelle a réinterprété le principe de la liberté du commerce et de l'industrie dans le sens d'un assouplissement considérable des conditions de licéité de l'initiative publique. La condition de l'intérêt public est placée au premier plan et devient la condition unique et générale de l'initiative publique, reléguant la carence de l'initiative privée comme une des manifestations possibles de l'existence d'un intérêt public.

CE Ass. 31 mai 2006, *Ordre des avocats au barreau de Paris*[47] : « considérant que les personnes publiques sont chargées d'assurer les activités nécessaires à la réalisation des missions de service public dont elles sont investies et bénéficient à cette fin de prérogatives de puissance publique ; qu'en outre, si elles entendent, indépendamment de ces missions, prendre en charge une activité économique, elles ne peuvent légalement le faire que dans le respect tant de la liberté du commerce et de l'industrie que du droit de la concurrence ; qu'à cet égard, pour intervenir sur le marché, elles doivent non seulement agir dans la limite de leurs compétences, mais également justifier d'un intérêt public, lequel peut résulter notamment de la carence de l'initiative privée ; qu'une fois admise dans son principe, une telle intervention ne doit pas se réaliser suivant des modalités telles qu'en raison de la situation particulière dans laquelle se trouverait cette personne publique par rapport aux autres opérateurs agissant sur le même marché, elle fausserait le libre jeu de la concurrence sur celui-ci ».

827 **Principes et modalités de l'intervention. –** Le Conseil d'État replace dans un ordre logique les deux grandes questions que pose l'intervention publique. En premier lieu, il faut s'interroger sur le principe même de l'intervention et sur sa licéité. En second lieu, une fois l'intervention admise, ses modalités et conditions doivent être notamment examinées au regard du droit des pratiques anticoncurrentielles. Un tel raisonnement devrait favoriser l'initiative publique, en ce que les deux questions

46. CE 18 mai 2005, *Rec.* p. 748, *AJDA* 2005, p. 2131, note S. NICINSKI, *RLC* 2006, p. 51, note G. CLAMOUR.

47. *Rec.* p. 272, *BJCP* 2006, n° 47, p. 295, concl. CASAS, *AJDA* 2006, p. 1592, chron. LANDAIS et LENICA, *JCP* A 2006, 1133, note F. LINDITCH, *CP-ACCP* n° 59, oct. 2006, p. 78, note L. RENOUARD ; *Dr. adm.* août 2006, n° 129, note M. BAZEX ; *Contrats et marchés publics* juill. 2006, comm. 202, note G. ECKERT, *RLC* 2996, n° 641, note G. CLAMOUR, *Contrats, conc., consomm.* 2006, comm. 188, obs. F. ROLIN.

ne sont plus liées. Il était en effet délicat d'admettre largement le principe même de l'intervention sachant que les opérateurs publics pouvaient ensuite user d'un certain nombre de privilèges sur le marché et concurrencer déloyalement l'initiative privée. Si les modalités d'intervention sont strictement encadrées, le principe même de l'intervention peut être assoupli, d'autant plus que cela ne heurte pas le droit communautaire, affichant une neutralité vis-à-vis du principe de l'intervention publique.

828 **Distinction service public/activités économiques. –** Une nouvelle distinction est mise en avant, entre les activités qualifiables de service public et les activités économiques. Les activités qualifiables de services publics peuvent être exploitées librement par des opérateurs publics car aucune condition n'est posée quant au principe de leur création. L'exploitation d'activités économiques est quant à elle soumise au principe de la liberté du commerce et de l'industrie et à ses conditions d'application rénovées. Mais on sait qu'une activité de service public (notamment les SPIC) peut en même temps revêtir un aspect économique. Il n'est pas non plus exclu que certains SPA comportent une activité économique. La notion d'activité économique est conçue très largement en droit communautaire (*supra*, n° 576 et s.) et si on l'applique aux services publics français, la seconde catégorie sera beaucoup plus importante que la première.

La catégorie des services publics exploités librement par les personnes publiques est désignée à l'aide de la formulation « missions de service public dont elles sont investies ». On pourrait penser que l'idée d'investiture (par la loi ou par la Constitution) jouerait en réalité le rôle d'un critère réducteur. Cette interprétation présenterait l'inconvénient de renvoyer finalement au Conseil constitutionnel le soin de décider si les investitures légales n'entravent pas la liberté d'entreprendre.

829 **Réaffirmation de l'actualité du principe de la liberté du commerce et de l'industrie. –** L'arrêt *Ordre des avocats au barreau de Paris* confirme l'actualité du second volet du principe de la liberté du commerce et de l'industrie, interprété comme s'opposant à l'exploitation d'activités économiques par des personnes publiques. C'est le principe de non-intervention ou de non-concurrence qui est confirmé.

Le principe de la liberté du commerce et de l'industrie, dans son volet non-concurrence, avait semblé être abandonné dans un avis du 8 novembre 2000, *Jean-Louis Bernard Consultants*[48], dans lequel le Conseil d'État affirme qu'« aucun texte ni aucun principe n'interdit, en raison de sa nature, à une personne publique, de se porter candidate à l'attribution d'un marché public ou d'un contrat de délégation de service public. Aussi la personne qui envisage de conclure un contrat dont la passation est soumise à des obligations de publicité et de mise en concurrence, ne peut-elle refuser par principe d'admettre à concourir une personne publique ». Les conclusions du commissaire du gouvernement C. Bergeal sur l'avis *Jean-Louis Bernard Consultants*[49] étaient on ne peut plus claires : « le droit de l'intervention économique, qui reposait sur un principe de non-concurrence entre les activités publiques et privées, cherche désormais un nouveau fondement dans le principe d'égale concurrence entre les opérateurs économiques intervenant sur le

48. *Contrats et marchés publics* 2001, comm. n° 8, note P. SOLER-COUTEAUX ; *BJCP* 2001, p. 111, concl. BERGEAL ; *AJDA* 2000, p. 1066, chron. GUYOMAR et COLLIN ; *CJEG* 2001, p. 58, note M. DEGOFFE et J.-D. DREYFUS ; *Contrats et marchés publics* 2001, n° 2, p. 4 comm. G. ECKERT ; *DA* 2001, n° 4, chron. Y. LAIDIÉ ; *JCP* 2001, I, p. 357, note E. DELACOUR, « L'attribution d'un marché public ou d'une délégation à une personne publique ».
49. *BJCP* 2001, p. 111.

marché, quel que soit leur statut public ou privé ». Le rapport du Conseil d'État pour 2002, *Collectivités publiques et concurrence* (p. 262 à 264), minimise l'apport supposé de l'avis *Jean-Louis Bernard Consultants*. L'avis « se borne à rappeler qu'il n'y a pas d'incapacité commerciale par principe ou par nature des personnes publiques. (...) Il paraît donc difficile de déduire de cet avis qu'il prend au surplus parti sur des questions de principe d'une autre ampleur, telle que l'éventuel abandon du principe de spécialité ou la portée du principe de la liberté du commerce et de l'industrie. (...) Compte tenu tant de la sensibilité du sujet que des problèmes bien réels que pose la concurrence des personnes publiques aux personnes privées, le temps ne paraît d'ailleurs pas venu d'une remise en cause des principes de spécialité et de liberté du commerce et de l'industrie, tels qu'interprétés avec beaucoup de souplesse par la jurisprudence et toujours appliqués jusque dans les années les plus récentes, comme il a été indiqué plus haut, et il ne paraît pas souhaitable de laisser se développer une sorte de banalisation pure et simple de l'intervention publique marchande ».

830 **Primauté de la condition de l'intérêt public. –** La condition de l'intérêt public est placée comme condition unique et générale de l'intervention des personnes publiques. La carence de l'initiative privée est désormais incluse dans l'intérêt public au même titre que d'autres facteurs. Le Conseil d'État est muet sur ces éventuels autres facteurs, mais la jurisprudence antérieure nous enseigne que, malgré la présence d'un secteur privé, des exigences de fonctionnement et d'organisation (tarifs, continuité, responsabilité, universalité y compris sur les secteurs les moins rentables) d'une activité, de même que le souci de satisfaire les besoins essentiels d'une population peuvent justifier une intervention publique, sans forcément stigmatiser l'initiative privée en l'accusant d'insuffisance qualitative.

Dans l'arrêt du 3 mars 2010, *Département de la Corrèze*[50], le Conseil d'État confirme que l'intérêt public peut être reconnu alors même que l'initiative privée n'est pas défaillante : « même si des sociétés privées offrent des prestations de téléassistance, la création de ce service, offert à toutes les personnes âgées ou dépendantes du département, indépendamment de leurs ressources, satisfait aux besoins de la population et répond à un intérêt public local ».

Pour une activité de fourniture d'offres de séjours touristiques afin de favoriser le tourisme local manifestant de ce fait un intérêt public local suffisant, CAA Nancy 14 juin 2007, *SAEM Reims Champagne Congrès Expo*[51] ; CAA Nancy 15 mars 2007, *SAEM Reims Champagne Congrès Expo*[52].

La primauté de la condition de l'intérêt public conduit aussi à repenser la dialectique des thèses libérales et interventionnistes. L'initiative publique n'est plus nécessairement considérée comme subsidiaire, mais devient véritablement complémentaire au secteur privé. Elle est fondée sur un principe d'action positif (l'intérêt public) et ne se définit plus en négatif (l'espace laissé libre par le secteur privé).

831 **Respect des règles de compétence. –** La condition de l'intérêt public coexiste avec la condition du respect de sa propre compétence par la personne publique. Cela implique pour les établissements publics de veiller au respect du principe de spécialité. Les collectivités territoriales doivent quant à elles inscrire leur action dans la sphère d'affaires locales qui ressortent de leur compétence et ne pas sortir

50. *AJDA* 2010, p. 957, concl. BOULOUIS, *CMP* 2010, comm. 146, note G. ECKERT.
51. *AJDA* 2007, p. 1933, note G. CLAMOUR ; *RLC* 2007, n° 920, obs. G. CLAMOUR.
52. *RLC* 2007, n° 845, obs. G. CLAMOUR.

de leur zone géographique d'intervention (CE 25 mai 1994, *Syndicat intercommunal des eaux de Gravelotte*[53] ; non invocable à l'encontre de prestations proposées par l'État lui-même, CE 29 septembre 2003, *Fédération nationale des géomètres-experts*)[54].

Pour les collectivités territoriales, la jurisprudence sur la candidature des opérateurs publics à une commande publique tend à rapprocher les critères d'appréciation de ceux utilisés pour les établissements publics, en ce qu'il est fait appel à la notion d'activité complémentaire à une activité exercée normalement. L'arrêt CAA Bordeaux 15 juillet 2008, *Société Merceron* TP[55], rendu à propos de l'attribution par la commune de Saint-Denis-d'Oléron d'un marché public de dragage d'un port maritime de plaisance attribué au département de la Charente-Maritime, juge que « le dragage d'un port maritime de plaisance constitue une activité nécessaire à la réalisation de la mission de service public d'aménagement et d'exploitation d'un tel port incombant normalement au département pour les ports de pêche et aux communes pour les ports de plaisance en vertu des dispositions de l'article L. 601-1 du Code des ports maritimes ; que ces dernières dispositions ne font pas obstacle à ce qu'un département développe une activité de dragage, complémentaire de celle qu'il assure pour l'exploitation et l'entretien des ports lui incombant obligatoirement, en proposant les prestations de son service de dragage à d'autres personnes publiques lorsque cette activité présente un intérêt public local ; [...] que, par suite, et alors même que l'aménagement et l'exploitation du port à activité principale de plaisance de Saint-Denis d'Oléron incombent à la commune en vertu des dispositions de l'article L. 601-1 du Code des ports maritimes, la société Merceron TP n'est pas fondée à soutenir que l'attribution au département de la Charente-Maritime du marché de dragage de ce port aurait méconnu les limites des compétences de cette collectivité territoriale et, de ce fait, porté atteinte au principe de liberté du commerce et de l'industrie ou de libre concurrence ». On remarque que l'appréciation de la compétence de l'opérateur public s'effectue avec une relative souplesse. Matériellement, le raisonnement est fondé sur la notion d'activité connexe ou accessoire à l'activité existante. La compétence de la commune en matière d'aménagement et d'exploitation du port, qui peut se limiter à une compétence d'organisation qui est celle du pouvoir adjudicateur, est distincte de la compétence nécessaire pour développer les activités de prestation de service qui sont celles de l'opérateur attributaire du marché. La répartition des compétences entre personnes publiques, décidée par les textes, s'entend de la compétence pour organiser une activité, laquelle implique la possibilité de déléguer cette activité ou de passer des marchés publics pour en assurer la réalisation effective. Elle ne s'oppose pas à ce qu'une personne publique puisse développer une activité de prestations matérielles dans le domaine de compétences d'organisation dévolues à d'autres collectivités. On note que les conclusions Lenica sur CE 10 juillet 2009, *Département de l'Aisne*[56], à propos d'une candidature du *Département de l'Aisne* pour assurer l'exécution d'un marché public dans les départements voisins du Nord

53. *DA* 1994, n° 435.
54. N° 221283.
55. Req. n° 07BX00373, *Contrats et marchés publics* oct. 2008, comm. 227, note G. ECKERT.
56. *CMP* août-sept. 2009, n° 270, note G. ECKERT, *BJCP* n° 67, déc. 2009, p. 444, concl. LENICA, *AJDA* 2009, p. 2006, note J.-D. DREYFUS.

et du Pas-de-Calais, bien que reconnaissant que la candidature d'un opérateur public est limitée par la délimitation de sa compétence, propose le rejet de cette exigence, au motif qu'elle conduirait à instaurer entre les candidatures publiques une prime au localisme incompatible avec le principe d'égalité dans l'accès à la commande publique.

Dans un arrêt de la cour administrative d'appel de Nantes rendu en 2011 (4 nov. 2011, *Soc. Armor SNCF*[57]), le traitement du champ territorial d'action de l'opérateur public candidat à une commande publique est très permissif, puisqu'il est jugé qu'un département candidat à un marché proposé par le département voisin n'est pas tenu de justifier d'un intérêt public départemental pour pouvoir présenter une telle offre en dehors de ses limites territoriales. Les dispositions de l'article L. 3211-1 du Code général des collectivités territoriales, sur la notion d'affaires du département et d'objets d'intérêt départemental, ne sont pas méconnues. La dispense d'intérêt public de la candidature publique à une commande publique devient pour les collectivités territoriales une dispense d'intérêt local et une autorisation à agir en dehors des limites territoriales.

D. LA LIBERTÉ D'ENTREPRENDRE ET LA POSITION DU CONSEIL CONSTITUTIONNEL

832 **Doctrine. –** C'est D. Truchet, en 1996[58], qui s'est posé l'intéressante question de savoir si les personnes publiques disposaient de la liberté d'entreprendre, seule liberté économique élevée au rang constitutionnel par le Conseil constitutionnel. Plutôt favorable à la reconnaissance d'une telle liberté en faveur des personnes publiques, cet auteur remarque que la décision du Conseil constitutionnel du 16 janvier 1982, Loi de nationalisation, ne réserve pas formellement la liberté d'entreprendre aux seules personnes privées. Il préconise de raisonner ici comme le Conseil constitutionnel l'a fait pour la protection du droit de propriété s'étendant à celle des personnes publiques[59]. J.-Y. Chérot semble défendre l'opinion inverse[60]. Le Conseil constitutionnel n'a pas explicitement admis que les personnes publiques disposaient de la liberté d'entreprendre et les activités économiques continueraient de relever du secteur privé. L'alinéa 9 du Préambule de 1946 soumet l'intervention publique à la présence d'un monopole de fait ou d'un service public national, ce qui irait dans le sens « d'une certaine subsidiarité de l'intervention économique publique ».

833 **Jurisprudence du Conseil constitutionnel sur l'initiative publique. –** Seules deux décisions du Conseil constitutionnel sont pertinentes s'agissant de la création même d'un opérateur public ou de sa présence. Il s'agit, d'une part, de la décision du 27 juillet 2000 (nº 2000-433 DC, loi modifiant la loi nº 86-1067 du 30 septembre 1986 relative à la liberté de communication), dans laquelle le Conseil décide que la liberté d'entreprendre ne s'oppose pas à la présence d'opérateurs publics, présence justifiée par les missions de service public de ces opérateurs. D'autre part, les deux décisions concernant l'archéologie préventive, et plus particulièrement la première

57. Nº10NT01095.

58. « Les personnes publiques disposent-elles, en droit français, de la liberté d'entreprendre ? », *D. aff.* 1996, nº 24, p. 731.

59. Décision nº 207 DC des 25 et 26 juin 1986.

60. « Nouvelles observations sur la régulation par le Conseil d'État de la concurrence entre personnes publiques et personnes privées », *Mélanges Moderne*, Dalloz, 2004, p. 87.

d'entre elles, sont édifiantes en ce que c'est réellement la création d'un opérateur public (EPA) disposant de droits exclusifs qui est en cause. Ainsi, dans la décision du 16 janvier 2001 (n° 2000-439 DC, loi relative à l'archéologie préventive), le Conseil constitutionnel décide que la création d'un établissement public administratif ne porte pas atteinte à la liberté d'entreprendre eu égard à la mission d'intérêt général dont il est investi. Plus précisément, les limitations à la liberté d'entreprendre peuvent être liées à des exigences constitutionnelles, ou doivent être justifiées par des motifs d'intérêt général et ne doivent pas être disproportionnées au regard de l'objectif poursuivi. Le Conseil répond à un argument de la saisine qui portait directement sur le problème de l'initiative publique au rang constitutionnel, puisque les auteurs de la saisine invoquaient l'argument selon lequel il fallait dissocier la mission de contrôle en ce domaine appartenant à l'État et la réalisation des opérations relevant du secteur concurrentiel. Le Conseil disposait donc d'une belle occasion de poser les limites de l'initiative publique, en adoptant éventuellement le raisonnement du Conseil d'État. Il ne l'a pas fait, mais ne reconnaît pas expressément la liberté d'entreprendre aux personnes publiques. Au rang constitutionnel l'initiative publique est admise, alors même qu'il n'y a pas carence du secteur privé, à partir du moment où l'opérateur public justifie une mission d'intérêt général ou de service public. L'intérêt général est même assez largement entendu dans la décision archéologie préventive et semble couvrir un certain nombre d'activités économiques. Dans l'arrêt *Ordre des avocats au barreau de Paris*, le Conseil d'État s'aligne finalement sur le raisonnement adopté quelques années plus tôt par le Conseil constitutionnel.

§ 2. L'HABILITATION NORMATIVE

834 **Textes.** – L'opérateur public peut trouver un fondement juridique à son intervention sur le marché dans les textes habilitant des collectivités publiques à créer ou à organiser des services publics. Certains y voient une manifestation d'un intérêt public à rattacher aux conditions posées par le principe de la liberté du commerce et de l'industrie[61]. On peut aussi considérer que l'habilitation textuelle constitue un fondement parallèle à l'intérêt public.

835 **Constitution.** – Certaines dispositions de la Constitution, en prévoyant de manière plus ou moins impérative l'existence de services publics, dits constitutionnels, peuvent être interprétées comme conférant une véritable obligation de création de ces services publics à la charge des autorités étatiques (enseignement, protection sociale, justice, défense, armées, etc.). Le Conseil constitutionnel a confirmé l'existence de « services publics nationaux dont la nécessité découle de principes ou de règles de valeur constitutionnelle »[62]. Mais, si l'on peut affirmer que ces activités doivent être créées ou plus vraisemblablement que leur existence doit être maintenue et assurée, aucune règle ne confère aux opérateurs publics une possibilité

61. G. CLAMOUR, « Qui peut le moins peut le plus... ! Ou la liberté économique de fait des personnes publiques », *JCP* A n° 44-45 29 oct. 2007, 2286.
62. Décision des 25 et 26 juin 1986 sur les privatisations.

d'intervention privilégiée en ces domaines. Même des activités aussi régaliennes que le fisc ont pu un jour être assurées par le secteur privé (Ferme Générale sous l'Ancien Régime). Il pourrait être difficile également d'y voir un marché et de les qualifier d'activités commerciales, même si le secteur privé s'intéresse de plus en plus à ce type d'activités. Toutefois, sans constituer un monopole d'activités au profit « d'opérateurs publics », il semble que leur intervention en ces domaines soit considérée comme légitime.

La décision n° 90-285 DC du 28 décembre 1990, Loi de finances pour 1991, a permis au Conseil constitutionnel de prendre position sur l'existence d'activités ne pouvant être exercées que par des personnes publiques. Les auteurs de la saisine contestaient que le recouvrement de certaines contributions soit confié à des organismes privés, contrairement au principe d'exclusivité de l'État en matière de recouvrement de l'impôt. Le Conseil constitutionnel décide que « le recouvrement d'une imposition contribuant, conformément à l'article 13 de la Déclaration de 1789, aux charges de la Nation, ne peut être effectué que par des services ou organismes placés sous l'autorité de l'État ou son contrôle ». Mais le procédé choisi ne contrevient pas à cette règle dans la mesure où « les différents organismes chargés du recouvrement de la contribution instituée par l'article 127 exercent une mission de service public et sont placés sous la tutelle de l'État ou sous son contrôle ». Ainsi, même dans les matières régaliennes, la présence d'un opérateur public n'est pas exigée si les opérateurs privés chargés de l'activité demeurent sous le contrôle de l'administration.

L'article 3 de la loi n° 2002-1138 du 9 septembre 2002 dispose, à propos du service pénitentiaire que « les fonctions autres que celles de direction, de greffe et de surveillance peuvent être confiées à des personnes de droit public ou de droit privé habilitées, dans des conditions définies par décret en Conseil d'État ». Saisi de cette loi le Conseil constitutionnel (décision n° 2002-461 DC, Loi d'orientation et de programmation pour la justice) semble valider une telle distinction : « considérant que, s'agissant des fonctions mentionnées au dernier alinéa de l'article contesté, dont sont expressément exclues les tâches inhérentes à l'exercice par l'État de ses missions de souveraineté, leur délégation fera l'objet d'une habilitation dans des conditions définies par décret en Conseil d'État ; que le respect des exigences propres au service public pénitentiaire sera dès lors imposé au titulaire dans le cadre de cette habilitation ». Cet exemple confirme que le secteur privé est susceptible de s'intéresser à un large panel d'activités, proches des missions purement régaliennes, mais que ces dernières semblent appartenir encore à l'administration.

836 **Alinéa 9 du Préambule de 1946. –** L'alinéa 9 du Préambule de la Constitution de 1946 dispose que « tout bien, toute entreprise, dont l'exploitation a ou acquiert les caractères d'un service public national ou d'un monopole de fait, doit devenir la propriété de la collectivité ». Bien que servant de fondement juridique aux grandes nationalisations (dont une partie est toutefois antérieure à l'adoption de ce texte), il est surtout invoqué aujourd'hui pour s'opposer aux privatisations (*supra*, n° 625 et s.). Néanmoins, il fonde l'existence d'opérateurs publics ou du secteur public, voire rend leur existence obligatoire à l'intérieur de son champ d'application. Cependant, il n'existe aucun moyen juridique pour sanctionner l'absence de nationalisation d'une entreprise qui aurait dû l'être en vertu de l'alinéa 9, puisque le refus du gouvernement de déposer un projet de loi de nationalisation entre dans la catégorie des actes de gouvernement et la carence du législateur n'est susceptible d'aucun recours ayant pour effet d'obliger les autorités compétentes à adopter une loi.

837 **Attribution de compétences aux collectivités territoriales. –** La clause générale de compétence des collectivités territoriales (article L. 1111-2 du CGCT), les habilitant à régler par leurs délibérations les affaires de leur compétence pourrait justifier

certaines interventions économiques. Mais il nous semble que la simple évocation d'une affaire locale ne saurait suffire, la collectivité publique devant démontrer que l'initiative est nécessaire à la satisfaction des besoins du public[63]. Cela étant, la légitimité de l'intervention publique est tout à fait contingente et ainsi que le remarque F. Séners, il suffit que l'action publique « serve les intérêts collectifs qui, en l'État des conceptions politico-juridiques du moment, sont regardés comme légitimant l'engagement de la collectivité publique »[64]. Le législateur, en confiant des compétences aux collectivités territoriales en matière d'organisation et de gestion de services publics, leur a souvent laissé le choix entre une gestion directe ou une gestion par délégation. L'article L. 2221-1 du CGCT dispose que « les communes et les syndicats de communes peuvent exploiter directement des services d'intérêt public à caractère industriel ou commercial » et l'article L. 2221-2 prévoit la même possibilité s'agissant des services publics administratifs pour lesquels un statut d'établissement public spécifique n'est pas imposé. Certaines activités sont expressément mentionnées dans le CGCT, comme pouvant être assurées directement par les collectivités territoriales ou par l'intermédiaire d'un établissement public (pour toutes les collectivités territoriales, article L. 1412-1).

Pour les communes : service extérieur des pompes funèbres (article L. 2223-19 CGCT), exploitation d'une installation de production d'électricité (articles L. 2224-32 et suivants CGCT), offices de tourisme (article L. 2231-9 du CGCT) ; pour toutes les collectivités territoriales : bibliothèques (article L. 310-1 du Code du patrimoine), musées (article L. 410-2 du Code du patrimoine).

Dans certains cas, l'organisation (obligatoire ou pas) de certaines prestations relève des collectivités territoriales sans que leur exploitation par la collectivité elle-même soit prévue (eau, assainissement, ordures ménagères, abattoirs, logement social, aérodromes, ports, etc.). On peut en conclure que si la présence d'un opérateur public n'est pas expressément autorisée, elle est néanmoins considérée comme légitime et on a rarement vu le principe de la liberté du commerce et de l'industrie être opposé à une initiative publique dans ces situations.

Pour les communes : assainissement, collecte et élimination des déchets, halles, foires et marchés, abattoirs.

Cependant, dans les domaines constitutifs de nouveaux transferts de compétences, lorsque le législateur demeure assez vague quant à l'étendue de la mission confiée aux collectivités territoriales, il apparaît que le secteur privé est plus prompt à dénoncer la présence d'éventuels opérateurs publics au nom du principe de la liberté du commerce et de l'industrie.

On peut se référer par exemple au secteur de la formation professionnelle pour adultes. L'article L. 214-12 du Code de l'éducation, issu de la loi n° 2004-809 du 13 août 2004, article 8-I, et modifié, dispose que : « la région définit et met en œuvre la politique régionale d'apprentissage et de formation professionnelle des jeunes et des adultes à la recherche d'un emploi ou d'une nouvelle orientation professionnelle. Elle organise sur son territoire le réseau des centres et points d'information et de conseil sur la validation des acquis de l'expérience et contribue à assurer l'assistance aux candidats à la validation des acquis de l'expérience. Elle organise des actions

63. Concl. KAHN sur CE Sect. 23 déc. 1970, *Cne de Montmagny*, *RDP* 1971, p. 248.

64. Concl. sur CE 7 juill. 2004, *Cne Celoux*, *Rec.* p. 319, *JCP* A 2004, 1094, chron. GLASER et SÉNERS, *BJCL* 2004, n° 9, p. 625, concl. SÉNERS, *LPA* 13 mai 2005, n° 95, p. 15, note F. NICOUD.

destinées à répondre aux besoins d'apprentissage et de formation en favorisant un accès équilibré des femmes et des hommes aux différentes filières de formation. Elle veille en particulier à organiser des formations permettant d'acquérir une des qualifications mentionnées à l'article L. 6314-1 du Code du travail. Elle assure l'accueil en formation de la population résidant sur son territoire, ou dans une autre région. Dans ce dernier cas, une convention fixe les conditions de prise en charge de la formation par les régions concernées ». Il est difficile de savoir si le législateur a entendu habiliter les régions à intervenir directement par la création d'opérateurs chargés d'assurer la formation ou si le législateur a simplement souhaité confier une compétence d'organisation aux régions.

SECTION II LES DOMAINES D'INTERVENTION

838 **Trois domaines. –** Logiquement, il existe trois domaines d'intervention : le domaine d'intervention qui serait réservé à l'initiative publique et dans lequel les opérateurs privés ne pourraient pas intervenir, le domaine d'intervention naturel, ou légitime, des opérateurs publics dans lequel ils pourraient intervenir librement sans avoir à respecter les conditions issues du principe de la liberté du commerce et de l'industrie et le domaine de compétence partagé dans lequel les opérateurs publics ne peuvent intervenir qu'en respectant la condition d'un intérêt public.

§ 1. LE DOMAINE RÉSERVÉ

839 **Absence. –** Il n'y a pas de domaine réservé à l'initiative publique clairement identifié par les textes ou la jurisprudence. L'idée d'un domaine réservé peut même venir heurter les thèses libérales qui n'ont jamais véritablement été mises de côté en France. Seules les missions de souveraineté ou s'y rattachant étroitement seraient susceptibles de venir abonder ce domaine, si tant est que l'on parvienne à identifier une activité qui relèverait de la souveraineté de l'État et qui serait néanmoins qualifiable d'économique. Reste le cas des services publics nationaux ou des monopoles de fait confiés à des sociétés nationalisées, qui pourraient constituer le noyau dur d'un domaine réservé.

§ 2. LE DOMAINE NATUREL

840 **Interrogations. –** La jurisprudence a toujours laissé subsister un domaine que l'on pourrait qualifier de légitime ou de naturel, accueillant l'initiative publique sans condition. L'existence de ce domaine est aujourd'hui pleinement confirmée, mais reste à savoir quelle est sa consistance exacte.

A. EXISTENCE

841 **Intuition. –** Dès les années 1930, certaines activités entrent dans les attributions naturelles des collectivités publiques, par leur nature et par leur objet. Le principe de la liberté du commerce et de l'industrie ne peut donc s'opposer aux interventions des personnes publiques dans ces domaines. Le commissaire du gouvernement Josse dans ses conclusions sur l'arrêt *Chambre syndicale du commerce de détail de Nevers*[65] avait esquissé les contours du domaine privilégié d'action des collectivités publiques en y incluant les services publics « légitimés par un monopole de fait résultant de l'occupation du domaine public » ; les services « de première nécessité se rattachant à l'hygiène, à la salubrité, à l'assistance, pour lesquels l'intervention de la collectivité est justifiée dans son principe » et les services « industriels pour lesquels il est difficile d'obtenir un service généralisé » pour des raisons de rentabilité économique.

À propos de la création de bains-douches et de lavoir, améliorant le fonctionnement du service public de l'hygiène et de l'assistance sociale (CE Ass. 19 mai 1933, *Blanc*[66] ; CE Ass. 12 juillet 1939, *Chambre syndicale des maîtres-buandiers de Saint-Étienne*)[67]. Voir également pour la création d'une cantine scolaire destinée à assurer une alimentation dans des conditions conformes aux règles de l'hygiène (CE Sect. 11 janvier 1952, *Association des parents d'élèves de l'enseignement libre de Seine-et-Oise*)[68]. Dans l'arrêt CE Sect. 23 juin 1972, *Société La Plage de la forêt*[69], le Conseil d'État juge que la création d'une piscine municipale contribue à améliorer l'équipement de la ville en piscines, que la commune n'a fait qu'user de ses pouvoirs en vertu d'un objet conforme à sa mission et que le principe de la liberté du commerce et de l'industrie ne peut pas faire obstacle à une intervention municipale en ce domaine.

842 **Doutes. –** Par la suite, alors que ses commissaires du gouvernement l'y invitaient, le Conseil d'État n'a pas forcément retenu ou explicitement confirmé l'idée d'un domaine réservé à l'initiative publique ou qui lui soit naturel, alors que les activités en cause avaient une connotation fortement sociale, ou étaient entreprises dans un but social évident et relevaient de la catégorie des services publics administratifs. Les conditions posées par la jurisprudence *Chambre syndicale du commerce en détail de Nevers* sont assouplies, mais appliquées.

Pour un cabinet dentaire municipal fonctionnant en faveur des plus démunis qu'il était possible de rattacher à l'action sanitaire CE Sect. 20 novembre 1964, *Ville de Nanterre*[70]. Pour un service de consultations juridiques gratuit, le Conseil d'État se contente de vérifier l'existence d'un intérêt public local et note que le service ne concurrencera pas illégalement les professionnels des villes voisines CE Sect. 23 décembre 1970, *Commune de Montmagny*[71].

843 **Confirmation circonstanciée. –** À la fin des années 1990 et au début des années 2000, le Conseil d'État est plus direct dans ses affirmations concernant des domaines dans lesquels les collectivités publiques disposent en tout état de cause de la possibilité d'intervenir, lorsqu'elles prennent en charge des missions

65. *RDP* 1930, p. 530 et *S.* 1931, III, p. 73.
66. *Rec.* p. 540, *S.* 1931, III, p. 81, note R. ALIBERT.
67. *Rec.* p. 478, *D.* 1940, III, p. 1, note L. JOSSE.
68. *Rec.* p. 26.
69. *Rec.* p. 477, *RDP* 1972, p. 1259, concl. BERNARD, *AJDA* 1972, p. 452, chron. LABETOULLE et CABANES.
70. Préc.
71. *Rec.* p. 788.

qui « constituent, par nature, une mission de service public au bon accomplissement [desquelles] il [leur] appartient de veiller » (à propos de la diffusion de données juridiques CE 17 décembre 1997, *Ordre des avocats à la Cour de Paris*)[72]. De même, « la bonne desserte aérienne de la Polynésie française, indispensable à ses relations avec le reste du monde et à son développement, constitue un intérêt public local » (CE 18 mai 2005, *Territoire de la Polynésie française*)[73].

844 **Confirmation de principe. –** L'arrêt *Ordre des avocats au barreau de Paris* de 2006[74] marque un véritable tournant en la matière en ce que le Conseil d'État confirme explicitement l'existence d'un domaine réservé à l'initiative publique, auquel le principe de la liberté du commerce et de l'industrie n'est pas opposable.

B. CONSISTANCE

845 **Missions de service public dont les personnes publiques sont investies. –** On aurait pu fonder une grille d'analyse de la jurisprudence sur la distinction SPA/SPIC (la jurisprudence admettant plus facilement qu'un SPA relève de l'initiative publique). Il est vrai que la création d'un service public administratif (éducation, assistance sociale, services artistiques et culturels, services touristiques, etc.) par une collectivité publique bénéficie d'une sorte de présomption de régularité au regard de la liberté du commerce et de l'industrie. L'arrêt *Ordre des avocats au barreau de Paris* définit le domaine naturel comme celui « des activités nécessaires à la réalisation des missions de service public dont [les personnes publiques] sont investies et bénéficient à cette fin de prérogatives de puissance publique ». Sont à classer dans le domaine réservé :

846 **Activités à objet social. –** Les arrêts de la première moitié du XXe siècle (*supra*, n° 818 et s.) montrent que le domaine naturel d'intervention des personnes publiques couvre assez largement les activités de nature sociale (assistance aux plus démunis). Plus récemment, l'avis du 23 octobre 2003, *Fondation Jean Moulin*[75], a exclu les prestations d'aide sociale du ministère de l'Intérieur, élément de la politique de gestion des ressources humaines, des règles applicables à la commande publique. Le droit communautaire exclut de la notion d'entreprise, fondée sur le caractère économique de l'activité exercée, certaines activités sociales (*supra*, n° 584).

847 **Activités se rattachant à une mission de police. –** Là encore, les arrêts précités de la première moitié du XXe siècle démontrent que les personnes publiques peuvent mener des activités visant à assurer l'hygiène de la population et plus généralement la salubrité publique. Rien n'interdit de penser que ce raisonnement s'étend aux autres composantes de l'ordre public (sécurité et tranquillité).

72. *Rec.* p. 491, *AJDA* 1998, p. 362, concl. COMBREXELLE et p. 369, note B. NOUËL, *CJEG* 1998, p. 105, concl. COMBREXELLE.
73. Préc.
74. Préc.
75. *EDCE* 2004, p. 209.

848 **Activités marchandes par nature mais créées dans un but social. –** L'objectif poursuivi en créant un cabinet dentaire dans l'arrêt *Ville de Nanterre* de 1964[76] est un bon exemple d'activité commerciale par nature, mais créé spécialement pour satisfaire une partie de la population n'ayant pas accès aux soins dentaires. On pourrait envisager de faire basculer dans le domaine naturel d'intervention des personnes publiques les activités pour lesquelles le principe de la liberté du commerce et de l'industrie s'appréciait très souplement en raison de la nature de *l'objectif* poursuivi. La jurisprudence semble cependant encore attachée à la soumission de telles activités aux conditions d'intervention des personnes publiques dans le domaine économique, dans la mesure où si l'objectif est social, le caractère économique des prestations justifie qu'en cas de contentieux formé par des opérateurs économiques concurrents, un minimum de contrôle puisse s'opérer (CE 3 mars 2010, *Département de la Corrèze*[77], à propos de prestations de téléassistance offertes aux personnes âgées ou dépendantes).

849 **Activités marchandes par nature mais nécessaires au bon accomplissement d'une politique publique. –** L'arrêt *Territoire de la Polynésie française* de 2005[78] s'inscrit dans cette grille d'analyse en ce que la desserte aérienne d'un territoire est une activité marchande de transport qualifiable normalement de SPIC, mais entrant tout de même dans le domaine réservé à l'initiative publique en ce qu'elle sert la politique d'aménagement du territoire.

850 **Activités marchandes par nature mais dont les modalités de fonctionnement répondent à des exigences particulières. –** Dans l'arrêt *Ordre des avocats à la cour de Paris* de 1997[79], le Conseil d'État insiste sur le fait que le service de diffusion des données juridiques créé s'effectue dans des conditions adaptées à l'État des techniques, qu'il couvre tous les textes, décisions et documents juridiques, y compris ceux dont la diffusion ne serait pas économiquement viable et qu'il répond à des exigences d'égalité d'accès, de neutralité et d'objectivité. Il est intéressant de constater que, dans cette situation, la condition de la carence de l'initiative privée semble jouer implicitement et d'une manière différente de celle que l'on connaît d'habitude. C'est l'absence d'intérêt économique des opérateurs privés pour une activité jugée *a priori* non rentable qui ouvre un champ d'intervention naturel à l'initiative publique.

851 **Occupation du domaine public. –** Les activités s'exerçant sur le domaine public avaient fait l'objet d'un traitement particulier par le commissaire du gouvernement Josse (*supra*, n° 841). On pourrait effectivement affirmer que toute activité commerciale s'exerçant sur le domaine public relève du domaine naturel d'intervention des collectivités publiques propriétaires ou occupantes. Cependant, un pouvoir accru de réglementation des activités commerciales exercées par des

76. Préc.

77. N° 306911, *RCL* 2010, n° 24, note G. CLAMOUR, *CMP* 2010, comm. 146, note G. ECKERT, *JCP* A 2010, n° 2203, note P. IDOUX, *RJEP* 2010, comm. 44, note J. PELLISSIER, *AJDA* 2010, p. 957, concl. BOULOUIS.

78. Préc.

79. Préc.

opérateurs privés sur le domaine public (*supra*, n° 525 et s.) ne confère pas automatiquement une capacité naturelle d'intervention. Qui plus est, si la dépendance est qualifiée d'infrastructure essentielle, les règles du droit de la concurrence devront s'appliquer, ce qui obligerait l'administration à la mettre à la disposition des opérateurs le demandant (*supra*, n° 521).

852 **Service à soi-même. –** L'arrêt *Ordre des avocats au barreau de Paris*[80] n'a pas remis en question la jurisprudence *Unipain*[81]. Dès lors, les collectivités publiques peuvent développer des activités commerciales pour elles-mêmes. Le Conseil d'État a étendu le principe aux activités qui *découlent* de la satisfaction des besoins des personnes publiques, alors même qu'elles seraient susceptibles d'affecter les activités privées de même nature (à propos de la possibilité de recueillir l'image du demandeur à l'occasion d'une demande de passeport, CE Ass. 26 octobre 2011, *Association pour la promotion de l'image*[82]).

853 **Certaines candidatures à une commande publique. –** Dans l'arrêt *Ordre des avocats au barreau de Paris*, le Conseil d'État a jugé que la Mission d'appui à la réalisation des contrats de partenariat participait à une mission d'intérêt général relevant de l'État, qui consiste à veiller au respect du principe de légalité par les personnes publiques et les personnes privées chargées d'un service public. Aucune des attributions confiées à la Mission n'emportait donc intervention sur un marché. De manière plus générale, les candidatures des opérateurs publics à des commandes publiques seraient désormais régulières sans qu'il faille les soumettre aux conditions de l'initiative publique (*infra*, n° 858).

§ 3. LE DOMAINE PARTAGÉ

854 **Domaine résiduel. –** Par déduction, les autres activités, et essentiellement celles qui sont qualifiables d'économiques, continuent de subir les limites imposées par le principe de la liberté du commerce et de l'industrie.

855 **Services publics industriels et commerciaux. –** Théoriquement, les SPIC sont à la fois qualifiables de services publics et d'activités économiques. L'arrêt *Ordre des avocats au barreau de Paris* laisse donc perplexe à leur propos. On s'en tiendra donc à l'État du droit antérieur, résultant de l'arrêt du 23 mai 2003, *Communauté de communes Artois-Lys*[83], qui applique expressément le principe de la liberté du commerce et de l'industrie aux SPIC. Il convient de réserver le sort des SPIC dont certains segments ne sont pas rentables alors qu'une universalité et une continuité dans la desserte sont exigées, ainsi que les SPIC entrant dans la réalisation de politiques publiques, comme celle d'aménagement du territoire, qui semblent relever désormais du domaine naturel.

80. Préc.
81. Préc.
82. *AJDA* 2012, p. 35, chron. GUYOMAR et DOMINO.
83. *RFDA* 2004, p. 299, note B. FAURE ; *DA* 2003, n° 208, note M. LOMBARD, *BJCL* 2003, p. 753, concl. COLLIN.

856 **Activités annexes ou connexes à une mission de service public. –** Alors qu'elles étaient traditionnellement exclues du champ d'application du principe de la liberté du commerce et de l'industrie et que les collectivités publiques pouvaient les exploiter librement, l'arrêt *Communauté de commune Artois-Lys* (précité) les vise directement. La formulation de l'arrêt *Ordre des avocats au barreau de Paris* (précité) laisse subsister un doute. En effet, appartiennent au domaine naturel d'intervention des collectivités publiques les activités « nécessaires à la réalisation des missions de service public ». Or c'est bien parce qu'elles apparaissent comme nécessaires à l'exploitation d'un service public existant (l'idée de nécessité incluant des considérations économiques de rentabilité), que les activités annexes pouvaient être entreprises sans condition. Il faudra probablement attendre une jurisprudence ultérieure pour être fixé sur le sort de ces activités.

857 **Activités commerciales non qualifiables de service public. –** Elles demeurent pleinement soumises au respect du principe de la liberté du commerce et de l'industrie, puisqu'elles sont désormais expressément visées par l'arrêt *Ordre des avocats au barreau de Paris*. Au titre du respect de la condition de l'intérêt public, le juge administratif se contente parfois de vérifier que la création d'une activité ne crée pas de distorsion de la concurrence, en mêlant ainsi le principe de l'intervention et ses modalités[84]. L'arrêt du 29 septembre 2003, *Fédération nationale des géomètres-experts*[85], semblait avoir pris position en sens inverse. Le Conseil d'État n'a nullement censuré l'initiative publique, alors que le principe de la liberté du commerce et de l'industrie était invoqué par les requérants. Il s'agissait d'un recours formé à l'encontre d'un décret relatif à la rémunération des prestations d'ingénierie réalisées au profit de tiers par des services de l'État. Certes, l'acte n'avait pas pour objet de créer l'activité litigieuse, mais le Conseil d'État examine le fondement même de l'intervention des services de l'État. En particulier, il est jugé « qu'aucune règle ni aucun principe n'interdit à l'État d'apporter son concours (...) à des établissements publics » et le Conseil d'État prend le soin de préciser que le décret n'a pas pour effet d'autoriser l'État à assurer des prestations « dans des cas » et « des conditions » contraires au principe de la liberté du commerce et de l'industrie.

858 **Candidature à une commande publique. Interrogations. –** L'avis *Jean-Louis Bernard Consultants*[86] laissait penser que la candidature publique à une commande publique était dorénavant entièrement libre. Seul le comportement anticoncurrentiel de l'opérateur public faisait l'objet d'un certain nombre de prescriptions. L'arrêt *Ordre des avocats au barreau de Paris* contredit cette affirmation en ce que les candidatures à une commande publique sont soumises au principe de la liberté du commerce et de l'industrie, sauf lorsque le candidat n'a pas une activité économique (mission de la MAAP par exemple).

84. Pour la fourniture de services de télévision et de radiodiffusion, une cour juge que l'exercice de cette activité correspond à un intérêt public local, ne crée pas de distorsion de la concurrence au sein du secteur même non dépourvu d'initiatives privées, CAA Versailles 6 nov. 2007, *Sté IDF Communications*, *JCP* A nº 8, 18 févr. 2008, 2039, note F. LINDITCH.

85. Préc.

86. Préc.

Voir cependant les arrêts CAA Douai 16 novembre 2006, *Cne Quiévrechain*, n° 05DA00341 et CAA Douai 10 avril 2007, *Sté Saur France et Synd. des eaux de Noyales Proix Marcquigny*, n° 05DA00188 qui affirment qu'aucun texte ni aucun principe n'interdit en raison de sa nature à une personne publique de se porter candidate à l'attribution d'un contrat de délégation de service public. Dans le domaine des marchés publics la même solution a pu être retenue, voir TA Limoges 16 octobre 2008, *Fédération régionale des travaux publics du Limousin c/Commune de Bussière Dunoise*[87]. Un autre courant jurisprudentiel des juges du fond s'exprimait en sens inverse et les conditions de l'arrêt *Ordre des avocats* étaient appliquées aux candidatures publiques, CAA Bordeaux 15 juillet 2008, *Société Merceron TP*[88], à propos de l'attribution par la commune de Saint-Denis-d'Oléron d'un marché public de dragage d'un port maritime de plaisance attribué au département de la Charente-Maritime : « Considérant, en deuxième lieu, que le dragage d'un port maritime de plaisance constitue une activité nécessaire à la réalisation de la mission de service public d'aménagement et d'exploitation d'un tel port incombant normalement au département pour les ports de pêche et aux communes pour les ports de plaisance en vertu des dispositions de l'article L. 601-1 du Code des ports maritimes ; que ces dernières dispositions ne font pas obstacle à ce qu'un département développe une activité de dragage, complémentaire de celle qu'il assure pour l'exploitation et l'entretien des ports lui incombant obligatoirement, en proposant les prestations de son service de dragage à d'autres personnes publiques lorsque cette activité présente un intérêt public local ; que le dragage des ports maritimes de plaisance revêt un intérêt public local, alors même qu'il n'y aurait plus de carence de l'initiative privée dans ce secteur, compte tenu notamment de l'importance et du rôle des ports en Charente-Maritime, ainsi que de leur interdépendance ; que, par suite, et alors même que l'aménagement et l'exploitation du port à activité principale de plaisance de Saint-Denis-d'Oléron incombent à la commune en vertu des dispositions de l'article L. 601-1 du Code des ports maritimes, la société Merceron TP n'est pas fondée à soutenir que l'attribution au département de la Charente-Maritime du marché de dragage de ce port aurait méconnu les limites des compétences de cette collectivité territoriale et, de ce fait, porté atteinte au principe de liberté du commerce et de l'industrie ou de libre concurrence ». La démonstration de l'intérêt public local se limite au constat de l'importance et du rôle des ports en Charente-Maritime, ainsi que de leur interdépendance. On peut nourrir des doutes quant à la force de cette démonstration.

Le Conseil d'État a cependant pris position sur cette question, dans un sens qui peut paraître étonnant. En effet, par un arrêt du 10 juillet 2009, *Département de l'Aisne*[89], il a jugé que « dès lors qu'il ne s'agit pas de la prise en charge par le département de l'Aisne d'une activité économique mais uniquement de la candidature d'un de ses services, dans le respect des règles de la concurrence, à un marché public passé par des services de l'État, le juge des référés du tribunal administratif de Lille a commis une erreur de droit en subordonnant la légalité de cette candidature à l'existence d'un intérêt public ». En premier lieu, on se rend compte que le moyen tiré de la régularité de l'intervention publique est susceptible d'être invoqué devant le juge des référés précontractuels. On reste sceptique quant au rattachement de ce moyen à une obligation de publicité ou de mise en concurrence, seules obligations dont le manquement est normalement susceptible d'ouvrir un référé de ce type. Si le droit de la concurrence a une parenté avec les règles de mise en concurrence, il ne saurait en aller de même des simples principes de droit administratif commandant l'intervention publique sur le marché. En second lieu, le Conseil d'État semble établir

87. *Contrats et marchés publics* avr. 2009, comm. 125, note G. ECKERT.

88. Req. n° 07BX00373, *CMP* oct. 2008, comm. 227, note G. ECKERT.

89. *CMP* août-sept. 2009, n° 270, note G. ECKERT, *BJCP* n° 67, déc. 2009, p. 444, concl. LENICA, *AJDA* 2009, p. 2006, note J.-D. DREYFUS, *DA* oct. 2009, n° 127, note G. MARSON ; *RFDA* 2010, p. 146, note G. CLAMOUR.

une distinction entre la simple candidature d'un opérateur public (qui ne serait pas soumise aux principes fixés par l'arrêt *Ordre des avocats*) et l'attribution du marché (dont on suppose qu'elle pourrait être contestée). Mais la candidature est la première démarche de l'opérateur économique et pour pouvoir juridiquement être candidat, il nous semble qu'il faut réunir les conditions de l'intervention publique.

BIBLIOGRAPHIE

M. BAZEX, « La concurrence réglée : secteur public et privé » in J.-M. RAINAUD et R. CHRISTINI (dir.), *Droit public de la concurrence*, Economica, 1987, p. 231, « Problématique générale de l'intervention des opérateurs publics dans une économie de concurrence », in *Secteur public et concurrence*, *LPA* 19 août 1988, n° 100, p. 5 ■ J.-J. BIENVENU et L. RICHER, « Le socialisme municipal a-t-il existé ? », *RHD* 1984, p. 204 ■ Conseil d'État, *Collectivités publiques et concurrence*, *ECDE* n° 53, 2002 ■ J.-Y. CHÉROT, « Nouvelles observations sur la régulation par le Conseil d'État de la concurrence entre personnes publiques et personnes privées », *Mélanges Moderne*, Dalloz, 2004, p. 87 ■ G. CLAMOUR, « Qui peut le moins peut le plus... ! Ou la liberté économique de fait des personnes publiques », *JCP* A n° 44-45 29 octobre 2007, 2286 ■ J.-Ph. KOVAR, « Où en est la liberté du commerce et de l'industrie ? », *DA* décembre 2007, p. 7 ■ M. LOMBARD, « À propos de la liberté de concurrence entre opérateurs publics et opérateurs privés », *D.* 1994, chron. p. 163 ■ D. LOSCHAK, « Les problèmes juridiques posés par la concurrence des services publics et des activités privées », *AJDA* 1971, p. 261 ■ A. MATTER, « Le municipalisme et le Conseil d'État », *Revue d'économie politique*, 1905, p. 325 ■ A. MONPION, « Le contrôle de l'interventionnisme économique public : l'affaiblissement du principe de liberté du commerce et de l'industrie », *AJDA* 2008, p. 232 ■ G. QUIOT, « Service public national et liberté d'entreprendre », in *Le préambule de la Constitution de 1946*, *Antinomies juridiques et contradictions politiques*, PUF, 1996, p. 187 et s. ■ J.-F. SESTIER, « L'intervention des collectivités locales entre liberté du commerce et de l'industrie et libre et égale concurrence », in *Les collectivités locales*, *Mélanges Moreau*, Economica, 2003, p. 401 ■ D. TRUCHET, « Les personnes publiques disposent-elles en droit français de la liberté d'entreprendre ? », *D. aff.* n° 24, 1996, p. 731.

CHAPITRE II
LES MODALITÉS DE L'INTERVENTION : LE COMPORTEMENT SUR LE MARCHÉ

859 **Introduction. –** Jusqu'à une date récente, le droit public se désintéressait quelque peu des modalités de l'intervention des opérateurs publics sur le marché. En effet, la limite entre l'application du droit public et celle du droit privé se situait justement à ce niveau puisque le droit public régissait le principe de l'intervention, alors que le droit privé, et plus particulièrement le droit de la concurrence, encadrait les modalités de l'intervention. Ce désintérêt est aujourd'hui dépassé pour deux raisons. En premier lieu, le juge administratif a lui-même défini des règles encadrant les modalités d'intervention des opérateurs publics et a statué sur leur application. En second lieu, le droit public des affaires ne peut se passer d'une étude exhaustive sur le comportement des opérateurs publics, puisque l'application d'un droit privé teinté de considérations publicistes renseigne sur les modalités de fixation des prix par les opérateurs publics et les règles d'exploitation de leurs ressources.

860 **Règles applicables. Droit des pratiques anticoncurrentielles. –** Le comportement de l'opérateur public relève des autorités et juges de la concurrence[1], qui lui appliquent le droit privé et communautaire de la concurrence, discipline pour laquelle le statut de l'opérateur est indifférent[2]. Le droit de la concurrence comporte principalement deux volets, l'un visant à protéger les concurrents, l'autre visant la protection du marché. La protection du marché apparaissant comme un intérêt général

1. En France, l'autorité de la concurrence est le Conseil de la concurrence (aujourd'hui Autorité de la concurrence), dont les décisions sont susceptibles de recours devant la cour d'appel de Paris. Au niveau communautaire, c'est la Commission qui est spécialisée dans les questions de concurrence. Ses décisions peuvent faire l'objet d'un recours devant le TPI, puis la CJUE. Les juridictions nationales susceptibles de connaître des affaires de concurrence sont les juridictions de l'ordre judiciaire, mais aussi celles de l'ordre administratif.

2. Le droit de la concurrence a été appliqué aux régies (pompes funèbres, Cons. conc. décision nº 97-D-92 du 16 déc. 1997 relative aux services de l'État civil et au service municipal des pompes funèbres), aux établissements publics (*EDF* par exemple CA Paris 27 janv. 1998, *EDF*) ou aux sociétés du secteur public (par exemple nombreuses décisions du Conseil de la concurrence impliquant France Télécom), voire même à une partie de l'activité d'un service d'État (Cons. conc. 28 sept. 1988, avis nº 88-A-15 relatif à la concurrence entre les services techniques de l'État non personnalisés et les cabinets privés d'ingénierie vis-à-vis des collectivités locales et de leurs groupements).

impliquant l'action des pouvoirs publics, c'est principalement ce volet qui comporte des interférences avec le droit public. Le contrôle des *comportements* des opérateurs s'exprime par l'interdiction des pratiques anticoncurrentielles.

On rappelle que *l'entente* est prohibée, en droit français, par l'article L. 420-1 du Code de commerce (issu de l'ordonnance n° 86-1243 du 1er décembre 1986) et, en droit communautaire, par l'article 101 TFUE. Elle se définit comme une action concertée, convention, entente expresse ou tacite ou coalition, ayant pour objet ou pouvant avoir pour effet d'empêcher, de restreindre ou de fausser le jeu de la concurrence sur un marché, notamment lorsqu'elle tend à limiter l'accès au marché ou le libre exercice de la concurrence par d'autres entreprises, faire obstacle à la fixation des prix par le libre jeu du marché en favorisant artificiellement leur hausse ou leur baisse, limiter ou contrôler la production, les débouchés, les investissements ou le progrès technique, ou répartir les marchés ou les sources d'approvisionnement. L'*abus de position dominante* est prohibé par l'article L. 420-2 du Code de commerce en droit interne, et l'article 102 TFUE en droit communautaire. Est ainsi prohibée l'exploitation abusive par une entreprise ou un groupe d'entreprises d'une position dominante sur le marché intérieur ou une partie substantielle de celui-ci. Ces abus peuvent notamment consister en refus de vente, en ventes liées ou en conditions de vente discriminatoires ainsi que dans la rupture de relations commerciales établies, au seul motif que le partenaire refuse de se soumettre à des conditions commerciales injustifiées. La position dominante n'est pas définie par les textes. Elle se caractérise par le pouvoir de s'abstraire de la concurrence des tiers et la manifestation d'un pouvoir indépendant. La part de marché détenue par l'opérateur en est un indice important mais pas exclusif. Le droit interne prohibe deux autres types de comportements, sans équivalent en droit communautaire. Il s'agit de *l'abus de dépendance économique* (article L. 420-2 du Code de commerce) et de la pratique de *prix abusivement bas* (article L. 420-5 du Code de commerce). L'abus de dépendance économique est l'exploitation abusive par une entreprise ou un groupe d'entreprises de l'État de dépendance économique dans lequel se trouve à son égard une entreprise cliente ou fournisseur, abus susceptible d'affecter le fonctionnement ou la structure de la concurrence. Sont également prohibées les offres de prix ou pratiques de prix de vente aux consommateurs abusivement bas par rapport aux coûts de production, de transformation et de commercialisation, dès lors que ces offres ou pratiques ont pour objet ou peuvent avoir pour effet d'éliminer d'un marché ou d'empêcher d'accéder à un marché une entreprise ou l'un de ses produits. L'intérêt de la pratique des prix abusivement bas est qu'elle ne nécessite pas la démonstration d'une position dominante.

861 **Références du juge administratif français aux règles de la concurrence. –** Pour la première fois, l'avis du Conseil d'État du 8 novembre 2000 *Jean-Louis Bernard Consultants* a fait référence au respect « du principe de liberté de la concurrence qui découle notamment de l'ordonnance du 1er décembre 1986 » par les opérateurs publics admis à intervenir sur le marché. L'avis définit trois grandes règles venant encadrer les modalités d'action des opérateurs publics. On distingue tout d'abord deux règles de fond relatives au prix proposé par l'opérateur public : celui-ci doit recouvrir les coûts de la prestation proposée sur le marché et ne pas inclure un élément de subvention attribuée au titre d'une mission de service public (prohibition des subventions croisées). Ensuite, le Conseil d'État dégage une règle de forme relative aux modalités de preuve du respect des conditions de fond : l'opérateur doit pouvoir justifier les modalités de fixation des prix par des documents comptables ou d'autres moyens appropriés.

CE Avis 8 novembre 2000, *Sté Jean-Louis Bernard Consultants*[3] : « l'intervention sur le marché suppose que le prix proposé par cet établissement public administratif soit déterminé en

3. *Contrats marchés publ.* 2001, comm. n° 8, note P. SOLER-COUTEAUX ; *BJCP* 2001, p. 111, concl. BERGEAL ; *AJDA* 2000, p. 1066, chron. GUYOMAR et COLLIN ; *CJEG* 2001, p. 58, note M. DEGOFFE et

prenant en compte l'ensemble des coûts directs et indirects concourant à la formation du prix de la prestation objet du contrat, d'autre part, que cet établissement public n'ait pas bénéficié, pour déterminer le prix qu'il a proposé, d'un avantage découlant des ressources ou des moyens qui lui sont attribués au titre de sa mission de service public et enfin qu'il puisse, si nécessaire, en justifier par ses documents comptables ou tout autre moyen d'information approprié ».

L'arrêt d'Assemblée du Conseil d'État du 31 mai 2006, *Ordre des avocats au barreau de Paris*[4] est venu confirmer de manière solennelle et plus générale « qu'une fois admise dans son principe, une telle intervention ne doit pas se réaliser suivant des modalités telles qu'en raison de la situation particulière dans laquelle se trouverait cette personne publique par rapport aux autres opérateurs agissant sur le même marché, elle fausserait le libre jeu de la concurrence sur celui-ci ».

862 **Risques particuliers liés à la présence d'opérateurs publics. –** L'opérateur public présente des risques particuliers générateurs d'entorses à la concurrence (détention d'un monopole, soutien des actionnaires publics, particularités du statut des entreprises du secteur public)[5]. Cependant, au nom de la diversité existant entre les opérateurs[6], la spécificité de l'entreprise publique ne fait pas l'objet d'une condamnation par principe. Il ne s'agit pas ici de relever tous les cas de comportement anticoncurrentiel prohibé des opérateurs publics. L'intérêt d'un examen des pratiques imputables aux opérateurs publics réside dans le traitement des spécificités de l'opérateur public, tenant à l'application de règles de droit public ou à la présence des moyens et missions de l'administration.

863 **Plan. –** Deux types de facteurs de distorsion de la concurrence sont à distinguer s'agissant des opérateurs publics. Les facteurs internes, ou structurels, liés au statut des opérateurs publics, révèlent leurs particularités statutaires, sociales ou financières (Section I). Leur particularité est de préexister à la pratique anticoncurrentielle et d'être spécifiques et inhérents à l'opérateur public. Les facteurs externes ou comportementaux s'attachent plus classiquement à décrire les pratiques issues d'un comportement délibéré de l'opérateur public (Section II).

J.-D. DREYFUS ; *CMP* 2001, n° 2, p. 4 comm. G. ECKERT ; *DA* 2001, n° 4, chron. Y. LAIDIÉ ; *JCP* 2001, I, p. 357, note E. DELACOUR, « L'attribution d'un marché public ou d'une délégation à une personne publique ».

4. *BJCP* 2006, n° 47, p. 295, concl. CASAS ; *AJDA* 2006, p. 1592, chron. LANDAIS et LENICA ; *CP-ACCP* n° 59, oct. 2006, p. 78, note L. RENOUARD ; *Dr. adm.* août 2006, n° 129, note M. BAZEX ; *Contrats marchés publ.* juill. 2006, comm. 202, note G. ECKERT.

5. Pour une étude très complète, voir le *Rapport d'activités du Conseil de la concurrence pour 2003*, La Documentation française, et son étude thématique sur « Les monopoles publics dans le jeu concurrentiel », p. 79 et s.

6. Le bon fonctionnement de la concurrence « n'implique pas que tous les opérateurs se trouvent dans des conditions d'exploitation identiques. Il suppose toutefois qu'aucun opérateur ne bénéficie pour son développement de facilités que les autres ne pourraient obtenir et d'une ampleur telle qu'elles lui permettent de fausser le jeu de la concurrence, sauf à ce qu'elles soient justifiées par des considérations d'intérêt général », avis n° 96-A-12 du 17 sept. 1996 relatif à une demande d'avis de la Commission des finances du Sénat concernant les conditions de concurrence prévalant dans le système bancaire et de crédit français ; Avis n° 99-A-11 du 9 juin 1999 concernant la situation créée par l'octroi d'une aide financière à une régie départementale de transport par un Conseil régional et Avis n° 99-A-21 du 8 déc. 1999 concernant l'intervention des parcs départementaux de l'équipement dans le secteur de la production d'émulsions de bitume et des travaux routiers. Voir à ce sujet : G. ECKERT, « L'égalité de concurrence entre opérateurs publics et privés sur le marché », in *Liber amicorum J. Waline*, Dalloz, 2002, p. 207.

SECTION I LE STATUT DES OPÉRATEURS PUBLICS ET LE DROIT DE LA CONCURRENCE

864 **Facteurs statutaires d'entorses à la concurrence. –** Les facteurs statutaires de distorsion de la concurrence sont liés au statut et au régime propre des opérateurs publics. Il arrive que l'avantage statutaire soit identifié, puis éventuellement considéré comme engendrant automatiquement une pratique prohibée. Le plus souvent les avantages concurrentiels présumés de l'opérateur public sont mis en balance avec les contraintes qu'il subit, ce qui a pour effet de les neutraliser et de renvoyer à une appréciation ultérieure des comportements concrets. Dans d'autres cas, le facteur statutaire est condamné *per se*. De plus en plus souvent, la constatation d'un risque lié à un facteur statutaire conduit les autorités de la concurrence à adopter des mesures de prévention.

§ 1. L'IDENTIFICATION DES FACTEURS STATUTAIRES

865 **Facteurs organiques. –** La structure organique de l'opérateur public révèle souvent que les instances dirigeantes des opérateurs publics sont issues de l'administration ou désignées (et révoquées) par les plus hautes autorités de l'État. Dès lors, lorsque ces mêmes administrations sont également clientes des opérateurs publics, cette *proximité organique* peut apparaître comme un avantage concurrentiel. Dans son Rapport public pour 2002[7], le Conseil d'État avait mis en évidence trois types de « conflits d'intérêts » préjudiciables à la libre concurrence : le cumul des fonctions de conseil et de prescription avec la candidature à un appel d'offres (ingénierie publique par exemple) ; l'exercice du contrôle de légalité d'un marché public local par les préfectures alors que leurs services techniques ont soumissionné et l'accès privilégié à certaines informations d'administrations opérateurs du fait de leurs missions régaliennes.

Dans son avis n° 99-A-21 du 8 décembre 1999 sur les Parcs de l'équipement, le Conseil de la concurrence dénonçait la pratique des responsables de Parcs (fonctionnaires du ministère de l'Équipement) tendant à s'appuyer sur les relations privilégiées qu'ils entretiennent avec les communes, au titre d'une fonction de conseil, pour proposer les prestations du Parc. La diffusion par ce biais des tarifs du parc est dénoncée comme servant de barème de référence pour la passation de marchés. Le Conseil de la concurrence en conclut que ces pratiques pourraient tomber sous le coup de l'abus de position dominante au titre du cumul des fonctions de conseil et de prestataire de service. À l'inverse, le Conseil d'État dans un arrêt du 27 juillet 2001, *CAMIF*[8], juge, à propos du conseil d'administration de l'UGAP (centrale d'achats publique) comprenant notamment des représentants de plusieurs ministères et de collectivités territoriales, lesquels sont susceptibles d'être clients de l'UGAP, qu'alors même que ces dispositions auraient pour effet de procurer à l'UGAP une meilleure connaissance des besoins de ses clients, elles ne constituent pas une entente.

7. Conseil d'État, Rapport pour 2002, *Collectivités publiques et concurrence*, p. 273.
8. N° 218067.

Traditionnellement le droit de la concurrence prohibe la *confusion des rôles d'opérateur sur le marché et de régulateur*[9]. Le Conseil d'État a eu quant à lui à connaître du problème de la participation de l'opérateur dominant à un organisme consultatif institué par l'administration et de son rôle d'expert auprès de cet organisme. À partir du moment où l'organisme n'a que des compétences secondaires et consultatives, et que l'opérateur ne dispose pas du pouvoir d'imposer sa volonté, il ne saurait y avoir abus de position dominante ou de dépendance économique[10]. La question de la confusion des rôles ne fait donc pas l'objet d'un traitement homogène, le juge administratif se montrant indéniablement plus clément que les autres autorités.

866 **Statut du personnel. –** L'opérateur public peut bénéficier d'agents qui relèvent d'autres entités et qui sont rémunérés par elles. Le risque d'une *sous-estimation* du coût de la main-d'œuvre est alors important[11]. Un tribunal administratif a eu l'occasion de sanctionner, sur le terrain de la violation de la libre concurrence, une mise à disposition gratuite de personnel[12]. L'absence de remboursement à l'État de la rémunération de son personnel mis à disposition d'une entité exerçant une activité économique peut également constituer une aide d'État[13]. L'existence de *statuts que l'opérateur peut modifier unilatéralement* peut aussi apparaître comme un avantage par rapport à une convention collective[14]. Mais les contraintes liées à la lourdeur de la gestion des agents publics ne permettent pas d'exclure que l'opérateur public soit en réalité handicapé[15]. Le Tribunal de première instance a d'ailleurs jugé de manière très révélatrice[16] que des mesures de financement du passage d'un statut de fonctionnaire à un statut d'agent privé ne constituaient pas des aides d'État, car

9. CJCE 19 mars 1991, *République française c/Commission*, aff. C-202/88 ; 13 déc. 1991, *RTT*, aff. C-18/88 ; politique d'ouverture des réseaux à la concurrence ; décision n° 00-D-50 du 5 mars 2001, *Française des Jeux* ; Ch. LEMAIRE, « Les avantages concurrentiels des personnes publiques », *RJEP* oct. 2004, p. 404.

10. Voir par exemple CE 28 juill. 2000, *Association Premier janv.*, *Rec.* T, p. 793, CAA Nancy, 14 juin 2007, *SAEM Reims Champagne congrès expo*, *AJDA* 2007, p. 1932, note G. CLAMOUR : une société assurant la gestion d'un ensemble immobilier au titre de laquelle elle assume la responsabilité des relations avec les utilisateurs et les prestataires de service et assurant par ailleurs des prestations hôtelières ne cumule pas des fonctions de régulateur et d'opérateur puisqu'elle est dépourvue de tout pouvoir réglementaire.

11. Dans l'affaire *Société Guy Couach Plascoa* (Cass. com. 14 déc. 1993, *CJEG* mars 1994, p. 124, note J. LÉONNET ; *Bull. civ.* IV n° 482), à propos de l'attribution à la Direction des constructions navales d'un marché de fourniture d'une vedette de surveillance dans le cadre d'un appel d'offres lancé par le ministère de la Mer, une société candidate se plaignait que l'offre faite par la direction des constructions navales aurait été retenue en raison d'une sous-estimation du coût de la main-d'œuvre. Ce point ne fut pas tranché à l'époque.

12. TA Toulouse 8 nov. 2001, *Préfet du Tarn c/Cne d'Albi*, *AJFP* 2002, n° 4, p. 49.

13. Ainsi que l'a estimé la Commission européenne à propos des fonctionnaires de l'État mis à disposition des mutuelles de la MFP, Commission 20 juill. 2005, décision C (2005) 2712 relative aux aides à la Mutualité Fonction Publique et à ses mutuelles membres.

14. M. LOMBARD, « À propos de la liberté de concurrence entre opérateurs publics et opérateurs privés », *D.* 1994, chron. p. 163.

15. Y. LAIDIÉ, « La concurrence entre établissements publics et opérateurs privés dans l'accès aux contrats publics », *DA* avr. 2001, p. 4. Voir également la décision de la Commission du 19 juin 2002, *Deutsche Post AG*, *JOCE* n° L247 du 14 sept. 2002, p. 27.

16. TPICE 16 mars 2004, *Danske*, aff. T-157/01, *Europe* mai 2004, n° 146, note L. IDOT, *DA* juin 2004, n° 90, note M. BAZEX et S. BLAZY, *JCP* A 2004, n° 1686, note D. JEAN-PIERRE.

elles se limitent à libérer l'entreprise d'un désavantage structurel. Si certains établissements publics administratifs bénéficient de charges moins lourdes en matière d'assurance vieillesse de leurs fonctionnaires par exemple, ils ne profitent pas de toutes les exonérations sociales liées à l'emploi de certaines catégories de salariés[17].

Le Conseil de la concurrence s'est révélé très prudent sur cette question, puisqu'en 1996 (*Cons. conc.* avis n° 96-A-10 du 25 juin 1996, *Services financiers de La Poste*) il déclare qu'« actuellement, aucune étude ne permet de dire de façon indiscutable si l'emploi d'un personnel fonctionnaire plutôt que salarié de droit privé représente (...) du point de vue des coûts globaux, un avantage ou un handicap ». Cependant, à propos de la diversification de la RATP dans le secteur des ascenseurs, dans son avis du 4 novembre 1997, le Conseil de la concurrence s'est tout de même livré à une comparaison du coût horaire moyen toutes charges comprises entre un technicien de maintenance des sociétés Otis-Schindler et un agent d'exécution RATP. Il est alors apparu que le coût de l'agent RATP était le double de celui du salarié du secteur privé.

Le Conseil d'État dans son avis du 8 novembre 2000, *Sté Jean-Louis Bernard Consultants*[18], semble avoir résolu la question en posant le principe que la différence existant entre le régime des agents publics et celui des salariés du privé n'engendrait pas nécessairement un avantage concurrentiel en faveur de l'opérateur public. Ainsi, la *différence* de statut n'est pas forcément synonyme de *distorsion* de la concurrence[19].

867 **Régime financier. –** Là aussi, l'appréciation se révèle très mitigée. Côté avantages, on recense la possibilité d'obtenir des financements budgétaires sous forme de subventions, ou des financements privilégiés comme des prêts spéciaux, des bonifications d'intérêt ou des garanties[20]. Cependant, les filiales des grands groupes privés bénéficient aussi d'avantages de financement (taux d'intérêt plus faibles, primes d'assurance réduites, etc.). Les opérateurs publics à statut de droit public ne sont pas soumis aux voies d'exécution du droit privé et aux procédures de redressement des sociétés[21]. L'absence d'actionnaire privé peut conduire à assouplir les contraintes de rentabilité et de rémunération des fonds propres ou à avoir une exigence plus globale de rentabilité[22]. Les opérateurs publics sont aussi susceptibles de pratiquer l'auto-assurance[23]. La multiplicité d'objectifs assignés aux opérateurs publics, dont il ne faut pas oublier la dimension instrumentale au service d'une politique publique, peut faire passer la rentabilité financière au second plan, derrière l'objectif d'efficacité du service public, d'aménagement du territoire, et derrière des considérations environnementales, de santé publique ou de cohésion sociale.

17. Chron. GUYOMAR et COLLIN sur CE Avis 8 nov. 2000, *Sté Jean-Louis Bernard Consultants*, *AJDA* 2000, p. 987.
18. Préc.
19. Sur l'ensemble de ces points, L. LAMBLIN, *La fonction publique de l'État confrontée à la concurrence*, Th. Paris II, 2007.
20. Ch.-L. VIER, « L'opérateur public et l'accès au marché », in *Secteur public et concurrence*, *LPA* 19 août 1988, n° 100, p. 5.
21. M. LOMBARD, « À propos de la liberté de concurrence entre opérateurs publics et opérateurs privés », préc.
22. Avis n° 94-A-15 sur diversification d'EDF et GDF.
23. Décision de la Commission du 22 nov. 2006 à propos de l'aide en faveur du Laboratoire national de météorologie et d'essais (C(2006)5477), *JOUE* 5 avr. 2007, L 95, p. 25.

Ces avantages ne doivent pas faire perdre de vue les contraintes pesant sur les opérateurs publics. Tout d'abord, la multiplicité d'objectifs assignés aux entreprises publiques a parfois un lourd coût financier pour elles[24]. Sont également dénoncées l'efficacité économique amoindrie des opérateurs publics du fait de leur fonction instrumentale dans la réalisation de politiques publiques, leur situation structurelle de surinvestissement liée à leur mission d'intérêt général et (pour certains opérateurs) leur absence de capital social les empêchant de faire appel aux marchés financiers[25]. On peut aussi voir dans le fait qu'ils échappent (pour certains) aux voies d'exécution de droit privé et aux procédures de redressement et de liquidation des entreprises un handicap, dans la mesure où un partenaire économique pourrait être dissuadé de traiter avec un opérateur public s'il n'était pas certain de pouvoir récupérer une créance (malgré les recours aux procédures de droit public). Il convient également de mentionner l'obligation de dépôt des fonds libres de certains opérateurs publics au Trésor (avec les risques de gestion de fait engendrés pour l'opérateur et ses partenaires économiques en cas d'irrespect de cette obligation), qui apparaît comme un handicap financier certain.

L'appréciation du Conseil [auj. Autorité] de la concurrence sur les modalités de financement privilégié des opérateurs publics reste très prudente et, là encore, on remarque que le Conseil relève seulement les risques de distorsion de la concurrence en renvoyant à une évaluation ultérieure d'une pratique concrète (pour une subvention d'équilibre, voir l'avis n° 99-A-11 du 9 juin 1999 relatif à une demande d'avis de la Chambre professionnelle des transporteurs routiers de l'Isère sur la situation créée par l'octroi d'une aide financière à une régie départementale de transport par un Conseil général ; pour une subvention d'exploitation, voir décision n° 00-D-54 du 28 novembre 2000 relative au comportement de l'Institut national de la consommation).

Jusqu'à présent, le facteur financier structurel n'avait pas été condamné en lui-même. Les déclarations financières d'autorités administratives en faveur d'une entreprise publique en difficulté ont donné l'occasion à la Commission européenne de se prononcer sur cette question. Ainsi, les déclarations d'autorités administratives en faveur d'une entreprise publique suffisamment claires, précises et fermes sont considérées comme manifestant l'existence d'un engagement crédible de l'État et sont donc susceptibles d'être prises en considération pour qualifier d'aide d'État une simple promesse d'ouverture de ligne de crédit[26]. Si la qualification d'aide d'État peut être critiquée dans ce cas[27], et ce d'autant plus qu'elle n'aurait

24. Dans son avis n° 03-A-06 du 16 mai 2003 sur le développement du marché intérieur des services postaux, le Conseil de la concurrence remarque que 211 M€ restent à la charge de La Poste au titre de la politique d'aménagement du territoire et 482 M€ au titre du déficit sur l'activité de distribution de presse car La Poste doit assurer le pluralisme de la presse.

25. S. NICINSKI, « Les établissements publics : à la recherche d'une identité sur le marché concurrentiel », *AC-ACCP* nov. 2001, p. 7 ; Ch. LEMAIRE, « Les avantages concurrentiels des personnes publiques », préc.

26. Décision de la Commission du 2 août 2004 concernant l'aide d'État mise à exécution par la France en faveur de France Télécom (n° C(2004)3060) *AJDA* 2004, p. 2311, note N. CHARBIT et *RDLC* n° 1, 1er déc. 2004, p. 73, note J.-Y. CHÉROT. Dans le même ordre d'idées, on rappelle qu'une procédure a été engagée à l'encontre d'EDF par la Commission en avr. 2003 (aide d'État que constituerait la garantie financière liée au caractère d'établissement public d'EDF), ce qui a conduit l'État à modifier le statut d'EDF et à le transformer en SA fin 2004, alors même que le droit communautaire se réclame d'une neutralité envers la forme juridique des opérateurs (voir note M. BAZEX et S. BLAZY, *DA* 2004, n° 61).

27. Voir les commentaires précités de la décision de la Commission.

sans doute pas pu être quantifiée et donc remboursée, il n'en demeure pas moins que le facteur structurel financier est ici condamné en soi. Le TPIUE (21 mai 2010, *République française c/France Télécom*[28]) a toutefois précisé que même si les déclarations ont bien dans leur ensemble conféré un avantage à France Télécom, la Commission n'a pas démontré que cet avantage était lié à un transfert de ressources d'État. Notamment, la démonstration d'un tel engagement aurait supposé que « ces déclarations précisent, de manière explicite, soit les dettes concrètes à garantir, soit, à tous le moins, un cadre financier prédéfini, tel qu'une ligne de crédit à concurrence d'un certain montant, ainsi que les conditions d'octroi du concours envisagé ». La garantie automatique et illimitée de l'État en faveur des établissements publics[29] pourrait aussi apparaître comme un privilège concurrentiel condamnable en soi (*supra*, n° 684 et s.).

868 **Régime fiscal.** – L'avis rendu par le Conseil d'État le 8 novembre 2000 dans l'affaire *Jean-Louis Bernard Consultants*[30] règle la question de l'éventuel facteur de distorsion de la concurrence lié à la fiscalité des opérateurs publics par l'argument du réalisme fiscal, avancé comme une quasi-pétition de principe. À partir du moment où l'administration mène une activité économique, elle est censée être soumise par le Code général des impôts aux mêmes prélèvements que les opérateurs privés. Dès lors, un éventuel facteur fiscal de distorsion de la concurrence s'en trouve neutralisé par la même occasion.

En effet, l'article 1654 du Code général des impôts dispose que « les établissements publics, les exploitations industrielles ou commerciales de l'État ou des collectivités locales, les entreprises concessionnaires ou subventionnées, les entreprises bénéficiant de statuts, de privilèges, d'avances directes ou indirectes ou de garanties accordées par l'État ou les collectivités locales, les entreprises dans lesquelles l'État ou les collectivités locales ont des participations, les organismes ou groupements de répartition, de distribution ou de coordination, créées sur l'ordre ou avec le concours ou sous le contrôle de l'État ou des collectivités locales doivent – sous réserve des dispositions des articles 133, 207, 208, 1040, 1382, 1394 et 1449 à 1463 – acquitter, dans les conditions de droit commun, les impôts et taxes de toute nature auxquels seraient assujetties des entreprises privées effectuant les mêmes opérations »[31].

Une étude plus approfondie démontre en effet que les établissements publics exerçant des activités lucratives sont soumis aux mêmes obligations fiscales que les entreprises privées. Ainsi, l'article 206 § 1 du CGI dispose que les établissements publics se livrant à une exploitation ou à des opérations de caractère lucratif sont passibles de l'impôt sur les sociétés. Dans un arrêt du 8 mars 1968[32], le Conseil d'État a ainsi confirmé que l'activité de gestion d'un aéroport par une chambre de commerce et d'industrie était soumise à l'impôt sur les sociétés. Même les établissements publics scientifiques, d'enseignement et d'assistance, exonérés de l'impôt sur les sociétés en vertu de l'article 206 § 5 du CGI, s'y retrouvent soumis à raison des bénéfices tirés d'une activité lucrative[33].

28. T-425/04, T-444/05, T-450/04 et T-456/04.
29. Sur l'existence d'une telle garantie, voir A. DELION, « Les garanties d'État et leur évolution », *RJEP/CJEG* oct. 2004, p. 417. *Contra*, Ch. BARTHÉLÉMY, « La garantie implicite, gratuite et illimitée de l'État aux établissements publics : mythe ou réalité ? », *RJEP/CJEG* oct. 2004, p. 423.
30. Préc.
31. Pour la TVA, voir l'article 256 B du CGI.
32. CE Sect. 8 mars 1968, *Droit fiscal* 1968, n° 15.
33. Doc. Adm. DGI 4 H-1353 § 2, 1er mars 1995, Rép. Min. n° 1184, *JOAN* 18 juin 1995, p. 3130.

Il en va de même pour les impôts directs locaux. L'article 1382-1 du CGI ne dispense les propriétés publiques bâties de la taxe foncière sur les propriétés bâties qu'à la condition qu'elles soient improductives de revenus, ce qui n'est nullement le cas si les bâtiments sont affectés à des activités concurrentielles. En matière de taxe professionnelle, les personnes publiques demeurent passibles de la taxe lorsque leurs activités présentent un caractère lucratif[34]. Il est même explicitement prévu que les coopératives de consommation fonctionnant dans les administrations sont imposables au titre de la taxe professionnelle[35]. Le Conseil d'État[36] se montre particulièrement sévère en la matière, puisqu'il a jugé que l'Institut franco-germanique de recherches de Saint-Louis devait être soumis à la taxe professionnelle, au motif que le caractère professionnel doit être reconnu aux activités de recherche entrant dans l'objet principal de l'institut, alors même qu'elles sont financées par des contributions des États et mises ensuite gratuitement à leur disposition. On peut en déduire que le caractère lucratif d'une activité s'accommode tout à fait du système de subventions publiques.

Cependant, les autorités de la concurrence ont parfois relevé que les opérateurs publics pouvaient bénéficier d'avantages fiscaux en matière de taxes locales[37]. Dans la célèbre affaire des vedettes, l'offre faite par le ministère de la Défense au ministère de la Mer avait pu être compétitive en raison du fait que les services du ministère de la Défense étaient exonérés de TVA[38]. Reste aussi la question de l'imposition des services déconcentrés de l'État (DDA, DDE) lorsqu'ils exercent une activité de prestation de service auprès des collectivités locales, à qui il peut sembler difficile d'imposer une neutralité fiscale pour l'imposition des bénéfices[39].

869 **Image de marque. –** Le fait qu'un opérateur public assure une mission de service public lui confère, ainsi qu'à ses filiales de diversification, une image de sérieux, de fiabilité et de pérennité[40]. Ainsi, dans sa décision nº 90-D-31 du 18 septembre 1990 relative à des pratiques relevées sur le marché de la publicité dans les pages jaunes des annuaires officiels des abonnés du téléphone, le Conseil de la concurrence confirme que les prestations offertes empruntent au prestige du service public. L'utilisation de l'image de marque du service public a même pu servir d'élément de démonstration de la présence d'une position dominante[41], ou être considérée comme un « atout de nature à fausser le jeu de la concurrence »[42], mais ne saurait constituer à elle seule une pratique prohibée[43].

34. Doc. Adm. DGI 6 E-131, § 2, 1er sept. 1991. Voir également TA Strasbourg 1er déc. 1998, *Centre hospitalier spécialisé de Rouffach*, *Droit fiscal* 1999, nº 593 : la production d'électricité par un hôpital est une activité industrielle détachable de l'activité sanitaire du CHS imposable à la taxe professionnelle.

35. Doc. Adm. DGI 6 E-131, § 5, 1er sept. 1991.

36. CE 3 déc. 1975, *Droit fiscal* 1976, nº 13-14, concl. FABRE.

37. Avis nº 99-A-21 du 8 déc. 1999 sur les Parcs de l'équipement ; décision nº 04-D-79 du 23 déc. 2004, pratiques mises en œuvre par la Régie des passages d'eau de la Vendée : le Conseil relève qu'une régie locale exerçant une activité de transport par mer n'a pas été soumise à la taxe professionnelle.

38. Cass. com. 14 déc. 1993, *Sté Guy Couach Plascoa*, préc.

39. En ce sens chron. GUYOMAR et COLLIN sur CE 8 nov. 2000, *Sté Jean-Louis Bernard Consultants*, *AJDA* 2000, p. 987.

40. M. LOMBARD, « À propos de la liberté de concurrence entre opérateurs publics et opérateurs privés », préc.

41. Décision nº 92-D-35 du 13 mai 1992 *Sté Le Journal Téléphoné*, argument non repris par la cour d'appel de Paris.

42. Avis nº 94-A-15 du 10 mai 1994, *Diversification EDF-GDF*.

43. Décision nº 02-D-63 du 8 oct. 2002, *Secteur des télécommunications*.

On note toutefois que la France a pu être condamnée du fait de l'absence de prise en compte de l'image de marque de France Télécom dans l'identification des coûts et profits du service universel des télécommunications (CJCE 6 décembre 2001, *Commission c/France*, aff. C-146/00).

En tout état de cause, il apparaît que lorsque les avantages statutaires sont avérés (ce qui ne va pas de soi), ils ne sont pas condamnés en eux-mêmes, mais apparaissent simplement comme des éléments de démonstration d'éventuelles pratiques à concrétiser.

§ 2. L'APPRÉCIATION DES FACTEURS STATUTAIRES

870 **Condamnation *per se*. –** Dans certains cas, le facteur statutaire ou lié au régime de droit public applicable à l'opérateur est considéré comme contraire au droit de la concurrence. Il en va ainsi du statut d'EPIC manifestant une garantie illimitée de l'État constitutive d'une aide publique incompatible avec le droit communautaire (*supra*, n° 688). C'est également le cas de l'annonce de l'ouverture d'une ligne de trésorerie par l'État en faveur de l'une de ses entreprises (*supra*, n° 688).

871 **Appréciation neutralisante. –** Dans d'autres cas, les autorités de la concurrence, en l'absence d'étude infaillible sur l'appréciation des facteurs structurels, préfèrent s'en tenir à un bilan avantages/contraintes de l'opérateur public, ce qui a pour effet de neutraliser[44] de tels avantages.

Ainsi, dans son avis sur les services financiers de La Poste (avis n° 96-A-10 du 25 juin 1996), le Conseil de la concurrence souligne que si La Poste bénéficie de l'image du service public, représente l'État, ses clients lui reprochent les lourdeurs de son fonctionnement, le manque de sens commercial de son personnel, le manque de confidentialité des locaux et les files d'attente aux guichets. De même, si La Poste n'est pas soumise à l'une des contraintes du secteur bancaire que sont les ratios bancaires et que le Trésor assure la liquidité des dépôts à vue, les responsables des services financiers de La Poste analysent le caractère dérogatoire des circuits financiers comme une contrainte imposée par l'État, faisant l'objet d'une indemnisation sans lien avec les règles de marché et se trouvant à l'origine d'un manque à gagner important. Dans son avis n° 99-A-21 du 8 décembre 1999 sur les Parcs de l'équipement, le Conseil souligne que les Parcs bénéficient d'avantages en terme de coûts sur plusieurs postes tels que la main-d'œuvre (fonctionnaires du ministère de l'Équipement non rémunérés par le Parc), les assurances, la rémunération du capital (pas d'obligation), mais qu'en raison de leur statut et de leur mission de service public, ils supportent des surcoûts que ne connaissent pas les entreprises privées du fait notamment d'une moindre flexibilité dans l'adaptation de leurs effectifs et de leur situation structurelle de surinvestissement nécessaire pour faire face aux situations de crise. Enfin, dans son avis n° 98-A-05 du 28 avril 1998 sur les conditions d'ouverture à la concurrence du secteur de l'électricité, le Conseil remarque que si EDF estime qu'il subit un désavantage dans la concurrence du fait du statut de son personnel, son statut d'EPIC ne le soumet pas aux mêmes contraintes financières que ses concurrents.

872 **Mesures de prévention. –** Cette interprétation neutralisante a toutefois une contrepartie, puisque le Conseil de la concurrence [aujourd'hui Autorité de la

44. Pour l'idée d'une approche compensatoire, voir Ch. LEMAIRE, « Les avantages concurrentiels des personnes publiques », article préc.

concurrence] conseille fréquemment l'adoption d'un arsenal de mesures de prévention pour pallier le risque latent engendré par les facteurs structurels. Aussi bien le Conseil de la concurrence [aujourd'hui Autorité de la concurrence] que le Conseil d'État, dans sa fonction consultative, se sont livrés à un exercice pédagogique consistant à définir en amont certaines mesures de prévention pour éviter que les éventuels risques de distorsion de la concurrence générés par les facteurs structurels ne se concrétisent en comportements prohibés. Le risque de distorsion de la concurrence réside dans la tentation qu'auraient les opérateurs publics d'utiliser leur activité d'intérêt général pour financer leurs activités concurrentielles et rendre ainsi leurs prix très attractifs au détriment des opérateurs concurrents. Ainsi, trois recommandations complémentaires apparaissent fréquemment : la séparation des activités d'intérêt général et des prestations offertes sur le marché concurrentiel, son corollaire qui est l'obligation sous-jacente de transparence et la stricte compensation des charges de service public.

C'est au Conseil de la concurrence [aujourd'hui Autorité de la concurrence] que l'on doit d'avoir mis en avant cette *obligation de séparation des différentes activités de l'opérateur public*, afin d'isoler les prestations offertes sur le marché concurrentiel. L'idée est de pouvoir contrôler exactement l'attribution de ressources (en argent, en matériel, en locaux, en personnel) à l'activité concurrentielle. Il existe trois types de séparation des activités : une séparation structurelle (services affectés à des entités juridiquement distinctes), une séparation fonctionnelle (entité juridiquement intégrée mais bénéficiant de l'autonomie de gestion) et une séparation comptable (tenue de comptes séparés).

La diversification des établissements publics a d'abord été l'occasion pour le Conseil de la concurrence de recommander la séparation des activités de diversification et les activités sous monopole[45]. Plus largement, tout opérateur public doit séparer ses activités d'intérêt général sous monopole et les prestations qu'il offre sur le marché concurrentiel, car toute confusion est susceptible de créer un abus de position dominante[46]. Le Conseil de la concurrence recommande parfois expressément la filialisation de l'activité, c'est-à-dire la séparation structurelle, qui est la plus complète (EDF en 1994 dans l'avis nº 94-A-15, téléphonie mobile au sein de France Télécom dans l'avis nº 97-A-07). Mais l'opération de réintégration verticale d'une filiale au sein d'un grand groupe n'est pas *a contrario* condamnée pour autant et dépend des circonstances de l'espèce, ce qui démontre le caractère éminemment pragmatique du droit de la concurrence (Cons. conc. avis nº 04-A-21 du 28 octobre 2004 relatif à une demande d'avis de la Fédération interprofessionnelle de la communication d'entreprise ayant trait aux conditions d'exercice par France Télécom des activités d'opérateur d'accès d'une part, et d'installation-maintenance de systèmes de télécommunications, d'autre part : il ne faut cependant pas que les informations confidentielles transmises par un installateur aux services chargés d'effectuer le raccordement puissent être utilisées par le service chargé des activités concurrentes de celles de l'installateur).

Le Conseil de la concurrence préconise également de plus en plus souvent la tenue d'une comptabilité analytique (Parcs de l'Équipement en 1999, EDF en 1998, activité

45. Avis nº 94-A-15 du 10 mai 1994 pour EDF GDF, avis nº 97-A-07 du 27 mai 1997 pour France Télécom, avis nº 96-A-10 du 25 juin 1996, Fonctionnement des services financiers de La Poste, avis nº 95-A-18 du 17 oct. 1995, Activités de messageries de la SNCF, avis nº 00-A-2 du 30 nov. 2000, Secteur de l'électricité, avis nº 03-A-16 du 5 sept. 2003, Secteur du gaz.

46. Décision nº 97-D-92 du 16 déc. 1997 relative aux services de l'État civil et au service municipal des pompes funèbres ; avis nº 98-A-03 du 24 févr. 1998 sur la situation de la concurrence dans le secteur de l'assurance ; avis nº 03-A-21 du 31 déc. 2003 relatif à la position de la Mutualité Fonction Publique sur le marché des prestations sociales au profit des agents publics.

d'installation-maintenance de France Télécom en 2004). Cette exigence semble pourtant poser des difficultés s'agissant du secteur public, car il n'existe aucune obligation généralisée de tenue d'une comptabilité analytique pour le moment. La séparation impliquerait en outre une ventilation des frais généraux entre les différents types d'activités d'un opérateur public, ce qui peut poser problème lorsque l'opérateur n'est pas soumis à un système d'amortissement de ses immobilisations, comme c'est le cas pour certaines personnes publiques.

Le Conseil d'État a mis, quant à lui, l'accent sur *la transparence comptable* et les modalités de contrôle des prix pratiqués par les opérateurs publics et des avantages dont ils pourraient bénéficier (avis *Jean-Louis Bernard Consultants* du 8 novembre 2000)[47]. C'est de la directive transparence n° 80-723/CEE (aujourd'hui remplacée par la directive 2006/111/CE du 16 novembre 2006) et de son ordonnance de transposition n° 2004-503 du 7 juin 2004 que procèdent aujourd'hui les obligations les plus récentes en matière de transparence (*supra*, n° 741)[48].

La *stricte compensation des charges de service public* apparaît enfin comme un moyen privilégié d'éviter les subventions croisées. Si cette compensation respecte les quatre conditions formulées par la jurisprudence *Altmark*, elle échappera en outre à la qualification d'aide d'État (*supra*, n° 437 et s.).

SECTION II LE COMPORTEMENT DES OPÉRATEURS PUBLICS ET LE DROIT DE LA CONCURRENCE

873 Un comportement anticoncurrentiel peut résulter des prix pratiqués par l'opérateur public ou de sa gestion d'une ressource essentielle.

§ 1. LE PRIX PROPOSÉ PAR LES OPÉRATEURS PUBLICS SUR LE MARCHÉ DES CONSOMMATEURS FINALS

874 **Le prix, manifestation ultime d'un comportement anticoncurrentiel.** – Le prix pratiqué par l'opérateur public est au centre des débats. Le prix est en fait à la fois la conséquence et la manifestation finale d'une série de facteurs de distorsion de la concurrence. Trois méthodes d'évaluation du caractère anticoncurrentiel d'un tarif se rencontrent : la comparaison des prix pratiqués aux coûts de la prestation ; les effets produits sur le marché par le tarif pratiqué et enfin, la comparaison avec une situation de marché équivalente. Le juge administratif ne semble pas avoir adopté de position définitive sur la méthode qu'il entend mettre en œuvre au moment où se pose la question de la pertinence de chacune d'entre elles.

47. Préc.

48. Là encore il faut rappeler le rôle fondamental joué en la matière par la politique d'ouverture des réseaux à la concurrence puisque les directives sectorielles ont largement posé cette obligation, voir Ch. LEMAIRE, « Les avantages concurrentiels des personnes publiques », préc.

La particularité de l'opérateur public conduit aussi à se demander quels coûts doivent être répercutés sur les tarifs des prestations offertes sur un marché concurrentiel, notamment lorsqu'il dispose d'un réseau national constitué pour satisfaire une mission de service public. Se pose aussi la délicate question de la reconstitution artificielle d'un coût que l'opérateur n'aura pas eu à supporter du fait d'avantages structurels, mais qu'il convient de répercuter pour assurer une égalité des chances entre opérateurs. Même si le droit de la concurrence ne tend pas à l'uniformisation des opérateurs, il manifeste tout de même un objectif de rétablissement d'un minimum d'égalité des chances.

875 **Tarifs trop élevés, tarifs prédateurs. –** Deux types de situations peuvent conduire l'opérateur public à pratiquer des tarifs anticoncurrentiels. Dans la première, l'opérateur public dispose d'un monopole mais opère aussi sur un marché concurrentiel. Ses concurrents lui reprochent alors de pratiquer des tarifs très bas de nature à les éliminer de ce marché. Dans la seconde, l'opérateur public est uniquement appréhendé dans son activité monopolistique. Ce sont alors les consommateurs finals, nécessairement captifs, qui lui reprochent au contraire des tarifs trop élevés.

876 **Subventions croisées. –** L'opérateur public titulaire d'un monopole peut utiliser les ressources de son monopole pour financer ses activités concurrentielles. C'est ce que l'on appelle les subventions croisées. Il lui sera alors reproché d'éliminer la concurrence sur le marché des activités ouvertes à la concurrence. Il existe en effet un risque très sérieux pour les entreprises publiques de commettre un abus de position dominante en utilisant le réseau amorti par l'activité de service public pour développer des activités commerciales[49]. Certains développements récents du droit communautaire viennent aussi sanctionner cette pratique sur le fondement de la prohibition des aides d'État.

Ce risque s'applique à plusieurs types de situations. Il peut s'agir d'un opérateur public bénéficiant d'un monopole pour une activité de service public et souhaitant diversifier ses activités sur des marchés connexes ou annexes ouverts à la concurrence. Le monopole peut avoir nécessité la constitution d'un réseau national (ou pas) et les activités concurrentielles peuvent être exercées par des filiales ou par des services intégrés de l'opérateur. Il peut au contraire s'agir d'un opérateur ayant simplement une activité de service public et bénéficiant à ce titre de certains avantages (utilisation privilégiée du domaine public, subventions publiques, etc.) sans que son activité soit protégée de la concurrence par l'institution d'un monopole (cas des opérateurs de transport par terre ou par mer qui font face à la concurrence sur certains segments de marché).

877 **Licéité relative des subventions croisées. –** Contrairement à ce que l'on pourrait penser, le principe des subventions croisées est licite, car il suscite le développement d'activités nouvelles, y compris pour un opérateur en situation de position

49. Voir les études réalisées par le Conseil d'État dans son Rapport public pour 2002, *Collectivité publique et concurrence*, p. 237 ; par le Conseil de la concurrence, *Rapport d'activités pour 2003*, préc. p. 95 et s. et le fascicule de S. DESTOURS et G. CLAMOUR, « Collectivités territoriales et droit de la concurrence », *Juris-Classeur Collectivités territoriales*, fasc. 724, 2004.

dominante[50]. La position du Conseil de la concurrence est claire : « il est licite, pour une entreprise publique qui dispose d'une position dominante sur un marché en vertu d'un monopole légal, d'entrer sur un ou des marchés relevant de secteurs concurrentiels, à condition qu'elle n'abuse pas de sa position dominante pour restreindre ou tenter de restreindre l'accès au marché pour ses concurrents en recourant à des moyens autres que ceux qui relèvent d'une concurrence par les mérites ; ainsi, une entreprise publique disposant d'un monopole, qui utilise les ressources de son activité monopolistique pour subventionner une nouvelle activité, ne méconnaît pas, de ce seul fait, les dispositions de l'article L. 420-2 du Code de commerce »[51].

L'abus de position dominante n'est caractérisé que si certaines conditions sont réunies. La subvention doit être utilisée pour pratiquer des prix prédateurs ou conditionner une pratique commerciale, qui, sans être prédatrice, a entraîné une perturbation durable du marché qui n'aurait pas lieu sans elle[52]. Plus largement, le Conseil de la concurrence a même considéré[53] qu'« une subvention croisée peut, à elle seule, par sa durée, sa pérennité et son importance avoir un effet potentiel sur le marché ».

A. SUBVENTION ET RÉMUNÉRATION DES AVANTAGES PROCURÉS PAR L'ACTIVITÉ MONOPOLISTIQUE

878 **Utilisation rémunérée des ressources du monopole. –** Il ne saurait être question de subventions croisées que lorsqu'il est démontré qu'il y a eu subvention. Lorsque l'utilisation des ressources du monopole pour le développement des activités concurrentielles fait l'objet d'une juste rémunération, ou d'une « contrepartie financière suffisante » il ne saurait y avoir de subvention. Ainsi, le Conseil de la concurrence [aujourd'hui Autorité de la concurrence] a naturellement utilisé le critère de l'existence de contreparties financières reflétant la réalité des coûts ou celui d'une rémunération du service rendu à sa juste valeur[54].

879 **Absence de juste rémunération et présence d'une subvention. –** Le cas des grands monopoles assis sur d'importants réseaux a posé des problèmes particuliers s'agissant de l'utilisation de ces réseaux au profit d'activités concurrentielles. Le

50. Cons. conc. avis n° 94-A-15 du 10 mai 1994, Diversification des activités d'EDF et de GDF.

51. Cons. conc. décision n° 00-D-47 du 22 nov. 2000, *Citelium* ; décision n° 00-D-57 du 6 déc. 2000, Secteur de l'énergie et du bâtiment ; décision n° 00-D-50 du 5 mars 2001, *Française des Jeux* Paris 20 nov. 2001, *Française des Jeux*, Cour cass. 10 déc. 2003 dans la même affaire ; décision n° 02-D-34 du 11 juin 2002, Secteur de l'énergie et de l'ingénierie ; décision n° 02-D-63 du 8 oct. 2002, Secteur des télécommunications.

52. Décisions n° 00-D-47, 00-D-50 et 02-D-34.

53. Décision n° 00-D-47.

54. Pour une juste rémunération, décision n° 00-D-47 préc. ; décision n° 02-D-63 du 8 oct. 2002, Secteur des télécommunications, à propos de la mise à disposition de personnel par France Télécom au profit de ses filiales, Cons. conc. avis n° 95-A-19 du 7 nov. 1995 relatif aux prestations de maîtrise d'œuvre effectuées par les associations Pact-Arim. À l'inverse, le Conseil souligne dans son avis n° 03-A-21 du 31 déc. 2003, Mutualité Fonction Publique sur le marché des prestations sociales au profit des agents publics, que cet opérateur est placé en situation d'utiliser la rémunération qui lui est versée par l'État au titre de la gestion des prestations interministérielles pour financer ses propres coûts de gestion.

montant de la rémunération à verser pour l'utilisation du réseau national a suscité une question d'importance majeure : l'exploitation d'une activité concurrentielle qui bénéficierait de l'ensemble du réseau constitué pour l'activité monopolistique devrait-elle donner lieu à indemnisation de l'ensemble des coûts relatifs au réseau[55], sachant qu'il s'agit de coûts très importants ?

L'affaire *Chronopost* de 2003 a donné l'occasion à la Cour de justice[56] de se prononcer sur cette délicate question, en posant le principe qu'une entreprise publique titulaire d'un monopole doit facturer ses prestations à sa filiale de diversification aux coûts totaux supportés et tenant compte de l'existence d'une mission de service public. C'est sur le fondement de la prohibition des aides publiques que la question a été réglée. Dans cette affaire, le Tribunal de première instance avait estimé que le fait pour La Poste de bénéficier d'un monopole légal devait être pris en compte, car cette situation avait pu lui permettre de fournir à sa filiale une assistance à un prix inférieur à celui qu'une entreprise privée ne bénéficiant pas des mêmes droits aurait pu offrir à sa propre filiale. Dès lors, il aurait fallu vérifier que la contrepartie reçue par La Poste était comparable à celle réclamée par une société privée n'opérant pas dans un secteur réservé. La Cour sanctionne ce raisonnement, car il méconnaît qu'une entreprise telle que La Poste se trouve dans une situation très différente de celle d'une entreprise privée agissant dans des conditions normales du marché. La Poste est chargée d'un service d'intérêt économique général qui l'a contrainte à s'équiper d'un réseau particulièrement étendu. Il est donc impossible de la comparer avec d'autres entreprises. Les seuls éléments objectifs et vérifiables sont donc les coûts supportés par La Poste, mais seule une partie d'entre eux sera à comptabiliser. Il est ainsi jugé que « l'existence d'une aide d'État en faveur de la Chronopost peut être exclue si, d'une part, il est établi que la contrepartie exigée couvre dûment tous les coûts variables supplémentaires occasionnés par la fourniture de l'assistance logistique et commerciale, une contribution adéquate aux coûts fixes consécutifs à l'utilisation du réseau postal ainsi qu'une rémunération appropriée des capitaux propres dans la mesure où ils sont affectés à l'activité concurrentielle de la Chronopost et si, d'autre part, aucun indice ne donne à penser que ces éléments ont été sous-estimés ou fixés de manière arbitraire ». L'inconvénient principal de cette conception de la notion de juste rémunération est, comme le soulignent les commentateurs[57], de faire payer moins cher à Chronopost le fait d'utiliser tout un réseau plutôt que la seule partie rentable du réseau, alors que Chronopost n'est soumise à aucune contrainte de service public.

55. En 1996, le Conseil de la concurrence avait souligné que la présence d'un monopole voué à une activité de service public pouvait fausser le raisonnement (Cons. conc. avis n° 96-A-10 du 25 juin 1996, *Fonctionnement des services financiers de La Poste*).

56. CJCE 3 juill. 2003, Chronopost SA, *AJDA* 2004, p. 76, note N. CHARBIT. Pour les suites de cette affaire, voir CJCE 1er juill. 2008, *Chronopost SA, La Poste, UFEX*, aff. C-341/06 P et C-342/06 P.

57. N. CHARBIT, *AJDA* 2004, p. 76.

B. LA PRATIQUE DES PRIX PRÉDATEURS ET LA PERTURBATION DURABLE DU MARCHÉ

880 **Situations concernées. –** Si l'existence d'une subvention est démontrée, l'opérateur doit se rendre coupable de pratiquer des prix prédateurs ou de perturber durablement le marché pour qu'un comportement anticoncurrentiel soit constitué. La pratique de prix prédateurs peut être le fait d'une filiale d'un opérateur monopolistique agissant sur un marché connexe et bénéficiant des ressources du monopole, mais aussi de l'opérateur en charge d'un service public ayant à faire face à la concurrence sur certains segments de marché et bénéficiant d'avantages tirés de sa mission de service public (occupation privilégiée du domaine public, subventions publiques, etc.) ou encore d'un opérateur commercialisant des services sur un marché concurrentiel, services dont la production est extrêmement spécifique puisqu'elle résulte d'une mission administrative régalienne (commercialisation des données publiques essentiellement). Le prix peut alors être prédateur parce que l'opérateur a bénéficié des ressources d'un monopole, des avantages procurés par une mission de service public, ou de conditions de production très particulières. Avant de donner quelques exemples dans lesquels une pratique de prix prédateurs a pu être retenue (ou pas), on s'attardera sur la notion et la méthode d'évaluation du prix prédateur.

1. La notion de prix prédateur et les méthodes d'évaluation

881 **Notion de prix prédateur. –** La notion même de prix prédateur a soulevé beaucoup de difficultés et suscite encore le débat. La Cour de justice en avait posé les critères de définition dans une affaire *Akzo* de 1991[58], en distinguant deux situations. D'une part, est automatiquement considéré comme abusif un prix inférieur au coût moyen variable (prix variable en fonction de la quantité produite). D'autre part, les prix inférieurs à la moyenne des coûts totaux (coûts fixes et variables), mais supérieurs à la moyenne des coûts variables, peuvent être considérés comme abusifs lorsqu'ils sont fixés dans le cadre d'un plan ayant pour but d'éliminer les concurrents. Dans l'affaire *France Télécom c/Commission* de 2009[59], la Cour précise les éléments d'appréciation de la prédation commise par une entreprise en position dominante. Était en cause la place du critère de la recherche de récupération des pertes. Il est jugé que la recherche de récupération des pertes est un élément pertinent dans l'appréciation du caractère abusif de la pratique en question, en ce qu'elle peut contribuer, par exemple, à exclure, en cas d'application de prix inférieurs à la moyenne des coûts variables, des justifications économiques autres que l'élimination d'un concurrent, ou à établir, en cas d'application de prix inférieurs à la moyenne des coûts totaux mais supérieurs à la moyenne des coûts variables, l'existence d'un plan ayant pour but d'éliminer un concurrent. Mais l'absence de toute possibilité de récupération des pertes ne saurait suffire à exclure que l'entreprise en question parvienne à renforcer sa position dominante à la suite,

58. CJCE 3 juill. 1991 *Akzo*, aff. C-62/86.
59. CJCE 2 avr. 2009, *France Télécom c/Commission*, aff. C-202/07.

notamment, de la sortie du marché d'un ou de plusieurs de ses concurrents, de sorte que le degré de concurrence existant sur le marché, déjà affaibli en raison précisément de la présence de l'entreprise en question, soit réduit davantage et que les consommateurs subissent un dommage du fait de la limitation de leurs possibilités de choix. Ce raisonnement n'est pas entièrement suivi par Conseil de la concurrence [aujourd'hui Autorité de la concurrence] français[60].

Dans son avis n° 96-A-10 sur les services financiers de La Poste, il estime que des pertes, même pendant une longue période, ne révèlent pas forcément une pratique anticoncurrentielle et peuvent refléter la spécificité des objectifs de l'entreprise publique. Le Conseil relativise ainsi la méthode de comparaison des prix aux coûts, car les ressources qu'un opérateur public emploie peuvent le placer, pour des raisons liées à son statut ou à sa mission de service public, dans une situation plus défavorable que celle de ses concurrents. Le Conseil de la concurrence a expressément relativisé en 2007[61] l'appréciation du premier cas envisagé par l'arrêt *Akzo* (prix inférieur au coût moyen variable) en décidant que la présomption de prix prédateur peut être renversée par l'entreprise à qui incombe alors la charge de la démonstration. L'entreprise peut donner une explication alternative à son comportement, qui doit être appuyée sur des données vérifiables et non contredites par les faits de l'espèce. Elle peut soutenir qu'il lui est impossible de récupérer les pertes engendrées ou invoquer une situation concrète de marché (sacrifices nécessaires à une pénétration du marché, crise, nécessité d'écouler des stocks). Dans la seconde situation visée par l'arrêt *Akzo*, c'est à l'autorité de concurrence qu'il incombe de démontrer la stratégie d'éviction.

882 **Méthode de comparaison des prix aux coûts et méthode des effets sur le marché. –** Deux méthodes d'évaluation semblent se faire concurrence. La jurisprudence précitée implique de retenir une méthode de comparaison des prix aux coûts. Mais dans son avis n° 97-A-10 du 25 février 1997, relatif au Service hydrographique et océanographique de la Marine, le Conseil de la concurrence met en avant la méthode des effets sur le marché. Cette méthode consiste à s'intéresser uniquement aux éventuels effets anticoncurrentiels d'un prix (élimination de la concurrence) sans s'attarder sur sa composition. La qualification de prix prédateur s'effectue en répondant à une série de questions. Il faut d'abord se demander, lorsque l'opérateur public pratique des prix inférieurs à ceux de ses concurrents, si ceux-ci enregistrent tout de même des bénéfices sur l'activité en question, ce qui exclut la qualification d'abus de position dominante. Même dans le cas où les concurrents privés enregistreraient des pertes, il faudrait encore se demander s'il existe d'autres éléments établissant que la tarification vise à éliminer la concurrence et, en l'absence d'autres éléments, se poserait la question de savoir si la limitation de la concurrence ne tient pas à un manque d'efficacité des opérateurs privés (si ceux-ci étaient aussi efficaces que l'opérateur public, continueraient-ils à enregistrer des pertes ?).

La méthode de comparaison des prix aux coûts a été adoptée par le juge administratif. C'est celle qui est mise en avant dans l'avis *Sté Jean-Louis Bernard*

60. Voir le *Rapport d'activités du Conseil de la concurrence pour 2003*, p. 87 et s.
61. Cons. conc décision n° 07-D-09 du 14 mars 2007, *Laboratoire GlaxcoSmithKline France.*

Consultants du 8 novembre 2000, puisqu'il faut notamment que l'opérateur public propose un prix déterminé en prenant en compte l'ensemble des coûts directs et indirects concourant à la formation du prix de la prestation. Le Conseil d'État se garde bien cependant de définir avec précision les coûts qu'il mentionne, alors que cette notion soulève beaucoup de difficultés. La mention des « coûts indirects » impliquerait une ventilation des frais généraux, qui pourrait être rendue délicate sans obligation généralisée d'amortissement des immobilisations en droit financier public[62]. Cependant, la ventilation des frais généraux, ou plus exactement la répercussion dans le tarif proposé d'une partie des frais généraux, est une méthode adoptée par les opérateurs publics[63]. Elle consiste à imputer proportionnellement les coûts communs sur les différentes ressources.

Le Rapport public du Conseil d'État pour 2002[64] évoque la prise en compte de l'accès privilégié à certaines informations dont peut bénéficier l'opérateur public assurant par ailleurs une mission régalienne, ainsi que la comptabilisation d'un certain « profit » ou « marge », ce qui offrirait l'avantage d'écarter par construction le risque d'un prix prédateur (est cité l'exemple du barème de prix des services techniques d'ingénierie de l'État). La mise en pratique de ces solutions peut toutefois s'avérer délicate en ce que finalement c'est peut-être moins le principe de vérité des prix qui est prôné que la reconstruction artificielle d'un tarif « concurrentiellement correct ». D'ailleurs, les jugements qui sont censés mettre en œuvre ce raisonnement adoptent finalement la méthode des effets sur le marché et se révèlent assez lacunaires. Ainsi, le tribunal administratif d'Amiens a pu juger (21 novembre 2002, *Cie générale des eaux c/Cne de Saint Michel*)[65] que l'offre financière (prix de l'eau) d'un syndicat de commune inférieure de près de la moitié à celle de ses concurrents ne permettait pas de présumer d'un avantage tenant à son statut public, car ce prix se rapprochait du prix du contrat antérieur, ce qui ne rendait pas nécessaire une demande de documents complémentaires.

883 **Nature des coûts à prendre en considération. Coûts incrémentaux. –** La question est de savoir quels coûts de production doivent se refléter dans les prix d'une activité concurrentielle exploitée par un opérateur chargé par ailleurs d'une mission de service public. L'exploitation d'une double activité (concurrentielle et de service public) à partir des mêmes équipements peut en effet susciter des difficultés quant à la répercussion des coûts très importants liés à ces équipements.

Dans sa décision *Deutsche Post* du 20 mars 2001[66], la Commission européenne a posé le principe que dans le cas d'un opérateur public détenant un monopole lié à une mission de service public et diversifiant ses activités, le caractère prédateur des prix s'évaluait en prenant seulement en compte les *coûts incrémentaux* liés à l'activité concurrentielle. Il s'agit des coûts qui ne seraient pas engagés si l'activité n'était pas exercée, lesquels peuvent inclure des coûts fixes. Le Conseil de la

62. Ainsi que le remarquent MM. GUYOMAR et COLLIN, chron. sous CE 8 nov. 2000, *Sté Jean-Louis Bernard Consultants*, *AJDA* 2000, p. 987.

63. Dans l'affaire *Jean-Louis Bernard Consultants*, à propos des tarifs pratiqués par l'IGN, Cons. conc. décision n° 03-D-62 du 18 déc. 2003.

64. *Collectivités publiques et la concurrence*, préc., p. 273 et s.

65. *AJDA* 2004, p. 73, note L. RICHER ; *Contrats marchés publ.* 2003, n° 105, obs. G. ECKERT.

66. N° 2001/354/CE.

concurrence a généralisé l'utilisation de cette méthode dans deux cas : lorsque l'entreprise est en situation de monopole et exploite des activités concurrentielles et lorsque l'entreprise a des coûts fixes importants[67].

Le Conseil de la concurrence a fait application de cette méthode concernant un opérateur de transport ayant une mission de service public, mais soumis à la concurrence sur certains segments de marché (décision nº 04-D-79 du 23 décembre 2004 relative à des pratiques mises en œuvre par la régie départementale des passages d'eau de la Vendée). Plus précisément, était en cause une régie de transport par mer entre l'Ile d'Yeu et le continent devant assurer certains trajets à toute époque de l'année, ce qui nécessitait qu'elle s'équipe de bateaux de taille assez importante. La concurrence qu'elle subissait pendant la période estivale lui reprochait de pratiquer des prix prédateurs ne reflétant pas certains coûts fixes liés à la présence de cet équipement surdimensionné. Pour déterminer si l'opérateur en charge du service public pratiquait des prix prédateurs, le Conseil de la concurrence ne prend en compte que les coûts incrémentaux, c'est-à-dire les coûts liés à l'exploitation estivale de l'activité (marché concurrentiel) et exclut les coûts fixes liés au loyer du bateau, car celui-ci sert également pour le service public. On se retrouve donc dans la même situation que lorsqu'il s'agissait d'apprécier le coût d'utilisation d'un réseau. L'opérateur public ne se trouve-t-il pas alors dans une situation avantageuse, car même si les coûts incrémentaux peuvent inclure des coûts fixes, il n'en demeure pas moins que l'ensemble des coûts fixes n'est pas pris en compte ? Dans l'exemple précité quelle serait la meilleure solution ? Prendre en compte l'ensemble des coûts liés à l'achat du bateau au risque d'obliger l'opérateur public à pratiquer des tarifs prohibitifs ? Ne pas tenir compte des charges du bateau surdimensionné alors qu'il est tout de même utilisé ? Évaluer économiquement l'impact d'un surdimensionnement, mais selon quelle méthode ? C'est précisément cette analyse sur les coûts fixes qui est remise en cause par la Cour de cassation dans son arrêt du 17 juin 2008, rendu dans la même affaire. La Cour invite les autorités de la concurrence à établir que si la régie ne consacrait pas son bateau d'avril à septembre à l'exploitation d'une activité sur un marché ouvert à la concurrence, elle serait tout de même obligée d'en supporter le coût pour assurer ses missions de service public, circonstance qui semble conditionner l'exclusion de tout coût fixe. Après cette première cassation, les parties se sont naturellement retrouvées à nouveau devant la cour d'appel de Paris et le débat s'est orienté autour de la délimitation du marché pertinent, étape indispensable à la constatation d'une pratique anticoncurrentielle. Dans son arrêt du 9 juin 2009, la Cour adopte une conception spécifique de la notion de marché pertinent lorsqu'est en cause un service d'intérêt économique général. Selon l'arrêt, le marché pris en considération doit inclure les périodes, modalités et autres circonstances de l'activité de service public. À l'inverse, il ne saurait être retenu contre le SIEG l'imputation d'une position dominante sur le seul segment en concurrence, en omettant les charges de l'exercice en monopole. En d'autres termes, la segmentation du marché prend une dimension spécifique en présence d'un SIEG. De manière assez surprenante, la Cour écarte la référence à la méthode des coûts incrémentaux initiée par la Commission dans sa décision *Deutsche Post* (20 mars 2001, nº 2001/354/CE), au motif qu'il doit exister une différence de traitement entre le cas d'un monopole historique exploitant une activité *distincte et nouvelle* en concurrence et le cas présent d'un opérateur de service public exploitant une *unique activité de service public* dans le cadre de laquelle il subit une concurrence. En d'autres termes, une segmentation n'est envisageable que dans le cas dans lequel l'opérateur exploite deux activités distinctes. La Cour dénie ensuite toute pertinence aux tests de comparaison des tarifs aux coûts, issus de la jurisprudence *Akzo* (CJCE 3 juillet 1991, aff. C-62/86), dans le cadre d'une évaluation des tarifs d'un opérateur percevant globalement et annuellement une subvention couvrant l'ensemble de ses activités. La subvention annuelle a pour objet de permettre à l'opérateur de pratiquer à dessein des prix bas, des services attractifs et de mener une politique salariale ambitieuse. Surtout, irriguant l'ensemble des activités, elle fausse toute méthode comparative avec l'activité d'un concurrent privé. La Cour de cassation (Ch. comm. 13 juillet 2010) s'oppose pour le moment à une telle issue, en sanctionnant l'arrêt de la cour d'appel de Paris au nom d'une vision

67. Décision nº 07-D-09, préc.

très classique de l'application de la règle de droit en la matière. En premier lieu, la Cour de cassation contrôle les critères de délimitation du marché opérée par la Cour, ce qui la conduit à censurer l'argument selon lequel la présence d'un SIEG rendrait l'opération de délimitation du marché spécifique. Conformément à la Communication de la Commission européenne n° 97/C 372/03 du 9 décembre 1997 sur la définition du marché en cause, un marché comprend des services ou des produits que les consommateurs considèrent comme interchangeables ou substituables en raison de leur prix et de l'usage auquel ils sont destinés. La Cour aurait donc dû vérifier que les services de transports pendant la période estivale proposés par les deux opérateurs présentaient ces caractéristiques. En deuxième lieu et surtout, la Cour de cassation censure le fait d'avoir écarté pour défaut de pertinence les tests des décisions « *Akzo* » et « *Deutsche Post* », alors que ces tests doivent être considérés comme seuls pertinents pour calculer le coût qui doit être comparé au tarif pratiqué sur le marché concurrentiel par un opérateur de service public. Ainsi, la Cour de cassation vient de juger qu'il n'y a pas lieu d'établir une distinction entre les opérateurs de service public concurrencés directement sur leur activité unique et ceux qui développent une activité distincte sur un marché concurrentiel. Surtout, il n'existe pas « d'excuse de spécificité » au profit de l'opérateur public.

884 **Reconstitution du coût. –** Si l'opérateur public est financièrement avantagé, la question se pose d'une reconstitution artificielle du coût à partir de la réintégration de charges non effectivement supportées mais qui auraient dû l'être. L'appréciation du prix s'effectuerait alors en fonction du coût reconstitué.

Dans l'affaire des vedettes vendéennes[68], le Conseil écarte un peu rapidement l'impact d'une subvention accordée par le département à sa régie[69], et les conséquences de l'absence d'assujettissement de la régie à la taxe professionnelle. Cette affaire révèle que le Conseil de la concurrence retient les coûts effectivement supportés par l'opérateur public pour assurer son activité concurrentielle, sans se demander s'il faudrait imputer artificiellement certaines charges (fiscales notamment) au nom de l'égalité de la concurrence.

Le problème le plus délicat semble rester sans réponse évidente : faut-il artificiellement replacer les opérateurs publics et privés sur un pied d'égalité en faisant peser sur les premiers des coûts qu'ils n'ont en réalité pas supportés, mais qu'ils auraient dû engager s'ils n'avaient pas bénéficié d'avantages structurels ? Le libre jeu de la concurrence n'implique pas que tous les opérateurs soient identiques, mais la recherche actuelle de l'égalité dans le jeu concurrentiel commande qu'une réflexion d'ensemble soit menée sur ce thème.

885 **Appréciation du juge administratif et modalités de preuve. –** Le juge administratif exerce un contrôle normal à la fois sur les composantes des prix proposés par les opérateurs publics et sur les montants retenus, ainsi que l'attestent les suites de l'affaire *Jean-Louis Bernard Consultants*. Il se contente de la production d'une comptabilité analytique, mais censure l'absence totale de fourniture de document lorsque le prix proposé par l'opérateur public présente une forte différence avec celui des opérateurs privés concurrents.

68. Préc.

69. Le motif avancé par le Conseil reste obscur à la lecture de la décision, puisqu'il est fait référence à une éventuelle compensation des réductions accordées aux habitants de l'Ile d'Yeu, due aux charges de service public, mais surtout au fait que les opérateurs privés accordent les mêmes réductions tarifaires que la régie sans que celles-ci fassent l'objet de compensation par une subvention publique. Dès lors, il n'y aurait pas lieu de tenir compte de cette compensation dans les recettes de l'activité concurrentielle de la régie.

TA Dijon 20 février 2003, *Sté Jean-Louis Bernard Consultants*[70] : « Considérant que l'Institut géographique national a remis au district de l'agglomération dijonnaise une offre d'un montant de 217 000 francs hors taxes ; que si l'écart de prix, même important, entre l'offre du candidat retenu et celles de ses concurrents n'est pas en soi constitutif d'un manquement au principe de libre concurrence, il appartient en revanche au tribunal d'examiner les modalités de fixation de ce prix ; que l'Institut a produit un document, établi à partir de sa comptabilité analytique, par lequel il expose les conditions de détermination de son prix ; qu'il en ressort que la nature de la prestation objet du marché justifiait l'affectation d'un ingénieur des travaux géographique, dont le taux horaire catégoriel était statutairement fixé pour l'année 1998 à 195 francs, s'élevait pour une journée à 1 560 francs hors taxes ; que l'Institut a évalué à 74 le nombre de journées de travail nécessaire pour exécuter la mission ; qu'ainsi les frais de personnel induits par la prestation s'élevaient, au total, à 115 440 francs hors taxes, que l'Institut géographique national a par ailleurs, estimé à 26 600 francs hors taxes les frais divers occasionnés par les déplacements au siège du district à Dijon et à 9 800 francs hors taxes les frais exposés pour soumissionner ; qu'une part des frais généraux, calculée par référence au montant total des frais de structure et des recettes d'activité de l'Institut pour l'année 1998 et fiée à 52 870 francs hors taxes a été prise en compte dans l'offre de prix remise au District de l'agglomération dijonnaise ; qu'enfin la marge bénéficiaire s'établit à 12 500 francs hors taxes environ ; Considérant qu'il n'est pas établi que le nombre de journées de travail prévu pour assurer la prestation dans les conditions ci-dessus décrites serait insuffisant, qu'un ingénieur des travaux géographiques serait insuffisamment qualifié pour exécuter la mission, que le coût de la journée ingénieur, qui, à la différence du barème public des prix de l'Institut géographique national cité par le requérant n'intègre pas les coûts indirects, serait sous-évalué ou que la part des frais de structure imputée dans le prix aurait été sous-estimée ; qu'à l'inverse, le seul fait que l'Institut géographique national reçoive des subventions à raison de ses missions de service public, ainsi qu'en attestent le budget et le compte financier de l'année 1998 produits à l'instance, ou que les activités concurrentielles de l'Institut n'aient pas été isolées dans une structure juridique qui leur soit propre, ne suffisent pas à établir que l'offre remise au district de l'agglomération dijonnaise aurait porté atteinte au principe de libre concurrence ».

CAA Douai 9 juin 2005, *Société compagnie générale des eaux*[71] : « Compte tenu de la différence de prix enregistrée et du sérieux des doutes émis par le candidat évincé, la production de documents de nature à justifier la détermination du prix proposé par l'établissement public se révélait nécessaire ».

2. Exemples de prix prédateurs

886 **Prix prédateurs pratiqués par des opérateurs publics. –** Dans une affaire impliquant la Française des jeux[72], il était reproché à l'opérateur public de subventionner une filiale, permettant à cette dernière de pratiquer sur le marché concurrentiel de la maintenance informatique des prix inférieurs à ses coûts variables, pratique qui lui a permis d'emporter 17 marchés que des concurrents auraient emportés si cette pratique n'avait pas eu lieu et ce, alors même que la filiale ne détenait qu'une faible part de marché. Dans l'affaire *EDF*[73], le Conseil de la concurrence a qualifié d'abus de position dominante le fait de proposer à la municipalité de Tourcoing un prix particulièrement bas pour alimenter son éclairage, ce qui l'a dissuadée de procéder à un appel d'offres, et le fait que le marché soit

70. *AJDA* 2003, p. 790, concl. HECKEL et note J.-D. DREYFUS.

71. *CP-ACCP* nº 50 déc. 2005, p. 71, note S. PALMIER et Ch. CABANES. Voir également CAA Paris 18 mars 2008, *Sté Vivauto PL*, nº 07PA00101.

72. Cons. conc. décision nº 00-D-50.

73. Cons. conc. décision nº 00-D-47

conclu pour dix ans renouvelables par tacite reconduction. Dans la décision *Secteur des télécommunications*[74], il a en revanche été décidé que l'orientation gratuite de la clientèle vers des filiales de France Télécom, bien que n'ayant pas de contrepartie financière, n'a cependant pas permis de développer une pratique prédatrice et qu'aucune perturbation durable et importante du marché n'était à relever.

887 **Fourniture de prestations gratuites. –** On aurait pu estimer par un raisonnement *a fortiori* que la fourniture de prestations gratuites sur un marché concurrentiel relevait de la pratique de prix prédateurs. Il n'en est rien. En effet, l'intérêt général qui s'attache à la fourniture de certaines prestations par l'administration et la définition même du prix prédateur peuvent justifier une telle pratique. C'est ce qui ressort de la très intéressante affaire du service Emploi-Entreprise, qui a donné l'occasion au Conseil de la concurrence de se prononcer sur la simplification des procédures administratives en 2004[75], à propos de la fourniture par l'administration d'un nouveau service gratuit de gestion simplifiée de la paye des salariés (service emploi-entreprise financé par le budget de l'État) alors que des opérateurs privés intervenaient déjà sur le secteur. Le Conseil écarte la qualification de prix prédateurs, au motif que la gratuité exclut la possibilité dans l'avenir pour un opérateur public de récupérer à terme les pertes générées, ce qui est l'un des éléments constitutif de la prédation.

3. Prix prédateurs et aides d'État

888 **Deux situations caractérisant une aide. –** Le régime des aides d'État intervient à deux niveaux lorsqu'il est question d'apprécier le caractère anticoncurrentiel des prix pratiqués par un opérateur public. L'octroi d'une aide par l'État à un opérateur public peut conduire (nécessairement ou pas) celui-ci à pratiquer des prix prédateurs. La seconde situation est plus contestable, car elle vise le cas des avantages commerciaux consentis à certains clients par les opérateurs publics. Supposés consentis sur fonds publics et plus précisément sur fonds étatiques, l'aide serait alors accordée aux clients mêmes des opérateurs publics.

889 **Aide permettant d'adopter un comportement anticoncurrentiel. –** S'agissant tout d'abord du problème de l'aide consentie à l'opérateur lui-même et lui permettant d'adopter un comportement anticoncurrentiel, la Cour de justice (CJCE 7 décembre 2000, *ARGE Gewässerschutz*)[76] avait jugé, dans le domaine très particulier de la passation des marchés publics, que : « le principe d'égalité de traitement n'est pas violé au seul motif que les pouvoirs adjudicateurs admettent la participation à une procédure de passation d'un marché public d'organismes bénéficiant de subventions qui leur permettent de faire des offres à des prix sensiblement inférieurs à ceux de leurs co-soumissionnaires ». La suite de l'arrêt laisse cependant entrevoir une judicieuse solution. En effet, les motifs de rejet des candidatures ou des offres sont strictement encadrés et parmi eux ne figurent

74. Décision n° 02-D-63 du 8 oct. 2002.
75. Cons. conc. avis n° 04-A-13 du 12 juill. 2004 relatif à la mise en place du service Emploi-Entreprise.
76. Aff. C-94/99.

normalement pas les comportements anticoncurrentiels des candidats. Cependant, la Cour remarque qu'un soumissionnaire peut être exclu au cours de la procédure de sélection, lorsque le pouvoir adjudicateur considère qu'il a reçu une aide non conforme au traité et que l'obligation de restituer l'aide illégale mettrait en danger sa santé financière, de sorte que ce soumissionnaire peut être considéré comme n'offrant pas les garanties financières ou économiques requises. Ainsi, le comportement anticoncurrentiel est sanctionné à travers l'exigence de garanties financières qui est un motif de sélection en droit de la commande publique.

Le Conseil de la concurrence a admis la possibilité de qualifier des éléments d'aides d'État d'abus de position dominante (Cons. conc. 10 février 2004, décision n° 04-D-02 relative à une demande de mesures conservatoires présentée par la société Germain Environnement à l'encontre de l'Office national des forêts). Mais comme le remarque N. Charbit[77], cet abus n'est pas préétabli et il faut démontrer que les aides permettent à l'opérateur de pratiquer des prix prédateurs ou une politique d'expansion injustifiée autrement, sauf à appliquer théorie de l'abus automatique dans ce cas (les aides ou la subvention conduisent automatiquement et nécessairement l'entreprise à abuser de sa position dominante).

890 **Aides aux clients des opérateurs publics. –** S'agissant des éventuelles aides consenties aux clients mêmes des opérateurs publics, les entreprises publiques étant financées par l'État, un avantage tarifaire consenti à un client ou à une catégorie de clients serait alors susceptible d'être qualifié d'aide car l'État renoncerait à un éventuel profit (*supra*, n° 423).

La Commission européenne a abordé cette délicate question dans une décision du 11 avril 2000[78] à propos des rabais sur ses tarifs qu'EDF avait consenti à des papeteries pour qu'elles s'équipent d'appareils très consommateurs d'électricité. Une entreprise privée ou publique peut faire une distinction dans ses tarifs selon l'utilisation des marchandises qu'elle vend, mais cette distinction doit être justifiée par des raisons commerciales, à savoir couvrir le coût marginal ainsi qu'une partie du coût fixe (ce qui est le cas ici). De plus, la Commission remarque qu'EDF est en situation de surcapacité de production, ce qui peut normalement conduire un opérateur en économie de marché à rechercher à vendre une quantité supplémentaire de son produit. On remarquera au passage que la dimension instrumentale de l'entreprise publique n'est pas reconnue, puisque les seules justifications admises à sa politique tarifaire relèvent du test de l'opérateur en économie de marché. Une entreprise publique peut accorder un tarif spécial à certains clients pour des motifs commerciaux, mais pas pour des raisons de politique publique. Dans la même affaire, le Conseil de la concurrence (décision n° 04-D-19 du 19 mai 2004 relative à des pratiques imputées à EDF)[79] était saisi d'une éventuelle exploitation abusive de sa position dominante par EDF. Cependant, le Conseil résume un peu brièvement la position de la Commission : « il est toujours loisible à une entreprise, privée ou publique, de faire une distinction dans ses tarifs selon ses catégories de clients. Les discriminations ne sont illicites que lorsqu'elles aboutissent à des prix prédateurs ». Pour L. Richer[80], il faudrait plutôt tenir compte de l'ensemble de la décision de la Commission (le niveau du prix doit intégrer les coûts, il existait une situation de surcapacité de production, etc.).

77. *AJDA* 2004, p. 850.

78. *JOUE* n° L 95 du 5 avr. 2001, p. 18.

79. Voir également la décision n° 99-D-51 du 29 juill. 1999, relative aux pratiques constatées dans le secteur des applications thermiques de l'énergie (sol. confirmée par CA Paris 23 mai 2000, *EDF c/Climespace*, *Contrats, conc. consom.* 2000, n° 110).

80. *AJDA* 2004, p. 2310.

4. La déstabilisation durable du marché

891 **Notion. –** Un abus de position dominante peut résulter de prix qui, sans être prédateurs, sont fixés à un niveau suffisamment faible pour être à l'origine d'une perturbation importante du jeu du marché, si une telle stratégie a pour effet d'interdire à un nouveau concurrent de s'y maintenir[81]. La notion de déstabilisation durable du marché a été ensuite développée par le Conseil de la concurrence à l'occasion de sa décision n° 00-D-47 du 22 novembre 2000, *Citelum*. Trois conditions doivent être réunies : l'existence d'un monopole légal ; l'utilisation des ressources dégagées par l'activité sous monopole pour subventionner une activité réalisée sur un marché concurrentiel ; le financement par ces subventions de pratiques commerciales ayant entraîné une perturbation durable du marché.

892 **Application à un opérateur public. –** L'existence de tarifs réglementés en matière de vente de gaz a donné lieu en 2007 à une tentative d'application de cette théorie. Le ministre avait fixé pour la période 2004-2007 des tarifs qui étaient soit inférieurs aux coûts moyens complets de l'activité supportés par GDF, soit équivalents ou légèrement supérieurs aux coûts de GDF. Étant donné que GDF lui-même subissait ainsi la politique gouvernementale, aucune tentative de prédation ne pouvait lui être reprochée. Néanmoins, une perturbation du marché en ressortait.

Le Conseil de la concurrence s'est prononcé[82] sur deux hypothèses de déstabilisation durable du marché, qui diffèrent légèrement des cas de figure envisagés dans l'application classique de la théorie. La première hypothèse visait le cas dans lequel GDF aurait pu dissuader ses clients éligibles d'exercer leur éligibilité en leur proposant des tarifs attractifs, financés par la position de GDF envers les clients non éligibles (jusqu'au 1er juillet 2007). Mais les comptes de GDF font apparaître qu'il n'y a pas eu de subventions croisées des clients non éligibles vers les professionnels éligibles mais restés au tarif réglementé. La seconde hypothèse est celle dans laquelle GDF financerait des tarifs attractifs au profit de professionnels susceptibles de faire jouer leur éligibilité aux moyens de fonds accumulés antérieurement à 2004, date d'ouverture à la concurrence des clients éligibles. Mais, là encore, les comptes de GDF ne font pas apparaître de tels transferts. Le Conseil de la concurrence en déduit que la présence de tarifs réglementés à un niveau très bas constitue une barrière à l'entrée de nouveaux concurrents et crée une perturbation du marché. Cette perturbation n'est cependant pas due aux pratiques de GDF, mais au cadre législatif et réglementaire de fonctionnement du marché des éligibles. Saisi à son tour de l'affaire, et plus particulièrement de la légalité des arrêtés fixant les tarifs réglementés du gaz, le Conseil d'État[83] juge que la situation anticoncurrentielle n'est pas due aux arrêtés fixant les tarifs, qui ne sont pas à l'origine de la configuration du marché caractérisée par une position favorable de GDF due à son ancienneté, sa stabilité et le caractère favorable de ses coûts d'approvisionnement.

5. Le tarif excessif pratiqué sur un marché monopolistique

893 **Règle de la proportionnalité entre le prix payé et le service rendu. –** Normalement, les tarifs pratiqués par un opérateur public sont contrôlés au regard des

81. Cons. conc. décision n° 96-D-67 du 29 oct. 1996, *Coca-Cola Beverages* ; Cass. com. 10 déc. 2003, *Française des Jeux*, *JCP* E 2004, n° 19, p. 766.
82. Avis 07-A-08 du 27 juill. 2007 sur prix du gaz.
83. CE 10 déc. 2007, *Soc. Poweo*, n° 296191, 289012.

règles classiques du droit administratif, et notamment celle de la proportionnalité entre le prix payé et le service rendu. Le tarif d'un service public doit aussi respecter le principe d'égalité. Dès lors, le droit administratif est en mesure d'offrir un encadrement extrêmement strict du niveau de tarif pratiqué et des catégories tarifaires mises en place par l'exploitant. Le principe de proportionnalité entre le service rendu et le prix payé tendait de plus en plus à se transformer en principe d'adéquation et chaque composante du prix fait l'objet d'un examen minutieux par le juge administratif[84]. Le Conseil d'État a mis fin, dans un arrêt d'Assemblée du 16 juillet 2007, *Syndicat national de défense de l'exercice libéral de la médecine à l'hôpital*[85], à l'obligation de plafonnement du montant de la redevance pour service rendu par le coût de la prestation fournie en incluant dans la redevance la valeur économique de la prestation pour son bénéficiaire. Il y est réaffirmé que dans tous les cas le tarif doit être établi selon des critères objectifs et rationnels, dans le respect du principe d'égalité entre les usagers du service public et des règles de la concurrence.

894 **Abus de position dominante. –** Le droit de la concurrence s'est également intéressé aux tarifs excessifs imposés aux consommateurs par des opérateurs publics en situation de monopole sur le fondement de la prohibition des abus de position dominante. Le Conseil de la concurrence[86] constate que si en règle générale l'abus de position dominante consiste à empêcher des concurrents de pénétrer sur un marché ou à gêner l'activité de ceux qui s'y trouvent, dans certaines circonstances le Conseil peut s'assurer que les prix pratiqués par une entreprise en situation de monopole ne sont pas manifestement excessifs sur le marché des consommateurs finals. Une pratique de prix manifestement élevés peut être établie s'il existe une disproportion manifeste entre ce prix et la valeur du service correspondant et que cette disproportion ne s'appuie sur aucune justification économique. S'il n'est pas possible d'établir cette disproportion par examen des coûts, il faut recourir à une évaluation par comparaison avec les prix pratiqués par des entreprises placées dans des situations équivalentes. On peut relever ici que cette méthode rejoint les règles du droit administratif, mais que le juge administratif exerce un contrôle plus étendu en sanctionnant toute redevance « excessive » et non pas seulement celles qui sont « manifestement excessives »[87]. Le Conseil d'État a confirmé cette tendance en vérifiant que le gestionnaire du réseau public de transport d'électricité ne se rendait pas coupable d'un éventuel abus automatique de position dominante en pratiquant des tarifs excédant la couverture de ses coûts[88].

84. S. NICINSKI, *L'usager du service public industriel et commercial*, L'Harmattan, 2001, p. 384 et s.
85. *AJDA* 2007, p. 1807, chron. BOUCHER et BOURGEOIS-MACHUREAU.
86. Décision du 13 juin 2000, nº 00-D-27, *Prison d'Osny*, confirmée par la décision nº 05-D-15 du 13 avr. 2005 relative à une saisine de la société Regal Pat contre la société Électricité de Strasbourg.
87. CE 12 mars 1990, *Lafuente*, nº 78252.
88. CE 18 juill. 2008, *SNCF*, nº 291602.

§ 2. LA GESTION D'UNE RESSOURCE ESSENTIELLE PAR UN OPÉRATEUR PUBLIC

895 **Opérateur public et ressource essentielle. –** L'opérateur public peut être propriétaire ou gestionnaire d'une ressource essentielle[89] sur un marché intermédiaire (les ressources que l'on peut qualifier d'essentielles sont souvent liées à une activité publique ou un bien de l'administration : réseau câblé, installation portuaire, aéroport, base de données, temps d'antenne[90], etc.). La notion d'infrastructure essentielle s'applique avant tout aux entreprises qui en sont détentrices. Mais le Conseil de la concurrence (pour une exclusivité d'occupation du domaine public)[91] et la cour d'appel de Paris (s'agissant d'un refus d'octroi de titre d'occupation du domaine public)[92] ont tous deux admis que les règles de la concurrence s'appliquaient aux choix opérés par l'autorité administrative, choix qui sont analysés comme les conditions de « mise sur le marché » d'une infrastructure essentielle.

896 **Régime en droit de la concurrence. –** Les conditions d'application de cette théorie semblent avoir trouvé une formulation définitive en 2002[93] : la qualification d'infrastructure essentielle suppose que l'infrastructure soit possédée par une entreprise qui en détient le monopole ou une position dominante ; l'accès à l'infrastructure est strictement nécessaire pour exercer une activité concurrente sur un marché annexe[94] ; l'infrastructure ne peut être reproduite dans des conditions économiques raisonnables par les concurrents de l'entreprise ; l'accès à cette infrastructure est refusé ou autorisé dans des conditions restrictives injustifiées ; l'accès à l'infrastructure est possible. Le détenteur de l'infrastructure est soumis à deux contraintes : offrir un accès à ses concurrents, à l'amont ou à l'aval, sans pouvoir opposer un refus[95] ; offrir un accès dans des conditions équitables et non discriminatoires. En

89. Cette théorie fut d'abord appliquée en droit communautaire, avant de l'être en droit interne. M. MALAURIE-VIGNAL, *Droit de la concurrence*, A. Colin, 2e édition, 2003, n° 396 et s. ; M. BAZEX, « Entre concurrence et régulation, la théorie des facilités essentielles », *Rev. conc. et consom.* janv. /févr. 2001, n° 119, p. 37 ; M. THILL-TAYARA et C. COUADOU, « Le droit d'accès à l'épreuve de la théorie des installations essentielles », *Contrats conc. consom.* mai 1999, p. 4.

90. Voir par exemple CJCE 3 oct. 1985, *CBEM pour le temps d'antenne*, aff. C-311/84 ; CA Paris 1er sept. 1998, *SFR c/France Télécom*, *Contrats, conc. consom.* 1998, n° 163, obs. M. MALAURIE-VIGNAL et Cass. com. 4 déc. 2001 *France Télécom c/SA Lectiel*, *Contrats, conc. consom.* 2002, n° 46, obs. M. MALAURIE-VIGNAL, pour une liste d'abonnés au téléphone.

91. Cons. conc. avis n° 04-A-19 du 21 oct. 2004 relatif à l'occupation du domaine public pour la distribution de journaux gratuits.

92. CA Paris 31 oct. 1991, *Mme Parouty*, *D.* 1992, J, p. 312, note V. SÉLINSKY : le non-renouvellement par la SNCF de la concession d'un occupant d'un local commercial dans une gare ne saurait constituer un abus de dépendance économique dans la mesure où il est loisible à l'occupant de poursuivre la même activité dans tout autre local approprié et disponible sur le marché de la location d'immeubles à usage commercial.

93. Cons. conc. avis n° 02-A-08 du 22 mai 2002, relatif à la saisine de l'association pour la promotion de la distribution de la presse.

94. CA Paris 27 janv. 1998, *EDF*, *AJDA* 1998, p. 435, note C. ADAM et S. BLAZY : application de la théorie lorsque la facilité est située en aval du marché concerné.

95. Cons. conc. décision n° 98-D-77 du 15 déc. 1998 relative à des pratiques mises en œuvre par les aéroports de Paris dans le secteur de l'hôtellerie à la périphérie de l'aéroport de Paris-Roissy Charles de Gaulle ; Cons. conc. décision n° 98-D-31 du 13 mai 1998, relative à des pratiques mises en œuvre dans le secteur de l'escrime.

droit communautaire, un refus d'accès ou l'opposition de restrictions à l'accès sont néanmoins envisageables si les conditions attachées à l'exception du service d'intérêt économique général sont satisfaites[96].

En droit administratif, il pourrait être proposé d'élargir quelque peu la notion, notamment quant au caractère strictement nécessaire de l'accès à l'infrastructure pour exercer une activité économique. En effet, on pourrait par exemple soutenir qu'une infrastructure portuaire n'est pas essentielle, puisqu'un bateau peut toujours faire débarquer ses passagers sur n'importe quel point de la côte, ou encore que l'enceinte d'un aéroport n'est pas strictement nécessaire puisqu'une activité économique s'exerçant à l'intérieur peut aussi s'exercer aux abords immédiats (location de voitures par exemple). Néanmoins, il est facile de se rendre compte que l'activité s'exerce mieux et de manière plus rentable si les passagers d'une navette maritime peuvent être débarqués sur un quai proche des autres moyens de transport et si le passager tout droit débarqué d'un avion n'a pas à parcourir plusieurs kilomètres pour louer une voiture.

S'agissant d'opérateurs publics, se pose la question des motifs de refus d'accès ou des conditions discriminatoires liés à leurs missions spécifiques, ainsi que celle des tarifs pratiqués pour accorder l'accès.

A. LES MOTIFS DE REFUS D'ACCÈS LIÉS AUX MISSIONS SPÉCIFIQUES DES OPÉRATEURS PUBLICS

897 **Motifs de refus d'accès. –** Le domaine particulier de la diffusion des données publiques a permis d'envisager les différents motifs avancés par les opérateurs publics pour justifier les refus d'accès qu'ils opposaient à leurs concurrents. L'opérateur public peut-il invoquer le respect des libertés publiques, son éventuel « droit d'auteur » ou encore des impératifs de sécurité pour refuser aux diffuseurs privés l'accès aux données publiques ? Les autorités de la concurrence ont répondu diversement à ces différents arguments.

Ainsi, l'impératif de *sécurité* est un argument qui permet à un service public collecteur de données de s'opposer à leur accès, mais uniquement en ce qui concerne les données soumises à cet impératif[97]. En revanche, le *droit de propriété intellectuelle*[98] ne peut justifier un refus d'accès aux données publiques opposé aux diffuseurs privés par le service public de collecte. Cependant, la Cour de justice des communautés européennes a précisé sa jurisprudence dans l'affaire *IMS Health*, du 29 avril 2004[99]. Le refus opposé par une entreprise titulaire d'un droit de propriété

96. Commission, décision du 14 janv. 1998, *Aéroport de Francfort*, *JOCE* L72/30 du 11 mars 1998.

97. Cons. conc., décision n° 92-D-35 du 13 mai 1992, relative à une saisine de la Société du Journal téléphoné à l'encontre de la Météorologie nationale. Il faut néanmoins souligner la particularité de l'affaire, puisque deux types d'informations étaient en cause et que le concurrent privé voulait obtenir à tort l'information soumise à de forts impératifs de sécurité et participant à la mission de service public. Le refus de l'opérateur public a finalement été justifié par la Cour de cassation (12 déc. 1995, n° 2243) qui fonde sa solution sur l'inapplicabilité de l'ordonnance du 1er déc. 1986 à ce type d'activité.

98. Avis du Conseil de la concurrence n° 97-A-10 du 25 févr. 1997 dans l'affaire du SHOM citant l'arrêt de la CJCE du 6 avr. 1995, *Magill* dans le même sens.

99. *Contrats, conc. consom. août-sept.* 2004, n° 128, note S. POILLOT-PERRUZZETTO.

intellectuelle d'octroyer une licence d'utilisation du bien protégé ne constitue un abus de position dominante que si trois conditions cumulatives sont réunies : l'entreprise qui a demandé la licence doit avoir l'intention d'offrir des produits ou services nouveaux que le titulaire du droit de propriété intellectuelle n'offre pas ; le refus n'est pas objectivement justifié ; et le refus est de nature à réserver au titulaire du droit un marché dérivé, c'est-à-dire le marché de la fourniture des données, en excluant toute concurrence sur ce marché. Concernant les données publiques, la première condition pourrait notamment permettre aux opérateurs publics de s'opposer à toute demande émanant d'opérateurs concurrents, si ceux-ci voulaient uniquement reproduire telles quelles les données pour les diffuser à leur tour.

La *protection des données à caractère personnel* contenues dans l'information collectée ne saurait non plus servir à justifier un refus d'accès opposé aux diffuseurs privés. C'est l'enseignement que l'on peut tirer de l'affaire France Télécom se rendant coupable d'un abus de position dominante en refusant de fournir la fameuse liste orange à une société privée qui intervenait sur le marché de la confection des annuaires[100]. Ici, la protection des libertés individuelles des personnes inscrites sur la liste orange ne saurait faire obstacle à la libre concurrence, dès lors que chaque intervenant sur le marché est tenu de respecter ces libertés individuelles.

B. LES CONDITIONS DISCRIMINATOIRES LIÉES AUX MISSIONS SPÉCIFIQUES DES OPÉRATEURS PUBLICS

898 **Avantager un opérateur. –** L'opérateur public ne doit pas fausser le jeu de la concurrence en favorisant certains opérateurs au nom de l'égalité des chances. Le Conseil de la concurrence a été saisi pour avis (Cons. conc. avis n° 04-A-06 du 16 avril 2004, relatif aux conditions d'attribution par les sociétés d'autoroutes des autorisations d'installations commerciales sur les aires autoroutières) à propos de la concertation de sociétés concessionnaires d'autoroute pour coordonner le lancement d'appels d'offres pour le renouvellement des autorisations d'installations commerciales sur autoroute (carburant, restaurants, boutiques). Il fallait décider de la place à réserver aux différentes catégories d'opérateurs (grande distribution face aux groupes pétroliers). Le but poursuivi par les sociétés concessionnaires était de renforcer la diversification des enseignes présentes sur autoroute. Mais cette concertation aurait pu avoir pour objet de limiter l'accès au marché pour certaines catégories d'opérateurs et le Conseil de la concurrence évoque l'idée d'une entente prohibée, mais qui aurait éventuellement pu trouver une justification sur le fondement de l'article L. 420-4 du Code de commerce (progrès économique).

899 **Désavantager un opérateur. –** L'opérateur public ne doit pas non plus désavantager certains opérateurs. Dans l'arrêt *EDA*, rendu le 26 mars 1999 par le

100. Cour cass. 6 mai 1996, *France Télécom c/Communication média Services*, *Bull. civ.* IV, n° 125 ; *AJDA* 1996, p. 1033, note M. BAZEX ; *RFDA* 1996, p. 1161, note B. SEILLER.

Conseil d'État[101], à l'occasion de la consultation organisée en vue de la passation de conventions d'occupation du domaine public pour l'exploitation d'emplacement de locations de voitures, il était soutenu qu'en couplant l'offre sur les deux aéroports d'Orly et de Roissy, Aéroport de Paris aurait commis un abus de position dominante sur le marché de la fourniture d'emplacements de location de voitures pour les usagers des aéroports. En obligeant les candidats à présenter une offre portant sur les deux aéroports, ADP aurait pu commettre un abus, en ce que seuls les opérateurs les plus importants auraient été en mesure de déposer une telle offre, au détriment des opérateurs plus modestes.

CAA Paris 4 décembre 2003, *Société d'équipement de Tahiti et des Iles (SETIL)*[102] : la Cour juge que la responsabilité d'un opérateur public peut être engagée pour méconnaissance des règles de la concurrence lorsqu'il refuse d'accorder une autorisation d'occupation du domaine public : « S'il appartient à l'autorité administrative affectataire de dépendances du domaine public de gérer celles-ci tant dans l'intérêt du domaine et de son affectation que dans l'intérêt général, il lui incombe en outre, lorsque, conformément à l'affectation de ces dépendances, celles-ci sont le siège d'activités de production, de distribution ou de service, de prendre en considération le principe de liberté du commerce et de l'industrie ainsi que les règles de la concurrence dans le cadre desquelles s'exercent ces activités ; qu'il ressort des pièces du dossier qu'au cas d'espèce, la SETIL a, en défavorisant sans justification l'activité de M. X, fait une inexacte application des principes et des règles susévoqués ».

Il faut cependant remarquer qu'en tant qu'autorité normative, l'administration a pu justifier des conditions d'accès discriminatoires à une infrastructure par des considérations tirées de la protection d'un service public[103]. Il n'est pas exclu que l'administration en tant qu'opérateur puisse avancer les mêmes justifications.

C. LE TARIF D'ACCÈS À LA RESSOURCE

900 **Situations de l'opérateur public sur le marché. –** L'opérateur public détient de manière exclusive ou quasi-exclusive la « matière première » de prestations proposées sur le marché des consommateurs finaux, marché sur lequel il entre en concurrence avec d'autres opérateurs. Un opérateur public peut bénéficier d'un accès privilégié au domaine public ou avoir collecté un certain nombre de données brutes au titre de sa mission administrative, lesquelles données publiques seraient ensuite susceptibles d'une commercialisation ou d'une rediffusion. Il peut aussi être propriétaire d'un réseau faisant anciennement partie d'un monopole intégré dont l'accès est aujourd'hui ouvert aux tiers. Dans la plupart des cas, les directives sectorielles d'ouverture des réseaux à la concurrence en règlent les conditions d'accès, mais toutes les situations n'ont pas forcément été prévues. La tentation est alors grande pour l'opérateur public de pratiquer des tarifs d'accès à la ressource essentielle très élevés, pour assécher la concurrence sur le marché aval.

101. *Rec.* p. 96 ; *AJDA* 1999, p. 427, concl. STAHL, note M. BAZEX ; *CJEG* 1999, p. 264, concl. STAHL ; *D.* 2000, p. 204, note J.-P. MARKUS ; *RDP* 1999, note S. MANSON.

102. *AJDA* 2005, p. 200, note S. NICINSKI ; *CMP* 2004, n° 54 ; note G. ECKERT.

103. CE 30 juin 2004, *Département de la Vendée*, *AJDA* 2004, p. 2210, note S. NICINSKI, et p. 2309, note N. CHARBIT ; *RJEP* 2004, p. 487, concl. COLLIN ; *Revue Lamy de la concurrence* 2004, n° 1, p. 50, note S. DESTOURS.

901 **Prix excessifs et abus de position dominante. –** L'impact du droit de la concurrence a surtout eu pour effet d'encadrer les tarifs d'accès aux ressources essentielles et ainsi contribué à une réévaluation des tarifs publics. Désormais, cet apport est bien connu et pour en résumer l'essentiel, il apparaît que les prix excessifs demandés aux opérateurs sur un marché aval peuvent constituer un abus de position dominante[104]. Il existe en réalité trois méthodes d'évaluation du caractère excessif des prix pratiqués par l'administration. En premier lieu, on peut établir une comparaison avec les situations de marché équivalentes. En deuxième lieu, le prix de vente du produit en cause peut être comparé à son prix de revient afin d'apprécier « s'il existe une disproportion excessive entre le coût effectivement supporté et le prix effectivement réclamé »[105]. En troisième lieu, on peut s'intéresser aux effets de la pratique tarifaire sur le marché, en constatant par exemple que le prix pratiqué par l'administration pour céder une ressource essentielle empêche ses concurrents d'exercer sur un marché aval en les privant de la possibilité de dégager une marge suffisante[106].

Depuis, divers textes sont intervenus s'agissant des données publiques (directive du 17 novembre 2003 concernant la réutilisation des informations du secteur public, ordonnance n° 2005-650 du 6 juin 2005, modifiant les dispositions de la loi n° 78-753 du 17 juillet 1978 portant diverses mesures d'amélioration des relations entre l'administration et le public, articles 10 et suivants, puis aujourd'hui décret n° 2011-577 du 26 mai 2011 relatif à la réutilisation des informations publiques détenues par l'État et ses établissements publics administratifs). On peut en retenir que la réutilisation d'informations publiques ne peut faire l'objet d'un droit d'exclusivité accordé à un tiers, sauf si un tel droit est nécessaire à l'exercice d'une mission de service public (article 14 de la loi modifiée du 17 juillet 1978). La réutilisation d'informations publiques peut ensuite donner lieu au versement de redevances. Pour leur établissement, l'administration tient compte des coûts de mise à disposition des informations, et peut inclure dans l'assiette de la redevance une rémunération raisonnable des investissements comprenant une part au titre des droits de propriété intellectuelle. Lorsque l'administration qui a élaboré les données les utilise dans le cadre d'une activité commerciale, elle ne peut en facturer la réutilisation aux autres opérateurs à un coût supérieur à celui qu'elle s'impute, ni leur imposer des conditions moins favorables que celles qu'elle s'applique à elle-même.

Il n'y a pas qu'en matière de rediffusion des données publiques que les tarifs sont encadrés du fait de l'application des règles sur les ressources essentielles. Le Conseil d'État a rappelé à France Télécom qu'il reste tenu d'assurer aux opérateurs concurrents « l'accès à l'infrastructure essentielle que constitue la boucle locale à des conditions transparentes, équitables et non discriminatoires [conformément à la réglementation communautaire] et que, dans ce but, les tarifs de l'accès dégroupé à la boucle locale doivent être orientés en fonction des coûts »[107]. Le tribunal administratif de Paris[108] a eu à juger de la légalité des taxes et redevances imposées aux

104. Cons. conc. avis du 25 févr. 1997, n° 97-A-10, à propos du SHOM ; CE 29 juill. 2002, *Sté Cegedim*, *CJEG/RJEP* 2003, p. 16, concl. MAUGÜÉ, *AJDA* 2002, p. 1072, note S. NICINSKI, *DA* 2002, n° 173, note M. BAZEX et S. BLAZY et n° 193, note C.M., *JCP* E 2003, p. 179, note J.-M. BRUGUIÈRE ; CAA Paris 14 janv. 2010, *Soc. Viatel Opérations*, n° 08PA04830.

105. Cons. conc. décision n° 03-D-18 du 10 avr. 2003 relative à une saisine de la société GLEM.

106. CE 29 juill. 2002, *Cegedim*, préc.

107. CE 23 août 2005, *AFORS Télécom*, n° 283266.

108. TA Paris 21 juin 2007, *Sté Altitude développement*, *JCP* A n° 39, 24 sept. 2007, p. 11, concl. Th. CÉLÉRIER.

titulaires d'autorisations d'exploitation de réseaux de télécommunications, et a rappelé les modalités de fixation de ces redevances (issues de directives communautaires) lorsqu'était en cause une ressource rare, modalités qui doivent tenir compte de la nécessité d'assurer une utilisation optimale de cette ressource, en prenant en compte notamment l'objectif de promotion de l'innovation et de la concurrence. Enfin, le Conseil de la concurrence[109] a sanctionné le Port autonome du Havre accusé d'avoir abusé de sa position dominante en appliquant des tarifs trop élevés pour l'utilisation de son outillage public.

BIBLIOGRAPHIE

C. ADAM, « La prise en compte des missions de service public par les règles de concurrence », *Gaz. Pal.* 1997, 1er sem., 13 février 1997, p. 275 M. BAZEX, « La concurrence réglée : secteur public et privé » in J.-M. RAINAUD et R. CHRISTINI (dir.), *Droit public de la concurrence*, Economica, 1987, p. 231, « Problématique générale de l'intervention des opérateurs publics dans une économie de concurrence », in *Secteur public et concurrence*, *LPA* 19 août 1988, nº 100, p. 5, « Règles de concurrence applicables au secteur public. Règles opposables aux autorités publiques », *Juris-Classeur Europe*, fasc. nº 1500, 1992, « Droit de la concurrence et personnes publiques », *Gaz. Pal.* 1994, 2e sem. p. 1198, « Entre concurrence et régulation, la théorie des facilités essentielles », *Rev. conc. et consom.* janv. /févr. 2001, nº 119, p. 37, « Services publics industriels et commerciaux locaux et droit de la concurrence », in J.-B. AUBY et S. BRACONNIER (dir.), *Services publics industriels et commerciaux : questions actuelles*, LGDJ, 2003, p. 29 M.-C. BOUTARD-LABARDE et L. VOGEL, « Droit de la concurrence et personnes publiques », *Gaz. Pal.* 23 décembre 1989, p. 747 D. BRAULT, « Service public et position dominante : peut-il y avoir abus ? », *Revue Lamy de la concurrence*, nov. 2004/janv. 2005, p. 182 J.-M. BRUGUIÈRE, *Les données publiques et le droit*, Litec, 2002 D. CASAS, « Les personnes publiques et les règles de la concurrence : vers l'égale concurrence ? », *Cahiers de la fonction publique* avril 2001, p. 15 R. CHAPUS, « Activités des personnes publiques, droit de la concurrence et compétence juridictionnelle », *RFDA* 1989, p. 80 N. CHARBIT, *Le droit de la concurrence et le secteur public*, L'Harmattan, 2002, « Droit de la concurrence et secteur public. Applicabilité et compétence », *Juris-Classeur Concurrence-consommation*, fasc. nº 120, 2003 G. CLAMOUR et S. DESTOURS, « Droit de la concurrence. Droit de la concurrence publique », *J.-Cl. Collectivités territoriales*, fasc. 724-10, 2008 Ph. COSSALTER, « Les EPIC face au droit de la concurrence », *JCP* A nº 38, 14 septembre 2009, 2221 H. COURIVAUD, « Droit de la concurrence et entreprises publiques », *Juris-Classeur Concurrence-consommation*, fasc. nº 121, 2001 E. DELACOUR, « La concurrence des personnes publiques aux entreprises privées », *Gaz. Pal.* 1997, 1, doctr. p. 1009, « L'attribution d'un marché public ou d'une délégation à une personne publique », *JCP* 2001, I, p. 537 S. DESTOURS, *La soumission des personnes publiques au droit interne de la concurrence*, Litec, 2000 D. KATZ, *Juge administratif et droit de la concurrence*, PUAM, 2004 G. ECKERT, « De la candidature des personnes publiques à l'attribution d'un marché

109. Cons. conc. décision nº 07-D-28 du 13 sept. 2007.

public ou d'une délégation de service public », *CMP* févr. 2001, chron. p. 4, « L'égalité de concurrence entre opérateurs publics et privés sur le marché », in *Liber amicorum J. Waline*, Dalloz, 2002, p. 207 ▪ M.-A. FRISON-ROCHE, « Libres propos sur le service public marchand dans la perspective de la régulation des réseaux d'infrastructures essentielles », *RJDA*, 10/95, p. 847 ▪ J.-J. ISRAËL, « Les contrôles et les sanctions du comportement des opérateurs publics sur le marché », *LPA* 19 août 1988, n° 100, p. 23 ▪ Y. LAIDIÉ, « La concurrence entre établissements publics et opérateurs privés dans l'accès aux contrats publics », *DA* avril. 2001, p. 4 ▪ J.-P. DE LA LAURENCIE, « Les comportements de l'opérateur public sur le marché au regard des règles de la concurrence », in *Secteur public et concurrence*, *LPA* 19 août 1988, n° 100, p. 11 ▪ Ch. LEMAIRE, « Les avantages concurrentiels des personnes publiques », *CJEG/RJEP* octobre 2004, p. 404 ▪ M. LOMBARD, « À propos de la liberté de concurrence entre opérateurs publics et opérateurs privés », *D.* 1994, chron. p. 163 ▪ D. LOSCHAK, « Les problèmes juridiques posés par la concurrence des services publics et des activités privées », *AJDA* 1971, p. 261 ▪ C. LUCAS DE LEYSSAC, « Diversification des entreprises publiques et concurrence déloyale », *D.* 1995, chron. p. 288 ▪ S. NICINSKI, *Droit public de la concurrence*, LGDJ, coll. Systèmes, 2005, « Les établissements publics en quête d'identité sur le marché concurrentiel », *AC-ACCP* novembre 2001, n° 5, p. 7, « Le problème de la tarification des données publiques », *RJEP/CJEG* octobre 2004, « Règles de concurrence et exploitation de ressources essentielles », *JCP* A 29 octobre 2007, n° 44-45, 2287, p. 432 ▪ R. POESY, « Le Conseil de la concurrence et les collectivités territoriales », *JCP* A n° 5/2008, p. 15 ▪ L. RICHER, « Le droit à la paresse, Essential facilities version française », *D. aff.* 1999, p. 523 ▪ J.-M. THOUVENIN, « Personnes publiques, personnes privées investies d'une mission de service public, et droit de la concurrence », *D. aff.* 1997, p. 331 ▪ Ch.-L. VIER, « L'opérateur public et l'accès au marché », in Secteur public et concurrence, *LPA* 1988, n° 100, p. 5.

TROISIÈME PARTIE
LA COLLABORATION AVEC LES OPÉRATEURS ÉCONOMIQUES

902 **Position de l'administration. –** On aborde ici le troisième type de relations que l'administration est susceptible d'entretenir avec le monde économique. L'administration est en position de collaboration avec les opérateurs économiques. Elle recherche des partenaires en vue de satisfaire ses propres besoins en biens et prestations de service, ou en vue de satisfaire la demande de la population qu'elle administre. L'administration apparaît comme demandeur sur le marché. Cette situation se distingue réellement de celle dans laquelle l'administration est elle-même opérateur sur le marché, c'est-à-dire en position d'offreur de biens et de services, traitée dans la partie précédente de cet ouvrage. En effet, les thèmes et problématiques juridiques qui sont attachés à ces deux positions sont différents. Lorsque l'administration recherche des partenaires économiques pour satisfaire ses besoins, on entre principalement dans le monde de la commande publique. Les contrats de la commande publique constitueront le noyau dur des relations de collaboration économique, mais l'objet de l'étude sera plus large et défini avec précision.

903 **Méthode d'analyse. –** La collaboration de l'administration demandeur et des opérateurs économiques ne se satisfait plus aujourd'hui d'une simple étude analytique, contrat par contrat (Titre II). Les traits communs aux contrats de la commande publique et la nécessité d'éclairer l'administration dans le choix d'un contrat particulier nécessitent un traitement synthétique (Titre I).

TITRE 1
PRÉSENTATION SYNTHÉTIQUE

904 **Méthodes de collaboration. –** L'objet de ce titre est de présenter de manière claire et succincte les différentes méthodes de collaboration entre l'administration et les opérateurs économiques. L'angle d'approche est transversal et vise à dresser le bilan des avantages et inconvénients des différents modes de partenariat que l'administration est susceptible de choisir pour satisfaire au mieux son besoin (Chapitre unique).

CHAPITRE I
ÉTUDE TRANSVERSALE DES MÉTHODES DE COLLABORATION

905 **Droit commun de la commande publique et droit commun de la collaboration économique. –** Le Conseil constitutionnel a posé le principe de l'existence d'un droit commun de la commande publique dans une décision du 26 juin 2003, simplification du droit[1]. Mais cette décision ne définit pas la notion de « commande publique », pas plus qu'elle n'explicite le contenu d'un droit commun. Tout au plus, on peut en déduire que relèveraient de ce droit commun la séparation des différentes fonctions susceptible d'être confiées à un opérateur (conception, réalisation, transformation, exploitation et financement d'équipements publics, ou gestion et financement de services) et la règle selon laquelle chaque lot doit faire l'objet d'une appréciation distincte au moment du choix du cocontractant. Mais ces deux règles ne s'appliquent tout au plus qu'à certains marchés publics et sont loin de représenter des principes communs à l'ensemble des contrats de la commande publique. Un projet de Code de la commande publique a, par ailleurs, été abandonné. On préférera utiliser par ailleurs la notion de contrats de collaboration économiques (voir ci-dessous) et tenter d'en définir un droit commun.

906 **Principes généraux du droit de la commande publique. –** Le Conseil d'État utilise à son tour la référence à la commande publique en lui imprégnant la caractéristique de catégorie générique, sans toutefois la définir, dans l'arrêt *Établissement public du musée et du domaine national de Versailles* du 23 décembre 2009[2], en décidant que « les principes de liberté d'accès à la commande publique, d'égalité de traitement des candidats et de transparence des procédures, [...] sont des principes généraux du droit de la commande publique ».

907 **Règles impératives du droit public français régissant la commande publique. –** À l'occasion d'un litige portant sur l'ordre de juridiction compétent pour connaître d'une sentence arbitrale, le Tribunal des conflits (17 mai 2010,

1. N° 2003-473. E. FATÔME et L. RICHER, « Le Conseil constitutionnel et le "droit commun" de la commande publique et de la domanialité publique », préc.

2. N° 328827, *CMP* févr. 2010, n° 83, note Ph. REES, *DA* mars 2010, comm. n° 36, note G. ECKERT, *AJDA* 2010, p. 500, note J.-D. DREYFUS, *BJCP* n° 69, avr. 2010, p. 103, concl. DACOSTA.

Institut national de la santé et de la recherche[3]) a posé le principe de l'existence de « règles impératives du droit public français relatives à l'occupation du domaine public ou à celles qui régissent la commande publique et applicables aux marchés publics, aux contrats de partenariat et aux contrats de délégation de service public », ces contrats « relevant d'un régime administratif d'ordre public ».

Ainsi, aussi bien le Conseil constitutionnel, que le Conseil d'État et le Tribunal des conflits se lancent dans la recherche de la définition d'un régime homogène des contrats de la commande publique.

908 **Utilité d'une étude transversale. –** Le cadre juridique de la collaboration économique entre personnes publiques et opérateurs est encore insuffisamment homogène et pose d'abord la question de son champ (Section I). Certains principes, qui viendraient former un droit commun de la collaboration économique, mériteraient d'être définis avec précision. Le présent chapitre vise plus modestement à les esquisser. Lorsque la personne publique choisit un mode de collaboration pour satisfaire ses besoins, plusieurs éléments sont susceptibles d'entrer en ligne de compte. On se contentera d'aborder les principaux, que sont le fondement juridique de la collaboration (Section II), le degré d'externalisation de la mission confiée au collaborateur (Section III), les contraintes issues de l'objet pressenti du contrat à conclure (Section IV), et enfin les grands principes de son régime (Section V).

SECTION I — LE CHAMP DE LA COLLABORATION ÉCONOMIQUE

909 **Notion de commande publique. –** Le concept juridique de « commande publique » n'est défini par aucun texte. Il a été mis en avant par le Conseil constitutionnel en 2003[4] pour en déterminer certaines règles de droit commun. Cependant, le Conseil constitutionnel n'en a pas défini le contenu et a laissé la doctrine perplexe à ce propos[5]. L'expression est néanmoins révélatrice et on peut en adopter une définition très large : la commande publique regroupe un ensemble de contrats par lesquels l'administration se procure des biens ou des services, qu'il s'agisse de l'objet même du contrat ou que cet objectif soit poursuivi par l'administration par la conclusion d'un contrat n'ayant pas cet objet. Pour simplifier, la satisfaction des besoins de l'administration en biens et services est soit l'objet du contrat, soit sa cause.

La notion de commande publique a été définie par un texte, l'ordonnance nº 2009-515 du 7 mai 2009 relative aux procédures de recours applicables aux contrats de la commande publique, qui rénove le référé précontractuel et crée un référé contractuel, dans le but de transposer les

3. *RFDA* 2010, p. 959, concl. M. GUYOMAR.

4. Décision nº 2003-473 DC du 26 juin 2003, Loi habilitant le gouvernement à simplifier le droit.

5. E. FATÔME et L. RICHER, « Le Conseil constitutionnel et le "droit commun" de la "commande publique" et de la domanialité publique », *AJDA* 2003, p. 2348 ; A. MÉNÉMÉNIS, commentaire de la décision du Conseil constitutionnel du 26 juin 2003, *DA* 2003, nº 191.

exigences de la directive « Recours ». Le champ d'application de ces référés est large et recouvre les « contrats administratifs ayant pour objet l'exécution de travaux, la livraison de fournitures ou la prestation de services, avec une contrepartie économique constituée par un prix ou un droit d'exploitation, ou la délégation d'un service public ». Cette définition renvoie peu ou prou à celle que l'on avançait ci-dessus. Le critère de la contrepartie économique du texte peut se confondre avec la délimitation de notre champ de la collaboration économique, fondé sur l'exigence que le contrat de collaboration économique soit conclu avec un opérateur économique.

On inclurait dans les contrats de la commande publique les marchés publics, les contrats de partenariat et les contrats publics immobiliers (contrats par lesquels une personne publique accorde une autorisation d'occupation de son domaine en échange de la réalisation d'équipements). Le cas de la délégation de service public suscite plus de difficultés, dans la mesure où ce type de contrat manifeste plutôt un échange économique inversé par rapport aux précédents contrats cités. En effet, la personne publique délègue l'exploitation d'un service public, procède à la dévolution d'une mission, ce qui n'est pas à proprement parler une « commande ». L'habilitation d'un opérateur à exercer une mission n'entre pas strictement dans le cadre de la commande d'une prestation. Néanmoins, le Tribunal des conflits a fait preuve d'une vision plus large (17 mai 2010, *Institut national de la santé et de la recherche*[6]), en décidant que les « règles impératives du droit public français relatives à l'occupation du domaine public ou à celles qui régissent la commande publique » sont « applicables aux marchés publics, aux contrats de partenariat et aux contrats de délégation de service public », ces contrats « relevant d'un régime administratif d'ordre public ». Les contrats de délégation de service public sont alors inclus dans la commande publique.

Ainsi que le souligne Mattias Guyomar dans ses conclusions sur cet arrêt, « afin de définir les règles impératives de droit public dont l'applicabilité de plein droit constitue la condition indispensable à la garantie de ces exigences constitutionnelles, vous pouvez retenir les deux critères suivants : régimes légaux de passation des contrats qui mettent en œuvre les principes généraux de la commande publique, relatifs notamment aux marchés publics, aux contrats de délégation de service public ou aux contrats de partenariat ; règles de fond indérogeables relatives notamment à l'occupation du domaine public ou à l'exécution d'un service public ».

La notion de commande publique s'entendrait ainsi de manière large, pour définir plus généralement un ensemble de contrats bénéficiant d'un régime législatif et ayant pour objet de procurer une prestation à la personne publique ou lui permettant d'habiliter un opérateur à exercer une mission.

910 **Définition d'un critère du champ de la collaboration. –** La notion qui nous semble le mieux fédérer l'ensemble des relations que les personnes publiques peuvent nouer avec les opérateurs économiques pour leur commander ou leur confier des prestations est celle de collaboration économique. On cherche à circonscrire avant tout le régime des actes ou des structures par lesquels une personne publique confie une prestation économique à un opérateur ou l'habilite à développer une activité économique. L'enjeu est d'encadrer juridiquement l'administration dans le choix d'un opérateur et de définir les règles d'exécution de la relation qui se sera nouée. Ce qui caractérise l'objet de la recherche est le fait que la personne publique est à la *source* d'une activité économique pour un opérateur. Cette activité

6. *RFDA* 2010, p. 959, concl. M. GUYOMAR.

économique est exploitée grâce à un mécanisme particulier de *collaboration*, impliquant des actions de la part de la personne publique et de l'opérateur économique pour mener à bien un projet, une opération ou une mission : la personne publique commande une prestation, ou confie l'exploitation d'une mission sous son contrôle, ou constitue une structure dédiée avec un opérateur économique pour mener à bien un projet. Ainsi, le fondement de la collaboration n'est pas nécessairement contractuel et peut être institutionnel.

Ce que l'on cherche à appréhender est donc plus large que la commande publique, même entendue largement. Outre le fait que la notion de commande publique n'inclut les délégations de service public qu'au prix d'un effort intellectuel, elle ne rend pas compte des possibilités de collaboration sur un fondement unilatéral ou par le biais d'une structure institutionnelle dédiée (voir ci-dessous II). Il faut donc trouver une catégorie plus large.

La collaboration repose ainsi sur plusieurs éléments : *l'initiative publique* d'un projet, *un lien de collaboration* entre l'administration et l'opérateur et, enfin, le *caractère économique* de l'objet de la collaboration[7]. L'initiative publique d'un projet doit se comprendre au sens large. Ce critère matérialise le fait que l'administration est la source d'une activité économique pour un opérateur. Sans rapport de collaboration avec l'administration, l'opérateur ne peut pas accéder à l'activité économique. Le lien de collaboration doit ici être entendu au sens large, comme regroupant la dévolution de l'exploitation d'une activité économique, la simple habilitation à l'exercer et la commande d'une prestation. Tantôt l'habilitation peut consister en une véritable dévolution d'une mission, impliquant un degré d'engagement et de responsabilité de l'opérateur, tantôt l'habilitation se limitera à confier la réalisation d'une prestation sous l'étroite maîtrise de la collectivité publique.

La simple reconnaissance par l'administration d'une activité économique d'intérêt général, accompagnée éventuellement d'un soutien se situe alors en dehors du champ de la collaboration économique.

Le juge administratif s'est engagé dans la voie d'une telle distinction à l'occasion de la qualification des liens susceptibles de se nouer entre l'administration et les associations. En premier lieu, une série d'indices a pu être dégagée au fil de la jurisprudence à propos des conventions d'objectifs et de moyens (*infra*, n° 1081 et s.), dont l'objet est d'aider certaines initiatives tout en les orientant en fonction d'objectifs d'intérêt général, lesquelles échappent au corps de droit que l'on tente d'appréhender. Ces indices sont l'initiative du projet, la nature du besoin satisfait, la réalisation d'une prestation, le lien entre le montant de la rémunération et la valeur de la prestation, la qualité du bénéficiaire de la prestation[8]. En second lieu, le Conseil d'État a solennellement admis dans son arrêt *Commune d'Aix-en-Provence* du 6 avril 2007[9] que « lorsqu'une personne

7. Sur le lien entre opérateur économique et contrat : M. AUVRAY, « La notion d'opérateur économique en droit des contrats publics », *RLC* 2008, n° 1216 ; L. RICHER, « L'introduction de la notion d'activité économique dans le droit des contrats publics », *EDCE* 2008, n° 59, p. 355.

8. S. NICINSKI, « Les associations et le droit administratif. Plaidoyer pour la convention d'objectifs et de moyens », *DA* juin 2006, p. 7 ; Ph. TERNEYRE, « Collectivités publiques, associations administratives transparentes et droit des contrats publics », *BJCP* n° 68, févr. 2010, p. 2.

9. CE Section 6 avr. 2007, *Cne d'Aix-en-Provence*, *JCP* A 2007, n° 2111, note M. KARPENSCHIF et n° 2125, note F. LINDITCH, *AJDA* 2007, p. 1020, chron. LENICA et BOUCHER, p. 1153, édito. L. RICHER, *JCP* A 2007, n° 2128, *Gaz. Cnes* 4 juin 2007, p. 54, note E. DE FENOYL, *RFDA* 2007, p. 812, concl. SÉNERS, note J.-Cl. DOUENCE, *Dalloz* n° 37/2007, 25 oct. 2007, p. 2617, note G. CLAMOUR, *RDP* n° 5/2007, p. 1367, note O. BUI-XUAN, *Concurrences* n° 3/2007, p. 169, note B. DU MARAIS et

privée exerce, sous sa responsabilité et sans qu'une personne publique en détermine le contenu, une activité dont elle a pris l'initiative, elle ne peut, en tout état de cause, être regardée comme bénéficiant de la part d'une personne publique de la dévolution d'une mission de service public ; que son activité peut cependant se voir reconnaître un caractère de service public, alors même qu'elle n'a fait l'objet d'aucun contrat de délégation de service public procédant à sa dévolution, si une personne publique, en raison de l'intérêt général qui s'y attache et de l'importance qu'elle revêt à ses yeux, exerce un droit de regard sur son organisation et, le cas échéant, lui accorde, dès lors qu'aucune règle ni aucun principe n'y font obstacle, des financements ».

911 **Interrogations sur les frontières du droit de la collaboration économique. –** Parmi les trois critères dégagés ci-dessus, dont on a dit qu'ils étaient d'interprétation large, deux situations peuvent susciter des difficultés. La première est celle des autorisations d'occupation du domaine public non requalifiables en marchés ou en délégations. Il s'agit de l'hypothèse dans laquelle un opérateur économique souhaite s'implanter sur une propriété publique pour y développer son activité économique, sans exploiter de service public et sans procurer de biens ou de services à l'administration (titre d'occupation « simple »). Si on admet que le critère de l'initiative publique s'entend comme déterminant des cas dans lesquels l'administration ou ses biens sont la source d'une activité économique, ces autorisations entrent dans le champ des relations de collaboration économique telles que l'on cherche à les définir. Le Conseil d'État a cependant jugé que les autorisations d'occupation du domaine public ne sont pas soumises à une procédure de mise en concurrence même lorsque l'occupant est un opérateur agissant sur un marché concurrentiel (CE sect. 3 décembre 2010, *Ville de Paris et Association Paris Jean Bouin*[10]). Il écarte donc l'application de l'une des règles fondamentales du corps de droit que l'on cherche à circonscrire à ce type de relations entre administration et opérateurs. Le présupposé idéologique qui consiste à souhaiter encadrer les choix de l'administration lorsqu'elle dispose d'une source ou du support d'une exploitation économique n'a donc pas vocation à se traduire en droit dans tous les cas. La frontière du champ de la collaboration économique se fixe donc pour le moment sur les limites étroites. Cela ne signifie pas pour autant qu'il n'y ait pas d'évolution législative possible sur cette question, ni que d'autres règles du droit de la collaboration économique ne soient pas applicables aux autorisations domaniales.

La seconde situation est celle des professions réglementées (*supra*, n° 148 et s.). La relation entre les professions réglementées et l'administration est envisagée dans cet ouvrage sous l'angle de la régulation du marché par une autorité publique extérieure. Si le champ de la collaboration économique inclut toute habilitation à exercer une activité économique, il faudrait alors étudier ici le régime des professions réglementées.

Dans les deux cas, certains arguments militent en faveur du cantonnement du champ de la collaboration économique au sein de ses frontières étroites. En effet,

A. SAKON, *RFDA* 2007, p. 821, *JCP* A 2007, 2125, note J.-M. PONTIER, *RLCT* 2007/25, n° 724, note M.-Ch. ROUAULT, *RDC* 2007, p. 86, note P. BRUNET, *Contrats marchés publ.* 2007, comm. 191, note G. ECKERT.

10. *DA* févr. 2011, note F. BRENET et F. MELLERAY, *JCP* A 31 janv. 2011, 2043, note Cl. DEVÈS, *CMP* janv. 2011, n° 25, comm. G. ECKERT, *CP-ACCP* n° 106, janv. 2011, p. 56, *AJDA* 2011, p. 21, chron. E. GLASER, *BJCP* n° 74 janv-févr. 2011, p. 36, concl ESCAUT, *Concurrences* n° 1, janv. 2011, p. 217, note B. DU MARAIS, *RJEP* avr. 2011, p. 25, note Ch. MAUGÜÉ.

aussi bien les autorisations d'occupation du domaine public dites « simples », c'est-à-dire sans exploitation d'une mission de service public et sans réalisation de prestation pour l'administration, que les autorisations d'exercice d'une profession ne manifestent aucune collaboration entre l'opérateur et la personne publique. Cette dernière se contente d'accorder un droit qui générera un profit économique, mais ne recherche pas à satisfaire un objectif en s'alliant à un opérateur. C'est la raison pour laquelle les deux situations décrites ci-dessus doivent rester en dehors du champ de la collaboration économique. L'élément de collaboration y fait défaut. Cela n'implique pas cependant qu'elles échappent au régime applicable à l'administration régulateur du marché, et en particulier au droit de la concurrence.

SECTION II LE FONDEMENT

912 **Fondement contractuel. –** La collaboration contractuelle est assez largement connue, identifiée à l'aide du concept de commande publique. Dans certains cas, le contrat est véritablement incontournable, puisqu'il apparaît comme un élément de définition de la relation envisagée : c'est le cas des marchés publics qui ne peuvent être fondés sur d'autres supports qu'un contrat, lequel peut toutefois être verbal ou résulter d'une requalification d'une situation en apparence unilatérale[11].

913 **Fondement unilatéral. –** À l'exception des cas dans lesquels les textes exigent qu'une collaboration économique entre une personne publique et un opérateur économique soit fondée sur un contrat, elle peut résulter d'une habilitation unilatérale. C'est par exemple le cas pour les délégations de service public, à condition qu'une loi le prévoie[12].

914 **Fondement institutionnel. –** La personne publique et l'opérateur économique peuvent choisir de s'associer au sein d'une même structure dont ils partagent le capital. Le choix d'un associé n'est pas encore encadré en droit français[13]. En droit communautaire, il faut se référer à la Communication interprétative de la Commission du 5 février 2008 concernant l'application du droit communautaire des marchés publics et des concessions aux partenariats public-privé institutionnalisés (PPPI)[14]. La Commission part du principe qu'à partir du moment où des

11. *Infra*, n° 948 et s.

12. *Infra*, n° 1077 et s.

13. Ph. COSSALTER, « Sociétés d'économie mixte et mise en concurrence : perspectives comparées », *RFDA* 2002, p. 938 ; E. MULLER, « Le partenariat public-privé, avenir des sociétés d'économie mixte ? », *CMP* févr. 2010, Étude 2.

14. C(2007)6661. C. BOITEAU, « Le PPPI, nouvel instrument de gestion des services publics ? », *CP-ACCP*, n° 100, juin 2010, p. 130 ; Actes du Colloque de Grenoble (GRDPE) du 8 avr. 2011, « Les partenariats publics-privés : procédés institutionnels et contractuels », *JCP* A, n° 51-52 du 19 déc. 2011, et plus particulièrement B. DU MARAIS, « Le Conseil d'État et le partenariat public privé institutionnalisé », n° 2398.

organismes publics décident d'associer des tiers à des activités économiques dans des conditions qui peuvent être qualifiées de marchés publics ou de concessions, les dispositions du droit communautaire applicables en la matière doivent être appliquées. Le PPPI est défini comme une coopération entre des partenaires publics et privés qui établissent une entité à capital mixte qui exécute des marchés publics ou des concessions. L'apport privé doit consister en la participation active à l'exécution des tâches confiées à l'entité. Le simple apport de capital n'est pas couvert par la Communication. La Commission estime que la sélection du partenaire privé doit se faire conformément aux grands principes du Traité CE [auj. TFUE], voire conformément aux directives marchés si la mission qui sera attribuée à l'entité créée en relève. Une information doit être délivrée sur les statuts de l'entité à créer, la constitution d'un éventuel pacte d'actionnaires ou encore des éléments sur la relation contractuelle à venir avec l'entité créée. La sélection du partenaire privé autorise à la fois la création du PPPI et l'attribution de la mission à l'entité à capital mixte. La procédure de choix s'exerce donc en amont, mais le PPPI autorise à faire l'économie d'une procédure en aval. Toutefois, il faudra modifier en droit français certaines règles du droit des sociétés d'économie mixte (durée, détention du capital, sortie du capital, définition de la mission, etc.) pour adopter une telle réforme.

En matière de PPPI, l'Avocat général Damaso Ruiz-Jarabo Colomer (conclusions dans l'affaire Acoset SpA, aff. C-196/08) a défini les conditions à respecter pour bénéficier d'un appel d'offres unique (sélection de l'associé et attribution de la prestation à l'organisme créé) : l'objet social de la société d'économie mixte doit être immuable pendant toute son existence, l'associé est choisi après appel d'offres public au regard de ses capacités et des caractéristiques de son offre au regard du service à fournir, l'associé privé assume la prestation et les travaux, la procédure respecte les règles de passation des directives marchés ou les principes applicables aux concessions.

La Cour de justice a pris acte des possibilités offertes par le partenariat public-privé institutionnalisé et valide officiellement le recours à cette formule. Dans l'arrêt du 15 octobre 2008, *Acoset*, aff. C-196/08, elle fixe les conditions auxquelles il est possible d'attribuer sans publicité et sans mise en concurrence la gestion d'un service public d'eau à une société d'économie mixte créée spécialement à cet effet : « les directives [marché] ne s'opposent pas à l'attribution directe d'un service public impliquant la réalisation préalable de certains travaux, tel que celui en cause au principal, à une société à capital mixte, public et privé, spécialement créée aux fins de la fourniture de ce service et ayant un objet social unique, dans laquelle l'associé privé est sélectionné sur appel d'offres public, après vérification des conditions financières, techniques, opérationnelles et de gestion se rapportant au service à assurer et des caractéristiques de l'offre au regard des prestations à fournir, pourvu que la procédure d'appel d'offres en question soit conforme aux principes de libre concurrence, de transparence et d'égalité de traitement imposés par le traité pour les concessions »[15].

15. M. KARPENSCHIF, « SPLA, SPL, SLP. Un an après la Communication interprétative sur les partenariats public-privé institutionnalisés (PPPI) : où en est-on du développement de l'économie mixte ? » *La Semaine juridique* n° 40-41, sept. 2009, p. 18-22.

915 En droit français, il faut se référer à l'avis du Conseil d'État du 1er décembre 2009[16], qui distingue deux hypothèses. Au stade de la passation d'un contrat, l'établissement d'un PPPI n'est pas envisageable. Il s'agirait de sélectionner un partenaire économique, puis de conclure le contrat avec l'entité dédiée, associant la personne publique et le partenaire choisi. La règle d'identité entre le candidat ayant présenté une offre et l'attributaire du contrat, qui irrigue les textes relatifs aux marchés publics, aux contrats de partenariat, aux délégations de service public et aux concessions de travaux, s'y opposerait. L'introduction dans le droit français du « PPPI » au stade de la passation, c'est-à-dire avant la conclusion du contrat, nécessiterait alors une modification des textes applicables. La seconde hypothèse, celle de la cession du contrat après la passation, semble réalisable. Le contrat conclu avec le bénéficiaire serait cédé à une société nouvelle constituée entre celui-ci et la personne publique, dans le respect des règles applicables à la cession de contrat (CJCE 19 juin 2008, *Pressetext Nachrichtenagentur GmbH*, aff. C-454/06 et CE avis n° 364803 du 8 juin 2000). Même si la passation-cession pourrait se réaliser dans le cadre des textes existants, le Conseil d'État recommande une adaptation de la réglementation en vigueur pour prévoir spécifiquement cette éventualité. Le PPPI tel qu'il est conçu ici a pour particularité que l'opérateur privé va véritablement jouer un rôle opérationnel (contrairement à ce qui se produit dans certaines SEM considérées comme de simples cartes de visite par les opérateurs). Le Conseil d'État envisage donc les relations des partenaires au sein de la structure commune : « choisi après sélection en fonction de ses capacités et de la qualité de son offre, [l'opérateur] devrait disposer, au sein de la structure cessionnaire, des moyens de déployer ses ressources et son savoir-faire au service des engagements inscrits dans le contrat. Si la répartition économique du capital le plaçait en position minoritaire dans les organes d'administration de la société, des dispositions statutaires appropriées devraient garantir que son accord soit requis sur les décisions clés pour la gestion de l'entité. La participation de la personne publique à ces instances aurait pour but de lui conférer un droit à l'information et une influence dans la définition des projets de la société et de ses axes de gestion, mais ne saurait la substituer, dans la conduite de l'exécution du contrat, à l'opérateur qu'elle a choisi à cette fin sur le fondement de ses mérites ». Les relations au sein de la société devront donc refléter la réalité économique du montage et dans de nombreux cas, la personne publique sera minoritaire. Cela implique que le régime actuel des sociétés d'économie mixtes locales est inadapté en l'espèce. Le Conseil insiste aussi sur le fait que la structure doit être véritablement dédiée, c'est-à-dire consacrée exclusivement à la réalisation de la mission.

16. N°383264. H. HOEPFFNER, « L'avenir compromis des partenariats public-privé institutionnalisés. À propos de l'avis de la section de l'administration du Conseil d'État n° 383264 du 1er déc. 2009 », *CMP* déc. 2010, Étude 11 ; B. DU MARAIS, « Le Conseil d'État et le partenariat public privé institutionnalisé », in Actes du Colloque de Grenoble (GRDPE) du 8 avr. 2011, « Les partenariats publics-privés : procédés institutionnels et contractuels », *JCP* A, n° 51-52 du 19 déc. 2011, n° 2398.

SECTION III L'EXTERNALISATION

916 **Notion d'externalisation. –** Externaliser consiste à confier à une entité extérieure une tâche, une mission. La palette des contrats de la commande publique offre différents degrés d'externalisation aux personnes publiques, qui pourront se décharger sur le secteur privé de certains aspects de leur mission[17]. Ainsi, s'agissant de l'exécution de la ***mission*** elle-même, l'opérateur privé peut se voir confier la responsabilité de l'organisation et du fonctionnement d'un service (dans une délégation de service public par exemple), ou simplement une tâche d'exécution (marché public de service public), sachant qu'en tout état de cause l'administration doit conserver un degré de responsabilité minimal dans la définition de l'organisation d'un service public. S'agissant du ***financement***, celui-ci peut être privé et reposer sur les résultats de l'exploitation de l'activité ou être entièrement public et reposer sur un prix. Entre ces deux extrêmes se situent les contrats à préfinancement privé mais dont la rémunération au cours de l'exécution est assurée par un prix étalé et payé par la personne publique (contrats de partenariat) ou encore les contrats dont la rémunération repose sur les résultats de l'exploitation mais dont l'origine est publique.

Trois aspects méritent un traitement particulier du point de vue du degré d'externalisation souhaité par les parties : il s'agit du risque économique de l'opération, de la mission de maîtrise d'ouvrage et, enfin, de l'encaissement de recettes par le cocontractant.

917 **Risque économique. –** On pourrait être tenté par une présentation simple de la situation des principaux contrats de la commande publique sur l'échelle des risques. Dans un marché public c'est l'administration qui supporte le risque économique, dans une délégation de service public c'est au contraire sur l'opérateur économique que pèse un tel risque. Enfin, l'une des caractéristiques du contrat de partenariat est d'opérer un véritable partage des risques entre les deux parties, matérialisé par une matrice des risques.

Il faut cependant se garder d'une analyse trop hâtive. En effet, un marché à prix forfaitaire dans lequel le prix aurait été mal évalué au départ par le titulaire peut comporter un risque économique non négligeable. Une délégation de service public au sens français du terme peut seulement comporter un risque de moindre gain, sans aller jusqu'au risque de pertes, par le jeu de clauses de subventionnement et de couverture de pertes[18]. Enfin, peu de contrats de partenariat vont être véritablement déconsolidant au regard du fait que de nombreux risques resteront *in fine* à la charge de l'administration[19].

17. G. LE CHATELIER, « En quoi l'externalisation est-elle aujourd'hui un mode de gestion publique efficace ? », *CP-ACCP*, n° 73 janv. 2008, p. 40.

18. F. LLORENS, « Remarques sur la rémunération du cocontractant comme critère de la délégation de service public », *Mél. Waline*, Dalloz, 2002, p. 315 ; « Typologie des contrats de la commande publique », *CMP* mai 2005, n° 7 ; J.-Cl. DOUENCE, « Le critère financier de la délégation de service public à l'épreuve de la pratique contractuelle », *Mél. Moderne*, Dalloz, 2004, p. 501 ; Th. PEZ, *Le risque dans les contrats administratifs*, Paris II, 2006 ; J.-D. DREYFUS, « Comment faire face aux risques résultant de l'action contractuelle », *CP-ACCP* n° 73, janv. 2008, p. 35.

19. *Infra*, n° 1143 et s.

918 **Maîtrise d'ouvrage. –** Le régime de la maîtrise d'ouvrage publique est défini par la loi n° 85-704 du 12 juillet 1985 relative à la maîtrise d'ouvrage publique, dite loi MOP[20]. Son champ d'application est strictement fixé à l'article 1er de la loi. Matériellement, elle s'applique à la réalisation de tous ouvrages de bâtiment ou d'infrastructure ainsi qu'aux équipements industriels destinés à leur exploitation[21]. Organiquement les maîtres d'ouvrage concernés sont notamment l'État, les collectivités territoriales, les établissements publics et les organismes HLM. Le maître de l'ouvrage est défini comme la personne morale pour laquelle l'ouvrage est construit, c'est-à-dire le propriétaire[22]. La loi MOP pose une interdiction fondamentale : le maître de l'ouvrage est le responsable principal de l'ouvrage et il remplit dans ce rôle une fonction d'intérêt général dont il ne peut se démettre. Ainsi, lorsqu'une personne publique soumise à la loi MOP fait réaliser un ouvrage, elle ne peut théoriquement transférer, externaliser, la mission de maîtrise d'ouvrage.

Le contenu de la mission de maîtrise d'ouvrage est fixé à l'article 2 de la loi MOP. Le maître d'ouvrage doit s'assurer de la faisabilité et de l'opportunité de l'opération envisagée, il doit en déterminer la localisation, en définir le programme, en arrêter l'enveloppe financière prévisionnelle, en assurer le financement, choisir le processus selon lequel l'ouvrage sera réalisé et conclure, avec les maîtres d'œuvre et entrepreneurs qu'il choisit, les contrats ayant pour objet les études et l'exécution des travaux. Plus particulièrement, les différentes missions de la maîtrise d'ouvrage sont définies à l'article 3 de la loi MOP. Ces missions peuvent être confiées à un mandataire[23]. Ce mandat peut être exercé par une personne publique ou privée[24]. Il est incompatible avec toute mission de maîtrise d'œuvre, de réalisation de travaux[25] ou de contrôle technique portant sur le ou les ouvrages auxquels se rapporte le mandat. Néanmoins, les missions qui sont susceptibles d'être déléguées restent vastes (par ex. l'établissement des décomptes des marchés[26]).

Le régime des biens objets de contrats administratifs spéciaux pose la question du transfert de la maîtrise d'ouvrage au cocontractant (opération ne devant pas être confondue avec la maîtrise d'ouvrage déléguée). Il n'y a aucune difficulté si le transfert est autorisé par un texte (concessions d'aménagement[27] et contrats de partenariat[28]). Il ne semble pas non plus y avoir de problème lorsqu'un transfert implicite est confirmé par la jurisprudence (bail emphytéotique de droit commun,

20. C. GRANGE, *La loi MOP*, Éditions du Moniteur, 2e édition, 2010 ; Dossier « La loi MOP. Bilan et perspectives », *CP-ACCP* n° 87, avr. 2009 ; F. LLORENS et P. SOLER-COUTEAUX, « Que reste-t-il de la loi MOP ? À propos de la délégation de maîtrise d'ouvrage publique », *CMP* oct. 2009, repère 9.

21. Elle exclut notamment de son champ d'application les ouvrages de bâtiment ou d'infrastructure destinés à une activité industrielle dont la conception est déterminée par le processus d'exploitation.

22. TA Paris 14 déc. 2007, *Préfet de la Région Ile-de-France*, *CP-ACCP* n° 79 juill.-août 2008, p. 22.

23. S'il est onéreux, ce mandat est un marché public de services.

24. Conformément au droit communautaire, 20 oct. 2005, *Commission c/France*, aff. C-264/03.

25. Par ex. CE 11 août 2009, *Cne Les Vans*, n° 315116, *BJCP* n° 67 déc. 2009, p. 456, concl. DACOSTA.

26. CAA Nancy 8 janv. 2009, *SA Schoenenberger*, *CMP* 2009, comm. 53, obs. F. LLORENS.

27. Article L. 300-4 du Code de l'urbanisme.

28. Article 1er ordonnance du 17 juin 2004 et L. 1414-1 du CGCT.

article L. 1311-2 du CGCT et CE section 25 février 1994, *SA Sofap Marignan Immobilier*[29], autorisation d'occupation temporaire constitutive de droits réels, CE avis du 31 janvier 1995)[30] et concession de service et de travaux (CE 17 juin 2009, *Sté anonyme d'économie mixte nationale Bibracte*[31]). Dans d'autres cas, des hésitations sont permises, ainsi qu'en témoigne la fiche produite par la MAPP/07-13 à propos des délégations de service public : le transfert de la maîtrise d'ouvrage intervient « selon le type de contrat de délégation de service public ». On peut néanmoins dire que dans les concessions la maîtrise d'ouvrage est privée[32], ce qui n'est probablement pas le cas de l'affermage ou de la régie intéressée.

La jurisprudence du Conseil d'État tend à s'affiner sur les critères permettant d'envisager un transfert de maîtrise d'ouvrage global, en dehors de toute référence à la nature du contrat qui servira de support à l'opération de construction. Dans l'arrêt *Sofap Marignan* et l'avis du 31 janvier 1995 précités, deux conditions cumulatives étaient requises pour que l'autorité publique puisse ne pas être regardée comme le maître de l'ouvrage : le fait que la collectivité publique n'assure pas la direction technique des travaux et le fait qu'elle ne devient propriétaire de l'ouvrage qu'au terme du contrat. Dans l'arrêt précité de 2009, *Sté anonyme d'économie mixte nationale Bibracte*, la seconde condition est considérablement assouplie, puisque la personne publique n'est pas considérée comme le maître de l'ouvrage car elle ne bénéficie d'une « remise » des ouvrages qu'au terme du contrat d'une durée de 15 ans. S'agissant d'un contrat qualifié de délégation de service public (plus précisément concession de service et de travaux), le Conseil d'État ne pouvait pas se fonder sur la propriété des ouvrages puisque pour ceux qui relèvent de la catégorie des biens de retour, la propriété publique est reconnue *ab initio*. Dès lors, les deux critères vont jouer successivement dans le temps : pendant la construction la personne publique ne doit pas assurer la direction technique des travaux et elle ne doit se voir remettre les ouvrages qu'au terme d'un contrat que l'on suppose devoir être de longue durée, même si elle en est juridiquement propriétaire antérieurement. On peut en conclure que la réunion de ces deux conditions permet d'appréhender la possibilité de transfert régulier de la maîtrise d'ouvrage non plus à partir d'une méthode énumérative fondée sur une liste connue de contrat dont on sait qu'ils admettent un tel transfert, mais à partir d'une méthode conceptuelle fondée sur les deux critères juridiques précités.

Le Conseil d'État a rappelé les limites au transfert de maîtrise d'ouvrage par le biais de contrats complexes. Dans un arrêt du 11 août 2009, *Cne Les Vans*[33], il a jugé qu'une commune méconnaissait la loi MOP en se portant acquéreur de biens réalisés par une SCI, mais destinés dès

29. *Rec.* p. 94 ; *RFDA* 1994, p. 510, concl. J. ARRIGHI DE CASANOVA ; *AJDA* 1994, p. 548, note H. PÉRINET-MARQUET ; *D.* 1994, J, p. 536, note M. LOMBARD.

30. *Grands Avis* n° 33.

31. *CMP* août-sept. 2009, n° 284, note G. ECKERT ; *JCP* A n° 44, 26 oct. 2009, 2249, note M. COURRÈGES.

32. CE Sect. 3 mars 1989, *Sté des autoroutes de la région Rhône-Alpes*, *Rec.* p. 69 ; CE 20 janv. 1992, *Ville de Talant*, n° 46624 ; CE 17 juin 2009, *SAEMN Bibracte*, *BJCP* n° 66 oct. 2009, p. 379, concl. BOULOUIS, citant un arrêt inédit CE 18 déc. 1985, *SEM* pour l'exploitation et la construction du MIN de Marseille, n° 53689 (concession dans laquelle la maîtrise d'ouvrage était privée, alors même que les ouvrages devenaient la propriété de la ville au fur et à mesure de leur achèvement).

33. *CMP* oct. 2009, n° 304, note G. ECKERT.

l'origine à devenir sa propriété et conçus en fonction de ses besoins propres. La commune devait être regardée pour l'ensemble du projet (la réalisation des ouvrages réalisés par la SCI ne constituait que la seconde tranche d'un projet global dont la commune avait assuré la réalisation de la première partie) comme le maître d'ouvrage.

919 **Encaissement de recettes. Gestion de fait. –** Au titre de l'externalisation, il n'est pas inutile d'aborder la délicate question de la possibilité qu'un contrat de la commande publique puisse autoriser le cocontractant à percevoir des recettes publiques sans encourir la sanction de la gestion de fait[34]. Dans un avis du 13 février 2007[35], le Conseil d'État, s'appuyant sur les articles L. 2343-1 et L. 3342-1 du CGCT, puis sur la définition du rôle du comptable public figurant aux articles 11, 14 et 18 du décret n° 62-1587 du 29 décembre 1962, a érigé une compétence de principe du comptable public pour l'exécution des dépenses et recettes des collectivités territoriales : « dans les cas où la loi n'autorise pas l'intervention d'un mandataire, les collectivités territoriales et leurs établissements publics ne peuvent décider par convention de faire exécuter une partie de leurs recettes ou de leurs dépenses par un tiers autre que leur comptable public », d'où il résulte que « seule une loi peut ouvrir aux collectivités territoriales et à leurs établissements publics la faculté de conclure une telle convention [...] et de fixer les règles essentielles qui gouvernent le recours à une telle convention, le contenu des obligations principales du mandant et du mandataire, ainsi que les modalités générales d'exécution dans le respect des principes de la comptabilité publique et de cessation de la convention. [...] Il appartient en revanche au pouvoir réglementaire de préciser les conditions d'application des règles essentielles susmentionnées »[36]. Mais cette faculté de dérogation à la compétence de principe du comptable n'est nécessaire que lorsqu'il s'agit d'encaisser des sommes revêtant la qualification de recettes publiques au sens du décret précité du 29 décembre 1962. Cela signifie que le titulaire d'un contrat de la commande publique peut encaisser les sommes qui apparaissent comme ses propres recettes commerciales, comme la rémunération de son contrat. C'est la distinction établie par le Conseil d'État au contentieux, dans une affaire *Société Prest'Action* de Section du 6 novembre 2009[37], concernant l'édition d'un bulletin municipal et la commercialisation d'encarts publicitaires par un opérateur. Le Conseil distingue les recettes perçues auprès des annonceurs, constitutives de recettes commerciales du cocontractant perçues dans le cadre d'un marché public de services, et le pourcentage reversé à la commune, sommes qualifiées de recettes publiques. L'objet du contrat est un élément déterminant. En l'espèce, le contrat conclu n'avait pas pour objet de confier à un tiers le recouvrement de sommes dues à la collectivité publique en contrepartie de prestations effectuées par celle-ci, mais chargeait un prestataire de la confection d'un bulletin municipal en se rémunérant sur des annonceurs. Ainsi que le précisait le rapporteur public

34. D. MOREAU, « Le régime des recettes dans les contrats publics », *AJDA* 2007, p. 1513.

35. N° 373788, *EDCE* 2008, p. 228.

36. J.-D. DREYFUS, « Les conditions de validité des conventions de mandat conclues en matière de recettes et de dépenses publiques des collectivités territoriales », *AJDA* 2008, p. 787.

37. *AJDA* 2009, p. 2401, note M. LASCOMBE et X. VANDENDRIESSCHE, *CMP* déc. 2009, comm. 384, note G. ECKERT, *JCP* A n° 4 25 janv. 2010, note M. TERRAUX, *DA* 2010, comm. n° 5, note F. MELLERAY, *RLCT* 1010/54, n° 1549, note J.-L. PISSALOUX.

N. Boulouis[38], la recette est le résultat de l'activité de l'opérateur économique et non la simple perception d'une créance existante. Il précise la distinction à retenir : « nous ne proposons rien d'autre que de donner à l'avis de 2007 sa juste portée. Si le contrat a pour objet de "faire exécuter une recette", pour employer ses termes, c'est-à-dire de percevoir le produit d'une créance existante, alors une disposition d'habilitation est nécessaire. Si en revanche, le contrat a pour objet de faire naître une recette par l'action du cocontractant, alors la disposition n'est pas nécessaire car le produit perçu n'est pas destiné ou affecté à un organisme public autrement que par le truchement du contrat ».

Dès lors, la grande majorité des contrats de la commande publique ne devrait poser aucune difficulté en ce que la rémunération du cocontractant est le résultat de son activité économique. Le doute pourrait survenir lorsque le contrat met à la charge de son titulaire l'encaissement de recettes publiques par nature. N. Boulouis (concl. préc.) a tenté d'appréhender la notion de recettes publiques par nature qui ne font l'objet d'aucune définition textuelle. Si l'on tente de synthétiser ses conclusions et la jurisprudence qu'il cite, trois catégories de recettes peuvent être identifiées. Tout d'abord, il existe des recettes dont le caractère public ne fait pas de doute, comme les produits fiscaux ou assimilés. On peut y ajouter les sommes issues de la vente ou de la location de biens publics. Il faudrait cependant ajouter que l'activité de vente ou de location doit être réputée celle de l'administration et que si un tiers s'interpose, celui-ci doit se contenter de percevoir une recette préexistante à son intervention, indépendante de son action et qui ne demanderait qu'à être constatée, liquidée ou recouvrée. Dans ce cas, si un tiers intervient effectivement, cette intervention doit s'inscrire dans le régime d'habilitation prévu par l'avis de 2007. Il n'est pas certain que l'article 1er-II de l'ordonnance nº 2004-559 du 17 juin 2004 sur les contrats de partenariat comporte l'ensemble des précisions que le législateur doit apporter lorsqu'il autorise une convention de mandat de perception de recettes publiques. En disposant que « le contrat de partenariat peut prévoir un mandat de la personne publique au cocontractant pour encaisser, au nom et pour le compte de la personne publique, le paiement par l'usager final de prestations revenant à cette dernière », l'article encourt l'incompétence négative en ce que les recettes visées correspondent à la première catégorie identifiée. Ensuite, la deuxième catégorie regrouperait les recettes qui sont le résultat de l'activité de l'opérateur et qui ne deviennent des recettes publiques que par l'exécution du contrat. Elles ne préexistent pas à l'exécution du contrat. Une conception qui ne doit pas être trop extensive des recettes publiques permet d'inclure dans cette catégorie les recettes tirées du fonctionnement des services publics. Enfin, la troisième catégorie correspond aux recettes susceptibles de soulever le plus de difficultés, dans la mesure où elles sont issues de la valorisation de biens publics (bulletin municipal, recettes annexes du contrat de partenariat) ou d'éléments édifiés sur des dépendances publiques (mobilier urbain) ou extraits de telles dépendances (vente de matériaux extraits). On peut envisager deux types de raisonnements : soit on considère que les recettes qui en sont tirées, en ce qu'elles sont issues de biens et moyens publics, sont des recettes publiques, soit on considère que la valorisation économique est celle du cocontractant et que les recettes tirées ne sont pas publiques,

38. *BJCP* nº 68, févr. 2010, p. 28.

tendance dans laquelle s'inscrit la jurisprudence du Conseil d'État. En tout état de cause, il est préconisé de rédiger les contrats en prévoyant une qualification réaliste de ces sommes.

Certains auteurs[39] isolent des situations plus préoccupantes, lorsque les délégataires assurent en sus de leur mission, une prestation complémentaire de recouvrement de fonds auprès des usagers, pour le compte des collectivités. Sont citées notamment dans le domaine de l'eau et de l'assainissement la perception des recettes de surtaxes, la réception de la redevance assainissement par le fermier de l'eau pour le compte de la collectivité assurant le service d'assainissement ou encore lorsque le fermier de l'assainissement procède à la perception de la participation pour le raccordement à l'égout.

SECTION IV L'OBJET

920 **Mission à caractère économique. –** L'objet d'un contrat de la commande publique doit, selon nous, être une mission ou une prestation à caractère économique. À partir de là, les contrats de la commande publique sont susceptibles de porter sur des missions de nature très diverses (assurer une activité de service public, réaliser un équipement public, apporter un financement, etc.). Du point de vue de l'objet, on reprendra une formulation très élégante de J.-F. Sestier, selon laquelle il existerait des « contrats à objet multiples » et des « objets à contrats multiples »[40]. Les réformes les plus récentes en matière de commande publique tendent effectivement à faire émerger des contrats globaux admettant une multiplicité d'objets. À l'inverse, on peut se demander si les collectivités publiques ne disposeraient pas d'un véritable choix quant au support pour faire réaliser certaines prestations.

921 **Contrats globaux. –** L'objet global de certains contrats peut être expressément prévu par un texte[41]. Il en va ainsi des marchés publics, pouvant porter à la fois sur des services, des travaux ou des fournitures[42]. C'est surtout aux contrats globaux sectoriels[43] et aux contrats de partenariat qu'il faut se référer. Ceux-ci confient à la fois la conception, la construction, le financement, l'entretien, la maintenance et l'exploitation d'un ouvrage répondant aux besoins d'une personne publique. La multiplicité d'objets peut aussi être plus implicite, comme dans les contrats de concession (exploitation d'un service public et de l'ouvrage support du service) ou les concessions d'aménagement.

39. G. BOUSQUET et Y. WELS, « Maniement de fonds publics, délégataire de service d'eau et gestion de fait », *JCP* A 19 avr. 2010, n° 16, 2139.
40. « Multiplicité d'objets et de supports des contrats publics », *CP-ACCP* n° 73 janv. 2008, p. 24.
41. On reprend ici l'analyse de J.-F. SESTIER, préc.
42. Voir néanmoins les règles d'allotissement, n° 1115.
43. Pour les BEA sectoriels par exemple voir les articles L. 2122-15 du CGCT et L. 6148-2 et L. 6148-5 du Code de la santé publique.

922 **Missions susceptibles d'être l'objet de différents types de contrats. –** Certaines missions offrent à la personne publique un véritable choix quant au support contractuel adéquat. Il en va ainsi de la *réalisation d'équipements*, laquelle peut faire l'objet d'un marché public de travaux, d'une concession de service public si l'équipement est le support d'une mission de service public, d'un bail emphytéotique administratif, d'une autorisation d'occupation du domaine public constitutive de droits réels, ou encore d'un contrat de partenariat.

L'exploitation d'une *mission de service public* est plus problématique. Elle est l'objet principal des conventions de délégation de service public. Elle peut faire l'objet d'un marché public[44]. Elle peut aussi être l'objet d'une convention non détachable d'un bail emphytéotique administratif. La question s'est posée de savoir si une mission de service public pouvait être confiée au partenaire de l'administration dans le cadre d'un contrat de partenariat[45].

SECTION V LE RÉGIME DE LA COLLABORATION ÉCONOMIQUE

923 **Difficultés. –** Il n'existe pas de régime homogène encadrant la collaboration économique de l'administration et des opérateurs. Les principales avancées concernent l'identification de grands principes commandant le choix de l'opérateur[46], tant du point de vue de leur source, de leur contenu que du point de vue de leur champ d'application (§ 1). Le régime du contenu des actes de collaboration économique est à l'état embryonnaire (§ 2).

§ 1. LES GRANDS PRINCIPES COMMANDANT LE CHOIX DE L'OPÉRATEUR

924 Les grands principes commandant le choix de l'opérateur constituent le noyau dur d'un droit commun des relations de collaboration économique. Ils relèvent d'une pluralité de sources et son aujourd'hui aisément identifiables.

A. SOURCES

925 **Origine et identification. –** Les grands principes applicables au choix d'un collaborateur résultent d'une conjonction de jurisprudences nationale et communautaire. Ces grands principes sont aujourd'hui au nombre de cinq : liberté d'accès

44. D. MOREAU, *Les marchés de service public*, Éditions du Moniteur, 2005.
45. La réponse est plutôt négative, n° 1283.
46. R. GRANJON, « Commande publique : les règles générales de passation des contrats », *CP-ACCP* n° 73, janv. 2008, p. 29.

à la commande publique, égalité de traitement et non-discrimination des candidats, transparence, proportionnalité et reconnaissance mutuelle.

926 **Jurisprudence communautaire. –** C'est à partir de la jurisprudence *Telaustria* du 7 décembre 2000[47] que la Cour de justice a commencé à définir un corps de principes s'appliquant à la conclusion de contrats non soumis aux directives marchés publics. Les autorités publiques les concluant sont ainsi tenues de respecter les règles fondamentales du traité en général et le principe de non-discrimination en raison de la nationalité en particulier sachant que ce principe implique, notamment, une obligation de transparence qui permet au pouvoir adjudicateur de s'assurer que ledit principe est respecté[48]. La Communication interprétative de la Commission sur les concessions en droit communautaire du 29 avril 2000[49] et le Livre Vert sur les partenariats publics privés de 2004[50] systématisent les principes applicables que sont la transparence, l'égalité, la proportionnalité et la reconnaissance mutuelle. En 2005, la Cour apporte des précisions sur les fondements textuels à l'origine de ces grands principes issus du Traité. Sont notamment cités comme expressions particulières du principe d'égalité de traitement les ex-articles 43 TCE (liberté d'établissement), 49 TCE (libre prestation des services)[51], puis 12 TCE (non-discrimination en raison de la nationalité)[52].

927 **Jurisprudence constitutionnelle. –** Dans sa décision du 26 juin 2003[53], le Conseil constitutionnel fait référence aux grands principes de la commande publique[54]. Il décide en effet que « les dispositions relatives à la commande publique devront respecter les principes qui découlent des articles 6 et 14 de la Déclaration de 1789 et qui sont rappelés par l'article 1er du nouveau Code des marchés publics, aux termes duquel (...) les marchés publics respectent les principes de liberté d'accès à la commande publique[55], d'égalité de traitement des candidats et de transparence des procédures ». Ainsi, les grands principes susvisés sont seulement rappelés par le Code des marchés publics mais découlent de dispositions à valeur constitutionnelle et ont vocation à s'appliquer à un ensemble de contrats plus vaste que la seule catégorie des marchés publics relevant du Code des marchés publics.

47. C-324/98.

48. L'avocat général FENNELY précisait dans ses conclusions qu'une mise en concurrence de plusieurs candidats pourrait, dans certaines hypothèses, suffire à ce que l'exigence de publicité adéquate soit respectée. Voir également CJCE ord. 3 déc. 2001, *Bent Mousten Vestergaard* (C-50/00) et CJCE 12 déc. 2002, *Universale Bau* (C-470/99).

49. *JOCE* C 121 du 29 avr. 2000.

50. COM/2004/0327 final.

51. CJCE 12 juill. 2005, *Coname*, aff. C-231/03.

52. CJCE 13 oct. 2005, *Parking Brixen*, aff. C-458/03.

53. Préc.

54. P. DELVOLVÉ, « Constitution et contrats publics », *Mélanges Moderne*, Dalloz, 2004, p. 469.

55. Ce principe était déjà visé dans la décision n° 2002-460 du 22 août 2002, Loi de programmation sur la sécurité intérieure et dans la décision n° 2002-461 du 29 août 2002, Loi d'orientation et de programmation pour la justice.

Ces principes n'ont toutefois pas valeur constitutionnelle. Ainsi que l'indique l'un des commentaires officiels du Conseil constitutionnel associé à la décision du 26 juin 2003[56], « sans doute aussi le respect d'exigences de valeur constitutionnelle est-il favorisé par les règles de publicité et de mise en concurrence (comme par d'autres règles plus spécifiques telles que, en matière de maîtrise d'ouvrage publique, celles relatives à la désignation d'un prestataire par nature de prestation, ou, en matière de délégation de service public, celles limitant la durée de la délégation), ou bien, de façon plus générale, par les règles ayant pour objet de garantir l'égal accès à la commande publique (nº 92-316 DC du 20 janvier 1993, *Rec.* p. 14, cons. 38), ou bien encore par celles tendant à protéger les intérêts financiers de l'État ou la propriété publique. Il n'en reste pas moins que ces règles n'ont pas, par elles-mêmes, valeur constitutionnelle. Constituant en quelque sorte des "principes sentinelles", elles peuvent et doivent être conciliées avec d'autres impératifs constitutionnels ou avec des objectifs d'intérêt général ».

928 **Jurisprudence du Conseil d'État. –** À l'occasion d'un recours dirigé contre le Code des marchés publics de 2004, dans son arrêt du 23 février 2005, *ATMMP*[57], le Conseil d'État a estimé que l'article 1er du Code des marchés publics se bornait à rappeler les principes qui découlent de l'exigence d'égal accès à la commande publique que sont « les principes de liberté d'accès à la commande publique, d'égalité de traitement des candidats et de transparence des procédures ». Dans une jurisprudence ultérieure, concernant les délégations de services publics soumises à la législation française, le Conseil d'État (1er avril 2009, *Communauté urbaine de Bordeaux*, et *Sté Kéolis* (2 esp.)[58]) a créé un autre type de lien entre les différentes sources révélant les grands principes de la commande publique, en jugeant que les dispositions françaises devaient s'interpréter à la lumière des règles fondamentales du traité CE [auj. TFUE]. Cette conception est intéressante dans la mesure où les règles du Traité ne jouent plus seulement un rôle supplétif lorsqu'aucun texte ne serait applicable, mais représentent de véritables directives d'interprétation des règles nationales.

929 Le Conseil d'État franchit un pas décisif dans l'arrêt *Établissement public du musée et du domaine national de Versailles* du 23 décembre 2009[59], en décidant solennellement que « les principes de liberté d'accès à la commande publique, d'égalité de traitement des candidats et de transparence des procédures, [...] sont des principes généraux du droit de la commande publique ». Un corps de principes traditionnels en matière de commande publique se trouve érigé en principes généraux de la commande publique. Si l'origine de ces principes est clairement communautaire (*supra*, nº 926 et s.), le Conseil précise que ces règles « s'imposent à l'ensemble des délégations de service public [on peut étendre le raisonnement à l'ensemble des contrats de la commande publique], qu'elles entrent ou non dans le champ du droit communautaire ». Ainsi, si l'identité de contenu entre les principes français et communautaires demeure, deux sources sont clairement distinguées. L'avantage indéniable de cette démarche réside dans le fait que le champ des principes français s'étend à tous les contrats de la commande publique (notion qui reste à définir), au

56. Source : site du Conseil constitutionnel.

57. *CP-ACCP* nº 43 avr. 2005, p. 8.

58. *DA* mai 2009, nº 68, note L. BATTOUE, *RFDA* 2009, p. 937, note D. DUBOIS et C. RAUX, *BJCP* nº 65 août 2009, p. 268, concl. DACOSTA.

59. Nº 328827, *CMP* févr. 2010, nº 83, note Ph. REES, *DA* mars 2010, comm. nº 36, note G. ECKERT, *AJDA* 2010, p. 500, note J.-D. DREYFUS.

moment même où la Cour de justice exigeait que le contrat comporte un intérêt communautaire pour l'application des principes issus du Traité (*infra*, n° 936).

B. IDENTIFICATION

930 **Liberté d'accès à la commande publique. –** La liberté d'accès commande la généralisation de l'obligation de mise en concurrence. Elle s'associe également étroitement au respect de la libre concurrence en général et des règles de la concurrence en particulier[60]. Certaines dispositions spécifiques du Code des marchés publics garantissent la liberté d'accès (reconnaissance d'équivalents dans les exigences de qualification, contrôle du niveau d'exigences requis[61], constitution de groupements facilitée, principe de l'allotissement, simplification des procédures). Concernant d'autres contrats, le législateur a ouvert l'accès aux concessions d'aménagement ou aux mandats de la loi MOP. Aujourd'hui, les personnes publiques peuvent se porter candidates à des contrats de la commande publique, au même titre que les opérateurs privés[62].

931 **Égal accès à la commande publique et non-discrimination. –** Le principe d'égal accès à la commande publique[63] s'exprime dans différents cas de figure et sa portée se confond parfois avec celle de la liberté d'accès à la commande publique. Ainsi, l'administration ne peut pas écarter une entreprise candidate qui aurait participé à la préparation du cahier des charges sauf si elle en a retiré une information privilégiée[64]. Dans cette hypothèse, le Guide de bonnes pratiques (Circulaire du 14 février 2012, 11.1.1) indique qu'« en particulier, lorsque la collaboration préalable d'une entreprise lui a permis de recueillir des informations susceptibles de l'avantager par rapport aux autres candidats, l'acheteur public doit supprimer la différence de situation des entreprises en communiquant ces informations à tous les candidats ». On retrouve l'obligation d'assurer l'égalité dans les phases de négociation des marchés négociés ou dans la transmission des informations nécessaires aux entreprises pour établir leur offre. Ainsi, méconnaît le

60. CE 27 mai 1998, *Syndicat national du béton armé*, *Rec.* p. 676, *BJCP* 1998, n° 1, p. 101 : lorsque les négociations sont autorisées par le Code, l'administration et les entreprises candidates ne peuvent se rendre coupables d'une entente. CE 3 nov. 1997, *Million et Marais, Rec.* p. 393 et 406, concl. STAHL, *AJDA* 1997, p. 945, chron. GIRARDOT et RAYNAUD et 1998, p. 247, note O. GUÉZOU, *CJEG* 1997, p. 441 et *RFDA* 1997, p. 1228, concl. STAHL, *JCP* 1998, I, 165, chron. J. PETIT, *Quot. Jur.* 1998, n° 44, note J. MORAND-DEVILLER, *RDP* 1998, p. 256, note Y. GAUDEMET : l'administration ne doit pas placer son cocontractant en situation d'abuser d'une position dominante.

61. CE 30 juin 2004, *ministre de l'Équipement*, n° 261919.

62. *Infra*, n° 954.

63. P. CASSIA, « Contrats publics et principe communautaire d'égalité de traitement », *RTD eur.* 2002, p. 413 ; Ch. CANTIÉ, « L'objectif d'égal accès à la commande publique est-il assuré ? », *CP-ACCP* n° 69, 2007, p. 51.

64. CE 29 juill. 1998, *Génicorp*, *CMP* n° 3/98, p. 19, obs. Ph. DELELIS. CJCE 3 mars 2005, *Fabricom SA*, aff. C-21 et 34/03 : la participation d'une entreprise à la phase de préparation du marché ne doit pas aboutir à son exclusion systématique de la passation du marché en cause car cette règle d'interdiction totale disproportionnée par rapport à l'objectif d'égalité d'accès à la commande publique.

principe d'égalité de traitement des candidats l'administration qui ne leur communique pas les informations suffisantes pour établir leur offre[65].

Les questions des « quotas » réservés aux PME et d'un « Small business Act » à la française[66] sont âprement débattues. En matière de marchés publics, sont autorisées les mesures s'appliquant à tout opérateur candidat, mais qui sont simplement destinées à faciliter l'accès des PME à la commande publique, telles que le principe de l'allotissement (article 10 du Code des marchés publics), l'obligation que les critères de candidatures doivent être proportionnées à l'objet du marché (article 45-1), le fait que l'absence de référence à de précédents marchés de même nature ne peut constituer un critère éliminatoire (article 52-I), ou encore la possibilité pour le pouvoir adjudicateur de demander aux candidats d'indiquer dans leur offre la part de marché qu'ils ont l'intention de sous-traiter à des tiers, notamment à des PME (article 48), sans que cette intention soit un critère de sélection des offres. Il est aussi envisageable à offres égales, de favoriser certaines entreprises (article 53-IV)[67]. En revanche, le Conseil d'État avait déjà censuré en 1987 la recommandation faite aux responsables des marchés d'écarter la candidature d'entreprises dont le chiffre d'affaires était trop important au regard du montant des marchés[68] et a annulé en 2007 l'institution dans le Code des marchés publics 2006 de quotas de PME admises à présenter une offre[69]. On se demande s'il ne faudrait pas étendre ces mesures, souvent propres aux marchés publics mais relevant d'exigences qui s'appliquent à tous les contrats de la commande publique[70].

932 **Transparence. –** Le principe de transparence[71] oblige à garantir un degré de publicité adéquat permettant une ouverture du marché à la concurrence ainsi qu'un contrôle de l'impartialité des procédures, selon l'arrêt *Telaustria*. On peut y rattacher l'obligation d'une définition claire et non discriminatoire des besoins. La transparence s'étend aussi aux critères d'attribution d'un marché[72]. Les articles 79 et 80 du Code des marchés publics 2006 en procèdent directement (rédaction d'un rapport de présentation sur la procédure, information des candidats).

65. TA Paris 29 juin 2009, *Soc. Perfect Nettoyage SA*, *BJCP* n° 66 oct. 2009, p. 385, à propos d'informations sur les charges liées au personnel à reprendre.

66. Rapport sur *L'accès des PME aux marchés publics*, déc. 2007 ; J.-M. PASTOR, « Les propositions françaises pour améliorer l'accès des PME aux marchés publics », *AJDA* 2008, p. 173 ; L. RICHER, « Ce qu'est vraiment le "Small Business Act" aux États-Unis », *Mon. TP*, n° 5439 du 22 févr. 2008.

67. Sociétés coopératives ouvrières de production, groupements de producteurs agricoles, artisans, sociétés coopératives d'artisans ou sociétés coopératives d'artistes ou entreprises adaptées.

68. CE 13 mai 1987, *Soc. Warner Isofi Isolation*, *Rec.* p. 171.

69. CE Sect. 9 juill. 2007, *Syndicat Entreprises générales de France-Bâtiment travaux publics (EGF-BTP)*, *BJDCP* n° 54 2007, p. 366, concl. BOULOUIS, *AJDA* 2007, p. 1593 note J.-D. DREYFUS, *CMP* 2007, comm. 240, note W. ZIMMER, *JCP* A 2007, comm. 2213, note F. LINDITCH, *CP-ACP* n° 69 2007, p. 20, note L. RICHER.

70. L. AYACHE, « Passation des délégations de service public : existe-t-il une obligation d'allotir ? », *AJDA* 2009, p. 1240.

71. F. LLORENS, « Principe de transparence et contrats publics », *CMP* 2004, chron. 1. ; Ch. MAUGÜÉ, « La portée de l'obligation de transparence dans les contrats publics », *Mélanges Moderne*, 2004, p. 609.

72. CJCE 4 déc. 2003, *EVN AG*, aff. C-448/01 ; CE 3 juin 2009, *Commune de Saint-Germain-en-Laye*, n° 311798, *CMP* déc. 2009, comm. 379, note W. ZIMMER, *BJCP* n° 66 oct. 2009, p. 365, concl. DACOSTA.

933 **Proportionnalité. –** Le principe de proportionnalité est une exigence communautaire. Il signifie que les restrictions ou les obligations imposées par les pouvoirs adjudicateurs doivent être proportionnelles aux objectifs poursuivis. On en trouve aussi un écho en droit français à travers certaines applications des principes d'égalité et de liberté d'accès à la commande publique, ainsi qu'en atteste la jurisprudence administrative en contrôlant que les exigences posées par le pouvoir adjudicateur soient bien objectivement rendues nécessaires par l'objet du marché et la nature des prestations à réaliser[73].

934 **Reconnaissance mutuelle. –** Si les candidats sont invités à présenter les diplômes, certificats ou autres titres, les documents provenant d'autres États membres et offrant un niveau équivalent de garantie doivent être acceptés (Communication interprétative de la Commission 2006/C 179 du 1er août 2006).

C. CHAMP D'APPLICATION

935 **Dévolution d'une activité économique. –** Le Livre Vert sur les partenariats public-privé élaboré par la Commission européenne en 2004[74] adopte une définition très large du champ d'application des grands principes issus du traité puisqu'ils s'appliqueraient à « tout acte, qu'il soit contractuel ou unilatéral, par lequel une entité publique confie la prestation d'une activité économique à un tiers ». Cette formulation a été reprise par le tribunal administratif de Paris dans un jugement du 30 mai 2007, à propos d'un bail emphytéotique administratif[75]. Le Conseil d'État français quant à lui refuse toujours l'application des procédures de publicité et de mise en concurrence à l'édiction d'actes unilatéraux habilitant un opérateur à exercer une activité économique[76].

Les titres d'occupation du domaine public ont fait l'objet d'appréciations fluctuantes de la part des diverses autorités et juridictions. Dans un avis du Conseil de la concurrence du 21 octobre 2004, relatif à l'occupation du domaine public pour la distribution de journaux gratuits[77], les principes de l'arrêt *Telaustria* sont appliqués à la délivrance de titres d'occupation du domaine public. Le tribunal administratif de Nîmes a jugé en janvier 2008, après avoir fait référence aux règles fondamentales du Traité CE [auj. TFUE], qu'une convention d'occupation du domaine public ne peut être conclue sans formalité préalable de publicité et de mise en concurrence[78]. Le Conseil d'État avait repris à son compte ces exigences dans un avis de

73. CE 30 juin 2004, *ministre de l'Équipement*, préc.

74. Préc.

75. TA Paris 30 mai 2007, *Préfet de Paris*, *BJDCP* n° 55, déc. 2007, p. 492, concl. DELBÈQUE, note Ph. T.

76. CE 25 juill. 2008, *FNAM* et *SCARA*, n° 290726 : refus d'application des procédures de la loi n° 93-122 du 29 janv. 1993 (sur les délégations de service public) à un acte unilatéral agréant une personne privée chargée d'un service public, alors même que la conclusion d'une convention ultérieure était prévue. Il est vrai que le texte précité ne s'applique qu'à des contrats et que n'étaient pas invoqués les principes du Traité.

77. N° 04-A-19.

78. Jugement du 24 janv. 2008, *Société des trains touristiques G. Eisenreich*, *AJDA* 2008, p. 2172, note J.-D. DREYFUS.

2002[79] sur les contrats d'exploitation des installations commerciales sur les aires de service situées sur le réseau autoroutier, en constatant que les sociétés concessionnaires d'autoroutes ne peuvent sélectionner les entreprises prestataires de services publics sur les aires qu'après avoir mis en œuvre un degré de publicité adéquat permettant un appel à la concurrence. Mais l'affaire du stade Jean Bouin a sonné le glas de l'extension du champ d'application des grands principes du Traité. Le Conseil d'État (Sect. 3 décembre 2010[80]) a jugé que « qu'aucune disposition législative ou réglementaire ni aucun principe n'imposent à une personne publique d'organiser une procédure de publicité préalable à la délivrance d'une autorisation ou à la passation d'un contrat d'occupation d'une dépendance du domaine public, ayant dans l'un ou l'autre cas pour seul objet l'occupation d'une telle dépendance ; qu'il en va ainsi même lorsque l'occupant de la dépendance domaniale est un opérateur sur un marché concurrentiel ».

L'affaire Jean Bouin (préc.) a le mérite de tracer la frontière entre ce qui relève des grands principes du Traité et ce qui n'en relève pas. Ainsi, la dévolution d'une activité économique à un opérateur est soumise aux règles du Traité, mais la simple habilitation ne l'est pas. Lorsque l'administration confie une prestation économique à un opérateur (par dévolution d'une mission ou par expression d'une commande), elle est soumise à des principes de publicité et de mise en concurrence, alors que lorsqu'elle est seulement la source de l'activité économique et qu'elle se contente de délivrer une autorisation, elle échappe aux principes du Traité.

936 **Contrats présentant un intérêt communautaire non soumis à des dispositions textuelles spéciales. –** La Cour de justice des communautés européennes a pris l'habitude d'appliquer les grands principes issus du Traité aux contrats non soumis à des textes spécifiques[81]. Il en va ainsi des concessions de services publics (CJCE 7 décembre 2000, *Telaustria* ; CJCE 21 juillet 2005, *Coname*[82] ; CJUE 9 septembre 2010, *Ernst Engelmann*[83]), des marchés inférieurs aux seuils[84], ainsi que des marchés de services non prioritaires (qui ne sont normalement soumis qu'aux seules obligations prévues par la directive (régime allégé[85]), dans le cas où

79. N° 366.305 du 16 mai 2002, *EDCE* 2003, p. 201.

80. *DA* févr. 2011, note F. BRENET et F. MELLERAY, *JCP* A 31 janv. 2011, 2043, note Cl. DEVÈS, *CMP* janv. 2011, n° 25, comm. G. ECKERT, *CP-ACCP* n° 106, janv. 2011, p. 56, *AJDA* 2011, p. 21, chron. E. GLASER, *BJCP* n° 74 janv-févr. 2011, p. 36, concl. ESCAUT, *Concurrences* n° 1, janv. 2011, p. 217, note B. DU MARAIS, *RJEP* avr. 2011, p. 25, note Ch. MAUGÜÉ.

81. CJCE 13 oct. 2005, *Parking Brixen*, préc. Voir surtout la communication interprétative de la Commission 2006/C 179/ du 1er août 2006 relative au droit communautaire applicable aux passations de marchés non soumises ou partiellement soumises aux directives marchés publics, comm. G. KALFLÈCHE, *Europe* 2007 n° 7, p. 6, comm. P.-Y. MONJAL, *LPA* 5 oct. 2007, n° 200, p. 15.

82. Préc.

83. C-64/08, à propos d'une concession d'exploitation de casinos.

84. CJCE ord. 3 déc. 2001, *Vestergaard Moustern*, aff. C-59/00, CJCE 20 oct. 2005, *Commission c/France*, aff. C-264/03 ; CJCE 14 juin 2007, *Medipac Kazantzidis*, aff. C-6/05, CJCE 21 févr. 2008, *Commission c/Italie*, aff. C-412/04.

85. *Infra*, n° 961.

ils présentent un intérêt transfrontalier certain (CJCE 13 novembre 2007, *Commission c/Irlande*)[86].

Le Conseil d'État emboîte le pas de son homologue communautaire, en soumettant aux grands principes du Traité CE [auj. TFUE] les conventions susceptibles d'être requalifiées en marchés publics de travaux mais d'un montant inférieur aux seuils, dès lors que implicitement mais nécessairement le juge saisi a estimé que le marché présentait un intérêt communautaire (CE 3 juin 2009, *Commune de Saint-Germain-en-Laye*[87]). On préférera l'expression du juge administratif de contrat présentant un « intérêt communautaire », plutôt que celle d'intérêt « transfrontalier » pour renvoyer aux contrats susceptibles d'intéresser les opérateurs économiques des autres États membres.

La référence au critère de l'intérêt communautaire que présente le contrat conduit à opérer une distinction. Lorsqu'un contrat, qui n'est soumis en droit français *a priori* à aucune obligation de mise en concurrence par un texte particulier, est susceptible de revêtir une requalification dans une catégorie communautaire, il ne sera soumis aux grands principes du Traité que s'il présente un intérêt communautaire. En revanche, les contrats qui ne sont soumis à aucune procédure par un texte particulier et qui ne sont susceptibles de revêtir aucune requalification, sont soumis aux grands principes du Traité sans qu'il soit nécessaire de rechercher leur intérêt communautaire. Ceci s'explique par le fait que dans le premier cas le champ d'application des grands principes du Traité CE [TFUE] a été défini par la Cour de justice par référence au fait que l'application des règles du Traité nécessite un élément d'extranéité (un opérateur d'un autre État membre doit pouvoir être intéressé par le contrat), alors que dans le second cas la référence aux grands principes du Traité CE [TFUE] vise un corps de règles supra-législatives, « rappelées » dans différents textes, dont le champ d'application est plus vaste.

937 **Contrats de la commande publique. –** Si les grands principes de transparence, d'égalité et de liberté d'accès à la commande publique transcendent les différents droits et ne sont que « rappelés » par les textes, le juge administratif français avait tout intérêt à notre sens à renvoyer directement aux grands « principes » de passation de contrats habilitant un opérateur à exercer une activité économique ou lui confiant une telle activité, sans référence précise au TFUE. C'est exactement de cette manière que procède le Conseil d'État dans l'arrêt *Établissement public du musée et du domaine national de Versailles* du 23 décembre 2009[88], puisque ces grands principes sont érigés au rang de principes généraux de la commande publique.

938 **Actes unilatéraux. –** La Cour de justice a étendu aux actes unilatéraux ayant pour objet l'agrément d'un opérateur économique l'obligation de transparence découlant des règles fondamentales du Traité. Cela résulte de l'arrêt rendu le

86. Aff. C-507/03, revient sur l'arrêt *Contse* du 27 oct. 2005, aff. C-234/03. Confirmé par CJUE 13 avr. 2010, *Wall*, aff. C-91/08.

87. N° 311798, *CMP* déc. 2009, comm. 379, note W. ZIMMER, *BJCP* n° 66 oct. 2009, p. 365, concl. DACOSTA.

88. Préc.

3 juin 2010, *The Sporting exchange Ltd*[89], dont on peut extraire un raisonnement en trois temps. Premièrement, l'agrément est défini comme l'intervention de l'autorité publique dont l'objet est de réglementer l'exercice d'une activité économique. Deuxièmement, il est jugé que le fait que la délivrance d'un agrément n'équivaut pas à un contrat de concession de service ne saurait, à lui seul, justifier que les exigences qui découlent de l'article 49 CE, notamment le principe d'égalité de traitement et l'obligation de transparence, soient méconnues lors de l'octroi d'une autorisation administrative telle qu'un agrément conditionnant l'accès à une activité économique. Troisièmement, « l'obligation de transparence apparaît comme une condition préalable obligatoire du droit d'un État membre d'attribuer à un opérateur le droit exclusif d'exercer une activité économique, quel que soit le mode de sélection de cet opérateur. Une telle obligation a vocation à s'appliquer dans le cadre d'un régime d'agrément octroyé à un opérateur unique par les autorités d'un État membre dans l'exercice de leur pouvoir de police, puisque les effets d'un tel agrément à l'égard des entreprises établies dans d'autres États membres et qui seraient potentiellement intéressées par l'exercice de cette activité sont les mêmes que ceux d'un contrat de concession de services ».

Il ressort de l'analyse de cette jurisprudence que plusieurs éléments militent en faveur de la soumission des actes unilatéraux aux mêmes principes que les contrats de la commande publique. L'acte unilatéral conditionne l'octroi d'un droit exclusif ; l'activité revêt un caractère économique ; les effets de l'octroi de l'agrément sont les mêmes que ceux de la conclusion d'un contrat de la commande publique. La rédaction de l'arrêt ne permet pas de dire si en l'absence de l'une des caractéristiques précédemment soulignées, la solution serait la même. On en déduit néanmoins que le droit communautaire ne s'attache résolument plus à la forme de l'acte, mais plutôt à ses effets quant à l'accès à une activité économique. On remarque enfin que la distinction entre la dévolution d'une activité économique par l'administration, qui générait des contraintes de procédure pour celle-ci, et le simple agrément ou la simple autorisation générant un profit économique pour l'opérateur, semble balayée.

§ 2. LE CONTENU DES ACTES DE COLLABORATION ÉCONOMIQUE

939 **État embryonnaire. –** Lorsqu'il avançait l'existence d'un droit commun de la commande publique, le Conseil constitutionnel[90] avait fait état des « exigences constitutionnelles inhérentes (...) à la protection des propriétés publiques et au bon usage des deniers publics ». Le Tribunal des conflits (17 mai 2010, *Institut national de la santé et de la recherche*[91]) s'y fonde pour poser le principe de l'existence de « règles impératives du droit public français relatives à l'occupation du domaine public ou à celles qui régissent la commande publique et applicables aux marchés publics, aux contrats de partenariat et aux contrats de

89. C-203/08.
90. Décision n° 2003-473 DC du 26 juin 2003.
91. *RFDA* 2010, p. 959, concl. M. GUYOMAR.

délégation de service public », ces contrats « relevant d'un régime administratif d'ordre public ». Il faut lire les conclusions Guyomar sur cet arrêt pour y déceler un contenu et voir évoquées les règles de fond indérogeables relatives notamment à l'occupation du domaine public ou à l'exécution du service public.

Sans autre précision, ce contenu des actes de la collaboration économique est bien maigre. Surtout, on ne sait s'il faut s'en tenir au respect des exigences constitutionnelles ou si l'apport législatif, voire réglementaire peut être inclus. Côté domaine public, on peut penser au régime de dévolution des droits réels, et aux principes de protection du domaine public et des propriétés publiques. Côté service public, les principes d'égalité et de continuité ont valeur constitutionnelle. Les régimes légaux des contrats de la commande publique exigent souvent l'insertion de clauses ayant pour objet de préserver les exigences du service public.

Sans que la jurisprudence précitée y fasse expressément allusion, on peut aussi ériger en règle de droit commun la limitation de la durée des actes de collaboration, en lien avec la durée d'amortissement des équipements réalisés ou avec la nature des prestations demandées à l'opérateur. La CJUE a jugé que la durée d'une concession constituait une restriction à l'exercice des libertés économiques (libre prestation de services et liberté d'établissement)[92].

BIBLIOGRAPHIE

N. SYMCHOWICZ, *Partenariats public-privé et montages contractuels complexes*, Le Moniteur, 2009 ▪ Dossier « Choix d'un contrat : études transversales », *CP-ACCP* n° 73, janvier 2008, p. 24 et s ▪ 10 ans de contrats publics, *CP-ACCP*, n° 100, numéro spécial, juin 2010 ▪ Actes du Colloque de Grenoble (GRDPE) du 8 avril 2011, « Les partenariats publics-privés : procédés institutionnels et contractuels », *JCP* A, n° 51-52 du 19 décembre 2011.

92. CJCE 9 mars 2006, *Commission c/Espagne*, aff. C-323/03 et CJUE 9 sept. 2010, *Ernst Engelmann*, aff. C-64/08.

TITRE 2
ÉTUDE ANALYTIQUE

940 **Contrats de la commande publique. –** On a adopté une définition très large de la commande publique, qui regroupe un ensemble de contrats par lesquels l'administration se procure des biens ou des services, qu'il s'agisse de l'objet même du contrat ou que cet objectif soit poursuivi par l'administration par la conclusion d'un contrat n'ayant pas cet objet. L'objet de ce titre est d'en étudier les principales catégories. Il s'agit des marchés publics (Chapitre I), des délégations de service public (Chapitre II), des contrats de partenariat (Chapitre III), des conventions d'occupation du domaine avec réalisation d'équipements publics (Chapitre IV), des contrats de vente en l'état futur d'achèvement (Chapitre V), des concessions d'aménagement (Chapitre VI) et, enfin, des contrats de crédit-bail (Chapitre VII).

CHAPITRE I
LES MARCHÉS PUBLICS

941 **Origine. –** Le marché public évolue dans un environnement de plus en plus réglementé. À l'intersection d'une garantie d'une libre et égale concurrence entre opérateurs et d'une préservation des deniers publics, les marchés publics constituent un enjeu économique de taille. Bien qu'il faille sans doute faire remonter son origine à l'Ancien Régime[1], le premier code contemporain fut adopté par le décret du 17 juillet 1964. Sur une période plus récente, trois nouveaux codes se sont succédé, en 2001, 2004 et 2006. Actuellement, le Code des marchés publics est issu d'un décret du 1er août 2006[2].

942 **Directives communautaires. –** La mise en œuvre des grandes libertés économiques du Traité supposait une ouverture des marchés publics. Une première série de directives est édictée à la fin des années 1960, puis une seconde au début des années 1990[3]. De plus, les directives communautaires doivent respecter l'accord plurilatéral sur les marchés publics (AMP, datant de 1994), signé par la Communauté européenne. Cet accord définit des principes généraux et des règles de procédures. L'état actuel du droit communautaire est régi par deux directives du 31 mars 2004. La directive n° 2004/18 est relative à la coordination des procédures de passation dans les secteurs classiques et la directive n° 2004/17 concerne les secteurs spéciaux. Leur particularité résulte de leur champ d'application très large, tant du point de vue organique (elles couvrent un grand nombre d'organismes publics et privés) que du point de vue matériel (elles couvrent un grand nombre de types de contrats et non uniquement ceux que le droit français qualifie de « marchés publics »).

1. L. RICHER, *Droit des contrats administratifs*, LGDJ, 7e éd., 2010, n° 540.

2. Il a été jugé que les conditions de passation des marchés publics passés par l'État relèvent de la loi. Quant aux collectivités territoriales, il a été admis que le gouvernement peut réglementer leurs marchés publics sur la base d'un décret du 12 nov. 1938, pris sur habilitation d'une loi du 5 oct. 1938, CE 29 avr. 1981, *Ordre des architectes*, *AJDA* 1981, p. 431, note B. GENEVOIS ; CE Ass. 5 mars 2003, *Ordre des avocats à la cour d'appel de Paris*, *Rec.* p. 90, concl. PIVETEAU. Sur la réforme de 2006, voir les dossiers spéciaux *AJDA* 2006, p. 1754, *CP-ACP* sept. 2006, *CMP* août-sept. 2006.

3. Directive 88/295 du 22 mars 1988, Fournitures, Dir. 89/440 du 18 juill. 1989, Travaux, Dir. 90/531 du 17 sept. 1990, Secteurs exclus, Dir. 92/50 du 18 juin 1992, Services, Dir. 93/37 du 14 juin 1993, Travaux, Dir. 93/36 du 14 juin 1993, Fournitures, Dir. 93/38 du 14 juin 1993, Secteurs exclus.

Le droit communautaire appréhende le droit des marchés publics sous forme d'approche binaire par secteurs (secteurs classiques/spéciaux). Chaque type de secteurs est délimité à l'aide d'un critère organique à vocation généraliste, lié au critère matériel de la nature du secteur dans lequel le marché est passé. Les « pouvoirs adjudicateurs » passent des marchés relevant des secteurs classiques, et les « entités adjudicatrices » passent des marchés dans les secteurs spéciaux. Il y a coïncidence entre la dénomination de la partie au marché public et le secteur dans lequel elle intervient. Le propre de ces notions en droit communautaire est de transcender la distinction entre personnes publiques et personnes privées. En effet, une personne morale de droit privé peut être qualifiée au sens du droit communautaire de pouvoir adjudicateur ou d'entité adjudicatrice.

943 **Transposition en droit français. –** En droit français, le droit des marchés publics peut se décomposer en deux grandes séries de dispositions, destinées à transposer les directives précitées, voire à soumettre certains organismes à des règles spécifiques, alors que les directives ne leur sont pas applicables. La *summa divisio* du droit français repose sur une considération organique et non sur une distinction matérielle. La distinction matérielle (secteur dans lequel agit l'organisme) intervient en second lieu, au sein des textes. Le Code des marchés publics français de 2006 est exclusivement réservé aux personnes publiques pouvoirs adjudicateurs ou entités adjudicatrices. L'ordonnance n° 2005-649 du 6 juin 2005, complétée par les décrets modifiés[4] n° 2005-1308 du 20 octobre 2005[5] et n° 2005-1742 du 30 décembre 2005[6], s'applique aux personnes privées qualifiables de pouvoir adjudicateur ou d'entités adjudicatrices ainsi qu'à certaines personnes publiques que les autorités françaises ont préféré soumettre à des règles de passation plus souples. On parle alors de marchés « semi-publics ». Une réforme est intervenue fin 2008 (décret n° 2008-1334 du 17 décembre 2008 et décrets n° 2008-1356 et n° 2008-1355 du 19 décembre 2008, accompagnés d'une circulaire)[7]. Ont notamment été relevés certains seuils, élargissant l'application des procédures non formalisées. La dématérialisation des procédures a été renforcée. Le décret n° 2011-1000 du 25 août 2011 procède à un toilettage de certaines dispositions du code, introduit le contrat global de performance et procède à quelques modifications procédurales[8]. Enfin, le décret n° 2011-1104 du 14 septembre 2011 relatif à la passation et à l'exécution des marchés publics de défense et de sécurité a pour objet la transposition de la directive 2009/81/CE du 13 juillet 2009 relative à la coordination des procédures de passation de certains marchés de travaux, de fournitures et de services par des pouvoirs adjudicateurs ou entités adjudicatrices dans les domaines de la défense[9]. Il modifie la troisième partie du code, qui

4. Notamment par la réforme de fin 2008, voir le décret n° 2008-1334 du 17 déc. 2008.

5. Pour les entités adjudicatrices mentionnées à l'article 4 de l'ordonnance.

6. Pour les pouvoirs adjudicateurs mentionnés à l'article 3 de l'ordonnance.

7. S. Braconnier, « Droit des marchés publics : l'âge de la maturité », *CMP* févr. 2009, p. 7 ; Dossier « Réforme 2009 du Code des marchés publics », *CP-ACCP* n° 85, févr. 2009, p. 27.

8. Dossier « La réforme du Code des marchés publics », *CP-ACCP*, n° 114, oct. 2011, p. 21 et s.

9. Il a également pour objet de préciser les modalités d'application de la loi n° 2011-702 du 22 juin 2011 relative au contrôle des importations et des exportations de matériels de guerre et de matériels assimilés, à la simplification des transferts des produits liés à la défense dans l'Union européenne et aux marchés de défense et de sécurité.

réglemente désormais les modalités de passation et d'exécution de ces marchés, et opère quelques modifications dans les dispositions générales du code.

Seront successivement abordés le champ d'application du droit des marchés publics (Section I), la passation des marchés publics (Section II) et leur exécution (Section III).

SECTION I LE CHAMP D'APPLICATION DU DROIT DES MARCHÉS PUBLICS

944 **Délimitation. –** Le champ d'application du droit des marchés publics[10] (directives communautaires et Code des marchés publics) se définit à l'aide de deux paramètres : la notion même de marché public et les opérations qui en sont expressément exclues.

§ 1. LA NOTION DE MARCHÉ PUBLIC

945 **Code des marchés publics et directive n° 2004/18. –** « Les marchés publics sont les contrats conclus à titre onéreux entre les pouvoirs adjudicateurs définis à l'article 2 et des opérateurs économiques publics ou privés, pour répondre à leurs besoins en matière de travaux, de fournitures ou de services » (article 1er du Code des marchés publics). Selon l'article 1er-2-a de la directive n° 2004/18, « les "marchés publics" sont des contrats à titre onéreux, conclus par écrit entre un ou plusieurs opérateurs économiques et un ou plusieurs pouvoirs adjudicateurs et ayant pour objet l'exécution de travaux, la fourniture de produits ou la prestation de services ». Il en ressort que la notion de marché public est fondée sur un critère formel (présence d'un contrat), un critère organique renvoyant aux parties en présence (pouvoir adjudicateur et opérateur économique), un critère matériel (satisfaction d'un besoin) et un critère financier (origine et nature de la rémunération).

A. LE CRITÈRE FORMEL : CONCLUSION D'UN CONTRAT

946 **Présence d'un contrat. –** Le marché public repose sur un contrat synallagmatique, c'est-à-dire un accord de volontés créateur de droits au profit et des obligations à la charge de chacune des parties. L'exigence d'un contrat pose la question de la requalification des situations unilatérales. Par ailleurs, le marché public passé en application du Code des marchés publics est un contrat administratif par détermination de la loi.

10. G. ECKERT, « Champ d'application du Code des marchés publics », *J.-Cl. CMP*, fasc. 40 ; F. LLORENS et P. SOLER-COUTEAUX, « Le nouveau champ d'application du Code des marchés publics », *CMP* avr. 2001, p. 7.

Le marché public doit être conclu par écrit si son montant dépasse 20 000 euros HT (article 11 du Code 2006). La directive n° 2004/18 (article 1er-2-a) définit quant à elle le marché public comme un contrat conclu par écrit. Cela n'empêche pas qu'un marché public puisse être un contrat verbal, ni que les marchés publics puissent faire l'objet de procédures de dématérialisation (article 56-1 du Code 2006)[11].

1. La qualification d'une situation contractuelle

947 **Position du problème. –** Si l'habilitation à exploiter un service public par voie unilatérale est concevable en matière de délégation de service public, la notion de marché public repose sur un échange économique (une prestation contre une rémunération). Il est donc plus difficile de se passer de l'existence d'un contrat, venant traduire juridiquement ce qu'est économiquement un marché public[12].

948 **Requalification de situations unilatérales. –** Il ne faut pas exclure l'éventualité de la requalification d'une situation (manifestée par une habilitation unilatérale ou la conjonction d'une ou plusieurs décisions administratives) qui serait issue d'un concours de volontés créateur de droits et d'obligations et révélerait un contrat. L'absence de formalisation d'un acte contractuel n'est pas synonyme d'absence de contrat. Le Guide de bonnes pratiques en matière de marchés publics (Circulaire du 14 février 2012) comporte une évolution en ce sens : « les marchés publics sont des contrats consacrant l'accord de volonté entre deux personnes dotées de la personnalité juridique. Une décision unilatérale ne peut être un marché, pour autant qu'elle ne dissimule pas un contrat » (art. 2). Il existe aussi des cas dans lesquels un « accord » est enserré dans une réglementation ou issu d'une législation limitant la liberté contractuelle. La jurisprudence y voit parfois de véritables contrats[13].

Il arrive aussi que des situations unilatérales ne soient pas requalifiées. C'est le cas lorsque le prestataire fournit des services en exerçant ses propres compétences, directement tirées de la loi[14]. C'est aussi le cas lorsque le prestataire agit sur le fondement d'un acte administratif unilatéral n'édictant des obligations qu'à sa

11. Sur l'ensemble de ces points, voir S. NICINSKI, « Caractère écrit ou verbal », dossier II.100.2, in *Droit des marchés publics*, Éditions du Moniteur, MAJ.

12. B. DU MARAIS, « Contrat et autorisation unilatérale : quelques éléments de comparaison entre deux modalités de partenariat avec un opérateur privé pour fournir le service public », *Gaz. Pal.* n° 71 à 73/2006, 12-14 mars 2006, p. 3 ; A. HOURCABIE et A. TABOUIS, « Notion et régime juridique de la délégation unilatérale de service public », *CMP* juin 2005, étude n° 13 ; É. FATÔME et L. RICHER, « Procédures de passation des contrats et pouvoir d'organisation du service public », *CP-ACCP* 2002, n° 12, p. 60.

13. CJCE 12 juill. 2001, *Ordre des architectes de la province de Milan et Lodi*, aff. C-399/98 ; CJCE 18 déc. 2007, *Asociacion Profesional de Empresas de Reparto y Manipulado de Correspondencia*, aff. C-220/06, à propos « d'accords de collaboration » déterminés par la législation en vigueur et conclus entre une administration publique et l'opérateur de service universel postal dans le domaine des services non réservés : « Ce n'est que dans l'hypothèse où l'accord conclu entre Correos et le Ministerio serait en réalité un acte administratif unilatéral édictant des obligations à la seule charge de Correos, acte qui se départirait sensiblement des conditions normales de l'offre commerciale de cette société, ce qu'il incombe à la juridiction de renvoi de vérifier, qu'il conviendrait de conclure qu'un contrat fait défaut et que, par conséquent, la directive n° 92/50 ne saurait s'appliquer ».

14. CJCE 18 déc. 2007, *Commission c/Irlande*, aff. C-532/03, à propos des prestations de transport d'urgence assurées par le service des sapeurs-pompiers de Dublin.

seule charge[15]. Ne sont pas requalifiables les conventions subséquentes à une désignation unilatérale du titulaire[16]. Enfin, il a été jugé que l'offre de concours, contrat unilatéral, ne matérialisait pas un marché public[17].

2. La nature administrative des marchés publics

949 **Article 2 de la loi nº 2001-1168 du 11 décembre 2001, dite Murcef. –** L'article 2 de la loi Murcef prévoit que « les marchés passés en application du Code des marchés publics ont le caractère de contrats administratifs ». On remarque que le législateur ne se contente pas de désigner un ordre de juridiction compétent, mais qualifie l'acte lui-même. Cela ne concerne toutefois pas la nature des marchés passés en application de l'ordonnance nº 2005-649 du 6 juin 2005, qui pourraient être qualifiés de contrats de droit privé.

950 **Application volontaire du Code des marchés publics. –** On peut se demander si l'application volontaire du Code des marchés publics emporte qualification du marché en contrat administratif. Selon l'avis du 29 juillet 2002, *Société MAJ Blanchisseries de Pantin*, l'article 2 de la loi Murcef « ne vise pas les marchés conclus à la seule initiative des cocontractants selon l'une des procédures prévues par le Code des marchés publics, lorsque ces marchés n'entrent pas dans le champ d'application de ce Code »[18].

B. LE CRITÈRE ORGANIQUE : POUVOIR ADJUDICATEUR ET OPÉRATEUR ÉCONOMIQUE

951 **Parties au marché public. –** Le marché public est un contrat conclu entre un pouvoir adjudicateur et un opérateur économique public ou privé. La notion de pouvoir adjudicateur se décline en plusieurs acceptions : pouvoir adjudicateur au sens strict, organisme de droit public, entité adjudicatrice.

1. Le pouvoir adjudicateur

952 **Droit communautaire. –** Le droit communautaire des marchés publics est principalement fondé sur deux textes : la directive nº 2004/18 et la directive nº 2004/17. Leurs champs d'application respectifs reposent sur la combinaison d'un critère organique et d'un critère matériel. La directive nº 2004/18 s'applique aux pouvoirs adjudicateurs intervenant dans les secteurs classiques, alors que la directive nº 2004/17 s'applique aux entités adjudicatrices intervenant dans les secteurs spéciaux. Ces

15. CJCE 18 déc. 2007, *Asociacion Profesional de Empresas de Reparto y Manipulado de Correspondencia*, aff. C-220/06.

16. CE 13 juill. 2007, *Commune de Rosny-sous-Bois*, *CMP* oct. 2007, nº 282, note J.-P. PIÉTRI, *CP-ACP* nº 70, oct. 2007, p. 66, note C. CABANES et B. NEVEU, *DA* nov. 2007, nº 150, note A. MÉNÉMÉNIS, *BJDCP* nº 55, déc. 2007, p. 444, concl. BOULOUIS.

17. TA Versailles 18 juin 2004, *Delteil Ruffat*, *AJDA* 2004, 2158, concl. P. LÉGLISE.

18. *Rec.* p. 297, concl. D. PIVETEAU, *BJCP* 2002, p. 427, *CMP* 2002, nº 207, F. LLORENS, *CP-ACP*, oct. 2002, A. DOMANICO et M. ECHEGUT, *AJDA* 2002, p. 755, J.-D. DREYFUS, *CJEG* 2003, p. 163, J. GOURDOU et A. BOURREL.

textes donnent ensuite des définitions précises des organismes et des secteurs qu'ils visent. L'article 9 de la directive n° 2004/18 dispose que « sont considérés comme "pouvoirs adjudicateurs" : l'État, les collectivités territoriales, les organismes de droit public et les associations formées par une ou plusieurs de ces collectivités ou un ou plusieurs de ces organismes de droit public »[19].

Le droit communautaire établit une distinction entre l'État et les autres collectivités publiques pour tenir compte de l'accord OMC. Le champ d'application de l'accord de Marrakech sur les marchés publics[20] est défini pour chaque Partie, au nombre desquelles figure la Communauté européenne, par l'appendice I, lequel est divisé en cinq annexes. Parmi ces annexes, l'annexe 1 contient la liste des entités du gouvernement central, et l'annexe 2 celle des entités des gouvernements sous-centraux, chacune d'elles indiquant des valeurs de seuil différentes.

Une liste, non exhaustive, des autorités gouvernementales centrales figure en annexe IV à la directive n° 2004/18. On y retrouve notamment les services du Premier ministre et les ministères, des établissements publics nationaux et l'UGAP.

L'État est un pouvoir adjudicateur par définition. En relève également l'ensemble des autorités et organismes susceptibles d'être rattachés à l'État, alors même qu'ils sont dotés d'une certaine indépendance au sein de l'administration (CJCE 20 septembre 1988, *Beentjes*)[21]. Ont la qualité de pouvoirs adjudicateurs les organes qui exercent les pouvoirs législatifs, exécutif et judiciaire (CJCE 17 septembre 1998, *Commission c/Royaume de Belgique*)[22] ou les juridictions et autres organismes indépendants (CJCE 10 avril 1984, *Sabine Von Colson et Elisabeth Kaman c/Land Nordrhein-Westfalen*)[23]. Les collectivités territoriales françaises sont également des pouvoirs adjudicateurs par définition.

La notion de pouvoir adjudicateur fait l'objet d'une *approche globale* au sens où aucune distinction n'est à faire entre les marchés passés par un pouvoir adjudicateur pour accomplir sa mission de satisfaire des besoins d'intérêt général et ceux qui n'ont pas de rapport avec cette mission (CJCE 18 novembre 2004, *Commission des communautés européennes c/République fédérale d'Allemagne*)[24].

953 **Droit français. –** La *summa divisio* du droit français repose sur une considération organique et non sur une distinction matérielle. La distinction matérielle (secteur dans lequel agit l'organisme) intervient en second lieu, au sein des textes. Le Code des marchés publics français est exclusivement réservé à certaines personnes publiques agissant soit comme pouvoir adjudicateur, soit comme entité adjudicatrice. L'article 2 du Code des marchés publics énumère les pouvoirs adjudicateurs soumis au Code. Il s'agit de l'État, de ses établissements publics autres que ceux ayant un caractère industriel et commercial, des collectivités territoriales et des établissements publics locaux. Le Code des marchés publics 2006 est divisé en deux

19. L'article 10 du même texte qualifie les centrales d'achat de pouvoir adjudicateur. M. KARPENSCHIF, « Définition du pouvoir adjudicateur par la Cour de justice des communautés européennes », *AJDA* 2004, p. 526 ; A. CHAMINADE, « La prise en compte dans le Code des marchés publics de la notion de pouvoir adjudicateur », *JCP* G n° 46/2004, 10 nov. 2004, p. 2013.

20. Négociations multilatérales du cycle de l'Uruguay [1986-1994] – annexe 4 – accord sur les marchés publics (OMC), *JOCE* n° L336, 23 déc. 1994, p. 273.

21. Aff. 31/87.

22. Aff. C-323/96.

23. Aff. 14/83.

24. Aff. C-126/03.

grandes parties, l'une est applicable aux pouvoirs adjudicateurs soumis au Code et intervenant dans les secteurs classiques, l'autre est applicable aux personnes publiques visées par l'article 2 et qualifiables d'entités adjudicatrices, c'est-à-dire intervenant dans les secteurs spéciaux.

Certains organismes publics posaient la question de leur qualification comme établissement public de l'État, surtout à l'époque où les règles du droit des marchés publics différaient fondamentalement selon qu'elles s'appliquaient à l'État ou aux collectivités territoriales. Cette différence s'est atténuée dans le Code 2006, mais demeure (présence d'une commission d'appel d'offres, par ex.). Les *chambres consulaires* sont considérées du point de vue du droit des marchés publics comme relevant des règles applicables à l'État (pour les chambres d'agriculture, CE Section 29 novembre 1991, *Crépin*[25] ; pour les CCI : CE 13 janvier 1995, *CCI de la Vienne*[26] ; pour les chambres des métiers, CE 21 juin 2000, *Chiarasoli*[27]).

Les *associations syndicales* de propriétaires sont des établissements publics administratifs. Le décret n° 2005-504 du 1er juillet 2005 les soumet (art. 44) aux règles du Code des marchés publics s'appliquant aux collectivités territoriales, sous réserve des dispositions fixées par le décret lui-même. Antérieurement, pour les associations foncières urbaines, voir CE 13 septembre 1995, *Favier* (*CJEG* 1996, p. 17, note L. Richer) ; pour les associations syndicales, CE 15 décembre 2000, *Lacroix*, n° 204457.

954 **Personne privée mandataire d'un pouvoir adjudicateur. –** Ni l'article 3 du Code 2006, ni l'ordonnance n° 2005-649 ne prévoient d'exclusion spécifique pour les contrats de mandat, qui sont donc pleinement soumis à ces textes[28]. Demeurent néanmoins exclus les mandats dont le mandataire est prédésigné en raison de certaines qualités juridiques, à condition qu'il applique lui-même le droit des marchés publics[29]. Sont donc soumis aux procédures de passation des marchés publics certains mandats particuliers comme le mandat de délégation de maîtrise d'ouvrage[30]. On rappelle que si le maître d'ouvrage est soumis à des procédures de marchés publics, il en va de même pour son mandataire (article 4 de la loi n° 85-704 du 12 juillet 1985). Les concessionnaires d'aménagement sont liés par un contrat de

25. *AJDA* 1991, p. 919, et commentaire p. 889.

26. *Quot. jur.* 20 juill. 1995, n° 58, p. 5.

27. *Rec.* Tables, p. 876 et 1027.

28. L'exclusion prévue par le Code 2001 a été censurée par le Conseil d'État (CE ass. 5 mars 2003, *Union nationale des services publics industriels et commerciaux [Unspic]*, *AJDA* 2003, p. 722, chron. F. DONNAT et D. CASAS, *D.* 2003, p. 851, note J.-D. DREYFUS, *BJDCP* n° 28, p. 209, concl. D. PIVETEAU). Sur le mandat en général, M. CANEDO, *Le mandat administratif*, LGDJ, 2001 ; L. RICHER, « Le contrat de mandat au risque du droit administratif », *CJEG avr.* 1999, p. 127 ; F. LICHÈRE, *Les contrats administratifs entre personnes privées,* thèse dactyl. Montpellier 1998 ; I. POIROT-MAZÈRES, *La représentation en droit administratif français,* thèse dactyl. Toulouse 1989, p. 446 et s. ; F. LLORENS, « Une nouvelle application du mandat en droit administratif : la délégation de maîtrise d'ouvrage public », *LPA* 27 juin 1986, p. 10, « Mandat et Code des marchés publics », *Mélanges F. Moderne*, *Mouvement du droit public,* Dalloz, 2004, p. 557 ; Y. BRARD, « Le mandat comme fondement des contrats administratifs entre personnes privées », *JCP* 1981, I, 3032 ; A. COUDEVYLLE, « La notion de mandat en droit administratif », *AJDA* 1979, n° 9, p. 7.

29. CJCE 12 juill. 2001, *Ordre des architectes de la province de Milan et Lodi*, aff. C-399/98. Un arrêt ultérieur précise que cette exclusion est d'application très circonstanciée CJCE 20 oct. 2005, *Commission c/République française*, aff. C-264/03.

30. Voir néanmoins la procédure d'infraction lancée par la Commission européenne à l'encontre de la France (22 juin 2007, IP/07/922), prenant acte que désormais ces mandats peuvent être confiés à toute personne publique ou privée, mais regrettant qu'il ne soit pas précisé clairement que de tels contrats relèvent des textes sur les marchés publics.

concession avec l'autorité publique et n'apparaissent pas comme des mandataires. Néanmoins, leurs propres marchés doivent respecter des procédures (article L. 300-5-1 du Code de l'urbanisme).

955 **Personnes privées transparentes. –** Normalement, lorsqu'une personne privée cherche à satisfaire ses propres besoins, les contrats qu'elle conclut à cet effet ne sont pas des contrats administratifs et n'ont pas le caractère de marchés publics. Il en va autrement si cette personne privée peut être considérée comme transparente[31], est dépourvue d'existence réelle et a, en réalité, été constituée à l'initiative d'une collectivité publique dans le seul but d'échapper aux règles qui s'appliquent aux contrats administratifs et aux marchés publics. Cette situation se retrouve lorsqu'une collectivité publique crée une association dite « transparente » ou « para-administrative ». Une telle entité est alors susceptible de devenir elle-même un pouvoir adjudicateur. Deux questions sont alors susceptibles de se poser : quels sont les critères permettant d'identifier une entité transparente et quelle est la nature des marchés passés par ces entités ? Le juge administratif a abandonné la technique du faisceau d'indices[32] qui régissait auparavant la qualification des structures transparentes, au profit d'une méthode classique de critères cumulatifs. Dans un arrêt du 21 mars 2007, *Commune de Boulogne-Billancourt*[33], le Conseil d'État a en effet jugé que « lorsqu'une personne privée est créée à l'initiative d'une personne publique qui en contrôle l'organisation et le fonctionnement et qui lui procure l'essentiel de ses ressources, cette personne privée doit être regardée comme transparente ». Ainsi, les critères de l'initiative, du contrôle et du financement[34] jouent de manière cumulative. Pour ce qui est de la qualification des contrats passés par ces structures, la jurisprudence désormais constante répute le contrat conclu par la personne publique elle-même[35]. S'il s'agit d'un

31. J.-B. AUBY, « La théorie des "institutions transparentes" en droit administratif », *RDP* 1988, p. 265 ; F. LICHÈRE, *Les contrats administratifs entre personnes privées ; Représentation, transparence et exceptions au critère organique du contrat administratif*, thèse Montpellier, 1998, disponible sur www.contratspublicsetpartenariats.com, « La transparence des associations administratives », *LPA* 21 déc. 2001, p. 9, « L'association, pouvoir adjudicateur », *CP-ACCP* n° 68, juill.-août 2007, p. 34, « Le renouvellement de la théorie de la transparence des personnes privées », *Contrats et marchés publics* juill. 2007, p. 6 ; Ph. TERNEYRE, « Collectivités publiques, associations administratives transparentes et droit des contrats publics », *BJCP* n° 68, févr. 2010, p. 2.

32. CAA Marseille 20 juill. 1999, *Cne de Toulon*, n° 98MA01735 ; « Les associations et la loi de 1901, cent ans après », Rapport Conseil d'État 2000, p. 315 ; CE 5 déc. 2005, *Département de la Dordogne*, req. n° 259748.

33. *Rec.* p. 130, *JCP A* n° 14, 2 avr. 2007, et n° 352, obs. M.-C. ROUAULT ; *Contrats et marchés publics mai* 2007, n° 137, comm. G. ECKERT, juill. 2007, étude n° 14 et p. 6, A. NOURY ; F. BRENET, « La nullité d'un contrat conclu par une association transparente », *CP-ACCP* n° 68, juill.-août 2007, p. 58 ; F. LICHÈRE, « Le renouvellement de la théorie de la transparence des personnes privées », *RLCT* n° 25, juin 2007, p. 49, note O. CARTON, et p. 52 ; *BJCP* n° 52, juin 2007, p. 230, concl. N. BOULOUIS, obs. C. MAUGÜÉ ; *RJEP* n° 644, juill. 2007, p. 270, note N. E. ; *RDC* n° 3/2007, juill. 2007, p. 867, note F. ROLIN.

34. CAA Bordeaux 19 févr. 2009, *Sté Vigier Génie civil Environnement et Sté Bernard Vidal*, *JCP* A n° 44, 26 oct. 2009, p. 18, note J-P. MAUBLANC : la présence de personnes privées pour le financement de la structure a exclu la qualification de structure transparente.

35. TC 22 avr. 1985, *Laurent*, n° 2368.

marché, il sera qualifié de marché public[36]. L'entité transparente ne doit néanmoins pas être confondue avec l'entité fictive.

2. L'organisme de droit public

956 **Droit communautaire. –** Les directives nº 2004/17 et nº 2004/18 comptent parmi les pouvoirs adjudicateurs les organismes de droit public[37]. Il s'agit de soumettre au droit des marchés publics des organismes relevant de la sphère publique afin d'éviter qu'ils se laissent guider, lors de la passation des marchés, par d'autres considérations que des considérations économiques. Selon l'article 1er-9 de la directive nº 2004/18, par « organisme de droit public », on entend tout organisme : a) créé pour satisfaire spécifiquement des besoins d'intérêt général ayant un caractère autre qu'industriel ou commercial, b) doté de la personnalité juridique et c) dont l'activité est financée majoritairement par l'État, les collectivités territoriales ou d'autres organismes de droit public ; soit la gestion est soumise à un contrôle par ces derniers, soit l'organe d'administration, de direction ou de surveillance est composé de membres dont plus de la moitié sont désignés par l'État, les collectivités territoriales ou d'autres organismes de droit public ». Une liste indicative des organismes intéressés figure en annexe III de la directive nº 2004/18. Pour la France, la liste actuelle ne comporte que des établissements publics à caractère administratif.

La notion d'organisme de droit public repose sur trois critères. Le critère de la personnalité morale n'appelle pas réellement de commentaire en droit français, sachant qu'il n'est pas nécessaire qu'un texte l'ait expressément attribuée. Le critère organique correspond à l'exigence d'un certain lien avec les collectivités publiques, lien qui peut être externe, lorsqu'il résulte d'un financement (à caractère permanent) ou d'un contrôle, ou interne lorsqu'il prend la forme d'une participation à la gestion. Le critère matériel de la nature de l'activité exercée est le plus délicat à saisir.

957 **Critère organique. –** Le critère organique repose sur un aspect financier et sur la présence d'un contrôle. S'agissant du *critère financier*, l'activité de l'organisme doit être financée majoritairement par l'État, les collectivités territoriales ou d'autres organismes de droit public. Peuvent être qualifiés de pouvoirs adjudicateurs des organismes financés par des redevances perçues directement auprès des contribuables, lorsque la redevance trouve son origine dans un acte de l'État et n'est pas la contrepartie d'un service rendu, si le mécanisme de fixation du montant est établi par l'État, et s'il n'y a pas de relations contractuelles entre les consommateurs et l'organisme percepteur[38]. Le financement doit en outre être majoritaire et permanent[39].

S'agissant du critère du *contrôle de gestion*, celui-ci est susceptible de revêtir de multiples formes en droit français (contrôle économique et financier, contrôle par

36. CE 21 mars 2007, *Commune de Boulogne-Billancourt*, préc ; Cass. 30 juin 2004, nº 03-85.946.
37. J.-Y. CHÉROT, « Les organismes de droit public dans les directives marchés publics », *BJDCP* 1999, nº 4, p. 322.
38. CJCE 13 déc. 2007, *Bayerischer Rundfunk et autres c/Gewa*, aff. C-337/06.
39. CJCE 3 oct. 2000, *Université of Cambridge*, aff. C-380/98.

les juridictions financières, tutelle, etc.). La CJCE a pu s'appuyer sur une série d'indices pour considérer que les SA d'HLM étaient des organismes de droit public (surveillance du respect de règles de gestion très détaillées, détermination d'un profil de gestion par les autorités publiques, etc.)[40]. Plus généralement, il apparaît qu'une pluralité de contrôles et leur étendue permet de qualifier un organisme de droit public[41]. Font également l'objet d'un contrôle les organismes dont l'organe d'administration, de direction ou de surveillance est composé de membres dont plus de la moitié sont désignés par des personnes publiques. Cette formulation est assez vague et incomplète dans la mesure où elle ne fait pas référence au nombre de voix ou au pouvoir de désignation des exécutifs des organes de direction.

958 **Critère matériel. –** L'organisme doit avoir été créé pour satisfaire spécifiquement des besoins d'intérêt général ayant un caractère autre qu'industriel ou commercial. L'adverbe « spécifiquement » conduit à s'interroger sur la qualification des organismes qui exercent plusieurs activités. Dès lors que l'organisme a été créé dans le but de satisfaire des besoins d'intérêt général n'ayant pas un caractère industriel ou commercial, la totalité des marchés passés par cet organisme relève des directives, quelle que soit la part respective des différentes activités. C'est la théorie de la contamination[42].

La notion d'intérêt général est appréciée très largement. La Cour tient compte des modalités de création et d'organisation des activités, ainsi que des motifs avancés par les autorités publiques pour la création de l'activité[43]. Il y a intérêt général lorsque la personne publique assume ses missions essentielles comme le logement social, la gestion d'une université par exemple[44], ou encore la promotion du développement industriel[45]. Les besoins doivent revêtir un caractère autre qu'industriel et commercial. Ce critère renvoie au risque que l'entité se laisse guider dans ses décisions d'attribution de marchés par des considérations autres qu'économiques[46]. On relève que ce qui doit être qualifié, c'est le besoin et non l'organisme lui-même ou son activité.

959 **Droit français. Ordonnance n° 2005-649 du 6 juin 2005. –** L'ordonnance n° 2005-649 du 6 juin 2005 s'applique aux personnes privées qualifiables de pouvoir adjudicateur ou d'entités adjudicatrices ainsi qu'à certaines personnes publiques que les autorités françaises ont préféré soumettre à des règles de passation plus souples.

Il s'agit des organismes de droit privé ou de droit public autres que ceux soumis au Code des marchés publics dotés de la personnalité juridique et qui ont été créés pour satisfaire

40. CJCE 1er févr. 2001, *Commission des communautés européennes c/République française*, aff. C-237/99.

41. CJCE 27 févr. 2003, *Adolf Truley GmbH*, aff. C-373/00.

42. CJCE 15 janv. 1998, *Mannesmann Anlagenbau Ausria AG e. a.*, aff. C-44/96, confirmé par CJCE 10 avr. 2008, *Ing. Aigner*, aff. C-393/06.

43. CJCE 27 févr. 2003, *Adolf Truley GmbH*, aff. C-373/00, CJCE 10 avr. 2008, *Ing. Aigner*, aff. C-393/06.

44. CJCE 3 oct. 2000, *The University of Cambridge*, aff. C-380/98.

45. CJCE 22 mai 2003, *Arkkitehtuuritoimisto Riitta Korhonen Oy*, aff. C-18/01.

46. CJCE du 10 mai 2001, *Agorà*, aff. C-223/99, CJCE 11 juill. 2002, « *Arkkitehtuuritoimisto Riitta Korhonen Oy* », aff. C-18/01.

spécifiquement des besoins d'intérêt général ayant un caractère autre qu'industriel ou commercial, dont : soit l'activité est financée majoritairement par un pouvoir adjudicateur soumis au Code des marchés publics ou à l'ordonnance, soit la gestion est soumise à un contrôle par un pouvoir adjudicateur soumis au Code des marchés publics ou à l'ordonnance, soit l'organe d'administration, de direction ou de surveillance est composé de membres dont plus de la moitié sont désignés par un pouvoir adjudicateur soumis au Code des marchés publics ou à l'ordonnance.

960 **Personnes publiques relevant de l'ordonnance 2005-649. –** Sont expressément désignés par l'ordonnance 2005-649 (art. 3) et inclus dans son champ d'application la Banque de France, l'Institut de France, l'Académie française, l'Académie des inscriptions et belles-lettres, l'Académie des sciences, l'Académie des beaux-arts et l'Académie des sciences morales et politiques, la Caisse des dépôts et consignations, les organismes de droit privé dotés de la personnalité juridique constitués en vue de réaliser certaines activités en commun par des pouvoirs adjudicateurs, tous les établissements publics à caractère administratif ayant dans leur statut une mission de recherche, parmi lesquels les établissements publics à caractère scientifique, culturel et professionnel, les établissements publics de coopération scientifique et les établissements publics à caractère scientifique et technologique, pour les achats de fournitures, de services et de travaux destinés à la conduite de leurs activités de recherche.

Les **groupements d'intérêts publics** entrent dans le champ d'application de l'ordonnance, s'ils ont été créés pour satisfaire spécifiquement des besoins d'intérêt général ayant un caractère autre qu'industriel ou commercial. Ainsi, à titre d'exemple, l'Agence Bio est expressément soumise à l'ordonnance[47]. Le décret n° 2012-91 du 26 janvier 2012 relatif aux GIP précise que « les achats de fournitures, de services et de travaux des groupements d'intérêt public sont soumis à l'ordonnance du 6 juin 2005 [...], lorsque ces groupements sont des pouvoirs adjudicateurs au sens de l'article 3 de cette ordonnance ». Ce texte n'uniformise pas le régime des marchés passés par les GIP, qui feront l'objet d'une qualification au cas par cas.

Les **Autorités publiques indépendantes**, dotées de la personnalité morale, font l'objet de dispositions spécifiques qui les soumettent à l'ordonnance du 6 juin 2005 pour la passation de leurs marchés. Ainsi, l'article 38 du décret n° 2010-406 du 26 avril 2010 relatif aux contrats de concession de travaux publics et portant diverses dispositions en matière de commande publique soumet aux dispositions de l'ordonnance n° 2005-649 du 6 juin 2005 le Haut Conseil du commissariat aux comptes (art. R. 821-14-19 du Code de commerce) ; l'Autorité des marchés financiers (art. R. 621-26 du Code monétaire et financier) ; la Haute Autorité de santé (art. R. 161-101 du Code de la sécurité sociale) et l'Agence française de lutte contre le dopage (art. R. 232-41 du Code des sports).

961 **Personnes privées qualifiées de pouvoir adjudicateur et relevant de l'ordonnance n° 2005-649. –** Par principe, les personnes privées ne sont pas des pouvoirs adjudicateur. Ce principe reste vérifié, et la considération que la personne privée a la charge d'une mission de service public ou qu'il s'agit d'une entreprise du secteur public à statut de droit privé ne suffit pas à le renverser. En aucun cas les personnes privées ne peuvent entrer dans le champ d'application du Code des

47. *CMP* janv. 2007, p. 15.

marchés publics, limité aux seules personnes publiques. Mais une personne privée peut revêtir la qualité de pouvoir adjudicateur au sens de l'ordonnance n° 2005-649. Bien qu'une étude au cas par cas s'avère nécessaire, certaines personnes privées gérant un service public (de préférence administratif) peuvent être considérées comme ayant été créés pour satisfaire spécifiquement des besoins d'intérêt général ayant un caractère autre qu'industriel ou commercial. Dès lors, elles seront qualifiées d'organisme de droit public si : soit leur activité est financée majoritairement par un pouvoir adjudicateur soumis au Code des marchés publics ou à l'ordonnance, soit leur gestion est soumise à un contrôle par un pouvoir adjudicateur soumis au Code des marchés publics ou à l'ordonnance, soit leur organe d'administration, de direction ou de surveillance est composé de membres dont plus de la moitié sont désignés par un pouvoir adjudicateur soumis au Code des marchés publics ou à l'ordonnance[48]. On peut citer le cas des organismes privés de logement social[49], des fédérations sportives, des Safer, de l'Afnor et des sociétés d'économie mixte dans un certain nombre de cas (aménagement, logements sociaux, etc., n° 877), ou encore des ordres professionnels. Certaines fondations, créées à l'initiative de collectivités publiques sont susceptibles d'entrer dans cette catégorie (Fondation Jean Moulin par ex.[50]).

Les **sociétés concessionnaires d'autoroute** après la privatisation de leur capital ont suscité des divergences. Le Conseil de la concurrence dans son avis n° 05-A-22 du 2 décembre 2005, relatif à une demande d'avis de l'Association pour le maintien de la concurrence sur le réseau autoroutier (AMCRA) sur les problèmes de concurrence pouvant résulter de la privatisation annoncée des sociétés d'économie mixte concessionnaires d'autoroutes, avait estimé que les sociétés privatisées ne sont pas des organismes de droit public. Le Tribunal administratif de Lyon s'était prononcé dans le sens inverse[51], au motif que la construction et l'exploitation d'une autoroute constituent un service public administratif et que la société est sous le contrôle d'un pouvoir adjudicateur (l'exécution de la concession conclue avec l'État autorise l'État à désigner une autorité chargée de contrôler l'exécution des marchés ; présence d'un commissaire du gouvernement désigné par l'État au sein du conseil d'administration de la société ; la concession prévoit que les marchés de travaux excédant deux millions d'euros HT sont soumis aux règles du décret du 30 décembre 2005 pris en application de l'ordonnance n° 2005-649). Finalement, le Conseil d'État (CE 30 septembre 2009, *Sté autoroutes Rhône-Alpes*[52]) a réglé l'affaire en décidant qu'une société privée concessionnaire d'autoroute à capitaux purement privés ne peut être regardée, au vu de la nature du contrôle exercé sur sa gestion par l'État, comme un pouvoir adjudicateur au sens de l'article 3 de l'ordonnance du 6 juin 2005.

48. Pour un contre-exemple, voir CAA Bordeaux 19 févr. 2009, *Sté Vigier Génie civil Environnement et Sté Bernard Vidal*, *JCP* A n° 44, 26 oct. 2009, p. 18, note J-P. MAUBLANC.

49. Les articles L. 433-1 et L. 481-4 du Code de la construction et de l'habitation prévoient que les marchés des organismes privés et SEM de logement social ne sont soumis qu'aux dispositions de l'ordonnance n° 2005-649 du 6 juin 2005.

50. CE ass., avis 23 oct. 2003, *Fondation Jean-Moulin*, Rapport CE 2004, p. 209 : « La Fondation Jean-Moulin, instituée pour gérer des prestations d'action sociale au bénéfice des agents de l'administration, a ainsi été créée pour satisfaire spécifiquement des besoins d'intérêt général autre qu'industriel et commercial, et il résulte de la composition de son conseil d'administration, de son financement et du contrôle pesant sur elle que l'autre critère, prévu par les directives, pour caractériser un pouvoir adjudicateur est rempli ».

51. TA Lyon ord. 9 mars 2009, *Sté Trabet Travaux et Bétons*, *Contrats et marchés publics* oct. 2009, n° 314, note F. LINDITCH.

52. *JCP* A n° 48, 23 nov. 2009, 2279, concl. BOULOUIS et note F. LINDITCH.

Le cas des **associations** est très intéressant en ce qu'elles peuvent revêtir plusieurs qualifications. En premier lieu, une association ayant été créée pour satisfaire spécifiquement des besoins d'intérêt général ayant un caractère autre qu'industriel ou commercial et sous influence publique aura de fortes chances d'être qualifiée de pouvoir adjudicateur soumis à l'ordonnance nº 2005-649 pour la passation de ses propres marchés. En deuxième lieu, l'association peut passer des marchés subventionnés à plus de 50 % dans certains domaines et relever alors des chapitres I et II de l'ordonnance nº 2005-649. En troisième lieu, l'association peut agir comme mandataire (au sens civiliste) d'une personne publique (voir ci-dessous) et appliquera pour ses propres marchés les règles applicables à son mandant. Attention, si l'association est dans une situation de « mandat administratif », c'est-à-dire une situation dans laquelle elle est seulement réputée agir « pour le compte d'une personne publique »[53], il nous semble qu'il faut opérer une qualification de l'association elle-même en fonction de son activité, de son financement et du contrôle qui pèse sur elle. En quatrième lieu, les associations qualifiées de transparentes appliquent aussi les règles dont relèvent les personnes publiques auxquelles elles sont rattachées (voir ci-dessus). En cinquième lieu, l'association peut apparaître comme un opérateur « in house » (*infra*, nº 990). Si l'association est seulement « in house », il conviendra de vérifier si elle-même revêt la qualification de pouvoir adjudicateur, et notamment d'organisme de droit public. En droit français, l'exception « in house » implique en tout état de cause, que l'opérateur dédié, même s'il n'est pas un pouvoir adjudicateur, applique pour ses propres besoins le Code des marchés publics ou l'ordonnance nº 2005-649. Plus complexe est la situation dans laquelle l'association est à la fois « in house » et transparente. La double qualification de structure « in house » et d'entité transparente peut en effet intervenir. C'était l'objet même de la jurisprudence *Commune d'Aix-en-Provence*[54]. Cependant, il nous semble que la qualification d'opérateur « in house » n'entraîne pas automatiquement celle de structure transparente, les critères ne se recoupant pas intégralement. Dès lors, si l'association « in house » est en même temps transparente, elle appliquera les règles propres au pouvoir adjudicateur auquel elle est rattachée[55]. La qualification d'opérateur in house permet d'éviter l'application du droit de la commande publique dans les relations entre le pouvoir adjudicateur et la structure dédiée et la qualification d'opérateur transparent impose un « relèvement » de contrainte et l'application des textes propres au pouvoir adjudicateur dans les relations entre la structure dédiée et les tiers.

53. TC 8 juill. 1963, *Société Entreprise Peyrot*, *Gaja*, p. 567 ; *Rec.* p. 787 ; CE section 30 mai 1975, *Société d'équipement de la région montpelliéraine*, *Rec.* p. 326.

54. CE sect. 6 avr. 2007, *Commune d'Aix-en-Provence*, *JCP* A 2007, nº 2111, note M. KARPENSCHIF, et nº 2125, note F. LINDITCH ; *AJDA* 2007, p. 1020, chron. F. LÉNICA et J. BOUCHER, p. 1153, édito L. RICHER ; *JCP* A 2007, nº 2128 ; *Gaz. communes* 4 juin 2007, p. 54, note E. DE FENOYL.

55. M. KARPENSCHIF, « Gestion des services publics. De l'utilité d'une association transparente », *JCP* A 2007, nº 2111.

3. L'entité adjudicatrice

962 **Justification d'un traitement particulier des opérateurs de réseaux. –** Certains secteurs, caractérisés par l'existence d'un réseau (énergie, eau, transports, poste...), sont considérés comme occupant une place à part dans l'application du droit des marchés publics. Ces activités, étroitement contrôlées par la puissance publique, sont gérées tantôt par des entités publiques, tantôt par des entités privées, qui peuvent bénéficier de droits exclusifs ou spéciaux. Ces considérations ont conduit à imposer aux entités des règles procédurales, certes moins strictes que pour les secteurs dits classiques. Ainsi, désormais, les entités intervenant dans les secteurs spéciaux relèvent de la directive n° 2004/17, qui regroupe ces secteurs en deux catégories : la mise à disposition ou exploitation de réseaux fixes et l'exploitation d'une aire géographique[56].

963 **Champ d'application de la directive n° 2004/17. –** La directive n° 2004/17 s'applique aux pouvoirs adjudicateurs (*supra*, n° 952 et s.), aux entreprises publiques et aux entités qui bénéficient de droits spéciaux ou exclusifs lorsqu'ils exercent une activité d'opérateur de réseaux (gaz, chaleur électricité, eau, transport, services postaux, exploration et extraction du pétrole, du gaz, du charbon et d'autres combustibles solides ainsi que les ports et les aéroports)[57]. Ces organismes sont ou deviennent des entités adjudicatrices[58].

À l'heure actuelle, deux séries de textes transposent en droit français la directive n° 2004/17 : d'une part, la seconde partie du Code des marchés publics 2006 applicables aux personnes publiques soumises au Code lorsqu'elles exercent une activité d'opérateur de réseau (articles 134 à 175) et, d'autre part, l'ordonnance n° 2005-649 du 6 juin 2005 et le décret n° 2005-1308 du 20 octobre 2005 concernant les entités adjudicatrices non soumises au Code. C'est l'article 4 de l'ordonnance n° 2005-649 qui définit les entités adjudicatrices soumises à cette seconde série de textes. On y retrouve les pouvoirs adjudicateurs soumis à l'ordonnance lorsqu'ils exercent une activité d'opérateur de réseaux, mais aussi les entreprises publiques et les organismes de droit privé bénéficiant de droits spéciaux ou exclusifs.

La notion d'entreprise publique fait appel aux critères classiques servant à circonscrire le secteur public. Est une entreprise publique au sens de l'ordonnance tout organisme doté de la personnalité juridique qui exerce des activités de production ou de commercialisation de biens ou de services marchands et sur lequel un ou plusieurs pouvoirs adjudicateurs soumis au Code des marchés publics ou à l'ordonnance exercent, directement ou indirectement, une influence dominante en raison de la propriété, de la participation financière ou des règles qui la régissent. L'influence des pouvoirs adjudicateurs est réputée dominante lorsque ceux-ci, directement ou indirectement, détiennent la majorité du capital, disposent de la majorité des droits de vote ou

56. Plus ces secteurs sont ouverts à la concurrence, plus la réglementation enfermant la passation de leurs marchés a vocation à disparaître. C'est ce qui s'est produit pour le secteur des télécommunications, qui n'est plus soumis à la directive n° 2004/17. En revanche, les services postaux y ont fait leur entrée.

57. Les entités adjudicatrices concernées font l'objet d'un certain nombre d'annexes à la directive n° 2004/17. Les listes présentées par État ne sont malheureusement pas exhaustives.

58. B. CANTIER et P. LIMOUSIN, « Opérateurs de réseaux », *Juris-Classeur CMP*, fasc. 90 ; L. RICHER, « Entités adjudicatrices : une innovation à deux temps », *CP-ACCP* n° 58, sept. 2006, p. 17 ; L. RICHER, « Les personnes publiques soumises au Code des marchés publics, entités adjudicatrices », *AJDA* oct. 2006, p. 1773 ; Dossier « Les entités adjudicatrices : quels régimes contractuels ? », *CP-ACCP* n° 82 nov. 2008, Dossier « Les contrats des entités adjudicatrices », *CP-ACCP* n° 110, mai 2011, p. 25.

peuvent désigner plus de la moitié des membres de l'organe d'administration, de direction ou de surveillance.

964 **Organismes bénéficiant de droits spéciaux ou exclusifs. –** Selon l'article 3 de l'ordonnance n° 2005-649 sont soumis à ses dispositions « les organismes de droit privé bénéficiant de droits spéciaux ou exclusifs ayant pour effet de leur réserver l'exercice d'une ou de plusieurs des activités (...) et d'affecter substantiellement la capacité des autres opérateurs économiques d'exercer ces activités. Ne sont pas considérés comme des droits spéciaux ou exclusifs pour l'application de ces dispositions les droits accordés à l'issue d'une procédure permettant de garantir la prise en compte de critères objectifs, proportionnels et non discriminatoires ».

Il faut retenir une conception restrictive de la notion de droit exclusif ou spécial. Le « considérant » 25 de la directive n° 2004/17 apporte des éléments d'interprétation en précisant que « le fait qu'une entité puisse, pour la construction des réseaux ou la mise en place des installations portuaires ou aéroportuaires, jouir d'une procédure d'expropriation publique, ou d'une mise en servitude, ou utiliser le sol, le sous-sol et l'espace au-dessus de la voie publique ne constitue pas en soi un droit exclusif ou spécial au sens de la présente directive. Le fait qu'une entité alimente en eau potable, en électricité, en gaz ou en chaleur, un réseau qui est lui-même exploité par une entité bénéficiant de droits spéciaux ou exclusifs octroyés par une autorité compétente de l'État membre concerné ne constitue pas non plus en soi un droit exclusif ou spécial au sens de la présente directive. De même, des droits accordés par un État membre sous quelque forme que ce soit, y inclus par des actes de concession, à un nombre limité d'entreprises sur la base de critères objectifs, proportionnels et non discriminatoires ouvrant à tout intéressé les remplissant la possibilité d'en bénéficier, ne sauraient être considérés comme étant des droits exclusifs ou spéciaux »[59].

965 **Notion de mise à disposition d'un réseau. –** L'activité d'opérateur de réseaux se définit notamment dans les textes comme « l'exploitation de réseaux », « la mise à disposition d'un exploitant » de réseaux ou « l'alimentation » du réseau. S'est posée la question de la soumission aux textes sur les secteurs spéciaux des marchés passés pour la construction même des réseaux. Les juges communautaire[60] et français[61] admettent que de tels marchés sont passés par des entités adjudicatrices, alors même que le réseau n'est pas encore construit et qu'il n'est pas encore exploité. La notion de « mise à disposition », impliquant le sort des contrats ayant pour objet de confier l'exploitation du réseau, est plus délicate encore. Il nous semble que les contrats ayant pour objet d'habiliter un opérateur à exploiter un réseau n'entrent pas dans le champ d'application des textes sur les secteurs spéciaux. Il ne faut pas confondre l'activité du gestionnaire du réseau (pour employer un terme propre au domaine de l'ouverture des réseaux à la concurrence) et l'acte par lequel une autorité publique accorde un avantage économique à un opérateur en lui confiant

59. J.-Ph. KOVAR, « La nouvelle définition des droits exclusifs ou spéciaux au sens de la directive "secteurs" », *CMP* n° 3 mars 2008, n° 3 ; P. LIGNÈRES, « La définition des droits exclusifs et spéciaux au sens de la directive secteurs exclus », *DA* mai 2006, p. 37.

60. CJCE 5 oct. 2000, *Commission c/France*, aff. C-337/98.

61. CE 19 oct. 2001, *Société Alstom Transport SA*, *BJDCP* n° 20, janv. 2002, concl. D. PIVETEAU, note E. GLASER, *CMP* n° 7 janv. 2002, note F. LLORENS, *MTP* 27 déc. 2002, p. 42, note E. SITBON, *CP-ACCP* n° 6, déc. 2001, p. 32, N. CHARREL, L. RICHER et E. RITTER, « Réactions de trois praticiens sur l'arrêt Alstom et ses incidences pratiques » ; TA Rennes 29 mars 2007, *Sté MDO France immobilier*, *AJDA* 2007, p. 1149, *CP-ACCP* n° 68, juill. /août 2007, p. 73, note C. EMERY.

l'exploitation d'un réseau. Cette interprétation est sous-tendue par l'idée que la directive n° 2004/17 s'applique uniquement à des entités ayant une activité d'entreprise[62]. En d'autres termes, le droit des marchés publics « secteurs spéciaux » s'applique à des *opérateurs* et non à des *autorités* publiques. Le Conseil d'État semble avoir résolu cette épineuse question lors de l'examen du recours dirigé contre le Code des marchés publics 2006, en jugeant que ne sont pas constitutifs d'une activité de mise à disposition d'un réseau au sens de l'article 135 du Code des marchés publics les actes par lesquels une collectivité publique confie à un tiers l'exploitation d'un tel réseau. Dès lors, ces actes ne rentrent pas dans le champ d'application de la deuxième partie du Code des marchés publics, relative aux marchés passés par les entités adjudicatrices (CE 9 juillet 2007, *Syndicat Entreprises Générales de France Bâtiments travaux publics*[63]).

En matière de transport, la qualification d'entité adjudicatrice peut se révéler très délicate[64]. L'article 5 de la directive n° 2004/17 et l'article 135-5° du Code 2006 visent « les activités d'exploitation de réseaux destinés à fournir un service au public dans le domaine du transport par chemin de fer, tramway, trolleybus, autobus, autocar, câble ou tout système automatique, ou la mise à disposition d'un exploitant de ces réseaux ». Ces textes donnent une définition précise de la notion de réseau au sens juridique du terme : « Le service de transport est regardé fourni par un réseau de transport lorsqu'une autorité nationale ou territoriale compétente définit les conditions générales d'organisation du service, notamment en ce qui concerne les itinéraires à suivre, la capacité de transport disponible ou la fréquence du service. » Cette précision est susceptible d'engendrer des confusions pour la qualification de l'administration qui confierait l'exploitation d'un réseau tout en conservant une compétence de contrôle. Dans l'arrêt CE 22 décembre 2008, *Communauté d'agglomération Salon-Etang de Berre-Durance*[65], à propos de la procédure de passation d'un marché relatif à des services publics de transport public par autobus, le Conseil d'État juge que l'autorité publique s'est présentée à tort comme une entité adjudicatrice au sens de l'article 134 du Code des marchés publics. Malgré la formulation très elliptique de l'arrêt, il en ressort que le juge administratif n'a pas regardé la collectivité publique comme une entité adjudicatrice[66]. La question est résolue avec l'arrêt du 14 décembre 2009, *Département du Cher*[67], à propos de l'acte par lequel une collectivité territoriale confiait à un opérateur l'exécution d'un service de transport scolaire. Le Conseil d'État juge que la collectivité n'agit pas en tant qu'opérateur de réseau soumis à la seconde partie du Code des marchés publics. Le fait que l'administration conserve le contrôle sur les conditions d'organisation et de fonctionnement du service n'en fait pas une entité adjudicatrice. Ainsi que le précisent les conclusions Dacosta sur cet arrêt, « pour qu'un service de transport soit dans le champ [d'application du 5° de l'article 135 et de

62. En ce sens concl. MISCHO dans l'affaire *Concordia Bus Finland*, CJCE 17 déc. 2002, aff. C-513/99.

63. *CMP* 2007, comm. 240, note W. ZIMMER, L. RICHER, « Le Conseil d'État interprète de la directive n° 2004/17 », *CP-ACCP* 2007, n° 69, p. 20.

64. A. HOURCABIE, « Entité adjudicatrice pouvoir adjudicateur : enjeux d'une délicate distinction », *CP-ACCP* n° 104, nov. 2010, p. 38.

65. *JCP* A 23 févr. 2009, n° 9, p. 33, obs. F. LINDITCH.

66. Comp. Avec CAA Douai 4 déc. 2008, *Les Courriers Automobile Picards*, *JCP* A n° 38, 14 sept. 2009, p. 16 : à propos d'une consultation lancée par la SNCF en vue de l'attribution du service de transport par route des voyageurs pour deux lignes de TER, la SNCF est qualifiée de délégataire de la région et considérée comme entité adjudicatrice soumises à la loi n° 92-1282 du 11 déc. 1992 relative aux procédures de passation de certains contrats dans les secteurs spéciaux.

67. *CMP* févr. 2010, n° 58, note W. ZIMMER, *AJDA* 2010, p. 686, note J.-M. GLATT, *BJCP* 2010, n° 69, P. 93 et *RJEP* 2010, p. 31, concl. DACOSTA, *JCP* A 2010, n° 2049, Ph. NEUVEU, *RDI* 2010, 150, obs. S. BRACONNIER. Conf. par CE 23 nov. 2011, *Sté GIHP, Transport*, *CP-ACCP* n° 118, févr. 2012, p. 71, note L. RENOUARD, *BJDCP* n° 80, janv.-févr. 2012, p. 27, concl. DACOSTA.

la directive 2004/17], il faut que ses conditions générales d'organisation soient définies par une autorité nationale ou territoriale. Mais la seule circonstance que de telles conditions générales soient définies par une autorité administrative ne fait pas de celle-ci l'exploitant du réseau ».

Le Conseil d'État a lié la notion de « mise à disposition » d'un réseau au mode de gestion du service. Les achats relatifs à la constitution initiale du réseau relèvent d'une activité de réseau, à la différence de l'acte de délégation même de l'activité sur le réseau. Restait à préciser le sort des achats effectués pour l'entretien ou l'amélioration d'un réseau existant, que celui-ci soit délégué ou pas. Dans un arrêt du 24 juin 2011, *Communauté Agglomération Rennes Métropole*[68], le Conseil d'État pose le principe qu'un marché de fourniture d'équipement pour un réseau de transports est un marché se rattachant à une activité d'opérateur de réseau, alors que le même achat se rattache à une activité de mise à disposition du réseau lorsque l'activité est déléguée. Désormais, au sein de l'activité d'opérateur de réseau, le rattachement est effectué de manière différenciée. Si le service est délégué, il s'agit d'une mise à disposition d'un réseau. Si le service ne l'est pas, il s'agit d'une activité d'exploitation d'un réseau.

4. L'opérateur économique

966 **Référence à l'opérateur économique. –** La directive n° 2004/18 (article 1er-2) et le Code 2006 (article 1er-I) disposent qu'un marché public est conclu avec un opérateur économique. Cette notion recouvre les anciennes notions d'entrepreneur, de fournisseur et de prestataire de services. En droit communautaire, la notion d'opérateur économique est expressément liée à celle d'entreprise[69], qui se définit comme toute entité qui exerce une activité économique indépendamment de son statut juridique et de son mode de financement. « Constitue une activité économique toute activité consistant à offrir des biens ou des services sur un marché donné » (CJCE 27 avril 1991, *Höfner*[70], n° 655 et s.).

967 **Opérateur économique et entreprise. –** En l'absence d'une définition précise de la notion d'opérateur économique en droit des marchés publics, on a longtemps assimilé l'opérateur économique, délimitant le champ d'application du droit des marchés publics, à l'entreprise, notion circonscrivant le champ d'application du droit de la concurrence. Cette assimilation était sans doute facilitée par le fait que l'entreprise se définit à l'aide du critère matériel de la nature économique de son activité. La Cour de justice avait orienté sa jurisprudence dans le sens de l'assimilation (CJCE 29 novembre 2007, *Commission c/République italienne*, aff. C-119/06) en jugeant que les entités en cause « doivent être qualifiées d'entreprises au sens des règles de concurrence. [...] Il en résulte que les associations concernées peuvent exercer une activité économique en concurrence avec d'autres opérateurs ». Cependant, cette assimilation ne semble valoir que dans un sens : les entités qualifiables d'entreprise sont aussi qualifiables d'opérateurs économiques. La doctrine française avait émis des doutes quant à la conclusion inverse, celle qui consisterait à affirmer que n'est pas un opérateur économique l'entité qui n'est pas une

68. *CMP* août-sept. 2011, n° 245, comm. W. ZIMMER, *BJDCP* n° 79, nov-déc. 2011, p. 414, concl. DACOSTA, *CP-ACCP* n° 114, oct. 2011, p. 60, note J.-F. SESTIER.

69. Concl. KOKOTT sur l'affaire *Auroux c/Cne de Roanne* (C-220/05) du 18 janv. 2007 ; CJCE 29 nov., *Commission c/République italienne*, aff. C-119/06. P. THIEFFRY, « Les services sociaux d'intérêt général sont-ils des entreprises ? », *AJDA* 2007, p. 1331 ; M. KARPENSCHIF, « L'association, opérateur économique au sens du droit des marchés publics », *CP-ACCP* n° 68, juill. /août 2007, p. 40.

70. Aff. C-41/90.

entreprise au sens du droit de la concurrence. M. Karpenschif[71] estimait que « l'"opérateur économique" dans le droit de la commande publique n'est pas nécessairement le pendant de l'"entreprise" dans le droit de la concurrence ; ces notions pouvant tout à fait, tout en étant proches, différer. » L'auteur fondait son argumentation sur la tendance récente de la Cour à restreindre légèrement la notion d'entreprise afin d'éviter la trop grande extension du droit de la concurrence. Deux éléments doivent être vérifiés pour qualifier une entreprise (*supra*, n° 575 et s.) : la comparaison avec un opérateur privé poursuivant un but lucratif et la participation à un marché ou l'exercice d'une activité dans un contexte de marché (concl. Maduro sur C-205/03). Or la qualification d'opérateur économique poursuit un but inverse, car les directives marchés ont pour vocation d'embrasser un maximum d'hypothèses afin d'assurer le respect des grands principes de la commande publique.

C'est effectivement en adoptant une interprétation large et autonome de la notion d'opérateur économique au sens du droit des marchés publics que s'est finalement prononcée la Cour de justice. Dans un arrêt du 23 décembre 2009, *CoNISMa*[72], elle décide que « le législateur communautaire n'a pas entendu limiter la notion d'"opérateur économique qui offre des services sur le marché" aux seuls opérateurs qui sont dotés d'une organisation d'entreprise, ni introduire des conditions particulières susceptibles d'établir une limitation, en amont, de l'accès aux appels d'offres fondée sur la forme juridique et l'organisation interne des opérateurs économiques (...). Partant, il ressort tant des règles communautaires que de la jurisprudence de la Cour qu'est admise à soumissionner ou à se porter candidate toute personne ou entité qui, au vu des conditions énoncées dans un avis de marché, se considère apte à assurer l'exécution de ce marché, directement ou en recourant à la sous-traitance, indépendamment de son statut, de droit privé ou de droit public, ainsi que de la question de savoir si elle est systématiquement active sur le marché ou si elle n'intervient qu'à titre occasionnel, ou si elle est subventionnée par des fonds publics ou ne l'est pas. (...) Il convient d'ajouter qu'une interprétation restrictive de la notion d'"opérateur économique" aurait pour conséquence que les contrats conclus entre des pouvoirs adjudicateurs et des organismes qui n'agissent pas principalement dans un but lucratif ne seraient pas considérés comme des "marchés publics", qu'ils pourraient être passés de gré à gré et qu'ils échapperaient ainsi aux règles communautaires en matière d'égalité de traitement et de transparence, contrairement à la finalité de ces règles ». Il s'agissait en l'espèce d'un opérateur public et plus particulièrement d'un groupement d'universités et d'instituts de recherche. Dès lors, la notion d'opérateur économique recouvrirait toute entité qui décide de se porter candidate, indépendamment du but qu'elle poursuit, de son statut, de son organisation interne ou de sa présence sur le marché.

968 **Exclusion des marchés passés avec des opérateurs non économiques. –** Une lecture littérale du champ d'application du droit des marchés publics conduit à en exclure les marchés passés avec des opérateurs non économiques. En tout état de

71. « L'association, opérateur économique au sens du droit des marchés publics », préc.
72. C-305/08.

cause, ce caractère ne saurait reposer sur l'absence de poursuite d'un but lucratif[73]. Tant qu'il existait une connexion entre les notions d'entreprise et d'opérateur économique, on pouvait estimer que les marchés passés avec les opérateurs ayant une activité non qualifiable d'entreprise ne relevaient pas du champ des directives et du Code des marchés publics[74]. Cette exception devait néanmoins respecter la jurisprudence communautaire, qui développe une vision plutôt restrictive des activités non qualifiables d'entreprise (*supra*, n° 576 et s.). En droit français, pouvaient ainsi être exclus les opérateurs ayant une activité sociale[75], culturelle ou artistique[76], régalienne, ou participant des missions d'intérêt général de l'État[77]. Si la notion d'opérateur économique est conçue plus largement et s'applique à toute entité qui manifeste ses capacités pour l'attribution d'une commande publique, les exceptions précitées n'en seront plus.

969 **Opérateur économique et marché concurrentiel. –** Le Conseil d'État a jugé dans un important arrêt de Section, *Commune d'Aix-en-Provence* du 6 avril 2007[78] que les collectivités publiques peuvent ne pas passer de marchés publics lorsque le tiers auquel elles s'adressent ne saurait être regardé comme un opérateur sur un marché concurrentiel. L'exception ne tiendrait pas ici à la nature même de l'opérateur (qualités intrinsèques), mais à la nature du marché (circonstances extrinsèques)[79]. L'assimilation entre l'opérateur non économique et l'opérateur n'agissant pas sur un marché concurrentiel est contestable. L'opérateur monopolistique peut être économique et par définition ne pas agir sur un marché concurrentiel.

73. CJCE 29 nov. 2007, *Commission c/République Italienne*, aff. C-119/06.

74. Cass. civ. 2, 25 avr. 2007, *F-D. Vallier c/URSSAF de l'Oise*, *CMP* août-sept. 2007, p. 18 : l'ACOSS et les URSSAF ne sont pas des entreprises au sens communautaire et la directive 2004/18 n'est donc pas applicable aux relations entre l'État et ces organismes. Conf. par Cass. civ. 2e, 20 mars 2008, n° 07-13321, *Bull. civ.* II, n° 74, *Vallier c/URSSAF de l'Oise*, pour les URSSAF.

75. CE ass., avis 23 oct. 2003, *Fondation Jean-Moulin*, Rapport CE 2004, p. 209.

76. CE Section 6 avr. 2007, *Cne d'Aix-en-Provence*, préc.

77. Il a été admis que la Mission d'appui aux contrats de partenariat avait une activité de conseil juridique procédant de l'État et s'insérant dans une mission d'intérêt général visant au respect par les personnes publiques du principe de légalité. De ce fait, elle n'intervient pas sur un marché et ses prestations revêtent un caractère non économique, CE Ass. 31 mai 2006 *Ordre des avocats au barreau de Paris*, *BJCP* 2006, n° 47, p. 295, concl. CASAS, *AJDA* 2006, p. 1592, chron. LANDAIS et LENICA, *CP-ACCP* n° 59, oct. 2006, p. 78, note L. RENOUARD, *DA* août 2006, n° 129, note M. BAZEX, *CMP* juill. 2006, comm. 202, note G. ECKERT. Dans le même ordre d'idées, une simple activité de diffusion d'informations gratuites relatives aux structures d'accueil à partir de données recueillies auprès de collectivités territoriales et des acteurs de la petite enfance n'est pas une activité économique emportant intervention sur un marché (CE 28 mai 2010, *Sté Enfenconfiance*, *CMP* août-sept. 2010, n° 268, note G. ECKERT).

78. CE Section 6 avr. 2007, *Cne d'Aix-en-Provence*, *JCP* A 2007, n° 2111, note M. KARPENSCHIF et n° 2125, note F. LINDITCH, *AJDA* 2007, p. 1020, chron. LENICA et BOUCHER, p. 1153, édito. L. RICHER, *JCP* A 2007, n° 2128, *Gaz. Cnes* 4 juin 2007, p. 54, note E. DE FENOYL, *RFDA* 2007, p. 812, concl. SÉNERS, note J.-Cl. DOUENCE, *Dalloz* n° 37/2007, 25 oct. 2007, p. 2617, note G. CLAMOUR, *RDP* n° 5/2007, p. 1367, note O. BUI-XUAN, *Concurrences* n° 3/2007, p. 169, note B. DU MARAIS et A. SAKON, *RFDA* 2007, p. 821, *JCP* A 2007, 2125, note J.-M. PONTIER, *RLCT* 2007/25, n° 724, note M.-Ch. ROUAULT, *RDC* 2007, p. 86, note P. BRUNET, *CMP* 2007, comm. 191, note G. ECKERT.

79. Voir également CE 4 mars 2009, *Syndicat national des industries d'information de santé (SNIIS)*, *AJDA* 2009, p. 891, note J.-D. DREYFUS, *JCP* A n° 24, 8 juin 2009, n° 2145, concl. COURRÈGES, note Cl. DEVÈS, *DA* mai 2009, n° 71, note H. HOEPFFNER, *RFDA* 2009, p. 759, note B. APOLLIS.

970 **Opérateurs publics. –** L'article 1er du Code des marchés publics 2006 dispose qu'un marché public est un contrat conclu entre un pouvoir adjudicateur et un opérateur économique public ou privé[80]. L'intervention d'un opérateur public suppose tout d'abord que le principe de son intervention soit régulier au regard de la grille d'analyse proposée par l'arrêt de 2006, *Ordre des avocats au barreau de Paris*[81] (*supra*, n° 826 et s.). La régularité de l'intervention semble devoir s'apprécier désormais après l'attribution du marché, le Conseil d'État ayant jugé que la simple candidature d'un opérateur public demeurait entièrement libre (CE 10 juillet 2009, *Département de l'Aisne*[82]). Les modalités de son intervention ne doivent pas fausser le libre jeu de la concurrence (même arrêt).

Pour présenter une offre respectant tant le principe de libre concurrence que celui d'égalité dans l'accès aux marchés publics, l'opérateur public doit satisfaire au moins quatre conditions particulières : le prix proposé par l'opérateur public doit être déterminé en prenant en compte l'ensemble des coûts directs et indirects concourant à la formation du prix de la prestation objet du contrat ; l'opérateur public ne doit pas avoir bénéficié, pour déterminer le prix qu'il a proposé, d'un avantage découlant des ressources ou des moyens qui lui sont attribués au titre de sa mission de service public ; l'opérateur public doit pouvoir, si nécessaire, en justifier par ses documents comptables ou tout autre moyen d'information approprié ; l'opérateur public doit agir dans la limite de ses compétences (matérielles et géographiques)[83]. Le pouvoir adjudicateur a l'obligation d'exercer un contrôle et de solliciter la production de documents de nature à justifier la détermination du prix proposé par l'offre de l'opérateur public[84].

Les marchés passés avec des opérateurs publics sont pleinement soumis au Code des marchés publics. Le législateur a expressément prévu dans certains cas (ingénierie publique notamment) des possibilités de collaboration entre personnes publiques. Ces régimes particuliers posent la question de la soumission au Code des marchés public des relations contractuelles ainsi nouées. Même lorsque le

80. Y. LAIDIÉ, « La concurrence entre établissements publics et opérateurs privés dans l'accès aux contrats publics », *DA* avr. 2001, p. 4 ; G. ECKERT, « De la candidature des personnes publiques à l'attribution d'un marché public ou d'une délégation de service public », *CMP* févr. 2001, chron. p. 4 ; E. DELACOUR, « L'attribution d'un marché public ou d'une délégation à une personne publique », *JCP* 2001, I, p. 537 ; D. CASAS, « Les personnes publiques et les règles de la concurrence : vers l'égale concurrence ? », *Cahiers de la fonction publique* avr. 2001, p. 15 ; J.-M. PEYRICAL, « Le contrat de prestations entre collectivités publiques », *AJDA* 2000, p. 581.

81. CE Ass. 31 mai 2006 *Ordre des avocats au barreau de Paris*, préc. Voir cependant les arrêts CAA Douai 16 nov. 2006, *Cne Quiévrechain*, n° 05DA00341 et CAA Douai 10 avr. 2007, *Sté Saur France et Synd. des eaux de Noyales Proix Marcquigny*, n° 05DA00188, qui affirment qu'aucun texte ni aucun principe n'interdit en raison de sa nature à une personne publique de se porter candidate à l'attribution d'un contrat de délégation de service public.

82. *CMP* août-sept. 2009, n° 270, note G. ECKERT, *BJCP* n° 67, déc. 2009, p. 444, concl. LENICA, *AJDA* 2009, p. 2006, note J.-D. DREYFUS, *DA* oct. 2009, n° 127, note G. MARSON ; *RFDA* 2010, p. 146, note G. CLAMOUR.

83. S. NICINSKI, « Conditions d'intervention de l'opérateur public », *Droit des marchés publics*, Le Moniteur, Ouvrage à MAJ, dossier II.320.2.

84. TA Lille ordonnance 5 juill. 2001, *Société Saur France*, n° 0102663, *RDI* 2002, p. 69, obs. M. DEGOFFE ; CAA Douai 9 juin 2005, *Sté Compagnie générale des eaux*, n° 03DA00269 ; CAA Bordeaux 15 juill. 2008, *Société Merceron TP*, req. n° 07BX00373, *Contrats et marchés publics* oct. 2008, n° 227, note G. ECKERT ; CAA Nantes, 4 nov. 2011, *Soc. Armor SNCF*, n° 10NT01095, *AJDA* 2012 p. 398 ; TA Limoges 16 oct. 2008, *Fédération régionale des travaux publics du Limousin c/Commune Bussière-Dunoise*, *Contrats et marchés publics* avr. 2009, n° 125, note G. ECKERT ; CAA Bordeaux 1er mars 2012, *Centre hospitalier Bigorre*, *CMP* mai 2012, n° 146, note W. ZIMMER.

législateur les exclut expressément du Code des marchés publics, les directives communautaires sont susceptibles de s'appliquer[85].

C. LE CRITÈRE MATÉRIEL : SATISFACTION D'UN BESOIN

971 **Notion générale de besoin. –** Le marché public est défini comme le contrat conclu par les pouvoirs adjudicateurs pour « répondre à leurs besoins en matière de travaux, de fourniture ou de services ». L'objet du marché public est donc la satisfaction d'un besoin. Il existe trois catégories de marchés publics : les marchés de travaux, les marchés de fournitures et les marchés de services. La notion de besoin explique aussi certaines exclusions du champ des marchés publics.

1. Les exclusions liées à la notion de besoin

972 **Les conventions de simple organisation d'un service. –** Le critère de la satisfaction d'un besoin de la personne publique permet de distinguer le marché public de conventions qui échappent au Code des marchés publics, car elles ne sont pas conclues par les personnes publiques soumises au code dans le but de répondre à leurs besoins. Cette interprétation du critère de l'objet du marché permet en réalité d'appréhender le but poursuivi par la personne publique, ce qui en fait, par voie de conséquence, un critère finaliste. Échappent ainsi au Code des marchés publics tout d'abord les conventions ayant pour objet la simple organisation d'un service (au sens organique du terme)[86].

973 **Conventions d'objectifs et de moyens. –** Ensuite, certaines conventions conclues avec des associations manifestent la volonté d'une personne publique, non pas de satisfaire ses propres besoins, mais d'améliorer une offre de services relevant de ses compétences en s'associant à un projet préexistant. Il s'agit des conventions d'objectifs et de moyens[87], permettant à l'administration de fixer certains objectifs à atteindre à la charge d'une personne privée, en l'assortissant des moyens adéquats.

974 **Conventions de coopération entre personnes publiques. –** Les conventions de coopération entre personnes publiques échappent également au droit des marchés publics eu égard à la nature de la démarche entreprise par les personnes publiques impliquées, qui relève d'un souci de coopération ou de mutualisation des services. Les démarches de coopération ou de mutualisation de services entre

85. Sur ces différents régimes, S. NICINSKI, « Soumission au Code des marchés publics », in *Droit des marchés publics*, préc., dossier II.320.3.

86. CE Ass. avis 23 oct. 2003, *Fondation Jean-Moulin*, Rapport CE 2004, p. 209 : à propos de la gestion par une fondation d'un ensemble de prestations d'action sociale destinées aux agents du ministère de l'Intérieur, le Conseil d'État est d'avis qu'« en organisant la gestion de ces prestations, le ministère procède à une simple organisation du service et il lui est loisible, soit de gérer lui-même en régie lesdites prestations, soit d'en confier la charge par voie de convention à la Fondation Jean-Moulin sans être astreint dans ce dernier cas à la passation d'un marché public de prestation de service ».

87. S. NICINSKI, « Les associations et le droit administratif. Plaidoyer pour la convention d'objectifs et de moyens », *DA* juin 2006, p. 7 ; voir *infra*, n° 1081.

collectivités publiques effectuées au niveau institutionnel trouvent désormais un pendant contractuel. Dans un arrêt du 9 juin 2009, *Comm. c/République Fédérale d'Allemagne*[88], la Cour de justice a défini les conditions que doit satisfaire un contrat relatif à l'élimination des déchets conclu entre plusieurs collectivités publiques pour échapper au droit des marchés publics : mise en œuvre d'un service public d'élimination des déchets, mission commune aux personnes publiques partenaires ; montage qui encourage la rationalisation de la gestion des déchets ; les parties doivent se prêter assistance dans le cadre de leurs obligations d'élimination de déchets ; en cas de surcharge de l'installation, les parties acceptent de limiter leur accès ; le seul transfert financier se limite aux remboursements par les personnes publiques des charges payées par la ville de Hambourg ; le contrat est considéré comme l'aboutissement d'une démarche de coopération intercommunale. Ainsi, la solution de l'arrêt *Coditel Brabant* (voir *infra*, n° 992 et s.) est transposée sur le plan contractuel. La Cour prend le soin de préciser que la mise en œuvre de cette coopération est uniquement régie par des considérations et des exigences propres à la poursuite d'objectifs d'intérêt public.

Le Conseil d'État a repris à son compte l'exception du contrat de coopération dans l'arrêt du 3 février 2012, *Commune de Veyrier du Lac*[89], rendu à propos d'une entente conclue entre une commune et un EPCI dont elle n'était pas membre sur le fondement de l'article L. 522-1 du CGCT. Le Conseil d'État juge « qu'une commune peut accomplir les missions de service public qui lui incombent par ses propres moyens ou en coopération avec d'autres personnes publiques, selon les modalités prévues par le législateur ; qu'elle peut ainsi conclure, hors règles de la commande publique, sur le fondement de l'article L. 5221-1 du Code général des collectivités territoriales, une convention constitutive d'une entente pour exercer en coopération avec des communes, établissements publics de coopération intercommunale ou syndicats mixtes, de mêmes missions, notamment par la mutualisation de moyens dédiés à l'exploitation d'un service public, à la condition que cette entente ne permette pas une intervention à des fins lucratives de l'une de ces personnes publiques, agissant tel un opérateur sur un marché concurrentiel ». Les conditions posées par le Conseil d'État rejoignent les indices qui avaient permis à la Cour de justice de parvenir au même résultat en 2009 : l'objectif visé par les parties est l'exploitation d'un service public ; la commune met à la disposition de l'EPCI ses propres infrastructures et entend bénéficier d'installations plus performantes ; le tarif fixé par la convention pour les usagers de la commune correspond, en sa partie fixe, à la répartition entre usagers de la quote-part de la commune dans les investissements à réaliser sur les installations mutualisées, et en sa partie proportionnelle au prix coûtant de la production et de l'acheminement de la prestation, de telle sorte que la convention n'a pas provoqué de transferts financiers indirects entre collectivités autres que ceux résultant strictement de la compensation de charges d'investissement et d'exploitation du service mutualisé, et la communauté d'agglomération ne peut être regardée comme agissant tel un opérateur sur un marché concurrentiel. Il en est déduit que la convention litigieuse, conclue à des fins de

88. C-480/06.

89. *DA* avr. 2012, comm. n° 33, note F. BRENET, *AJDA* 2012, p. 555, note L. RICHER, *CMP* mars 2012, comm. n° 78, note W. ZIMMER, *CP-ACCP* mai 2012, n° 121, note G. LE CHATELIER.

coopération entre personnes publiques dans le cadre de relations qui ne sont pas celles du marché, n'était pas soumise aux règles de la commande publique. Mais contrairement à la jurisprudence de la Cour, il ne s'agissait pas pour différentes collectivités de mutualiser leurs infrastructures par un effort d'investissement effectué de concert, mais plutôt pour la commune de faire appel à un prestataire dont la seule particularité est d'être l'EPCI compétent sur un territoire voisin. Certes, la commune consent un effort d'investissement, la différence entre cette situation et l'économie d'une délégation de service public classique reste à démontrer.

2. Les marchés publics de travaux

975 **Notion communautaire. –** En droit communautaire, la notion de marché de travaux est conçue très largement. « Les "marchés publics de travaux" sont des marchés publics ayant pour objet soit l'exécution, soit conjointement la conception et l'exécution de travaux relatifs à une des activités mentionnées à l'annexe I ou d'un ouvrage, soit la réalisation, par quelque moyen que ce soit, d'un ouvrage répondant aux besoins précisés par le pouvoir adjudicateur. Un "ouvrage" est le résultat d'un ensemble de travaux de bâtiment ou de génie civil destiné à remplir par lui-même une fonction économique ou technique » (article 1er-2-b de la directive n° 2004/18). Il existe donc trois hypothèses de marchés de travaux en droit communautaire : l'exécution de travaux ou d'ouvrages ; la conception et l'exécution de travaux ou d'ouvrages ; la réalisation, par quelque moyen que ce soit, d'un ouvrage répondant aux besoins précisés par le pouvoir adjudicateur. Cette dernière hypothèse permet de qualifier de marchés de travaux au sens communautaire des opérations dans lesquelles le pouvoir adjudicateur « fait faire » et n'est pas maître de l'ouvrage, comme par exemple les contrats de promotion immobilière.

La notion de *travaux* recouvre tous travaux de bâtiment ou de génie civil. L'annexe I à la directive n° 2004/18, très détaillée, fournit de précieuses indications. La Cour de justice a retenu une conception large de la notion *d'entrepreneur*, en y incluant des opérateurs qui ne réalisent pourtant pas directement les prestations demandées[90]. La notion d'*ouvrage* repose sur des critères fonctionnels et la Cour s'attache à définir l'utilisation qui sera faite de l'ouvrage[91].

La référence aux « besoins précisés » par le pouvoir adjudicateur recouvre en réalité deux conditions cumulatives. Le « besoin » du pouvoir adjudicateur fait d'abord référence aux ouvrages qui lui sont destinés, aux ouvrages que le pouvoir adjudicateur affectera à ses services. Mais le besoin du pouvoir adjudicateur se conçoit aussi de manière beaucoup plus large, et vise les ouvrages qui ne sont remis qu'en fin de contrat au pouvoir adjudicateur, voire ceux qui sont destinés exclusivement et durablement à des tiers, s'ils visent à satisfaire des objectifs publics (réhabilitation d'un quartier, réaménagement, construction d'équipements d'intérêt général, etc.). En d'autres termes, le fonctionnement de l'ouvrage doit

90. CJCE 12 juill. 2001, *Ordre des architectes de la province de Milan et Lodi*, aff. C-399/98 à propos d'un lotisseur, CJCE 18 janv. 2007, *Auroux c/Cne de Roanne*, aff. C-220/05, point 44 et conclusion KOKOTT, point 54, à propos de la qualification d'un aménageur comme entrepreneur.

91. CJCE 5 oct. 2000, *Commission c/France*, aff. C-16/98 ; CJCE 27 oct. 2005, *Commission c/Italie*, aff. C-187/04 et 188/04 ; CJCE 18 janv. 2007, *Auroux c/Cne de Roanne*, aff. C-220/05.

relever de la responsabilité directe du pouvoir adjudicateur au titre de ses missions d'intérêt général, ou simplement concourir, plus largement, à la réalisation des missions d'intérêt général dont le pouvoir adjudicateur a la charge. C'est l'enseignement qui a pu être tiré de l'affaire Auroux (CJCE 18 janvier 2007, *Auroux c/Cne de Roanne*, aff. C-220/05) à propos des concessions d'aménagement, dans laquelle le fait qu'une grande partie des ouvrages soient destinés à des tiers n'ôte pas à l'opération son caractère de marché de travaux, car cette notion « ne dépend pas de la destination de l'ouvrage à réaliser » (concl. Kokott sur l'arrêt). Il a été jugé que « par la réalisation du pôle de loisirs dans son ensemble, la commune de Roanne cherche à repositionner et à redynamiser le quartier de la gare », ce qui répond aux besoins de la ville. Le besoin doit ensuite être « précisé », le pouvoir adjudicateur doit définir les spécifications des travaux ou ouvrages de manière suffisamment détaillée (aménagement et réalisation)[92].

Le juge administratif français a adopté le raisonnement de son homologue communautaire pour apprécier la présence d'un « besoin précisé » par le pouvoir adjudicateur. Ainsi (CE 3 juin 2009, *Commune de Saint-Germain-en-Laye*[93]), un contrat qui conférait au titulaire le droit d'occuper des terrains et d'exploiter une carrière en contrepartie de l'obligation de réaliser des travaux notamment de dépollution a été qualifié de marché public de travaux au sens communautaire car il avait pour objet de répondre, par les travaux demandés, à un besoin de la collectivité publique en matière de dépollution et d'aménagement des parcelles en cause. Une autre affaire (TA Paris 3 février 2009, *Sté Ken Club*[94]) illustre la requalification du BEA pour la rénovation et l'exploitation de la piscine Molitor en concession de travaux au motif que « le preneur s'engage à respecter un programme de travaux annexé au contrat, issu de longue négociation entre les services de la ville, ceux de l'État et lui-même comprenant un cahier des charges dont la partie architecturale est fondée sur les résultats d'une étude de définition commandée par la ville en 2004 dont la partie relative à la destination aquatique et sportive fait apparaître notamment l'intérêt pour la ville de permettre l'accès des bassins au grand public (...) et dont la partie environnementale révèle le souci de la ville de conférer au site le caractère d'une « vitrine remarquable » et « exemplaire » (...) ». Là encore l'inscription du projet dans une « opération d'intérêt général » emporte la manifestation d'un besoin du pouvoir adjudicateur.

En droit communautaire, la qualification d'un marché de travaux n'implique pas que le pouvoir adjudicateur devienne propriétaire des ouvrages. Un marché public de travaux peut porter sur des ouvrages dont le pouvoir adjudicateur n'est ou ne deviendra pas propriétaire (CJCE 18 janvier 2007, *Auroux c/Cne de Roanne*[95] ; CJCE 29 octobre 2009, *Commission c/Allemagne*[96]). Lorsque le pouvoir adjudicateur devient propriétaire des ouvrages, la date d'entrée en possession,

92. CJCE 19 avr. 1994, *Gestion Hotelera Internacional*, aff-331/92 ; CJCE 18 janv. 2007, *Auroux c/Cne de Roanne*, aff. C-220/05 ; concl. ALBER sur CJCE 12 déc. 2002, *Universale-Bau*, aff. C-470/99.

93. N° 311798, *CMP* déc. 2009, comm. 379, note W. ZIMMER, *BJCP* n° 66 oct. 2009, p. 365, concl. DACOSTA.

94. *CMP* 2009, n° 99.

95. Aff. C-220/05, point 47.

96. C-536/07.

qui peut être différée, n'influence pas la qualification de marché de travaux (cf. concl. Kokott sur CJCE 18 janvier 2007, *Auroux c/Cne de Roanne*, préc.). En droit français, l'appropriation immédiate des ouvrages édifiés par le pouvoir adjudicateur est un élément essentiel du marché de travaux. Ainsi, ne sont pas des marchés de travaux au sens du droit français les contrats dans lesquels l'appropriation s'effectue à terme[97].

La Cour de justice a entièrement recentré la notion de marché de travaux au sens communautaire sur un nouveau critère, celui de l'intérêt économique direct du pouvoir adjudicateur, issu de la jurisprudence *Helmut Müller* (CJUE 25 mars 2010, *Helmut Müller*[98]). La notion de marché de travaux en droit communautaire était susceptible d'englober l'intégralité des contrats immobiliers des personnes publiques, puisque le critère des besoins précisés est conçu très largement et qu'il n'existe aucune exigence que le pouvoir adjudicateur devienne propriétaire des ouvrages édifiés. Il suffit seulement que l'ouvrage ait été « commandé » par le pouvoir adjudicateur et ait fait l'objet de spécifications suffisamment détaillées de la part de celui-ci. La doctrine française avait souligné ce risque (E. Fatôme et Ph. Terneyre, « À propos des règles de passation des contrats publics à objet à la fois immobilier et de travaux. Retour sur l'arrêt Jean Auroux »[99]) et remarqué que des contrats par lesquels la totalité des ouvrages est destinée à des tiers peuvent constituer des marchés de travaux au sens communautaire à condition qu'ils soient réalisés pour atteindre des objectifs fixés par le pouvoir adjudicateur (réhabilitation d'un quartier, logement, construction d'équipements de service, etc.) et que leurs caractéristiques soient définies avec suffisamment de précision par celui-ci.

L'important arrêt *Helmut Müller* (préc.) vient limiter cette possible extension du champ du marché de travaux au sens communautaire. Pour qu'il y ait marché de travaux, la prestation due au pouvoir adjudicateur doit comporter un intérêt économique direct pour lui. Le critère de l'intérêt économique direct ne figure pas expressément dans le texte de la directive 2004/18, mais en est déduit par la Cour : le caractère onéreux du contrat implique une prestation moyennant une contrepartie, laquelle consiste dans la réalisation de travaux que le pouvoir adjudicateur vise à obtenir. La Cour en déduit qu'« une telle prestation, en raison de sa nature ainsi que du système et des objectifs de la directive 2004/18, doit comporter un intérêt économique direct pour le pouvoir adjudicateur ». L'intérêt économique direct est clairement établi lorsque le pouvoir adjudicateur devient propriétaire des ouvrages objet du marché. L'arrêt *Helmut Müller* réserve donc les cas classiques de marchés de travaux. La Cour distingue ensuite trois situations. L'intérêt économique peut être constaté lorsque le pouvoir adjudicateur dispose d'un titre juridique sur les ouvrages, en vue de leur affectation à l'utilité publique. Il en va de même lorsque le pouvoir adjudicateur tire des avantages économiques de l'utilisation ou de la cession future de l'ouvrage, lorsqu'il a participé financièrement à la réalisation de l'ouvrage ou lorsqu'il assume les risques en cas d'échec économique de

97. CE section 25 févr. 1994, *Société Sofap Marignan*, *Rec.* p. 94 ; *RFDA* 1994, p. 510, concl. J. ARRIGHI DE CASANOVA ; *AJDA* 1994, p. 548, note H. PÉRINET-MARQUET ; *D.* 1994, J, p. 536, note M. LOMBARD ; CE avis du 31 janv. 1995, Grands Avis n° 33.

98. C-451/08.

99. *AJDA* 2009, p. 1868.

l'ouvrage (situation de l'arrêt *Jean Auroux*, aff. C-220/05). Lorsque les travaux visent à satisfaire un objectif public d'intérêt général dont il incombe au pouvoir adjudicateur d'assurer le respect, tel que le développement ou la cohérence urbanistique du territoire, une appréciation au cas par cas sera nécessaire. La Cour exclut en tout état de cause le simple exercice de compétence de régulation en matière d'urbanisme (par exemple la délivrance d'une autorisation), qui n'a pas pour objet la satisfaction de l'intérêt économique direct du pouvoir adjudicateur.

La troisième hypothèse comporte la ligne de démarcation entre ce qui relèvera du champ des marchés publics et ce qui en sera exclu. On peut l'appréhender au regard des conclusions de l'avocat général Paolo Mengozzi sur l'arrêt. « Il n'est pas à exclure que même la réalisation d'un certain aménagement du territoire puisse faire l'objet d'un contrat relevant du champ d'application de la directive. Cela suppose toutefois qu'il existe, entre l'administration publique et les travaux ou les ouvrages à réaliser, un lien direct dans le sens indiqué aux points précédents. La simple poursuite de l'intérêt général au moyen du recours aux pouvoirs ordinaires en matière d'urbanisme n'est pas suffisante pour conduire à l'application des règles communautaires en matière de marchés et de concessions ». Le lien ainsi évoqué correspond à trois types de situations, mises en évidence par l'avocat général. Il s'agit des situations dans lesquelles l'administration devient propriétaire des ouvrages, des situations dans lesquelles des fonds publics ont été engagés dans l'opération, ou dans lesquelles des ressources publiques non pécuniaires sont engagées (mise à disposition de terrains ou cession de terrains à un prix inférieur à celui du marché), ou enfin des situations dans lesquelles l'administration est à l'initiative du projet et lance une procédure aboutissant à la réalisation des travaux (exemple de la concession d'aménagement).

E. Fatôme et Ph. Terneyre (art. préc.) avait mis en avant l'utilisation du critère financier (*infra*, n° 983) pour lui faire jouer un rôle réducteur. Il faut que le prix de vente du terrain par la personne publique soit substantiellement inférieur au prix du marché pour apparaître comme la contrepartie aux obligations imposées au cocontractant et constituer un marché. On se rend compte que l'arrêt *Helmut Müller* n'insiste pas sur les potentialités du critère financier comme critère réducteur, mais que l'avocat général inclut cette potentialité dans sa conception du lien direct entre l'administration et les ouvrages réalisés. Cependant, la mise à disposition de terrains ou la cession de terrains à un prix inférieur à celui du marché ne constitue qu'une des matérialisations possibles du lien direct.

976 **Notion française. –** Le Code 2006 (article 1er-III) dispose que « les marchés publics de travaux sont les marchés conclus avec des entrepreneurs qui ont pour objet soit l'exécution, soit conjointement la conception et l'exécution d'un ouvrage ou de travaux de bâtiment ou de génie civil répondant à des besoins précisés par le pouvoir adjudicateur qui en exerce la maîtrise d'ouvrage. Un ouvrage est le résultat d'un ensemble de travaux de bâtiment ou de génie civil destiné à remplir par lui-même une fonction économique ou technique ». Le droit français ne reprend donc pas la troisième hypothèse du droit communautaire, dans laquelle le pouvoir adjudicateur peut faire réaliser « par quelque moyen que ce soit » un ouvrage. Cela s'explique par le fait qu'en droit français, on a choisi de limiter le champ d'application du Code des marchés publics aux cas dans lesquels le pouvoir adjudicateur

exerce la maîtrise d'ouvrage[100] et aux cas dans lesquels le paiement n'est pas différé. Les montages complexes (ou contrats administratifs spéciaux) s'éloignant de ces hypothèses font l'objet de réglementations particulières.

977 **Concessions de travaux. –** Selon l'article 1er-3 de la directive nº 2004/18, « la "concession de travaux publics" est un contrat présentant les mêmes caractéristiques qu'un marché public de travaux, à l'exception du fait que la contrepartie des travaux consiste soit uniquement dans le droit d'exploiter l'ouvrage, soit dans ce droit assorti d'un prix ». Une partie des règles applicables aux marchés, concernant les mesures de publicité uniquement, sont rendues applicables aux concessions au-delà des seuils communautaires. La distinction entre la concession de travaux et le marché de travaux repose sur un critère financier, celui du droit d'exploiter l'ouvrage, que le droit communautaire assimile à celui du risque économique (*infra*, nº 1091)[101].

Une controverse doctrinale est née sur la question de savoir si la concession de travaux implique que l'ouvrage réalisé soit remis en pleine propriété au pouvoir adjudicateur et si elle implique que le titulaire de la concession en conserve la gestion, au sens où il en tirerait directement une rémunération (F. Llorens et P. Soler-Couteaux[102] v. /E. Fatôme et L. Richer[103]).

Le Code des marchés publics ne s'appliquant pas aux concessions de travaux, compte tenu du critère de la rémunération, la transposition des dispositions relatives aux concessions de travaux se trouve dans des dispositions particulières[104] qui ont nécessité une refonte en 2009 afin d'assurer leur compatibilité avec la directive nº 2004/18. L'ordonnance nº 2009-864 du 15 juillet 2009[105] modifie le régime des contrats de concession de travaux publics, en ce qui concerne les dispositions de nature législative, passés par les pouvoirs adjudicateurs soumis à l'ordonnance nº 2005-649 du 6 juin 2005 relative aux marchés passés par certaines personnes publiques ou privées non soumises au Code des marchés publics ainsi que les collectivités territoriales et leurs établissements publics. Elle comporte également des dispositions applicables aux concessionnaires de travaux publics. Les mesures d'application font l'objet d'un décret en Conseil d'État, qui fixe également le régime applicable aux contrats de concession de travaux publics de l'État et de

100. F. LLORENS et P. SOLER-COUTEAUX, « Vers une extension de la notion de marché public de travaux ? », *CMP* oct. 2004, p. 3 ; E. FATÔME et L. RICHER, « Faut-il supprimer la référence à la maîtrise d'ouvrage dans la définition du marché public de travaux ? » *CP-ACCP* nº 46, juill.-août 2005, p. 63 ; L. RICHER, « Les lacunes du trop-plein », *CP-ACCP* nº 54, avr. 2006, p. 3.

101. Communication interprétative sur les concessions en droit communautaire, 12 avr. 2000, *JOCE* du 29 avr. 2000, C-121/2 ; CJCE 13 oct. 2005, *Parking Brixen*, aff. C-458/03.

102. *CMP* nov. 2011, chron.

103. *AJDA* 2012, p. 682.

104. Anciennement la loi modifiée nº 91-3 du 3 janv. 1991 et son décret d'application nº 92-311 du 31 mars 1992.

105. F. LINDITCH, « L'ordonnance relative aux contrats de concession de travaux publics, nouvel instrument de la commande publique », *JCP* A nº 37, 7 sept. 2009, nº 2214 ; G. CLAMOUR, « Ombres et lumières de l'ordonnance relative aux concessions de travaux publics », *CMP* août-sept. 2009, étude nº 9 ; Ph. COSSALTER, « La renaissance de la concession de travaux : un contrat ni souhaité ni souhaitable », *AJDA* 2009, p. 1882 ; Ph. PROOT, « L'ordonnance nº 2009-864 du 15 juill. 2009 relative aux contrats de concession de travaux publics », *DA* oct. 2009, comm. nº 128.

ses établissements publics autres que ceux ayant un caractère industriel et commercial (décret n° 2010-406 du 26 avril 2010[106]).

L'article 1er de l'ordonnance n° 2009-864 définit les contrats de concession comme « des contrats administratifs dont l'objet est de faire réaliser tous travaux de bâtiment ou de génie civil par un concessionnaire dont la rémunération consiste soit dans le droit d'exploiter l'ouvrage, soit dans ce droit assorti d'un prix ». On remarque que les concessions de travaux (qui peuvent être conclues entre deux personnes privées) deviennent des contrats administratifs par détermination de la loi[107]. On remarque aussi que le texte qualifie (abusivement selon nous) les concessions de travaux de concessions de travaux « publics », ce dernier terme ayant un sens en droit administratif qui ne couvre pas toutes les hypothèses visées par l'ordonnance. Certaines des exclusions traditionnelles de la commande publique sont prévues par l'article 4 (relation in house, opérateur ayant un droit exclusif, etc.). Ces contrats doivent respecter les principes de liberté d'accès à la commande publique, d'égalité de traitement des candidats et de transparence des procédures. Les exigences du développement durable sont présentes à la fois dans la définition des besoins et dans les conditions d'exécution du contrat. La passation des concessions de travaux est soumise à une obligation de publicité. Sont également visés les marchés de travaux passés avec un tiers par le concessionnaire de travaux publics pour les besoins de l'exécution du contrat de concession. Ces marchés de travaux sont soumis soit au Code des marchés publics lorsque le concessionnaire est une personne publique soumise à ce code, soit à l'ordonnance du 6 juin 2005 précité lorsque le concessionnaire est un pouvoir adjudicateur en relevant, et dans les autres cas aux dispositions de l'ordonnance n° 2009-864.

Lorsqu'une concession porte à la fois sur la construction d'ouvrages et sur l'exécution d'une mission de service public (comme les concessions autoroutières), et a comme objet principal la réalisation de travaux d'un montant supérieur au seuil communautaire, elle est soumise, pour son régime de passation, exclusivement aux règles applicables aux concessions de travaux, sans qu'il y ait lieu de se référer à la procédure de passation des délégations de service public (CE Avis 16 mars 2010[108]). La position ainsi prise par le Conseil d'État est susceptible de faire basculer certaines délégations sous forme de concession comportant d'importants travaux sous le régime de passation des concessions de travaux.

3. Les marchés publics de fournitures

978 **Notion. –** « Les marchés publics de fournitures sont les marchés conclus avec des fournisseurs qui ont pour objet l'achat, la prise en crédit-bail, la location ou la

106. F. LINDITCH, « Décret relatif aux concessions de travaux publics, les dispositions applicables aux collectivités locales », *JCP* A n° 19, 10 mai 2000, 2164.

107. Cette hypothèse dépasse largement les cas envisagés par la jurisprudence de contrats administratifs conclus entre deux personnes privées.

108. N° 383668, *CMP* nov. 2011, n° 332, comm. W. ZIMMER.

location-vente, de produits[109] ou matériels. [...] Lorsqu'un marché public a pour objet à la fois des services et des fournitures, il est un marché de services si la valeur de ceux-ci dépasse celles des produits à fournir. [...] Un marché ayant pour objet la fourniture de produits et, à titre accessoire, des travaux de pose et d'installation, est considéré comme un marché de fournitures » (article 2-III transposant l'article 1er-2-c de la directive n° 2004/18).

4. Les marchés publics de services

979 **Notion résiduelle. –** Les marchés de services sont des marchés autres que les marchés de travaux ou de fournitures ayant pour objet une prestation de service (article 1er-2-d de la directive n° 2004/18). Le droit français définit les marchés de services comme les marchés conclus avec des prestataires de services qui ont pour objet la réalisation de prestations de services (article 1er-III du Code 2006).

980 **Services prioritaires et services non prioritaires. –** La directive n° 92/50 avait distingué deux catégories de services, les services prioritaires et les services non prioritaires, en fonction d'une logique de surveillance explicitée dans les considérants de la directive. La directive n° 2004/18 conserve cette distinction des services en deux catégories. L'article 20 de la directive soumet les marchés de services figurant à l'annexe II A (services de transport, services de télécommunication, services financiers, etc.) aux règles de passation applicables à l'ensemble des marchés publics. L'article 21 soumet les marchés de services figurant à l'annexe II B (services non prioritaires) à un régime très allégé[110]. En droit français, l'article 29 du Code 2006 dresse la liste des 16 catégories de services soumis au régime normal. L'article 30-I du même Code soumet les services qui ne sont pas mentionnés dans la liste précédente au régime de la procédure adaptée, quel que soit leur montant.

L'article 30-II du Code 2006 comporte toutefois une modulation du régime de la procédure adaptée : non-application des dispositions du III de l'article 40 (régime de la publicité) ; application de l'article 6 (spécifications techniques) et de l'article 85 (avis d'attribution) uniquement si le montant du marché dépasse 200 000 euros HT ; intervention de la commission d'appel d'offres uniquement si le montant du marché dépasse 200 000 euros HT ; respect des principes déontologiques et des réglementations applicables aux professions concernées ; non-soumission des marchés de services juridiques au titre IV de la première partie (exécution) et non-transmission au représentant de l'État des marchés ayant pour objet la représentation d'une collectivité territoriale en vue du règlement d'un litige.

En droit communautaire, les marchés de services non prioritaires ne sont pas soumis à l'obligation de pondération des critères d'attribution (CJUE 18 novembre 2010, *Comm. c/Irlande*, aff. C-226/09).

981 **Services financiers. –** Certains marchés de services présentent des particularités qu'il convient de mentionner[111]. Les contrats d'emprunts étaient expressément exclus

109. Pour un matériel informatique, voir CJCE 5 déc. 1989, *Commission c/Italie*, aff. C-3/88. CJCE 26 avr. 1994, *Commission c/République italienne*, aff. C-272/91 : système d'automatisation du loto ; CJCE 3 mai 1994, *Commission c/Espagne*, aff. C-328/92 : fourniture de produits et spécialités pharmaceutiques.

110. Pour un exemple de distinction entre services prioritaires et non prioritaires, CJCE 27 oct. 2005, *Contse*, aff. C-234/03.

111. Dossier spécial « Spécificité des marchés de services », *CP-ACCP* n° 44 mai 2005, p. 38.

du Code des marchés publics *ante* 2001, mais sous la pression communautaire, le Conseil d'État a censuré cette exception[112]. Désormais, ces divergences peuvent paraître résorbées. Il n'en est rien. La directive n° 2004/18 (article 16-d) exclut « les services financiers relatifs à l'émission, à l'achat, à la vente et au transfert de titres ou d'autres instruments financiers, en particulier les opérations d'approvisionnement en argent ou en capital, et des services fournis par les banques centrales ». L'article 3-5° du Code 2006 exclut quant à lui les « accords-cadres et marchés de services financiers relatifs à l'émission, à l'achat, à la vente et au transfert de titres ou d'autres instruments financiers et à des opérations d'approvisionnement en argent ou en capital des pouvoirs adjudicateurs (...). Sont également exclus les services fournis aux pouvoirs adjudicateurs par des banques centrales ». Alors que la directive fait des opérations d'approvisionnement en argent ou en capital une sous-catégorie des opérations concernant des titres ou autres instruments financiers (et qui doivent donc s'y rapporter), le Code 2006 en fait une catégorie à part entière. L'exclusion, plus générale, du code serait donc incompatible avec la directive[113].

982 **Services juridiques. –** Le Code 2006 (article 30-II.5°) réserve un sort particulier aux marchés de services juridiques[114] et isole en leur sein les marchés ayant pour objet la représentation d'une collectivité territoriale. Le droit français établit un régime « super-allégé » pour les marchés de services juridiques, qui, en plus de bénéficier du régime de l'article 30, ne sont pas soumis aux dispositions du titre IV de la première partie du code (pouvoirs adjudicateurs), relatif à l'exécution des marchés. Au sein de ce régime « super-allégé » des marchés de services juridiques, sont distingués les marchés ayant pour objet la représentation d'une collectivité territoriale en vue du règlement d'un litige, qui ne sont pas transmis au représentant de l'État. Les services d'arbitrage et de conciliation sont, quant à eux, exclus du champ d'application de la directive n° 2004/18 (article 16) et du Code 2006 (article 3-12).

D. LE CRITÈRE FINANCIER : ORIGINE ET NATURE DE LA RÉMUNÉRATION

983 **Le marché public, un contrat onéreux. –** À l'origine, le critère financier du marché public reposait sur le paiement d'un prix, c'est-à-dire une somme d'argent

112. CE 23 févr. 2005, *Association pour la transparence et la moralité des marchés publics [ATMMP]*, *CP-ACCP* n° 43, avr. 2005, p. 8, *RFDA* 2005, p. 483, concl. D. CASAS, *BJCP* n° 40, mai 2005, p. 187, concl. D. CASAS, note Ph. TERNEYRE, *CMP* 2005, n° 4 avr. 2005 p. 11, note G. ECKERT, *AJDA* 2005, p. 668, note J.-D. DREYFUS, *DA* mai 2005, p. 19, note A. MÉNÉMÉNIS, *JCP* A n° 17/2005, 25 avr. 2005, note F. LINDITCH, *JCP* G n° 14/2005, 6 avr. 2005, p. 704, note M.-C. ROUAULT.

113. Pour de plus amples développements sur la thèse de la compatibilité et la thèse de la non-compatibilité, S. NICINSKI, « Marchés de services particulier », in *Droit des marchés publics*, préc., dossier II.440.2 et les références citées.

114. La soumission au Code des marchés publics a été considérée comme ne portant pas atteinte aux spécificités des relations entre un avocat et son client (CE ass. 5 mars 2003, *Ordre des avocats à la cour d'appel de Paris*, *BJCP* n° 28, p. 109, concl. D. PIVETEAU, *AJDA* 2003, p. 718, chron. F. DONNAT et D. CASAS ; CE 9 juill. 2007, *Syndicat EGF-BTP*, req. n° 297711 ; CE 3 sept. 2008, *Conseil national des Barreaux*, *JCP* A n° 39, 22 sept. 2008, n° 823).

qui constitue la contrepartie d'une prestation[115]. Aujourd'hui, les textes définissent le marché public comme un contrat conclu « à titre onéreux » (article 1er-I du Code des marchés publics 2006, article 1er-2-a de la directive n° 2004/18). Cette notion revêt une acception très large. Le commissaire du gouvernement Casas, dans ses conclusions sur les arrêts *Société Jean-Claude Decaux* du 4 novembre 2005[116], estime que « pour déduire le caractère onéreux d'un contrat, il suffit de constater l'existence d'un échange de valeur entre les parties au contrat, d'un enrichissement du patrimoine d'une des parties au détriment de celui de l'autre ».

Pour la Cour de justice[117] le caractère onéreux d'un contrat se réfère à la contre-prestation à laquelle procède l'autorité publique concernée en raison de l'exécution des prestations qui font l'objet du contrat et dont cette autorité aura le bénéfice. L'arrêt *Helmut Müller* (CJCE 25 mars 2010, *Helmut Müller*[118]) pose le principe que le caractère onéreux du contrat implique que le pouvoir adjudicateur reçoive une prestation moyennant une contrepartie. Une telle prestation doit comporter un *intérêt économique direct* pour le pouvoir adjudicateur. La Cour confirme qu'un tel intérêt économique est clairement établi lorsque le pouvoir adjudicateur deviendra propriétaire des travaux ou de l'ouvrage ; lorsque le pouvoir adjudicateur disposera d'un titre juridique lui assurant la disponibilité des ouvrages en vue de leur affectation publique ; et lorsque le pouvoir adjudicateur tire des avantages économiques de l'utilisation ou de la cession futures de l'ouvrage, dans le fait qu'il a participé financièrement à la réalisation de l'ouvrage ou dans les risques qu'il assume en cas d'échec économique. La grille de lecture proposée par l'avocat général dans cette affaire nous semble nettement plus claire et opérationnelle. Il proposait de distinguer trois cas de figure dans lequel il existait un lien direct entre le pouvoir adjudicateur et les ouvrages ou travaux à réaliser. La première situation est celle dans laquelle le pouvoir adjudicateur obtient la propriété des ouvrages. La deuxième est celle dans laquelle l'administration publique utilise des fonds publics pour la réalisation des travaux ou ouvrages. Relèvent de cette hypothèse les situations dans lesquelles les ressources publiques utilisées ne sont pas de nature pécuniaire (mise à disposition de terrains publics à titre gratuit ou à un prix inférieur à celui du marché). La troisième hypothèse est celle dans laquelle les ouvrages ou travaux sont le résultat d'une initiative prise par l'administration publique elle-même. Il en va ainsi lorsque les pouvoirs publics lancent une procédure qui conduit à la réalisation des ouvrages ou des travaux.

La Cour a statué sur le cas des contrats conclus par les administrations communales allemandes avec des entreprises d'assurance désignées dans une convention collective, dans lesquels le prix ne faisait que transiter dans les mains de l'administration (CJUE 15 juillet 2010, *Commission c/Allemagne*[119]). Le gouvernement allemand soutenait qu'il n'existait aucun échange économique avec l'organisme assurant la prestation de l'épargne retraite de l'employé puisque l'employeur était simplement tenu de transmettre à l'organisme, pour le compte de l'employé, les

115. CE 11 déc. 1963, *Ville de Colombes*, *Rec.* p. 812 ; CE 10 avr. 1970, *Beau et Lagarde*, *Rec.* p. 243.
116. *RFDA* 2005, p. 1088.
117. CJCE 29 nov. 2008, *Commission c/République Italienne*, aff. C-119/06.
118. C-451/08.
119. C-271/08.

primes prélevées sur la rémunération de ce dernier. La Cour procède à une analyse globale du système de l'épargne retraite en Allemagne et conclut que la condition d'onérosité est bien remplie dans la mesure où l'employeur communal négocie les termes d'un contrat d'assurance groupe et que les services fournis par ce dernier permettent au pouvoir adjudicateur « d'assumer son obligation de répondre de la correcte exécution de cette forme de rémunération différée enclenchée par la mesure de conversion salariale ». Les primes versées par l'employeur apparaissent alors comme la « contrepartie de l'obtention de services inhérents à son obligation de répondre, financièrement, de l'exécution des prestations de retraite vis-à-vis des travailleurs ayant opté, avec son aval, pour la mesure de conversion salariale ». La circonstance que les bénéficiaires finals des pensions de retraite n'est pas l'administration n'est pas de nature à remettre en cause le caractère onéreux du contrat.

984 **Marchés sans versement d'un prix par la collectivité publique. Abandon de recettes. –** La conception extensive du critère financier a conduit à reconnaître qu'un contrat peut être qualifié de marché public, alors même qu'il ne prévoit pas le versement d'un prix par la collectivité publique. Il s'agit tout d'abord des contrats dans lesquels le cocontractant est rémunéré par des recettes publicitaires. C'est la situation des contrats de mobilier urbain[120] et des contrats de publication des bulletins municipaux[121]. La notion de marché public englobe également les contrats dans lesquels le cocontractant est rémunéré en nature[122]. Est aussi un marché public un contrat dans lequel la collectivité publique abandonne des recettes qui lui étaient dues[123]. Le Guide des bonnes pratiques (circulaire du 14 février 2012, art. 2.2) précise en effet que « le prix n'est pas nécessairement payé par l'acheteur. Le caractère onéreux peut, en effet, résulter d'un abandon par l'acheteur public d'une recette née à l'occasion de l'exécution du marché. Il s'agira, par exemple, de l'autorisation donnée au titulaire d'un marché de mobilier urbain ou d'un marché d'édition d'un bulletin municipal, de se rémunérer par les recettes publicitaires qui en sont issues, ou encore de l'autorisation donnée au cocontractant de vendre le sable ou les graviers tirés d'un cours d'eau, dont il a effectué le curage. L'acheteur public prendra garde, dans ce cas, au respect des principes de la

120. CE avis 14 oct. 1980, *EDCE* 1981, p. 196, *AJDA* 1983, p. 193, note J.-M. A, Grands Avis n° 12, note L. RICHER et surtout CE ass. 4 nov. 2005, *Société Jean-Claude Decaux*, préc.

121. CAA Paris 11 oct. 1994, *SARL Editor Tennog c/Commune de Houilles*, *Rec.* p. 663, *AJDA* 1994, p. 901, concl. J.-P. PAÎTRE, *LPA* 26 juill. 1995, n° 89, p. 38, note V. HAÏM ; CAA Lyon 2 juin 2004, *Société Michel Charmettant Communication*, *JCP* E 2004, 1311, cité par D. CHABANOL, J.-P. JOUGUELET et F. BOURRACHOT, *Le régime juridique des marchés publics*, éd. du Moniteur, 4e éd., n° 16 ; CAA Bordeaux 20 nov. 2007, *Sté SCOOP Communications*, *CMP* janv. 2008, n° 2, note G. ECKERT.

122. A été qualifié de marché de travaux publics le contrat confiant des travaux à une entreprise qui, en contrepartie, avait le droit de disposer des matériaux extraits (CE 28 févr. 1980, *SA des Sablières modernes d'Aresy*, *Rec. Tables*, p. 110).

123. CJCE 12 juill. 2001, *Ordre des architectes de la province de Milan et Lodi*, aff. C-399/98. Conf. par CJCE 21 févr. 2008 *Commission c/Italie*, aff. C-412/04, à propos de la réalisation de travaux en contrepartie d'une réduction de taxe sur le permis de construire.

comptabilité publique ». Le juge administratif a admis que les contrats de recherche d'économies en matière de charges sociales sont des marchés publics[124].

985 **Prix et dommages et intérêts. –** Ne constitue pas un marché public le contrat dans lequel l'administration paye des dommages et intérêts (CE Ass. 20 février 1998, *Ville de Vaucresson*[125]).

986 **Prix et remboursement de frais. Prix et prix de revient. –** Le simple remboursement de frais ne saurait être constitutif d'un prix révélant le caractère onéreux du contrat, à condition qu'il ne soit pas forfaitaire (CJCE 29 novembre 2007, *Commission c/République italienne*[126]). Mais on pourrait se demander si le remboursement de l'ensemble des frais d'un organisme à but non lucratif (y compris les salaires des dirigeants), à la seule exception d'une marge bénéficiaire, échapperait au critère financier du marché public. En effet, un organisme à but non lucratif peut être un opérateur économique. Dès lors, il faut admettre que le versement d'une somme d'argent à cet organisme peut constituer un prix, même s'il ne fait pas de marge bénéficiaire. En revanche, il semble certain qu'une facturation au prix de revient présente un caractère onéreux (TA Pau 14 octobre 2008, *Préfet des Pyrénées Atlantiques c/Cne d'Ilharre* et 6 janvier 2009, *Préfet des Pyrénées Atlantiques c/Commune de Lahontan*[127]).

987 **Prix et subvention. Conventions d'objectifs et de moyens avec les associations. –** Il existe une différence fondamentale entre le fait, pour un pouvoir adjudicateur, de chercher à satisfaire un besoin moyennant une contrepartie onéreuse (marché public) et l'encouragement d'un projet d'intérêt général par l'octroi d'une subvention (convention d'objectifs et de moyens ou convention de subventionnement)[128]. Le juge administratif a élaboré une grille d'analyse fondée sur une série de critères fonctionnant selon la technique du faisceau : initiative du projet[129] ;

124. TA Nîmes 6 mai 2010, *Sté CTR*, *AJDA* 2010, p. 1599, note J.-D. DREYFUS, *CP-ACCP* janv. 2011, n° 106, p. 64, note N. CHARREL et I. ORTIGOSA-LIAZ ; CAA Lyon 22 mars 2012, *Sté CRT*, *CMP* mai 2012, n° 151. A. CIAUDO, « Les conventions de recherche d'économies à l'épreuve du droit de la commande publique », *CMP* juill. 2011, Étude 9 ; L. RICHER, « Le partage des gains dans les contrats publics », *CP-ACCP* n° 97, mars 2010, p. 73.

125. *RFDA 1*998, p. 421, concl. C. BERGEAL, *BJCP* 1998, n° 1, p. 107.

126. Aff. C-119/06.

127. *AJDA 2*009, p. 930, note A. BOURREL.

128. D. MOREAU, « Les risques de requalification des subventions aux associations en marchés ou en délégations de service public », *AJDA* 2002, p. 902 ; A. SEVINO, « Associations et marchés publics : un malentendu enfin dissipé », *AJDA* 2002, p. 898 ; L. RENOUARD, « Les contrats de subvention », *CP-ACCP* n° 28, déc. 2003, p. 28 ; S. NICINSKI, « Les associations et le droit administratif : plaidoyer pour la convention d'objectifs et de moyens », *DA* juin 2006, p. 7 ; Q. EPRON, « Les contrats de subvention », *RDP* 2010, p. 63 ; Ph. TERNEYRE, « Collectivités publiques, associations administratives transparentes et droit des contrats publics », *BJCP* n° 68, févr. 2010, p. 2.

129. CAA Marseille 1er mars 2004, *Groupement agricole d'exploitation en commun L'Aurier*, *BJDCP* n° 38, janv. 2005, p. 16, concl. J.-J. LOUIS, CAA Douai 19 févr. 2009, *Département de l'Oise*, *JCP* A 6 juill. 2009, n° 28, 2164 note G. MOLLION ; TA Limoges 6 mai 2010, *Association pour la formation dans le massif central*, *AJDA* 2010, p. 1323, note J.-D. DREYFUS, conf. par CAA Bordeaux 21 juin 2011, *Région Limousin*, *CMP août*-sept. 2011, n° 249, obs. F. LLORENS ; CE 23 mai 2011, *Cne de Six-Fours-Les-Plages*, *CMP juill.* 2011, n° 195, comm. G. ECKERT, *AJDA* 2011, p. 1515, note J.-D. DREYFUS, *BJDCP* n° 77, juill.-août 2011, p. 258, concl. BOULOUIS.

exécution d'une prestation de service par l'organisme subventionné[130] ; lien direct entre le montant des subventions versées et les prestations réalisées[131] ; avantage immédiat que retire le pouvoir adjudicateur de l'action menée par l'organisme subventionné[132] ; besoin à satisfaire devant être celui de la collectivité et non celui de ses administrés[133].

Depuis l'arrêt *Commune d'Aix-en-Provence* rendu par le Conseil d'État en 2007[134], le critère de l'initiative du projet a pris une importance prépondérante. Ce critère est d'ailleurs repris par la circulaire du 18 janvier 2010 (*JO* du 20 janvier), relative aux relations entre les pouvoirs publics et les associations, qui commence d'abord par donner une définition de la convention d'objectifs, régissant la « situation dans laquelle la collectivité apporte un concours financier à une action initiée et menée par une personne publique ou privée, poursuivant des objectifs propres auxquels l'administration, y trouvant intérêt, apporte soutien et aide ». La distinction entre une convention d'objectifs et un marché public est fondée sur l'initiative du projet, critère dont elle confirme la place désormais prépondérante. Si le projet émane de l'association et ne donne pas lieu à contrepartie directe pour la collectivité publique, la relation n'entre pas dans le cadre des marchés publics. Cette condition est remplie si l'association porte un projet dont elle est à l'initiative. Désormais, lorsque la collectivité publique n'est nullement à l'initiative du projet, la convention d'objectifs qui peut être conclue n'est pas un marché public.

988 **Appel à projet. –** Si le marché public se distingue de la convention d'objectifs et de moyens par le critère unique de l'initiative du projet, la difficulté reste entière dans l'hypothèse dans laquelle la collectivité publique n'est pas directement à l'initiative d'un projet mais a pu indirectement le solliciter par le biais d'un appel à projet[135]. Dans cette situation, le faisceau d'indices qui servait à distinguer la convention d'objectifs et le marché public (ci-dessus) avant que le critère de l'initiative du projet prenne une place prépondérante est judicieusement réutilisé pour aborder la distinction entre un appel à projet et un marché.

La circulaire du 18 janvier 2010 (*JO* du 20 janvier), relative aux relations entre les pouvoirs publics et les associations, précise qu'« en pareille hypothèse, la collectivité lance un appel à projets qui lui permet de mettre en avant un certain nombre d'objectifs lui paraissant présenter un intérêt particulier. Il s'agit de définir un cadre

130. CAA Marseille 20 juill. 1999, *Ville de Toulon*, *AJDA* 2002, p. 266, obs. L. BENOIT.

131. CE sect. 6 juill. 1990, *Comité pour le développement industriel et agricole du Choletais*, préc. ; CE avis 18 mai 2004, *Cinémathèque française*, *EDCE* 2005, p. 185, *BJDCP* mai 2005, p. 213, obs. C. M., *CP-ACCP* n° 50, déc. 2005, p. 67, note D. MOREAU et S. COTON, *CMP* juill.-août 2005, p. 3, note F. LLORENS et P. SOLER-COUTEAUX ; CE 26 mars 2008, *Région Réunion*, *CMP* mai 2008, n° 90, CAA Douai 19 févr. 2009, *Département de l'Oise*, préc.

132. CE avis 18 mai 2004, *Cinémathèque française*, préc.

133. CAA Marseille 12 juin 2001, *Syndicat mixte d'étude, d'aménagement, d'équipement et de gestion de l'Europôle méditerranéen de l'Arbois*, n° 00MA02504.

134. CE sect. 6 avr. 2007, *Commune d'Aix-en-Provence*, *JCP* A 2007, n° 2111, note M. KARPENSCHIF et n° 2125, note F. LINDITCH ; *AJDA* 2007, p. 1020, chron. F. LENICA et J. BOUCHER, p. 1153, édito L. RICHER ; *JCP* A 2007, n° 2128 ; *Gaz. communes* 4 juin 2007, p. 54, note E. DE FENOYL ; *CMP* juin 2007, n° 191, note G. ECKERT.

135. M.-Y. BENJAMIN et R. BONNEFONT, « Quel avenir pour la procédure d'appel à projet ? », *AJDA* 2010, p. 474.

général, une thématique. Les associations sont invitées à présenter des projets s'inscrivant dans ce cadre. Mais ce sont bien elles qui prennent l'initiative de ces projets et en définissent le contenu. Dans le cadre des appels à projets, la collectivité publique a identifié une problématique mais n'a pas défini la solution attendue. L'appel à projets ne préjuge en rien de l'ampleur des propositions qui seront formulées ou encore de leur contexte. Cela le différencie d'un marché dont le besoin est clairement identifié (il ressort ainsi de la jurisprudence qu'une étude précisément déterminée, réalisée pour le compte d'une collectivité et donnant lieu à une rémunération spécifique, constitue une prestation de services effectuée à titre onéreux). (...)

Les distinctions par rapport au champ de la subvention sont les suivantes :

— l'initiative n'appartient pas à l'association, mais à la collectivité, qui cherche ainsi à répondre à un de ses besoins : l'association est alors un prestataire de la collectivité ;

— le marché implique un lien direct entre les sommes versées et les prestations réalisées : une étude précisément déterminée, réalisée pour le compte d'une collectivité et donnant lieu à une rémunération spécifique constitue ainsi une prestation de services effectuée à titre onéreux ; en revanche, une association peut être subventionnée pour mener des études dans un domaine donné et des actions de promotion (jurisprudence CODIAC) ;

— le marché implique une contrepartie directe pour la personne publique ou le bénéfice d'un avantage immédiat. »

§ 2. LES PRINCIPALES EXCLUSIONS

989 **Liste. –** L'article 3 du Code des marchés publics 2006 (modifié par le décret n° 2011-1104 du 14 septembre 2011) transpose les exclusions prévues par les directives n° 2004/17 et n° 2004/18. La transposition est généralement de bonne qualité, à quelques exceptions près (notamment concernant les services financiers (*supra*, n° 981) ou l'exception « in house » figurant à l'article 3 du Code, mais continuant de relever de la seule jurisprudence au niveau communautaire). On se contentera d'aborder les principales exclusions prévues par le Code des marchés publics français.

Sont expressément exclus 1°) les marchés conclus entre un pouvoir adjudicateur et un cocontractant sur lequel il exerce un contrôle comparable à celui qu'il exerce sur ses propres services et qui réalise l'essentiel de ses activités pour lui à condition que, même si ce cocontractant n'est pas un pouvoir adjudicateur, il applique, pour répondre à ses besoins propres, les règles de passation des marchés prévues par le présent Code ou par l'ordonnance n° 2005-649 du 6 juin 2005, 2°) les marchés de services conclus avec un pouvoir adjudicateur soumis au présent Code ou à l'ordonnance du 6 juin 2005 susmentionnée, lorsque ce pouvoir adjudicateur bénéficie, sur le fondement d'une disposition légalement prise, d'un droit exclusif, à condition que cette disposition soit compatible avec le traité instituant la Communauté européenne, 3°) les marchés de services qui ont pour objet l'acquisition ou la location, quelles qu'en soient les modalités financières, de terrains, de bâtiments existants ou d'autres biens immeubles, ou qui concernent d'autres droits sur ces biens ; toutefois, les contrats de services financiers conclus en relation avec le contrat d'acquisition ou de location, sous quelque forme que ce soit, entrent dans le champ d'application du code, 4°) les marchés qui ont pour objet l'achat, le développement, la production ou la coproduction de programmes destinés à la diffusion par des organismes de radiodiffusion et aux marchés concernant les temps de diffusion, 5°) les marchés de services financiers relatifs à l'émission, à l'achat, à la vente et au transfert de titres ou d'autres instruments financiers et à des opérations d'approvisionnement en argent ou en capital des pouvoirs adjudicateurs, ainsi que les services fournis aux pouvoirs adjudicateurs par des banques centrales (*supra*, n° 981), 6°) Accords-cadres et marchés de services de recherche et développement pour lesquels le pouvoir adjudicateur n'acquiert pas la propriété exclusive des résultats ou ne finance pas entièrement la prestation, 7°) Accords-cadres et marchés qui exigent le secret ou dont l'exécution doit s'accompagner de mesures particulières de sécurité conformément aux dispositions législatives ou réglementaires en vigueur ou pour lesquels la protection des intérêts essentiels de l'État l'exige, 8°) Accords-cadres et marchés passés au bénéfice d'un pouvoir adjudicateur en vertu de la procédure propre à une organisation internationale et dans le cadre des missions de celle-ci, 9°) Accords-cadres et marchés passés selon des règles de passation particulières prévues par un accord international, y compris un arrangement administratif, relatif au stationnement des troupes ou conclu entre au moins un État membre de l'Union européenne et au moins un État tiers, en vue de la réalisation ou de l'exploitation en commun d'un projet ou d'un ouvrage, 10°) Accords-cadres et marchés qui ont pour objet l'achat d'œuvres et d'objets d'art existants, d'objets d'antiquité et de collection, 11°) Accords-cadres et marchés de services relatifs à l'arbitrage et à la conciliation, 12°) Accords-cadres et marchés de services concernant les contrats de travail, 13°) Accords-cadres et marchés qui ont principalement pour objet de permettre la mise à disposition ou l'exploitation de réseaux publics de communications électroniques ou la fourniture au public d'un ou de plusieurs services de communications électroniques, 14°) Accords-cadres et marchés qui cessent d'être soumis aux dispositions du Code des marchés publics en application de l'article 140 (marchés des opérateurs de réseaux dans des secteurs dans lesquels la concurrence est développée).

A. LES PRESTATIONS INTÉGRÉES (LE « IN HOUSE »)

990 **Justification d'une exclusion fondée sur le caractère intégré les prestations fournies. –** Un pouvoir adjudicateur doit pouvoir s'adresser à des entités qui sont sous son étroite dépendance, considérées comme son prolongement administratif, en dehors des règles du droit des marchés publics. Même si un contrat est conclu, l'étroitesse des liens entre les deux entités peut conduire à faire abstraction des règles de la commande publique. Il faut toutefois établir une distinction entre la satisfaction de ses propres besoins par un pouvoir adjudicateur, situation en tout état de cause exclue du droit de la commande publique, et la situation dans laquelle le pouvoir adjudicateur s'adresse à une entité distincte avec laquelle il conclut un contrat, mais qui est tellement proche de lui, que la relation bénéficiera de l'exception « in house »[136].

1. Les conditions

991 **Conditions. –** L'exception « in house » repose sur deux conditions cumulatives fixées par la jurisprudence[137] en droit communautaire, reprises par le droit français

136. CJCE 11 janv. 2005, *Stadt Halle*, aff. C-26/03 (pts 48 et 49).

137. CJCE 18 nov. 1999, *Teckal Sr*, aff. C-107/98. P. DELVOLVÉ, « Marchés publics : les critères des "contrats maison" », *RDUE* 2002-1, p. 53 ; Ph. TERNEYRE, « Vade-mecum sur les marchés publics "in house" », *D.* 2002, p. 669 ; Y.-R. GUILLOU, « L'exonération des relations "in house" du régime des marchés publics », *CP-ACCP* 2004, n° 32, p. 72 ; F. LINDITCH, « Contrat "in house". Le "in house" finalement sauvé par la Cour de justice des communautés européennes ? », *JCP* A n° 23, 5 juin 2006, p. 753 ; Dossier

(article 3-1° du Code 2006 et 23-1° de l'ordonnance n° 2005-649). D'une part, le pouvoir adjudicateur doit exercer sur l'entité en cause un contrôle analogue (« comparable » en droit français) à celui qu'il exerce sur ses propres services. D'autre part, l'entité doit réaliser l'essentiel de son activité avec la ou les collectivités qui la détiennent (le droit français ne prévoit que la présence d'un seul pouvoir adjudicateur). Le droit français a rajouté une troisième condition, en vertu de laquelle l'entité doit elle-même respecter le code ou l'ordonnance n° 2005-649 pour la passation de ses propres marchés.

992 **Condition du contrôle analogue. –** Le contrôle analogue ou comparable à celui exercé par le pouvoir adjudicateur sur ses propres services se définit comme un contrôle « complet » sur les choix stratégiques et sur les décisions de gestion[138]. Dans son arrêt de 2005, *Parking Brixen*[139], la Cour juge que « cette appréciation doit tenir compte de l'ensemble des dispositions législatives et des circonstances pertinentes. Il doit résulter de cet examen que l'entité concessionnaire en question est soumise à un contrôle permettant à l'autorité publique concédante d'influencer les décisions de ladite entité. Il doit s'agir d'une possibilité d'influence déterminante tant sur les objectifs stratégiques que sur les décisions importantes ». En 2008[140], elle complète son raisonnement en définissant les modalités du contrôle, « à travers la désignation des membres des organes de direction, mais encore en raison de la présence de fonctionnaires chargés d'orienter et de contrôler l'action de celle-ci ». Désormais, ces critères d'appréciation sont repris par le juge administratif français (CAA de Paris, 30 juin 2009, *Ville de Paris*[141]). Le Guide de bonnes pratiques en matière de marchés publics (circulaire du 14 février 2012) confirme que le critère du contrôle analogue suppose une influence déterminante sur les objectifs stratégiques et les décisions importantes de l'entité (une simple relation de tutelle ne suffit pas).

L'influence déterminante peut passer par la désignation des membres des organes de direction de l'entité. Mais lorsque le droit commun applicable à la structure dédiée confère une certaine autonomie à ses organes dirigeants, l'influence du pouvoir adjudicateur doit être renforcée par la présence d'autorités chargées d'orienter et de contrôler son action. Cela implique que pour satisfaire le critère du contrôle analogue, les pouvoirs adjudicateurs renforcent leur contrôle par l'institution de « comités de pilotage » ou de « comités stratégiques » disposant de prérogatives

« Les contrats "in house" », MTP 2 juin 2006 ; L. RAPP, « Quasi-régie, quasi-régime », *AJDA* 2010, p. 588 ; T. BANGUI, « L'évolution de la jurisprudence de la CJUE et du CE relative au contrat "in house" depuis l'arrêt Teckal », *JCP* A n° 22, 31 mai 2010, 2182 ; G. MILLER, « Les chambres régionales et territoriales des comptes et les contrats in house », *AJDA* 2011, p. 550.

138. C. STIX-HACKL dans ses conclusions sur l'affaire C-26/03, « *Stadt Halle* », CJCE 13 oct. 2005, *Parking Brixen*, aff. C-458/03. Y.-R. GUILLOU, « L'exonération des relations "in house" du régime des marchés publics », *CP-ACCP* 2004, n° 32, p. 72 détermine plusieurs éléments du contrôle : sur le budget du prestataire, sur l'exécution du budget, sur les décisions portant sur l'organisation interne, sur les principes directeurs de la politique des ressources humaines, sur la maîtrise des orientations majeures concernant les activités du prestataire, sur les conditions de mise en œuvre de ces activités.

139. CJCE 13 oct. 2005, *Parking Brixen*, aff. C-458/03.

140. CJCE 17 juill. 2008, *Commission c/Italie*, aff. C-371-05.

141. *DA* août-sept 2009, n° 113, *CMP* oct. 2009, n° 306, note W. ZIMMER, *AJDA* 2009, p. 1766, note F. LELIÈVRE, *BJCP* n° 67 déc. 2009, p. 475, concl. MARINO.

incontestables sur les décisions importantes (voir ci-dessous). Trois paramètres entrent en considération et ont fait l'objet d'évolutions jurisprudentielles.

En premier lieu, on doit s'intéresser au critère de la ***détention du capital***. Il est désormais acquis que les *sociétés d'économie mixte* ne bénéficient pas de l'exclusion des marchés « in house » dès lors qu'une partie, même très minoritaire, de leur capital est détenue par une personne privée. En effet, tout placement de capital privé dans une entreprise obéit à des considérations propres aux intérêts privés et poursuit des objectifs différents des intérêts publics (CJCE 11 janvier 2005, *Stadt Halle*)[142]. Le critère du contrôle analogue doit être réalisé en permanence et la Cour sanctionne les constructions artificielles élaborées dans le seul but de contourner les règles de la commande publique. Il en va ainsi en cas d'ouverture du capital entièrement public d'une SEM à des actionnaires privés à court terme après la passation d'une commande publique, situation qui empêche de bénéficier de l'exclusion « in house » (CJCE 13 octobre 2005, *Parking Brixen*)[143]. Le juge tient compte de l'ensemble des événements et ne se contente pas de se placer à la date de la passation du marché pour sanctionner ce type de construction artificielle (CJCE 10 novembre 2005, *Commission c/Autriche*[144], CJCE 6 avril 2006, *Anav*[145]). Cependant, la Cour a nuancé une appréciation trop sévère lorsque l'opération révèle une simple possibilité d'ouverture du capital aux opérateurs privés, sans concrétisation. La simple possibilité pour les personnes privées de participer au capital eu égard à la forme de la société ne suffit pas, en l'absence de participation effective au moment de la conclusion du contrat, pour conclure que la condition relative au contrôle n'est pas remplie. Il faut que la Commission apporte des preuves que l'ouverture du capital était envisagée dès l'attribution du marché (CJCE 17 juillet 2008, *Commission c/République italienne*[146]). La Cour a fini par livrer des directives d'appréciation générales en pareille situation, selon lesquelles seule une perspective d'ouverture concrète et à court terme du capital remettrait en cause le jeu de l'exception « in house » (CJCE 10 septembre 2009, *Sea SRL c/Cne Di Ponte Nossa*[147])[148]. L'hypothèse dans laquelle un marché aurait été attribué régulièrement sans mise en concurrence à une société à capital public qui, ultérieurement mais toujours pendant la durée de validité du contrat, aurait ouvert son capital à des actionnaires privés a été réglée par la Cour (CJCE 10 septembre 2009, *Sea SRL c/Cne Di Ponte Nossa*, préc.). Dans ce cas, cette évolution de la composition du capital constituerait « un changement d'une condition fondamentale du marché qui nécessiterait une mise en concurrence ».

142. Aff. C-26/03. conf par CJCE 18 janv. 2007, *Jean Auroux c/Cne de Roanne*, aff. C-220/05 ; CJCE 8 avr. 2008, *Commission c/République italienne*, aff. C-337/05. X. BEZANÇON, « "In house" : les SEM dans la jurisprudence communautaire », *CP-ACCP* n° 59, oct. 2006, p. 46.

143. Aff. C-458/03. conf par CJCE 10 nov. 2005, *Commission c/Autriche*, aff. C-29/03 ; CJCE 6 avr. 2006, *Anav*, aff. C-410/04.

144. Aff. C-29/03.

145. Aff. C-410/04.

146. Aff. C-371/05.

147. Aff. C-573/07.

148. F. LINDITCH, « Le "in house" finalement sauvé par la Cour de justice des communautés européennes ? » *JCP A* 5 juin 2006, 1125.

Seules les entités à capital exclusivement public sont susceptibles de répondre à la condition du contrôle analogue. C'est aussi le cas des organismes dont le contrôle est partagé entre plusieurs personnes publiques[149]. Reste à savoir si cette condition peut être satisfaite en cas de pluralité d'actionnaires publics, si elle est suffisante, s'il peut s'agir d'une présomption et si cette présomption peut être renversée. La Cour de justice et le Conseil d'État français ont confirmé que la présence d'une pluralité d'actionnaires publics ne rend pas impossible la satisfaction de la condition du contrôle analogue. C'est la situation que l'on nomme désormais un « pluri-contrôle public » (CJCE 11 mai 2006, *Carbotermo SpA*, CE Section 6 avril 2007, *Cne d'Aix-en-Provence*)[150]. On remarque toutefois que le capital entièrement public de la structure prestataire n'emporte pas automatiquement satisfaction du critère du contrôle analogue. Cette condition mérite donc une démonstration supplémentaire à l'aide des deux autres paramètres d'appréciation[151]. Le juge administratif français renforce sa position par l'examen de l'objet social de la structure et la réalité des modalités de contrôle (CAA Paris 30 juin 2009, *Ville de Paris*[152]). La présomption peut notamment être renversée s'il est démontré que la structure jouit d'une certaine autonomie qu'elle met au profit de la poursuite d'un objectif purement commercial (voir ci-dessous).

Il arrive aussi que le pouvoir adjudicateur détienne seulement une participation minoritaire dans le capital entièrement public de l'organisme auquel il souhaite s'adresser. Dans cette situation, la Cour a établi un raisonnement dans lequel des considérations supplémentaires viennent appuyer la participation minoritaire au capital de la collectivité à laquelle les prestations sont adressées. Notamment, l'encadrement de l'activité de la structure entre en ligne de compte. Ainsi, l'affaiblissement du contrôle organique opéré par un pouvoir adjudicateur minoritaire est compensé par l'encadrement matériel de l'activité de l'entité vis-à-vis de ce pouvoir adjudicateur (par ex. obligation de répondre aux commandes à un tarif fixé[153]). Un examen au cas par cas s'avère alors indispensable.

En deuxième lieu, le critère de la ***vocation commerciale*** de l'entité entre en considération. L'organisme « in house » ne doit pas chercher à satisfaire une vocation commerciale et se comporter comme un véritable opérateur sur un marché concurrentiel (CJCE 13 octobre 2005, *Parking Brixen*)[154]. L'objet social de l'entité

149. E DE FENOYL, « Le "in house" dans tous ses états : le pluri contrôle public appliqué à l'intercommunalité », *JCP* A n° 24, 11 juin 2007, n° 2151, note sous CJCE 19 avr. 2007, *Asemfo*, *AJDA* 2007, p. 1759.

150. Aff. C-340/04. CE Section 6 avr. 2007, *Cne d'Aix-en-Provence*, préc. Voir également CAA Paris 30 juin 2009, *Ville de Paris*, préc.

151. CJCE 6 avr. 2006, *ANAV*, aff. C-410/04 ; CJCE 11 mai 2006, *Carbotermo SpA*, aff. C-340/04, CJCE 10 sept. 2009, *Sea SRL c/Cne Di Ponte Nossa*, aff. C-573/07.

152. CAA Paris 30 juin 2009, *Ville de Paris*, préc.

153. CJCE 19 avr. 2007, *ASEMFO*, aff. C-295/05, à propos d'une structure détenue à 99 % par l'État espagnol et à 1 % par quatre communautés autonomes. La question de la qualification d'une relation « in house » se posait en l'espèce à l'égard des commandes passées par les communautés autonomes. Des considérations de fait doivent venir abonder le critère de la détention du capital : l'organisme est tenu de réaliser les commandes qui lui sont confiées par les pouvoirs publics et notamment par les communautés autonomes ; les relations entre l'organisme et les communautés autonomes ne sont pas de nature contractuelle : l'organisme prestataire ne fixe pas librement ses tarifs.

154. C-458/03. voir aussi l'affaire *Stadt Halle*, préc.

fera alors l'objet d'un examen attentif. Mais il apparaît aussi qu'en bridant l'objet social de la structure dédiée par une rédaction adéquate des statuts, ses détenteurs peuvent l'enfermer dans la sphère de l'exception « in house ». C'est ce qui ressort de l'arrêt de la CJCE du 10 septembre 2009, *Sea SRL c/Cne Di Ponte Nossa*, précité. Cet arrêt important fixe les critères d'appréciation de l'existence d'une vocation de marché rendant précaire le contrôle des personnes publiques. En ce qui concerne la question de savoir si la société concernée a une vocation de marché rendant précaire le contrôle des collectivités qui en sont les actionnaires, il convient d'examiner la portée géographique et matérielle des activités de cette société ainsi que la possibilité pour celle-ci de nouer des relations avec des entreprises du secteur privé. Si, d'une part, le champ géographique des activités de l'entité ne s'étend pas au-delà du territoire des collectivités qui en sont les actionnaires et, d'autre part, si elle a pour objet de gérer des services publics seulement pour ces collectivités, elle présente les caractéristiques d'un opérateur dédié. Si elle effectue des prestations annexes en faveur d'une clientèle privée, cette circonstance pourrait démontrer l'existence d'une vocation de marché. Mais tel n'est pas le cas si les activités restent accessoires.

En troisième lieu, l'attribution d'une ***personnalité morale*** à l'organisme, gage *d'autonomie*, peut venir contrarier la démonstration de la condition du contrôle analogue. Il ressort de la jurisprudence française[155] et communautaire[156] que l'appréciation de la marge d'autonomie de l'organisme (notamment à travers les pouvoirs de ses organes dirigeants) s'effectue *in concreto*. L'avocat général J. Kokott, dans ses conclusions sur l'affaire « *Parking Brixen* » (précitée), semble avoir une position assez nuancée. Si l'exclusion du « in house » ne pouvait bénéficier aux collectivités publiques souhaitant simplement transformer une régie en société pour seulement profiter d'une souplesse accrue de gestion, alors cela reviendrait à empêcher les collectivités publiques de gérer librement leurs activités et de les réorganiser, ce qui n'est pas le but du droit des marchés publics. La Cour semble avoir été sensible à ce genre d'arguments, puisque dans l'arrêt du 13 novembre 2008, *Coditel Brabant*[157], rendu à propos d'une société coopérative intercommunale, la maîtrise des organes de direction de la société par la collectivité publique et le fait que l'objet statutaire de la société était la réalisation de missions d'intérêt communal suffisent à emporter la condition du contrôle analogue, malgré les pouvoirs étendus confiés au conseil d'administration de la société.

Le cas particulier des sociétés de capitaux détenues ou codétenues par des personnes publiques mérite d'être distingué. Le droit commun des sociétés anonymes confère une grande autonomie aux organes de direction de la société. Néanmoins, la Cour a jugé que la circonstance que l'entité adjudicataire prenait la forme d'une société de capital n'exclut nullement l'application de l'exception (CJCE 6 avril 2006, *Anav*[158] ; principe confirmé de manière explicite par CJCE 10 septembre

155. CAA Bordeaux 19 mars 2002, *Teisseire*, req. n° 98BX02208.

156. CJCE 13 oct. 2005, *Parking Brixen*, aff. C-458/03, CJCE 11 mai 2006, *Carbotermo*, aff. C-340/04.

157. C-324/07.

158. Aff. C-410/04.

2009, *Sea SRL c/Cne Di Ponte Nossa*[159]). Il apparaît cependant que si par principe l'exception « in house » n'est pas exclue du simple fait de la présence d'une société de capitaux, certains aménagements au droit commun sont fortement recommandés, ainsi que le démontrent les particularités de la société en cause dans l'arrêt de la CJCE du 10 septembre 2009, *Sea SRL c/Cne Di Ponte Nossa, préc*. Il n'est pas inutile de placer les organes de direction de la société sous le contrôle d'un ou plusieurs « comités » que l'on peut nommer « comité de pilotage », « comité stratégique », ou encore « comité de direction ». Les statuts de la société doivent conférer à ce ou ces comités de larges pouvoirs de contrôle et de décision et prévoir une représentation directe des personnes publiques actionnaires en leur sein. Ainsi, dans l'affaire *Cne Di Ponte Nossa*, les associés ont superposé à l'assemblée générale et au conseil d'administration, tels que prévus par le droit italien des sociétés, des structures décisionnelles non explicitement prévues par ce droit, destinées à assurer un contrôle analogue à celui qu'ils exercent sur leurs propres services. Il s'agit notamment d'assurer un contrôle renforcé au moyen d'un comité unitaire et d'un comité technique pour chaque division responsable des différentes activités de l'entité. C'est d'ailleurs la solution qui avait été retenue dans une affaire soumise au juge administratif français (TA Pau 14 octobre 2008, *Préfet des Pyrénées Atlantiques c/Cne d'Ilharre* et 6 janvier 2009, *Préfet des Pyrénées Atlantiques c/Commune de Lahontan*[160]), à propos d'une Agence publique de gestion locale, syndicat mixte associant des collectivités territoriales et d'autres personnes morales de droit public, pour laquelle l'exception « in house » a été reconnue.

993 **Condition des destinataires de l'activité. –** Il faut que le prestataire réalise l'essentiel de ses activités pour la personne publique. La CJCE a apporté des précisions sur l'application de cette condition, dans l'affaire « *Carbotermo* » du 11 mai 2006[161]. L'appréciation doit être générale, qualitative et quantitative : l'activité de l'organisme doit être consacrée principalement à cette collectivité, toute autre activité ne revêtant qu'un caractère marginal. Le chiffre d'affaires déterminant est celui que l'entreprise en question réalise en vertu des décisions d'attribution prises par la collectivité de tutelle, même si les prestations sont fournies à des tiers. Le juge administratif français a même admis qu'il suffisait que l'activité de la structure dédiée soit exercée conformément à la politique fixée par ses détenteurs (CAA Paris 30 juin 2009, *Ville de Paris*[162]), à propos d'un OPAC financé par les locataires de logements sociaux).

La situation du pluri-contrôle public est aussi appréciée au regard du critère des destinataires de l'activité. On tient compte des prestations fournies à l'ensemble des collectivités publiques s'il y a pluralité d'actionnaires publics[163].

159. Aff. C-573/07.
160. *AJDA* 2009, p. 930, note A. BOURREL, *BJCP* n° 62, févr. 2009, concl. S. PERDU.
161. C-340/04.
162. Préc.
163. Conf. par CJCE 19 avr. 2007, *Asemfo*, aff. C-295/05.

2. L'appréciation des différentes catégories de structures en droit français

994 En droit français, plusieurs types de structures suscitent l'interrogation. Le cas des ***régies non personnalisées*** doit être écarté. En tant que structures internes aux pouvoirs adjudicateurs, elles sont susceptibles d'exécuter pour eux des prestations, non au titre de l'exception « in house », mais tout simplement en vertu du principe qu'un pouvoir adjudicateur peut satisfaire ses propres besoins. Une association dite « para-administrative » peut revêtir la qualité d'entité in house. Il conviendra néanmoins de prendre garde aux risques de gestion de fait que cette hypothèse révèle[164].

Les ***établissements publics*** (notamment les EPIC) disposent d'une autonomie et peuvent avoir une vocation commerciale. Le degré de contrôle sur ces structures varie en fonction des prérogatives accordées par les statuts à l'autorité de tutelle. Un examen au cas par cas s'avérera donc nécessaire, en fonction des paramètres dégagés par la jurisprudence de la Cour. Ainsi, on peut mentionner, mais bien antérieurement aux arrêts les plus récents de la Cour, que les achats de fournitures des collectivités publiques auprès de l'UGAP sont soumis aux directives « marchés » car « l'Ugap est un établissement public de l'État à caractère industriel et commercial sur lequel l'État n'exerce pas un contrôle analogue à celui qu'il exerce sur ses propres services ; qu'en outre, aucun des clients de l'Ugap, et notamment pas l'État, ne représente à lui seul une part essentielle de l'activité de l'Ugap (CE 27 juillet 2001, *Camif*[165]). Plus récemment (CAA Paris 30 juin 2009, *Ville de Paris*[166]), il a été jugé, à propos d'un bail emphytéotique par lequel la ville de Paris a transféré des immeubles à l'OPAC de Paris, que le contrat échappe aux règles du traité CE [auj. TFUE] car le conseil d'administration de l'OPAC est majoritairement composé de représentants de la ville de Paris et de représentants de l'État, a pour objet statutaire le logement social et intermédiaire et est soumis à un contrôle permettant à la ville de Paris et à l'État d'influencer de manière déterminante tant ses objectifs stratégiques que ses décisions importantes. Même si l'activité est financée par les locataires, l'OPAC réalise l'essentiel de ses activités avec les autorités qui la détiennent (gestion de logements et construction de nouveaux logements dans le cadre des politiques définies par les deux collectivités publiques). Les chambres régionales des comptes ont admis quant à elles l'existence d'une relation « in house » entre une commune et une régie autonome d'exploitation d'une station de sports d'hiver (CRC Languedoc-Roussillon 30 juillet 2010, Avis de contrôle des actes budgétaires, *régie autonome d'exploitation touristique de Puy-Valador-Rieutort*) ou encore entre une commune et une régie municipale de

164. CRC Ile-de-France 24 déc. 2001, *Département des Hauts-de-Seine* : les liens entre un département et une association qu'il contrôle étroitement et à laquelle est confiée la mission de gestion d'un « pôle » d'enseignement supérieur et du « projet pédagogique » qui s'y attache caractérisent une relation « in house ». L'association percevait les redevances pour occupation du « pôle » et en assurait les dépenses de fonctionnement pour le compte du département. L'association respectait le droit de la commande publique pour ses propres besoins ; CRC Auvergne 20 juill. 2010, *Association Le Transfo* : une association a été créée pour assurer la gestion d'un équipement sportif ou culturel, mais le contrôle exercé par la collectivité sur elle n'était pas assimilable à un « contrôle analogue ».

165. *BJCP* 2001, n° 19, p. 497, concl. C. BERGEAL.

166. Préc.

gestion de parcs de stationnement (CRC PACA 20 mars 2009, *Régie municipale pour le stationnement de Saint-Raphaël*).

Le cas des ***groupements d'intérêt public*** a aussi donné lieu à une jurisprudence utilisant toutes les potentialités ouvertes par la reconnaissance du pluri-contrôle public dans le cadre de relations « in house » (CE 4 mars 2009, *Syndicat national des industries d'information et de santé*[167]). En l'espèce, le GIP était créé par plusieurs personnes publiques dans un objectif de mutualisation des moyens, puisque onze établissements hospitaliers et un syndicat inter-hospitalier avaient créé le groupement d'intérêt public Synergie et mutualisation des actions de recherche en informatique de santé (GIP-Symaris), ayant pour objet d'étudier, de concevoir, de développer et de mettre à disposition de ses membres tout système d'information de support aux activités et à la gestion hospitalière, d'assurer les prestations liées à la maintenance et à la gestion de ces systèmes d'information et de gérer des équipements d'intérêt commun nécessaires à l'accomplissement de ses missions. La coopération entre personnes publiques semble ainsi pouvoir échapper au droit de la commande publique par le biais de l'exception « in house » et notamment prendre la forme d'un groupement d'intérêt public créé en application des dispositions de l'article L. 6134-1 du Code de la santé publique en vue d'assurer certaines prestations répondant aux besoins de ses membres. Mais tous les GIP ne sont pas des structures « in house ». Le Conseil d'État (CE 10 novembre 2010, *Sté Carso-Laboratoire Santé Hygiène environnement*[168]) a refusé cette qualification au GIP « IPL Santé Environnement Durables Cœur de France » pour les éventuels marchés à passer avec le département de l'Allier qui en faisait partie, au motif que le GIP « n'a pas pour objet de répondre aux besoins du département de l'Allier en matière de prestations d'analyse dans les domaines de la santé publique vétérinaire et de l'hydrologie, mais d'effectuer ces prestations, ainsi que des prestations complémentaires d'audit, de conseil, de recherche et de formation, au bénéfice de tiers sur l'ensemble du territoire national ».

On remarque que le juge administratif pourrait vérifier que règles de la commande publique n'ont pas été détournées au moment de la création même du GIP, ce que F. Lenica dans ses conclusions sur *Sté Carso-Laboratoire* déduit « en creux » de la décision *Syndicat national des industries d'information de santé*, préc.

La loi n° 2011-525 du 17 mai 2011 établit un statut général des GIP. Son article 98 dispose qu'un GIP est une personne morale de droit public dotée de l'autonomie administrative et financière constituée par convention soit entre plusieurs personnes morales de droit public, soit entre l'une ou plusieurs d'entre elles et une ou plusieurs personnes morales de droit privé. Seuls les GIP composés exclusivement de personnes morales de droit public pourront éventuellement prétendre satisfaire la condition du contrôle analogue. Mais la loi ne cantonne pas l'action des GIP à la satisfaction des besoins de ses membres. Le critère de l'essentiel des activités devra donc se vérifier au cas par cas. La loi reste en effet muette à la fois sur la qualification de la convention constitutive du groupement et sur la qualification des prestations que le GIP effectuera. Le fait que les prestations du GIP soient limitées par le législateur à des activités d'intérêt général à but

167. *AJDA* 2009, p. 891, note J.-D. DREYFUS, *JCP* A n° 24, 8 juin 2009, n° 2145, concl. COURRÈGES, note Cl. DEVÈS, *DA* mai 2009, n° 71, note H. HOEPFFNER, *BJCP* n° 64 juin 2009, p. 237, concl. COURRÈGES, *RFDA* 2009, p. 759, note B. APOLLIS, *RLCT* n° 47 2009, n° 1370, note D. CAPITANT, *CMP* 2009, comm. n° 120, note P. SOLER-COUTEAUX, *RDI* 2009, P. 423, obs. R. NOGUELLOU.

168. *JCP* A 17 janv. 2011, n° 2025, note F. LINDITCH, *AJDA* 2010, p. 2380, concl. LENICA, *CMP* janv. 2011, comm. 4, obs. W. ZIMMER.

non lucratif ne permet pas non plus au GIP d'échapper au droit de la commande publique sur le fondement du caractère non économique du prestataire, puisqu'une activité économique peut s'exercer à titre non lucratif et être d'intérêt général (SIEG par ex.).

Il est impossible de conclure de manière générale sur le sort des ***sociétés à capital entièrement public*** (toutefois, un examen attentif des modalités de fonctionnement des sociétés publiques locales d'aménagement[169] conduit certains auteurs à se montrer optimistes quant à l'application de l'exception « in house »)[170]. Les sociétés publiques locales, créées par la loi n° 2010-559 du 28 mai 2010, n'entrent pas en tout état de cause et de manière automatique dans la catégorie des opérateurs « in house », mais sont susceptibles de répondre aux critères moyennant certaines précautions (voir *supra*, n° 799 et s.).

S'agissant enfin des ***relations entre personnes publiques***, la fourniture de prestations de services, en dehors du cadre réglementaire de l'intercommunalité, doit relever d'un marché public[171]. Reste la question de la mutualisation des services, de leur mise à disposition entre personnes publiques et plus généralement de l'intercommunalité[172]. Soulignons d'emblée que les relations institutionnelles entre un EPCI et ses collectivités publiques membres échappent au Code des marchés publics. Lorsque l'EPCI effectue des prestations dans le cadre des compétences qui lui sont transférées par les collectivités publiques membres et au profit de leurs populations, l'EPCI agit en vertu de ses propres compétences et aucun contrat n'est conclu avec les collectivités publiques membres. La question de l'application du droit des marchés publics ne se pose pas. Les difficultés naissent lorsque les prestations des communes vers le groupement ou du groupement vers les communes ne sont pas effectuées sur le fondement d'un transfert de compétences. La Commission européenne avait rendu un avis motivé le 27 juin 2007[173] dans lequel

169. Créées par la loi n° 2006-872 du 13 juill. 2006.

170. S. CHAVAROCHETTE-BOUFFERET, « Application du droit communautaire des marchés publics et réorganisation administrative des personnes publiques », *AJDA* 2008, p. 2147. Voir également M. PELTIER, « La société publique locale d'aménagement », *AJDA* 2006, p. 2371 ; C. MINOT, « Les sociétés publiques locales d'aménagement », *Études foncières* 2006, n° 122, p. 5 ; Cl. DEVÈS, « La société publique locale d'aménagement : impasse juridique ou ballon d'essai », *JCP* A 2005, 1219.

171. CE 20 mai 1998, *Communauté de communes du Piémont de Barr*, *RFDA* 1998, p. 593, concl. H. SAVOIE.

172. « La mutualisation des services entre communes et communautés face au droit communautaire », dossier collectif, *RLCT* n° 26, juill. 2007, p. 47 ; R. NOGUELLOU, « Intercommunalité, délégation de maîtrise d'ouvrage et droit communautaire », *Dr. adm.* août-sept. 2007, focus n° 27, p. 3 ; J.-D. DREYFUS, « Mutualisation des services et mise en concurrence. Autour des notions de bonne organisation des services et de prestation hors marché », *AJDA* 2007, p. 1865 ; L. RICHER, « Partage de services et prestations de service », *CP-ACCP* n° 61, 2006, p. 26 ; F. LLORENS et P. SOLER-COUTEAUX, « L'intercommunalité est-elle sérieusement menacée par le droit communautaire des marchés publics ? » *Contrats et marchés publics* 2007, repère 9 ; D. BRACHET et C.-E. LEMAIGNEN, « La mutualisation des services communes-communautés », *JCP A* 11 juin 2007, suppl. au n° 24, *Cahiers de l'intercommunalité* n° 1 ; P.-S. REY, « Mutualisation des services et mise en concurrence », *Gaz. communes* 28 mai 2007, p. 52 ; C. RIBOT, « La mutualisation des compétences entre communes et communautés », *RLCT* mars 2008/33, p. 51 ; J.-M. PEYRICAL, « Contrats de mutualisation de services et marchés publics : résistance et adaptation », *CP-ACCP* n° 75, mars 2008, p. 62 ; F. LLORENS et P. SOLER-COUTEAUX, « Le *in house* au secours de l'intercommunalité », *CMP* janv. 2009, p. 1 ; F. BENCHENDIKH, « Le recours à la mutualisation par les intercommunalités à fiscalité propre : remède à la crise ou complexification de l'action publique locale ? », *DA* mars 2011, étude 9.

173. Comm. CE, IP/07/922.

elle posait le principe que la mise à disposition des services communaux à des EPCI pour faciliter l'exercice de leurs compétences relève des règles communautaires de la commande publique. Cela semblait à l'époque incontestable s'agissant des services ascendants (services d'une commune mis à disposition d'un EPCI auquel elle adhère), mais plus discutable et en tout cas méritant une analyse au cas par cas s'agissant des services descendants (mise à disposition des services d'un EPCI auprès d'une commune) compte tenu des avancées jurisprudentielles en matière de pluri-contrôle public. La jurisprudence de la Cour *Coditel Brabant* du 13 novembre 2008[174], rendue à propos d'une société coopérative intercommunale, va dans le sens d'un assouplissement. En effet, la maîtrise des organes de direction de la société par la collectivité publique et le fait que l'objet statutaire de la société était la réalisation de missions d'intérêt communal suffisent à emporter la condition du contrôle analogue. À propos d'une prestation descendante, c'est-à-dire une prestation réalisée par le groupement en faveur de l'un de ses membres, le juge administratif français a utilisé les critères de la jurisprudence Coditel précitée pour faire échapper au droit des marchés publics, sous couvert de l'exception « in house », des prestations effectuées par un syndicat mixte au profit de ses membres (TA Pau 14 octobre 2008, *Préfet des Pyrénées Atlantiques c/Cne d'Ilharre* et 6 janvier 2009, *Préfet des Pyrénées Atlantiques c/Commune de Lahontan*[175] : à propos d'une Agence publique de gestion locale, syndicat mixte associant des collectivités territoriales et d'autres personnes morales de droit public, ayant pour objet d'aider ses adhérents à exercer la plénitude des compétences qui leur sont dévolues, notamment en leur apportant une capacité d'expertise en matière technique, administrative et informatique). On remarque que sont pris en considération l'objet du groupement, la composition de l'organe dirigeant faisant directement intervenir les représentants des collectivités et ses pouvoirs, ainsi que l'encadrement de l'activité du syndicat par l'organe dirigeant (fixation des tarifs).

La Cour de justice a fait évoluer sa jurisprudence en 2009, ce qui permettrait de couvrir un plus large panel de mises à disposition de services et de mutualisations de services. En effet, la Cour admet l'existence de contrats de coopération ayant le même effet qu'une structure de coopération et échappant aux règles de mise en concurrence (CJCE 9 juin 2009, *Comm. c/République Fédérale d'Allemagne* (C-480/06). Cet arrêt transpose sur le plan contractuel ce qui était jusqu'alors admis au niveau institutionnel. Plusieurs conditions étaient en l'espèce réunies pour admettre l'existence d'un contrat de coopération échappant au droit des marchés publics : la mise en œuvre d'un service public commun aux personnes publiques partenaires ; l'élaboration d'un montage qui encourage la rationalisation de la gestion publique ; l'obligation pour les parties de se prêter assistance dans le cadre de leurs obligations ; le fait qu'en cas de surcharge de l'installation commune, les parties acceptent de limiter leur accès ; le fait que le seul transfert financier se limite aux remboursements par les personnes publiques des charges occasionnée par l'installation commune ; et enfin le fait que le contrat est considéré comme l'aboutissement d'une démarche de coopération intercommunale. Ainsi, une démarche de

174. Préc.

175. *AJDA* 2009, p. 930, note A. BOURREL, *BJCP* n° 62, févr. 2009, concl. S. PERDU.

coopération, via la mise à disposition ou la création de services communs, peut prendre la forme d'un contrat échappant au droit des marchés publics, au même titre qu'une démarche de coopération par voie institutionnelle bénéficie de l'exception « in house ».

C'est sans doute la raison pour laquelle la loi n° 2010-1563 du 16 décembre 2010 de réforme des collectivités territoriales ouvre largement les possibilités de mise à disposition et de mise en commun de services. Ainsi, le nouvel article L. 1511-1-1 du CGCT dispose que « I. – Lorsqu'elles ont pour objet d'assurer l'exercice en commun d'une compétence reconnue par la loi ou transférée à leurs signataires, les conventions conclues entre les départements, les régions, leurs établissements publics, leurs groupements et les syndicats mixtes prévoient : – soit la mise à disposition du service et des équipements d'un des cocontractants à la convention au profit d'un autre de ces cocontractants ; – soit le regroupement des services et équipements existants de chaque cocontractant à la convention au sein d'un service unifié relevant d'un seul de ces cocontractants. Dans le cas mentionné au deuxième alinéa du présent I, la convention fixe les conditions de remboursement, par le bénéficiaire de la mise à disposition du service, des frais de fonctionnement lui incombant. Dans le cas mentionné au troisième alinéa du présent I [regroupement au sein d'un service unifié], la convention précise les modalités de remboursement des dépenses engagées par le service unifié pour le compte des cocontractants de la convention. Elle prévoit également, après avis des comités techniques compétents, les effets sur le personnel concerné. Le personnel du service mis à disposition ou du service unifié est placé sous l'autorité fonctionnelle de l'autorité administrative pour laquelle il exerce sa mission ». Le cas des communes est traité à part. La mise à disposition descendante est maintenue par l'article L. 5211-4-1 III du CGCT : « Les services d'un établissement public de coopération intercommunale peuvent être en tout ou partie mis à disposition d'une ou plusieurs de ses communes membres, pour l'exercice de leurs compétences, lorsque cette mise à disposition présente un intérêt dans le cadre d'une bonne organisation des services ». Cette mise à disposition « descendante » est soumise au régime du III du même article : « Dans le cadre des mises à disposition prévues aux II et III, une convention conclue entre l'établissement public de coopération intercommunale et chaque commune intéressée en fixe les modalités après consultation des comités techniques compétents. Cette convention prévoit notamment les conditions de remboursement par la commune ou l'établissement public bénéficiaire de la mise à disposition des frais de fonctionnement du service. Les modalités de ce remboursement sont définies par décret ». La mise à disposition « ascendante » de services par une commune à un EPCI repose désormais sur l'article L. 5211-4-1 II : « Lorsqu'une commune a conservé tout ou partie de ses services dans les conditions prévues au premier alinéa du I, ces services sont en tout ou partie mis à disposition de l'établissement public de coopération intercommunale auquel la commune adhère pour l'exercice des compétences de celui-ci ». Cette mise à disposition « ascendante » obligatoire s'explique par les règles de transfert de compétences fixées au I du même article. Le transfert de compétences d'une commune à un établissement public de coopération intercommunale entraîne le transfert du service ou de la partie de service chargé de sa mise en œuvre. Toutefois, dans le cadre d'une bonne organisation des services, une commune peut conserver tout ou partie du service concerné par le transfert de compétences, à raison du caractère partiel de ce dernier. Elle est également soumise au IV du même article, qui prévoit l'établissement d'une convention. Une véritable mutualisation correspond aux cas dans lesquels il y a création de services communs sur un fondement contractuel. L'article L. 5211-4-2 du CGCT, issu de la réforme de 2010, dispose que « En dehors des compétences transférées, un établissement public de coopération intercommunale à fiscalité propre et une ou plusieurs de ses communes membres peuvent se doter de services communs. Les effets de ces mises en commun sont réglés par convention après avis du ou des comités techniques compétents ».

Le juge administratif français a abondé dans le sens de la jurisprudence de la Cour (CJCE 9 juin 2009, *Comm. c/République Fédérale d'Allemagne*[176]) dans l'arrêt *Commune de Veyrier-du-Lac* rendu par le Conseil d'État le 12 février 2012[177]. Une commune avait signé avec une communauté d'agglomération (EPCI) dont elle n'était pas membre une convention ayant pour objet d'instaurer une entente entre elles dans les conditions définies par les dispositions des articles L. 5221-1 et L. 5221-2 du Code général des collectivités territoriales, visant à confier à la communauté d'agglomération l'exploitation du service public de distribution d'eau potable sur le territoire de la commune. Le tribunal administratif de Grenoble avait requalifié la convention en délégation de service public. Le Conseil d'État juge « qu'une commune peut accomplir les missions de service public qui lui incombent par ses propres moyens ou en coopération avec d'autres personnes publiques, selon les modalités prévues par le législateur ; qu'elle peut ainsi conclure, hors règles de la commande publique, sur le fondement de l'article L. 5221-1 du Code général des collectivités territoriales, une convention constitutive d'une entente pour exercer en coopération avec des communes, établissements publics de coopération intercommunale ou syndicats mixtes, de mêmes missions, notamment par la mutualisation de moyens dédiés à l'exploitation d'un service public, à la condition que cette entente ne permette pas une intervention à des fins lucratives de l'une de ces personnes publiques, agissant tel un opérateur sur un marché concurrentiel ». Ainsi, l'article L. 5221-1 du CGCT (ententes) peut à son tour fonder une mutualisation contractuelle de services échappant que droit de la commande publique. Les conditions posées par le Conseil d'État rejoignent les indices qui avaient permis à la Cour de justice de parvenir au même résultat en 2009 : l'objectif visé par les parties est l'exploitation d'un service public ; la commune met à la disposition de l'EPCI ses propres infrastructures et entend bénéficier d'installations plus performantes ; le tarif fixé par la convention pour les usagers de la commune correspond, en sa partie fixe, à la répartition entre usagers de la quote-part de la commune dans les investissements à réaliser sur les installations mutualisées, et en sa partie proportionnelle au prix coûtant de la production et de l'acheminement de la prestation, de telle sorte que convention n'a pas provoqué de transferts financiers indirects entre collectivités autres que ceux résultant strictement de la compensation de charges

176. C-480/06.

177. N° 353737, *DA* avr. 2012, comm. n° 33, note F. BRENET, *AJDA* 2012, p. 555, note L. RICHER, *CMP* mars 2012, comm. n° 78, note W. ZIMMER.

d'investissement et d'exploitation du service mutualisé, et la communauté d'agglomération ne peut être regardée comme agissant tel un opérateur sur un marché concurrentiel. Il en est déduit que la convention litigieuse, conclue à des fins de coopération entre personnes publiques dans le cadre de relations qui ne sont pas celles du marché, n'était pas soumise aux règles de la commande publique. On remarque toutefois que contrairement à la jurisprudence de la Cour, il ne s'agissait pas pour différentes collectivités de mutualiser leurs infrastructures par un effort d'investissement effectué de concert, mais plutôt pour la commune de faire appel à un prestataire dont la seule particularité est d'être l'EPCI compétent sur un territoire voisin. Certes, la commune semble dans l'opération consentir un effort d'investissement, mais on peine à réellement trouver la différence entre cette situation et l'économie d'une délégation de service public classique. Quant au fait que le service soit rendu à l'usager au prix coutant, un tel avantage aurait pu tout aussi bien être révélé par une procédure de mise en concurrence.

B. LES MARCHÉS PASSÉS AVEC DES TITULAIRES DE DROITS EXCLUSIFS

995 **Définition de l'exclusion. –** Sont exclus les marchés de services conclus avec un pouvoir adjudicateur soumis au Code des marchés publics ou à l'ordonnance du 6 juin 2005, lorsque ce pouvoir adjudicateur bénéficie, sur le fondement d'une disposition légalement prise, d'un droit exclusif, à condition que cette disposition soit compatible avec le traité instituant la Communauté européenne (article 18 de la directive n° 2004/18, article 25 de la directive n° 2004/17, articles 3-2° et 136-1° du Code des marchés publics 2006, article 7 de l'ordonnance n° 2005-649). Le droit exclusif est un privilège légal conférant une exclusivité sur le marché, un monopole[178]. Un tel droit a pour effet de réserver à une ou plusieurs entités l'exercice d'une activité et d'affecter substantiellement la capacité des autres entités d'exercer cette activité.

Le Guide de bonnes pratiques (circulaire du 14 février 2012) définit le droit exclusif comme la situation dans laquelle est confié à une personne, par un acte législatif ou réglementaire, l'exercice d'une mission d'intérêt général. Ce droit a pour effet de réserver à cette personne l'exercice de l'activité en cause. Lorsqu'un droit exclusif est confié à plusieurs opérateurs, on parle alors de droit spécial (point 3.2).

996 **Conditions. –** Le droit exclusif est octroyé par une disposition « légale », ce qui inclut également les mesures réglementaires (ce que précisent les directives communautaires), mais semble exclure l'octroi par le biais d'un contrat. Le Guide de bonnes pratiques issu de la circulaire du 14 février 2012 (point 3.2) impose aussi que l'acte définisse la mission d'intérêt général confiée au cocontractant et précise les obligations qui lui sont imposées. Il confirme que le texte attribuant le droit

178. Voir pour plus de détails les réflexions menées par le Commissaire du gouvernement Savoie sur l'arrêt *Communauté de communes du Piémont-de-Barr* (*RFDA* 1998, p. 616), qui semblent implicitement confirmées par l'arrêt du Conseil d'État (CE Section 20 mai 1998, *AJDA* 1998, p. 632, *LPA* 6 janv. 1999, n° 4, p. 11, note J.-D. DREYFUS).

exclusif ne peut être le contrat lui-même et doit lui être antérieur. Le droit communautaire exige que l'acte octroyant le droit exclusif soit régulièrement publié, alors que les textes français ne reprennent pas cette condition[179]. Il est à noter que l'exclusion ne concerne que les marchés passés entre deux pouvoirs adjudicateurs.

Enfin, le droit exclusif doit être régulièrement institué au regard du TFUE (*supra*, n° 218 et s.).

Le Guide de bonnes pratiques issu de la circulaire du 14 février 2012 réalise à cette occasion une synthèse de la jurisprudence communautaire : « Les conditions de validité d'un droit exclusif sont les suivantes : – il doit être nécessaire et proportionné à l'exercice d'une mission d'intérêt général confiée au contractant ; – lorsque sont en cause des services d'intérêt économique général (SIEG), c'est-à-dire des « activités de service marchand remplissant des missions d'intérêt général et soumises, de ce fait, par les États membres à des obligations spécifiques de service public », le droit exclusif est justifié si, en son absence, son bénéficiaire ne serait pas en mesure d'accomplir la mission particulière qui lui a été confiée ; – conformément à l'article 106 du TFUE, le droit exclusif ne peut être accordé qu'à un organisme déterminé pour l'accomplissement d'une mission de SIEG justifiant l'exclusion ou la restriction de concurrence sur les marchés de services en question ; – dans les autres cas, la dérogation à l'application des règles de libre concurrence, de libre prestation de services, de liberté d'établissement et de libre circulation des marchandises édictées par le traité sur le fonctionnement de l'Union européenne (TFUE) doit être justifiée par une nécessité impérieuse d'intérêt général et à la double condition que les restrictions à ces règles soient propres à garantir l'objectif qu'elles visent et qu'elles n'aillent pas au-delà de ce qui est nécessaire pour l'atteindre. Si le droit exclusif peut conférer à son bénéficiaire une position dominante sur le marché, au sens de l'article 102 du TFUE et de l'article L. 420-2 du Code de commerce, il ne doit pas le conduire à abuser de cette position dominante ».

SECTION II LA PASSATION DES MARCHÉS PUBLICS

997 **Principes de la commande publique. –** Les marchés publics respectent les grands principes de la commande publique (*supra*, n° 923 et s.), rappelés à l'article 1er-II du Code 2006. Il s'agit des principes de liberté d'accès à la commande publique, d'égalité de traitement des candidats et de transparence des procédures. Mais ces principes sont absorbés par le code en tant qu'en matière de marchés publics ils sont considérés comme permettant d'assurer l'efficacité de la commande publique et la bonne utilisation des deniers publics et sont mis en œuvre conformément aux règles du code.

179. Le Conseil d'État a jugé que cela ne suffisait pas à entraîner l'irrégularité du Code 2006 sur ce point (CE Ass. 5 mars 2003, *UNSPIC*, *Rec.* p. 108, concl. PIVETEAU, *D.* 2003, p. 851, note J.-D. DREYFUS).

§ 1. LES DISPOSITIONS GÉNÉRALES COMMUNES À TOUS LES MARCHÉS PUBLICS

998 **Autorités compétentes. –** Se pose la question de l'autorité compétente pour engager le pouvoir adjudicateur[180]. Les marchés de l'État sont passés soit par les ministres, soit par les préfets pour les marchés des services déconcentrés. La détermination de l'autorité compétente pour les collectivités territoriales relève du seul Code général des collectivités territoriales (art. L. 2122-22-4° et L. 2122-21-1).

999 **Commissions d'appel d'offres**[181]**. –** Les procédures de passation font éventuellement intervenir des commissions d'appel d'offres. La réforme de 2008 a supprimé les commissions d'appel d'offres pour l'État, ses établissements publics et les établissements publics de santé, sociaux et médicaux-sociaux. La composition des commissions d'appel d'offres des collectivités territoriales et des établissements publics locaux est fixée par l'article 22 du Code 2006.

A. LES BESOINS À SATISFAIRE

1000 **Difficultés. –** Les pouvoirs adjudicateurs peuvent rencontrer deux types de difficultés : des difficultés tenant à la définition de leurs besoins et des difficultés relatives à la survenance de leurs besoins.

1. Détermination et présentation des besoins

1001 **Détermination des besoins. –** La définition de la nature et de l'étendue des besoins à satisfaire s'effectue avec précision, préalablement à l'engagement de la procédure (article 5 du Code 2006)[182]. La même mise en garde vaut pour les sous-estimations manifestes des besoins, susceptibles de rendre irrégulière une probable déclaration d'infructuosité ou d'inciter les opérateurs à facturer des opérations supplémentaires. Une mauvaise définition des besoins peut engager la responsabilité de l'administration vis-à-vis des candidats éconduits qui auraient eu une chance d'emporter le marché avec une meilleure définition[183]. Une insuffisante description des besoins dans l'objet du marché constitue un manquement aux obligations de publicité et de mise en concurrence[184]. Ont pu être considérés comme des manquements : la sous-estimation des quantités du marché[185], le renvoi de la définition de certains besoins à une étape ultérieure[186], la possibilité pour les

180. C. LAJOYE, « Organes de l'achat public », *J.-Cl. CMP* fasc. 60-10.

181. M. BERBARI, *Les commissions d'appel d'offres*, Éditions du Moniteur, 2e éd., 2002.

182. N. JEANJEAN, « De la définition des besoins à l'exécution du contrat », *CP-ACCP* n° 23, juin 2003, p. 24 ; V. FARRÉ et C. GRYNKO, « Expression des besoins et rédaction du cahier des charges », *CP-ACCP* n° 23, juin 2003, p. 32.

183. CE 18 nov. 1988, *SARL Les voyages Brounais*, *Rec.* p. 964.

184. CE 29 déc. 1997, *Département de Paris*, *Rec.* p. 503 ; TA Melun ord. 29 janv. 2008, *Préfet de Seine-et-Marne*, *CMP* juin 2008, comm. 34. À propos des marchés de vélos en libre service, comparer TA Paris ord. 23 févr. 2007, *Sté Clear Channel France*, n° 0701657 et TA Montpellier ord. 21 sept. 2007, *CMP* déc. 2007, comm. G. ECKERT.

185. CE 29 juill. 1998, *Commune de Léognan*, n° 190452.

186. CE 8 août 2008, *Région Bourgogne*, n° 307143.

candidats de proposer des services annexes non définis[187] ou encore l'absence d'indication de la durée d'engagement des candidats[188]. La modification des besoins en cours de procédure entraîne son irrégularité[189], de même qu'au cours de la phase de mise au point qui ne peut absorber une modification significative des prestations[190]. C'est la raison pour laquelle il est recommandé au pouvoir adjudicateur d'accorder le plus grand soin à la démarche conceptuelle puis rédactionnelle dans le cahier des charges de la définition des besoins.

La détermination des besoins implique désormais la prise en compte du développement durable, puisque l'article 5 du Code des marchés publics dispose que « la nature et l'étendue des besoins à satisfaire sont déterminés avec précision avant tout appel à la concurrence ou toute négociation non précédée d'un appel à la concurrence en prenant en compte des objectifs de développement durable »[191]. On rappelle que la notion de développement durable n'implique pas seulement une préoccupation écologique, mais repose sur trois piliers : efficacité économique, équité sociale et développement écologiquement soutenable. Les pouvoirs adjudicateurs peuvent alors définir leurs besoins en utilisant la démarche HQE (Haute qualité environnementale) ou HPE (Haute performance énergétique). La référence au développement durable suscite des interrogations quant à l'obligation mise à la charge des pouvoirs adjudicateurs de tenir compte d'objectifs de développement durable au stade de la définition des besoins. Selon une réponse ministérielle, le pouvoir adjudicateur n'aurait pas à justifier à l'égard des candidats de son impossibilité de tenir compte des objectifs de développement durable dans les documents de consultation, dans la mesure où l'obligation formulée par l'article 5 pèse sur le pouvoir adjudicateur au stade de la définition du besoin, c'est-à-dire avant même le lancement de la procédure. Mais l'article 5 n'en demeure pas moins contraignant puisque le pouvoir adjudicateur doit pouvoir se justifier auprès des autorités de contrôle du marché (Rép. min. n° 25167, *JO* Sénat Q, 11 janvier 2007).

En cas de difficulté dans la définition des besoins, le pouvoir adjudicateur pouvait auparavant recourir au marché de définition de l'article 73 du Code : « lorsque le pouvoir adjudicateur n'est pas en mesure de préciser les buts et performances à atteindre, les techniques à utiliser, les moyens en personnel et en matériel à mettre en œuvre, il peut recourir aux marchés de définition. Ces marchés ont pour objet d'explorer les possibilités et les conditions d'établissement d'un marché ultérieur, le cas échéant au moyen de la réalisation d'une maquette ou d'un démonstrateur. Ils permettent également d'estimer le niveau du prix des prestations, les modalités de sa détermination et de prévoir les différentes phases de l'exécution des prestations ». La CJUE (10 décembre 2009, *Commission c/République française*, aff. C-299/08) a condamné le marché de définition à la française en ce que la procédure a pour objet l'attribution de deux types de marchés, le marché de définition lui-même, puis les marchés d'exécution, ces derniers étant adjugés à la suite d'une mise en concurrence limitée aux seuls titulaires des premiers. De ce fait, les opérateurs qui ne seraient intéressés que par les seconds font l'objet d'un traitement discriminatoire. De plus, les dispositions françaises n'étaient pas de nature à garantir que, dans tous les cas, l'objet et les critères d'attribution des marchés de définition et d'exécution puissent être définis dès le début de la procédure. Le décret n° 2010-406 du 26 avril 2010 a donc abrogé les anciens articles 73 et 74 du Code des marchés publics français.

187. CE 15 déc. 2008, *Communauté urbaine de Dunkerque*, n° 310380.
188. CE 1er juin 2011, *Cne de Saint-Benoît*, *CMP* juill. 2011, n° 196, comm. W. ZIMMER.
189. CE 12 mars 1999, *Entreprise Porte*, *Rec.* p. 881.
190. TA Lyon 8 mars 2007, *préfet du Rhône*, *AJDA* 2007, p. 990.
191. Commission européenne, Communication interprétative sur le droit communautaire applicable aux marchés publics et les possibilités d'intégrer des considérations environnementales dans lesdits marchés », COM(2001)-274 final, *JOCE* 28 nov. 2001 ; A. BOURREL, « Regard critique sur la prise en compte du développement durable dans les marchés publics », *BJCP* n° 64, juin 2009, p. 164 ; Dossier « Commande publique et développement durable », *CP-ACCP* n° 96, févr. 2010, p. 37.

Le pouvoir adjudicateur peut aussi recourir à un simple marché d'études (marché de service). Depuis la réforme opérée par le décret n° 2011-1000 du 25 août 2011, on retrouve l'esprit du marché de définition dans la possibilité d'utiliser la procédure de dialogue compétitif (si les conditions de son utilisation sont réunies) pour l'attribution d'un marché ou d'un accord-cadre de maîtrise d'œuvre pour la réhabilitation d'un ouvrage ou la réalisation d'un projet urbain ou paysager (art. 74-IV du code 2006).

L'article 35-I-2° autorise la passation selon la procédure de marché négocié après publicité préalable et mise en concurrence des marchés de services (notamment les services financiers ou les marchés de prestations intellectuelles telles que la conception d'ouvrage) lorsque la prestation de services à réaliser est d'une nature telle que les spécifications du marché ne peuvent être établies préalablement avec une précision suffisante pour permettre le recours à l'appel d'offres[192].

1002 **Spécifications techniques. –** Selon l'article 6 du Code des marchés publics, les prestations qui font l'objet d'un marché ou d'un accord-cadre sont définies, dans les documents de la consultation, par des spécifications techniques formulées soit par référence à des normes[193] ou à d'autres documents équivalents accessibles aux candidats, notamment des agréments techniques ou d'autres référentiels techniques élaborés par les organismes de normalisation, soit en termes de performances ou d'exigences fonctionnelles. Celles-ci sont suffisamment précises pour permettre aux candidats de connaître exactement l'objet du marché et au pouvoir adjudicateur d'attribuer le marché. Elles peuvent inclure des caractéristiques environnementales[194]. Les deux types de références peuvent être combinés. Les spécifications techniques ne doivent pas créer d'obstacles injustifiés à l'ouverture des marchés publics à la concurrence. Au niveau communautaire, il existe un vocabulaire commun pour les marchés publics (CPV, Règlement CE n° 213/2008 de la Commission du 28 novembre 2007) qui a pour vocation d'établir une classification unique des marchés au niveau européen dans le but d'unifier les références utilisées pour la description de l'objet du marché[195].

Le choix de la norme doit être justifié par l'objet du marché et ne pas créer de distorsions de concurrence entre candidats. Le pouvoir adjudicateur doit autoriser la présentation d'offres équivalentes aux offres normées (CJCE 22 septembre 1988, *Commission et Royaume d'Espagne c/Irlande*[196]). Le pouvoir adjudicateur ne peut pas retenir des normes non prévues au règlement ni au cahier des charges, fussent-elles supérieures à celles choisies au départ (à propos d'un candidat s'étant engagé à respecter des normes plus contraignantes que celles qui avaient été retenues, CE 28 juillet 2000, *Commune de Villefranche-de-Rouergue*[197]). Le juge contrôle que

192. Rép. min. n° 65061, *JOAN* Q 19 nov. 2001, p. 6616 ; Rép. min. n° 36681, *JO* Sénat Q, 28 févr. 2002, p. 6532.

193. Arrêté du 8 août 2006 relatif aux spécifications techniques, *JO* du 29 août 2006. L'ordre des spécifications techniques est réorganisé par l'arrêté du 3 oct. 2011, *JO* 8 oct. 2011 : la liste des spécifications techniques n'est pas exhaustive mais un ordre de préférence est établi : 1) les normes nationales transposant les normes européennes, 2) les agréments techniques européens, 3) les spécifications techniques communes.

194. « Le guide de l'achat public éco-responsable. Achat de produits », Groupe d'étude des marchés Développement durable, Environnement, 2005. Les pouvoirs adjudicateurs peuvent par exemple utiliser des écolabels.

195. Le pouvoir adjudicateur est tenu d'y faire référence pour les marchés de seuil communautaire.

196. Aff. 45/87.

197. *Gaz. Pal.* 21-22 sept. 2001, p. 21.

le choix des spécifications techniques n'entraîne pas de discriminations ou ne porte pas atteinte aux libertés économiques[198]. Lorsque les spécifications techniques ont pour effet de favoriser ou d'éliminer certains opérateurs économiques, elles doivent être justifiées par l'objet du marché ou, si tel n'est pas le cas, une description suffisamment précise et intelligible de l'objet du marché ne doit pas être possible sans elles (CE 30 septembre 2011, *Région Picardie*[199]. L'autorité compétente peut exiger des spécifications techniques supérieures aux normes en vigueur, mais si celles-ci réduisent le nombre d'opérateur susceptibles d'en justifier le respect, elles doivent être justifiées par les nécessités propres au service public[200]. La référence à une marque est autorisée si cette référence est nécessaire pour décrire les prestations attendues[201], si elle est suivie de la mention « ou équivalent »[202] et si elle est justifiée par l'objet du contrat[203]. La définition des spécifications techniques peut aussi constituer un moyen de privilégier les marchés intégrant des préoccupations environnementales. Le pouvoir adjudicateur pourra se référer aux éco-labels attribués par des organismes indépendants et définis comme des déclarations de conformité des prestations labellisées à des critères préétablis d'usage et de qualité écologique[204].

1003 **Niveau de rattachement et d'évaluation des besoins. –** Le droit communautaire ne règle pas l'organisation interne des pouvoirs adjudicateurs. Le montant de la commande est évalué au niveau du pouvoir adjudicateur, c'est-à-dire au niveau de la personne publique acheteuse. Cette évaluation va ensuite permettre de comparer le montant estimé aux seuils (*infra*, n° 1018 et s.). Mais le Code des marchés publics français comporte une disposition trompeuse en autorisant le pouvoir adjudicateur à déterminer le niveau auquel les besoins sont évalués (art. 5-II du Code 2006), ce qui implique qu'un niveau inférieur peut être retenu pour la passation du marché. Ainsi, chaque pouvoir adjudicateur devra désigner le niveau auquel ses différents besoins seront appréciés. À chaque niveau sera désignée une autorité apte à mettre en œuvre les procédures du code. Mais cette autorité n'a qu'un rôle administratif et fonctionnel. Il convient de mettre en garde les administrations contre un découpage excessif des besoins dans le seul but d'échapper aux obligations de mise en concurrence.

Le Guide de bonnes pratiques (Circulaire du 14 février 2012) indique qu'« il appartient à chaque pouvoir adjudicateur de choisir dans le cadre de sa politique d'achat à quel niveau ses besoins doivent être appréciés. Le libre choix du niveau de détermination des besoins est une souplesse de gestion. Il est distinct du niveau auquel les seuils de déclenchement des procédures sont appréciés. Un ministère,

198. CJCE 28 oct. 1999, *Commission c/Autriche*, aff. C-328/96 ; CJCE ord. 3 déc. 2001, *Bent Moussent*, aff. C-59/00.

199. *CMP* nov. 2011, n° 316, comm. J.-P. PIETRI, *DA* déc. 2011, note F. BRENET.

200. Pour des spécifications supérieures non justifiées, CE Sect. 3 nov. 1995, *District de l'agglomération nancéienne*, *Rec.* p. 391 ; CE 5 juin 2007, *Sté Corsica Ferries*, *CMP* févr. 2007, n° 53, note G. ECKERT, *AJDA* 2007, p. 1523, note J.-D. DREYFUS, *BJCP* n° 51, avr. 2007, p. 116, concl. CASAS. Pour des spécifications techniques justifiées, CAA Marseille 12 nov. 2002, *Ville de Draguignan*, *BJCP* n° 29, juill. 2003, p. 325.

201. TA Strasbourg 24 juill. 2001, *Préfet du Bas Rhin*, *CMP* oct. 2001, p. 15, obs. Ph. DELELIS.

202. CJCE 17 nov. 1993, *Commission c/Espagne*, aff. C-71/92.

203. CE 11 sept. 2006, *Cne de Saran*, *BJCP* n° 49, déc. 2006, p. 470, note C. MAUGÜÉ.

204. Rép. min. n° 102882, *JOAN* Q 28 nov. 2006, p. 12458.

une collectivité territoriale ou un établissement public peuvent décider que leurs besoins seront définis au niveau des directions ou des services ». On peut en déduire que désormais deux niveaux sont à prendre en considération : le niveau *d'évaluation du montant* de la commande, qui reste celui du pouvoir adjudicateur et qui commande l'application des seuils de déclenchement des procédures formalisées, et le niveau de *définition et d'appréciation* des besoins, qui désigne l'autorité qui aura à réaliser le travail de conceptualisation des besoins et de rédaction des documents les transcrivant, puis qui diligentera la procédure. Dans les deux cas, le découpage excessif est interdit, dans le premier parce qu'il ne faut pas que la commande échappe aux procédures formalisées et, dans le second, parce que même si des procédures formalisées sont diligentées à chaque niveau, leur multiplication artificielle peut engendrer une méconnaissance des principes de transparence, de liberté d'accès à la commande publique et d'égalité entre opérateurs.

2. Survenance des besoins

1004 **Traitement des difficultés liées à l'incertitude quant à la survenance du besoin ou à son caractère répété. –** Lorsqu'un pouvoir adjudicateur doit satisfaire des besoins répétés ou dont la survenance est difficile à appréhender, il bénéficie de différents instruments contractuels mis à sa disposition par le Code des marchés publics.

L'instrument de l'accord-cadre est privilégié dans cette situation. La directive n° 2004/17 opère une distinction explicitée par la Commission européenne dans une fiche explicative[205]. Certains accords-cadres fixent tous les termes des relations entre le pouvoir adjudicateur et les opérateurs. On les dénomme « contrats-cadres ». Il s'agit d'instruments juridiques par lesquels les stipulations contractuelles applicables aux commandes subséquentes sont fixées de manière contraignante pour les parties qui n'ont alors pas besoin de conclure de nouveaux accords. Il existe à l'inverse des accords-cadres qui ne fixent pas tous les termes des futures commandes, qui devront être déterminés par la suite. Ces deux catégories d'accords-cadres ont donné naissance en droit français à deux types d'instruments : les marchés à bons de commande (art. 77 du code) et les accords-cadres proprement dits (art. 76 du code).

1005 **Accord-cadre. –** Le droit français (article 76 du Code des marchés publics) a ainsi repris un mécanisme existant en droit communautaire[206], l'accord-cadre[207]. L'intérêt de ce contrat est de séparer le choix du ou des fournisseurs et l'attribution des commandes effectives. Il permet de sélectionner des prestataires qui seront remis en concurrence lors de la survenance du besoin et permet de réaliser des achats répétitifs ou de satisfaire un besoin connu mais dont la survenance est aléatoire (réparation d'urgence par exemple). Les accords-cadres sont les contrats ayant pour objet d'établir les termes régissant les marchés à passer au cours d'une période

205. CC/2005/03, *Mon. TP* 27 janv. 2006, p. 424.

206. Article 1er-5 de la directive n° 2004/18.

207. G. MOLLION, « Remarques sur une nouvelle catégorie de contrat : l'accord-cadre », *DA* 2007, étude n° 11.

donnée, notamment en ce qui concerne les prix et, le cas échéant, les quantités envisagées (article 1er-I du Code 2006).

La procédure de passation des accords-cadres est fixée à l'article 76 du Code 2006. Dans ces accords-cadres le pouvoir adjudicateur a la faculté de prévoir un minimum et un maximum en valeur ou en quantité, ou un minimum, ou un maximum, ou encore être conclus sans minimum ni maximum. La passation d'un accord-cadre s'effectue selon les procédures du Code. Les marchés passés sur le fondement d'un accord-cadre précisent les caractéristiques et les modalités d'exécution des prestations demandées qui n'ont pas été fixées dans l'accord-cadre. La conclusion des marchés passés sur le fondement d'un accord-cadre intervient soit lors de la survenance du besoin, soit selon une périodicité prévue par l'accord-cadre. Les accords-cadres peuvent être conclus avec plusieurs prestataires, lesquels seront remis en concurrence pour l'attribution des marchés subséquents.

La circulaire du 30 mars 2007[208] précise que l'absence de précisions apportées dans l'article 76 quant à la manière dont doit être organisée la remise en concurrence des titulaires d'un même accord-cadre signifie que les pouvoirs adjudicateurs sont libres de définir les conditions d'attribution des marchés subséquents sous réserve des principes de nécessité de remise en concurrence de tous les titulaires d'un même lot, d'absence de modification substantielle des termes de l'accord, du respect d'un délai suffisant pour la présentation des offres tenant compte de la complexité des prestations attendues ou du temps nécessaire à la transmission des offres. La directive n° 2004/18 (art. 32-4, a) n'exige pas de publicité pour la passation des marchés subséquents, mais une consultation par écrit des titulaires. La négociation des marchés subséquents est interdite (rédaction de l'article 76-III du code). Selon le Guide de bonnes pratiques (circulaire du 14 février 2012, 7.2.2), les critères d'attribution des marchés subséquents ne sont pas nécessairement les mêmes que ceux appliqués pour la conclusion de l'accord-cadre, même s'il peut y avoir une certaine complémentarité entre eux. Ainsi, il est possible de fonder l'attribution de l'accord-cadre exclusivement sur la base de critères « qualitatifs » et de fonder la conclusion des marchés subséquents sur le critère unique du prix, à condition que ces modalités aient été précisées dans le cahier des charges de l'accord-cadre.

1006 **Marché à bons de commande. –** Lorsqu'il existe une incertitude sur la quantité ou le rythme du besoin à satisfaire, le pouvoir adjudicateur peut utiliser le marché à bons de commande. Cependant, la rédaction du Code 2006 ne soumet pas la passation d'un marché à bon de commande à la démonstration que le pouvoir adjudicateur est dans l'impossibilité de prévoir le rythme et l'étendue de ses besoins, situation qui ne représente donc qu'une hypothèse parmi d'autres. Un marché à bons de commande[209] est un marché conclu avec un ou plusieurs opérateurs économiques (au moins trois) et exécuté au fur et à mesure de l'émission de bons de commande (article 77 du Code 2006). Il peut prévoir un minimum[210] et/ou un maximum en valeur ou en quantité ou être conclu sans minimum ni maximum. Le Conseil d'État avait admis qu'un marché à bon de commande puisse être conclu sans minimum (CE 24 octobre 2008, *Union groupement d'achats Publics*[211]), ce qui est confirmé par la réforme de 2008, qui autorise également ces marchés à ne comporter qu'un maximum. Mais cet assouplissement ne dispense pas les pouvoirs adjudicateurs d'indiquer la quantité ou l'étendue globale des prestations à fournir

208. NOR MCT/B/07/00041/C.

209. Ph. DE GÉRY, *Les marchés à bons de commande*, Le Moniteur, 2004 ; F. LINDITCH, « Marchés à bons de commande : pourquoi les achats y sont parfois plus chers », *JCP* A févr. 2006, p. 226.

210. Si le minimum n'est pas atteint, le pouvoir adjudicateur engage sa responsabilité, CE 18 janv. 1991, *Commune d'Antibes c/SARL Dani*.

211. *JCP* A 2008, 2298, obs. F. LINDITCH.

(CE 24 octobre 2008, *Communauté d'agglomération Artois*[212]). L'émission des bons de commande s'effectue sans négociation ni remise en concurrence préalable des titulaires, selon des modalités expressément prévues par le marché. « Ils sont répartis entre ces titulaires, selon les modalités fixées par le marché, qui doivent être objectives, transparentes et non discriminatoires. Ils peuvent, par exemple, être attribués à tour de rôle, ou selon la méthode dite « en cascade », qui consiste à faire appel, en priorité, aux titulaires les mieux-disants : l'acheteur contacte le titulaire dont l'offre a été classée première et, si celui-ci n'a pas la capacité de répondre dans les délais exigés, l'acheteur s'adresse au titulaire dont l'offre a été classée deuxième et ainsi de suite, etc. » (Guide de bonnes pratiques, circulaire du 14 février 2012, 7.2.1). Chaque bon de commande précise celles des prestations, décrites dans le marché, dont l'exécution est demandée et en détermine la quantité. Les marchés à bons de commande sont des accords-cadres au regard du droit communautaire (CE 24 octobre 2008, *Communauté d'agglomération Artois*)[213].

La durée des marchés à bons de commande ne peut dépasser quatre ans, sauf dans des cas exceptionnels dûment justifiés, notamment par leur objet ou par le fait que leur exécution nécessite des investissements amortissables sur une durée supérieure à quatre ans (art. 76-II). La durée de validité du contrat est distincte de sa durée d'exécution, en ce que les bons de commande peuvent être émis pendant la durée maximale de quatre ans, mais s'exécuter au-delà.

Le titulaire d'un marché à bons de commande bénéficie en principe d'une exclusivité, mais le code prévoit que pour des besoins occasionnels et de faible montant, le pouvoir adjudicateur peut s'adresser à un autre prestataire (montant des achats inférieur à 1 % du montant du marché et inférieur à 10 000 € HT, art. 77-III). Le titulaire a droit à une réparation si le montant minimum n'est pas atteint (CE 18 janvier 1991, *Ville d'Antibes*[214]), réparation estimée au montant de la marge nette procuré par la commande non réalisée (CAA Bordeaux 4 mai 2006, *Sté d'exploitation Dufour*[215]).

Afin de favoriser la coordination des achats entre une administration centrale et ses services déconcentrés, il est possible de conclure un marché à bons de commande, qui sera passé au niveau central et exécuté au niveau déconcentré (Guide de bonnes pratiques, circulaire du 14 février 2012, 7.2.1).

1007 **Marché à tranches conditionnelles. –** Lorsque le pouvoir adjudicateur ne parvient pas à arrêter le rythme ou l'étendue des besoins à satisfaire, il peut opter pour le marché à tranches conditionnelles (article 72). Le marché à tranches conditionnelles comporte une tranche ferme et une ou plusieurs tranches conditionnelles. Le marché définit la consistance, le prix ou ses modalités de détermination et les modalités d'exécution des prestations de chaque tranche. Les prestations de la tranche ferme doivent constituer un ensemble cohérent ; il en est de même des prestations de chaque tranche conditionnelle, compte tenu des prestations de toutes les tranches antérieures. L'exécution de chaque tranche conditionnelle est subordonnée

212. *JCP* A 3 nov. 2008, n° 45, p. 7.
213. Préc.
214. *Rec.* p. 1047, *AJDA* 1993, p. 165.
215. *JCP* A 2006, 1177, note F. LINDITCH.

à une décision du pouvoir adjudicateur. Si une tranche conditionnelle n'est pas affermie, le marché peut prévoir une indemnisation du titulaire.

B. L'ALLOTISSEMENT ET LES MARCHÉS GLOBAUX

1008 **Allotissement de principe.** – L'allotissement[216] est une technique par laquelle une opération est décomposée en plusieurs lots donnant lieu à la passation d'autant de marchés séparés[217]. L'allotissement s'effectue par principe dans le Code 2006, afin de susciter la plus large concurrence et surtout, d'éviter que les PME soient exclues de la commande publique par la passation de marchés trop globaux. Le pouvoir adjudicateur choisit librement le nombre de lots, en tenant notamment compte des caractéristiques techniques des prestations demandées, de la structure du secteur économique en cause et, le cas échéant, des règles applicables à certaines professions[218]. Les candidatures et les offres sont examinées lot par lot. Les candidats ne peuvent présenter des offres variables selon le nombre de lots susceptibles d'être obtenus. Si plusieurs lots sont attribués à un même titulaire, il est toutefois possible de ne signer avec ce titulaire qu'un seul marché regroupant tous ces lots (article 10 du Code 2006).

Le pouvoir adjudicateur ne peut passer un marché global, par exception au principe de l'allotissement, que s'il estime que la dévolution en lots séparés est de nature, dans le cas particulier, à restreindre la concurrence, ou qu'elle risque de rendre techniquement difficile[219] ou financièrement coûteuse[220] l'exécution des prestations ou encore qu'il n'est pas en mesure d'assurer par lui-même les missions d'organisation, de pilotage et de coordination (article 10). Le Guide de bonnes pratiques (circulaire du 14 février 2012, 7.1.1) précise que l'allotissement peut être rendu difficile par des difficultés techniques tenant par exemple à la nécessité de maintenir la cohérence des prestations ou économiques lorsque l'allotissement est susceptible de restreindre la concurrence. Mais la dévolution d'un marché global n'interdit pas au pouvoir adjudicateur d'identifier les prestations de manière distinctes sous forme de postes techniques, découpage qui ne

216. F. SCANVIC, « L'allotissement au cœur de la commande publique », *CP-ACCP* sept. 2006, p. 47.

217. CE 30 juin 2004, *OPHLM Nantes Habitat*, *AJDA* 2004, p. 1893.

218. CE 2 juin 1995, *Sté Cofreth et Sté Techni*, *AJDA* 1995, p. 753.

219. CE 20 mai 2009, *Commune de Fort-de-France*, *BJCP* n° 66 août 2009, p. 427 : « si le marché de sécurisation des espaces publics comportait des prestations distinctes (rénovation d'une partie de l'éclairage public, mise aux normes de la signalisation lumineuse tricolore, installation d'un dispositif de vidéosurveillance), il ne résulte pas de l'instruction que, compte tenu en particulier des difficultés techniques qui auraient pu résulter, lors de l'exécution du marché, de sa dévolution en lots séparés, ainsi que des conséquences probables de cet allotissement sur le coût financier du marché, la commune de Fort-de-France ait méconnu l'article 10 du Code des marchés publics faute d'avoir alloti le marché ».

220. CE 11 août 2009, *Communauté urbaine de Nantes métropole*, n° 319949, *AJDA* 2009, p. 2181, note J.-D. DREYFUS, *CMP* nov. 2009, n° 348, note F. OLIVIER, *BJCP* n° 67 déc. 2009, p. 451, concl. DACOSTA : l'impact financier du regroupement de lots ne saurait justifier une absence de dévolution en lots séparés dès lors qu'il ne représente que moins de 2 % du budget alloué à ce lot. CE 9 déc. 2009, *Département de l'Eure*, *BJDCP* n° 69, avr. 2010, p. 78, concl. BOULOUIS : la réalisation d'une économie budgétaire significative est assimilable à un surcoût d'exécution.

s'oppose pas à la passation d'un marché unique[221]. Le juge administratif n'exerce qu'un contrôle restreint sur la définition et la consistance du nombre de lots[222].

La passation d'un marché global a été admise[223] pour un marché portant sur la voirie, le réseau d'eau et le mobilier urbain, compte tenu des contraintes d'exécution dans un espace urbain restreint et dans un temps limité (TA Nice, ord. 1er février 2008, *Soc. SGCAA*), ou pour un marché de représentation en justice compte tenu de la nature des prestations et pour des raisons d'efficacité et de coût (sans autre précision TA Montpellier ord. 7 mai 2008, *SCP Sartorio*, n° 0801669), ou pour la passation d'un marché regroupant la collecte et le traitement de déchet dès lors que ces prestations sont intimement liées, le titulaire du lot n'ayant en réalité pas à réaliser le traitement mais uniquement à fournir l'agrément du centre de traitement auquel il apportera ses déchets (TA Lyon ord. 2 septembre 2008, *Sté Groupe Pizzorno*, n° 0805225), ou pour un marché de démolition et de dépollution pyrotechnique dès lors que les travaux ne peuvent être réalisés sans la présence de l'entreprise de dépollution intervenant rapidement en cas de découverte d'explosifs (TA Versailles ord. 30 septembre 2008, *Soc. Pyrotechnis*, n° 0808807), ou pour un marché dans lequel l'articulation entre les différents opérateurs au moment de l'exécution représente une difficulté réelle (cas d'analyses de bactériologie et de fournitures associées, TA Marseille ord. 9 octobre 2008, *Sté Biomérieux*, n° 0806569), ou pour un marché d'assistance juridique portant sur un montant modique et sur des dossiers faisant appel à plusieurs branches du droit (TA Lyon ord. 23 décembre 2008, *Sté Bruno Kern*, n° 0808003, TA Lyon ord. 6 avril 2009, *SCP Bonnet-Lalanne-Thiry*, n° 0901669), ou pour un marché de nettoiement de la voirie nécessitant l'accomplissement de tâches matérielles susceptibles de donner lieu à une description détaillée, mais ne comportant pas de prestations suffisamment distinctes pour faire l'objet d'un allotissement (TA Nîmes, ord. 9 janvier 2009, *Sté méditerranéenne de Nettoiement*, n° 0803932), ou pour un marché d'assistance juridique portant globalement sur le droit public sans distinction au sein de cette branche afin d'éviter les problèmes de coordination et les incidences financières d'un découpage supplémentaire (TA Montpellier 27 mars 2009, *Cabinet MPC Avocats*, n° 0702753), ou pour un marché portant sur la fabrication d'un produit et son équipement dès lors qu'il existe une étroite corrélation technique entre les deux prestations (TA Clermont-Ferrand ord. 29 avril 2009, *Sté Groupe GIFA SAS*, n° 0900762), ou pour un marché unique justifié par l'absence de moyens techniques et humains du pouvoir adjudicateur pour assurer lui-même la mission « ordonnancement-pilotage-coordination » compte tenu du nombre de chantiers en cours (TA Nice 29 juin 2009, *Préfet des Alpes-Maritimes*, n° 090813). Le marché global est aussi admis lorsque le pouvoir adjudicateur l'utilise avec succès pour limiter les risques d'ententes locales en évitant ainsi que les opérateurs se répartissent les lots, obtenant ainsi une baisse de prix de 66 % (CE 27 octobre 2011, *département des Bouches-du-Rhône*[224]. En revanche, le principe de l'allotissement est méconnu lorsque l'économie ne porterait que sur 3 % du coût (TA Lyon ord. 7 avril 2008, *Soc. Groupe Pizzorno Environnement*, n° 0801795), ou lorsqu'un marché d'assistance juridique regroupe au sein d'un même lot des spécialités si diverses que seule une minorité d'opérateurs peut candidater (TA Lille ord. 3 juillet 2008, *Soc. d'avocats Huglo Lepage*, n° 0804063), ou lorsque la passation d'un marché global vise à réaliser une économie budgétaire par rapport aux précédentes procédures d'attribution sans que ce soit l'exécution des prestations qui soit financièrement coûteuse (TA Rouen ord. 27 mai 2009, *Sté Toffolutti*, n° 0901269). Un marché peut être alloti lorsqu'il fait apparaître des prestations distinctes à raison de la répartition géographique des sites, objets d'un marché de surveillance (CE 23 juillet 2010, *Conseil régional de la Réunion*, n° 338367).

221. CE 30 juin 2004, *OPHLM Nantes-Habitat*.

222. CE 21 mai 2010, *Cne d'Ajaccio*, n° 333737, *DA* juill. 2010, n° 110, note F. BRENET, *JCP* A n° 27, 5 juill. 2010, 2215, note F. LINDITCH, *CMP* juill. 2010, 239, note P. DEVILLERS.

223. Ordonnances publiées dans le cahier détaché n° 2, 11 déc. 2009, *Mon. TP*.

224. N° 350935, *CMP* déc. 2011, n° 343, comm. G. ECKERT, *BJDCP* n° 80, janv. févr. 2012 p. 9, concl. BOULOUIS.

Le Code 2006 comporte un dispositif anti-METP, puisque des prestations de construction et des prestations d'exploitation ou de maintenance ne peuvent être regroupées dans un même lot. S'il y a un marché global, celui-ci fait obligatoirement apparaître, de manière séparée, les prix respectifs de la construction et de l'exploitation ou de la maintenance. La rémunération des prestations d'exploitation ou de maintenance ne peut en aucun cas contribuer au paiement de la construction.

1009 **Procédures d'attribution des lots. –** Afin d'éviter que le pouvoir adjudicateur ne se serve de la constitution de lots pour échapper aux seuils des procédures les plus formalisées, l'article 27-III du code l'oblige à prendre en compte la valeur globale estimée de la totalité de ces lots pour le calcul des seuils. Le pouvoir adjudicateur peut décider de mettre en œuvre soit une procédure commune de mise en concurrence pour l'ensemble des lots, soit une procédure de mise en concurrence propre à chaque lot. En tout état de cause, l'examen des offres s'effectue lot par lot (art. 10), ce qui permet au pouvoir adjudicateur de soumettre les différents lots à des stipulations différentes sans méconnaître le principe d'égalité entre candidats, lequel s'apprécie entre les candidats à un même lot (CE 10 mai 2006, *Sté Schiocchet*[225]). L'appréciation des candidatures s'effectuant également lot par lot (art. 10), il est interdit au pouvoir adjudicateur d'exiger des conditions de capacité globales pour l'ensemble des lots (CE 17 novembre 2006, *ANPE*[226]). L'article 10 envisage aussi indirectement que plusieurs lots puissent être attribués au même candidat, solution logique mais qui ne doit pas être comprise comme une dérogation à l'obligation d'appréciation des offres lot par lot. Enfin, un candidat ne peut présenter une offre variable selon le nombre de lots susceptibles d'être obtenus.

Le pouvoir adjudicateur ne peut limiter le nombre de lots susceptibles d'être attribués à un même candidat car cela est de nature à le conduire à retenir une offre qui ne serait pas économiquement la plus avantageuse (TA Bordeaux ord. 22 juin 2009, *Sté Multirec SA*[227]). Mais le pouvoir adjudicateur peut demander aux candidats ayant soumissionné à plusieurs lots la confirmation qu'ils seront bien en mesure de les exécuter (CAA Versailles 22 février 2007, *Préfet de l'Essonne*[228]).

1010 **Contrats de performance énergétique. –** La loi Grenelle I, n° 2009-967 du 3 août 2009 de programmation relative à la mise en œuvre du Grenelle de l'environnement, a introduit le contrat de performance énergétique (CPE) en droit français, en disposant que « le droit de la commande publique devra prendre en compte l'objectif de réduction des consommations d'énergie (...), en autorisant le pouvoir adjudicateur à recourir à un contrat de performance énergétique, notamment sous la forme d'un marché global regroupant les prestations de conception, de réalisation

225. *AJDA* 2006, p. 1012, *CMP* 2006, n° 205, note J.-P. PIÉTRI.
226. *CMP* janv. 2007, n° 4, note W. ZIMMER.
227. *CMP* oct. 2009, n° 307, note F. LLORENS. En sens contraire, à condition que la limitation ait été prévue par le règlement ou l'avis, CAA Versailles 22 févr. 2007, *Préfet de l'Essonne*, *CMP* 2007, comm. 140, note J.-P. PIÉTRI, ou qu'elle soit justifiée par le risque qu'une seule entreprise ne puisse pas faire face à l'ensemble des obligations si l'exécution du contrat s'effectue dans un délai très bref, TA Cergy-Pontoise 24 avr. 2001, *Préfet Seine-Saint-Denis*, n° 99-08558.
228. *CMP* 2007, comm. 140, note J.-P. PIÉTRI.

et d'exploitation ou de maintenance, dès lors que les améliorations de l'efficacité énergétique sont garanties contractuellement ». Deux supports contractuels sont alors considérés comme susceptibles d'être utilisés : le contrat de partenariat et le marché public. Mais restait à réformer le Code des marchés publics, qui limitait le recours aux marchés de conception-réalisation ainsi qu'aux marchés globaux. C'est la loi Grenelle II, n° 2010-788 du 12 juillet 2010, dont l'article 74 modifie l'article 18 de la loi MOP (loi n° 85-704 du 12 juillet 1985 relative à la maîtrise d'ouvrage publique), qui va donner un véritable coup d'envoi à la conclusion de CPE sous forme de marchés, puisque les hypothèses de marchés de conception-réalisation sont étendues au cas dans lequel un engagement contractuel sur un niveau d'amélioration de l'efficacité énergétique rend nécessaire l'association de l'entrepreneur aux études de l'ouvrage. Enfin, le décret n° 2011-1000 du 25 août 2011 modifie les articles 37, 69 et 73 du Code des marchés publics. Le marché de conception-réalisation, prévu à l'article 37 du *CMP*, accueille désormais lui aussi l'hypothèse de l'engagement contractuel sur un niveau d'amélioration de l'efficacité énergétique. L'art 69 harmonise les procédures (procédures particulières de passation des marchés de conception-réalisation selon appel d'offres restreint avec intervention d'un jury ou procédure adaptée en dessous d'un certain seuil).

1011 **Marchés globaux de performance[229]. –** Le décret n° 2011-1000 du 25 août 2011 crée surtout deux nouveaux types de marchés globaux au sein du Code des marchés publics. Ces marchés globaux sont des contrats de performance, accueillant d'autres hypothèses que la seule performance énergétique. Les deux catégories de marchés diffèrent par le contenu de la mission confiée à l'opérateur. Les REM (marchés de réalisation et d'exploitation ou de maintenance) correspondent au I de l'article 73. Les CREM (marchés de conception, de réalisation et d'exploitation ou de maintenance) correspondent au II de l'article 73.

Art. 73-I : « Les marchés de réalisation et d'exploitation ou de maintenance sont des marchés publics qui associent l'exploitation ou la maintenance à la réalisation de prestations afin de remplir des objectifs chiffrés de performance définis notamment en termes de niveau d'activité, de qualité de service, d'efficacité énergétique ou d'incidence écologique. Ils comportent des engagements de performance mesurables. La durée du marché tient compte des délais nécessaires à la réalisation de ces objectifs et engagements qui constituent son objet »

Art. 73-II : « Les marchés de conception, de réalisation et d'exploitation ou de maintenance sont des marchés publics qui associent l'exploitation ou la maintenance à la conception et à la réalisation de prestations afin de remplir des objectifs chiffrés de performance définis notamment en termes de niveau d'activité, de qualité de service, d'efficacité énergétique ou d'incidence écologique. Ils comportent des engagements de performance mesurables. La durée du marché tient compte des délais nécessaires à la réalisation de ces objectifs et des engagements qui constituent son objet. Si un tel marché comprend la réalisation de travaux qui relèvent de la loi n° 85-704 du 12 juillet 1985, l'entrepreneur ne peut être associé à la conception que pour la réalisation d'engagements de performance énergétique dans un ou des bâtiments existants, ou pour des motifs d'ordre technique tels que définis à l'article 37 ».

229. M.-A. PETIOT et Ph. TERNEYRE, « Le nouveau marché public pour la réalisation de prestations globales et complexes de performance énergétiques », *AJDA* 2012, p. 412 ; O. ORTEGA et B. LOUIS, « Les nouveaux marchés publics globaux », *BJDCP* n° 80, janv. févr. 2012, p. 3

S'agissant du CREM[230], on note au passage qu'il peut porter sur un ouvrage ne relevant pas du champ d'application de la loi MOP, ou sur un ouvrage en relevant intégralement, ou peut comprendre la réalisation de travaux portant en partie sur un ouvrage relevant de la loi MOP. Il n'a pour objet que les bâtiments existants, ce qui exclut les ouvrages neufs, mais aussi les ouvrages d'infrastructure ou de génie civil. En combinant les diverses dispositions précitées, il apparaît que l'on peut conclure un marché de conception-réalisation pour des ouvrages relevant de la loi MOP dans les cas visés par l'article 37 du code (performance énergétique et motifs d'ordre technique), pour des ouvrages neufs ou existants, mais on ne peut y ajouter les prestations d'exploitation ou de maintenance que si le marché porte sur les immeubles existants en vue de la réalisation d'engagements de performance énergétique. À la fois pour les REM et les CREM, la maîtrise d'ouvrage reste publique et il n'y a pas de paiement différé (art. 73-IV).

C. LE CONTENU DU MARCHÉ

1012 **Documents constitutifs du marché. –** Pour les marchés passés selon les procédures formalisées, ceux-ci sont constitués de l'acte d'engagement du futur titulaire et, le cas échéant, du cahier des charges (article 11 du Code 2006). Les clauses du cahier des charges déterminent les conditions dans lesquelles le marché est exécuté. L'article 12 du Code 2006 fixe la liste des mentions devant obligatoirement figurer dans les pièces constitutives, dont notamment l'identification des parties, la définition de l'objet du marché, le prix et la durée. Le cahier des charges comporte éventuellement un cahier des clauses administratives générales, qui fixe les dispositions administratives applicables à une catégorie de marchés et un cahier des clauses techniques générales, qui fixe les dispositions techniques applicables à toutes les prestations d'une même nature.

1013 **Variantes. –** La variante est une modification des prestations décrites dans le cahier des charges à l'initiative du candidat, dans le but d'émettre une proposition considérée comme plus performante ou financièrement plus avantageuse pour l'acheteur. La jurisprudence les définit comme « des modifications, à l'initiative des candidats, de spécifications prévues dans la solution de base décrite dans les documents de la consultation » (CE 5 janvier 2011, *Société technologique alpine de sécurité*[231] ; CE 12 mars 2012, *Sté Clear Channel France*[232]). Lorsque la modification est trop importante, elle constitue une offre non conforme[233]. Elle n'est pas admise sauf indication contraire du pouvoir adjudicateur dans les procédures formalisées (article 50). Les candidats peuvent au contraire librement en proposer en procédure adaptée (art. 50 *CMP*) ou lorsque le marché est passé par une entité adjudicatrice (art. 157 *CMP*). En tout état de cause, la variante doit respecter les exigences considérées comme minimales par le pouvoir adjudicateur. En effet, l'article 50 impose, en procédure formalisée, que les documents de la consultation mentionnent les exigences minimales que les variantes devront respecter, ainsi que les modalités de leur présentation. Il s'agit de définir les éléments sur lesquels elles peuvent porter ou bien de préciser les

230. P. PINTAT, « Les marchés publics globaux après la réforme », AC-ACCP n° 114, oct. 2011, p. 37.

231. *CMP* 2011, comm. n° 39, note P. DEVILLERS.

232. *CMP* mai 2012, comm. n° 147, note N. CHARMEIL.

233. CE 28 juill. 1999, *Institut français recherche scientifique pour développement en coopération*, *Rec.* p. 264, *BJDCP* 2000, p. 29, concl. SAVOIE, obs. Ch. MAUGÜÉ, *RD imm.* 1999, p. 637, obs. F. LLORENS et P. SOLER-COUTEAUX.

éléments du cahier des charges qu'elles doivent nécessairement respecter. En procédure adaptée, ces mentions ne sont pas obligatoires (Guide de bonnes pratiques issu de la Circulaire du 14 février 2012, art. 4.5). Le décret n° 2011-1000 du 25 août 2011 ouvre la possibilité de présenter une offre variante sans que celle-ci accompagne nécessairement une offre de base. Cette mesure permet aux acheteurs de favoriser l'accès des PME, notamment innovantes, qui n'ont pas nécessairement la capacité de proposer une offre de base, alors qu'elles peuvent proposer des solutions alternatives tout autant adaptées au besoin (Guide de bonnes pratiques issu de la Circulaire du 14 février 2012, art. 4.5). Toutefois, l'acheteur a toujours la possibilité d'exiger, dans l'avis d'appel public à la concurrence ou dans les documents de la consultation, qu'une offre de base accompagne la ou les variantes.

1014 **Durée. –** La durée[234] d'un marché ainsi que, le cas échéant, le nombre de ses reconductions, sont fixés en tenant compte de la nature des prestations et de la nécessité d'une remise en concurrence périodique (article 16 du Code 2006). Le critère de la nature des prestations autorise à prendre en considération à la fois le temps nécessaire à leur réalisation, mais également la durée d'amortissement des matériels nécessaires à l'exécution du marché, ce qui implique que les marchés d'une durée pluriannuelle sont réguliers[235]. La référence à la nécessité d'une remise en concurrence périodique implique que le pouvoir adjudicateur doit tenir compte du fait que la durée des commandes publiques constitue un enjeu stratégique dans la lutte contre l'immobilisme des marchés et un vecteur de développement des marchés concurrentiels. Ainsi, des marchés conclus pour une durée excessive peuvent être constitutifs d'abus de position dominante[236]. Un marché peut prévoir une ou plusieurs reconductions à condition que ses caractéristiques restent inchangées et que la mise en concurrence ait été réalisée en prenant en compte la durée totale du marché, périodes de reconduction comprises. La reconduction est à distinguer de la notion de marché complémentaire ou de la conclusion d'un avenant de prolongation en ce que la reconduction est prévue dans le contrat initial. Cela implique qu'au moment de la mise en concurrence initiale, le calcul des seuils doit tenir compte des périodes de reconduction. De même, en faisant jouer une clause de reconduction, le pouvoir adjudicateur ne méconnaît pas ses obligations de mise en concurrence, ni celle de la définition préalable des besoins[237]. L'article 16 alinéa 3 du Code des marchés publics attribue à l'administration la décision de reconduire ou non le marché. Le titulaire ne peut refuser, sauf stipulation contraire du marché.

La durée du marché n'est plus considérée comme une mention obligatoire dans les modèles d'avis d'appel public à la concurrence (TA Nancy ord. 14 janvier 2008, *Sté Lacroix Signalisation*[238]). Mais des contradictions à propos de la durée entre l'avis et le règlement de la consultation entachent la procédure d'irrégularité (TA Caen ord. 3 janvier 2007, *Sté Idra Environnement*[239]).

234. P. Le Bouëdec, « Durée du marché », *J.-Cl. Contrats et marchés publics*, Fasc. 54.
235. Rép. min. n° 27371, *JOAN* Q, 7 août 1999.
236. Cons. conc. décision n° 98-D-52 du 7 juill. 1998, relative à des pratiques relevées dans le secteur du mobilier urbain.
237. CE 23 févr. 2005, *ATMMP*, *Rec.* p. 71.
238. *CMP* 2008, n° 55, note G. Eckert.
239. *BJCP* 2007, p. 323.

1015 **Prix.** – Parmi les pièces constitutives des marchés, l'article 12 du Code 2006 mentionne « le prix ou les modalités de sa détermination ». Lorsque le prix est constitué par un versement en numéraire l'application de cette disposition ne soulève aucune difficulté. Mais la notion de marché public repose sur le caractère onéreux du contrat, notion qui s'étend bien au-delà du cas du versement en numéraire (*supra*, n° 983 et s.), sans pour autant que les dispositions des articles 12, 17 à 19 aient été modifiées. Il n'en demeure pas moins que les modalités de la détermination de la rémunération du prestataire doivent être prévues. Lorsque la rémunération ne se traduit par aucune dépense effective de la part de la collectivité publique, comme dans le cas des contrats de mobilier urbain, l'article 12 du code commande que le contrat comporte une évaluation des recettes publicitaires que le titulaire est susceptible de percevoir ou à tous le moins l'indication que la collectivité renonce à percevoir une redevance domaniale (TA Nice 12 mai 2006, *Préfet des Alpes-Maritimes c/Cne d'Eze*[240]).

« Les prix des prestations faisant l'objet d'un marché sont soit des prix unitaires appliqués aux quantités réellement livrées ou exécutées, soit des prix forfaitaires appliqués à tout ou partie du marché, quelles que soient les quantités livrées ou exécutées » (article 17 du Code 2006)[241].

Normalement, les marchés conclus à prix forfaitaire empêchent les titulaires de se prévaloir d'une augmentation des quantités prévues ou d'une erreur affectant les devis estimatifs pour exiger un rehaussement du prix. Cependant, le principe de l'irrévocabilité du prix cède devant l'erreur purement matérielle, d'une nature telle qu'il est impossible à l'autre partie de s'en prévaloir de bonne foi (CE 3 juillet 1963, *Sté d'entreprises générales Edmond Patry*[242]). Le prix forfaitaire peut être remis en cause en cas de modifications essentielles du marché conduisant à la réalisation d'un ouvrage nouveau étranger aux conditions d'exécution initiales et justifiant la remise en cause de son caractère forfaitaire (CE 27 mai 1998, *SA Nicoletti*[243]). Il convient cependant de ne pas confondre la remise en cause du caractère forfaitaire du prix et l'éventuelle indemnisation du titulaire subissant par exemple une augmentation du montant des travaux au-delà de l'augmentation maximale prévue (art. 15-3 du CCAG travaux issu de l'arrêté du 8 septembre 2009).

Les marchés publics sont normalement conclus à prix définitif (article 18 du *CMP*). Mais un prix définitif peut être ferme ou révisable. Le prix est ferme s'il reste invariable pendant la durée du marché, ce qui ne l'empêche pas d'être actualisable. Il doit même être actualisé en matière de travaux et pour des fournitures ou services autres que courants. On choisira un prix ferme si l'évolution des conditions économiques pendant l'exécution du marché n'expose pas les cocontractants à un risque majeur du fait de l'évolution raisonnablement prévisible des conditions économiques pendant l'exécution des prestations, impliquant de tenir compte de la durée du marché, mais également de l'évolution des produits et matières premières utilisés[244]. S'il faut tenir compte de variations économiques, on choisira un prix révisable selon des modalités fixées par le marché. La différence entre un prix

240. *BJCP* n° 50, févr. 2007, p. 68.

241. A. TAILLEFAIT, « Prix du marché », *J.-Cl. Contrats et marchés publics*, Fasc. 55 ; Dossier CP-ACCO « Les marchés publics à quels prix ? », n° 97, mars 2010, p. 24 et s.

242. *RDP* 1964, p. 218. CE 21 mai 1990, *Sté Frédéric Roudet*, *Mon. TP* 14 sept. 1990, p. 83.

243. *RDI* 1998, p. 363, obs. F. LLORENS et Ph. TERNEYRE, *AJDA* 1999, p. 81, obs. J.-P. GILLI, *JCP* E 1998, p. 1714, obs. M-C. ROUAULT.

244. Rép. min. n° 32031, *JO* Sénat Q 21 juin 2001, p. 2088.

actualisable et un prix révisable tient au fait que l'actualisation est effectuée une seule fois en début d'exécution, alors que la révision intervient périodiquement, en fonction d'une référence ou par application d'une formule de révision. L'article 19 fixe les cas exceptionnels dans lesquels le marché peut être conclu sur le fondement d'un prix provisoire.

L'alinéa 2 de l'article 17 du Code des marchés publics prévoit que des clauses incitatives peuvent être insérées dans les marchés aux fins d'améliorer les délais d'exécution, de rechercher une meilleure qualité des prestations et de réduire les coûts de production. À l'heure où les contrats de partenariat sont résolument tournés vers l'incitation à la performance, les marchés publics se situent singulièrement en marge de cette exigence. En effet, on remarque que les CCAG ne comportent principalement que des clauses incitatives relatives aux délais d'exécution et que seulement certains documents particuliers visent des clauses incitatives en matière de qualité[245]. Il convient en tout état de cause de prendre garde à ne pas transférer le risque économique à la charge du titulaire par le biais d'une clause incitative, faisant ainsi perdre au contrat sa qualification de marché public au profit d'une qualification en délégation s'il a pour objet l'exploitation d'un service public.

Le partage des gains dans les marchés publics constitue également un instrument nouveau dans le droit de la commande publique. Laurent Richer[246] définit cette technique comme la rémunération du cocontractant en fonction des gains qu'il procure à la collectivité publique (partage incitatif) ou comme la récupération par la collectivité des gains que le cocontractant a réalisés (partage participatif). Dans les marchés publics, on rencontre surtout des exemples de partage incitatif avec les marchés d'audit fiscal ou social. Le prestataire propose des économies aux collectivités consistant en la récupération de trop-payés. L. Richer s'interroge sur la régularité de la facturation au résultat au regard de diverses règles issues du Code des marchés publics. Celle-ci ne semble pas heurter l'obligation de définition d'un prix, dès lors que l'article 12 exige parmi les pièces constitutives « le prix ou les modalités de sa détermination ». Les marchés reposant sur un partage des gains sont en mesure de définir les modalités de détermination du prix, ce qui est suffisant. L'interdiction de paiement différé (art. 96 du code) est susceptible de soulever une difficulté si le paiement n'intervient qu'après que le pouvoir adjudicateur a effectivement obtenu un remboursement de la part des organismes fiscaux ou sociaux. L. Richer suggère dans ce cas de libeller l'objet de la prestation de manière plus ingénieuse en prévoyant que la prestation ne consiste pas en un simple conseil ou une analyse, mais en une obligation de résultat quant à l'obtention du remboursement d'un trop-payé.

1016 **Avenants.** – En cas de sujétions techniques imprévues ne résultant pas du fait des parties, un avenant ou une décision de poursuivre peut intervenir quel que soit le montant de la modification en résultant. Dans tous les autres cas, un avenant ou une décision de poursuivre ne peut bouleverser l'économie du

245. O. RAYMUNDIE et P. PINTAT, « Clauses incitatives : les primes de performance dans les marchés publics », *CP-ACCP* n° 97, mars 2010, p. 59.
246. « Le partage des gains dans les contrats publics », *CP-ACCP* n° 97, mars 2010, p. 73.

marché, ni en changer l'objet (article 20 du Code 2006 modifié en 2008). La notion de bouleversement de l'économie d'un contrat a été largement encadrée et précisée par la jurisprudence[247] (*infra*, n° 1115 et s.). La réforme de 2008 a confirmé de manière très explicite ce que le code dans sa version 2006 et la jurisprudence avaient admis, à savoir que les avenants bouleversant l'économie du contrat ou modifiant son objet sont réguliers en cas de sujétions techniques imprévues. La réforme de 2008 précise seulement que ce principe vaut quel que soit le montant de la modification qui en résulte. Est une sujétion technique imprévue une difficulté matérielle rencontrée lors de l'exécution d'un marché, présentant un caractère exceptionnel, imprévisible lors de la passation du contrat et dont la cause est extérieure aux parties (CE 30 juillet 2003, *Commune de Lens*)[248]. Cependant, le droit français doit demeurer dans les limites fixées par la jurisprudence européenne, exigeant une remise en concurrence des marchés ayant subi des modifications substantielles ayant pour effet de « changer l'équilibre économique du contrat (...) d'une manière qui n'était pas prévue dans les termes du marché initial » (CJCE 19 juin 2008, *Pressetext Nachrichtenagentur GmbH*, aff. C-454/06). La Cour a précisé sa jurisprudence et l'a appliquée en matière concessive (CJUE 13 avril 2010, *Wall AG c/Ville de Francfort*, aff. C-91/08), en jugeant que « des modifications substantielles, apportées aux dispositions essentielles d'un contrat de concession de services, pourraient appeler, dans certaines hypothèses, l'attribution d'un nouveau contrat lorsqu'elles présentent des caractéristiques substantiellement différentes de celles du contrat de concession initial et sont, en conséquence, de nature à démontrer la volonté des parties de renégocier les termes essentiels de ce contrat », une modification étant considérée comme substantielle « lorsqu'elle introduit des conditions qui, si elles avaient figuré dans la procédure d'attribution initiale, auraient permis l'admission de soumissionnaires autres que ceux initialement admis ou auraient permis de retenir une offre autre que celle initialement retenue ». Le changement de sous-traitant est susceptible de remplir ces conditions dans des cas exceptionnels et alors même que la modification est prévue au contrat initial « si le recours à ce sous-traitant plutôt qu'à un autre a été, compte tenu des caractéristiques propres de la prestation en cause, un élément déterminant de la conclusion du contrat ». Cette dernière décision est susceptible de fragiliser la position du droit français quant aux possibilités de cession de contrats sans mise en concurrence.

247. L'arrêt du Conseil d'État Sect. 11 juill. 2008, *Ville de Paris*, *CMP* août-sept. 2008, n° 187, note J.-P. PIÉTRI, *JCP* A n° 36, 1er sept. 2008, n° 2189, note F. LINDITCH, rendu à propos de l'extension du Vélib'aux communes avoisinant Paris sur une bande de 1 500 m, avec la création de 300 stations et 4 500 vélos supplémentaires par voie d'avenant, illustre la jurisprudence sur les avenants, en ce qu'il est jugé que cette extension ne bouleverse pas l'économie du contrat (+ 8 % du prix), ni son objet et peut donc être réalisée par voie d'avenant.

248. *Rec.* p. 863, *AJDA* 2003, p. 1727, note J.-D. DREYFUS, *BJDCP* 2003, p. 462, concl. PIVETEAU.

§ 2. LES PROCÉDURES DE PASSATION

1017 **Acteurs.** – L'attribution d'un marché public répond aux règles classiques de répartition des compétences au sein de chaque personne publique. La procédure de passation fait en outre parfois intervenir une commission d'appel d'offres pour les collectivités territoriales (article 22).

A. LES SEUILS

1018 **Importance des seuils.** – Les directives n° 2004/17 et n° 2004/18 s'appliquent pour des marchés d'un montant supérieur à ce que l'on nomme couramment les seuils communautaires, revus périodiquement. Lorsqu'un seuil est atteint en droit des marchés publics, il peut déclencher des modalités de publicité particulières (articles 40 et 41 du Code 2006) ou l'obligation de recourir à certaines procédures[249] (article 26 du Code 2006).

1019 **Calcul des seuils.** – Le montant estimé du besoin à satisfaire est calculé selon des règles fixées par l'article 27 du Code des marchés publics 2006[250]. Le pouvoir adjudicateur ne peut évidemment pas scinder ses achats pour échapper aux contraintes imposées par le franchissement d'un seuil (technique proscrite du saucissonnage)[251]. En ce qui concerne les *travaux*, sont prises en compte la valeur globale des travaux se rapportant à une opération portant sur un ou plusieurs ouvrages ainsi que la valeur des fournitures nécessaires à leur réalisation que le pouvoir adjudicateur met à disposition des opérateurs. Il y a opération de travaux lorsque le pouvoir adjudicateur prend la décision de mettre en œuvre, dans une période de temps et un périmètre limités, un ensemble de travaux caractérisé par son unité fonctionnelle, technique ou économique[252]. Le Guide de bonnes pratiques (circulaire du 14 février 2012, 8.1.1) indique que « l'opération de travaux ne peut être scindée en fonction de l'objet des travaux, des procédés techniques utilisés ou de leur financement, lorsqu'ils sont exécutés dans une même période de temps et sur une zone géographique donnée ».

249. Pour la période 2012/2013, concernant les secteurs classiques, 130 000 euros HT pour les fournitures et les services de l'État, 200 000 euros HT pour les fournitures et les services des collectivités territoriales, 5 000 000 euros HT pour les travaux. Pour les secteurs spéciaux, le seuil en matière de fournitures et services est de 4 000 000 euros HT et de 5 000 000 euros HT en matière de travaux.

250. S. BRACONNIER, « Choix des procédures et calcul des seuils », *CMP* févr. 2004, p. 33 ; F. LINDITCH, « Qui a peur de l'article 27 ? Réflexion sur les seuils dans le nouveau Code des marchés publics », *CMP* févr. 2002, p. 4.

251. CAA Paris 22 juin 2004, *Cne de Bussy-Saint-Georges*, *JCP* A 2004, n° 39, comm. n° 1604, note F. LINDITCH.

252. CE 8 févr. 1999, *Synd. intercommunal des eaux de la Gâtine*, *BJDCP* 1999, p. 474 : des travaux d'étanchéité des cuves de deux châteaux d'eau et des travaux de peinture de ces mêmes châteaux d'eau relèvent de la même opération de réfection desdits châteaux d'eau. CJCE 5 oct. 2000, *Comm. c/France*, *BJDCP* 2000, n° 14, p. 76 : pas d'unité fonctionnelle entre un réseau de distribution d'électricité destiné à transporter de l'électricité et un réseau d'éclairage public destiné à éclairer.

Le juge s'attache à déterminer s'il y a une unité de temps[253], de lieu[254] et d'action[255] pour conclure à l'existence d'une seule opération.

L'ouvrage est désigné comme le résultat d'un ensemble de travaux destiné à remplir par lui-même une fonction économique ou technique par le Guide de bonnes pratiques (circulaire du 14 février 2012, 8.1.2), qui en déduit que peuvent constituer un ouvrage des travaux réalisés par plusieurs pouvoirs adjudicateurs. Dès lors, une opération peut concerner plusieurs ouvrages ou seulement certains travaux réalisés sur un ouvrage.

Selon S. Braconnier[256], l'acheteur doit raisonner en deux temps. Tout d'abord, il doit apprécier si les travaux qu'il envisage peuvent constituer un ouvrage unique[257]. Ensuite, il faut vérifier si les travaux portant sur plusieurs ouvrages ne doivent pas être regroupés dans la même « opération ». Les commentateurs du Code des marchés publics Litec[258] réunissent plusieurs indices mis en avant par le MINEFE ou la jurisprudence et préconisent d'appliquer la méthode du faisceau d'indices (revendiquer un maximum d'indices en faveur d'une opération ou d'un fractionnement ou identifier les indices les plus convaincants dans un sens ou dans l'autre), fondée sur les indices suivants : la fonctionnalité de l'opération (regrouper les marchés nécessaires pour atteindre un résultat donné ou plus exactement le résultat assigné à l'ouvrage[259]), la programmation financière, l'unité de temps et de lieu et la programmation décisionnelle.

« En ce qui concerne les *fournitures* et les *services*, il est procédé à une estimation de la valeur totale des fournitures ou des services qui peuvent être considérés comme homogènes soit en raison de leurs caractéristiques propres, soit parce qu'ils constituent une unité fonctionnelle ». Deux options sont donc offertes au pouvoir

253. Plusieurs marchés passés à la même date ou pendant la même période avec un objet unique font apparaître une seule opération (CE 29 juill. 1994, *Caisse des écoles d'Épinay-sur-Seine*, n° 124078, approvisionnement en produits lactés). Mais ne constituent pas une opération unique des travaux caractérisés par une unité fonctionnelle, technique ou économique mais non réalisés sur une même période de temps (CE 13 févr. 1987, *M. Bonhenry*, n° 47971 ; CE 8 févr. 1999, *Syndicat intercommunal des eaux de la Gâtine*, n° 156333 ; CE 17 oct. 2003, *District Bastia*, n° 22326, CAA Versailles 5 juill. 2005, *Cne Ris-Orangis*, n° 03VE04447). Mais l'unité de programmation de deux marchés peut valoir unité de temps (TA Lyon 25 sept. 2008, *Préfet de l'Ardèche*, *JCP* A 1er juin 2009, n° 2136, note S. PLUNIAN, à propos d'un marché relatif à la pose de canalisation et d'un marché relatif à la réalisation d'une station d'épuration, CAA Bordeaux 10 déc. 2002, *Préfet de la Réunion*, n° 99BX00120).

254. Constitue une même opération deux marchés se rapportant à des travaux de voirie réalisés sur une même propriété (CE Sect. 26 juill. 1991, *Cne de Sainte-Marie de la Réunion*, *RDP* 1992, p. 1527, obs. F. LLORENS), de même que des travaux de réfection de quatre ouvrages différents, mais de même nature et situés dans le même quartier et réalisé à la même époque (CE 26 sept. 1994, *Préfet d'Eure-et-Loire*, *RD imm.* 1995, p. 96).

255. Constituent une même opération plusieurs études réalisées pour le même projet, marchés passés par un conseil régional pour 10 lycées (CE 14 janv. 1998, *Conseil régional de la Région Centre*, n° 155409). Pas d'opération unique en cas d'opération de rénovation de 14 bâtiments scolaires, alors même qu'il y a un projet global d'entretiens, décidés simultanément, exécutés pendant les vacances scolaires, financés sur même ligne budgétaire, car lorsque plusieurs ouvrages sont concernés, il faut que les travaux soient de même nature (CAA Bordeaux 2 oct. 2002, *Département des Hautes-Pyrénées*, *CP-ACCP* n° 21, avr. 2003, note C. EMERY).

256. S. BRACONNIER, *Précis du droit des marchés publics*, Le Moniteur, 2e édition, 2007, p. 220.

257. Cette notion a été explicitée dans CJCE 5 oct. 2000, *Comm. c/France*, aff. C-16/98 : interconnectabilité de divers réseaux justifiant que des travaux effectués sur ces réseaux soient considérés comme remplissant une même fonction économique.

258. *Code Litec*, 2009, sous la dir. de F. LLORENS et P. SOLER-COUTEAUX.

259. L'aménagement d'une voie nouvelle doit comporter les VRD, les espaces verts et les feux tricolores CAA Bordeaux 10 déc. 2002, *Préfet de la Réunion*, n° 99BX00120.

adjudicateur. Soit il prend en considération les caractéristiques propres des services ou des fournitures, ce qui lui permet de se référer aux anciennes nomenclatures. La caractéristique propre s'apprécie selon la fonction ou la destination d'un service ou d'une fourniture indépendamment de l'usage réel qui en sera fait. Il s'agit de prestations identiques ou similaires. Soit il détermine l'unité fonctionnelle d'une série d'achats, parce qu'ils participent à un projet commun, ils constituent une pluralité de services ou de fournitures correspondant à un même objet (achats pour la réalisation ou l'équipement d'un ouvrage par exemple). Pour les marchés d'une durée inférieure ou égale à un an, conclus pour répondre à un besoin régulier, la valeur totale mentionnée ci-dessus est celle qui correspond aux besoins d'une année.

B. LA PUBLICITÉ PRÉALABLE

1020 **Avis de préinformation. –** À partir d'un certain seuil[260], l'acheteur public peut publier[261] un avis de préinformation[262], soit au *JOUE* soit sur le profil d'acheteur du pouvoir adjudicateur[263], dont le régime est fixé par l'article 39 du Code des marchés publics 2006. La publication ne devient obligatoire que si l'acheteur public entend user des facultés de réduction de certains délais[264] (*infra*, n° 1053). S'agissant de son contenu, pour les marchés de fournitures et de services, l'avis indique le montant total estimé des marchés ou des accords-cadres, pour chacune des catégories de produits ou de services homogènes, que le pouvoir adjudicateur envisage de passer au cours des douze mois suivants. Pour les travaux, l'avis indique les caractéristiques essentielles des marchés ou des accords-cadres que le pouvoir adjudicateur entend passer, dès la décision de réaliser ces travaux.

1021 **Absence de publicité. –** Il existe trois cas dans lesquels le code dispense le pouvoir adjudicateur d'effectuer une publicité (article 40-I). Il s'agit des marchés inférieurs à 15 000 euros HT[265], des situations particulière offrant la possibilité de passer des marchés négociés sans publicité ni mise en concurrence de l'article 35-II (*infra*, n° 1038), et des exceptions prévues au quatrième alinéa de l'article 28, lequel[266] vise le cas des marchés passés sans publicité ni mise en concurrence préalables si les circonstances le justifient.

1022 **Modalités de publicité fixées librement. –** Pour les marchés compris entre 15 000 euros HT et 90 000 euros HT, ainsi que pour les marchés de services non prioritaires (de l'article 30) supérieurs à 14 000 euros HT[267], le pouvoir adjudicateur

260. 750 000 euros HT pour les fournitures et les services et 5 000 000 euros HT pour les travaux.
261. Soit à l'Office des publications officielles de l'Union européenne, soit publié sur le profil d'acheteur du pouvoir adjudicateur. Le profil d'acheteur du pouvoir adjudicateur est le site dématérialisé auquel il a recours pour ses achats.
262. Modèle fixé par le règlement de la Commission européenne établissant les formulaires standard pour la publication d'avis en matière de marchés publics.
263. À condition de l'avoir mentionné à l'Office des publications de l'UE.
264. CJCE 26 sept. 2000, *Commission c/France*, aff. C-225/98.
265. Seuil relevé de 4 000 à 20 000 euros en 2008.
266. L'article 28 dont la rédaction est redondante reprend les deux exceptions mentionnées ci-dessus.
267. Article 30-I.

choisit librement les modalités de publicité adaptées en fonction des caractéristiques du marché, notamment le montant et la nature des prestations en cause (article 40-II). Il est préférable dans ce cas de se référer à la directive posée par le Conseil d'État selon laquelle les modalités de publicité sont « appropriées aux caractéristiques [du] marché, et notamment à son objet, à son montant, au degré de concurrence entre les entreprises concernées et aux conditions dans lesquelles il est passé » (CE 7 octobre 2005, *Région Nord-Pas-de-Calais*[268]).

Le Guide de bonnes pratiques (Circulaire du 14 février 2012, 10.3.2.1), donne d'intéressantes indications : « S'il est évident que le choix du support de publicité est fonction du montant du marché, il doit aussi être adapté à l'objet, à la nature, à la complexité, au degré de concurrence entre les entreprises concernées et à l'urgence du besoin, et assurer une audience suffisante. L'important est que la publicité choisie garantisse l'efficacité de l'achat, c'est-à-dire qu'elle soit à même de susciter la concurrence nécessaire. L'achat sera regardé comme effectué dans des conditions satisfaisantes au regard des principes de la commande publique si, dans les faits, les moyens de publicité utilisés permettent aux prestataires potentiels, sans considération de nationalité ou de taille, « être informés de l'intention d'acheter et de la description précise du besoin, pour obtenir une diversité d'offres suffisante pour garantir une réelle mise en concurrence. Ne sont retenues comme pertinentes que les mesures procédant de l'initiative propre du pouvoir adjudicateur. Les mesures de publicité intervenues indépendamment de sa volonté [arrêt Région Nord-Pas-de-Calais, préc.] sont sans influence sur la régularité des mesures de publicité auxquelles il a procédé ».

1023 **Avis d'appel public à la concurrence dans des publications déterminées (article 40-III et 40-IV). –** Au-delà du seuil de 90 000 euros, le code organise une procédure de publicité plus formalisée[269]. S'agissant des marchés de services et de fournitures (jusqu'à 130 000 euros HT pour l'État ou 200 000 euros HT pour les collectivités territoriales) et des marchés de travaux (jusqu'à 5 000 000 euros HT), la publication d'un AAPC[270] s'effectue soit dans le *Bulletin officiel des annonces des marchés publics* (*BOAMP*), soit dans un journal habilité à recevoir des annonces légales. Le pouvoir adjudicateur apprécie de plus si, compte tenu de la nature ou du montant des prestations en cause, une publication dans un journal spécialisé correspondant au secteur économique concerné est par ailleurs nécessaire pour assurer le respect des grands principes de l'article 1er (transparence notamment). La réforme de 2008 renforce la dématérialisation des procédures, en obligeant le pouvoir adjudicateur, depuis le 1er janvier 2010, à publier en outre l'avis sur son profil d'acheteur.

268. *N° 278732.*

269. M. BERBARI, « Les modalités de publicité », *CP-ACCP* n° spécial, *Le Code des marchés publics*, mars 2004 ; P. LE BOUËDEC, « Publicité et information des candidats », *J.-Cl. CMP* fasc. 60-30.

270. Conformément au modèle fixé par le règlement de la Commission européenne établissant les formulaires standard pour la publication d'avis en matière de marchés publics ou au modèle prévu par arrêté du ministre chargé de l'économie. L'arrêté du 28 août 2006 (*JO* du 29 août) a uniformisé les modèles d'avis et impose d'utiliser les formulaires communautaires pour la publication au *BOAMP*.

Au-delà de ces seuils communautaires, une publicité au niveau communautaire s'impose[271]. Le pouvoir adjudicateur est tenu de publier un avis d'appel public à la concurrence dans le *Bulletin officiel des annonces des marchés publics* et au *Journal officiel de l'Union européenne*. La publication des avis dans le *Bulletin officiel des annonces des marchés publics* ou sur tout autre support publicitaire ne peut intervenir avant l'envoi à l'Office des publications officielles de l'Union européenne (article 40-VIII). Ces avis ne peuvent fournir plus[272] de renseignements que ceux qui sont contenus dans les avis adressés à l'Office (même article).

C. L'INFORMATION DES CANDIDATS

1024 **Documents de la consultation. –** Des documents sont nécessaires à la consultation des candidats à un marché et permettent de les informer. Les documents de la consultation sont constitués de l'ensemble des documents et informations préparées par le pouvoir adjudicateur pour définir l'objet, les caractéristiques et les conditions d'exécution du marché (article 41 du Code 2006). Par principe, les documents de la consultation doivent fournir une information suffisante aux candidats pour leur permettre d'établir une offre (CE 6 juin 1997, *SA Industrielle de nettoyage*[273]). Plus précisément, le pouvoir adjudicateur élabore un règlement de la consultation[274] (article 42). Il est toutefois facultatif si les mentions qui doivent y être portées figurent dans l'avis d'appel public à la concurrence. Le contenu de ce règlement n'est plus fixé à l'aide de mentions obligatoires depuis 2006, puisque ces mentions sont désormais reportées dans l'AAPC. L'articulation entre le règlement et l'AAPC fait néanmoins l'objet d'une jurisprudence. S'agissant de la sélection des candidatures, l'AAPC ne peut se contenter de renvoyer au règlement puisque celui-ci ne fait pas l'objet de la même publicité[275]. En revanche, les critères de choix des offres peuvent être reportés dans le règlement. D'une manière générale, le pouvoir adjudicateur n'est pas autorisé à publier des AAPC ne comportant pas toutes les informations exigées par les modèles d'avis réglementaires, au motif que ces informations seront complétées par le règlement de la consultation[276]. L'administration ne peut pas utiliser des sous-critères si elle ne les indique pas dans le règlement de consultation[277]. Le règlement revêt une valeur obligatoire tant pour les candidats que pour l'administration. Celle-ci ne peut pas le méconnaître, mais ne peut pas non plus fonder des décisions sur des critères ou des éléments absents du règlement[278].

271. Les avis nationaux et communautaires doivent faire référence à la nomenclature du vocabulaire commun pour les marchés publics (CPV) et préciser si le marché est couvert ou non par L'Accord sur les marchés publics, CE 10 mars 2004, *Communauté d'agglomération de Limoges Métropole*, n° 259680.

272. Ni moins d'informations si on se réfère à CE 10 mai 2006, *Syndicat intercommunal des services de l'agglomération valentinoise*, n° 286644.

273. *RDI* 1997, p. 583, obs. F. LLORENS et P. SOLER-COUTEAUX.

274. Qui n'est requis que pour les marchés et accords-cadres passés après mise en concurrence.

275. CE 8 avr. 2005, *Sté Radiometer*, *CMP* 2005, comm. 147, obs. W. ZIMMER, *AJDA* 2005, p. 1589.

276. CE 8 avr. 2005, *Sté Radiometer*, préc. ; CE 29 juin 2005, *Chambre du commerce et d'industrie de Calais*, *BJCP* 2005, p. 498.

277. CE 1er avr. 2009, *Ministre d'État, ministre de l'écologie, de l'énergie, du développement durable et de l'aménagement du territoire*, n° 321752.

278. CAA Bordeaux 16 juill. 1998, *Commune de Villefranche-de-Rouergue*, *BJDCP* 1999, n° 2, p. 209.

Le règlement est intangible durant la consultation[279]. Ainsi, le Conseil d'État a jugé en 1990 dans l'arrêt *Sté Stéléreau*[280] que « le caractère obligatoire du règlement de consultation fait obstacle à ce que la personne responsable de la passation du marché apporte, au cours de la procédure, des modifications substantielles aux conditions initiales ». Sont cependant acceptées des modifications limitées[281] et portées rapidement à la connaissance des candidats[282] et à la condition que ceux-ci disposent d'un délai suffisant pour en prendre connaissance et adapter leur offre[283]. Il est toutefois arrivé que la jurisprudence admette des modifications assez importantes en cours de procédure (par ex. à propos de la soumission aux candidats d'un document contenant des exigences nouvelles relatives aux résultats à atteindre en ce qui concerne les temps de réponse d'un système informatique, constituant l'un des objets principaux du marché, modification qui méconnaît les obligations de mise en concurrence mais uniquement en ce qu'elle est réalisée dans des conditions de délai qui ne permettaient pas d'assurer le respect de l'égalité entre les candidats[284]).

D. LA SÉLECTION DES CANDIDATURES

1025 **Critères. –** Les candidatures sont examinées au regard des niveaux de capacités professionnelles, techniques et financières des candidats (article 52 du Code 2006)[285]. Ces critères sont mentionnés dans l'avis d'appel public à la concurrence, ou, s'il s'agit d'une procédure dispensée de l'envoi d'un tel avis, dans le règlement de la consultation. S'agissant du *moment* de la procédure auquel les critères peuvent être utilisés, il convient de ne pas utiliser un critère de sélection des candidatures comme critère de sélection des offres. L'expérience des candidats, leur effectif, leur équipement ou leur capacité à assurer des prestations ne peuvent faire l'objet de critères de sélection des offres[286].

S'agissant de la *nature* des critères choisis, plusieurs éléments sont à connaître. Le juge opère un contrôle sur la légalité des critères choisis, qui, d'une manière générale, ne doivent pas être discriminatoires[287]. Revêt un tel caractère le critère

279. CE 4 avr. 1997, *Commune de l'Ile d'Yeu*, *RDI* 1997, p. 436 ; CE 4 avr. 2005, *Cne de Castellar*, *Rec.* p. 141, *BJCP* 2005, p. 208, concl. BOULOUIS, obs. Ch. MAUGÜÉ, *CMP* 2005, n° 149, note F. OLIVIER.

280. CE 16 oct. 1990, *Sté Stéreau*, *BJCP* 2001, p. 170, *CMP* 2000, n° 42, note F. LLORENS, *RDI* 2001, p. 62, obs. F. LLORENS et P. SOLER-COUTEAUX. Voir également CE 4 avr. 2005, *Cne de Castellar*, *Rec.* p. 141, *BJCP* 2005, p. 208, concl. N. BOULOUIS, obs. Ch. MAUGÜÉ, *CMP* 2005, n° 149, note F. OLIVIER.

281. Pour un exemple, voir CE 27 juill. 2001, *Sté Degrémont*, *BJCP* 2001, p. 512, concl. PIVETEAU, *CMP* 2001, n° 185, note G. ECKERT.

282. TA Paris ord. 23 févr. 2007, *Sté Clear Channel*, *Mon. TP* 16 mars 2007, p. 20.

283. CE 9 févr. 2004, *Cté urbaine de Nantes*, *Rec.* p. 763, *JCP* A 2004, n° 1232, note F. LINDITCH.

284. CE 19 mars 1997, *Min. Agriculture c/Sté Bull*, *Rec.* p. 941, *RDI* 1997, p. 436, obs. F. LLORENS et Ph. TERNEYRE.

285. Dossier « Les garanties techniques et financières exigées des cocontractants », *CP-ACCP* n° 111, juin 2011, p. 27.

286. CJCE 19 juin 2003, *Gesellschaft für Abfallentsorgungs-Technik Gmb*, aff. C-315-01 ; CJCE 24 janv. 2008, *Emm. G. Lianakis AE*, *CMP* 2008, n° 54, note W. ZIMMER.

287. CJCE 17 nov. 1993, *Commission c/Royaume d'Espagne*, aff. C-71/92 ; CJCE 26 sept. 2000, *Comm. c/Rép. française*, aff. C-225/98.

de la taille de l'entreprise[288]. Le pouvoir adjudicateur n'est pas en mesure d'imposer aux candidats d'avoir une forme juridique correspondant à une catégorie spécifique de personnes morales (CJCE 18 décembre 2007, *Frigerio Luigi*[289]). Les exigences du pouvoir adjudicateur doivent être rendues nécessaires par l'objet du marché et la nature des prestations (par ex. irrégularité de l'exigence de détention d'un titre de géomètre-expert pour une prestation en dehors du domaine de compétence réservé à cette profession : CE 30 juin 2004, *Ministre de l'Équipement, des transports, du logement, du tourisme et de la mer*[290]). Au titre du choix particulier des critères aptes à révéler les différents types de capacité, l'appréciation des capacités financières pose la question de la régularité des exigences relatives au chiffre d'affaires des candidats. En droit français, les tribunaux administratifs ont commencé par admettre assez largement le critère fondé sur le montant du chiffre d'affaires par rapport au montant du marché[291]. Le Conseil d'État a cependant exigé que le montant du chiffre d'affaires exigé soit nécessaire au regard de l'objet du marché et de la nature des prestations (CE 17 novembre 2006, *ANPE*[292]). En droit communautaire, l'admission d'un tel critère semble soulever plus de difficultés. En effet, le TPI a jugé que la capacité financière s'apprécie par rapport à la capacité du candidat à honorer ses propres charges en personnel et en matériel et non par rapport au montant du marché (TPICE 26 février 2002, *Esadra SPRL*[293]). On pourrait toutefois objecter en faveur de la défense de la conception française de l'appréciation du critère des capacités financières qu'il existe une corrélation entre le montant du marché et les charges à exposer par l'entreprise pour son exécution. La question des opérateurs aidés peut aussi faire débat. Le fait qu'un opérateur bénéficie d'une aide régulière n'est pas en soi un motif de rejet d'une candidature. Mais il le devient si l'aide est irrégulière de telle sorte qu'une éventuelle obligation de remboursement mettrait en péril ses capacités financières et économiques (CJCE 7 décembre 2000, *ARGE*[294]).

L'examen des capacités professionnelles et techniques pose également une série de questions. Le Code des marchés publics 2006 vise à éviter que l'accès à la commande publique finisse par relever d'un effet de « club », en interdisant à l'acheteur public d'éliminer un candidat qui ne produirait pas de références relatives à l'exécution de marchés de même nature. La jurisprudence admet que des difficultés ayant affecté l'exécution d'un précédent marché peuvent motiver un rejet de candidature (CE 27 février 1988, *Hôpital départemental d'Esquirol*)[295], ou plus exactement révéler une insuffisance des capacités professionnelles du candidat en l'absence de fourniture de références autres que celles relatives aux précédents

288. CE 13 mai 1987, *Wanner Isofi Isolation*, *Rec.* p. 171 ; CE Sect. 9 juill. 2007, *Synd. EGF-BTP*, *BJDCP* 2007, p. 366, concl. BOULOUIS, *AJDA* 2007, p. 1593, note J.-D. DREYFUS, *CMP* 2007, comm. 240, note W. ZIMMER.

289. C-357/06.

290. *CMP* 2004, n° 192, note J.-P. PIÉTRI, *AJDA* 2004, p. 1771, note J.-D. DREYFUS.

291. TA Cergy-Pontoise, 23 janv. 2001, *préfet de Seine-Saint-Denis*, *CMP* 2001, n° 202, note F. OLIVIER ; TA Paris ord. 10 janv. 2008, *Sté Achatpublic. com*, *CMP* 2008, n° 74.

292. *BJCP* 2007, p. 69.

293. T-169/00.

294. C-94/99.

295. N° 59645.

marchés (CE 10 juin 2009, *Région Lorraine*[296]). La capacité professionnelle peut reposer sur celle des responsables d'une entreprise (CJCE 18 juillet 2007, *Comm. c/République hellénique*[297]).

Par principe, l'opérateur qui a participé à la préparation du marché en amont de la procédure de mise en concurrence ne peut être d'office écarté tant qu'il n'est pas établi qu'il aurait recueilli des informations susceptibles de l'avantager (CE 29 juillet 1998, *Sté Genicorp*[298]). Le droit communautaire part du même principe, mais fait peser la charge de la preuve sur l'opérateur (est irrégulière une législation nationale interdisant les candidatures des personnes ayant participé aux recherches, aux expérimentations ou au développement des prestations sans que lui soit laissée la possibilité de faire la preuve que son expérience n'a pu fausser la concurrence (CJCE 3 mars 2005, *Fabricom SA*[299])). Cependant, une interdiction générale de participation serait irrégulière, mais une appréciation au cas par cas est envisageable, au regard de deux paramètres : l'entreprise peut se trouver favorisée par les informations qu'elle a pu obtenir et, d'autre part, elle peut se heurter à un conflit d'intérêts en influençant les conditions du marché dans un sens qui lui est favorable (même arrêt).

1026 **Documents à fournir et niveaux de capacité. –** Les candidats doivent produire un certain nombre d'informations à l'appui de leur candidature (article 44 du Code 2006), dont notamment des documents et renseignements dont le régime est fixé à l'article 45 du Code 2006. En effet, le principe qui régit cette question est celui d'interdiction de limiter la concurrence ou d'empêcher les candidatures par des exigences trop importantes. Deux modalités sont prévues. En premier lieu, du point de vue formel, le pouvoir adjudicateur ne peut exiger des candidats que des renseignements ou documents permettant d'évaluer leur expérience, leurs capacités professionnelles, techniques et financières ainsi que des documents relatifs aux pouvoirs des personnes habilitées à les engager. La liste de ces renseignements et documents est fixée par arrêté du ministre chargé de l'économie[300]. Lorsque l'exécution du marché suppose que le titulaire bénéficie d'autorisations relevant de législations distinctes, l'acheteur public ne peut pas les exiger au stade des candidatures[301]. L'acheteur public est tenu, lorsqu'il précise dans l'avis d'appel public à la concurrence ou dans le règlement de la consultation ceux des renseignements et documents qu'il invite les candidats à produire, de permettre à ces derniers

296. Nº 324153, *BJCP* nº 66, oct. 2009, p. 375, concl. BOULOUIS. Pour une application, CAA Lyon 17 déc. 2009, *Cne de Grenoble*, *CMP* mars 2010, nº 102 : exclusion non justifiée car, d'une part, l'entreprise avait versé au dossier une liste de chantiers comparables et des attestations de bon déroulement de chantier et, d'autre part, les travaux du précédent marché pour lequel existait une difficulté étaient sans rapport avec le marché objet de la procédure.

297. C-399/05.

298. *DA* 1998, nº 304, obs. ph. DELELIS, *BJCP* 1998, p. 104.

299. C-34/03.

300. Arrêté du 28 août 2006, pris en application de l'article 45 du Code des marchés publics et de l'article 17 du décret nº 2005-1752 du 30 déc. 2005 fixant la liste des renseignements et des documents pouvant être demandés aux candidats aux marchés publics. Sous certaines conditions des documents non visés par la liste peuvent être demandés CE 10 mai 2006, *Syndicat intercommunal des services de l'agglomération valentinoise*, nº 286644.

301. CE 21 nov. 2007, *Département de l'Orne*, *CP-ACCP* nº 73, janv. 2008, p. 12.

d'apporter la preuve de leur capacité professionnelle par tout moyen[302]. En second lieu, du point de vue matériel, il ne peut être exigé des candidats que des niveaux minimaux de capacités liés et proportionnés à l'objet du marché[303]. Les documents, renseignements et les niveaux minimaux de capacité demandés sont précisés dans l'avis d'appel public à la concurrence ou, en l'absence d'un tel avis, dans les documents de la consultation. Par trois arrêts du 8 août 2008, le Conseil d'État a tranché une question procédurale d'importance : si les pouvoirs adjudicateurs doivent contrôler les garanties des candidats, ils ne sont en revanche pas tenus de préciser dans les avis d'appel public à la concurrence des niveaux minimaux de capacités professionnelles, techniques et financières[304]. La réforme de 2008 a confirmé le caractère facultatif de l'exigence de niveaux minimaux de capacité (nouvelle rédaction de l'article 45-I). On note que le droit communautaire n'exige pas de niveaux minimaux, et n'aborde la question que pour interdire la fixation de niveaux de capacité discriminatoires en raison de leur caractère non proportionné à l'objet du marché (art. 44 § 2, al. 2 de la directive n° 2004/18).

Le pouvoir adjudicateur peut exiger la production de certificats de qualités produits par des organismes indépendants (qualibat[305] par exemple). Mais attention, le pouvoir adjudicateur doit accepter tout moyen de preuve équivalent ainsi que des certificats équivalents d'organismes établis dans d'autres États membres. Lorsque les candidats formaient un groupement ou envisageaient de faire appel à des sous-traitants, la rédaction des anciennes versions du Code des marchés publics soulevait des difficultés sur la possibilité pour un candidat de se prévaloir des capacités d'autres intervenants. Désormais, pour justifier de ses capacités professionnelles, techniques et financières, le candidat, même s'il s'agit d'un groupement, peut demander que soient également prises en compte les capacités professionnelles, techniques et financières d'autres opérateurs économiques, quelle que soit la nature juridique des liens existant entre ces opérateurs et lui. Dans ce cas, il justifie des capacités de ce ou ces opérateurs économiques et apporte la preuve qu'il en disposera pour l'exécution du marché.

1027 **Modalités de sélection et appréciation. Procédures ouvertes ou restreintes. –** Lorsque la procédure est *ouverte*, toutes les candidatures répondant aux critères sont admises, puisque ne sont éliminées que les candidatures ne satisfaisant pas aux niveaux requis (il s'agit d'une obligation, TA Lyon 9 décembre 1998, *Soc. Entreprise Tué*)[306]. Lorsque la procédure est *restreinte*, l'acheteur public « procède à la sélection de ces candidats[307] en appliquant aux candidatures retenues [...] des critères de sélection non discriminatoires et liés à l'objet du marché relatifs à leurs

302. CE 25 janv. 2006, *Département de Seine-Saint-Denis*, n° 278115 : « cette obligation est satisfaite lorsque l'acheteur public a précisé, dans les documents de la consultation, que la capacité professionnelle peut être attestée par des certificats de qualification ou d'autres justificatifs regardés comme équivalents ; qu'en revanche ces dispositions n'ont ni pour objet, ni pour effet de prévoir que la mention selon laquelle la preuve de la capacité de l'entreprise peut être apportée par tout moyen doit obligatoirement figurer dans l'avis d'appel public à la concurrence ou dans le règlement de la consultation ».

303. Si l'exigence a pour effet de limiter la concurrence en restreignant le nombre de fournisseurs possibles, elle doit être « objectivement rendue nécessaire par l'objet du marché et la nature des prestations à réaliser » (CE 30 juin 2004, *Ministre de l'Équipement*, *AJDA* 2004, p. 1771).

304. CE 8 août 2008, *Région Bourgogne*, *DA* nov. 2008, comm. 148, 8 août 2008, *Commune de Nanterre*, n° 309136, 8 août 2008, *CH Henri Garçin*, n° 309652, L. RENOUARD, « Les niveaux minimaux de capacités professionnelles, techniques et financières », *CP-ACCP* n° 85, févr. 2009, p. 47.

305. CE 28 avr. 2003, *Fédération française du bâtiment et Association Qualibat*, n° 241896.

306. *BJDCP* 1999, n° 5, p. 409, concl. KOLBERT.

307. Par exemple CE 12 mars 1999, *Établissement public Bibliothèque de France*, *BJDCP* 1999, n° 5.

capacités professionnelles, techniques et financières. Ces critères sont mentionnés dans l'avis d'appel public à la concurrence, ou, s'il s'agit d'une procédure dispensée de l'envoi d'un tel avis, dans le règlement de la consultation » (article 52-II du Code 2006). Le Guide de bonnes pratiques (circulaire du 14 février 2012, 11.4.1.2) indique que « la sélection des candidatures est pratiquée dans le cadre des procédures restreintes, pour lesquelles l'acheteur a décidé de limiter le nombre de candidats admis à présenter une offre. (...) Dans le cadre de la sélection, l'acheteur ne retient, après classement, que les meilleurs candidats parmi ceux qui ont les niveaux de capacités requis. Dans le cadre de l'élimination des candidatures, l'acheteur se contente de renoncer à celles dont les capacités sont jugées insuffisantes. Il est possible, en procédure restreinte, de procéder à la fois à l'élimination, puis à la sélection des candidatures, dès lors que les éventuels niveaux minimaux et les critères de sélection ont été publiés dans l'avis d'appel public à la concurrence ou, dans le règlement de la consultation ».

Le juge reconnaît un pouvoir d'appréciation au pouvoir adjudicateur dans l'évaluation des qualifications et l'admission des candidatures[308]. En droit français, cette appréciation n'est soumise qu'à un contrôle de l'erreur manifeste d'appréciation (CE 13 octobre 1993, *Cne de Mées*[309]).

1028 **Capacités des groupements. –** L'appréciation des capacités professionnelles, techniques et financières d'un groupement est globale. Il n'est pas exigé que chaque membre du groupement ait la totalité des compétences techniques requises pour l'exécution du marché (article 52 du Code 2006).

E. LA SÉLECTION DES OFFRES

1029 **Critères. –** Le pouvoir adjudicateur attribue le marché au candidat qui a présenté l'offre économiquement la plus avantageuse[310]. Le Code des marchés publics prend donc expressément parti en faveur de l'offre la mieux-disante, alors que pendant longtemps les acheteurs publics préféraient s'en tenir au choix de l'offre la moins-disante, sans doute pour éviter la contestation, au détriment de la qualité des offres. Ce choix repose sur l'appréciation des offres par rapport à des critères et est encadré par deux méthodes (article 53). Pour sélectionner les offres et attribuer le marché, l'acheteur se fonde soit sur une pluralité de critères non discriminatoires et liés à l'objet du marché, soit compte tenu de l'objet du marché, sur un seul critère, qui est celui du prix.

Le *critère du prix* pose deux questions inverses : à quelles conditions le prix peut-il être l'unique critère et à quelles conditions peut-il au contraire ne pas être retenu ? Le choix du prix comme critère unique ne devrait pouvoir être privilégié principalement que pour les prestations courantes, pour des produits simples

308. CJCE 18 juill. 2007, *Comm. c/République hellénique*, aff. C-399/05 ; CE 1er avr. 1998, *Département de Seine-et-Marne*, *BJCP* 1998, p. 98.

309. *RDI* 1994, p. 47, obs. F. LLORENS et Ph. TERNEYRE. Voir également CE 23 janv. 2012, *Cne Six-Fours-les-Plages*, *CMP* mars 2012, nº 99, note J.-P. PIETRI.

310. A. RUELLAN, « Le choix de l'offre économiquement la plus avantageuse et le Code des marchés publics », *CP-ACCP* nº 39, p. 36.

et standardisés pour lesquels les offres peuvent être appréciées de manière objective sur la base du seul prix proposé[311]. Le droit communautaire interdit les législations nationales imposant de manière générale le choix de l'unique critère du prix[312]. Il est en tout état de cause illégal pour les prestations complexes ou techniques[313]. Il n'est pas privilégié par les rédacteurs du code car il favorise les ententes. C'est aussi ce qui explique que le pouvoir adjudicateur n'est pas tenu de faire figurer dans l'AAPC une estimation du prix (article 40). À l'inverse, il existe des marchés publics conclus à titre onéreux pour lesquels l'administration ne verse aucun prix. Dans cette situation, les juges administratifs ont admis que le pouvoir adjudicateur pouvait ne pas retenir le prix comme critère de choix des offres[314].

Pour la passation des contrats de mobilier urbain, le Conseil d'État (CE 4 février 2009, *Cne de Toulon*[315]) a jugé que l'appel d'offres peut ouvrir la possibilité aux entreprises de proposer un « prix » à verser par le pouvoir adjudicateur et faire de cette proposition un critère d'attribution du marché. On rappelle que dans les contrats de mobilier urbain le prestataire est rémunéré par un abandon de ressources de la part de la collectivité. Il perçoit des recettes publicitaires de tiers et doit verser une redevance domaniale à la collectivité.

Certains autres *critères sont prévus par la réglementation*. L'article 53 fournit une liste non exhaustive de critères susceptibles d'être pris en considération[316]. Sont visés la qualité[317], le prix, la valeur technique, le caractère esthétique[318] et fonctionnel, les performances en matière de protection de l'environnement, les performances en matière d'insertion professionnelle des publics en difficulté, le coût global d'utilisation, la rentabilité, le caractère innovant, le service après-vente et l'assistance technique, la date de livraison, le délai de livraison ou d'exécution. En 2011[319], sont ajoutés les critères des coûts tout au long du cycle de vie, de la sécurité d'approvisionnement, de l'interopérabilité et des caractéristiques opérationnelles.

D'autres *critères, non expressément visés par la réglementation*, peuvent être pris en compte s'ils sont justifiés par l'objet du marché (art. 53 et CJCE 20 septembre 1988, *Beentjes*, aff. C-31/87, CJCE 17 septembre 2002, *Concordia Bus Finland*, aff. C-513/99). En revanche, ne peut être retenu comme critère d'appréciation

311. Rép. min. nº 14228, *JO* Sénat Q, 13 janv. 2005, p. 103.

312. CJCE 7 oct. 2004, *Sintesi SpA*, aff. C-247/02.

313. CE 6 avr. 2007, *Département de l'Isère*, *BJDCP* 2007, nº 53, p. 293, concl. BOULOUIS, *CMP* 2007, nº 171, note J.-P. PIÉTRI, *CP-ACCP* nº 66, 2007, p. 65, note M. HEINTZ.

314. En matière de contrats de mobilier urbain par exemple, CE 28 avr. 2006, *Cne de Toulouse*, *Rec.* p. 848, *BJCP* 2006, p. 268, concl. Casas, *CMP* 2006, nº 165, note G. ECKERT, *CP-ACCP* nº 56, 2006, p. 64, note L. RENOUARD ; TA Paris ord. 23 févr. 2007, *Sté Clear Channel France*, *Mon. TP* 16 mars 2007, p. 20 ; TA Nice ord. 22 nov. 2007, *Sté CBS et Sté Outdoor*, *JCP* A 2008, nº 2053, note F. LINDITCH.

315. *DA* avr. 2009, nº 51.

316. A. RUELLAN, « Les critères de choix des offres dans le nouveau Code des marchés publics », *AJDA* 2004, p. 378.

317. Il s'agit de la qualité en général, distincte de la qualité technique faisant l'objet d'un autre critère. Le pouvoir adjudicateur doit définir ses attentes en matière de qualité, surtout s'il lui est accordé une place prépondérante, CE 28 avr. 2006, *Cne de Toulouse*, préc.

318. Voir en matière de mobilier urbain, CE 28 avr. 2006, *Cne de Toulouse*, préc.

319. Décret nº 2011-1104 du 14 sept. 2011.

des offres un critère relatif à la capacité des candidats[320] puisqu'il ne faut pas confondre l'appréciation des candidatures et celle des offres. Ces éventuels autres critères nourrissent une jurisprudence abondante[321]. Celui de la proximité de l'entreprise est envisageable si l'intervention de l'entreprise doit être rapide. Mais cela ne signifie pas que l'entreprise doit avoir son siège à proximité du lieu d'exécution[322]. La préférence nationale ne peut faire l'objet d'un critère additionnel[323].

En tout état de cause, les critères visés par le code ou non visés par le code doivent présenter certaines *conditions de régularité*, que l'on tire expressément ou implicitement de la rédaction de l'article 53. La première condition est que le critère doit être lié à l'objet du marché[324]. La seconde condition, mentionnée expressément pour la liste de critères réglementaires, est le caractère non discriminatoire du critère[325]. En tant qu'application des grands principes de la commande publique, l'exigence de non-discrimination vaut également pour les critères non expressément visés dans la liste de l'article 53[326]. Pour la même raison, il convient que les critères soient proportionnés à l'objectif poursuivi, exigence constante en droit communautaire[327]. La rédaction de l'article 53 lie l'utilisation des critères à la poursuite d'un objectif : le choix encadré de l'offre économiquement la plus avantageuse. Cela implique que ne sont réguliers que des critères censés permettre une comparaison de la valeur des offres[328] et n'offrant pas au pouvoir adjudicateur une liberté inconditionnée de choix[329].

Ainsi que le résume la Cour de justice, « les critères d'attribution définis par un pouvoir adjudicateur doivent être liés à l'objet du marché, ne doivent pas conférer une liberté de choix illimitée au pouvoir adjudicateur, doivent être expressément mentionnés dans le cahier des charges ou dans l'avis de marché et doivent respecter, notamment, les principes fondamentaux d'égalité de traitement, de non-discrimination et de transparence » (CJCE 17 septembre 2002, *Concordia Bus Finland*, aff. C-513/99 ; CJCE 24 novembre 2005, *ATI EAC Sarl*, aff. C-331/04).

320. CJCE 19 juin 2003, *GAT*, aff. C-315/01 ; CJCE 24 janv. 2008, *Emm. G. Lianakis AE*, aff. C-532/06 ; CE 1er juin 2005, *Département de la Loire*, *Rec.* p. 964.

321. Th. GLIOZZO, « L'utilisation des critères additionnels dans la passation des marchés publics par appel d'offres », *AJDA* 2002, p. 1471.

322. CE 29 juill. 1994, *Cne de Ventenac-en-Minervois*, *Rec.* p. 1035 ; CE 14 janv. 1998, *Soc. Martin-Fourquin*, *RDI* 1998, p. 243 ; CAA Nancy 12 avr. 2001 *Sté régionale du Bâtiment Scanzi*, *CP-ACCP* n° 2, 2001, p. 31, obs. L. RICHER.

323. CJCE 22 juin 1993, *Commission c/Danemark*, aff. C-243/89. Il en va de même de la préférence locale CJCE 20 mars 1990, *Du Pont-de-Nemours*, aff. 21/88.

324. Pour une vérification, alors même qu'il s'agissait d'un critère expressément mentionné dans la liste du code, CE 1er juin 2005, *Département de la Loire*, *BJCP* 2005, p. 366, concl. CASAS, obs. Ch. MAUGÜÉ, *CMP* 2005, n° 213, note J.-P. PIÉTRI. N'est pas lié à l'objet du marché le critère tiré de l'expérience des candidats dans un domaine autre que celui de l'objet même de la prestation, CAA Douai 31 mai 2005, *Sté Thermotique* SA, *RFDA* 2005, p. 853.

325. CJCE 27 oct. 2005, *Contse SA*, aff. C-234/03 : est illégal le critère attribuant une préférence au titulaire d'un précédent marché en cas d'égalité globale et technique des offres. Voir aussi CJCE 4 déc. 2003, *EVN*, C448/01.

326. Par exemple à propos du critère tiré de la nature des contrats de travail utilisés par les candidats TA Bordeaux 5 déc. 2006, *Préfet de la Gironde*, *CMP* 2007, n° 101, note E. DELACOUR.

327. CJCE 27 oct. 2005, *Contse*, aff. C-234/03.

328. TA Nice ord. 27 nov. 2007, *Sté CBS et Sté Outdoor*, *JCP* A 2008, n° 2053, note F. LINDITCH.

329. CE 28 avr. 2006, *Cne de Toulouse*, préc.

1030 **Protection de l'environnement. –** La *protection de l'environnement* est consacrée au stade de la sélection des candidats (article 45-II), mais désormais aussi au titre des critères d'attribution du marché, conformément au droit communautaire[330]. Cependant, au stade de la sélection des candidatures, cela ne concerne que les marchés dont l'exécution implique la mise en œuvre de mesures de gestion environnementale et, au stade des offres, le critère doit demeurer justifié par l'objet du marché. Ainsi, même si selon l'article 5 du Code l'acheteur public doit tenir compte des préoccupations de développement durable (dont la préservation de l'environnement n'est qu'un pilier), il demeure impossible d'imposer des exigences environnementales par principe[331], sauf à se rabattre sur les conditions d'exécution (voir ci-dessous).

L'affaire *Concordia Bus*[332] encadre les conditions dans lesquelles il peut être recouru au critère environnemental : d'une part le critère environnemental doit être inscrit dans l'avis d'appel d'offres ou dans le cahier des charges, d'autre part il doit être lié à l'objet du marché et ne pas conférer au pouvoir adjudicateur une liberté inconditionnée de choix et le critère doit être apprécié en se fondant sur des données objectives et mesurables qui encadrent le pouvoir d'appréciation des acheteurs publics, enfin le critère environnemental doit respecter les principes fondamentaux du droit communautaire, notamment le principe de non-discrimination. Ont été admis dans ce cadre : la prise en compte du niveau d'émissions d'oxyde azotique et du niveau sonore des véhicules à propos d'un marché de gestion d'un réseau d'autobus (CJCE 17 septembre 2002, *Concordia Bus*, préc.) ; la production d'électricité à partir de sources d'énergie renouvelables dans un marché de fourniture d'électricité (CJCE 4 décembre 2003, *EVN*, aff. C-448/01) ; des mesures de préservation du milieu écologique pour un marché de travaux à exécuter dans une zone sensible (TA Montpellier ord. 31 juillet 2001, *SA Guintoli*[333]).

1031 **Critères sociaux. –** Le critère du *mieux-disant social* connaît un sort variable[334]. S'agissant de la sélection des offres, il avait été jugé dans un arrêt du 25 juillet 2001, *Commune de Gravelines*[335], qu'un critère relatif aux « propositions concrètes faites par les soumissionnaires en matière de création d'emplois, d'insertion et de formation » était sans rapport avec l'objet du contrat ou ses conditions d'exécution (marché de travaux relatif à la réhabilitation d'une décharge). Désormais, depuis 2005[336], le Code des marchés publics consacre le critère des « performances en matière d'insertion professionnelle des publics en difficulté ». La jurisprudence continue d'exiger qu'un tel critère présente un lien avec l'objet du contrat, ce qui rend son utilisation pour le moins hypothétique[337].

330. CJCE 17 sept. 2002, *Concordia Bus Finland*, aff. C-513/99 ; CJCE 4 déc. 2003, *EVN AG*, aff. C-448/01, considérants 5 et 33 de la directive 2004/18, et articles 27, 50 et 53-1-a.

331. M.-L. DE LA VILLE BAUGÉ, « Le développement durable dans les marchés publics : une réforme ou un vœu pieu ? », *RLCT*, 2006, n° 16, p. 20 ; M.-P. LAVOILOTTE, « L'environnement dans le nouveau Code des marchés publics », *AJDA* 2004, p. 2081, S. PIGNON, « La prise en compte des critères environnementaux dans les marchés publics. Vers la fin de la seule logique financière dans les marchés publics ? », *LPA* 23 déc. 2002, n° 255, p. 4.

332. Préc. Pour la censure d'un critère non lié à l'objet du marché et utilisé uniquement pour favoriser les grands fournisseurs, CJCE 4 déc. 2003, *ENV AG*, aff. C-448/01.

333. *CP-ACCP* n° 15, 2002, p. 52, note N. CHARREL.

334. H. PONGERARD-PAYET, « Le critère social exprès d'attribution : un cadeau en trompe l'œil fait aux élus », *AJDA* 2006, p. 635.

335. *CMP* 2001, comm. n° 188.

336. Loi n° 2005-32 du 18 janv. 2005 de programmation pour la cohésion sociale.

337. CAA Douai 29 nov. 2011, *Région Nord-Pas-de-Calais*, *AJDA* 2012, p. 565.

En outre, il n'est pas certain que ce critère soit euro-compatible. Alors que la Cour de justice[338] avait admis le critère de lutte contre le chômage comme critère d'attribution, en le soumettant toutefois à des conditions dont la satisfaction semblait plus qu'exceptionnelle, la Commission européenne a relativisé en 2001[339] l'emploi d'un tel critère, puisqu'il doit uniquement servir à départager deux offres économiquement équivalentes et être en rapport avec les prestations demandées. S'agissant des conditions d'exécution du marché, le critère social suscite moins de difficultés. En effet, l'article 14 du Code 2006 prévoit que « les conditions d'exécution d'un marché ou d'un accord-cadre peuvent comporter des éléments à caractère social ou environnemental qui prennent en compte les objectifs de développement durable en conciliant développement économique, protection et mise en valeur de l'environnement et progrès social ». Ces conditions d'exécution ne peuvent pas avoir d'effet discriminatoire à l'égard des candidats potentiels. Elles sont indiquées dans l'avis d'appel public à la concurrence ou dans les documents de la consultation[340].

1032 **Sous-critères. –** Le pouvoir adjudicateur peut préciser ses critères de choix à l'aide de différents sous-critères[341]. Par principe, ni l'utilisation de sous-critères, ni leur pondération n'est rendue obligatoire par les textes[342]. Cependant, l'arrêt *ANPE* de 2009[343] du Conseil d'État enseigne que l'information appropriée des candidats sur les critères d'attribution d'un marché public est nécessaire, dès l'engagement de la procédure d'attribution du marché, de même que les conditions de leur mise en œuvre. On pourrait en déduire que si la seule condition de mise en œuvre envisageable des critères passe par la définition de sous-critères, le pouvoir adjudicateur ait à la fois l'obligation de fixer des sous-critères et de leur accorder une publicité suffisante. Dans les autres cas, l'utilisation de sous-critères ne constitue que l'une des méthodes offertes au pouvoir adjudicateur pour indiquer les conditions de mise en œuvre des critères, aux côtés de l'indication des pondérations, l'affichage des méthodes de notation ou l'indication d'éléments d'appréciation de l'offre, selon les hypothèses dégagées par F. Linditch[344]. Quoi qu'il en soit, lorsque le pouvoir adjudicateur prend l'initiative de fixer des sous-critères, ceux-ci doivent faire l'objet d'une information. Un sous-critère doté d'une pondération significative doit être prévu par le règlement de la consultation sous peine de constituer un manquement

338. CJCE 26 sept. 2000, *Commission c/France, Bâtiments scolaires de la Région Nord-Pas-de-Calais*, aff. C-225/98.

339. Communication interprétative du 15 oct. 2001, COM[2001]566 final.

340. Conformément au droit communautaire, CJCE 20 sept. 1988, *Beentjes*, 31/87.

341. Pour un exemple relatif à la provenance et à la qualité des matériaux, à l'organisation du chantier, phasage et planning, voir CE 31 mars 2010, *Collectivité territoriale de Corse*, *JCP* A n° 24, 14 juin 2010, note F. LINDITCH, *CMP* mai 2010, 165, note W. ZIMMER, *CMP* juill. 2010, 240, note P. DEVILLERS.

342. Les sous-critères ne sont pas des critères de choix et ne doivent pas faire impérativement l'objet d'une pondération publiée dans un avis d'appel public à la concurrence (TA Montpellier 28 sept. 2006, *Société Philips Frères*, n° 0605115).

343. N° 290236, *CMP* avr. 2009, n° 121, note W. ZIMMER, *AJDA* 2009, p. 602, note J.-D. DREYFUS, *BJCP* n° 64 juin 2009, p. 201, concl. DACOSTA, *BJCP* 2009, n° 64, p. 211, note Ch. MAUGÜÉ, p. 178, note A. BOURREL, *RLCT* 2009, n° 46, n° 1342, note E. GLASER, *RJEP* 2009, comm. n° 32, note D. MOREAU, *RDI* avr. 2009, p. 242, note S. BRACONNIER.

344. Note sous CE 31 mars 2010, *Collectivité territoriale de Corse*, *JCP* A n° 24, 14 juin 2010, n° 2195.

affectant les critères de sélection des offres (CE 1er avril 2009, *Ministre d'État, ministre de l'écologie, du développement durable et de l'aménagement du territoire*[345]). L'importance et la nature de sous-critères peut aussi conduire le juge administratif à les requalifier en véritables critères, impliquant une publicité préalable de leur pondération dans l'avis d'appel public à la concurrence (CE 18 juin 2010, *Cne Saint-Pal-de-Mons*[346]. Mais une simple méthode de notation, destinée à évaluer un critère, ne constitue pas un sous-critère et ne doit pas être portée à la connaissance des candidats (CE 2 août 2011, *Syndicat mixte de la vallée de l'Orge Aval*[347].

Le droit de l'Union commande que soient indiqués la pondération et les sous critères (CJCE 24 janvier 2008, *Lianakis*[348]. Mais le pouvoir adjudicateur peut procéder à la pondération de sous-critères en cours de procédure, et notamment au stade du jugement des offres si cette décision ne modifie pas les critères d'attribution initialement définis, ne contient pas d'éléments qui, s'ils avaient été connus au moment de la préparation des offres, auraient pu influencer cette préparation, et ne comporte pas d'élément discriminatoire (CJCE 24 novembre 2005, *ATI EAC Sarl*[349]).

1033 **Pondération ou hiérarchisation. –** Le principe fixé par l'article 53-II est celui de la pondération des critères (pour les procédures formalisées)[350]. Le poids de chaque critère peut être exprimé par une fourchette (article 53) ou un pourcentage[351]. Lorsque la pondération est impossible[352], notamment du fait de la complexité du marché et que le pouvoir adjudicateur est en mesure de le démontrer, les critères sont hiérarchisés. Le pouvoir adjudicateur dispose d'une liberté de choix dans la détermination de la pondération des critères[353], sous réserve qu'elle ne soit pas discriminatoire[354].

1034 **Classement et attribution. –** Le travail d'appréciation des offres commence par l'élimination des offres inappropriées, irrégulières et inacceptables (art. 53-III). La formulation du code invite à penser qu'il s'agit d'une obligation (en droit communautaire, voir CJCE 22 juin 1993, *Comm. c/Danemark*, aff. C-243/89). L'article 35-I-1° du code donne une définition des offres irrégulières ou inacceptables : « une offre irrégulière est une offre qui, tout en apportant une réponse au

345. *BJCP* n° 65 août 2009, p. 346.

346. *JCP* A n° 36, 6 sept. 2010, 2258, note F. LINDITCH, *DA* oct. 2010, n° 129, note F. BRENET, *CMP* août-sept. 2010, n° 271, note Ph. REES, *BJCP* n° 72 nov. 2010, concl. DACOSTA. Voir antérieurement CAA Bordeaux, 12 oct. 2007, *Région Réunion*, n° 07BX01819.

347. *BJDCP* n° 79, nov-déc. 2011, p. 435, concl. DACOSTA, *AJDA* 2011, p. 2180, note E. BUSSON, *CMP* oct. 2011, n° 286, note W. ZIMMER.

348. C-532/06.

349. C-331/04.

350. M. CRAHES, « La pondération des critères de jugement des offres », *JCP* A 2005, 1267.

351. CJCE 4 déc. 2003, *ENV AG*, aff. C-448/03.

352. Ce qui ressortait déjà de la jurisprudence CE 29 juin 2005, *Cne de la Seyne-sur-Mer*, *AJDA* 2005, p. 1792, note A. RUELLAN, *CMP* 2005, n° 10, comm. n° 243, note F. OLIVIER, *BJDCP* 2005, n° 42, p. 375, concl. CASAS.

353. CJCE 27 oct. 2005, *Contse*, aff. C-234/03.

354. CE 10 mai 2006, *Sté Schiocchet*, *CMP* 2006, n° 205, note J.-P. PIÉTRI.

besoin du pouvoir adjudicateur, est incomplète ou ne respecte pas les exigences formulées dans l'avis d'appel public à la concurrence ou dans les documents de la consultation. Une offre est inacceptable si les conditions qui sont prévues pour son exécution méconnaissent la législation en vigueur, ou si les crédits budgétaires alloués au marché après évaluation du besoin à satisfaire ne permettent pas au pouvoir adjudicateur de la financer ». L'article 35-II-3° précise la notion d'offre inappropriée : « est inappropriée une offre qui apporte une réponse sans rapport avec le besoin du pouvoir adjudicateur et qui peut en conséquence être assimilée à une absence d'offre ». La rédaction du Code 2006 reprend les différents cas d'élimination des offres résultant du droit antérieur à 2006, tout en prenant le soin de bien distinguer les différentes hypothèses et de les compléter. Ainsi, les offres révélant des pratiques anticoncurrentielles, que la jurisprudence invitait à éliminer[355], peuvent désormais être considérées comme des offres inacceptables en tant que méconnaissant la législation en vigueur. La nouvelle rédaction englobe les offres que l'on classait auparavant comme des offres non conformes, soit par rapport à l'objet du marché[356], soit par rapport aux dispositions des documents de la consultation[357].

Les offres sont ensuite classées et la mieux classée est retenue (art. 53-III). Le juge administratif ne procède qu'à un contrôle de l'erreur manifeste d'appréciation sur les motifs de choix de l'attributaire (CE 15 novembre 1996, *Sté Guadeloupe Entretien Maintenance*[358]).

1035 **Offre anormalement basse. –** L'article 55 du Code 2006 dispose que « Si une offre paraît anormalement basse, le pouvoir adjudicateur peut la rejeter par décision motivée après avoir demandé par écrit les précisions qu'il juge utiles et vérifié les justifications fournies (...). Peuvent être prises en considération des justifications tenant notamment aux aspects suivants : 1° Les modes de fabrication des produits, les modalités de la prestation des services, les procédés de construction ; 2° Les conditions exceptionnellement favorables dont dispose le candidat pour exécuter les travaux, pour fournir les produits ou pour réaliser les prestations de services ; 3° L'originalité de l'offre ; 4° Les dispositions relatives aux conditions de travail en vigueur là où la prestation est réalisée ; 5° L'obtention éventuelle d'une aide d'État par le candidat. Une offre anormalement basse du fait de l'obtention d'une aide d'État ne peut être rejetée que si le candidat n'est pas en mesure d'apporter la preuve que cette aide a été légalement accordée. Le pouvoir adjudicateur qui rejette une offre pour ce motif en informe la Commission européenne ».

La notion d'offre anormalement basse n'est pas précisée par les textes. Elle peut se définir comme celle dont le prix ne correspond pas à la réalité économique (Rép. min. n° 19343, *JO* Sénat Q, 2 mars 2000, p. 769). Il ressort de la jurisprudence administrative[359] qu'il est possible de prendre en compte l'écart entre l'offre

355. TA Bastia 6 févr. 2003, *SARL Autocar Mariani*, *AJDA* 2003, p. 738, note S. PALMIER, *CP-ACCP* n° 23, 2003, p. 54, note C. CABANNES et P. MARTY.

356. Par ex. CE 9 mai 2008, *AMOTM*, *JCP* A 2008, 2151, note F. LINDITCH.

357. Par ex. CE 15 juin 2007, *Min. de la Défense*, *BJCP* 2007, p. 353, concl. CASAS, obs. Ch. MAUGÜÉ, *CMP* 2007, n° 241, note W. ZIMMER.

358. *Rec.* p. 1010.

359. Telle qu'analysée par les commentateurs du *Code des marchés publics*, (dir) F. LLORENS et P. SOLER-COUTEAUX, Litec, 2009, p. 647. Voir également L. ERSTEIN, « Contrats publics : précisions

suspecte et soit l'estimation de l'administration (TA Grenoble ord. 31 juillet 2007, *Sté Cars Berthelet c/Département de l'Isère*[360]), soit les propositions des autres candidats (CAA Marseille 12 juin 2006, *SARL Stand Azur*[361]), soit les moyennes nationales (CAA Marseille 27 juin 2002, *Synd. d'agglomération nouvelle du Nord-ouest de l'Étang de Berre*[362]). En revanche, le caractère anormalement bas d'une offre ne saurait être établi par la simple comparaison avec le prix pratiqué lors du précédent marché (TA Lyon ord. 26 mars 2010, *Sté Chenil service*[363]). On demeure beaucoup plus sceptique sur une possible analyse de la notion d'offre anormalement basse à partir des notions de prix prédateur (intervenant dans la démonstration d'un abus de position dominante, art. L. 420-2 du Code de commerce) ou de prix abusivement bas (art. L. 420-5 du Code de commerce) propres au droit de la concurrence. La notion de prix abusivement bas suppose la réunion de trois conditions[364] : le prix s'adresse au consommateur ; le niveau de prix est insuffisant au regard des coûts de production, de transformation et de commercialisation ; le prix doit révéler une volonté d'éviction ou une potentialité d'éviction. Or le pouvoir adjudicateur n'est pas considéré comme un consommateur[365]. Qui plus est, l'appréciation s'effectue au regard du marché général sur lequel agissent l'ensemble des candidats potentiels[366]. La notion de prix prédateur, évaluée par comparaison à la moyenne des coûts variables ou totaux[367], n'est pas non plus d'un maniement aisé. Compte tenu des extrêmes spécificités des critères et conditions d'application des notions de droit de la concurrence, il serait préférable de s'en tenir, pour ce qui est des marchés publics, à une appréciation relativement simple de la notion d'offre anormalement basse.

L'arrêt *Département de la Corse du Sud* de 2012 reflète la position du Conseil d'État sur la notion d'offre anormalement basse. Dans ses conclusions, B. Dacosta[368] avait défini l'offre anormalement basse comme « l'offre qui paraît fondée sur une sous-estimation significative du coût des prestations, le pouvoir adjudicateur pouvant s'appuyer, pour procéder à ce constat, à la fois sur le prix proposé, en valeur absolue, par rapport à ses propres estimations, compte tenu des obligations pesant sur le titulaire du marché et sur une comparaison, le cas échéant, avec les autres offres reçues ». Les conclusions militaient dans le sens d'une validation de la jurisprudence des juges du fond. Le Conseil d'État s'en tient à sa position traditionnelle, beaucoup plus en retrait, en décidant qu'en ne rejetant pas l'offre retenue comme anormalement basse et susceptible de rendre difficile

sur des offres anormalement basses », *JCP* A 19 avr. 2010, n° 16, 306 ; H. LETELLIER, « Acheteur public : quelle attitude adopter face au risque d'offres anormalement basses ? », *CP-ACCP* n° 110, mai 2011, p. 56.

360. *JCP* A 2008, n° 2040. Voir aussi TA Toulouse ord. 23 nov. 2010, *Sté FM Projet*, *CMP* févr. 2011, n° 47, comm. F. LLORENS.

361. *CMP* 2006, n° 251, note G. ECKERT.

362. *CMP* 2003, n° 28, note F. OLIVIER.

363. *JCP* A 19 avr. 2010, n° 16, 306, *AJDA* 2010, p. 1423, note M. DREIFUSS.

364. Cons. conc. décision n° 06-D-23 du 21 juill. 2006.

365. Cons. conc. décision n° 08-D-01 du 18 janv. 2008.

366. Cons. conc. décision n° 08-D-01 du 18 janv. 2008.

367. CJCE 3 juill. 1991, *Akzo*, aff. 62/86.

368. CE 1er mars 2012, *Département de la Corse du Sud,* n° 354159, *CMP* avr. 2012, n° 109, comm. W. ZIMMER.

l'exécution du marché le pouvoir adjudicateur n'a pas commis d'erreur manifeste d'appréciation. En effet, le critère retenu par le Conseil d'État jusqu'alors, et confirmé dans l'arrêt *Département de la Corse du Sud* est celui du risque de difficulté ou d'incapacité de l'opérateur lors de l'exécution du marché (CE 29 janvier 2003, *Département d'Ile et Villaine*[369] *:* « les prix proposés par les sociétés requérantes étaient anormalement bas et que dès lors leur offre était susceptible d'entraîner des difficultés lors de l'exécution des travaux » ; CE, 15 avril 1996, *Commune de Poindimie*[370] *:* « la seule modération de son prix ne pouvait révéler l'incapacité technique de l'entreprise à réaliser les travaux »).

En tout état de cause, l'examen contradictoire des offres suspectées d'être anormalement basses commandé par le texte même de l'article 55 devrait permettre au pouvoir adjudicateur d'alimenter sa réflexion. On rappelle qu'un opérateur bénéficiant d'une aide d'État régulière n'a pas à être écarté de la procédure (CJCE 7 décembre 2000, *ARGE*[371]).

Bien que l'article 55 du Code des marchés publics n'oblige pas le pouvoir adjudicateur à éliminer les offres anormalement basses, la jurisprudence administrative a évolué dans le sens de la reconnaissance d'une véritable obligation d'élimination, en sanctionnant par la nullité de la procédure le fait pour la personne publique d'avoir attribué le marché à des soumissionnaires dont l'offre était anormalement basse (CAA Marseille 12 juin 2006, *SARL Stand Azur*[372] ; TA Rouen 23 juin 2000, *Sté Jean Behotas*[373] et TA Grenoble ord. 31 juillet 2007, *Sté Cars Berthelet*[374]). L'obligation d'élimination des offres anormalement basses repose aussi plus généralement sur les grands principes du droit des marchés publics, ce qui permet d'évacuer les discussions sur la rédaction de l'article 55 du code. C'est d'ailleurs à la fois en application de l'objectif d'efficacité de la commande publique fixé par l'article 1er du Code des marchés publics et des dispositions de l'article 55 du même code que le tribunal administratif de Lille a très récemment fondé l'obligation d'écarter une offre anormalement basse dans une procédure de marché public (TA Lille 25 janvier 2011, *Sté Nouvelle SAEE*[375]).

Les décisions du pouvoir adjudicateur en matière d'acceptation ou de rejet d'offres anormalement basses sont susceptibles d'être contestées devant le juge des référés précontractuels, lequel n'opère toutefois qu'un contrôle restreint (CE 1er mars 2012, *Département de la Corse du Sud*[376]).

La Cour de justice déduit de la rédaction de l'article 55 de la directive 2004/18 qu'il existe une obligation positive de la part du pouvoir adjudicateur de vérifier la composition des offres présentant un caractère anormalement bas (CJUE 29 mars 2012, *SAG ELV Slovensko*, aff. C-599/10). Elle autorise les États membres à fixer

369. N° 208096.
370. N° 133171.
371. C-94/99.
372. *CMP* 2006, n° 251, note G. ECKERT.
373. *BJCP* 2001, p. 164.
374. *JCP* A 2008, n° 2040, note Ph. NEVEU. Voir aussi TA Toulouse ord. 23 nov. 2010, *Sté FM Projet*, *CMP* févr. 2011, n° 47, comm. F. LLORENS.
375. N° 0800408.
376. Req. n° 354159.

des méthodes de définition des offres anormalement basses, mais en laissant la possibilité aux entreprises de se justifier après une procédure contradictoire (CJCE 27 novembre 2001, *Impresa Lombardini*, aff. C-285/99). Pour les marchés passés selon une procédure adaptée, la Cour a admis qu'une réglementation nationale ou locale prévoie un système d'élimination automatique des offres anormalement basses, par application d'un seuil d'anomalie calculé à partir d'une formule mathématique (CJCE 15 mai 2008, *SECAP*, aff. C-147/06 et *Santorso*, aff. C-148/06).

F. PRÉSENTATION DES PRINCIPALES PROCÉDURES

1036 **Absence de procédure de droit commun. –** Alors qu'antérieurement à 2006 l'appel d'offres était désigné comme la procédure de droit commun, l'article 26 du Code 2006 fixe seulement une liste de procédures, sans en distinguer aucune : appel d'offres ouvert ou restreint, procédures négociées, dialogue compétitif, concours, système d'acquisition dynamique, procédure adaptée.

1037 **Régularité de la négociation. –** La négociation dans les marchés publics ne constitue pas une règle de droit commun. Cependant, si elle est évidemment présente dans les marchés négociés (*infra*, n° 1044), son champ d'application s'est notamment confirmé quant aux marchés passés selon une procédure adaptée (*infra*, n° 1040) pour lesquels la réforme de 2008 prévoit que la négociation peut porter sur tous les éléments de l'offre, y compris le prix. La négociation intervient également dans la passation des marchés de la défense et des marchés de l'article 30, et au cours de la procédure de dialogue compétitif[377].

Le Guide de bonnes pratiques (circulaire du 14 février 2012, 12.1.1) donne des indications générales sur la négociation dans la passation des marchés publics : « Le recours à la négociation doit être expressément indiqué, dès le lancement de la procédure de consultation, dans l'avis de publicité ou dans les documents de la consultation, afin de permettre aux candidats d'en tenir compte lors de l'élaboration de leur offre. Il ne peut pas « se réserver le droit de recourir à la négociation », empêchant alors toute anticipation et toute prise en considération de la procédure qui sera, *in fine*, mise en œuvre pour déterminer l'offre économiquement la plus avantageuse. Dès lors qu'il a expressément prévu le recours à la négociation, l'acheteur public est obligé de négocier (...). La négociation doit être menée avec tous les candidats ayant remis une offre, sauf si le règlement de la consultation ou les documents en tenant lieu précisent que la négociation ne sera menée qu'avec un nombre limité de candidats. Dans ce cas, l'acheteur doit indiquer les critères sur le fondement desquels il sélectionnera les entreprises admises à négocier, en indiquant leur nombre ». « Dans le cadre de la négociation, l'acheteur public doit faire face à trois contraintes. La première est de respecter l'égalité de traitement des candidats, tout au long de la procédure. La deuxième contrainte est d'assurer la transparence de la procédure. La troisième est de respecter le secret industriel et commercial entourant le savoir-faire des candidats. (...) Il est, évidemment, toujours possible de négocier les éléments que le candidat fait figurer dans son offre. En revanche, le principe d'intangibilité du cahier des charges rend la modification de celui-ci beaucoup plus délicate. L'acheteur devra être en mesure de justifier, pour toute modification apportée au cahier des charges initial et à l'offre initiale du candidat retenu, de son intérêt, tant technique que financier, et du respect de l'égalité de traitement des candidats. Il est donc conseillé d'établir un document précis, qui permettra d'identifier clairement les points qui ont fait l'objet de modifications. Le respect du principe d'égalité doit conduire l'acheteur, en cas de modifications du cahier

377. Dossier *Marchés publics et négociation*, *CP-ACCP* n° 84, janv. 2009, p. 37 et s.

des charges, à inviter l'ensemble des candidats à remettre une nouvelle offre sur la base de ces modifications » (12.3).

1. Marchés passés sans publicité ni mise en concurrence

1038 **Marchés passés sans publicité ni mise en concurrence. –** Les hypothèses dans lesquelles un pouvoir adjudicateur peut passer un marché sans publicité ni mise en concurrence ont fortement varié entre 2010 et 2011 et la rédaction de l'article 28 du code a fait l'objet de modifications successives.

Le code 2006 dans sa rédaction initiale avait posé l'hypothèse de marchés passés sans publicité ni mise en concurrence lorsque « les circonstances le justifient ». Cette hypothèse laissait libre court à l'appréciation du pouvoir adjudicateur, sous le contrôle du juge. Pour l'expliciter, le juge administratif avait d'ailleurs repris à son compte l'ancienne formulation, issue du Code 2004, limitant cette hypothèse aux cas dans lesquels les formalités de publicité et de mise en concurrence sont manifestement inutiles ou impossibles à mettre en œuvre compte tenu des caractéristiques du marché[378].

Une deuxième hypothèse de recours aux marchés passés sans publicité ni mise en concurrence était fondée sur un seuil[379]. Dans un arrêt du 10 février 2010, *M. Perez*[380], le Conseil d'État a censuré le seuil établi alors à 20 000 euros, issu de la réforme de fin 2008, au motif que le relèvement de ce seuil méconnaissait les principes d'égalité d'accès à la commande publique, d'égalité de traitement des candidats et de transparence des procédures. Il est précisé que ces principes ne font néanmoins pas obstacle à ce que des marchés soient passés sans publicité, voire sans mise en concurrence, dans les seuls cas où il apparaît que de telles formalités sont impossibles ou manifestement inutiles notamment en raison de l'objet du marché, de son montant ou du degré de concurrence dans le secteur considéré. Ce faisant, le Conseil d'État a donné de précieuses indications au pouvoir réglementaire. Le critère principal serait que les formalités sont impossibles ou manifestement excessives, termes restrictifs qui appellent une certaine rigueur d'interprétation. Le Conseil d'État distingue ensuite trois situations susceptibles de correspondre à ce critère, étant entendu que l'adverbe « notamment » indique qu'il peut en exister d'autres. L'objet du marché ou la référence au degré de concurrence pouvaient être repris tels quels par le pouvoir réglementaire, à charge pour les collectivités d'opérer ensuite une appréciation *in concreto* au cas par cas. En revanche, la troisième hypothèse, qui faisait référence au montant du marché, devait contraindre le pouvoir réglementaire à fixer lui-même un seuil *in abstracto*, sauf à plonger les pouvoirs adjudicateurs dans l'insécurité la plus totale de l'appréciation au cas par cas, nécessairement en deçà de 20 000 euros.

378. CE 9 août 2006, *Association des avocats conseils d'entreprises et autres*, n° 286316.

379. Seuil initial fixé à 4 000 €, relevé à 20 000 € par le décret n° 2008-1356 du 19 déc. 2008 avant de faire l'objet d'une annulation, impliquant le rétablissement du seuil antérieur de 4 000 €, avant relèvement à 15 000 € par le décret n° 2011-1853 du 9 déc. 2011. Le seuil applicable aux entités adjudicatrices soumises à la deuxième partie du code reste fixé à 20 000 €.

380. *JCP* A 2010 n° 7, 2068, concl. BOULOUIS, note F. LINDITCH, *BJCP* n° 70 JUIN 2010, p. 189, concl. BOULOUIS.

1039 **Hypothèses.** – Le décret n° 2011-1853 du 9 décembre 2011 a établi trois hypothèses distinctes de marchés passés sans publicité ni mise en concurrence, s'inspirant de la jurisprudence précitée et des précédentes rédactions du code.

— Marchés négociés sans publicité ni mise en concurrence : « Le pouvoir adjudicateur peut décider que le marché sera passé sans publicité ni mise en concurrence préalables dans les situations décrites au II de l'article 35 » (art. 28-II). Il s'agit de l'hypothèse spécifique de certains marchés négociés (voir, n° 1162, les marchés négociés) ;

— Formalités impossibles ou inutiles : « (...) ou lorsque ces formalités sont impossibles ou manifestement inutiles en raison notamment de l'objet du marché, de son montant ou du faible degré de concurrence dans le secteur considéré » (art. 28-II).

— « Le pouvoir adjudicateur peut également décider que le marché sera passé sans publicité ni mise en concurrence préalables si son montant estimé est inférieur à 15 000 euros HT. Lorsqu'il fait usage de cette faculté, il veille à choisir une offre répondant de manière pertinente au besoin, à faire une bonne utilisation des deniers publics et à ne pas contracter systématiquement avec un même prestataire lorsqu'il existe une pluralité d'offres potentielles susceptibles de répondre au besoin » (art. 28-III). Cette hypothèse a été confirmée au niveau législatif (art. 118 de la loi n° 2012-409 du 27 mars 2012).

On note cependant que le critère du « montant » de la deuxième hypothèse se combine mal avec le seuil fixé à 15 000 euros dans la troisième hypothèse. Ce montant peut-il être supérieur à 15 000 euros ? Si la réponse est positive, quelles sont les directives d'encadrement du pouvoir adjudicateur ?

Le Guide de bonnes pratiques (circulaire du 14 février 2012, 10.3.1) encadre le comportement de l'acheteur public : « La collectivité publique doit se comporter en gestionnaire avisé et responsable des deniers publics. L'acheteur public doit toujours garder à l'esprit qu'il doit pouvoir être à même de justifier de son choix et d'assurer la traçabilité des achats effectués, selon la nature et le montant de la prestation achetée, y compris éventuellement devant le juge (par exemple, en produisant les catalogues consultés, les devis sollicités, les référentiels de prix ou les guides d'achat utilisés, tels ceux validés par l'Observatoire économique des achats publics ou le service des achats de l'État, etc.). L'établissement d'une note de traçabilité de l'achat est recommandé. L'efficacité de la commande publique et le bon usage des deniers publics invitent donc les acheteurs publics à s'informer sur l'offre existante sur le marché. Lorsque le pouvoir adjudicateur a une bonne connaissance du marché, il peut procéder à l'acte d'achat sans formalité préalable. À défaut, il peut solliciter des opérateurs économiques la production de devis ou procéder à une mesure de publicité minimale, par exemple sur son profil d'acheteur ». La confirmation du seuil de 15 000 euros au rang législatif est en réalité une réaction des parlementaires à la tentative d'encadrement issue du Guide de bonnes pratiques. Il semblerait ainsi que la traçabilité ne soit plus requise dans cette hypothèse.

On pourrait penser qu'en tout état de cause, ces marchés demeurent soumis aux principes généraux rappelés à l'article 1er du Code 2006[381]. Les conclusions Boulouis sur l'arrêt *Perez* précité tendent à démontrer le contraire : « on ne peut tout à la fois créer une possibilité de dispense aussi large et dire qu'elle ne s'applique que dans le respect de principes qui la prohibent ». C'est la raison pour laquelle il exclut une interprétation neutralisante par le Conseil d'État qui aurait consisté à juger que

381. CE avis 29 juill. 2002, *MAJ Blanchisserie de Pantin*, *Rec.* p. 297, à propos des marchés sans formalités préalables.

l'article 28 ne méconnaissait pas les grands principes de l'article 1er en tant que les procédures qu'il encadre doivent les respecter.

2. MAPA

1040 **Marchés passés selon une procédure adaptée (MAPA). –** Dans une procédure adaptée[382], les modalités sont librement fixées par le pouvoir adjudicateur en fonction de la nature et des caractéristiques du besoin à satisfaire, du nombre ou de la localisation des opérateurs économiques susceptibles d'y répondre ainsi que des circonstances de l'achat (article 28 du Code).

Le champ d'application des MAPA est défini par rapport à des seuils (130 000 euros HT pour les fournitures et les services de l'État, 200 000 euros HT pour les fournitures et les services des collectivités territoriales, 5 000 000 euros HT pour les travaux)[383]. Elle s'applique également à l'attribution des « petits lots » lorsqu'un achat peut être réalisé par lots séparés (article 27-III) et à l'attribution de marchés de services non prioritaires[384] (article 30). La publicité réalisée doit être proportionnée à l'importance du marché et susceptible de toucher les opérateurs potentiellement intéressés[385].

Même si les modalités de mise en concurrence et les délais de la procédure ne sont pas fixés par le Code des marchés publics, l'acheteur public reste néanmoins encadré par les grands principes de la commande publique, sous le contrôle du juge administratif[386]. En particulier, on souligne que l'article 12 du Code des marchés publics, qui exige que les pièces constitutives des marchés comportent des clauses

382. S. BRACONNIER et X. MOURIESSE, « Les obligations de publicité et de mise en concurrence des marchés à procédure adaptée », *CMP* juin 2006, p. 42 ; V. CORNELOUP, « De la publicité des marchés publics à procédure adaptée », *RLCT* 2005, n° 228 ; F. LICHÈRE, « Les procédures adaptées », *CMP* 2006 ; Dossier « Le nouveau Code des marchés publics : la procédure adaptée », *CP-ACCP* n° 35, juill. 2004 ; B. KOEBEL, « La procédure adaptée entre liberté, encadrement réglementaire et incertitudes », *CMP* 2007, étude 16 ; S. PALMIER et R. RAYSSAC, *Les MAPA*, Éditions du Moniteur, 2006 ; M. ECHEGUT, « Marchés passés en procédure adaptée », *J.-Cl. CMP*, fasc. 60-70 ; L. RENOUARD, « Quelle procédure adaptée ? », *CP-ACCP* n° 100, juin 2010, p. 52 ; L. THIERRY, « Les MAPA : une liberté... bien encadrée », *CP-ACCP* n° 100, juin 2010, p. 56 ; M. JACOB, « Les degrés de liberté du pouvoir adjudicateur en marchés à procédures adaptées », *CP-ACCP* avr. 2012, n° 120, p. 83.

383. Le seuil antérieur de 260 000 € a été relevé jusqu'au seuil communautaire par la réforme de déc. 2008 (décret n° 2008-1355 du 19 déc. 2008), ce qui constitue l'un des éléments les plus importants de la réforme.

384. L'article 30 définit un régime très allégé en soustrayant ces marchés à certains articles du code et en prévoyant des dispositions particulières.

385. Précision insérée pour tenir compte de l'arrêt CE 7 oct. 2005, *Région Nord-Pas-de-Calais* (*JCP* A 2005, 1345, concl. D. CASAS, *JCP* A 2005, 1370, note F. LINDITCH, *AJDA* 2005, p. 228, note J.-D. DREYFUS, *DA* 2005 n° 168, note A. MÉNÉMENIS, *BJCP* 2006, p. 14, note Ch. MAUGÜÉ, F. LICHÈRE, « Le contrôle du Conseil d'État sur la procédure adaptée est-il adapté ? », *CMP* 2005, étude 17), qui avait censuré une publicité trop restreinte compte tenu de la notoriété du projet. Voir également le point 8.2.2 du *Manuel d'application du Code des marchés publics*. TA Mamoudzou 22 mai 2006, *Sté Réunion Villes Propres*, *Mon. TP* 14 juill. 2006, p. 27 ; TA Montpellier ord. 14 mars 2006, *Sté Azur BTP*, *JCP* A 2006, n° 1096, note F. LINDITCH.

386. CE 7 oct. 2005, *Région Nord-Pas-de-Calais*, préc. ; TA Melun 9 mars 2004, *Me Palmier c/Cne de Lagny-sur-Marne*, n° 0401182/2. Pour le respect du principe d'égalité au stade des négociations, voir CAA Lyon 23 nov. 2006, *Communauté de communes du Touronais*, n° 06LY00572 (à propos d'une négociation engagée avec l'un des candidats sans offrir à l'autre la même possibilité d'ajuster son offre).

portant sur tous les aspects essentiels du contrat, ne s'applique pas aux MAPA. Même si les délais de procédure stricts prévus pour les procédures formalisées ne sont pas applicables, un délai approprié doit être laissé après la publicité (CE 5 août 2009, *Région Centre*[387]. Il n'est pas exigé de rapport de présentation (art. 79 du code), ni d'information systématique des candidats évincés, ni de délai de stand-still (art. 80-I-1°). Toutefois, il est vivement conseillé au pouvoir adjudicateur d'envoyer un avis d'attribution et de publier un avis indiquant son intention de conclure le marché pour se prémunir du risque de référé précontractuel ou contractuel. Les candidats peuvent présenter des variantes, sauf si le pouvoir adjudicateur s'y oppose (art. 50-III).

En procédure adaptée, la rédaction d'un cahier des charges n'est pas obligatoire, mais les besoins doivent avoir été définis avec suffisamment de précision. Cela se traduit, en pratique, par la rédaction d'un descriptif qui, le cas échéant, pourra être succinct (Guide de bonnes pratiques, Circulaire du 14 février 2012, art. 4.2.3).

Alors même que le pouvoir adjudicateur est libre de déterminer la procédure à suivre, il lui est interdit de modifier substantiellement l'objet du marché en cours de procédure (TA Caen 21 décembre 2006, *Préfet de la Manche*[388]). Le pouvoir adjudicateur peut s'inspirer des procédures formalisées pour diligenter la mise en concurrence en procédure adaptée. Néanmoins, il doit se garder d'y faire expressément référence, sauf à se voir contrainte d'appliquer l'ensemble de la procédure formalisée (art. 28-I). Les MAPA font l'objet d'un règlement de la consultation, mais qui peut se limiter aux caractéristiques principales de la procédure et du choix de l'offre (art. 42 al. 2).

1041 **Sélection des offres. –** Le régime des critères de sélection des offres a été précisé par le Conseil d'État. En effet, l'exigence de pondération ou de hiérarchisation des critères, issue de l'article 53 du code, n'est pas applicable aux MAPA[389]. Les principes de liberté d'accès à la commande publique, d'égalité de traitement des candidats et de transparence des procédures impliquent néanmoins l'information appropriée des candidats à la fois sur les critères *d'attribution* et sur leurs modalités de mise en œuvre dès l'engagement de la procédure, dans l'avis de publicité ou dans le cahier des charges tenu à la disposition des candidats (CE Sect. 30 janvier 2009, *ANPE*)[390]. Cette exigence d'information des candidats n'inclut toutefois pas la méthode de notation des offres (CE 31 mars 2010, *Collectivité territoriale de Corse*[391]). La possibilité offerte au pouvoir adjudicateur de négocier sur tous les éléments de l'offre, notamment sur le prix, n'autorise pas celui-ci à abandonner

387. *CMP* oct. 2009, comm. 318, obs. F. LLORENS.

388. *BJCP* 2007, n° 53, p. 325.

389. Cela n'exclut pas d'y recourir lorsque la valeur du marché est proche des procédures formalisées, Rép. min. n° 25186, *JO* Sénat Q, 4 janv. 2007, p. 27.

390. N° 290236, *CMP* avr. 2009, n° 121, note W. ZIMMER, *AJDA* 2009, p. 602, note J.-D. DREYFUS, *BJCP* n° 64 juin 2009, p. 201, concl. DACOSTA, *BJCP* 2009, n° 64, p. 211, note Ch. MAUGÜÉ, p. 178, note A. BOURREL, *RLCT* 2009, n° 46, n° 1342, note E. GLASER, *RJEP* 2009, comm. n° 32, note D. MOREAU, *RDI* avr. 2009, p. 242, note S. BRACONNIER. Voir antérieurement CAA Versailles 6 déc. 2005, *Ass. PACTE Rec.* p. 634.

391. *BJCP* n° 71, sept. 2010, p. 241, concl. BOULOUIS, JCPA n° 24, 14 juin 2010, note F. LINDITCH, *CMP* mai 2010, 165, note W. ZIMMER, *CMP* juill. 2010, 240, note P. DEVILLERS.

en cours de procédure le critère du prix figurant au règlement de consultation (CE 27 avril 2011, *Président Sénat*[392]).

1042 **Sélection des candidatures. –** Le Conseil d'État a complété son raisonnement s'agissant des critères relatifs à la sélection des *candidatures*. Lorsque le pouvoir adjudicateur décide de limiter le nombre de candidats admis à présenter une offre, il doit assurer l'information des candidats sur les critères de sélection dès l'engagement de la procédure (avis d'appel public à la concurrence ou cahier des charges), sans toutefois que cette exigence implique une information sur les conditions de mise en œuvre (CE 24 février 2010, *Communauté de communes de l'Enclave des papes*[393]). Les exigences en matière d'information sur les critères de sélection des candidatures demeurent donc moins strictes que celles relatives aux critères de sélection des offres.

Le Conseil d'État a admis que dans le cadre d'une procédure adaptée, il était loisible au pouvoir adjudicateur d'examiner au cours d'une phase unique la recevabilité des candidatures et la valeur des offres, et de retenir pour choisir l'offre le critère tiré de l'expérience du candidat[394]. La formulation de l'arrêt laisse subsister un doute sur la possibilité de retenir, au titre de l'appréciation des offres, des éléments tirés du dossier de candidature. Cependant, en faisant référence au *critère* de choix de *l'offre*, le Conseil d'État semble tout de même exiger que si les collectivités entendent apprécier les offres au regard d'éléments figurant au titre de la candidature, elles doivent d'abord en faire un critère de choix des offres elles-mêmes.

1043 **Négociation. –** La réforme de 2008 précise que le pouvoir adjudicateur peut négocier avec les candidats et que cette négociation peut porter sur tous les éléments de l'offre, notamment sur le prix[395]. Il s'agit là d'une invitation ferme à la négociation (essentiellement financière) dans la procédure adaptée. Le Guide de bonnes pratiques (circulaire du 14 février 2012, 10.3.2.2) impose une information des candidats dès le début de la procédure si le pouvoir adjudicateur entend faire usage de son droit à la négociation, et interdit au pouvoir adjudicateur d'y renoncer en cours de procédure. Le pouvoir adjudicateur « ne peut pas " se réserver le droit de recourir à la négociation ", empêchant alors toute anticipation et toute prise en considération de la procédure qui sera, *in fine*, mise en œuvre pour déterminer l'offre économiquement la plus avantageuse. En outre, dès lors qu'il a expressément prévu le recours à la négociation, il est obligé de négocier et ne peut y renoncer en cours de procédure ».

Les juges du fond ont aussi contribué à définir les modalités de la procédure adaptée. Lorsque le pouvoir adjudicateur a décidé d'utiliser la possibilité de négociation, il doit l'annoncer dans l'avis d'appel public à la concurrence ou dans le règlement de la consultation[396]. Le recours à la

392. *CMP* juin 2011, n° 165, note W. ZIMMER, *BJDCP* n° 77, juill.-août 2011, p. 263, concl. DACOSTA.

393. N° 333569, *BJCP* n° 70 juin 2010, p. 203, concl. BOULOUIS.

394. CE 6 mars 2009, *Commune d'Aix-en-Provence*, *JCP* A 2009, n° 22, 2122, concl. BOULOUIS, note F. LINDITCH.

395. La négociation était déjà prévue par la circulaire du 3 août 2006 (point 11.1), voir par ex. TA Lyon 14 mai 2008, *Soc. Fraissinet*, n° 0802809, R. CATTIER, « Le régime des marchés relevant des articles 28 et 30 du Code des marchés publics », *CP-ACCP* n° 84, janv. 2009, p. 52.

396. Rép. min. n° 07293, *JO* Sénat Q 7 mai 2009, p. 1142 ; TA Toulouse ord. 23 nov. 2010, *Sté FM Projet*, *CMP* févr. 2011, n° 46, obs. F. LLORENS.

négociation reste toutefois facultatif[397]. Le pouvoir adjudicateur peut limiter la négociation à certains candidats, mais dans cette hypothèse il doit indiquer les critères sur la base desquels la sélection des candidats admis à la négociation est effectuée[398].

Le Conseil d'État (CE 30 novembre 2011, *Ministre de la Défense*[399]) a précisé la marge de manœuvre du pouvoir adjudicateur dans le cadre des négociations qu'il peut entreprendre. Le pouvoir adjudicateur peut (sans y être tenu), négocier avec les candidats ayant remis des offres inappropriées, irrégulières ou inacceptables, mais doit rejeter à l'issue de la négociation celles qui le seraient demeurées. Surtout, le Conseil d'État admet que le pouvoir adjudicateur peut librement choisir les candidats avec lesquels il souhaite négocier, dans le respect du principe d'égalité de traitement.

3. Procédure négociée

1044 **Champ d'application.** – « Une procédure négociée est une procédure dans laquelle le pouvoir adjudicateur négocie les conditions du marché avec un ou plusieurs opérateurs économiques » (article 34 du Code 2006). Le champ d'application de la procédure négociée[400] est désormais (depuis la réforme de 2008) uniquement défini par rapport à des situations particulières. L'article 35 définit deux catégories de situations pouvant donner lieu à des marchés négociés. D'une part, sont susceptibles d'être négociés après publicité et mise en concurrence (article 35-I), les marchés pour lesquels, après appel d'offres ou dialogue compétitif, il n'a été proposé que des offres irrégulières[401] ou inacceptables[402] que le pouvoir adjudicateur est tenu de rejeter, certains marchés de services[403] lorsque la prestation de services à réaliser est d'une nature telle que les spécifications du marché ne peuvent être établies préalablement avec une précision suffisante pour permettre le recours à l'appel d'offres, les marchés de travaux qui sont conclus uniquement à des fins de recherche, d'essai, d'expérimentation ou de mise au point sans finalité commerciale immédiate, et dans des cas exceptionnels, lorsqu'il s'agit de travaux, de fournitures ou de services dont la nature ou les aléas qui peuvent affecter leur réalisation ne permettent pas une fixation préalable et globale des prix. D'autre part, sont susceptibles d'être négociés

397. TA Toulouse ord. 2 mars 2010, *Sté Jutgla*, *CMP* 2010, comm. 146, obs. F. LLORENS.

398. TA Toulouse ord. 23 nov. 2010, *Sté FM Projet*, *CMP* févr. 2011, n° 46, obs. F. LLORENS.

399. N° 353121.

400. D. ADDA, « L'évolution des procédures de discussion », *CP-ACCP* n° spécial sept. 2006, p. 88 ; F. OLIVIER, « La place de la négociation dans le Code des marchés publics », *CMP* 2004 ; Dossier « Négociation : mode d'emploi », *CP-ACCP* n° 45, 2005 ; A. CABANES, « Marchés négociés », *J.-Cl. CMP*, fasc. 63-10.

401. « Une offre irrégulière est une offre qui, tout en apportant une réponse au besoin du pouvoir adjudicateur, est incomplète ou ne respecte pas les exigences formulées dans l'avis d'appel public à la concurrence ou dans les documents de la consultation » (article 35-I-1o).

402. « Une offre est inacceptable si les conditions qui sont prévues pour son exécution méconnaissent la législation en vigueur, ou si les crédits budgétaires alloués au marché après évaluation du besoin à satisfaire ne permettent pas au pouvoir adjudicateur de la financer » (article 35-I-1o). Toutefois, il faut appliquer la jurisprudence antérieure au Code 2006, qui interdisait le recours au marché négocié si la consultation initiale n'a pas été organisée dans des conditions de nature à assurer sa réussite CE 29 déc. 1997, *Préfet de Seine-et-Marne c/OPAC de Meaux*, *Rec.* p. 510.

403. Marchés de services financiers ou marchés de prestations intellectuelles notamment.

sans publicité préalable et sans mise en concurrence les marchés correspondant à des situations très particulières (article 35-II).

Les situations particulières de l'article 35-II recouvrent notamment l'urgence impérieuse résultant de circonstances imprévisibles pour le pouvoir adjudicateur et n'étant pas de son fait (sont particulièrement visés les marchés conclus pour faire face à des situations d'urgence impérieuse liées à une catastrophe technologique ou naturelle), les marchés passés selon la procédure de l'appel d'offres, pour lesquels aucune candidature ou aucune offre n'a été déposée ou pour lesquels seules des offres inappropriées ont été déposées[404], les marchés complémentaires, les marchés de services ou de travaux ayant pour objet la réalisation de prestations similaires à celles qui ont été confiées au titulaire d'un marché précédent passé après mise en concurrence, les marchés et les accords-cadres qui ne peuvent être confiés qu'à un opérateur économique déterminé pour des raisons techniques, artistiques ou tenant à la protection de droits d'exclusivité[405], etc.

1045 **Déroulement de la procédure. –** Il est déterminé par les articles 65 et 66 du Code des marchés publics. Une publicité est organisée si elle est requise (article 40). Le délai minimal de réception des candidatures, en réponse à un avis d'appel public à la concurrence, est de trente-sept jours, à compter de la date d'envoi de l'avis, ou de trente jours si l'avis a été envoyé par voie électronique. En cas d'urgence ne résultant pas du fait du pouvoir adjudicateur, ce délai minimal peut être ramené à quinze jours ou à dix jours si l'avis a été envoyé par voie électronique. Les candidatures sont ensuite sélectionnées en application de l'article 52. Les candidats sélectionnés reçoivent une lettre de consultation[406]. Le délai de réception des offres est librement fixé par le pouvoir adjudicateur. La négociation est engagée avec les candidats sélectionnés. Elle ne peut porter sur l'objet du marché ni modifier substantiellement les caractéristiques et les conditions d'exécution du marché tels qu'elles sont définies dans les documents de la consultation. Mais l'intérêt d'une négociation réside dans le fait qu'aussi bien les prestations (quantité et qualité, délai) que le prix, ou encore les modalités d'exécution du marché peuvent être débattus. La négociation est conduite dans le respect du principe d'égalité de traitement de tous les candidats. Le principe d'égalité commande que les candidats puissent bénéficier des mêmes possibilités de modification de leur offre initiale[407] et d'informations identiques[408]. Elle peut se dérouler en phases successives éliminatoires, à condition que cela ait été mentionné dans la publicité ou dans les documents de la consultation. Les offres sont enfin classées conformément à l'article 53[409] (*supra*, n° 1029) et l'offre économiquement la plus avantageuse est choisie[410].

404. Est inappropriée une offre qui apporte une réponse sans rapport avec le besoin du pouvoir adjudicateur et qui peut en conséquence être assimilée à une absence d'offre.

405. CE 11 oct. 1999, avr. *ler*, *BJDCP* 2000, n° 8 ; CE 8 nov. 2000, *Cne de Baie-Mahault*, *BJDCP* 2001, n° 15, p. 163 ; TA Strasbourg 4 janv. 2001, *Préfet de la Moselle c/District de Sarguemines*, *BJDCP* 2001, n° 18, p. 445.

406. Il s'agit d'une formalité substantielle, TA Caen 27 mars 2007, *Préfet du Calvados*, *BJCP* 2007, p. 325.

407. CAA Bordeaux 14 févr. 2006, *Synd. intercommunal d'alimentation en eau potable du Conflentais*, *CMP* 2006, n° 252, note J.-P. PIÉTRI.

408. CAA Bordeaux 5 nov. 2007, *CNRS*, *AJDA* 2008, p. 317.

409. L'établissement de critères est aussi applicable aux procédures négociées.

410. Par la commission d'appel d'offres pour les collectivités territoriales.

4. Dialogue compétitif

1046 **Dialogue compétitif. –** Le dialogue compétitif[411] trouve son origine dans l'ancienne procédure d'appel d'offres sur performance, ayant elle-même inspiré le droit communautaire. « La procédure de dialogue compétitif est une procédure dans laquelle le pouvoir adjudicateur conduit un dialogue avec les candidats admis à y participer en vue de définir ou de développer une ou plusieurs solutions de nature à répondre à ses besoins et sur la base de laquelle ou desquelles les participants au dialogue seront invités à remettre une offre » (article 36 du Code). Les besoins sont donc parfaitement définis, c'est la solution de nature à les satisfaire qui fait défaut. La phase de dialogue a pour objet l'identification et la définition des moyens propres à satisfaire le mieux les besoins de la personne publique à partir d'un programme fonctionnel qui comporte les résultats à atteindre ou les besoins à satisfaire ou un projet partiellement défini[412].

Le champ d'application de la procédure de dialogue compétitif est limité[413]. Le recours au dialogue compétitif est conditionné par le caractère complexe du marché. L'article 36 du Code des marchés publics indique qu'il y a complexité soit lorsque le pouvoir adjudicateur n'est objectivement pas en mesure de définir seul et à l'avance les moyens techniques pouvant répondre à ses besoins, soit lorsque le pouvoir adjudicateur n'est objectivement pas en mesure d'établir le montage juridique ou financier d'un projet[414]. La complexité est explicitée de la même manière que pour les contrats de partenariat, auxquels on renverra pour un commentaire plus détaillé, de même que pour le déroulement de la procédure (*infra*, n° 1159 et n° 1178).

La procédure est décrite à l'article 67 du Code des marchés publics. Elle se divise en deux phases, l'une de dialogue proprement dite, l'autre de sélection des offres sans discussion. Elle est initiée par un avis d'appel public à la concurrence, comportant les besoins et exigences du pouvoir adjudicateur. Ceux-ci sont aussi définis dans un programme fonctionnel ou un projet partiellement défini. Le Guide de bonnes pratiques (circulaire du 14 février 2012, 13.2) indique que « dans ce document, l'acheteur décrit, en termes pratiques, ses attentes et les résultats qu'il veut atteindre ». La fiche explicative de la Commission européenne relative au dialogue compétitif[415] précise que ce document descriptif peut être moins détaillé et/ou moins prescriptif qu'un cahier des charges ordinaire. Puis les

411. Ph. DELELIS, « Le dialogue compétitif », *CMP* févr. 2004, p. 37 ; L. ABIN et E. AMBLARD, « Dialogue compétitif », *J.-Cl. CMP* fasc. 64-10 ; L. RICHER et A. MÉNÉMÉNIS, « Dialogue et négociation dans la procédure de dialogue compétitif », *CP-ACCP* juin 2005, n° 45, p. 33. Voir la fiche explicative de la Commission européenne relative au dialogue compétitif, Doc n° CC/2005/04.

412. La fiche explicative de la Commission européenne (préc.) précise que ce document peut être moins détaillé et moins prescriptif qu'un cahier des charges.

413. Pour la réalisation des ouvrages pour lesquels la loi du 12 juill. 1985, dite loi MOP, s'applique, le pouvoir adjudicateur peut recourir à la procédure de dialogue compétitif à condition de ne pas confier à l'opérateur économique, outre l'exécution, l'intégralité de la conception de l'ouvrage (article 36 *CMP*).

414. Par exemple construction d'aéroports, construction de métros à intégrer dans un système multimodal, liaison île-continent, système informatique particulièrement complexe au niveau européen, etc. Pour un recours au dialogue compétitif jugé légal, TA Paris ord. 10 janv. 2008, *Sté Achat-public. com*, *CP-ACCP* n° 74, 2008, p. 24.

415. CC/2005/04 FR.

candidatures sont sélectionnées de manière classique (*supra*, nº 1025 et s.). Les candidats sélectionnés sont alors invités à participer au dialogue et les documents de consultation leur sont adressés. L'objet du dialogue est défini comme l'identification et la définition des moyens propres à satisfaire au mieux les besoins. Il est précisé que tous les aspects du marché peuvent être discutés avec les candidats sélectionnés. Ainsi que l'indiquait la fiche explicative de la Commission européenne, le dialogue peut porter à la fois sur les aspects techniques, les aspects économiques (prix, coût, revenus) ou les aspects juridiques (distribution et limitation des risques, garanties, etc.). La procédure peut se dérouler en phases successives si le pouvoir adjudicateur l'a indiqué précédemment. Le dialogue se poursuit jusqu'à ce que soient identifiées la ou les solutions qui sont susceptibles de répondre aux besoins, pour autant qu'il y ait un nombre suffisant de solutions appropriées. L'article 66 insiste sur le cloisonnement des discussions entamées avec les candidats (respect de l'égalité, absence de divulgation aux autres candidats de la solution proposée par l'un d'entre eux). Il ne s'agit en effet pas, une fois qu'une solution a été identifiée, de la présenter à tous les candidats en vue d'un chiffrage. Lorsqu'il estime que la discussion est arrivée à son terme, le pouvoir adjudicateur en informe les candidats qui ont participé à toutes les phases de la consultation. Rien n'interdit à ce stade qu'il n'y ait plus qu'un candidat en lice. Il les invite à remettre leur offre finale sur la base de la ou des solutions qu'ils ont présentées et spécifiées au cours du dialogue. Des précisions, clarifications, perfectionnements ou compléments peuvent être demandés aux candidats sur leur offre finale. Cependant, ces demandes ne peuvent avoir pour effet de modifier des éléments fondamentaux de l'offre finale, dont la variation est susceptible de fausser la concurrence ou d'avoir un effet discriminatoire. Une véritable discussion n'est donc plus envisageable au cours de cette seconde phase. Les offres sont ensuite classiquement sélectionnées (*supra*, nº 1029 et s.). Des primes peuvent être allouées aux candidats.

5. Marché de conception-réalisation

1047 **Marché de conception-réalisation. –** « Un marché de conception-réalisation est un marché de travaux qui permet au pouvoir adjudicateur de confier à un groupement d'opérateurs[416] économiques ou, pour les seuls ouvrages d'infrastructure, à un seul opérateur économique, une mission portant à la fois sur l'établissement des études et l'exécution des travaux » (article 37 du Code 2006)[417]. L'intérêt de cette procédure est d'associer l'entrepreneur aux études de l'ouvrage. Toutefois, si la réunion des missions de conception et de réalisation ne soulève aucune difficulté en droit communautaire, dont la notion de marché de travaux recouvre ce genre de situation (*supra*, nº 975), elle est plus limitée en droit français.

1048 **Champ d'application. –** Le champ d'application du marché de conception-réalisation renvoie à la loi nº 85-704 du 12 juillet 1985, relative à la maîtrise d'ouvrage publique et à ses rapports avec la maîtrise d'œuvre privée, dite

416. Cette référence à un groupement permet aux architectes de conserver leur indépendance.

417. E. POURCEL, « Marchés de conception-réalisation : une exception au principe devenue exception de principe ? », *CMP* juill. 2010, étude 7.

loi MOP. Ses dispositions sont applicables à la réalisation de tous ouvrages de bâtiment ou d'infrastructure ainsi qu'aux équipements industriels destinés à leur exploitation dont les maîtres d'ouvrage sont notamment l'État, les collectivités territoriales et les établissements publics, c'est-à-dire les pouvoirs adjudicateurs du Code des marchés publics. Or, l'article 7 de la loi MOP sépare la mission de maîtrise d'œuvre (conception) et celle d'entrepreneur (réalisation), mais l'article 18 de la loi prévoit des exceptions. L'article 37 du Code des marchés publics reprend à son tour ces exceptions : « les pouvoirs adjudicateurs soumis aux dispositions de la loi du 12 juillet 1985 susmentionnée ne peuvent, en application du I de l'article 18 de cette loi, recourir à un marché de conception-réalisation, quel qu'en soit le montant, que si des motifs d'ordre technique rendent nécessaire l'association de l'entrepreneur aux études de l'ouvrage ». Puis le Code des marchés publics explicite ces motifs et fait référence aux opérations exclues du champ d'application de la loi MOP (article 1) susceptibles de donner lieu en tout état de cause à des marchés de conception-réalisation : « ces motifs sont liés à la destination ou à la mise en œuvre technique de l'ouvrage. Sont concernées des opérations dont la finalité majeure est une production dont le processus conditionne la conception, la réalisation et la mise en œuvre ainsi que des opérations dont les caractéristiques, telles que des dimensions exceptionnelles ou des difficultés techniques particulières, exigent de faire appel aux moyens et à la technicité propres des opérateurs économiques ». Sont particulièrement concernés les ouvrages à grand volume (ex. stade), les ouvrages exceptionnels (par exemple souterrains avec utilisation d'un tunnelier), les usines d'incinération avec valorisation énergétique des déchets ménagers. Dans la catégorie des ouvrages conçus selon un mode d'exploitation industrielle, on relève le domaine des unités de traitement des déchets[418] ou les unités de traitement des eaux usées[419]. La catégorie des ouvrages à dimensions exceptionnelles ou présentant des difficultés techniques particulières semble plus restreinte[420].

1049 **Contrats de performance. –** Afin d'introduire les contrats de performance énergétique dans le droit des marchés publics, la loi Grenelle II, n° 2010-788 du 12 juillet 2010 (art. 74), modifie l'article 18 de la loi MOP (loi n° 85-704 du 12 juillet 1985 relative à la maîtrise d'ouvrage publique), puisque les hypothèses de marchés de conception-réalisation sont étendues au cas dans lequel un engagement contractuel sur un niveau d'amélioration de l'efficacité énergétique rend nécessaire l'association de l'entrepreneur aux études de l'ouvrage. Le décret n° 2011-1000 du 25 août 2011 modifie quant à lui l'article 37 du Code des marchés publics. Le marché de conception-réalisation, prévu à l'article 37, accueille désormais lui aussi l'hypothèse de l'engagement contractuel sur un niveau d'amélioration de l'efficacité énergétique.

1050 **Procédure. –** Les marchés de conception-réalisation sont des marchés passés selon la procédure de l'appel d'offres restreint, avec l'intervention d'un jury (article 69). Le jury n'a qu'un rôle consultatif. Les candidats reçoivent des primes

418. CAA Lyon 31 janv. 2008, *Société Eiffage Construction*, n° 02LY00706 ; CAA Nancy 30 avr. 2008, *Sté Jacobs France*, n° 06NC00157.

419. CAA Nantes 28 mars 2008, *Cne de Trémuson*, n° 07NT02179.

420. Pour un refus s'agissant d'un complexe multisports, CAA Nancy 5 août 2004, *Cne de Metz*, n° 01NC00110.

calculées à partir du coût des études de conception. Il n'y aura pas de définition d'un programme fonctionnel détaillé, mais le cahier des charges doit tout de même fixer des objectifs et un cadre général car l'équipe de conception-réalisation va être amenée à réaliser un projet préfigurant ce que pourra être le marché de travaux. Dans le cas des opérations limitées à la réhabilitation de bâtiments, et si les conditions définies aux articles 36 et 37 sont réunies, les marchés de conception-réalisation peuvent également être passés selon la procédure du dialogue compétitif. Lorsque le marché de conception-réalisation est d'un montant inférieur au seuil du II de l'article 26 (5 000 000 euros HT), et si les conditions définies à l'article 37 sont réunies, il peut être passé selon une procédure adaptée.

6. Concours

1051 **Concours. –** « Le concours est la procédure par laquelle le pouvoir adjudicateur choisit, après mise en concurrence et avis du jury mentionné à l'article 24, un plan ou un projet, notamment dans le domaine de l'aménagement du territoire, de l'urbanisme, de l'architecture et de l'ingénierie ou des traitements de données, avant d'attribuer à l'un des lauréats du concours un marché » (article 38 du Code 2006). Il peut être ouvert ou restreint. Depuis 2006, les participants sont indemnisés. Ce type de marché est particulièrement adapté aux prestations de services et plus particulièrement aux prestations intellectuelles. Les candidats seront conduits à fournir une véritable prestation (maquette, dessins, projet). La procédure présente les particularités de faire intervenir un jury[421], qui n'a qu'un rôle consultatif, et de respecter l'anonymat des candidats. La rédaction des articles 38 et 70 (procédure du concours) laisse penser que le concours aboutit à la conclusion d'un marché pour la réalisation d'un programme mis au concours.

La procédure de concours (article 70) est un appel d'offres particulier. Les candidats remettent une première enveloppe contenant les renseignements relatifs à leur candidature, une seconde enveloppe contenant les prestations demandées et une troisième enveloppe contenant leur offre de prix pour la réalisation du marché[422]. Les prestations des candidats sont transmises au jury qui les évalue, en vérifie la conformité au règlement du concours et en propose un classement fondé sur les critères indiqués dans l'avis d'appel public à concurrence. L'anonymat est conservé jusqu'au classement. Le jury peut inviter les candidats à répondre à ses questions afin de clarifier tel ou tel aspect d'un projet. Mais ce dialogue ne doit pas être une occasion de modifier le classement ou de procéder à un nouvel examen. Après réception de l'avis et des procès-verbaux du jury, et après examen de l'enveloppe contenant le prix, le ou les lauréats du concours sont choisis par le pouvoir adjudicateur[423]. Le marché qui fait suite est attribué après négociation[424] avec le ou les lauréats du concours.

421. Composé des représentants de la collectivité publique, personnalités compétentes, autorités de contrôle ou d'avis.

422. En cas de concours restreint, les deux dernières enveloppes sont remises par les candidats dans un second temps après la sélection des candidatures.

423. Celui-ci doit motiver son choix s'il s'écarte de l'avis du jury, CE 10 oct. 1994, *Cne de Béziers*, *RDI* 1995, p. 98.

424. TA Nice ord. 30 nov. 2004, *Cabinet Vezzoni et associés c/SEM* pour les événements cannois et ville de Cannes, cité par C. RIBOT, *La passation des marchés publics*, Éditions Le Moniteur, 2007, p. 147 : les règles applicables à cette négociation sont celles de l'article 74 II du Code, sur les marchés de maîtrise d'œuvre à l'exception de celles de l'article 66 sur les procédures négociées.

7. Marché de maîtrise d'œuvre

1052 **Marchés de maîtrise d'œuvre. –** Les marchés de maîtrise d'œuvre ont pour objet, en vue de la réalisation d'un ouvrage ou d'un projet urbain ou paysager, l'exécution d'un ou plusieurs éléments de mission définis par l'article 7 de la loi du 12 juillet 1985, dite loi MOP et par le décret du 29 novembre 1993 (article 74 du Code 2006).

Au-delà des seuils des marchés formalisés fixés au II de l'article 26, les marchés de maîtrise d'œuvre sont passés selon la procédure du concours. Il s'agit d'une procédure de concours spécifique dont certaines modalités sont fixées par l'article 74 lui-même. La réforme de 2008 dispense les concours de maîtrise d'œuvre de l'obligation de pondérer les critères de choix des offres. En dessous des seuils précités, on applique la procédure adaptée.

8. Appel d'offres

1053 **Appel d'offres. –** « L'appel d'offres est la procédure par laquelle le pouvoir adjudicateur choisit l'attributaire, sans négociation, sur la base de critères objectifs préalablement portés à la connaissance des candidats » (article 33 du Code). Il peut être ouvert, lorsque tout opérateur économique peut remettre une offre, ou restreint, lorsque seuls peuvent remettre des offres les opérateurs économiques qui y ont été autorisés après sélection. Le choix entre les deux formules est libre. L'appel d'offres est la procédure la plus formalisée du Code. Elle ne laisse place à aucune négociation puisque l'attributaire est choisi après un classement des offres en fonction de critères déterminés et publiés à l'avance. Elle n'est plus définie comme la procédure de droit commun, mais son champ d'application se déduit *a contrario* de celui des autres procédures. Notamment, son recours est obligatoire pour les marchés de services et de fournitures d'un montant estimé supérieur à 130 000 euros HT pour l'État et 200 000 euros HT pour les collectivités territoriales et pour les marchés de travaux d'un montant supérieur à 5 000 000 euros HT.

La procédure d'appel d'offres ouvert est décrite aux articles 57 à 59 du code. Elle est initiée par une formalité de publicité (*supra*, n° 1020 et s.). La réforme de 2008 supprime le système de la double enveloppe pour les procédures ouvertes, les candidats plaçant désormais les renseignements relatifs à leur candidature et ceux relatifs à leur offre dans la même enveloppe. L'article 57 fixe la durée des délais de réception des offres. Le délai de droit commun est d'au moins cinquante-deux jours à compter de la date d'envoi de l'avis d'appel public à la concurrence. Ce délai peut être réduit (22 jours) dans des situations strictement définies par l'article 57, en cas de publication d'un avis de préinformation (*supra*, n° 1020). Lorsque l'avis d'appel public à la concurrence est envoyé par voie électronique, certains de ces délais peuvent encore être réduits de 5 jours. En cas de modification substantielle à l'appel d'offres initial, le délai est décompté à partir de la date d'envoi de l'avis rectificatif, solution justifiée par le fait que les entreprises éventuellement dissuadées de candidater au regard des conditions initiales puissent disposer du temps nécessaire à la préparation de leurs offres (CE 16 novembre 2005, *Ville de Paris*[425]).

425. N° 278646.

On entre ensuite dans la phase de sélection des candidatures (*supra*, n° 1025 et s.). Les candidatures qui ne peuvent être admises en application des dispositions de l'article 52 sont éliminées (article 58 du Code). Enfin, la phase de sélection des offres intervient (article 59). C'est à ce stade que les offres inappropriées, ainsi que les offres irrégulières ou inacceptables[426], sont éliminées. L'appel d'offres n'autorise aucune négociation avec les candidats. Il ne peut que leur être demandé de préciser ou de compléter la teneur de leur offre (article 59). Après classement des offres conformément au III de l'article 53 (*supra*, n° 1029 et s.), l'offre économiquement la plus avantageuse est choisie (par la commission d'appel d'offres pour les collectivités territoriales), en application du ou des critères annoncés dans l'avis d'appel public à la concurrence ou dans le règlement de la consultation.

Si aucune candidature ou offre n'a été remise, ou lorsqu'il n'a été proposé que des offres inappropriées ou des offres irrégulières ou inacceptables, l'appel d'offres est déclaré sans suite ou infructueux (par la commission d'appel d'offres pour les collectivités territoriales). En cas d'infructuosité, il peut être recouru soit à un nouvel appel d'offres, soit à un marché négocié (uniquement dans le cas d'offres inappropriées ou d'offres irrégulières ou inacceptables)[427].

Lorsque l'appel d'offres est restreint, ce sont les articles 60 à 64 du Code qui fixent la procédure à suivre. Cette procédure permet au pouvoir adjudicateur de décider de limiter le nombre de candidats qui seront admis à présenter une offre (minimum 5 candidats).

1054 **Système d'acquisition dynamique. –** La dématérialisation des procédures[428] est de plus en plus organisée désormais (article 56 du Code). Un mécanisme d'enchères électronique a été institué pour la sélection des offres (article 54). Il existe enfin une véritable procédure de passation entièrement électronique, le système d'acquisition dynamique (article 78).

SECTION III L'EXÉCUTION DES MARCHÉS PUBLICS

1055 **Principes généraux du contrat administratif. –** Le marché public est avant tout un contrat administratif et relève de ses principes généraux d'exécution. On se bornera à aborder certains éléments qui nous semblent caractéristiques et mériter quelques développements, en ce qu'ils sont abordés par le Code des marchés publics (exécution financière et sous-traitance). On notera qu'aussi bien les directives communautaires que l'ordonnance n° 2005-649 du 6 juin 2005 n'abordent pas la question de l'exécution.

426. *Supra*, n° 1034.

427. Le juge contrôle le caractère acceptable des offres rejetées, CE 29 déc. 1997, *Préfet de Seine-et-Marne c/OPAC de Meaux*, *Rec.* p. 510, concl. BERGEAL.

428. Arrêté du 14 déc. 2009, *JO* du 20 déc. Dossier « Les procédures dématérialisées », *CP-ACCP* n° 19, févr. 2003 ; L. COTTET, « La dématérialisation des procédures des marchés publics : une révolution organisationnelle et un décloisonnement des administrations », *BJDCP* 2005, p. 170 ; T. LAJOIE et L. HISLAIRE (dir.), *Les marchés publics dématérialisés*, Éditions du Moniteur, 2004.

§ 1. L'EXÉCUTION FINANCIÈRE

1056 **Établissement du décompte. –** Avant d'effectuer un paiement, encore faut-il savoir quel est le montant exact de la somme qui va être réclamée[429]. Les différents CCAG prévoient l'établissement de décomptes correspondant aux prestations effectuées. Il convient de noter que les CCAG et particulièrement le CCAG travaux prévoient une procédure très complexe[430] d'établissement, de notification, d'acceptation (avec ou sans réserves) ou de refus du décompte et de règlement des litiges éventuels. Le décompte est normalement établi par les parties, mais il peut aussi l'être par le juge[431]. Le décompte présente deux qualités importantes : il est intangible et indivisible. En effet, une fois accepté, le décompte ne peut plus être remis en cause[432]. Par ailleurs, l'ensemble des opérations comprises dans un marché public figure dans un compte dont aucun élément ne peut être isolé[433]. Les créances et dettes de chacune des parties sont contractées dans un seul compte.

1057 **Avances. –** L'exécution financière d'un marché public déroge à la règle du service fait en ce que des avances peuvent être versées[434]. Selon l'article 87 du Code des marchés publics, une avance est accordée au titulaire d'un marché lorsque le montant initial du marché est supérieur à 50 000 euros HT et dans la mesure où le délai d'exécution est supérieur à deux mois. Le montant normal de l'avance est de 5 % du montant initial TTC du marché si sa durée est inférieure ou égale à 12 mois[435].

1058 **Acomptes. –** Les prestations qui ont donné lieu à un commencement d'exécution du marché ouvrent droit à des acomptes (article 91), qui ne peuvent excéder la valeur des prestations auxquelles ils se rapportent. La périodicité des acomptes est fixée au maximum à trois mois (un mois lorsque le titulaire du marché est une PME ou pour les marchés de services et de fournitures).

1059 **Paiements. –** Les marchés de services et de fournitures peuvent donner lieu à des règlements partiels définitifs, non contestables[436] (article 92). Les paiements différés sont interdits (article 96). Cette interdiction a parfois emporté l'illégalité de contrats complexes, comme les METP, et obligé les pouvoirs publics à créer des régimes spéciaux pour instituer des contrats dont l'objet aurait pu les faire entrer dans la catégorie des marchés mais dont on souhaitait qu'ils admettent le

429. Dossier « L'exécution financière des marchés publics », *CP-ACCP* n° 90, juill.-août 2009, p. 29.

430. F. MODERNE, « Le décompte général et définitif des marchés publics (observations sur l'achèvement des relations contractuelles en droit administratif) », *CJEG* 1975, p. 49 ; F. MULLER, « La procédure préalable en matière de travaux », *CP-ACCP* 2006, n° 53, p. 29. Le CCAG travaux est issu de l'arrêté du 8 sept. 2009. P. PINTAT, « Réclamations d'entreprises : le nouveau régime de l'article 50 du CCAG Travaux », *CP-ACCP* n° 94, déc. 2009, p. 71 ; M. KARPENSCHIF et W. SALAMAND, « CCAG Travaux : une réforme entre progrès et régression », *CMP* mars 2010, Étude n° 3.

431. CE 30 mai 1980, *Soc. de la piscine de la dame Blanche*, *Rec.* p. 247.

432. Sauf en cas d'erreur matérielle, d'omission ou de présentation inexacte, CE 5 juin 1981, *Sté Comsip*, *Rec.* p. 814.

433. CE 8 déc. 1961, *Soc. Nouvelle Compagnie générale des travaux*, *Rec.* p. 701.

434. A. TAILLEFAIT, « Paiement du marché », *J.-Cl. CMP* fasc. 150.

435. Si cette durée est supérieure à douze mois, l'avance est égale à 5 % d'une somme égale à douze fois le montant mentionné ci-dessus divisé par cette durée exprimée en mois.

436. Ce qui les distingue des acomptes.

paiement différé (partenariats). Cependant, le marché peut prévoir l'échelonnement de son exécution et des versements auxquels il donne lieu (article 99). Le marché à exécution successive, justifiant un paiement à chaque phase d'exécution, ne saurait en effet se confondre avec un marché dont la prestation est fournie en une seule fois mais dont le prix est étalé. Pour tenter de pallier les difficultés de trésorerie rencontrées par les PME titulaires de marchés, les délais de paiement ont été raccourcis (30 jours, article 98)[437].

§ 2. LA SOUS-TRAITANCE

1060 **Notion. –** La loi n° 75-1334 du 31 décembre 1975 relative à la sous-traitance[438] la définit comme « l'opération par laquelle un entrepreneur confie par un sous-traité, et sous sa responsabilité[439], à une autre personne appelée sous-traitant l'exécution de tout ou partie du contrat d'entreprise ou d'une partie du marché public conclu avec le maître de l'ouvrage ». En matière de marchés publics, on remarque que la sous-traitance est nécessairement partielle car seule une partie du marché peut être sous-traitée (article 112 du Code 2006).

1061 **Champ d'application. –** L'article 112 du Code des marchés publics 2006 vise les marchés de travaux et les marchés de services, ainsi que les marchés industriels, définis comme des marchés ayant pour objet la fourniture d'équipements ou de prototypes conçus et réalisés spécialement pour répondre aux besoins du pouvoir adjudicateur. La sous-traitance s'applique difficilement au marché de fournitures dans la mesure où l'opérateur qui fournirait des produits au titulaire du marché ne serait probablement pas un sous-traitant, mais un simple fournisseur du titulaire lié avec lui par un contrat de vente.

1062 **Acceptation. –** Pour profiter du régime de la sous-traitance, le sous-traitant doit être accepté par le maître de l'ouvrage, lequel doit aussi agréer les conditions de paiement (article 3 de la loi préc. du 31 décembre 1975). Deux options sont envisageables (article 114 du Code des marchés publics). La demande de sous-traitance peut intervenir au moment du dépôt de l'offre ou de la proposition par le biais d'une déclaration comportant des indications sur le sous-traitant et sur les modalités de paiement. Dans ce cas, la notification du marché emporte acceptation du sous-traitant et agrément des conditions de paiement. Si la demande est présentée après le dépôt de l'offre, un avenant ou un acte spécial doit être signé par les parties au marché. Le titulaire risque alors de pâtir de l'inertie de l'administration. C'est pourquoi l'article 114 du

437. Ph. COSSALTER, « La réglementation sur le paiement est-elle compatible avec le droit européen ? », *CP-ACCP* 2002, n° 17, p. 55.

438. F. MODERNE, *La sous-traitance dans les marchés publics*, Dalloz, 1995 ; H. PIELBERG, « Sous-traitance », *J.-Cl. CMP*, fasc. 180 ; Dossier « Actualité de la sous-traitance », *CP-ACCP* janv. 2011, n° 106.

439. L'article 113 du Code des marchés publics confirme que le titulaire demeure personnellement responsable de l'exécution de toutes les obligations résultant du marché, ce qui signifie que l'administration ne peut pas agir en responsabilité contractuelle contre le sous-traitant et que le titulaire du marché ne peut pas invoquer le fait du sous-traitant pour limiter sa responsabilité (CE 30 juin 1999, *Commune de Voreppe*, *BJDCP* 1999, n° 7, p. 595, concl. BERGEAL).

Code 2006 a prévu un mécanisme d'acceptation tacite dans un délai de 21 jours à compter de la réception des documents fournis par le titulaire.

1063 **Paiement direct. –** L'avantage du régime de la sous-traitance est d'offrir au sous-traitant un droit au paiement direct de la part du maître de l'ouvrage, ce qui le protège contre la défaillance du titulaire du marché (article 115 et 116 du Code des marchés publics 2006, titre II de la loi du 31 décembre 1975). Ce paiement direct vaut pour les marchés publics susceptibles d'être sous-traités d'un montant supérieur à 600 euros TTC. Le sous-traitant bénéficie également du régime des avances. Il adresse sa demande de paiement direct au titulaire du marché et au pouvoir adjudicateur. Le titulaire dispose d'un délai de quinze jours pour donner son accord ou notifier un refus, d'une part, au sous-traitant et, d'autre part, au pouvoir adjudicateur.

1064 **Changement de sous-traitant. –** Normalement, en droit français, le changement de sous-traitant n'implique pas une remise en concurrence du marché initial. La jurisprudence de la Cour (CJUE 13 avril 2010, *Wall AG c/Ville de Francfort*[440]) introduit désormais une exception à ce principe en matière de concessions, puisque « des modifications substantielles, apportées aux dispositions essentielles d'un contrat de concession de services, pourraient appeler, dans certaines hypothèses, l'attribution d'un nouveau contrat lorsqu'elles présentent des caractéristiques substantiellement différentes de celles du contrat de concession initial et sont, en conséquence, de nature à démontrer la volonté des parties de renégocier les termes essentiels de ce contrat ». Le changement de sous-traitant est susceptible de remplir ces conditions dans des cas exceptionnels et alors même que la modification est prévue au contrat initial « si le recours à ce sous-traitant plutôt qu'à un autre a été, compte tenu des caractéristiques propres de la prestation en cause, un élément déterminant de la conclusion du contrat ». La question est alors de savoir si ce raisonnement est transposable en matière de marchés publics. On peut répondre qu'il n'existe aucun obstacle à une transposition. Toutefois, la mise en application devrait être moins courante compte tenu du fait que le rôle de l'intuitu personae est moins prégnant dans le domaine des marchés.

BIBLIOGRAPHIE

A. ALONSO GARCIA, *La passation des marchés publics locaux*, Éditions du Moniteur, 2004 ■ M. BERBARI, *Vade-Mecum des marchés publics*, Éditions du Moniteur, coll. Guides juridiques, 2e éd. 1999 ■ F. BOURRACHOT, D. CHABANOL et J.-P. JOUGUELET, *Le régime juridique des marchés de travaux – Droits et obligations des signataires des marchés de travaux*, Éditions du Moniteur, 5e éd., 2007, S. BRACONNIER (dir.), *Précis du droit des marchés publics*, Éditions du Moniteur, 4e éd., 2012, *Juris-Classeur Contrats et marchés publics* ■ J.-F. BRISSON, *Les fondements juridiques du droit des marchés publics*, Imprimerie Nationale,

440. C-91/08.

2004 ▒ B. CASTAING, R. NOGUELLOU et C. PRÉBISSY-SCHNAL, *Les marchés publics*, Litec, 2003 ▒ D. CHABANOL, J.-P. JOUGUELET et F. BOURRACHOT, *Le régime juridique des marchés publics – Droits et obligations des signataires des marchés de travaux*, Éditions du Moniteur, 4e éd. 2005 ▒ C. EMERY, *Passer un marché public*, Delmas, 2e éd., 2004 ▒ M. GUIBAL et N. CHARREL, *Code commenté des marchés publics*, Éditions du Moniteur, 4e édition, 2011 ▒ Ch. GUETTIER, *Droit des contrats administratifs*, PUF, coll. Thémis, 2004 ▒ O. HACHE, *Réussir la passation des marchés publics*, Éditions du Moniteur, 2004 ▒ F. LICHÈRE (dir.), *Le nouveau droit des marchés publics*, L'Hermès, 2004 ▒ F. LINDITCH, *Droit des marchés publics*, Dalloz, 5e éd., 2009 ▒ F. LLORENS et P. SOLER-COUTEAUX (dir.), *Code des marchés publics*, Litec, 2011 ▒ A. MÉNÉMÉNIS (avec le concours de J.-P. JOUGUELET, R. NOGUELLOU et A. TESSIER), *Code des marchés publics et autres contrats*, Dalloz, 2008 ▒ L. RICHER, *Droit des contrats administratifs*, LGDJ, 7e éd., 2010 ▒ *L'Europe des marchés publics*, LGDJ, 2009 ▒ C. RIBOT, *La passation des marchés publics*, Éditions du Moniteur, 2007 ▒ Ph. TERNEYRE et O. GUÉZOU (dir.), *Droit des marchés publics*, 3 tomes, Éditions du Moniteur.

CHAPITRE II
LES DÉLÉGATIONS DE SERVICE PUBLIC

1065 **Présentation. –** La convention de délégation de service public a pour objet la dévolution contractuelle de l'exploitation d'une mission de service public. Il s'agit généralement de contrats de longue durée, autorisant une large externalisation de la gestion d'une activité. Dans certains cas le délégataire réalise lui-même les équipements nécessaires, sous sa propre maîtrise d'ouvrage.

1066 **Textes. –** En droit français, les conventions de délégation de service public sont régies par la loi n° 93-122 du 29 janvier 1993, relative à la prévention de la corruption et à la transparence de la vie économique et des procédures publiques, dite « loi Sapin » et codifiée, pour les collectivités territoriales, aux articles L. 1411-1 à L. 1411-18 du CGCT. Elle a notamment été modifiée[1] par la loi n° 2001-1168 du 11 décembre 2001, dite loi MURCEF, qui donne une définition légale de la délégation de service public. Au niveau réglementaire, son application est assurée par le décret n° 93-471 du 24 mars 1993 portant application de son article 38 (codifié aux articles R. 1411-1 à R. 1411-8 du CGCT pour les collectivités territoriales), complété par les décrets n° 95-225 du 1er mars 1995 pris pour l'application de l'article 41 et n° 2005-236 du 14 mars 2005 relatif au rapport annuel du délégataire de service public local.

1067 **Approche. –** On commencera par aborder la notion de délégation de service public (Section I), pour la distinguer des contrats voisins, avant d'envisager sa procédure de passation (Section II), puis les éléments importants de son régime d'exécution (Section III). Seront ensuite mentionnées les délégations exemptées (Section IV).

1. Et préalablement par les lois n° 95-127 du 8 févr. 1995 relative aux marchés publics et aux délégations de service public et n° 95-101 du 2 févr. 1995, relative au renforcement de la protection de l'environnement, dite « Loi Barnier ».

SECTION I NOTION

1068 **Définition légale. –** Depuis 2001, la délégation de service public bénéficie d'une définition législative (article 38 de la loi du 29 janvier 1993 et L. 1411-1 du CGCT, issus de l'article 3-I de la loi n° 2001-1168 du 11 décembre 2001). « Une délégation de service public est un contrat par lequel une personne morale de droit public confie la gestion d'un service public dont elle a la responsabilité à un délégataire public ou privé, dont la rémunération est substantiellement liée aux résultats de l'exploitation du service ».

§ 1. LES ÉLÉMENTS CARACTÉRISTIQUES DE LA DÉLÉGATION DE SERVICE PUBLIC EN DROIT FRANÇAIS

1069 **Identification. –** De cette définition légale, telle qu'interprétée par la jurisprudence et la doctrine, quatre caractéristiques majeures semblent émerger[2]. En premier lieu, l'objet du contrat est une activité qualifiable de service public et présentant un certain degré de consistance et d'homogénéité. En deuxième lieu, l'exploitation est confiée par un acte contractuel, ce qui n'évite pas la requalification de certaines habilitations unilatérales. En troisième lieu, la délégation de service public suppose une véritable dévolution, c'est-à-dire un transfert de l'exploitation[3]. En quatrième lieu, la délégation de service public repose sur un critère financier, puisque la rémunération du délégataire est substantiellement liée aux résultats de l'exploitation du service.

A. L'OBJET DU CONTRAT : L'EXPLOITATION D'UNE MISSION DE SERVICE PUBLIC

1070 **Nature du service public. –** La qualification de délégation de service public exige *a minima* que l'activité confiée au cocontractant soit une mission de service public, et non pas seulement une activité d'intérêt général[4]. Les services publics industriels et commerciaux peuvent assurément faire l'objet d'une délégation de service public. Cela a également été admis s'agissant des services publics administratifs[5]. Ainsi, le Conseil d'État dans un avis du 7 octobre 1986 a confirmé que « le caractère administratif d'un service public n'interdit pas à la collectivité territoriale d'en confier l'exécution à des personnes privées, sous réserve toutefois que le

2. M. LE ROY, « L'imperfection croissante des critères d'identification de la délégation de service public », *AJDA* 2008, p. 2268.

3. En droit communautaire, voir *CJCE* 26 avr. 1994, *Commission c/Italie*, aff. C-271/91.

4. CE 5 oct. 2007, *Sté UGC Ciné Cité*, *Rec.* p. 148, *CMP* 2007, comm. 308, note G. ECKERT, *DA* 2007, comm. 165, obs. A. MÉNÉMÉNIS, *JCP* A 2007, 2294, note F. LINDITCH.

5. Voir par exemple pour un festival de musique, CAA Marseille 17 juin 2010, *Cne de Six-Fours-Les-Plages*, *CMP* 2010, comm. 346, obs. F. LLORENS, *AJDA* 2010, p. 2094, obs. L. MARCOVICI.

service ne soit pas au nombre de ceux qui, par leur nature ou par la volonté du législateur, ne peuvent être assurés que par la collectivité territoriale elle-même ».

Une controverse a pu naître à propos des activités régaliennes des personnes publiques, manifestant l'exercice de la souveraineté. Ainsi, la loi n° 2002-1138 du 9 septembre 2002 de programmation pour la justice[6] dispose dans son article 3 que « dans les établissements pénitentiaires, les fonctions autres que celles de direction, de greffe et de surveillance peuvent être confiées à des personnes de droit public ou de droit privé habilitées, dans des conditions définies par un décret en Conseil d'État ». La jurisprudence du Conseil constitutionnel confirme qu'il est interdit de déléguer à une personne privée des missions de souveraineté[7].

1071 **Police. –** S'agissant de la police[8], il est interdit aux collectivités publiques de déléguer leurs prérogatives de police (CE 17 juin 1932, *Ville de Castelnaudary*)[9] mais il existe une possibilité de déléguer la gestion du stationnement payant (CE 1er avril 1994, *Cne de Menton*)[10]. Cependant, comme le souligne J. Petit[11], l'autorité publique peut confier par contrat des prestations matérielles se rattachant au pouvoir de police. Ainsi, la loi du 12 juillet 1983 modifiée par celle du 18 mars 2003 autorise des personnes privées à exercer des activités de sécurité visant à la protection des personnes et des biens[12]. Enfin, une circulaire du 28 octobre 1997 avait institué des contrats locaux de sécurité.

1072 **Éléments essentiels de la mission de la personne publique. –** Certaines personnes publiques ne peuvent pas déléguer les éléments essentiels de la mission qui leur est confiée par leurs statuts ou par le législateur. Ceci est particulièrement vrai pour les établissements publics. Dans un avis du 16 juin 1994, *Établissements publics de santé*, le Conseil d'État conclut que l'hébergement des malades constitue un des éléments essentiels et indissociables de la mission de service public de l'hôpital qui ne peut la déléguer. Dans un avis du 2 juillet 1992, à propos de la délégation de la construction de lignes de chemin de fer par la SNCF, la construction de lignes a été considérée comme l'un des éléments essentiels de la mission de la SNCF, qui ne peut la déléguer.

Une personne publique ne peut pas déléguer l'organisation même du service public, ni l'exercice de compétences (CE 27 mars 1995, *Chambre d'agriculture des Alpes-Maritimes*)[13].

6. Décision du Conseil constitutionnel n° 2002-461 DC du 29 août 2002 sur cette loi.

7. CC n° 92-307 DC du 25 févr. 1993 ; CC n° 2003-473 DC du 26 juin 2003 ; CC n° 2003-484 DC du 20 nov. 2003.

8. J. PETIT, « Nouvelles d'une antinomie : contrat et police », *Mélanges Moreau*, Economica, 2002, p. 345 ; L. MOREAU, « La contractualisation du pouvoir de police », *Mélanges Guibal*, 2006, Tome 2, p. 171.

9. *Rec.* p. 595, *D.* 1932, III, p. 26, concl. JOSSE. Voir également CE 30 sept. 1983, *Fédération départementale des associations agréées de pêche de l'Ain*, *Rec.* p. 392 ; CE 8 mars 1985, *Association Les amis de la Terre*, *Rec.* p. 73, *AJDA* 1985, p. 382, note J. MOREAU, *RFDA* 1985, p. 363, concl. JEANNENEY.

10. *Rec.* p. 176, *DA* nov. 1994, p. 1, concl. LASVIGNES, *RDP* 1994, p. 1825, note J.-B. AUBY.

11. J. PETIT, « Contrats et police administrative : autonomie ou interférence ? », *CP-ACCP* n° 63, févr. 2007, p. 20. Sont cités CE 24 mai 1968, *ministre de l'Intérieur c/Sieur Chambrin*, *Rec.* p. 331, TC 14 mai 1990, *GIE Capagau-Copagy-Taxitel*, *Rec.* p. 394.

12. CC n° 2003-467 DC du 13 mars 2003.

13. *Rec.* p. 142 : un département ne peut se décharger sur une association de l'exercice des compétences en matière agricole.

1073 **Degré de consistance et d'homogénéité. –** L'activité déléguée peut l'être de manière partielle ou par segment, mais son contenu doit présenter une certaine cohérence, homogénéité et consistance. Ainsi, le juge administratif a admis les délégations partielles (CE 8 avril 1998, *Association pour la promotion et le rayonnement des Orres*[14] : en l'espèce il s'agissait de la délégation du service à fournir à une portion du territoire présentant une spécificité touristique et justifiant un traitement particulier) et les délégations de segments de l'activité (CE 28 juin 2006, *Syndicat intercommunal d'alimentation en eau de la moyenne vallée du Gier*[15] : la production d'eau potable peut être érigée en un service public géré séparément de la distribution aux usagers). En revanche, une collectivité ne peut pas se contenter de confier à un tiers quelques missions limitativement énumérées[16].

1074 **Primauté du critère de l'objet. –** Le critère financier examiné plus loin a peu à peu pris une place prépondérante dans la distinction à opérer entre les différents contrats de la commande publique. Le Conseil d'État a replacé le critère de l'objet même du contrat en première position dans les arrêts d'assemblée *Société Jean-Claude Decaux*[17]. Ainsi, avant même de s'interroger sur la nature et l'origine de la rémunération, il faut se demander quel est l'objet du contrat. S'il ne s'agit pas de la dévolution d'une activité de service public, il ne peut y avoir délégation de service public.

B. UNE HABILITATION CONTRACTUELLE

1075 **Parties en présence. –** L'autorité délégante doit être une personne publique. Cela ne soulève pas de difficulté particulière, si ce n'est pour les établissements publics qui ne peuvent déléguer des éléments essentiels et indissociables de leur mission[18]. Quant aux EPCI, il faut que la compétence déléguée figure dans leur statut. Le délégataire doit être un opérateur économique[19]. La loi MURCEF a expressément confirmé que des opérateurs publics peuvent être délégataires[20]. Il existe aussi parfois des délégataires prédésignés : en matière de distribution d'électricité et de gaz, EDF et GDF sont les concessionnaires « obligés » des collectivités territoriales[21].

14. *DA* 1998, n° 192, *BJDCP* 1998, p. 63, concl. BERGEAL, obs. RS, *AJDA* 1998, p. 463.

15. *AJDA* 2006, p. 1781.

16. CAA Nancy 23 mars 2000, *Sté Ceotto*, n° 96NC00556 : à propos d'un contrat relatif au service extérieur des pompes funèbres qui « confie à la partenaire de la collectivité des missions limitativement énumérées », et qui « par son objet très limité, (...) ne peut être regardé comme ayant délégué (...) la mission du service extérieur des pompes funèbres ».

17. CE Ass. 4 nov. 2005, *Société Jean-Claude Decaux*, *RFDA* 2005, p. 1083, concl. D. CASAS, *CMP* déc. 2005, p. 3, comm. F. LLORENS et P. SOLER-COUTEAUX, et n° 297, comm. J.-P. PIÉTRI, *AJDA* 2006, p. 120, note A. MÉNÉMÉNIS.

18. *Supra*, n° 1063.

19. *Supra*, n° 575 et s. Même si le législateur emploie parfois le terme « entreprise » (ex. article L. 1411-5 du CGCT), la notion d'opérateur est plus large et peut désigner une association ou même une personne physique.

20. Ce qui était auparavant admis par la jurisprudence, CE 16 oct. 2000 *Cie méditerranéenne d'exploitation des services d'eau*, *RFDA* 2001, p. 106, concl. BERGEAL, *BJDCP* 2001, p. 105, concl. BERGEAL.

21. La compatibilité de ce mécanisme avec le droit communautaire semble douteuse.

S'agissant des associations, la loi Sapin désignait le délégataire comme une « entreprise », mais la loi MURCEF ne précise rien et il a été admis que des associations puissent être délégataires. Le législateur a expressément prévu que les SEM puissent être délégataires[22].

1076 **Contrat. –** La définition légale de la délégation de service public implique l'existence d'un lien contractuel entre le délégataire et le déléguant. Cela signifie que les habilitations unilatérales (autorisations, agréments, etc.) ne sont normalement pas constitutives d'une délégation de service public. Ainsi dans deux avis de 1995 à propos du régime des transports parisiens et du régime de l'énergie, reposant sur un régime d'autorisation, le Conseil d'État n'a pas opéré de requalification[23].

1077 **Requalification de situations unilatérales. –** Néanmoins, en matière de délégations de service public, de telles requalifications sont envisageables, alors même que le législateur (article 3-1 de la loi n° 2001-1168 du 11 décembre 2001) fait du contrat l'un des éléments de définition de la délégation de service public. La *CJCE* applique les grands principes communautaires aux concessions unilatérales[24].

Ainsi, la cour administrative d'appel de Paris, dans un arrêt du 4 juin 1992, *Tahiti Moorea Service*[25], a qualifié de concession de service public une entreprise titulaire d'une licence assortie d'un cahier des charges[26]. Dans l'arrêt *Lasaulce*, du 22 mars 2000[27], le Conseil d'État a jugé que le système d'agrément par le préfet de sociétés de dépannage et de remorquage des véhicules sur autoroutes assorti d'un cahier des charges devait être requalifié en contrat, et compte tenu de l'existence d'un service public et d'une rémunération assurée par les usagers, il fallait appliquer les procédures de publicité et de mise en concurrence des délégations de service public.

Un critère de distinction entre les situations unilatérales requalifiables et susceptibles d'entraîner l'application d'une procédure de mise en concurrence et les situations non requalifiables semble se dégager de l'arrêt du 3 mai 2004, *Fondation Assistance aux animaux*[28]. Une loi prévoyait un système d'identification des chiens et chats et le décret pris pour son application disposait qu'un arrêté devait fixer les règles relatives à l'établissement d'un fichier de contrôle et que le ministre de l'Agriculture aura à agréer la personne gestionnaire de chaque fichier national. Un arrêté octroie au syndicat national des vétérinaires l'agrément en question et fait l'objet d'un recours fondé sur le fait que cet agrément aurait dû faire l'objet d'une procédure de mise en concurrence. Le Conseil d'État ne fait pas droit à la requête au motif que la loi Sapin ne s'applique qu'aux délégations consenties par voie contractuelle et qu'un agrément, alors même qu'il serait assorti de la conclusion

22. *Supra*, n° 766. La décision du CC n° 92-316 DC du 20 janv. 1993, *Loi Sapin*, a censuré l'exclusion des SEM du champ d'application de la procédure de la loi Sapin (exclusion admise à condition que l'activité déléguée figure expressément dans le statut de la SEM) et a donc refusé toute exception pour les SEM créées par les autorités délégantes.

23. CE Avis du 9 mars 1995 à propos d'une autorisation délivrée dans le cadre du régime des transports parisiens, *EDCE* n° 47, p. 399 et avis du 28 sept. 1995 à propos régime de l'énergie, *EDCE* n° 47, p. 402.

24. CJCE 13 oct. 2005, *Parking Brixen*, aff. C-458/03.

25. *AJDA* 1992, p. 140.

26. Voir également pour les concessions hospitalières prévues par le CSP, qualifiées de délégations de service public, CAA Paris 27 juin 2005, *Centre cardiologique du Nord*, *AJDA* 2005, p. 1903, concl. ADDA.

27. *Rec.* p. 127, *BJDCP* 2000, n° 11, p. 252, concl. SAVOIE.

28. *BJDCP* 2004, n° 37, p. 464, concl. GLASER.

ultérieure d'une convention pour fixer certaines modalités de gestion du service, n'en est pas. On peut donc en conclure qu'en présence d'une habilitation législative, même très indirecte, la délégation unilatérale est régulière[29].

1078 **Contrat administratif. –** Une délégation de service public est généralement un contrat administratif par application des critères jurisprudentiels, en ce qu'il confie l'exécution même d'un service public à un tiers (CE 20 avril 1956, *Epx Bertin*)[30]. Il s'agit d'un **acte mixte** en ce qu'il comporte deux types de clauses, des clauses contractuelles régissant les relations entre les deux parties (durée, responsabilité, identification des parties, etc.) et des clauses réglementaires régissant l'organisation du service public (tarif, horaires, continuité du service public, contrôle, etc.). Le contentieux des clauses réglementaires est spécifique en ce que les usagers peuvent demander à l'autorité délégante de les faire respecter par les délégataires et former un recours contre le refus du délégant (CE 21 décembre 1906, *Synd. des propriétaires et contribuables du quartier Croix-de-Seguey-Tivoli*)[31] ou exercer directement un recours pour excès de pouvoir contre elles (CE Ass. 10 juillet 1996, *Cayzeele*)[32].

C. UNE VÉRITABLE DÉVOLUTION

1079 **Deux conséquences. –** L'exigence d'une véritable dévolution implique deux conséquences. En premier lieu, le délégataire doit effectivement exploiter une activité et démontrer un degré suffisant d'implication. En second lieu, il y a un véritable transfert et pas une simple reconnaissance de l'activité préexistante d'un opérateur économique. C'est ce qui distingue la délégation de service public de la convention d'objectifs et de moyens.

1. L'implication du délégataire

1080 **Degré d'implication du délégataire. –** Dans la définition légale de la délégation de service public, il est précisé que la personne publique délégante « confie la gestion d'un service public dont elle a la responsabilité à un délégataire ». Le délégant est donc à l'origine responsable de la mission qu'il *confie* au délégataire. Le terme « confie » renvoie à un degré d'implication minimal du délégataire et la

29. G. GUGLIELMI, « Habilitation unilatérale, délégation contractuelle et consistance du service public », *RFDA* 2001, p. 353 ; B. DU MARAIS, « Contrat et autorisation unilatérale : quelques éléments de comparaison entre deux modalités de partenariat avec un opérateur privé pour fournir le service public », *Gaz. Pal.* n° 71 à 73/2006, 12-14 mars 2006, p. 3 ; A. HOURCABIE et A. TABOUIS, « Notion et régime juridique de la délégation unilatérale de service public », *CMP* juin 2005, Étude n° 13 ; É. FATÔME et L. RICHER, « Procédures de passation des contrats et pouvoir d'organisation du service public », *CP-ACCP* 2002, n° 12, p. 60 ; F. LENICA, « Habilitation par le droit communautaire à une délégation unilatérale de service public », concl. sur CE 25 juill. 2008, *Fnam et Sacra*, *RJEP* 2008, comm. n° 55.

30. *AJDA* 1956, II, p. 272, concl. LONG et p. 221, chron. FOURNIER et BRAIBANT, *RDP* 1956, p. 869, concl. LONG et note M. WALINE, *D.* 1956, p. 433, note A. DE LAUBADÈRE, *RA* 1956, p. 496, note A. LIET-VEAUX.

31. *D.* 1907, III, p. 41, concl. ROMIEU, *S.* 1907, III, p. 33, note M. HAURIOU.

32. *Rec.* p. 274, *AJDA* 1996, p. 732, chron. CHAUVAUX et GIRARDOT, *CJEG* 1996, p. 382, note Ph. TERNEYRE, *RFDA* 1997, p. 89, note P. DELVOLVÉ.

définition implique un véritable transfert. Cependant, tout ne peut pas être transféré. La collectivité publique ne peut pas se départir d'un pouvoir d'organisation minimal de l'activité, consistant à encadrer le délégataire dans ses choix et à prévoir les obligations générales de celui-ci à l'égard des usagers. Il a été jugé que l'abandon de sa compétence par l'autorité délégante en matière de fixation des tarifs au profit du délégataire constitue une illégalité que le juge peut soulever d'office[33]. En revanche, au niveau de l'exécution, une délégation de service public confie l'exploitation d'un service public à un délégataire et pas uniquement une vague participation à une mission de service public. Le délégataire est impliqué au niveau de la définition des règles de fonctionnement du service, des relations avec les usagers, et profite d'un certain degré d'autonomie. Dans les arrêts d'assemblée *Société Jean-Claude Decaux* de 2005[34], le Conseil d'État rappelle avec force que la délégation de service public suppose une *prise en charge effective* du service public par le délégataire.

2. Le transfert d'une activité relevant initialement de la collectivité délégante : la distinction entre délégation de service public et convention d'objectifs et de moyens

1081 **Confusion initiale. –** Au début des années 2000, le juge administratif manifestait une tendance à reconnaître en même temps une activité de service public et une délégation de cette activité. En effet, ce sont des indices tirés du contrôle exercé par la collectivité publique et des obligations mises à la charge de l'exploitant qui vont emporter les deux qualifications. L'existence d'un contrôle de l'administration manifesté par des obligations spécifiques mises à la charge de l'exploitant emporte à la fois la qualification d'une activité de service public et celle d'une délégation. C'est ce qui semble ressortir des jurisprudences *SARL La Plage chez Joseph*[35] et *Mme Agofroy*[36]. À chaque fois qu'une collectivité publique s'impliquait dans la gestion d'une activité d'intérêt général, le risque était grand de lui voir reprocher une absence de mise en concurrence.

33. CAA Lyon 20 mai 1999, *SA Comalait Industries*, *AJDA* 1999, p. 945, note J. BERTHOUD.

34. Préc.

35. CE 21 juin 2000, *SARL plage Chez Joseph*, *RFDA* 2000, p. 797 : en confiant à son cocontractant la mission d'assurer « l'équipement, l'entretien et (...) l'exploitation de la plage » et de « veiller à la salubrité de la baignade et au respect des mesures destinées à assurer la sécurité des usagers dans les conditions prévues par le sous-traité sous le contrôle de la commune et sans préjudice des pouvoirs qui appartiennent à l'autorité de police municipale », la Ville d'Antibes a créé et délégué un service public local.

36. CE 11 déc. 2000, *Agofroy*, *Rec.* p. 193, *AJDA* 2001, p. 13, note M. RAUNET et O. ROUSSET, *RFDA* 2001, p. 1277, concl. AUSTRY, *CMP* 2001, n° 72, note F. LLORENS : « Considérant (...) qu'il résulte de ces stipulations comme des autres stipulations faisant apparaître le droit de regard de la ville sur l'exécution de la convention par la SEP, que cette société était chargée, par la ville de Paris et sous son contrôle, de gérer cette dépendance du domaine public dans le cadre d'une mission d'intérêt général d'animation culturelle et d'accueil d'activités artistiques et artisanales et pouvait user à cette fin des prérogatives nécessaires à la gestion du domaine public ; que la rémunération de la SEP était assurée par les redevances payées par les locataires usagers du service ; que par suite, en jugeant que la SEP ne pouvait être regardée comme un concessionnaire de service public, la cour a entaché son arrêt d'erreur de droit (...) ».

1082 **Distinction entre délégation d'une mission et simple reconnaissance de son caractère d'intérêt général.** – À partir de 2003, le juge administratif accepte qu'une collectivité publique finance une activité d'intérêt général, sans qualifier l'opération de délégation de service public[37]. Dans l'avis du Conseil d'État du 18 mai 2004 sur la Cinémathèque française[38], la mise à disposition de locaux par l'État à la Cinémathèque française afin d'assurer la conservation de son patrimoine n'est pas qualifiée de délégation de service public. Le Conseil d'État insiste sur le fait que le service public délégué doit relever à l'origine de la « responsabilité » de la collectivité en vertu d'une « obligation légale » ou être « créé à son initiative », service qui fera ensuite l'objet d'une « dévolution ». Les faits s'analysent au contraire comme la « reconnaissance par l'État du caractère d'intérêt général de l'action menée par l'association, assortie d'un droit de regard étendu sur ses activités et d'une contribution financière ». Au-delà de la référence à l'initiative du projet, on peut remarquer que cet avis confère une portée à la définition légale de la délégation de service public, qui exige que le service public délégué relève à l'origine de la « responsabilité » de l'administration délégante.

À partir de 2007, le Conseil d'État pose le principe d'un traitement séparé de la reconnaissance d'un service public et de l'identification d'une délégation. Dans l'arrêt de Section *Commune d'Aix-en-Provence*[39], il juge que « lorsqu'une personne privée exerce, sous sa responsabilité et sans qu'une personne publique en détermine le contenu, une activité dont elle a pris l'initiative, elle ne peut, en tout état de cause, être regardée comme bénéficiant de la part d'une personne publique de la dévolution d'une mission de service public ; que son activité peut cependant se voir reconnaître un caractère de service public, alors même qu'elle n'a fait l'objet d'aucun contrat de délégation de service public procédant à sa dévolution, si une personne publique, en raison de l'intérêt général qui s'y attache et de l'importance qu'elle revêt à ses yeux, exerce un droit de regard sur son organisation et, le cas échéant, lui accorde, dès lors qu'aucune règle ni aucun principe n'y font obstacle, des financements ». C'est le critère de l'initiative qui va alors distinguer la simple implication d'une collectivité publique dans une activité d'intérêt général de la véritable délégation de service public.

La qualification d'une activité de service public gérée par une personne privée a aussi été clarifiée par un arrêt du 22 février 2007, *APREI*[40]. Le premier cas est celui d'une reconnaissance d'une telle activité par le législateur. Le deuxième cas de

37. CE 26 févr. 2003, *Société Protectrice des animaux*, *Rec.* p. 786, *AJDA* 2003, p. 1488, note D. COSTA, *BJCL* 2003, p. 361, concl. GOULARD : création et gestion d'un refuge par la SPA de manière autonome, sans contrôle par la commune. Le simple financement par la commune ne fait pas regarder la SPA comme chargée de la gestion d'un service public.

38. CE Avis 18 mai 2004, *Cinémathèque française*, *EDCE* 2005, p. 185, *BJDCP* mai 2005, p. 213, obs. Ch. M., *AC-ACCP*, n° 50, déc. 2005, p. 67, note D. MOREAU et S. COTON, *CMP* juill.-août 2005, p. 3, note F. LLORENS et P. SOLER-COUTEAUX.

39. CE Section 6 avr. 2007, *Cne d'Aix-en-Provence*, *JCP* A 2007, n° 2111, note M. KARPENSCHIF et n° 2125, note F. LINDITCH, *AJDA* 2007, p. 1020, chron. LENICA et BOUCHER, p. 1153, édito. L. RICHER, *JCP* A 2007, n° 2128, *Gaz. Cnes* 4 juin 2007, p. 54, note E. DE FENOYL, *RFDA* 2007, p. 812, concl. SÉNERS, note J.-Cl. DOUENCE, *Dalloz* n° 37/2007, 25 oct. 2007, p. 2617, note G. CLAMOUR, *RDP* n° 5/2007, p. 1367, note O. BUI-XUAN, *Concurrences* n° 3/2007, p. 169, note B. DU MARAIS et A. SAKON.

40. *AJDA* 2007, p. 793, chron. F. LENICA et J. BOUCHER.

reconnaissance d'un service public géré par une personne privée est celui dans lequel la personne privée assure une mission d'intérêt général sous le contrôle de l'administration en étant dotée à cette fin de prérogatives de puissance publique. Le dernier cas est le plus novateur, en ce que lorsque la personne privée n'est pas dotée de prérogatives de puissance publique, on se réfère à un faisceau d'indices : intérêt général de l'activité, conditions de sa création, de son organisation ou de son fonctionnement, obligations imposées, mesures prises pour vérifier que l'objectif est atteint, manifestant l'intention de l'administration de confier un service public.

Dès lors, la combinaison des deux arrêts *Commune d'Aix-en-Provence* et *APREI* conduit à distinguer trois situations : les personnes privées exerçant une activité d'intérêt général sans délégation de la personne publique, les personnes privées exerçant une mission de service public sans délégation de service public et les personnes privées bénéficiant d'une délégation de service public.

Certains juges du fond adoptent encore un raisonnement par lequel le contrôle exercé par l'administration sur un opérateur ayant une activité d'intérêt général emporte qualification d'un service public, lequel emporte à son tour identification d'une délégation de service public. Il en va ainsi par exemple d'un jugement du TA de Paris (31 mars 2009, *Sté Paris Tennis*[41]) qui considère que la convention d'occupation de parcelles du domaine public situées dans un stade relève d'une convention de délégation de service public eu égard du degré de contrôle exercé par l'administration. Cependant, le Conseil d'État a censuré ce raisonnement (CE 13 janvier 2010, *Assoc. Paris Jean Bouin*[42]). Le TA de Marseille (ordonnance 11 juin 2008, *Société Nigel Burgess Ltd c/Port autonome de Marseille*, n° 0803537) a considéré qu'une autorisation d'occupation du domaine public comportant des activités de construction et de réparation navale qui, bien que n'étant pas des activités de service public, doivent être regardées comme des activités nécessaires à l'accomplissement par un port autonome de sa mission de service public, laquelle qualification commande que l'autorisation relève des dispositions applicables aux délégations de service public. La CAA de Marseille a adopté un raisonnement innovant concernant le festival « Les voix du Gaou » organisé par la commune de Six-Fours-les-Plages[43]. Elle juge qu'après avoir créé un festival de musique, qu'après l'avoir géré directement durant dix ans, la commune ne pouvait décider d'en confier la gestion à un professionnel sans consentir une délégation dans des conditions garantissant son contrôle dans le respect de la procédure de délégation de service public. Les termes du débat sont inversés en ce que le critère du contrôle ne sert plus à identifier l'activité, mais devient obligatoire dès lors que l'activité est considérée dès l'origine comme une activité de service public. Le Conseil d'État a censuré cet arrêt (CE 23 mai 2011, *Commune de Six-Fours-les-Plages*[44]), au motif qu'en constatant l'absence de tout contrôle effectif de la personne publique sur la programmation artistique et les tarifs, la Cour a commis une erreur de droit en qualifiant l'activité de service public. Le Conseil d'État requalifie la convention en marché public de service, au motif que la commune a pris l'initiative de confier à un professionnel des prestations, moyennant un prix tenant à l'abandon de recettes du festival et le versement d'une rémunération annuelle.

1083 **Conventions d'objectifs et de moyens. –** Dès lors, il apparaît désormais que les collectivités publiques peuvent s'associer à des activités d'intérêt général dont elles n'ont pas pris d'initiative de création et d'organisation sans procéder à une

41. *JCP* A n° 22, 25 mai 2009, p. 41, note Cl. DEVÈS, *AJDA* 2009, p. 1149, note J.-D. DREYFUS.

42. *JCP* A n° 7 2010, 2069, concl. OLLÉON, *CMP* mars 2010, n° 116, note G. ECKERT, *AJDA* 2010, p. 731, note G. MOLLION.

43. CAA Marseille 17 juin 2010, *Cne de Six-Fours-les-Plages*, *AJDA* 2010, p. 2094, note L. MARCOVICI, *JCP* A 8 nov. 2010, n° 2335, note J.-M. PONTIER.

44. *CMP juill.* 2011, n° 195, comm. G. ECKERT, *AJDA* 2011, p. 1515, note J.-D. DREYFUS.

mise en concurrence (qui n'aurait aucun sens en tout état de cause). L'autorité publique reconnaît le caractère d'intérêt général d'une activité et y apporte son soutien financier et matériel par la conclusion d'une convention d'objectifs et de moyens. Celle-ci lui permet de fixer des contreparties à son soutien, comme la définition d'objectifs à atteindre ou d'obligations à respecter. On reste bien entendu en deçà du degré de contrôle et de direction dont peut se prévaloir une autorité délégante et si une aide est accordée, il faut en respecter le régime. La délégation de service public procède à la dévolution d'une activité relevant initialement de l'autorité publique, alors que la convention d'objectifs et de moyens matérialise la reconnaissance d'une activité d'intérêt général initiée en dehors de la collectivité.

D. LE CRITÈRE FINANCIER : UNE RÉMUNÉRATION SUBSTANTIELLEMENT LIÉE AUX RÉSULTATS DE L'EXPLOITATION DU SERVICE

1084 **Critère initial. Origine de la rémunération. –** Initialement, la délégation de service public était un contrat dans lequel le délégataire percevait des redevances sur les usagers. L'origine de la rémunération était donc prise en compte. Ainsi, un contrat comportant une rémunération par des redevances versées par les usagers ne pouvait être un marché public (CE 10 avril 1970, *Beau et Lagarde*)[45], alors que si un prix était versé par la collectivité, le contrat ne pouvait pas être une concession ou un affermage, même si l'entreprise gérait un service public (CE 11 décembre 1963, *Ville de Colombes*)[46].

1085 **Critère de la rémunération substantiellement assurée par les résultats de l'exploitation. –** La relative simplicité de la distinction prix payé par la collectivité publique/redevances perçues sur les usagers ne permettait pas de qualifier des contrats dans lesquels la rémunération provenait de tiers. Aussi, le juge administratif a apporté une précision de grande importance dans l'arrêt *Préfet des Bouches-du-Rhône* de 1996[47] : constituent des marchés et non des conventions de délégation de service public « les contrats dans lesquels la rémunération du cocontractant de l'administration n'est pas substantiellement assurée par les résultats de l'exploitation ». Aucune référence n'est faite à l'usager. La question s'est alors posée de savoir ce qu'il fallait entendre par « substantiellement » et il est vite apparu que ce terme n'équivalait pas à « majoritairement » et que des contrats dans lesquels un pourcentage assez faible de rémunération provenant des résultats de l'exploitation pouvait être qualifié de délégation de service public si l'équilibre économique de l'exploitation reposait sur ces recettes.

CE 30 juin 1999, *Smitom Centre Ouest seine-et-marnais*[48], à propos d'une régie intéressée : qualification de délégation de service public alors que le contrat ne prévoyait que 30 % de recettes

45. *Rec.* p. 243.
46. *Rec.* p. 812.
47. CE 15 avr. 1996, *Préfet des Bouches-du-Rhône*, *RFDA* 1996, p. 715, concl. C. CHANTEPY, note Ph. TERNEYRE, *CJEG* 1996, p. 267, concl. C. CHANTEPY, note R. SAVIGNAT, *AJDA* 1996, p. 806, chr. D. CHAUVAUX et T.-X. GIRARDOT, p. 727.
48. *AJDA* 1999, p. 714, concl. C. BERGEAL.

extérieures. On a pu descendre jusqu'à 20 % de recettes extérieures dans CAA Marseille 13 avril 2004, *Ville de Marseille*[49], et 10 % dans CAA Marseille 5 mars 2001, *Préfet du Var*[50].

Toutefois, comme le souligne L. Richer, la CJCE[51] a jugé que l'existence de recettes provenant de tiers n'a pas d'incidence sur la qualification du contrat si elles résultent de l'exploitation accessoire qui n'est pas l'activité d'intérêt général concédée, appréciation qui remet en cause celle de la jurisprudence française.

1086 **Critère de la rémunération substantiellement liée aux résultats de l'exploitation. –** La définition légale (article 3-I de la loi n° 2001-1168 du 11 décembre 2001 modifiant l'article 38 de la loi n° 93-122 du 29 janvier 1993 et article L. 1411-1 du CGCT) semble reprendre le critère financier avancé par le juge administratif, car la délégation de service public est définie comme un contrat dans lequel « la rémunération est substantiellement liée aux résultats de l'exploitation du service ». Cependant, le terme « assurée » est remplacé par « liée », ce qui va permettre de déplacer le critère financier de *l'origine* de la rémunération vers sa *nature*.

1087 **Déplacement de l'appréciation fondée sur l'origine de la rémunération vers sa nature. –** Auparavant, on pouvait affirmer que, dans un marché public, la rémunération provenait d'un prix payé par la collectivité et que, dans une délégation, la rémunération provenait de redevances payées par les usagers, lesquelles caractérisaient en tout état de cause une rémunération substantiellement assurée par les résultats de l'exploitation du service. Désormais, une rémunération substantiellement liée aux résultats de l'exploitation du service peut provenir de la collectivité publique elle-même, mais varier en fonction de la consommation du service et caractériser une délégation. Ce n'est plus l'origine de la rémunération qu'il faut prendre en compte, mais sa nature et plus exactement sa variabilité.

CE 28 juin 2006, *Syndicat intercommunal d'alimentation en eau de la moyenne vallée du Gier*[52], à propos d'un contrat confiant la production et le traitement de l'eau potable et la vente de l'eau ainsi produite aux communes membres d'un syndicat. Bien que la rémunération provienne des communes elles-mêmes, il a été jugé que « si les communes ne sont pas les usagers du service public de la distribution de l'eau potable, il ressort (...) du contrat que le cocontractant (...) perçoit une rémunération qui se compose en une partie fixe qui est constituée par un abonnement et une partie variable qui dépend de la quantité d'eau consommée dans les communes ; que la rémunération calculée dans ces conditions est substantiellement assurée par le résultat de l'exploitation du service ».

CE 20 octobre 2006, *Cne d'Andeville*[53] : « Le contrat envisagé a pour objet de confier au cocontractant la gestion du service public de restauration scolaire destinée à l'école primaire, du centre de loisir et du "pôle jeunes" de la commune d'Andeville perçoit une rémunération fixe versée par la commune, les trois quarts de ses recettes, environ, sont constitués d'une redevance versée par les familles et d'une participation du département et de la caisse d'allocations familiales variant selon le nombre d'usagers ; que la rémunération calculée selon ces modalités est, dans ces conditions, substantiellement liée aux résultats de l'exploitation du service ».

49. *BJCP* 2004, p. 490, obs. Ch. MAUGÜÉ, *JCP* A 2004, n° 1462, note F. LINDITCH.

50. *BJCP* 2001, p. 46, concl. DUCHON-DORIS, *AJDA* 2001, p. 968, note L. MARCOVICI.

51. Arrêt du 18 juill. 2007, *Commission c/Italie*, « Que reste-t-il de la délégation de service public ? », *AJDA* 2007, p. 2225.

52. *AJDA* 2006, p. 1781, note L. RICHER.

53. *AJDA* 2006, p. 2340, concl. CASAS.

CE 7 novembre 2008, *Département de la Vendée*[54] : « La rémunération de l'entreprise attributaire était assurée par des recettes provenant à 93 % environ du service de transport scolaire et par des recettes provenant, pour les 7 % restant, d'autres services de transport et activités commerciales ; que le département de la Vendée prenait en charge en substitution des familles environ 80 % du coût du transport scolaire, le reste demeurant à la charge de ces familles ; qu'en se fondant, pour exclure une rémunération liée aux résultats de l'exploitation et caractériser ainsi l'existence d'un marché public, sur la seule participation directe des familles, sans prendre aussi en considération la part versée par le département pour chaque usager scolaire, en substitution des familles, laquelle constituait aussi une rémunération variant avec le nombre d'usagers et donc liée aux résultats de l'exploitation du service, la cour administrative d'appel a commis une erreur de droit ».

Il existe, à l'inverse, des contrats dans lesquels le cocontractant est rémunéré par les usagers, mais qui seront qualifiés de marchés parce qu'ils comportent une clause de couverture des risques financiers, un remboursement des charges ou tout autre mécanisme financier permettant d'assurer une rémunération au cocontractant qui ne sera plus considérée comme liée aux résultats de l'exploitation. C'est exactement la situation de l'arrêt du 5 juin 2009, *Sté Avenance-Enseignement Santé*[55], dans lequel a été qualifié de marché un contrat dont la rémunération était assurée par des redevances perçues sur les usagers, mais dans lequel l'administration s'engageait à compenser financièrement une baisse de la demande. Un contrat prévoyant une rémunération par des tiers autres que les usagers d'un service public peut aussi être un marché public (cas du mobilier urbain).

1088 **Critère de la variabilité de la rémunération. –** La doctrine française a fait ressortir une tendance de plus en plus marquée de la jurisprudence, consistant à qualifier de délégation les contrats dans lesquels il existe une incertitude quant au montant de la rémunération. Il faut que le montant des recettes soit suffisamment variable pour qu'il existe un risque substantiel de moindre niveau de recettes[56]. Quelques arrêts des juges du fond manifestent cette tendance[57]. Le Conseil d'État a finalement rejoint la jurisprudence communautaire et utilisé le critère du risque pour qualifier une délégation (voir ci-dessous § 2).

1089 **Délégations subventionnées. –** La collectivité publique délégante peut prévoir de subventionner le délégataire et le montant de cette subvention peut d'ailleurs

54. No 291794, *DA* janv. 2009, n° 5, *Rec.* p. 805, *AJDA* 2008, p. 2454, note L. RICHER, *BJCP* 2009, p. 55, concl. BOULOUIS, *CMP* 2008, comm. 296, note G. ECKERT. Voir également CAA Paris 16 déc. 2008, *Cne de Boulogne-Billancourt*, *CMP* mars 2009, n° 96, note E. DELACOUR : rémunération d'un opérateur organisant des spectacles par l'autorité publique, mais comportant un pourcentage de variation en fonction de la fréquentation, pourcentage suffisant pour mettre à la charge de l'exploitant un risque financier.

55. CE 5 juin 2009, *CMP* juill. 2009, n° 236, note G. ECKERT, *BJCP* n° 66 oct. 2009, p. 393, concl. DACOSTA.

56. F. LLORENS, « Remarques sur la rémunération du cocontractant comme critère de la délégation de service public », *Mél. Waline*, Dalloz, 2002, p. 315 ; L. RICHER et E. FATÔME, « La procédure de passation des concessions d'aménagement », *AJDA* 2006, p. 409.

57. CAA Marseille 13 avr. 2004, *Ville de Marseille*, *CP-ACCP* 2004, n° 35, p. 18 ; *CMP* 2004, comm. 148, note G. ECKERT ; CAA Nantes 2 déc. 2005, *Département de la Vendée*, *CMP* 2006, comm. 99, note G. ECKERT ; CAA Versailles 14 sept. 2006, *Sté Avenance*, *CMP* comm. 283, obs. G. ECKERT.

faire l'objet d'une négociation[58]. Trois conditions doivent néanmoins être réunies pour que cette possibilité soit régulière. En premier lieu, il faut que le subventionnement soit possible. Il est normalement exclu par la règle de l'équilibre budgétaire et l'interdiction de subventionnement du budget général pour certains services publics industriels et commerciaux, sauf exceptions et dérogations législatives[59]. En deuxième lieu, il faut échapper à la requalification en marché public, éventualité probable si la subvention est en réalité une couverture du risque de moindre gain ou assure en tout état de cause l'équilibre financier de l'exploitation[60]. En troisième lieu, il ne faut pas que la subvention soit requalifiée en aide d'État illégale[61].

§ 2. LA CONCESSION DE SERVICE PUBLIC EN DROIT COMMUNAUTAIRE

1090 **Définition. –** La notion de concession de service public en droit communautaire est issue de la directive marchés n° 2004/18, pour immédiatement l'exclure de son champ d'application. Il s'agit (article 1er-4) d'un « contrat présentant les mêmes caractéristiques qu'un marché public de services, à l'exception du fait que la contrepartie de la prestation des services consiste soit uniquement dans le droit d'exploiter le service, soit dans ce droit assorti d'un prix ». Cette définition ne fournit aucun critère précis et n'ajoute rien à la jurisprudence. Elle présente le défaut de centrer la distinction sur le critère financier, au détriment de l'objet même du contrat.

L'Avocat général La Pergola a défini la concession de service public dans ses conclusions sur CJCE 10 novembre 1998, *Gemeente Arnhem/BFI Holding* à l'aide de quatre critères : le destinataire du service est un tiers et non le pouvoir adjudicateur ; l'activité est un service d'intérêt général qui incombe personnellement à l'autorité publique ; la rémunération est tirée de la prestation ; le concessionnaire assume le risque économique.

1091 **Critère du risque en droit communautaire. –** Le critère du risque est expressément utilisé en droit communautaire et recouvre celui du droit d'exploitation, qui caractérise la concession. Sa signification est cependant particulière, en ce qu'il renvoie à une exploitation « aux risques et périls ». (Communication interprétative de la Commission européenne sur les concessions en droit communautaire[62] et

58. Voir l'affaire *Corsica Ferries*, ord. TA Bastia 27 avr. 2007, *Sté Corsica Ferries*, n° 070390 et *Cons. conc. décision* n° 07-D-13 du 6 avr. 2007, relative à de nouvelles demandes de mesures conservatoires dans le secteur du transport maritime entre la Corse et le continent.

59. Article L. 2224-1 et 2224-2 du CGCT pour les communes.

60. Dans l'affaire *Corsica Ferries* préc., alors même que le contrat comportait une clause de couverture des risques et, même en retenant l'analyse de Corsica Ferries, selon laquelle la part de rémunération liée aux résultats de l'exploitation ne serait que de 23 %, le contrat reste une délégation de service public (ord. TA Bastia 27 avr. 2007, *Sté Corsica Ferries*, n° 070390).

61. N° 417 et s. Voir notamment les compensations pour charge de service public et les conditions fixées par la jurisprudence CJCE 24 juill. 2003, *Altmark*, aff. C-280/00. Pour une application très intéressante à une DSP, TA Nice 20 juin 2008, *Comité d'entreprise de l'association Nice Acropolis*, *AJDA* 2009, p. 262, note F. DIEU et *supra* n° 435 et s.

62. *JOCE* 2000/C, 121/02, 29 avr. 2000.

Livre Vert sur les contrats de partenariat)[63]. La Cour de justice utilise désormais elle aussi le critère du risque[64]. Elle a même précisé qu'« il découle de la définition susvisée de la concession de services que celle-ci est caractérisée par une situation dans laquelle un droit d'exploitation d'un service déterminé est transféré par un adjudicateur à un concessionnaire, ce dernier disposant, dans le cadre du contrat conclu, d'une certaine liberté économique pour déterminer les conditions d'exploitation de ce droit et étant ainsi, parallèlement, largement exposé aux risques liés à cette exploitation », le risque étant ensuite qualifié de « prépondérant »[65]. Ainsi, liberté économique et risque seraient les indices convergents vers la qualification d'un contrat de type concessif. Mais il convient de relever que sa signification en droit communautaire est très particulière, puisque le critère du risque s'entend comme incluant un risque de pertes en sus d'un risque de moindre gain.

La Cour de justice a clarifié la distinction entre marché de service et concession de service dans un arrêt du 10 septembre 2009, *WAZV Gotha c/Eurawasser*[66], tout en manifestant un tempérament quant à l'ampleur du risque devant être transféré au concessionnaire, au bénéfice d'une vision réaliste de l'économie des contrats de concession. En premier lieu, la Cour se prononce sur le caractère suffisant du critère tiré de l'origine de la rémunération. La question était de savoir si le fait que la rémunération du cocontractant provient de tiers par rapport au pouvoir adjudicateur (en l'espèce les usagers du service de l'eau) est une condition suffisante pour admettre l'existence d'une concession ou si ce critère doit s'accompagner d'un transfert de risque. La Cour répond que « le fait que le prestataire de services est rémunéré par des paiements provenant de tiers, en l'occurrence les usagers du service concerné, est l'une des formes que peut prendre l'exercice du droit, reconnu au prestataire, d'exploiter le service », mais ajoute que « lorsque le mode de rémunération convenu tient dans le droit du prestataire d'exploiter sa propre prestation, ce mode de rémunération implique que le prestataire prenne en charge le risque lié à l'exploitation des services en question ». Dès lors, on en déduit que la prise en charge du risque est un critère nécessaire et indispensable des contrats de type concessif. Comme en droit français, le critère de l'origine de la rémunération ne joue pas seul. En deuxième lieu, la Cour se prononce sur une question inédite jusqu'alors tenant à la nature du risque transféré, lorsque celui-ci, même présent, reste limité en raison d'un environnement réglementaire (obligation pour les usagers de se raccorder, encadrement des tarifs par la loi, répercussion du loyer des installations sur les tarifs payés par les usagers, reversement des subventions publiques au concessionnaire). Pour y répondre, la Cour fait preuve de réalisme et de pragmatisme : « il est courant que certains secteurs d'activité, notamment les secteurs touchant à des activités d'utilité publique, tels que la distribution de l'eau et l'évacuation des eaux usées, fassent l'objet d'une réglementation pouvant avoir pour effet de limiter les risques économiques encourus » ; « il doit demeurer loisible aux pouvoirs adjudicateurs, agissant en toute bonne foi, d'assurer la fourniture de services

63. COM(2004)327 final, 30 avr. 2004.

64. CJCE 13 oct. 2005, *Parking Brixen*, aff. C-548/03 et CJCE 18 juill. 2007, *Commission c/Italie*, aff. C-382/05.

65. CJCE 11 juin 2009, *Hans & Christophorus Oymanns GbR*, aff. C-300-07.

66. C-206/08.

au moyen d'une concession, s'ils estiment qu'il s'agit de la meilleure manière d'assurer le service public concerné, et cela même si le risque lié à l'exploitation est très limité ». « Il ne serait pas, par ailleurs, raisonnable de demander à une autorité publique concédante de créer des conditions de concurrence et de risque économique plus élevées que celles qui, en raison de la réglementation applicable au secteur concerné, existent dans ce dernier ». « Dans de telles situations, le pouvoir adjudicateur n'ayant aucune influence sur les modalités de droit public applicables à l'organisation du service, il est impossible à celui-ci d'introduire et, partant, de transférer des facteurs de risque qui sont exclus par ces modalités ». Dès lors, une concession peut reposer sur un transfert de risque économique même limité. En troisième lieu, la Cour se prononce sur l'ampleur du risque transféré. Pour que soit reconnue une concession, le cocontractant doit-il se voir transférer l'intégralité du risque ou seulement une part significative de celui-ci ? La Cour répond de manière très claire qu'« en tout état de cause, même si le risque encouru par le pouvoir adjudicateur est très limité, pour qu'il soit conclu à l'existence d'une concession de services, il est nécessaire que le pouvoir adjudicateur transfère au concessionnaire l'intégralité ou, au moins, une part significative du risque d'exploitation qu'il encourt ».

On en déduit dès lors qu'en droit communautaire, le transfert d'une part significative du risque, même si celui-ci est limité, suffit à qualifier une concession. Cette assertion peut se combiner avec l'exigence que le risque porte à la fois sur les gains et sur les pertes. Néanmoins, si le risque est limité en vertu d'une réglementation, que n'est transférée qu'une part significative de celui-ci, force est d'admettre que le risque de perte peut n'être que très théorique dans certaines situations.

La Cour a encore précisé sa jurisprudence dans l'arrêt *Privater Rettungsdienst und Kranken-transport Stadler* du 10 mars 2011[67]. Elle semble accorder une importance à l'origine de la rémunération, un paiement direct par le pouvoir adjudicateur au prestataire étant une contrepartie susceptible de révéler un marché, alors qu'une rémunération auprès de tiers répond à l'exigence du contrat concessif. Le lien entre l'origine de la rémunération et le critère du risque (même limité) est établi puisque lorsque la rémunération provient de tiers, le transfert par le pouvoir adjudicateur d'un risque d'exploitation très limité suffit pour que l'on puisse conclure à l'existence d'une concession de services. Cette affaire révèle une nouvelle divergence potentielle entre le droit français et le droit de l'Union, puisque le Conseil d'État s'est affranchi du critère de l'origine de la rémunération pour se focaliser sur sa variabilité, laquelle recèle un risque (*infra*, n° 1092). L'aspect le plus intéressant de l'arrêt reste la définition même des composantes du risque d'exploitation économique du service qui doit être compris comme « le risque d'exposition aux aléas du marché (...), lequel peut se traduire par le risque de concurrence de la part d'autres opérateurs, le risque d'une inadéquation entre l'offre et la demande de services, le risque d'insolvabilité des débiteurs du prix des services fournis, le risque d'absence de couverture intégrale des dépenses d'exploitation par les recettes ou encore le risque de responsabilité d'un préjudice lié à un manquement dans le service ».

67. C-274/09.

1092 **Utilisation limitée du critère du risque en droit français. –** Le critère du risque a été utilisé par C. Bergeal, notamment dans ses conclusions sur l'arrêt précité *Smitom*[68] : le critère de la rémunération par les résultats de l'exploitation n'est qu'un indicateur du risque mis à la charge de l'entreprise. Cependant, avant 2008, seul un arrêt du Conseil d'État (datant, en outre, de 1994) et quelques arrêts de juridictions inférieures mentionnaient expressément le critère du risque[69]. Le Conseil d'État dans un arrêt *Département de la Vendée*[70] de 2008 a explicitement utilisé le critère du risque pour qualifier une délégation de service public[71]. Le Conseil d'État mentionne un « éventuel déficit » pour en déduire qu'une « part significative du risque d'exploitation » demeure à la charge de l'exploitant[72]. Le Commissaire du gouvernement Boulouis[73] apporte quelques précisions sur l'utilisation nouvelle du critère du risque, qui n'ajoute rien au critère du caractère substantiel de la rémunération liée au résultat de l'exploitation, puisqu'il viendrait surtout manifester ce caractère substantiel : « si vous êtes fixés sur l'idée d'un lien réel (« substantiel ») avec les résultats de l'exploitation, c'est pour signifier que seuls sont des DSP les contrats dans lesquels existe pour l'exploitant une incertitude ou si l'on préfère un risque sur l'existence ou le niveau de sa « rémunération », incertitude ou risque engendrés par la gestion du service ». Puis, l'arrêt du 5 juin 2009, *Sté Avenance-Enseignement et Santé*[74], qualifie de marché public un contrat dans lequel, malgré une rémunération assurée par des redevances versées par les usagers, l'exploitant ne supportait pas de risque réel d'exploitation, compte tenu d'une prise en charge par l'administration des conséquences financières d'une baisse de la demande (en l'espèce une baisse de commandes de repas pour un service de restauration scolaire)[75].

68. *AJDA* 1999, p. 714.

69. CE 15 juin 1994, *Syndicat intercommunal des transports publics de la région de Douai, Lebon* p. 807 ; CAA Bordeaux 9 juill. 2001, *Sté ONET*, n° 97BX01801 ; CAA Douai 5 juin 2001, *Sté des ateliers de mécanique du pays d'Ouche*, n° 87DA10602 ; CAA Bordeaux 27 juill. 2001, *Communauté de communes Saint Savin, BJCP* 2002, n° 23, p. 324, obs. R. SCHWARTZ ; CAA Marseille 13 avr. 2004, *Ville de Marseille*, n° 00MA00393 ; CAA Paris 27 avr. 2004, *M. Bruno Y. et M. Pascal X*, n° 00PA00879 ; CAA Paris 24 janv. 2005, *Province des Iles Loyautés, AJDA* 2005, p. 910, *CMP* juin 2005, n° 162, note G. ECKERT ; CAA Nantes 2 déc. 2005, *Département de la Vendée, AJDA* 2006, p. 725, *CMP* avr. 2006, n° 99, note G. ECKERT ; CAA Versailles 14 sept. 2006, *Sté Avenance enseignement santé*, n° 04VE03566 ; CAA Paris 17 avr. 2007, *Société Kéolis, AJDA* 2007, p. 1524, note A. TASSONE ; TA Bordeaux 17 janv. 1997, *SA Fassa*, n° 9602838 ; TA Strasbourg 15 sept. 2000, *Sté entreprise Michel Ruas, CMP* 2001, comm. n° 7 note F. LLORENS ; TA Dijon 14 nov. 2000, *Préfet de la Nièvre c/Ville de Nevers, CMP* mai 2001, n° 102, note P. SOLER-COUTEAUX ; TA Besançon 26 nov. 2001, *Sté Gesdub, AJDA* 2002, p. 340, note O. RAYMUNDIE.

70. CE 7 nov. 2008, n° 291794, *Rec.* p. 805, *AJDA* 2008, p. 2454, note L. RICHER, *BJCP* 2009, p. 55, concl. BOULOUIS, *CMP* 2008, comm. 296, note G. ECKERT, *DA* janv. 2009, comm. 5

71. « (...) qu'ainsi, une part significative du risque d'exploitation demeurant à la charge de ce cocontractant, sa rémunération doit être regardée comme substantiellement liée aux résultats de l'exploitation ».

72. Voir également CE 19 nov. 2010, *Dingreville, CMP* janv. 2011, comm. 21, note G. ECKERT, *BJDCP* n° 75, mars-avr. 2011, p. 95, concl. DACOSTA.

73. *BJCP* n° 62, févr. 2009, p. 55.

74. *BJCP* n° 66 oct. 2009, p. 393, concl. DACOSTA.

75. Voir également CAA Paris 16 déc. 2008, *Cne de Boulogne-Billancourt, CMP* mars 2009, n° 96, note E. DELACOUR.

Mais le critère du risque en droit français n'implique qu'un risque de moindre gain, alors que critère du risque en droit communautaire implique risque de pertes. C'est à ce niveau que se situe la difficulté la plus importante, en ce que des contrats qualifiables de délégation en droit français (y compris en utilisant le critère du risque tel qu'il est conçu en droit français) seraient probablement des marchés en droit communautaire, la catégorie des marchés gagnant peu à peu du terrain sur les autres catégories. Cependant, le tempérament apporté au droit communautaire (préc.) devrait permettre un meilleur alignement avec le droit français[76].

§ 3. LES DIFFÉRENTS CONTRATS DE DÉLÉGATION DE SERVICE PUBLIC

1093 **Quatre catégories initiales. –** À l'origine, la famille des délégations se composait des concessions de service public, des contrats d'affermage, des régies intéressées et des gérances. Ces contrats se distinguent principalement par les modalités de financement des investissements et de rémunération du délégataire. L'évolution du critère financier a fait basculer certains de ces contrats dans la catégorie des marchés.

1094 **Concessions de service public. –** Une première définition est donnée par le commissaire du gouvernement Chardenet dans l'affaire du Gaz de Bordeaux[77] : « c'est le contrat qui charge un particulier ou une société d'exécuter un ouvrage public ou d'assurer un service public, à ses frais, avec ou sans subvention, avec ou sans garantie d'intérêt, et que l'on rémunère en lui confiant l'exploitation de l'ouvrage public ou l'exécution du service public avec le droit de percevoir des redevances sur les usagers de l'ouvrage ou sur ceux qui bénéficient du service public ». Aujourd'hui, il est admis que le concessionnaire exploite le service à ses risques et périls, est maître d'ouvrage des travaux à effectuer ou des ouvrages à réaliser et employeur des agents. C'est lui qui finance les travaux et ouvrages nécessaires à la concession et est directement rémunéré par les usagers.

1095 **Affermage. –** Le montage est le même que celui de la concession, à la différence que le fermier se voit confier uniquement l'exploitation du service à l'exclusion des travaux ou des investissements de caractère immobilier. Les équipements sont mis à la disposition du fermier moyennant une redevance payée à la collectivité. L'exploitation des services de distribution d'eau entre souvent dans cette catégorie.

Un contrat dans lequel le délégataire rembourse les annuités d'emprunt contracté par la collectivité pour l'établissement d'un réseau d'eau et réalise un programme de travaux, mais stipulant aussi que la collectivité contractante verse une subvention pour les travaux et assume, en fin de compte, « la plus grande partie » des investissements reste un affermage (CE 29 avril 1987, *Commune d'Élancourt*)[78]. La transformation d'un affermage en concession est toujours possible lorsqu'il est demandé au délégataire de réaliser des investissements (CE 6 mai 1991, *Syndicat*

76. P. BRUNET, « Du risque d'exploitation à l'exploitation du risque », *RDC* n° 2/2009, avr. 2009, p. 675.

77. CE 30 mars 1916, *RDP* 1916, p. 213.

78. *AJDA* 1987, p. 543, obs. X. PRÉTOT.

intercommunal du Bocage)[79], sous réserve, bien entendu, que la conclusion d'un nouveau contrat impliquant une remise en concurrence ne soit pas rendue nécessaire par les modifications apportées.

1096 **Régie intéressée. –** C'est un contrat dans lequel l'autorité publique finance elle-même les dépenses liées au service public, mais en confie la gestion à un délégataire privé qu'elle rémunère. Le régisseur est intéressé financièrement, en ce qu'il reçoit une part du résultat (prime fixée en pourcentage du chiffre d'affaires, complétée par une prime de productivité et éventuellement une part des bénéfices). Le prix du service est versé par les usagers au régisseur, mais ces sommes sont destinées à la collectivité publique, le régisseur n'en assumant que la collecte (ce qui implique un régime de comptabilité publique)[80].

La rémunération du régisseur est liée aux résultats de l'exploitation puisqu'il y est intéressé financièrement. C'est pourquoi, selon la proportion de rémunération assurée par les résultats de l'exploitation, la qualification en délégation de service public sera reconnue ou pas (CE 30 juin 1999, *Smitom Centre Ouest seine-et-marnais*)[81]. Si le régisseur n'est pas substantiellement rémunéré par les résultats de l'exploitation, il s'agira d'un marché public (TA Besançon 26 novembre 2001, *Communauté de communes Val-de-Morteau*)[82].

1097 **Gérance. –** Le financement des dépenses liées au service est assuré par la collectivité publique. Le gérant bénéficie d'une rémunération forfaitaire versée par la collectivité publique, qui assume elle-même le risque financier. Compte tenu de cette dernière précision, il n'est pas étonnant que la gérance ait pu être requalifiée en marché public de service (CE 7 avril 1999, *Commune de Guilherand-Granges*)[83].

On peut se demander, à l'instar de L. Richer[84], si l'arrêt du Conseil d'État du 28 juin 2006, *Syndicat intercommunal d'alimentation en eau de la moyenne vallée du Gier* (précité) n'aurait pas comme conséquence l'abandon de la solution de l'arrêt *Guilherand-Granges*, puisque désormais est une délégation le contrat dans lequel la rémunération, bien que versée par une collectivité publique qui n'est pas usager, varie en fonction de la consommation du service (situation de l'arrêt *Guilherand-Granges*).

SECTION II LA PROCÉDURE DE PASSATION

1098 **Sources. –** La passation d'une délégation de service public est régie pour l'État par les dispositions de la loi n° 93-122 du 29 janvier 1993 relative à la prévention de la corruption et à la transparence de la vie économique et des procédures publiques dite « loi Sapin » et, pour les collectivités territoriales, par les articles L. 1411-1 à L. 1411-18 du CGCT. La procédure repose sur deux principes, celui d'une publicité préalable et celui d'une négociation avec les candidats.

79. *AJDA* 1991, p. 717, note P. SUBRA DE BIEUSSES, *JCP* 1991, II, 21749, note M. GUIBAL.
80. F. LICHÈRE, « Régie intéressée », *J.-Cl. adm.*
81. Préc.
82. *AJDA* 2002, p. 338.
83. *AJDA* juin 1999, concl. C. BERGEAL.
84. *AJDA* 2006, p. 1781.

§ 1. LES GRANDS PRINCIPES RÉGISSANT LA PASSATION D'UNE DÉLÉGATION DE SERVICE PUBLIC

1099 **Droit communautaire. –** En droit communautaire, les concessions de service public sont exclues des procédures de passation des directives marchés (article 1er-4 de la directive n° 2004/18 par exemple). Cela ne signifie pas que les autorités publiques sont exemptées de toute procédure. En effet, la Cour a jugé que les concessions sont néanmoins soumises aux règles fondamentales du Traité. Cette jurisprudence est initiée par l'arrêt *Telaustria* du 7 décembre 2000[85], obligeant les autorités publiques à respecter les règles fondamentales du traité en général et le principe de non-discrimination en raison de la nationalité en particulier sachant que ce principe implique, notamment, une obligation de transparence, laquelle consiste à garantir un degré de publicité adéquat permettant une ouverture du marché à la concurrence et le contrôle de l'impartialité des procédures[86]. La Communication interprétative de la Commission sur les concessions en droit communautaire du 29 avril 2000 et le Livre Vert sur les partenariats publics privés de 2004[87] isolent quatre grands principes : transparence, égalité, proportionnalité et reconnaissance mutuelle.

Les arrêts de la CJCE du 21 juillet 2005, *Coname*[88] et du 13 octobre 2005, *Parking Brixen*[89], appliquent l'exception des prestations intégrées (« in house »)[90] aux concessions.

1100 **Droit français. –** La procédure de passation étant encadrée par les textes précités qui matérialisent d'ores et déjà une liberté d'accès aux délégations et le principe d'égalité entre les candidats, l'application de principes susceptibles de jouer indépendamment est moins nécessaire. Cependant, le principe d'égal accès des candidats à l'octroi de la délégation vient renforcer et consolider les textes. Il a été solennellement posé par le Conseil constitutionnel lors de l'examen de la loi Sapin[91], puis déduit de l'article L. 1411-1 du CGCT par le juge administratif[92]. C'est dans l'arrêt *Établissement public du musée et du domaine national de Versailles* du 23 décembre 2009[93], que le Conseil d'État décide solennellement que « les délégations de service public sont soumises aux principes de liberté d'accès à la commande publique, d'égalité de traitement des candidats et de transparence des procédures[94], qui sont des principes généraux du droit de la commande publique ».

85. CJCE 7 déc. 2000, *Telaustria*, aff. C-324/98.

86. CJCE ord 3 déc. 2001 *Bent Mousten Vestergaard*, aff. C-50/00 ; CJCE 12 déc. 2002, *Universale Bau*, aff. C-470/99 ; CJCE 21 juill. 2005, *Coname c/Cne di Cingia de Botti*, aff. C-231/03 ; CJCE 13 oct. 2005, *Parking Brixen*, aff. C-458/03, mentionnant expressément l'égalité de traitement fondée sur les articles 43 et 49 TCE.

87. Textes préc.

88. Préc.

89. Préc.

90. N° 1115 et s.

91. CC 20 janv. 1993, n° 92-316 DC.

92. TA Paris 2 nov. 1994, *Groupement des sociétés Eiffage, SPIE Batignolles et autres*, *Rec.* p. 710, *AJDA* 1995, p. 147, note Ch. BRÉCHON-MOULÈNES.

93. N° 328827, *CMP* févr. 2010, n° 83, note Ph. REES, *AJDA* 2010, p. 500, note J.-D. DREYFUS.

94. J.-D. DREYFUS, « Le principe de transparence appliqué à la passation des délégations de service public », *CP-ACCP* n° 95, janv. 2010, p. 41 ; F. LLORENS, « Principe de transparence et contrats publics »,

On remarque qu'un corps de principes traditionnels en matière de commande publique se trouve spécifiquement appliqué aux délégations, avant d'être érigé en principes généraux de la commande publique. Si l'origine de ces principes est clairement communautaire (*supra*, n° 923 et s.), le Conseil précise que ces règles « s'imposent à l'ensemble des délégations de service public, qu'elles entrent ou non dans le champ du droit communautaire ».

CE Sect. 10 mars 2006, *Cne d'Houlgate*[95] : la pratique de n'accorder à un nouvel exploitant de casinos l'autorisation d'exploiter des machines à sous qu'au bout d'un an porte atteinte au principe d'égalité et ne peut être justifiée par les nécessités de l'ordre public.

§ 2. LA PUBLICITÉ PRÉALABLE

1101 **Droit français. –** La publicité préalable ouvre la procédure de passation d'une délégation de service public. Les articles 38 de la loi du 29 janvier 1993 et L. 1411-1 du CGCT exigent une « procédure de publicité permettant la présentation de plusieurs offres concurrentes ». Pour plus de détails il faut alors se référer au décret n° 93-471 du 24 mars 1993 et à l'article R. 1411-1 du CGCT, qui disposent que « l'autorité responsable de la personne publique délégante doit satisfaire à l'exigence de publicité (...) par une insertion dans une publication habilitée à recevoir des annonces légales et dans une publication spécialisée correspondant au secteur économique concerné ». En droit français, l'exigence de publicité est donc satisfaite par une double publication. Ces publications doivent contenir la date limite de présentation des offres de candidature (un mois au moins après la publication), les modalités de présentation des offres et les caractéristiques essentielles de la convention envisagée (objet et nature notamment).

S'agissant du **choix des publications**, le *BOAMP* doit être regardé comme une publication habilitée à recevoir des annonces légales[96]. La recherche d'une publication spécialisée correspondant au secteur économique concerné peut s'avérer plus délicate. Le Conseil d'État admet qu'en l'absence de publication spécialisée dans le secteur concerné, il peut être recouru à une publication plus générale[97]. À titre d'exemple, le *Moniteur des TP* peut être considéré comme un journal spécialisé pour la collecte des eaux[98], ou l'exploitation d'un casino[99], mais pas pour la gestion d'un marché d'approvisionnement[100].

CMP 2004, chron. n° 1, p. 4 ; Ch. MAUGÜÉ, « La portée de l'obligation de transparence dans les contrats publics », *Mélanges Moderne*, Dalloz, 2004, p. 609.

95. *AJDA* 2006, p. 575 et p. 751, note J.-D. DREYFUS, *BJDCP* 2006, p. 203, concl. CASAS, *DA* 2006, n° 94, note A. MÉNÉMÉNIS.

96. CE 19 nov. 2004, *Cne Auxerre*, *BJDCP* 2005, p. 114, obs. R.S., *DA* 2005, n° 34, note A. MÉNÉMÉNIS.

97. CE 8 juill. 2005, *Sté EGS*, *JCP* A 2005, p. 1675.

98. *Cne Auxerre* préc.

99. CAA Nantes, 12 déc. 2003, *Cne de Carnac*, *BJDCP* 2004, p. 490.

100. CE 8 juill. 2005, *Sté EGS*, *BJDCP* 2005, p. 441, concl. CASAS.

Le Conseil d'État, dans deux arrêts du 1er avril 2009, *CU de Bordeaux*[101] et *Sté Kéolis*[102], a défini en termes très généraux les principes commandant le choix de l'envergure d'un support de publicité, en interprétant les dispositions nationales à la lumière des principes du Traité CE [auj. TFUE]. Il en ressort que le caractère adéquat de la publicité s'apprécie en fonction de l'objet, du montant financier et des enjeux économiques de la délégation à passer. Lorsque la délégation est susceptible d'intéresser des opérateurs étrangers, la publicité peut demeurer nationale et être effectuée dans un support de référence pour les annonces dans le domaine concerné, à condition qu'elle soit insusceptible d'échapper à l'attention d'opérateurs raisonnablement vigilants.

Dans l'arrêt *Établissement public du musée et du domaine national de Versailles* du 23 décembre 2009[103], le Conseil d'État tire les conséquences de l'application aux délégations de service public des grands principes du droit de la commande publique, dont le principe de transparence, en jugeant que la personne publique doit apporter aux candidats, avant le dépôt de leur offre, une information sur les critères de sélection des offres, sans toutefois être tenue d'informer les candidats des modalités de mise en œuvre de ces critères compte tenu de la prégnance du principe de libre négociation[104]. Quant au contenu de l'information, la jurisprudence antérieure à 2009 nous semble toujours valable. L'avis d'appel public à la concurrence doit indiquer l'objet du contrat mais pas nécessairement l'ensemble des précisions nécessaires, qui peuvent figurer dans le dossier de consultation[105]. Si l'autorité délégante décide de faire connaître ses critères de sélection des offres dans l'avis, elle peut tout de même les préciser par la suite, mais ne peut pas se fonder sur deux mécanismes totalement distincts figurant l'un dans l'avis et l'autre dans le règlement[106].

Pour l'indication de la durée de la convention, le Conseil d'État a confirmé qu'elle devait apparaître[107] et a admis que la collectivité publique puisse seulement indiquer une fourchette[108]. La durée de la convention peut même faire l'objet d'une négociation, à condition que l'autorité délégante fixe, avant l'engagement de la

101. N° 323585.

102. N° 323593, *AJDA* 2009, p. 1889, note F. TRAIN, *RFDA* 2009, p. 937, note D. DUBOIS et C. RAUX, *BJCP* n° 65 août 2009, p. 268, concl. DACOSTA.

103. N° 328827, *DA* mars 2010, comm. n° 36, note G. ECKERT, *AJDA* 2010, p. 500, note J.-D. DREYFUS, *BJCP* n° 69, avr. 2010, p. 103, concl. DACOSTA.

104. La cour administrative d'appel de Lyon avait déjà jugé que le principe de transparence imposait que soit donnée aux candidats une information sur les critères de choix du délégataire. CAA Lyon 14 mai 2009, *Semerap*, n° 07LY02163. En revanche, en matière de marchés publics, l'information doit aussi porter sur les modalités de mise en œuvre des critères. Voir également CE 21 mai 2010, *Cne de Bordeaux c/Sté Les Nouveaux Golfs de France*, *JCP* A 27 sept. 2010, n° 39, 2291, note J.-B. VILA.

105. CE 29 juill. 1998, *Synd. mixte des transports de l'agglomération clermontoise*, *BJDCP* 1999, p. 191, concl. SAVOIE, *DA* 1998, n° 302, note Cl. DEVÈS.

106. CE 20 oct. 2006, *Cté d'agglomération Salon – Étang de Berre-Durance*, *AJDA* 2007, p. 311, note J.-C. VIDELIN.

107. CAA Marseille 26 mars 2007, *Cne de Briançon*, *BJDCP* n° 54, 2007, p. 421, CE 23 mai 2008, *Musée Rodin*, *JCP* A n° 23, 2008, n° 480, n° 2184, note F. LINDITCH, *CMP* 2008, comm. 164, note G. ECKERT, *AJDA* 2008, p. 1768, note P. SABLIÈRE.

108. À condition que ces potentialités n'introduisent pas une incertitude telle qu'elle empêche des entreprises de présenter des offres, CE 4 févr. 2009, *Cté urbaine d'Arras*, *JCP* A n° 18, 27 mai 2009, 2102, note F. DIEU, *CMP* avr. 2009, n° 142, note G. ECKERT, *BJCP* n° 64, juin 2009, p. 220, concl. BOULOUIS.

négociation, des critères de sélection des offres au regard de la durée proposée par les candidats[109].

1102 **Droit communautaire. –** L'obligation d'un degré de publicité adéquat permettant une ouverture du marché à la concurrence et le contrôle de l'impartialité des procédures est déduite des principes généraux du Traité[110]. Si la délégation de service public est qualifiable de concession de travaux publics, il faudra aussi appliquer les dispositions de l'article 58 de la directive n° 2004/18, qui renvoie à ses articles 36 et 37, transposés désormais par l'ordonnance n° 2009-864 du 15 juillet 2009 et le décret n° 2010-406 du 26 avril 2010 sur les concessions de travaux. Dans ce cas, la publication d'un avis au *JOUE* est exigée.

§ 3. LES CANDIDATURES

1103 **Présentation et sélection des candidatures. –** Après la phase de publicité, la collectivité publique dresse la liste des candidats admis à présenter une offre. Les candidatures sont sélectionnées après examen de leurs garanties professionnelles et financières et de leur aptitude à assurer la continuité du service public et l'égalité des usagers devant le service public (article 38 de la loi du 29 janvier 1993). Au niveau local, l'article L. 1411-1 du CGCT comporte depuis 2005 le critère supplémentaire du « respect de l'obligation d'emploi des travailleurs handicapés », critère qui, curieusement, ne semble pas s'imposer à l'État. Toujours au niveau local, l'autorité compétente pour dresser la liste des candidats qui seront admis à présenter une offre est effectuée par la commission d'examen des offres. Le choix est binaire : l'autorité délégante retient ou écarte les candidats, mais il est impossible d'écarter des candidats qui satisfont aux critères exigés, en ne retenant que les meilleures candidatures (pas de procédure « restreinte »)[111].

Pour l'examen des garanties professionnelles, il convient de préciser qu'elles peuvent être appréciées en la personne des associés et au titre de leur réunion au sein d'une société. Les sociétés en cours de constitution ou nouvellement créées peuvent être admises à présenter une offre (article L. 1411-1 du CGCT). Ces dispositions facilitent notamment la candidature des SEML créées pour participer à la procédure et encouragent la candidature de sociétés créées spécifiquement pour rassembler les différentes compétences exigées. Pour ce qui est des références professionnelles exigées, la collectivité publique doit inviter les candidats à démontrer leur aptitude par d'autres références ou tous moyens[112].

109. CE 15 déc. 2008, *Cté intercommunale des villes solidaires*, *BJCP* n° 63, avr. 2009, p. 136, concl. DACOSTA et obs. Ch. M., *JCP* A 2009, 2045, note F. LINDITCH, *CMP* 2009, comm. 58, note G. ECKERT et CE 4 févr. 2009, *Cté urbaine d'Arras*, *JCP* A n° 18, 27 mai 2009, 2102, note F. DIEU. Voir également CE 21 mai 2010, *Cne de Bordeaux c/Sté Les Nouveaux Golfs de France*, *JCP* A 27 sept. 2010, n° 39, 2291, note J.-B. VILA.

110. *Supra*, n° 926 et s.

111. CE 30 juin 1999, *SMITOM*, préc. ; CAA Lyon 17 déc. 2009, *Commune de Saint Pourcain-sur-Sioule*, *CMP* 2010, comm. 119, obs. F. LLORENS.

112. CAA Lyon 10 mai 2001, *Ville de Lyon*, *DA* 2002, n° 50, note A. MÉNÉMÉNIS.

§ 4. LES OFFRES

1104 **Document de consultation. –** La collectivité adresse à chacun des candidats un document définissant les caractéristiques quantitatives et qualitatives des prestations ainsi que, s'il y a lieu, les conditions de tarification du service rendu à l'usager (article 38 de la loi du 29 janvier 1993, article L. 1411-1 du CGCT). La loi n'exige cependant pas la rédaction d'un document particulier d'appel d'offres.

CE 15 décembre 2006, *Société Corsica Ferries*[113] en matière de desserte maritime à propos d'une stipulation exigeant l'utilisation de navires mis en service après le 1er janvier 1987 : « Considérant que des spécifications techniques supérieures à celles exigées par la réglementation applicable au secteur d'activité peuvent être édictées par le règlement de la consultation ou le cahier des charges ; que, toutefois, si de telles spécifications ont pour effet de limiter la concurrence entre les candidats potentiels, elles doivent être justifiées par les nécessités propres au service public faisant l'objet de la délégation ». Le même arrêt précise que la « collectivité peut décider d'adresser le document définissant les caractéristiques des prestations à tous les candidats faisant connaître leur intention de déposer une offre » et pas seulement aux candidats retenus. Dans ce cas, on applique le système de la double enveloppe et seules les enveloppes contenant les offres des opérateurs dont la candidature a été sélectionnée seront ouvertes.

1105 **Principe de libre négociation. –** Le principe de libre négociation[114] est le corollaire de l'importance de l'*intuitu personae* en matière de délégation. Le législateur indique que « les offres ainsi présentées sont librement négociées par l'autorité responsable de la personne publique délégante, qui, au terme de ces négociations, choisit le délégataire » (article 38 de la loi du 29 janvier 1993 et article L. 1411-1 du CGCT, dernier alinéa). Le Conseil d'État tire régulièrement des conséquences du principe de libre négociation. Ainsi, aucune règle n'encadre les modalités d'organisation des négociations par la personne publique (CE 21 mai 2010, *Cne de Bordeaux c/Sté Les Nouveaux Golfs de France*[115]). Le principe d'égalité n'exige pas que la collectivité publique engage une discussion avec l'ensemble des candidats (CE 14 mars 2003, *Sté Air Lib*)[116]. En particulier, l'administration n'est pas tenue de fixer un calendrier préalable des négociations, ni de faire connaître son choix de ne pas poursuivre les négociations avec l'un des deux candidats (CE 18 juin 2010, *CU de Strasbourg*[117]). Aucun texte ni aucun principe n'oblige l'autorité délégante à informer un candidat de sa décision de l'écarter de la négociation (CE ord. 15 décembre 2006, *Corsica Ferries*[118]) et de ne pas retenir son offre (CE 18 juin 2010, *CU de Strasbourg*, préc.).

La négociation peut permettre de régulariser une offre. Si une offre ne correspond pas en tous points au cahier des charges, l'autorité délégante peut sans manquer à ses obligations de

113. *AJDA* 2007, p. 185.
114. L. GIVORD et N. NAHMIAS, « Comment appréhender la négociation dans les DSP », *CP-ACCP*, n° 95, janv. 2010, p. 53 ; S. BRACONNIER, « Étendue de la négociation dans la procédure de délégation de service public », *AJDA* 2006, p. 554.
115. *JCP* A 27 sept. 2010, n° 39, 2291, note J.-B. VILA.
116. *Rec.* p. 861, *AJDA* 2003, p. 1052, note J.-D. DREYFUS.
117. *JCP* A 13 sept. 2010, n° 37, 2272, note F. LINDITCH, *DA* oct. 2010, n° 128, note F. BRENET, *CMP* août-sept. 2010, n° 293, note G. ECKERT, *BJCP* n° 72 nov. 2010, p. 354, concl. DACOSTA.
118. *AJDA* 2007, p. 185, note J.-D. DREYFUS et *CMP* 2007, comm. 53, note G. ECKERT.

mise en concurrence et dans le cadre des discussions avec les candidats, demander à l'un d'entre eux de modifier son offre afin qu'elle satisfasse à ces exigences (CAA Bordeaux 3 mars 2009, *M. Jean-Marc X*, n° 07BX02078). Une négociation n'interdit pas à l'autorité délégante de procéder à une mise au point du contrat dès lors qu'elle ne porte que sur de simples précisions ou compléments sur la teneur du projet de contrat (CAA Bordeaux 17 février 2009, *Cté intercommunale Nord de la Réunion*, n° 08BX00018). Mais l'autorité délégante ne peut engager une négociation avec un opérateur dont l'offre n'est pas accompagnée de tous les documents adéquats que si cette insuffisance, d'une part, ne fait pas obstacle à ce que soit appréciée la conformité de l'offre aux exigences du cahier des charges et, d'autre part, n'est pas susceptible d'avoir une influence sur la comparaison entre les offres et le choix des candidats (CE 5 janvier 2011, *Sté Voyages Dupas Lebeda*[119]).

1106 **Limites à la libre négociation.** – Les principales limites à la libre négociation sont issues de l'obligation de respecter l'égalité entre candidats. Ainsi, il a été jugé que l'autorité délégante ne pouvait pas proroger le délai de remise des offres pour une partie seulement des candidats (CE 15 juin 2001, *Syndicat intercommunal d'adduction d'eau potable de Saint-Martin-de-Ré*)[120], ni modifier unilatéralement les offres présentées par les candidats[121].

Il convient de ne pas confondre la libre négociation, qui porte sur l'offre des candidats, et l'éventuelle possibilité de modification du projet issu de la collectivité délégante. Des modifications peuvent être apportées au projet, mais uniquement lorsqu'il s'agit de modifications non substantielles par rapport aux conditions fixées initialement et, dans ce cas, il faut permettre à tous les candidats de modifier leur offre (CE 29 juillet 1998, *Éditions Dalloz-Sirey*)[122], en leur laissant un délai suffisant pour le faire (CE 18 juin 2010, *Sté Saur*[123]). L'autorité publique peut apporter des adaptations limitées à l'objet du contrat si elles sont justifiées par l'intérêt du service et si elles n'emportent pas de discrimination à l'encontre des entreprises. Ainsi, dans l'affaire jugée par le Conseil d'État le 21 juin 2000, *Syndicat intercommunal de la Côte d'Amour et de la presqu'île guérandaise*[124], une variante avait pu être abandonnée en cours de procédure, mais elle ne constituait pas l'objet unique des discussions au moment de la phase de négociation. Il convient bien entendu de rappeler à ce stade l'obligation de stricte confidentialité à laquelle est soumise l'autorité délégante, impliquant qu'il lui est interdit de soumettre aux autres candidats les propositions de l'un d'entre eux (CE 14 décembre 2009, *Sté Lyonnaise des Eaux France*[125].

119. *CMP* mars 2011, n° 84, note W. ZIMMER.

120. *Rec.* p. 265, *AJDA* 2001, p. 1090, note J.-P. MARKUS. Voir également CE 18 juin 2010, *CU de Strasbourg*, préc.

121. TA Strasbourg 22 sept. 1995, *Association S Eau S*, n° 97196.

122. *BJDCP* 1998, n° 1, p. 76, *AJDA* 1999, p. 250, note P. SUBRA DE BIEUSSES ; CE 15 juin 2001, *SIAEP de St Martin-de-Ré*, *Rec.* p. 265, *AJDA* 2001, p. 1090, note J.-P. MARKUS, *BJDCP* 2001, n° 18, p. 415, concl. PIVETEAU. Exemple sur des modifications non discriminatoires CE 29 avr. 2002, *Groupement des associations de l'ouest parisien et autres*, *Rec.* p. 810, *BJDCP* 2003, p. 374. Ex. de modifications considérées comme substantielles justifiant l'annulation de la procédure : CAA Paris 13 juin 2006, *Cne d'Asnières-sur-Seine*, *AJDA* 2006, p. 1844, note M. DREIFFUS, diminution d'un tiers du montant des travaux, soit un parc de stationnement au lieu de trois.

123. N° 335475 et 335485.

124. *Rec.* p. 283, *BJDCP* 2000, p. 361, concl. BEGEAL, *RFDA* 2000, p. 1031, concl. BERGEAL.

125. *CMP* 2010, comm. 84, note G. ECKERT.

Certains tribunaux considèrent que la procédure de passation d'une délégation de service public implique une véritable négociation, fondée sur l'obligation de mise en concurrence. Le Tribunal administratif de Dijon (20 avril 2009, *Société Lyonnaise des eaux France*[126]) a jugé que l'autorité délégante ne peut pas se borner à demander aux candidats avec lesquels elle a choisi de négocier certaines précisions ou compléments d'information sans prendre l'initiative de les inviter à lui faire des propositions d'ordre technique, juridique, économique ou financier, leur permettant d'améliorer leur offre. En s'abstenant de prendre toute réelle initiative en vue de permettre aux candidats d'améliorer leur offre, l'autorité délégante méconnaît son obligation de négocier et manque ainsi à son obligation de mise en concurrence. D'autres tribunaux ont admis au contraire que la personne publique délégante est libre de n'engager aucune négociation avec les candidats si elle estime que leurs offres sont satisfaisantes, sans qu'il soit nécessaire de les informer (TA Cergy-Pontoise 2 décembre 2010, *SA Autos Polyservices Remorquage*[127].

La liberté de négociation de l'autorité délégante ne va pas jusqu'à autoriser celle-ci à s'abstenir de rechercher si les irrégularités d'une offre sont telles qu'elles empêchent d'apprécier sa conformité au cahier des charges ou d'effectuer utilement une comparaison avec les autres offres présentées (CE 15 décembre 2006, *Société Corsica Ferries*)[128].

1107 **Prix. –** La question qui soulève les difficultés les plus délicates est indéniablement celle de la marge de manœuvre laissée aux différents protagonistes en matière de négociation du prix. Les tribunaux administratifs s'étaient divisés sur cette question. Ainsi, à Pau[129], une négociation ayant permis d'obtenir des offres tarifaires inférieures de 5 % et de 21 % par rapport aux offres initiales n'a pas révélé de méconnaissance des règles de la concurrence, même si la baisse la plus importante a permis de proposer un prix à peine inférieur à celui de l'autre candidat. À Bordeaux[130], dans une affaire similaire, le juge administratif censure la baisse tarifaire sur le fondement de la méconnaissance des règles de publicité et de mise en concurrence car les offres issues de la négociation sont analysées comme des offres nouvelles. Le Conseil d'État censure le second jugement[131] au motif que le principe de libre négociation permet d'admettre que les candidats présentent en cours de discussion des offres notablement inférieures à leurs offres initiales. Il est donc envisageable de négocier des éléments importants du contrat, comme la détermination du prix, sans que soit avalisée l'idée qu'une offre très modifiée serait une nouvelle offre, par principe irrégulière[132].

La question de l'élimination des offres anormalement basses se pose également en matière de délégations de service public[133], à l'instar des marchés publics (*supra*, n° 1035). Les juges administratifs se montrent de plus en plus sévères à l'égard des offres anormales. Il a ainsi pu être jugé que « les principes généraux de la commande publique (...) font obstacle à ce qu'une collectivité délégante choisisse une offre anormalement basse à l'issue d'une procédure de délégation de service public, alors même que la délégation s'exécute aux frais et risques du délégataire » (TA Lyon ord. 2 avril 2010, *Société de distributions d'eau intercommunales*, n° 1001591). Le tribunal administratif de Rennes, dans le cadre d'un référé précontractuel (TA Rennes, ord. 19 octobre 2010,

126. N° 0900876.
127. *CMP* févr. 2011, n° 55, note F. LLORENS.
128. Préc.
129. TA Pau ord. 17 oct. 2005, AGUR, *AJDA* 2006, p. 554, note S. BRACONNIER.
130. TA Bordeaux 2 ord. 26 sept. 2005, AGUR, *AJDA* 2006, p. 555, note S. BRACONNIER.
131. CE 9 août 2006, *Cie générale des eaux*, *AJDA* 2006, p. 2064, note J.-B. MOREL.
132. M. RICHER, « DSP : quelle latitude dans la négociation du prix ? », *CP-ACCP* janv. 2006, n° 51, p. 63 ; P. ZAVOLI, « Délégation de service public et exigence de sincérité », *AJDA* 2006, p. 1150.
133. S. NICINSKI, « L'offre anormale dans les délégations de service public », *AJDA* 2011, p. 879.

Sté Nantaise des eaux services, n° 1003858), a contrôlé le respect du principe de couverture des coûts par l'offre et celle-ci n'a pas été qualifiée d'anormale au motif que si elle était déficitaire les premières années, elle atteignait l'équilibre au cours de la troisième année. Le choix de la collectivité délégante y est contrôlé sur le fondement de l'erreur manifeste d'appréciation. La cour administrative d'appel de Lyon (CAA Lyon 14 décembre 2006, n° 02LY00043) a accepté de contrôler la légalité de la délibération décidant d'approuver un contrat de délégation au regard du caractère non anormalement bas de l'offre proposée. Il est intéressant de remarquer que dans cette affaire le caractère éventuellement anormal de l'offre est contrôlé au regard de « l'égalité des candidats » et du caractère non faussé de « la concurrence ». On constate aussi que, comme en matière de marchés publics, le juge considère que le rejet de l'offre constatée comme anormalement basse constitue une obligation.

1108 **Droits d'entrée. –** Les montants et modes de calcul des droits d'entrée et des redevances versées par le délégataire au délégant doivent être justifiés. La pratique des droits d'entrée est interdite dans les domaines de l'eau, de l'assainissement ou des ordures ménagères (article 40 de la loi du 29 janvier 1993 et article L. 1411-2 du CGCT). L'avis du Conseil d'État du 19 avril 2005[134], envisage deux types de droits d'entrée réguliers : l'indemnité versée au délégataire sortant pour les investissements non amortis et le coût des biens utiles à la délégation (biens de reprise) que le délégataire sortant aurait cédé à la collectivité.

1109 **Choix du délégataire. –** Le choix du délégataire est opéré par l'autorité responsable de la personne publique délégante (article 38 de la loi du 29 janvier 1993 et article L. 1411-1 du CGCT). Le juge administratif opère un contrôle de l'erreur manifeste d'appréciation sur ce choix, conformément à une jurisprudence des juges du fond confirmée (en 2008) par le Conseil d'État[135].

L'arrêt *Établissement public du musée et du domaine national de Versailles* du 23 décembre 2009[136] marque le rapprochement du droit des délégations et celui des marchés. Le Conseil d'État tire les conséquences de l'application aux délégations de service public des grands principes du droit de la commande publique, dont le principe de transparence, en jugeant que la personne publique doit apporter aux candidats, avant le dépôt de leur offre, une information sur les critères de sélection des offres. Cela implique que la personne publique doit définir des critères préalablement à la mise en concurrence. Les juges du fond suivent le mouvement en portant une appréciation sur la régularité du choix des critères. Ainsi, la prise en compte pour le choix des offres de créations d'emplois sans rapport avec les besoins du service public délégué et donc sans lien avec l'objet du contrat, a méconnu les principes de liberté d'accès à la commande publique et de transparence des procédures (TA Toulouse ord. 5 janvier 2010, *Sté Lyonnaise des eaux*[137]). Le rapprochement avec le droit des marchés publics, ou plus précisément l'existence de principes généraux de la commande publique, se matérialise aussi par une obligation d'écarter les offres anormalement basses, alors même que la

134. Préc.

135. Voir note Ph. T. sous TA Nice 13 juill. 2007, *Sté Carilis*, *BJDCP* n° 55, 2007, p. 471, CE 7 nov. 2008, *Département de la Vendée*, n° 291794, *Rec.* p. 805, *AJDA* 2008, p. 2454, note L. RICHER, *BJCP* 2009, p. 55, concl. BOULOUIS, *CMP* 2008, comm. 296, note G. ECKERT, *DA* janv. 2009, comm. 5

136. N° 328827, *DA* mars 2010, comm. n° 36, note G. ECKERT, *AJDA* 2010, p. 500, note J.-D. DREYFUS.

137. *CMP* mars 2010, n° 117, note J.-P. PIÉTRI.

délégation s'exécute aux risques et périls du délégataire (TA Lyon ord. 2 avril 2010, *Sté de distributions d'eau intercommunales*[138]). Toutefois, aucune règle ni aucun principe n'impose à l'autorité délégante d'informer les candidats des modalités de mise en œuvre des critères de sélection des offres (CE 21 mai 2010, *Cne de Bordeaux*[139]). Cela implique que la collectivité publique n'a pas à pondérer ses critères (CE 3 mars 2010, *Département de la Corrèze*[140]), ni à les hiérarchiser (TA Poitiers 31 décembre 2009, *Cie des eaux de Royan*[141]).

§ 5. LES DÉLÉGATIONS LOCALES

1110 **Intervention de la commission consultative des services publics locaux. –** La délibération de l'assemblée délibérante se prononçant sur le principe de la délégation intervient après l'avis de la commission consultative des services publics locaux, qui initie la procédure (obligation introduite par la loi nº 2002-276 du 22 février 2002 dans l'article L. 1411-4 du CGCT).

La constitution de cette commission est obligatoire pour les régions, les départements, les communes de plus de 10 000 habitants, les EPCI de plus de 50 000 habitants et les syndicats mixtes comprenant au moins une commune de plus de 10 000 habitants. Elle est présidée par l'exécutif de l'assemblée délibérante et comporte des membres de l'organe délibérant désignés à la proportionnelle, ainsi que des représentants d'associations locales (Article L. 1413-1 du CGCT).

1111 **Intervention du comité mixte paritaire. –** La jurisprudence est fluctuante sur l'intervention du comité mixte paritaire. Certains tribunaux administratifs[142] ont jugé que la délibération prévue à l'article L. 1411-4 contient une décision portant sur l'organisation de la collectivité intéressée et sur les conditions générales de fonctionnement de cette administration, ce qui implique l'intervention du comité mixte paritaire conformément à l'article 33 de la loi du 26 janvier 1984. La solution est inverse lorsqu'est seulement en cause le renouvellement d'une convention de délégation de service public[143].

1112 **Interventions de l'assemblée délibérante. –** En amont de la procédure, les assemblées délibérantes des collectivités territoriales, de leurs groupements et de leurs établissements publics se prononcent sur le principe de toute délégation de service public local. Elles statuent au vu d'un rapport présentant le document contenant les caractéristiques des prestations que doit assurer le délégataire (article L. 1411-4 du CGCT). Comme en matière de marchés publics, il a été jugé que l'assemblée délibérante devait se prononcer sur tous les éléments essentiels du contrat, notamment son objet précis, ses éléments financiers exacts et l'identité de son attributaire (CE 10 janvier 2007, *Sté des pompes funèbres et conseillers*

138. *JCP* A 19 avr. 2010, nº 16, p. 4.
139. *CMP* 2010, comm. 259, note G. ECKERT.
140. *AJDA* 2010, p. 957, concl. BOULOUIS, *CMP* 2010, comm. 146, note G. ECKERT.
141. Nº 0902893, cité par G. ECKERT, « Un an de droit des délégations de service public », *CMP* janv. 2011, chron. 1.
142. TA Lyon 15 déc. 2005, *SAS Enerpart*, *DA* 2006, nº 39, *BJDCP* nº 45, 2006, p. 135, concl. DURAND. Sol. identique pour TA Fort-de-France 28 sept. 2006, *Compagnie Martiniquaise de transports*, nº 05324.
143. TA Paris 12 janv. 2007, *Centre international de séjour de Paris*, *BJDCP* nº 54, 2007, p. 421.

funéraires du Roussillon)[144]. Il en ressort que l'exécutif ne peut pas agir sur le fondement d'une unique délibération préalable qui lui accorderait une sorte de « blanc-seing » pour le déroulement de la procédure et le choix du délégataire. L'assemblée délibérante doit être saisie du choix de l'entreprise par l'autorité habilitée à signer la convention. Elle se voit transmettre le rapport de la commission DSP (*infra*, n° 1113) présentant la liste des entreprises et l'analyse de leurs propositions, les motifs de choix de la candidate et l'économie générale du contrat (article L. 1411-5 du CGCT). Elle se prononce sur le choix du délégataire et le contrat de délégation deux mois au moins après la saisine de la commission DSP (article L. 1411-7).

Selon un avis contentieux du Conseil d'État du 15 décembre 2006[145], *Préfet des Alpes-Maritimes*, l'objet de ce délai de deux mois est de garantir l'efficacité de la négociation avec les opérateurs en imposant une durée minimale. Le délai court à compter de la date de la saisine de la commission qui est la date limite de réception des offres et non de celle à laquelle la commission donne son avis.

1113 **Commission DSP. –** La commission des délégations de service public intervient deux fois, d'abord pour dresser la liste des candidats admis à présenter une offre (article L. 1411-1 du CGCT), puis pour donner son avis sur les offres (article L. 1411-5 du CGCT)[146]. La commission rend un avis et l'autorité habilitée à signer la convention engage librement toute discussion utile avec une ou des entreprises ayant présenté une offre.

Selon l'article L. 1411-5 CGCT cette commission est composée pour les régions, les départements, les communes de plus de 3500 habitants et les établissements publics par l'autorité habilitée à signer la délégation, 5 membres de l'organe délibérant élus en son sein à la proportionnelle ; pour les communes de moins de 3 500 habitants par le maire et 3 membres du conseil municipal élus à la proportionnelle. S'y joignent le comptable et le représentant du ministre chargé de la concurrence avec voix consultative, ainsi que, depuis 2007, des agents de la collectivité en raison de leur compétence dans les matières objet de la délégation, avec voix consultative (cette adjonction vise à pallier les annulations prononcées par les juges du fond à propos de la présence du secrétaire général et du directeur des services techniques).

SECTION III L'EXÉCUTION DES DÉLÉGATIONS DE SERVICE PUBLIC

1114 **Éléments fondamentaux. –** L'objet de cet ouvrage ne visant pas à traiter de l'exécution des contrats publics en général, on se contentera d'évoquer certains éléments fondamentaux concernant le contenu, l'exécution et la fin des délégations de service public.

144. *BJDCP* 2007, p. 139, concl. CASAS, obs. R.S., *JCP* A 2007, 2060, note G. PELLISSIER, *AJDA* 2007, p. 636, note J.-D. DREYFUS.
145. N° 297846, *JCP* A 2007, n° 2012, note F. LINDITCH, *AJDA* 2006, p. 2420.
146. CE Avis cont. 15 déc. 2006, *Préfet des Alpes-Maritimes*, *JCP* A 2007, n° 2012, note F. LINDITCH, *AJDA* 2006, p. 2420.

§ 1. LES AVENANTS

1115 **Principe et exception. –** En matière de contrats administratifs, le principe est celui de la liberté d'avenanter[147]. Ce principe est mis en échec dans le cas où l'avenant constitue en réalité un nouveau contrat, lorsque la passation du contrat initial est soumise à une procédure (CE 28 juillet 1995, *Préfet de la Région Ile-de-France c/Soc. de gérance Jeanne d'Arc*)[148]. La difficulté se déplace alors sur le critère permettant d'identifier un nouveau contrat. La réponse est évidente s'agissant d'une modification de l'objet même de la convention, faisant apparaître un nouveau contrat. Pour le reste on utilise le critère du « bouleversement de l'économie du contrat »[149].

1116 **Appréciation quantitative. –** Le critère du bouleversement de l'économie du contrat fait généralement l'objet d'une appréciation quantitative et financière. Normalement, la doctrine situe autour du seuil de 15 à 20 % du montant global du contrat la frontière au-delà de laquelle on considère qu'un avenant bouleverse son économie. Le seuil de 5 % ne soulève aucune difficulté, eu égard à la rédaction de l'article L. 1411-6 du CGCT, selon laquelle « tout projet d'avenant à une convention de délégation de service public entraînant une augmentation du montant global supérieure à 5 % est soumis pour avis à la commission visée à l'article L. 1411-5. L'assemblée délibérante qui statue sur le projet d'avenant est préalablement informée de cet avis ».

1117 **Vers une appréciation qualitative. –** La doctrine souligne qu'en matière de concession une évolution vers une appréciation plus qualitative ressort de la jurisprudence du juge administratif. Ainsi, L. Richer[150] voit dans l'arrêt rendu par la cour administrative d'appel de Lyon du 8 février 2005, *Commune d'Auxerre*[151], une prise en compte de la spécificité de la concession. Était en cause un avenant prévoyant d'importants travaux pour réduire des nuisances olfactives et la commissaire du gouvernement Besle indique que même des travaux importants entraînant une forte augmentation de la redevance ne suffisent pas à caractériser un bouleversement, « dès lors que les investissements restent un accessoire de l'ouvrage d'origine, qu'ils sont dépourvus d'autonomie fonctionnelle et qu'ils restent d'un coût limité par rapport à l'ouvrage ». Une telle appréciation est reprise dans l'important avis du Conseil d'État du 19 avril 2005[152] sur les délégations de service public. Le principe demeure qu'un avenant ne peut pas modifier l'objet d'une délégation, ni procéder à une modification substantielle d'un des éléments essentiels de la

147. D. DEL PRETE, *L'avenant dans les contrats administratifs*, Th. Aix-Marseille III, 2002 ; E. FATÔME, « Les avenants », *AJDA* 1998, p. 760, J.-M. PEYRICAL, *Les avenants aux contrats publics*, Éditions du Moniteur, 3e éd., 2005 ; Dossier « Les avenants : mutabilité versus stabilité », *CP-ACCP* déc. 2010, n° 105.

148. *RDP* 1996, p. 569, concl. FRATTACI.

149. Pour une application à la DSP, TA Lille 2 juill. 1998, *Préfet du Nord*, *BJDCP* 1998, n° 1, p. 72, concl. CÉLÉRIER.

150. *Droit des contrats administratifs*, LGDJ, 5e édition, 2006, n° 348.

151. *BJDCP* 2005, n° 40, p. 221, concl. BESLE.

152. N° 371.234, *Rapport public pour 2006*, p. 197.

délégation, tels que la durée ou le volume des investissements[153]. Mais l'appréciation est qualitative puisque le Conseil d'État interdit les avenants conduisant à mettre à la charge du délégataire des investissements pour la réalisation d'ouvrages dissociables de ceux déjà construits, en raison de leurs dimensions, coûts, et autonomie fonctionnelle. Il est ensuite précisé que pour les modifications régulières par voie d'avenant, il est possible de compenser les charges induites par les nouveaux investissements par une subvention d'exploitation ou une indemnité versée au terme de la délégation.

Cette tendance est confirmée par une jurisprudence de la CAA de Paris du 17 avril 2007, *Sté Kéolis*[154], à propos d'une délégation portant sur le transport de personnes handicapées. Il s'agissait d'ouvrir le service public à de nouvelles catégories d'usagers, de créer de nouvelles compensations tarifaires versées par le délégant et un mécanisme d'indexation des coûts permettant de lier la compensation tarifaire à l'évolution de la fréquentation : « la légalité d'un avenant à une délégation de service public doit s'apprécier uniquement au regard de l'absence de modification d'un élément substantiel et non, du bouleversement de son économie (...) ledit avenant doit être regardé comme modifiant substantiellement le risque d'exploitation du délégataire, lequel est un des éléments essentiels d'une délégation de service public ; qu'une telle modification n'était justifiée ni par la nécessité d'adapter la convention aux besoins du service public, ni par la liberté contractuelle et la possibilité prévue par la convention de réviser les conditions financières ; que la circonstance que le montant annuel maximal des compensations prévu par la convention initiale reste inchangé n'est pas de nature à démontrer que la répartition des charges respectives ne serait pas modifiée du fait de l'avenant dès lors que les requérants n'établissent pas que l'activité du service permettait au délégataire de bénéficier chaque année de la totalité des compensations ; que, par suite, l'avenant du 15 juillet 2005 constitue un nouveau contrat qui devait être soumis à la procédure de mise en concurrence prévue à l'article L. 1411-1 du Code précité ».

TA Nice 19 octobre 2007, *Préfet des Alpes-Maritimes*[155] : à propos de la substitution d'une convention d'occupation domaniale à une délégation de restauration scolaire et périscolaire dans le but d'augmenter les prestations en faveur des tiers, le tribunal juge qu'en réalité la convention d'occupation domaniale est un avenant à la délégation et l'annule.

1118 **Droit de l'Union.** – La Cour de justice a posé d'importantes restrictions à la faculté de modifier un contrat en cours sans remise en concurrence (CJUE 13 avril 2010, *Wall AG c/Ville de Francfort*, aff. C-91/08), en jugeant que « des modifications substantielles, apportées aux dispositions essentielles d'un contrat de concession de services, pourraient appeler, dans certaines hypothèses, l'attribution d'un nouveau contrat lorsqu'elles présentent des caractéristiques substantiellement différentes de celles du contrat de concession initial et sont, en conséquence, de nature à démontrer la volonté des parties de renégocier les termes essentiels de ce contrat », une modification étant considérée comme substantielle « lorsqu'elle introduit des conditions qui, si elles avaient figuré dans la procédure d'attribution initiale, auraient permis l'admission de soumissionnaires autres que ceux initialement admis ou auraient permis de retenir une offre autre que celle initialement retenue ». Le changement de sous-traitant est susceptible de remplir ces conditions dans des cas exceptionnels et alors même que la modification est prévue au contrat initial « si le recours à ce sous-traitant plutôt qu'à un autre a été, compte tenu des caractéristiques propres de la prestation en cause, un élément déterminant de la

153. Avis section finances du CE n° 364803 du 8 juin 2000.
154. N° 06PA02278.
155. *AJDA* 5 mai 2008, note F. DIEU.

conclusion du contrat ». Cette dernière décision est susceptible de fragiliser la position du droit français quant aux possibilités de cessions de contrats sans mise en concurrence[156].

§ 2. LA DURÉE ET LA PROLONGATION DU CONTRAT

1119 **Règle générale. –** Le législateur encadre la durée des délégations de service public[157]. La durée est limitée en fonction des prestations demandées au délégataire. Si des installations sont à la charge du délégataire (ce qui est le cas pour les concessions), la durée tient compte de la nature et du montant de l'investissement et ne peut dépasser la durée normale d'amortissement[158] (article 40 de la loi du 29 janvier 1993 et L. 1411-2 du CGCT). Le Conseil d'État a donné quelques précisions sur l'interprétation à privilégier de ces termes dans un arrêt du 11 août 2009, *Société Maison Comba*[159], en retenant que la durée normale d'amortissement des installations susceptible d'être retenue par une collectivité délégante, peut être la durée normalement attendue pour que le délégataire puisse couvrir des charges d'exploitation et d'investissement, compte tenu des contraintes d'exploitation liées à la nature du service et des exigences du délégant, ainsi que de la prévision des tarifs payés par les usagers, que cette durée coïncide ou non avec la durée d'amortissement comptable des investissements. La durée normale des investissements ne saurait se réduire par principe à la durée comptable mais résulte d'un équilibre global des différents éléments précités. Cet équilibre global est fondé sur le rapport entre les recettes et les dépenses. Les dépenses recouvrent les investissements, les charges d'entretien et de réparation et les coûts de renouvellement. Les recettes proviennent des tarifs fixés par les contrats, et éventuellement de rémunérations accessoires (publicité, prestations en faveur de tiers, etc.). On se rapproche de la définition livrée par J.-F. Auby[160], qui estime que la durée de l'amortissement économique vise « les conditions dans lesquelles un délégataire peut dégager, sur son exploitation, les ressources permettant d'une part de couvrir l'exploitation courante du service, d'autre part les charges liées à l'investissement quelle que soit la manière dont cet investissement est financé (financement sur fonds propres, financement sur prêts bancaires, financement sur crédit-bail) ; cette notion d'amortissement économique est en fait la résultante de la marge qui, chaque année, peut être dégagée sur l'exploitation pour couvrir la charge de l'investissement. Cette marge dépend en réalité de nombreux facteurs : les conditions de rentabilité de l'activité (...), le choix stratégique fait par la collectivité en matière de tarifs » et « le caractère exclusif ou non exclusif de la prestation fournie aux usagers ».

156. Avis n° 364.803 du 8 juin 2000, Grands avis n° 44.

157. J.-F. AUBY, « La durée des délégations de service public », *LPA* 13 mars 1996, n° 32 ; Ch. BONNOTTE, « Les conventions de service public et le temps », *RFDA* 2005, p. 89.

158. J.-B. VILA, « Recherches sur le rôle de l'amortissement pour rationaliser la rémunération du cocontractant », *CMP* mai 2010, étude 5.

159. N° 303517, *JCP* A n° 46, 9 nov. 2009, 2261, note J.-B. VILA, *CMP* nov. 2009, n° 364, note G. ECKERT, *BJCP* n° 67 déc. 2009, p. 470 concl. DACOSTA, *DA* nov. 2009, n° 147, note P. IDOUX et F. CAFARELLI, *AJDA* 2010, P. 954, note P. SUBRA DE BIEUSSES.

160. « La durée des délégations de service public », article préc.

Dans un arrêt du 8 février 2010, *Commune de Chartres*[161], le Conseil d'État précise encore sa jurisprudence en ajoutant que, le point de départ de l'amortissement étant la date d'achèvement des investissements et de mise en service de l'ouvrage, il convient, afin d'évaluer la durée maximale de la délégation, d'ajouter le temps nécessaire à la réalisation des investissements à leur durée normale d'amortissement.

Le juge opère un contrôle de l'erreur manifeste d'appréciation sur le choix de la durée de la convention[162]. Bien évidemment, les clauses de tacite reconduction sont nulles et privées de tout effet[163].

Il convient de souligner que la Commission européenne considère que des concessions d'une durée excessive comportent des avantages concurrentiels et sont constitutifs d'aides d'État prohibées. Dans sa communication interprétative sur les concessions en droit communautaire du 29 avril 2000 (n° 2000/C/121/02), elle expose que « la durée de la concession doit donc être fixée de manière à ne pas restreindre ou limiter la libre concurrence au-delà de ce qui est nécessaire pour assurer l'amortissement des investissements et une rémunération raisonnable des capitaux investis, tout en maintenant un risque inhérent à l'exploitation pour le concessionnaire »[164]. S'agissant de la France, la Commission a fait application de ces principes lors de l'examen de la réforme du régime des concessions autoroutières (aide n° N.540/2000), puis au moment de l'allongement de la durée de la concession du tunnel du Fréjus (aide N321/2001). La prolongation doit être justifiée par la durée d'amortissement des investissements et préserver le caractère raisonnable du bénéfice du concessionnaire (en obligeant éventuellement celui-ci à reverser les surprofits, décision N420/2005 sur la concession des sociétés d'autoroute du tunnel du Mont-Blanc).

1120 **Domaines spéciaux. –** Dans les domaines de l'eau potable, de l'assainissement, des ordures ménagères et autres déchets, la loi Barnier n° 95-101 du 2 février 1995 a imposé une durée stricte, en ce que les délégations ne peuvent excéder 20 ans[165], sauf examen préalable par le directeur départemental des finances publiques, à l'initiative de l'autorité délégante, des justificatifs de dépassement de cette durée. Les conclusions de cet examen sont communiquées aux membres de l'assemblée délibérante compétente avant toute délibération relative à la délégation (art. L. 1411-2 al. 1er du CGCT). Dans le domaine des casinos, sur le fondement de

161. *JCP* A 19 avr. 2010, n° 17, 2146, note J.-B. VILA, *BJCP* n° 70, juin 2010, p. 208, concl. DACOSTA, *CMP* avr. 2010, n° 147, note G. ECKERT.

162. Avant l'entrée en vigueur de la loi Sapin, voir CE 23 juill. 1993, *CGE*, *Rec.* p. 225 ; TA Grenoble 8 nov. 2002, *Préfet de Haute-Savoie*, *BJDCP* 2003, p. 147, concl. JAYET, obs. J.-F. S. : s'il n'y a pas d'investissements à réaliser, une durée de 12 ans est néanmoins admise lorsque l'équilibre économique ne sera atteint qu'à l'issue d'une période de 10 à 12 ans. En ce sens également les conclusions Dacosta sur l'arrêt du 11 août 2009, *Société Maison Comba*, *BJCP* n° 67 déc. 2009, p. 470.

163. CE 29 nov. 2000, *Cne de la Païta*, *Rec.* p. 573, *DA* 2001, n° 7, *AJDA* 2001, p. 101 ; CE avis du 19 avr. 2005, n° 371.234, *Rapport public pour 2006*, p. 197.

164. Ph. COSSALTER, « Les concessions à durée endogène », *DA* mai 2006, étude 9.

165. Par ex. CAA Bordeaux 3 mars 2009, *CMP* juin 2009, n° 205, note G. ECKERT, contrôle de l'erreur manifeste d'appréciation sur une durée de 15 ans retenus pour un contrat de gestion, de production et de transport et de distribution d'eau. Sanction d'une durée de 30 ans pour un contrat de stationnement automobile CAA Bordeaux 29 mai 2000, *Sté auxiliaire de parcs*, *AJDA* 2000, p. 894.

l'article 2 de la loi du 15 juin 1907 réglementant le jeu dans les cercles et casinos, un arrêté du 9 mai 1997 (*JO* du 31 mai) a limité la durée des cahiers des charges relatifs à l'exploitation de ces activités à 18 ans (validant une telle limitation, CE 3 octobre 2003, *Cne de Ramatuelle*)[166].

1121 **Deux motifs de prolongation. –** Le législateur autorise une prolongation, après le vote de l'assemblée délibérante (pour les personnes autres que l'État), pour un motif d'intérêt général ou lorsque le délégataire est contraint de réaliser certains investissements (article 40 de la loi du 29 janvier 1993, article L. 1411-2 du CGCT). S'agissant de l'évocation d'un motif d'intérêt général, la prolongation ne peut excéder un an. L'arrêt *Commune de Ramatuelle* a illustré cette hypothèse en 2005[167]. Une autorité délégante peut prolonger temporairement en début de saison estivale des concessions de plage en cours si le juge administratif a censuré des décisions relatives à la procédure de renouvellement. La nécessité d'assurer la continuité du service public attaché à la sécurité et à la salubrité de la baignade ainsi qu'au développement de la station balnéaire constitue un motif d'intérêt général. Il n'est pas nécessaire que la commune soit dans l'impossibilité d'assurer le service en régie. Les juges du fond ont étendu cette solution au cas dans lequel la délégation existante elle-même a été annulée, dans l'attente de l'aboutissement d'une nouvelle procédure de mise en concurrence (CAA Marseille 9 avril 2009, *Commune d'Orange*[168]).

Une prolongation est également régulière lorsque le délégataire est contraint, pour la bonne exécution du service public ou l'extension de son champ géographique et à la demande du délégant, de réaliser des investissements matériels non prévus au contrat initial, de nature à modifier l'économie générale de la délégation et qui ne pourraient être amortis pendant la durée de la convention restant à courir que par une augmentation de prix manifestement excessive. S'agissant de la référence à la bonne exécution du service public, il a été jugé que les investissements doivent être impliqués nécessairement par un fonctionnement du service public adapté aux besoins des usagers, compte tenu de la durée restant à courir de la convention (CE 29 décembre 2004, *Sté SOCCRAM*)[169]. S'agissant de la condition de modification de l'économie générale de la délégation, le Conseil d'État a indiqué dans son avis du 19 avril 2005[170] qu'elle pouvait être regardée comme satisfaite en cas d'investissements nouveaux imposés par le délégant si la prise en charge de ces investissements par le délégataire entraîne, au terme de la délégation, une remise en cause significative du bénéfice global qu'il pouvait normalement en attendre. Mais attention, la

166. *Rec.* p. 624, *BJDCP* 2004, p. 50, concl. MITJAVILLE, obs. R.S.

167. CE 8 juin 2005, *Cne de Ramatuelle*, *BJDCP* 2005, p. 381, concl. BOULOUIS, obs. C. M.

168. *DA* nov. 2009, nº 146, note F. DIEU, *AJDA* 2009, p. 1418, note L. MARCOVICI.

169. Nº 239681, *BJDCP* 2005, nº 40, p. 216, concl. CASAS, obs. Ch. M., *Coll. terr.* avr. 2005, nº 19, obs. E. GLASER, *CP-ACCP* 2005, nº 45, p. 54, note L. VIDAL. La question était de savoir si un objectif de baisse tarifaire relevait de la bonne exécution du service public. Compte tenu des particularités de l'espèce, la réponse est négative selon le commissaire du gouvernement CASAS. Voir également TA Marseille 8 juill. 2008, *Préfet des Hautes-Alpes*, *JCP* A 23 févr. 2009, nº 9, p. 38, note A. LAURIAC, à propos d'une prolongation dans le domaine des remontées mécaniques à propos d'aménagements destinés à réduire le temps d'attente des usagers.

170. Préc.

modification ne doit pas s'analyser comme un bouleversement matérialisant un nouveau contrat et la frontière est très incertaine entre une modification et un bouleversement[171]. Pour ce qui est de la procédure, les textes prévoient un vote préalable de l'assemblée délibérante. Le Conseil d'État a marqué, dans son avis du 20 février 1996[172], un rapprochement avec la procédure de fixation de la durée initiale, en exigeant que la prolongation par avenant suppose l'intervention du TPG (aujourd'hui Directeur départemental des finances publiques).

La loi n° 2010-788 du 12 juillet 2010 portant engagement national pour l'environnement a rajouté deux types d'investissements justifiant une prolongation : l'utilisation nouvelle ou accrue d'énergies renouvelables ou de récupération, si la durée de la convention restant à courir avant son terme est supérieure à trois ans ; la réalisation d'une opération pilote d'injection et de stockage de dioxyde de carbone, à la condition que la prolongation n'excède pas la durée restant à courir de l'autorisation d'injection et de stockage.

1122 **L'arrêt *Commune d'Olivet*. La confirmation de la durée des délégations conclues antérieurement à 1993 ou 1995. –** Dans un important arrêt d'Assemblée du 8 avril 2009, *Cie Générale des Eaux (CGE) c/Commune d'Olivet*[173], le Conseil d'État a mis un terme aux délégations conclues avant 1993 ou 1995 dans les domaines spéciaux (eau, assainissement et déchets) d'une durée très longue (99 ans dans le cas de la commune d'Olivet) et susceptibles de générer des rentes économiques indues en l'absence de charges à amortir. Le Conseil d'État adopte un raisonnement en trois temps. Le premier temps du raisonnement est très général et fixe la condition d'application implicite d'une loi nouvelle aux contrats en cours. Cette condition est constituée par « un motif d'intérêt général suffisant lié à un impératif d'ordre public ». Une limite est posée, tenant à l'atteinte excessive à la liberté contractuelle qui en découlerait. Le deuxième temps du raisonnement détermine l'impact de la loi Sapin sur la durée des délégations de service public en général. Le Conseil d'État confirme que la loi du 29 janvier 1993 peut s'appliquer implicitement aux contrats en cours et définit de manière générale l'effet principal de cet impact : « la loi du 29 janvier 1993 répond à un impératif d'ordre public qui est de garantir, par une remise en concurrence périodique, la liberté d'accès des opérateurs économiques aux contrats de délégation de service public et la transparence des procédures de passation » ; « un tel motif d'intérêt général (...) implique (...) que les clauses d'une convention de délégation de service public qui auraient pour effet de permettre son exécution pour une durée restant à courir, à compter de la date d'entrée en vigueur de la loi, excédant la durée maximale autorisée par la

171. Voir comme considérant que l'avenant est illégal car il bouleverse l'économie des contrats, TA Grenoble 7 août 1998, *Betto*, *BJDCP* 1999, n° 2, p. 181 ; TA Dijon 5 janv. 1999, M. ROYCOURT, *BJDCP* 1999, p. 295, concl. LOINTIER, obs. R.S. ; TA Grenoble 25 févr. 2000, *Préfet de Haute-Savoie*, *BJDCP* 2000, n° 12, p. 33. Ex. de prolongation légale TA Grenoble 31 janv. 1997, *Préfet de la Drôme*, *Mon. TP* 28 mars 1997, p. 46, note J.-M. PEYRICAL, CAA Lyon 8 févr. 2005, *Cne d'Auxerre*, *BJDCP* 2005, p. 221, concl. BESLE, obs. Ch. M. (travaux sur une station d'épuration pour réduire la pollution olfactive).

172. N° 358595, Rapport public pour 1996, p. 334.

173. *JCP* A n° 25, 15 juin 2009, n° 2147, note F. LINDITCH et n° 27, 29 juin 2009, note B. BONNET, *CMP* mai 2009, p. 27, note G. ECKERT, *RFDA* 2009, p. 449, concl. GEFFRAY, *AJDA* 2009, p. 1090, chron. LIÉBERT et BOTTEGHI, *JCP* A 2009, n° 25, p. 29, note F. LINDITCH ; *RLCT* 2009/50, n° 1454, note E. GLASER, *RJEP* 2009, comm. 41, note B. PLESSIX, *DA* 2009, comm. n° 85, note F. MELLERAY.

loi, ne peuvent plus être régulièrement mises en œuvre au-delà de la date à laquelle cette durée maximale est atteinte ». Les conclusions Geffray mentionnent que le contrat est alors frappé de caducité. Le troisième temps du raisonnement est consacré à la détermination de la durée restant à courir des conventions conclues avant 1993 ou 1995 et traite le cas particulier des concessions du service de distribution d'eau. Il détermine de manière précise de la procédure à suivre par le juge saisi d'une convention conclue antérieurement à l'entrée en vigueur de l'article 40 de la loi Sapin. « Il appartient au juge (...), de s'assurer que ce contrat n'a pas cessé de pouvoir être régulièrement exécuté en raison d'une durée d'exécution excédant, à compter de l'entrée en vigueur de la loi, la durée désormais légalement limitée en fonction de la nature des prestations ou, dans le cas où les installations sont à la charge du délégataire, en fonction de l'investissement à réaliser, et, en tout état de cause, pour un contrat de concession du service de distribution d'eau potable, excédant une durée de vingt ans, à compter de la date d'entrée en vigueur de la loi du 2 février 1995, sauf justifications particulières préalablement soumises à l'examen du trésorier-payeur général ». On remarque alors que la durée restant à courir des délégations conclues avant l'entrée en vigueur des lois Sapin et Barnier doit se calculer en prenant comme point de départ non pas la date de conclusion des délégations elles-mêmes, mais la date d'entrée en vigueur de la loi Sapin pour des délégations en général, et celle de la loi Barnier pour les délégations conclues dans les domaines spéciaux.

Le Conseil d'État a initié une procédure nouvelle d'origine prétorienne de confirmation de la durée des délégations antérieures à 1993 et 1995. Il ne s'agit en effet ni de déterminer préalablement à la conclusion d'une convention sa durée en fonction des prescriptions de la loi Sapin, ni d'envisager la prolongation par voie d'avenant des délégations antérieures aux dispositions législatives qui en limitent la durée. Les parties doivent s'assurer que leur contrat continue à pouvoir être régulièrement exécuté. Dans les domaines généraux, il faut tenir compte de la nature des prestations et des investissements à réaliser et, dans les domaines spéciaux, il faudra faire état de justifications particulières pour dépasser une durée de 20 ans à compter de 1995, soit 2015. On remarque que les termes de l'arrêt, s'ils empruntent au texte de la loi Sapin quant aux éléments à prendre en considération pour déterminer la durée d'une convention, sont nécessairement plus souples. En effet, la justification de la durée de telles conventions devra s'appuyer sur l'équilibre économique tel que défini par les parties à l'origine et en fonction des charges à amortir, lesquelles peuvent être plus lourdes que celles autorisées par la législation actuelle (amortissement des droits d'entrée, reprise d'annuités d'emprunt).

La Direction générale des finances publiques (ministère du Budget) a produit une instruction n° 10-029-MO du 7 décembre 2010 sur les conséquences de l'arrêt *Commune d'Olivet*. La saisine du Directeur départemental des finances publiques y apparaît comme une obligation pour tous les contrats susceptibles d'être concernés par l'arrêt. Toutefois, le refus de la collectivité territoriale de s'y soumettre n'est pas sanctionné, sauf par le biais d'une saisine du préfet qui pourra exercer son contrôle de légalité sur les délibérations prises en l'absence d'avis du Directeur départemental des finances publiques. Des directives d'appréciation sont données aux services compétents dans l'émission des avis. Notamment, l'Instruction invite ceux-ci à tenir compte du règlement des droits d'entrée par les délégataires (antérieurement à leur interdiction) et de la reprise des annuités des emprunts contractés par les délégants.

§ 3. LA RÉSILIATION ANTICIPÉE

1123 **Règles générales. –** L'avis du 19 avril 2005[174] rappelle qu'une rupture d'une délégation autre qu'une concession est toujours possible, même en l'absence de faute du délégataire, de motif d'intérêt général ou d'événement de force majeure, mais il faut indemniser l'entier préjudice du cocontractant. Mais si la délégation est une concession, la résiliation ne peut intervenir, sauf stipulation contractuelle contraire, que par décision du juge, pour faute du concessionnaire d'une particulière gravité, pour motif d'intérêt général, ou en raison d'un événement de force majeure rendant impossible la poursuite du contrat[175]. Dans ces cas, l'indemnisation du concessionnaire est due au titre des investissements non amortis, évalués à leur valeur nette comptable (même en cas de faute). Si la résiliation repose sur un motif d'intérêt général, il y a indemnisation totale du manque à gagner.

1124 **Règles particulières. Opérations portant sur le titulaire du contrat. –** Normalement, les opérations portant sur le titulaire du contrat sans changement de celui-ci ne nécessitent pas l'accord de l'autorité publique. Il en va ainsi des changements de dénomination sociale, cessions d'actions, prises de participation ou modifications de la composition du capital (CE 4 avril 1997, *Soc. Ledoyen*)[176].

La modification du capital social de la société concessionnaire ne justifie une résiliation pour motif d'intérêt général que dans des cas très particuliers, comme la prise de contrôle de la société concessionnaire par une SEM elle-même sous contrôle de la commune voisine engendrant des risques importants de conflits d'intérêts de nature à faire regarder le délégataire comme ne présentant plus les garanties au regard desquelles la concession lui avait été attribuée (CE 31 juillet 1996, *Sté des Téléphériques du massif du Mont-Blanc*)[177].

1125 **Règles particulières. Cession de contrat. –** C'est l'avis n° 364.803 du 8 juin 2000[178] qui règle la situation des cessions de contrat en distinguant plusieurs situations. En cas de cession simple c'est-à-dire une reprise par un tiers de l'ensemble des droits et obligations résultant du contrat, sans remise en cause de ses éléments essentiels (durée, prix, nature des prestations, prix demandé aux usagers), la cession est opérée avec l'accord de l'autorité publique et sans remise en concurrence, mais les motifs de refus sont strictement encadrés (nécessités du service public,

174. Préc.

175. Par exception, le cocontractant peut demander l'annulation de la décision de résilier une concession ou tout autre contrat nécessitant des investissements importants CE sect. 26 nov. 1971, *SIMA*, *Rec.* p. 723.

176. N° 137065.

177. *Rec.* p. 334, *JCP* 1997, II, 22790, concl. DELARUE, *AJDA* 1996, p. 788, note GILLI.

178. Grands avis.

appréciation des garanties professionnelles et financières du cessionnaire et aptitude à assurer la continuité du service et l'égalité des usagers). En cas de cessions à la suite de restructurations aboutissant à la création de sociétés nouvelles paraissant de nature soit à remettre en cause les éléments essentiels relatifs au choix du titulaire initial du contrat soit à modifier substantiellement son économie, l'autorité publique est en droit de refuser la cession et il faudra conclure un nouveau contrat avec mise en concurrence.

1126 **Subdélégation. –** La subdélégation par le délégataire est une pratique autorisée, mais, en considération du caractère *intuitu personae* de la convention, elle ne peut se réaliser qu'avec l'accord de la collectivité délégante (CE avis 16 mai 2002)[179].

§ 4. LA QUALIFICATION ET LA GESTION DES BIENS

1127 **Catégories de biens. –** Il est inutile d'insister longtemps sur la distinction traditionnelle entre les biens de retour, qui appartiennent *ab initio* à la collectivité délégante et qui lui reviennent gratuitement en fin de contrat, les biens de reprise qui appartiennent au délégataire et qui peuvent revenir à la collectivité moyennant le paiement d'une indemnité de reprise et les biens propres, qui restent la propriété du délégataire. Ces qualifications règlent le sort des biens en fin de contrat[180].

Les parties peuvent prévoir aussi que des provisions seront constituées pour le renouvellement des biens en exécution de plans de renouvellement imposés aux délégataires dans le cadre des concessions. Ces provisions sont constituées à partir des redevances perçues sur les usagers. Il a été jugé que leur solde positif doit être restitué à la collectivité propriétaire des ouvrages à la fin de la durée de la concession, pour laquelle il ne constitue cependant nullement un complément de redevance (pour l'occupation des biens mis à disposition du délégataire par le délégant), mais une recette lui permettant de financer ou de faire prendre en charge par le futur concessionnaire des travaux qui auraient dû être réalisés (CAA Marseille 12 mars 2007, *Commune de Nice*[181]). Le Conseil d'État a pris le soin, avant d'attribuer le solde positif d'un compte de fonds de travaux au concédant au motif que les travaux prévus étaient censés porter sur des biens lui appartenant, qu'aucune clause de la concession ne prévoyait le contraire et qu'il n'existait aucun élément de nature à établir l'intention des parties (CE 23 décembre 2009, *Sté des Pompes funèbres OGF*[182]). Dans les domaines spécifiques de l'eau et de l'assainissement, un dispositif spécifique a été inséré par le législateur à l'article L. 2224-11-4 du CGCT et ayant pour objet la rétrocession des provisions pour renouvellement au terme de la convention.

179. *EDCE* 2003, p. 201, *BJDCP* 2003, p. 235, obs. E. GLASER et Ch. MAUGÜÉ.

180. E. CROCHEMORE, « Le sort des biens au terme de la délégation de service public », *CP-ACCP* n° 88, mai 2009, p. 34.

181. N° 05MA00080. B. NEVEU, « Délégations de service public : quel sort pour les provisions de renouvellement ? », *CP-ACCP* n° 88, mai 2009, p. 50 ; B. NEVEU, « le sort des provisions et fonds de travaux en fin de contrat : quelles suites à donner à l'arrêt OGF ? », *CP-ACCP*, n° 115, nov. 2011, p. 46. Plus généralement, Dossier *Biens et liquidation de la DSP*, *CP-ACCP* n° 115, nov. 2011, p. 25 et s.

182. *BJDCP* n° 69, avr. 2010, p. 112, *JCP* A 20 déc. 2010, n° 51-52, p. 42, note J.-B. VILA et Y. WELS.

1128 **Qualification des biens affectés à un service public. –** La question s'est posée de savoir si les parties à un contrat de délégation de service public disposaient d'une entière liberté contractuelle pour qualifier les biens objets de la délégation. La question sous-jacente est celle de savoir si l'autorité publique délégante peut renoncer à devenir propriétaire d'un bien dont elle sait qu'il sera affecté à un service public et nécessaire à sa continuité. Le Conseil d'État semble avoir posé un principe d'interdiction d'une appropriation privée des biens destinés à être affectés à un service public (en germe dans CE avis 30 mars 1989, *TGV Sud-Est*[183] et CE 21 avril 1997, *Sagifa*)[184], exprimé clairement dans l'avis 19 avril 2005 sur les délégations de service public[185] : « l'ensemble des biens nécessaires au fonctionnement du service, installés soit sur des propriétés publiques soit sur des propriétés privées grâce à la servitude prévue aux articles L. 420 et suivants du Code de tourisme appartiennent dès l'origine à la personne publique et lui font retour gratuitement à l'expiration de la convention. Les conventions ne pourraient d'ailleurs légalement prévoir une propriété privée de ces installations pendant la durée de l'exploitation, sous réserve de la mise en œuvre de baux emphytéotiques ou de la procédure de crédit-bail ».

Le Conseil d'État a confirmé sa position au contentieux dans une décision *Montravers* du 7 juin 2010[186], en jugeant que « l'appropriation privative d'installations édifiées ou acquises par le titulaire d'une autorisation d'occupation temporaire du domaine public n'est pas incompatible avec l'inaliénabilité de celui-ci, lorsque l'autorisation de l'occuper ou d'y édifier des constructions ou d'acquérir les constructions existantes n'a pas été accordée en vue de répondre aux besoins du service public auquel le domaine est affecté » (voir également CE 23 juillet 2010, *Sté Neuville Foster Delaunay Belleville*[187]). Selon les conclusions Escaut sur cette décision, l'appropriation privative vaut même en cas de silence des parties sur cette question. On remarque aussi que l'appropriation privative concerne aussi bien les constructions édifiées par l'occupant que les constructions existantes qu'il est autorisé à acquérir.

1129 **Réforme du CG3P. –** Il convient de combiner ce qui précède avec les dispositions du code général de la propriété des personnes publiques. Pour l'État, son article L. 2122-6 dispose que « le titulaire d'une autorisation d'occupation temporaire du domaine public (...) a, sauf prescription contraire de son titre, un droit réel sur les ouvrages, constructions et installations de caractère immobilier qu'il réalise pour l'exercice d'une activité autorisée par ce titre ». Mais « lorsque les ouvrages, constructions ou installations sont nécessaires à la continuité du service public, les dispositions de l'article L. 2122-6 ne leur sont applicables que sur décision de l'État » (art. L. 2122-10). L'article L. 2122-11 étend ce régime aux « conventions de toute nature ayant pour effet d'autoriser l'occupation du domaine public », et en particulier aux « concessions de service public ou d'outillage public », pour lesquelles « le cahier des charges précise les conditions particulières auxquelles il doit être satisfait pour tenir compte des nécessités du service public ». Le régime applicable aux collectivités territoriales diffère légèrement. L'article L. 1311-5 du CGCT

183. Avis n° 345.332, Grands Avis n° 20.

184. CE 21 avr. 1997, *Ministre du Budget c/Sté SAGIFA*, *RFDA* 1997, p. 935, note E. FATÔME et Ph. TERNEYRE, *DA* 1997, comm. 316, note C. LAVIALLE.

185. Avis n° 371.234, *Rapport public du Conseil d'État pour 2006*, p. 197.

186. *DA* nov. 2010, n° 140, note F. BRENET.

187. *CMP* oct. 2010, n° 350, note G. ECKERT.

dispose que « les collectivités territoriales peuvent délivrer sur leur domaine public des autorisations d'occupation temporaire constitutives de droits réels, en vue de l'accomplissement, pour leur compte, d'une mission de service public ». Ce régime est applicable « aux conventions de toute nature ayant pour effet d'autoriser l'occupation du domaine public. Lorsque ce droit d'occupation du domaine public résulte d'une concession de service public ou d'outillage public, le cahier des charges précise les conditions particulières auxquelles il doit être satisfait pour tenir compte des nécessités du service public ». Il ressort de ce qui précède que lorsqu'une concession de service public a pour effet d'emporter occupation du domaine public, le délégataire dispose alors de droits réels sur les constructions qu'il réalise.

Quelle grille de lecture de cet ensemble légal et jurisprudentiel faut-il alors retenir ? Il nous semble que la distinction principale à opérer tient d'abord à l'éventualité de l'occupation d'une propriété publique (ou d'une propriété privée selon certaines servitudes) ou pas. Si la délégation de service public n'emporte aucune occupation d'une propriété publique, les parties bénéficient d'une entière liberté contractuelle pour qualifier les biens (de retour, de reprise ou biens propres). Si la délégation emporte occupation d'une propriété publique, il convient d'opérer une seconde distinction selon qu'elle est constitutive de droits réels ou pas. Si la délégation emporte occupation du domaine public avec constitution de droits réels, le délégataire pourra s'approprier les constructions qu'il réalise (AOT) ou bénéficier de droits réels sur les équipements existants (bail emphytéotique administratif). Si la délégation emporte occupation d'une propriété publique sans constitution de droits réels, on applique alors la jurisprudence *SAGIFA/Montravers*/avis de 2005. L'ensemble des biens nécessaires au fonctionnement du service appartiennent dès l'origine à la personne publique et lui font retour gratuitement à l'expiration de la convention. Quelles situations peuvent entrer dans cette dernière hypothèse ? Il s'agit des autorisations d'occupation qui n'emportent pas automatiquement de droits réels, c'est-à-dire les autorisations d'occupation du domaine privé[188] sans qu'un bail emphytéotique soit conclu, les autorisations d'occupation temporaires du domaine public des collectivités territoriales non constitutives de droits réels, les autorisations d'occupation temporaires du domaine public de l'État portant une disposition contraire à la constitution de droits réels ou concernant des équipements nécessaires à la continuité du service public pour lesquels l'État n'a pas pris la décision autorisant la constitution de droits réels.

Par dérogation au principe jurisprudentiel précédemment exposé, les délégations ayant pour effet d'autoriser l'occupation du domaine public peuvent prévoir une appropriation privative (par la constitution de droits réels) des biens destinés à être affectés à un service public et réalisés par le délégataire. Cela signifierait que les biens édifiés sur le domaine public et affectés à un service public peuvent appartenir au délégataire, mais que les mêmes biens édifiés dans le cadre d'une délégation n'entraînant pas d'occupation du domaine public ne le peuvent pas, en vertu de l'interdiction posée par le Conseil d'État. On peut relativiser le paradoxe en soulignant qu'il est moins risqué d'autoriser le délégataire à bénéficier de droits réels sur

188. Si tant est, s'agissant d'une délégation de service public, que la conclusion de celle-ci n'emporte pas application des règles de la domanialité publique en application de la théorie de la domanialité publique virtuelle.

des biens édifiés sur le domaine public, que de l'autoriser à être propriétaire de biens édifiés sur un terrain d'assiette n'appartenant pas au domaine public, car on peut supposer que l'administration disposera de prérogatives supplémentaires dans le premier cas, mais cela revient à nier toute espèce d'utilité à la notion de bien de reprise.

1130 **Conclusion de baux par le délégataire d'une durée excédant celle de la délégation de service public.** – Le législateur (art. L. 1411-2 du CGCT, issu de la loi n° 2009-179 du 17 février 2009 pour l'accélération des programmes de construction et d'investissement publics et privés) a souhaité autoriser le délégataire de service public, à l'instar de ce qui est permis au titulaire d'un contrat de partenariat, à donner à bail des parcelles du domaine de l'autorité délégante afin d'accroître la rentabilité de l'opération. Le délégataire peut être autorisé, avec l'accord expressément formulé de la personne morale de droit public, à conclure des baux ou droits d'une durée excédant celle de la convention de délégation de service public. Les autorisations données par la personne morale de droit public, ainsi que les baux et droits réels qui en résultent, constituent des accessoires à la convention de délégation de service public et sont, à l'issue de la durée de la convention de délégation de service public, transférés à la personne morale de droit public.

SECTION IV LES DÉLÉGATIONS EXEMPTÉES

1131 **Étendue de l'exemption.** – Certaines délégations sont exemptées du régime décrit précédemment. Cela implique qu'elles sont passées sans procédure formalisée mais également qu'elles ne sont pas soumises aux dispositions encadrant la durée de la convention, sa prolongation, ou encore le régime des droits d'entrée (articles 40 de la loi du 29 janvier 1993 et L. 1411-12 du CGCT). S'agissant de la procédure, ces exceptions doivent être compatibles avec le droit communautaire. Dans le cas contraire, si la procédure particulière issue du droit français n'est pas applicable, il faudra néanmoins respecter les grands principes du droit communautaire.

1132 **Entreprises monopolistiques.** – Le régime précédemment décrit ne s'applique pas aux délégations de service public lorsque la loi institue un monopole au profit d'une entreprise. Ainsi, GRDF demeure le concessionnaire obligé des collectivités territoriales pour la distribution publique de gaz[189]. Le monopole ainsi institué doit cependant être conforme au droit communautaire pour que l'exception puisse jouer[190].

189. Loi du 7 déc. 2006 relative au secteur de l'énergie, CC n° 2006-543 DC du 30 nov. 2006.
190. Pour l'exemple de la distribution de gaz, le monopole confié à GDF pouvait s'appuyer sur l'article 11 de la directive 2003/55.

1133 **Établissements publics. –** Étaient auparavant également exemptés les services confiés à un établissement public et à condition que l'activité déléguée figure expressément dans les statuts de l'établissement[191]. C'est ainsi que des CCI ont pu être délégataires de gré à gré de concessions d'outillage portuaires et aéroportuaire[192]. Bien que le Conseil constitutionnel ait validé cette exemption, sa conformité au droit communautaire était douteuse. L'ordonnance n° 2009-864 du 15 juillet 2009 insère une précision tout à fait bienvenue, puisque pour être exemptées, la délégation ne peut être conclue qu'avec un établissement public sur lequel la personne publique exerce un contrôle comparable à celui qu'elle exerce sur ses propres services et qui réalise l'essentiel de ses activités pour elle. Ainsi, l'exception ne vaut que pour les établissements publics « in house ». Si l'établissement public bénéficie d'un monopole euro-compatible, il continuera aussi de bénéficier de l'exception précédente.

1134 **Délégation de faible montant. –** Lorsque le montant des sommes dues au délégataire pour toute la durée de la convention n'excède pas 106 000 euros ou que la convention couvre une durée non supérieure à trois ans et porte sur un montant n'excédant pas 68 000 euros par an, le régime législatif n'est pas applicable. Toutefois, dans ce cas, le projet de délégation est soumis à une publicité préalable ainsi qu'aux dispositions relatives à la durée de la convention et sa prolongation, aux droits d'entrée, à l'obligation d'indiquer les tarifs (et leur évolution) à la charge des usagers dans la convention.

Pour le calcul des seuils, le montant à prendre en compte est l'ensemble des sommes à percevoir par le délégataire, qu'elles soient liées ou non au résultat de l'exploitation du service et quelle que soit leur origine, c'est-à-dire le chiffre d'affaires (CE 20 octobre 2006, *Commune d'Andeville*)[193].

1135 **Organisme d'habitations à loyer modéré. –** Pour l'État, sont également exemptées les délégations qui constituent un mandat de gérance de logements locatifs sociaux confiée à un organisme d'habitations à loyer modéré. Cette exception est curieuse à plusieurs titres. D'abord, il ne faut pas que le mandat de gérance soit requalifiable en marché, auquel cas il faudra se demander si les procédures formalisées des marchés publics ne sont pas applicables. Ensuite, l'exception peut être fondée sur le caractère non économique de l'activité des organismes HLM.

BIBLIOGRAPHIE

L. Richer (dir.), *Délégations de service public*, Éditions du Moniteur ▪ Dossier *AJDA*, « La délégation de service public », 1996, p. 571 ▪ Colloque IFSA, « La gestion déléguée du service public », *RFDA* 1997, n° 3 ▪ Colloque Chambéry, « Dix ans de délégation de service public »,

191. L'exemption en faveur des SEM locales a été censurée par le Conseil constitutionnel sur le fondement du principe d'égalité lors de l'examen de la loi du 29 janv. 1993, CC n° 92-316 DC du 20 janv. 1993.
192. CE Sect. Travaux publics, avis du 11 févr. 1997, n° 360148, *ECDE*.
193. Préc.

CMP mai 2003 ■ Dossier « Actualité de la gestion déléguée », *CP-ACCP* n° 95, janvier 2010 ■ J.-B. AUBY et Ch. MAUGÜÉ, « Les contrats de délégation de service public », *JCP* 1994, I, 3743 ■ J.-F. AUBY, *La délégation de service public, guide pratique*, Dalloz, 1997 ■ C. BOITEAU, *Les conventions de délégation de service public*, Éditions du Moniteur, 2e éd., 2007 ■ Ch. BRÉCHON-MOULÈNES, *La concession de service public face au droit communautaire*, Sirey, 1992 ■ P. COSSALTER, *Les délégations d'activités publiques dans l'Union européenne*, Th. Paris II, 2005 ■ E. DELACOUR, *La notion de délégation de service public*, Th. Paris II, Éditions Panthéon-Assas, 1997 ■ E. DELACOUR, J.-F. DAVIGNON, C. RIBOT, J. ANTOINE, *La loi Sapin et les délégations de service public – 10 ans d'application jurisprudentielle*, Litec, 2003 ■ Y. DELAIRE, *La délégation des services publics locaux*, Berger-Levrault, 2002 ■ J.-Cl. DOUENCE, « Observations sur l'application à certains contrats de la distinction entre marchés et délégations fondée sur le mode de rémunération », *RFDA* 1999, p. 1134, « Le critère financier de la délégation de service public à l'épreuve de la pratique contractuelle », *Mélanges Moderne*, Dalloz, 2004, p. 501 ■ J.-D. DREYFUS, « La définition légale des délégations de service public », *AJDA* 2002, p. 38 ■ J. DUFAU, *Les concessions de service public*, Éditions du Moniteur, 1979 ■ S. D., « La remise en cause anticipée des délégations de service public », *AJDA* 2003, p. 872 ■ O. RAYMUNDIE, *Gestion déléguée des services publics en France et en Europe*, Éditions du Moniteur, 1995 ■ J.-F. SESTIER, « La liquidation de la délégation de service public : principes anciens et nouvelles modalités », *CP-ACCP* n° 115, novembre 2011, p. 26 ■ N. SYMCHOWICZ, « La notion de délégation de service public », *AJDA* 1998, p. 195, avec Ph. PROOT, « L'avis du 19 avril 2005 : d'utiles précisions sur le contenu et le régime d'exécution des conventions de délégation de service public », *AJDA* 2006, p. 1371 ■ Ph. TERNEYRE et Ch. MAUGÜÉ, « Les délégations de service public en question », *CJEG* 1997, p. 131.

CHAPITRE III
LES CONTRATS DE PARTENARIAT

1136 **Origine. –** La rareté des deniers publics et l'intérêt de faire appel à des compétences privées peuvent conduire les personnes publiques à transférer globalement des investissements et des missions y afférant au secteur privé. En matière de partenariat, ce transfert s'accompagne de celui d'un risque économique substantiel et d'un paiement lié à des objectifs de résultat. La formule a trouvé à s'appliquer au Royaume-Uni dans les années 1980 dix sous la célèbre dénomination de PFI (Private Finance Initiative). Ces projets ont permis de financer la construction ou la rénovation de bâtiments publics, à une époque où les besoins étaient considérables et le retard pris par le Royaume-Uni important. L'intérêt premier du dispositif mis en place par le gouvernement Major (1992), puis repris et amendé par le gouvernement Blair (1997) fut de faire appel à des capitaux privés sans alourdir le budget public. Ces opérations réunissent trois contrats différents : un premier contrat unit la collectivité publique à l'opérateur privé, un deuxième lie l'opérateur à son organisme de financement et le troisième est conclu entre la personne publique et le financeur et sert de garantie à l'emprunt contracté par l'opérateur. Le principal intérêt de cette catégorie de contrat est qu'il repose sur une répartition des risques. La France avait connu bien avant les années 1990 la formule du contrat global de longue durée, confiant à un partenaire privé la construction et l'exploitation d'un équipement, moyennant une rémunération par la collectivité publique étalée sur toute la durée du contrat avec le METP (marché d'entreprise de travaux publics). Requalifiés en marchés publics, les METP en devenaient illégaux puisque contraires à l'interdiction de paiement différé dans un marché[1]. Plus récemment, la résurgence de contrats globaux consacrés par le législateur dans certains secteurs subissant des retards importants[2] peut être

1. CE 8 févr. 1999, *Commune de La Ciotat*, *AJDA* 1999, p. 364, concl. BERGEAL, note D. CHABANOL, *RFDA* 1999, p. 1172, note S. BRACONNIER.

2. On parle de « législations sectorielles » puisqu'une série de lois a autorisé les personnes publiques à conclure des marchés publics comportant une mission globale au contenu variable. Il s'agit de l'article 3-I de la loi n° 2001-1094 du 29 août 2002 d'orientation et de programmation pour la sécurité intérieure (dite LOPSI), de l'article 3 de la loi n° 2002-1138 du 9 sept. 2002 d'orientation et de programmation pour la

considérée comme annonçant l'émergence d'un contrat global que les auteurs de la réforme souhaitaient être de droit commun[3].

1137 **Intérêt.** – L'alternative entre le marché public et la délégation de service public se révèle parfois délicate. En effet, le marché public suppose une maîtrise d'ouvrage publique, ne peut avoir pour objet une mission globale et interdit l'étalement du prix sur toute la durée du contrat. La délégation quant à elle suppose le transfert de l'exploitation d'une véritable mission de service public et implique un financement substantiellement lié aux résultats de l'exploitation du service. L'intérêt du contrat de partenariat est de transférer une *mission globale* sous *maîtrise d'ouvrage privée*, *rémunérée* par la collectivité publique elle-même sur *toute la durée du contrat*.

1138 **Législation.** – Le contrat de partenariat est issu d'un processus parfois critiqué de législation par ordonnance. En effet, le législateur est intervenu une première fois pour habiliter le gouvernement à simplifier le droit (loi n° 2003-591 du 2 juillet 2003), dont l'article 6 autorisait le gouvernement à « créer de nouvelles formes de contrats conclus par des personnes publiques ou des personnes privées chargées d'une mission de service public pour la conception, la réalisation, la transformation, l'exploitation et le financement d'équipements publics, ou la gestion et le financement de services, ou une combinaison de ces différentes missions ». Sur ce fondement fut édictée l'ordonnance n° 2004-559 du 17 juin 2004 sur les contrats de partenariat, ratifiée par la loi n° 2004-1343 du 9 décembre 2004 de simplification du droit (article 78-XXII)[4]. Elle a été modifiée par la loi 2008-735 du 28 juillet 2008 relative aux contrats de partenariat[5]. Le régime des contrats de partenariat a ensuite subi quelques améliorations au cours de l'année 2009[6]. Les contrats de partenariat de l'État et de ses établissements publics sont régis par le texte même de l'ordonnance, alors que ceux des collectivités territoriales ou des établissements publics locaux le sont par les articles L. 1414-1 et suivants du CGCT[7].

justice (dite LOPJ), de l'article 7 alinéa 1er de la loi n° 2003-73 du 27 janv. 2003 relative à la programmation militaire, des articles 118 et 119 de la loi n° 2003-239 du 18 mars 2003 sur la sécurité intérieure, de l'article 21-IV de l'ordonnance n° 2003-850 du 4 sept. 2003 portant simplification de l'organisation et du fonctionnement du système de santé, et de l'article 52 de la loi n° 2003-1119 du 26 nov. 2003 relative à la maîtrise de l'immigration, au séjour des étrangers en France et à la nationalité. Voir P. DELVOLVÉ, « Les contrats globaux », *RFDA* 2004, p. 1079.

3. L. RAPP, « Aux origines du contrat de partenariat », *Droit et ville* n° 60/2005, p. 29 ; B. DU MARAIS, « La genèse des contrats de partenariat du point de vue des innovations apportées par l'ordonnance du 17 juin 2004 », *Revue du Trésor* mars-avr. 2007, p. 199.

4. CC n° 2004-506 DC du 2 déc. 2004, Loi de simplification du droit.

5. Décision du CC 2008-567 du 24 juill. 2008.

6. Loi n° 2009-179 du 17 févr. 2009, Décrets n° 2009-242, n° 2009-243 et 2009-244 et 2009-245 du 2 mars 2009, arrêté du 2 mars 2009 (*JO* du 4 mars 2009). J.-B. VIALA, « De l'urgence et de la complexité à repenser la réforme relative aux partenariats public-privé », *JCP* A n° 28, 6 juill. 2009, p. 30 ; F. OLIVIER, « Le contrat de partenariat, vecteur de relance », *CMP* mars 2009, étude 3.

7. Voir également la circulaire du 29 nov. 2005 relative aux contrats de partenariat à l'attention des collectivités territoriales, *JO* du 15 déc. 2005.

SECTION I IDENTIFICATION

1139 **Problématique. –** Le partenariat existe aussi bien en droit communautaire qu'en droit français, ce qui suscite à la fois un effort d'identification et des difficultés de qualification.

§ 1. LES PARTENARIATS EN DROIT COMMUNAUTAIRE

1140 **Absence de définition au niveau communautaire. –** Les partenariats public-privé (PPP) ne font l'objet d'aucune définition précise en droit communautaire, ainsi que l'atteste le Livre Vert de la Commission du 30 avril 2004 sur les partenariats public-privé et le droit communautaire des marchés publics et des concessions[8], qui les définit comme « des formes de coopération entre les autorités publiques et le monde des entreprises qui visent à assurer le financement, la construction, la rénovation, la gestion ou l'entretien d'une infrastructure ou la fourniture d'un service ». Ce document constate une évolution du rôle de l'État qui passerait du rôle d'opérateur direct à celui de contrôleur, de régulateur et d'organisateur. Le partenariat, en reposant sur un fort degré d'externalisation, matérialiserait cette évolution.

1141 **Quatre éléments. –** Le Livre Vert identifie tout de même quatre éléments caractérisant le PPP. En premier lieu, il s'agit de contrats d'une durée relativement longue, impliquant une coopération entre le partenaire public et le partenaire privé sur différents aspects d'un projet à réaliser. En deuxième lieu, le financement du projet est principalement privé (éventuellement par le biais de montages complexes), mais des financements publics parfois très importants peuvent s'y ajouter. En troisième lieu, le rôle de l'opérateur économique est important, en ce qu'il participe à différents stades du projet (conception, réalisation, mise en œuvre, financement). Le partenaire public se concentre sur la définition des objectifs à atteindre en terme d'intérêt public, de qualité des services offerts, de politique des prix et contrôle le respect de ces objectifs. En quatrième lieu, il existe une répartition des risques entre le partenaire public et le partenaire privé, mais le partenaire privé n'assume pas forcément tous les risques ou même une part importante de ceux-ci. La répartition s'effectue au cas par cas.

1142 **Qualification et procédure de passation. –** En droit communautaire, la qualification des PPP s'opère au cas par cas et il n'existe aucune procédure spécifique de passation, même si la question de la détermination d'une procédure spécifique est soulevée par le Livre Vert précité. Ainsi, si un PPP est qualifiable de marché au

8. COM (2004) 327 final. F. BRENET, « Les PPP confrontés au droit communautaire des marchés publics et des concessions », *JCP* A 2004, 2518 ; A. CABANNES, « Livre Vert sur le PPP : une « couche » supplémentaire au millefeuille des contrats publics », *CP-ACCP* juin 2004, p. 68 ; A. TESSIER, « Le Livre Vert de la Commission européenne sur les partenariats public-privé et le droit communautaire des marchés publics et des concessions », *BJDCP* 2004, n° 37, p. 419 ; E. SITBON, « Le Livre Vert de la commission européenne », *Droit et ville* n° 60/2005, p. 219.

sens communautaire, il est alors pleinement soumis aux directives marchés (n° 2004/17 ou n° 2004/18). Il en va de même s'il est qualifiable de concession de travaux (directives précitées). En cas de qualification de concession de service ou de dévolution par un acte unilatéral, le PPP échappe aux directives de droit dérivé, mais demeure soumis aux grands principes du Traité (transparence, égalité de traitement, proportionnalité, reconnaissance mutuelle).

1143 **Déconsolidation et Décision Eurostat.** – Si le financement des équipements publics est transféré au secteur privé par le biais d'un partenariat, l'endettement généré est susceptible d'échapper aux critères de Maastricht, ce qui représente un avantage non négligeable pour les administrations publiques. En droit communautaire, la question a été posée de savoir si les actifs liés à un PPP devaient être enregistrés dans le bilan des administrations publiques. L'Office statistique des Communautés européennes (Eurostat) a adopté le 11 février 2004 une décision sur le traitement comptable des actifs objets de PPP[9]. Les actifs liés à un PPP sont classés comme actifs non publics si deux conditions sont réunies : le partenaire privé doit supporter le risque de construction ; le partenaire privé doit supporter le risque de la disponibilité ou de la demande. Eurostat est néanmoins d'avis que les actifs devront être inscrits au bilan des administrations dans la plupart des cas.

Le risque de construction couvre des événements liés à la construction comme la livraison tardive, le non-respect de normes, le surcoût, les problèmes techniques, etc. Le risque de disponibilité renvoie à l'incapacité de l'opérateur à livrer, le non-respect de certaines normes de sécurité ou de qualité lié à la prestation de service rendue à partir de l'équipement. Le risque lié à la demande couvre la variabilité de la demande (évolutions technologiques, économiques, concurrentielles), étant distingué du risque d'exploitation en ce que le risque lié à la demande n'est pas lié au comportement de l'opérateur.

§ 2. LE CONTRAT DE PARTENARIAT EN DROIT FRANÇAIS

1144 **Définition.** – Le contrat de partenariat est un contrat administratif par lequel une personne publique confie à un tiers, pour une période déterminée en fonction de la durée d'amortissement des investissements ou des modalités de financement retenues, une mission globale ayant pour objet la construction ou la transformation, l'entretien, la maintenance, l'exploitation ou la gestion d'ouvrages, d'équipements ou de biens immatériels nécessaires au service public. Il peut également avoir pour objet tout ou partie de la conception de ces ouvrages, équipements ou biens immatériels ainsi que des prestations de services concourant à l'exercice, par la personne publique, de la mission de service public dont elle est chargée. La rémunération du cocontractant fait l'objet d'un paiement par la personne publique

9. P. LIGNÈRES, « L'influence de la dette publique et des normes Eurostat sur les contrats publics », *DA* 2004, pratiques n° 5 ; F. LINDITCH, « Les partenariats public-privé, vecteurs d'externalisation et de déconsolidation ? Quelques interrogations de nature financière... », *Droit et ville* n° 60/2005, p. 229 ; F. BERGÈRE, « PPP et comptabilisation des engagements », *Revue du Trésor* mars-avr. 2007, p. 255 ; P. LIGNÈRES, « L'impact de l'allocation des risques dans les PPP sur la dette publique : éléments de réflexion », *Revue du Trésor* mars-avr. 2007, p. 291.

pendant toute la durée du contrat. Elle est liée à des objectifs de performance assignés au cocontractant (articles 1er ordonnance et de l'article L. 1414-1 du CGCT).

Depuis l'intervention de la loi nº 2009-179 du 17 février 2009 pour l'accélération des programmes de construction et d'investissement publics et privés, la définition de la mission confiée au partenaire quant au financement du projet diffère selon que le contrat est conclu par l'État ou par une collectivité territoriale. S'agissant des contrats de partenariat passés par l'État, il peut être confié au cocontractant tout ou partie du financement des ouvrages, à l'exception de toute participation au capital. Pour les collectivités territoriales, il est ajouté que le financement définitif d'un projet doit être majoritairement assuré par le titulaire du contrat, sauf pour les projets d'un montant supérieur à 40 millions d'euros HT (art. D. 1414-9 du CGCT, issu du décret nº 2009-987 du 20 août 2009).

A. LES ÉLÉMENTS CARACTÉRISTIQUES

1145 **Pluralité d'éléments caractéristiques. –** Le contrat de partenariat est un contrat confiant une mission globale sous maîtrise d'ouvrage privée au cocontractant. La durée de ce contrat est généralement longue. Le cocontractant est rémunéré par un prix payé par la collectivité étalé sur toute la durée du contrat. Les risques sont théoriquement partagés entre la personne publique et son cocontractant. Le contrat de partenariat reste une formule dérogatoire par rapport aux autres contrats de la commande publique.

1. Mission globale

1146 **Contrat complexe. –** On l'a déjà souligné, l'intérêt majeur du contrat de partenariat est qu'il permet de confier une mission globale au partenaire. Cette mission se décompose en deux sous-ensembles : une mission principale obligatoire et une mission facultative.

1147 **Mission obligatoire. –** Le contrat de partenariat a pour objet de confier une mission globale portant sur le financement (ou une partie du financement), la construction ou la transformation, l'entretien, la maintenance, l'exploitation ou la gestion d'ouvrages, d'équipements ou de biens immatériels nécessaires au service public. Reformulée par la réforme précitée de 2008 sans toutefois être modifiée, cette mission globale appelle plusieurs commentaires. En premier lieu, la référence à des biens immatériels concerne les secteurs de haute technologie, comme les communications électroniques ou l'informatique. L'aspect « financement » par le secteur privé est sans doute la clé de voûte du partenariat, étant entendu qu'*in fine* c'est la personne publique qui supportera le coût du montage, sous réserve de l'application de la matrice de partage des risques. La référence à la simple transformation d'ouvrages vise les cas de réhabilitation d'équipements existants. Pour le reste, on peut éprouver des difficultés à saisir la différence entre l'entretien et la maintenance, ou entre l'exploitation et la gestion, la simple gestion renvoyant peut-être à des équipements ne pouvant être véritablement « exploités » au profit d'usagers.

1148 **Missions facultatives. –** La réforme de 2008 a regroupé les deux missions facultatives prévues antérieurement. Le contrat « peut également avoir pour objet tout ou partie de la conception de ces ouvrages, équipements ou biens immatériels ainsi que des prestations de services concourant à l'exercice, par la personne publique, de la mission de service public dont elle est chargée » (articles 1er-I alinéa 2 de l'ordonnance et L. 1414-1-I alinéa 2 du CGCT).

1149 **Mission de service public. –** La référence à des prestations de service venant simplement « concourir » à la mission de service public ou la référence aux bien affectés au service public dont « *est chargé(e)* » la personne publique (articles 1er-I alinéa 2 et art. 11-e de l'ordonnance et L. 1414-1-I alinéa 2 du CGCT) montre que cette mission demeure par conséquent exploitée par cette dernière. Ces précisions distinguent définitivement le contrat de partenariat de la délégation de service public. Le partenariat n'a pas pour objet de déléguer une mission de service public, même si l'exploitation d'ouvrage peut emporter également exploitation du service qui y est associé[10]. En dehors de cette exception, le fait que la réforme de 2008 n'ait pas fait évoluer le partenariat sur ce point nous semble clore les interrogations doctrinales soulevées sur cette question[11].

Depuis 2008, le contrat « peut prévoir un mandat de la personne publique au cocontractant pour encaisser, au nom et pour le compte de la personne publique, le paiement par l'usage final de prestations revenant à cette dernière ». Cette utile précision vise à éviter que le partenaire se rende coupable d'une gestion de fait (voir néanmoins n° 1043) et à permettre que le contrat de partenariat confie au cocontractant la gestion globale d'ouvrages à péage ou d'ouvrages servant de support à une mission de service public, sans que celle-ci soit également transférée.

1150 **Maîtrise d'œuvre. –** Le partenaire peut se voir également confier la conception des ouvrages, c'est-à-dire une mission de maîtrise d'œuvre[12]. Cette disposition a beaucoup inquiété les architectes au moment de l'élaboration de l'ordonnance de 2004. L'article 12 de l'ordonnance (art. L. 1414-13 du CGCT) vise à désamorcer

10. Une réponse ministérielle indique que quand l'exploitation de l'ouvrage emporte exploitation du service, le partenariat peut être utilisé, AN – QE n° 22017 du 9 mars 2006. Dans le sens de l'incompatibilité (recensement effectué par Ph. DELELIS, « Contrat de partenariat et exploitation du service public », *AJDA* 2010, p. 2244), E. FATÔME et L. RICHER, « Contrat de partenariat immobilier ; réalisation, paiement et statut des équipements et ouvrages », *CP-ACCP* n° 36, p. 24 ; F. LLORENS, « Les contrats de partenariat (commentaire de l'ordonnance n° 2004-559 du 17 juin 2004 sur les contrats de partenariat) », *RJEP* 2004, p. 522 ; A. MÉNÉMÉNIS, « L'ordonnance sur les contrats de partenariat : heureuse innovation ou occasion manquée ? », *AJDA* 2004, p. 1737 ; F. LICHÈRE, « Les contrats de partenariat. Fausse nouveauté ou vraie libéralisation dans la commande publique ? », *RDP* 2004, p. 1552 ; H.-G. HUBRECHT et F. MELLERAY, « L'évolution des catégories notionnelles de la commande publique. Retour sur les contrats de service public », *Mélanges Guibal*, PUM, 2006, t. 1, p. 822 ; N. SYMCHOWICZ, « Paradoxes sur les contrats de partenariat », *CMP* 2004, étude 12 ; P. LIGNÈRES, « La frontière entre les délégations de service public et les contrats de partenariat », *DA* 2005, prat. 7. Voir également F. LINDITCH, « Contribution à la distinction des conventions de délégation de service public et des contrats de partenariat », *JCP* A n° 51-52, 19 déc. 2011, n° 2394. Pour la thèse de la compatibilité, S. BRACONNIER, « L'utilisation du contrat par les collectivités territoriales en matière de service public local », *CMP* 2007, étude 10 et T. REYNAUD, « Les amours contrariées du contrat de partenariat et du service public », *BJCP* n° 70, juin 2010, p. 166.

11. F. BRENET et F. MELLERAY, *Les contrats de partenariat de l'ordonnance du 17 juin 2004*, Litec, 2005, n° 227 et s.

12. D. DESSUS, « La maîtrise d'œuvre dans les contrats de partenariat », *Revue du Trésor* mars-avr. 2007, p. 287.

ces inquiétudes. En effet, lorsque la personne publique choisit de confier une mission de maîtrise d'œuvre au cocontractant, parmi les conditions d'exécution du contrat retenues figure l'obligation d'identifier une équipe de maîtrise d'œuvre chargée de la conception des ouvrages, équipements ou biens immatériels et du suivi de leur réalisation. Les offres comportent nécessairement, en outre, pour les bâtiments, un projet architectural. Enfin, parmi les critères d'attribution au contrat figure nécessairement la qualité globale des ouvrages. Lorsque la personne publique conserve la maîtrise d'ouvrage, elle peut elle-même, par dérogation à la définition de la mission de base figurant au quatrième alinéa de l'article 7 de la loi du 12 juillet 1985 relative à la maîtrise d'ouvrage publique et à ses rapports avec la maîtrise d'œuvre privée, faire appel à une équipe de maîtrise d'œuvre pour la partie de la conception qu'elle assume. La réforme de 2008 apporte un complément intéressant à ces précisions, en ce que la personne publique peut désormais transférer au cocontractant tout ou partie des contrats qu'elle a précédemment conclus pouvant concourir à l'exécution de la mission. Parmi ces contrats figurent en bonne position les contrats de maîtrise d'œuvre, ce qui permet à la personne publique de choisir en amont un projet architectural.

2. Durée

1151 **Contrat de longue durée. –** Le contrat de partenariat est conclu pour une période déterminée en fonction de la durée d'amortissement des investissements ou des modalités de financement retenues (article 1-I de l'ordonnance et L. 1414-1-I du CGCT). Il comporte nécessairement des clauses relatives à sa durée (article 11 de l'ordonnance et L. 1414-12 CGCT). La référence aux modalités de financement retenues devrait pouvoir éventuellement permettre de fixer une durée inférieure à celle de l'amortissement des investissements[13].

3. Financement

1152 **Partage du financement. –** Ainsi qu'il a été exposé ci-dessus (*supra*, n° 1144), depuis 2009, le partenaire peut n'assurer qu'une partie du financement du projet (au moins la majorité si le partenariat est conclu avec une collectivité territoriale), ce qui peut s'avérer utile si le partenaire éprouve de la difficulté à trouver un financement total ou si les conditions de financement proposées à la personne publique sont plus avantageuses. En revanche, il est interdit au cocontractant de créer une structure commune dans laquelle le partenaire aurait une participation. Le partenariat reste un mode de collaboration contractuel et non institutionnel.

1153 **Garantie de l'État. –** La loi n° 2009-179 du 17 février 2009 autorise également l'État à accorder sa garantie au cas par cas à certains contrats, dont le contrat de partenariat. Cette garantie ne peut excéder un volume global de 10 milliards d'euros et ne concerne que les contrats conclus avant le 30 juin 2010. Elle est accordée

13. A. MÉNÉMÉNIS, « L'ordonnance sur les contrats de partenariat : heureuse innovation ou occasion manquée ? » *AJDA* 2004, p. 1737, S. LAGUMINA et L. DERUY, « L'ordonnance relative aux contrats de partenariat : dépasser la polémique ? » *BJDCP* 2004, p. 348.

à titre onéreux aux conditions du marché et ne peut excéder 80 % du montant du financement nécessaire au projet envisagé.

1154 **Caractère ajustable des modalités de financement. –** Pour les contrats conclus en 2009 et 2010 (art. 13 de la loi précitée n° 2009-179), la personne publique peut prévoir que les modalités de financement indiquées dans l'offre des candidats présentent un caractère ajustable. Cela permettra aux candidats de pallier leurs difficultés de financement dues à la crise économique et de présenter leur offre sans avoir à finaliser leur financement. Mais le candidat pressenti devra présenter son financement définitif dans un délai fixé par la personne publique.

4. Rémunération

1155 **Prix étalé payé par la personne publique. –** La possibilité pour une personne publique de conclure un contrat portant sur la construction d'équipements tout en étalant le prix payé par elle sur toute la durée du contrat était inenvisageable avec les autres contrats de la commande publique. C'était l'intérêt du METP, lequel fut déclaré illégal en raison de sa contrariété avec les dispositions du Code des marchés publics interdisant le paiement différé[14]. Désormais, l'article 1er-II de l'ordonnance dispose que « la rémunération du cocontractant fait l'objet d'un paiement par la personne publique pendant toute la durée du contrat » (article L. 1414-1-II du CGCT). Ainsi, l'origine de la rémunération est publique, mais le paiement est étalé.

Le contrat prévoit obligatoirement une clause relative « à la rémunération du cocontractant, aux conditions dans lesquelles sont pris en compte et distingués, pour son calcul, les coûts d'investissement – qui comprennent en particulier les coûts d'étude et de conception, les coûts annexes à la construction et les frais financiers intercalaires –, les coûts de fonctionnement et les coûts de financement » (articles 11-d de l'ordonnance et L. 1414-12 d du CGCT). La réforme de 2008 est simplement venue préciser ce qu'il fallait entendre par coûts d'investissement.

1156 **Rémunération liée à des objectifs de performance. –** Alors qu'en 2004 l'ordonnance prévoyait que la rémunération *pouvait* être liée à des objectifs de performance assignés au cocontractant, la réforme de 2008 rend cette hypothèse obligatoire. Désormais l'article 1er-II alinéa 2 de l'ordonnance dispose que la rémunération « *est* liée à des objectifs de performance assignés au cocontractant » (article 1414-1-II du CGCT). C'est l'article 11-c qui fixe les critères d'appréciation de la performance du partenaire, puisque le contrat comporte une clause relative « aux objectifs de performance assignés au cocontractant, notamment en ce qui concerne la qualité des prestations de services, la qualité des ouvrages, équipements ou biens immatériels, les conditions dans lesquelles ils sont mis à la disposition de la personne publique, et, le cas échéant, leur niveau de fréquentation » (article 1414-12-c du CGCT).

La variabilité de la rémunération reçue par le cocontractant, quelle que soit son origine, pourrait constituer un argument en faveur d'une qualification de concession en droit communautaire. En effet, l'identification d'une concession en droit communautaire repose sur un critère matériel, l'exploitation d'un ouvrage ou d'un service, et sur un critère financier, le transfert d'un risque d'exploitation au cocontractant (articles 1er-3 et 1er-4 de la directive 2004/18). Le Livre Vert précité n'excluait pas une qualification de certains partenariats en concession. Le fait que désormais

14. *Supra*, n° 1059.

la rémunération du partenaire en droit français soit obligatoirement liée à des objectifs de performance peut augmenter le nombre de contrats susceptibles d'être requalifiés en concession.

1157 **Recettes extérieures. –** Le contrat comporte, le cas échéant, une clause précisant « les recettes que le cocontractant peut être autorisé à se procurer en exploitant le domaine, les ouvrages, équipements ou biens immatériels, à l'occasion d'activités étrangères aux missions de service public de la personne publique et qui ne leur portent pas préjudice, aux motifs et modalités de ses variations pendant la durée du contrat et aux modalités de paiement, notamment aux conditions dans lesquelles, chaque année, les sommes dues par la personne publique à son cocontractant et celles dont celui-ci est redevable au titre de pénalités ou de sanctions font l'objet d'une compensation » (articles 11-d de l'ordonnance et 1414-12-d du CGCT). Dès 2004, il était prévu que le partenaire puisse exploiter les équipements construits pour répondre à d'autres besoins que ceux de la personne publique contractante. Cette possibilité vise à réduire le coût finalement supporté par la personne publique. La réforme de 2008 a reformulé la désignation de ces activités, qui sont désormais « étrangères aux missions de service public de la personne publique », et ne doivent pas leur porter préjudice. L'idée est qu'en cas de sous-utilisation des équipements, le cocontractant puisse les exploiter à son profit (stade ou salle de spectacles par exemple). Cependant, les cocontractants ne peuvent certainement aller jusqu'à sur-dimensionner les équipements, afin d'augmenter les recettes annexes, ce qui entacherait le contrat d'incompétence[15].

On peut toutefois s'interroger sur les termes assez restrictifs choisis par le législateur en 2008, car une personne publique peut avoir une activité d'intérêt général non qualifiable de service public. La distinction fondée sur les besoins de la personne publique semblait plus pertinente, mais à partir du moment où la mission du partenaire est définie par ailleurs à partir d'une mission de service public de la collectivité publique, autant faire de cette dernière le critère de distinction entre les activités « internes » au contrat et les activités « extérieures » au contrat.

5. Formule dérogatoire

1158 **Recours conditionné au contrat de partenariat. –** Alors que les promoteurs de la réforme envisageaient de faire du contrat de partenariat un contrat de droit commun de la commande publique, au même titre que les marchés ou les délégations, la décision rendue par le Conseil constitutionnel sur la loi d'habilitation[16] servant de fondement à la future ordonnance sur les contrats de partenariat les a contraints à revoir leur objectif. Le caractère conditionné du recours au contrat de partenariat ne figure pas dans ses éléments de définition situés à l'article 1er de l'ordonnance, mais se déduit de la formulation de l'article 2-II du texte (article L. 1414-2 du CGCT).

Les conditions de recours à ce type de contrat ont été fixées par une réserve d'interprétation par laquelle le Conseil constitutionnel a limité, dans sa décision du 26 juin 2003[17], le recours à de tels contrats « à des situations répondant à des

15. Ainsi que le souligne très justement L. RICHER en citant par analogie CAA Paris 10 juill. 2003, *SOGERES*, n° 01PA02303, *Droit des contrats administratifs*, LGDJ, 7e éd., 2010, n° 1174.
16. Loi n° 2003-591 du 2 juill. 2003.
17. Décision n° 2003-473 DC, Loi de simplification du droit.

motifs d'intérêt général tels que l'urgence qui s'attache, en raison de circonstances particulières ou locales, à rattraper un retard préjudiciable, ou bien la nécessité de tenir compte des caractéristiques techniques, fonctionnelles ou économiques d'un équipement ou d'un service déterminé ».

Deux éléments sont à retenir de cette décision. En premier lieu, le Conseil constitutionnel réaffirme sa jurisprudence antérieure[18] en vertu de laquelle aucune norme constitutionnelle n'interdit de confier à un même opérateur un contrat global et de recourir au crédit-bail ou à l'option d'achat anticipée pour préfinancer un ouvrage public. Mais ces différentes techniques constituent des dérogations au droit commun de la commande ou de la domanialité publique. Dès lors, leur généralisation pourrait priver de garanties légales les exigences constitutionnelles inhérentes à l'égalité devant la commande publique, à la protection des propriétés publiques et au bon usage des deniers publics. C'est pourquoi le recours aux contrats de partenariat doit être limité. En second lieu, les conditions de recours au contrat de partenariat telles que fixées par le Conseil constitutionnel ont fait l'objet de fluctuations finalement validées par le Conseil d'État et le Conseil constitutionnel lui-même (*infra*, nº 1159 et nº 1160).

En 2004, l'ordonnance prévoyait deux cas exclusifs de recours au contrat de partenariat, la complexité du projet ou son urgence. La réforme de 2008 y ajoute un nouveau cas, celui du bilan favorable, mais ses dispositions autorisant l'extension du champ d'application du contrat à certains secteurs ont été censurées par le Conseil constitutionnel.

On remarque ainsi que dans la formulation initiale du Conseil constitutionnel, l'urgence et les caractéristiques du projet ne constituent que des exemples de situations répondant à des motifs d'intérêt général alors que dans le texte final de l'ordonnance les conditions d'urgence et de complexité sont seules visées.

1159 **Complexité. –** La première hypothèse d'éligibilité au contrat de partenariat est celle de la complexité du projet[19]. Celle-ci est avérée lorsque « la personne publique n'est pas objectivement en mesure de définir seule et à l'avance les moyens techniques répondant à ses besoins ou d'établir le montage financier ou juridique du projet » (articles 2-II-1 de l'ordonnance et 1414-2-II-1 du CGCT). Il faut donc que la complexité soit objective, c'est-à-dire qu'elle concerne le projet lui-même et ne dépende pas d'un manque de savoir-faire particulier des services de la collectivité[20]. La complexité peut ensuite être soit technique[21], soit financière, soit juridique. Comme le remarque fort justement A. Ménéménis, « des contrats globaux avec financement privé n'ont de chance d'être économiquement plus efficaces et financièrement moins coûteux que des contrats « classiques » que pour des opérations qui exigent à la fois des investissements élevés et la réalisation de prestations faisant appel à des savoir-faire de haut niveau »[22]. La complexité technique est évaluée au regard de l'incapacité de spécifier les moyens techniques à utiliser pour répondre aux

18. Décisions des 22 et 29 août 2002 rendues à propos de la LOPJ et de la LOPSI, nº 2002-460 DC et nº 2002-461 DC.

19. J. LERAUT, « Réflexion sur les conditions d'urgence et de complexité justifiant le recours au contrat de partenariat », *BJDCP* nº 42, 2005, p. 343.

20. MINEFI, Fiche technique « Contrat de partenariat. Urgence et complexité », févr. 2006 : il faut tenir compte des capacités de la personne publique concernée, capacités qui varient en fonction de la nature et de la taille de ladite personne publique.

21. TA Montpellier 26 févr. 2010, *Dillenschneider*, *DA* juin 2010, note F. BRENET.

22. « L'ordonnance sur les contrats de partenariat : heureuse innovation ou occasion manquée ? », préc.

besoins de la personne publique, mais également au regard de la difficulté à établir parmi plusieurs solutions possibles. La complexité financière peut résulter du souhait de restructurer un équipement public au moindre coût en demandant aux partenaires privés de trouver des solutions pour valoriser le terrain support de l'opération[23].

L. Richer distingue les différents cas de complexité : « une différence existe selon que la complexité est d'ordre technique ou qu'elle est d'ordre financier. Pour que la condition relative aux moyens techniques soit réalisée, il faut que la personne publique ne soit pas "objectivement en mesure de définir seule et à l'avance les moyens techniques", ce qui renvoie aux caractéristiques propres du projet. En revanche, la condition relative au "montage financier ou juridique" est énoncée autrement, comme dans la directive 2004/18, il est admis que la condition est satisfaite si la personne publique n'est pas à même "d'établir" le montage financier ou juridique, ce qui renvoie aussi bien au cas où elle n'a pas pu le définir qu'à celui où elle n'a pas pu le mettre en place, par exemple parce qu'elle n'a pas trouvé un financement à un taux acceptable »[24].

Dans sa décision précitée rendue à propos de la loi d'habilitation, le Conseil constitutionnel faisait mention des caractéristiques techniques, fonctionnelles ou économiques d'un projet, que l'ordonnance étend à toute situation de complexité. Saisi d'un recours contre l'ordonnance, le Conseil d'État, dans son arrêt *Sueur*[25], interprète les dispositions de l'ordonnance dans un sens conforme aux exigences de légalité utilisant lui-même la technique de la réserve pour finalement ramener l'interprétation du texte aux cas envisagés par le Conseil constitutionnel : « qu'il en va de même de la complexité du projet, lorsqu'elle est telle que la personne publique n'est pas objectivement en mesure de définir seule et à l'avance les moyens techniques pouvant répondre à ses besoins ou d'établir le montage financier ou juridique de ce projet ».

Il ressort des statistiques et tableaux publiés par la MAPPP (2008) que la très grande majorité des contrats de partenariat ont été conclus à partir d'une procédure de dialogue compétitif, ce qui signifie (avant 2008) que le critère d'éligibilité au contrat de partenariat était donc la complexité du projet. On remarque que le contrat de partenariat est particulièrement choisi pour l'éclairage public, les réseaux haut débit, les constructions HQE, ou l'édification de grands équipements comme des stades, des groupes scolaires, des aéroports, palais de justice, etc.

1160 **Urgence. –** Un contrat de partenariat ne peut être conclu que si « le projet présente un caractère d'urgence, lorsqu'il s'agit de rattraper un retard préjudiciable à l'intérêt général affectant la réalisation d'équipements collectifs ou l'exercice d'une mission de service public, quelles que soient les causes de ce retard, ou de faire face à une situation imprévisible » (articles 2-II-2° de l'ordonnance et L. 1414-2-II-2° du CGCT)[26]. Cette formulation plus détaillée est issue de la réforme de 2008, alors que la version 2004 se contentait d'une simple référence à l'urgence. Deux constatations s'imposent. En premier, lieu, dès l'origine, il était acquis que l'urgence du contrat de partenariat se distinguait du même terme employé par le Code des marchés publics pour justifier le recours à certaines facilités de procédure en ce que l'urgence du contrat de partenariat incluait les situations dues à la carence des personnes publiques[27]. La réforme de 2008 le confirme, puisque l'urgence est acquise, « quelles que soient les causes du retard ». En second lieu, le développement de la

23. Exemples issus de MINEFI, Fiche technique « Contrat de partenariat. Urgence et complexité », févr. 2006.

24. *Droit des contrats administratifs*, LGDJ, 7e éd., 2010, n° 1162.

25. CE 29 oct. 2004, *Sueur et autres*, *RFDA* 2004, p. 1103 concl. CASAS, *AJDA* 2004, p. 2383 chron. LANDAIS et LENICA, *Contrats marchés publ.* déc. 2004, n° 249, note G. ECKERT, *Europe* déc. 2004, n° 391, note P. CASSIA, *DA* 2005, n° 3, 4 et 5, obs. A. MÉNÉMÉNIS.

26. La formulation retenue par le CGCT n'admet pas que le retard soit dû à n'importe quelle cause.

27. MINEFI, Fiche technique « Contrat de partenariat. Urgence et complexité », févr. 2006.

formulation relative à l'urgence n'est pas étonnant dans la mesure où, même avant 2008, la condition s'appréciait à la lumière de la jurisprudence du Conseil constitutionnel et du Conseil d'État.

Le Conseil constitutionnel dans sa décision précitée de 2003 vise « l'urgence qui s'attache, en raison de circonstances particulières ou locales, à rattraper un retard préjudiciable », alors que l'ordonnance version 2004 se contente de faire référence à la simple urgence. Là encore, le Conseil d'État, dans son arrêt *Sueur* précité interprète les dispositions de l'ordonnance dans un sens conforme aux exigences de légalité utilisant lui-même la technique de la réserve pour finalement ramener l'interprétation du texte aux cas envisagés par le Conseil constitutionnel : « sous réserve qu'elle résulte objectivement, dans un secteur ou une zone géographique déterminés, de la nécessité de rattraper un retard particulièrement grave affectant la réalisation d'équipements collectifs, l'urgence qui s'attache à la réalisation du projet envisagé est au nombre des motifs d'intérêt général pouvant justifier la passation d'un contrat de partenariat ». Cette analyse est finalement confirmée par le Conseil constitutionnel lors de l'examen de la loi de ratification de l'ordonnance[28]. On remarque cependant que la version 2008 mentionne l'urgence à rattraper un retard « préjudiciable », formulation retenue par le Conseil constitutionnel, alors que le Conseil d'État parlait de retard « particulièrement grave ».

Le Conseil constitutionnel, dans sa décision du 24 juillet 2008[29], loi relative aux contrats de partenariat, valide la condition d'éligibilité liée à l'urgence telle qu'elle est décrite, mais adopte implicitement une « réserve de précisions » en décidant que la situation qui motive le recours au partenariat est « l'urgence qui s'attache à la réalisation du projet, dès lors qu'elle résulte *objectivement, dans un secteur ou une zone géographique déterminés*, de la nécessité de rattraper un retard *particulièrement grave*, préjudiciable à l'intérêt général et affectant la réalisation d'équipements collectifs ou l'exercice d'une mission de service public ». Le caractère objectif de la complexité est étendu à l'urgence, à tel point que l'on peut se demander si l'urgence due à la carence de l'administration n'aurait pas un caractère subjectif empêchant les personnes publiques de s'en prévaloir. Mais en retenant une formulation identique pour des faits antérieurs à l'adoption de la réforme de 2008, le Conseil d'État a jugé, dans l'affaire du collège de Villemandeur dans laquelle la carence de l'administration était en cause, que l'urgence résultant objectivement de la nécessité de rattraper un retard peut justifier la passation d'un contrat de partenariat, « quelles qu'en soient les causes » (CE 23 juillet 2010, *M. Lenoir*[30]). Les personnes publiques devront en outre identifier une zone géographique frappée par un retard particulier, lequel doit être particulièrement grave.

Bien que la condition de gravité du retard ne soit pas reprise par le texte même de l'ordonnance modifiée, le juge administratif opère un contrôle rigoureux sur ce point, ainsi qu'en atteste les premiers jugements rendus[31]. Le Conseil d'État a même admis que le juge administratif peut tenir compte pour apprécier l'urgence

28. CC n° 2004-506 du 2 déc. 2004, Loi de simplification du droit.

29. CC n° 2008-567 DC.

30. *AJDA* 2010, p. 1769, note J.-D. DREYFUS, *JCP* A n° 37, 13 sept. 2010, 2265, note F. LINDITCH, *CMP* oct. 2010, n° 318, note G. ECKERT, *BJCP* n° 72 nov. 2010, p. 359, concl. BOULOUIS.

31. TA Orléans 29 avr. 2008, *Lenoir et Synd. nat. ent. de second œuvre du bâtiment, CMP* juin 2008, n° 123, note G. ECKERT, *BJCDP* 2008, p. 119, concl. BOROT, *DA* 2008, comm. 92, note F. MELLERAY, *AJDA* 2008, p. 1203, note J.-D. DREYFUS, *BJDCP* 2008, p. 211, obs. Ph. TERNEYRE : pas de retard grave affectant la réalisation d'un collège compte tenu des mesures provisoires d'accueil et de transport des élèves mises en place. Dans la même affaire CAA Nantes 23 janv. 2009, *Département du Loiret*, *CMP* mars 2009,

de circonstances de fait postérieures à la décision de l'administration, éclairant les conséquences du retard invoqué, alors même bien évidemment que le juge administratif se place à la date de la décision pour statuer (CE 23 juillet 2010, *M. Lenoir*, préc.).

1161 **Bilan favorable. –** La réforme de 2008 a ajouté un nouveau cas d'éligibilité, celui du bilan favorable. « Compte tenu soit des caractéristiques du projet, soit des exigences du service public dont la personne publique est chargée, soit des insuffisances et difficultés observées dans la réalisation de projets comparables, le recours à un tel contrat présente un bilan entre les avantages et les inconvénients plus favorable que ceux d'autres contrats de la commande publique. Le critère du paiement différé ne saurait à lui seul constituer un avantage » (articles 2-II-3° de l'ordonnance et L. 1414-2-II-3° du CGCT). Le bilan est donc apprécié au regard de trois types de nécessités jouant de manière alternative : soit les caractéristiques du projet, soit les exigences du service public, soit les insuffisances et difficultés observées dans la réalisation de projets comparables. Le critère du paiement différé n'en est nullement exclu mais ne pourra être évalué séparément de l'un des autres avantages, comme le délai de livraison, le coût, les performances, la qualité, etc. Ce troisième cas d'éligibilité est validé par le Conseil constitutionnel dans sa décision du 24 juillet 2008[32], lequel, comme on l'a vu, ne limitait pas les motifs d'intérêt général justifiant le recours aux contrats de partenariat aux deux seuls cas envisagés initialement. Toutefois, le Conseil exige une analyse « approfondie » des avantages et inconvénients.

1162 **Secteurs souffrant d'un retard d'investissement. –** Le projet de réforme de 2008 étendait le recours au contrat de partenariat à certains secteurs souffrant d'un important retard en investissements, tels que les universités, les hôpitaux, les gendarmeries, les prisons, casernes, infrastructures de transport, etc. La condition d'urgence devait toujours être satisfaite dans ces cas. Le Conseil constitutionnel dans sa décision précitée du 24 juillet 2008 a censuré cette extension.

1163 **Articulation entre l'évaluation préalable et les cas d'éligibilité. –** Dans la version 2004 de l'ordonnance sur les contrats de partenariat, l'évaluation préalable du projet (*infra*, n° 1173 et s.) était étroitement liée aux conditions de recours au contrat de partenariat. Un élément de procédure intervenait pour certifier que l'autorité publique se situait bien dans un des cas d'éligibilité prévus. La rédaction est plus claire en 2008, puisque, d'une part, l'évaluation sert à identifier les motifs qui conduisent la personne publique à engager la procédure de passation d'un tel contrat et, d'autre part, les conditions d'éligibilité en sont clairement distinguées, même s'ils ressortent de l'évaluation.

6. Partage des risques

1164 **Place du critère du partage des risques. –** L'un des éléments véritablement promoteur du contrat de partenariat est qu'il permettrait d'opérer un partage des risques entre l'administration et son cocontractant. Curieusement, le partage des

n° 80, comm. W. ZIMMER, *DA* mars 2009, n° 38, note J. -F. VILLAIN, *AJDA* 2009, p. 779, note J.-D. DREYFUS, *BJCP* n° 63, avr. 2009, p. 158, obs. R. WANDERMEEREN.

32. Décision n° 2008-567 DC.

risques ne figure pas dans les éléments de définition de l'article 1er de l'ordonnance. Il est abordé comme une clause obligatoire du contrat, puisque celui-ci doit prévoir « les conditions dans lesquelles est établi le partage des risques entre la personne publique et son cocontractant » (articles 11-b de l'ordonnance et L. 1414-12-b° du CGCT). On rappelle (*supra*, n° 1143) que de la répartition de certains risques peut dépendre la classification des actifs issus du contrat.

Si l'on est certain que le contrat de partenariat opère un « partage des risques », on ne peut qu'être extrêmement surpris par l'imprécision de la détermination des risques à répartir au sein du contrat de partenariat. La MAPPP[33] identifie huit risques : le risque de conception des équipements, le risque de financement, le risque de mise en œuvre (exécution et certification des investissements, montée en charge des services à rendre), le risque d'exploitation (qualité et disponibilité du service), le risque d'usage (variation de la demande), le risque de changement de droit, le risque d'obsolescence et le risque de retrait de service (coût du démantèlement à l'issue du contrat). Aucun principe ne gouverne réellement l'identification de la personne sur laquelle chaque risque doit peser. Une doctrine avisée[34] avance que « le risque technique devrait peser sur le partenaire et le risque commercial sur la personne publique » (le risque commercial étant considéré comme synonyme de risque d'exploitation). À l'inverse, pour le rapport du Groupe des banques et organismes financiers membres de l'institut de gestion déléguée[35], « il est en effet parfaitement logique que le partenaire privé assume les risques correspondant aux missions qui lui sont confiées au titre du contrat de partenariat, notamment (et dans la plupart des cas) les risques (...) d'exploitation (...) ».

1165 **Élaboration d'une matrice des risques. –** Ainsi que l'indique la circulaire du 29 novembre 2005 relative aux contrats de partenariat[36], trois étapes se succèdent : le recensement de l'ensemble des risques encourus, la répartition des risques et l'évaluation et quantification des risques. « Les risques sont appréciés, au cas par cas, selon les caractéristiques propres à chaque projet et les objectifs poursuivis par la personne publique. La répartition des risques sera fonction de la nature spécifique de l'investissement réalisé sous forme de contrat de partenariat ». « On élabore pour chacun des scenarii comparés la matrice des risques. Le principe des contrats de partenariat est de répartir les risques à celui des cocontractants qui sont le mieux à même de les supporter du point de vue technique, économique et financier ».

7. Réalisation et acquisition des biens

1166 **Maîtrise d'ouvrage privée. –** Le cocontractant de la personne publique assure la maîtrise d'ouvrage des travaux à réaliser (articles 1er-II de l'ordonnance et L. 1414-1-II du CGCT). Là encore, on touche l'un des aspects avantageux du contrat de partenariat, qui déroge à la loi MOP, laquelle impose à la personne publique pour laquelle l'ouvrage est construit d'exercer la maîtrise d'ouvrage. Le contrat de partenariat permet aux personnes publiques de « faire faire », c'est-à-dire de se voir livrer des ouvrages avec une externalisation maximale des différentes tâches.

33. Fiche n° 1 du 5 oct. 2006, Analyse préliminaire de l'intérêt du recours au contrat de partenariat.
34. F. BRENET et F. MELLERAY, ouvrage préc. p. 141.
35. *Le Moniteur*, 20 oct. 2006, cahier détaché n° 3, n° 5369.
36. Préc. Elle est spécifique aux collectivités territoriales, mais du point de vue de la matrice des risques, rien n'empêche les autres personnes publiques de s'en inspirer.

1167 **Expropriation. –** Depuis 2009, il est prévu (art. 1er de l'ordonnance et art. L. 1414-1 du CGCT) qu'après décision de l'autorité publique, le partenaire peut être chargé d'acquérir les biens nécessaires à la réalisation de l'opération, y compris par voie d'expropriation.

B. LA REQUALIFICATION EN MARCHÉ DE TRAVAUX AU SENS COMMUNAUTAIRE

1168 **Définition communautaire du marché de travaux. –** Le marché de travaux est un marché public ayant pour objet soit l'exécution, soit conjointement la conception et l'exécution de travaux ou d'un ouvrage, soit la réalisation, par quelque moyen que ce soit, d'un ouvrage répondant aux besoins précisés par le pouvoir adjudicateur (articles 1er-2. b de la directive n° 2004/18). La définition communautaire du marché de travaux est plus large que celle du droit français sur trois points. Tout d'abord, le droit communautaire n'exige pas que le pouvoir adjudicateur détienne la maîtrise d'ouvrage des travaux à réaliser. Ensuite, la notion d'entrepreneur est interprétée de manière très large par la jurisprudence de la Cour, qui n'exige pas que l'entrepreneur dispose lui-même des moyens matériels et humains pour réaliser les travaux. Ainsi, un lotisseur[37] ou un aménageur[38] peut-être un entrepreneur. Enfin, un marché de travaux peut consister en la réalisation d'un ouvrage, par quelque moyen que ce soit, ce qui inclut par exemple les contrats de promotion immobilière.

1169 **Qualification des partenariats français en droit communautaire. –** Compte tenu de la définition adoptée par le droit français, le contrat de partenariat est un marché public au sens du *droit communautaire*. Le Conseil d'État n'a pas véritablement montré d'hésitation dans l'arrêt *Sueur*[39] : « les contrats de partenariat, qui ont vocation à être passés avec un ou plusieurs opérateurs économiques et en vertu desquels la rémunération du cocontractant fait l'objet d'un paiement par la personne publique, constituent des marchés publics au sens de cette directive ». Le critère financier a donc fait basculer le contrat de partenariat dans la famille des marchés publics au sens communautaire[40].

37. CJCE 12 juill. 2001, *Province de Milan*, aff. C-399/98.

38. CJCE 18 janv. 2007, *Jean Auroux c/Cne de Roanne*, aff. C-220/05.

39. CE Section 29 oct. 2004, *Rec.* p. 393, *RFDA* 2004, p. 1110, concl. CASSAS, *BJDCP* 2005, n° 38, p. 65, concl. CASSAS, obs. CM, *AJDA* 2004, p. 2383, chron. LANDAIS et LENICA, *CMP* déc. 2004, p. 20 note G. ECKERT, *DA* 2005, n° 3, 4 et 5, note A. MÉNÉMÉNIS.

40. P. DELVOLVÉ, « Contrat de partenariat et typologie des contrats », *Droit et ville* n° 60/2005, p. 65 ; S. NICINSKI, « La place des contrats de partenariat au sein des contrats publics », *Revue du Trésor* mars-avr. 2007, p. 237.

SECTION II RÉGIME

1170 **Particularités. –** Les particularités du contrat de partenariat tiennent, d'une part, à sa procédure de passation et, d'autre part, au contenu du contrat, fortement prédéterminé par les textes applicables.

§ 1. LA PASSATION

1171 **Soumission aux grands principes de la commande publique. –** Même si des procédures formalisées sont prévues, la passation des contrats de partenariat est soumise d'une manière générale aux principes de liberté d'accès, d'égalité de traitement des candidats et de transparence des procédures (article 3 de l'ordonnance)[41].

1172 **Recours au contrat de partenariat sur initiative d'un candidat. –** Dès 2004, une personne publique pouvait être saisie d'un projet par une entreprise ou un groupement d'entreprises et y donner suite en concluant un contrat de partenariat (articles 10 de l'ordonnance et L. 1414-11 du CGCT). Cette possibilité encourage bien évidemment les opérateurs à informer les collectivités publiques de leurs projets innovants. L'intérêt du procédé est que l'auteur du projet peut être admis à participer à la procédure et, depuis la réforme de 2008, se voir octroyer une prime (subordonnée semble-t-il au caractère innovant de l'idée)[42].

A. L'ÉVALUATION PRÉALABLE

1173 **Organisation de l'évaluation préalable. –** Alors que la version 2004 de l'ordonnance était déjà relativement précise sur les modalités de l'évaluation préalable, la réforme de 2008 vient les enrichir et les faire passer dans le I de l'article 2 de l'ordonnance : « les contrats de partenariat donnent lieu à une évaluation préalable, réalisée avec le concours de l'un des organismes experts créés par décret, faisant apparaître les motifs de caractère économique, financier, juridique et administratif qui conduisent la personne publique à engager la procédure de passation d'un tel contrat. Chaque organisme expert élabore, dans son domaine de compétences, une méthodologie déterminant les critères d'élaboration de cette évaluation dans les conditions fixées par le ministre chargé de l'Économie. Cette évaluation comporte une analyse comparative de différentes options, notamment en termes de coût global hors taxes, de partage des risques et de performance, ainsi qu'au regard des préoccupations de développement durable. Lorsqu'il s'agit de faire face à une situation imprévisible, cette évaluation peut être succincte ».

41. G. ECKERT, « La passation du contrat de partenariat », *Droit et ville* n° 60/2005, p. 105.

42. Ce procédé est validé par la décision du Conseil constitutionnel précitée n° 2008-567, qui précise que la prime ne peut être versée que si la personne publique conclut un contrat de partenariat avec un tiers et associe la notion de caractère innovant à celle de projet original.

On note que l'objet de l'évaluation est de faire apparaître les *motifs* qui conduisent la personne publique à recourir au contrat de partenariat. La méthode retenue est celle d'une *comparaison* des différentes options, c'est-à-dire des différents contrats envisageables, ou plus généralement des différents modes de réalisation des projets publics[43]. Sur ce point, il apparaît que le contrôle du juge devrait plutôt être un contrôle de l'erreur manifeste[44]. L'État et ses établissements publics se font aider d'un organisme expert, dont le premier créé fut évidemment la Mission d'appui à la réalisation des contrats de partenariat (MAPPP)[45]. Le rôle de la MAPPP est de fournir aux personnes publiques qui le demandent un appui dans la préparation, la négociation et le suivi des contrats de partenariat[46]. Les collectivités territoriales et leurs établissements publics n'ont pas l'obligation d'être assistés par un organisme expert (article L. 1414-2 du CGCT).

1174 **Réforme de 2008. –** La réforme de 2008 porte sur plusieurs aspects importants de l'évaluation. D'abord, il est prévu que soit établie une méthodologie des critères d'élaboration de l'évaluation par chaque organisme expert, dans des conditions fixées par le ministre chargé de l'Économie. Les études préalables doivent comporter une présentation générale du projet, une partie juridique portant sur les motifs du recours au contrat de partenariat et une analyse comparative avec d'autres schémas juridiques[47]. Pour les collectivités territoriales et leurs établissements publics, il est juste prévu que l'évaluation est menée selon une méthodologie définie par le ministre chargé de l'économie[48]. Ensuite, parmi les éléments à évaluer figurent désormais les préoccupations de développement durable, ce qui n'étonnera pas. Enfin et surtout, alors que la version 2004 prévoyait qu'en cas d'urgence l'exposé des motifs pouvait être succinct, c'est désormais seules les situations imprévisibles qui rendent l'évaluation elle-même succincte.

Ce dernier point est validé par le Conseil constitutionnel[49] : l'évaluation peut être succincte car justifiée par une situation imprévisible « au sens de la force majeure ». En rajoutant ces derniers termes, le Conseil s'assure que la situation dans laquelle l'évaluation sera succincte est limitée et ne recouvrira pas les cas d'urgence résultant d'une carence administrative. Elle offre cependant aux requérants une occasion de discuter du caractère réellement imprévisible de la situation.

43. Institut de la gestion déléguée, *Évaluation des contrats globaux de partenariat. Principes, méthodes et comparaisons*, 2004.

44. En ce sens, S. LAGUMINA et L. DERUY, « L'ordonnance relative aux contrats de partenariat : dépasser la polémique », préc.

45. Décret nº 2004-1119 du 19 oct. 2004.

46. Art. 2 du décret préc. du 19 oct. 2004.

47. Arrêté du 2 mars 2009, *JO* du 4 mars 2009. Voir aussi le plan type d'évaluation diffusé par la MAPPP.

48. Le Conseil constitutionnel n'y a pas vu une atteinte à la libre administration des collectivités territoriales, car la « méthodologie » qui sera définie par le pouvoir réglementaire n'a pour but que de fournir une aide à la décision aux collectivités territoriales qui envisagent de recourir à un contrat de partenariat, CC nº 2008-567 DC du 24 juill. 2008. On note cependant que la méthodologie ainsi fixée semble s'imposer aux collectivités territoriales.

49. CC nº 2008-567 DC du 24 juill. 2008, Loi relative aux contrats de partenariat.

B. LES PROCÉDURES

1175 **Publicité.** – Les modalités de publicité sont fixées par le décret n° 2009-243 du 2 mars 2009 et les articles D. 1414-3 et suivant du CGCT[50]. Pour les contrats de partenariat d'un montant supérieur à 130 000 euros (HT) pour l'État et 200 000 euros (HT) pour les collectivités territoriales, la personne publique est tenue de publier un avis d'appel public à la concurrence dans le *Bulletin officiel des annonces des marchés publics* et au *Journal officiel de l'Union européenne*. Pour les contrats inférieurs à ce montant, la personne publique choisit librement les modalités de publicité adaptées au montant et à la nature des prestations envisagées.

1176 **Sélection des candidatures.** – La date limite de réception des candidatures doit être fixée au moins 40 jours après la publicité (articles 6 de l'ordonnance et L. 1414-6 du CGCT). La sélection des candidatures s'effectue en fonction de critères publiés, une référence étant toutefois faite aux capacités professionnelles, techniques et financières des candidats. Les dispositions réglementaires sont plus prolixes sur la question[51]. Elles fixent la liste des documents ou renseignements pouvant être demandés par les personnes publiques à l'appui des candidatures et dans la mesure où ils sont nécessaires à l'appréciation des capacités des candidats. Ces documents ou renseignements sont précisés dans l'avis de publicité ou dans le règlement de consultation.

La liste des candidats admis à participer est fixée pour l'État par la personne publique cocontractante (article 6 de l'ordonnance) et pour les collectivités territoriales et leurs établissements publics par une commission composée comme la commission compétente en matière de délégations de service public (article L. 1414-6 du CGCT).

1177 **Choix entre trois procédures** (article 5 de l'ordonnance et L. 1414-5 du CGCT). – Désormais, l'autorité publique dispose d'un choix entre trois procédures : le dialogue compétitif, l'appel d'offres ou la procédure négociée (issue de la réforme de 2008 pour les petits contrats)[52]. Avant 2008, il existait une liaison entre le critère d'éligibilité du contrat de partenariat et la procédure à suivre. La complexité obligeait l'administration à diligenter une procédure de dialogue compétitif et l'urgence la conduisait vers l'appel d'offres. Depuis la réforme de 2008, la procédure de dialogue peut être utilisée en cas de complexité, quel que soit le motif de recours au contrat de partenariat.

1178 **Sélection des offres. Dialogue** (articles 7 de l'ordonnance et 1414-7 du CGCT)[53]. – La procédure de dialogue[54] se divise en deux grandes phases principales. La première phase est celle du véritable dialogue. « Sur la base du programme fonctionnel qu'elle a établi afin de déterminer ses besoins et ses objectifs, la

50. Tels que modifiés par le décret n° 2009-244 du 2 mars 2009.

51. Décret n° 2004-1145 du 27 oct. 2004 et articles D. 1414-3 et s. du CGCT.

52. Lorsque le montant du contrat est inférieur à un seuil fixé par décret, seuil qui devrait normalement correspondre au seuil des procédures formalisées en droit communautaire.

53. Ph. DELELIS, « Le dialogue compétitif », *Revue du Trésor* mars-avr. 2007, p. 279.

54. Dont on remarquera qu'il n'est pas « compétitif », au sens du Code des marchés publics auquel aucun renvoi n'est effectué, même si les deux procédures se ressemblent beaucoup.

personne publique engage un dialogue avec chacun des candidats, dont l'objet est de définir les moyens techniques et le montage juridique et financier les mieux à même de répondre à ses besoins ». Le dialogue vise donc à identifier une solution pour satisfaire un besoin ou un objectif (précision utile apportée par la réforme de 2008)[55]. L'incertitude pèse sur les moyens et le montage (objet du dialogue) mais pas sur les besoins et les objectifs à atteindre (objet du programme fonctionnel). La discussion peut porter sur tous les aspects du contrat, ce qui vise également les aspects financiers et qui constitue l'intérêt de la procédure. « Chaque candidat est entendu dans des conditions d'égalité. La personne publique ne peut donner à certains candidats des informations susceptibles de les avantager par rapport à d'autres. Elle ne peut révéler aux autres candidats des solutions proposées ou des informations confidentielles communiquées par un candidat dans le cadre de la discussion sans l'accord de celui-ci ». Les discussions sont à la fois parallèles, cloisonnées et respectueuses du secret des affaires et des principes de la concurrence. Cette première phase peut elle-même se dérouler en phases successives éliminatoires, à condition de l'avoir indiqué dans l'avis d'appel public à la concurrence ou dans le règlement de la consultation. L'issue de la première phase est l'identification par la personne publique de la ou des solutions qui sont susceptibles de répondre à ses besoins.

La deuxième phase est celle de la remise des offres. La personne publique informe les candidats qui ont participé à toutes les étapes de la discussion (à l'exclusion de ceux qui ont été éliminés) que celle-ci est arrivée à son terme. « Elle invite les candidats à remettre leur offre finale sur la base de la ou des solutions présentées et spécifiées au cours du dialogue dans un délai qui ne peut être inférieur à un mois. Elle définit les conditions d'exécution du contrat, y compris de celles de ses clauses qui prévoient une évolution, pendant la durée du contrat, des droits et obligations du cocontractant, et, le cas échéant, précise les critères d'attribution du contrat définis dans l'avis d'appel public à la concurrence ou le règlement de la consultation. Elle s'efforce de maintenir jusqu'à ce stade une concurrence réelle ». On remarque que les critères de sélection des offres précédemment définis dans l'avis de publicité ou dans le règlement de consultation peuvent être précisés à ce stade, ce qui permet à la personne publique de tenir compte de ce qui est ressorti de la phase de dialogue. Les offres comprennent tous les éléments nécessaires à l'exécution du contrat. Chaque candidat va déposer une offre sur la base de ses propres propositions.

À ce stade, il n'existe plus de négociation. La procédure de dialogue n'est en effet pas assimilable à une procédure négociée. Cependant, « la personne publique peut demander des clarifications, des précisions, des compléments ou des perfectionnements concernant les offres déposées par les candidats ainsi que la confirmation de certains des engagements, notamment financiers, qui y figurent ». Le terme « perfectionnement », issu de la réforme de 2008, conduit à se demander s'il ne faut pas y voir une « mutation profonde »[56] de la procédure de dialogue, qui autoriserait désormais la négociation tout au long de la procédure. Mais le texte précise que

55. La version 2004 ne précisait pas l'objet du programme fonctionnel.

56. F. LINDITCH, « Premier regard sur la loi n° 2008-735 du 28 juill. 2008 relative aux contrats de partenariat », *JCP* A 2008, n° 37, 2193.

« ces demandes ne peuvent avoir pour effet de modifier les éléments fondamentaux de l'offre ou des caractéristiques essentielles du contrat dont la variation est susceptible de fausser la concurrence ou d'avoir un effet discriminatoire ». Ainsi, la marge de négociation est plus large qu'auparavant, mais pas illimitée.

La procédure prévoit enfin une rémunération des participants, tantôt facultative, tantôt obligatoire. « Il peut être prévu dans l'avis d'appel public à la concurrence ou le règlement de la consultation qu'une prime sera allouée à tous les candidats ou à ceux dont les offres ont été les mieux classées. Lorsque les demandes de la personne publique impliquent un investissement significatif pour les candidats ayant participé au dialogue compétitif, une prime doit leur être versée ».

1179 **Appel d'offres. –** L'article 7-II renvoie à un décret le soin de définir la procédure d'appel d'offres. Il s'agit du décret n° 2009-243 du 2 mars 2009 (article 4). La procédure qui y est définie est relativement classique et repose sur deux étapes, la sélection des candidatures et le choix des offres. Les candidatures sont sélectionnées au regard de critères prédéfinis. La personne publique adresse ensuite, simultanément et par écrit, à tous les candidats retenus une lettre de consultation pour les inviter à présenter une offre. Cette lettre de consultation comporte notamment la date limite de réception des offres et l'adresse du service auprès duquel le cahier des charges et les documents complémentaires peuvent être demandés. Le délai de réception des offres ne peut être inférieur à dix jours à compter de l'envoi de la lettre de consultation. Aucune négociation n'est envisageable.

Pour les collectivités territoriales, la procédure est fixée par l'article L. 1414-8 du CGCT. Le délai de réception des offres ne peut être inférieur à quarante jours à compter de l'envoi de la lettre de consultation. En cas d'urgence ne résultant pas du fait de la personne publique, le délai de réception des offres peut être ramené à quinze jours.

1180 **Procédure négociée** (articles 7 de l'ordonnance et L. 1414-8-1 du CGCT). **–** Lorsque le montant du contrat à réaliser est inférieur à 5 000 000 euros HT pour les partenariats dont l'objet principal est des travaux, et pour les autres contrats, inférieur à 130 000 euros pour l'État et 200 000 euros pour les collectivités territoriales[57], la personne publique peut recourir à une procédure négociée avec publication d'un avis d'appel public à la concurrence. Cette procédure est définie librement par la personne publique dans le règlement de la consultation. Elle respecte néanmoins les grands principes de la commande publique, la délimitation des critères de sélection des offres (*infra*, n° 1181), ainsi que les formalités de notification et d'information des candidats évincés.

1181 **Critères de sélection des offres (articles 8 de l'ordonnance et L. 1414-9 du CGCT). –** Il est recouru à la formule classique selon laquelle le contrat est attribué au candidat qui a présenté l'offre économiquement la plus avantageuse, par application des critères définis dans l'avis d'appel public à la concurrence ou le règlement de la consultation. Les critères d'attribution sont pondérés. Si la personne

57. Seuils fixés par le décret n° 2009-243 du 2 mars 2009. Seuil de 200 000 € pour les pouvoirs adjudicateurs soumis à l'ordonnance de 2005 et 400 000 € pour les entités adjudicatrices soumises à l'ordonnance de 2005.

publique démontre qu'une telle pondération est objectivement impossible, ils sont hiérarchisés. Plusieurs particularités doivent être soulignées. En premier lieu, dans la procédure de dialogue, les critères peuvent être précisés à l'issue de la phase de discussion et avant la remise des offres. En deuxième lieu, les critères sont définis en prenant en compte les conclusions de l'étude d'évaluation. Cette obligation répond au caractère conditionné du recours au contrat de partenariat et oblige par la même occasion les personnes publiques à prêter une attention toute particulière à l'étude d'évaluation. En troisième lieu, certains critères sont fixés par les textes eux-mêmes : le coût global de l'offre, des objectifs de performance définis en fonction de l'objet du contrat, en particulier en matière de développement durable, et la part d'exécution du contrat, en particulier en matière de développement durable, que le candidat s'engage à confier à des petites et moyennes entreprises et à des artisans. On entend par coût global de l'offre la somme des coûts actualisés générés par la conception, le financement, la construction ou la transformation, l'entretien, la maintenance, l'exploitation ou la gestion d'ouvrages, d'équipements ou de biens immatériels, les prestations de services prévus pour la durée du contrat. À la différence de la passation d'un marché public pour lequel le Code des marchés publics (art. 53) indique des critères susceptibles d'être choisis par le pouvoir adjudicateur sans toutefois qu'ils soient obligatoires, les critères d'attribution d'un contrat de partenariat définis ci-dessus sont obligatoires pour l'administration. Une seconde liste de critères, facultatifs, est ensuite prévue par les textes. La seule obligation étant qu'ils soient en rapport avec l'objet du contrat, l'administration peut notamment utiliser comme critère d'attribution la valeur technique et le caractère innovant de l'offre, le délai de réalisation des ouvrages, équipements ou biens immatériels, leur qualité architecturale, esthétique ou fonctionnelle[58].

1182 **Mise au point. –** « Sur demande de la personne publique, le candidat identifié comme ayant remis l'offre la plus avantageuse peut être amené à clarifier des aspects de son offre ou à confirmer les engagements figurant dans celle-ci. Cependant, ces demandes ne peuvent avoir pour effet de modifier des éléments fondamentaux de l'offre ou des caractéristiques essentielles du contrat, dont la variation est susceptible de fausser la concurrence ou d'avoir un effet discriminatoire » (articles 7 de l'ordonnance et L. 1414-9-II du CGCT). Le contrat de partenariat est susceptible d'une mise au point avec l'attributaire pressenti, ce qui ne saurait s'analyser comme une négociation.

1183 **Rôle de l'assemblée délibérante pour les collectivités territoriales** (article L. 1414-10 du CGCT)**. –** L'assemblée délibérante ou l'organe délibérant doit autoriser la signature du contrat de partenariat par l'organe exécutif. À cette fin, le projet de délibération est accompagné d'une information comportant le coût prévisionnel global du contrat, en moyenne annuelle, pour la personne publique et l'indication de la part que ce coût représente par rapport à la capacité de financement annuelle de la personne publique. Cette part est mesurée dans des conditions définies par décret.

58. Sur un ensemble de points de procédure, TA Versailles 22 janv. 2008, *Sté Héli Union*, *CP-ACCP* n° 76 avr. 2008, p. 59, note L. VIDAL.

§ 2. LE CONTENU DU CONTRAT

1184 **Clauses obligatoires** (article 11 de l'ordonnance et L. 1414-12 du CGCT). – Pour l'ensemble des clauses à insérer dans un contrat de partenariat, on peut se référer au clausier type élaboré par la MAPPP, lequel n'a qu'une valeur de simple modèle[59]. L'ordonnance du 17 juin 2004 définit plus précisément une série de clauses obligatoires venant former le contenu du contrat de partenariat. Le texte ne fixe qu'une obligation de faire figurer certaines clauses, tout en laissant aux parties le soin d'en déterminer le contenu, mais la rédaction même de l'article 11 de l'ordonnance invite à constater que le législateur anticipe parfois largement sur le contenu des obligations elles-mêmes.

On mentionnera notamment la présence de clauses relative à sa durée, aux conditions dans lesquelles est établi le partage des risques entre la personne publique et son cocontractant. Le cocontractant étant rémunéré en fonction d'objectifs de performance, ces objectifs doivent figurer obligatoirement dans le contrat, « notamment en ce qui concerne la qualité des prestations de services, la qualité des ouvrages, équipements ou biens immatériels, les conditions dans lesquelles ils sont mis à la disposition de la personne publique, et, le cas échéant, leur niveau de fréquentation ». Figure également au titre des clauses obligatoires la mention de « la rémunération du cocontractant, aux conditions dans lesquelles sont pris en compte et distingués, pour son calcul, les coûts d'investissement – qui comprennent en particulier les coûts d'étude et de conception, les coûts annexes à la construction et les frais financiers intercalaires –, les coûts de fonctionnement et les coûts de financement ».

Il en va de même des modalités de contrôle par la personne publique de l'exécution du contrat et des sanctions et pénalités applicables en cas de manquement à ses obligations, notamment en cas de non-respect des objectifs de performance, de la part du cocontractant. Doivent également être fixées les « conditions dans lesquelles il peut être procédé, par avenant ou, faute d'accord, par une décision unilatérale de la personne publique, à la modification de certains aspects du contrat ou à sa résiliation, notamment pour tenir compte de l'évolution des besoins de la personne publique, d'innovations technologiques ou de modifications dans les conditions de financement obtenues par le cocontractant ».

Enfin, et là encore le législateur oscille entre la simple obligation de faire figurer certaines précisions et la prédétermination de leur contenu, doivent figurer des clauses relatives au contrôle qu'exerce la personne publique sur la cession partielle ou totale du contrat ; aux conditions dans lesquelles, en cas de défaillance du cocontractant, la continuité du service public est assurée, notamment lorsque la résiliation du contrat est prononcée ; aux conséquences de la fin, anticipée ou non, du contrat, notamment en ce qui concerne la propriété des ouvrages, équipements ou biens immatériels et aux modalités de prévention et de règlement des litiges et aux conditions dans lesquelles il peut, le cas échéant, être fait recours à l'arbitrage, avec application de la loi française.

59. Reproduit dans le cahier pratique du *Moniteur*, 18 nov. 2011.

1185 **Exploitation des équipements par le cocontractant pour son propre compte.** – Le cocontractant peut être autorisé à exploiter les équipements ou le domaine pour son propre compte[60]. Néanmoins, le contrat doit autoriser cette possibilité et en prévoir les modalités en fixant « les recettes que le cocontractant peut être autorisé à se procurer en exploitant le domaine, les ouvrages, équipements ou biens immatériels, à l'occasion d'activités étrangères aux missions de service public de la personne publique et qui ne leur portent pas préjudice ». Les motifs et modalités des variations de rémunération pendant la durée du contrat et les modalités de paiement font également l'objet de clauses obligatoires.

1186 **Respect du service public.** – Si le cocontractant n'exploite pas lui-même une activité de service public, celle-ci est omniprésente dans les textes sur le contrat de partenariat. Le respect de l'affectation des biens au service public et le respect des exigences du service public font également l'objet d'obligations figurant dans le contrat.

1187 **Contrats emportant occupation du domaine public.** – Lorsque le contrat emporte occupation du domaine public, il vaut autorisation d'occupation de ce domaine pour sa durée. Le titulaire du contrat a, sauf stipulation contraire de ce contrat, des droits réels sur les ouvrages et équipements qu'il réalise. Ces droits lui confèrent les prérogatives et obligations du propriétaire, dans les conditions et les limites définies par les clauses du contrat ayant pour objet de garantir l'intégrité et l'affectation du domaine public (articles 13 de l'ordonnance et L. 1414-16 du CGCT).

La réforme de 2008 a précisé la situation dans laquelle le titulaire est autorisé à valoriser certaines dépendances qu'il est autorisé à occuper. Comme l'indique la décision du Conseil constitutionnel n° 2008-567 précitée, en s'appuyant sur les travaux parlementaires, ce mécanisme consistant à fournir au partenaire privé des recettes annexes, en l'autorisant à passer des baux et à constituer des droits réels sur une partie du domaine privé, est destiné à permettre une réduction correspondante de la rémunération due au titre du partenariat. La personne publique procède d'abord à la délimitation du domaine public, ce qui implique que les dépendances de celui-ci ne sont pas visées. Elle peut ensuite autoriser le titulaire à consentir des baux dans les conditions du droit privé, en particulier des baux à construction ou des baux emphytéotiques, pour les biens qui appartiennent au domaine privé, et à y constituer tous types de droits réels à durée limitée. Leur durée peut excéder celle du contrat de partenariat, ce qui démontre bien que l'objectif poursuivi est de trouver d'importants financements supplémentaires qui viendront *in fine* limiter le coût pour la personne publique. L'accord de la personne publique est expressément requis pour chacun de ces baux[61]. Pour les collectivités territoriales et les établissements publics locaux, il est prévu expressément que le contrat détermine dans quelles conditions les revenus issus de la valorisation du domaine privé par le titulaire viennent diminuer le montant de la rémunération versée par la personne publique.

1188 **Propriété des équipements édifiés.** – Pour déterminer la situation des équipements édifiés dans le cadre d'un contrat de partenariat, il faut se référer à la

60. G. BERKOVICZ et C. LAPUELLE, « Contrat de partenariat et cession en pleine propriété », *CMP* avr. 2011, étude 6.

61. Voir le décret n° 2009-242 du 2 mars 2009.

classification élaborée par E. Fatôme et L. Richer[62]. Les ouvrages construits sur des terrains privés appartiennent au titulaire du contrat pendant sa durée, par application de la théorie de l'accession. Les ouvrages construits sur le domaine privé de l'administration devraient appartenir à celle-ci, sans qu'il soit exclu que les parties usent de leur liberté contractuelle pour déterminer le propriétaire. Dans ces deux premiers cas, le contrat doit néanmoins garantir le respect de l'affectation de ces biens au service public (articles 11-e de l'ordonnance et L. 1414-12-e du CGCT). Les biens édifiés sur le domaine public de l'administration peuvent faire l'objet de la constitution de droits réels en faveur du cocontractant, ainsi qu'on l'a vu ci-dessus.

1189 **Rapport annuel. –** Un rapport annuel[63] établi par le titulaire du contrat de partenariat est adressé à la personne publique afin de permettre le suivi de l'exécution du contrat (article 12-1 issu de la réforme de 2008). Compte tenu de la durée généralement longue des contrats de partenariat, le législateur a ici comblé une importante lacune.

1190 **Aspects financiers et fiscaux. –** La réforme de 2008 banalise le recours à la cession de créance afin que le titulaire du contrat puisse se refinancer plus facilement. Le coût global d'un contrat de partenariat est allégé. Le cautionnement destiné à garantir les prestataires auquel le titulaire peut faire appel pour l'exécution du contrat n'est plus obligatoire, à moins que le prestataire en fasse la demande. Les contrats passés par l'État et ses établissements publics sont désormais dispensés d'assurance dommage ouvrage. Fiscalement[64], diverses exonérations sont prévues et surtout, la part de rémunération versée au cocontractant par les collectivités territoriales ou leurs établissements publics correspondant à l'investissement réalisé est éligible au FCTVA.

BIBLIOGRAPHIE

Dossiers spéciaux *Revue du Trésor*, « Le partenariat public-privé. Ordonnance du 17 juin 2004 », mars-avril 2007, n° 3-4 ■ *Droit et Ville*, actes du colloque « Le contrat de partenariat public-privé », n° 60/2005 ■ J.-F. AUBY, « Ces nouveaux contrats étaient-ils nécessaires ? », *RFDA* 2004, p. 1095 ■ « Le partenariat public-privé vecteur de relance ? », Dossier *CP-ACCP* n° 89, juin 2009 ■ X. BEZANÇON, *2000 ans d'histoire du partenariat public-privé pour la réalisation des équipements et services collectifs*, Presses de l'École nationale des ponts et chaussées, 2004 ■ X. BEZANÇON, L. DERUY, R. FISZELSON et M. FORNACCIARI, *Les nouveaux contrats de partenariat public-privé*, Éditions Le Moniteur, 2005 ■ S. BRACONNIER, « Les contrats de Private Finance Initiative. Réflexions sur la dynamique contractuelle dans les partenariats public-privé », *BJDCP* n° 22, 2002, p. 174, « Ordonnance n° 2004-559 du 17 juin 2004 sur les

62. « Contrat de partenariat immobilier : réalisation, paiement et statut des équipements et ouvrages », *CP-ACCP* 2004, n° 36, p. 24. E. FATÔME, « Contrat de partenariat et immeuble, objet du contrat », *Droit et ville* n° 60/2005, p. 203.

63. Le contenu de ce rapport est déterminé par l'article 1er du décret n° 242-2009 du 2 mars 2009.

64. Fiche MAPPP/09-03 sur l'environnement fiscal du contrat de partenariat.

contrats de partenariat », *JCP* G, 2004, Aperçu rapide, nº 239, « Les contrats de partenariat et les collectivités territoriales ■ entre mythe et réalités », *BJDCP* 2004, p. 340 ■ S. BRACONNIER et P. LIGNÈRES, « Partenariats publics-privés », *J.-Cl. Contrats et marchés publics*, Fasc. 646, 2005 ■ F. BRENET, « Les PPP confrontés au droit communautaire des marchés publics et des concessions », *JCP* A 2004, 1518, « La loi nº 2008-735 du 28 juillet 2008 relative aux contrats de partenariat : une étape décisive du « plan de stimulation de partenariat public-privé » ? », *RJEP* 2008, étude 9 ■ F. BRENET et F. MELLERAY, *Les contrats de partenariat de l'ordonnance du 17 juin 2004*, Litec, 2005 ■ « La loi nº 2008-735 du 28 juillet 2008 relative aux contrats de partenariats : une étape décisive du « plan de stimulation du partenariat public-privé » ? », *RJEP* 2008, p. 3 ■ N. CHAID-NOURAÏ et R. LAZERGES, « La résolution des litiges dans les contrats de partenariat », *AJDA* 2009, p. 1924 ■ P. CUCHE, « Domanialité publique, service public et partenariats public-privé », *DA* 2003, chron. nº 16 ■ Ph. DELELIS, « Partenariats public-privé », *J.-Cl. adm. Fasc.* 670, 2005 ■ « Contrat de partenariat et exploitation du service public », *AJDA* 2010, p. 2244 ■ P. DELVOLVÉ, « Les contrats globaux », *RFDA* 2004, p. 1079 ■ L. DERUY, « Les nouveaux contrats de partenariat : état de la réforme », *RDI* 2003, p. 510 ■ J.-D. DREYFUS, « Le partenariat public-privé et le financement de l'opération », *RD. imm.* 2003, p. 494 ■ E. FATÔME et L. RICHER, « Le Conseil constitutionnel et le « droit commun » de la « commande publique » et de la domanialité publique. À propos de la décision du Conseil constitutionnel nº 2003-473 DC du 26 juin 2003 », *AJDA* 2003, p. 2348 ■ « Contrat de partenariat immobilier : réalisation, paiement et statut des équipements et ouvrages », *CP-ACCP* nº 36 septembre 2004, p. 24 ■ E. DE FENOYL, « Timide avancée pour le contrat de partenariat, occasion manquée pour le partenariat public-privé », *AJDA* 2008, p. 1709 ■ Y. GAUDEMET, « La réforme de la commande publique et le partenariat public-privé », *RJEP* 2004, p. 1, « Les contrats de partenariat public-privé : étude historique et critique », *BJDCP* 2004, p. 331 ■ Institut de la gestion déléguée, « Évaluation des contrats globaux de partenariat », *Mon. TP* 26 mars 2004, cahier détaché nº 2 ■ S. LAGUMINA et L. DERUY, « L'ordonnance relative aux contrats de partenariat : dépasser la polémique », *BJDCP* 2004, p. 348 ■ G. LE CHATELIER, « L'encadrement institutionnel et financier des nouveaux contrats », *RDI* 2003, p. 515 ■ A. LE MIÈRE, « Panorama des contrats complexes et des ensembles contractuels complexes », *CP-ACCP* juin 2004, p. 52 ■ J. LERAUT, « Réflexion sur les conditions d'urgence et de complexité justifiant le recours au contrat de partenariat », *BJDCP* nº 42, 2005, p. 343 ■ L. LEVOYER, « Fiscalité directe locale et contrat de partenariat », *CMP* mai 2009, étude 6 ■ F. LICHÈRE, « Les contrats de partenariat. Fausse nouveauté ou vraie libéralisation dans la commande publique ? », *RDP* 2004, p. 1547, « La réforme des partenariats public-privé », *CMP* 2008, étude 9 ■ F. LICHÈRE, B. MARTOR, G. PÉDINI, S. THOUVENOT, *Pratique des partenariats public-privé*, Litec, 2006 ■ P. LIGNÈRES, « L'évaluation préalable des contrats de partenariat », *DA* 2004, Pratiques nº 9 ■ P. LIGNÈRES et A. MÉNÉMÉNIS, « Débat sur les contrats de partenariat », *DA* novembre 2004, p. 6 ■ F. LINDITCH, « Les partenariats public-privé devant le Conseil constitutionnel », *CMP* 2003, chron. nº 18, « Premier regard sur la loi nº 2008-735 du 28 juillet 2008 relative aux contrats de partenariat », *JCP* A 8 septembre 2008, nº 37, 2193 ■ F. LLORENS, « Les contrats de partenariat », *RJEP* 2004, p. 511 ■ B. MARTOR, « Réforme des contrats de partenariat : convergence en demi-teinte des modes de PPP », *DA* novembre 2008, étude 20 ■ X. MATHARAN et P. PINTAT, « Les risques et les garantes dans les contrats de partenariat », *CP-ACCP* nº 36, septembre 2004, p. 39 ■ A. MÉNÉMÉNIS, « L'ordonnance sur les contrats de partenariat : heureuse innovation ou occasion manquée ? », *AJDA* 2004, p. 1737 ■ Ministère de l'Économie et des Finances, *Les contrats de partenariat : guide des bonnes pratiques*, 2005 ■ L. RAPP,

« Partenariats public-privé (brèves remarques sur l'ordonnance n° 2004-559 du 17 juin 2004) », *Bulletin d'actualité – Lamy droit public des affaires*, n° 83, septembre 2004, p. 1 ■ F. OLIVIER, « Le contrat de partenariat, vecteur de relance », *CMP* mars 2009, étude 3. ■ T. REYNAUD, « La loi du 28 juillet 2008 : une seconde chance pour les contrats de partenariat », *BJCP* 2008, p. 317 ■ L. RICHER, « Consolidation progressive du partenariat », *AJDA* 2004, p. 2073 ■ F. ROLIN, « L'ordonnance du 17 juin 2004 sur les contrats de partenariat et le problème de la classification des contrats administratifs », *RDC* 2004, p. 1037 ■ N. DE SAINT PULGENT, « Les avancées de la loi du 28 juillet 2008 sur les contrats de partenariat », *BJCP* 2008, p. 322 ■ N. SYMCHOWICZ, « Paradoxes sur les contrats de partenariat », *CMP* décembre 2004, p. 8 ■ B. TARDIVEL, « La place du contrat de partenariat dans l'ordre des contrats publics », *Contrats publics, Mélanges Guibal*, PU Montpellier, 2006, p. 847 ■ F. TENAILLEAU et H. CHALMETON, « Neutralité fiscale des partenariats public-privé : une dernière pierre à l'édifice ? À propos du Décret n° 2009-569 du 20 mai 2009 », *JCP* A n° 24, 8 juin 2009, n° 716 ■ P. VAN DE VYVER et B. BOYER, « Le débat politique et le choix du recours au contrat de partenariat : retour d'expérience à travers l'examen des délibérations des organes délibérants locaux », *BJCP* n° 65 août 2009, p. 262 ■ J.-B. VILA, « De l'urgence et de la complexité à repenser la réforme relative aux partenariats public-privé », *JCP* A n° 28, 6 juillet 2009, p. 30.

CHAPITRE IV
LES CONVENTIONS D'OCCUPATION DU DOMAINE

1191 **Limitation de l'objet de l'étude. –** L'objet des développements qui suivent n'est pas d'analyser en détail les différentes conventions d'occupation du domaine des collectivités publiques, mais de limiter l'étude aux conventions d'occupation qui ont pour objet la *réalisation d'équipements destinés à être occupés par une personne publique ou destinés à devenir sa propriété*. Seront également incluses les conventions qui ont pour *objet d'habiliter un opérateur à exercer une activité économique*. En effet, seules ces deux catégories de contrats (réalisation d'équipements publics et habilitation à exercer une activité économique) procèdent de la collaboration entre personnes publiques et opérateurs économiques.

Le principe d'inaliénabilité du domaine public constitue un réel obstacle à une exploitation économique du domaine public reposant sur l'investissement privé (prudence ou méfiance des investisseurs privés, impossibilité de constituer un droit réel, absence de garanties suffisantes, etc.)[1]. Le législateur est intervenu tout d'abord à deux reprises pour y apporter quelques aménagements ou exceptions notables, en 1988 et en 1994. L'article 13 de la loi n° 88-13 du 5 janvier 1988 d'amélioration de la décentralisation, codifié à l'article L. 1311-2 du CGCT, autorisait les collectivités territoriales et leurs établissements publics à consentir sur leur domaine public des baux emphytéotiques. En 1994, le législateur autorise l'État et ses établissements publics à accorder des autorisations d'occupation temporaire (AOT) constitutives de droits réels (loi n° 94-631 du 25 juillet 1994 relative à la constitution de droits réels sur le domaine public).

1192 **Deux catégories de contrats. –** Après l'édiction d'un Code général de la propriété des personnes publiques, issu de l'ordonnance n° 2006-460 du 21 avril 2006, demeurent deux principaux contrats portant occupation du domaine des personnes publiques et susceptibles d'être utilisés comme support d'une collaboration économique entre collectivités publiques et opérateurs économiques. Il s'agit, d'une part, des baux emphytéotiques administratifs (Section I) et, d'autre part, des autorisations contractuelles temporaires constitutives de droits réels (Section II).

1. CE 6 mai 1985, *Association Eurolat*, *Rec.* p. 141, *RFDA* 1986, p. 21, concl. GENEVOIS, *AJDA* 1985, p. 620, note E. FATÔME et J. MOREAU, *LPA* 23 oct. 1985, p. 4, note F. LLORENS.

SECTION I LES BAUX EMPHYTÉOTIQUES ADMINISTRATIFS

1193 **Utilisation des BEA au titre d'une collaboration économique. –** Un bail emphytéotique administratif (BEA) peut être octroyé par une collectivité territoriale à un opérateur en vue de la construction d'équipements que la collectivité occupera et dont elle deviendra propriétaire à l'issue du bail. Le BEA peut aussi constituer le fondement de la dévolution d'une mission à un opérateur économique. Depuis 2009, l'État ou ses établissements publics peuvent aussi conclure des BEA en vue de la réalisation de logements sociaux. En 2010, l'État s'est vu octroyer la possibilité d'utiliser le BEA dit « de valorisation » dans tous les domaines.

§ 1. LES BAUX EMPHYTÉOTIQUES DES COLLECTIVITÉS TERRITORIALES

1194 **BEA local. –** Le BEA local peut être utilisé par les collectivités territoriales, leurs établissements publics et leurs groupements (art. L. 1311-4 du CGCT).

A. PRÉSENTATION

1195 **Origine et régime mixte. –** Le BEA résulte de la superposition de dispositions spécifiques du CGCT[2] autorisant sa conclusion sur un bien immobilier appartenant à une collectivité territoriale et lui imprimant des éléments de droit public et du régime de droit privé applicable aux baux emphytéotiques ordinaires, issu de l'article L. 451-1 du Code rural.

1196 **Article L. 1311-2 du CGCT. –** Selon l'article L. 1311-2 du CGCT (dans sa version issue de la loi n° 2011-267, dite LOPPSI, du 14 mars 2011), « un bien immobilier appartenant à une collectivité territoriale[3] peut faire l'objet d'un bail emphytéotique prévu à l'article L. 451-1 du Code rural et de la pêche maritime, en vue de l'accomplissement, pour le compte de la collectivité territoriale, d'une mission de service public ou en vue de la réalisation d'une opération d'intérêt général relevant de sa compétence ou en vue de l'affectation à une association cultuelle d'un édifice du culte ouvert au public ou en vue de la réalisation d'enceintes sportives et des équipements connexes nécessaires à leur implantation ou, à l'exception des opérations réalisées en vue de l'affectation à une association cultuelle d'un édifice du culte ouvert au public, de leur restauration, de la réparation, de l'entretien-maintenance ou de la mise en valeur de ce bien ou, jusqu'au 31 décembre 2013, liée aux besoins de la justice, de la police ou de la gendarmerie nationales

2. Issues notamment de la loi n° 88-13 du 5 janv. 1988 d'amélioration de la décentralisation.
3. Ou à leurs établissements publics ou à leurs groupements, article L. 1311-4 du CGCT.

ou, jusqu'au 31 décembre 2013, liée aux besoins d'un service départemental d'incendie et de secours. Ce bail emphytéotique est dénommé bail emphytéotique administratif. Un tel bail peut être conclu même si le bien sur lequel il porte, en raison notamment de l'affectation du bien résultant soit du bail ou d'une convention non détachable de ce bail, soit des conditions de la gestion du bien ou du contrôle par la personne publique de cette gestion, constitue une dépendance du domaine public, sous réserve que cette dépendance demeure hors du champ d'application de la contravention de voirie ».

À l'origine, le BEA était accordé uniquement en vue de la réalisation d'une opération d'intérêt général ou pour l'accomplissement d'une mission de service public. Les retards dans l'édification d'équipements publics pris dans certains secteurs[4] ont conduit le législateur à étendre son domaine, d'abord jusqu'en 2007 et en 2010, puis depuis la modification issue de la loi n° 2011-267 du 14 mars 2011, jusqu'en 2013. Cette même loi modifie encore plus fondamentalement l'objet du BEA local, qui peut être désormais comme pour l'État un BEA de valorisation, ayant pour objet la restauration, la réparation, l'entretien-maintenance ou la mise en valeur d'un bien. Ce BEA-valorisation local a dû faire l'objet d'un ajout spécifique car la valorisation de biens locaux par un procédé d'externalisation n'entre pas dans l'accomplissement d'une mission de service public et ne peut être qualifié d'opération d'intérêt général relevant de la compétence de la collectivité[5].

1197 **Article L. 451-1 du Code rural. –** L'article L. 451-1 du Code rural dispose que le bail emphytéotique de biens immeubles confère au preneur un droit réel susceptible d'hypothèque ; ce droit peut être cédé et saisi dans les formes prescrites pour la saisie immobilière. Ce bail doit être consenti pour plus de dix-huit années et ne peut dépasser quatre-vingt-dix-neuf ans ; il ne peut se prolonger par tacite reconduction.

1198 **Utilité pour la construction et la valorisation d'équipements publics. –** Le BEA peut être utilisé pour l'édification de constructions revenant gratuitement en fin de bail à la collectivité bailleur. Rien n'interdit au preneur de louer en retour une partie des constructions à la collectivité publique bailleur. Rien n'interdit non plus de prévoir une correspondance entre le loyer versé par le preneur au titre du BEA et le loyer versé par la collectivité au titre de la location des bâtiments. Le bail emphytéotique relève de la catégorie des contrats de louage de choses, mais il peut comporter un élément financier en ce que la faiblesse du loyer payé par le preneur est compensée par le fait que les constructions qu'il édifie deviennent propriété du bailleur public au terme du contrat. Le montage peut aussi prévoir que la collectivité publique finance de manière étalée les constructions édifiées sous forme de « loyers », mais il faut prendre garde aux requalifications de ce type de montage. Désormais, les BEA sont éligibles au FCTVA dès lors qu'ils sont d'un montant inférieur à 10 millions d'euros[6] et qu'ils ont donné lieu à une évaluation préalable dans les conditions fixées pour le contrat de partenariat[7]. Lorsqu'une rémunération

4. Ou la gestion des édifices du culte.

5. TA Grenoble 1er oct. 2010, *Préfet de la Drôme c/Cne de Roman-sur-Isère*, *AJDA* 2011, p. 510, note P.-A. ROHAN, et R. LEONETTI.

6. Seuil apprécié à la date de signature du contrat et comprenant la totalité de la rémunération versée par la personne publique pendant la durée du bail. Décret n° 2009-244 du 2 mars 2009.

7. Article 38 de la loi n° 2008-735 du 28 juill. 2008 relative aux contrats de partenariat.

est versée par la personne publique au preneur à bail, cette rémunération distingue les coûts d'investissement, de fonctionnement et de financement. Cette précision, introduite en 2008[8], a un double objet. Elle vise d'une part à distinguer les BEA « classiques » qui continuent d'exister (une personne publique donne à bail un bien à un opérateur qui réalise une opération uniquement pour son propre compte) et les BEA dont l'objet indirect est une prestation au profit de la personne publique. Dans ce dernier cas, la distinction entre les éléments de la rémunération autorise les opérations de requalification en marché.

1199 **Cohabitation des BEA et des baux emphytéotiques de droit commun. –** À la lecture de l'article L. 1311-2 du CGCT, on aurait pu penser que le BEA résultait d'une combinaison de règles spécifiques de droit public avec celles des baux du Code rural, ces dernières ne s'appliquant que lorsqu'elles n'entrent pas en contradiction avec les premières. Selon cette interprétation, le BEA ne pouvait être envisageable que pour certaines opérations (opérations d'intérêt général ou mission de service public) et pouvait être conclu à la fois sur des dépendances du domaine public et sur celles du domaine privé. Ce qui n'est pas expressément prévu par le législateur étant interdit en matière de constitution de droits réels, on pouvait douter de la possibilité offerte aux collectivités publiques de conclure des baux ne répondant qu'au régime de droit privé du Code rural, sur des dépendances du domaine privé et pour la réalisation d'une opération privée. Il n'en est rien puisque deux types de baux cohabitent. D'une part, on distingue les BEA dont le régime sera examiné ci-dessous, contrats administratifs par détermination de la loi (ordonnance n° 2006-460 du 21 avril 2006) et procédant d'un régime hybride relevant majoritairement du droit administratif. D'autre part, existent des baux emphytéotiques de droit commun conclus par des collectivités publiques sur des dépendances du domaine privé.

Ces baux de droit commun relèvent de la compétence du juge ordinaire (CE 3 février 1992, *Mme Girod*)[9]. Ils sont susceptibles d'accorder des droits réels sur des parcelles du domaine privé (CAA Douai 8 juillet 2003, *Cne de Roubaix*)[10] et n'ont pas pour objet une mission de service public[11] (CAA Marseille 24 juin 2003, *Cne de Nice* : création d'un parc de loisirs ouvert au public[12] ; CAA Bordeaux 31 août 2006, *M. X*[13] : construction d'un bowling ; CAA Nancy 23 mars 2006, *EARL Jean Kuhlburger*[14] : installation d'une unité de production d'enrobés). Le loyer perçu par la collectivité publique ne doit pas être constitutif d'une aide illégale à l'immobilier d'entreprise[15]. Mais à partir du moment où l'on se situe sur une dépendance du domaine public, seul un BEA est envisageable et non un bail à construction (CAA Marseille 12 juin 2001, *Sté Sofipark*[16] : terrain propriété de la commune, affecté à une école, puis désaffecté et déclassé. Fait l'objet d'une convention en vue d'un bail à construction pour un parking, dont les clauses accordent à la ville un droit de contrôle, stipulent que parking est ouvert au public pour améliorer l'accessibilité du centre-ville).

8. Article 38 de la loi n° 2008-735 préc.
9. *Rec.* p. 1197.
10. N° 00DA00376.
11. D'ailleurs, la présence d'une mission de service public aurait des répercussions sur la qualification des biens objet du bail et risquerait de faire tomber l'opération dans le champ d'application des BEA.
12. N° 98MA00426.
13. N° 02BX01447.
14. N° 04NC00215.
15. Lorsqu'il a un niveau trop faible, v. *infra*, n° 1211.
16. *BJDCP* n° 20, 2001, p. 54.

B. RÉGIME

1200 **Limitations. –** Aussi bien les conditions d'utilisation du BEA que les particularités de son régime d'exécution sont d'interprétation stricte.

1. Conditions d'utilisation

1201 **Réalisation d'une opération d'intérêt général ou accomplissement d'une mission de service public. –** Le BEA ne pouvait être conclu à l'origine qu'en vue de l'accomplissement, pour le compte de la collectivité territoriale, d'une mission de service public ou en vue de la réalisation d'une opération d'intérêt général relevant de sa compétence. Il a été admis qu'il pouvait être utilisé par une collectivité territoriale pour faire édifier des constructions qu'elle prendra à bail simple pendant la durée du BEA et dont elle deviendra propriétaire à son issue (CE Sect. 25 février 1994, *SA SOFAP Marignan immobilier*)[17]. La réalisation et l'exploitation d'un casino municipal entre aussi dans l'objet d'un BEA (CE 10 juin 1994, *Cne de Cabourg*)[18], de même que l'établissement d'installations permettant l'exercice de commerces de location d'engins nautiques, de nature à dynamiser le tourisme et renforcer l'attractivité et le rayonnement de la commune (CAA Nancy 30 octobre 2008, *SARL La Perle*[19]), ou encore la réalisation d'équipements sportifs (CAA Marseille 5 février 2001, *Préfet des Alpes-Maritimes*[20]). L'installation d'un bar-cafétéria revêt un intérêt général dans la mesure où son aménagement se rattache directement à l'opération d'intérêt général que constitue la réalisation d'un équipement culturel polyvalent (TA Strasbourg 6 mai 2000, *Riegert c/Ville de Strasbourg*[21]), mais pas celle d'un bar restaurant discothèque, lequel, s'il participe à l'animation récréative de la station de ski qui l'accueillait, n'en revêt pas pour autant un caractère d'intérêt général (CAA Lyon 7 mars 2011, *Synd. Copropriétaires résidence Le Rond Point des Pistes*[22]). De même, le contrat conclu avec une association dénommée « Foyer des jeunes et d'éducation populaire » ne fait pas apparaître un objet propre au BEA en raison de l'absence de mission de service public, de l'absence d'aide publique et de l'absence de contrôle public (TA Marseille 21 décembre 1990, *Grangeon*)[23].

Le seul besoin du financement d'ouvrages dans le cadre d'un crédit-bail ne peut justifier qu'un BEA soit consenti à la société de crédit-bail pour le financement des ouvrages à construire par le concessionnaire du service public de la restauration scolaire (TA Cergy-Pontoise 16 octobre 2008, *Sté Locafimo c/Ville de Villepinte*, *CMP* juin 2009, n° 208).

1202 **Mission relevant de la compétence d'une collectivité territoriale ou réalisée pour son compte. –** Cette condition s'oppose à ce qu'une collectivité territoriale

17. *Rec.* p. 94, *RFDA* 1994, p. 510, concl. J. ARRIGHI DE CASANOVA, *AJDA* 1994, p. 548, note H. PÉRINET-MARQUET, *D.* 1994, J, p. 536, note M. LOMBARD, *CJEG* 1994, p. 569, note E. FATÔME et Ph. TERNEYRE.
18. *Rec.* p. 300, *AJDA* 1994, p. 560, concl. LASVIGNES.
19. N° 07NC00568.
20. *BJCP* n° 20, janv. 2002, p. 54, concl. DUCHON-DORIS.
21. *BJCP* n° 14, 2001, p. 82, obs. R. SCHWARTZ.
22. *CMP* juin 2011, n° 184, note G. ECKERT.
23. *DA* 1991, n° 520.

puisse donner à bail une parcelle à une autre collectivité publique pour réaliser une opération relevant des besoins de cette dernière. C'est pour cette raison que le législateur est intervenu pour instituer des BEA sectoriels (*infra*, nº 1204) afin d'autoriser les opérations entre personnes publiques. Par ailleurs, toujours en considération de cette restriction, l'objet du BEA doit respecter le principe de spécialité des établissements publics (exemple interdiction pour un établissement public de santé de conclure un BEA pour l'installation d'un praticien libéral, CE Avis 16 juin 1994)[24].

1203 **BEA de valorisation. –** La loi nº 2011-267 du 14 mars 2011 modifie l'objet du BEA local, qui peut être désormais comme pour l'État un BEA de valorisation, ayant pour objet la restauration, la réparation, l'entretien-maintenance ou la mise en valeur d'un bien. L'intérêt d'un tel BEA est d'autoriser l'externalisation (gestion et financement) d'une opération de valorisation portant sur un bien construit mais nécessitant des travaux.

Ce BEA-valorisation local a dû faire l'objet d'un ajout spécifique car la valorisation de biens locaux par un procédé d'externalisation n'entre pas dans l'accomplissement d'une mission de service public et ne peut être qualifié d'opération d'intérêt général relevant de la compétence de la collectivité.

1204 **BEA sectoriels. –** Les BEA sectoriels sont destinés à permettre aux collectivités territoriales de collaborer avec d'autres collectivités publiques agissant pour la satisfaction de leurs propres besoins. Diverses lois et ordonnances sont intervenus depuis 2002 pour aménager ces opérations[25] en étendant le champ d'application du BEA afin que la France puisse rattraper un retard préjudiciable en matière de construction de certains équipements publics (commissariats, palais de justice, casernes, prisons, etc.). L'article L. 1311-2 du CGCT ainsi modifié (en dernier lieu par la loi dite LOPSSI II nº 2011-267 du 14 mars 2011) prévoit que ces baux puissent être conclus « en vue de l'affectation à une association cultuelle d'un édifice du culte ouvert au public ou en vue de la réalisation d'enceintes sportives et des équipements connexes nécessaires à leur implantation (...) ou, jusqu'au 31 décembre 2013, liée aux besoins de la justice, de la police ou de la gendarmerie nationales ou, jusqu'au 31 décembre 2013, liée aux besoins d'un service départemental d'incendie et de secours ».

Tout projet de bail emphytéotique administratif présenté pour la réalisation d'une opération d'intérêt général liée aux besoins de la justice, de la police ou de la gendarmerie nationales dont le loyer est supérieur à 1 million d'euros (art. R. 1311-1 du CGCT) est soumis à la réalisation d'une évaluation préalable dans les conditions prévues pour les contrats de partenariat (art. L. 1311-2 al. 3 du CGCT).

Une collectivité territoriale pourra conclure un BEA sur une parcelle lui appartenant avec un opérateur privé qui édifiera un ouvrage (éventuellement en le finançant par crédit-bail), l'ouvrage sera mis à disposition de cette collectivité en retour, laquelle accordera alors à l'État une convention de mise à disposition[26].

24. *EDCE* 1994, p. 367.

25. Loi nº 2002-276 du 27 févr. 2002 article 135 ; Loi nº 2002-1094 du 29 août 2002 article 3 ; Ordonnance nº 2003-850 du 4 sept. 2003 article 21 ; Ordonnance nº 2003-902 du 19 sept. 2003 article 1-1o ; Loi nº 2005-1720 du 30 déc. 2005 article 125-I ; Ordonnance nº 2006-460 du 21 avr. 2006, article 3-VII.

26. Sur la description de ce montage, F. OLIVIER, « Le partenariat public-privé en pratiques... nouvelles ! Ou lecture guidée et essai de synthèse », *CMP* févr. 2005, p. 5.

1205 **Exclusion des dépendances du champ d'application de la contravention de voirie. –** Sont concernés par cette exclusion les terrains entourés de voies affectés à la circulation publique et utilisés comme parc de stationnement (CE 18 octobre 1995, *Cne de Brive-la-Gaillarde*)[27] ou les terrains dont une partie seulement entre dans le champ d'application de la contravention de voirie[28], ou encore plus généralement les parcelles affectées à la circulation publique[29]. En revanche, le BEA peut être utilisé pour la construction d'un parc de stationnement souterrain ou hors voirie[30].

2. Conditions d'exécution

1206 **Nature du bail et juridiction compétente. –** Les BEA, conclus par définition sur le fondement de l'article L. 1311-2 du CGCT, sont des contrats administratifs[31] par détermination de la loi (ordonnance n° 2006-460 du 21 avril 2006). En tout état de cause, la loi précitée du 5 janvier 1988 prévoyait déjà que les litiges relatifs à ces baux relevaient de la compétence des juridictions administratives (article L. 1311-3-4°CGCT).

1207 **Procédure de passation. –** Jusqu'en 2011, la conclusion de baux emphytéotiques n'était soumise à aucune procédure de passation, puisqu'il s'agit de contrats ayant pour objet d'accorder un droit d'occupation sur le domaine public et que les ouvrages qui pourraient y être édifiés relèvent d'une maîtrise d'ouvrage privée. Néanmoins, il fallait prendre garde aux requalifications éventuelles en contrats de la commande publique (*infra*, n° 1215 et s.). Depuis la modification de l'article L. 1311-2 du CGCT, issue de la loi n° 2011-267 du 14 mars 2011, le BEA des collectivités territoriales est soumis à une procédure de mise en concurrence et des mesures de publicité, selon des modalités à fixer par décret en Conseil d'État (*infra*, n° 1223).

1208 **Durée. –** La durée d'un BEA est de 18 à 99 ans. En cas d'adossement d'une délégation de service public à un BEA, il faut prendre garde au fait que certaines délégations sont limitées dans le temps (20 ans dans certains cas), ce qui implique que le BEA ne soit pas conclu plus de deux ans avant la passation de la délégation.

1209 **Financement. –** L'édification des équipements peut être financée par un emprunt garanti par une hypothèque ou faire l'objet d'un contrat de crédit-bail. Selon l'article L. 1311-3-2° du CGCT, « le droit réel conféré au titulaire du bail de même que les ouvrages dont il est propriétaire sont susceptibles d'hypothèque uniquement pour la garantie des emprunts contractés par le preneur en vue de financer la réalisation ou l'amélioration des ouvrages situés sur le bien loué ». L'hypothèque

27. *Rec.* p. 356.
28. CE 30 avr. 2004, *Cne de Saint-Étienne c/SCI Ferrand*, n° 253372.
29. CE 28 avr. 2006, *SCI Ferrand*, n° 276480.
30. CAA Marseille 12 juin 2001, *Sté Sofipark, BJDCP* n° 20, 2001, p. 54.
31. CE Sect. 25 févr. 1994, *SOFAP Marignan Immobilier*, préc. ; CE 9 déc. 1996, *Préfet du Gard*, n° 172800.

ne peut être consentie qu'avec l'approbation de la collectivité publique bailleur[32]. « Les constructions réalisées dans le cadre de ces baux peuvent donner lieu à la conclusion de contrats de crédit-bail. Dans ce cas, le contrat comporte des clauses permettant de préserver les exigences du service public » (article L. 1311-3-5).

1210 **Cession. –** Les droits résultant du bail ne peuvent être cédés, avec l'agrément de la collectivité territoriale, qu'à une personne subrogée au preneur dans les droits et obligations découlant de ce bail et, le cas échéant, des conventions non détachables conclues pour l'exécution du service public ou la réalisation de l'opération d'intérêt général (article L. 1311-3-1).

1211 **Loyer. –** Une difficulté peut naître pour la détermination du loyer car les baux emphytéotiques du Code rural supposent un loyer modique et une obligation de mettre le fonds en valeur[33]. Sur ce point, les dispositions spécifiques aux BEA n'emportent aucune dérogation. Mais l'encadrement des aides à l'immobilier d'entreprise suppose que le montant des loyers des baux consenti par les collectivités territoriales soit respectueux des prix du marché[34].

§ 2. LES BAUX EMPHYTÉOTIQUES DE L'ÉTAT

1212 **BEA conclus par l'État pour la réalisation de logements sociaux. –** L'un des volets du plan de relance de l'économie de la fin de l'année 2008 et du début 2009 a ouvert à l'État et à ses établissements publics la faculté de recourir au BEA pour la construction de logements sociaux[35]. « Un bien immobilier appartenant à l'État ou à ses établissements publics peut faire l'objet du bail emphytéotique prévu à l'article L. 451-1 du Code rural en vue de la réalisation de logements sociaux. Ce bail emphytéotique est dénommé bail emphytéotique administratif » (art. 7 de la loi n° 2009-179 du 17 février 2009). Le régime de ce bail suit celui du BEA local.

1213 **Généralisation du recours au BEA de valorisation pour l'État. –** La faculté d'utiliser le BEA a été généralisée à tous les secteurs pour l'État en 2010, puisque la loi n° 2010-853 du 23 juillet 2010 a inséré un nouvel article dans le CGPPP, constituant l'unique article du titre IV de la deuxième partie du code, consacré à la valorisation du patrimoine immobilier. Ainsi, l'article L. 2341-1-I du CGPPP

32. Seuls les créanciers hypothécaires peuvent exercer des mesures conservatoires ou des mesures d'exécution sur les droits immobiliers résultant du bail. La collectivité territoriale a la faculté de se substituer au preneur dans la charge des emprunts en résiliant ou en modifiant le bail et, le cas échéant, les conventions non détachables. Elle peut également autoriser la cession (article L. 1311-3-3 du CGCT).

33. TA Marseille 17 avr. 2007, *Hubert S. et a. c/Ville de Marseille*, *JCP* A 2007, n° 19, p. 17, *DA* juin 2007, n° 86 : le juge administratif admet que le loyer bas soit justifié par la valeur du bien de retour ou la limitation des droits réels, mais ces contreparties qui sont de nature à équilibrer les clauses financières doivent être clairement mises en évidence par le propriétaire du terrain.

34. *Supra*, n° 479 et s. Voir sur ce point CE 6 avr. 1998, *Communauté urbaine de Lyon*, *Rec.* p. 132, *BJDCP* 1998, n° 1, p. 80, concl. GOULARD (attention, arrêt rendu avant la réforme sur les aides à l'immobilier d'entreprise).

35. Ph. YOLKA, « Le BEA nouveau est arrivé », *JCP* A n° 10, 2 mars 2009, 254.

dispose qu'« un bien immobilier appartenant à l'État (...) peut faire l'objet d'un bail emphytéotique prévu à l'article L. 451-1 du même code, en vue de sa restauration, de sa réparation ou de sa mise en valeur. Ce bail est dénommé bail emphytéotique administratif. Un tel bail peut être conclu même s'il porte sur une dépendance du domaine public. Il peut prévoir l'obligation pour le preneur de se libérer du paiement de la redevance d'avance, pour tout ou partie de la durée du bail ». Cette faculté est également offerte aux chambres consulaires, objet de la loi précitée du 23 juillet 2010.

On remarque que le BEA est conclu en vue de la restauration, de la réparation ou de la mise en valeur d'un bien immobilier. Le législateur vient donc combler une lacune tenant à la différence existant entre les droits réels issus d'une AOT et ceux issus d'un BEA (*infra*, nº 1228). En effet, le titulaire du titre d'occupation ne peut bénéficier de droits réels que sur les ouvrages qu'il réalise, alors que le BEA offre des droits réels sur les biens existants. Dès lors, les opérations de rénovation ou de restauration ne peuvent prendre appui que sur des BEA. Or jusqu'à présent, l'État ne disposait d'aucun instrument pour porter de vastes opérations de rénovation sur son patrimoine immobilier.

1214 **Régime. –** Le régime de BEA de valorisation de l'État est fixé à l'article L. 2341-1-II du CGCT et s'inspire de celui applicable aux collectivités territoriales. Les droits résultant du bail ne peuvent être cédés, avec l'agrément de la personne publique propriétaire, qu'à une personne subrogée au preneur dans les droits et obligations découlant de ce bail et, le cas échéant, des conventions non détachables conclues pour la réalisation de l'opération. Le droit réel conféré au preneur et les ouvrages dont il est propriétaire ne peuvent être hypothéqués qu'en vue de garantir des emprunts contractés par le preneur pour financer la réalisation des obligations qu'il tient du bail et le contrat constituant l'hypothèque doit, à peine de nullité, être approuvé par la personne publique propriétaire. Seuls les créanciers hypothécaires peuvent exercer des mesures conservatoires ou des mesures d'exécution sur les droits immobiliers résultant du bail. La personne publique propriétaire peut se substituer au preneur dans la charge des emprunts en résiliant ou en modifiant le bail et, le cas échéant, les conventions non détachables. Les modalités de contrôle de l'activité du preneur par la personne publique propriétaire sont prévues dans le bail. Les constructions réalisées dans le cadre de ce bail peuvent donner lieu à la conclusion de contrats de crédit-bail. Dans ce cas, le contrat comporte des clauses permettant de préserver les exigences du service public.

§ 3. QUALIFICATION ET PROCÉDURE DE PASSATION

1215 **Possibilité d'une requalification. –** Il n'est pas impensable qu'un BEA soit qualifiable de marché, mais au prix d'une interprétation particulière des clauses du bail qui rend la qualification assez peu probable, ou en tout cas qui limite la requalification aux contrats dans lesquels les collectivités publiques « camouflent » des opérations de construction qu'elles rémunèrent à travers le « loyer » qu'elles payent pour l'occupation des constructions édifiées par l'occupant. La requalification en concession de travaux est plus probable. Il arrive aussi que des délégations de service public soient adossées à des BEA. Ces qualifications ou requalifications ont bien entendu comme principal impact de soumettre les BEA à des procédures de passation formalisées.

Une procédure de passation est désormais définie pour certains BEA locaux, ce qui pose la question du sort des BEA nationaux.

A. MARCHÉ PUBLIC

1216 **Marché public de services. –** Si le loyer payé par la collectivité publique au preneur à bail et destiné à permettre à la collectivité d'occuper une partie des constructions édifiées s'inscrit dans une opération plus vaste de financement en sa faveur, il n'est pas à exclure que l'opération puisse être qualifiée de marché de services financiers. Mais il faudrait d'abord isoler l'existence d'une opération de financement, c'est-à-dire démontrer que le loyer payé par la collectivité est fixé à un niveau tel qu'il ne représente plus la simple valeur locative des constructions et que cette opération constitue l'objet principal de la convention. Il en irait de même si la convention non détachable du bail est elle-même qualifiée de marché de services et constitue un ensemble indivisible avec le bail (CE 9 décembre 1996, *Préfet du Gard*)[36].

Une autre situation peut donner lieu à la requalification d'un BEA en marché de services. Il s'agit du cas dans lequel le contrat confie la gestion d'un service à l'opérateur sans que celui-ci ne supporte un quelconque risque financier propre à qualifier une délégation (CAA Paris 2 juillet 2010, *SA de Gestion Immobilière*[37], à propos d'un bail ayant pour objet de confier à une SEM la gestion d'un immeuble d'habitation à usage du personnel d'un centre hospitalier moyennant le versement d'une rémunération forfaitaire calculée à partir d'un pourcentage des loyers).

1217 **Marché public de travaux au sens français. –** En 1994, dans l'arrêt *Sofap Marignan Immobilier*, le Conseil d'État a exclu la qualification de marché de travaux en droit français, au motif que la collectivité publique n'assurait pas le rôle de maître d'ouvrage. Le commissaire du gouvernement avait cependant réservé le cas dans lequel l'administration assurerait la définition du projet et la direction des travaux[38]. Le Conseil d'État règle aussi la question du respect de la loi MOP, qui, par conséquent, ne trouvait pas lieu à s'appliquer dans cette situation[39].

CE Sect. 25 février 1994, *SA Sofap Marignan Immobilier*[40] : « Considérant d'autre part que, dans l'opération ainsi entreprise, la ville de Lille n'assurera pas la direction technique des actions de construction, ne deviendra propriétaire des ouvrages qu'au terme du bail et ne jouera pas ainsi, ni pendant la réalisation desdits ouvrages ni avant le terme fixé, le rôle de maître d'ouvrage ; que, par suite, l'opération en vue de laquelle a été passé le bail contesté ne présente pas, même si une partie des ouvrages répond aux besoins de la ville de Lille, le caractère d'une opération de travaux publics ; que c'est par suite à tort que le tribunal administratif s'est, pour annuler la délibération

36. N° 172800.
37. *CMP* oct. 2010, n° 325, note F. LLORENS.
38. Concl. J. ARRIGHI DE CASANOVA, préc.
39. En ce sens également, CE 16 févr. 2005, *Maurel, CMP* avr. 2005, n° 126, comm. J.-P. PIÉTRI.
40. Préc.

autorisant la passation du bail, fondé sur ce que ladite opération constituait en réalité un marché de travaux publics et ne pouvait être réalisée sur le fondement de l'article 13 de la loi du 5 janvier 1988 ».

La qualification de marché de travaux peut aussi être exclue en considération du fait que le bail est un bail de droit privé conclu sous l'unique empire du Code rural. C'est la conclusion à laquelle est parvenue la cour administrative d'appel de Nancy dans une situation proche de celle de l'arrêt *Sofap-Marignan* (CAA Nancy 11 octobre 2007, *Assoc. Aubette Demain*)[41], à propos d'un bail emphytéotique ayant pour objet de mettre à la disposition d'une société privée une partie d'un ensemble immobilier en vue de sa restauration pour la création d'un espace commercial et d'une résidence de tourisme. Même si le titulaire sous-louait une partie de l'immeuble à la ville (100 m2 sur 6 000), le bail reste de droit privé et soumis à l'unique article L. 451-1 du Code rural, sans générer de procédure particulière de passation. La solution semble due au fait que l'opération de sous-location ne portait que sur une très petite partie de l'immeuble et que les parties avaient véritablement souhaité ne se soumettre qu'aux dispositions du Code rural. Certains (E. Fatôme et Ph. Terneyre[42]) ont remarqué que la Cour relevait que la mise à disposition de cet ensemble immobilier était consentie « moyennant le paiement d'une redevance annuelle » par le preneur, ce qui laisserait penser que l'élément financier du marché est absent puisque la ville ne supporte aucune contrepartie onéreuse (elle n'abandonnerait pas l'occupation d'une dépendance à un prix inférieur au marché moyennant la réalisation de travaux répondant à ses besoins).

1218 **Marché public de travaux au sens communautaire. –** Au sens communautaire, un marché public de travaux est un contrat à titre onéreux avec un entrepreneur ayant pour objet la réalisation par quelque moyen que ce soit d'un ouvrage répondant aux besoins précisés par le pouvoir adjudicateur. Le terme entrepreneur se conçoit largement en droit communautaire et a pu s'appliquer à un lotisseur[43]. Il pourrait dès lors concerner un emphytéote. L'expression « par quelque moyen que ce soit » englobe justement les situations dans lesquelles l'administration fait faire des travaux alors qu'elle ne détient pas la maîtrise d'ouvrage. Pour qualifier le BEA de marché de travaux au sens communautaire, il faudrait que l'ouvrage soit édifié pour répondre aux besoins précisés par l'administration et que le contrat soit conclu à titre onéreux. Cette dernière condition peut être satisfaite si le loyer payé par l'administration pour l'occupation de l'ouvrage pendant la durée du bail, ou la décharge de loyer consentie à l'emphytéote, apparaissait comme la contrepartie financière des travaux réalisés. Le loyer constitue alors la contrepartie des prestations fournies, étant donné qu'il couvre à la fois l'amortissement des investissements, le coût financier et celui des services rendus (en ce sens F. Llorens, « Typologie des contrats de la commande publique »)[44].

Le tribunal administratif de Nice a rendu un jugement en décembre 2006[45] dans lequel il requalifie un BEA en marché de travaux au sens communautaire. Sans véritablement expliciter la méthode retenue, on peut constater que la position du tribunal est fondée sur un certain nombre d'indices laissant notamment présumer que le bail avait en réalité pour objet la construction de bâtiments répondant aux besoins de la collectivité publique. En effet, une promesse de vente devait être conclue dès l'achèvement des constructions et une partie du loyer était versée dès la réalisation de la promesse, puis ensuite réduit pour les années suivantes. Le tribunal administratif

41. *CMP* janv. 2008, nº 19, note G. ECKERT.
42. « À propos des règles de passation des contrats publics à objet à la fois immobilier et de travaux. Retour sur l'arrêt Jean Auroux », *AJDA* 2009, p. 1868.
43. CJCE 12 juill. 2001, *Province de Milan*, aff. C-399/98.
44. *CMP* mai 2005, nº 7.
45. TA Nice ordonnance du 6 déc. 2006, *Société Cirmad Grand Sud*, nº 0605880.

de Bordeaux[46] s'est engagé dans la même voie en 2007, en retenant que les ouvrages répondaient aux besoins de la collectivité publique et qu'ils étaient rémunérés sous forme de loyers.

B. CONCESSION DE TRAVAUX OU DE SERVICES

1219 **Requalification admise. –** Le juge administratif a qualifié de concession de travaux un bail emphytéotique assorti d'une convention de financement de travaux, conclu entre une commune et une société, ayant pour objet de faire réaliser des travaux d'aménagement de l'immeuble communal dit « Casino de Cabourg », dans lequel la rémunération de la société consistait dans le droit d'exploiter l'ouvrage pendant une durée de soixante ans, et aux termes duquel les constructions édifiées et les travaux effectués par la société devenaient la propriété de la commune (CE Ass. 10 juin 1994, *Commune de Cabourg*)[47]. La même solution vaut pour la réhabilitation de la piscine Molitor à Paris selon des prescriptions fixées par la ville de Paris, dont le titulaire du bail se rémunère sur le droit d'exploiter l'ouvrage pendant une durée de 54 ans[48].

Désormais, l'article 1er de l'ordonnance n° 2009-864 du 15 juillet 2009 sur les concessions de travaux définit ce type de contrat comme « des contrats administratifs dont l'objet est de faire réaliser tous travaux de bâtiment ou de génie civil par un concessionnaire dont la rémunération consiste soit dans le droit d'exploiter l'ouvrage, soit dans ce droit assorti d'un prix ». Cette définition pourrait entraîner la requalification des BEA de « valorisation », lorsqu'ils portent sur la restauration ou la réparation de biens immobiliers, ou encore lorsqu'ils ne sont consacrés qu'à une opération de mise en valeur (qui est le troisième objet possible de ces contrats) impliquant néanmoins la réalisation de travaux. Si la mise en valeur du bien consiste en la réalisation de prestations de service au bénéfice du propriétaire, une requalification en concession de service n'est pas à exclure[49].

C. DÉLÉGATION DE SERVICE PUBLIC

1220 **Convention adossée au BEA. –** Si une délégation de service public est adossée au BEA[50], l'ensemble est soumis à la procédure de passation des délégations. Cette situation n'est pas rare dans la mesure où l'objet même du BEA peut être l'accomplissement, pour le compte de la collectivité territoriale, d'une mission de service public.

1221 **Requalification. –** Une requalification en délégation serait également susceptible d'intervenir pour les BEA de valorisation de l'État si la mise en valeur du bien s'accompagnait de l'exploitation d'une activité de service public (ou constituait une telle activité).

46. TA Bordeaux ord. 26 nov. 2007, *Société Norbail-Immobilier*, *CP-ACCP* n° 75, mars 2008, p. 60, note M. RICHER et V. TOUCHARD.

47. *Rec.* p. 301, concl. S. LASVIGNES, *RFDA* 1994, p. 278, concl. LASVIGNES.

48. TA Paris ord. 3 févr. 2009, *Sté Ken Club*, *CMP* mars 2009, n° 99, note G. ECKERT.

49. Selon l'analyse d'E. FATÔME et M. RAUNET, « Naissance d'un nouveau bail emphytéotique administratif : le BEA de valorisation », *AJDA* 2010, p. 1475.

50. CAA Bordeaux 23 mai 2006, *Association Fouras Environnement Écologie*, n° 03BX00062.

D. CONTRAT AYANT POUR OBJET DE CONFIER UNE ACTIVITÉ ÉCONOMIQUE À UN OPÉRATEUR

1222 **Application des principes du TFUE. –** Le Tribunal administratif de Paris s'est engagé en 2007[51] dans une voie très innovante puisque, sans qualifier un BEA de marché ou de concession aux sens français ou communautaire, il a tout simplement constaté que le bail transférait une activité économique à un tiers, ce qui déclenchait l'application des grands principes du traité (publicité et mise en concurrence). D'autres tribunaux ont suivi ce raisonnement[52]. Ce faisant, on peut dire que le juge administratif français devance les autorités communautaires, lesquelles tendent de plus en plus à soumettre à une procédure tout contrat ayant pour objet la dévolution d'une activité économique à un opérateur économique (Livre Vert sur les contrats de partenariat) sans toutefois avoir inscrit ce principe dans un texte de portée obligatoire. La question de la généralisation d'une procédure de passation des autorisations d'occupation du domaine des personnes publiques se pose en termes identiques pour les BEA et les AOT (*infra*, n° 1235).

E. PROCÉDURE DE PUBLICITÉ ET DE MISE EN CONCURRENCE POUR LES BEA LOCAUX

1223 **BEA locaux. –** L'article L. 1311-2 du CGCT soumet désormais les BEA locaux « le cas échéant, [à] une mise en concurrence et des mesures de publicité, selon des modalités fixées par décret en Conseil d'État » (al. 4 de l'article L. 1311-2 du CGCT, issu de la loi n° 2011-267 du 14 mars 2011). L'existence d'une procédure de mise en concurrence ne permet pas de faire l'économie du travail de requalification (*supra*, n° 1215 et s.). En effet, l'objet du BEA peut être celui d'un marché de travaux ou de service ou d'une concession de travaux ou de service, voire d'une délégation de service public. Les règles à fixer par le décret devront dresser une typologie des différents BEA et ne pas méconnaître les exigences des procédures de passation des délégations de service public, ou les directives « marchés publics », ou enfin l'ordonnance sur les concessions de travaux puisqu'il s'agit d'exigences législatives ou communautaires correspondant aux catégories de contrat dont le BEA reprendra l'objet. Si le législateur avait souhaité prévoir une procédure propre aux BEA locaux et créer ainsi une nouvelle catégorie de contrats administratifs spéciaux à procédure particulière de passation, il aurait dû prévoir lui-même la procédure en question, au moins pour s'affranchir d'un délicat exercice de compatibilité avec les règles françaises.

L'article R. 1311-2 du CGCT, issu du décret n° 2011-2065 du 30 décembre 2011 prévoit que lorsque le BEA local est accompagné d'une convention non détachable constituant un marché public au sens de l'article 1er du Code des marchés

51. TA Paris 30 mai 2007, *Préfet de Paris, BJDCP* n° 55, déc. 2007, p. 492, concl. DELBÈQUE, note Ph. T., à propos d'un transfert dans le cadre d'un bail emphytéotique de droit commun de logements dans le domaine privé d'un OPAC : tout acte par lequel un pouvoir adjudicateur confie la prestation d'une activité économique à un tiers doit être soumis aux règles fondamentales du traité (principes de publicité et de mise en concurrence) dès lors que ce tiers est un opérateur économique.

52. TA Versailles 5 janv. 2010, *M. Guyard*, *AJDA* 2010, p. 1196, concl. SORIN.

publics, une délégation de service public au sens de l'article L. 1411-1 du CGCT, un contrat de partenariat au sens de l'article L. 1414-1 ou un contrat de concession de travaux publics au sens de l'article L. 1415-1, sa conclusion est précédée des mesures de publicité et de mise en concurrence prévues par les dispositions applicables à ce contrat. L'obligation mentionnée s'applique également aux baux qui comportent des clauses s'analysant comme une convention non détachable présentant les caractéristiques des contrats mentionnés à cet alinéa. Le pouvoir réglementaire n'ajoute finalement rien de neuf au travail de requalification qu'il convient d'opérer et décrit ci-dessus[53]. Soit le BEA est lui-même requalifiable en contrat de la commande publique et il doit en respecter le régime de passation, soit il est adossé à un contrat de la commande publique, ce qui implique que la passation de l'ensemble indissociable suive les règles les plus strictes applicables à la partie « commande publique ».

Les BEA « simples », c'est-à-dire dans lesquels aucuns travaux ne sont mis à la charge de preneur et qui ne constituent pas une opération économique immobilière au profit de la personne publique, resteraient inscrits dans la solution de l'arrêt *Jean Bouin* rendu par le Conseil d'État en 2010, qui n'impose aucune procédure particulière de passation[54] (*infra*, n° 1236).

1224 **BEA de l'État. –** Les BEA de valorisation de l'État ne sont soumis à aucune procédure particulière. Compte tenu de leur objet (restauration, réparation ou valorisation), il sera difficile d'échapper à toute requalification car ils ne se résument pas à la seule occupation du domaine public. Il faudra alors se référer au raisonnement exposé ci-dessus.

SECTION II — LES CONVENTIONS D'OCCUPATION CONSTITUTIVES DE DROITS RÉELS

1225 **AOT. –** Les personnes publiques peuvent consentir sur leur domaine public des autorisations d'occupation temporaires (AOT) constitutives de droits réels. L'occupant peut édifier des constructions et dispose d'un droit réel sur les ouvrages immobiliers édifiés. L'utilité du montage réside dans le fait que les collectivités publiques peuvent éventuellement occuper une partie des équipements édifiés et en devenir propriétaires.

53. G. Clamour, « Bail emphytéotique administratif », *Contrats et marchés publics* avr. 2011, comm. 98.

54. CE Sect. 3 déc. 2010, *Dr. adm.* févr. 2011, note F. Brenet et F. Melleray ; *JCP A* 31 janv. 2011, 2043, note Cl. Devès ; *Contrats et marchés publics* janv. 2011, n° 25, comm. G. Eckert ; *CP-ACCP* n° 106, janv. 2011, p. 56 ; *AJDA* 2011, p. 21, chron. E. Glaser, *Concurrences* n° 1, janv. 2011, p. 217, note B. du Marais, *RJEP* avr. 2011, p. 25, note Ch. Maugüé.

§ 1. RÉGIME

1226 **Champ d'application. –** Aussi bien l'État (article L. 2122-6 du Code général de la propriété des personnes publiques) que les collectivités territoriales (depuis la réforme de 2006, article L. 1311-5, I, du CGCT) peuvent consentir des autorisations temporaires du domaine public constitutives de droits réels. S'agissant du champ d'application matériel, ces autorisations ne peuvent être consenties sur le domaine public naturel (articles L. 2122-5 du CG3P et L. 1311-8 du CGCT)[55]. L'État peut conclure une convention d'occupation du domaine public constitutive de droits réels pour tout type d'opération. En revanche, les collectivités territoriales sont limitées par l'objet du contrat qu'elles entendent conclure. En effet, l'article L. 1311-5-I. du CGCT dispose que les autorisations constitutives de droits réels sont délivrées « en vue de l'accomplissement, pour leur compte, d'une mission de service public ou en vue de la réalisation d'une opération d'intérêt général relevant de leur compétence ». Lors de la réforme de 2006, l'objet des AOT constitutives de droits réels que les collectivités territoriales peuvent accorder a été aligné sur celui, limité, des baux administratifs emphytéotiques.

1227 **Durée. –** La durée des AOT constitutives de droits réels est fixée en fonction de la nature de l'activité et de celle des ouvrages autorisés, et compte tenu de l'importance de ces derniers, sans pouvoir excéder soixante-dix ans (articles L. 2122-6 du CG3P pour l'État et L. 1311-5-I. pour les collectivités territoriales).

1228 **Constitution d'un droit réel. –** Le droit réel conféré par le titre d'occupation porte sur les ouvrages, constructions et installations de caractère immobilier que le titulaire réalise pour l'exercice d'une activité autorisée par ce titre (articles L. 2122-6 du CG3P et L. 1311-5-I du CGCT). Ce droit réel est défini comme accordant les prérogatives et obligations du propriétaire. Pour les autorisations accordées par l'État, la constitution du droit réel est implicitement accordée par le titre, sauf si celui-ci comporte une prescription contraire. Si les ouvrages, constructions ou installations sont nécessaires à la continuité du service public, la constitution d'un droit réel n'intervient que sur décision de l'État (article L. 2122-10). Une telle restriction n'existe pas pour les collectivités territoriales, eu égard à la nature des opérations qui peuvent constituer l'objet de l'AOT. En effet, l'autorisation est en tout état de cause délivrée en vue de l'accomplissement d'une mission de service public ou en vue de la réalisation d'une opération d'intérêt général. Si la constitution d'un droit réel avait été limitée pour les ouvrages affectés à un service public, autant dire que la limite aurait touché la quasi-totalité des autorisations accordées et ainsi hypothéqué l'intérêt même de la réforme.

Ainsi que le note E. Fatôme[56], l'objet des « droits réels » conférés respectivement par les AOT et les BEA n'est pas le même. En effet, « le droit réel conféré par le BEA est un droit réel de jouissance d'un bien immobilier appartenant à une collectivité territoriale ». Le droit réel

55. Imposant aux collectivités territoriales une limitation décidée en 1994 pour l'État.

56. « À propos de la réglementation de l'occupation du domaine public après le Code général de la propriété des personnes publiques », *Mélanges Labetoulle*, Dalloz, 2007, p. 329. Voir également P. DELVOLVÉ, « Les dispositions relatives aux droits réels sur le domaine public des personnes publiques : l'incohérence », *RFDA* 2010, p. 1125.

« conféré par une AOT dite « constitutive de droit réel » est, lui, au contraire, (...) « un droit réel sur les ouvrages, constructions et installations de caractère immobilier qu'il [le titulaire de l'AOT] réalise pour l'exercice d'une activité autorisée par ce titre ». Droit réel sur les ouvrages, qui, lui, disons pour simplifier, est un droit réel de propriété (...) ». Les deux catégories de titres confèrent un droit de superficie qui fait obstacle à l'accession, ce qui entraîne un droit de propriété des ouvrages édifiés.

1229 **Cession et transmission du droit réel. –** Le droit réel peut être cédé ou transmis dans le cadre de mutations entre vifs (ou à la suite du décès de l'occupant) ou de réorganisation de sociétés ou de réalisation de sûretés. Ces opérations sont soumises à deux conditions : l'agrément de l'autorité compétente et une nouvelle utilisation compatible avec l'affectation de la dépendance occupée (articles L. 2122-7 CG3P et L. 1311-6 du CGCT).

1230 **Hypothèque. –** « Le droit réel conféré par le titre, les ouvrages, constructions et installations ne peuvent être hypothéqués que pour garantir les emprunts contractés par le titulaire de l'autorisation en vue de financer la réalisation, la modification ou l'extension des ouvrages, constructions et installations de caractère immobilier situés sur la dépendance domaniale occupée » (articles L. 2122-8 du CG3P et L. 1311-6-1 du CGCT). Les hypothèques sur lesdits droits et biens s'éteignent au plus tard à l'expiration des titres d'occupation délivrés. Le financement par crédit-bail peut aussi être envisagé (*infra*, n° 1282).

1231 **Sort des ouvrages à l'expiration du titre d'occupation. –** Les ouvrages, constructions et installations de caractère immobilier doivent être démolis à l'issue du titre aux frais de l'occupant. Leur maintien en l'état peut être prévu expressément par le titre d'occupation ou l'autorité compétente peut renoncer en tout ou partie à leur démolition. Ils deviennent alors de plein droit et gratuitement la propriété de la personne publique, francs et quittes de tous privilèges et hypothèques (articles L. 2122-9 du CG3P et L. 1311-7 du CGCT).

1232 **Indemnisation en cas de résiliation anticipée du contrat d'occupation. –** En cas de résiliation décidée par l'administration, le titulaire est indemnisé du préjudice direct, matériel et certain né de l'éviction anticipée[57]. Les règles de détermination de l'indemnité peuvent être précisées dans le titre d'occupation. Les droits des créanciers régulièrement inscrits à la date du retrait anticipé sont reportés sur cette indemnité (articles L. 2122-9 du CG3P et L. 1311-7 du CGCT). Cette règle s'applique pour les résiliations décidées pour un motif autre que l'inexécution des clauses et conditions de la convention[58].

57. Le législateur a souhaité assurer l'indemnisation de l'occupant évincé, alors même que l'application des règles générales du contrat administratif aurait pu suffire.

58. Deux mois au moins avant la notification d'un retrait pour inexécution des clauses et conditions de l'autorisation, les créanciers régulièrement inscrits sont informés des intentions de l'autorité compétente à toutes fins utiles, et notamment pour être mis en mesure de proposer la substitution d'un tiers au permissionnaire défaillant ou de s'y substituer eux-mêmes.

§ 2. UTILITÉ POUR L'ÉDIFICATION D'ÉQUIPEMENTS PUBLICS

1233 **Description du montage. –** Dès 1995, le Conseil d'État avait admis qu'une AOT puisse être utilisée par l'État pour faire réaliser des constructions par l'occupant. Ces constructions seraient ensuite prises en location par l'État pendant toute la durée de la convention et lui reviendraient à l'échéance du titre. Il admet que la maîtrise d'ouvrage puisse être confiée à l'occupant privé sans violation de la loi MOP n° 85-704 du 12 juillet 1985 et qu'une option d'achat soit insérée dans le montage au profit de l'État. Désormais, la technique de l'évaluation préalable est généralisée à tout projet de bail présenté par l'État ou par un établissement public de l'État conclu dans le cadre d'une autorisation d'occupation temporaire constitutive de droit réel du domaine public dont le loyer est supérieur à 1 million d'euros HT[59].

CE avis du 31 janvier 1995[60] : la législation « n'exclut pas que ce droit réel soit utilisé en vue de la réalisation d'un ouvrage qui serait mis, par voie de bail, à la disposition de la personne gestionnaire du domaine de l'État. Dans le cadre de l'application de la loi nouvelle, l'occupation du domaine et les droits réels y afférents peuvent être assortis de la description des éléments de programme correspondant aux conditions d'une utilisation adéquate par l'administration gestionnaire du domaine [...]. À l'issue du titre d'occupation du domaine public, les biens qui ont été mis à la disposition d'une administration, deviennent en principe la propriété de l'État par application des dispositions de l'article L. 34-3 [...] du Code du domaine de l'État. [...] Dans le montage juridique qui est envisagé en réponse à la troisième question, c'est le titulaire de l'autorisation d'occupation du domaine public, une fois investi de la possibilité juridique de réaliser la construction, qui a la qualité de maître de l'ouvrage. Une pareille qualification ne peut être conférée à la collectivité publique preneuse, dès lors que cette collectivité n'assure pas la direction technique des actions de construction et ne devient propriétaire de l'ouvrage qu'au terme du contrat de location. En effet, elle ne joue, ni pendant la réalisation de l'ouvrage ni avant le terme fixé, le rôle de maître d'ouvrage. Aucune disposition législative ou réglementaire non plus qu'aucun principe général ne s'oppose à ce que le ministre de l'Intérieur insère dans le contrat de location d'un immeuble où il se propose d'installer ses services une option d'achat aux termes de laquelle le montant des loyers versés serait totalement ou partiellement déduit du prix de vente au cas où la vente se réaliserait. [...] Dans la mesure où l'État tient de la loi la possibilité de devenir propriétaire de l'immeuble construit à l'issue de l'autorisation ou de la convention d'utilisation du domaine, une option d'achat ne devrait être stipulée que dans des termes qui à la fois soient compatibles avec le contrat de concession, et n'entraînent pas pour l'État, au vu de l'équilibre de l'ensemble de l'opération, des dépenses qui ne trouveraient pas leur justification dans un intérêt général. [...] La réponse faite [...] ci-dessus à propos de l'hypothèse de la mise à disposition de l'État par voie de bail d'un ouvrage construit par un tiers vaut également lorsque la mise à disposition par un bail locatif s'accompagne d'une option d'achat. En pareil cas, la collectivité publique preneuse [...] ne joue, ni pendant la réalisation de l'ouvrage ni avant la levée de l'option, le rôle de maître d'ouvrage. Il en va ainsi alors même que la collectivité publique a fourni au constructeur des éléments de programme correspondant à ses besoins ».

59. Art. 48 de la loi n° 2008-735 du 28 juill. 2008 relative aux contrats de partenariat et art. 2 du décret n° 2009-242 du 2 mars 2009. Voir également le décret modifié n° 2004-1119 du 19 oct. 2004 portant création de la MAPPP.

60. Grands Avis n° 33.

§ 3. QUALIFICATION ET PROCÉDURE DE PASSATION

1234 **Qualification selon les principes établis pour les baux emphytéotiques. –** Les principes de qualification de ce type d'opération sont exactement les mêmes que pour le bail emphytéotique administratif. Toutefois, la durée minimale n'étant pas réglementée pour les AOT, il convient que les collectivités publiques se gardent de pratiquer le détournement de procédure en réalisant l'option d'achat immédiatement[61]. L'occupant peut également être délégataire de service public, imposant par là même le respect des procédures de la loi Sapin du 29 janvier 1993[62]. Tel est le cas des conventions ayant pour objet : l'exploitation d'une fosse d'élévateurs de bateaux située sur le domaine public maritime (CE 20 décembre 2000, *Chambre de commerce et d'industrie du Var*)[63] ; l'exploitation d'une plage (avant l'édiction de textes imposant une procédure)[64] dans l'intérêt du développement d'une station balnéaire, le concessionnaire devant veiller à la salubrité de la baignade et à la sécurité des baigneurs sous le contrôle de la commune (CE 21 juin 2000, *SARL Plage « Chez Joseph »*)[65] ; la gestion d'une dépendance du domaine public dans le cadre d'une mission d'animation culturelle et d'accueil d'activités artistiques et artisanales (CE 11 décembre 2000, *Agofroy*[66], et CE 6 septembre 2002, *Chayette*)[67]. En revanche, n'est pas considérée comme une délégation de service public la convention par laquelle la ville de Paris a confié l'exploitation d'un café-restaurant dans le Bois de Boulogne, même si cette activité contribue au rayonnement et au développement de l'attrait touristique de la ville (CE 12 mars 1999, *Ville de Paris*)[68]. En cas d'incertitude sur l'objet final du contrat, l'autorité publique doit choisir la procédure la plus rigoureuse, ce qui implique le choix de la procédure de passation des délégations de service public, lorsqu'un doute subsiste entre une délégation et une simple convention d'occupation du domaine (CE 10 juin 2009, *Port autonome de Marseille*[69]).

Certains juges du fond adoptent encore un raisonnement par lequel le contrôle exercé par l'administration sur un opérateur ayant une activité d'intérêt général emporte qualification d'un service public, lequel emporte à son tour identification d'une délégation de service public. Il en va

61. On rappelle que le juge communautaire accepte de connaître des événements postérieurs à la signature du contrat proprement dite, pour s'assurer qu'il n'y a eu aucun détournement de procédure, CJCE 10 nov. 2005, *Commission c/Autriche*, aff. C-29/03.

62. O. ROUSSET, « Concessions domaniales des collectivités locales : quels risques de requalification en convention de délégation de service public ? », *RFDA* 2002, p. 1059.

63. N° 217649.

64. L'article L. 2124-4 du CGPPP dispose que « les concessions sont accordées par priorité aux communes ou groupements de communes ou, après leur avis si elles renoncent à leur priorité, à des personnes publiques ou privées après publicité et mise en concurrence préalable. Les éventuels sous-traités d'exploitation sont également accordés après publicité et mise en concurrence préalable ». Les modalités de la procédure sont fixées par décret, le décret n° 2006-608 du 26 mai 2006 relatif aux concessions de plage, qui renvoie à la procédure de passation des délégations de service public.

65. *RFDA* 2000, p. 797.

66. *Rec.*, p. 193, *AJDA*, 2001, p. 13, note M. RAUNET et O. ROUSSET, *RFDA*, 2001, p. 1277, concl. AUSTRY, *CMP* 2001, n° 72, note F. LLORENS.

67. N° 226665.

68. N° 186085.

69. *CMP* août-sept. 2009, n° 286, note W. ZIMMER.

ainsi par exemple d'un jugement du TA de Paris (31 mars 2009, *Sté Paris Tennis*[70]) qui considère que la convention d'occupation de parcelles du domaine public situées dans un stade relève d'une convention de délégation de service public eu égard du degré de contrôle exercé par l'administration. Cependant, le Conseil d'État a censuré ce raisonnement (CE 13 janvier 2010, *Assoc. Paris Jean Bouin*[71]). Le Conseil semble confirmer sa position puisque, dans l'arrêt CCI de Pointe-à-Pitre du 19 janvier 2011[72], il refuse de requalifier une convention d'occupation du domaine public en délégation de service public, alors même que les obligations mises à la charge de l'occupant pouvaient relever d'une mission de service public, au motif que la convention n'avait pas pour objet de confier au cocontractant la gestion de ce service, mais seulement la création et l'exploitation d'un équipement commercial affecté à ce service.

Certains contrats emportant occupation du domaine public peuvent également être des marchés publics de fournitures ou de services, comme les contrats de mobilier urbain (CE avis 14 octobre 1980, *Mobilier urbain*[73], CE Ass. 4 novembre 2005, *Société Jean-Claude Decaux*)[74]. Il est également envisageable de requalifier des conventions d'occupation en marchés publics de travaux au sens communautaire. Ainsi, dans l'arrêt du Conseil d'État du 3 juin 2009, *Commune de Saint-Germain-en-Laye*[75], il était question d'une convention ayant pour objet la réhabilitation de terrains, appartenant à la ville de Paris, en vue d'y développer des espaces paysagers ou forestiers, d'y créer un centre de recherche sur les technologies de l'eau et de l'assainissement et d'y installer un centre d'entraînement du club professionnel du Paris Saint-Germain. Pour financer l'acquisition de ces terrains, ainsi que leur dépollution, la commune a souhaité en confier la charge à un opérateur moyennant le droit d'exploiter, sur une partie des terrains en cause, pendant une durée de quinze ans, un gisement de granulats compris dans le sous-sol, la ville percevant une rétribution au titre du droit de fortage en tenant compte des charges incombant à l'opérateur et du bénéfice qu'il est en droit d'attendre. Le contrat a été requalifié en marché public de travaux au sens communautaire au motif que, « si le contrat envisagé concédait à l'exploitant le droit d'extraire les matériaux du sous-sol d'une partie des terrains concernés, en lui rappelant les obligations de remise en état incombant à l'exploitant d'une installation classée, il avait pour objet de répondre, par les travaux demandés au titulaire, à un besoin de la commune en matière de dépollution et d'aménagement des parcelles en cause ». C'est la conception large de la notion de « besoin » de la définition communautaire du marché de travaux qui a ici joué un rôle déterminant (*supra*, n° 975).

Pour envisager globalement la requalification des contrats immobiliers des personnes publiques en marchés publics de travaux ou en concession de travaux, on

70. *JCP* A n° 22, 25 mai 2009, p. 41, note Cl. DEVÈS, *AJDA* 2009, p. 1149, note J.-D. DREYFUS, *BJCP* n° 65 août 2009, p. 312 concl. VILLALBA.

71. *JCP* A n° 7 2010, 2069, concl. OLLÉON, *CMP* mars 2010, n° 116, note G. ECKERT, *AJDA* 2010, p. 731, note G. MOLLION.

72. N° 341669.

73. Grands avis n° 2.

74. *RFDA*, 2005, p. 1083, concl. D. CASAS, *CMP* déc. 2005, p. 3, comm. F. LLORENS et P. SOLER-COUTEAUX, et n° 297, comm. J.-P. PIÉTRI, *AJDA*, 2006, p. 120, note A. MÉNÉMÉNIS.

75. N° 311798 ; *RDI* n° 9/2009, p. 470, note R. NOGUELLOU, *CMP* déc. 2009, comm. 379, note W. ZIMMER, *BJCP* n° 66 oct. 2009, p. 365, concl. DACOSTA.

peut se référer à la grille d'analyse proposée par E. Fatôme et Ph. Terneyre[76]. Si la totalité des ouvrages à réaliser par le cocontractant est destinée à la personne publique, qu'ils répondent à ses besoins au sens large que donne le droit communautaire à cette notion (*supra*, n° 975) et que la réalisation est conclue à titre onéreux par le biais de loyers à acquitter par la personne publique, il y aura probablement un marché public de travaux. Si seule une partie du ou des ouvrages réalisés est destinée à la personne publique, les auteurs précités distinguent deux hypothèses. Première hypothèse : si le contrat définit de façon précise les caractéristiques des ouvrages destinés aux tiers, faisant apparaître que la totalité de l'opération s'inscrit dans le cadre d'une politique menée par le pouvoir adjudicateur, un marché public de travaux apparaîtra. Seconde hypothèse : si le contrat ne définit pas les caractéristiques des ouvrages destinés aux tiers, il conviendra de se demander si son objet principal porte sur les ouvrages destinés à la personne publique (marché public) ou pas (pas de marché public). Si les ouvrages sont entièrement destinés à des tiers, mais que la personne en définit les caractéristiques et qu'ils sont réalisés pour atteindre des objectifs fixés par la personne publique dans sa mission d'intérêt général, le critère matériel du marché public de travaux sera présent. Restera alors à vérifier l'aspect financier. Ne pourront être qualifiés de marché ou de concession que les contrats dans lesquels l'obligation pour le cocontractant de réaliser des ouvrages répondant aux besoins de la personne publique trouve une contrepartie dans un rabais sur le prix ou les loyers demandés par le pouvoir adjudicateur. Si la personne publique ne consent aucune contrepartie onéreuse, il sera difficile de conclure à la présence d'un marché.

1235 **Procédure. Discussion sur le principe d'une mise en concurrence.** – La question de la généralisation d'une procédure de mise en concurrence pour l'octroi des titres d'occupation du domaine public, en dehors de toute requalification du titre et en l'absence de texte particulier, tend à se poser de manière de plus en plus insistante[77].

Les *prémisses* d'une telle obligation se sont manifestées dès la fin des années 1990. En effet, sans qu'il soit expressément question d'une procédure de mise en concurrence, la Cour de justice avait jugé que l'administration est tenue de respecter le principe de non-discrimination dans le cadre de la gestion de son domaine

76. « À propos des règles de passation des contrats publics à objet à la fois immobilier et de travaux. Retour sur l'arrêt Jean Auroux », *AJDA* 2009, p. 1868.

77. A. LE MIÈRE et D. HASDAY, « Attribution des autorisations d'occupation du domaine public : cadre juridique et conditions de mise en concurrence », *CP-ACCP* n° 44, mai 2005, p. 56 ; A. CABANES, « Faut-il soumettre l'occupation privative du domaine public à une procédure spécifique ? », CP-ACCP n° 54, avr. 2006, p. 28 ; L. GIVORD et L. AYACHE, « La mise en concurrence des titres d'occupation domaniale : une évolution inachevée ? », *CP-ACCP* n° 83, déc. 2008, p. 74 ; J.-D. DREYFUS, « La soumission des conventions d'occupation du domaine public aux règles du traité de Rome », *AJDA* 2008, p. 2172 ; S. NICINSKI, « Les autorisations administratives unilatérales et le droit public des affaires », *AJDA* 2009, p. 1236 ; Ch. VAUTROT-SCHWARZ, « La publicité et la mise en concurrence dans la délivrance des titres d'occupation domaniale », *AJDA* 2009, p. 568 ; G. BERTON, « Le régime de passation des concessions domaniales à la croisée des chemins », *RFDA* 2009, p. 483 ; FATÔME et Ph. TERNEYRE, « À propos des règles de passation des contrats publics à objet à la fois immobilier et de travaux. Retour sur l'arrêt Jean Auroux », *AJDA* 2009, p. 1868.

public[78]. Surtout, dans l'arrêt *EDA*[79] de mars 1999, le Conseil d'État impose à l'autorité administrative affectataire de dépendances du domaine public de « prendre en considération les diverses règles, telles que le principe de liberté du commerce et de l'industrie ou l'ordonnance du 1er décembre 1986, dans le cadre desquelles s'exercent ces activités ». Le potentiel économique que comporte l'exploitation du domaine public et la convoitise qu'il suscite entrent en ligne de compte. Les règles de la concurrence vont régir l'administration du domaine public[80]. Dans le rapport du Conseil d'État pour 2002, *Collectivités publiques et concurrence*, il est préconisé de respecter plus systématiquement des obligations de publicité et de mise en concurrence, en dehors des délégations de service public, pour toutes les autorisations ou conventions d'occupation du domaine public. Le Conseil d'État a ensuite, dans un avis de 2002[81] sur les contrats d'exploitation des installations commerciales sur les aires de service situées sur le réseau autoroutier, admis que les sociétés concessionnaires d'autoroutes ne peuvent sélectionner les entreprises prestataires de services publics sur ces aires qu'après avoir mis en œuvre un degré de publicité adéquat permettant un appel à la concurrence.

La *consécration* d'un principe de mise en concurrence intervient d'abord du côté de l'autorité chargée de veiller au libre jeu de la concurrence. Dans un avis du Conseil de la concurrence du 21 octobre 2004, relatif à l'occupation du domaine public pour la distribution de journaux gratuits[82], les principes de l'arrêt *Telaustria* sont appliqués à la délivrance de titres d'occupation du domaine public. Ces exigences sont réitérées dans l'avis de l'Autorité de la concurrence en date du 22 février 2010 et relatif aux problèmes de concurrence pouvant résulter de la privatisation des aéroports français[83]. Pourtant, le Code général de la propriété des personnes publiques (2006) ne comporte aucune règle générale de procédure pour la délivrance des autorisations d'occupation du domaine public. Ses commentateurs avisés, Ch. Maugüé et G. Bachelier[84], expliquent cette absence par deux séries de raisons. La première est qu'il n'appartient pas au CGPPP de rappeler que des règles émanant d'autres législations (marchés publics, règles de la concurrence) sont applicables. La seconde est liée aux incohérences qui auraient résulté de l'application d'une règle générale à la diversité des occupations domaniales. Est cité l'exemple incongru du cafetier mis en concurrence pour poser quelques chaises sur le trottoir devant son café. Il faut en retenir que si aucune procédure n'est imposée, ce n'est nullement au motif qu'elle n'existerait pas, mais plutôt en considération du principe d'indépendance des législations. Le tribunal administratif de Nîmes a jugé en janvier 2008, après avoir fait référence aux règles fondamentales du Traité CE [auj. TFUE], qu'une convention d'occupation du domaine public ne peut être

78. CJCE 18 juin 1985, *Steinhauser c. /Ville de Biarritz*, aff. C-197/84 : à propos d'une procédure d'adjudication d'un local communal fixant une condition de nationalité pour l'admission des candidatures.

79. Section 26 mars 1999, *Soc. EDA*, *AJDA* 1999, p. 427, conclu. STAHL, note M. BAZEX, *RDP* 2000, p. 353, obs. C. GUETTIER, *RFDA* 1999, p. 977, note D. POUYAUD.

80. G. GONZALEZ, « Domaine public et droit de la concurrence », *AJDA* 1999, p. 387.

81. N° 366.305 du 16 mai 2002, *EDCE* 2003, p. 201.

82. N° 04-A-19.

83. N° 10-A-04.

84. « Genèse et présentation du Code général de la propriété des personnes publiques », *AJDA* 2006, p. 1073.

conclue sans formalité préalable de publicité et de mise en concurrence[85]. Le tribunal administratif de Paris a posé un principe en 2010 : une convention ayant pour objet la valorisation du domaine, de fournir une prestation répondant aux besoins définis par la personne publique (installation de photocopieurs et cabines photographiques dans les mairies d'arrondissement) et susceptible, compte tenu de ses caractéristiques, d'intéresser des opérateurs économiques implantés sur le territoire d'autres États membres de l'Union européenne, en raison notamment de la valeur estimée, en liaison avec sa technicité, ou de sa localisation, doit être soumis à concurrence compte tenu de l'obligation communautaire de transparence[86].

Concernant le *fondement* d'une éventuelle obligation de mise en concurrence, les avis divergent sur la question de savoir si elle repose à titre exclusif sur le droit de la concurrence[87], plus généralement sur l'association des principes d'égalité et de libre concurrence[88], voire sur l'impact des grands principes de la commande publique (Conseil conc. Avis préc. du 21 octobre 2004 ; Livre vert sur les partenariats public-privé de 2004[89]). Il convient ici de ne pas omettre de mentionner l'influence de la directive service n° 2006/123/CE du 12 décembre 2006 (*supra*, n° 204 et s.) qui, au nom des grandes libertés économiques du Traité, impose une procédure de sélection des candidats[90]. Il convient d'ajouter une précision importante ici : la directive n'a pas pour objet d'instituer *ab initio* de nouvelles obligations, mais se contente de préciser le contenu et la portée des grandes libertés économiques qui existent en dehors d'elle et dont le champ est plus vaste. Il nous semble que l'obligation de mise en concurrence est fondée sur la conjugaison de ces divers principes. En effet, c'est tout à la fois parce que le gestionnaire du domaine doit prendre en considération le droit de la concurrence dans la gestion des titres d'occupation, que le champ d'application du droit de la commande publique s'étend très largement à « tout acte, qu'il soit contractuel ou unilatéral, par lequel une entité publique confie la prestation d'une activité économique à un tiers » (Livre vert sur les partenariats public-privé de 2004, préc.), et que les grandes libertés économiques protègent l'accès aux activités économiques, qu'une mise en concurrence va s'imposer en l'espèce.

Le *champ d'application* de l'obligation doit être conçu largement. À l'instar du Livre vert sur les partenariats public-privé précité, il convient d'y inclure à la fois les conventions d'occupation et les autorisations unilatérales. Il n'y a pas lieu de distinguer selon la nature des propriétés publiques occupées car on ne voit pas ce qui permettrait de réserver un régime particulier au domaine public ou au domaine

85. Jugement du 24 janv. 2008, *Société des trains touristiques G. Eisenreich*, *AJDA* 2008, p. 2172, note J.-D. DREYFUS.

86. TA Paris 12 mars 2010, *Sté Cybervitrine*, *BJCP* n° 71, sept. 2010, p. 289.

87. Pour une opinion selon laquelle la publicité et la mise en concurrence dans la délivrance des titres d'occupation domaniale ne repose que sur le seul droit de la concurrence et non sur le droit de la commande publique, Ch. VAUTROT-SCHWARZ, « La publicité et la mise en concurrence dans la délivrance des titres d'occupation domaniale », *AJDA* 2009, p. 568.

88. E. FATÔME et Ph. TERNEYRE, « À propos des règles de passation des contrats publics à objet à la fois immobilier et de travaux. Retour sur l'arrêt Jean Auroux », *AJDA* 2009, p. 1868.

89. COM/2004/0327 final.

90. M. KARPENSCHIF, « Les collectivités locales et la directive « services » : entre contraintes nouvelles et espoirs déçus », *JCP* A 6 sept. 2010, n° 36, 2256.

privé. E. Fatôme et Ph. Terneyre[91] proposent qu'une mise en concurrence soit organisée « dès lors que le titre d'occupation permet à son détenteur d'exercer une activité économique sur la propriété publique ». Ce principe de mise en concurrence serait assorti d'exceptions dans les hypothèses où l'occupation ne peut être le fait que d'une seule personne (terrasses de café situées devant le café lui-même par ex.). Ce principe ne pourrait être clairement défini que par le législateur. Dans son avis précité de 2004, le Conseil de la concurrence se fonde sur la présence d'une « autorisation domaniale », qui « confère » un « avantage économique ». Dès lors, au-delà de la *dévolution* d'une activité économique par une autorité publique, c'est la simple *habilitation* à exercer une activité économique qui entre dans le champ d'application de ces principes (*supra*, n° 935). La directive « services » (préc.) s'applique à toute démarche à effectuer auprès d'une administration en vue d'obtenir un acte formel ou une décision pour *accéder* à une activité économique ou à son exercice (*supra*, n° 208). La combinaison de ces textes et considérations conduit à conclure que toute autorisation ayant pour objet la dévolution d'une activité économique à un tiers, l'habilitant à l'exercer ou lui permettant d'y accéder doit entrer dans le champ d'application de l'obligation de mise en concurrence.

1236 **Arrêt *Jean Bouin*. –** La section du contentieux a jugé le 3 décembre 2010 (*Ville de Paris – Association Paris Jean Bouin*[92]) « qu'aucune disposition législative ou réglementaire ni aucun principe n'imposent à une personne publique d'organiser une procédure de publicité préalable à la délivrance d'une autorisation ou à la passation d'un contrat d'occupation d'une dépendance du domaine public, ayant dans l'un ou l'autre cas pour seul objet l'occupation d'une telle dépendance ; qu'il en va ainsi même lorsque l'occupant de la dépendance domaniale est un opérateur sur un marché concurrentiel ».

Cet arrêt, si important qu'il soit, ne nous semble pas clore définitivement la discussion et remettre en cause la série d'arguments avancée précédemment en faveur d'une obligation de mise en concurrence des titres d'occupation du domaine public[93]. L'arrêt *Jean Bouin* a seulement pour effet, selon nous, de limiter pour le moment les frontières du champ de la collaboration économique entre l'administration et les opérateurs, et, partant, du régime qui lui est associé. L'administration ne se situe dans le champ de la collaboration économique, impliquant un régime particulier, que lorsqu'elle est véritablement dans une relation de collaboration, s'est à dire lorsqu'elle s'associe à un opérateur et que la concordance des actions des deux parties tend à réaliser le projet envisagé. Ne sont donc incluses que les dévolutions d'activités économiques et les commandes de prestations. Les simples habilitations, les simples autorisations d'exploitation d'un bien administratif (ou à partir d'un

91. « À propos des règles de passation des contrats publics à objet à la fois immobilier et de travaux. Retour sur l'arrêt Jean Auroux », article préc.

92. *DA* févr. 2011, note F. BRENET et F. MELLERAY, *JCP* A 31 janv. 2011, 2043, note Cl. DEVÈS, *CMP* janv. 2011, n° 25, comm. G. ECKERT, *CP-ACCP* n° 106, janv. 2011, p. 56, *AJDA* 2011, p. 21, chron. E. GLASER, *BJCP* n° 74 janv-févr. 2011, p. 36, concl ESCAUT, *Concurrences* n° 1, janv. 2011, p. 217, note B. DU MARAIS, *RJEP* avr. 2011, p. 25, note Ch. MAUGÜÉ.

93. S. NICINSKI, « Faut-il soumettre la délivrance des titres d'occupation du domaine public à une procédure de mise en concurrence ? », *Mélanges Fatôme*, Dalloz, 2011, p. 373.

bien administratif) sortent du champ de la collaboration. En effet, il n'y a aucune réelle collaboration dans cette hypothèse. C'est aussi la raison pour laquelle lorsque l'autorisation d'occupation du domaine est aussi un contrat immobilier, par lequel l'occupant édifie un équipement que l'administration finance et dont elle élabore les prescriptions, elle entre dans la catégorie des contrats de collaboration économique. Mais ce n'est pas le cas des autorisations « sèches », qui ne relèvent d'aucune procédure de mise en concurrence.

1237 **Baux à construction sectoriels.** – Dans certains domaines accusant des retards en équipements, publics, le législateur a expressément autorisé l'État à conclure des baux à construction avec option d'achat anticipée. L'article L. 2122-15 du CG3P dispose en effet que « L'État et le titulaire d'une autorisation d'occupation temporaire constitutive de droit réel du domaine public peuvent conclure un bail portant sur des bâtiments à construire par le titulaire pour les besoins de la justice, de la police ou de la gendarmerie nationales, de la formation des personnels qui concourent aux missions de défense et de sécurité civiles, des armées ou des services du ministère de la défense et comportant, au profit de l'État, une option lui permettant d'acquérir, avant le terme fixé par l'autorisation d'occupation, les installations ainsi édifiées. Dans ce cas, le bail comporte des clauses permettant de préserver les exigences du service public ». Cette même disposition prévoit que l'amortissement financier peut être pris en compte dans la détermination du montant du loyer.

Les articles R. 2122-28 et suivants du CG3P complètent le dispositif en prévoyant que l'autorisation peut également mettre à la charge du bailleur l'entretien et la maintenance des bâtiments et installations. Le loyer est fixé en fonction du montant de l'investissement consenti par le bailleur et du mode de financement de l'opération et comprend une part correspondant à l'amortissement du capital investi. Il tient également compte, le cas échéant, des prestations de services d'entretien et de maintenance des bâtiments et installations qui devront être assurées par le bailleur. Compte tenu des risques de requalification de ces baux sectoriels en marchés publics de travaux au sens communautaire, une procédure spécifique est imposée. Tout projet de bail d'un loyer annuel supérieur à un million d'euros hors taxes est soumis à la réalisation de l'évaluation préalable relative aux contrats de partenariat. La procédure de passation fait l'objet des articles R. 2122-34 et suivants du CG3P. Elle n'est pas soumise au Code des marchés publics, sauf lorsqu'il y est expressément renvoyé. Le décret précité organise une procédure de passation de droit commun, qui tient de la procédure d'appel d'offres. Pour les baux de faible montant[94], l'autorité administrative peut utiliser la procédure négociée. En cas de complexité du projet, une procédure de dialogue compétitif peut être suivie.

94. Montants et mode de calcul définis par l'arrêté du 19 déc. 2011, *JO* du 23 déc. 2011.

BIBLIOGRAPHIE

Dossier « La loi du 28 juillet 2008 : quelle modernisation des PPP ? », *CP-ACCP* n° 81, octobre 2008 ▪ Dossier « Le BEA », *CP-ACCP* n° 108, mars 2011 ▪ J.-B. AUBY, « Le bail emphytéotique sur le domaine public », *CJEG*, n° hors-série octobre 1990, p. 67 ▪ G. BERKOVICZ et A. LANG, *Les baux emphytéotiques administratifs*, LexisNexis, 2011 ▪ G. BERTON, « Le régime de la passation des concessions domaniales à la croisée des chemins », *RFDA* 2009, p. 483 ▪ S. BRACONNIER, « Les BEA et AOT constitutives de droits réels », *JCP* A n° 51-52, 19 décembre 2011, n° 2395 ▪ A. CABANES, « Faut-il soumettre l'occupation privative du domaine public à une procédure spécifique ? », *CP-ACCP* n° 54, avril 2006, p. 28 ▪ P. DELVOLVÉ, « L'utilisation privative des biens publics. Essai de synthèse », *RFDA* 2009, p. 229 ▪ J.-D. DREYFUS, « La soumission des conventions d'occupation du domaine public aux règles du traité de Rome », *AJDA* 2008, p. 2172 ▪ G. ECKERT, « Bail emphytéotique administratif », *Juris-Classeur CMP*, fasc. 610 ▪ E. FATÔME et P. TERNEYRE, « Bail emphytéotique, domanialité publique et financement privé d'un ouvrage public », *CJEG* 1994, p. 569, « À propos des règles de passation des contrats publics à objet à la fois immobilier et de travaux. Retour sur l'arrêt Jean Auroux », *AJDA* 2009, p. 1868 ▪ L. GIVORD et L. AYACHE, « La mise en concurrence des titres d'occupation domaniale : une évolution inachevée ? », *CP-ACCP* n° 83, décembre 2008, p. 74 ▪ P. HANSEN, « L'instabilité jurisprudentielle en matière d'occupation privative du domaine public », *AJDA* 2009, p. 1078 ▪ C. LAVIALLE, « L'article 13 de la loi du 5 janvier 1988 et l'évolution du droit de la domanialité publique », *CJEG* 1988, p. 163 ▪ A. LE MIÈRE et D. HASDAY, « Attribution des autorisations d'occupation du domaine public : cadre juridique et conditions de mise en concurrence », *CP-ACCP* n° 44, mai 2005, p. 56 ▪ F. LLORENS et P. SOLER-COUTEAUX, « Les occupations privatives du domaine public : un espoir déçu », *RFDA* 2006, p. 935 ▪ S. NICINSKI, « Les autorisations administratives unilatérales et le droit public des affaires », *AJDA* 2009, p. 1236, « Faut-il soumettre la délivrance des titres d'occupation du domaine public à une procédure de mise en concurrence ? », *Mélanges Fatôme*, Dalloz, 2011, p. 373 ▪ S. PLUNIAN, « La réception du bail emphytéotique administratif par le droit des contrats administratifs », *Contrats publics, Mélanges M. Guibal*, 2006, p. 719 ▪ M.-T. SUR, « Bail emphytéotique administratif », *in Droit des services publics locaux*, Éditions du Moniteur, 1995 ▪ N. SYMCHOWICZ, *Partenariats public-privé et montages contractuels complexes*, Ed. du Moniteur, 2009 ▪ P. TERNEYRE et B. NOYER, « Le bail emphytéotique administratif comme technique contractuelle moderne de valorisation du domaine public des collectivités locales », *LPA* 10 juillet 1996, p. 15, et 12 juillet 1996, p. 8 ▪ Ph. TERNEYRE, « Bail emphytéotique administratif », coll. *Dalloz Action/Construction* 2000-2001, n° 2167 ▪ Ch. VAUTROT-SCHWARZ, « La publicité et la mise en concurrence dans la délivrance des titres d'occupation domaniale », *AJDA* 2009, p. 568.

CHAPITRE V
LA VENTE EN L'ÉTAT FUTUR D'ACHÈVEMENT

1238 **Utilisation de la VEFA au titre d'une collaboration économique entre une personne publique et un opérateur privé. –** La vente en l'état futur d'achèvement (VEFA) relève de la catégorie des contrats de vente d'immeubles à construire et autorise un étalement du prix par l'acheteur. Les collectivités publiques s'y sont intéressées mais les conditions dans lesquelles est enfermé le recours à ce type de contrat sont éminemment strictes. Comme pour les autres contrats, on abordera successivement son origine et sa définition (Section I), avant d'analyser ses conditions d'utilisation (Section II) et ses éventuelles requalifications (Section III).

SECTION I ORIGINE ET DÉFINITION

1239 **Loi du 3 janvier 1967. –** La loi n° 67-3 du 3 janvier 1967 est à l'origine de la vente d'immeubles à construire. Elle institue notamment deux types de nouveaux contrats : la vente à terme et la vente en l'état futur d'achèvement (VEFA). La VEFA a connu un succès beaucoup plus important que la vente à terme[1] et a intéressé les collectivités publiques.

1240 **Définition. –** La notion de VEFA est explicitée à l'article 1601-3 du Code civil, qui dispose que « la vente en l'état futur d'achèvement est un contrat par lequel le vendeur transfère immédiatement à l'acquéreur ses droits sur le sol ainsi que la propriété des constructions existantes. Les ouvrages à venir deviennent la propriété de l'acquéreur au fur et à mesure de leur exécution ; l'acquéreur est tenu de payer le prix à mesure de l'avancement des travaux. Le vendeur conserve les pouvoirs de

1. « Les collectivités locales, le renouveau contractuel », 97e Congrès des notaires de France, ACNF 2001, p. 767.

maître de l'ouvrage jusqu'à réception des travaux ». Contrat complexe[2], la VEFA tient à la fois de la vente et du contrat d'entreprise.

1241 **Intérêt de la VEFA pour les collectivités publiques. –** Le recours à la VEFA présente un intérêt indéniable pour les collectivités publiques en position d'acquéreur. Par ce biais, elles sont susceptibles de se décharger de la recherche de terrains susceptibles d'accueillir des équipements publics, mais surtout elles n'endossent pas le rôle de maître d'ouvrage, tâche technique souvent lourde. La VEFA permet aussi d'étaler le paiement d'une construction (quitte à la payer plus cher et à s'endetter de manière occulte en faisant peser sur les budgets futurs de lourdes dépenses), voire de bénéficier de l'économie d'échelle procurée par l'insertion d'un ouvrage qui deviendra propriété d'une personne publique dans un ensemble immobilier plus vaste[3].

SECTION II — CONDITIONS DE RECOURS À LA VEFA

1242 **Quatre conditions cumulatives de la VEFA irrégulière. –** Le principe est qu'aucune disposition législative n'interdit aux collectivités publiques de procéder à l'acquisition de biens immobiliers en utilisant le contrat de vente en l'état futur d'achèvement prévu à l'article 1601-3 du Code civil. Le recours à la VEFA par les personnes publiques est néanmoins strictement encadré. Les conditions de régularité de la conclusion d'une VEFA sont aussi celles qui serviront à qualifier la VEFA de marché public (*infra*, n° 1246). Le Conseil d'État a formulé quatre conditions cumulatives dont la réunion rend la VEFA *irrégulière*. Cela signifie qu'en l'absence de l'une de ces conditions, la VEFA est *régulière*. Ainsi, une VEFA est illicite lorsque cumulativement l'objet de l'opération est la construction même d'un immeuble pour le compte de la personne publique en cause, l'immeuble est entièrement destiné à devenir sa propriété et qu'il a enfin été conçu en fonction des besoins propres de la personne publique. Cette règle est issue de l'arrêt du Conseil d'État de 1991, *Région Midi-Pyrénées*, puis confirmée par un avis du 31 janvier 1995.

CE Sect. 8 février 1991, *Région Midi-Pyrénées*[4] ; CE, avis 31 janvier 1995[5] : « en principe, une personne publique peut utiliser pour la construction d'un ouvrage sur un terrain dont elle n'a

2. On distingue les complexes de contrats – ensemble d'obligations apparaissant comme un ensemble de contrats simplement superposés – des contrats complexes – les obligations convergent vers un résultat final, élément central et autonome. Ces notions sont empruntées à B. TEYSSIÉ, *Les groupes de contrats*, LGDJ, 1975, p. 93 et s.

3. N. SYMCHOWICZ, *Droit public des montages contractuels complexes*, Édition Imprimerie Nationale, 2003, p. 171 et s.

4. *Rec.* p. 451, *RFDA* 1992, p. 48, concl. M. POCHARD, *AJDA* 1991, note X. DELCROS, *JCP* 1991, II, 21738 note E. FATÔME, *RDP* 1991, p. 1137, note J.-M. AUBY, *CJEG* 1991, p. 251, article F. LLORENS, *D.* 1991, somm. 373, obs. P. TERNEYRE.

5. *EDCE* n° 47, p. 407, *AJDA* 1997, p. 935, comm. E. FATÔME et P. TERNEYRE, Grands Avis n° 33, comm. E. FATÔME et P. TERNEYRE.

pas la propriété la vente en l'état futur d'achèvement. Le recours à ce type de contrat cesse toutefois d'être licite, car il constituerait alors un détournement de procédure au regard des dispositions du Code des marchés publics et de celles de la loi du 12 juillet 1985 sur la maîtrise d'ouvrage publique, lorsque, tout à la fois, l'objet de l'opération est la construction même d'un immeuble pour le compte de la personne publique en cause, l'immeuble est entièrement destiné à devenir sa propriété et qu'il a enfin été conçu en fonction des besoins propres de la personne publique. Ces diverses conditions jouent de façon cumulative ».

1243 **VEFA régulières et VEFA irrégulières. –** La détermination des quatre conditions n'est pas anodine. Leur réunion éloigne le montage du caractère complexe que revêt la VEFA (à la fois un contrat de vente et un contrat d'entreprise) pour se rapprocher de l'unique contrat d'entreprise et partant, du marché public de travaux. Dans ce cas, la VEFA apparaît comme un simple moyen d'échapper au Code des marchés publics et aux obligations de la loi MOP, ce qui est répréhensible. Les personnes publiques peuvent profiter d'une opération conçue et réalisée par un promoteur, mais ne sont pas autorisées à s'en servir comme prétexte pour contourner les règles qui leur sont applicables.

Pour un recours régulier à la VEFA, voir CE avis précité du 31 janvier 1995, à propos de la construction d'un commissariat de police dès lors que sa réalisation ne constitue qu'une partie d'un immeuble destiné pour sa plus grande part à d'autres propriétaires (CAA Bordeaux 19 mars 2002, *Communauté urbaine de Bordeaux*)[6].

1244 **VEFA et logement social. –** Les SEM et organismes d'HLM peuvent désormais avoir recours de plein droit à la VEFA pour un ouvrage destiné à assurer leur mission de logement social, bien que ces organismes soient soumis à la loi MOP (art. 4 de la loi n° 2009-179 du 17 février 2009)[7].

SECTION III QUALIFICATION

1245 **Requalification et irrégularité. –** La qualification de marché public en droit français (et, partant, l'obligation de se soumettre à la loi MOP) relève de la constatation d'un détournement de procédure par l'utilisation de la technique de la VEFA lorsque celle-ci est irrégulière. Dès lors, la réunion des quatre conditions précitées entraîne à la fois l'irrégularité de la VEFA et sa requalification en marché de travaux au sens français. Cependant, une VEFA peut aussi être qualifiée de marché public de travaux au sens communautaire et demeurer régulière.

6. *CMP* 2002, n° 165, comm. F. LLORENS, *DA* 2002, n° 159, note A. MÉNÉMÉNIS : parc public de stationnement conçu par un constructeur privé.

7. Ph. TERNEYRE et T. REYNAUD, « Réforme du droit de la commande publique et plan de relance de l'économie », *BJCP* n° 63, avr. 2009, p. 98.

§ 1. QUALIFICATION DE MARCHÉ PUBLIC EN DROIT FRANÇAIS

1246 **Examen des quatre conditions cumulatives. –** Une VEFA est un marché public au sens français lorsque l'objet de l'opération est la construction même d'un immeuble, pour le compte d'une personne publique, que l'immeuble est entièrement destiné à devenir sa propriété et qu'il a enfin été conçu en fonction de ses besoins propres.

1247 **Construction même d'un immeuble. –** La construction signifie de prime abord l'édification d'un immeuble. Ne devraient donc pas être requalifiables en marché public de travaux les opérations portant sur les immeubles en cours de réhabilitation ou de rénovation. Le Conseil d'État a cependant jugé irrégulier le recours à une VEFA alors même qu'une partie de l'immeuble résultait de la rénovation ou de la reconstruction d'immeubles existants (CE 14 mai 2008, *Communauté de communes Millau-Grands Causses*)[8].

On pourrait aussi se demander si la formulation retenue implique qu'une VEFA ne soit requalifiable en marché que si elle est conclue avant le commencement des travaux, ce qui permettrait aux collectivités publiques d'échapper au code en concluant une VEFA une fois les travaux commencés (avec toutes les dérives que cela peut supposer). On se référera à l'analyse de N. Symchowicz sur ce point[9], qui refuse « d'admettre que le recours à la VEFA soit, par principe, légal lorsque les travaux afférents ont été entrepris antérieurement à la conclusion de la convention. Tout au plus, l'état d'avancement de la construction doit-il constituer un indice, parmi d'autres, du rôle concrètement dévolu à la collectivité dans la conduite de l'opération. Les risques de voir la personne publique sous les traits du maître d'ouvrage apparaissent effectivement bien moindres lorsque celle-ci acquiert un immeuble dont la construction est quasiment achevée que lorsqu'elle s'insère dans un projet immobilier avant même le début des travaux ».

1248 **Construction pour le compte de la personne publique. –** La doctrine s'accorde sur le fait que la condition selon laquelle l'ouvrage doit être construit « pour le compte de la personne publique » renvoie à l'initiative du projet[10]. Qui plus est, si la collectivité publique est à l'initiative du projet, il y a de fortes chances que les directives qu'elle donne et l'élaboration des études préalables auxquelles elle pourrait se livrer emportent satisfaction des autres conditions par la même occasion. Une VEFA n'est finalement régulière et la qualification de marché public écartée que si l'administration profite d'une opération initiée et menée par un promoteur immobilier.

Le critère de l'initiative publique du projet doit cependant être manié avec prudence. En effet, dans son Livre Vert sur les PPP, la Commission a clairement affirmé que l'initiative privée d'un projet ne suffisait pas à faire échapper l'opération au droit des marchés publics.

1249 **Immeuble entièrement destiné à devenir la propriété de la personne publique. –** Une VEFA est irrégulière et la qualification de marché public retenue lorsque l'administration achète par ce biais l'intégralité d'un immeuble.

8. *JCP* A n° 22, 26 mai 2008, n° 449, *CMP* août-sept. 2008, n° 182, note G. ECKERT.

9. *Droit public des montages contractuels complexes*, préc., p. 148.

10. N. SYMCHOWICZ, ouvrage précité p. 149 et s. ; L. RICHER, *Droit des contrats administratifs*, LGDJ, 7e édition, 2010, n° 774 et s. Si la notion « pour le compte de » renvoyait au fait que la personne publique devienne propriétaire de la construction, les conditions 2 et 3 seraient redondantes.

Idéalement, la VEFA est régulière et la qualification de marché public écartée lorsque l'administration acquiert un niveau d'un ensemble immobilier global destiné dans sa plus grande partie à être vendu à des personnes privées.

1250 **Immeuble réalisé en fonction des besoins propres de la personne publique. –** Un immeuble peut être considéré comme répondant aux besoins propres de l'administration si celle-ci s'est impliquée dans la définition du cahier des charges, si elle a participé à la définition du projet et lui a imprimé ses caractéristiques. Ce critère peut aussi renvoyer à la spécificité même de l'immeuble, dont seule l'administration peut faire usage. Toutefois, cette condition doit s'apprécier au niveau de l'ensemble de l'immeuble. En effet, la jurisprudence[11] a admis que la construction de commissariats au rez-de-chaussée d'immeubles pouvait être réalisée par le biais de VEFA. Or, la nature même d'un commissariat répond aux besoins propres de la personne publique.

§ 2. QUALIFICATION DE MARCHÉ PUBLIC EN DROIT COMMUNAUTAIRE

1251 **Difficulté. VEFA régulière et requalifiable en marché au sens communautaire. –** Un marché public en droit communautaire n'exige pas une maîtrise d'ouvrage publique. La notion de marché public de travaux au sens communautaire englobe aussi des contrats par lesquels un pouvoir adjudicateur « fait faire » par un « entrepreneur » (qui n'est pas tenu de réaliser les travaux par ses propres moyens). On pourrait concevoir alors qu'une VEFA ne soit pas qualifiée de marché public au sens du droit français, mais entre dans la catégorie plus vaste des marchés publics de travaux en droit communautaire. Néanmoins, la VEFA doit rester régulière en droit français, c'est-à-dire ne pas porter sur la construction même d'un immeuble, ou ne pas être réalisée pour le compte de la collectivité, ou ne pas porter sur un immeuble entièrement destiné à devenir la propriété d'une personne publique ou ne pas être conçu en fonction de ses besoins propres.

1252 **VEFA régulière non qualifiée de marché public au sens communautaire. –** Une VEFA ne serait pas un marché public au sens communautaire si l'initiative ne provenait pas du pouvoir adjudicateur, mais uniquement du constructeur[12]. Ne saurait également être qualifiée de marché public de travaux au sens communautaire une VEFA qui ne répondrait pas aux « besoins précisés » par le pouvoir adjudicateur (critère du marché public de travaux, article 1er-2-b de la directive n° 2004/18), critère se rapprochant de la condition que l'immeuble ne soit pas réalisé en fonction des besoins propres de la collectivité, ce qui rend le recours à la VEFA régulier.

1253 **VEFA régulière et qualifiable de marché public au sens communautaire. –** À l'inverse, seraient susceptibles d'entrer dans la catégorie des marchés publics de travaux au sens communautaire les VEFA dont l'initiative est publique et

11. *Supra*, n° 1243.

12. En ce sens L. RICHER, *Droit des contrats administratifs*, préc., n° 774 et s, et F. LLORENS, « Typologie des contrats de la commande publique », *CMP* mai 2005, doctr. 7.

répondant à des besoins précisés par le pouvoir adjudicateur. Mais il faut que le recours à la VEFA reste néanmoins régulier en droit français, ce qui implique que l'immeuble ne soit pas entièrement destiné à devenir la propriété de la personne publique ou que le contrat ne porte pas sur sa construction même.

BIBLIOGRAPHIE

E. FATÔME et P. TERNEYRE, « Le financement privé de la construction d'ouvrages publics, en particulier sur le domaine public : commentaire de l'avis du 31 janvier 1995 des sections de l'intérieur et des travaux publics réunies du Conseil d'État », *AJDA* 1997, p. 126 ▪ F. LLORENS, « Le recours des personnes publiques à la vente en l'état futur d'achèvement : une condamnation partielle », *CJEG* 1991, p. 251 ▪ X. MOURIESSE, « Vente en l'état futur d'achèvement », *Juris-Classeur CMP*, fasc 616 ▪ F. PRIET, « La vente en l'état futur d'achèvement administrative », *Droit de la construction*, coll. Dalloz Action, 2000-2001, p. 1596 ▪ M. SOUSSE, *Droit public des contrats de construction*, LGDJ, coll. Systèmes, 1998.

CHAPITRE VI
LES CONCESSIONS D'AMÉNAGEMENT

1254 **Origine. –** La loi d'orientation foncière du 30 décembre 1967 distinguait deux types de contrats d'aménagement, permettant à une collectivité publique de confier la réalisation d'une opération d'aménagement à un opérateur économique. La convention ordinaire pouvait être conclue avec toute personne y ayant vocation. La convention publique d'aménagement (rebaptisée ainsi par la loi SRU) ne pouvait être conclue qu'avec des établissements publics ou certaines SEM. Elle autorisait l'aménageur à recourir à l'expropriation ou au droit de préemption et permettait surtout à la collectivité publique de financer une partie de l'opération. L'absence de toute procédure de passation a été condamnée par le juge administratif français, obligeant le législateur à intervenir pour refonder entièrement le régime de la convention d'aménagement (loi n° 2005-809 du 20 juillet 2005 relative aux concessions d'aménagement). Après avoir procédé à l'identification des concessions d'aménagement (Section I), on s'intéressera à leur qualification (Section II), puis aux procédures de passation qu'elles impliquent (Section III).

SECTION I IDENTIFICATION

1255 **Objet des concessions. Aménagement. –** La concession d'aménagement est prévue à l'article L. 300-4 du Code de l'urbanisme, qui dispose que « l'État et les collectivités territoriales, ainsi que leurs établissements publics, peuvent concéder la réalisation des opérations d'aménagement prévues par le présent code à toute personne y ayant vocation ». L'article L. 300-1 du même code apporte des éléments de définition de la notion d'aménagement : « les actions ou opérations d'aménagement ont pour objets de mettre en œuvre un projet urbain, une politique locale de l'habitat, d'organiser le maintien, l'extension ou l'accueil des activités économiques, de favoriser le développement des loisirs et du tourisme, de réaliser des équipements collectifs, de lutter contre l'insalubrité, de permettre le renouvellement urbain, de sauvegarder ou de mettre en valeur le patrimoine bâti ou non bâti et les espaces naturels. L'aménagement, au sens du présent livre, désigne l'ensemble des actes des collectivités locales ou des établissements publics de coopération intercommunale qui visent, dans le cadre de leurs compétences, d'une part, à conduire ou à autoriser des actions ou des opérations définies dans l'alinéa précédent et, d'autre part, à assurer l'harmonisation de ces actions ou de ces opérations ».

1256 **Notion d'opération d'aménagement. –** Toute opération poursuivant l'un des objectifs précités n'est pas nécessairement une « opération d'aménagement », objet des concessions d'aménagement. L'opération d'aménagement est identifiée par la réunion des éléments suivants : « une finalité énoncée par l'article L. 300-1 du Code de l'urbanisme, une combinaison d'interventions sur le tissu urbain qui inclut des opérations à caractère foncier (acquisition et cession d'immeubles) et la réalisation d'équipements, ces interventions devant avoir une ampleur suffisante pour avoir un impact significatif sur le site concerné » (E. Fatôme et L. Richer, « Les conventions d'aménagement après la loi SRU »[1]).

L'ordonnance n° 2005-1527 du 8 décembre 2005 (article 10) avait limité les opérations pouvant faire l'objet d'une concession d'aménagement, en en excluant notamment la réalisation de lotissements. Mais l'article 7 de la loi n° 2006-872 du 13 juillet 2006 a restauré le champ d'application initial de la concession d'aménagement, ayant pour objet toutes les opérations d'aménagement prévues au « présent Code ».

1257 **Maîtrise d'ouvrage. –** L'article L. 300-4 du Code de l'urbanisme confie expressément la maîtrise d'ouvrage des travaux à réaliser au concessionnaire (« le concessionnaire assure la maîtrise d'ouvrage des travaux et équipements concourant à l'opération prévue dans la concession »). Il s'agit donc d'une dérogation à la loi MOP.

Comme le remarquent E. Fatôme et L. Richer[2], l'article 1er de la loi MOP prévoyait déjà qu'elle n'était pas applicable aux ouvrages d'infrastructures réalisés dans le cadre d'une ZAC ou d'un lotissement. Cette dérogation conserve son intérêt dans le cas d'opérations d'aménagement non concédées dans lesquelles le coût des équipements est supporté par le constructeur. L'article 1er permet alors à la collectivité publique de ne pas exercer elle-même la maîtrise d'ouvrage des équipements d'infrastructure, assurée par le constructeur.

1258 **Réalisation des études. –** Une opération d'aménagement comporte la réalisation d'études préalables et d'études d'exécution. L'ancienne rédaction de l'article L. 300-4 avait été interprétée comme permettant de confier la réalisation d'études préalables à l'aménageur sans procédure particulière alors qu'il s'agissait de marchés publics de services. Désormais, les études préalables doivent donner lieu à des contrats séparés. Le concessionnaire assure « la réalisation des études et de toutes missions nécessaires à [l'] exécution » des travaux (article L. 300-4 du Code de l'urbanisme), mais cette mission est incluse dans la concession d'aménagement soumise à une procédure de passation.

1. *CP-ACCP* 2001, n° 5, p. 17. Voir surtout concl. LASVIGNES sur CE 28 juill. 1993, *Commune de Chamonix-Mont-Blanc, RDP* 1993, p. 1425.
2. *AJDA* 2006, p. 929 et note n° 5.

1259 **Prérogatives particulières. –** L'aménageur dispose de la possibilité de se procurer les biens nécessaires par voie d'expropriation ou de les acquérir par préemption. Mais l'attribution de telles prérogatives n'est pas automatique et dépend de la rédaction de la concession (article L. 300-4 du Code de l'urbanisme).

1260 **Rémunération. –** Le concessionnaire se rémunère normalement en procédant à la « vente, à la location ou à la concession des biens immobiliers situés à l'intérieur du périmètre de la concession » (article L. 300-4 du Code de l'urbanisme). Le concédant peut décider de participer au coût de l'opération par des apports en terrain ou des apports financiers (article L. 300-5 du Code de l'urbanisme). D'autres personnes publiques que le concédant peuvent subventionner l'opération (article L. 300-5 du Code de l'urbanisme)[3].

1261 **Clauses obligatoires du contrat de concession. –** L'article L. 300-5 du Code de l'urbanisme prévoit que le traité de concession d'aménagement précise certaines obligations des parties : l'objet du contrat, sa durée et les conditions dans lesquelles il peut éventuellement être prorogé, ou modifié ; les conditions de rachat, de résiliation ou de déchéance par le concédant, ainsi que, éventuellement, les conditions et les modalités d'indemnisation du concessionnaire et les modalités de l'éventuel apport financier ou en terrain du concédant.

Lorsque le concédant décide de participer au coût de l'opération, sous forme d'apport financier ou d'apport en terrains, le traité de concession précise en outre, à peine de nullité : 1° les modalités de cette participation financière, qui peut prendre la forme d'apports en nature ; 2° le montant total de cette participation et, s'il y a lieu, sa répartition en tranches annuelles ; 3° les modalités du contrôle technique, financier et comptable exercé par le concédant. À cet effet, le concessionnaire doit fournir chaque année un compte rendu financier comportant notamment en annexe : a) le bilan prévisionnel actualisé des activités, objet de la concession, faisant apparaître, d'une part, l'état des réalisations en recettes et en dépenses et, d'autre part, l'estimation des recettes et dépenses restant à réaliser ; b) le plan de trésorerie actualisé faisant apparaître l'échéancier des recettes et des dépenses de l'opération ; c) un tableau des acquisitions et cessions immobilières réalisées pendant la durée de l'exercice.

SECTION II QUALIFICATION

1262 **Qualification au cas par cas. –** L'économie de chaque concession d'aménagement peut être particulière. Aussi, aucune qualification *a priori* n'est souhaitable ou même possible. À l'instar de la doctrine française (L. Richer et E. Fatôme, « Questions sur les nouvelles concessions d'aménagement »)[4] et de

3. « L'opération d'aménagement peut bénéficier, avec l'accord préalable du concédant, de subventions versées par l'État, des collectivités territoriales et leurs groupements ou des établissements publics ».
4. *AJDA* 2006, p. 926.

l'avocat général J. Kokott (affaire « *Jean Auroux et autres c/Commune de Roanne* »)[5], il est préférable d'opter pour une qualification au cas par cas. Mais cela ne signifie pas qu'une typologie ne soit pas envisageable. L'économie des concessions d'aménagement est très variable. Une concession d'aménagement peut présenter un caractère onéreux soit parce que l'aménageur réalise des équipements qui viennent en déduction de sa participation fiscale (le pouvoir adjudicateur renonce à une recette, ce qui emporte le caractère onéreux de la concession), soit parce que la concession comporte une part de financement de la collectivité publique. Une concession peut aussi être aux risques et périls de l'aménageur.

En droit français, la concession d'aménagement constitue une catégorie à part entière, soumise à une procédure de passation qui lui est propre. Mais elle fait l'objet de requalifications au regard des catégories du droit communautaire.

§ 1. LA CONCESSION D'AMÉNAGEMENT EN DROIT FRANÇAIS : UN CONTRAT *SUI GENERIS*

1263 **Contrat *sui generis*. –** En disposant que « l'attribution des concessions d'aménagement est soumise par le concédant à une procédure de publicité permettant la présentation de plusieurs offres concurrentes, dans des conditions prévues par décret en Conseil d'État », l'article L. 300-4 du Code de l'urbanisme issu de la loi n° 2005-809 du 20 juillet 2005 a choisi de distinguer la concession d'aménagement des catégories existantes et d'en faire en droit français un contrat *sui generis*, qui n'est ni un marché ni une délégation.

1264 **Soumission aux règles fondamentales du TFUE. –** Le juge administratif, sans qualifier explicitement la concession d'aménagement avait néanmoins soumis sa passation aux grands principes du Traité. Ainsi, dans un arrêt du 9 novembre 2004, *Sodegis*[6], la cour administrative d'appel de Bordeaux n'avait qualifié la concession d'aménagement ni de marché public ni de délégation de service public, mais avait jugé qu'une telle convention « n'était pas pour autant exclue du champ d'application des règles fondamentales posées par le Traité de l'Union qui soumettent l'ensemble des contrats conclus par les pouvoirs adjudicateurs aux obligations minimales de publicité et de transparence propres à assurer l'égalité d'accès à ces contrats ».

§ 2. LA CONCESSION D'AMÉNAGEMENT EN DROIT COMMUNAUTAIRE : UNE REQUALIFICATION ÉVENTUELLE EN MARCHÉ DE TRAVAUX

1265 **Affaire *Jean Auroux c/Cne de Roanne*. –** Les conclusions de J. Kokott sur l'affaire C-220/05, « *Jean Auroux c/Commune de Roanne* », prononcées en juin 2006, qualifient la concession d'aménagement française objet du

5. C-220/05.

6. *CMP* 2005, comm. 31, note J.-P. PIÉTRI, *JCP* A 2005, 1070, note C. DEVÈS, *AJDA* 2005, p. 257, note J.-D. DREYFUS, *CP-ACCP* 2005, n° 41, p. 41, note N. CHARREL et L. DUCROUX, *BJCP* 2005, p. 117, note D. PÉANS.

litige de marché public de travaux au sens communautaire, qualification confirmée par la Cour le 18 janvier 2007, dans l'arrêt *Jean Auroux c/Cne de Roanne*.

La ville de Roanne avait décidé la construction d'un pôle de loisirs, dont la conception et la réalisation ont été confiées sans procédure préalable à une SEM d'aménagement. Certains éléments du pôle étaient destinés à être transférés après leur achèvement à la ville elle-même, alors que d'autres éléments allaient être cédés à des tiers. La ville s'était engagée à participer au financement, à reprendre les éléments non vendus et à supporter le risque financier de l'opération. L'avocat général J. Kokott qualifie l'opération de marché de travaux au sens communautaire. Le fait qu'une grande partie des ouvrages soient destinés à des tiers n'ôte pas à l'opération son caractère de marché de travaux, car cette notion « ne dépend pas de la destination de l'ouvrage à réaliser ». La remise des ouvrages après leur achèvement au pouvoir adjudicateur n'est pas non plus de nature à exclure la qualification de marché de travaux, à partir du moment où la ville a chargé, en amont et selon ses spécifications, la société de leur réalisation. Le fait que la société n'assure pas elle-même les prestations avec ses propres ressources mais fait appel à des sous-traitants ne lui enlève pas sa qualité d'entrepreneur. La convention est conclue à titre onéreux à partir du moment où le pouvoir adjudicateur doit une prestation (partie du financement) et assume les pertes. Si des prestations de services sont également incluses dans le contrat, il faut se référer au critère de l'objet principal. Mais ce critère, qui permet de distinguer le marché de travaux du marché de service, normalement jugé quantitativement, s'apprécie aussi qualitativement. La qualification de concession de travaux est exclue en ce que l'opérateur n'assumait pas le risque économique de l'opération, puisque la ville de Roanne s'était obligée dans la convention à reprendre à l'expiration de l'opération les éléments du pôle de loisirs qui n'auront pas été vendus et à supporter en outre le risque financier de l'opération.

Le juge français dans la même affaire adopte aussi la qualification en marché public de travaux au sens communautaire (TA Lyon 22 mars 2007, *M. Jean Auroux*, n° 0205404 : « eu égard à la nature et à l'importance des travaux, la convention d'aménagement objet de la délibération en litige doit être regardée comme un marché public de travaux au sens des dispositions précitées de l'article 1er de la directive n° 93/37 dont la ville de Roanne est le pouvoir adjudicateur et la SEDL l'entrepreneur, nonobstant le fait que la SEDL est une société d'économie mixte d'aménagement (...) ; qu'il ressort des pièces du dossier que la convention d'aménagement a été conclue à titre onéreux dès lors que la ville de Roanne s'est obligée à verser la somme de 2 925 000 euros pour la cession du parc de stationnement public, a promis de participer au financement de tous les ouvrages à réaliser à hauteur d'un montant prévisionnel de 3 034 342 euros, a prévu de devenir automatiquement propriétaire des terrains et ouvrages qui n'auront pas été cédés à des tiers à l'expiration de la convention, assurera l'exécution des contrats en cours et reprendra les dettes contractées avant cette date »). Dans une affaire différente, la cour administrative d'appel de Nantes reprend le même raisonnement (CAA Nantes 19 décembre 2007, *Josse c/Cne Chavagne*)[7] en qualifiant en marché public de travaux une convention publique d'aménagement qui prévoyait l'édification de logements et d'équipements d'infrastructure, car les équipements devenaient la propriété de la commune au fur et à mesure de leur construction et étaient rémunérés par le versement par la commune d'un pourcentage des dépenses supportées par l'aménageur (marché de travaux limité à ces équipements, semble-t-il).

7. *JCP* A n° 24 9 juin 2008, 2145, note Cl. DEVÈS, *CMP* mars 2008, comm. 51, obs. J.-P. PIÉTRI.

1266 **Qualification en marché de travaux. –** Au regard de ce qui précède, on peut affirmer que de nombreuses concessions d'aménagement auront comme objet principal des travaux, en ce qu'une interprétation qualitative de l'objet de l'opération conduit à conclure que la finalité, la raison d'être en même temps que l'élément caractéristique de la concession d'aménagement, est la réalisation de travaux. Dès lors, à partir du moment où la personne publique participe à la conception des ouvrages et assume des prestations, il y aura marché de travaux au sens communautaire.

SECTION III PROCÉDURE

1267 **Modification de la législation française. –** Le législateur français n'a pas attendu l'issue de l'affaire Jean Auroux pour prévoir que l'attribution des concessions d'aménagement est soumise par le concédant à une procédure de publicité permettant la présentation de plusieurs offres concurrentes, dans des conditions prévues par décret en Conseil d'État (article L. 300-4 du Code de l'urbanisme, issu de la loi précité du 20 juillet 2005).

1268 **Incompatibilité de la validation des conventions publiques d'aménagement conclues avant 2005 avec le droit communautaire. –** L'article 11 de la loi n° 2005-809 du 20 juillet 2005 validait, en tant que leur légalité serait contestée au motif que la désignation de l'aménageur n'a pas été précédée d'une procédure de publicité permettant la présentation de plusieurs offres concurrentes, les conventions publiques d'aménagement signées avant sa publication. La cour administrative d'appel de Nantes[8] a jugé que ces dispositions n'étaient pas compatibles avec les objectifs de l'ancienne directive sur les marchés de travaux, rendant ainsi inefficace la validation précitée.

§ 1. LA PROCÉDURE DE PASSATION DES CONCESSIONS D'AMÉNAGEMENT

1269 **Trois procédures. –** Le décret n° 2006-959 du 31 juillet 2006 définissait une unique procédure de passation des concessions d'aménagement. Elle fut complétée par un décret n° 2009-889 du 22 juillet 2009[9]. Il existe désormais trois types de procédures pour la passation des concessions d'aménagement, codifiées aux articles R. 300-4 et s. du Code de l'urbanisme : la procédure relative aux concessions d'aménagement soumises au droit communautaire des concessions, la

8. CAA Nantes 19 déc. 2007, *Josse c/Cne Chavagne*, préc. Il faut toutefois que les requérants soulèvent le moyen, lequel n'est pas un moyen d'ordre public CAA Bordeaux 10 janv. 2008, *SARL Bébé Cristal, CMP* mars 2008, comm. 51, note J.-P. PIÉTRI.

9. J. MARTIN, « Entre soumission et résistance au droit communautaire, la complexification des procédures de passation des concessions d'aménagement », *DA* nov. 2009, Études n° 20, p. 13.

procédure applicable aux concessions d'aménagement soumises au droit communautaire des marchés et la procédure relative aux autres concessions. Les deux premières procédures concernent les concessions supérieures au seuil européen de 5 000 000 euros et la dernière s'applique aux concessions inférieures à ce seuil. On remarque que ce seuil est calculé à partir du montant total des produits de l'opération, conformément à la jurisprudence précitée Jean Auroux. Selon F. Linditch[10], cette formulation renvoie aux recettes tirées de l'activité d'aménagement, incluant les transactions immobilières (ventes, location ou concession des biens immobiliers situés dans le périmètre de la concession, art. L. 300-4 du Code urb.) mais également les apports financiers ou en terrains réalisés par le concédant.

La procédure définie en 2006 concernait les concessions dans lesquelles le concessionnaire est rémunéré substantiellement par les résultats de l'opération, c'est-à-dire les contrats de type concessif. Malheureusement, la plupart des concessions d'aménagement sont qualifiables de marchés de travaux au sens communautaire, comme le démontre l'arrêt précité Jean Auroux intervenu le 18 janvier 2007 peu après l'édiction de ce décret. La doctrine française était extrêmement sceptique quant à l'euro-compatibilité et l'interprétation à retenir du dispositif du décret de 2006. On recensait trois positions. La première reposait sur l'idée que toutes les concessions d'aménagement seraient soumises au décret susvisé, quelle que soit leur économie. Dans ce cas, la procédure française était incompatible avec le droit communautaire en ce qu'elle aurait pu s'appliquer à des contrats qualifiables de marchés en droit communautaire. La deuxième reposait sur l'idée que seules les concessions dans lesquelles le concessionnaire est rémunéré substantiellement par les résultats de l'opération seraient soumises à la procédure du décret du 31 juillet 2006. Dans ce cas, la procédure est incomplète comme n'envisageant pas le cas des concessions d'aménagement-marchés publics[11]. Le troisième raisonnement consistait à dire que les concessions d'aménagement-marchés relevaient tout simplement du Code des marchés publics français (il n'y aurait donc pas de lacune juridique dans ce cas)[12]. La Commission a procédé à une clôture de la procédure engagée à l'encontre de la France pour absence de procédure, pour la reprendre aussitôt pour non-conformité de la réglementation, désormais existante (Comm. CE 27 juin 2007, n° IP/07/914). Les trois procédures définies en 2009 semblent recouvrir les différentes hypothèses de qualification des concessions d'aménagement en fonction de la classification établie en droit communautaire, ce qui devrait les rendre compatibles.

L'exception « in house » est applicable aux concessions d'aménagement (article L. 300-5-2 du Code de l'urbanisme).

1270 **Concessions d'aménagement soumises au droit communautaire des concessions (art. R. 300-4 à R. 300-11 du Code de l'urbanisme). –** Cette première procédure s'applique aux contrats dans lesquels « le concessionnaire assume une part significative du risque économique de l'opération ». Le critère du risque est désormais celui des contrats de type concessifs (voir *supra* n° 1091 et s.) et il n'est nullement étonnant de le trouver désormais dans des textes. L'ajout que le concessionnaire assume une part « significative » du risque laisse perplexe. L'exigence de significativité sert-elle à qualifier un véritable risque, auquel cas elle n'ajouterait rien au critère du risque, ou va-t-elle établir une distinction au sein des contrats

10. F. LINDITCH, « Concessions d'aménagement, l'unité des règles de passation préservée au mieux », *JCP A* 31 août 2009, n° 36, p. 27.

11. L. RICHER et E. FÂTOME, « La procédure de passation des concessions d'aménagement », *AJDA* 2007, p. 409 ; Cl. DEVÈS, « Concessions d'aménagement. La concession d'aménagement au crible de la jurisprudence communautaire : l'arrêt Commune de Roanne, un coup d'épée dans l'eau ou un préalable à une évolution profonde ? », *JCP* A 2007, n° 7, 2028.

12. R. SCHWARTZ, « Le décret sur les concessions d'aménagement », *BJDCP* 2006, n° 48, p. 322.

comportant un risque, en fonction de son ampleur (cela ne va pas sans rappeler le caractère « substantiel » de la rémunération du délégataire assurée par les résultats de l'exploitation) ? Selon F. Linditch[13], « le risque est significatif, lorsqu'il n'y a aucun doute sur son existence et que son ampleur excède la part de risque que comporte tout marché public (pénalités, sujétions imprévues, etc.) ».

Le concédant publie un avis conforme au modèle communautaire, dans une publication habilitée à recevoir des annonces légales et dans une publication spécialisée dans les domaines de l'urbanisme, des travaux publics ou de l'immobilier. Cet avis précise la date limite de présentation des candidatures, qui ne peut être postérieure de moins d'un mois à celle de la publication de l'avis, et mentionne les caractéristiques essentielles de l'opération d'aménagement projetée, c'est-à-dire son objet, sa localisation et les principes de son financement. Une publicité communautaire est également requise.

Le concédant adresse ensuite à chacun des candidats un document précisant les caractéristiques essentielles de la concession d'aménagement et indiquant le programme global prévisionnel des équipements et des constructions projetés ainsi que les conditions de mise en œuvre de l'opération. Le concédant choisit le concessionnaire en prenant notamment en compte les capacités techniques et financières des candidats et leur aptitude à conduire l'opération d'aménagement projetée, après avoir engagé librement toute discussion utile avec une ou plusieurs personnes ayant remis une proposition. La formulation du texte laisse penser que la discussion, c'est-à-dire la négociation, est obligatoire. Lorsque la concession est passée par une collectivité territoriale, une commission issue de l'organe délibérant émet un avis avant l'engagement des négociations. L'organe délibérant choisit le concessionnaire, sur proposition de la personne habilitée à mener les discussions et à signer la convention et au vu de l'avis ou des avis émis par la commission[14]. Un avis d'attribution est publié aux niveaux national et communautaire.

1271 **Procédure relative aux concessions d'aménagement soumises au droit communautaire des marchés (art. R. 300-11-1 à R. 300-11-6 du Code de l'urbanisme). –** Elle s'applique aux concessions de seuil communautaire dans lesquelles le concessionnaire n'assume pas une part significative du risque économique de l'opération. Un avis est adressé à l'Office des publications de l'Union européenne, à un organe de publication habilité à recevoir des annonces légales et à un organe de publication spécialisé dans les domaines de l'urbanisme, des travaux publics ou de l'immobilier. La procédure à suivre est définie par renvoi aux dispositions relatives à la procédure de passation des contrats de partenariat. Le programme fonctionnel indique au minimum les caractéristiques essentielles de la concession d'aménagement et le programme global prévisionnel des équipements et des constructions projetés ainsi que les conditions de mise en œuvre de l'opération. Toutefois, certains éléments sont adaptés aux concessions d'aménagement. La procédure

13. F. LINDITCH, « Concessions d'aménagement, l'unité des règles de passation préservée au mieux », préc.

14. Certaines de ces formalités ne sont pas applicables lorsque la participation des personnes publiques est inférieure à 135 000 euros et à condition que les terrains susceptibles, le cas échéant, d'être expropriés ou acquis par voie de préemption ou les terrains appartenant au concédant destinés à être cédés au concessionnaire représentent moins de 10 % des terrains inclus dans le périmètre de l'opération.

retenue a pour objet de sélectionner l'offre économiquement la plus avantageuse, le cas échéant après un dialogue permettant de définir et d'identifier les moyens propres à satisfaire au mieux les besoins de la personne publique en ce qui concerne la réalisation de l'opération d'aménagement dont elle définit les caractéristiques. S'agissant des critères de choix, il est rappelé que ceux-ci sont pondérés ou à défaut hiérarchisés. Le texte encadre ces critères en ce qu'il doit être tenu compte du coût global de l'opération au regard de son bilan prévisionnel, intégrant la totalité des recettes et des dépenses, et qu'il faut prendre en considération le respect des exigences du développement durable exprimées par la personne publique, notamment en matière de qualité architecturale, de performance environnementale, de mixité sociale et de diversité des fonctions urbaines.

1272 **Procédure adaptée (art. R. 300-11-7 du Code de l'urbanisme). –** Les concessions d'aménagement dans lesquelles le montant total des produits de l'opération d'aménagement envisagée est inférieur au seuil communautaire font l'objet, préalablement à leur attribution, d'une publicité et d'une procédure adaptée, dont les modalités sont fixées par le concédant en fonction de la nature et des caractéristiques de l'opération envisagée.

§ 2. LA PROCÉDURE DE PASSATION DES CONTRATS DE L'AMÉNAGEUR

1273 **Décret nº 2006-959 du 31 juillet 2006. –** Ce décret définit également le régime de la passation des contrats de l'aménageur (article R. 300-12 du Code de l'urbanisme). Une telle procédure est motivée par le fait que l'aménageur pouvant désormais être toute personne y ayant vocation, il ne fallait pas handicaper les aménageurs qualifiables de pouvoirs adjudicateurs et soumis à des procédures contraignantes pour la passation de leurs propres contrats[15].

1274 **Renvoi au décret nº 2005-1742 du 30 décembre 2005. –** Lorsque le concessionnaire n'est pas un pouvoir adjudicateur au sens de l'article 3 de l'ordonnance nº 2005-649 du 6 juin 2005 relative aux marchés passés par certaines personnes publiques ou privées non soumises au Code des marchés publics, les contrats d'études, de maîtrise d'œuvre et de travaux qu'il passe pour l'exécution de la concession sont conclus dans les conditions définies par le titre III du décret nº 2005-1742 du 30 décembre 2005 pris pour l'application de cette ordonnance.

Toutefois, lorsque la participation financière prévisionnelle cumulée du concédant et d'autres personnes publiques, est inférieure ou égale à 135 000 euros hors taxes et lorsque les terrains susceptibles, le cas échéant, d'être expropriés ou acquis par voie de préemption ou les terrains appartenant au concédant destinés à être cédés au concessionnaire représentent moins de 10 % des terrains inclus dans le périmètre de l'opération, les contrats d'études, de maîtrise d'œuvre ou de travaux ne sont pas soumis à ces règles.

15. Ph. PROOT, « Les contrats conclus par le concessionnaire d'aménagement », *CP-ACCP*, nº 93, nov. 2009, p. 59.

L'article 7 du décret n° 2005-1742 dispose qu'au-dessus du seuil de 200 000 euros HT pour les marchés de fournitures et de services et du seuil de 5 000 000 euros HT pour les marchés de travaux, les marchés et les accords-cadres sont passés selon l'une des procédures formalisées suivantes : appel d'offres, procédure négociée, dialogue compétitif ou concours. En dessous de ces seuils, l'article R. 300-13 du Code de l'urbanisme prévoit que les contrats de l'aménageur sont passés selon des modalités de publicité et de mise en concurrence déterminés librement par le concessionnaire.

BIBLIOGRAPHIE

Dossier « Les concessions d'aménagement », *CP-ACCP* n° 93, novembre 2009, p. 26 et s. ■ Ph. BILLET, « L'entrée en concurrence des concessions d'aménagement », *JCP* A 2006, n° 1231 ■ P. BONAMY et A. PELCRAN, « La procédure nationale de dévolution des concessions d'aménagement : loin du compte ! » *AJDA* 2005, p. 2177, *Les concessions d'aménagement en pratique*, Lexis Nexis Litec, 2010 ■ S. BRACONNIER, « Actualité jurisprudentielle des concessions d'aménagement », *RDI* 2009, p. 40 ■ E. DELACOUR, « Les concessions d'aménagement entre passé et avenir – À propos de la loi du 20 juillet 2005 », *JCP* G 2005, I, 162, « La soumission des concessions d'aménagement aux règles de publicité et de concurrence », *CMP* 2005, alerte 24 ■ C. DEVÈS, « La loi relative aux concessions d'aménagement ou comment parer au plus pressé ! », *JCP* A 2005, p. 1342, « La concession d'aménagement au crible de la jurisprudence communautaire : l'arrêt *Commune de Roanne*, un coup d'épée dans l'eau ou un préalable à une évolution profonde ? », *JCP* A 2007, n° 7, 2028 ■ E. FATÔME et Ph. TERNEYRE, « À propos des règles de passation des contrats publics à objet à la fois immobilier et de travaux. Retour sur l'arrêt Jean Auroux », *AJDA* 2009, p. 1868 ■ G. GHAY, « La nouvelle concession d'aménagement », *BJDU* 2005, p. 318 ■ F. LINDITCH, « Concessions d'aménagement, l'unité des règles de passation préservée au mieux », *JCP* A 31 août 2009, n° 36, p. 27 ■ F. LLORENS et P. SOLER-COUTEAUX, « Nature et contenu des contrats d'aménagement », *CMP* janvier 2001, chron. n° 1, p. 4 ■ J. MICHON, *Les concessions d'aménagement*, Le Moniteur, 2006 ■ H. PAULIAT, « La passation des concessions d'aménagement ou la difficulté de qualifier certains contrats », *CMP* 2007, étude 13 ■ L. RICHER et E. FATÔME, « Questions sur les nouvelles concessions d'aménagement », *AJDA* 2006, p. 926 ■ L. RICHER et E. FATÔME, « Nature juridique et contenu du contrat d'aménagement », *RDI* 1994, p. 169 ■ L. RICHER et E. FATÔME, « La procédure de passation des concessions d'aménagement », *ADJA* 2007, p. 409 ■ J.-F. SESTIER, « L'aménagement conventionné à l'aune du droit communautaire », *CJEG* 2002, p. 59 ■ Ph. TERNEYRE, « Le retour des concessions d'aménagement », *BJCP* 2005, n° 42, p. 338 ■ S. TRAORÉ, « La concession d'aménagement après la loi du 20 juillet 2005 », *DA* 2005, Étude 20.

CHAPITRE VII
LE CRÉDIT-BAIL

1275 **Définition et économie générale du montage. –** Le crédit-bail[1], issu de la pratique américaine du *leasing*, est un contrat par lequel le preneur fait acheter un bien par un crédit-bailleur et le lui loue pendant une période correspondant normalement à la durée d'amortissement du bien. À l'issue du bail, le preneur dispose d'une option : acheter le bien pour sa valeur résiduelle, le restituer ou éventuellement poursuivre la location. Le crédit-bail est ainsi à la fois un contrat de vente, un contrat de location assorti d'une promesse unilatérale de vente, en même temps qu'une opération de crédit garantie au moyen d'une sûreté particulière, puisque le bailleur demeure propriétaire du bien jusqu'à l'issue du contrat. Le loyer payé par le preneur est nécessairement plus élevé que le loyer qui serait payé pour une location simple du bien, en ce qu'il reflète l'opération de crédit incluse dans le crédit-bail. Le coût du crédit-bail est cependant légèrement inférieur à celui d'un simple prêt, puisque la sécurité qu'offre la propriété du bien par le crédit-bailleur évite la constitution d'une hypothèque. On distingue le crédit-bail immobilier (Section I) du crédit-bail mobilier (Section II).

SECTION I LE CRÉDIT-BAIL IMMOBILIER

1276 **Licéité et qualification. –** L'utilisation du crédit-bail immobilier par des personnes publiques soulève des difficultés en ce que le principe serait plutôt celui de l'illicéité du procédé en dehors des exceptions strictement définies par le législateur. Son éventuelle requalification en marché public n'est pas à exclure.

1. Introduit en France par la loi du 2 juill. 1966 (article L. 313-7 du Code monétaire et financier).

§ 1. L'UTILISATION DU CRÉDIT-BAIL IMMOBILIER PAR DES PERSONNES PUBLIQUES

1277 **Incertitudes. –** Alors que rien ne s'opposait à l'utilisation du crédit-bail par des personnes publiques, la jurisprudence du Conseil d'État et celle, plus récente, du Conseil constitutionnel ont freiné cette opportunité. En intervenant dans des cas limités pour autoriser le recours au crédit-bail, le législateur a implicitement posé le principe de l'interdiction du recours au crédit-bail en dehors de ces hypothèses.

A. LES OBSTACLES À L'UTILISATION DU CRÉDIT-BAIL

1278 **Faculté initiale de principe. –** Ainsi que l'ont fort justement démontré E. Fatôme et L. Richer[2], rien ne semblait interdire par principe à une personne publique de recourir au crédit-bail. La seule difficulté est celle de l'hypothèse dans laquelle le bien objet du crédit-bail est édifié sur une parcelle appartenant au domaine public ou privé de la personne publique. En effet, le crédit-bailleur doit être propriétaire des constructions édifiées, ce qui est parfois incompatible avec la présence d'une dépendance du domaine public soumise au principe d'inaliénabilité. Il faut distinguer le cas dans lequel la collectivité publique est crédit-preneur et le cas dans lequel c'est l'occupant privatif du domaine qui l'est. Si la collectivité publique est crédit-preneur, il suffit qu'elle accorde une autorisation d'occupation du domaine public qui sert d'assiette aux constructions édifiées. Désormais, aussi bien l'État que les collectivités territoriales peuvent délivrer des AOT (*supra*, n° 1226) constitutives de droits réels sur les ouvrages édifiés par l'occupant, conférant les prérogatives du propriétaire. Si c'est l'occupant du domaine public qui est crédit-preneur, il peut être considéré comme propriétaire des constructions qu'il va édifier (s'il est titulaire d'une AOT constitutive de droits réels). Mais il doit à son tour transférer son droit réel au crédit-bailleur, ce qui est envisageable avec l'accord de la collectivité publique (*supra*, n° 1229). Dans les faits la conclusion d'une convention tripartite entre l'administration, l'occupant et le crédit-bailleur règle la question[3].

1279 **Obstacle issu de la domanialité publique virtuelle. –** Un contrat conclu par une collectivité publique et ayant pour objet l'édification de constructions qui seront affectées à un service public ou à l'usage direct du public a pour effet de rendre applicable les règles de la domanialité publique à la parcelle dès la signature de la convention. C'est pour cette raison que le Conseil d'État a exclu le recours au crédit-bail pour la construction des infrastructures du TGV Est (leur inclusion dans le domaine public dès l'origine du projet empêche qu'elles fassent l'objet d'une appropriation privative, même temporaire, avis du 30 mars 1989)[4].

2. « Le Conseil constitutionnel et le « droit commun » de la « commande publique » et de la domanialité publique », *AJDA* 2003, p. 2348.
3. Le crédit-bailleur n'acquiert cependant pas la qualité d'occupant du domaine public, TC 21 mars 2005, *Sté Slibail Énergie*, n° 3436.
4. *EDCE* 1989, p. 237, Grands Avis n° 20.

1280 **Obstacle issu de la jurisprudence du Conseil constitutionnel sur le droit commun de la domanialité publique. –** Dans une décision du 26 juin 2003, loi habilitant le gouvernement à simplifier le droit[5], le Conseil constitutionnel complète les exigences constitutionnelles qui s'attachent à la protection du domaine public en décidant que « le recours au crédit-bail ou à l'option d'achat anticipé pour préfinancer un ouvrage public ne se heurte, dans son principe, à aucun impératif constitutionnel ; que, toutefois, la généralisation de telles dérogations au droit commun de la commande publique ou de la domanialité publique serait susceptible de priver de garanties légales les exigences constitutionnelles inhérentes à l'égalité devant la commande publique, à la protection des propriétés publiques et au bon usage des deniers publics ». On en déduit que le recours au crédit-bail doit demeurer exceptionnel, en tant que dérogation au droit commun de la domanialité publique.

B. LES INTERVENTIONS PONCTUELLES DU LÉGISLATEUR POUR AUTORISER LE RECOURS AU CRÉDIT-BAIL

1281 **Autorisations ponctuelles. –** Les différentes interventions expresses du législateur pour autoriser le recours au crédit-bail laissent penser qu'en dehors de ces hypothèses, l'utilisation du procédé est tout simplement interdite. Si tel est le cas, on préférera penser que cela n'est pas juridiquement fondé sur les règles de la domanialité publique, mais plutôt eu égard au danger que fait courir l'endettement résultant du crédit-bail aux finances publiques (inscription en dépenses de fonctionnement des échéances relevant normalement de l'investissement).

1282 **Liste des cas de recours autorisé au crédit-bail. –** Le législateur est intervenu pour autoriser le recours au crédit-bail dans les cas suivants :

— financement des installations permettant une récupération d'énergie, mais uniquement pour les SOFERGIE (article 30 de la loi du 15 juillet 1980 sur les économies d'énergie) ;

— financement des ouvrages des collectivités territoriales utilisés pour une activité assujettie à la TVA (article 87 de la loi du 30 décembre 1986 de finances pour 1987) ;

— financement des ouvrages de récupération, transport, traitement et valorisation des déchets et effluents, même si l'activité n'est pas soumise à la TVA (article 10 de la loi du 13 juillet 1992 sur les déchets) ;

— pour l'État, dans le cadre d'une AOT constitutive de droits réels, de toute convention ayant pour objet d'autoriser l'occupation du domaine public, d'une concession de service public ou d'outillage public : le crédit-bail peut être utilisé par l'occupant pour la construction des ouvrages ou installations. Lorsqu'ils sont nécessaires à la continuité du service public, ils comportent des clauses permettant de préserver les exigences de ce service (article L. 2122-13 du CG3P) ;

5. N° 2003-473.

— pour l'État, dans le cadre du bail à construction avec option d'achat pour les besoins de la justice, de la police ou de la gendarmerie nationales, de la formation des personnels qui concourent aux missions de défense et de sécurité civile, des armées ou des services du ministère de la défense : le crédit-bail est autorisé pour le financement des constructions (article L. 2122-16 du CG3P) ;

— pour les constructions financées dans le cadre de contrats de partenariat, l'utilisation du crédit-bail est possible, mais en insérant des clauses permettant de préserver les exigences du service public (articles L. 2122-16 du CG3P pour l'État et L. 1311-4-1 du CGCT pour les collectivités territoriales) ;

— pour les collectivités territoriales, dans le cadre des AOT constitutives de droits réels, dans le cadre de conventions de toute nature ayant pour effet d'autoriser l'occupation du domaine public, de concessions de service public ou d'outillage public, les constructions peuvent être financées par crédit-bail, à condition que le contrat comporte des clauses permettant de préserver les exigences du service public (article L. 1311-5.IV du CGCT) ;

— pour les collectivités territoriales : dans le cadre des baux emphytéotiques administratifs, les constructions peuvent donner lieu à la conclusion de contrats de crédit-bail, comportant des clauses permettant de préserver les exigences du service public (article L. 1311-3-5° du CGCT) ;

— Pour l'État : dans le cadre des baux emphytéotiques de valorisation et pour les constructions qui sont réalisées. Dans ce cas, le contrat comporte des clauses permettant de préserver les exigences du service public (article L. 2341-1 du CGPPP).

§ 2. LES RISQUES DE REQUALIFICATION

1283 **Marchés publics. –** Le crédit-bail comporte un risque de requalification en marché public de services financiers ou en marché public de travaux, avec les conséquences qu'une telle requalification implique en matière de procédure de passation.

1284 **Marché public de services financiers. –** Si c'est la personne publique qualifiable de pouvoir adjudicateur qui est crédit-preneur, le crédit-bail immobilier peut être qualifié de marché de services financier. L'article 3-3 du Code des marchés publics 2006 exclut de son champ d'application les « accords-cadres et marchés de services qui ont pour objet l'acquisition ou la location, quelles qu'en soient les modalités financières, de terrains, de bâtiments existants ou d'autres biens immeubles, ou qui concernent d'autres droits sur ces biens ». Mais sont exclus de cette exclusion, et donc entrent dans le champ d'application du Code des marchés publics, « les contrats de services financiers conclus en relation avec le contrat d'acquisition ou de location, sous quelque forme que ce soit ». Dès lors, eu égard à son volet « opération de crédit », le crédit-bail immobilier peut être qualifié de marché public de services.

1285 **Marché public de travaux. –** Lorsqu'un pouvoir adjudicateur est crédit preneur, au niveau communautaire, la qualification en marché de travaux n'est pas à exclure. En effet, la notion de marché de travaux étant beaucoup plus large qu'en droit français le crédit-bail peut être qualifié de contrat par lequel un pouvoir adjudicateur fait réaliser « par quelque moyen que ce soit » un ouvrage répondant à ses besoins (article 1er-2-b de la directive n° 2004/18). Il faut toutefois que le crédit-bailleur intervienne dans la réalisation de l'ouvrage.

SECTION II LE CRÉDIT-BAIL MOBILIER

1286 **Bien mobilier. –** La technique est la même que pour le crédit-bail immobilier, mais l'équipement objet du contrat est un bien mobilier.

1287 **Marché public de fourniture. –** Les contrats de crédit-bail mobilier sont clairement identifiés comme des marchés publics de fournitures, tant par le droit communautaire (article 1er-2-c de la directive n° 2004/18 : « les marchés publics de fourniture sont des marchés publics autres que ceux visés au point b ayant pour objet l'achat, le crédit-bail, la location ou la location-vente, avec ou sans option d'achat, de produits ») que par le droit français (article 1er du Code des marchés publics : « les marchés publics de fournitures sont les marchés conclus avec des fournisseurs qui ont pour objet l'achat, la prise en crédit-bail, la location ou la location-vente de produits ou matériels »).

BIBLIOGRAPHIE

J.-P. CHANET, « Possibilités et perspectives de financement des équipements publics en crédit-bail », in *Le financement des équipements publics de demain*, Economica, 1986, p. 357 ■ F. MARCHAND et X. MOURIESSE, « Crédit-bail immobilier, *DSP* et montages en PPP », *CP-ACCP* n° 65, avril 2007, p. 363 ■ X. MOURIESSE, « Crédit-bail », *J.-Cl. CMP*, fasc. 612 ■ C. PISANI, « Le recours aux procédés de financement de droit commun, crédit hypothécaire et crédit-bail », *JCP* N 1996, p. 1266.

INDEX ANALYTIQUE

*Les chiffres renvoient aux numéros des **paragraphes** (à l'exclusion des noms cités en note)*

A

B

C

N

O

P

R

S

T

U

V

TABLE DES MATIÈRES

(Les chiffres renvoient aux numéros des pages)

COLLECTION DOMAT

DROIT PRIVÉ

Jean-Bernard AUBY, Hugues PÉRINET-MARQUET et Rozen NOGUELLOU	**DROIT DE L'URBANISME ET DE LA CONSTRUCTION** ■ (9e éd.).
Jean BART	**HISTOIRE DU DROIT PRIVÉ** De la chute de l'Empire romain au XIXe siècle ■ (2e éd.).
Bernard BEIGNIER	**DROIT DES ASSURANCES**
Alain BÉNABENT	**DROIT DES OBLIGATIONS** ■ (13e éd.).
Alain BÉNABENT	**DROIT CIVIL** Les contrats spéciaux civils et commerciaux ■ (9e éd.).
Alain BÉNABENT	**DROIT DE LA FAMILLE** ■ (2e éd.).
Thierry BONNEAU	**DROIT BANCAIRE** ■ (9e éd.).
Rémy CABRILLAC	**DROIT DES RÉGIMES MATRIMONIAUX** ■ (7e éd.).
Gérard CORNU	**DROIT CIVIL** Introduction au droit ■ (13e éd.).
Gérard CORNU	**DROIT CIVIL** Les biens ■ (13e éd.).
Gérard CORNU	**DROIT CIVIL** Les personnes ■ (13e éd.).
Gérard CORNU	**DROIT CIVIL** La famille ■ (9e éd.).
Gérard CORNU	**LINGUISTIQUE JURIDIQUE** ■ (3e éd.).

Françoise DEKEUWER-DÉFOSSEZ et Édith BLARY-CLÉMENT	**DROIT COMMERCIAL** Activités commerciales ■ Commerçants ■ Fonds de commerce ■ Concurrence ■ Consommation ■ (10e éd.).
Jean DEVÈZE et Philippe PÉTEL	**DROIT COMMERCIAL** Instruments de paiement et de crédit.
William DROSS	**DROIT DES BIENS**
Michel FROMONT	**DROIT ALLEMAND DES AFFAIRES** Droit des obligations et des biens ■ Droit commercial et du travail.
Jean GAUDEMET et Emmanuelle CHEVREAU	**DROIT PRIVÉ ROMAIN** ■ (3e éd.).
Daniel GUTMANN	**DROIT FISCAL DES AFFAIRES** ■ (2e éd.)
Jacques HÉRON et Thierry LE BARS	**DROIT JUDICIAIRE PRIVÉ** ■ (5e éd.).
Emmanuel JEULAND	**DROIT PROCESSUEL GÉNÉRAL** ■ (2e éd.)
Christian JUBAULT	**DROIT CIVIL** Les successions ■ Les libéralités ■ (2e éd.).
Paul LE CANNU et Bruno DONDERO	**DROIT DES SOCIÉTÉS** ■ (4e éd.).
Pierre MAYER et Vincent HEUZÉ	**DROIT INTERNATIONAL PRIVÉ** ■ (10e éd.).
Antoine MAZEAUD	**DROIT DU TRAVAIL** ■ (8e éd.).
Michel MENJUCQ	**DROIT INTERNATIONAL ET EUROPÉEN DES SOCIÉTÉS** ■ (3e éd.).
Roger PERROT	**INSTITUTIONS JUDICIAIRES** ■ (15e éd.).
Frédéric POLLAUD-DULIAN	**DROIT DE LA PROPRIÉTÉ INDUSTRIELLE** ■ (2e éd.).
Corinne SAINT-ALARY-HOUIN	**DROIT DES ENTREPRISES EN DIFFICULTÉ** ■ (7e éd.).
Romuald SZRAMKIEWICZ	**HISTOIRE DU DROIT DES AFFAIRES**

DROIT PUBLIC

Pierre AVRIL et Jean GICQUEL	**DROIT PARLEMENTAIRE** ■ (4e éd.).
Michel BORGETTO et Robert LAFORE	**DROIT DE L'AIDE ET DE L'ACTION SOCIALES** ■ (8e éd.).
Jean BOULOUIS	**DROIT INSTITUTIONNEL DE L'UNION EUROPÉENNE** ■ (6e éd.).

François BURDEAU	**HISTOIRE DE L'ADMINISTRATION FRANÇAISE** XVIIIe-XXe siècles ■ (2e éd.).
René CHAPUS	**DROIT ADMINISTRATIF GÉNÉRAL** **T. 1** (15e éd.) Service public ■ Police ■ Responsabilité ■ Actes ■ Organisation et justice administratives ■ Séparation des autorités administratives et judiciaires ■ Conflits d'attribution. **T. 2** (15e éd.) Fonction publique ■ Domaine public ■ Travaux publics ■ Expropriation.
René CHAPUS	**DROIT DU CONTENTIEUX ADMINISTRATIF** ■ (13e éd.).
Jean COMBACAU et Serge SUR	**DROIT INTERNATIONAL PUBLIC** ■ (9e éd.).
Louis DUBOUIS et Claude BLUMANN	**DROIT MATÉRIEL DE L'UNION EUROPÉENNE** ■ (6e éd.).
Pierre-Laurent FRIER et Jacques PETIT	**PRÉCIS DE DROIT ADMINISTRATIF** ■ (6e éd.).
Jean GAUDEMET	**LES INSTITUTIONS DE L'ANTIQUITÉ** ■ (7e éd.).
Jean GAUDEMET et Jean PETIT	**LES NAISSANCES DU DROIT** Le temps, le pouvoir et la science au service du droit ■ (4e éd.).
Jean GAUDEMET	**SOCIOLOGIE HISTORIQUE** Les Maîtres du Pouvoir.
Paul-Marie GAUDEMET et Joël MOLINIER	**FINANCES PUBLIQUES** **T. 1** (7e éd.) Politique financière ■ Budget et Trésor. **T. 2** (6e éd.) Fiscalité.
Jean GICQUEL et Jean-Éric GICQUEL	**DROIT CONSTITUTIONNEL ET INSTITUTIONS POLITIQUES** ■ (26e éd.).
Gilles J. GUGLIELMI, Geneviève KOUBI et la collab. de Gilles DUMONT	**DROIT DU SERVICE PUBLIC** ■ (3e éd.).
Marcel MORABITO	**HISTOIRE CONSTITUTIONNELLE DE LA FRANCE, 1789-1958** ■ (12e éd.).
Sophie NICINSKI	**DROIT PUBLIC DES AFFAIRES** ■ (3e éd.).
Jacques ROBERT et Jean DUFFAR	**DROITS DE L'HOMME ET LIBERTÉS FONDAMENTALES** ■ (8e éd.).
Raphaël ROMI	**DROIT DE L'ENVIRONNEMENT** ■ (7e éd.).
Raphaël ROMI, Gaëlle BOSSIS et Sandrine ROUSSEAUX	**DROIT INTERNATIONAL ET EUROPÉEN DE L'ENVIRONNEMENT**

Dominique ROUSSEAU	**DROIT DU CONTENTIEUX CONSTITUTIONNEL** ■ (9e éd.).
François SAINT-BONNET et Yves SASSIER	**HISTOIRE DES INSTITUTIONS AVANT 1789** ■ (4e éd.).
Carlos SANTULLI	**DROIT DU CONTENTIEUX INTERNATIONAL**
Jacques ZILLER	**ADMINISTRATIONS COMPARÉES** ■ (2e éd.). Les systèmes politico-administratifs de l'Europe des Douze.

POLITIQUE

Francis BALLE	**MÉDIAS ET SOCIÉTÉS** ■ (15e éd.).
Philippe BRAUD et François BURDEAU	**HISTOIRE DES IDÉES POLITIQUES DEPUIS LA RÉVOLUTION** ■ (2e éd.).
Yves MÉNY et Yves SUREL	**POLITIQUE COMPARÉE** Les démocraties (Allemagne, États-Unis, France, Grande-Bretagne, Italie) ■ (8e éd.).
Roger-Gérard SCHWARTZENBERG	**SOCIOLOGIE POLITIQUE** ■ (5e éd.).
Serge SUR	**RELATIONS INTERNATIONALES** ■ (6e éd.).

GESTION

Jérôme CABY, Alain COURET et Gérard HIRIGOYEN	**INITIATION À LA GESTION** Connaissance de l'entreprise à partir de ses principaux documents obligatoires ■ (3e éd.).

Montchrestien – Lextenso éditions
33, rue du Mail, 75081 Paris Cedex 02
Dépôt légal : août 2012

Cet ouvrage a été achevé d'imprimer en août 2012
dans les ateliers de Normandie Roto Impression s.a.s.
61250 Lonrai
N° d'imprimeur : 12-2971

Imprimé en France